실손의료보험론

이승원

박영사

들어가며

　보험소비자와 보험회사간의 계약체결 과정 또는 보험사고 발생에 따른 보험금 청구 과정에서 다툼이 발생하는 경우, 제3자가 개입하여 분쟁을 원만히 해결할 수 있도록 돕는 것을 분쟁조정(分爭調停)이라 하는데, 이의 성패(成敗)는 분쟁당사자 양측 모두 수긍할 수 있는 잣대를 토대로 해결방안을 제시하는가에 달려 있다고 할 수 있다.

　특히, 실손의료보험 분쟁은 주로 국민건강보험법상 비급여(非給與) 진료의 적정 여부를 두고 발생하는데, 이는 비급여 진료 자체가 고도의 의학적 지식과 경험이 요구되는 전문분야이기 때문이기도 하지만, 보건당국의 관리하에 있는 요양급여와 달리 의사·환자간 사적자치(私的自治)의 영역에서 이루어지다 보니 이해당사자간에 진료의 적정성이나 인정 범위를 둘러싼 의견이 일치하지 않는 경우가 많아 본질적으로 분쟁이 필연적으로 발생할 수밖에 없는 측면이 있음을 부정하기 어렵다.

　예를 들어, 비만으로 당뇨 등의 합병증을 앓고 있는 사람이 받은 위소매절제수술은 과연 약관상 보상하지 않는 '외모개선(체중감량 목적)'과 보상하는 '합병증(질병치료)' 중 어느 것을 위한 진료로 볼 것인가 하는 문제 등이 대표적인 사례라 할 수 있다.

　일반적으로 분쟁 해결을 위한 첫걸음은 이해당사자가 주장하는 내용의 옳고 그름을 판단하기 위한 잣대를 찾아내는 것으로부터 시작되며, 실무적으로는 공정한 약관 해석을 위해 관계 법령, 판례, 조정결정사례 등 모든 정보를 수집·분석하는 절차를 거치게 되는데, 실손의료보험의 경우 국민건강보험을 근간으로 설계된 상품이므로 먼저 국민건강보험법령과 실손의료보험과의 관계 등을 명확히 이해하고 이를 토대로 공정하고 합리적인 해결방안을 찾을 필요가 있으나, 안타깝게도 보상 현장에서는 분쟁당사자 모두 객관적인 근거보다는 개별 경험과 주관적 판단을 우선할 것을 주장하는 탓에 타협점을 찾지 못하고 평행선을 달리는 경우가 허다하다.

본서를 집필하게 된 것도 실손의료보험이 가입자수 4천만 명에 육박하는 등 자동차보험과 함께 국민보험으로 인식되고 있는 반면, 그 위상에 맞지 않게 대표적인 분쟁유발 상품이 되고 있는 작금의 상황을 안타깝게 지켜보던 중, 수년간 정리한 자료와 검토한 내용들을 널리 공유할 수 있다면 분쟁을 미연에 방지하는 데 조금이나마 도움이 되지 않을까 하는 소박한 마음에서 시작되었다.

다만, 당부드리고 싶은 것은 주지하는 바와 같이 '분쟁조정' 자체가 법적 효력을 갖지 못하므로 본서의 내용도 분쟁당사자를 구속할 수 없고, 모든 분쟁사례에 적용할 수 있는 전가(傳家)의 보도(寶刀)도 아니며, 저자가 몸담고 있는 금융감독원의 공식적인 입장은 더더욱 아니라는 점에 유의하여 주시기 바란다.

모쪼록, 본서가 실손의료보험 분쟁 해결에 필요한 잣대를 찾는데 활용될 수 있기를 바라며, 나아가 보상실무 업무의 일관성을 높여 예측가능하고 공정한 보상 관행이 정착되고, 이를 통해 실손의료보험이 명실상부한 제2의 국민건강보험으로서 보험소비자의 신뢰를 얻는데 조금이나마 보탬이 될 수 있었으면 하는 바람이다.

마지막으로 졸고(拙稿)가 완성되기까지 다망하신 중에 자료제공과 조언, 감수를 아끼지 않으신 분들에게 서면을 빌어 깊은 감사의 말씀을 전하며 무엇보다도 훗날 사랑하는 두 아들[윤식(允湜), 민식(玟湜)]이 서가(書架)를 바라볼 때마다 제 아비를 자랑스럽게 추억(追憶)해 준다면 부족한 내 인생의 큰 기쁨이 될 줄로 믿는다.

<도움을 주신 분들(존칭 생략, 가나다 順)>

강상우·김영광·김철영·김태현·박슬기·박승미·박은주·박재훈·서수동·서재원·송인우·신배식·윤종욱·이공주·이윤용·이지영·이후록·임웅찬·정동권·정은성·정종회·한정일·홍명호

일러두기

　본서는 총 6편으로 구성되어 있다. <제1편>에서는 보험이론 측면에서 바라본 실손의료보험의 법적 성격을 규명해 보고, <제2편>에서는 국민건강보험법 내용 중 실손의료보험과 관련이 있는 사항들을 발췌·정리하였으며, <제3편>에서는 제1세대에서 제4세대에 걸친 실손의료보험 약관의 변천사를 주요 개정 시점별로 개관하였다.

　현재 판매되고 있는 제4세대 실손의료보험은 2021. 7. 1. 마련된 것으로 가입자 수[1]와 약관문언의 대표성, 표준약관간 비교 실익 등을 고려하여 2020. 7. 31. 개정 표준약관(제3세대)을 토대로 서술하였다.

　상해·질병담보를 입·통원형별로 구분하여 <제4편>에서는 보상하는 사항, <제5편>에서는 보상하지 않는 사항을 각각 구분, 약관의 변천, 해당조문과 관련한 주요 쟁점사항에 대한 고찰, 조정례나 판례 등을 참고하여 도출한 소결 등을 상술(詳述)하였으며, <제6편>에서는 2021. 7월 제정된 제4세대 실손의료보험 약관의 주요 내용을 살펴보았다.

　아울러, 제3세대 기본형 실손의료보험 약관을 살펴보면 총 10관으로 구성되어 있으나 본서에서는 계약의 체결·유지와 관련한 사항 및 보험금 지급절차 등을 제외하고, '보상하는 사항(제2관)' 및 '보상하지 않는 사항(제3관)'만을 다루고 있음을 참고 바란다.

---

1) 2022. 3월말 현재 : 제1세대 770만건, 제2세대 1,760만건, 제3세대 870만건, 제4세대 87만건

ⓘ **2020. 7. 31. 개정 실손의료보험 표준약관 중 본서에서 다룬 부분**

제1관 일반사항 및 용어의 정의

제2관 회사가 보상하는 사항

제3관 회사가 보상하지 않는 사항

제4관 보험금의 지급

제5관 계약자의 계약 전 알릴 의무 등

제6관 보험계약의 성립과 유지

제7관 보험료의 납입

제8관 계약의 해지 및 해지환급금 등

제9관 다수보험의 처리 등

제10관 분쟁의 조정 등

〈붙임1〉 용어의 정의

〈붙임2〉 보험금을 지급할 때의 적립이율 계산

차례

PART 01
총설

PART 02
실손의료보험의 이론적 배경

PART 03
국민건강보험법과 실손의료보험의 관계

PART 04
표준약관 축조해설(Ⅰ) 보상하는 사항

PART 05
표준약관 축조해설(Ⅱ) 보상하지 않는 사항

PART 06
제4세대 실손의료보험 표준약관

APPENDIX
부록 개정회차별 실손의료보험 표준약관

총설

CHAPTER 01 개요

1. 표준약관 도입 필요성

오늘날과 같이 생산과 소비가 대량으로 일어나는 상황에서 약관은 계약 당사자간의 법률관계를 명확히 함으로써 거래가 신속하고 간편하게 이루어지도록 하고 다툼의 소지를 미연에 방지하는 장점이 있는 반면, 사업자에 의해 일방적으로 만들어지기 때문에 소비자 입장에서는 계약내용 결정의 자유를 제한받고, 자칫 정보의 비대칭성으로 불측의 피해를 입을 수도 있어 정부도 사업자가 거래상 우월적인 지위를 남용하여 불공정한 내용으로 계약을 체결하지 못하도록 표준약관 제도를 허용하는 등 사적자치(私的自治)의 영역에 직·간접적으로 개입하고 있다.

'표준약관'은 일반적으로 공정거래위원회의 심사대상이 되는 '일정한 거래분야에서 표준이 될 약관'을 의미[1]하나 보험업에서 말하는 표준약관은 개별 보험계약으로 불공정한 내용이 통용되는 것을 방지하고 계약자의 권익을 보호하기 위해 금융당국이 정한 일정한 약관을 가리킨다[2].

보험상품의 표준약관은 보험업법 등 관계법령의 위임을 받아 금융감독원장이 정하고 있으며 그 자체가 법적구속력이 있는 것은 아니나 보험회사는 개별약관을 작성하면서 표준약관을 준용하지 않는 경우 별도로 신고해야 하므로 시중에서 판매되는 실손의료보험약관은 사실상 표준약관과 동일하다고 보더라도 무방하다[3].

현재 보험업법 등 관계법규[4]에서 정하고 있는 표준약관은 생명보험과 손해보

---

1) [약관의 규제에 관한 법률] 제19조의3(표준약관) ① 사업자 및 사업자단체는 건전한 거래질서를 확립하고 불공정한 내용의 약관이 통용되는 것을 방지하기 위하여 일정한 거래 분야에서 표준이 될 약관의 제정·개정안을 마련하여 그 내용이 이 법에 위반되는지 여부에 관하여 공정거래위원회에 심사를 청구할 수 있다. <개정 2016. 3. 29.>
2) 인보험약관해설, 유관우·이현열 공저 엘림 G&P, p.17.
3) [보험업감독규정] 제7-50조(보험약관 관련 신고기준) 영 별표6 제3호에 따라 보험회사는 보험약관을 작성하거나 변경하려는 경우 그 내용이 감독원장이 정하는 표준약관을 준용하지 않는 경우에는 미리 금융위에 신고하여야 한다. 다만, 보험상품의 특성상 표준약관을 준용할 수 없는 경우로서 보험계약자의 권익을 축소하지 아니하는 사항을 수정하는 경우는 제외한다.

험 표준약관이 있으며, 이 중 손해보험 표준약관은 실손의료보험을 비롯해 질병·상해보험, 자동차보험, 해외여행 실손의료보험, 화재보험, 배상책임보험, 채무이행보증보험, 신용보험, 신원보증보험 표준약관이 있다.

2. 국민건강보험과의 비교

실손의료보험은 국민건강보험에 따른 지원이 미치지 못해 환자가 부담하는 의료비를 보상하므로 병원에서 치료를 받은 환자의 부담이 건보재정 지원 크기에 따라 달라진다는 점에서 국민건강보험법과 절대 불가분(不可分)의 밀접한 관계에 있다고 할 수 있다.

국민건강보험과 실손의료보험의 차이점을 비교하면 다음과 같다.

첫째, 국민건강보험은 강제보험으로 대한민국 국민은 원칙적으로 모두 가입해야 하는 반면, 실손의료보험은 임의보험으로 가입이 의무화되어 있지 않다.

둘째, 국민건강보험 보험료는 가입자의 개별 소득수준 또는 재산 규모 등에 따라 결정되는 반면, 실손의료보험 보험료는 보험계약자의 소득수준과 관계없이 주로 피보험자의 연령, 성별 등에 따른 발병률, 그로 인한 보험금 지급액 등을 토대로 결정된다.

▮ 국민건강보험과 실손의료보험 비교

구분	국민건강보험	실손의료보험
관련 법규	국민건강보험법	보험업법
설립목적	국민의 기본적 의료보장	건강보험 비보장 부분에 대한 보장 수요
도입시기	1963년(1989년 전 국민확대)	1963년(2003년 공보험 보조형태)
운영주체	국가(국민건강보험공단)	민영 보험회사
가입의무 유무	의무보험	임의보험
보험료 산출근거	개인별 소득·재산규모	과거 손해액 등 위험률 통계

---

4) [보험업감독규정시행세칙(별표15)]

3. 실손의료보험 약관의 역사

최초의 실손의료보험은 1963년 손해보험회사가 실손보상형 상해보험을 출시한 것이 효시이다. 이후 1970년대 후반에는 단체 실손의료보험도 판매되다가 누적적자가 심화되면서 1980년에 이르러서는 판매가 중단되었다.

그러나, 1997년 제3보험(상해·질병·간병보험)의 생명·손해보험 겸영이 허용되면서 정액보상을 포함한 의료비 보장상품의 판매가 다시 활성화되었고, 당시에는 국민건강보험공단 부담금도 보상하거나 의료실비를 중복보상하는 상품도 있었다.

2003년 10월에는 손해보험회사와 생명보험회사가 현재의 공보험 보조형태의 단체 실손의료보험을 판매하기 시작했는데, 당시에는 단독 상품이 아니라 정액형 건강보험상품을 주계약으로 하고 '의료비 담보특약' 등의 명칭을 가진 특약형식이 주를 이루었다.

이후 실손특약 가입자의 지속적 증가와 함께 회사마다 조금씩 다른 보장내용으로 인한 소비자 혼란문제 등 관련 분쟁이 늘어나면서 표준약관 제정 필요성이 대두되었고, 다양한 논의를 거쳐 2009. 9. 28. 최초의 표준약관이 제정되었으며, 2013. 1월에는 단독형, 2014. 8월에는 노후형 실손의료보험이 도입되는 한편, 2017. 4월에는 「기본형 + 특별약관」, 2021. 7월에는 「급여 + 비급여」로 약관 구조가 변경되었다.

이처럼 실손의료보험 표준약관은 2009. 9. 28. 제정된 후 가입자의 급증, 의료환경의 변화에 따라 총 17회에 걸쳐 지속적인 변화를 겪었는데, 2009. 9. 28. 표준약관 제정 시점, 2017. 4월 「기본형」·「특별약관」 개편 시점, 2021. 7월 급여·비급여 분리 및 개인별 할인·할증제 도입 시점을 기준으로 편의상 '제1세대~제4세대' 실손의료보험으로 구분한다.

ⓘ **세대별 실손의료보험 표준약관의 구분(제·개정일 기준)**

❶ 제1세대 실손의료보험 : 2009. 9. 28. 제정표준약관 이전
❷ 제2세대 실손의료보험 : 2009. 9. 28. 제정표준약관~2017. 3. 22. 개정표준약관 이전
❸ 제3세대 실손의료보험 : 2017. 3. 22. 개정표준약관~2021. 6. 30. 개정표준약관
❹ 제4세대 실손의료보험 : 2021. 7. 1. 개정표준약관 이후

02 실손의료보험 표준약관 주요 연혁

1. 표준화 이전 [제1세대 실손의료보험]

제1세대 실손의료보험은 특약형식의 의료비 담보 상품이 출시된 이후 2009. 9. 28. 표준약관이 제정되기까지 각 보험회사가 자율적으로 판매하던 상품을 말한다.

주요 특징으로는 현재 실손의료보험은 요양급여 중 본인부담금과 비급여 등 피보험자가 부담한 비용을 기준으로 보상하고 있으나, 1세대 실손의료보험은 공단부담금을 포함한 총발생의료비 기준으로 보상하는 경우도 있었으며, 2003. 10. 1. 이후에서야 지금과 같은 형식을 갖추게 되었다.

또한, 상품에 따라서는 자기부담금(Deductible) 제도가 없어 본인 부담 없이 MRI, 주사제 등 비급여 항목에 대해서도 전액 보상받을 수 있으므로 현행 실손의료보험 약관 중 가장 보장범위가 넓다.

ⓘ **제1세대 실손의료보험 약관 주요 변경내역**

- (1990년 이전) 손보사 장기손해보험 상해의료비 보장상품 판매
  - 상해로 인한 의료실비(입원, 외래) 보장, 국민건강보험공단부담금 보장
  - 동일 사업방법서 내에서만 비례보상, 그 외는 중복보상

- (1992년) 손보사 상해 · 질병입원의료비(80%보상, 180일 한도) 보장상품 판매
  - 치료항목별(입원실료, 수술비, 입원제비용)로 보상한도액 설정

- (1999년) 손보사 입 · 통원의료비 보장상품 도입

- 입원 3천만원, 통원 10만원 한도로 주로 판매(100% 보상형)
- 보험기간을 10년 이내에서 2001년 이후 년 갱신형(1~5년)으로 전환

• (2003년) 보험업법 개정으로 생보사 단체 실손의료보험 판매 개시
  - 손보업계 고유영역으로 인식되던 실손보장형 급부를 제3보험에 한해 생보업계 허용*
    * 단체보험은 2003년, 개인보험은 2005년 각각 허용
  - 중복가입 시 비례보상 실시(자동차보험·산재보험의 경우 50% 중복보상)
  - 국민건강보험공단부담금은 보상에서 제외

• (2006. 10월) 실손의료보험 도덕적 해이 방지방안 논의 시작
  - 보건복지부, 실손의료보험 가입자의 도덕적 해이에 따른 건보재정 악화 문제 제기

• (2007. 4월) 손보사, 자사(自社) 경험위험률 사용(삼성, 현대, 동부, LIG, 메리츠)

• (2008. 5월) 생보사 개인실손의료보험(자기부담금 20%) 판매* 개시
    * 보험업법 개정 : 2005. 8월

• (2008.10월) 보험업계 자율적인 도덕적 해이 방지방안 마련
  - 본인부담금 제도 확대 등 개선방안* 마련
    * 외래진료 시 본인부담금 확대, 입원진료 시 자기부담금 신설 등

• (2008. 12월) 보건복지부 실손보험 개선(안) 제시
  - 의료기관별 자기부담금 차등공제(의원 1만원, 병원 2만원, 대학병원 3만원)
  - 약제비 추가공제(1회당 8천원)

• (2009 .7월) 개인실손보험 관련 보험사 중복가입 확인의무 부과
  - 중복가입으로 인한 소비자피해 방지*
    * 동일인이 다수의 실손의료보험을 가입하더라도 본인이 부담한 치료비를 상품별로 비례보상

2. 표준약관 제정(2009. 9월)[제2세대 실손의료보험]

최초의 실손의료보험의 표준약관은 2009. 9. 28. 제정되었다. 이는 당시 의료기술 발달 등에 따른 비급여 진료의 관심이 높아지고, 보험회사들도 경쟁적으로 장기보험상품 판매에 적극나서면서 가입자가 급격히 늘어났으나, 상품구성이 너무 복잡하고 보험회사마다 보장내용이 조금씩 달라 소비자들의 혼란과 불편을 초래할 뿐만 아니라 특히, 중복가입 문제 등이 국민적 관심사로 떠오르면서 실손의료보험도 자동차보험처럼 표준약관을 마련할 필요가 있다는 공감대가 형성된 데따른 것이다.

특히, 제1세대 실손의료보험의 경우 입원의료비 한도나 자기부담금을 설정하지 않아 불요불급한 의료쇼핑이나, 요양기관의 과잉진료 등 도덕적 해이를 유발한다는 지적 등이 있어 보험가입금액 한도를 입원 5천만원(사고당), 통원 30만원(회당)으로 일원화하고 자기부담률(co-insurance) 10% 제도(200만원 한도)를 도입하는 등 보험금 누수 방지 대책도 강구되었다.

▌제2세대 실손의료보험 표준약관 주요내용

구분		주요내용
가입 한도		입원의료비 사고당 5천만원, 통원의료비 회당 30만원
자기 부담금	입원	입원 시 10%(연간 200만원 한도, 초과 시 전액보상)
	통원	5천원~1만원 → 병원별 차등화(의원 1만원, 병원 1.5만원, 종합병원 2만원)
	약제	약국 8천원
기타		상급병실료차액 보상기준 통일, 해외진료비 특약 보장
		항문질환 · 치과질환 면책 → 항문질환 · 치매, 치과(급여) 등 일부 보장

한편, 2010. 3월에는 실손의료보험 표준약관에는 명시하지 않았으나 국민건강보험법에 따른 요양급여 수급권자와 마찬가지로 의료급여법상 수급권자도 보장대상임을 약관에 명확화하고 알콜중독, 습관성 약품 또는 환각제 복용, 핵연료 물질 등 일부 면책사항을 삭제하였다.

3. 단독형 실손의료보험 도입(2012. 12. 28.)

2012. 4월 당시 실손의료보험 가입자수가 2,522만명 규모에 이르고 신규가입자도 매년 3백만명씩 늘어나는 등 국민적 관심이 커진 반면, 종전의 실손의료보험 담보는 패키지 특약 형태로 주계약에 묶여 있어 소비자에게 유리한 내용으로 표준약관이 변경되더라도 계약을 변경하기가 쉽지 않아 소비자 선택권이 제한되거나, 비급여 의료비 증가 등으로 대폭 인상된 보험료에 대한 소비자 불만이 커지자 금융당국은 2012. 8월 실손의료보험 종합개선대책을 발표하였다.

이에 갱신보험료 수준이나 보장 내용에 따라 소비자가 계약 유지 또는 변경 여부를 자유롭게 선택할 수 있도록 종전의 「종합입원형」, 「종합통원형」 특약형태에서, 「상해입원·통원」, 「질병입원·통원」 4개 담보종목으로 구성된 실손의료보험 단독상품이 2013. 1월 출시되었다.

▌특약형 상품과 단독형 상품 장단점 비교(금융감독원 보도자료)

구분	특약형 실손의료보험	단독형 실손의료보험
장점	실손보장 + 사망·후유장해 등 다양한 추가 보장	불필요한 보장에 가입할 필요가 없음 회사별 보험료 비교 용이
단점	불필요한 보험료 부담 가능성 회사별 보험료 비교 곤란	추가적인 다른 담보 보장 불가 별도상품가입으로 보장 가능

한편, 보험료 갱신주기가 3년으로 묶여 있어 수년간의 보험료 인상요인이 일시에 반영되어 보험료 부담이 크다는 지적이 있어, 갱신주기를 1년 단위로 단축하는 한편, 보험기간이 80세, 100세 등 특정 연령으로 고정되어 있어[5], 가입자가 고령이 될수록 보험료 부담이 커져 계약을 유지하기가 쉽지 않아 보험료만 부담하고 필요한 시기에 보험 혜택을 누리지 못하는 사례가 발생할 수 있어 보험기간을 15년 주기로 변경하여 계약유지 여부에 대한 소비자 선택권을 확대하였다.

또한, 일률적으로 정하고 있던 자기부담금률(10%)을 10%~20% 등으로 다양화하였으며, 타당한 사유 없이 과도하게 보험료를 인상 또는 인하하지 못하도록 위

---

5) [홈쇼핑 광고(예시)] 첫날부터 '100세까지 무한－확정－반복 보장'한다고 광고하고 있으나 최초 가입 시(40세) 보험료가 13,690원이 3년주기로 위험율이 20%씩 증가한다고 가정할 때 80세가 되면 부담해야 할 보험료는 604,750원에 이를 것으로 예상된다.

험보험료율의 변동폭이 산업평균 위험률의 ±10% 범위를 초과하는 때에는 사전에 금융감독원에 신고토록 하였다.

    그 외에 비급여 지급범위를 둘러싼 분쟁 예방을 위해 국민건강보험법 또는 의료급여법에 따라 보건복지부장관이 정한 비급여(법정비급여)를 주석으로 명확화하였다.

ⓘ **실손의료보험 종합제도개선방안 주요내용(2012. 8. 30.)[6]**

① 실손의료보험 단독상품 출시(단독 또는 통합상품으로 판매)
  (현행) 실손의료보험 가입 시 보험사의 마케팅 전략 등으로 다른 보장상품도 함께 가입해
       야 하는 상황
      * 실손의료보험료는 1~2만원이나 他보장이 포함된 실제 계약은 7~10만원 수준
  (개선) 실손상품만 가입할 수 있도록 단독상품 출시 의무화
  (효과) 소비자 선택권 확대(통합상품 또는 단독상품), 실손상품 변경ㆍ재가입 시 비용부담
       최소화

② 보험료 변경(갱신)주기 단축(3년 → 1년)
  (현행) 3년 갱신으로, 보험료 인상이 과다하여 소비자 불만 증가
  (개선) 1년마다 제도가 바뀌는 국민건강보험과 연계되는 상품특성을 고려하여 보험료를 1년
      마다 변경
  (효과) 인상원인 분석이 용이하고, 의료환경 변화를 보험료에 적시 반영

③ 보험기간 현실화(100세 → 15년)
  (현행) 특정연령(예 100세)까지 보장한다고 광고하고 있으나 보험료 인상폭이 커서 고연령
      에서 계약유지가 사실상 불가
  (개선) 보험기간을 일정기간이내(최대 15년)로 현실화하고 소비자가 상품의 변동성을 이해
      할 수 있도록 사전에 명확히 안내
  (효과) 과장광고를 최소화하여 상품 신뢰도 제고, 개선된 상품에 자동으로 재가입할 수 있
      어 고객 편의 증가

④ 자기부담금 선택권 확대(10% → 10% 또는 20%)
  (현행) 진료비에 대한 자기부담금이 10%로 일률적으로 설정됨
  (개선) 자기부담금 비율이 20%인 상품판매도 허용
  (효과) 소비자에게 합리적인 보험료 제시 및 보장대상 선택권 확대

⑤ 위험률 검증 강화
  (현행) 별도의 기초서류 신고기준 없음
  (개선) 보험사별 위험률 변경 폭이 산업평균 위험률보다 일정범위(±10%) 초과 시 신고
  (효과) 갱신시 보험료 변동폭에 대한 예측 가능성 증대

이후 2014. 2월의 표준약관 주요 개정 내용은 다음과 같다.

□ 의료급여수급권자 할인상품 도입

의료급여법에 따른 의료급여 수급권자 등은 보험금에서 정부로부터 지급받는 의료급여 상당액이 차감되는데도 의료급여 비수급권자와 동일한 보험료를 부담하는 것이 부당하다는 불만이 꾸준히 제기되어, 보험료를 할인해 주거나 의료급여수급권자 전용상품을 개발하였다.

다만, 동 제도가 실제 시행된 2014. 4월 이후 신규 의료급여 수급권자에 대해서만 할인율이 적용되므로 가입시기별로 수급권자간의 보험료 차이가 발생하는 등 가입자간 형평성 문제가 있어, 실손의료보험 약관 표준화 이후 가입자에도 소급하여 적용하였다. 다만, 제1세대 실손의료보험 약관의 경우 보상체계가 현행방식과 달라[7] 소급적용 대상에서 제외되었다.

ⓘ 의료수급권 취득시기별 할인적용 시점

가입시기		갱신		할인 적용
2014. 1월	→	2015. 1월	→	2015. 1월~
2014. 1월	→ 6월 의료수급권 취득 →	2015. 1월	→	2015. 1월~
2014. 1월	→	2015. 1월	→ 4월 의료수급권 취득 →	2015. 4월~

---

6) 금융감독원 보도자료(2012. 8. 30.) 실손의료보험 종합개선대책
7) 실손의료보험 표준화 이전에는 '발생의료비(건보공단부분포함)의 40%'를 보상하려고 정한 사례도 있으나 표준화 이후에는 '본인이 실제부담한 의료비의 80~90% 보상'으로 변경되었다.

❑ 비급여 단독청구 비용의 의미 명확화

국민건강보험에 가입한 피보험자의 진료비 상세 내역에 비급여만 부담하고, 본인일부부담이나 본인전액부담이 발생하지 않더라도 국민건강보험(의료급여)법의 적용을 받는다는 사실에는 변함이 없는데, 이런 경우를 약관상 '국민건강보험법 등을 적용받지 못한 경우'로 해석하여 일반 지급률(80~90%)보다 낮은 지급률(40%)을 적용하는 사례가 있어, '비급여 항목만 발생하더라도 국민건강보험(의료급여)법을 적용받는 경우에 해당한다'는 내용이 약관에 추가되었다.

❑ 입원치료 후 면책기간 변경

종전 약관에서는 불필요한 장기입원 등 도덕적 해이를 방지하기 위해 최초 입원일로부터 일정기간(6개월~1년) 보장 후, 보장이 끝나는 날로부터 면책기간(90~180일)을 두고 있었다.

그런데 치료가 종료되어 퇴원한 환자가 보장기간(1년)이 지난 후에 다시 증상이 재발하여 입원하는 경우까지 보상받지 못하는 것은 불합리하다는 지적이 있어 최종 퇴원일로부터 180일이 지나면 새로운 입원으로 인정하여 면책기간 기산시점을 보장기간 최종일이 아닌 퇴원일로 변경하였다.

❑ 제3자에 의한 분쟁해결 근거 마련

실손의료보험 분쟁은 고도의 의학적 판단이 필요한 경우가 많아 제3의 전문의료기관의 자문이 필요한 경우도 있으나, 약관상 근거가 없어 이러한 절차를 진행하기가 어려웠다. 이에 생명보험 표준약관 등을 참고하여 제3의 의료기관 판정에 따라 분쟁을 해결하는 절차 조항을 신설[8]하였다.

---

8) 보험수익자와 회사가 1.(보험금의 지급사유)의 보험금의 지급사유에 대해 합의하지 못할 때는 보험수익자와 회사가 함께 제3자를 정하고 그 제3자의 의견에 따를 수 있습니다. 제3자는 의료법 제3조(의료기관)에 규정한 종합병원 소속 전문의 중에 정하며, 보험금 지급사유 판정에 드는 의료비용은 회사가 전액 부담합니다.

4. 노후실손의료보험의 도입(2014. 8월)

금융위원회에서 발표한 「100세 시대를 대비한 금융역할」의 일환으로 실손의료
보험의 대중화에도 불구하고 보험가입이 어려운 고령층을 위한 상품개발 수요에
부응하기 위하여 50세~75세를 대상으로 하는 노후실손의료보험이 도입되었다.

주요 특징으로는 자기부담금의 경우 일반실손의료보험이 본인부담의료비의
10~20%(입원 시), 통원 시 5천원~2.8만원(요양기관별 차등)으로 설정되어 있는데
반해, 노후실손의료보험은 2단계 공제(입원 시 30만원, 통원 시 3만원 우선공제 후 급
여와 비급여에 대해서 각각 20%, 30% 추가공제)방식이며, 보상한도의 경우 일반실손
의료보험이 입·통원별로 구분되어 있는데 반해, 노후실손의료보험은 구분없이
연간 1억원(통원은 회당 100만원)으로 되어 있다.

❚ 노후실손의료보험 상품 주요내용

구분			일반실손	노후실손	비고
	상품구분		4개 상품 (질병입원·통원, 상해입원·통원)	2개 상품 (질병·상해의료비)	입·통원 통합
주계약	가입연령		0~65세	0~75세	보장 강화
	보상 한도	입원	연간 5천만원	연간 1억원 (입원, 통원 합산) 통원은 회당 100만원 한도	
		통원	1회당 병원 25만원, 약국 5만원(연간 180회 한)		
	공제 금액	입원	본인부담의료비의 10% 또는 20%	(우선공제) 입원 30만원, 통원 3만원 (추가공제) 비급여의 30%, 급여의 20%	갱신보험료 인상 억제
		통원	통원 1회당 1.8~2.8만원* *병원급별(의원, 종합병원 등) 차등		
특별약관			없음 (주계약에서 모두 보장)	요양병원의료비 특약 상급병실보장 특약	
인수기준			동일 (일반실손의료보험 가입이 불가능한 사람은 노후실손의료보험에도 가입불가)		

5. 금융소비자 권익 제고를 위한 표준약관 개정(2015. 11. 30.)

금융당국은 「국민체감 20대 금융관행 개혁」의 일환으로 실손의료보험가입자 권익제고 방안을 마련하여 다음과 같은 주요 약관 개정사항을 발표하였다.

❑ 퇴원 시 처방 약제비의 입원의료비 포함

그간 입원환자가 퇴원하면서 의사로부터 처방받은 약제비가 입원의료비와 통원의료비 중 어디에 해당하는지 불분명하며 입원환자가 퇴원하면서 처방받은 약제비가 통원의료비 한도액(최고 30만원)을 초과하는 경우 입원의료비(보상한도 최고 5천만원) 적용여부를 두고 분쟁이 빈발했는데, 피보험자가 두텁게 보장받을 수 있도록 입원환자가 퇴원 시 처방받은 약제비는 입원의료비에 포함되는 것으로 개정되어 제2세대 실손의료보험 표준약관 가입자부터 적용토록 하였다.

❑ 중복가입자 자기부담금 공제근거 명확화

실손의료보험 중복가입자에 대한 보상 시에도 자기부담금(10%)을 공제해야 하는지 명확하지 않아 자기부담금 공제근거를 약관에 명시하여 제2세대 실손의료보험표준약관 가입자부터 적용토록 하였다.

❑ 보장여부 불분명 항목의 명확화

소비자들이 보장 가능 여부를 잘 알지 못하거나, 분쟁이 자주 발생하는 항목들을 발굴하여 보장여부를 약관에 명확화하였다.

ⓘ 약관상 면책사유로 오인되거나 놓치기 쉬운 보상항목(금융감독원 보도자료)

---

① 치과치료 중 구강, 턱의 질환 등*(K09~K14)에 대한 치료
   * 충치, 임플란트 등의 치과치료는 급여부분만 보장이 되나, 구강·혀·턱 질환 관련 치과치료는 급여 및 비급여의료비 모두 보장
② 한방병원에서 양방의사가 수행한 MRI, CT검사 등 양방의료비
③ 안검하수(눈꺼풀처짐증), 안검내반(속눈썹눈찌름) 등 시력개선 목적의 쌍꺼풀 수술(이중검 수술), 유방암환자의 유방재건술
④ 건강검진센터 등에서 건강검진한 경우 추가 검사로 인해 발생하는 비용

---

⑤ 화염상 모반 등 선천성 비신생물성모반(Q82.5), 수면무호흡증(G47.3)
   * 역선택 방지를 위해 피보험자가 보험가입 당시 태아인 경우에 한해 보장
⑥ 진성 성조숙증 치료를 위한 호르몬 투여

❑ 정신질환 보장대상 확대

정신질환의 진단은 주로 환자의 진술과 행동 등에 의존하기 쉽고, 증상도 점진적으로 진행되므로 정확한 발병 시점 또한 확인하기 어렵다. 이런 이유로 종전에는 실손의료보험의 보장대상에서 제외되어 왔으나, 증상이 비교적 분명하여 질병의 치료 목적인지 확인하기 쉬운 일부 정신질환은 보상토록 하였다.

❑ 입원의료비 보장기간 확대

최초 입원일로부터 1년동안 지급받은 보험금이 보상한도에 미치지 않더라도 보장기간(1년)이 지난 다음날로부터 90일간 보상받을 수 없는 면책기간 제도에 대해 불만이 커지자 입원의료비 보험금이 보장 한도에 도달할 때까지는 1년이 지나더라도 계속 보상받을 수 있도록 보상조건을 완화하였다.

❑ 산재보험 미승인 요양의료비의 보상 확대

근로자가 업무상 재해로 치료를 받으면서 산업재해보상보험에서 보상받지 못한 요양미승인 비급여 등 본인이 부담한 의료비에 대해서 종전에는 '국민건강보험(의료급여)법을 적용받지 못한 경우'로 간주하여 본인부담의료비의 40%를 적용한 금액을 보상해 왔다.

그러나, 비급여의료비라 하더라도 국민건강보험으로 처리하면 본인부담 의료비의 80~90%를 보상받을 수 있는데 산재처리하면서 발생한 비급여에 대해서는 낮은 지급률(40%)을 적용하는 것은 가입자간 형평에 맞지 않으므로 산재요양 승인을 받지못해 본인이 부담한 의료비에 대해서도 국민건강보험이 적용된 경우와 동일하게 보상토록 하였다.

□ 비응급환자의 응급실 관련 비용 보상 축소

응급실 입원 시 정액으로 보상받는 상품에 가입한 가입자들이 불요불급한 응급실 이용 사례가 늘어나자 요양급여기준에 따라 상급종합병원 응급실의 응급의료관리료가 적용되는 경우만 보상토록 개정하였다.

□ 불필요한 입원 남용 억제

입원 필요성의 인정여부와 관련하여 종전 약관에서는 '피보험자가 의사의 지시를 따르지 않아 증상이 악화된 경우'로만 규정되어 있었으나, 병증으로 볼 때 통원치료로 충분한데도 불구하고 의사의 소견과 관계없이 본인이 원하여 입원하는 경우도 '의사의 소견과 무관하게 피보험자의 요청에 따라 입원하는 경우'로서 보장대상에서 배제하였다.

□ 해외 장기체류자의 보험료 납부의무 면제

실손의료보험 약관상 외국의 의료기관에서 발생한 의료비는 보상하지 않기 때문에 피보험자가 해외에서 3개월 이상 체류할 경우 사실상 보험 혜택을 받을 기회가 없는데도 그 기간 중 보험료를 계속 납입하는 것은 불합리하므로 해당 기간 중 보험료 납입을 중지9)하고, 이미 납입한 보험료는 환급토록 약관을 개정, 제2세대 실손의료보험 표준약관 가입자부터 적용토록 하였다.

ⓘ **2009. 9월 ~ 2017. 4월 기간 중 주요 변경내용**

- (2009. 10월) 실손의료보험 상품표준화
  - 금융위·금감원·보건복지부 협의로 공보험(건강보험) 및 민영보험의 재정건전성 악화를 막기 위해 본인부담금 강화, 보장한도 표준화 등 표준약관 제정(2009. 9. 28.)
    * (유형) 상해형(입/통원), 질병형(입/통원), 종합형(입/통원) 등 총 6종류로 구분
    (입원) 보장한도 축소(1억원 → 5천만원), 자기부담금(10%) 신설
    (통원) 병원규모별 공제금액 차등 적용(1~2만원), 약제비 추가공제(8천원)
    (상급병실료 차액) 50% 보장하되 1일 평균입원일 최대 10만원 한도 적용

- (2011. 4월) 손보사*, 무사고자에 대한 보험료 할인(10%)제도를 운용
    * 생보사는 실손의료보험 도입(2008. 5월)시 부터 무사고자 할인제도 운영

---

9) 해외·국내 실손의료비 가입보험사가 동일한 경우에만 적용

- (2012. 1월) 연령증가분을 보험료에 반영한 대체납입 보완상품 판매

- (2012. 8월) 실손의료보험 제도개선방안 발표
  - 단독상품 운용, 자기부담금 선택권 다양화, 갱신주기 단축, 보험기간 현실화 등

- (2014. 8월) 노후실손의료보험 도입
  - 금융위의 「100세 시대를 대비한 금융의 역할 강화방안(2013. 12. 12.)」의 일환으로 고령층 특화상품 개발

- (2014. 10월) 단체실손보험 중복가입 방지 제도 개선
  - 보험사의 단체보험 종업원의 중복가입 여부 확인 의무 부과
  - 금감원, 단체보험 피보험자의 개인실손보험 가입 여부에 따라 보장 이원화
  (실손형 · 비실손형 단체보험 개발 권고, 2014. 9월)

- (2015. 9월) 금융위, 자기부담금 강화, 보험료 과다인상시 사전심사 의무화 등 규정 개정

구분		주요 개정내용
1	자기부담금 강화	• 자기부담금(비급여) 20% 미만인 상품의 경우 사전신고
2	보험료 사전심사 강화 및 사업비 강화	• 순보험료율 변동폭이 참조순보험요율 변동폭을 초과할 경우 사전신고(보험료 인상분의 50%를 인하하거나 혹은 보험료의 5%를 인하한 경우는 제외) • 해약공제액(신계약비)의 한도를 제한
3	실손의료보험에 대한 설명의무 강화	• 보험모집 시 65세 이후 보험료 수준 등을 사전 안내
4	보험료 비교공시 강화	• 보험업계 평균과 비교한 보험료 수준을 비교 공시
5	비급여 통계관리 강화	• 비급여 의료비 위험률 별도 산출시기 단축[*] * 2017. 1월 → 2016. 1월
6	저축성보험의 해약환급금 공시 강화	• 저축성 보험의 해약환급금의 납입보험료 대비 적립금 및 적립률 등을 추가 공시

- (2015. 6~9월) 실손의료보험 중복가입자 중복가입 재안내 및 자기부담금 환급 조치

- (2015. 11월) 실손의료보험 가입자 권익제고 방안 마련
  - 일부 요양급여 정신질환 보상, 입원의료 보장기간 확대, 산재보험에서 보장받지 못한 의료비의 보장한도 확대 불완전판매로 인한 중복가입시 계약자 피해구제 수단 마련, 해외 장기체류 시 실손의료보험 중지제도 도입 등

- (2016. 12월) 실손의료보험 제도개선 추진
  - 상품구조개편(기본형 + 특약), 실손의료보험 단독화, 실손의료보험 통계 DB 구축, 보험금 미청구자 할인제도 도입, 단체 · 개인실손보험 연계 등

6. 착한 실손의료보험 출시(2017. 3. 22.)[제3세대 실손의료보험]

실손의료보험이 국민경제생활에서 차지하는 비중이 커지면서 금융당국은 '실손의료보험의 안정적 공급과 국민의료비 부담 완화'를 금융개혁과제의 하나로 선정, 그간의 실손의료보험의 운용상 문제점 등을 검토하여 실손의료보험구조를 「기본형」과 「특별약관」 구조로 개편하고 개인별 의료서비스 이용량에 따라 보험료를 차등화하는 등 종합개선방안을 마련하였다.

□ 획일 · 포괄적 보장구조 → 기본형 + 다양한 특약 구조

대부분의 질병상해 치료에 대해 단일상품으로 포괄적 · 획일적으로 보장하는 방식에서 과잉진료 우려가 있거나 개인별 이용량 차이가 큰 「도수 · 체외충격파 · 증식치료」, 「비급여주사제」, 「비급여 MRI」 등 3개 진료군을 구분, 이를 특별약관에서 담보하는 형식으로 변경하여 가입자가 가입 여부를 선택할 수 있도록 하였다.

기본형	특약
▶ 도덕적 해이 유발 소지 항목을 제거하여 보험료 인상을 최대한 억제하되, 현재보다 보장이 지나치게 축소되지 않도록 설계	▶ 보험료 인상률 등을 고려, 개별사정에 따라 꼭 필요한 소비자만 선택 가입
특약 보장항목은 기본형에서 보장 제외	▶ 과잉진료가 심각한 진료행위 특약 분리
	① 도수 · 체외충격파 · 증식치료 담보특약 ② 비급여 주사제 담보특약
	▶ 충실한 보장을 위한 특약 분리
	③ 비급여 MRI 검사 담보특약

□ 도덕적 해이 및 역선택 방지 장치 마련

일부 가입자의 의료쇼핑 방지 등을 위해 특약 항목의 자기부담비율을 높이고, 보장한도 및 보장 횟수를 설정하는 등 보험금누수 방지 장치를 마련하였다.

❑ 보험금 미청구자에 대한 보험료 할인

종전에는 보험료 산출 시 통계 산출상의 문제 등으로 피보험자의 성별, 연령 외에는 보험료에 반영하기 어려워 같은 요율(단일요율)을 적용해 왔으나, 개인별로 의료서비스 이용량 차이가 커지자 이를 요율에 반영하지 않는 것은 불합리하다는 지적이 있어, 직전 2년간 비급여 의료비를 보상받지 않은 경우는 차기 1년간의 보험료를 할인토록 변경하였다.

7. 요양급여(주계약) · 비급여(특약) 분리(2021. 7. 1.) [제4세대 실손의료보험]

종전의 약관은 요양급여 여부와 관계없이 상해, 질병, 입원, 통원을 기준으로 보장대상을 구분해 왔으나, 비급여 과잉진료 문제 등으로 비급여관리 필요성이 지속적으로 제기되자, 보장대상을 요양급여 여부로 구분, 요양급여는 보장대상을 확대하는 한편, 비급여에 대해서는 개인별 의료서비스 이용량에 따른 할인·할증제를 도입하고, 자기부담금률도 급여는 종전 10%에서 20%, 비급여는 종전 20%에서 30%로 각각 상향 조정하는 등 보장구조를 개편하였다.

❑ 요양급여 보장 확대 및 비급여 보장 축소

불임 관련 질환, 선천성 뇌질환 등 일부 요양급여 보장이 확대된 반면, 과잉진료 우려가 큰 도수치료, 영양제 등 일부 비급여항목은 보장대상에서 제외하였다.

구분		개정 전	개정 후
급여 → 보장 확대	불임 관련 질환	보장 제외	보험가입일로부터 2년 후부터 급여 항목 보장(전액본인부담금 제외)
	선천성 뇌질환		태아상태 가입 시 급여 항목 보장
	피부질환		심한 농양 등 급여 인정 부분 보장
비급여 → 보장 축소	도수치료	질병치료 목적 시 (연간 최대 50회)	매 10회마다 병적 완화 효과 등 확인 시(연간 최대 50회)
	영양제, 비타민	질병치료 목적 시 보장	약사법령상 약제별 허가·신고사항 대로 투여된 경우에만 보장

□ 비급여특약 분리

비급여 과잉의료 이용 억제를 위해 종전의 포괄적 보장구조(요양급여 + 비급여)를 「요양급여」와 「비급여」로 분리하여 급여 종류별 손해율에 따라 보험료를 조정하고 직전 1년간의 비급여 지급보험금 규모를 기준으로 5등급으로 구분, 비급여의료 이용량과 연계하여 가입자별로 보험료를 차등화하였다.

▌비급여 의료이용량에 따른 보험료 할인 · 할증 구간

구분	1단계 (할인)	2단계 (유지)	3단계 (할증)	4단계 (할증)	5단계 (할증)
직전 1년간 비급여 보험금	–	0원~ 100만원	100만원~ 150만원	150만원~ 300만원	300만원~
할인 · 할증율	할인	–	+100%	+200%	+300%

▌제4세대 실손의료보험 급여 · 비급여 상품별 주요내용

구분	급여(주계약)	비급여(특약)
기본 방향	필수 치료인 만큼 보장 확대	보험금 누수 방지 및 소비자의 합리적 의료이용 유도 → 가입자간 보험료 부담 형평성 제고
보장 범위	① 불임 관련 질환 보장 확대 ② 선천성 뇌질환 보장 확대 ③ 치료 필요성이 인정되는 피부 질환 등 보장 확대	① 도수치료 보장대상 제한 ② 비급여 주사제 보장기준 정비
보험료 할인 · 할증	2년 무사고 할인 10%	의료이용량에 따라 개별보험료의 할인 · 할증 + 2년 무사고 할인 10%
입원비 자기부담률	(현행) 10%/20% → (변경 후) 20%	(현행) 20%/30% → (변경 후) 30%

통원
공제 금액
	• 병 · 의원+처방조제 :
	  MAX(1만원, 의료비 20%)
	• 상급 · 종합+처방조제 :
	  MAX(2만원, 의료비 20%)
		MAX(3만원, 의료비 30%)
		* 병 · 의원 구분 없음

갱신 주기	의료환경 변화에 효율적으로 대응하기 위해 재가입주기 단축 (현행) 15년 → (변경 후) 5년	

(i) **[참고] 의료급여제도의 개요**

1. 개념

의료급여제도는 생활유지 능력이 없거나 생활이 어려운 저소득 국민의 의료문제를 국가가 보장하는 공공부조 제도로서 건강보험과 함께 국민 의료보장의 중요한 수단이 되는 사회보장 제도이다.

2. 의료급여수급권자

의료급여수급권자는 의료급여를 받을 수 있는 자(의료급여법 제2조)를 말하며, 의료급여기관은 수급권자에 대한 진료 · 조제 또는 투약 등을 담당하는 의료기관 및 약국 등을 말한다.

3. 의료급여법 지원대상

의료급여법 지원대상은 국민기초생활보장수급권자, 행려환자 등 의료급여법에 의한 수급권자, 재해구호법에 의한 이재민 등 타법[10]에 의한 수급권자이다.

4. 지원유형

의료급여 수급권자는 의료급여법 제3조 제2항 및 동법 시행령 제3조에 따라 1종 수급권자와 2종 수급권자로 구분된다.

구분		대상
1종 수급권자	국민기초생활수급자	근무능력가구, 107개 희귀난치성질환자가 속한 가구, 시설수급자
	행려환자	–
	타법적용자	이재민, 의상자 및 의사자의 유족, 입양아동(18세 미만), 국가유공자, 중요무형문화재 보유자, 북한이탈주민, 5 · 18 민주화운동 관련자, 노숙인
2종 수급권자	국민기초생활보장대상자 중 1종 수급대상이 아닌 가구	–

5. 급여대상

진찰 · 검사, 약제 · 치료재료 지급, 처치 · 수술과 그 밖의 치료, 예방 · 재활, 입원, 간호, 이송 등(의료급여법 제7조)

---

10) 1. [재해구호법]에 의한 이재민
    2. [의사상자 예우에 관한 법률]에 의한 1~6급 의상자 및 의사자의 유족
    3. [입양특례법]에 의해 국내에 입양된 18세 미만의 입양아동
    4. [국가유공자 등 예우에 관한 법률]과 [독립유공자 예우에 관한 법률], [보훈대상자 지원에 관한 법률]에서 정하는 국가유공자 및 그 가족/유족
    5. 「문화재 보호법」에 의한 중요무형문화재 보유자 및 그 가족

국민건강보험법 제41조(요양급여)	의료급여법 제7조(의료급여의 내용 등)
1. 진찰 · 검사	1. 진찰 · 검사
2. 약제(藥劑) · 치료재료의 지급	2. 약제(藥劑) · 치료재료의 지급
3. 처치 · 수술 및 그 밖의 치료	3. 처치 · 수술과 그 밖의 치료
4. 예방 · 재활	4. 예방 · 재활
5. 입원	5. 입원
6. 간호	6. 간호
7. 이송(移送)	7. 이송과 그 밖의 의료목적 달성을 위한 조치

6. 급여범위 및 급여비용

급여보험과 유사(정신과 등 일부 수가체계 상이)

7. 급여절차 : 3단계

의료기관 중복방문, 약물 오남용 등으로 건강상의 위해가 발생할 위험이 높은 수급권자 및 급여상한일수 초과자는 선택의료급여기관[*] 지정 · 이용

* 수급권자 본인이 자주 이용하는 의원급 기관 선택 원칙, 선택의료급여기관 이외의 기관방문 시에는 선택의료급여기관에서 발급한 의료급여의뢰서 필요

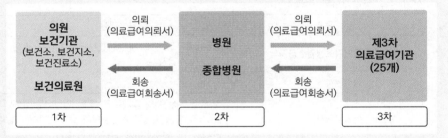

▌요양급여수급권자의 본인부담 금액(요양급여만 해당, 비급여는 전액 본인부담)

구분		1차(의원)	2차 (병원, 종합병원)	3차 (지정병원)	약국	PET등
1종	입원	없음	없음	없음	–	없음
	외래	1,000원	1,500원	2,000원	500원	5%
2종	입원	10%	10%	10%	–	10%
	외래	1,000원	15%	15%	500원	15%

---

6. [북한이탈주민의 보호 및 정착지원에 관한 법률]에 적용받고 있는 북한이탈주민(새터민)과 그 가족

7. [5 · 18 민주화운동 관련자 보상 등에 관한 법률]에 의한 5 · 18 민주화운동 관련자 및 그 가족/유족

8. [노숙인 등의 복지 및 자립지원에 관한 법률]에 따른 노숙인 등(2012. 6. 8. 시행)

실손의료보험의
이론적 배경

01 개요

　보험상품[1]은 '위험보장을 목적으로 우연한 사건 발생에 관하여 급전 및 그 밖의 급여를 약정하고 대가를 수수(授受)하는 계약'을 말하며 가입 대상에 따라 인(生命)보험과 손해보험, 그리고 제3보험상품으로 나뉜다. 이 중 실손의료보험은 실손(實損) 즉, '실제입은 손해'를 보상한다는 측면에서는 손해보험이라 할 것이나 보험의 대상이 '사람'이라는 측면에서 보면 인보험으로도 볼 수 있으므로 손해보험과 인보험 성격이 모두 혼재(混在)된 제3보험상품에 해당한다.

　실손의료보험은 인보험과 손해보험이 화학적으로 융합된 전혀 새로운 성격의 영역의 것이라기보다는 각각 고유의 특징을 그대로 유지하고 있어서 때에 따라 인보험과 손해보험의 특성을 그대로 나타내므로 그 법적 성격을 일률적으로 정의하기가 쉽지 않으나 실손의료보험의 특성을 이해하고 관련 분쟁을 해결하기 위해서는 이를 명확히 규명할 필요가 있다.

　예를 들어, 본인과실이 20%인 자동차사고 피해자가 가해자측의 보험회사로부터 치료비를 모두 보상받고 추가로 자신이 가입한 실손의료보험에서 별도로 보상

---

1) [보험업법] 제2조(정의) 이 법에서 사용하는 용어의 뜻은 다음과 같다.
　　1. "보험상품"이란 위험보장을 목적으로 우연한 사건 발생에 관하여 금전 및 그 밖의 급여를 지급할 것을 약정하고 대가를 수수(授受)하는 계약([국민건강보험법]에 따른 건강보험, [고용보험법]에 따른 고용보험 등 보험계약자의 보호 필요성 및 금융거래 관행 등을 고려하여 대통령령으로 정하는 것은 제외한다)으로서 다음 각 목의 것을 말한다.
　　　가. 생명보험상품: 위험보장을 목적으로 사람의 생존 또는 사망에 관하여 약정한 금전 및 그 밖의 급여를 지급할 것을 약속하고 대가를 수수하는 계약으로서 대통령령으로 정하는 계약
　　　나. 손해보험상품: 위험보장을 목적으로 우연한 사건(다목에 따른 질병·상해 및 간병은 제외한다)으로 발생하는 손해(계약상 채무불이행 또는 법령상 의무불이행으로 발생하는 손해를 포함한다)에 관하여 금전 및 그 밖의 급여를 지급할 것을 약속하고 대가를 수수하는 계약으로서 대통령령으로 정하는 계약
　　　다. 제3보험상품: 위험보장을 목적으로 사람의 질병·상해 또는 이에 따른 간병에 관하여 금전 및 그 밖의 급여를 지급할 것을 약속하고 대가를 수수하는 계약으로서 대통령령으로 정하는 계약

받을 수 있는지 여부라든가 병원에서 의료비를 감면받은 경우 감면전·후 의료비 중 어떤 금액을 기준으로 보상할 것인가 하는 등의 흔히 접하는 실손의료보험 관련 분쟁들도 결국 실손의료보험의 법적 성격과 관련된 문제이기 때문이다.

CHAPTER 02 실손의료보험의 법적 성격

1. 상법

　상법 제727조에서는 인보험계약을 '피보험자의 생명이나 신체에 관하여 보험사고가 발생할 경우에 보험금 등을 지급하는 계약'으로 정의하면서 생명보험, 상해보험, 질병보험에 관한 규정을 두고 있고, 같은 법 제665조에서는 손해보험을 '보험사고로 인하여 생길 피보험자의 재산상의 손해를 보상하는 계약'으로 정의하면서 화재보험, 운송보험, 해상보험, 책임보험, 보증보험 등에 관한 규정을 두고 있다.

　이 가운데 상해보험에 관해서는 제732조(15세 미만자 등에 대한 계약의 금지)를 제외하고는 생명보험에 관한 규정을 준용하며, 질병보험에 관하여는 그 성질에 반하지 아니하는 범위에서 생명보험 및 상해보험에 관한 규정을 각각 준용한다[2].

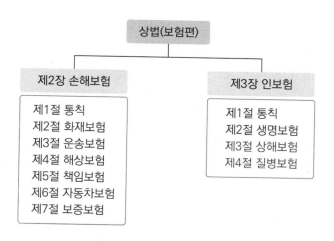

---

2) 제3절 상해보험 : 제739조(준용규정) 상해보험에 관한 규정을 제외하고 생명보험에 관한 규정을 준용한다.
　제4절 질병보험 : 제739조의3(질병보험에 관한 준용규정) 질병보험에 관하여는 그 성질에 반하지 아니하는 범위에서 생명보험 및 상해보험에 관한 규정을 준용한다.

2. 보험업법

보험업법은 보험사업을 영위하는 보험회사를 규제하기 위해 마련된 것으로 동법 제2조(정의)에서 보험상품을 생명보험상품, 손해보험상품, 제3보험상품으로 구분하여 다음과 같이 정의하고 있다.

❶ 생명보험상품 : 위험보장을 목적으로 사람의 생존 또는 사망에 관하여 약정한 금전 및 그 밖의 급여를 지급할 것을 약속하고 대가를 수수하는 계약

❷ 손해보험상품 : 위험보장을 목적으로 우연한 사건으로 발생하는 손해에 관하여 금전 및 그 밖의 급여를 지급할 것을 약속하고 대가를 수수하는 계약

❸ 제3보험상품 : 위험보장을 목적으로 사람의 질병·상해 또는 이에 따른 간병에 관하여 금전 및 그 밖의 급여를 지급할 것을 약속하고 대가를 수수하는 계약

3. 이론의 대립(인보험설 對 손해보험설)

실손의료보험 보상과 관련한 많은 난제(難題)들을 해결하기 위해서는 위에서 살펴본 바와 같이 현행 법령체계 틀 안에서 이론적 접근을 통해 실손의료보험의 법적 성격을 규명할 필요가 있는데 이에 대한 논쟁은 결국 실손의료보험을 인보험으로 볼 것인가(人保險說), 아니면 손해보험으로 볼 것인가(損害保險說)하는 문제로 귀결된다.

아래에서는 실손의료보험의 법적 성격과 관련한 쟁점을 중심으로 이 두 가지 주장의 이론적 근거를 살펴보고자 한다.

가. 손해보험 규정을 준용할 수 있는지 여부

이는 '실손의료보험이 상법상 인보험(상해·질병보험)으로 구분되고 있는데도 손해보험 규정을 적용할 수 있는가' 하는 것이다.

손해보험설

손해보험설에 따르면 실손의료보험이 속하는 상해·질병보험은 상법상 인보험 편에서 규정되어 있고, 손해보험 규정을 준용할 수 있다는 근거도 없지만 이러한 상법상 구분은 어떤 동일한 기준이 아니라, 인보험과 손해보험 별로 각각 상이한 기준에 따라 나뉜 것이기 때문에 실손의료보험이 실제 손해를 보상하기 위한 상품이라는 사실에 변함이 없는 이상 상법상 인보험편에 규정되어 있다고 하더라도 손해보험으로 볼 수 있다는 주장이다.

다시 말해, 상법 「제4편(보험)」의 제3장(인보험)은 보험목적에 따른 구분, 즉 '신체나 생명' 또는 '재물 또는 재산' 중 '신체나 생명'과 관련한 보험을 규정한 것이며, 제2장(손해보험)은 보상방식에 따른 구분, 즉 정액(定額)보상 또는 부정액(不定額) 보상방식 중 부정액 보상방식과 관련한 보험을 규정한 것인데, 실손의료보험은 이 중 부정액 보상방식의 보험에 해당하므로 당연히 손해보험 관련 규정을 준용할 수 있다고 본다.

인보험설

인보험설에 따르면 상해·질병보험은 정액(定額)보상형, 준정액(準定額)보상형, 부정액(不定額)보상형(또는 손해보험형)으로 구분[3]되는데, 실손의료보험이 피보험자가 실제로 부담한 의료비를 보상하는 부정액형 보상방식 상품이라는 측면에서만 보면 손해보험적 성격이 있다는 사실을 부정할 수 없으나 이러한 손해보험적 성격이 법적 구속력을 갖기 위해서는 상법 제729조[4] 단서에서 정하는 방식과 같이 당사자간에 별도의 약정이 있어야 한다고 본다.

---

3) 정액보상형은 보험사고별 지급보험금이 미리 정액으로 특정되어 있는 경우(예, 암보험)를 말하며, 부정액보상형은 보험사고별 지급보험금이 미리 정해져 있지 않아 손실규모 등에 따라 변동되는 경우(예 자동차보험 등)을 말하며, 준정액보상형은 정액보험과 부정액보험의 혼합형태로 미리 정한 보험사고 규모별 한도내에서 실제 발생한 손해를 보상하는 보험을 말한다.

4) 제729조(제3자에 대한 보험대위의 금지) 보험자는 보험사고로 인하여 생긴 보험계약자 또는 보험수익자의 제3자에 대한 권리를 대위하여 행사하지 못한다. 그러나, 상해보험계약의 경우에 당사자간에 다른 약정이 있는 때에는 보험자는 피보험자의 권리를 해하지 아니하는 범위 안에서 그 권리를 대위하여 행사할 수 있다.

나. 피보험이익(被保險利益)의 존재 여부

'피보험이익'은 '보험목적에 대하여 피보험자가 가지는 적법한 경제적 이익을 금전적으로 평가한 것'을 의미한다. 그런데 인보험에서는 보험목적인 사람의 생명의 가치는 금전적으로 평가할 수 없어 일반적으로 피보험이익이 인정되지 않기 때문에 피보험이익의 존부(存否) 여부를 살펴보는 것은 실손의료보험의 법적 성격을 규명하는 데 유익하다.

손해보험설

손해보험설에 따르면 실손의료보험의 목적을 '피보험자가 의료비를 지출함으로써 입는 경제적 손실'로 볼 수 있으므로 '의료비의 보전(補塡) 수요'를 피보험이익으로 인정할 수 있다고 본다.

인보험설

인보험설에 따르면 피보험이익은 일반적으로 보험의 목적이 재물(財物)에 해당하는 경우에만 인정되는 개념인데, 실손의료보험의 목적이 사람의 '신체나 생명'임이 명확할 뿐만 아니라 '의료비의 지출로 인한 재산적 손실'은 보험가입의 목적이지 그 자체가 피보험이익이 되는 것은 아니라고 본다.

다. '이득금지(利得禁止)의 원칙' 적용가능 여부

손해보험에서 피보험자가 입은 실제 손해를 초과하는 이득을 얻어서는 아니된다는 '이득금지의 원칙'은 상법에서 별도로 규정되어 있지는 않지만, 손해보험에서는 당연히 적용되는 강제규범이다(통설).

손해보험설

손해보험설에 따르면 실손의료보험은 피보험자 본인이 실제로 부담한 의료비, 즉 실제로 입은 손해를 부정액 보상방식의 상품이므로 당연히 손해보험이며 보험사고로 이득을 얻는 것은 부당하고 본다.

법원도 실손의료보험과 같은 상해보험 분쟁사례에서 다수의 무보험자동차 상해담보 특약에 가입한 피보험자에게 지급할 보험금은 손해보험의 중복보험 관련 조항(§672①)을 준용하여 각 보험회사가 보상책임비율만큼 나누어 부담(비례보상)

하는 것이 타당하다고 판단한바5) 있다.

인보험설

인보험설에 따르면 손해보험의 '이득금지의 원칙'은 손해보험의 규정의 근간을 이루는 원칙이기는 하나 이 원칙은 법에 별도로 규정되어 있지 않고 보험목적 또는 제3자에 대한 보험대위(제681조, 제682조), 중복보험(제672조) 등 손해보험의 관련 조문 등을 통해 구현되는 개념에 불과하다.

따라서 이득금지의 원칙은 모든 부정액보상 방식의 상품에 당연히 적용되는 것이 아니라 오직 법률이나 약관에 명시적으로 규정된 경우에만 법적 구속력을 갖게 된다.

법원도 해외여행보험의 상해사고 담보특약에 가입한 피보험자가 제3자에 의하여 상해를 입고 보험회사로부터 보험금을 지급받은 사례에서 보험회사가 피보험자의 제3자에 대한 손해배상청구권을 대위하여 행사할 수 있는지를 다루면서 '보험계약의 당사자 사이에 다른 약정이 없는 한, 상법 제729조에 의하여 보험자대위가 금지된다'고 판시6)하였는데 이는 부정액 보상방식이라 하여 무조건 이득금지의 원칙이 적용된다고 볼 수 없음을 반증한다.

다만, 동 판례와 관련하여 상법 제729조(제3자에 대한 보험자 대위의 금지) 단서에서 정한 바와 같이 보험계약 당사자간의 약정이 있는지의 여부로만 실손의료보험의 법적 성격을 규정할 수는 없다는 의견도 있다7).

---

5) 대법원 2005다35516, 2016다217178 등

6) 대법원 98다25061

7) 김선정 교수 등, 손해보험협회 「손해보험」 2004. 8월호, p.92~p.94 : 보험자 대위는 불법행위 가해자의 책임이 면제되는 것을 방지하고 피보험자가 이득을 얻는 것을 금지하기 위한 것인데, 대위권 행사에 관하여 당사자간 약정이 없다는 사정만으로 피보험자 측의 손을 들어줌으로써 가해자의 책임이 면제되는 것은 막을 수 있었으나 피보험자가 이득을 얻는 것을 막지는 못했다.

4. 소결

사견으로는 실손의료보험이 상법을 근간으로 하고 있는 이상 실손의료보험의 법적 성격과 관련한 논쟁도 상법에서 그 해법을 찾는 것이 바람직하므로 결론적으로 다음과 같은 이유에서 실손의료보험은 원칙적으로 인보험이나 다만, 당사자간의 약정8)이 있는 경우 예외적으로 손해보험 규정을 준용할 수 있다고 보는 해석이 관련 법규와의 정합성 측면에서 가장 타당하다고 본다.

첫째, 손해보험설에 따라 당사자간의 약정 없이 일방적으로 손해보험규정을 준용하는 것은 보험계약자에게 일방적으로 불리하므로 상법 제663조9)에 의해 무효가 될 소지가 있다.

둘째, 실손의료보험에 대하여 당연히 손해보험규정이 준용되는 것이라면 상해보험의 생명보험 규정 준용(상법 739조), 질병보험의 생명·상해보험 준용 규정(상법 제739조의 3) 등은 물론, 상해보험의 경우 제3자 대위가 불가하나 약정에 의해 가능하다는 규정(상법 제729조 단서) 등을 둘 이유가 없다.

셋째, 과거에도 실손의료보험의 법적 성격과 관련한 논란으로 유발되는 분쟁들을 근본적으로 해결하기 위해 손해보험규정 준용근거를 마련하는 방향으로 상법 개정안이 발의되었으나 인보험성을 부정할 수 없어 법제화에 이르지 못하였다.

---

8) [상법] 제729조(제3자에 대한 보험대위의 금지) 보험자는 보험사고로 인하여 생긴 보험계약자 또는 보험수익자의 제3자에 대하 권리를 대위하여 행사하지 못한다. 그러나, 상해보험계약의 경우에 당사자간에 다른 약정이 있는 때에는 보험자는 피보험자의 권리를 해하지 아니하는 범위안에서 그 권리를 대위하여 행사할 수 있다.

9) 제663조(보험계약자 등의 불이익변경금지) 이 편의 규정은 당사자간의 특약으로 보험계약자 또는 피보험자나 보험수익자의 불이익으로 변경하지 못한다. 그러나 재보험 및 해상보험 기타 이와 유사한 보험의 경우에는 그러하지 아니하다.

〈붙임〉 2008. 4월 법무부 입법예고 상법 개정안

현행	개정안
제739조(준용규정) 상해보험에 관하여는 제732조를 제외하고 생명보험에 관한 규정을 준용한다.	제739조(상해보험에 대한 준용 규정) ① 상해보험에 관하여는 제732조 및 제732조의2를 제외하고 생명보험에 관한 규정을 준용한다. ② 제1항에도 불구하고 실손(實損) 보상적 상해보험계약에 관하여는 그 성질에 반하지 아니하는 범위에서 손해보험에 관한 규정을 준용한다.

〈법제사법위원회 검토보고서〉

가. 개정안

- 상해보험은 인보험으로서 보험가액을 인정하기 어려워 보험금액은 원칙적으로 당사자의 합의에 의하여 정하여지고, 생명보험에 관한 규정을 준용하지만 손해보험의 규정(특히, 중복보험[10])에 관한 준용규정은 없음
  - 그러나 상해보험은 통상 정액보험 부분과 부정액보험(실손해보상) 부분으로 구성되어 있고, 후자는 손해보험의 성질도 있기 때문에 손해보험과 마찬가지로 중복보험을 통한 도박화의 우려와 관련하여 손해보험의 중복보험에 관한 규정이 적용되는지 여부가 해석상 논란이 되고 있음
- 이에 대해 개정안은 상해보험계약 중 실손보상적 상해보험계약의 경우에는 그 성질에 반하지 않는 범위에서 손해보험에 관한 규정을 준용할 수 있도록 하고 있음

나. 검토

- 개정안은 상해보험 중에서도 실손보상적 상해보험의 경우에는 손해보험의 성격을 지니므로 상해보험의 성질에 반하지 않는 한 손해보험의 규정을 준용하도록 하고 있음
  - 이를 통하여 특히 손해보험의 중복보험에 관한 규정을 실손보상적 상해보험에 준용할 수 있어 보험계약의 도박화를 방지할 수 있을 것임

- 다만, 개정안의 취지에 대하여는 다음과 같은 검토가 필요한 것으로 보임
  - 첫째, 피보험이익이라는 개념을 인정할 수 없어 손해의 개념과는 친하지 아니한 상해보험에 대하여 그 보험금 중 일부(치료비)에 손해보험적 성격이 있다는 이유만으로 이를 중복보험으로 보는 것은 타당하지 않다는 의견이 있음[11]
  - 둘째, 「물건」을 보험의 객체로 하는 보험과 「사람」을 보험의 객체로 하는 보험에 있어서 손해라는 개념을 동일하게 보기 어렵고, 치료비를 모두 지급받는다고 하더라도 손해가 모두 전보되었다고 단정할 수 없다는 점에서 손해보험에 적용되는 중복보험의 원리를 인보험의 일종인 상해보험에 적용함에는 신중해야 한다는 것임[12]
  - 셋째, 실손보상적 상해보험의 중복보험 계약자는 보험사고 시 수 개의 보험에 대한

보험금을 모두 지급받을 수 있다는 기대 하에 각 보험마다 해당 보험료를 모두 납부하였음에도 불구하고, 개정안에 따르면 실제로 지급받을 수 있는 보험금은 제한되어 보험료를 과다 납부한 결과가 되고, 보험자는 보험료를 모두 납입 받고도 당초 약정된 보험금을 지급하지 않아도 되므로 부당하게 이득을 취하게 되는 문제가 발생한다는 것임

- 넷째, 손해보험 규정 중 "그 성질에 반하지 아니하는 범위에서" 실손보상적 상해보험에 준용토록 한 데 대해서는 손해보험에 관한 규정 중 어느 규정을 준용하는지에 대하여 일반인이 예측할 수 있어야 불측의 피해를 입지 않게 될 것이므로, 준용할 손해보험에 관한 규정을 선별하여 개별적으로 규정하는 것이 타당하다는 의견이 있음[13]

---

10) 중복보험이란 동일한 보험계약의 목적과 동일한 사고에 관하여 수개의 보험계약이 체결되고 그 보험금액의 총액이 보험가액을 초과하는 경우를 말하는데, [상법] 제672조는 손해보험에 있어서 중복보험의 경우 보험자는 각자의 보험금액의 한도에서 연대책임을 지되, 각 보험자의 보상책임은 각자의 보험금액의 비율에 따르도록 하고 있음

11) 서울지방변호사협회, '이와 관련 중복보험에 해당하는 다수의 실손보상적 상해보험계약 통지의무를 고의 또는 중대한 과실로 위반한 것을 이유로 보험자가 해지할 수 있도록(모든 계약을 해지하는 경우도 많을 것임) 하는 것은 보험소비자에게 너무 가혹한 것은 아닌지 검토할 필요가 있음

12) 서울지방변호사협회, 대한변호사협회

13) 서울지방변호사협회

03 금융분쟁조정위원회 조정결정 사례

금융감독원 금융분쟁조정위원회도 실손의료보험의 법적 성격과 관련하여 원칙적으로 인보험설을 지지하고 있는 것으로 보인다.

2009-82	자동차보험으로부터 지급받은 치료비가 '피보험자가 부담하는 비용'에 포함되는지 여부

가드레일을 충격한 사고차량에 동승한 신청인은 자동차보험회사로부터 치료비 전액(10,520천원)을 보상받고 이후 본인이 가입한 실손의료보험 보험금을 별도로 청구하였으나, 피신청인(보험회사)은 해당 약관에 '국민건강보험을 적용받지 못한 경우에는 피보험자가 부담하는 비용의 40% 상당액을 상해입원의료비로 지급'한다고 규정되어 있는데, '자동차보험에서 보상받는 치료비'를 보상하지 않는다는 조문이 없더라도 신청인이 실제로 부담한 비용은 발생하지 않았으므로 손해보험의 이득금지 원칙에 따라 보험금 지급 책임이 없다고 주장하였다.

이에 대해 금융분쟁조정위원회는 다음과 같은 이유로 보험금을 지급하라고 조정결정했다.

첫째, 약관문언이 다의적(多義的)일 때는 작성자에게 불이익하게 해석해야 하는데, 약관에서 규정한 '피보험자가 부담하는 비용'은 '피보험자가 실제로 지출한 비용'으로 해석될 수 있지만, 실제 비용의 지출 주체와 무관하게 '피보험자의 치료에 실제 소요된 비용'을 의미한다고 볼 수도 있다.[14]

---

14) 한편, 같은 약관의 일반상해의료비담보 특별약관 제1조(보상하는 손해)에서는 '회사는 보험가입증서(보험증권)에 기재된 피보험자가 보험기간 중에 급격하고도 우연한 외래의 사고로 신체에 상해를 입고 그 직접 결과로써 의사의 치료를 받은 때에는 1사고당 이 특별약관의 보험가입금액을 한도로 피보험자가 실제로 부담한 의료비 전액을 수익자에게 지급하여 드립니다'라고 규정하고 있어 다의적으로 해석될 여지가 없다고 판단하였다.

둘째, 손해보험형 상해보험인 의료비 담보특약에 가입한 피보험자가 가해자 측의 자동차보험회사로부터 의료비를 보상받았다 하더라도 자신이 가입한 상해보험에서 별도로 보험금을 지급받을 수 있는지 다룬 사례에서 법원은 '교통상해 의료비 담보와 같이 손해보험으로서의 성질과 함께 상해보험으로서의 성질도 갖는 손해보험형 상해보험에 있어서는 보험자와 보험계약자(또는 피보험자) 사이에 피보험자의 제3자에 대한 권리를 대위하여 행사할 수 있다는 취지의 약정이 없는 한, 피보험자가 제3자로부터 손해배상을 받더라도 이에 관계없이 보험금을 지급할 의무가 있다'고 판시[15]한 바 있는데 이러한 사정을 고려하면 당사자간에 달리 정한 약정이 없는 한 손해보험의 이득금지 원칙을 적용할 수 없다.

📚 **2010-69** | 질병입원 의료비 담보특약의 '보상하는 손해'에 해당하는지 여부

신청인은 택시를 운전 중 가로수와 충돌하여 입원치료를 받으면서 발생한 치료비에 대해 실손의료보험금을 청구하였다. 청구된 의료비에는 ❶A조합 상조회로부터 지원받은 금액이 포함되어 있었는데 피신청인(보험회사)은 이 상조회 지원금은 약관상 '피보험자가 부담하는 비용'으로 볼 수 없으며, ❷국민건강보험공단으로부터 본인부담상한액을 초과하여 돌려 받은 금액도 지급 책임이 없다고 주장하였다.

이에 대하여 금융분쟁조정위원회는 아래와 같이 조정결정하였다.

❶ 상조회 지원금의 보상책임 유무

당해 약관[16]에서 보상하는 '피보험자가 부담하는 비용'은 '피보험자가 실제로

---

15) 대법원 2003. 11. 28. 선고 2003다35215 : 이 사건은 의료실비 등을 지급하는 상해보험계약을 체결한 피보험자가 운전 중 중앙선을 침범한 차량과 충돌하여 가해자로부터 치료비를 보상받은 후 자기가 가입한 상해보험계약에 따른 의료실비를 청구하였으나, 가해자의 보험회사가 치료비를 모두 지급한 이상 의료실비를 지급할 수 없다고 거절한 건이다. 해당 약관에는 보험계약자가 보험기간 중 교통사고로 신체상해를 입고 그 직접 결과로서 의사의 치료를 받은 때에는 보험자가 의료비 보험가입금액을 한도록 의료실비를 지급한다고 정하고 있으며, 가해자에 대한 대위권 행사 관련 규정은 없다.

16) "피보험자가 국민건강보험을 적용받지 못한 경우(국민건강보험에 정한 요양급여절차를 거치지 아니한 경우도 포함합니다)에는 피보험자가 부담하는 비용의 40% 해당액을 1질병당 보험가입증서에 기재된 갱신형 질병의료비 보험가입금액 한도로 질병입원비를 지급한도로 질병입

지출한 비용'이라고 해석될 수도 있으나, 실제 비용이 지출된 것인지 여부나 누구의 계산으로 지출한 것인지와 무관하게 '피보험자가 치료를 받는데 소요된 비용'으로 볼 여지도 있으므로 이렇게 다의적으로 해석할 수 있는 경우에는 작성자 불이익 원칙에 따라 피신청인은 상조회 지원금 상당액도 보상해야 한다.

❷ 본인부담상한액 초과 환급금[17]의 보상책임 유무

국민건강보험공단의 본인부담상한액을 초과하여 환급받는 경우 본인이 부담해야 하는 요양급여 비용이 그 만큼 감소하므로 '요양급여 중 본인이 부담하는 금액'을 보상함을 정하고 있는 약관 취지 상 보장대상으로 볼 수 없다.

위 조정결정 내용을 정리하면 상조회 지원금의 보상여부에 대해서는 인보험설을 지지하고 있는 반면, 본인부담상한액 초과 환급금의 보상여부에 대해서는 손해보험설을 지지하고 있음을 알 수 있다.

참고로 본인부담상한액 초과 환급금의 실손의료보험 보상여부는 「PART 05 표준약관 축조해설(Ⅱ)」에서 다시 한번 자세히 살펴보기로 한다.

📚 **2016-22**	병원의 직원복리후생제도에 따른 용역직원의 의료비 감면 혜택에 대한 보험금 산정 기준의 적정여부

대학병원의 용역직원인 신청인은 근무 중인 병원의 직원복리후생제도에 따라 모친의 의료비를 감면받았는데, 감면받기 전의 의료비를 피신청인(보험회사)에게 청구하자 피신청인은 감면액을 제외한 금액을 기준으로 보상하였다.

피신청인은 당해 약관에 '피보험자가 병원의 직원복리후생제도에 의하여 납부할 의료비를 감면받은 경우에는 그 감면 전 의료비를 기준으로 의료비를 계산한

원의료비를 보상하여 드립니다."

17) 연간 본인이 부담하는 본인일부부담금의 총액이 대통령령으로 정하는 금액(본인부담상한액)을 초과한 경우 국민건강보험공단이 그 초과 금액을 부담해주는 제도([국민건강보험법] §44, 동 법 시행령 §19)

다'라고 규정하고 있으나, 용역직원은 병원 직원에 해당하지 않고, 이후 약관의 '감면전 금액'은 '감면액이 근로소득에 포함되어 세금을 납부한 경우'로 변경되었는데 당해 건은 감면액의 근로소득 포함 여부도 불분명한 만큼 약관변경 취지 등을 고려하더라도 신청인의 요구를 받아들일 수 없다고 주장하였다. 다시 말해, 실손의료보험 규정은 '실손보상 원칙' 또는 '이득금지 원칙'의 틀 안에서 해석되어야 한다고 본 것이다.

이에 대해 금융분쟁조정위원회는 약관에 피보험자의 자격을 별도로 정하지 않고 있으므로 '용역회사 직원'을 '병원 직원'이 아니라고 볼 이유가 없으며, 병원 내부규정 등에서도 용역(위탁)업체 직원 및 가족도 의료비 감면대상이 되고 있는데다가, 이후 이 실손의료보험 표준약관의 문언이 '직원복리후생제도에 의해 의료비를 감면받고 그 감면받은 의료비가 근로소득에 포함되는 경우에만 감면전 의료비를 기준으로 의료비를 계산한다'라고 개정되기는 하였으나, 개정약관이 당해 사건 약관에 소급적용되는 것도 아니므로 피신청인의 주장을 받아들일 수 없다고 조정결정하였다.

즉, 약관에 명시하지 않은 이상 손해보험규정을 준용해서는 안 된다고 판단한 것이다.

📚 2017-19	국가유공자의 배우자가 국가로부터 의료비 지원을 받은 경우 실손의료보험금 산정기준

공상 군경의 배우자인 신청인은 의료급여법상 의료수급권자인데 보훈병원에서 치료를 받고 국가보훈처장으로부터 의료비 지원[18]을 받았다. 신청인은 이후 실손의료보험금을 청구하였으나 피신청인(보험회사)은 국가보훈처의 의료비 지원액을 공제한 후의 의료비를 기준으로 보상하자 분쟁이 발생하였다.

피신청인은 실손의료보험은 '본인이 실제 부담한 의료비'를 보상하고자 도입된 것이므로 실제 납부 금액을 초과한 금액을 보상하는 것은 손해보험의 실손보상 원칙에 어긋나며, 같은 취지로 2012. 12. 28. 표준약관 개정 시 보상하는 의료비에 '실제로 본인이 부담한 금액'이라는 문구가 추가된 것이라고 주장하였다.

---

18) [국가유공자 등 예우 및 지원에 관한 법률]에 따른 국가유공자의 배우자 또는 유족의 진료비는 100분의 60을 지원받는다(보훈대상자 의료지원에 관한 규칙 제6조 제1항 및 동 규칙 별표1의2)

이에 대하여 금융분쟁조정위원회는 약관에서 '국민건강보험법과 의료급여법 체계를 벗어난 다른 법률의 적용이나 피보험자의 개별 사유로 의료비를 지원받는 경우의 보상방법'을 정하고 있지 않으며, 보상하지 않는 사항에서도 '법률에 따라 지원받는 의료비'는 포함하고 있지 않은 점 등을 고려할 때 약관해석상 국가보훈처의 지원액을 보상하지 않을 근거가 없고, 약관개정 취지를 고려할 때 지원액을 보상할 수 없다는 주장에 대해서도 약관상 '의료비'는 의료비 지급채무 이행 여부나 부담 주체와 관계없이 '치료과정에서 발생한 의료비용'을 의미하는 것으로 볼 수 있으므로 이를 '실제로 납부한 금액'으로 제한하여 해석할 이유도 없으며, 동일한 보험료를 납부하고도 보상액이 달라지는 점이나 피보험자의 개별 사정에 따라 받은 지원액을 보상하지 않는다면 결과적으로 피신청인에게 이익이 돌아갈 수 있는 점 등을 종합하면 감면전 의료비를 기준으로 보상하는 것이 타당하다고 조정결정하였다.

📚 2020-9 | 자동차보험에서 보상될 경우 실손의료보험에서 보상하는 의료비 범위

자동차사고로 부상을 입은 경우 본인의 일방과실 즉, 과실비율 100%가 아닌 이상, 자동차손해배상보장법에 따라 상대방으로부터 치료비 상당액은 전액 보상받게 되므로 피보험자가 자기의 재산으로 치료비를 납부하는 일은 발생하지 않는다[19].

그러나, 사고처리를 종결하면서 산출하는 합의금의 세부내역[20]을 살펴보면, 이 중 치료관계비도 본인의 과실비율 만큼 상계되므로 과실이 없었다면 더 받을 수 있는 치료관계비가 존재하는데, 이 과실상계 대상 치료관계비가 실손의료보험

---

19) [자동차손해배상보장법] 시행령 제3조(책임보험금 등) ① 법 제5조 제1항에 따라 자동차보유자가 가입하여야 하는 책임보험 또는 책임공제(이하 "책임보험등"이라 한다)의 보험금 또는 공제금(이하 "책임보험금"이라 한다)은 피해자 1명당 다음 각 호의 금액과 같다.
  <개정 2014. 2. 5., 2014. 12. 30.>

  2. 부상한 경우에는 별표 1에서 정하는 금액의 범위에서 피해자에게 발생한 손해액. 다만, 그 손해액이 법 제15조 제1항에 따른 자동차보험진료수가(診療酬價)에 관한 기준(이하 "자동차보험진료수가기준"이라 한다)에 따라 산출한 진료비 해당액에 미달하는 경우에는 별표 1에서 정하는 금액의 범위에서 그 진료비 해당액으로 한다.

  [자동차보험 표준약관] [별표 3] 과실상계 등

약관에서 규정한 '본인이 실제로 부담한 의료비'에 해당하는지가 쟁점이 된다[21].

이에 대하여 금융분쟁조정위원회는 자동차사고를 당한 피보험자가 실제 지불하지 않은 진료비 중 자기과실비율(20%)이 적용된 상계액도 실손의료보험에서 보상받을 수 있다고 판단하여 인보험설을 지지하고 있다.

그 외에도 보상할 금액의 산출방법과 관련한 사항을 다루고 있다. 즉, 당해 약관에서는 국민건강보험법 등에 따른 경우 보장대상 금액의 90%를 지급하고, 국민건강보험법 또는 의료급여법을 적용받지 못하거나, 요양급여 또는 의료급여 절차 등을 거치지 아니한 경우는 보장대상 금액의 40%를 각각 지급한다고 정하고 있는데 본건과 같이 자동차사고 처리 과정에서 발생한 비용은 이 중 '어떤 지급률을 적용할 것인가'하는 문제인 것이다.

이에 대해 금융분쟁조정위원회는 '국민건강보험법 또는 의료급여법을 적용받지 못하는 경우'는 국민건강보험법의 적용대상에서 제외되는 사유, 즉 국민건강보험법 제53조나 제54조, 의료급여법 제15조나 제17조에서 규정하는 급여 제한 사유 또는 급여 정지 사유에 해당하는 경우를 의미하고, '국민건강보험법에서 정

항목	지급 기준
1. 과실상계	가. 과실상계의 방법 (1) 이 기준의 「대인배상 I」, 「대인배상 II」, 「대물배상」에 의하여 산출한 금액에 대하여 피해자 측의 과실비율에 따라 상계하며, 「무보험자동차에 의한 상해」의 경우에는 피보험자의 과실비율에 따라 상계함. (2) 「대인배상 I」에서 사망보험금은 위 (1)에 의하여 상계한 후의 금액이 2,000만원에 미달하면 2,000만원을 보상하며, 부상보험금의 경우 위 (1)에 의하여 상계한 후의 금액이 치료관계비와 간병비의 합산액에 미달하면 치료관계비(입원환자 식대를 포함)와 간병비를 보상함. (3) 「대인배상 II」 또는 「무보험자동차에 의한 상해」에서 사망보험금, 부상보험금 및 후유장애보험금을 합산한 금액을 기준으로 위 (1)에 의하여 상계한 후의 금액이 치료관계비와 간병비의 합산액에 미달하면 치료관계비(입원환자 식대를 포함하며, 「대인배상 I」에서 지급될 수 있는 금액을 공제)와 간병비를 보상함.

20) 합의금은 치료관계비, 위자료, 휴업손해, 간병비, 기타손해배상금 등으로 구성되는데 과실비율은 각 항목에 모두 적용하게 되므로 치료관계비도 과실상계 대상이나, 법령에 따라 합의금이 치료비에 미치지 못하더라도 치료비만큼은 보상받게 되므로 이때의 과실상계된 치료관계비는 위자료 등 다른 항목의 금원으로 충당된 것으로 볼 수 있다.

21) 만약, 약관상 자동차보험으로부터 보상받는 '의료비'가 아니라 '금액'이라고 규정되어 있다면 쌍방과실 자동차사고에서는 본인의 치료에 소요되는 치료비에 소요되는 비용은 상대방 보험회사로부터 모두 보상받게 되므로 실손의료보험에서는 보상할 보험금이 존재하지 않는다.

한 요양급여 또는 의료급여법에서 정한 의료급여 절차를 거치지 아니한 경우'는 '자동차보험사고와 같이 국민건강보험법 또는 의료급여법이 아닌 다른 법령에 따라 처리되는 경우'라고 판단[22]하였다.

참고로 자동차보험과 실손의료보험과의 관계에 대해서는 「PART 05 표준약관 축조해설(Ⅱ)」(보상하지 않는 사항) 제2장(상해입원형) 제4조에서 자세히 다루기로 한다.

---

22) "40% 보상조항이 적용되기 위해서는 "[국민건강보험법] 또는 [의료급여법]을 적용받지 못하는 경우"이거나 "[국민건강보험법]에서 정한 요양급여 또는 [의료급여법]에서 정한 의료급여 절차를 거치지 아니한 경우"여야 하는데, "[국민건강보험법] 또는 [의료급여법]을 적용받지 못하는 경우"는 [국민건강보험법]이나 [의료급여법]에서 규정하는 급여 제한사유나 급여 중지 사유 등에 해당하여 해당 법률에서 급여의 적용을 배제한 경우를 의미하는 것으로 판단된다. 이와 달리 [국민건강보험법]상 요양급여나 [의료급여법]상 의료급여 적용을 받을 수 있음에도 해당 법률에 의한 절차를 거치지 않은 경우에는 40% 보상조항 중에서 "[국민건강보험법]에서 정한 요양급여 또는 [의료급여법]에서 정한 의료급여 절차를 거치지 아니한 경우"로, 이 사건에서 신청인은 여기에 해당하는 것으로 판단된다."

국민건강보험법과 실손의료보험의 관계

실손의료보험론

CHAPTER 01 개요

1. 실손의료보험의 보장대상

환자가 상해 또는 질병을 치료하기 위하여 소요되는 비용은 치료와의 관련성, 치료비의 발생 장소, 치료비의 부담주체 등 비용인정기준을 마련하지 않는다면 피보험자 개인별 사정에 따라 천차만별일 것이다.

예를 들어, 골절상을 입어 병원에 입원한 환자의 경우 해당 병원에서 청구된 치료비 외에도 개인적으로 간병인이 필요할 수도 있고, 상처 회복에 도움이 되는 건강보조식품을 구입해 섭취할 수도 있는데 이로 인해 발생하는 모든 비용이 환자 입장에서는 치료와 관련한 것으로 볼 수 있다.

그러나, 실손의료보험의 보장대상은 피보험자가 상해 또는 질병의 치료와 관련하여 발생한 모든 비용이 아니라 국민건강보험법 또는 의료급여법에 따른 요양급여나 의료급여를 받으면서 부담한 비용 등 일정요건을 충족한 것에 한정된다.

따라서, 실손의료보험에서 청구된 비용이 '보상하지 않는 사항'에 해당하는지 여부를 살펴보기 전에, 청구원인이 실손의료보험의 보장대상인지를 먼저 확인해야 하며 이를 위해서 비용의 발생원인을 규명하는 일은 보상여부를 결정하는데 있어서 선행되어야 할 무엇보다도 중요한 절차라고 할 수 있다.

즉, 위 사례에서 입원기간 중 거동이 불편하여 간병인을 고용하면서 부담한 비용의 경우, 피보험자 입장에서는 상해의 치료와 관련하여 필수적으로 발생한 것일지 모르나, 국민건강보험법 또는 요양급여법의 적용대상이 아니므로 실손의료보험과는 무관하다고 할 것이다.

2. '국민건강보험법 또는 의료급여법의 적용을 받는 비용'의 의미

국민건강보험법 제41조에 따르면 '가입자 등에게 질병·부상이 발생하거나 이들이 출산을 하게 된 경우'에 가입자 또는 피부양자는 요양기관으로부터 직접 유·무형의 요양(療養)의료서비스를 제공받는데 이를 '요양급여(療養給與)'라 하며, 주로 질병·부상 등의 치료목적으로 제공된다. 참고로 예방 또는 재활 목적으로 제공되는 경우도 있는데 이를 '예방급여(豫防給與)'라고 한다.

요양급여의 대상이 되는 '질병, 부상, 출산'은 같은 조 제1항에서 더 구체적으로 그 항목을 열거하고 있는데 '❶진찰·검사, ❷약제(藥劑)·치료재료의 지급, ❸처치·수술 및 그 밖의 치료, ❹예방·재활, ❺입원, ❻간호, ❼이송(移送)' 등 7개 항목이 이에 해당한다. 이 중 '약제·치료재료'의 경우 '약제'와 '치료재료'의 요양급여 방법이나 절차 등이 각각 달리 구분·적용되므로 사실상 7개가 아닌 8개 항목으로 이해하는 것이 편리하다.

결론적으로 이 8개 항목만이 국민건강보험법 또는 의료급여법의 적용을 받는 비용으로 이에 해당하지 않는 비용은 아무리 개별 사정에 따라 상해 또는 질병 치료를 받으면서 발생한 불가피한 것이라 하더라도 실손의료보험에서 보상하는 위험과는 무관하므로 약관에서 정하는 '보상하지 않는 사항(면책사유)'에 해당하는지 여부는 더 나아가 살펴볼 필요가 없다고 할 수 있다.

02 요양급여대상 항목

이번 장에서는 실손의료보험의 보장대상인 국민건강보험법 등의 적용을 받는 7개 항목[1]들에 대해 구체적으로 살펴보기로 한다[2].

1. 진찰 · 검사

진찰 및 검사는 의사의 의료상의 윤리와 의학지식 및 경험을 통하여 여러 가지 방법으로 질병과 증상을 살펴보고 조사하는 행위를 말하며 이를 토대로 질병 여부, 종류, 성질 및 진행상태를 밝히게 된다.

이 중 진찰은 문진, 시진, 촉진, 타진, 청진 등의 방법으로 환자에게서 직접 진단을 위한 정보를 얻기 위해 실시하는 것을 말하며, 검사는 약제, 재료 등을 이용하여 질병의 원인을 조사하는 것으로 구분할 수 있다.

2. 약제(藥劑) · 치료재료의 지급

약제 · 치료재료의 지급이란 질병 · 부상 등을 치료하기 위한 의약품을 처방 · 조제 · 투여하거나 재료를 지급하는 것을 말한다.

❶ 약제

약제에 관해서는 「국민건강보험 요양급여의 기준에 관한 규칙(건강보험요양급여규칙)」[별표 1] 제3호(가)목 (2)에 따르면 '의약품 약사법령에 의하여 허가 또는 신고된 사항(효능 · 효과 및 용법 · 용량 등)의 범위 안에서 환자의 증상에 따라 필요

---

1) 진찰 · 검사, 약제 · 치료재료의 지급, 처치 · 수술 및 그 밖의 치료, 예방 · 재활, 입원, 간호, 이송
2) 동 내용은 주로 국민건강보험공단에서 발행한 「국민건강보험 해설(2019년, 개정증보판)」을 참고하였음을 밝혀둔다.

·적절하게 처방·투여하여야 한다'고 규정하고 있어 주로 약사법령에 따른 의약품을 의미하는 것으로 추정할 수 있으나 그 정의나 범위가 명확하게 규정되어 있지는 않다.

다만, 「약사법」 제2조 제4항의 규정내용 등에 비추어 보면, 의약품은 같은 법 제2조 제4항 제1호에서 정한 바와 같이 '대한약전(大韓藥典)에 수재(收載)된 것 외에 사람 동물의 질병의 진단, 경감, 처치 또는 예방에 사용됨을 목적으로 하는 것이나 혹은 사람 또는 동물의 신체의 구조 또는 기능에 약리적 기능을 미치게 하는 것을 목적으로 하는 것을 모두 포함하는 개념'으로 볼 수 있는데, 법원은 의약품에 해당하는지 여부는 반드시 약리작용상 어떠한 효능의 유무와는 관계없이 그 성분, 형상(용기, 포장, 의장 등), 명칭 및 거기에 표시된 사용목적, 효능, 효과, 용법, 용량, 판매할 때의 선전 또는 설명 등을 종합적으로 판단하여 사회 일반인이 볼 때 화장품으로 인식되는 것을 제외하고는 그것이 위 목적에 사용되는 것으로 인식되고 혹은 약효가 있다고 표방된 경우에는 이를 모두 의약품으로 보아 약사법의 규제대상이 된다고 본다(대법원 2003. 6. 13. 선고 2003도1746 판결 참조).

한편, 화장품도 화장품법 제2조 제1호 단서 규정3)에 따라 약사법상 의약품에 해당하는 경우 약사법의 규제대상이 될 수 있다.

약제에 대해서는 「PART 05 표준약관 축조해설(Ⅱ)」(보상하지 않는 사항) 제4장(질병입원형)에서 다시 한번 자세히 다루기로 한다.

❷ 치료재료

치료재료도 정의나 그 범위가 달리 규정되어 있지 않으나 「건강보험요양급여규칙」 제10조 제1항 제2호4)에 따르면 '「약사법」 및 「의료기기법」에 따른 품목허

---

3) [화장품법] 제2조
1. "화장품"이란 인체를 청결·미화하여 매력을 더하고 용모를 밝게 변화시키거나 피부·모발의 건강을 유지 또는 증진하기 위하여 인체에 바르고 문지르거나 뿌리는 등 이와 유사한 방법으로 사용되는 물품으로서 인체에 대한 작용이 경미한 것을 말한다. 다만, [약사법] 제2조 제4호의 의약품에 해당하는 물품은 제외한다.
4) 제10조(행위·치료재료의 요양급여 결정신청) ①요양기관, 의약 관련 단체 또는 치료재료의 제조업자·수입업자는 법 제41조의3 제1항에 따른 행위·치료재료(이하 "행위·치료재료"라 한다)에 대한 요양급여대상 여부의 결정신청을 하려는 경우에는 다음 각 호의 구분에 따른 날부터 30일 이내에 보건복지부장관에게 신청해야 한다.

가를 받은 날 또는 「인체조직 안전 및 관리 등에 관한 법률」에 따른 조직은행 설립허가를 받은 날 치료재료에 대한 요양급여 결정신청을 할 수 있다'고 정하고 있는데 이를 감안하면 치료재료는 '약사법에 따라 품목허가를 받아야 하는 제품 중 의약품이 아닌 것', '의료기기법 제2조 제1항의 의료기기 중 치료에 사용되는 기구 · 기계 · 장치 · 재료 또는 이와 유사한 제품', '「인체조직 안전 및 관리 등에 관한 법률」 제3조에 따른 인체조직'을 의미한다고 볼 수 있다.

3. 처치 · 수술 그 밖의 치료

질병 · 부상 등의 치료행위에는 진찰, 검사, 처방, 조제, 투약, 처치, 수술 등이 포함되는데 국민건강보험법상 요양급여로서 정한 치료는 진찰과 검사 이후에 이루어지는 수술과 처치 등의 실물적 의료행위로 한정되는 개념으로 보아야 할 것이다.

처치란, 질병 · 부상 등의 상처부위를 개선 또는 악화방지를 위하여 치료하는 것으로 붕대의 교체, 약의 도포, 환부의 세척, 점안(點眼), 주사, 이물제거 등의 행위를 말하고, 수술은 의사가 수술용 도구를 사용하여 환부를 절개하고 필요한 처치를 하는 행위로 절개술, 봉합술, 절단술 등 여러 가지 방법이 있다.

한편, 그 밖의 치료는 처치 및 수술 이외의 치료로서 정신요법인 개인 · 집단 정신치료나 가족치료 등을 말한다.

4. 예방 · 재활

예방은 질병 · 부상의 진료를 직접목적으로 하지 아니하는 경우로 질병, 부상 등이 발생하지 않도록 대처하는 행위로 본인의 희망에 의한 건강검진, 산전진찰, 파상풍 예방접종 등 「건강보험요양급여규칙」 [별표2] 비급여대상 제3호5)에 열거된 사항이 이에 해당된다.

재활은 비정상적인 신체나 정신상태의 기능을 회복하거나 개선하기 위한 행위

---

5) 3. 다음 각목의 예방진료로서 질병 · 부상의 진료를 직접목적으로 하지 아니하는 경우에 실시 또는 사용되는 행위 · 약제 및 치료재료
　　나. 예방접종(파상풍 혈청주사 등 치료목적으로 사용하는 예방주사 제외)

로서 물리치료, 적외선·자외선치료나 전기자극치료 등이 있다.

5. 입원

입원이란 환자의 질병에 대한 저항력이 매우 낮거나 투여되는 약물이 가져오는 부작용 또는 부수효과와 관련하여 의료진의 지속적인 관찰이 필요한 경우, 영양상태 및 섭취음식물에 대한 관리가 필요한 경우, 지속적인 약물투여·처치 등이 필요하거나 감염의 위험이 있다는 등의 이유로 환자가 병원 내에 체류하면서 치료를 받는 것을 말하며(대법원 2008도4665 판결), 입원환자에 대한 식사 제공도 포함된다[6].

6. 간호

「건강보험 행위·비급여 목록 및 급여 상대가치 점수」에 따르면 현재 입원료에 간호관리료가 포함되어 있는데 이를 고려하면 요양급여항목으로서의 간호는 흔히 요양기관에서 간호사가 의사의 보조자로 실시하는 간호를 의미하는 것이 아니라 환자의 상병상태를 감안할 때 통상적인 간호 이외의 간호가 요구될 경우 그 간호에 필요한 인건비에 상응하는 급여를 말하는 것으로 의료기관 안에서 이루어지는 것과 의료기관 밖에서 이루어지는 것이 있다.

7. 이송

이송[7]이란 질병·부상 등으로 보행할 수 없거나 보행이 불가능한 경우에 요

---

6) [국민건강보험 요양급여의 기준에 관한 규칙] [별표1] 6. 입원 다.입원환자에 대한 식사는 환자의 치료에 적합한 수준에서 의료법령 및 식품위생법령에서 정하는 기준에 맞게 위생적인 방법으로 제공하여야 한다.

7) 이송의 급여는 예컨대 피보험자가 질병 또는 부상으로 입원치료를 필요로 하며 또는 전의(轉醫)를 하지 아니하면 안될 때, 그 병원 또는 의원까지 보행할 수 없으며 또는 보행하는 것이 극히 곤란한 경우에 지급되며, 그 내용은 자동차, 기차, 전철 등의 교통기관을 이용한 때에는

양기관까지 이동하거나 다른 요양기관으로 이동하는 수단을 제공하는 것을 말한다.

그 운임 또는 인부를 고용하여 담가(擔架)로 운반하였을 때에는 그 인부의 임금·수당 등, 운전사·인부 등에 대하여 숙박을 필요로 한 때에는 "그 숙박료 이송의 도중에 있어 의사·간호원의 부첨(附添)을 필요로 한 경우에는 그 여비·숙박료 등"을 말한다(신선기·정복란, p.139). 국민건강보험해설(2019년, 개정증보판) p.405

CHAPTER

03 현물급여와 현금급여

실손의료보험의 보장대상에 해당 여부를 판단하는데 있어서는 앞서 살펴본 바와 같이 국민건강보험법 또는 의료급여법의 적용 여부와 함께 요양급여의 제공방식도 영향을 미친다. 즉, 국민건강보험법 등 관련 법규에서 정하고 있는 요양급여 방식은 현물급여(現物給與)와 현금급여(現金給與) 등 두 가지로 나뉘는데 결론부터 말하면 실손의료보험은 이 중 현물급여만을 보장대상으로 하고 있다.

1. 현물급여(現物給與)

'현물급여'란 의사의 진찰·검사·처치·수술 기타의 치료 및 간호, 약제·치료재료의 지급, 입원 등 요양기관에 의하여 제공되는 급여와 건강검진을 의미하며, 이 중 의사의 진찰·검사·처치·수술 기타의 치료 및 간호를 용역급여로 구분하기도 하나 일반적으로 현물급여로 본다.

2. 현금급여(現金給與)

'현금급여'란 가입자 등의 신청 또는 보험자의 확인에 의하여 금전으로 지급되는 급여를 말하며, 국민건강보험법상 현금급여에는 가입자 등의 신청에 의하여 지급되는 요양비, 장애인보장구 급여비, 임신·출산진료비가 있다.

한편, 현금급여8)는 환급시기와 방법에 사전급여와 사후급여로 나뉘는데 사전

---

8) 본인부담상한제는 국민건강보험 가입자가 1년간 지불한 의료비(비급여 치료비 제외) 중 본인부담 총액이 소득분위에 따른 개인별 상한금액을 초과하는 경우 그 초과액을 공단에서 되돌려 주는 제도로서 본인부담상한액을 공단이 되돌려주는 시기와 방법에 따라 '사전급여'와 '사후급여'로 구분되어 운용되고 있다. 먼저 '사전급여'는 동일한 요양기관에서 연간 입원 본인부담금이 최고상한액을 초과하는 경우 초과되는 금액을 요양기관이 환자에게 받지 아니하고 공

급여는 환자가 부담해야 할 금액에서 먼저 차감한 후 납부토록 하는 방법을 말하며 사후급여는 환자가 부담할 금액을 모두 납부한 후 사후적으로 정산하여 돌려주는 방법을 말한다.

3. 실손의료보험과의 관계

국민건강보험법에 따라 국민건강보험공단 입장에서는 현물급여, 현금급여 모두 관리해야 할 대상이지만 요양기관 입장에서만 보면 의료영역의 대가로 청구하는 비용은 이 중 현물급여와만 관련되어 있음을 알 수 있다.

따라서 실손의료보험에서 피보험자가 상해 또는 질병으로 인하여 병원에서 통원 또는 입원하여 치료를 받으면서 발생한 의료비를 보상한다는 것은 '요양기관의 현물급여 관련 비용'만을 보장대상으로 한다는 것을 의미하며 이는 국민건강보험법상 현금급여가 실손의료보험과 무관함을 뜻한다.

이러한 관점에서 국민건강보험법상 본인부담상한제에 따른 초과환급금의 보상 여부나 진료재료 중 요양비 보상 여부 등의 문제도 이와 같은 요양급여 제공방식과 관련한 사항이라 할 수 있다.

단에 직접 청구하여 당해 연도에 지급받는 제도이다. 반면 '사후환급'은 개인별 건강보험료 정산에 따른 상한액기준보험료 결정 전후로 나누어 (a) 상한액기준보험료 결정이전에 개인별 연간 누적 본인부담금이 최고상한액을 초과할 경우 매월 초과금액을 계산하여 가입자에게 지급하고, (b) 상한액기준보험료 결정 이후에는 개인별 연간본인부담상한액 초과금을 소득기준별로 정산하여 가입자에게 지급하는 제도이다(인천지방법원 2017. 1. 10. 선고 2016나61108 판결).

CHAPTER 04 요양급여비용의 산정

1. 처치 및 수술료 산정지침

「국민건강보험법」제45조(요양급여비용의 산정 등)에 따르면 요양급여비용은 공단의 이사장과 대통령령으로 정하는 의약계를 대표하는 사람들의 계약 등으로 정하고(제1조 내지 제3조), 보건복지부장관은 그 요양급여비용의 명세를 지체 없이 고시하여야 한다(제4조).

이때, 같은 법 시행령 제21조(계약의 내용 등) 제2항에서는 요양급여 항목에 대한 상대가치 점수를 고시하며, 이에 근거한 처치 및 수술료 산정지침에 따르면 처치 및 수술 시에 사용된 약제 및 치료재료대는 별도로 산정하지 않는다고 정하고 있는데, 이처럼 요양기관에서 치료를 받으면서 요양급여의 대상이 되는 항목 8가지 즉, 진찰·검사, 약제(藥劑)·치료재료의 지급, 처치·수술 및 그 밖의 치료, 예방·재활, 입원, 간호, 이송(移送) 비용을 각각 어떻게 구분하여 청구해야 하는지 등에 관한 규정들이 존재함을 유의해야 한다.

> ⓘ **제9장 처치 및 수수료 제1절 처치 및 수술료 [산정지침]**[9]
>
> (11) 처치 및 수술 시에 사용된 약제 및 치료재료대는 소정점수에 포함되므로 별도 산정하지 아니한다. 다만, 다음에 열거한 약제 및 치료재료대는 "약제 및 치료재료의 비용에 대한 결정기준"에 의하여 별도 산정한다.
> ① 인공식도, ② 인공심장판막, ③ 인공심폐회로, ④ 인공심박기, ⑤ 인조혈관, ⑥ 인공관절, ⑦ 골, 관절의 수복 또는 결손보철용 인공재료 [체내유치], ⑧ 인공수정체, ⑨ 조직대용인조섬유포, ⑩ 1회용 혈산화기, ⑪ 동정맥간도회로, ⑫ 경정맥용 심박기도선전극, ⑬ 심근부착용 심박기도선전극, ⑭ 심장수술용 카테터, ⑮ 혈관내수술용 카테터, ⑯ 담석제거용 카테터 제2부 제9장 처치 및 수술료 등, ⑰ 뇌동맥류 수술용 클립, ⑱ 체내고정용 나사, 고정용 금속핀, 고정용 금속선, 고정용 못, ⑲ 지속적주입, 지속적배액 및 지속적 배기용도관 [체내유치], ⑳ 폴리비니루, 호루말 등 충전술 사용재료 (이하 생략)

2. 실손의료보험과의 관계

예를 들어, 비뇨기과 진료비 명세서상에 검진·진찰료외에 '상담료'라는 비급여 항목이 별도로 청구된 경우, 처치 및 수술과정에서 소모된 치료재료가 '처치·수술료' 항목과 별도로 구분된 경우 등 청구항목의 구분과 관련된 문제 또는 성형목적으로 수술을 받고 '처치·수술료'가 비급여로 청구되었으나 수술전 시행한 '검진·진찰료'는 요양급여로 청구된 경우[10] 등 치료과정에서 발생하는 각 요양급여항목의료비 청구방식의 적정여부 등을 확인하는 것은 실손의료보험의 보상여부를 결정하는데 대단히 중요한 절차라 할 수 있다.

---

9) 건강보험심사평가원 건강보험요양급여비용(21년 2월판) p.394~p.395

10) 예를 들어, 백내장 수술의 경우, 진찰·검사(초음파검사·계측검사 등), 수술 및 처치(다초점렌즈 삽입술), 치료재료(다초점렌즈) 등의 항목이 혼재되어 있는데 약관상 면책사유인 시력교정술로 간주하는 다초점렌즈 삽입술과 이를 위해 시행된 초음파검사 등 진찰·검사료도 시력교정술로 볼 것인지 아니면 시력교정술과 무관한 별개의 진료행위로 볼 것인지 등이 이에 해당한다.

1. 개요

요양급여기준은 국민건강보험법 제41조 제3항·제4항 및 제41조의3에 따라 구체적 위임을 받아 요양급여의 방법, 절차, 범위, 상한, 요양급여대상 여부의 결정 신청의 시기, 절차, 방법 등 요양급여에 관하여 필요한 사항을 정한 것으로 행정기관 내부의 사무처리 기준이 아닌 국민의 권리와 의무에 직접 영향을 미치는 실체적 법규를 담고 있으므로 법규명령으로 볼 수 있으며 강행규정으로서의 성질을 가진다(대법 99두12267 판결, 서울고등법원 2008나89189 판결 참조).

참고판례 ▌

요양급여기준은 법 제39조 제2항의 위임에 따른 것으로 법률상 위임 근거가 있는 법규명령이고 강행규정으로서의 성질을 가지는 것이라 할 것이고(구 의료보험법에 관한 대법원 2001. 7. 13. 선고 99두12267 판결 등 참조), 더욱이 '국민건강보험 요양급여의 기준에 관한 규칙' 제10조, 제11조, 제5조 제1항 [별표1] 제3의 가(2)항 등에 의하면 요양기관 등은 요양급여대상 또는 비급여대상으로 결정되지 않은 새로운 행위·약제 및 치료재료에 대하여 보건복지가족부장관에게 요양급여대상 여부의 결정을 신청하여 그 결정을 받아 피고나 환자측으로부터 비용을 보전받을 수 있고, 안전성·유효성 등에 관한 사장이 정하여져 있는 의약품 중 진료상 반드시 필요하다고 보건복지가족부장관이 정하여 고시하는 약제의 경우에는 건강보험심사평가원장이 공고한 범위 안에서 처방·투여할 수 있도록 되어 있으며, 요양급여기준은 의약계 전문가의 의견 등을 반영하여 마련된 것으로서 일응 객관적이고 합리적인 것이라 할 것이므로 요양기관이 요양급여기준에 정한 바에 따르지 아니하고 임의로 이에 어긋나는 원외처방을 하는 것은 그것이 환자에 대한 최선의 진료를 위하여 의학적 근거와 임상적 경험에 바탕을 둔 것으로서 정당행위에 해당한다는 등의 특별한 사정이 없는 한, 일응 위법성이 인정된다 할 것이다(서울고등법원 2009. 8. 27. 선고 2008나89189).

한편, 「실손의료보험 표준약관 질병입원특약」의 '보상하지 않는 사항'에서 말하는 '요양급여 기준'은 약관에 달리 정의하고 있지는 않으나 위에서 설명하는 요양급여의 방법, 절차, 범위, 상한 등에 관한 사항을 정한 것으로서 위 「국민건강보험법」상 요양급여기준을 의미한다고 보더라도 무방하다.

ⓘ **질병입원담보 특약**

> ③ 회사는 다음의 입원의료비에 대해서는 보상하지 않습니다. 〈개정 2015. 11. 30.〉
> 　5. 영양제, 비타민제, 호르몬 투여(다만, 국민건강보험의 **요양급여 기준**에 해당하는 성조숙증을 치료하기 위한 호르몬 투여는 보상합니다), 보신용 투약, 친자 확인을 위한 진단, 불임검사, 불임수술, 불임복원술, 보조생식술(체내, 체외 인공수정을 포함합니다), 성장촉진, 의약외품과 관련하여 소요된 비용. 다만, 회사가 보상하는 질병 치료를 목적으로 하는 경우에는 보상합니다.

2. 요양급여기준의 실손의료보험약관 준용 가능 여부

표준약관 제10관 제44조(준거법)에서는 '대한민국 법에 따라 규율되고 해석되며, 약관에서 정하지 않은 사항은 상법, 민법 등 관계법령을 따릅니다'라고 규정하고 있으므로 실손의료보험약관에서 달리 정하지 아니한 사항은 상법의 규정보다 보험계약자 또는 피보험자나 보험수익자에게 불이익하지 아니한 이상[11] 국민건강보험 관계법령 및 이에 따른 요양급여기준을 우선적으로 적용하여 해석할 수 있다고 본다.

---

11) [상법] 제663조(보험계약자 등의 불이익변경금지) 이 편의 규정은 당사자간의 특약으로 보험계약자 또는 피보험자나 보험수익자의 불이익으로 변경하지 못한다. 그러나 재보험 및 해상보험 기타 이와 유사한 보험의 경우에는 그러하지 아니하다. 〈개정 1991. 12. 31.〉

표준약관
축조해설(Ⅰ)
보상하는 사항

제1관 일반사항 및 용어의 정의

제1조(보장종목) ① 회사가 판매하는 기본형 실손의료보험상품은 다음과 같이 상해입원형, 상해통원형, 질병입원형 및 질병통원형의 4개 이내의 보장종목으로 구성되어 있습니다. 〈개정 2015. 11. 30., 2017. 3. 22.〉

보장종목		보상하는 내용
상해	입원	피보험자가 상해로 인하여 병원에 입원하여 치료를 받은 경우에 보상
	통원	피보험자가 상해로 인하여 병원에 통원하여 치료를 받거나 처방조제를 받은 경우에 보상
질병	입원	피보험자가 질병으로 인하여 병원에 입원하여 치료를 받은 경우에 보상
	통원	피보험자가 질병으로 인하여 병원에 통원하여 치료를 받거나 처방조제를 받은 경우에 보상

② 회사는 이 약관의 명칭에 '실손의료비'라는 문구를 포함하여 사용합니다. 〈개정 2015. 11. 30.〉

제2조(용어의 정의) 이 약관에서 사용하는 용어의 뜻은 〈붙임 1〉과 같습니다.

국민건강보험법은 질병, 부상, 출산 등을 요양급여 대상으로 하고 있고 이때 발생하는 비용은 ❶국민건강보험공단과의 부담비율에 따라 가입자 또는 피부양자가 부담하는 경우와 ❷국민건강보험공단과의 부담비율과 무관하게 가입자 또는 피부양자가 모두 부담하는 경우 두 가지로 나뉘며, 전자(前者)에 해당하여 가입자

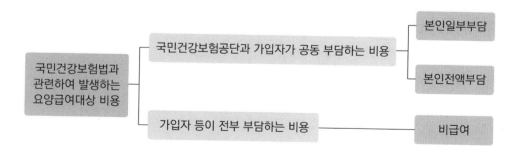

등이 부담하는 의료비는 다시 ❶본인일부부담금, ❷본인전액부담금으로 구분할 수 있다.

　실손의료보험은 이러한 국민건강보험법의 체계와 달리 상해, 질병 등 치료의 원인과 입원, 통원 등 치료의 방식으로 구분하여, 이 중 국민건강보험법에 따른 요양급여와 비급여로서 '피보험자 본인이 실제로 부담한 금액'을 보장한다.

　실손의료보험 표준약관 제정 당시(2009. 9. 28.)에는 상해입원형, 상해통원형, 질병입원형, 질병통원형, 종합(상해·질병)입원형, 종합통원형 등 6가지 종목선택형으로 구성되어 있다가 2012. 12. 28. 상해입원형, 상해통원형, 질병입원형, 질병통원형(4종목 선택형)으로 변경되었고, 다시 2021. 7. 1. 표준약관 개정 시 요양급여·비급여 담보를 분리하였다(제4세대 실손의료보험).

　한편, 제4세대 실손의료보험 표준약관은 현행 국민건강보험법이 요양급여·비급여 체계라는 점에서 관련 법규와의 정합성이 제고되었다고 할 수 있는 점, 실손의료보험과 관련한 관심사항이 상해·질병 등 치료원인 보다는 요양급여·비급여의 관리수준, 사고의 심도·빈도와 관련되어 있다는 점 등에서 합리적인 조치라 할 수 있다.

▌보장구조의 변화

2009. 9. 28.		2012. 12. 28.		2021. 7. 1.
상해입원		상해입원		상해급여
상해송원	→	상해통원	→	상해비급여
질병입원		질병입원		질병급여
질병통원		질병통원		질병비급여
종합(상해·질병)입원				
종합(상해·질병)통원				

02 상해입원형

제2관 회사가 보상하는 사항

제3조(보장종목별 보상내용) 회사가 이 계약의 보험기간 중 보장종목별로 각각 보상하거나 공제하는 내용은 다음과 같습니다.

(1) 상해입원

① 회사는 피보험자가 상해로 인하여 병원에 입원하여 치료를 받은 경우에는 입원의료비를 다음과 같이 하나의 상해당 보험가입금액(5천만원 이내에서 계약 시 계약자가 정한 금액을 말합니다)의 한도 내에서 보상합니다. 〈개정 2015. 11. 30.〉

구분		보상금액
표준형	입원실료, 입원제비용, 입원수술비	'「국민건강보험법」에서 정한 요양급여 또는 「의료급여법」에서 정한 의료급여 중 본인부담금'과 '비급여^{주)}(상급병실료 차액은 제외합니다)'를 합한 금액(본인이 실제로 부담한 금액을 말합니다)의 80%에 해당하는 금액. 다만, 나머지 20%가 계약일 또는 매년 계약해당일부터 기산하여 연간 200만원을 초과하는 경우 그 초과금액은 보상합니다.
	상급병실료 차액	입원 시 실제로 사용한 병실과 기준병실의 병실료 차액에서 50%를 뺀 금액. 다만, 1일 평균금액 10만원을 한도로 하며, 1일 평균금액은 입원기간 동안 상급병실료 차액 전체를 총 입원일수로 나누어 산출합니다.
선택형	입원실료, 입원제비용, 입원수술비	'「국민건강보험법」에서 정한 요양급여 또는 「의료급여법」에서 정한 의료급여 중 본인부담금'과 '비급여^{주)}(상급병실료 차액은 제외합니다)'를 합한 금액(본인이 실제로 부담한 금액을 말합니다)의 90%에 해당하는 금액. 다만, 나머지 10%가 계약일 또는 매년 계약해당일부터 기산하여 연간 200만원을 초과하는 경우 그 초과금액은 보상합니다.
	상급병실료 차액	입원 시 실제로 사용한 병실과 기준병실의 병실료 차액에서 50%를 뺀 금액. 다만, 1일 평균금액 10만원을 한도로 하며, 1일 평균금액은 입원기간 동안 상급병실료 차액 전체를 총 입원일수로 나누어 산출합니다.

주) 「국민건강보험법」 또는 「의료급여법」에 따라 보건복지부장관이 정한 비급여대상(「국민건강보험법」에서 정한 요양급여 또는 「의료급여법」에서 정한 의료급여 절차를 거쳤지만 급여항목이 발생하지 않은 경우로 「국민건강보험법」 또는 「의료급여법」에 따른 비급여항목 포함)

약관의 변천

제1세대(예시)
1. (보상하는 손해) 회사는 보험증권(보험가입증서)에 기재된 피보험자(보험대상자)가 보험증권(보험가입증서)에 기재된 이 특별약관의 보험기간중에 급격하고도 우연한 외래의 사고로 신체에 상해를 입고 병원 또는 의원(한방병원 또는 한의원을 포함합니다) 등에 입원하여 치료를 받은 경우에는 아래의 상해입원의료비를 보상하여 드립니다. ① 입원실료, ② 입원제비용 ③ 수술비, ④ 병실료 차액

→

2009. 9. 28.

① 회사는 피보험자(보험대상자)가 상해로 인하여 병원에 입원하여 치료를 받은 경우에는 입원의료비를 다음과 같이 하나의 상해당 보험가입금액(5천만원 이내에서 계약 시 계약자가 정한 금액을 말합니다)한도로 보상하여 드립니다.

입원실료, 입원제비용 입원수술비	'「국민건강보험법」'에서 정한 요양급여 중 본인부담금'과 '비급여(상급병실료 차액 제외)'부분의 합계액 중 90% 해당액
상급 병실료 차액	입원 시 실제 사용병실과 기준병실과의 병실료 차액 중 50%를 공제한 후의 금액(다만, 1일 평균금액 10만원을 한도로 하며, 1일 평균금액은 입원기간 동안 상급 병실료 차액 전체를 총 입원일수로 나누어 산출합니다)

→

2010. 3. 29.

① 회사는 피보험자(보험대상자)가 상해로 인하여 병원에 입원하여 치료를 받은 경우에는 입원의료비를 다음과 같이 하나의 상해당 보험가입금액(5천만원을 최고한도로 계약자가 정한 금액으로 합니다)한도로 보상하여 드립니다.

입원실료, 입원제비용 입원수술비	'「국민건강보험법」'에서 정한 요양급여 또는 의료급여법에서 정한 의료급여 중 본인부담금'과 '비급여(상급병실료 차액 제외)'부분의 합계액 중 90% 해당액
상급 병실료 차액	입원 시 실제 사용병실과 기준병실과의 병실료 차액 중 50%를 공제한 후의 금액(다만, 1일 평균금액 10만원을 한도로 하며, 1일 평균금액은 입원기간 동안 상급 병실료 차액 전체를 총 입원일수로 나누어 산출합니다)

→

2012. 12. 28.(표준형)

① 회사는 피보험자(보험대상자)가 상해로 인하여 병원에 입원하여 치료를 받은 경우에는 입원의료비를 다음과 같이 하나의 상해당 보험가입금액(5천만원을 최고한도로 계약자가 정한 금액으로 합니다)을 한도로 보상하여 드립니다.

→

2014. 2. 11.(표준형)

① 회사는 피보험자가 상해로 인하여 병원에 입원하여 치료를 받은 경우에는 입원의료비를 다음과 같이 하나의 상해당 보험가입금액(5천만원을 최고한도로 계약자가 정한 금액으로 합니다)을 한도로 보상합니다.

입원실료, 입원제비용 입원 수술비	'「국민건강보험법」에서 정한 요양급여 또는 의료급여법에서 정한 의료급여 중 본인부담금'과 '비급여주)(상급병실료 차액 제외)'의 합계액(본인이 실제로 부담한 금액)의 80% 해당액
상급 병실료 차액	입원 시 실제 사용병실과 기준병실과의 병실료 차액 중 50%를 공제한 후의 금액(다만, 1일 평균금액 10만원을 한도로 하며, 1일 평균금액은 입원기간 동안 상급병실료 차액 전체를 총 입원일수로 나누어 산출합니다)

주) 국민건강보험 또는 의료급여법에 따라 보건복지부장관이 정한 비급여대상

입원실료, 입원제비용 입원 수술비	'「국민건강보험법」에서 정한 요양급여 또는 의료급여법에서 정한 의료급여 중 본인부담금'과 '비급여주)(상급병실료 차액 제외)'의 합계액(본인이 실제로 부담한 금액)의 80% 해당액
상급 병실료 차액	입원 시 실제 사용병실과 기준병실과의 병실료 차액 중 50%를 공제한 후의 금액(다만, 1일 평균금액 10만원을 한도로 하며, 1일 평균금액은 입원기간 동안 상급병실료 차액 전체를 총 입원일수로 나누어 산출합니다)

주) 국민건강보험 또는 의료급여법에 따라 보건복지부장관이 정한 비급여대상(국민건강보험법에서 정한 요양급여 또는 의료급여법에서 정한 의료급여 절차를 거쳤지만 급여항목이 발생하지 않은 경우로 국민건강보험 또는 의료급여법에 따른 비급여 항목 포함)

가. 상해의 정의

제1세대 실손의료보험 약관에서는 상해사고의 정의를 약관 본문에 직접 규정하였으나, 2009. 9. 28. 표준약관 제정 시 ＜용어의 정의＞에서 별도로 구분하였고, '병원 또는 의원(한방병원 또는 한의원을 포함합니다) 등'도 '병원'으로 통일하여 ＜용어의 정의＞에서 규정하였다.

나. 입원의료비 항목의 정비

제1세대 실손의료보험 약관에서는 입원실료, 입원제비용, 수술비, 병실료 차액으로 구분하여 정의하다가, 제2세대 표준약관 제정 시 현재 방식으로 변경되었고, 제1세대 실손의료보험 약관에서는 입원실료에 포함되어 있던 '진찰료'가 제2세대 표준약관부터는 '입원제비용' 항목으로, '수술비' 항목은 '입원수술비' 항목으로 각각 변경되었다.

또한, 2015. 11. 28. 약관개정 시 퇴원 환자에 대한 의사 처방 약제비는 입원제비용에 포함시켰다.

다. '본인이 실제로 부담한 금액'의 추가

그 밖에 입원실료 등 보상액은 표준약관 제정 당시 '국민건강보험법에서 정한 요양급여 중 본인부담금'과 '비급여(상급병실료 차액 제외)'부분의 합계액 중 90% 해당액을 보상한다고 정하고 있었으나, 표준형의 경우 2012. 12. 28. 합계액에 '본인이 실제로 부담한 금액'이 괄호로 추가되고 지급률도 90%에서 80%로 조정되었다.

라. 의료급여 수급권자의 보장대상 명확화

2009. 9. 28. 표준약관 제정 이전에는 보장대상을 「국민건강보험법」에서 정한 요양급여'로만 규정하고 있었으나, 의료급여법에 따른 의료급여를 받는 경우도 국민건강보험법에 따른 요양급여를 보상받는 경우와 차이를 둘 이유가 없으므로[1] 2010. 3. 29. 표준약관 개정 시 '「국민건강보험법」에서 정한 요양급여'에 '「요양급여법」에서 정한 의료급여'가 추가되었다.

마. 비급여의 정의

종전에는 '비급여'에 대해 달리 정의하지 않았으나 2012. 12. 28. '국민건강보험 또는 의료급여법에 따라 보건복지부장관이 정한 비급여대상'이라는 주석(注釋)을 추가하여, 실손의료보험에서 말하는 비급여는 국민건강보험법상 '법정비급여'로 한정됨을 명확히 하였다.

한편, 국민건강보험법이 적용되는 경우에 환자가 부담하는 의료비는 ❶본인일부부담금, ❷본인전액부담금, ❸비급여 등 3가지가 있으며, 이 비용들은 각각 단독 또는 둘 이상 동시에 발생할 수 있는데도 일부 보험회사가 본인전액부담금만 청구되거나 비급여만 청구된 때를 '국민건강보험법이 적용되지 않은 경우'로 해석하여 낮은 지급률(40%)을 적용하는 사례가 있어 2014. 2. 11. 괄호 부분이 추가되었다[2].

---

1) 의료급여수급권자에 대해서도 국민건강보험가입자와 동일하게 국민건강보험을 적용받는 것으로 보는 것이 타당(금융감독원 금융분쟁조정위원회 조정결정 제2016-15호 2016. 6. 28.)
2) 금융감독원 보도자료(2013. 11. 8.) : '2. 건강보험미적용대상(진료비의 40% 보장대상) 명확

약관의 변천

제1세대(예시)	2009. 9. 28.	2015. 11. 30.
	〈용어의 정의〉	〈용어의 정의〉
① 입원실료 : 진찰료, 기준병실(해당 병원 또는 의원에서 국민건강보험 환자에게 적용하는 병실을 말합니다. 이하 같습니다.) 사용료, 환자관리료, 식대 등	① 입원실료 : 입원치료 중 발생한 기준병실 사용료, 환자관리료, 식대 등을 말함	① 입원실료 : 입원치료 중 발생한 기준병실 사용료, 환자관리료, 식대 등을 말함
② 입원제비용 : 검사료, 방사선료, 투약 및 처방료, 주사료, 이학요법료(물리치료, 재활치료), 정신요법료, 처치료, 재료대, 캐스트료, 지정진료비 등	② 입원제비용 : 입원치료 중 발생한 진찰료, 검사료, 방사선료, 투약 및 처방료, 주사료, 이학요법(물리치료, 재활치료)료, 정신요법료, 처치료, 재료대, 캐스트료, 지정진료비 등	② 입원제비용 : 입원치료 중 발생한 진찰료, 검사료, 방사선료, 투약 및 처방료(퇴원 시 의사로부터 치료목적으로 처방받은 약제비 포함), 주사료, 이학요법(물리치료, 재활치료)료, 정신요법료, 처치료, 치료재료, 석고붕대료(cast), 지정진료비 등
③ 수술비 : 수술료, 마취료, 수술재료비 등	③ 입원수술비 : 입원치료 중 발생한 수술료, 마취료, 수술재료비 등	③ 입원수술비 : 입원치료 중 발생한 수술료, 마취료, 수술재료비 등
④ 병실료차액 : 실제 사용병실(단, 특실 또는 1인실을 사용한 경우는 2인실의 병실료를 기준으로 합니다.)과 기준병실과의 병실료 차액	④ 병실료차액 : 입원 시 실제 사용병실과 기준병실과의 병실료 차액 중 50%를 공제한 금액	④ 병실료차액 : 입원 시 실제 사용병실과 기준병실과의 병실료 차액 중 50%를 공제한 금액

화', '(개선) 치료방법상 비급여만 발생하여 건강보험법 등을 적용받지 못하는 경우도 건강보험가입자와 동일한 기준으로 보상토록 명확화'

가. 병실료 차액

제1세대 실손의료보험 약관에서는 '병실료 차액 : 실제 사용병실(단, 특실 및 1인실을 사용한 경우는 2인실의 병실료를 기준으로 합니다)과 기준병실과의 병실료 차액'으로 규정되어 있었으나, 2009. 9. 28. 표준약관 제정 시 '④ 병실료차액 : 입원 시 실제 사용병실과 기준병실과의 병실료 차액 중 50%를 공제한 금액'으로 변경되었다.

나. 퇴원 시 처방약제의 입원의료비 포함

실손의료보험의 입원의료비 보상한도는 최고 5천만원, 통원의료비 한도는 180일 한도내에서 1회당 최고 30만원으로 입원·통원여부에 따라 보상한도의 차이가 있어, 입원환자가 퇴원하면서 의사로부터 처방받은 약제비의 경우 입원의료비와 통원의료비 중 어느 항목을 적용해야 하는지를 두고 분쟁이 빈발하였다.

이에 따라, 2015. 11. 30. 표준약관 개정 시 퇴원 시 처방된 약제비에 한해서는 통원의료비가 아닌 입원의료비에 포함되는 것으로 개정, 제2세대 표준약관 가입자부터 적용토록 하였다.

▌쟁점의 연구

실손의료보험에서 담보하는 상해입원 의료비는 '상해를 입고 회복하기에 이르는데 소요된 모든 비용'이 아니라 '피보험자가 상해로 인하여 병원에 입원하여 치료를 받으면서 부담한 비용'을 의미하므로 다음 3가지 요건을 모두 충족해야 한다.

❶ 보험사고가 상해의 요건을 충족할 것
❷ 병원에 입원하여 발생한 비용일 것
❸ 치료와 관련한 비용일 것

또한, 앞서 살펴본 바와 같이 실손의료보험의 보장대상은 상해 또는 질병의 치료 중 발생한 모든 비용이 아니라 어디까지나 요양기관이 국민건강보험의 틀 안에서 환자에게 제공하는 현물급여방식의 요양급여 또는 비급여에 한정되므로 이와 무관하다면 요양기관이 청구한 비용이라 하더라도 실손의료보험에서 보장 되지 않는다.

다시 말해 '요양기관에서 발생한 비용'에는 '국민건강보험법에서 정한 요양급 여 또는 비급여'와 '국민건강보험법에서 정한 요양급여 또는 비급여와 무관한 비 용'이 존재할 수 있는데 실손의료보험의 보장대상은 이 중 전자(前者)에 한정된다 는 것이다.

1. 제3조(보장종목별 보상내용) 제1항

> ① 회사는 피보험자가 상해로 인하여 병원에 입원하여 치료를 받은 경우에는 입원의료비를 다음과 같이 하나의 상해당 보험가입금액(5천만원 이내에서 계약 시 계약자가 정한 금액 을 말합니다)의 한도 내에서 보상합니다. 〈개정 2015. 11. 30.〉

가. 상해

> ① 회사는 피보험자가 **상해로 인하여** 병원에 입원하여 치료를 받은 경우에는 입원의료비를 다음과 같이 하나의 상해당 보험가입금액(5천만원 이내에서 계약 시 계약자가 정한 금액 을 말합니다)의 한도 내에서 보상합니다. 〈개정 2015. 11. 30.〉

표준약관에서는 '상해'를 '보험기간 중 발생한 급격하고 우연한 외래의 사고'라고 정의하고 있는데, 실손의료보험의 경우 대부분 상해·질병 담보특약에 모두 가입하 는 것이 일반적이어서 상해인정 여부에 대한 다툼은 거의 발생하지 않는다.

나. 병원

① 회사는 피보험자가 상해로 인하여 **병원**에 입원하여 치료를 받은 경우에는 입원의료비를 다음과 같이 하나의 상해당 보험가입금액(5천만원 이내에서 계약 시 계약자가 정한 금액을 말합니다)의 한도 내에서 보상합니다. 〈개정 2015. 11. 30.〉

의료법상 병원은 여러 형태의 '의료기관' 중 하나이며, 또한 이 의료기관은 국민건강보험법상 여러 형태의 '요양기관' 중 하나로 이와 같이 병원, 의료기관 등은 관계법규상 엄연히 서로 구분되는 개념이다.

그러나 현행 실손의료보험 약관에서는 특별한 사정없이 병원, 의료기관, 요양기관 등 혼용(混用)하고 있어 자칫 보상여부 판단에 혼란을 초래할 소지가 있다.

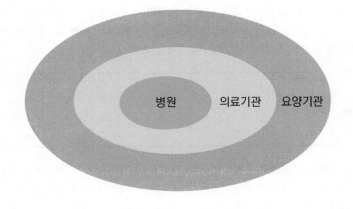

❶ 요양기관

실손의료보험 약관에서는 요양기관이 무엇인지 구체적으로 정의하고 있지 않으나, 각 약관조문에서 '국민건강보험법 제42조의 요양기관'이라고 표현하고 있다. 한편, 국민건강보험법 제42조에 따른 요양기관은 다음과 같이 구분된다.

1. 「의료법」에 따라 개설된 의료기관
2. 「약사법」에 따라 등록된 약국
3. 「약사법」 제91조에 따라 설립된 한국희귀·필수의약품센터

4. 「지역보건소법」에 따른 보건소·보건의료원 및 보건지소

5. 「농어촌 등 보건의료를 위한 특별조치법」에 따라 설치된 보건진료소

다만, 보건복지부장관은 공익이나 국가정책에 비추어 요양기관으로 적합하지 아니한 대통령령으로 정하는 의료기관 등은 요양기관에서 제외할 수 있다.

즉, '요양기관'은 '국민건강보험법에 따라 요양급여를 실시하는 곳'을 말하며, 병원 등 의료기관, 약국 등이 모두 포함되므로 의료기관보다 더 넓은 개념이다.

❷ 의료기관

의료법 제3조에서 정하고 있는 의료기관은 의원급 의료기관, 조산원, 병원급 의료기관으로 나뉘며 구체적으로는 다음과 같다.

1. 의원급 의료기관 : 의사, 치과의사 또는 한의사가 주로 외래환자를 대상으로 각각 그 의료행위를 하는 의료기관으로서 의원, 치과의원, 한의원이 이에 해당한다.

2. 조산원 : 조산사가 조산과 임산부 및 신생아를 대상으로 보건활동과 교육·상담을 하는 의료기관을 말한다.

3. 병원급 의료기관 : 의사, 치과의사 또는 한의사가 주로 입원환자를 대상으로 의료행위를 하는 의료기관으로서 병원, 치과병원, 한방병원, 요양병원, 정신병원, 종합병원3)이 이에 해당한다.

▌국민건강보험법에 따른 요양기관의 종류

구분			내용	관련 법규
요양기관	의료기관	의원급	의원	의료법
			치과의원	
			한의원	
			조산원	
		병원급	병원	

---

3) 제3조의4(상급종합병원 지정) ① 보건복지부장관은 다음 각 호의 요건을 갖춘 종합병원 중에서 중증질환에 대하여 난이도가 높은 의료행위를 전문적으로 하는 종합병원을 상급종합병원으로 지정할 수 있다. <개정 2010. 1. 18.>

구분			내용	관련 법규
			치과병원	
			한방병원	
			요양병원	
			정신병원	
			종합병원	
	약국			약사법
	한국희귀 · 필수의약품센터			
	보건소 · 보건의료원 · 보건지소			지역보건법
	보건진료소			농어촌 등 보건의료를 위한 특별조치법

　　약관에서는 의료기관을 '의료법 제3조(의료기관) 제2항에서 정하는 의료기관'으로 정의하면서 '종합병원·병원·치과병원·한방병원·요양병원·의원·치과의원·한의원 및 조산원'을 열거하고 있는데, 정신병원(의료법 제3조 제2항)은 제외하고 있다.

　　그러나, '<용어의 정의>'에서는 의료기관을 '의료법 제3조 제2항에서 정하는 의료기관을 말한다'고 규정하고 있으며 실손의료보험 약관상 의료기관은 '의료법상 의료기관'을 의미하므로 특별한 사정이 없는 한 정신병원도 당연히 의료기관에 포함된다고 해석하는 것이 타당하다.[4]

▎〈붙임1〉 용어의 정의

구분	정의
의료기관	의료법 제3조(의료기관)에서 정하는 의료기관을 말하며, 종합병원·병원·치과병원·한방병원·요양병원·의원·치과의원·한의원 및 조산원으로 구분한다.

---

[4] 보상하지 아니하는 사항에 '한국표준질병사인분류에 따른 다음의 의료비'로서 '정신 및 행동장애(F04~F99)'를 열거하고 있는데 보장대상에서 제외하고자 하는 위험을 이처럼 질병별로 구분할 것인지, 정신병원 등 진료기관별로 구분할 것인지 약관문언을 명확히 할 필요가 있다.

❸ 보건소, 보건의료원 및 보건지소 등 「의료법」 제3조(의료기관) 제2항에서 정한 의료기관에 준하는 의료기관

실손의료보험 약관에서는 입원을 '의사가 피보험자의 질병 또는 상해로 인하여 치료가 필요하다고 인정하는 경우로서 자택 등에서 치료가 곤란하여 병원, 의료기관 또는 이와 동등하다고 인정되는 의료기관에 입실하여 의사의 관리를 받으며 치료에 전념하는 것'을 말하며, '이와 동등하다고 인정되는 의료기관'은 '보건소, 보건의료원 및 보건지소 등 의료법 제3조(의료기관) 제2항에서 정한 의료기관에 준하는 의료기관으로서 군의무대, 치매요양원, 노인요양원 등에 속해 있는 요양원, 요양시설, 복지시설 등과 같이 의료기관이 아닌 곳은 이에 해당되지 않는다'라고 각각 정의하고 있다.

❹ 「의료기관에 준하는 의료기관」· 「이와 동등하다고 인정되는 의료기관」

실손의료보험 약관에서 규정하고 있는 진료기관을 약관조문별로 상세히 살펴보기로 한다.

(i) 병원, 의료기관 또는 이와 동등하다고 인정되는 의료기관
(ii) 보건소, 보건의료원 및 보건지소 등 의료법 제3조(의료기관) 제2항에서 정한 의료 기관에 준하는 의료기관
(iii) 군의무대, 치매요양원, 노인요양원 등에 속해 있는 요양원, 요양시설, 복지시설 등과 같이 의료기관이 아닌 곳은 이에 해당되지 않음

(i) 병원, 의료기관 또는 이와 동등하다고 인정되는 의료기관

실손의료보험 약관 <용어의 정의>에서는 병원을 '국민건강보험법 제42조에서 정하는 국내 병원 또는 의원을 말하며 조산원은 제외'한다고 정의하고 있다. 한편, 같은 법 제42조에 따라 병원과 의원은 모두 '의료기관'에 해당하며, 의료기관은 '병원급 의료기관'과 '의원급 의료기관'으로 나뉘는데 병원은 이 중 '병원급 의료기관'에, 의원은 이 중 '의원급 의료기관'에 각각 해당한다.

특히, 조산원의 경우, '의원급 의료기관'에 해당하는데 실손의료보험 약관에서는 보장대상에서 제외되므로 결국 실손의료보험 약관에서 말하는 의료기관은 '의원, 치과의원, 한의원, 병원, 치과병원, 한방병원, 요양병원, 정신병원, 종합병원'

을 의미한다고 볼 수 있다.

▌〈붙임1〉 용어의 정의

구분	정의
병원	국민건강보험법 제42조(요양기관)에서 정하는 국내의 병원 또는 의원을 말하며 조산원은 제외

다만, 병원이 아닌 의료기관이 존재하므로 병원과 의료기관을 구분하지 않는 것은 부적절하며[5], '의료기관'에 대해서도 <용어의 정의>에서 '의료법 제3조 제2항에 따른 것'이라 정의하고 있으나, '이와 동등하다고 인정되는 의료기관'은 어떤 '의료기관'을 의미하는 것인지 명확하지 않다.

따라서, 사견으로는 실손의료보험 약관에 따른 의료기관의 정의는 현행 법규체계와의 정합성을 제고하기 위해서라도 '병원, 의료기관 이와 동등하다고 인정되는 의료기관'은 '병원, 의료기관, 이와 동등하다고 인정되는 요양기관' 또는 '국민건강보험법상 요양기관'으로 변경하는 것이 옳다고 본다.

(ⅱ) 보건소, 보건의료원 및 보건지소 등 의료법 제3조(의료기관) 제2항에서 정한 의료기관에 준하는 의료기관

'보건소, 보건의료원, 보건지소'는 국민건강보험법 제42조(요양기관) 제1항에 따른 '요양기관'이기는 하나 '의료기관(의료법 제3조)'은 아니다.

또한, 보건소, 보건의료원, 보건지소를 요양기관의 예로 들면서 '농어촌 등 보건의료를 위한 특별조치법에 따른 보건진료소'는 제외하고 있는데 특별한 사정이 없는 한 보건진료소도 요양기관에 포함된 것으로 해석하는 것이 타당하다.

따라서 사견으로는 '의료기관에 준하는 의료기관'은 '국민건강보험법상 요양기관'으로 정의하고 보장대상에서 배제하고자 하는 요양기관이 있다면 구체적으로 열거하는 것(negative list system)이 바람직하다고 본다.

---

5) 예를 들어, 병원을 '[국민건강보험법] 제42조(요양기관)에서 정하는 국내의 병원 또는 의원(조산원 제외)'으로 엄격히 해석할 경우 치과병원, 한방병원도 조산원과 마찬가지로 약관상 병원으로 볼 수 없게 된다.

(ⅲ) 군의무대, 치매요양원, 노인요양원 등에 속해 있는 요양원, 요양시설, 복지시설 등과 같이 의료기관이 아닌 곳은 이에 해당되지 않음

'군의무대, 요양원, 요양시설, 복지시설 등'은 의료기관이나 요양기관이 아니므로 국민건강보험법상 '요양기관'에서 발생한 비용만을 보상하는 실손의료보험과는 처음부터 무관하다. 따라서 약관에서 별도로 규정할 필요가 없다고 본다.

❙ 의료법상 의료기관과 실손의료보험 약관 상 의료기관 등의 비교

의료법상 의료기관	실손의료보험 약관	
	의료기관	병원
의원	○	○
치과의원	○	○
한의원	○	○
조산원	○	제외됨
병원	○	○
치과병원	○	○
한방병원	○	○
요양병원	○	○
정신병원	누락됨	○
종합병원	○	○

❺ 약국

약국은 국민건강보험법상 요양기관의 하나로 '약사법에 등록된 약국'을 말하는데, 약사법 제2조(정의)에서는 "약국은 약사나 한약사가 수여할 목적으로 의약품 조제업무[약국제제(藥局製劑)를 포함한다]를 하는 장소(그 개설자가 의약품 판매업을 겸하는 경우에는 그 판매업에 필요한 장소를 포함한다)를 말한다. 다만, 의료기관 조제실은 제외한다"라고 정의하고 있으며 실손의료보험 약관에서도 이를 그대로 준용하고 있다.

| 〈붙임1〉 용어의 정의

구분	정의
약국	약사법 제2조 제3호에 따른 장소로서, 약사가 수여(授與)할 목적으로 의약품 조제업무를 하는 장소를 말하며 의료기관의 조제실은 제외

소결

실손의료보험 표준약관에서 보장대상으로 규정한 진료기관은 현행 법률체계와 맞지 않는 경우가 빈번하게 발견된다.

즉, 보상하는 사항에서는 '병원에 입원하여 치료를 받은 경우', 보상하지 않는 사항에서는 '국민건강보험법 제42조의 요양기관이 아닌 외국의 의료기관에서 발생한 의료비' 등과 같이 '요양기관' 또는 '의료기관', 입원의 정의에서는 '의사가 피보험자의 질병 또는 상해로 인하여 치료가 필요하다고 인정한 경우로서 자택 등에서 치료가 곤란하여 병원, 의료기관 또는 이와 동등하다고 인정되는 의료기관에 입실하여 의사의 관리를 받으며 치료에 전념하는 것' 등과 같이 '병원, 의료기관 또는 이와 동등하다고 인정되는 의료기관'으로 각각 규정하고 있는데 이렇게 특별한 사정이나 일관성 없이 용어를 혼용(混用)하면 의도하지 않게 진료기관에 따라 보상범위가 달라지는 경우가 발생할 수도 있다.

| 보장대상 진료기관(예시)

구분	약관내용		
	보장종목		보상하는 내용
제1조 (보장종목)	상해	입원	피보험자가 상해로 인하여 **병원에** 입원하여 치료를 받은 경우에 보상
		통원	피보험자가 상해로 인하여 **병원에** 통원하여 치료를 받거나 처방조제를 받은 경우에 보상
제3조(보장종목별 보상내용)	③ 하나의 상해로 인해 하루에 같은 치료를 목적으로 **의료기관에서** 2회 이상 통원치료를 받거나 하나의 상해로 약국에서 2회 이상의 처방조제를 받은 경우 각각 1회의 외래 및 1건의 처방으로 보아 제1항과 제2항을 적용합니다. 이때 공제금액은 2회 이상의 중복방문 의료기관 중 가장 높은 공제금액을 적용합니다.		

구분	약관내용
제4조(보상하지 않는 사항)	② 회사는 다른 약정이 없으면 피보험자가 직업, 직무 또는 동호회 활동 목적으로 한 다음의 어느 하나에 해당하는 행위로 인하여 생긴 상해에 대해서는 보상하지 않습니다. 10. 「국민건강보험법」 제42조의 **요양기관이 아닌 외국에 있는 의료기관**에서 발생한 의료비

예를 들면 표준약관의 '보상하지 아니하는 사항'으로 '「국민건강보험법」 제42조의 요양기관이 아닌 외국에 있는 의료기관에서 발생한 의료비'가 열거되어 있는데 이때 '외국의 의료기관이 아닌 진료기관'에서 발생한 비용은 보상해야 한다는 식으로 약관을 해석할 여지도 충분히 있다는 것이다.

사견으로는 실손의료보험은 기본적으로 국민건강보험법상 요양급여를 실시하는 '요양기관'에서 발생한 비용을 보상하는 상품이므로 진료기관을 각각 달리 구분해야 하는 사정이 없다면 용어를 통일하는 것이 바람직하고 본다.

다. 입원

① 회사는 피보험자가 상해로 인하여 병원에 **입원하여** 치료를 받은 경우에는 입원의료비를 다음과 같이 하나의 상해당 보험가입금액(5천만원 이내에서 계약 시 계약자가 정한 금액을 말합니다)의 한도 내에서 보상합니다. 〈개정 2015. 11. 30.〉

실손의료보험 표준약관에서는 입원은 '의사가 피보험자의 질병 또는 상해로 인하여 치료가 필요하다고 인정한 경우로서 자택 등에서 치료가 곤란하여 병원, 의료기관 또는 이와 동등하다고 인정되는 의료기관에 입실하여 의사의 관리를 받으며 치료에 전념하는 것', 통원은 '의사가 피보험자의 질병 또는 상해로 치료가 필요하다고 인정하는 경우로서 병원에 입원하지 않고 병원을 방문하여 의사의 관리하에 치료에 전념하는 것'으로 각각 정의하고 있다.

따라서, '의사가 필요하다고 인정한 경우'가 입원과 통원을 가르는 중요한 판단기준이라 할 수 있으나 환자 상태에 대한 요양기관의 판단이 항상 일치하지는 않기 때문에 잦은 실손의료보험 분쟁의 원인이 되고 있다.

입원과 관련한 분쟁의 핵심은 관계법규에 따른 입원인정 요건이 실손의료보험 약관에 영향을 미치는지 여부, 그리고 개별 환자의 입원 필요성에 관하여 요양기관별로 의견이 상이한 경우 주치의의 진료재량권을 어디까지 인정할 수 있는지 여부 등이라 할 것이다.

❶ 의료법상 입원실에 관한 기준

의료법 제36조(준수사항)[6]에 따르면 의사 등이 의료기관을 개설하기 위해서는 보건복지부령으로 정하는 바에 따라 의료기관의 종류에 따른 시설기준 및 규격에 관한 사항을 지켜야 하며, 동 법 제34조(의료기관의 시설기준 및 규격)에는 의료기관의 종류별 시설기준 및 시설규격을 별표3, 별표4에서 각각 정하고 있다[7].

이에 따라 의원이 입원실을 두는 경우 입원환자 29명 이하이어야 하고, 건축법상 내화구조가 아닌 이상 3층 이상 또는 지하층에 설치할 수 없으며, 1인실인 경우 벽·기둥 및 화장실 면적을 제외하고 10m² 이상, 2명 이상의 입원실은 환자 1명당 6.3m² 이상으로 해야 한다.

■ 의료법 시행규칙 [별표 3] 〈개정 2021. 6. 30.〉

의료기관의 종류별 시설기준(제34조 관련)

시설	종합병원, 병원, 요양병원	치과병원	한방병원	의원	치과의원	한의원	조산원
1.입원실	입원환자 100명 이상(병원·요양병원의 경우는 30명 이상)을 수용할 수 있는 입원실	-	입원환자 30명 이상을 수용할 수 있는 입원실	입원실을 두는 경우 입원환자 29명 이하를 수용할 수 있는 입원실	의원과 같음		1(분만실겸용)

---

6) 제36조(준수사항) 제33조 제2항 및 제8항에 따라 의료기관을 개설하는 자는 보건복지부령으로 정하는 바에 따라 다음 각 호의 사항을 지켜야 한다. <개정 2008. 2. 29., 2009. 1. 30., 2010. 1. 18., 2016. 5. 29., 2019. 4. 23., 2019. 8. 27., 2020. 3. 4.>
   1. 의료기관의 종류에 따른 시설기준 및 규격에 관한 사항
7) 제34조(의료기관의 시설기준 및 규격) 법 제36조 제1호에 따른 의료기관의 종류별 시설기준은 별표 3과 같고, 그 시설규격은 별표 4와 같다.

■ 의료법 시행규칙 [별표 4] 〈개정 2019. 9. 27.〉

의료기관의 시설규격(제34조 관련)

1. 입원실

    가. 입원실은 3층 이상 또는 「건축법」 제2조 제1항 제5호에 따른 지하층에는 설치할 수 없다. 다만, 「건축법 시행령」 제56조에 따른 내화구조(耐火構造)인 경우에는 3층 이상에 설치할 수 있다.

    나. 입원실의 면적(벽·기둥 및 화장실의 면적을 제외한다)은 환자 1명을 수용하는 곳인 경우에는 10제곱미터 이상이어야 하고(면적의 측정 방법은 「건축법 시행령」 제119조의 산정 방법에 따른다. 이하 같다) 환자 2명 이상을 수용하는 곳인 경우에는 환자 1명에 대하여 6.3제곱미터 이상으로 하여야 한다.

    다. 삭제 〈2017. 2. 3.〉

    라. 입원실에 설치하는 병상 수는 최대 4병상(요양병원의 경우에는 6병상)으로 한다. 이 경우 각 병상 간 이격거리는 최소 1.5미터 이상으로 한다.

    마. 입원실에는 손씻기 시설 및 환기시설을 설치하여야 한다.

    바. 병상이 300개 이상인 종합병원에는 보건복지부장관이 정하는 기준에 따라 전실(前室) 및 음압시설(陰壓施設 : 방 안의 기압을 낮춰 내부 공기가 방 밖으로 나가지 못하게 만드는 설비) 등을 갖춘 1인 병실(이하 "음압격리병실"이라 한다)을 1개 이상 설치하되, 300병상을 기준으로 100병상 초과할 때 마다 1개의 음압격리병실을 추가로 설치하여야 한다. 다만, 제2호 카목에 따라 중환자실에 음압격리병실을 설치한 경우에는 입원실에 설치한 것으로 본다.

    사. 병상이 300개 이상인 요양병원에는 보건복지부장관이 정하는 기준에 따라 화장실 및 세면시설을 갖춘 격리병실을 1개 이상 설치하여야 한다.

    아. 산모가 있는 입원실에는 입원 중인 산모가 신생아에게 모유를 먹일 수 있도록 산모와 신생아가 함께 있을 수 있는 시설을 설치하도록 노력하여야 한다.

    자. 감염병환자 등의 입원실은 다른 사람이나 외부에 대하여 감염예방을 위한 차단 등 필요한 조치를 하여야 한다.

❷ 낮병동입원료 산정 기준

낮병동입원료는 입원에 준하는 상태에서 항암제 투여, 처치 및 수술 등을 받은 환자에 대한 관찰에만 최소한 6시간 이상 소요되는 경우에 산정하는 것으로 외래에서 별다른 처치 수술 등 없이 단순히 약제만을 투약하는 경우에는 산정할 수 없다.[8]

---

8) [보건복지부 고시 제2003-65호 낮병동 입원료 산정기준]

〈건강보험심사평가원 질의응답 사례〉

본원에서 운영 중인 소아재활 낮병동운영에 관한 문의사항이 있어 질의합니다. 우선 의료법령 민원질의 및 회신사례집에 보면

'1. 허가병상에는 입원실, 중환자실, 응급입원실, 무균치료실, 격리병실, 신생아실이 해당되며, 응급실, 수술실, 분만실, 주사실, 회복실, 인공신장실, 물리치료실, 낮병동 등은 허가병상수에 포함되지 아니할 것입니다(의료제도과)'.

'2. 낮병동은 침상을 갖추지 아니하여도 무방하며, 오전에 내원하여 치료를 마치고 오후에 귀가하는 입원 형태라 할 수 있습니다(의료정책팀 20080109)'라고 명시되어 있습니다.

〈질문〉 위에서 보면 낮병동은 허가병상에 해당되지 않는데 의료법 시행규칙에서 규정하고 있는 입원실 면적을 적용해야만 하는지 궁금합니다.

1. 낮병동 면적이 6인실 면적이라 하더라도 6인 이상의 낮병동 운영이 가능한지 아니면 6인 규정을 지켜야 하는지 질의합니다.

2. 규정을 지켜야 한다면 관련 근거자료 부탁드립니다.

3. 규정에 해당되지 않는다면 어느 정도 6인 기준 면적에 몇 명까지 허용이 가능한지 질의합니다.

〈답변〉 낮병동은 의료법 시행규칙 제34조 관련 별표4 의료기관의 시설규격 1. 입원실에 의한 면적을 갖추어야 할 것입니다.

〈질문〉 약제를 투여하기 위해 환자가 상당기간 낮병동에 머문 경우 낮병동 입원료를 산정할 있나요?

〈답변〉 낮병동 입원료는 입원에 준하는 상태에서 항암제 투여, 처치 및 수술 등을 받은 환자에 대한 관찰에만 최소 6시간 이상 소요되는 경우에 산정하는 것으로 외래에서 별다른 처치·수술 등 없이 단순히 약제만을 투약하는 경우에는 산정할 수 없습니다.

〈관련 근거〉 낮병동입원료 산정방법(고시 제2003-65호, 2003. 12. 1. 시행) 건강보험요양급여비용 낮병동 산정지침(발췌)

(3) 낮병동 입원료

(가) 다음 각 호의 1에 해당하는 경우

1) 분만 후 당일 귀가 또는 이송하여 입원료를 산정하지 아니한 경우

2) 지역응급의료기관, 응급의료시설, 응급의료기관이 아닌 종합병원 응급실, 수술실 등에서 처치·수술 등을 받고 연속하여 6시간 이상 관찰 후 귀가 또는 이송하여 입원료를 산정하지 아니한 경우

3) 정신건강의학과의 "낮병동"에서 6시간 이상 진료를 받고 당일 귀가한 경우

(나) 낮병동 입원료를 산정하는 당일 외래 또는 지역응급의료기관, 응급의료시설, 응

급의료기관이 아닌 종합병원 응급실에서 진찰을 행한 경우에는 진찰료를 함께 산정할 수 있다. 다만, 예정된 외래 수술을 위해 내원하는 경우 또는 정신건강의학과의 "낮병동"에서 매일 또는 반복하여 진료를 받는 경우에는 진찰료를 산정하지 아니한다.

(다) 낮병동 입원료를 산정하는 당일의 본인일부부담금은 입원진료 본인일부부담률에 따라 산정한다.

국민건강보험법상 입원의 인정기준과 실손의료보험과의 관계

금융감독원 금융분쟁조정위원회에서는 피보험자가 입원기간 중 군의관의 허락을 받고 외박, 외출한 경우도 약관상 입원에 해당할 수 있는지와 관련하여 약관에서 규정한 입원의 의미는 '의사가 피보험자에 대하여 질병 또는 재해로 인한 치료가 필요하다고 인정해야 하고, 피보험자가 자택 등에서의 치료가 곤란한 상태, 즉 피보험자의 거동이 불편한 상태이거나 병원 등에 있는 의료시설 및 의료전문인력의 도움이나 관리가 필요하지만 자택 등에서 치료하거나 통원치료를 해서는 이러한 도움이나 관리를 적시(適時)에 받기 곤란한 상태이어야 하며, 이러한 전제조건을 모두 충족한 상태에서 피보험자가 병원 등에 입실하여 의사의 관리를 받으면서 질병 또는 재해로 인한 치료에 전념해야 한다'고 조정결정(제2003-60호)하여 관계법령에서 정한 입원의 ❶형식적 요건과 동시에, 피보험자가 약관에서 정한 입원이 필요한 상태에 있어야 한다는 ❷실질적 요건을 모두 충족해야 한다고 판단하고 있다.

이에 대해서는 법원도 '입원이라 함은 환자의 질병에 대한 저항력이 매우 낮거나 투여되는 약물이 가져오는 부작용 혹은 부수효과와 관련하여 의료진의 지속적인 관찰이 필요한 경우, 영양상태 및 섭취 음식물에 대한 관리가 필요한 경우, 약물투여 처치 등이 계속적으로 이루어질 필요가 있어 환자의 통원이 오히려 치료에 불편함을 끼치는 경우 또는 환자의 상태가 통원을 감당할 수 없는 상태에 있는 경우나 감염의 위험이 있는 경우 등에 환자가 병원 내에 체류하면서 치료를 받는 것으로서, 보건복지부 고시인 '요양급여의 적용기준 및 방법에 관한 세부사항' 등의 제반 규정에 따라 환자가 6시간 이상 입원실에 체류하면서 의료진의 관찰 및 관리 아래 치료를 받는 것을 의미한다고 전제한 다음 이러한 입원실 체류시간만을 기준으로 입원 여부를 판단할 수는 없고, 환자의 증상, 진단 및 치료내용과 경위, 환자들의 행동 등을 종합하여 판단하여야 한다'9)는 일관된 입장을 취하고 있다(대법원 2006. 1. 12. 선고 2004도6557 판결 등).

따라서 약관상 입원은 ❶6시간 이상 입원실에 체류하는 등 국민건강보험법상 입원 환자로 간주되는데 필요한 형식적 요건과 ❷의사의 지속적인 진료와 관리를 받지 않고서는 치료가 불가능한 상태에 있어, 의료진의 관찰 및 관리하에 치료를 받았다는 실질적 요건이 모두 충족된 경우에 한하여 인정된다고 해석하는 것이 타당하다고 본다.

한편, 실질적 요건과 관련하여 '의사의 지속적인 진료와 관리 필요성'은 요양기관마다 다를 수 있어 결국 요양기관(주치의)의 진료재량권의 인정 범위와 관련한 문제로 귀결되는데, 이에 대해서는 원칙적으로 환자를 직접 치료한 요양기관의 판단이 존중되어야 하나, 이때 주치의의 진료재량권은 어디까지나 합리적인 범위 내에서 객관적인 심리를 통해서도 인정될 수 있어야 할 것이다.

참고로 실손의료보험 표준약관10)에서는 지급사유에 다툼이 있는 경우 서로 협의하여 결정한 종합병원의 전문의의 의견에 따를 수 있다고 정하고 있다.

🍎 참고판례 ▌ 요양병원 입원환자의 약관상 입원 인정 여부

이 사건 공제계약 약관 '[붙임] 용어의 정의' 항목에서 입원을 "의사가 피공제자의 질병 또는 상해로 인하여 치료가 필요하다고 인정된 경우로서 자택 등에서 치료가 곤란하여 병원, 의료기관 또는 이와 동등하다고 인정되는 의료기관에 입실하여 의사의 관리를 받으며 치료에 전념하는 것"이라고 정의하고 있는 점, 원고가 2014. 07. 21. ○○병원에서 폐암 수술을 받은 후 상당한 기간인 2년이 경과한 후에 원고 주장 입원이 이루어졌는데 원고가 계속 입원한 것이 아니라 주로 2일 정도의 짧은 기간을 주기로 여러 차례 입퇴원이 반복된 점,

---

9) 대법원 2006. 01. 12. 선고 2004도6557, 대법원 2009. 05. 28. 선고 2008도4665
10) [실손의료보험 표준약관] 제7조(지급절차) ⑦ 보험수익자와 회사가 제3조(보장종목별 보상내용)의 보험금 지급사유에 대해 합의하지 못할 때는 보험수익자와 회사가 함께 제3자를 정하고 그 제3자의 의견에 따를 수 있습니다. 제3자는 [의료법] 제3조(의료기관)에 규정한 종합병원 소속 전문의 중에 정하며, 보험금 지급사유 판정에 드는 의료비용은 회사가 전액 부담합니다.

피고가 호흡기 내과 전문의에게 자문을 구한 결과 '원고 주장 입원 기간 동안 잔여 종양제거, 재발 및 전이 방지를 위해 필요한 주기적인 검사가 시도조차 되지 않았고, 원고 주장 입원치료 내용인 미슬토, 자닥신, 비타민 투여와 온열치료 등은 통원치료가 가능하고 폐암에 대한 근본적 치료가 아니며, 비타민 무기질의 보충으로 영양상태 개선 효과는 보일 수 있을 것으로 생각되나 질병(폐암)의 경과에 미치는 영향은 미미할 것으로 생각된다'고 원고가 제출한 원고 입원 관련 치료를 설명한 증거들에 의하더라도 원고 주장 입원치료 내역은 면역력 강화 내지 항산화작용 등을 통해 간접적으로 암 치료의 효과를 거둘 수 있는 정도의 것으로 보이고 의학상 객관적으로 인정되는 폐암 치료 방법이라고는 보기 어려움 점으로 피공제자가 질병으로 인하여 병원에 입원하여 치료를 받은 경우에 해당한다고 보기 어렵다 (서울중앙지방법원 2018. 01. 17. 선고 2017나56119).

 참고판례 ▮

또 입원이라 함은 환자의 증상, 진단 및 치료 내용과 경위, 환자들의 행동 등을 종합하여 판단하여야 하지만, 근본적으로 환자의 질병에 대한 저항력이 매우 낮거나 투여되는 약물이 가져오는 부작용 혹은 부수효과와 관련하여 의료진의 지속적인 관찰이 필요한 경우, 영양상태 및 섭취음식물에 대한 관리가 필요한 경우, 약물투여·처치 등이 계속적으로 이루어질 필요가 있어 환자의 통원이 오히려 치료에 불편함을 끼치는 경우 또는 환자의 상태가 통원을 감내할 수 없는 상태에 있는 경우나 감염의 위험이 있는 경우 등에 환자가 병원 내에 체류하면서 치료를 받는 것이므로(대법원 2009. 5. 28. 선고 2008도4665 판결 등 참조), 이러한 입원의 필요성이 인정되지 아니한 치료를 하면서 입원치료를 한 경우라면, 이를 들어 이 사건 각 약관에서 보험금 지급사유로 정하고 있는 '암의 치료를 직접 목적으로 입원하였을 때'에 해당한다고 볼 수 없을 것이어서, 그 점에서도 이 사건 각 약관에서 정하고 있는 암 보험금 지급사유가 발생하였다고 인정할 수는 없을 것이고, 이 사건 약관에서 입원을 정의하면서 '대한민국 내 의사 등에 의하여 암의 치료가 필요하다고 인정된 경우로서 자택 등에서의 치료가 곤란하여 병원에 입실하여 의사의 관리 하에 치료에 전념하는 것을 말한다'는 취지로 규정하고 있는 점을 보면, 이러한 입원의 필요성 판단은 치료의사의 판단만으로 족하다고 볼 수는 없고, 과연 '자택 등에서의 치료가 곤란하여 입원의 필요성이 있었는지' 여부가 객관적으로 심리되어야만 할 것이다(제1심판결 서울중앙지방법원 2019. 8. 23 선고 2017가단5214797 판결, 제2심 서울중앙지법 2020. 5. 15. 선고 2019나 51118 판결, 대법원 2020. 9. 24. 선고 2020다234330 판결).

라. 치료

① 회사는 피보험자가 상해로 인하여 병원에 입원하여 **치료를 받은 경우**에는 입원의료비를 다음과 같이 하나의 상해당 보험가입금액(5천만원 이내에서 계약 시 계약자가 정한 금액을 말합니다)의 한도 내에서 보상합니다. 〈개정 2015. 11. 30.〉

만약, 위 약관문언이 피보험자가 상해로 인하여 '발생한 치료비'를 보상한다고 정하고 있다면 치료와 관련한 비용은 모두 보상한다는 뜻으로 해석할 수도 있으나, '병원에 입원하여 치료를 받은 경우'라고 한정한 것은 치료를 받으면서 부담한 모든 비용을 보상한다는 의미가 아니라 '치료의 주체' 또는 '치료의 장소' 등에 의해 보장범위가 제한된다는 것을 의미하는 것이라고 볼 수 있다.

소결

'치료'의 사전적 의미는 '병이나 상처 따위를 잘 다스려 낫게 하는 것'이나, 실손의료보험 약관에서 말하는 치료는 '첫째, 요양기관이 환자 상태의 진단, 원인의 규명, 치료 방법의 선택 및 시행, 사후관리 등 일련의 치료과정을 주도해야 하며, 둘째, 이러한 치료가 요양기관에서 이루어져야 한다는 장소적 요건을 모두 충족한 상태에서 병이나 상처를 낫게 하는 것'을 의미한다고 할 것이다.

 조정사례 ▮

당해보험 약관에서는 피보험자가 보험기간 중에 발생한 급격하고도 우연한 외래의 사고로 신체에 상해를 입었을 때 그 상해로 인하여 생긴 손해, 질병으로 인해 입원치료를 받은 경우 입원의료비 등을 보상한다고 규정하고 있으므로, 이 약관에 따라 보상을 받기 위해서는 발생한 사고가 급격성, 우연성 및 외래성을 모두 충족하거나 질병 치료를 목적으로 한 입원이어야 하는데, 신청인이 받은 간좌엽 절제술은 신청인의 의지에 의해 선택되어 시행되었는바 우연성을 결하고 있고, 또한 신청인의 입원은 신청인의 질병 치료를 목적으로 한 입원으로도 볼 수 없는 바, 피신청인에게 보상책임이 발생하지 않는다 할 것임(금융분쟁조정위원회 조정결정 제2008-88호)

이 사건 보험약관의 입원 및 입원제비용은 단순히 상해로부터 회복하는 데 필요한 모든 비용을 의미하는 것이 아니라, 이 중에서도 의사가 주체가 되는 의료행위로부터 발생한 비용만을 의미한다고 보아야 하므로 가사 상해로 인한 증상 개선에 필요한 비용을 지출하였더라도 의사가 아닌 제3자가 주체가 된 치료 과정에서 발생한 비용에 불과하다면 이 사건 보험약관이 보상하는 입원제비용에 해당한다고 볼 수 없다(대법원 판결선고 2019. 8. 30. 2018다251622 치료비지급청구, 원심판결 서울중앙지방법원 2018. 6. 8. 선고 2017나13907 판결).

마. 입원실료, 입원제비용, 입원수술비

표준형	입원실료, 입원제비용, 입원수술비	'「국민건강보험법」에서 정한 요양급여 또는 「의료급여법」에서 정한 의료급여 중 본인부담금'과 '비급여^주(상급병실료 차액은 제외합니다)'를 합한 금액(본인이 실제로 부담한 금액을 말합니다)의 80%에 해당하는 금액. 다만, 나머지 20%가 계약일 또는 매년 계약해당일부터 기산하여 연간 200만원을 초과하는 경우 그 초과금액은 보상합니다.
	상급병실료 차액	입원 시 실제로 사용한 병실과 기준병실의 병실료 차액에서 50%를 뺀 금액. 다만, 1일 평균금액 10만원을 한도로 하며, 1일 평균금액은 입원기간 동안 상급병실료 차액 전체를 총 입원일수로 나누어 산출합니다.
선택형	입원실료, 입원제비용, 입원수술비	'「국민건강보험법」에서 정한 요양급여 또는 「의료급여법」에서 정한 의료급여 중 본인부담금'과 '비급여^주(상급병실료 차액은 제외합니다)'를 합한 금액(본인이 실제로 부담한 금액을 말합니다)의 90%에 해당하는 금액. 다만, 나머지 10%가 계약일 또는 매년 계약해당일부터 기산하여 연간 200만원을 초과하는 경우 그 초과금액은 보상합니다.
	상급병실료 차액	입원 시 실제로 사용한 병실과 기준병실의 병실료 차액에서 50%를 뺀 금액. 다만, 1일 평균금액 10만원을 한도로 하며, 1일 평균금액은 입원기간 동안 상급병실료 차액 전체를 총 입원일수로 나누어 산출합니다.

주)「국민건강보험법」 또는 「의료급여법」에 따라 보건복지부장관이 정한 비급여대상(「국민건강보험법」에서 정한 요양급여 또는 「의료급여법」에서 정한 의료급여 절차를 거쳤지만 급여항목이 발생하지 않는 경우도 「국민건강보험법」 또는 「의료급여법」에 따른 비급여항목 포함)

<붙임1> 용어의 정의

입원실료	입원치료 중 발생한 기준병실 사용료, 환자 관리료, 식대 등
입원제비용	입원치료 중 발생한 진찰료, 검사료, 방사선료, 투약 및 처방료(퇴원 시 의사로부터 치료목적으로 처방받은 약제비 포함), 주사료, 이학요법(물리치료, 재활치료)료, 정신요법료, 처치료, 치료재료, 석고붕대료(cast), 지정진료비 등
입원수술비	입원치료 중 발생한 수술료, 마취료, 수술재료비 등

　　실손의료보험 약관에서는 입원치료 중 발생한 비용을 '입원실료, 입원제비용, 입원수술비'로 나누고 있는데, 이는 관계법령에 따른 것은 아니라 입원실 이용과 관련한 비용(입원실료), 입원 중 수술을 받는 경우 이와 관련한 비용(입원수술비), 그 외의 입원치료 중 발생한 비용(입원제비용) 등 발생사유에 따라 항목을 구분하고 있다.

　　다만, 이 비용 모두 국민건강보험법에 따른 급여 또는 비급여로서 실손의료보험의 보장대상으로, 각 비용항목별로 보상한도를 차등할 이유가 없기 때문에 사실상 이러한 구분방식이 특별한 의미를 갖고 있지는 못하고 있다.

　　참고로 열거된 비용항목을 국민건강보험법에 따른 요양급여대상 항목(8가지)을 기준으로 재분류하면 다음과 같다.

▌입원 관련 비용과 요양급여대상 항목간 관계

구분	세부내용(예시)	국민건강보험법(§41)
입원실료	기준병실 사용료, 환자관리료, 식대	입원
입원제비용	진찰료, 검사료, 방사선료, 이학요법(물리치료, 재활치료)료, 정신요법료, 처치료, 지정진료비 등	진찰 · 검사
	투약 및 처방료(퇴원 시 의사로부터 치료목적으로 처방받은 약제비 포함), 주사료,	약제
	치료재료, 석고붕대료(cast)	치료재료
입원수술비	수술료, 마취료, 수술재료비 등	처치 · 수술 그 밖의 치료

❶ 입원실료

입원실료	입원치료 중 발생한 기준병실 사용료, 환자 관리료, 식대 등
입원제비용	입원치료 중 발생한 진찰료, 검사료, 방사선료, 투약 및 처방료 등
입원수술비	입원치료 중 발생한 수술료, 마취료, 수술재료비 등

입원실료는 기준병실 사용료, 환자관리료, 식대 등 입원실을 사용하면서 발생하는 비용을 대상으로 한다. 다만 기준병실 사용료는 이 중 일반병상의 입원료 즉, '입원실 이용료'만을 의미하는 것으로 볼 수 있다(후술하는 상급병실료 차액 설명 참조).

❷ 입원제비용

입원실료	입원치료 중 발생한 기준병실 사용료, 환자 관리료, 식대 등
입원제비용	**입원치료 중 발생한 진찰료, 검사료, 방사선료, 투약 및 처방료(퇴원 시 의사로부터 치료목적으로 처방받은 약제비 포함), 주사료, 이학요법(물리치료, 재활치료)료, 정신요법료, 처치료, 치료재료, 석고붕대료(cast), 지정진료비 등**
입원수술비	입원치료 중 발생한 수술료, 마취료, 수술재료비 등

입원제비용은 입원하여 치료 중 발생한 비용, 즉 주로 요양기관에 체류하고 있는 동안 의사가 주도하여 행한 의료행위에 대한 비용을 보상하는 것을 의미하므로 의사의 권고 등에 따른 것이라 하더라도 환자 본인 또는 보호자가 직접 조치할 수 있는 경우에 부담한 비용까지 인정되는 것은 아니라 하겠다.

 참고판례 ▌

[사례 1] 화상환자가 구입한 보습제의 입원제비용 인정여부

이 사건 보험약관의 입원 및 입원제비용은 단순히 상해로부터 회복하는 데 필요한 모든 비용을 의미하는 것이 아니라, 이 중에서도 의사가 주체가 되는 의료행위로부터 발생한 비용만을 의미한다고 보아야 하므로 가사 상해로 인한 증상 개선에 필요한 비용을 지출

하였더라도 의사가 아닌 제3자가 주체가 된 치료 과정에서 발생한 비용에 불과하다면 이 사건 보험약관이 보상하는 입원제비용에 해당한다고 볼 수 없다.

원고가 구입한 보습제들은 모두 약사법이 정한 의약품에 해당하지 않는 사실을 인정할 수 있으므로 처방전 발행대상이 아니고, 달리 보습제에 관한 처방전이 발행되었다고 볼 증거가 없다. 또한 원고 주장에 따르더라도 원고는 약국에서 약사에게 의뢰하여 보습제를 제조한 것이 아니라 기성품을 용기 자체로 구입한 것이므로, 어느 모로 보나 보습제 구입비용은 이 사건 보험약관이 정한 처방조제비에 해당한다고 볼 수 없다(대법원 판결 선고 2019. 8. 30. 2018다251622 치료비지급청구, 원심판결 서울중앙지방법원 2018. 6. 8. 선고 2017나13907 판결).

[사례 2] 양압기의 입원제비용 인정여부

이 사건 보험계약의 입원의료비 담보(365일) 특별약관 제1조(보상하는 손해) 제2항은 '피보험자가 약관에서 정한 상해 또는 질병으로 인하여 병원 또는 의원 등에 입원하여 치료를 받은 경우에는 아래의 입원의료비를 지급한다'고 규정하고 있고, 그 입원의료비를 '입원실료, 입원제비용, 수술비, 병실료차액'으로 정하고 있으며, 입원제비용은 '검사료, 방사선료, 투약 및 처방료, 주사료, 이학요법료, 정신요법료, 처치료, 치료대, 캐스트료, 지정진료비'로 규정하고 있다.

이 특별약관의 취지 및 목적에 비추어 보면, '입원'은 의사가 보험대상자의 질병 또는 상해로 인하여 치료가 필요하다고 인정한 경우로서 자택 등에서 치료가 곤란하여 병원 또는 이와 동등하다고 인정되는 의료기관에 입실하여 의사의 관리를 받으며 치료에 전념하는 것을 의미하고, '입원제비용'은 입원치료 중 발생한 검사료 등의 비용을 의미한다고 봄이 상당하다.

원심이 인정한 사실 및 기록에 의하면, 피고는 2009. 9. 25.경 C의원에 입원하여 2009. 9. 26. 수면성 무호흡 기타 명시된 호흡기 장애의 진단을 받고 의사의 처방에 따라 D 주식회사로부터 이 사건 양압기를 구입한 사실, 피고는 자신이 사용할 양압기의 적정 압력을 측정하기 위하여 입원기간 중에 이 사건 양압기를 구입하였고, 담당의사는 피고의 사용경과를 지켜보는 등으로 이 사건 양압기가 피고에게 맞는 기계인지 여부를 점검한 사실, 피고는 이 사건 양압기를 구입한 다음날인 2009. 9. 27. 퇴원한 사실을 알 수 있다.

이러한 사실관계에 일반적으로 수면성 무호흡증 환자를 위한 양압기는 환자가 일상생활을 하면서 잠을 자는 동안에 이를 마스크처럼 코에 착용하여 사용하는 의료기구인 점 등을 종합하여 보면, 피고는 퇴원 후 자신의 주거 등에서 사용하기 위하여 이 사건 양압기를 구입하였고, 담당의사는 피고가 이 사건 양압기를 올바르게 사용할 수 있도록 지도하고 적정 압력을 검사한 것에 불과하다고 봄이 상당하다. 또한 앞서 본 입원 및 입원제비용의 의미에 비추어 보면, 피고가 입원기간 중에 의사의 처방에 따라 이 사건 양압기를 구입하여 의사의 지도 하에 사용하였다는 사정만으로 피고가 이 사건 양압기를 이용하여 입원치료를 받았다고 보기 어렵고, 달리 이 사건 양압기 구입비용이 입원치료 중 발생한 비용이라고 볼 만한 사정도 보이지 아니한다. 따라서 이 사건 양압기 구입비용은 위 특별약관 소정의 입원제비용에 해당한다고 보기 어렵다(대법원 2013. 10. 31. 선고 2011다21723 판결).

[사례 3] 하악전방유도장치의 입원제비용 인정여부

이 사건 장치는 수면무호흡환자가 일상생활을 하면서 잠을 자는 동안에 이를 착용하여 사용하는 의료기구인 점, 피고가 입원기간 중에 의사의 처방에 따라 이 사건 장치를 구입하였고, 이를 위하여 의사가 피고의 구강 틀을 뜨고 제작업체에 이를 보내 턱에 맞게 장치를 만드는 과정이 필요한 것으로 보이나, 이는 피고가 퇴원 후 자신의 주거 등에서 사용하기 위하여 자신의 구강에 맞는 장치를 구입하기 위한 일련의 과정으로 보이는 점 등을 종합하여 보면, 피고가 입원기간 중에 의사의 처방에 따라 피고의 구강에 맞춘 이 사건 장치를 구입하여 의사의 지도하에 사용하였다는 사정으로 피고가 이 사건 장치를 이용하여 입원 또는 통원치료를 받았다고 보기 어렵고, 달리 이 사건 장치 구입비용이 입원 또는 통원치료 중 발생한 비용이라고 볼 만한 사정도 보이지 아니한다. 따라서 이 사건 장치 구입비용은 위 특별약관 소정의 입원제비용 또는 통원제비용에 해당한다고 할 수 없으므로 원고의 피고에 대한 보험금 지급의무는 존재하지 아니한다(의정부 지방법원 2015. 11. 5. 선고 2015나 51839).

입원실료	입원치료 중 발생한 기준병실 사용료, 환자 관리료, 식대 등
입원제비용	입원치료 중 발생한 진찰료, 검사료, 방사선료, **투약 및 처방료(퇴원 시 의사로부터 치료목적으로 처방받은 약제비 포함), 주사료,** 이학요법(물리치료, 재활치료)료, 정신요법료, 처치료, 치료재료, 석고붕대료(cast), 지정진료비 등
입원수술비	입원치료 중 발생한 수술료, 마취료, 수술재료비 등

입원환자가 퇴원하면서 의사로부터 치료재료, 의료기기 등의 처방을 받아 퇴원 후 투약하거나 사용하는 경우가 있는데 이때 발생한 비용이 ❶실손의료보험 보장대상에 해당하는지 여부와 보장대상이라면 ❷입원제비용과 통원제비용 중 어느 항목에 해당하는지 등이 쟁점이 될 수 있다.

소결

약관에서는 '퇴원 시 의사로부터 치료 목적으로 처방받은 약제비'는 통원제비용이 아닌 입원제비용에 해당함을 명확히 명시하고 있다. 다만, 국민건강보험법상 요양급여 대상[11]중 '약제(藥劑)'에 한정되고 있으므로 의사의 권고 등에 의한 것이라 하더라도 치료재료[12] 등은 이에 포함되지 않는다.

치료재료 등의 보상여부는 「PART 05 표준약관 축조해설(Ⅱ)」(보상하지 않는 사항)에서 자세히 살펴보기로 한다.

 참고판례

의료비담보 특별약관*상 피보험자가 질병으로 입원한 경우 피보험자가 부담하는 비용에는 '투약 및 처방료'도 포함되나, 입원으로 인한 손해를 보상하는 것을 목적으로 하는 위 특별약관의 해석상 보상하는 손해인 '투약료'는 입원기간 중 투약하는 약물에 대한 비용에 한정되고 입원기간 동안 처방을 받기는 하였으나 퇴원 이후에 복용할 약물에 대한 비용까지 포함하는 것은 아니라고 봄이 상당하다(2016. 06. 09. 선고. 서울북부지방법원 2015가합 24359).
*제1세대 실손의료보험약관 가입건임.

---

11) 1. 진찰·검사, 2. 약제(藥劑)·치료재료의 지급, 3. 처치·수술 및 그 밖의 치료, 4. 예방·재활, 5. 입원, 6. 간호, 7. 이송(移送)

12) '의료기기법'에 따른 의료기기 중 주로 소모성 의료기기, 약사법에 따른 의약외품 중 거즈, 붕대 등 일부품목, '인체조직안전 및 관리 등에 관한 법률'에 의한 피부, 뼈 등 인체조직 등

바. 상급병실료 차액

표준형	입원실료, 입원제비용, 입원수술비	'「국민건강보험법」에서 정한 요양급여 또는 「의료급여법」에서 정한 의료급여 중 본인부담금'과 '비급여㈜(상급병실료 차액은 제외합니다)'를 합한 금액(본인이 실제로 부담한 금액을 말합니다)의 80%에 해당하는 금액. 다만, 나머지 20%가 계약일 또는 매년 계약해당일부터 기산하여 연간 200만원을 초과하는 경우 그 초과금액은 보상합니다.
	상급병실료 차액	**입원 시 실제로 사용한 병실과 기준병실의 병실료 차액에서 50%를 뺀 금액. 다만, 1일 평균금액 10만원을 한도로 하며, 1일 평균금액은 입원기간 동안 상급병실료 차액 전체를 총 입원일수로 나누어 산출합니다.**
선택형	입원실료, 입원제비용, 입원수술비	'「국민건강보험법」에서 정한 요양급여 또는 「의료급여법」에서 정한 의료급여 중 본인부담금'과 '비급여㈜(상급병실료 차액은 제외합니다)'를 합한 금액(본인이 실제로 부담한 금액을 말합니다)의 90%에 해당하는 금액. 다만, 나머지 10%가 계약일 또는 매년 계약해당일부터 기산하여 연간 200만원을 초과하는 경우 그 초과금액은 보상합니다.
	상급병실료 차액	입원 시 실제로 사용한 병실과 기준병실의 병실료 차액에서 50%를 뺀 금액. 다만, 1일 평균금액 10만원을 한도로 하며, 1일 평균금액은 입원기간 동안 상급병실료 차액 전체를 총 입원일수로 나누어 산출합니다.

상급병실료 차액은 '실제로 사용한 병실'과 '기준병실'을 기준으로 계산하므로 우선 '상급병실'과 '기준병실'이 각각 무엇을 의미하는지 살펴볼 필요가 있다.

❶ 국민건강보험법상 병실 구분

국민건강보험법상 병실은 「건강보험요양급여규칙」 [별표2] 제4호 (가)목에서 '상급병상'과 '일반병상'으로 구분하여 규정하고 있다[13].

---

13) 4. 보험급여시책상 요양급여로 인정하기 어려운 경우 및 그 밖에 건강보험급여원리에 부합하지 아니하는 경우로서 다음 각목에서 정하는 비용·행위·약제 및 치료재료
　　가. 가입자 등이 다음 표에 따른 요양기관으로서 다음 각 항목 중 어느 하나의 요건을 갖춘 요양기관에서 1개의 입원실에 1인([의료법] 제3조 제2항 제1호에 따른 의원급 의료기관

및 제3호 나목에 따른 치과병원의 경우 3인 이하)이 입원할 수 있는 병상(이하 "상급병상"이라 한다)을 이용한 경우에는 다음 표의 구분에 따라 부담하는 비용. 다만, 격리치료 대상인 환자가 1인실에 입원하는 경우 등 보건복지부장관이 정하여 고시하는 불가피한 경우에는 비급여대상에서 제외한다.

요양기관 구분	비용
[의료법] 제3조 제2항 제1호에 따른 의원급 의료기관	제8조에 따라 고시한 요양급여대상인 입원료(이하 "입원료"라 한다) 외에 추가로 부담하는 입원실 이용 비용
[의료법] 제3조 제2항 제3호 나목에 따른 치과병원	
[의료법] 제3조 제2항 제3호 가목에 따른 병원 중 진료과목에 소아청소년과 또는 산부인과를 둔 병원으로서 보건복지부장관이 정하여 고시하는 요건을 갖춘 병원(이하 "아동·분만병원"이라 한다)	
상급종합병원	입원실 이용 비용 전액
[의료법] 제3조 제2항 제3호에 따른 병원급 의료기관(치과병원 및 아동·분만병원은 제외한다)	

(1) 의료법령에 따라 허가를 받거나 신고한 병상 중 입원실 이용비용을 입원료만으로 산정하는 일반병상(이하 "일반병상"이라 한다)을 다음의 구분에 따라 운영하는 경우. 다만, 규칙 제12조 제1항 또는 제2항에 따라 제출한 요양기관 현황신고서 또는 요양기관 현황 변경신고서 상의 격리병실, 무균치료실, 특수진료실 및 중환자실과 [의료법] 제27조 제3항 제2호에 따른 외국인환자를 위한 전용 병실 및 병동의 병상은 일반병상 및 상급병상의 계산에서 제외한다.
  (가) 의료법령에 따라 신고한 병상이 10병상을 초과하는 [의료법] 제3조 제2항 제1호의 의원급 의료기관, 같은 항 제3호 나목의 치과병원, 같은 법 제3조의5 제1항에 따른 지정을 받은 산부인과 또는 주산기(周産期) 전문병원 및 아동·분만병원 : 일반병상을 총 병상의 2분의 1 이상 확보할 것
  (나) [의료법] 제3조 제2항 제3호에 따른 병원급 의료기관(치과병원 및 아동·분만병원을 제외한다) : 일반병상을 총 병상의 5분의 3 이상 확보할 것
  (다) [의료법] 제3조 제2항 제3호 마목의 종합병원 및 같은 법 제3조의4 제1항에 따른 지정을 받은 상급종합병원 : 일반병상을 총 병상의 5분의 4 이상 확보할 것
(2) 의료법령에 의하여 신고한 병상이 10병상 이하인 경우
나. 가목에도 불구하고 다음 각 항목에 해당하는 경우에는 다음의 구분에 따른 비용
(1) 가입자등이 [의료법] 제3조 제2항 제3호 라목에 따른 요양병원([정신보건법] 제3조 제3호에 따른 정신의료기관 중 정신병원, [장애인복지법] 제58조 제1항 제4호에 따른 장애인 의료재활시설로서 [의료법] 제3조의2의 요건을 갖춘 의료기관은 제외한다. 이하 같다) 중 입원실 이용비용을 입원료만으로 산정하는 일반병상(규칙 제12조 제1항 또는 제2항에 따라 제출한 요양기관 현황신고서 또는 요양기관 현황 변경신고서 상의 격리병실, 무균치료실, 특수진료실 및 중환자실과 [의료법] 제27조 제3항 제2호에 따른 외국인환자를 위한 전용 병실 및 병동의 병상은 제외한다)을 50퍼센트 이상 확보하여 운영하는 요양병원에서 1개의 입원실에 5인 이하가 입원할 수 있는 병상을 이용하는 경우 : 제8조 제4항 전단에 따라 고시한 입원료 외에 추가로 부담하는 입원실 이용 비용
(2) 가입자 등이 가목(1)에서 정한 요건을 갖춘 상급종합병원, 종합병원, 병원 중 [호스피

즉, 상급병상은 '가입자 등이 다음 표에 따른 요양기관으로서 다음 각 항목 중 어느 하나의 요건을 갖춘 요양기관에서 1개의 입원실에 1인(「의료법」 제3조 제2항 제1호에 따른 의원급 의료기관 및 제3호 나목에 따른 치과병원의 경우 3인 이하)이 입원할 수 있는 병상', '일반병상'은 '의료법령에 따라 허가를 받거나 신고한 병상 중 입원실 이용비용을 입원료만으로 산정하는 병상'으로 각각 정의([별표2] 제4호 (가)목 (1)[14])하고 있다.

❷ 약관상 기준병실

실손의료보험 약관에서는 '상급병실'에 대해서는 달리 규정하고 있지 않으나, '기준병실'은 <용어의 정의>에서 '병원에서 국민건강보험 환자의 입원 시 병실료 산정에 적용하는 기준이 되는 병실'로 정의하고 있다.

소결

이상을 종합하면, 약관상 '상급병실'은 국민건강보험법상 '상급병상', '기준병실'은 국민건강보험법상 '일반병상'으로 해석하는 것이 타당하다.

참고로 피보험자가 병실료를 부담하는 방식은 요양급여 없이 비급여만 발생한 경우, 요양급여(본인일부부담)와 비급여가 함께 발생하는 2가지 경우가 존재하며, 아래와 같이 보건복지부장관 고시에 따라 시기별로 상이하다.

▌병실료 요양급여 인정기준

구분	급여/비급여 기준(별표2 4호)	근거
~ 2018. 7. 1.	• (4인실) 요양급여, (3인실 이하) 요양급여 + 요양급여 **초과부분 비급여** ※ 상급종합병원 1인실 : 전액비급여	

스·완화의료 및 임종과정에 있는 환자의 연명의료결정에 관한 법률] 제25조에 따라 호스피스전문기관으로 지정된 요양기관에서 1인실 병상을 이용하여 같은 법 제28조에 따른 호스피스·완화의료를 받는 경우(격리치료 대상인 환자가 1인실에 입원하는 경우, 임종실을 이용하는 경우 등 보건복지부장관이 정하여 고시하는 불가피한 경우는 제외한다) : 제8조 제4항 전단에 따라 고시한 호스피스·완화의료 입원실의 입원료 중 4인실 입원료 외에 추가로 부담하는 입원실 이용 비용

14) [건강보험심사평가원-쉽게 이해하는 용어설명]에서는 일반병상을 '입원실 이용비용을 입원료만으로 산정하는 병상으로, 4~6인이 공동으로 사용하는 병상'으로 정의하고 있다.

구분	급여/비급여 기준(별표2 4호)	근거

2018. 7. 1.
~
	• (상급종합병원, 종합병원 2인실 이상) 요양급여
	  (위 이외의 요양기관 4인실 이상) 요양급여
	• 3인실(상급종합, 종합병원 1인) 이하 급여 + 급여초과 비급여
	  ※ 상급종합병원 1인실은 비용전액 비급여
		보건복지부령
		538

2019. 7. 1. ~	• 2인실 급여화(의원급 및 치과병원은 4인실 이상 급여) • 병원급 이상 1인실: 전액 비급여 • 의원급, 치과병원 3인실 이하: 급여 + 급여초과 비급여	보건복지부령 638

사. 「국민건강보험법」에서 정한 요양급여 또는 「의료급여법」에서 정한 의료급여

> '「국민건강보험법」에서 정한 요양급여 또는 「의료급여법」에서 정한 의료급여 중 본인부담금'
> 과 '비급여주(상급병실료 차액은 제외합니다)'를 합한 금액(본인이 실제로 부담한 금액을 말합
> 니다)의 80%에 해당하는 금액.

실손의료보험 약관 제3조(보상하는 사항)에 따르면 '국민건강보험법을 적용받지 못한 경우'에는 본인이 실제로 부담한 입원의료비의 40%를 보상하는데, 의료급여법에 따른 의료급여수급권자도 이에 해당하는지 쟁점이 될 수 있다.

국민건강보험법 제41조에서는 요양급여 대상을 ❶진찰·검사, ❷약제(藥劑)·❸치료재료의 지급, ❹처치·수술 및 그 밖의 치료, ❺예방·재활, ❻입원, ❼간호, ❽이송(移送) 등 8가지, 의료급여법 제7조에서는 위 8가지 외에 '그 밖에 의료목적의 달성을 위한 조치'를 포함하는 등 각 법률에 따라 적용범위의 차이가 있기는 하나, 이와 관련하여 금융분쟁조정위원회는 의료급여의 범위도 국민건강보험법에서 정한 요양급여 또는 비급여대상15)과 동일하며, 실손의료보험이 공보험에서 부담하는

---

15) [의료급여법 시행규칙] 제8조(의료급여의 범위 등) ① 법 제7조에 따른 의료급여의 범위(이하 "의료급여대상"이라 한다)는 다음 각 호와 같다. <개정 2007. 3. 27., 2020. 6. 29.>
  1. 법 제7조 제1항 각 호의 의료급여(약제를 제외한다) : 제9조에 따른 비급여대상을 제외한 일체의 것
  2. 법 제7조 제1항 제2호의 의료급여(약제로 한정한다) : [국민건강보험 요양급여의 기준에 관한 규칙] 제11조의2, 제12조 및 제13조에 따라 요양급여대상으로 결정 또는 조정되어

비용을 사보험으로 보전하기 위한 것이라는 점에서 국민건강보험법과 차별을 둘 이유가 없으므로 의료급여수급권자도 국민건강보험법에 따른 경우와 동일한 보상기준을 적용해야 한다고 결정한 바 있다.

 조정사례 Ⅰ

> 신청인(의료급여 수급권자)은 의료급여법 대상으로 공단부담금을 포함한 진료비 총액의 40%를 보상받아야 한다고 주장하나, 아래와 같은 사정을 종합적으로 고려할 때 의료급여 수급권자에 대해서도 국민건강보험가입자와 동일하게 국민건강보험을 적용받는 것으로 보는 것이 타당하다 할 것임.
> 의료급여제도는 생활유지 능력이 없거나 생활이 어려운 저소득 국민의 의료문제를 국가가 보장하는 공공부조 제도로 건강보험과 함께 국민의료보장의 중요한 수단이 되는 사회보장제도로(헌법재판소 2009. 11. 26. 2007헌마734 결정) 의료급여 수급권자도 국민건강보험법상의 요양급여 절차를 사실상 따르고 있으며(의료급여법 시행규칙 제8조), 실손의료보험의 취지가 공보험의 영역에서 보상하는 범위 외에 본인부담금 및 비급여 항목 등 실제 지출한 의료비를 사보험으로 보상할 수 있도록 한 것이므로 의료급여 수급권자라 하여 국민건강보험가입자와 차이를 두어 적용할 필요가 적은 점, 금융감독원이 2010. 4. 1. '국민건강보험법을 적용받지 못한 경우'를 '국민건강보험법 또는 의료급여법을 적용받지 못한 경우'로 실손의료보험 표준약관을 개정한 배경은 국민건강보험법과 의료급여법이 공보험 영역에 해당한다는 점을 명확히 하여 공보험 영역에서 보상하는 범위 외에 실제 지출한 의료비를 사보험인 실손의료보험으로 보상한다는 취지인 점, 국민건강보험을 적용받지 못하는 것으로 해석하는 경우, 의료급여 수급권자는 자신이 실제 부담하는 '비급여' 비용의 크고 적음에 따라 본인이 실제 부담한 금액보다 적거나 많은 실손의료비를 지급받는 결과가 초래되므로 의료급여 수급권자에 대해서도 국민건강보험가입자와 동일하게 국민건강보험을 적용받는 것으로 해석하여 자신이 실제 지출한 의료비를 보상받도록 하는 것이 합리적이고 형평의 원칙에도 부합하는 점(조정결정 제2016-15호, 2016. 6. 28.)

고시된 것

3. 법 제7조 제1항 제7호에 따른 그 밖의 의료목적 달성을 위한 조치 : 법 제5조 제3항에 따라 특별시장·광역시장·도지사 및 시장·군수·구청장이 수급권자의 건강 유지 및 증진을 위하여 실시하는 사업으로서 보건복지부장관이 정하여 고시한 것

② [국민건강보험 요양급여의 기준에 관한 규칙] 제8조 제2항 및 제4항은 의료급여대상에 관하여 이를 준용한다. <개정 2005. 6. 29., 2007. 12. 28.>

제9조(비급여대상) 법 제7조 제3항의 규정에 의하여 의료급여대상에서 제외되는 사항(이하 "비급여대상"이라 한다)은 [국민건강보험 요양급여의 기준에 관한 규칙] 별표2에 규정된 비급여대상으로 한다.

아. 본인부담금

> '「국민건강보험법」에서 정한 요양급여 또는 「의료급여법」에서 정한 의료급여 중 **본인부담금**' 과 '비급여㈜(상급병실료 차액은 제외합니다)'를 합한 금액(본인이 실제로 부담한 금액을 말합니다)의 80%에 해당하는 금액.

요양급여가 적용되었다면 원칙적으로 상해 또는 질병의 치료를 위한 진료로 인정되는 반면, 요양급여기준에 관한 규칙 [별표2]의 법정비급여에서 정하고 있는 '업무 또는 일상생활에 지장이 없는 경우(제1호)' 내지 '신체의 필수 기능개선목적이 아닌 경우(제2호)'는 모두 비급여 대상으로 의료비 전액을 본인이 부담한다.

이를 참고하여 환자가 의료비를 어떻게 부담했는지 그 부담방식에 따라 치료목적의 인정여부를 판단할 수도 있는데 이에 대해 살펴보기로 한다.

국민건강보험법 제44조(비용의 일부부담)[16] 제1항에서는 '요양급여를 받는 자는 대통령령으로 정하는 바에 따라 비용의 일부(이하 「본인일부부담금」이라 한다)를 본인이 부담'하며, 같은 법 시행령 제19조(비용의 본인부담)[17] 및 [별표2] '본인일부부담금의 부담률 및 부담액'에서는 그 부담비용의 비율을 정하고 있다.

이때 요양급여 수급자에 대하여 100% 미만의 부담률이 적용된 금액을 '본인일부부담금', 부담률 100%가 적용된 금액을 '본인전액부담금'이라 하며, 이 두 경우 모두 부담률의 차이만 있을 뿐 요양급여와 관련한 것으로 치료를 목적으로 하는 진료에 소요된 비용이다.

따라서, 실손의료보험 약관에서 말하는 '본인부담금'이라 함은 피보험자가 부담하는 비용 중 요양급여수가가 적용된 '본인일부부담금' 또는 '본인전액부담금'을 의미한다고 해석할 수 있다.

한편, 보상실무상 본인전액부담금과 관련하여 피보험자가 의료비 전액을 부담한다는 이유로 비급여와 동일하게 간주하여 치료 목적의 진료로 인정하지 않는

---

16) 제44조(비용의 일부부담) ① 요양급여를 받는 자는 대통령령으로 정하는 바에 따라 비용의 일부(이하 "본인일부부담금"이라 한다)를 본인이 부담한다. 이 경우 선별급여에 대해서는 다른 요양급여에 비하여 본인일부부담금을 상향 조정할 수 있다. <개정 2016. 3. 22.>

17) 제19조(비용의 본인부담) ① 법 제44조 제1항에 따른 본인일부부담금(이하 "본인일부부담금"이라 한다)의 부담률 및 부담액은 별표2와 같다.

경우가 있는데, 위에서 살펴본 바와 같이 본인일부부담이나 본인전액부담은 수급자 부담률의 차이만 있다는 점과 비급여는 일반수가가 적용되는 반면, 본인부담금은 본인일부부담금과 동일하게 요양급여 대상으로서 요양급여 수가가 적용된다는 점에서 엄연히 비급여와는 구별된다.

 소곤소곤 성장촉진제 처방비용을 전액본인부담으로 지급한 경우

성장촉진제의 경우 보건복지부장관 고시에 따라 요양급여대상 조건을 충족하지 못하는 경우 '약값을 전액 환자 본인이 부담'한다고 되어 있는데 이는 요양급여대상인 '전액본인부담금'을 의미하는 것으로 요양급여 비대상인 '비급여'가 아니므로 건강보험 요양급여규칙 [별표2] 제1호 내지 제2호를 적용할 여지가 없다(후술).

자. 비급여

'「국민건강보험법」에서 정한 요양급여 또는 「의료급여법」에서 정한 의료급여 중 본인부담금'과 '비급여[주](상급병실료 차액은 제외합니다)'를 합한 금액(본인이 실제로 부담한 금액을 말합니다)의 80%에 해당하는 금액. 다만, 나머지 20%가 계약일 또는 매년 계약해당일부터 기산하여 연간 200만원을 초과하는 경우 그 초과금액은 보상합니다.

주) **국민건강보험법 또는 의료급여법에 따라 보건복지부장관이 정한 비급여대상**(국민건강보험법에서 정한 요양급여 또는 의료급여법에서 정한 의료급여를 거쳤지만 급여항목이 발생하지 않은 경우로 국민건강보험법 또는 의료급여법에 따른 비급여 항목 포함)

쟁점의 연구

앞서 살펴본 바와 같이 본인부담금은 '「국민건강보험법」에서 정한 요양급여 또는 「의료급여법」에서 정한 의료급여 중 본인부담금'으로 명확하게 정의하고 있어서 '국민건강보험법에 따른 본인일부부담 또는 본인전액부담'을 의미한다는 사실에 대해서는 다툼의 여지가 전혀 없으나 '비급여'는 사정이 조금 다르다.

요양급여와 달리 '비급여'라 하면 일반적으로 법정비급여, 임의비급여 등 다양

한 개념이 존재하는데, 2012. 12. 28. 표준약관 개정전 약관에는 현재와 같은 '「국민건강보험법」 또는 「의료급여법」에서 정한' 비급여 대상이라는 문구가 없기 때문에 약관해석을 두고 분쟁이 빈발하고 있다.

이하에서는 비급여의 개념에 대해 상세히 살펴보고 비급여 주석의 유무(有無)에 따라 보장범위가 어떻게 달라지는지 살펴보기로 한다.

❶ 비급여의 구분

일반적으로 비급여는 **❶**법정비급여, **❷**임의비급여로 나뉘고, 임의비급여는 치료행위의 적법 여부 등에 따라 다시 **❶**인정(認定)임의비급여와 **❷**위법 또는 불법임의비급여로 구분된다.

(i) 법정(法定)비급여

비급여 주석에서 말하는 '국민건강보험(요양급여)법에 따라 보건복지부장관이 정한 비급여'는 '요양급여기준에 관한 규칙' [별표2]의 '비급여대상'을 가리키는 것으로 일반적으로 이를 '법정비급여'라고 부른다.

(ii) 임의(任意)비급여

법정비급여도 법령에서 정의하고 있는 개념은 아니나 말 그대로 '국민건강보험법에 의하여 정한 비급여대상'을 가리키므로 비교적 그 의미가 분명한 반면, 임의비급여는 국민건강보험법 등 관련 법령의 해석이나 판례 등을 통해 추상적으로 정리된 사회통념상 개념이어서 실무적으로도 가장 혼동되고 이해하기가 쉽지 않다.

국민건강보험공단의 '국민건강보험법 해설(2019, 개정증보판)'에서는 임의비급여를 "요양기관과 환자 사이에 합의에 의하거나 혹은 합의 없이 요양기관이 법정비급여 사유에 해당되지 아니함에도 임의로 요양급여기준이나 진료수가 기준이 정하는 기준이나 절차를 위배하여 환자로부터 비용을 징수하는 것으로 법 제41조 제2항에 따른 요양급여 대상이 아니거나 법 제44조에 따른 본인부담 범위 밖이라는 뜻에서 '비급여'가 합쳐진 것으로 건강보험법령에서 법정본인부담 또는 비급여로 인정된 경우 이외에 환자로부터 비용을 받는 불법적 상황에 대한 것을 통칭하는 용어"라고 정의하고 있으며 다음 5가지 유형을 그 구체적인 예로 들고 있다.

a. 항목의 임의비급여

요양급여 또는 비급여목록에 등재되어 있지 않은 행위 및 치료재료에 대해 환자로부터 비용을 징수하는 유형

b. 급여기준 초과 임의비급여

요양급여항목에 해당하더라도 필요한 경우 급여로 인정하는 적응증, 수량, 가격 산정방법 등을 제한하는데, 그 기준을 벗어나 환자로 부터 비용을 징수하는 유형

c. 별도산정 불가 임의비급여

행위료에 포함되어 있어서 별도로 징수할 수 없는 치료재료 비용을 환자로부터 징수하는 유형

d. 허가사항 초과 임의비급여

약제와 치료재료는 원칙적으로 식약처 허가 범위 내에서 사용해야 하는데 허가 범위를 초과해서 사용하고 그 비용을 환자로부터 징수하는 유형

e. 항목 부적절 임의비급여

급여 항목임에도 삭감을 우려하여 그 비용을 전부 환자로부터 징수하는 유형

▌임의비급여 유형별 정의 및 발생기전(2007년 보건복지부)

유형	정의	발생기전
항목의 임의비급여	급여·비급여 목록에 등재되어 있지 않은 행위 및 치료재료에 대한 비용징수	주로 신의료기술 도입 과정에서 발생
급여기준 초과	급여기준 초과 시 별도로 비급여가 명시되지 않은 부분을 비급여로 징수	의학적으로 합리성 있게 급여기준이 마련되지 못하거나 재정의 한계로 급여기준이 이에 미치지 못해 발생
별도산정 불가	약제·치료재료 비용이 행위료에 포함되어 있는 것을 별도로 비용 징수	치료재료 및 약제, 의료행위에 수분되는 각종 기자재들의 발전과 고가화에 따라 발생
허가사항 초과	심사 삭감을 우려하여 급여기준에 해당하는 항목에 대한 비용 징수	과도한 삭감에 대한 의료 공급자의 자기 방어적 기전으로 발생

❷ 법원의 입장

법원[18]은 임의비급여를 '사위 기타 부당한 방법으로 가입자 등으로부터 요양급여비용을 받거나 가입자에게 이를 부담하게 한 것'으로 규정하고 다음 두 가지 유형으로 구분하고 있다.

첫째, 요양기관이 요양급여 기준과 절차를 위반하거나 초과하여 가입자 등으로부터 요양급여비용을 받은 경우

둘째, 요양급여 기준과 절차에 따르지 아니하고 임의로 비급여 진료 행위를 하고 가입자 등과 사이에 요양 비급여로 하기로 상호 합의하여 그 진료비용 등을 가입자 등으로부터 지급받은 경우

❸ 임의비급여의 의미

관계법규, 판례, 소관부처의 유권해석과 법원의 입장 등을 종합해 보면 다음 유형의 비급여를 임의비급여로 정리할 수 있다. 다만, 여기서 유의할 사항은 각 유형의 임의비급여는 독립적으로 나타나기도 하지만 두 가지 이상의 유형이 혼재되어 나타날 수도 있다는 점이다.

(i) 약제를 제외한 요양급여대상 진료로서 국민건강보험법에 따른 요양급여 · 법정비급여 대상이 아닌 진료와 관련한 비용

앞에서 살펴본 바와 같이 국민건강보험법 제41조에서는 가입자와 피부양자의 질병, 부상, 출산 등을 요양급여 대상으로 하며, 구체적으로 1. 진찰 · 검사, 2. 약제(藥劑) · 치료재료의 지급, 3. 처치 · 수술 및 그 밖의 치료, 4. 예방 · 재활, 5. 입원, 6. 간호, 7. 이송(移送) 등을 열거하고 있으며, 제2호의 약제 이외에는 보건복지부장관이 비급여대상으로 따로 정한 것이 아닌 이상, 원칙적으로 모두 요양급여 대상에 해당하나(제1항 제1호), 실무상으로는 요양급여 대상이 아닌 영역의 진료가 존재하는데 이것이 바로 '임의비급여'이다.

예를 들어, 요양급여를 인정받지 못한 '수술 및 처치료'가 건강보험요양급여규칙 [별표2]의 비급여대상에 해당하는 경우는 '법정비급여'이지만, 이 중 어느 항

---

18) 대법원 2012. 6. 18. 선고 2010두27639, 27646 전원합의체 판결 등

목에도 해당하지 않는다면 임의비급여가 되는 것이다.

즉, 국민건강보험법 제41조 제1항 제1호에 따른 요양급여대상 항목(7가지)은 요양급여, 법정비급여, 임의비급여로 청구될 수 있다. 다만, 여기서 약제의 경우만 예외적으로 보건복지부장관이 결정하여 고시한 것은 '요양급여약제'가 되며(법 제41조 제1항 제2호), 그 외의 것은 모두 '법정비급여약제'로 간주되므로 '임의비급여약제'는 이론적으로 존재하지 않는다.

참고판례 |

이와 같이 국민건강보험법령은 '약제 항목'에 관하여는 요양급여의 대상이 되는 '약제'를 적극적으로 정하고 있는 반면, '약제 이외의 항목'에 관하여는 소극적으로 급여대상에 해당하지 아니하는 항목을 따로 정하도록 규정하고 있다. 그런데 '약제 이외의 항목'에 관하여는 '법령이 별도로 정한 '비급여대상'(이하 '법정비급여'라 한다)에 해당하지 아니하여 원칙적으로 요양급여대상이 되는 진료행위에 대하여도 요양급여기준규칙과 보건복지부장관이 고시한 사항이 정한 기준과 절차에 따라 요양급여를 제공하여야 하므로, 요양급여기준규칙과 보건복지부장관이 고시한 내용에 포함되지 아니하는 진료행위 또는 이들 규정이 정한 기준과 절차에 따르지 아니하고 가입자 등과의 합의에 따라 진료가 이루어지고 가입자 등에게 그 비용을 받은 경우에 대한 규제의 필요성이 있으므로, 이를 앞서 본 '법정비급여'와 구별하는 의미에서 '임의비급여'라고 하고 있다(대법원 2012. 6. 18. 선고 2010두 27639, 27646 전원합의체 판결 등 참조). 그러나, '약제 항목'에 관하여는 '약제 이외의 항목'과는 달리 일정한 범위의 약제만을 요양급여 대상으로 정하고, 법령에서 별도로 '법정비급여'에 해당하는 약제를 따로 정하고 있지 아니하므로, 요양급여대상에 등재된 약제 중에서는 요양급여기준 규칙 등이 정한 기준과 절차에 따라 이루어지지 아니한 경우 '임의비급여'라는 개념을 상정할 여지가 있다 하더라도, 요양급여대상으로 등재되지 아니한 약제에 대하여는 '임의비급여'라는 개념을 상정할 여지가 없다고 보아야 한다. 이러한 관련 법령의 내용·취지 등을 종합하면, 이 사건 특약 제1조 제5항에서 정한 '국민건강보험법에서 정한 요양급여 중 비급여 부분'이란, '약제 항목'에 관하여는 국민건강보험법 제41조 제2항 제2호, 제41조의3에 따라 요양급여대상으로 보건복지부장관이 결정하여 고시한 것을 제외한 나머지 약제라고 봄이 타당하다(서울중앙지방법원 2018나32677 판결선고 2019. 7. 10.).

단, 약제라 하더라도 관련 법령에 따른 허가를 받지 않은 경우에는 위법한 것이므로 당연히 실손의료보험의 보장대상이 아니다.

▮ 요양급여 항목별 급여 여부

구분	요양급여	법정비급여	임의비급여
1. 진찰·검사 2. 치료재료의 지급 3. 처치·수술 및 그 밖의 치료 4. 예방·재활 5. 입원 6. 간호 7. 이송(移送)	보건복지부장관이 비급여대상으로 정한 것을 제외한 일체	**보건복지부장관이 비급여대상으로 정한 것** (요양급여기준에 관한 규칙 [별표2] 비급여대상)	**존재 가능**
2. 약제(藥劑)	**보건복지부장관이 결정·고시한 것**	–	**존재 불가능**

(ⅱ) 국민건강보험법에 따른 요양급여 대상(비급여포함) 진료로서 요양급여기준 등에서 정한 방법·절차 등에 의하지 않고 청구한 비용

국민건강보험법 제41조 제3항 및 건강보험요양급여규칙 제5조[19])에 따르면 보건복지부장관은 요양급여의 방법·절차·상한·등의 기준 즉, 요양급여기준을 정하고 있는데, **❶**요양기관이 그러한 기준과 절차를 위반하거나 초과하여 가입자 등으로부터 요양급여비용을 받은 경우 또는 **❷**그 기준과 절차에 따르지 아니하고 임의로 비급여 진료행위를 하고 가입자 등과 사이에 요양 비급여로 하기로 상호 합의하여 그 진료비용 등을 가입자 등으로 부터 지급 받은 경우도 위법한 것으로 임의비급여에 해당한다.

 참고판례 ▮

그러므로 요양기관이 그러한 기준과 절차를 위반하거나 초과하여 가입자 등으로부터 요양급여비용을 받은 경우뿐 아니라, 그 기준과 절차에 따르지 아니하고 임의로 비급여 진료행위를 하고 가입자 등과 사이에 요양 비급여로 하기로 상호 합의하여 그 진료비용 등을 가입자 등으로부터 지급받은 경우도 위 기준에 위반되는 것으로서 원칙적으로 구 「국민건강보험법」 제52조 제1항, 제4항과 제85조 제1항 제1호, 제2항에서 규정한 '사위 기타 부당한 방법으로 가입자 등으로부터 요양급여비용을 받거나 가입자 등에게 이를 부담하게 한 때'에 해당한

---

19) 제5조(요양급여의 적용기준 및 방법) ①요양기관은 가입자등에 대한 요양급여를 [별표 1]의 요양급여의 적용기준 및 방법에 의하여 실시하여야 한다.

다고 할 것이다(대법원 2012. 6. 18. 선고 2010두27639, 27646 전원합의체 판결).

(ⅲ) 요양기관이 속임수나 그 밖의 부당한 방법으로 청구하는 비용

국민건강보험법 제57조(부당이득의 징수)[20] 또는 제98조(업무정지)[21]에 따르면 요양기관이나 환자가 속임수나 그 밖의 부당한 방법으로 부당한 이익을 얻는 경우 징수 또는 업무정지 등의 조치를 받게 되는데 이 또한 임의비급여에 해당한다.

❹ 임의비급여의 적법성 논란

지금까지 살펴본 것처럼 임의비급여는 원칙적으로 '위법[22]하게 청구된 비용'으로 간주되나 예외적으로 적법한 것으로 인정되는 경우가 있다.

즉, 법원은 요양급여기준을 위반한 것이라 하더라도 요양기관의 진료재량권과 환자의 진료수급권에 의해 결정된 것으로서 존중되어야 할 고유한 사적자치의 영역이 존재할 수 있다고 판단하고 있는데, 이렇게 예외적으로 인정되는 적법한 임의비급여를 편의상 '인정(認定)임의비급여'라고 부르기도 한다.

다만, '인정임의비급여'는 어디까지나 치료행위의 시급성 및 안정성, 그리고 환자의 동의 등의 조건을 모두 충족 경우에 한하여 예외적으로 인정되며, 이에 대한 입증책임 또한 요양기관이 부담한다.

---

20) 제57조(부당이득의 징수) ① 공단은 속임수나 그 밖의 부당한 방법으로 보험급여를 받은 사람·준요양기관 및 보조기기 판매업자나 보험급여 비용을 받은 요양기관에 대하여 그 보험급여나 보험급여 비용에 상당하는 금액의 전부 또는 일부를 징수한다.
   <개정 2020. 12. 29.>
21) 제98조(업무정지) ① 보건복지부장관은 요양기관이 다음 각 호의 어느 하나에 해당하면 그 요양기관에 대하여 1년의 범위에서 기간을 정하여 업무정지를 명할 수 있다. <개정 2016. 2. 3.>
   1. 속임수나 그 밖의 부당한 방법으로 보험자·가입자 및 피부양자에게 요양급여비용을 부담하게 한 경우
22) 제115조(벌칙) 용도로 이용하거나 활용한 자는 3년 이하의 징역 또는 1천만원 이하의 벌금에 처한다. <신설 2020. 12. 29.> ④ 거짓이나 그 밖의 부정한 방법으로 보험급여를 받거나 타인으로 하여금 보험급여를 받게 한 사람은 2년 이하의 징역 또는 2천만원 이하의 벌금에 처한다. <신설 2019. 4. 23., 2020. 12. 29.>

국민건강보험제도는 보험재정의 허용한도 내에서 가입자 등에게 비용과 대비하여 효과적이면서도 의학적으로 안전성과 유효성을 갖춘 진료행위를 요양급여로 제공하고, 그 보험혜택을 모든 국민이 보편적으로 누릴 수 있도록 함으로써 공공복리의 증진을 도모하기 위한 제도이다. 이러한 제도의 취지를 바탕으로 위에서 본 바와 같은 요양급여의 대상, 비용기준 및 지급절차와 비급여 대상 등에 관한 법정주의 등 관련 법령 체계를 살펴볼 때, 국민건강보험을 규율하는 법령은 ① 원칙적으로 모든 진료행위를 요양급여대상으로 삼고, 요양급여의 구체적인 적용기준과 방법은 구 요양급여기준규칙과 보건복지부장관의 고시에 의하도록 하며, ② 거기에 규정되지 아니한 새로운 형태의 진료행위가 이루어지거나 기존 요양급여기준에 불합리한 점이 있으면 구 요양급여기준규칙이 정하는 여러 신청절차를 통하여 이를 요양급여대상으로 포섭하게 하고, ③ 구 요양급여기준규칙 제9조 [별표2]에 규정된 이른바 법정비급여 진료행위는 이를 건강보험 적용대상에서 제외하여 그 부분에 한하여 비용 부담을 요양기관과 가입자 등 사이의 사적(私的) 자치에 맡기고 있는 것으로 해석된다. 따라서 요양기관은 법정비급여 진료행위가 아닌 한 원칙적으로 요양급여의 인정기준에 관한 법령에서 정한 기준과 절차에 따라 요양급여를 제공하고, 보험자와 가입자 등으로부터 요양급여비용을 지급받을 때에도 그 산정기준에 관한 법령에서 정한 기준과 절차에 따라야 한다. 그러므로 요양기관이 그러한 기준과 절차를 위반하거나 초과하여 가입자 등으로부터 요양급여비용을 받은 경우뿐 아니라, 그 기준과 절차에 따르지 아니하고 임의로 비급여 진료행위를 하고 가입자 등과 사이에 요양 비급여로 하기로 상호 합의하여 그 진료비용 등을 가입자 등으로부터 지급받은 경우도 위 기준에 위반되는 것으로서 원칙적으로 구 국민건강보험법 제52조 제1항, 제4항과 제85조 제1항 제1호, 제2항에서 규정한 '사위 기타 부당한 방법으로 가입자 등으로부터 요양급여비용을 받거나 가입자 등에게 이를 부담하게 한 때'에 해당한다고 할 것이다.

당해 사건은 원심에서 '식품의약품안전청장의 허가사항 등 요양급여기준을 위반하여 의약품을 사용하고 그 비용을 가입자 등으로부터 지급받은 유형의 진료행위'와 '요양급여비용 산정기준에 따라 별도로 산정할 수 없는 치료재료 등 비용을 별도로 산정하여 가입자 등으로부터 지급받은 유형의 진료행위' 가운데 의학적 타당성이 있을 뿐만 아니라 원고 병원이 별도의 이익을 취하지 아니하는 등 부당하지 아니하다고 볼 사정이 있음에도, 피고들이 그 사정을 구체적으로 시사하여 이를 가려내지 아니한 채 그 진료행위 전부에 대하여 일률적으로 '사위 기타 부당한 방법으로 가입자 등으로부터 요양급여비용을 받거나 가입자 등에게 이를 부담하게 한 때'에 해당한다고 보아 이 사건 과징금 부과처분과 부당이득징수처분에 이른 것은 위법하다'고 판단한 것을 인정하였으나, 입증책임이 병원에 있으므로 이를 확인하지 아니한 채 위법하다고 결론지은 것은 심리를 다하지 않은 위법이 있다고 판단하였다. 그러나 다른 한편으로 의료인과 의료기관의 장은 가입자 등과 체결한 진료계약에 따라 최선의 진료를 다할 의무가 있음은 물론, 구 의료법 제4조가 규정하는 것처럼 '의료의 질을 향상시키고 병원감염을 예방하는 등 환자에게 최선의 의료서비스를 제공하기 위하여 노력'할 의무를 부담하고 있고, 가입자 등 환자 스스로도 질병·부상 등에 대하여 과도한 비용 부담없이 유효·적절한 진료를 받을 권리가 있다. 이러한 점에 비추어 보면, 요양기관이 국민건강보험의 틀 밖에서 임의로 비급여 진료행위를 하고 그 비용을 가입자 등으로부터 지급받는 경우라도 ① 그 진료행위 당시 시행되는 관계법령상 이를 국민건강보험 틀 내의 요양급여대상 또는 비급여대상으로 편입시키거나 관련 요양급여비용을 합리적으로 조정할 수 있는 등의 절차가 마련되어 있지 아니한 상황에서 또는 그 절차가 마련되어 있다 하더라도 비급여 진료행위의 내용 및 시급성과 함께 그 절차의 내용과 이에 소요되는 기간, 그 절차의 진행과정 등 구체적 사정을 고려해 볼 때 이를 회피하였다고 보기 어려운 상황에서, ② 그 진료행위가 의학적 안전성과 유효성뿐 아니라 요양급여 인정기준 등을 벗어나 진료하여야 할 의학적 필요성을 갖추었고, ③ 가입자 등에게 미리 그 내용과 비용을 충분히 설명하여 본인 부담으로 진료받는 데 대하여 동의를 받았다면, 이러한 경우까지 '사위 기타 부당한 방법으로 가입자 등으로부터 요양급여비용을 받거나 가입자 등에게 이를 부담하게 한 때'에 해당한다고 볼 수는 없다. 다만, 이러한 임의비급여 진료의 입증책임은 '다만 요양기관이 임의로 비급여 진료행위를 하고 그 비용을 가입자 등으로부터 지급받더라도 그것이 부당하다고 볼 수 없는 사정은 이를 주장하는 측인 요양기관이 증명하여야 한다(대법원 2012. 6. 18. 선고 2010두27639, 27646 전원합의체 판결).

ⓘ **비급여 진료비용 정보공개제도(건강보험심사평가원)**

2021년에는 동네의원 비급여 진료비용까지 확인하세요

비급여 항목에 대한 의료기관별 진료비용 정보공개 제도는 의료기관에서 자율적으로 제공하고 가격을 정할 수 있는 비급여 진료 특성으로 인해 발생할 수 있는 이용자의 정보욕구 수준과 실제 의료현장에서 제공받는 정보 수준의 차이를 줄임으로써 의료기관의 적정한 비급여 제공과 이용자의 합리적인 선택을 지원하기 위해 2013년부터 시행되었다. 2013년 상급종합병원 43개 기관의 비급여 29개 항목 가격 정보공개를 시작한 이후, 2020년 병원급 이상 3,915개 기관 비급여 564개 항목의 가격정보를 공개하는 등 매년 공개 기관과 항목을 단계적으로 확대하고 있으며, 2021년 부터는 의료 이용이 잦은 동네 의원 61,909개 기관을 포함한 전체 의료기관 총 65,696개 기관에서 제출된 비급여 616개(상세정보 포함 시 935개) 항목의 기관별 가격정보를 공개함으로써 의료기관 방문이나 누리집 검색 없이도 비급여 진료비용을 확인할 수 있게 되었다.

보건복지부 · 국민건강보험심사평가원 보도자료(9. 29)

❺ 실손의료보험과의 관계

실손의료보험에서 보장하는 '요양급여 또는 의료급여 부분'과 '비급여' 중 전자에 대해서는 다툼의 소지가 거의 없으나, 후자인 '비급여'는 위에서 살펴본 바와 같이 법정비급여, 임의비급여, 인정임의비급여 등 다양한 개념이 존재하므로 보상실무상 이에 관한 분쟁이 빈발한다.

즉, 2012. 11. 28. 개정된 표준약관에서는 비급여에 관하여 '국민건강보험법 또는 의료급여법에 따라 보건복지부장관이 정한 비급여대상(국민건강보험법에서 정한 요양급여 또는 의료급여법에서 정한 의료급여를 거쳤지만 급여항목이 발생하지 않은 경우로 국민건강보험법 또는 의료급여법에 따른 비급여 항목)'이라는 주석이 추가되어 약관상 비급여는 '법정비급여'에 한정된다는 사실이 비교적 분명한 반면, 종전 약관에서는 '비급여'라고만 규정하고 있었기 때문에 보장대상을 법정비급여로 제한해야 할 것인지(임의비급여 배제설), 아니면 인정 임의비급여까지 포함할 것인지(임의비급여 포함설)가 쟁점이 되는 것이다.

(ⅰ) 임의비급여 포함설23)

임의비급여 포함설에 따르면 비급여가 법정 또는 임의비급여로 나뉘고 이 중 인정임의비급여도 예외적이기는 하나 법의 틀 안에서 적법한 진료로 인정되고 있는 이상, 비급여를 법정비급여로 한정하고 있지 않다면 작성자 불이익의 원칙에 따라 인정임의비급여도 보상범위에 포함된다고 해석하는 것이 옳다고 본다.

(ⅱ) 임의비급여 배제설

임의비급여 배제설에 따르면 '임의비급여'는 비급여와 구분하기 위해 편의상 사용되는 용어에 불과한 것으로 원칙적으로 국민건강보험법에서 인정되지 않는 비용이며, 법원도 비급여 진료행위를 요양기관과 수급권자 사이의 사적 자치의 영역으로 인정하고 있으나, 이 중 임의비급여는 사적자치의 허용 범위에서 배제하는 것을 원칙으로 하고 있는 점, 국민건강보험법의 입법목적, 요양급여 대상, 기준 및 지급절차와 비급여 대상에 대해 법정주의를 채택하고 있는 점 등을 감안할 때 약관에서 말하는 비급여는 '요양급여대상에서 제외되는 것으로서 법에서 정한 비급여' 즉, 법정비급여로 제한하여 해석하는 것이 타당하다고 본다.

 참고판례

국민건강보험법의 입법목적, 건강보험법제도의 취지, 요양급여의 대상, 비용기준 및 지급절차와 비급여대상 등에 관하여 법정주의를 채택하고 있는 국민건강보험 관련 법령의 체계 및 입법 연혁, 신의료기술평가제도와 국민건강보험법상 급여체계와의 관계 및 요양급여제도를 둘러싼 사정들을 종합하면, 요양기관이 할 수 있는 비급여 의료행위는 요양급여기준규칙 제9조 [별표2]에 규정된 이른바 '법정비급여' 진료행위에 한하여 할 수 있고, 국민건강보험법상 요양급여 관련 규정들은 강행규정이므로(대법원 2001. 7. 13. 선고 99두12250 판결 참조), 이를 벗어난 의료행위는 '임의비급여' 진료로서 예외적으로 그 적법성을 인정할 수 있는 경우에 해당하지 않는 한 요양기관과 환자들 사이의 진료계약은 무효로 봄이 상당하다(서울중앙지방법원 2020. 5. 26. 선고 2019가단 5097446 판결).

---

23) 임의비급여 중 인정임의비급여를 제외한 임의비급여는 위법·불법한 것이 명백한 이상 보장대상에서 당연히 제외된다고 보는 것이 타당하다.

소결

임의비급여의 적법 여부를 다룬 판례들은 다수 있으나, 실손의료보험 약관상 보상하는 비급여의 인정범위를 다룬 사례는 찾아보기 어렵다.

다만, 요양기관과 환자의 사적자치에 속하는 영역이라 하더라도 실제로는 검사, 진단, 처치 및 수술 등 일련 치료과정은 요양기관이 판단·결정하며 환자는 수동적으로 이에 따르는 것이 보통이므로 보험계약자 또는 피보험자로서는 임의비급여가 원칙적으로 불법이어서 보장대상에서 제외될 수 있다고 인식하기 어렵고, 이러한 해석이 '평균적 고객의 이해가능성을 기준으로 객관적·획일적으로 해석한 경우'에 부합한다고 할 것이다.

 참고판례 ❘

> 약관의 해석은 신의성실의 원칙에 따라 당해 약관의 목적과 취지를 고려하여 공정하고 합리적으로 하되, 개별 계약의 당사자가 의도한 목적이나 의사를 참작함이 없이 평균적 고객의 이해가능성을 기준으로 객관적·획일적으로 해석하여야 하며 이러한 해석을 거친 후에도 약관 조항이 다의적으로 해석되고 그 각각의 해석이 합리성이 있는 등 당해 약관의 뜻이 명백하지 아니한 경우에는 고객에게 유리하게 해석해야 한다(대법원 2010. 12. 9. 선고 2010다71158 등).

따라서, 약관상 임의비급여는 적법 여부와 무관하게 보장하지 아니한다는 약정이 없는 한, 위법한 것이 아닌 임의비급여 즉, 인정임의비급여도 보장대상에 포함된다고 해석하는 것이 옳다.

 소곤소곤 임의비급여 해당여부의 확인 방법

보상실무상 진료비명세서만으로는 임의비급여 해당 여부를 확인하기 어려운 경우 건강보험심사평가원의 「진료비심사 확인제도」를 활용하는 경우가 많다.
진료비심사 확인제도는 병원이나 의원 등에서 진료를 받고 납부한 비급여 진료비가 법령에서 정한 기준에 맞게 부담하였는지 확인하는 제도로 요양기관은 받지 말아야 할 금액을 받거나 과도하게 받은 경우 해당 금액을 환불해야 하는데, 이때 환불여부나 사유를 확인하면 임의비급여 해당 여부를 판단하는데 도움이 된다.

참고로, 진료비확인요청 범위는 진료비계산서·영수증상의 급여진료비 중 전액본인부담, 비급여진료비(전문의선택진료료, 전문의선택진료료 이외)이다.

> **[국민건강보험법] 제48조(요양급여 대상 여부의 확인 등)** ① 가입자나 피부양자는 본인 일부부담금 외에 자신이 부담한 비용이 제41조 제4항에 따라 요양급여 대상에서 제외되는 비용인지 여부에 대하여 심사평가원에 확인을 요청할 수 있다. 〈개정 2016. 2. 3.〉
>
> ② 제1항에 따른 확인 요청을 받은 심사평가원은 그 결과를 요청한 사람에게 알려야 한다. 이 경우 확인을 요청한 비용이 요양급여 대상에 해당되는 비용으로 확인되면 그 내용을 공단 및 관련 요양기관에 알려야 한다.
>
> ③ 제2항 후단에 따라 통보받은 요양기관은 받아야 할 금액보다 더 많이 징수한 금액(이하 "과다본인부담금"이라 한다)을 지체 없이 확인을 요청한 사람에게 지급하여야 한다. 다만, 공단은 해당 요양기관이 과다본인부담금을 지급하지 아니하면 해당 요양기관에 지급할 요양급여비용에서 과다본인부담금을 공제하여 확인을 요청한 사람에게 지급할 수 있다.

❻ 사례연구

(i) 피알피주사의 임의비급여 해당 여부

건강보험요양급여규칙 [별표2]에서 정하고 있는 법정비급여 대상 중 제4호에서는 보험급여 시책상 요양급여로 인정하기 어려운 경우 및 그 밖에 건강보험급여원리에 부합하지 아니하는 비용·행위·약제 및 치료재료로 (하)목에서 요양급여대상 또는 비급여대상으로 결정·고시되기 전까지의 신의료기술을 포함하고 있으며, 이때 평가 결과, 안전성·유효성을 인정받지 못한 신의료기술은 임의비급여 대상이 된다.

피알피주사를 기존에 신의료기술로 인정받은 증식치료와 유사한 기술이라고 주장하며 비급여 청구한 사례와 관련하여 법원은 피알피주사는 신의료기술로 고시된 증식치료와는 다르다며 법정비급여로 인정할 수 없다고 판결하였다.

즉, 피알피주사는 첫 번째 임의비급여 유형인 "약제를 제외한 국민건강보험법에 따른 요양 급여대상 또는 법정비급여 대상이 아닌 진료와 관련한 비용"으로 본 것이다.

1) 첫 번째 주장에 대한 판단

건강보험 행위 급여·비급여목록표 및 급여 상대가치점수(보건복지가족부고시 제2008-168호)에 의하면, 증식치료는 법정비급여 항목으로 분류되어 있다(제1편 제3부 제7장 이학요법료 부분 참조). 그런데 앞서 본 바와 같이 보건복지부장관이 2005년 12월경 이 사건 고시를 통해 증식치료를 신의료기술(행위)로 고시하였는바 여기서 말하는 증식치료는 이 사건 고시를 통해 인정된 증식치료를 말하는 것으로 보아야 하고, 이 사건 고시는 증식치료의 자극용액을 텍스트로스용액으로 특정하고 있다. 따라서 이론적으로 증식치료에 사용하는 자극용액의 하나로 피알피를 사용할 수 있고 피알피를 사용한 증식치료가 세계적으로 시행되고 있다고 하더라도, 법정비급여로 인정된 증식치료의 범위에 피알피를 이용한 증식치료가 포함된다고 볼 수 없다. 대한정형외과학회 역시 법정비급여로 인정되는 증식치료는 포도당 주사액(덱스트로스 용액)을 사용한 방법뿐이어서 피알피를 이용한 증식치료에 대해서 별도의 신의료기술 인정이 필요하다는 의견을 제시하였다. 신의료기술평가에 관한 규칙 제2조 제2호는 신의료기술로 평가받은 의료기술의 사용목적, 사용대상 및 시술방법 등을 변경한 경우로서 보건복지부장관이 평가가 필요하다고 인정한 의료기술도 신의료기술평가 대상임을 명시하고 있다. 따라서 원고가 증식치료의 시술방법으로 피알피를 사용한 경우 이를 두고 이미 법정비급여로 인정된 증식치료에 해당한다고 볼 수 없다. 원고의 이부분 주장은 이유 없다.

2) 두 번째 주장에 대한 판단

앞서 본 바와 같이 평가위원회는 2009년 10월에 피알피치료를 신의료기술평가대상이라고 판단하고, 그 안전성 및 유효성에 대하여 검토한 결과 안정성·유효성에 대한 근거가 부족하다고 평가하였으며, 2011년 10월경에는 증식치료와 함께 실시하는 피알피치료 역시 신의료기술평가대상이라고 판단하였다.

신의료기술평가는 요양기관이 요양급여기준 등에서 정하는 기준과 절차를 따르지 아니하는 진료행위를 하고 수진자로부터 진료비용 등을 지급받는 행위를 엄격히 금지하고 있는 현행 법체계 하에서(대법원 2005. 10. 28. 선고 2003두13434 판결 등 참조) 요양급여기준 등에서 예정하지 않은 새로운 의료기술이 개발될 경우 이를 요양급여기준 등에 포함하기 위한 선행절차로서 이루어지는 것인데, 이러한 평가는 고도의 의학상 전문적 판단을 필요로 하는 것이고 의료법 제53조, 제54조, 신의료기술평가에 관한 규칙 제3조, 제4조는 전문적 식견을 갖춘 의원들로 구성된 평가위원회에서 어떤 의료기술이 신의료기술평가대상인지, 해당 의료기술에 안전성 및 유효성이 인정되는지를 심의·평가하도록 하고 있는 점에서 그 평가결과에 명백한 법령 위반 또는 사실오인이 있는 경우가 아닌 한 최대한 존중되어야 한다.

피고의 대한재활의학회 등에 대한 의견조회 결과, 일부 학회에서 피알피치료의 안전성 및 유효성에 대하여 긍정적 의견을 제시하기도 하였으나, 학회 대부분이 현재까지 임상적 효용

성에 대하여 긍정적 의견을 제시하기도 하였으나, 학회 대부분이 현재까지 임상적 효용성에 대한 근거가 부족하기 때문에 유효성과 관련하여 확실한 근거를 기다려야 한다는 의견을 제시하였다. 따라서 일부 학회의 긍정적 의견이 있다는 사정만으로 평가위원회의 평가결과에도 불구하고 피알피치료의 안정성 및 유효성이 증명되었다고 단정하기 어려울 뿐만 아니라, 평가위원회의 평가결과에 명백한 법령 위반 또는 사실오인이 있다고 보이지 않는다. 위와 같은 사정들을 종합해 볼 때, 원고의 이 부분 주장은 이유 없다. 따라서 원고는 의료법 제53조, 국민건강보험 요양급여의 기준에 관한 규칙(2012. 8. 31. 보건복지부령 제157호로 개정되기 전의 것, 이하 '요양급여규칙'이라 한다) 제10조 제1항 제1호, 제11조 제1항에서 정한 바와 같이 이 사건 시술에 대하여 신의료기술평가를 받아 안전성 및 유효성을 인정받은 후 보건복지부장관에게 요양급여대상 여부의 결정을 신청하여야 하고, 이와 같이 신의료기술평가를 받은 후 요양급여대상 여부 결정 신청을 한 경우에 한하여 수진자들로부터 본인부담금을 받을 수 있을 뿐이다(대법원 2015두52210 판결, 2016. 1. 18.).

(ⅱ) 미니레이져디스크수술(SELD) 임의비급여 해당 여부

미니레이져 디스크 수술에 대해 비급여 청구된 사례로 비급여 진료비확인 결과 법정비급여가 아닌 임의비급여로 확인되어 결과적으로 요양기관은 이미 수납한 비용을 환자에게 환불조치해야 하며 실손의료보험에서는 보상받을 수 없다.

 심사사례 ▌ 미니레이져디스크수술(SELD) 임의비급여 해당 여부

【질의】 내시경적 경막외강 신경근성형술과 미니레이져 디스크 수술을 동시에 시행한 후 비급여 청구건의 적정여부

【답변】 SELD라는 명칭으로는 현행 [건강보험행위 급여·비급여 목록 및 급여상대가치점수]에서 확인되지 않으며, '내시경적 경막외강 신경근 성형술은 [건강보험행위·비급여목록 및 상대가치점수] 제1편 제3부 행위 비급여 목록 제9장 제1절 처치 및 수술료[신경]의 '조-631(SZ631)내시경적 경막외강 신경근성형술'로 확인됩니다.

(결정) 미니레이져디스크 수술은 임의비급여로 환불조치 대상

수술명	고시	수술부위	수술방법	시행허가사항
내시경적 경막외강 신경근 성형술	EDI코드 (SZ631) 비급여	천골부 경막외강 삽입	C-arm 장치하에 5mm의 피부 절개 후 직경 2.7mm의 굴곡성 척추내시경을 천골부 경막외강에 삽입하여 병인 되는 요추부의	1) 생리식염수를 이용한 경막외강의 용량계측적 확장술 2) 척수신경근 주위 유착

수술명	고시	수술부위	수술방법	시행허가사항
			경막외강의 신경근 위치까지 올려놓고 영상으로 직접 관찰하면서 3가지 치료법을 시행	박리술 3) 신경근에 염증을 치료하기 위해 세척 및 농축주사 시행
미니레이져 디스크수술 (SELD)	EDI코드 (없음) 임의비급여	꼬리뼈를 통해 삽입	국소마취 하 직경 3mm의 카테터와 0.9mm 특수 내시경을 통해 실시간 영상을 통해 병변을 확인 하여 레이저로 디스크 제거	위 1), 2), 3) 허가범위내에서 시행하지 않고 레이저를 이용하여 시행(허가 범위사항 無)

(ⅲ) 혈맥약침술의 임의비급여 해당 여부

혈맥약침술은 신의료기술로 인정된 약침술의 허용 목적, 부위, 방법 등에서 차이가 있고 변경의 정도도 경미하지 않으므로 서로 동일 하다거나 유사하다고 볼 수 없으므로 혈맥약침술 비용을 비급여로 청구하려면 신의료기술평가 절차를 통해 안전성, 유효성을 인정받아야 한다고 판단하였다.

 참고판례

가. 관계 법령의 규정

(1) 의료법 제53조 제1항, 제2항 구 「신의료기술평가에 관한 규칙」(2015. 9. 21. 보건복지부령 제353호로 개정되기 전의 것) 제2조 제2호에 따르면 보건복지부장관은 국민건강을 보호하고 의료기술의 발전을 촉진하기 위하여 신의료기술평가위원회의 심의를 거쳐 신의료기술의 안전성·유효성 등에 관한 평가(이하 '신의료기술평가'라고 한다)를 하여야 하고, 이 경우 평가의 대상이 되는 신의료기술은 새로 개발된 의료기술로서 보건복지부장관이 안전성·유효성을 평가할 필요성이 있다고 인정하는 것을 말하며, "신의료기술로 평가받은 의료기술의 사용목적, 사용대상 및 시술방법 등을 변경한 경우로서 보건복지부장관이 평가가 피요하다고 인정한 의료기술"도 신의료기술의 평가대상이다.

(2) 신의료기술평가 제도는 2006. 10. 27. 법률 제8067호로 의료법이 일부 개정되면서 도입되어 2007. 4. 28.부터 시행되었는데, 2007. 4. 11. 법률 제8366호로 전부 개정된 의료법 부칙 제14조는 법률 제8067호 의료법 일부 개정법률의 시행일인 2007. 4. 28. 당시 국민건강보험법 제4항에 따라 보건복지부장관이 고시한 요양급여 비용으로 정한 내요역에 포함된 의료행위(비급여 의료행위를 포함한다)에 대하여는

제53조의 개정규정에 따라 신의료기술평가를 받은 것으로 본다고 규정하고 있다. 약침술은 2001. 1. 경 국민건강보험법상 요양급여대상이 되었다가 2006. 1. 경부터 비급여 항목으로 전환되었다. 따라서 약침술은 위 개정 의료법 부칙 제14조에 의하여 신의료기술평가제도의 시행일인 2007. 4. 28. 당시 국민건강보험법상 비급여 의료행위에 해당하여 의료법 제53조가 규정하는 신의료기술평가를 받은 것으로 간주된다.

나. (1) 의료행위는 의학적 전문지식을 기초로 하는 경험과 기능으로 진료, 검안, 처방, 투약 또는 외과적 시술을 시행하여 하는 질병의 예방 또는 치료행위 및 그 밖에 의료인이 행하지 아니하면 보건위생상 위해가 생길 우려가 있는 행위를 의미한다(대법원 2004. 10. 28. 선고 2004도3405 판결). 따라서 의료행위에 제공되는 의료기술 역시 의학적 전문지식을 기초로 하는 경험과 기능에 터 잡아야 하고, 아울러 의학적인 안전성 · 유효성을 갖추어야 한다.

(2) 위 개정 의료법 부칙 제14조에 따라 기존에 널리 적용 · 시행된 의료기술에 대하여는 이미 안전성 · 유효성이 검증된 것으로 보아 새로 신의료기술평가를 받을 필요가 없도록 하였다. 따라서 기존 의료기술에서 벗어나며 아직 그 안전성 · 유효성이 검증되지 아니한 새로 개발된 의료기술에 대하여는 신의료기술평가 절차를 통해 그 안전성 · 유효성이 검증되어야 한다(대법원 2012. 9. 13. 선고 2011도8694 판결 참조).

(3) 앞서 본 관계법령의 규정 등을 종합하여 보면, 신의료기술평가 제도의 시행일인 2007. 4. 28. 이후에 새롭게 시도되는 의료기술이 시술의 목적, 대상, 방법 등에서 기존 의료기술을 변경하였고, 그 변경의 정도가 경미하지 않기 때문에 서로 동일하거나 유사하다고 인정되지 아니한 경우에는 신의료기술평가의 대상이 되어, 법령의 절차에 따른 평가를 받지 않는 이상 더 이상 비급여 의료행위에 해당하지 않게 된다. 변경의 정도가 경미한 지 여부를 판담함에 있어서는 모든 국민이 수준 높은 의료 혜택을 받을 수 있도록 국민의료에 필요한 사항을 규정함으로써 국민의 건강을 보호하고 증진하려는 의료법의 목적, 의료기술평가에 관한 법적 근거를 마련하여 의료기술의 안전성 · 유효성을 확보함으로써 국민의 생명과 신체를 보호하려는 신의료기술평가 제도의 입법 취지가 고려되어야 한다. 따라서 이 사건에서도 혈맥약침술이 이 사건 고시에 비급여항목으로 등재된 약침술과 동일하거나 유사하다면 신의료기술평가를 받지 앉아도 비급여 의료행위에 해당하게 될 것이나, 약침술로부터 변경한 정도가 경미하다고 볼 수 없다면 그러하지 않을 것이다.

다. 원심판결 이유와 원심이 적법하게 채택한 증거들에서 알 수 있는 사정들을 앞서 본 관계 법령과 법리에 비추어 살펴보면, 혈맥약침술은 기존에 허용된 의료기술인 약침술과 비교할 때 시술의 목적, 부위, 방법 등에서 상당한 차이가 있고, 그 변경의 정도가 경미하지 않으므로 서로 동일하다거나 유사하다고 볼 수 없다. 따라서 원고가 수진자들로부터 비급여 항목으로 혈맥약침술 비용을 지급받으려면 신의료기술평가 절차를 통해 안전성 · 유효성을 인정받아야 한다고 봄이 타당하다(대법원 2019. 6. 27. 선고 2016두 34585 판결).

차. 급여항목이 발생하지 않은 경우 부담한 비급여 항목

주) 국민건강보험법 또는 의료급여법에 따라 보건복지부장관이 정한 비급여대상**(국민건강보험 법에서 정한 요양급여 또는 의료급여법에서 정한 의료급여를 거쳤지만 급여항목이 발생하 지 않은 경우로 국민건강보험법 또는 의료급여법에 따른 비급여 항목 포함)**

위 괄호 문구는 보상실무상 요양급여 중 본인부담금 항목과 비급여 항목이 같이 발생한 경우에만 보험금을 지급하고, 비급여 항목만 발생한 경우는 보상하지 않는 사례가 있어 비급여의 보상이 반드시 요양급여 중 본인부담금이 함께 발생할 것을 조건으로 하지 않는다는 사실을 명확히 하기 위해 2014. 11. 28. 개정 시 반영한 것이다.

카. 본인이 실제로 부담한 금액(제3조 제1항)

'「국민건강보험법」에서 정한 요양급여 또는 「의료급여법」에서 정한 의료급여 중 본인부담금' 과 '비급여^{주)}(상급병실료 차액은 제외합니다)'를 합한 금액**(본인이 실제로 부담한 금액을 말합 니다)**의 80%에 해당하는 금액.
주) **'국민건강보험법 또는 의료급여법에 따라 보건복지부장관이 정한 비급여대상**(국민건강보험법에서 정한 요양급여 또는 의료급여법에서 정한 의료급여를 거쳤지만 급여항목이 발생하지 않은 경우로 국민건강보험법 또는 의료급여법에 따른 비급여 항목)

「PART 04 표준약관 축조해설(Ⅰ)」(보상하는 사항) 제2장(상해입원형) 제3조 제3 항에서 상세히 설명하기로 한다.

2. 제3조(보장종목별 보상내용) 제2항

> ② 제1항의 상해에는 유독가스 또는 유독물질을 우연히 일시에 흡입, 흡수 또는 섭취한 결과로 생긴 중독증상이 포함됩니다. 다만, 유독가스 또는 유독물질을 상습적으로 흡입, 흡수 또는 섭취한 결과로 생긴 중독증상과 세균성 음식물 중독증상은 포함되지 않습니다. 〈개정 2015. 11. 30.〉

▌ 약관의 변천

제1세대(예시)	2009. 9. 28.
위 ○의 상해에는 유독가스 또는 유독물질을 우연하게도 일시에 흡입, 흡수 또는 섭취한 결과로 생긴 중독증상을 포함합니다. 그러나 세균성 음식물 중독과 상습적으로 흡입, 흡수 또는 섭취한 결과로 생긴 중독증상은 이에 포함되지 아니합니다.	② 제1항의 상해에는 유독가스 또는 유독물질을 우연하게도 일시에 흡입, 흡수 또는 섭취한 결과로 생긴 중독증상을 포함합니다. 그러나 세균성 음식물 중독과 상습적으로 흡입, 흡수 또는 섭취한 결과로 생긴 중독증상은 이에 포함되지 아니합니다.

약물 등의 중독에 대한 담보 배제와 관해서는 2009. 9. 28. 개정 시 '상습적으로 흡입 또는 섭취한 결과로 생긴 중독 증상'으로 규정되었으나, 2015. 11. 30. 개정 시 상습적 흡입, 흡수, 섭취 대상을 '유독가스 또는 유독물질'로 한정하였다.

▌ 쟁점의 연구

유독가스 등을 상습적으로 흡입, 흡수 또는 섭취한 경우에는 상해사고의 요건인 급격성, 우연성을 충족한 것으로 보기 어렵고, 세균성 음식물에 의한 중독증상은 체질 등 내재적인 요인과 혼재되어 발현되는 경우가 많아 외래성 인정 여부가 논란이 될 수 있어 처음부터 보장대상에서 배제하고자 하는 것이다.

3. 제3조(보장종목별 보상내용) 제3항

> ③ 피보험자가 「국민건강보험법」 또는 「의료급여법」을 적용받지 못하는 경우에는 입원의료비(「국민건강보험 요양급여의 기준에 관한 규칙」에 따라 보건복지부장관이 정한 급여 및 비급여의료비 항목만 해당합니다) 중 본인이 실제로 부담한 금액의 40%를 하나의 상해당 보험가입금액(5천만원 이내에서 계약 시 계약자가 정한 금액을 말합니다)의 한도 내에서 보상합니다. 〈개정 2015. 11. 30.〉

약관의 변천

제1세대 실손의료보험 약관에서는 '피보험자가 「국민건강보험법」 또는 「의료급여법」을 적용받지 못하는 경우'에 관한 문언이 회사마다 다르기는 하나[24], 일반적으로 '피보험자가 부득이한 사정으로 건강보험수가를 적용받지 못한 경우에는 발생 입원의료비 총액의 40% 해당액을 한도 내에서 보상'하며, '국민건강보험 수가를 적용받지 못하는 경우'는 '산재보험에서 보상받는 의료비 또는 국민건강보험에 미가입된 경우'로 규정하고 있었다.

그러나, '부득이한 사정으로 국민건강보험수가를 적용받지 못한 경우'를 **❶**산재

---

24) [A손보사 건강의료보험 약관] 회사는 [국민건강보험법]에 의하여 피보험자가 부담하는 위 ○의 ①, ②, ③의 비용 전액과 ④의 비용중 50% 해당액을 3천만원을 한도로 보장하여 드립니다. 다만, 피보험자가 부득이한 사정으로 국민건강보험 수가를 적용받지 못한 경우에는 위 ○의 발생 입원의료비 총액의 40% 해당액을 3천만원을 한도로 보상하여 드립니다. 여기서 국민건강보험 수가를 적용받지 못하는 경우란 산재보험에서 보상받는 의료비 및 국민건강보험에 미가입된 경우를 말합니다.

[B손보사 무배당 ○○보험0809] 상해의료비 특별약관
제2조(상해의료비) ① 회사는 피보험자가 제1조(보상하는 손해)에서 정한 사고로 상해를 입고 그 직접결과로써 의사의 치료를 받은 때에는 1사고 마다 보험가입증서(보험증권)에 기재된 상해의료비 담보 보험가입금액을 한도로 피보험자가 실제로 부담한 의료비 전액을 보험수익자에게 지급하여 드립니다. 그러나, 어떠한 경우에도 사고일부터 180일 이내에 소요된 의료실비를 한도록 합니다.
② 제1항에도 불구하고 피보험자가 국민건강보험을 적용받지 아니한 경우(자동차사고, 산업재해보상사고 등을 포함합니다)에는 발생한 의료비 총액의 50% 해당액을 1사고당 상해의료비 보험가입금액을 한도로 지급합니다.

제1세대(예시)	2009. 9. 28.
다만, 피보험자가 부득이한 사정으로 국민건강보험을 적용받지 못한 경우(국민건강보험에 정한 요양급여 절차를 거치지 아니한 경우도 포함합니다.)에는 위~의 본인부담 입원의료비 총액의 40% 해당액을 1사고당 이 특별약관의 보험가입금액을 한도로 보상하여 드립니다.	③ 피보험자(보험대상자)가 국민건강보험법을 적용받지 못하는 경우(국민건강보험법에서 정한 요양급여 절차를 거치지 아니한 경우도 포함합니다)에는 입원의료비 중 본인이 실제로 부담한 금액의 40% 해당액을 하나의 상해당 보험가입금액(5,000만원을 최고한도로 계약자가 정하는 금액으로 합니다)을 한도로 보상하여 드립니다.

2010. 3. 29.	2012. 12. 28.
③ 피보험자(보험대상자)가 국민건강보험법 또는 의료급여법을 적용받지 못하는 경우(국민건강보험법에서 정한 요양급여 또는 의료급여법에서 정한 의료급여 절차를 거치지 아니한 경우도 포함합니다)에는 입원의료비 중 본인이 실제로 부담한 금액의 40% 해당액을 하나의 상해당 보험가입금액(5,000만원을 최고한도로 계약자가 정하는 금액으로 합니다)을 한도로 보상하여 드립니다.	③ 피보험자(보험대상자)가 국민건강보험법 또는 의료급여법을 적용받지 못하는 경우에는 입원의료비('국민건강보험 요양급여의 기준에 관한 규칙'에 따라 보건복지부장관이 정한 급여 및 비급여의료비 항목에 한합니다) 중 본인이 실제로 부담한 금액의 40% 해당액을 하나의 상해당 보험가입금액(5,000만원을 최고한도로 계약자가 정하는 금액으로 합니다)을 한도로 보상하여 드립니다.

보험에서 보상받는 경우와 ❷국민건강보험에 미가입된 경우로만 제한하는 것도 다른 법령 등에 의해서 보상받는 경우와 형평에 맞지 않다는 지적이 있어 2009. 9월 표준약관 제정 시 '국민건강보험법 또는 의료급여법을 적용받지 못한 경우(국민건강보험법에서 정한 요양급여 절차를 거치지 아니한 경우도 포함합니다)'로 변경한 것이며, 이 중 '요양급여를 거치지 아니한 경우'는 2012. 12월 삭제되었다.

또한, 입원의료비에 대해서 '「국민건강보험 요양급여의 기준에 관한 규칙」에 따라 보건복지부장관이 정한 급여 및 비급여의료비 항목만 해당합니다'라는 설명을 추가하여 보장대상 비급여가 '법정비급여'로 한정됨을 명확히 하였고, 제1세대 실손의료보험 약관에서 규정한 '본인부담의료비'는 2009. 9월 표준약관 제정 시 '실제로 부담한 금액'으로 변경되었다.

가. 피보험자가 「국민건강보험법」 또는 「의료급여법」을 적용받지 못하는 경우

> ③ **피보험자가 「국민건강보험법」 또는 「의료급여법」을 적용받지 못하는 경우**에는 입원의료비(「국민건강보험 요양급여의 기준에 관한 규칙」에 따라 보건복지부장관이 정한 급여 및 비급여의료비 항목만 해당합니다) 중 본인이 실제로 부담한 금액의 40%를 하나의 상해당 보험가입금액(5천만원 이내에서 계약 시 계약자가 정한 금액을 말합니다)의 한도 내에서 보상합니다. 〈개정 2015. 11. 30.〉

❶ 개요

'국민건강보험(요양급여)법을 적용받지 못하는 경우'가 구체적으로 무엇을 의미하는지 약관에서는 별도로 정하고 있지 않다.

그러나, 실손의료보험의 보장대상이 '국민건강보험에서 정한 요양급여 중 본인부담금과 비급여로서 국민건강보험법의 적용을 받는 의료비'를 의미하고 있는 이상, '국민건강보험법을 적용받지 못하는 경우'는 '국민건강보험법의 적용대상이 아니거나 요양급여대상으로부터 배제된 경우'로 해석할 수 있고, 이와 관련한 국민건강보험법상 규정은 가입대상에서 제외되는 경우(제5조), 요양급여가 제한되는 경우(제53조), 요양급여가 정지되는 경우(제54조) 등이 있다[25].

(ⅰ) 국민건강보험법 적용 제외(법 제5조)

국민건강보험법 제5조(적용대상 등)[26] 제1항에 따르면 국내에 거주하는 국민은

---

25) '국민건강보험법 또는 의료급여법을 적용받지 못하는 경우'는 '국민건강보험법이나 의료급여법에서 규정하는 급여제한 사유나 급여 중지사유 등에 해당하여 해당 법률에서 급여의 적용을 배제한 것'을 의미한다(금융분쟁조정위원회 조정결정 제2009－9호).

26) 제5조(적용 대상 등) ① 국내에 거주하는 국민은 건강보험의 가입자(이하 "가입자"라 한다) 또는 피부양자가 된다. 다만, 다음 각 호의 어느 하나에 해당하는 사람은 제외한다.
   ＜개정 2016. 2. 3.＞
   1. [의료급여법]에 따라 의료급여를 받는 사람(이하 "수급권자"라 한다)
   2. [독립유공자예우에 관한 법률] 및 [국가유공자 등 예우 및 지원에 관한 법률]에 따라 의

건강보험의 가입자(가입자) 또는 피부양자로서 국민건강보험법에 의무적으로 가입해야 하나, 예외적으로 다음의 경우는 가입의무가 없다.

    a. 의료급여법에 따라 의료급여를 받는 사람

    b. ❶「독립유공자 예우에 관한 법률」 및 ❷「국가유공자등 예우 및 지원에 관한 법률」에 따라 의료보호를 받는 사람. 다만, 동 법률에 따른 의료보호를 받을 수 있음에도 불구하고 국민건강보험법의 적용을 신청하거나, 적용배제 신청을 하지 않은 사람은 여전히 국민건강보험법의 적용을 받는다.

(ⅱ) 요양급여 또는 의료급여가 제한되는 경우(제53조)

사회보장수급권을 제한하는 유형은 크게 두 가지로 청구권자의 원인 기여와 중복급여로 인한 제한이 있다.

중복급여 조정의 취지는 수급권자가 부당하게 이중급여를 받지 않도록 함과 동시에 급여의 남용으로 인한 보험재정의 악화를 방지하고자 하는 것이며, 보험급여를 제한하는 것은 보험급여 수급권자의 반사회적 행위에 대한 보호 당위성을 인정하기 어렵고, 이중 수급자에 대한 보험급여가 가입자의 공동체 의식을 약화시키며, 나아가 선량한 가입자를 부당하게 대우하는 결과를 초래할 수 있기 때문이다[27].

즉, 요양급여의 제한은 ❶사회공동체의 책임으로 귀속시킬 수 없는 일정한 사

      료보호를 받는 사람(이하 "유공자등 의료보호대상자"라 한다). 다만, 다음 각 목의 어느 하나에 해당하는 사람은 가입자 또는 피부양자가 된다.
      가. 유공자등 의료보호대상자 중 건강보험의 적용을 보험자에게 신청한 사람
      나. 건강보험을 적용받고 있던 사람이 유공자등 의료보호대상자로 되었으나 건강보험의 적용배제신청을 보험자에게 하지 아니한 사람

② 제1항의 피부양자는 다음 각 호의 어느 하나에 해당하는 사람 중 직장가입자에게 주로 생계를 의존하는 사람으로서 소득 및 재산이 보건복지부령으로 정하는 기준 이하에 해당하는 사람을 말한다. <개정 2017. 4. 18.>
    1. 직장가입자의 배우자
    2. 직장가입자의 직계존속(배우자의 직계존속을 포함한다)
    3. 직장가입자의 직계비속(배우자의 직계비속을 포함한다)과 그 배우자
    4. 직장가입자의 형제·자매

③ 제2항에 따른 피부양자 자격의 인정 기준, 취득·상실시기 및 그 밖에 필요한 사항은 보건복지부령으로 정한다.

27) 송기민, 신현호, '자동차사고 시 자동차보험과의 중복급여로 인한 건강보험 급여제한의 타당성 고찰', 한국의료법학회지 제19권 제2호(2011) p.68.

유가 발생한 경우에 보험급여를 실시하지 않고 개인의 책임으로 귀속시키기 위한 것과 ❷동일한 사유 또는 원인으로 수급권자에게 두 가지 이상의 사회보장수급권 또는 다른 종류의 권리가 발생하는 경우 중복보장 또는 과잉보장을 막기 위하여 급여 또는 권리를 조정하기 위한 것으로 구분된다[28].

❷ 고의 또는 중대한 과실 등 가입자의 비난 가능한 행위로 인한 경우(제53조 제1항)

국민건강보험법 제53조 제1항에서는 수급권의 제한과 조정에 대해 규정하고 있는데, 가입자를 비난할 수 있는 행위로 보험공동체에 대한 책임을 이행하지 아니하여 급여가 제한되는 경우로서는 ① 보험사고가 사회적으로 용인될 수 없는 비난 가능한 행위로 발생하였거나 가입자나 피부양자의 귀책사유 있는 행위로 발생한 경우(제1항 제1호), ② 건강보험제도의 원활한 운영을 위하여 필요한 각종 협력의무(보고, 자료제출 및 요양기관의 지시 이행)가 이행되지 않는 경우(제1항 제2호 내지 제3호), ③ 보험관계에서 나오는 기본적인 의무인 보험료 납부의무를 이행하지 않는 경우(법 제53조 제3항~제6항)등이 있다.

❸ 이중수급 방지를 위해 보험급여를 제한하는 경우(제53조 제1항 4호, 제2항)

보험급여의 이중수급 방지를 위해 급여가 제한되는 경우는 ① 보험사고가 업무 또는 공무로 생겨 다른 법령에 따른 보험급여 등을 받게 되거나(제1항 제4호), ④ 수급자가 다른 법령에 따라 국가나 지방자치단체로부터 보험급여에 상당하는 급여 또는 비용을 받는 경우(제2항) 등이 있다.

(i) 업무 또는 공무로 생긴 질병·부상·재해로 다른 법령에서 보상(報償[29]) 또는 보상(補償[30])을 받게 되는 경우(제53조 제1항 제4호)

---

28) 국민건강보험공단, 국민건강보험해설(2019년 개정증보판), p.649

29) 보상(報償)이란 국가와 민족의 수호 또는 독립을 위하여 공헌하거나 희생 등을 한 자에게 국가보훈차원에서 생활보장적으로 지급되는 급여로 [국가유공자 등 예우 및 지원에 관한 법률]상의 의료지원 또는 [독립유공자 예우에 관한 법률]상의 의료지원 등을 말한다. 이와 관련하여 법 제53조 제1항 제4호의 규정을 근거로 [국가유공자 등 예우 및 지원에 관한 법률] 및 [독립유공자 예우에 관한 법률]에 따라 보상이 있는 경우 업무상 또는 공무상 재해를 이유로 급여가 제한되는 것으로 이해하는 견해가 있으나, 동 법률들에 따른 보상(報償)은 공무상 재해에 대한 국가의 무과실 보상책임을 규정한 것이라기 보다는 특별한 희생에 대한 보상적 성격이 강하며 법 제53조 제2항에 따른 급여제한 사유에 포함되는 것으로 이해하는 것이 합리적이라 할 것이다. 그에 따르면 다른 법령에 따른 보상(報償)을 이유로 급여제한되는 것은 없는 것으로 보인다(국민건강보험해설서 p.695 주석).

근로자, 공무원 및 교직원이 업무 또는 공무 중 재해를 입은 경우 그 사용자, 국가 및 지방자치단체는 재해에 대한 과실이 없더라도 요양의무를 부담한다. 이들은 국민건강보험 가입자로서 요양급여를 받을 자격이 있으나, 개별 법률에 따라 국가나 지방자치단체 등이 재해에 대해 보장하는 경우에는 국민건강보험법이 적용될 여지가 없으므로 요양급여의 대상에서 배제된다.

여기서 말하는 '다른 법령'은 근로자 등이 실질적으로 보장을 받을 수 있는 사회보장법령으로 근로기준법, 산업재해보상보장법, 선원법, 어선원 및 어선 재해보상보험법, 공무원연금법, 군인연금법, 사립학교교직원연금법을 말한다.

또한, 이때 다른 법령에서 정한 요건이 충족되어 보험급여나 보상을 받을 수 있다면 실제로 보험급여나 보상을 받지 않았더라도 급여가 제한된다.

 참고판례 ┃

> 국민건강보험법 제48조 제1항 제4호의 '보험급여를 받게 되는 때'에는 이미 다른 법령에 의한 보험급여를 현실적으로 받은 경우 분 아니라, 보험자의 급여 승인 여부에 관계없이, 그 법령이 정한 보험급여의 지급요건에 충족되어 보험급여를 받을 수 있는 경우도 포함된다고 할 것이다(청주지방법원 2006. 11. 21. 선고 2006나2217 판결).

이하에서는 근로자, 공무원, 군인, 경찰공무원 등이 업무 또는 공무 등으로 업무상 재해를 입은 경우 관계법규에서 정하고 있는 보상범위, 국민건강보험법과의 관계 등에 대하여 살펴보기로 한다.

a. 산업재해보상보장법

산재근로자가 산업재해보상보장법에 따라 산재보험 의료기관[31]에서 요양하게

---

30) 보상(補償)이란 적법한 행위로 인하여 손실을 입은 것을 보전하여 주는 것을 말한다[국민건강보험공단, 국민건강보험해설(2019년 개정증보판), p.695].

31) [산업재해보상보험법] 제43조(산재보험 의료기관의 지정 및 지정취소 등) ① 업무상의 재해를 입은 근로자의 요양을 담당할 의료기관(이하 "산재보험 의료기관"이라 한다)은 다음 각 호와 같다. <개정 2010. 1. 27, 2010. 5. 20, 2010. 6. 4, 2015. 5. 18>
   1. 제11조 제2항에 따라 공단에 두는 의료기관
   2. [의료법] 제3조의4에 따른 상급종합병원
   3. [의료법] 제3조에 따른 의료기관과 [지역보건법] 제10조에 따른 보건소([지역보건법] 제12조에 따른 보건의료원을 포함한다. 이하 같다)로서 고용노동부령으로 정하는 인력·시설 등의

되면 근로복지공단에서 의료기관에 치료비를 직접 지급하나, 부득이한 사유로 산재근로자가 건강보험 및 자비로 치료비를 부담할 경우에는 당해 비용을 근로복지공단에 청구할 수 있다.

만약 산재근로자가 산재보험 의료기관이 아닌 의료기관에서 응급진료 등 긴급하게 요양하는 경우, 산재보험 의료기관에서 제공하지 않는 의지(義肢)나 그 밖의 보조기의 지급, 간병, 이송에 소요되는 비용을 부득이 본인이 부담한 경우 등은 그 비용을 요양비로 공단에 직접 청구할 수 있으나, 이러한 부득이 한 사유 없이 임의로 치료를 받은 경우는 치료비가 지급되지 않을 수도 있다.

산재근로자에 대한 요양급여의 범위 및 비용의 산정은 보건복지부령으로 정한 건강보험 요양급여기준을 따르며[32], 일부 항목에 대해서는 고용노동부장관이 고시한 산재보험 요양급여 산정기준에 따라 인정되는데, 아래의 경우는 비급여대상으로서 보험급여를 지급하지 않는다.

가. 업무상 부상 또는 질병의 치료 목적이 아닌 진료 또는 투약

나. 건강보험 및 산재보험 요양급여산정기준에서 급여로 정하지 않는 진료항목과 비용

다. 상급병실 사용료(다만, ① 종합병원 이상에서 요양하는 경우로서 상병 상태가 응급진료, 수술 등으로 입원요양이 필요하나, 일반병실이 없어 부득이 특실을 제외한 상급병실을 사용하는 경우 7일의 범위에서 인정 ② 증상이 위중하여 절대 안정이 필요하고, 의사 또는 간호사가 상시 감시하면서 수시로 적절한 조치를 해야 할 필요가 있다고 인정되나, 중환자실 · 격리실 등 집중치료실이 없거나 여유 병상이 없어 불가피하게 상급병실을 사용한 경우 인정)

기준에 해당하는 의료기관 또는 보건소 중 공단이 지정한 의료기관 또는 보건소

32) 「산업재해보상보장법 시행규칙」 제10조(요양급여의 범위 및 비용) ① 법 제40조 제5항에 따른 요양급여의 범위나 비용 등 요양급여의 산정 기준은 [국민건강보험법] 제41조 제2항 및 [국민건강보험 요양급여의 기준에 관한 규칙], 같은 법 제45조 제4항, 같은 법 제49조 및 같은 법 시행규칙 제23조 제4항에 따라 보건복지가족부장관이 고시하는 요양급여 비용의 기준, 같은 법 제51조 제2항 및 같은 법 시행규칙 제26조에 따른 기준(이하 "건강보험 요양급여기준"이라 한다)에 따른다. 다만, 요양급여의 범위나 비용 중 건강보험 요양급여기준에서 정한 사항이 근로자 보호를 위하여 적당하지 않다고 인정되거나 건강보험 요양급여기준에서 정한 사항이 없는 경우 등 고용노동부장관이 법 제8조에 따른 산업재해보상보험 및 예방심의위원회의 심의를 거쳐 기준을 따로 정하여 고시하는 경우에는 그 기준에 따른다. <개정 2010. 7. 12., 2010. 11. 24., 2015. 3. 24.> ② 공단은 법 제11조 제2항에 따라 공단에 두는 의료기관에서 하는 요양에 대한 요양급여의 범위 · 비용 등에 대하여는 고용노동부장관의 승인을 받아 제1항의 기준(이하 "산재보험 요양급여기준"이라 한다)을 조정하여 적용할 수 있다. <개정 2010. 3. 29., 2010. 7. 12.>

b. 공무원재해보상법

공무원이 공무로 부상·질병·장해·사망한 경우 공무원재해보상법에 따라 요양급여, 재활급여, 장해급여, 간병급여, 재해유족급여, 부조급여 등이 지급되는데 이 중 실손의료보험과 관련이 있는 것이 요양급여, 재활급여이다.

공무원은 국가공무원, 지방공무원법, 그 밖의 법률에 따른 공무원으로 군인과 선거를 통해 취임하는 공무원은 제외되고, 그 밖에 국가기관이나 지방자치단체에 근무하는 직원 중 대통령령33)으로 정하는 사람을 포함한다.

공무원재해보상법에 따른 요양급여는 진단, 약재, 치료재료 및 보철구 지급, 처치·수술이나 그 밖의 치료, 병원이나 요양소에 수용되어 받는 요양, 간호, 이송, 재활치료로 나뉘며, 요양급여 수가는 국민건강보험법에 따른 요양급여, 산업재해보상보험법에 따른 요양급여, 공무원재해보상법 시행령에 따른 요양급여 비용 등이 적용된다.

c. 군보건 의료에 관한 법률

'군인 등'은 다른 법률에 우선하여 「군보건의료에 관한 법률」에 따른 보건의료서비스를 제공받는다.

여기서 '군인 등'의 범위는 「군인사법」 제2조에 따른 군인34) 및 「군무원인사법」에 따른 군무원을 말하며(같은 법 제2조), 보건의료서비스의 구체적인 내용은 보건의료법령 등의 위임을 받아 정한 「국방 환자관리 훈령」35)에서 다루고 있다.

국방환자관리훈령 제5조(진료대상)에서는 현역장교, 준사관 등 군인, 전상이나

---

33) [공무원연금법] 시행령 제2조(정규 공무원 외의 직원) [공무원연금법] 제3조 제1항 제1호 나목에서 "대통령령으로 정하는 사람"이란 각 호의 어느 하나에 해당하는 사람을 말한다.
   1. 청원경찰법에 따라 국가 또는 지방자치단체에 근무하는 청원경찰
   2. 청원산림보호직원배치에 관한 법률에 따라 국가 또는 지방자치단체에 근무하는 청원산림보호직원
   (이하 생략)
34) 제2조(적용범위) 이 법은 다음 각 호의 사람에게 적용한다.
   1. 현역에 복무하는 장교, 준사관, 부사관 및 병
   2. 사관생도, 사관후보생, 준사관후보생 및 부사관후보생
   3. 소집되어 군에 복무하는 예비역 및 보충역
35) 제1조(목적) 이 훈령은 군인·군무원의 건강한 군 생활을 위해 군보건의료에 관한 법률, 군보건의료에 관한 법률 시행령에서 위임된 사항과 그 시행에 필요한 사항 및 환자안전법에 따라 환자안저을 보장하기 위해 필요한 사항을 규정함을 목적으로 한다.

공상을 입고 전역한 제대군인으로서 그 상이 정도가 「국가유공자등 예우에 및 지원에 관한 법률」 또는 「보훈대상자 지원에 관한 법률」에서 정한 기준에는 해당하지 않으나 일정 조건을 충족한 경우, 「국군포로의 송환 및 예우 등에 관한 법률」 제14조에 따른 등록포로, 군인가족, 의무경찰대원 등은 군보건의료기관에서 진료를 받을 수 있다.

ⓘ **국방부(국군의무사령부 감찰실) 질의 응답**

Q. 군병원에서 치료시 의료비가 발생되는지 여부
A. 현역은 무료이며, 민간인은 건강보험환자에 준하여 비용처리 됩니다.

Q. 의료비가 발생되는 경우 병사는 병역법상 국가가 부담하도록되어 직접 의료비를 수납하지 않는 것인지
A. 군병원에서 진료 및 검사 시 현역은 전액 무료입니다.

Q. 직업군인의 경우 병사와 다르게 건강보험료를 납부하는지 여부
A. 동일하게 건강보험료를 납부하며, 병사도 국방부에서 납부하고 있습니다.

Q. 직업군인이 군병원에서 치료를 받는 경우 의료비가 병사와 동일하게 국가가 부담하는지 아니면 복지후생제도 등으로 의료비 감면으로 감면된 의료비가 근로소득에 포함되는지 여부
A. 군병원에서 진료 및 검사 시 현역은 전액 무료이며, 복지후생제도 등은 해당 사항이 없습니다.

Q. 군병원에서 현역이 아닌 민간인도 진료를 받을 수 있는지 여부
A. 응급실 이용은 민간인도 진료가능하며 건강보험 환자에 준하여 비용처리 합니다. 현역 가족진료는 본인부담금의 50% 감면하여 징수됩니다.

가) 민간의료기관 위탁진료

한편, 민간의료기관에 진료를 위탁할 수 있는데(위탁진료), 위탁진료는 환자의 치료가 주목적인 위탁치료와 환자의 진단을 위한 위탁검사로 구분하며(제39조 제1항), 위탁치료는 병, 소집되어 군에 복무하는 예비군, 상근예비역, 보충역, 군간부후보생, 훈련병, 군 교도소 또는 구치소 수용자(현역군인이 아닌 자), 위탁검사는 위탁치료 대상 및 장교, 준사관, 부사관에게 각각 적용된다.

위탁진료는 모든 대상자가 아니라 군병원 입원환자로서 군병원 진료능력 범위를 초과하여 군병원장이 민간의료기관에 위탁한 환자 및 상급 의료기관으로 이송 중 상태가 위급하여 응급처치가 요구되는 환자, 즉각적인 의료지원을 받지 않으

면 생명이 위독하거나 치료 후 장애가 될 수 있는 응급환자 등[제40조(위탁진료 범위)]에 대해서는 인정되며, 민간의료기관의 위탁진료 비용은 원(元) 소속 군, 국군의무사령부 등에서 심의 후 지급한다36)

나) 현역군인 · 현역병

현역군인은 전상·공상·비공상을 불문하고 군보건의료기관에서 입원, 외래 및 응급진료를 무상으로 제공받을 수 있으나, 자비부담 위탁검사를 받거나 본인부담금 및 치과 임플란트 등 국방부장관이 별도로 정하는 항목에 대해서는 본인이 부담해야 한다.37)

특히, 현역병의 경우 군입대 전 의료급여 수급권자는 「국방환자관리 훈령」에 의한 건강보험요양이 적용되지 않으며38), 영내의 현역병 등이 민간요양기관에 입원하기 위해서는 해당 진료과목별 전문의에 의한 진료를 받은 후 소속 부대장의 승인을 얻어야 하며, 지원대상 위탁진료 기준에 부합하지 않는 경우에는 민간의료기관 진료비 총액 중 국민건강보험공단이 부담한 요양급여비용을 제외한 본인부담금은 환자 본인이 부담해야 한다39).

그 밖에도 현역으로 복무하는 장교, 준사관, 부사관 등 간부, 입소장병 등 현역군인이 아닌 자, 상근예비역 등도 대상별로 별도의 요양급여절차를 두고 있다.

d. 경찰병원수가 규칙

경찰공무원이 경찰병원에서 진료를 받는 경우 질병진료에 대한 약가(藥價)와 그 밖의 요금은 실비의 범위에서 경찰청장의 승인을 얻어 병원장이 정하며 예산이 허용하는 범위에서 무료40)로 할 수 있으며, 특별한 사정이 있는 경우에는 감

---

36) 제45조(의탁진료비 청구 및 지급)

37) 제7조(진료범위 및 진료비 징수) 제1항 내용 삽입

38) 제47조의 2(적용대상) [병역법]의 규정에 의한 현역병(지원에 의하지 아니하고 임용된 하사를 포함한다) 및 군간부후보생에게 적용한다. 다만, 군입대전에 [의료급여법]에 의한 의료급여 수급권자였던 사람은 제외한다.

39) [국방환자관리 훈령] 제47조의4(요양비 부담)

40) [경찰병원수가 규칙] 제2조(요금 획정) ① 다음 각 호의 어느 하나에 해당하는 사람의 질병진료에 대한 약가(藥價)와 그 밖의 요금은 실비의 범위에서 경찰청장의 승인을 얻어 병원장이 정한다. 다만, 예산이 허용하는 범위에서 무료로 할 수 있다. <개정 2010. 8. 19.>
　1. [경찰청과 그 소속기관 직제]에 따른 경찰기관에 근무하는 공무원
　2. 경찰교육기관에서 교육을 받는 사람 중 경찰공무원이 아닌 사람
　3. 경찰공무원으로 20년 이상 재직하고 퇴직한 사람

면41)한다.

e. 실손의료보험과의 관계

실손의료보험은 국민건강보험법에 따른 요양급여와 비급여 중 '본인이 실제로 부담한 금액'을 보장대상으로 하므로 원칙적으로 국민건강보험법 이외의 다른 법령에 따라 의료비를 부담하지 않은 경우는 보상하지 않는다.

예를 들어, 관계법규 등에 따라 경찰공무원이 경찰병원에서 또는 현역간부가 군보건의료기관에서 본인부담 없이 치료를 받은 경우는 처음부터 실손의료보험 약관에서 말하는 '본인이 실제로 부담한 금액'이 존재하지 않기 때문에 이때 발생한 의료비는 실손의료보험과 무관하다고 볼 수 있다.

그러나, 산재환자가 요양급여 승인을 받지 못하여 부담한 비급여 의료비, 현역군인·현역병이 민간 요양기관에서 치료를 받으면서 소속부대장 승인을 받지 못하여 직접 부담한 의료비는 당연히 실손의료보험의 보장대상이 된다.

다만, 이때 유의할 점은 산재환자의 경우 실손의료보험 약관상 '산재보험에서 보상받는 의료비'를 면책사유로 정하고 있기 때문에 피보험자가 자의(自意)로 산재요양 승인신청을 하지 않아 부담한 의료비 중 요양승인 신청을 했다면 받을 수 있는 금액은 보상받을 수 없는 반면, 현역간부, 공무원, 경찰 등은 별도의 규정이 없기 때문에 자의로 국민건강보험 처리한 경우라 하더라도 실손의료보험에서 보상받을 수 있다는 사실이다.

---

4. 국립과학수사연구원에 근무하는 공무원
5. 전투경찰순경
6. 6·25전쟁 참전경찰공무원([참전유공자예우에 관한 법률] 제2조 제2호 다목에 해당하는 사람을 말한다)
7. 소방공무원
8. 소방교육기관에서 교육을 받는 사람 중 소방공무원이 아닌 사람
9. 소방공무원으로 20년 이상 재직하고 퇴직한 사람
② [경찰청과 그 소속기관 직제]에 따른 경찰기관에 근무하는 공무원의 가족 및 일반인 환자의 질병 진료에 대한 약가와 그 밖의 요금은 경찰청장의 승인을 얻어 병원장이 정한다.
41) [경찰병원수가 규칙] 제3조(요금의 징수) ④ 병원장은 가난하거나 특별한 사정이 있다고 인정하는 사람에 대하여 약가 그 밖의 요금의 납입을 연기하거나 감면할 수 있다.

(ⅱ) 국가나 지방자치단체로부터 다른 법령에 따라 보험급여에 상당하는 급여를 받거나 보험급여에 상당하는 비용을 지급받는 경우(제2항)[42]

국민의 질병·부상 및 사망에 대해서는 다른 법령에서도 국민건강보험법에 따른 보험급여에 상당하는 급여를 실시하는 경우가 있는데, 국민건강보험법은 일반국민을 대상으로 우연하게 발생하는 질병·부상 등에 대하여 보험급여를 하는 반면, 다른 법령은 특정 목적을 달성하기 위한 경우에 급여를 지급한다.

이 경우 법률 적용의 일반원칙인 특별법 우선의 원칙에 따라 다른 법령이 이 법에 우선하여 적용되므로, 동 규정에 의해 이 법에 따른 보험급여와 다른 법령에 따른 급여가 이중으로 지급되는 것을 방지하게 된다[43].

따라서, 급여 제한의 범위는 ❶건강보험급여를 받을 수 있는 자가 ❷다른 법령에 의하여 국가 또는 지방자치단체로부터 보험급여 또는 상당하는 비용을 받은 경우에 받을 수 있는 급여 상당액으로 한정하여 해석하는 것이 타당하며, 동 규정은 강행규정으로서 절대적 보험급여 제한 근거가 되는 것으로, 이와 같은 규정에도 불구하고 보험급여를 받은 경우에는 부당이득의 법리에 따라 보험자가 부담한 비용을 환수하게 된다.

한편, 국민건강보험법 제53조 제2항에서 말하는 '다른 법령'은 '국가 또는 지방자치단체가 사회보장, 국민보건의 향상이나 복지증진을 목적으로 하는 급부행정에 관한 법령 등으로 급부자가 피급부자에 대한 직접적인 법률상 의무 없이 급부를 하도록 하는 법령'을 의미하므로 민법에 따라 손해배상을 받게 되는 경우까지 확대하여 적용해서는 아니된다.

 참고판례 ▮

국민건강보험법령에 따르면 원고는 보험급여를 받을 수 있는 자가 업무상 또는 공무상 질병·부상·재해로 인하여 다른 법령에 의한 보험급여나 보상(報償) 또는 보상(補償)을 받게 되는 때는 보험급여를 하지 않아야 함에도 불구하고, 위 ○이(가) 피고에 대하여 손해배상을 받을 수 있는 상태에서 위 ○에게 위와 같은 보험급여를 지급하였으므로 피고는 원고

---

42) 송기민, 신현호, 자동차사고 시 자동차보험과의 중복급여로 인한 건강보험 급여제한의 타당성 고찰, 한국의료법학회지 제19권 제2호(2011) p.71.~p.72.
43) 국민건강보험심사공단, 국민건강보험법해설(2019, 개정증보판), p.705.~p.706.

그 외에도 가해자의 무자력 등에 대비하여 피해자가 충실한 피해보상을 받을 수 있도록 민법의 특별법으로 보험가입을 의무화하고 있는 법률로서 「자동차손해배상보장법」, 「고압가스안전관리법」, 「화재로 인한 재해보상과 보험가입에 관한 법률」, 「원자력손해배상법」 등이 있는데 이 법률에 근거한 보험의 경우 보험회사가 인수한 가해자의 손해배상책임에 기하여 보험금 등을 지급하는 것이므로 제3항에 따른 급여제한 사유에 해당하지 않는다.

다시 말해, 제53조 제3항에서 말하는 '다른 법령'은 국가 또는 지방자치단체가 사회보장, 국민보건의 향상이나 복지증진을 목적으로 하는 급부행정에 관한 법령 등으로 급부자가 피급부자에 대한 직접적인 법률상 의무 없이 급부를 하도록 하는 법령을 의미하며 구체적으로는 아래 표와 같다.

▍ 국민건강보험법 제53조 제3항의 '다른 법령'

구분	법명	
① 국민건강 향상과 증진	• 결핵예방법 • 모자보건법	• 전염병예방법 • 후천성면역결핍증예방법
② 보호계층의 보건복지	• 노인복지법 • 아동복지법	• 장애인복지법
③ 재해나 재난 보호	• 재해구조법 • 근로자직업능력개발법	• 자연대책대책법
④ 특별한 희생 보상	• 의사상자 등 예우 및 지원에 관한 법률 • 5 · 18민주유공자예우에 관한 법률 • 고엽제후유의증 등 환자지원 및 단체설립에 관한 법률 • 국가유공자 등 예우 및 지원에 관한 법률 • 독립유공자예우에 관한 법률 • 보훈보장대상자 지원에 관한 법률	

구분	법명
⑤ 국가동원으로 인한 부상 보상	• 병역법 • 향토예비군 설치법
⑥ 기타	• 범죄피해자보호법

❹ 급여의 정지(제54조)[44]

보험급여를 받을 수 있는 사람이 ❶국외에 체류하는 경우(제2호), 국민건강보험법 제6조 제2항[45]에 따라 ❷병역법에 따른 현역병(지원에 의하지 아니하고 임용된 하사 포함) 또는 ❸전환복무된 사람 및 군간부후보생에 해당하게 된 경우(제3호), ❹교도소, 그 밖에 이에 준하는 시설에 수용되어 있는 경우(제4호)에 해당하는 기간에는 국민건강보험법의 가입의무 대상에서 배제되어 요양급여가 정지된다.

또한, 위에서 살펴본 바와 같이 현역병, 전환복무자 및 군간부후보생의 경우는 자비부담 위탁검사 시 본인부담금 및 국방부장관이 별도로 정한 항목 외에는 본인이 실제로 부담할 의료비는 발생하지 않으며, 국민건강보험 직장가입자인 현역간부도 공무 연관성 없는 부상·질병의 진료 외에는 국방부 또는 국민건강보험공단에서 모두 부담하기 때문에 국민건강보험에 따른 요양급여 본인부담금이나 비급여 비용은 발생하지 않는다.

---

44) 제54조(급여의 정지) 보험급여를 받을 수 있는 사람이 다음 각 호의 어느 하나에 해당하면 그 기간에는 보험급여를 하지 아니한다. 다만, 제3호 및 제4호의 경우에는 제60조에 따른 요양급여를 실시한다. <개정 2020. 4. 7.>
   1. 삭제 <2020. 4. 7.>
   2. 국외에 체류하는 경우
   3. 제6조 제2항 제2호에 해당하게 된 경우
   4. 교도소, 그 밖에 이에 준하는 시설에 수용되어 있는 경우
45) 제6조(가입자의 종류) ① 가입자는 직장가입자와 지역가입자로 구분한다.
   ② 모든 사업장의 근로자 및 사용자와 공무원 및 교직원은 직장가입자가 된다. 다만, 다음 각 호의 어느 하나에 해당하는 사람은 제외한다. <개정 2016. 5. 29.>
   1. 고용 기간이 1개월 미만인 일용근로자
   2. [병역법]에 따른 현역병(지원에 의하지 아니하고 임용된 하사를 포함한다), 전환복무된 사람 및 군간부후보생

▮ 군인 등의 의료비 부담

구분	의료비 부담 주체		
	국방부	국민건강보험공단	본인
현역병 전환복무된 사람 군간부후보생	전부 무상진료 (전상, 공상, 비공상 불문)	-	자비부담위탁검사 시 (본인부담금 및 치과 임플란트 등 국방부장관이 별도로 정한 항목)
현역간부	공무연관성이 있는 질병·부상	공무연관성이 없는 질병·부상	-

❺ 요양급여절차를 거치지 아니한 경우

2012. 12. 28. 개정전 약관에서는 '국민건강보험법을 적용받지 못하는 경우'에 '요양급여 절차를 거치지 아니한 경우'를 포함한다고 규정하고 있었는데 이는 다음의 3가지 경우를 의미한다.

(i) 국민건강보험법에 따른 절차를 거치지 아니한 경우

국민건강보험법 제41조(요양급여) 제2항에 따르면 요양급여의 방법·절차·범위·상한 등의 기준은 보건복지부령으로 정하고 있고[46], 이에 따라 「국민건강보험 요양급여의 기준에 관한 규칙(건강보험요양급여규칙)」이 마련되어 있다.

따라서 '요양급여 또는 의료급여 절차를 거치지 아니한 경우'라 함은 이 건강보험요양급여규칙을 준수하지 않은 경우를 의미한다.

예를 들어, 요양급여는 1단계 요양급여(병원급 이하 요양기관)를 받은 후 2단계 요양급여(상급종합병원급)를 받아야 하는데 1단계를 거치지 않고 2단계 요양급여를 받는 경우 등[47]이 이에 해당한다.

---

46) 제41조(요양급여) ③ 요양급여의 방법·절차·범위·상한 등의 기준은 보건복지부령으로 정한다.

47) 제2조(요양급여의 절차) ① 요양급여는 1단계 요양급여와 2단계 요양급여로 구분하며, 가입자 또는 피부양자(이하 "가입자등"이라 한다)는 1단계 요양급여를 받은 후 2단계 요양급여를 받아야 한다.
② 제1항의 규정에 의한 1단계 요양급여는 [의료법] 제3조의4에 따른 상급종합병원(이하 "상급종합병원"이라 한다)을 제외한 요양기관에서 받는 요양급여(건강진단 또는 건강검진을 포함한다)를 말하며, 2단계 요양급여는 상급종합병원에서 받는 요양급여를 말한다.
<개정 2005. 10. 11., 2010. 12. 23. >

(ⅱ) 의료비가 임의비급여로 청구된 경우

2012. 12. 28. 이후의 표준약관에 가입한 경우 임의비급여는 보장대상이 아니므로 더 살펴볼 필요가 없으나, 비급여 주석이 없는 이전 약관에서는 인정임의비급여도 보장대상에 포함된다고 해석할 수 있으므로 '요양급여 또는 의료급여 절차를 거치지 아니한 경우'로 보는 것이 타당하다.

이와 관련해서는 「PART 04 표준약관 축조해설(Ⅰ)」(보상하는 사항) 제2장(상해입원형) 제3조에서 다시 살펴보기로 한다.

(ⅲ) 피보험자가 국민건강보험(요양급여)법에 따른 요양(의료)급여를 받을 수 있는데도 본인이 원하여 받지 아니한 경우

'국민건강보험법 등의 적용을 받지 못하는 경우'라 함은 피보험자의 의사와 무관하게 요양급여 절차를 적용받을 수 없는 경우를 의미하는 반면, '국민건강보험법에서 정한 요양급여 또는 의료급여법에서 정한 절차를 거치지 아니한 경우'라 함은 피보험자가 요양급여 또는 의료급여의 적용을 받을 수 있지만 본인의 의사로 요양급여 절차 등에 따르지 않은 경우를 의미한다.

 조정사례 ▌

"국민건강보험법 또는 의료급여법을 적용받지 못하는 경우"는 「국민건강보험법」이나 「의료급여법」에서 규정하는 급여 제한사유나 급여 중지사유 등48)에 해당하여 해당 법률에서 급여의 적용을 배제한 경우를 의미하는 것으로 판단된다. 이와 달리 「국민건강보험법」상 요양급여나 「의료급여법」상 의료급여 적용을 받을 수 있음에도 해당 법률에 의한 절차를 거치지 않은 경우에는 40% 보상조항 중에서 "국민건강보험법에서 정한 요양급여 또는 의료급여법에서 정한 의료급여 절차를 거치지 아니한 경우"로, 이 사건에서 신청인은 여기에 해당하는 것으로 판단된다(조정결정 제2020-9호. 2020. 9. 25.).

---

48) 예를 들어, [국민건강보험법]은 제53조와 제54조에서 급여 제한사유와 급여 정지사유를 규정하고 있고, [의료급여법]은 제15조와 제17조에서 급여 제한사유와 급여 중지사유를 규정하고 있다.

나. 입원의료비

> ③ 피보험자가 「국민건강보험법」 또는 「의료급여법」을 적용받지 못하는 경우에는 **입원의료비(「국민건강보험 요양급여의 기준에 관한 규칙」에 따라 보건복지부장관이 정한 급여 및 비급여의료비 항목만 해당합니다)** 중 본인이 실제로 부담한 금액의 40%를 하나의 상해당 보험가입금액(5천만원 이내에서 계약 시 계약자가 정한 금액을 말합니다)의 한도 내에서 보상합니다. 〈개정 2015. 11. 30.〉

앞서 살펴본 바와 같이 국민건강보험법에서는 가입자와 피부양자의 질병, 부상, 출산 등에 대하여 요양급여를 실시하며, 그 구체적인 대상 항목은 1. 진찰·검사, 2. 약제(藥劑)·치료재료의 지급 3. 처치·수술 및 그 밖의 치료, 4. 예방·재활, 5. 입원, 6. 간호, 7. 이송(移送) 등을 대상으로 한다(법 제41조 제1항). 이때, 요양급여의 적용 방식을 구체적으로 보면 항목별로 상이하나, 큰 틀에서는 2호의 '약제'와 '약제를 제외한 그 외의 항목'을 기준으로 나눌 수 있다.

한편, 요양급여의 방법·절차·범위·상한 등의 기준은 보건복지부령으로 정하고 있고(법 제41조 제3항), 이에 따라 마련된 것이 '국민건강보험 요양급여의 기준에 관한 규칙(건강보험요양급여규칙)'이다.

이와 관련하여 보건복지부장관은 '업무나 일상생활에 지장이 없는 질환의 치료' 등 보건재정의 지원대상으로 적절하지 않다고 판단되는 경우 이 건강보험요양급여규칙 [별표2]를 근거로 비급여대상으로 결정하고(법 제41조 제4항)[49], 요양급여대상으로 정한 급여항목은 '요양급여행위'와 '약제 및 치료재료'로 구분하여 급여목록표을 고시한다(규칙 제8조)[50].

---

[49] 제9조(비급여대상) ① 법 제41조 제4항에 따라 요양급여의 대상에서 제외되는 사항(이하 "비급여대상"이라 한다)은 별표2와 같다. <개정 2012. 8. 31., 2016. 8. 4.>

[50] 제8조(요양급여대상의 고시) ① 삭제 <2016. 8. 4.>
② 보건복지부장관은 법 제41조 제2항에 따른 요양급여대상(이하 "요양급여대상"이라 한다)을 급여목록표로 정하여 고시하되, 법 제41조 제1항 각 호에 규정된 요양급여행위(이하 "행위"라 한다), 약제 및 치료재료(법 제41조 제1항 제2호에 따라 지급되는 약제 및 치료재료를 말한다. 이하 같다)로 구분하여 고시한다. 다만, 보건복지부장관이 정하여 고시하는 요양기관의 진료에 대하여는 행위·약제 및 치료재료를 묶어 1회 방문에 따른 행위로 정하여 고시할 수 있다. <개정 2001. 12. 31., 2008. 3. 3., 2010. 3. 19., 2012. 8. 31., 2016. 8. 4.>
③ 보건복지부장관은 제2항에도 불구하고 영 제21조 제3항 제2호에 따라 보건복지부장관이

여기서 주의할 점은 약제의 경우 요양급여 대상으로 **❶**보건복지부장관이 결정·고시한 요양급여약제 이외는 모두 **❷**법정비급여 약제로 간주(법 제41조 제2항 제1호)되는 반면, 약제를 제외한 요양급여 항목(진찰·검사, 치료재료, 처치·수술 및 그 밖의 치료, 예방·재활, 입원, 간호, 이송 등)은 **❶**보건복지부장관이 건강보험요양급여규칙 [별표2]에 따라 결정·고시한 것은 법정비급여대상, **❷**법정비급여 이외의 일체의 것은 요양급여대상으로 간주되는 것이 원칙이나 그 외에도 법정비급여 또는 요양급여 중 어디에도 속하지 않는 **❸**임의비급여가 존재할 수 있다는 사실이다.

▌요양급여대상 구분

구분	요양급여		요양급여 대상		고시 목록
			요양급여	법정비급여	
질병, 부상 출산 등	1. 진찰 · 검사		법정비급여 이외 일체	**보건복지부장관이 결정 · 고시**	요양급여 행위
	2.	약제(藥劑)	**보건복지부장관이 결정 · 고시**	요양급여 이외 일체(판례)	약제 및 치료재료
		치료재료	법정비급여 이외 일체	**보건복지부장관이 결정 · 고시**	요양급여 행위
	3. 처치 · 수술 및 그 밖의 치료				
	4. 예방 · 재활				
	5. 입원				
	6. 간호				
	7. 이송(移送)				

정하여 고시하는 질병군에 대한 입원진료의 경우에는 해당 질병군별로 별표2 제6호에 따른 비급여대상, 규칙 별표6 제1호 다목에 따른 요양급여비용의 본인부담 항목 및 같은 표 제1호 사목에 따른 이송처치료를 제외한 모든 행위·약제 및 치료재료를 묶어 하나의 포괄적인 행위로 정하여 고시할 수 있다. 이 경우 하나의 포괄적인 행위에서 제외되는 항목은 보건복지부장관이 정하여 고시할 수 있다. <개정 2001. 12. 31., 2005. 10. 11., 2008. 3. 3., 2010. 3. 19., 2012. 8. 31., 2014. 9. 1., 2015. 5. 29., 2015. 6. 30., 2017. 6. 29.>
④ 보건복지부장관은 제2항에도 불구하고 영 제21조 제3항 제1호에 따른 요양병원의 입원진료나 같은 항 제3호에 따른 호스피스·완화의료의 입원진료의 경우에는 제2항의 행위·약제 및 치료재료를 묶어 1일당 행위로 정하여 고시할 수 있다. 이 경우 1일당 행위에서 제외되는 항목은 보건복지부장관이 정하여 고시할 수 있다.

다. 본인이 실제로 부담한 금액

③ 피보험자가 「국민건강보험법」 또는 「의료급여법」을 적용받지 못하는 경우에는 입원의료비(「국민건강보험 요양급여의 기준에 관한 규칙」에 따라 보건복지부장관이 정한 급여 및 비급여의료비 항목만 해당합니다) 중 **본인이 실제로 부담한 금액의 40%**를 하나의 상해당 보험가입금액(5천만원 이내에서 계약 시 계약자가 정한 금액을 말합니다)의 한도 내에서 보상합니다. 〈개정 2015. 11. 30.〉

실손의료보험은 '피보험자가 실제로 입은 손해'를 보상하기 위한 것이므로 '본인이 실제로 부담한 비용'은 원칙적으로 '피보험자의 재산을 재원(財源)으로 부담하는 비용'을 의미하나, 제1세대 실손의료보험 약관에서는 이러한 취지를 약관에 제대로 반영하지 않아 치료비 부담 주체나 실제 손실 여부가 아닌 '치료에 소요된 비용'으로도 해석될 여지가 있고, 실제로 치료비 지원, 감면, 할인 의료비 등의 보상 여부를 둘러싼 분쟁이 발생하자 실손의료보험의 실손보상원칙을 명확히 하기 위하여 개정된 것이다.

❶ 실제 부담한 치료비

'본인이 실제로 부담한 금액'에 해당하는 문언과 관련하여 제1세대 실손의료보험 약관에서는 '실제로 부담한 금액', '실제 치료비', '실제 소요된 치료비', '소요된 치료비', '부담한 치료비' 등 다양하게 규정하고 있다.

그런데 '실제로 부담한 치료비'는 '본인이 실제로 부담한 금액'과 마찬가지로 '피보험자의 재산을 재원으로 하여 지출하는 비용'으로 해석하는데 이론의 여지가 전혀 없으나, '실제 치료비' 또는 '실제 소요된 치료비'는 비용부담 주체나 실제 부담 여부를 보험금 지급조건으로 정한 것이라 보기 어려워 '본인이 실제로 부담한 금액'과 '치료에 소요된 비용' 중 어느 것을 의미하는지 논란이 될 수 있다.

❷ 실제 소요된 치료비

근로자가 업무상 자동차사고를 당하여 근로복지공단으로부터 치료비 전액을 보상받고 자신이 가입한 자동차보험의 자기신체사고 보험금을 청구한 사례에서 법원은 약관상 '실제 소요된 치료비'는 '피보험자 등이 직접 부담한 치료비'로 공단으로부터 지급받은 금액은 보장대상에서 제외하는 것이 타당하다고 판단하였다.

원고가 지급할 의무가 있는 '실제 소요된 치료비'는 산재 처리가 되지 않았거나 부족하여 실제로 피보험자 등이 직접 부담한 치료비이고, 요양급여로 근로복지공단에서 지급한 치료비는 실제 소요된 치료비에 포함되지 않는 것으로 해석되고, 피고가 요양급여로 처리된 치료비 외에 따로 부담한 치료비는 없으므로 결국 원고가 피고에게 지급할 부상보험금은 없다고 할 것이고, 자동차보험 자기신체사고담보 특별약관도 '피보험자가 상해를 입은 직접적인 결과로 의사의 치료를 요하는 때'에는 '실제 소요된 치료비'를 부상보험금으로 지급'한다고 규정하고 있는데, 자동차사고로 다친 피보험자가 근로복지공단으로부터 치료비 전액을 받은 후 별도로 자신이 가입한 자기신체사고 보험금을 청구한 건과 관련하여, 부상보험금으로 지급하는 '실제 소요된 치료비'에는 근로복지공단에서 지급한 치료비는 포함되지 않고, 피보험자 등이 직접 지급한 치료비로 해석함이 상당하고 이러한 해석으로 피보험자가 치료비를 이중으로 지급받지 못하게 된다고 하여도 보험단체 전체의 이해관계를 고려할 때 고객 보호를 위하여 특별히 위 조항을 약관 작성자에게 불리하게 제한해석하여야 할 경우로 보이지 않는다(대구지방법원 2006. 11. 9. 선고 2006가단83991 판결).

참고로 자동차보험 자기신체사고담보 특별 약관도 2004. 8. 1. 국민건강보험 또는 산재로 요양급여 수급 후 부상보험금이 별도로 청구되어 치료비가 이중으로 지급되는 사례를 방지하기 위하여 '실제 치료비'에서 '실제 소요된 치료비'로 변경되었는데, 이러한 사정을 감안하더라도 '실제 치료비'는 약관 문언상 피보험자의 치료비 실제 부담 여부와 무관하게 '치료에 소요된 비용'으로 해석되는 것이 타당하다.

❸ 피보험자가 부담한 치료비

'피보험자가 부담한 치료비'는 치료비를 '피보험자가 부담한'것으로 한정하여 비용부담 주체를 지급 조건으로 있다는 점에서 '치료에 소요되는 비용'보다는 '본인이 실제로 부담한 금액'에 가깝다고 해석할 여지가 없는 것은 아니다. 그러나, 금융감독원 금융분쟁조정위원회에서는 '실제로 부담한 치료비'는 '피보험자가 실제로 지출한 비용'으로 볼 수 있으나, '피보험자가 부담한 치료비'에 대해서는 '피보험자의 치료에 실제 소요된 치료비'로 해석하는 것이 타당하다고 판단한 바 있다(제2009-82호).

피신청인은 약관문구 '피보험자가 부담하는 비용'의 의미를 피보험자가 실제로 지출한 비용으로 해석하여 신청인이 교통사고로 발생한 의료비에 대해 자동차보험금을 지급받았기 때문에 그 금액만큼은 피보험자가 실제로 지출한 비용이 없다는 이유로 상해입원의료비 추가 지급을 거절하고 있으나 아래와 같은 사유를 종합적으로 고려할 때 피신청인의 주장을 수용할 수 없음

먼저 약관문구 '피보험자가 부담하는 비용'의 의미를 글자 그대로 살펴보면, '피보험자가 실제로 지출한 비용'의 의미로 해석할 수도 있지만, 실제 비용지출 주체를 묻지 않고 '피보험자의 치료에 실제 소요된 비용'의 의미로도 해석할 수도 있는데, 이와 같이 약관내용이 다의적으로 해석되어 명확하지 않을 경우에는 원칙적으로 계약자에게 유리하게 해석되어야 하는 점

후자의 의미로 해석할 경우에는 피보험자의 치료에 실제 소요된 의료비 중 일부로 충당된 자동차보험금도 '피보험자가 부담하는 비용'에 포함이 될 수 있음(조정결정 제2009-82호)

참고로, 피신청인의 일반상해의료비담보 특별약관 제1조(보상하는 손해)에서는 "회사는 보험가입증서(보험증권)에 기재된 피보험자가 보험기간 중에 급격하고도 우연한 외래의 사고로 신체에 상해를 입고 그 직접 결과로써 의사의 치료를 받은 때에는 1사고당 이 특별약관의 보험가입금액을 한도로 피보험자가 실제로 부담한 의료비 전액을 수익자에게 지급하여 드립니다."라고 규정하고 있어 해석상 논란의 여지가 없음(금융분쟁조정위원회 조정결정 제2009-82호)

소결

❶ 보상하는 비용의 해석

'본인이 실제로 부담한 비용'의 '비용'은 약관조문 상 ❶비용 부담의 주체와 ❷실제 부담 여부를 지급조건으로 하고 있으며 이를 모두 충족한 경우에 보상된다고 해석된다.

위 사례들을 토대로 정리하면 '실제 치료비', '소요된 치료비', '실제 소요된 치료비' 등의 표현은 부담 주체나 실제 부담 여부와 무관한 것으로 보는 것이 옳고, '피보험자가 부담한 비용' 등은 부담 주체를 규정하고는 있으나 실제 부담 여부는 묻고 있지 아니하므로 결과적으로 두 경우 모두 실제 비용부담 주체와 관계없이 '피보험자의 치료에 소요된 비용'을 의미한다고 보는 것이 타당하다.

이에 반해 비용 부담주체와 실제 부담여부를 지급조건으로 하고 있음이 명확한 '피보험자가 실제로 부담한 비용'은 '피보험자의 재산을 재원으로 하여 부담한 비용'을 의미한다고 보는 것이 타당하다.

▎약관 문구별 보상치료비 인정 범위

부담주체 또는 실제 부담 여부와 무관	피보험자가 자신의 재산을 재원으로 실제로 부담한 비용
실제 치료비 소요된 치료비 실제 소요된 치료비	피보험자가 실제로 부담한 비용

❷ 건강보험 공단부담금의 보상여부

보장대상 금액이 '치료에 소요된 치료비'로 해석되는 경우, 소요 치료비에 국민건강보험공단의 부담금도 포함되는지 논란이 될 수 있는데 법원 판례나 금융분쟁조정위원회 조정결정 사례에서 알 수 있듯이 공단부담금은 처음부터 실손의료보험의 보장대상이 아니라고 보는 것이 통설이다.

다만, 제1세대 실손의료보험 약관[51]의 경우 피보험자가 '부득이한 사정으로

---

51) [사례1] 회사는 [국민건강보험법]에 의하여 피부험자가 부담하는 위 *의 ①, ②, ③ 비용 전액과 ④의 비용 중 50% 해당액을 3(5)천만원을 한도로 보상하여 드립니다. 다만, 피보험자가 부득이한 사정으로 건강보험수가를 적용받지 못한 경우에는 발생 입원의료비 총액의 40% 해당액을 한도내에서 보상하며, 국민건강보험 수가를 적용받지 못하는 경우란 산재보험에서 보상받는 의료비 또는 국민건강보험에 미가입된 경우를 말한다.

[사례2] ① 회사는 피보험자가 제1조(보상하는 손해)에서 정한 사고로 상해를 입고 그 직접결과로써 의사의 치료를 받은 때에는 1사고마다 보험가입증서(보험증권)에 기재된 상해의료비담보 보험가입금액을 한도로 피보험자가 실제로 부담한 의료비 전액을 보험수익자에게 지급합니다.
② 제1항에도 불구하고 피보험자가 국민건강보험을 적용받지 아니한 경우(자동차사고, 산업재해보상사고 등을 포함합니다)에는 발생한 의료비 총액의 50% 해당액을 1사고당 상해 의료비 보험가입금액을 한도로 지급합니다.

[사례3] 회사는 [국민건강보험법]에 의하여 피부험자가 부담하는 제1항의 제1호, 제2호, 제3호의 비용전액([국민건강보험법]에서 정한 요양급여 중 본인부담금과 비급여 부분을 말합니다)과 제4호 비용 중 50% 해당액을 보험증권에 기재된 가입금액을 한도로 보상하여 드립니다. 다만, 피보험자가 국민건강보험을 적용받지 못한 경우(국민건강보험에서 정한 요양급여 절차를 거치지 아니한 경우도 포함합니다)에는 제1항의 발생 질병입원의료비 총액의 40% 해당액을 보험증권에 기재된 가입금액을 한도로 보상하여 드립니다.

국민건강보험수가를 적용받지 못한 경우', '국민건강보험법을 적용받지 못하거나 요양급여 절차를 거치지 아니한 경우' 등은 국민건강보험법이 적용되는 일반적인 경우보다 낮은 지급률(40%)을 적용하고, 그 대상금액을 '발생 입원(통원)의료비' 등으로 정하여, 위에서 살펴본 바와 같이 치료비의 부담 주체나 실제 부담 여부를 묻지 않는 사례가 있는데, 법원은 국민건강보험법 등이 적용되지 않는 경우에 공단부담금을 지급대상에서 제외하면, 국민건강보험 처리에 따라 부담한 경우보다 보험금을 적게 지급받게 되어 가입자간 형평성 문제가 발생할 수 있기 때문에 지급대상 치료비에 공단부담금을 포함해야 한다고 판단하기도 하였다.

참고판례 ▌

> 피고는 원고의 진료비 납입내역 중 비급여(선택진료료 이외) 항목 부분은 국민건강보험수가를 적용받지 못하므로 약관에 정해진 바에 따라 그 중 40%에 대해서만 보험금 지급책임이 있다고 주장한다. 살피건대, 앞서 본 바와 같이 질병입원의료비 특별약관 제8호에는 '피보험자가 부득이한 사정으로 국민건강보험수가를 적용받지 못한 경우에는 위 ○의 발생 입원의료비 총액의 40% 해당액을 3천만원을 한도로 보상하여 드립니다. 여기서 국민건강보험수가를 적용받지 못하는 경우란 산재보험에서 보상받는 의료비 및 국민건강보험에 미가입된 경우 등을 말합니다'라고 규정되어 있는바, 갑 제3호증의 3, 4, 갑 제5호증의 각 기재, 변론 전체의 취지에 의하여 알 수 있는 다음과 같은 사정들 즉, 원고의 경우 국민건강보험에 가입되어 있었던 점, 위 약관 조항은 '피보험자가 국민건강보험에 가입되어 있을 경우에 보험회사는 진료비 총액 중 급여 항목인 국민건강보험공단 부담금 부분을 제외하고 피보험자가 부담하는 비급여 항목인 본인부담금 부분만을 보험금으로 지급하면 되는데, 만약 피보험자가 위 보험에 가입되어 있지 않을 경우 위 약관조항마저 없다면 보험회사가 진료비 총액 전부를 보험금을 지급해야 하는 결과가 되어, 국민건강보험에 가입되어 있는 피보험자가 그렇지 않은 피보험자와 비교할 때 보험회사로부터 오히려 적은 보험금을 지급받게 되는 불균형이 발생할 수 있으므로 이러한 점을 가능한 방지하기 위하여 국민건강보험에 가입되

[사례4] ① 회사는 보험가입증서에 기재된 피보험자가 이 특별약관의 보험기간 중에 질병으로 인하여 보험금 지급사유가 발생한 경우 아래의 비용에서 1질병당 통원 1일당 보험증권에 기재된 자기부담금을 공제한 금액의 100% 해당액을 보험증권에 기재된 가입금액을 한도로 질병통원의료비를 보상합니다.
② 회사는 제1항에도 불구하고 피보험자가 국민건강보험을 적용받지 못한 경우(국민건강보험에서 정한 요양급여 절차를 거치지 아니한 경우도 포함합니다) 피보험자가 부담하는 비용에서 1질병당 통원 1일당 보험증권에 기재된 자기부담금을 공제한 금액의 40% 해당액을 보험증권에 기재된 가입금액을 한도로 질병통원의료비를 보상하여 드립니다.

어 있지 않은 피보험자의 경우 보험회사는 진료비 총액의 40%만 보험금으로 지급하겠다'는 취지로 이해함이 상당하고, 이러한 해석이 '당해 약관의 뜻이 명백하지 아니한 경우에는 고객에게 유리하게 해석하여야 한다(대법원 2009. 5. 28. 선고 2008다81633 판결, 대법원 2010. 12. 9. 선고 2009다60305 판결 등 참조)'는 원칙에도 부합하는 점 등을 종합하여 볼 때, 진료비총액 중 비급여 항목 액수의 40%만 보험금으로 지급하겠다는 피고의 주장은 위 보험약관은 물론 그 어디에도 근거가 없어 받아들일 수 없다(인천지방법원 2015. 10. 23. 선고 2014나1768 판결 제1심판결 인천지방법원 부천지원 2013. 12. 26. 선고 2012가단41290 판결).

사례연구

❶ 국민건강보험법을 적용받지 못한 경우 '발생한 의료비 총액'을 기준으로 보상한다고 정한 경우

현역간부인 A씨는 복무 중 교통사고로 국군수도병원에서 치료를 받고 보험금을 청구하였으나 보험회사는 진료비명세서상 본인부담금이 없다는 이유로 보험금 지급을 거절하였다.

A보험회사의 건강보험 상해의료비 특별약관 제1조 제1항에는 '피보험자가 실제로 부담한 의료비 전액을 보상'하며, 제2항에서는 '제1항에도 불구하고 피보험자가 국민건강보험을 적용받지 아니한 경우(자동차사고, 산업재해보상사고 등을 포함)에는 발생한 의료비 총액의 50% 해당액'을 지급한다고 정하고 있다.

제1항에서는 '피보험자가 실제로 부담한 비용'을 정하고 있으므로 부담주체나 실제부담 여부에 따라 보상책임 유무가 결정된다고 할 것이나, 제2항의 '발생한 의료비 총액'은 '치료에 소요된 모든 비용'을 의미한다고 해석되므로 공단부담금도 보장대상에 포함된다고 봄이 타당하다.

❷ 국민건강보험법을 적용받지 못한 경우로서 '본인이 실제로 부담한 금액'을 기준으로 보상한다고 정한 경우

현역군인 A씨는 복무 중 국군수도병원에서 질병 치료를 받았다. B보험회사는 「국방환자관리훈령」에 따라 의료비가 전액 지원되므로 본인이 실제로 부담한 치료비가 발생하지 않았다는 이유로 보험금 지급을 거절하였다.

2010년 A씨가 가입한 약관에는 '실제로 본인이 부담한 금액의 40% 해당액'을 기준으로 보상하며, 피보험자가 국민건강보험법 또는 의료급여법을 적용받지 못하는 경우(국민건강보험법에서 정한 요양급여 또는 의료급여법에서 정한 절차를 거치지 아니한 경우도 포함합니다)에는 입원의료비 중 '본인이 실제로 부담한 금액의 40% 해당액'을 보험가입금액을 한도로 보상한다고 각각 정하고 있다.

A씨의 경우 국민건강보험법을 적용받지 못하는 경우로서 보험금을 지급받기 위해서는 사례 ❶과 달리 ❶피보험자 본인이 비용을 부담할 것, ❷피보험자의 재산을 재원으로 지출할 것 등 두 가지 요건이 모두 충족되어야 하나, 관계법령52) 등에 따라 A씨는 공무상 요양비를 모두 지급받을 수 있어 본인이 치료비를 부담할 개연성은 처음부터 발생하지 않기 때문에 공단부담금 보상여부는 더 살펴볼 필요가 없다.

4. 제3조(보장종목별 보상내용) 제4항

④ 제1항에도 불구하고 회사는 하나의 상해(같은 상해로 2회 이상 치료를 받는 경우에도 이를 하나의 상해로 봅니다)로 인한 입원의료비를 보험가입금액까지 보상한 경우에는 보상한도종료일부터 90일이 경과한 날부터 최초 입원한 것과 동일한 기준으로 다시 보상합니다(계속 입원을 포함합니다). 다만, 최초 입원일부터 275일(365일-90일) 이내에 보상한도종료일이 있는 경우에는 최초 입원일부터 365일이 경과되는 날부터 최초 입원한 것과 동일한 기준으로 다시 보상합니다. 〈개정 2015. 11. 30.〉

〈보상기간 예시〉
(i) 최초입원일~보상한도종료일이 275일(365일-90일) 이상인 경우

52) [군인연금법] 제30조의 5(공무상 요양비) ① 군인이 공무상 질병 또는 부상으로 인하여 다음 각 호의 요양을 하는 경우에는 공무상요양비를 지급한다.

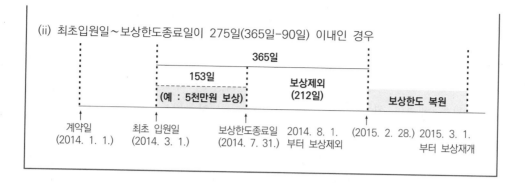

(ii) 최초입원일~보상한도종료일이 275일(365일-90일) 이내인 경우

365일

153일
(예 : 5천만원 보상)

보상제외
(212일)

보상한도 복원

계약일
(2014. 1. 1.)

최초 입원일
(2014. 3. 1.)

보상한도종료일
(2014. 7. 31.)

2014. 8. 1.
부터 보상제외

(2015. 2. 28.)

2015. 3. 1.
부터 보상재개

약관의 변천

제1세대(예시)	2009. 9. 28.	2014. 2. 11.
하나의 사고(상해로 2회 이상 치료를 받는 경우에도 이를 하나의 사고로 봅니다)로 인한 상해입원의료비 보상은 사고일로부터 365일을 한도로 합니다.	④ 회사는 하나의 상해(동일 상해로 2회 이상 치료를 받는 경우에도 이를 하나의 상해로 봅니다)로 인한 입원의료비를 최초 입원일로부터 365일까지(최초 입원일을 포함합니다)보상합니다. 다만, 동일한 상해로 인하여 최초 입원일로부터 365일을 넘어 입원할 경우에는 아래의 예시와 같이 90일간의 보상제외기간이 지나야 새로운 상해로 보아 다시 보상하여 드립니다.	④ 회사는 하나의 상해(동일 상해로 2회 이상 치료를 받는 경우에도 이를 하나의 상해로 봅니다)로 인한 입원의료비를 최초 입원일부터 365일까지(최초 입원일을 포함합니다)보상합니다. 다만, 하나의 상해로 인하여 최초 입원일로부터 365일을 넘어 입원할 경우에는 아래의 예시와 같이 90일간의 보상제외기간이 <u>지났거나, 하나의 상해로 인한 입원이라도 입원의료비가 지급된 최종 입원의 퇴원일부터 180일이 경과하여 동일한 사유로 재입원한 경우는 최초 입원한 것과 동일한 기준으로 다시 보상합니다.</u>

제1세대 실손의료보험 약관에서는 동일한 상해사고에 대해서는 누적 보상액이 보험가입금액을 초과했는지 여부와 무관하게 보상한도(365일)내 보험사고만 보장하였다.

그러나, 1년간 지급받은 금액이 보험가입금액에 이르지 않았는데도 보장기간 (1년)이 도과했다는 이유만으로 재발치료 등 계속적인 치료가 필요한 경우도 보험가입금액과 보장기간 조건을 둘 다 적용하는 것은 소비자에게 일방적으로 불리하다는 지적이 있어, 2009. 9. 28. 표준약관 제정 시 최초 입원일로부터 1년이 지나더라도 3개월만 경과(90일 면책기간)하면 다시 보상받는 조건부 재보장 제도를 도입하였다.

이후, 2014. 2. 11.에는 90일간의 면책기간이 지난 경우뿐만 아니라, 최초 입원일로부터 365일이 경과하더라도 입원의료비가 지급된 최종 퇴원일로부터 180일이 경과한 경우에도 보상[53]토록 하였고, 2015. 11. 30.에는 보상한도가 소진된 경우에만 90일 면책기간을 적용토록 개정(개정 이후 약관부터 적용)하는 등 동일사고의 보상조건이 지속적으로 완화되었다.

ⓘ **[민원사례] 보장한도가 남았는데도 1년이 지났다고 보장하지 않는 것은 불합리 (금융감독원 보도자료)**

A씨는 자궁암 진단으로 2014. 1. 27.~1. 29. 기간 중 최초 입원하여 수술 등 입원치료(최종퇴원일 2014. 12. 2.)를 받았으나, 이후 암이 재발되어 2015. 2. 14.~2. 16. 기간 중 재입원하여 수술치료를 받았으나. 동 기간은 90일 면책기간 중 치료로 보험금을 지급받지 못함

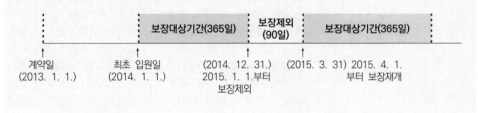

---

53) 다만, 최초 입원일로부터 275일(9개월) 이내에 지급받은 보험금이 보험가입금액 한도에 도달한 경우는 이미 충분한 보장을 받은 것으로 간주하여 최종입원의 퇴원일 보장기간 기산점 중 최초 입원일기준만 인정된다.

쟁점의 연구

가. 하나의 상해

④ 제1항에도 불구하고 회사는 **하나의 상해(같은 상해로 2회 이상 치료를 받는 경우에도 이를 하나의 상해로 봅니다)**로 인한 입원의료비를 보험가입금액까지 보상한 경우에는 보상한도종료일부터 90일이 경과한 날부터 최초 입원한 것과 동일한 기준으로 다시 보상합니다(계속 입원을 포함합니다). 다만, 최초 입원일부터 275일(365일-90일) 이내에 보상한도종료일이 있는 경우에는 최초 입원일부터 365일이 경과되는 날부터 최초 입원한 것과 동일한 기준으로 다시 보상합니다. 〈개정 2015. 11. 30.〉

'하나의 상해'에서 '상해'는 '급격하고 우연한 외래의 사고'를 의미하므로 수개의 상해사고, 예를 들어, 시차를 두고 독립적으로 여러 사고가 발생한 경우에는 각 사고가 급격성, 우연성, 외래성을 충족한 각각의 독립적인 개별 사고를 의미한다.

나아가, 제4항에서는 '같은 상해로 2회 이상 치료를 받은 경우에도 이를 하나의 상해로 본다'고 정하여 같은 상해사고를 원인으로 하는 수회의 치료를 받은 경우에는 최초 입원일을 기산시점으로 계산한 보장기한을 적용한다.

 조정사례 ▌ 골절사고일로부터 11개월 후 시행한 금속판제거술의 상해의료비 보상 여부 (금융분쟁조정위원회 조정결정 제2009-76호)

• 신청인의 금번 입원치료 및 금속판 제거술은 최초 우측쇄골 골절사고와 직접적으로 관련된 치료임에는 분명하나 아래와 같은 사유로 미뤄 볼 때 일반상해의료비담보 특별약관* 및 일반상해임시생활비담보 특별약관에서 보상하는 손해에는 해당되지 않는 것으로 판단됨

　　* 회사는 보험가입증서(보험증권)에 기재된 이 특별약관의 피보험자가 이 특별약관의 보험기간 중에 보통약관 제2장 제14조(보상하는 손해)에서 정한 사고로 신체에 상해를 입고 그 직접결과로써 의사의 치료를 받은 때에는 1사고당 이 특별약관의 보험가입금액을 한도로 피보험자가 실제 부담한 의료비 전액을 지급하여 드립니다. 그러나 어떠한 경우에도 사고일부터 180일 이내에 소요된 의료실비를 한도로 합니다.

• 본건 보험계약에서 보상하는 손해는 보험기간 중 피보험자에게 발생한 모든 의료비와 입원비가 아니고 사고일로부터 180일 이내에 피보험자가 실제 부담한 의료비 및 사고로

부터 180일을 한도로 발생한 입원비라 할 것인데, 이는 법률관계를 신속히 확정함과 동시에 개별적인 사정을 묻지 않고 법률관계를 획일적으로 처리하기 위한 것인바, 보험기간 중 의료비 및 입원비 지급과 관련하여 일정한 기간제한을 두는 것 자체가 부당하다고 하기는 어려움

- 결국 본건 보험약관의 취지는 피보험자가 실제로 입은 모든 손해를 보상하는 것이 아니라 약관상의 보험금 지급기준에 따른 사유와 금액을 한도로 보험금을 지급하는 것으로 의료비 및 입원비 지급요건에 일정한 제한을 둔 것이라 할 것임

나. 보상한도 종료일 후 90일 면책조항

④ 제1항에도 불구하고 회사는 하나의 상해(같은 상해로 2회 이상 치료를 받는 경우에도 이를 하나의 상해로 봅니다)로 인한 입원의료비를 보험가입금액까지 보상한 경우에는 **보상한도 종료일부터 90일이 경과한 날부터 최초 입원한 것과 동일한 기준으로 다시 보상합니다(계속 입원을 포함합니다).** 다만, 최초 입원일부터 275일(365일-90일) 이내에 보상한도종료일이 있는 경우에는 최초 입원일부터 365일이 경과되는 날부터 최초 입원한 것과 동일한 기준으로 다시 보상합니다. 〈개정 2015. 11. 30.〉

위 조문은 보험사고의 단위와 보상범위와 관련한 내용이다.

❶ 보험사고 단위

우선 실손의료보험에서 보상하는 보험사고를 어떻게 정의할 것인지는 치료의 원인이 된 '상해 사고'와 그에 따른 '치료 횟수' 중 어느 것인지가 관건이라 할 것인데, '동일 상해로 2회 이상 치료를 받는 경우에도 이를 하나의 상해로 본다'는 것은 보험사고의 단위가 '치료 횟수'가 아닌 각 개별 '상해 발생 건수'로 결정됨을 의미한다.

참고로 실손의료보험의 보험사고에 대해서는 5. 제3조(보장종목별 보상내용) 제5항에서 다시 살펴보기로 한다.

❷ 보장대상

보장기간의 기산시점은 최초 입원일 또는 최종 입원의 퇴원일 중 선택적으로

적용할 수 있다.

2009. 9. 28. 제정된 표준약관에서는 최초 입원일을 보장기간의 기산 시점으로 하였으나, 2014. 2. 11. 개정약관은 '최초 입원일'과 '최종 입원일의 퇴원일' 중 선택할 수 있도록 하였으며, 2015. 11. 28. 개정약관은 피보험자의 입원 또는 퇴원일이 아닌 '보상한도 종료일'을 기산시점으로 하고 있다.

❸ 약관의 교부 · 명시설명의무와의 관계

위 조문과 관련한 분쟁은 주로 면책기간 조항의 적법 여부나 약관의 교부 · 명시설명의무와 관련한 내용이 주를 이룬다.

이에 대해 금융분쟁조정위원회나 법원은 약관에서 보장기간이나 면책조항을 규정한 것은 계약당사자간의 개별사정을 묻지 않고 법률관계를 명확히 하여 신속 · 정확하게 처리하기 위한 것이므로 위법하다고 보기 어렵다는 입장이다.

 조정사례 ▮

> 보험계약에서 보상하는 손해는 보험기간 중 피보험자에게 발생한 모든 의료비와 입원비가 아니고 사고일로부터 180일 이내에 피보험자가 실제 부담한 의료비 및 사고일로부터 180일을 한도로 발생한 입원비라 할 것인데, 이는 법률관계를 신속히 확정함과 동시에 개별적인 사정을 묻지 않고 법률관계를 획일적으로 처리하기 위한 것인바, 보험기간 중 의료비 및 입원비 지급과 관련하여 일정한 기간제한을 두는 것 자체가 부당하다고 하기는 어려움(금융분쟁조정위원회 조정결정 제2009-76호, 2009. 7. 21.)

 참고판례 ▮

- 의료비 보상한도는 사고일 또는 발병일로부터 180일을 한도로 아래에 정한 금액으로 한다고 명시하고 있으므로 순입원일수에 관계없이 발병시점으로부터 180일 이내에 근접하여 입원하였는지 여부에 따라 부보 여부가 결정되어야 하고, 계속입원으로 보아 입원일수를 합산하여라는 문구만으로 원고 주장과 같이 순입원일수를 기준으로 부보 여부가 결정될 수 없다(서울지방법원 2002나51608 판결).

- 피보험자가 자동차사고로 상해를 입고 그 직접 결과로써 사고일로부터 180일 안에 사망

하였을 경우 사망보험금을 지급하도록 규정되어 있는 당해 약관조항은 사망보험금의 지급요건에 일정한 제한을 둔 것이라고 봄이 상당하고, 그 문언과 규정형식으로 보더라도 당해 약관조항이 고객에게 부당하게 불리하다거나 그 내용이 불명확하다고 보기 어려우므로 자동차사고로부터 180일 이후에 사망한 경우 보험자는 보험수익자에게 사망보험금을 지급할 의무가 없다(인천지법 2004. 10. 15. 선고, 2004나3994 판결).

5. 제3조(보장종목별 보상내용) 제5항

⑤ 피보험자가 입원하여 치료를 받던 중 보험기간이 끝나더라도 그 계속 중인 입원에 대해서는 보험기간 종료일부터 180일까지(보험기간 종료일은 제외합니다) 보상하며, 이 경우 제4항은 적용하지 않습니다. 다만, 종전 계약을 자동갱신하거나 같은 회사의 보험상품에 재가입하는 경우에는 종전 계약의 보험기간을 연장하는 것으로 보아 제4항을 적용합니다. 〈개정 2015. 11. 30.〉

▌약관의 변천

1세대(예시)	2009. 9. 28.	2012. 12. 28.
피보험자가 보상개시일 이후 입원하여 치료를 받던 중 보험기간이 만료되었을 경우에도 보험기간 만료전 최종사고일로부터 계속 입원 중인 입원기간에 대한 상해입원의료비를 365일을 한도로 위 ○에 따라 보상하여 드립니다.	⑤ 피보험자(보험대상자)가 입원하여 치료를 받던 중 보험기간이 만료되더라도 그 계속 중인 입원에 대하여는 보험기간 종료일로부터 180일까지(보험기간 종료일은 제외합니다) 보상하여 드립니다. 다만, 이 경우 제4항은 적용하지 아니합니다.	⑤ 피보험자(보험대상자)가 입원하여 치료를 받던 중 보험기간이 만료되더라도 그 계속 중인 입원에 대하여는 보험기간 종료일로부터 180일까지(보험기간 종료일은 제외합니다) 보상하며 이 경우 제4항은 적용하지 아니합니다. 다만, 동일회사 계약의 자동갱신 또는 재가입의 경우 종전계약의 보험기간 연장으로 간주하여 제4항을 적용합니다.

위 조항은 피보험자가 보험기간 중 발생한 상해로 인하여 입원치료를 받던 중 보험기간이 만료된 경우에도 일정기간 계속 보상한다는 취지로 정한 것으로, 제1세대 실손의료보험에서는 최초 입원일을 기산시점으로 하여 1년(365일)까지 보상하는 경우도 있었으나, 2009. 9. 28. 표준약관 제정 시 180일로 축소되었다.

쟁점의 연구

보험사고의 정의는 개별 보험계약에서 보험자의 보험금 지급 원인을 정하는 가장 중요한 내용이나, 그 정의에 대해서는 주체적으로 법률에서 규정하고 있지는 않다.

다만, 손해보험계약에서 보험자는 피보험자의 재산상의 손해를 보상할 책임을 부담[54]하므로 이를 토대로 보험사고를 정의하면 '피보험자의 재산상의 손해를 발생하게 하는 사상(事象)[55]'으로 정리할 수 있고, 인보험계약에서 보험자는 피보험자의 생명 또는 신체에 관하여 보험사고가 발생한 경우 보험계약으로 정하는 바에 따라 보험금 등을 지급할 책임을 부담[56]하므로 '피보험자의 생명 또는 신체가 보험금을 지급하기로 약정한 상태에 이르게 된 사상(事象)'이라고 정리할 수 있다[57].

따라서, 실손의료보험의 경우 손해보험계약 관점에서 '상해 또는 질병' 자체가 보험사고라 할 것이고 이러한 보험사고가 보험기간 중 발생한 것이라면 보험기간 종료 후의 계속 치료도 '보험기간 중 발생한 상해 또는 질병'으로 인정된다 할 것이므로 위 약관조항은 상법 제663조에 따라 무효로 볼 여지가 있는 반면, 인보험계약 관점에서는 당사자간의 약정으로 '보험계약으로 정하는 바'에 따라 보상범위를 정할 수 있으므로 유효하다 할 것이다.

---

54) 제665조(손해보험자의 책임) 손해보험계약의 보험자는 보험사고로 인하여 생길 피보험자의 재산상의 손해를 보상할 책임이 있다.

55) [네이버 국어사전] 관찰할 수 있는 사물과 현상

56) [상법] 제727조(인보험자의 책임) ① 인보험계약의 보험자는 피보험자의 생명이나 신체에 관하여 보험사고가 발생할 경우에 보험계약으로 정하는 바에 따라 보험금이나 그 밖의 급여를 지급할 책임이 있다. <개정 2014. 3. 11.>

57) 이러한 이유로 일반적으로 손해보험계약에서는 보험사고를 '보상하는 사항'이라고 부르는 반면, 인보험계약에서는 보험계약으로 정한 바에 따라 보험금을 지급하므로 '보험금 지급사유'라고 부른다.

다시 말해, 실손의료보험은 상해나 질병이 발생한 경우 이를 원인으로 하여 보장기간을 초과하는 계속 치료가 필요한 경우가 많고, 상해 또는 질병 자체 보다는 그 치료를 받는 때마다 부담하는 의료비를 담보하는 것이므로 이러한 관점에서 보더라도 실손의료보험계약은 원칙적으로 손해보험이라기 보다는 인보험으로서 따른 보험금 지급책임을 부담하는 계약으로 보는 것이 타당하다고 할 것이다.

6. 제3조(보장종목별 보상내용) 제6항

⑥ 피보험자가 직원복리후생제도에 의해 의료비를 감면받고 그 감면받은 의료비가 근로소득에 포함되는 경우에는 그 감면 전 의료비를 기준으로 입원의료비를 계산합니다.
〈개정 2015. 11. 30.〉

▎약관의 변천

위 조항은 실손의료보험의 손해보험적 성격 즉, 실손보상의 원칙 또는 이득금지의 원칙에 따라 피보험자의 직장으로부터 의료비 지원을 받아 피보험자가 실제 부담하는 입원의료비가 줄어든다면 그 감소된 금액을 기준으로 보상하는 것이 원칙이나, 지원액이 다시 피보험자의 근로소득에 포함되어 차후에 과세되면 과세 상당액 만큼 보험금을 덜 받는 결과가 초래되므로 처음부터 과세가 확실한 지원액에 대해서 보상하겠다 취지로 2009. 11. 28. 표준약관 제정 시 반영되었다.

제정 당시에는 '피보험자가(보험대상자)가 병원의 직원복리후생제도에 의하여 납부할 의료비를 감면받은 경우에는 그 감면 전 의료비를 기준으로 입원의료비를 계산합니다'라고 정하고 있었으나, 2015. 11. 30. '감면받은 의료비가 근로소득에 포함되는 경우'가 추가되었다.

쟁점의 연구

동 조문과 관련한 쟁점은 근로소득에 포함되지 않는 의료비 감면액의 보상여부이다.

보상실무에서는 약관 상 '근로소득에 포함된 감면 또는 지원액을 보상한다'는 것은 바꾸어 말하면, 실손보상의 원칙에 따라 '과세되지 않은 지원액 등'은 보장대상이 아니라고 해석하는 경우가 있는데 결론적으로 아래와 같은 점을 고려할 때 지원액 등에 대한 과세 여부로 보상 여부를 판단하는 것은 적절치 않다.

첫째, 실손의료보험의 인보험적 성격을 감안할 때 당사자간의 약정이 존재하지 않는 이상, 실손보상의 원칙 또는 이득금지의 원칙을 적용하기 어려우므로 근로소득에 포함되지 아니한 감면액 등을 보장대상에서 배제하려면 약관에 그 뜻을 명확히 규정할 필요가 있다.

둘째, 근로소득에 포함된 감면액 등만 보상하는 것으로 제한하여 해석할 경우, 근로소득자가 아닌 자가 의료비를 감면받고 근로소득세가 아닌 다른 세목으로 과세된 경우는 보상받지 못하는데, 이와 같이 세금이 부과된 소득의 종류에 따라 보상액이 달라지는 등 가입자간 형평성 문제가 발생한다.

셋째, 일반적으로 피보험자마다 근로소득금액에 따라 적용세율 등이 상이하므로 이득 금지를 위한 것이라면 정확히 계산한 세금과 감면액을 비교하여 정산하는 것이 타당하나 실무상 정확한 보상금액 계산은 거의 불가능하다.

소결

결국, 위 조항은 피보험자가 근로소득자로서 감면받은 의료비가 근로소득에 포함된 경우만 보상하고 그 외에는 보상하지 않는다는 의미라기 보다는 근로소득에 포함되어 과세된 지원액도 보장대상이라는 사실을 명확하게 하기 위하여 부언(附言)설명한 것이라고 해석하는 것이 바람직하다[58].

---

58) 이러한 약관해석상 논란을 해소하기 위해서 제4세대 실손의료보험 약관에서는 과세여부와 무관하게 지원 또는 감면 후 본인이 실제로 부담한 의료비를 보상한다는 뜻을 반영하였다(「제6편 제4세대 실손의료보험 표준약관」 제2장 참조).

참고로, 금융분쟁조정위원회에서도 병원 용역직원의 의료비 감면액이 근로소득에 포함되었는지 불분명하다는 이유로 보험금 지급을 거절한 건에 대하여 근로소득세 과세 여부로만 보상책임 유무를 판단하지 않은 사례가 있다.

 조정사례 |

> 이 건 약관에는 병원의 직원복리후생제도에 의하여 납부할 의료비를 감면받은 경우에 해당되기만 하면 감면 전 의료비를 기준으로 의료비를 계산하도록 규정되어 있는 반면, 개정 약관에는 감면받은 의료비가 근로소득에 포함되는 경우에만 그 감면 전 의료비를 기준으로 의료비를 계산하도록 지급요건을 보다 제한하고 있는데, 이 건 보험계약의 내용을 개정된 약관으로 변경하기로 당사자가 합의한 사실이 없음에도 개정 약관의 효력을 이 건 보험계약에는 적용하기 어렵다 할 것임(금융분쟁조정위원회 조정결정 제2016-22호 2016. 9. 6.)

사견으로는 과세된 감면액만을 보상한다는 뜻을 명확히 하려면 약관문언에 '그 감면받은 의료비가 근로소득에 포함되는 경우'가 아니라 '그 감면받은 의료비 전액이 과세된 경우'로 변경하여 '보상하는 사항'이 아닌 '보상하지 않는 사항'에서 규정하는 것이 바람직하다고 본다.

7. 제3조(보장종목별 보상내용) 제7항

> ⑦ 회사는 피보험자가 상해로 인하여 병원에 입원하여 본인의 장기등(「장기등 이식에 관한 법률」 제4조에 의한 "장기등"을 의미합니다)의 기능회복을 위하여 「장기등 이식에 관한 법률」 제42조 및 관련 고시에 따라 장기등의 적출 및 이식에 드는 비용(공여적합성 여부를 확인하기 위한 검사비, 뇌사장기기증자 관리료 및 이에 속하는 비용항목 포함)은 제1항 내지 제6항에 따라 보상합니다. 〈신설 2018.11.6.〉

| 약관의 변천

위 조항은 2018. 11. 6. 약관개정 시 신설되었다. 그러나, '「장기등 이식에 관한 법률」제42조 및 관련 고시에 따라 장기등의 적출 및 이식에 드는 비용'은 국민건강보험법에 따른 요양급여 인정대상으로서 실손의료보험에서는 당연히 보상되는 사항에 해당하므로 불필요한 규정으로 보인다[59].

사례 연구

외국에서 기증받은 각막의 운반비 보상여부

일반적으로 외국에서 기증받는 장기는 기증자수, 적출 후 보존 가능시간 등 제약조건이 많아 각막이 주를 이룬다. 외국에서 적출된 각막으로 국내에서 이식수술을 받는 과정은 외국에서의 적출 → 보관 → 운반 → 국내 운반 → 보관→ 이식수술 등 여러 단계를 거치게 되는데 이와 관련하여 실손의료보험에서는 외국에서 국내로 반입되기까지 발생하는 비용의 보상 여부를 두고 분쟁이 발생한다.

환자 입장에서는 각막이 어디서 제공된 것이든 국내의 요양기관으로부터 이식수술비와 함께 청구된 비용이며, 치료를 위해 불가피하게 발생한 것인 만큼 당연히 실손의료보험에서 보상받을 수 있을 것으로 기대하나, 대부분의 보험회사는 외국에서 국내에 각막을 반입하여 이식수술전까지 발생한 비용 등은 치료와 직접적인 관련이 없다는 이유 등으로 보상책임을 인정하지 않는다.

외국으로부터의 각막운반 관련비용은 보통 대행업체가 국내요양기관에 청구하고 국내요양기관은 이를 다시 환자에게 청구하게 되는, 당해 비용의 세부내역을 살펴보면 외국요양기관 등이 청구한 비용과 항공료, 통관비용, 공항창고 이용료, 대행업체의 일반관리비, 이윤 등으로 구성되어 있으며, 이중 항공료가 가장 많은 비중을 차지한다.

▌수입 관련 비용 세부내역(예시)

구분	금액(천원)	비고
인체각막	2,500	외국 요양기관 청구비용 등 + 항공료
통관 관세사 이용비용	100	
공항창고이용료 및 용달비용	100	

---

59) 보상하는 사항에 해당함을 명확히 하기 위한 것이라면 예시로 들거나 상품설명서 등 보험안내자료를 활용하여 설명하는 것이 바람직하다.

구분	금액(천원)	비고
사무실 운영 및 임대료	200	
마진	100	
부가세	300	
합계	**3,300**	

소결

각막 이식 수술은 본인의 장기 등의 기능회복에 필요한 치료이므로 외국에서 적출된 각막의 국내 반입 비용이 치료와 전혀 무관하다고 보기는 어려우므로 다음 순서에 따라 보상책임유무를 살펴볼 필요가 있다.

첫째, 운반비 등 반입비용이 실손의료보험의 보장대상에 해당하려면 우선 국민건강보험법 제41조에서 정한 요양급여 대상에 해당해야 한다. 즉, 이를 바꾸어 말하면 치료와 관련이 있어야 한다는 것으로서 만약, 상해 또는 질병의 치료와 무관한 비용이라면 처음부터 실손의료보험의 보장대상이 아니라고 할 수 있기 때문이다.

둘째, 치료와 관련된 비용으로 인정할 수 있다면 약관상 면책사유에 해당하지는 않는지 여부를 살펴본 후, 그 결과에 따라 보상여부를 결정한다.

❶ 반입비용과 치료와의 관련성

먼저 외국에서 적출된 각막의 반입비용이 국민건강보험법의 적용을 받는지 살펴볼 필요가 있는데 그 이유는 동 법의 적용을 받는다면 요양급여나 비급여 중 어느 하나에 해당할 것이고, 적용을 받지 않는다면 국민건강보험과 무관한 비용으로서 처음부터 실손의료보험의 보장대상이 아니라고 판단할 수 있기 때문이다.

국민건강보험법의 적용대상이 되려면 먼저 같은 법 제41조 제1항에서 정한 7가지 항목, 즉, 진찰·검사, 약제(藥劑)·치료재료의 지급, 처치·수술 및 그 밖의 치료, 예방·재활, 입원, 간호, 이송(移送) 유형 중 어느 하나에 해당해야 한다.

「장기등 이식에 관한 법률」 제4조에 따르면 '장기등'은 '사람의 내장이나 그밖에 손상되거나 정지된 기능을 회복하기 위하여 이식이 필요한 조직으로서 다음 각 목의 어느 하나에 해당하는 것'으로서 '가. 신장, 간장, 췌장, 심장, 폐. 나. 말 초혈, 골수, 안구 … (이하 생략)' 등을 구체적으로 열거하고 있으며, 같은 법 제42 조[60]에 따르면 장기 등의 적출 및 이식에 드는 비용은 수혜자가 부담한다고 정하는 등 이식이 가능한 때까지 소요되는 비용을 이식 수술과 밀접한 관련이 있다고 보고 있음을 알 수 있으므로, 외국에서 적출된 각막의 반입비용도 국민건강보험 법상 질병, 부상 등의 치료와 관련된 것이라고 할 수 있다.[61] 한편 동 비용에 대해서는 요양급여가 인정되지 않는다는 사실에 대해서는 다툼이 없으므로, 결국 법정비급여에 해당하는지 여부만 확인할 수 있으면 분쟁해결의 실마리를 찾을 수 있을 것이다.

🖊 **소곤소곤**

해외각막 반입비용은 치료와 무관하다고 주장과 그 반대입장의 각 논거는 다음과 같다.

① 반입비용 중 비중이 큰 항공료는 치료목적과 관련성이 적고, 병원과 환자간의 사적계약에 의한 것일 뿐이어서 실손의료보험의 보장대상이 아니다.

→ 실손의료보험은 특정 위험과의 '관련성' 유무에 따라 보상하는 상품이 아니라 '국민건강보험법의 적용을 받는 급여 또는 비급여의료비' 해당 유무로 보상여부가 결정되는 것이다. 한편, 보건복지부 고시[62]에 따른 뇌사장기기증자 관리료(요양급여)에의 경우도 뇌사판정 의료기관 이송비(인건비 포함), 장기기증상담 및 코디네이터관리비, 뇌사판정비 등 치료와 직접적인 관련이 없는 운반비 성격의 비용도 요양급여대상에 포함되는 점 등도 참고할 만하다.

② 국내에서는 각막을 장기이식법상 '장기등(안구)'로 분류하는 한편, 해외[63]에서는 장기가 아닌 '조직'으로 분류하기 때문에 보장대상인 장기이식법상 '장기 등'으로 볼 수 없다.

→ 신체의 조직을 다루는 국내법은 장기이식법외에 '인체조직안전 및 관리등에 관한

---

60) 제42조(장기등의 적출·이식 비용의 부담 등) ① 장기등의 적출 및 이식에 드는 비용은 해당 장기등을 이식받은 사람이 부담한다. 다만, 이식받은 사람이 부담하는 비용에 대하여 다른 법령에서 따로 정하는 경우에는 해당 법령에서 정하는 바에 따른다.
② 제1항에 따른 비용은 [국민건강보험법]에서 정하는 바에 따라 산출한다. 다만, [국민건강보험법]에서 규정하지 아니한 비용은 보건복지부령으로 정하는 바에 따라 산출한다.
61) 이 경우 외국에서 적출된 각막의 반입비용을 요양급여 대상 항목 중 '치료재료'로 봄이 타당하다.

법률'이 있다. 동 법의 적용대상은 뼈·연골·근막·피부·양막·인대, 심장판막·혈관 등 '장기이식법에 속하지 않는 인체조직'인데, 해외로부터 반입된 각막도 장기이식법상 '장기등(안구)'로서 장기등의 매매행위 등 금지(§7), 장기등의 적출·이식의 금지(§11), 지정의료기관에서의 이식(§25) 등의 국내의 관련 법규가 적용되므로 적출장소가 해외라는 이유만으로 장기이식법상 장기로 볼 수 없다는 주장은 설득력이 없다.

❷ 법정비급여 해당 여부

「건강보험요양급여규칙」[별표2] 비급여대상 제4호에서는 '보험급여 시책상 요양급여로 인정하기 어려운 경우 및 그 밖에 건강보험급여 원리에 부합하지 아니하는 경우'의 (타)목으로 '장기이식을 위하여 다른 의료기관에서 채취한 골수 등 장기의 운반에 소요되는 비용'을 열거하고 있으므로 외국 각막의 운반비용이 법정비급여 대상인지는 동 (타)목의 해당 여부로 판단할 수 있다.

만약, [별표2] 제4호(타)목에 해당하지 않는다면 법정비급여가 아닌 임의비급여라고 볼 수 있다. 왜냐하면 운반비용이 국민건강보험법 제41조 제1항에 따른 '질병, 부상, 출산 등'의 치료와 관련이 있다는 것은 국민건강보험법의 적용을 받는다는 것을 말하고, 치료재료의 경우 약제와 달리 건강보험급여규칙 [별표2]에서 정한 (법정)비급여외에 임의비급여 영역이 존재할 수 있기 때문이다.

결론적으로, 외국의 각막 운반비용이 법정비급여에 해당한다면 치료와 무관하다는 이유로 실손의료보험의 보장대상이 아니라고 배척할 수 없으므로 인정임의비급여 보상원칙에 따라 판단해야 한다. 즉, 동 비용이 임의비급여라면 2012. 11. 28. 개정 이후의 법정비급여만을 보상하는 약관에서는 당연히 보장대상이 아니나, 비급여 주석이 없는 개정전 약관에서는 보장대상이 될 수 있다(단, 인정임의급여 해당 여부는 요양기관이 입증해야 한다).

❸ [별표2] 제4호 (타)목에서 정한 '다른 의료기관'의 범위

「건강보험요양급여규칙」[별표2] 제4호 (타)목에서는 「장기등 이식에 관한 법

---

62) [보건복지부 고시(제2017-100호)]
63) 미국, 스페인 등은 각막을 '조직'으로 분류하는 반면, 일본, 싱가폴 등은 '장기'로 구분한다.

률」에 따른 장기이식을 위하여 다른 의료기관에서 채취한 골수 등 장기의 운반에 소요된 비용을 법정비급여 대상으로 정하고 있는데, 여기서 말하는 '다른 의료기관'에 국내법상 의료기관만을 의미한다면 '외국의 의료기관 등에서 적출된 각막의 운반비용'은 법정비급여대상이 될 수 없다고 볼 여지도 있다.

더욱이 외국에서는 의료기관 또는 전문의가 아닌 자도 일정 자격을 갖추기만 하면 각막 채취가 가능[64]한 경우도 있기 때문에 이러한 주장은 상당히 설득력이 있어 보인다.

그러나, 유사사례에서 소관부처는 해외 반입 각막의 반입비용 등도 [별표2] 4항의 (타)목에 해당한다고 판단하고 있기 때문에 결론적으로 외국의 의료기관 등에서 적출된 각막의 운반비용은 면책사유에 해당하지 않는 이상 실손의료보험의 보장대상에 포함된다고 볼 수 있다.

ⓘ 외국에서 적출된 각막의 운송비용의 법정비급여 해당 여부

Q 해외에서 민간 자격자가 적출한 각막을 국내로 반입하기 까지 발생되는 '부대비용(항공료, 보관비, 마진 등)'이 국민건강보험 요양급여 기준에 관한 규칙 별표2 비급여대상 4항(타목)에 해당하는지요?

A 귀하의 민원내용은 '수입각막 운반비 비급여 대상여부'에 관한 것으로 사료되며, 검토한 의견은 다음과 같습니다.

'장기이식법'은 국민보건의 향상을 목적으로 기증 받은 장기 등의 적출 및 이식에 필요한 사항을 규정하고 있으며, 수입각막의 경우에도 타 장기와 동일하게 이식 관련 규정*이 적용되고 있습니다.
 * 수입각막 이식도 장기이식법상 지정받은 이식의료기관만 가능 등
따라서, 수입각막이라 하더라도 '장기이식법' 제42조(장기등의 적출·이식비용의 부담 등) 및 같은 법 시행규칙 제29조(비용의 부담)에 따라 건강보험 요양급여 및 비급여의 대상이 됨을 알 수 있습니다.
'국민건강보험 요양급여의 기준에 관한 규칙' 별표2 비급여 대상 4항의 타. 장기 등 이식에 관한 법률에 따른 장기이식을 위하여 '다른 의료기관에서 채취한 골수 등 장기의 운반에 소요되는 비용'을 비급여대상으로 규정되어 있습니다.
문의하신 수입각막 부대비용이 동 규정에 해당되는지 여부에 대하여는 운반에 직·간접으

---

64) 미국의 경우 의사가 아니더라도 각막적출테크니션 자격증을 취득하면 아이뱅크(민간기관)에서 각막을 채취할 수 있다.

로 소요되는 비용이라면 '국민건강보험 요양급여의 기준에 관한 규칙' 별표2 비급여대상에 포함될 수 있음을 알려드립니다.

※ 기타문의: 장기이식법 관련 - 보건복지부 혈액장기정책과(044-202-2632), 건강보험요양급여규칙 [별표 2] 관련 - 의료보장관리과(044-202-2687)

❹ 면책사유 해당 여부

마지막으로 외국에서 반입한 각막의 운송비용이 약관상 면책사유인 '국민건강 보험법 제42조의 요양기관이 아닌 외국에 있는 의료기관에서 발생한 의료비(상해 입원특약 제4조 제12호)'에 해당하는지 여부만 살펴보면 될 것이다.

결론적으로 첫째, 외국에 있는 의료기관은 국내법을 적용받지 않기 때문에 '국 민건강보험법 제42조의 요양기관'과 외국의 의료기관을 비교·적용할 수 없을 뿐 만 아니라, 설령 '외국의 의료기관'을 '국내 의료기관과 동등하다고 인정되는 의료 시설'로 넓게 해석한다고 하더라도 일부 사례처럼 '의료기관이 아닌 자'에 의하여 각막이 적출·반입된 경우는 이에 해당하지 않는 점, 둘째, 동 면책사유는 피보험 자가 외국에서 체류 중 현지의 요양기관에서 직접 치료를 받으면서 부담한 의료 비를 보상하지 않는다는 취지의 규정으로 이러한 관점에서 외국에서 반입한 각막 의 운반비용은 외국의 각막 기증자로부터 각막을 적출, 보관하고 국내에 운송하 는데 이르는 '비용'이지 '의료비'가 아닌 점 등을 감안할 때 면책사유에 해당하지 않는다고 봄이 타당하다[65].

---

65) 참고로 만약 위와 같은 경우를 면책사유로 정하고자 했다면 예를 들어, '외국에 있는 의료기 관'이 아니라 '국민건강보험법 제42조의 요양기관에 준하거나 이와 동등하다고 인정되는 시설 또는 유사한 행위에서 발생한 비용'등으로 외국의 의료기관 및 면책대상 비용에 대한 개념을 명확히 할 필요가 있다.

심층탐구① : 장기이식 관련 비용의 보상여부

장기이식 관련 비용의 보상 여부는 피보험자가 공여(供與)자와 수혜(受惠)자 중 어디에 해당하는지에 따라 달라진다.

가. 피보험자가 공여자인 경우

실손의료보험 약관에서 말하는 보험사고는 '피보험자가 상해 또는 질병의 치료를 위하여 병원에 통원하거나 입원하는 경우'를 말하는데, 피보험자가 공여자인 경우에는 장기를 기증하기로 스스로 결정하여 시행한 것이므로 상해의 요건인 '우연성'을 충족하지 못하고, 질병 치료 목적으로 시행된 것도 아니므로 공여자의 장기 절제 등에 든 비용은 보험사고와 무관하다.

나. 피보험자가 수혜자인 경우

피보험자가 수혜자인 경우는 공여자에게서 장기를 적출하는 행위와 수혜자가 당해 장기를 이식받는 행위를 각각 별개로 분리하여 보기 어렵고[66], 공여자의 장기이식에 드는 비용은 수혜자가 부담[67]해야 하는 사정 등을 감안할 때, 장기의 절제부터 이식수술에 이르기까지 소요된 모든 비용이 보장대상에 해당한다.

❚ 장기공여 · 수혜자별 실손의료보험금 보상여부

구분		보상여부
공여자(장기기증자)가 피보험자인 경우	공여자 의료비	면책
	수혜자 의료비	
수혜자(장기 이식을 받는자)가 피보험자인 경우	공여자 의료비	보상
	수혜자 의료비	

---

66) 수혜자의 질병치료를 위해 공여자로부터 장기를 적출하는 행위는 장기를 수혜자에게 이식하는 의료행위와 불가분의 관계에 있음(의정부지방법원 2014가단102210)

67) [장기이식등에 관한 법률] 제42조(장기등의 적출·이식 비용의 부담 등) ① 장기등의 적출 및 이식에 드는 비용은 해당 장기등을 이식받은 사람이 부담한다. 다만, 이식받은 사람이 부담하는 비용에 대하여 다른 법령에서 따로 정하는 경우에는 해당 법령에서 정하는 바에 따른다.

1. 제3조(보장종목별 보상내용) 제1항

① 회사는 피보험자가 상해로 인하여 병원에 통원하여 치료를 받거나 처방조제를 받은 경우에는 통원의료비 명목으로 매년 계약해당일부터 1년을 단위로 하여 다음과 같이 외래(외래제비용, 외래수술비) 및 처방조제비를 각각 보상합니다. 〈개정 2015. 11. 30.〉

구분	보상한도
외래	방문 1회당 '「국민건강보험법」에서 정한 요양급여 또는 「의료급여법」에서 정한 의료급여 중 본인부담금'과 '비급여[주1)]'를 합한 금액(본인이 실제로 부담한 금액을 말합니다)에서 〈표1〉의 '항목별 공제금액'을 뺀 금액을 외래의 보험가입금액[주2)]의 한도 내에서 보상(매년 계약해당일부터 1년간 방문 180회를 한도로 합니다)
처방조제비	처방전 1건당 '「국민건강보험법」에서 정한 요양급여 또는 「의료급여법」에서 정한 의료급여 중 본인부담금'과 '비급여[주1)]'를 합한 금액(본인이 실제로 부담한 금액을 말합니다)에서 〈표1〉의 '항목별 공제금액'을 뺀 금액을 처방조제비의 보험가입금액[주2)]의 한도 내에서 보상(매년 계약해당일부터 1년간 처방전 180건을 한도로 합니다)

주1) 「국민건강보험법」 또는 「의료급여법」에 따라 보건복지부장관이 정한 비급여대상(「국민건강보험법」에서 정한 요양급여 또는 「의료급여법」에서 정한 의료급여 절차를 거쳤지만 급여항목이 발생하지 않은 경우로 「국민건강보험법」 또는 「의료급여법」에 따른 비급여항목 포함)

주2) 외래 및 처방조제비는 회(건)당 합산하여 30만원 이내에서 계약 시 계약자가 각각 정한 금액으로 합니다.

약관의 변천

제1세대(예시)

1. 피보험자가 상해를 입고 병원 또는 의원(한방병원, 한의원을 제외합니다) 등에 통원하여 치료를 받은 경우에는 아래의 상해통원의료비를 보상하여 드립니다.

① 통원제비용 : 진찰료, 검사료, 방사선료, 투약 및 처방료, 주사료, 이학요법료, 처치료, 재료대, 캐스트료, 지정진료비
② 통원수술비 : 수술료, 마취료, 수술재료비

2. 위 ①, ②의 상해통원의료비에는 의약분업에 따라 피보험자가 부담하는 다음의 비용을 포함합니다.

① 병원 또는 의원의 의사의 처방전에 따라 조제되는 약국의 약제비

② 위 ①에 대한 약사조제료

2009. 9. 28.

① 회사는 피보험자(보험대상자)가 상해로 인하여 병원에 통원하여 치료를 받거나 처방조제를 받은 경우에는 통원의료비로서 매년 계약해당일로부터 1년을 단위로 하여 다음과 같이 외래(외래제비용, 외래수술비) 및 처방조제비를 각각 보상하여 드립니다.

구분	보상한도
외래	방문 1회당 '국민건강보험법에서 정한 요양급여 중 본인부담금'과 '비급여' 부분의 합계액에서 〈표1 항목별 공제금액〉을 차감하고 외래의 보험가입금액^{주)}을 한도로 보상 (매년 계약해당일로부터 1년간 방문 180회 한도)
처방조제비	처방전 1건당 '「국민건강보험법」에서 정한 요양급여 중 본인부담금'과 '비급여' 부분의 합계액에서 〈표1 항목별 공제금액〉을 차감하고 처방조제비의 보험가입금액^{주)}을 한도로 보상(매년 계약해당일부터 1년간 처방전 180건을 한도로 합니다)

주) 외래 및 처방조제비는 회(건)당 합산하여 30만원을 최고한도로 계약자가 정하는 금액으로 합니다.

2010. 3. 29.

① 회사는 피보험자(보험대상자)가 상해로 인하여 병원에 통원하여 치료를 받거나 처방조제를 받은 경우에는 통원의료비로서 매년 계약해당일로부터 1년을 단위로 하여 다음과 같이 외래(외래제비용, 외래수술비) 및 처방조제비를 각각 보상하여 드립니다.

구분	보상한도
외래	방문 1회당 '국민건강보험법에서 정한 요양급여 또는 의료급여법에서 정한 의료급여 중 본인부담금'과 '비급여' 부분의 합계액에서 〈표1 항목별 공제금액〉을 차감하고 외래의 보험가입금액^{주)}을 한도로 보상(매년 계약해당일로부터 1년간 방문 180회 한도)
처방조제비	처방전 1건당 '국민건강보험법에서 정한 요양급여 또는 의료급여법에서 정한 의료급여 중 본인부담금'과 '비급여' 부분의 합계액에서 〈표1 항목별 공제금액〉을 차감하고 처방조제비의 보험가입금액^{주)}을 한도로 보상(매년 계약해당일부터 1년간 처방전 180건을 한도로 합니다)

주) 외래 및 처방조제비는 회(건)당 합산하여 30만원을 최고한도로 계약자가 정하는 금액으로 합니다.

2012. 12. 28.	2014. 2. 11
① 회사는 피보험자(보험대상자)가 상해로 인하여 병원에 통원하여 치료를 받거나 처방조제를 받은 경우에는 통원의료비로서 매년 계약해당일로부터 1년을 단위로 하여 다음과 같이 외래(외래제비용, 외래수술비) 및 처방조제비를 각각 보상하여 드립니다.	① 회사는 피보험자가 상해로 인하여 병원에 통원하여 치료를 받거나 처방조제를 받은 경우에는 통원의료비로서 매년 계약해당일로부터 1년을 단위로 하여 다음과 같이 외래(외래제비용, 외래수술비) 및 처방조제비를 각각 보상합니다.

구분	보상한도
외래	방문 1회당 '국민건강보험법에서 정한 요양급여 또는 의료급여법에서 정한 의료급여 중 본인부담금'과 '비급여주1) 부분의 합계액(본인이 실제로 부담한 금액)에서 〈표1 항목별 공제금액〉을 차감하고 외래의 보험가입금액주2)을 한도로 보상(매년 계약해당일로부터 1년간 방문 180회 한도)
처방 조제비	처방전 1건당 '국민건강보험법에서 정한 요양급여 또는 의료급여법에서 정한 의료급여 중 본인부담금'과 '비급여주1), 부분의 합계액(본인이 실제로 부담한 금액)에서 〈표1 항목별 공제금액〉을 차감하고 처방조제비의 보험가입금액주2)을 한도로 보상(매년 계약해당일부터 1년간 처방전 180건을 한도로 합니다)

주1) 국민건강보험 또는 의료급여법에 따라 보건복지부 장관이 정한 비급여대상

주2) 외래 및 처방조제비는 회(건)당 합산하여 30만원을 최고한도로 계약자가 정하는 금액으로 합니다.

구분	보상한도
외래	방문 1회당 '국민건강보험법에서 정한 요양급여 또는 의료급여법에서 정한 의료급여 중 본인부담금'과 '비급여주1), 부분의 합계액(본인이 실제로 부담한 금액)에서 〈표1 항목별 공제금액〉을 차감하고 외래의 보험가입금액주2)을 한도로 보상(매년 계약해당일로부터 1년간 방문 180회 한도)
처방 조제비	처방전 1건당 '국민건강보험법에서 정한 요양급여 또는 의료급여법에서 정한 의료급여 중 본인부담금'과 '비급여주1), 부분의 합계액(본인이 실제로 부담한 금액)에서 〈표1 항목별 공제금액〉을 차감하고 처방조제비의 보험가입금액주2)을 한도로 보상(매년 계약해당일부터 1년간 처방전 180건을 한도로 합니다)

주1) 국민건강보험 또는 의료급여법에 따라 보건복지부 장관이 정한 비급여대상(국민건강보험법에서 정한 요양급여 또는 의료급여법에서 정한 의료급여 절차를 거쳤지만 급여항목이 발생하지 않은 경우로 국민건강보험 또는 의료급여법에 따른 비급여항목 포함)

주2) 외래 및 처방조제비는 회(건)당 합산하여 30만원을 최고한도로 계약자가 정하는 금액으로 합니다.

용어의 정의

제1세대(예시)	2009. 9. 28.	2014. 2. 11
① 통원제비용 : 진찰료, 검사료, 방사선료, 투약 및 처방료, 주사료, 이학요법료, 처치료, 재료대, 캐스트료, 지정진료비 ② 통원수술비 : 수술료, 마취료, 수술재료비 2. 위 ①, ②의 상해통원의료비에는 의약분업에 따라 피보험자가 부담하는 다음의 비용을 포함합니다. ① 병원 또는 의원의 의사의 처방전에 따라 조제되는 약국의 약제비 ② 위 ①에 대한 약사조제료	통원의료비 : 외래제비용, 외래수술비, 처방조제비로 구성됨 외래제비용 : 통원치료 중 발생한 진찰료, 검사료, 방사선료, 투약 및 처방료, 주사료, 이학요법(물리치료, 재활치료)료, 정신요법료, 처치료, 재료대, 캐스트료, 지정진료비 등을 말함 외래수술비 : 통원치료 중 발생한 수술료, 마취료, 수술재료비 등을 말함 처방조제비 : 병원 의사의 처방전에 따라 조제되는 약국의 처방조제비 및 약사의 직접조제비를 말함	통원의료비 : 외래제비용, 외래수술비, 처방조제비로 구성됨 외래제비용 : 통원치료 중 발생한 진찰료, 검사료, 방사선료, 투약 및 처방료, 주사료, 이학요법(물리치료, 재활치료)료, 정신요법료, 처치료, 재료대, <u>석고붕대(cast)</u>, 지정진료비 등을 말함 외래수술비 : 통원치료 중 발생한 수술료, 마취료, 수술재료비 등을 말함 처방조제비 : 병원 의사의 처방전에 따라 조제되는 약국의 처방조제비 및 약사의 직접조제비를 말함

　　제1세대 실손의료보험 약관에서는 '상해통원의료비'를 '통원제비용'과 '통원수술비'로 구분하는 한편, 약제 관련 비용은 '약제비'와 '약사조제료'로 구분하여 '통원제비용'에 포함시켰으나, 2009. 9. 28. 표준약관을 제정하면서 '외래(외래제비용, 외래수술비)'와 '처방조제비'로 다시 구분하여 약제 관련 비용은 이 중 '처방조제비'에 포함하였다.

　　한편, 보장대상 비급여는 2012. 11. 28. 국민건강보험법에서 정한 법정비급여임을 주석으로 명기하였고, 본인부담금 없이 비급여만 발생하는 경우도 보장대상임을 명확히 하기 위해 2014. 2. 11. <주석1>에 괄호부분이 추가되었다.

　　또한, 의료비 감면액 등의 보상여부와 관련한 논란이 지속되자 실손보상 원칙 및 이득금지의 원칙에 따라 피보험자 본인의 재산을 재원(財源)으로 지출한 비용만을 보상한다는 뜻을 명확히 하기 위하여 2012. 12. 28. 약관 개정 시 요양급여 중 본인부담금과 비급여 부분의 합계액에 대한 설명을 위해 괄호부분이 추가되었다.

쟁점의 연구

가. 상해, 병원, 치료

> ① 회사는 **피보험자가 상해로 인하여 병원에 통원하여 치료를 받거나** 처방조제를 받은 경우
> 에는 통원의료비 명목으로 매년 계약해당일부터 1년을 단위로 하여 다음과 같이 외래(외
> 래제비용, 외래수술비) 및 처방조제비를 각각 보상합니다. 〈개정 2015. 11. 30.〉

「PART 04 표준약관 축조해설(Ⅰ)」(보상하는 사항) 제2장(상해입원형) 제3조 제1항을 참조하기 바란다.

나. 외래(외래제비용, 외래수술비)

> ① 회사는 피보험자가 상해로 인하여 병원에 통원하여 치료를 받거나 처방조제를 받은 경우
> 에는 통원의료비 명목으로 매년 계약해당일부터 1년을 단위로 하여 다음과 같이 **외래(외
> 래제비용, 외래수술비)** 및 처방조제비를 각각 보상합니다. 〈개정 2015. 11. 30.〉

약관에서는 '외래'를 '외래제비용'과 '외래수술비'로 나누고 이 중 '외래제비용'은 '통원 중 발생한 진찰료, 검사료, 방사선료, 투약 및 처방료, 주사료, 이학요법(물리치료, 재활치료)료, 정신요법료, 처치료, 치료재료, 석고붕대료(cast), 지정진료비 등', 외래수술비는 '통원치료 중 발생한 수술료, 마취료, 수술재료비 등'으로 각각 정의하고 있다.

한편, 처치 및 수술 시 요양급여가 인정되는 '약제 및 치료재료대'는 소정점수에 포함되므로 일부 약제 및 치료재료[68]이외에는 별도로 산정하여 청구하지 않는 것이 원칙이다.

---

68) [약제 및 치료재료의 비용에 대한 결정기준]

다. 처방조제비

> ① 회사는 피보험자가 상해로 인하여 병원에 통원하여 치료를 받거나 처방조제를 받은 경우
> 에는 통원의료비 명목으로 매년 계약해당일부터 1년을 단위로 하여 다음과 같이 외래(외
> 래제비용, 외래수술비) 및 **처방조제비**를 각각 보상합니다. 〈개정 2015. 11. 30.〉

약관의 '용어의 정의'에서는 처방조제비를 '의사 및 약사가 피보험자의 질병 또는 상해로 치료가 필요하다고 인정하는 경우로서 통원으로 인하여 발행된 의사의 처방전으로 약국의 약사가 조제하는 것을 말하며, 「국민건강보험법」 제42조 제1항 제3호에 따른 한국희귀의약품센터에서의 처방조제 및 의약분업 예외지역에서의 약사의 직접조제를 포함한다'고 규정하고 있다.

❶ 조제

약사법 제23조에 따르면 예외적인 경우[69](제4항)를 제외하고는 약사 및 한약

---

69) 제23조 ④ 제1항에도 불구하고 의사 또는 치과의사는 다음 각 호의 어느 하나에 해당하는 경
우에는 자신이 직접 조제할 수 있다. <개정 2007. 12. 21., 2008. 2. 29., 2009. 11. 2., 2009.
12. 29., 2010. 1. 18., 2011. 3. 30., 2012. 2. 1., 2015. 7. 24., 2016. 5. 29., 2018. 3. 27.,
2021. 1. 5.>
  1. 약국이 없는 지역에서 조제하는 경우
  2. 재해가 발생하여 사실상 약국이 없게 되어 재해 구호를 위하여 조제하는 경우
  3. 응급환자 및 조현병(調絃病) 또는 조울증 등으로 자신 또는 타인을 해칠 우려가 있는 정
     신질환자에 대하여 조제하는 경우
  4. 입원환자, [감염병의 예방 및 관리에 관한 법률] 제2조 제13호에 따른 감염병환자 중 콜
     레라·장티푸스·파라티푸스·세균성이질·장출혈성대장균감염증·A형간염환자 및 [사회
     복지사업법]에 따른 사회복지시설에 입소한 자에 대하여 조제하는 경우(사회복지시설에
     서 숙식을 하지 아니하는 자인 경우에는 해당 시설을 이용하는 동안에 조제하는 경우만
     해당한다)
  5. 주사제를 주사하는 경우
  6. 감염병 예방접종약·진단용 의약품 등 보건복지부령으로 정하는 의약품을 투여하는 경우
  7. [지역보건법]에 따른 보건소 및 보건지소의 의사·치과의사가 그 업무(보건소와 보건복
     지부장관이 지정하는 보건지소의 지역 주민에 대한 외래 진료 업무는 제외한다)로서 환
     자에 대하여 조제하는 경우
  8. [국가유공자 등 예우 및 지원에 관한 법령]에 따른 상이등급 1급부터 3급까지에 해당하
     는 자, [5·18민주유공자예우 및 단체설립에 관한 법률]에 따른 5·18민주화운동부상자
     중 장해등급 1급부터 4급까지에 해당하는 자, [고엽제 후유의증 환자 지원 등에 관한 법
     령]에 따른 고도장애인, 장애인복지 관련 법령에 따른 1급·2급 장애인 및 이에 준하는

사가 아니면 의약품을 조제할 수 없으며(제1항)[70], 의사 또는 치과의사는 전문의약품과 일반의약품을 처방할 수 있고, 약사는 의사 또는 치과의사의 처방전에 따라 전문의약품과 일반의약품을 조제하여야 한다.

단, 의료기관이 없는 지역, 재해 발생지역에서 의료기관이 사실상 없게 되어 재해구호를 위한 경우 등은 처방전 없이 조제할 수 있다(제3항)[71]

❷ 처방

의료법 제17조의2(처방전) 제1항에 따르면 의료법에 종사하고 직접 진찰한 의사, 치과의사 또는 한의사가 아니면 처방전을 작성하여 환자에게 교부하거나 발송하지 못하며, 의사, 치과의사 또는 한의사에게 직접 진찰을 받은 환자가 아닌 이상 예외적인 경우[72]가 아니면 누구든지 그 의사, 치과의사 또는 한의사가 작성

장애인, 파킨슨병 환자 또는 한센병 환자에 대하여 조제하는 경우

9. 장기이식을 받은 자에 대하여 이에 관련된 치료를 하거나 후천성 면역결핍증 환자에 대하여 해당 질병을 치료하기 위하여 조제하는 경우

10. 병역의무를 수행 중인 군인·의무경찰과 [형의 집행 및 수용자의 처우에 관한 법률] 및 [군에서의 형의 집행 및 군수용자의 처우에 관한 법률]에 따른 교정시설, [보호소년 등의 처우에 관한 법률]에 따른 보호소년 수용시설 및 [출입국관리법]에 따른 외국인 보호시설에 수용 중인 자에 대하여 조제하는 경우

11. [결핵예방법]에 따라 결핵치료제를 투여하는 경우(보건소·보건지소 및 대한결핵협회 부속의원만 해당한다)

12. 사회봉사 활동을 위하여 조제하는 경우

13. 국가안전보장에 관련된 정보 및 보안을 위하여 처방전을 공개할 수 없는 경우

14. 그 밖에 대통령령으로 정하는 경우

70) 제23조(의약품 조제) ① 약사 및 한약사가 아니면 의약품을 조제할 수 없으며, 약사 및 한약사는 각각 면허 범위에서 의약품을 조제하여야 한다. 다만, 약학을 전공하는 대학의 학생은 보건복지부령으로 정하는 범위에서 의약품을 조제할 수 있다. <개정 2008. 2. 29., 2010. 1. 18.>

71) 제23조 ③ 의사 또는 치과의사는 전문의약품과 일반의약품을 처방할 수 있고, 약사는 의사 또는 치과의사의 처방전에 따라 전문의약품과 일반의약품을 조제하여야 한다. 다만, 다음 각 호의 어느 하나에 해당하면 의사 또는 치과의사의 처방전 없이 조제할 수 있다.
<개정 2008. 2. 29., 2009. 12. 29., 2010. 1. 18., 2020. 8. 11.>

1. 의료기관이 없는 지역에서 조제하는 경우

2. 재해가 발생하여 사실상 의료기관이 없게 되어 재해 구호를 위하여 조제하는 경우

3. 감염병이 집단으로 발생하거나 발생할 우려가 있다고 보건복지부장관 또는 질병관리청장이 인정하여 경구용(經口用) 감염병 예방접종약을 판매하는 경우

4. 사회봉사 활동을 위하여 조제하는 경우

72) 제17조의2(처방전) ① 의료업에 종사하고 직접 진찰한 의사, 치과의사 또는 한의사가 아니면

한 처방전을 수령하지 못한다.

❸ 한국희귀의약품센터의 처방조제

한국희귀의약품센터[73]는 약사법 제91조[74]에 의해 설립된 기관으로 희귀의약품[75], 국가필수의약품[76], 그 밖에 국민건강보상 등의 목적으로 인정된 의약품에 관한 정보제공 및 공급 등의 업무를 수행하며, 이때 공급에는 조제 및 투약 업무를 포함한다[77].

처방전[의사나 치과의사가 「전자서명법」에 따른 전자서명이 기재된 전자문서 형태로 작성한 처방전(이하 "전자처방전"이라 한다)을 포함한다. 이하 같다]을 작성하여 환자에게 교부하거나 발송(전자처방전에 한정한다. 이하 이 조에서 같다)하지 못하며, 의사, 치과의사 또는 한의사에게 직접 진찰을 받은 환자가 아니면 누구든지 그 의사, 치과의사 또는 한의사가 작성한 처방전을 수령하지 못한다.

② 제1항에도 불구하고 의사, 치과의사 또는 한의사는 다음 각 호의 어느 하나에 해당하는 경우로서 해당 환자 및 의약품에 대한 안전성을 인정하는 경우에는 환자의 직계존속·비속, 배우자 및 배우자의 직계존속, 형제자매 또는 [노인복지법] 제34조에 따른 노인의료복지시설에서 근무하는 사람 등 대통령령으로 정하는 사람(이하 이 조에서 "대리수령자"라 한다)에게 처방전을 교부하거나 발송할 수 있으며 대리수령자는 환자를 대리하여 그 처방전을 수령할 수 있다.

  1. 환자의 의식이 없는 경우

  2. 환자의 거동이 현저히 곤란하고 동일한 상병(傷病)에 대하여 장기간 동일한 처방이 이루어지는 경우

73) 공식 명칭은 [한국희귀·필수의약품센터]이다.

74) 제91조(한국희귀·필수의약품센터의 설립) ① 다음 각 호의 의약품에 대한 각종 정보 제공 및 공급(조제 및 투약 업무를 포함한다. 이하 같다) 등에 관한 업무를 하기 위하여 한국희귀·필수의약품센터(이하 "센터"라 한다)를 둔다. <개정 2016. 12. 2., 2018. 12. 11.>

  1. 희귀의약품

  2. 국가필수의약품

  3. 그 밖에 국민 보건상 긴급하게 도입할 필요가 있거나 안정적 공급 지원이 필요한 의약품으로서 식품의약품안전처장이 필요하다고 인정하는 의약품

75) 제4조 제18호 "희귀의약품"이란 제4호에 따른 의약품 중 다음 각 목의 어느 하나에 해당하는 의약품으로서 식품의약품안전처장의 지정을 받은 의약품을 말한다.

  가. [희귀질환관리법] 제2조 제1호에 따른 희귀질환을 진단하거나 치료하기 위한 목적으로 사용되는 의약품

  나. 적용 대상이 드문 의약품으로서 대체 가능한 의약품이 없거나 대체 가능한 의약품보다 현저히 안전성 또는 유효성이 개선된 의약품

76) 제4조 제19호 "국가필수의약품"이란 질병 관리, 방사능 방재 등 보건의료상 필수적이나 시장 기능만으로는 안정적 공급이 어려운 의약품으로서 보건복지부장관과 식품의약품안전처장이 관계 중앙행정기관의 장과 협의하여 지정하는 의약품을 말한다.

77) 제92조(센터의 사업) ① 센터는 다음 각 호의 사업을 한다. <개정 2013. 3. 23., 2016. 12. 2.,

❹ 약사 또는 의사 등의 의약품 직접조제

약사법 제23조 제1항에 따르면 의약품의 처방과 조제는 의사 등과 약사 간 분업(分業)을 원칙[78]으로 하고, 약사가 처방전 없이 약제를 직접 조제할 수 있는 경우(제23조 제3항)나 의사 또는 치과의사 등이 약제를 조제할 수 있는 경우(제23조 제4항) 등 예외사항을 함께 규정하고 있다[79].

▌의약분업의 예외사항

약사의 의약품 직접조제(제23조 제3항)	의사, 치과의사의 의약품 직접조제 (제23조 제4항)
1. 의료기관이 없는 지역에서 조제하는 경우	1. 약국이 없는 지역에서 조제하는 경우
2. 재해가 발생하여 사실상 의료기관이 없게 되어 재해 구호를 위하여 조제하는 경우	2. 재해가 발생하여 사실상 약국이 없게 되어 재해 구호를 위하여 조제하는 경우
3. 감염병이 집단으로 발생하거나 발생할 우려가 있다고 보건복지부장관이 인정하여 경구용(經口用) 감염병 예방접종약을 판매하는 경우	3. 응급환자 및 조현병(調絃病) 또는 조울증 등으로 자신 또는 타인을 해칠 우려가 있는 정신질환자에 대하여 조제하는 경우
4. 사회봉사 활동을 위하여 조제하는 경우	4. 입원환자, 「감염병의 예방 및 관리에 관한 법

2018. 12. 11.>
1. 제91조 제1항 각 호에 따른 의약품과 관련한 각종 정보 수집 및 전산망 구축과 관련된 사업
2. 제91조 제1항 각 호에 따른 의약품의 공급 및 비축 사업. 이 경우 센터의 장은 센터에 조제실을 설치하고, 센터 직원 중 약사를 지정하여 사업을 담당하게 하여야 한다.
2의2. 제31조 제3항 제4호에 따라 제91조 제1항 각 호에 따른 의약품을 위탁제조하여 판매하는 사업
3. 국가필수의약품의 안정공급기반 구축과 연구ㆍ개발 지원 및 안전사용 지원 등과 관련된 사업
4. 그 밖에 식품의약품안전처장이 인정하는 제91조 제1항 각 호에 따른 의약품과 관련된 사업
② 식품의약품안전처장은 센터가 제1항의 사업을 하는 경우 재정 지원 등을 할 수 있다.
<개정 2013. 3. 23.>
78) 제23조(의약품 조제) ① 약사 및 한약사가 아니면 의약품을 조제할 수 없으며, 약사 및 한약사는 각각 면허 범위에서 의약품을 조제하여야 한다. 다만, 약학을 전공하는 대학의 학생은 보건복지부령으로 정하는 범위에서 의약품을 조제할 수 있다. <개정 2008. 2. 29., 2010. 1. 18.>
79) 제23조(의약품 조제) ③ 의사 또는 치과의사는 전문의약품과 일반의약품을 처방할 수 있고, 약사는 의사 또는 치과의사의 처방전에 따라 전문의약품과 일반의약품을 조제하여야 한다. 다만, 다음 각 호의 어느 하나에 해당하면 의사 또는 치과의사의 처방전 없이 조제할 수 있다. <개정 2008. 2. 29., 2009. 12. 29., 2010. 1. 18.>
④ 제1항에도 불구하고 의사 또는 치과의사는 다음 각 호의 어느 하나에 해당하는 경우에는 자신이 직접 조제할 수 있다.

률」제2조 제13호에 따른 감염병환자 중 콜
레라 · 장티푸스 · 파라티푸스 · 세균성이질 ·
장출혈성대장균감염증 · A형간염환자 및 「사
회복지사업법」에 따른 사회복지시설에 입소
한 자에 대하여 조제하는 경우(사회복지시설
에서 숙식을 하지 아니하는 자인 경우에는 해
당 시설을 이용하는 동안에 조제하는 경우만
해당한다)

5. 주사제를 주사하는 경우

6. 감염병 예방접종약 · 진단용 의약품 등 보건복
지부령으로 정하는 의약품을 투여하는 경우

7. 「지역보건법」에 따른 보건소 및 보건지소의
의사 · 치과의사가 그 업무(보건소와 보건복
지부장관이 지정하는 보건지소의 지역 주민
에 대한 외래 진료 업무는 제외한다)로서
환자에 대하여 조제하는 경우

8. 국가유공자 등 예우 및 지원에 관한 법령에
따른 상이등급 1급부터 3급까지에 해당하는
자, 「5 · 18민주유공자예우에 관한 법률」에
따른 5 · 18민주화운동부상자 중 장해등급
1급부터 4급까지에 해당하는 자, 고엽제 후
유의증 환자 지원 등에 관한 법령에 따른 고
도장애인, 장애인복지 관련 법령에 따른 1급 ·
2급 장애인 및 이에 준하는 장애인, 파킨슨
병 환자 또는 한센병 환자에 대하여 조제하
는 경우

9. 장기이식을 받은 자에 대하여 이에 관련된
치료를 하거나 후천성 면역결핍증 환자에
대하여 해당 질병을 치료하기 위하여 조제
하는 경우

10. 병역의무를 수행 중인 군인 · 의무경찰과
「형의 집행 및 수용자의 처우에 관한 법
률」 및 「군에서의 형의 집행 및 군수용자
의 처우에 관한 법률」에 따른 교정시설,
「보호소년 등의 처우에 관한 법률」에 따
른 보호소년 수용시설 및 「출입국관리법」
에 따른 외국인 보호시설에 수용 중인 자
에 대하여 조제하는 경우

11. 「결핵예방법」에 따라 결핵치료제를 투여

하는 경우(보건소 · 보건지소 및 대한결핵
협회 부속의원만 해당한다)
12. 사회봉사 활동을 위하여 조제하는 경우
13. 국가안전보장에 관련된 정보 및 보안을 위
하여 처방전을 공개할 수 없는 경우
14. 그 밖에 대통령령으로 정하는 경우

소결

실손의료보험 약관상 '처방조제'는 '의사의 처방전으로 약국의 약사가 조제할 것'을 전제조건으로 하고 있으므로 법령에 따른 불가피한 사유 등으로 의사가 약제를 직접 조제하는 경우는 원칙적으로 보장대상이 아니며, 아울러 '처방조제비'도 '병원 의사의 처방전에 따라 조제되는 약국의 처방조제비 및 약사의 직접조제비'로 정의하고 있고, 여기서 '약사의 직접조제비'는 '의사의 처방전 없이 조제하는 경우'를 의미하므로 '의사가 직접 조제한 약제비'도 원칙적으로 보장대상이 아니라 할 것이다.

다만, '불가피한 사유 등으로 법령에 따라 의사가 약제를 직접 조제하는 경우'나, '의약분업이 곤란한 지역에서 의사 처방전 없이 약사가 직접 조제하는 경우' 등 예외사항에 대해서도 특별한 사정이 없는 한 현실적으로 면책하기 어려울 것이므로 보상실무와 약관의 정합성 제고 차원에서라도 약관을 정비할 필요가 있다고 본다.

🍎 참고판례 ▌

원고가 구입한 보습제들은 모두 약사법이 정한 의약품에 해당하지 않는 사실을 인정할 수 있으므로 처방전 발행대상이 아니고, 달리 보습제에 관한 처방전이 발행되었다고 볼 증거가 없다. 또한 원고 주장에 따르더라도 원고는 약국에서 약사에게 의뢰하여 보습제를 제조한 것이 아니라 기성품을 용기 자체로 구입한 것이므로, 어느 모로 보나 보습제 구입비용은 이 사건 보험약관이 정한 처방조제비에 해당한다고 볼 수 없다(대법원 판결선고 2019. 8. 30. 2018다251622 치료비지급청구, 원심판결 서울중앙지방법원 2018. 6. 8. 선고 2017나13907 판결).

라. 항목별 공제금액

|〈표1〉 통원항목별 공제금액

구분		항목	공제금액
표준형	외래 (외래제비용 및 외래수술비 합계)	「의료법」 제3조 제2항 제1호에 따른 의원, 치과의원, 한의원, 같은 항 제2호에 따른 조산원, 「지역보건법」 제10조, 제12조 및 제13조에 따른 보건소, 보건의료원 및 보건지소, 「농어촌 등 보건의료를 위한 특별조치법」 제15조에 따른 보건진료소	1만원과 보장대상 의료비의 20% 중 큰 금액
		「의료법」 제3조 제2항 제3호에 따른 종합병원, 병원, 치과병원, 한방병원, 요양병원	1만 5천원과 보장대상 의료비의 20% 중 큰 금액
		「국민건강보험법」 제42조 제2항에 따른 종합전문요양기관 또는 「의료법」 제3조의4에 따른 상급종합병원	2만원과 보장대상 의료비의 20% 중 큰 금액
	처방 조제비	「국민건강보험법」 제42조 제1항 제2호에 따른 약국, 같은 항 제3호에 따른 한국희귀의약품센터에서의 처방, 조제(의사의 처방전 1건당, 의약분업 예외지역에서 약사의 직접조제 1건당)	8천원과 보장대상 의료비의 20% 중 큰 금액

| 약관의 변천

제1세대 실손의료보험에서는 통원항목별 공제금액은 모든 요양기관에 대해 동일한 공제금액(예, 5천원)을 적용하였으나, 표준약관을 제정하면서 '외래(외래제비용 및 외래수술비)'는 요양기관별 공제방식으로 변경(의원 등 1만원 ~ 종합전문요양기관 2만원)되었으며, 2015. 11. 30. 실손의료보험을 표준형(지급률 80%)과 선택형(지급률 90%)으로 이원화하면서 현행과 같은 방식으로 자리잡게 되었다.

제1세대(예시)	2009. 9. 28.		
5천원 →	외래(외래제비용 및 외래수술비)합계	의원, 치과의원, 한의원, 조산원, 보건소, 보건의료원, 보건지소, 보건진료소	1만원
		종합병원, 병원, 치과병원, 한방병원, 요양병원	1.5만원
		종합전문요양기관	2만원
	처방조제비	약국, 한국희귀의약품센터	8천원

2010. 3. 29			2015. 11. 30.(표준형)		
→ 외래(외래제비용 및 외래수술비)합계	의원, 치과의원, 한의원, 조산원, 보건소, 보건의료원, 보건지소, 보건진료소	1만원	→ 외래(외래제비용 및 외래수술비)합계	의원, 치과의원, 한의원, 조산원, 보건소, 보건의료원, 보건지소, 보건진료소	max(1만원, 보장대상 의료비의 20%)
	종합병원, 병원, 치과병원, 한방병원, 요양병원	1.5만원		종합병원, 병원, 치과병원, 한방병원, 요양병원	max(1.5만원, 보장대상 의료비의 20%)
	종합전문요양기관, 상급종합병원	2만원		종합전문요양기관, 상급종합병원	max(2만원, 보장대상 의료비의 20%)
처방조제비	약국, 한국희귀의약품센터	8천원	처방조제비	약국, 한국희귀의약품센터	max(8천원, 보장대상 의료비의 20%)

마. 방문1회당 및 처방전 1건당

① 회사는 피보험자가 상해로 인하여 병원에 통원하여 치료를 받거나 처방조제를 받은 경우에는 통원의료비 명목으로 매년 계약해당일부터 1년을 단위로 하여 다음과 같이 외래(외래제비용, 외래수술비) 및 처방조제비를 각각 보상합니다. 〈개정 2015. 11. 30.〉

구분	보상한도
외래	**방문 1회당** '「국민건강보험법」에서 정한 요양급여 또는 「의료급여법」에서 정한 의료급여 중 본인부담금'과 '비급여[주1)]'를 합한 금액(본인이 실제로 부담한

구분	보상한도
	금액을 말합니다)에서 〈표1〉의 '항목별 공제금액'을 뺀 금액을 외래의 보험가입금액^{주2)}의 한도 내에서 보상(매년 계약해당일부터 1년간 방문 180회를 한도로 합니다)
처방 조제비	**처방전 1건당** '「국민건강보험법」에서 정한 요양급여 또는 「의료급여법」에서 정한 의료급여 중 본인부담금'과 '비급여^{주1)}'를 합한 금액(본인이 실제로 부담한 금액을 말합니다)에서 〈표1〉의 '항목별 공제금액'을 뺀 금액을 처방조제비의 보험가입금액^{주2)}의 한도 내에서 보상(매년 계약해당일부터 1년간 처방전 180건을 한도로 합니다)

통원치료의 경우, 일반적으로 외래 진료와 처방조제가 동시에 이루어지므로 외래와 처방조제별로 공제금액을 각각 적용해야 한다는 데에는 다툼이 없으나, 같은 날 동일한 요양기관 내의 수개의 다른 진료과를 방문하거나, 같은 날 수개의 요양기관을 방문한 경우, 항목별 공제금액을 진료과 또는 요양기관별로 적용할 것인지 아니면 방문한 요양기관 또는 진료과의 수와 관계없이 일괄적으로 1회만 적용할 것인지 논란이 될 수 있다.

❶ '방문 1회당'의 의미

약관에서는 방문대상 요양기관을 '병원'으로 규정하고 있다. 또한 약관의 <용어의 정의>에서는 '병원'을 '국민건강보험법 제42조(요양기관)에서 정하는 국내의 병원 또는 의원(조산원 제외)'으로 정하고 있으므로 결국 방문하는 진료기관의 최소단위는 '의료기관' 즉, '병원급 의료기관'과 '의원급 의료기관'을 의미하는 것으로 볼 수 있다.

따라서 병원급 의료기관인 종합병원 내에 설치된 수개의 진료과⁸⁰⁾를 각각 방

---

80) [의료법] 제3조의3(종합병원) ① 종합병원은 다음 각 호의 요건을 갖추어야 한다. <개정 2011. 8. 4.>

1. 100개 이상의 병상을 갖출 것
2. 100병상 이상 300병상 이하인 경우에는 내과·외과·소아청소년과·산부인과 중 3개 진료과목, 영상의학과, 마취통증의학과와 진단검사의학과 또는 병리과를 포함한 7개 이상의 진료과목을 갖추고 각 진료과목마다 전속하는 전문의를 둘 것

문하더라도 '하나의 병원'에 방문한 것으로 간주된다.

❷ 처방전 1건당

처방전의 경우 의료기관의 구분기준과 달리 방문한 수개의 진료과별 의사마다 처방전을 발급해 줄 수 있고, 약관에서도 처방전의 수에 대해 달리 제한하고 있지 않으므로 발급받은 처방전별로 보상한도 및 공제액을 적용하는 것이 옳다.

사례연구

제1세대 실손의료보험 약관에서는 '1질병당 통원 1일당 공제금액을 공제한 금액' 또는 '질병으로 통원한 경우 통원 1일당' 등 다양하게 규정하고 있어 해당 약관조문에 따라 보상 여부가 달라질 수 있다.

(i) 1질병당

'1질병당'으로 규정한 경우는 방문한 병원이나 처방전의 수가 아닌 원인이 같은 질병을 기준으로 보상한다는 의미이므로 같은 날 원인이 서로 다른 수 개의 질병 치료를 받은 경우에는 각 질병마다 보상한도와 공제 규정이 적용된다.

 분쟁사례 ▮

[분쟁 경위]
A씨는 같은 날 이비인후과와 안과 진료를 받고 각각 치료비 10만원, 3만 5천원을 각각 납부하였다. 이후 공제금액(5천원)과 1일 보상한도(10만원)를 방문한 병원별로 적용하여 산출된 비용(12만 5천원)*을 보험회사에 청구하였다. 이에 대하여 보험회사는 당일 발생한 의료비 전액 비용(13만 5천원)에서 5천원을 공제하면 13만원이 산출되므로 보상한도 금액인 10만원을 지급했다.

* 이비인후과 9만 5천원(10만원−5천원) + 안과 30,300원(3만 5천원−5천원) = 12만 5천원

[판단]
당해 약관'에는 통원 1일당 피보험자가 부담하는 비용에서 자기부담금을 공제하며, 공제금

---

3. 300병상을 초과하는 경우에는 내과, 외과, 소아청소년과, 산부인과, 영상의학과, 마취통증의학과, 진단검사의학과 또는 병리과, 정신건강의학과 및 치과를 포함한 9개 이상의 진료과목을 갖추고 각 진료과목마다 전속하는 전문의를 둘 것

액의 적용은 '1일당'으로 정하고 있어서 방문한 병원이나 질병의 수와 무관하게 일괄 합산하여 보상한도와 공제액을 적용하는 것이 타당하다.

> * 회사는 통원 1일당 제1항, 제2항의 비용 중 국민건강보험법에 의하여 피보험자가 부담하는 비용(국민건강보험법에서 정한 요양급여 중 본인부담금과 비급여 부분을 말합니다)에 대하여 보험증권(보험가입증서)에 기재된 자기부담금을 공제한 금액에 대하여 100%를 곱한 금액을 보험증권에 기재된 이 특별약관의 보험가입금액을 한도로 보상해 드립니다. 위 공제금액의 적용은 1일당입니다.

❸ 통원 1일당

반면, '질병으로 통원한 경우 통원 1일당'으로 규정한 약관에서는 서로 다른 질병으로 수 개의 병원을 방문하더라도 일괄적으로 보상한도와 공제 규정이 적용된다.

📚 **분쟁사례** ▌

> [분쟁 경위]
> A씨는 같은 날 이비인후과(13,700원)와 산부인과(5,000원)를 방문한 후 납부한 의료비를 모두 합하여 계산한 금액*(13,700원)을 청구하였으나, 보험회사는 방문 병원별로 공제금액을 적용하여 계산한 금액**(8,700원)만 지급하였다.
>
> > * 이비인후과(13,700원) + 산부인과(5,000원)-공제금액(5,000원)
> > ** 이비인후과(13,700-5,000원) + 산부인과(5,000원-5,000원)
>
> [판단]
> 당해 약관*상 '통원 1일당' 보상한도와 공제금액을 적용한다고 정하고 있으므로 질병이나 방문 병원의 수와 무관하게 합산하여 일괄공제하는 것이 타당하다.
>
> > * 통원 1일당 : 피보험자가 부담하는 비용에 대하여 5천원을 공제한 금액에 대하여 100%를 곱한 금액을 최고 10만원을 한도로 보상해드립니다. 위 공제금액의 적용은 1일당입니다.

2. 제3조(보장종목별 보상내용) 제2항

> ② 피보험자가 통원하여 치료를 받던 중 보험기간이 끝나더라도 그 계속 중인 통원치료에 대해서는 다음 예시와 같이 보험기간 종료일부터 180일 이내에 외래는 방문 90회, 처방조제비는 처방전 90건의 한도 내에서 보상합니다. 다만, 종전 계약을 자동갱신하거나 같은

회사의 보험상품에 재가입하는 경우에는 종전 계약의 보험기간을 연장하는 것으로 보아 제1항을 적용합니다. 〈개정 2015. 11. 30.〉

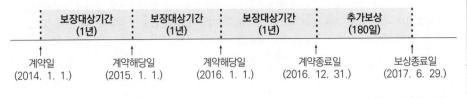

〈보상기간 예시〉

보장대상기간 (1년)	보장대상기간 (1년)	보장대상기간 (1년)	추가보상 (180일)	
↑ 계약일 (2014. 1. 1.)	↑ 계약해당일 (2015. 1. 1.)	↑ 계약해당일 (2016. 1. 1.)	↑ 계약종료일 (2016. 12. 31.)	↑ 보상종료일 (2017. 6. 29.)

약관의 변천

제1세대(예시)	2009. 9. 28.	2012. 12. 18.
피보험자가 보상개시일 이후 통원치료를 받던 중 보험기간이 만료되었을 경우에도 보험기간 만료전 사고일로부터 365일이 되는 날 이전의 기간 동안 발생한 통산통원일수 30일을 한도로 위~에 따라 보상하여 드립니다.	② 피보험자(보험대상자)가 통원하여 치료를 받던 중 보험기간이 만료되더라도 그 계속 중인 통원 치료에 대하여는 보험기간 만료일로부터 180일 이내에 외래는 방문 90회, 처방조제비는 처방전 90건을 한도로 보상하여 드립니다.	② 피보험자(보험대상자)가 통원하여 치료를 받던 중 보험기간이 만료되더라도 그 계속 중인 통원 치료에 대하여는 보험기간 만료일로부터 180일 이내에 외래는 방문 90회, 처방조제비는 처방전 90건을 한도로 보상하여 드립니다. 다만, 동일회사 계약의 자동갱신 또는 재가입의 경우 종전계약의 보험기간 연장으로 간주하여 제1항을 적용합니다.

쟁점의 연구

「PART 04 표준약관 축조해설(Ⅰ)」(보상하는 사항) 제2장(상해입원형) 제3조 제5항을 참조하기 바란다.

3. 제3조(보장종목별 보상내용) 제3항

③ 하나의 상해로 인해 하루에 같은 치료를 목적으로 의료기관에서 2회 이상 통원치료를 받거나 하나의 상해로 약국에서 2회 이상 처방조제를 받은 경우 각각 1회의 외래 및 1건의 처방으로 보아 제1항과 제2항을 적용합니다. 이때 공제금액은 2회 이상의 중복방문 의료기관 중 가장 높은 공제금액을 적용합니다. 〈개정 2015. 11. 30.〉

▌약관의 변천

제1세대(예시)	2009. 9. 28.
하나의 사고(의학상 중요한 관련이 있는 질병은 동일질병으로 간주하며 동일질병이나 상해로 2회 이상 치료를 받는 경우에도 이를 하나의 사고로 봅니다.)로 인한 회사의 통원의료비 보상한도는 사고일 또는 발병일로부터 365일을 한도로 통산 통원일수 30일까지로 합니다. 다만, 동일질병에 의한 통원이라도 통원의료비가 지급된 최종통원일로부터 180일이 경과하여 개시한 통원은 새로운 발병으로 간주하여 보상하여 드립니다.	③ 하나의 상해로 인해 하루에 같은 치료를 목적으로 의료기관에 2회 이상 통원치료 시 (하나의 상해로 약국을 통한 2회 이상의 처방조제를 포함합니다) 1회의 외래 및 1건의 처방으로 간주하여 제1항 및 제2항을 간주합니다.

제1세대 실손의료보험 약관에서는 동일한 사고에 대해 보상기간만을 정하고 보장회수에 대해서는 달리 정하지 않았으나, 2009. 11. 28. 표준약관 제정 시 외래(외래제비용, 외래수술비)와 처방조제비 등에 대해 방문기관별 보상회수 한도(1일 1회 보상) 규정이 마련되었다.

▌쟁점의 연구

가. 하나의 상해

③ **하나의 상해로 인해** 하루에 같은 치료를 목적으로 의료기관에서 2회 이상 통원치료를 받

거나 하나의 상해로 약국에서 2회 이상 처방조제를 받은 경우 각각 1회의 외래 및 1건의 처방으로 보아 제1항과 제2항을 적용합니다. 이때 공제금액은 2회 이상의 중복방문 의료기관 중 가장 높은 공제금액을 적용합니다. 〈개정 2015. 11. 30.〉

'상해'는 '급격하고 우연한 외래의 사고'를 의미하므로 이러한 상해의 요건을 충족하는 사고가 수 차례 발생한 때에는 각각 별개의 상해로 인정된다.

예를 들어, 오전에 오른쪽 다리가 골절된 후 시차를 두고 오후에 다른 사고에 의해 어깨가 골절되었다면 다리골절과 어깨골절은 각각 별개의 상해사고가 된다.

나. 같은 치료

③ 하나의 상해로 인해 하루에 **같은 치료를 목적으로** 의료기관에서 2회 이상 통원치료를 받거나 하나의 상해로 약국에서 2회 이상 처방조제를 받은 경우 각각 1회의 외래 및 1건의 처방으로 보아 제1항과 제2항을 적용합니다. 이때 공제금액은 2회 이상의 중복방문 의료기관 중 가장 높은 공제금액을 적용합니다. 〈개정 2015. 11. 30.〉

동일한 상해사고로 여러 부위를 다쳐 수 개의 진료기관을 방문한 경우 서로 다른 통원치료로 볼 수 있는지가 논란이 될 수 있다.

일반적으로 '상해'는 개별 사고별로 구분이 가능하나, '같은 치료'는 '하나의 상해'를 원인으로 '동일한 부위'의 치료를 받은 경우에는 수 개의 의료기관에서 치료를 받더라도 하나의 의료기관에서 치료가 이루어진 것으로 간주한다는 의미로 해석된다.

한편, '같은 치료'는 치료가 '하나의 상해'로 인한 것이라 하더라도 서로 다른 종류의 치료를 받은 때까지 '같은 치료'로 확대하여 해석할 수는 없다고 본다. 예를 들어, 같은 상해사고로 다리와 눈을 다쳐 정형외과와 안과 치료를 각각 받았다면 '하나의 상해'를 원인으로 한 것이기는 하나 정형외과 치료와 안과 치료를 약과상 '같은 치료'라고 보기는 어렵다는 것이다[81].

---

81) 이러한 해석은 치료 비용의 크기에 따라 보상액이 달라지기 때문에 어느 일방이 무조건 유리하다고 단정하기는 어렵다. 예를 들어, 보상한도 20만원, 공제금액 1만원(의원급)이 적용되는 약관에 가입한 피보험자가 넘어져 눈과 다리를 다친 경우로서 다음 두 가지 상황을 가

다. 의료기관

> ③ 하나의 상해로 인해 하루에 같은 치료를 목적으로 **의료기관에서** 2회 이상 통원치료를 받거나 하나의 상해로 약국에서 2회 이상 처방조제를 받은 경우 각각 1회의 외래 및 1건의 처방으로 보아 제1항과 제2항을 적용합니다. 이때 공제금액은 2회 이상의 중복방문 의료기관 중 가장 높은 공제금액을 적용합니다. 〈개정 2015. 11. 30.〉

병원은 의료기관보다 하위의 개념으로 약관에서 최소 방문 진료기관의 단위를 '병원'으로 하고 있으므로 (2) 상해통원형 제3조(보장종목별 보상내용) 제1항에서 살펴본 바와 같이 동일한 의료기관내의 수 개의 진료과를 방문한 경우도 하나의 의료기관에 방문한 것으로 보는 것이 타당하다.

한편, 여기서 유의할 점은 제3조(보장종목별 보상내용) 제1항에서는 방문대상을 '병원', 제3항에서는 '의료기관'으로 각각 달리 정하고 있어서 요양기관에 속하기는 하나 의료기관은 아닌 경우, 예를 들어, 한국희귀필수의약품센터, 보건소·보건의료원·보건지소, 보건진료소 등은 위 규정을 적용할 수 없다.

다만, 보상실무상 병원과 의료기관을 달리 구분하지 않기 때문에 이와 관련한 분쟁이 발생하는 경우는 거의 없으나 법체계와의 정합성 제고 측면에서 약관을 정비할 필요가 있다.

정해보자.
(가정1) 같은 날 안과 진료비 2만원(공제 1만원), 정형외과 진료비 3만원(공제 1만원)을 각각 지불한 경우 : '하나의 상해'를 기준으로 하면 보장대상 금액은 4만원(안과 2만원＋정형외과 3만원－1만원)이나, 방문한 의료기관을 기준으로 하면 보장대상은 3만원(안과 2만원－1만원, 정형외과 3만원－1만원)이다.
(가정2) 안과 진료비 10만원(공제 1만원), 정형외과 진료비 20만원(공제 1만원)을 지불한 경우 : '하나의 상해'를 기준으로 하면 보장대상 금액은 20만원[Min(안과 10만원＋정형외과 20만원－1만원, 보상한도 20만원)]이나, 방문한 요양기관을 기준으로 하면 보장대상 금액은 38만원(안과 10만원－1만원＋정형외과 20만원－1만원)이다.

라. 공제금액

> ③ 하나의 상해로 하루에 같은 치료를 목적으로 의료기관에서 2회 이상 통원치료를 받거나 하나의 상해로 약국에서 2회 이상 처방조제를 받은 경우 각각 1회의 외래 및 1건의 처방으로 보아 **제1항과 제2항을 적용합니다. 이때 공제금액은 2회 이상의 중복방문 의료기관 중 가장 높은 공제금액을 적용합니다.** 〈개정 2015. 11. 30.〉

'공제금액은 중복방문 의료기관 중 가장 높은 공제금액을 적용한다'는 것이 같은 치료를 위해 수 개의 의료기관을 방문한 경우, 보상해야 할 의료비도 가장 높은 공제금액이 적용되는 의료기관에서 발생한 것을 보상한다는 것인지 또는 이와 무관하게 보험금 청구권자가 보상받을 의료기관을 선택할 수 있는지 등이 논란이 될 수 있다.

예를 들어, 같은 치료를 목적으로 같은 날 종합병원과 의원을 방문한 A씨가 각각 5만원, 10만원의 의료비를 지불한 경우, 공제금액이 적용된 의료기관의 의료비만 청구할 수 있다면 보장대상은 3만5천원(5만원 – 종합병원 공제금액 1만5천원)이나, 이와 관계없이 보장대상 의료기관을 선택할 수 있다면 당연히 의원에서 발생한 의료비를 청구할 것이므로 이때의 보상기준액은 8만5천원(10만원 – 1만5천원)이 된다.

따라서, 약관에서 가장 큰 공제금액이 적용된 의료기관의 의료비를 보상한다고 정하고 있지 아니하므로 위 조문은 작성자 불이익의 원칙에 따라 공제금액의 적용방법에 관한 규정으로 제한하여 해석하는 것이 타당하므로 어느 의료기관에서 부담한 치료비를 청구할지는 보험금 청구권자가 선택할 수 있다고 본다.

4. 제3조(보장종목별 보상내용) 제4항

> ④ 제1항의 상해에는 유독가스 또는 유독물질을 우연히 일시에 흡입, 흡수 또는 섭취한 결과

로 생긴 중독증상이 포함됩니다. 다만, 유독가스 또는 유독물질을 상습적으로 흡입, 흡수 또는 섭취한 결과로 생긴 중독증상과 세균성 음식물 중독증상은 포함되지 않습니다. 〈개정 2015. 11. 30.〉

「PART 04 표준약관 축조해설(Ⅰ)」(보상하는 사항) 제2장(상해입원형) 제3조 제3항을 참조하기 바란다.

5. 제3조(보장종목별 보상내용) 제5항

⑤ 피보험자가 「국민건강보험법」 또는 「의료급여법」을 적용받지 못하는 경우에는 통원의료비(「국민건강보험 요양급여의 기준에 관한 규칙」에 따라 보건복지부장관이 정한 급여 및 비급여의료비 항목만 해당합니다) 중 본인이 실제로 부담한 금액에서 〈표1〉의 '항목별 공제금액'을 뺀 금액의 40%를 외래 및 처방조제비로 보험가입금액[외래 및 처방조제비는 회(건)당 합산하여 30만원 이내에서 계약 시 계약자가 각각 정한 금액을 말합니다]의 한도 내에서 보상합니다. 〈개정 2015. 11. 30.〉

▌약관의 변천

제1세대 실손의료보험의 경우 손해보험회사는 통원 시 보험가입금액을 최고 100만원·최장 30일(1,500만원 한도), 생명보험회사는 최고 20만원·최장 180일 (3,600만원 한도)로 정하는 등 보상한도가 생·손보업권 또는 보험회사별로 달랐으나, 2009. 9. 28. 표준약관이 마련되면서 30만원·180회로 일원화되었고, 최고 보장한도는 5,400만원으로 상향되었다.

제1세대(예시)	2009. 9. 28.
다만, 피보험자가 국민건강보험을 적용받지 못한 경우(국민건강보험에 정한 요양급여 절차를 거치지 아니한 경우도 포함합니다)에는 통원 1일당 제○항의 본인부담 의료비 총액에 대하여 5천원을 공제한 금액의 40% 해당액을 이 특별약관의 보험가입금액을 한도로 보상하여 드립니다.	⑤ 피보험자(보험대상자)가 국민건강보험법을 적용받지 못하는 경우(국민건강보험법에 정한 요양급여 절차를 거치지 아니한 경우도 포함합니다)에는 통원의료비 중 본인이 실제로 부담한 금액에서 〈표1 항목별 공제금액〉을 차감한 금액의 40% 해당액을 외래 및 처방조제비로 보험가입금액(외래 및 처방조제비는 회(건)당 합산하여 30만원을 최고한도로 계약자가 정하는 금액으로 합니다)을 한도로 보상하여 드립니다.

2012. 12. 28.	2014. 2. 11.
⑤ 피보험자(보험대상자)가 국민건강보험법 또는 의료급여법을 적용받지 못하는 경우에는 통원의료비('국민건강보험 요양급여의 기준에 관한 규칙'에 따라 보건복지부장관이 정한 급여 및 비급여 의료비 항목에 한합니다) 중 본인이 실제로 부담한 금액에서 〈표1 항목별 공제금액〉을 차감한 금액의 40% 해당액을 외래 및 처방조제비로 보험가입금액(외래 및 처방조제비는 회(건)당 합산하여 30만원을 최고한도로 계약자가 정하는 금액으로 합니다)을 한도로 보상하여 드립니다.	⑤ 피보험자가 국민건강보험법 또는 의료급여법을 적용받지 못하는 경우에는 통원의료비('국민건강보험 요양급여의 기준에 관한 규칙'에 따라 보건복지부장관이 정한 급여 및 비급여 의료비 항목에 한합니다) 중 본인이 실제로 부담한 금액에서 〈표1 항목별 공제금액〉을 차감한 금액의 40% 해당액을 외래 및 처방조제비로 보험가입금액(외래 및 처방조제비는 회(건)당 합산하여 30만원을 최고한도로 계약자가 정하는 금액으로 합니다)을 한도로 보상합니다.

제1세대 실손의료보험 약관에서는 회사별로 본인부담의료비, 총발생의료비 등 보장대상 의료비가 다양한 문구로 규정되어 있었으나, 표준약관 제정 시 '본인이 실제로 부담한 금액'으로 통일되었고, 보장대상 통원의료비와 대해서는 2012. 12. 28. 약관개정 시 '국민건강보험 요양급여의 기준에 관한 규칙에 따라 보건복지부장관이 정한 요양급여 또는 비급여'라는 괄호를 추가하여 보장대상을 명확히 하였다.

쟁점의 연구

「PART 04 표준약관 축조해설(Ⅰ)」(보상하는 사항) 제2장(상해입원형) 제3조 제3항의 내용을 참조하기 바란다.

6. 제3조(보장종목별 보상내용) 제6항

⑥ 피보험자가 직원복리후생제도에 의해 의료비를 감면받고 그 감면받은 의료비가 근로소득에 포함되는 경우에는 그 감면 전 의료비를 기준으로 통원의료비를 계산합니다. 〈개정 2015. 11. 30.〉

「PART 04 표준약관 축조해설(Ⅰ)」(보상하는 사항) 제2장(상해입원형) 제3조 제6항의 내용을 참조하기 바란다.

7. 제3조(보장종목별 보상내용) 제7항

⑦ 회사는 피보험자가 상해로 인하여 병원에 통원하여 본인의 장기등(「장기등 이식에 관한 법률」 제4조에 의한 "장기등"을 의미합니다)의 기능회복을 위하여 「장기등 이식에 관한 법률」 제42조 및 관련 고시에 따라 장기등의 적출 및 이식에 드는 비용(공여적합성 여부를 확인하기 위한 검사비, 뇌사장기기증자 관리료 및 이에 속하는 비용항목 포함)은 제1항 내지 제6항에 따라 보상합니다. 〈신설 2018. 11. 6.〉

「PART 04 표준약관 축조해설(Ⅰ)」(보상하는 사항) 제2장(상해입원형) 제3조 제7항의 내용을 참조하기 바란다.

CHAPTER

04 질병입원형(보상하는 사항)

① 회사는 피보험자가 질병으로 인하여 병원에 입원하여 치료를 받은 경우에는 입원의료비를 다음과 같이 하나의 질병당 보험가입금액(5천만원 이내에서 계약 시 계약자가 정한 금액을 말합니다)의 한도 내에서 보상합니다. 〈개정 2015. 11. 30.〉

구분		보상금액
표준형	입원실료, 입원제비용, 입원수술비	'「국민건강보험법」에서 정한 요양급여 또는 「의료급여법」에서 정한 의료급여 중 본인부담금'과 '비급여주)(상급병실료 차액은 제외합니다)'를 합한 금액(본인이 실제로 부담한 금액을 말합니다)의 80%에 해당하는 금액. 다만, 나머지 20%가 계약일 또는 매년 계약해당일부터 기산하여 연간 200만원을 초과하는 경우 그 초과금액은 보상합니다.
	상급병실료 차액	입원 시 실제로 사용한 병실과 기준병실의 병실료 차액에서 50%를 뺀 금액. 다만, 1일 평균금액 10만원을 한도로 하며, 1일 평균금액은 입원기간 동안 상급병실료 차액 전체를 총 입원일수로 나누어 산출합니다.
선택형	입원실료, 입원제비용, 입원수술비	'「국민건강보험법」에서 정한 요양급여 또는 「의료급여법」에서 정한 의료급여 중 본인부담금'과 '비급여주)(상급병실료 차액은 제외합니다)'를 합한 금액(본인이 실제로 부담한 금액을 말합니다)의 90%에 해당하는 금액. 다만, 나머지 10%가 계약일 또는 매년 계약해당일부터 기산하여 연간 200만원을 초과하는 경우 그 초과금액은 보상합니다.
	상급병실료 차액	입원 시 실제로 사용한 병실과 기준병실의 병실료 차액에서 50%를 뺀 금액. 다만, 1일 평균금액 10만원을 한도로 하며, 1일 평균금액은 입원기간 동안 상급병실료 차액 전체를 총 입원일수로 나누어 산출합니다.

주) 「국민건강보험법」 또는 「의료급여법」에 따라 보건복지부장관이 정한 비급여대상(「국민건강보험법」에서 정한 요양급여 또는 「의료급여법」에서 정한 의료급여 절차를 거쳤지만 급여항목이 발생하지 않은 경우로 「국민건강보험법」 또는 「의료급여법」에 따른 비급여항목 포함)

1. 제3조(보장종목별 보상내용) 제1항

> ① 회사는 피보험자가 질병으로 인하여 병원에 입원하여 치료를 받은 경우에는 입원의료비를 다음과 같이 하나의 질병당 보험가입금액(5천만원 이내에서 계약 시 계약자가 정한 금액을 말합니다)의 한도 내에서 보상합니다. 〈개정 2015. 11. 30.〉

▌약관의 변천

「PART 04 표준약관 축조해설(Ⅰ)」(보상하는 사항) 제2장(상해입원형) 제1조 제1항에서 '상해'가 '질병'으로 대체될 뿐 내용은 동일하다.

▌쟁점의 연구

실손의료보험에서 보장하는 위험은 상해와 질병이다. 그런데 앞서 살펴본 바와 같이 '상해'의 정의는 약관에 구체적으로 규정하고 있는 반면, 질병은 달리 정의하고 있지 않아 질병진단의 적정 여부 등을 두고 분쟁이 빈발한다.

저신장증을 예로 들어보자. 질병(疾病)의 사전적인 의미는 '몸의 온갖 병[82]'으로 '질환'과 유사하다. 일반적으로 저신장증(低身長症)은 같은 연령대 소아 신장의 정규분포에서 키가 3%(100명 중 작은 쪽에서 3번째) 미만인 경우를 말한다.

저신장증은 크게 부모의 키가 작아 발생하는 가족성(유전적) 저신장증과 만성질환이나 호르몬 장애(갑상선저하증, 성장호르몬 결핍증, 부신피질 호르몬 과다 등), 골격계 이상(연골무형성증), 염색체 이상(터너증후군, 프레더-윌리 증후군, 다운증후군), 성조숙증 등에 의한 저신장증으로 나뉘며, 이 중 가족성 저신장증은 한국표준질병사인분류[83] 상 '기타 내분비선의 장애(E20~E35)'로서 '달리 분류되지 않은 단신(E34.3)'으로 분류된다.

이때 뚜렷한 호르몬이나 골격계 이상 등이 확인되지 않는 저신장증 진단을 받

---

82) '질병' : 네이버 국어사전(naver.com)
83) https://www.koicd.kr/kcd/kcd.do

은 피보험자에게 주치의 소견을 근거로 성장호르몬제를 투여한 경우 실손의료보험 약관상 '질병' 치료 목적으로 볼 수 있는지를 두고 다툼이 발생하는데 이런 사례가 질병과 관련한 대표적인 실손의료보험 분쟁유형이라 할 수 있다.

결론적으로 약관에서 질병을 달리 정의하지 않았다면 한국표준질병사인분류에 따라 질병분류코드가 부여된 질환은 약관상 질병으로 인정하는 것이 옳다고 본다.

간혹 보상실무에서 한국표준질병사인에 의한 분류를 ❶원인이 되는 질병과 ❷질병으로 특정할 수 없는 증상으로 구분하여, 이 중 전자(前者)인 '원인이 되는 질병'만을 약관상 질병으로 인정할 수 있으므로 위 사례에서도 뚜렷한 이학적 이상이 확인되지 않는 가족성 저신장증은 후자(後者)인 '질병으로 특정할 수 없는 증상'에 불과하므로 약관상 질병으로 볼 수 없다고 주장하는 경우가 있으나, 한국표준질병사인분류상 질병이 그러한 기준에 의해 나뉜다는 사실을 확인할 수도 없을 뿐만 아니라 약관에 그 뜻을 명확히 적시하지 않는 이상 계약의 내용으로 주장할 수도 없다.

2. 제3조(보장종목별 보상내용) 제2항

② 삭제 〈2018. 7. 10.〉

위 조항은 '계약전 알릴의무' 대상에 해당하는 질병을 청약전 고지대상 기간중에 진단 또는 치료를 받은 경우는 보장에서 제외된다는 내용으로, 2018. 7. 10. 삭제되었다.

3. 제3조(보장종목별 보상내용) 제3항

③ 피보험자가 「국민건강보험법」 또는 「의료급여법」을 적용받지 못하는 경우에는 입원의료

비(「국민건강보험 요양급여의 기준에 관한 규칙」에 따라 보건복지부장관이 정한 급여 및 비급여의료비 항목만 해당합니다) 중 본인이 실제로 부담한 금액의 40%를 하나의 질병당 보험가입금액(5천만원 이내에서 계약 시 계약자가 정한 금액을 말합니다)의 한도 내에서 보상합니다. 〈개정 2015. 11. 30.〉

「PART 04 표준약관 축조해설(Ⅰ)」(보상하는 사항) 제2장(상해입원형) 제3조 제3항의 내용을 참조하기 바란다.

4. 제3조(보장종목별 보상내용) 제4항

④ 제1항에도 불구하고 회사는 하나의 질병으로 인한 입원의료비를 보험가입금액까지 보상한 경우에는 보상한도 종료일부터 90일이 경과한 날부터 최초 입원한 것과 동일한 기준으로 다시 보상합니다(계속 입원을 포함합니다). 다만, 최초 입원일부터 275일(365일-90일) 이내에 보상한도종료일이 있는 경우에는 최초 입원일부터 365일이 경과되는 날부터 최초 입원한 것과 동일한 기준으로 다시 보상합니다. 〈개정 2015. 11. 30.〉

〈보상기간 예시〉

(i) 최초입원일~보상한도종료일이 275일(365일-90일) 이상인 경우

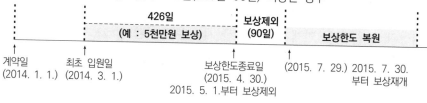

(ii) 최초입원일~보상한도종료일이 275일(365일-90일) 이내인 경우

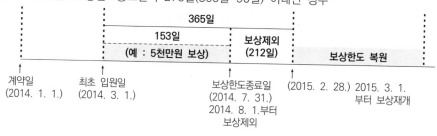

약관의 변천

제1세대(예시)	2009. 9. 28.	2014. 2. 11.

~에도 불구하고 동일질병 또는 하나의 질병(의학상 중요한 관련이 있는 질병은 동일질병으로 간주하며, 동일질병으로 2회 이상 치료를 받는 경우에도 이를 하나의 질병으로 봅니다)으로 인한 질병입원의료비 보상한도는 진단일로부터 365일을 한도로 합니다. 다만, 동일질병에 의한 입원이라도 질병입원의료비가 지급된 최종입원의 퇴원일로부터 180일이 지나 개시한 입원은 새로운 입원으로 간주하여 보상하여 드립니다.

→ ④ 회사는 동일한 질병 또는 하나의 질병(의학상 관련이 있다고 의사가 인정하는 질병은 동일한 질병으로 간주하며, 동일한 질병으로 2회 이상 치료를 받는 경우에는 이를 하나의 질병으로 봅니다)으로 인한 입원의료비는 최초 입원일로부터 365일(최초 입원일을 포함합니다)까지 보상하여 드립니다. 다만, 하나의 질병으로 인하여 최초 입원일로부터 365일을 넘어 입원할 경우에는 아래의 예시와 같이 90일간의 보상제외기간이 지나야 새로운 질병으로 인한 입원으로 보아 다시 보상하여 드립니다.

→ ④ 회사는 하나의 질병(의학상 관련이 있다고 의사가 인정하는 질병은 하나의 질병으로 간주하며, 하나의 질병으로 2회 이상 치료를 받는 경우에는 이를 하나의 질병으로 봅니다)으로 인한 입원의료비는 최초 입원일로부터 365일(최초 입원일을 포함합니다)까지 보상합니다. 다만, 하나의 질병으로 인하여 최초 입원일로부터 365일을 넘어 입원할 경우에는 아래의 예시와 같이 90일간의 보상제외기간이 지났거나, 하나의 질병으로 인한 입원이라도 입원의료비가 지급된 최종 입원의 퇴원일로부터 180일이 경과하여 재입원한 경우는 새로운 질병으로 보아 다시 보상합니다.

질병의 경우 90일 면책기간의 기산 시점은 누적된 지급보험금이 보험가입금액에 도달하여 보상한도가 소진된 날(보상한도 종료일)을 원칙으로 하되, 장기입원 등에 따른 과도한 보장을 피하기 위해 보상한도 종료일이 최초입원일로부터 275일이내에 있는 경우에는 보상한도 종료일이 아닌 최초입원일을 기산시점으로 한다.

그 외의 설명은 「PART 04 표준약관 축조해설(Ⅰ)」(보상하는 사항) 제2장(상해입원형) 제3조 제4항의 내용을 참조하기 바란다.

5. 제3조(보장종목별 보상내용) 제5항

⑤ "하나의 질병"이란 발생 원인이 동일한 질병(의학상 중요한 관련이 있는 질병을 포함합니다)을 말하며, 질병의 치료 중에 발생된 합병증 또는 새로 발견된 질병의 치료가 병행되거나 의학상 관련이 없는 여러 종류의 질병을 갖고 있는 상태에서 입원한 경우에는 하나의 질병으로 봅니다. 〈개정 2015. 11. 30.〉

약관의 변천

제1세대(예시)	2009. 9. 28.	2014. 2. 11.
동일질병 또는 하나의 질병(의학상 중요한 관련이 있는 질병은 동일질병으로 간주하며, 동일질병으로 2회 이상 치료를 받는 경우에도 이를 하나의 질병으로 봅니다)으로 인한 질병입원의료비의 보상한도는 진단일로부터 365일을 한도로 합니다. 다만, 동일질병에 의한 입원이라도 질병입원의리가 지급된 최종 입원의 퇴원일로부터 180일이 지나 개시한 입원은 새로운 입원으로 간주하여 보상하여 드립니다. 위~에도 불구하고 여러 종류의 질병을 갖고 있는 상태에서 입원하거나, 질병의 치료 중에 진단된 합병증 또는 새로이 발견된 질병의 치료가 병행되는 때에는 동일질병으로 간주하여 보상하여 드립니다.	④ 회사는 동일한 질병 또는 하나의 질병(의학상 관련이 있다고 의사가 인정하는 질병은 동일한 질병으로 간주하며, 동일한 질병으로 2회 이상 치료를 받는 경우에는 이를 하나의 질병으로 봅니다)까지 보상하여 드립니다. ⑦ 동일한 질병이란 발생 원인이 동일한 질병(의학상 중요한 관련이 있는 질병을 포함합니다)을 말하며, 질병의 치료 중에 발생된 합병증 또는 새로이 발견된 질병의 치료가 병행되거나 의학상 관련이 없는 여러 종류의 질병을 갖고 있는 상태에서 입원한 때에는 동일한 질병으로 간주합니다.	④ 회사는 하나의 질병(의학상 관련이 있다고 의사가 인정하는 질병은 하나의 질병으로 간주하며, 하나의 질병으로 2회 이상 치료를 받는 경우에는 이를 하나의 질병으로 봅니다)으로 보상 인한 입원의료비는 최초 입원일로부터 365일(최초 입원일을 포함합니다)까지 보상합니다. ⑦ 하나의 질병이란 발생 원인이 동일한 질병(의학상 중요한 관련이 있는 질병을 포함합니다)을 말하며, 질병의 치료 중에 발생된 합병증 또는 새로이 발견된 질병의 치료가 병행되거나 의학상 관련이 없는 여러 종류의 질병을 갖고 있는 상태에서 입원한 때에는 동일한 질병으로 간주합니다.

제1세대 실손의료보험 약관에서는 보상하는 질병을 '동일한 질병'과 '하나의 질병'으로 구분하였으며, 이 중 '하나의 질병'은 '의학상 중요한 관련이 있는 질병'으로 정의하였다.

이후 표준약관 제정 시 '하나의 질병'을 '의학상 관련이 있는 질병', 동일한 질병은 '발생원인이 동일하거나, 의학상 중요한 관련이 있는 질병'으로 각각 규정하였으나, 2014. 2. 11. '동일한 질병'이 삭제되고 '하나의 질병'으로 통합되었으며 2015. 11. 30. 개정 시 제5항만 남게 되었다.

쟁점의 연구

가. 하나의 질병

⑤ **"하나의 질병"이란 발생 원인이 동일한 질병(의학상 중요한 관련이 있는 질병을 포함합니다)을 말하며**, 질병의 치료 중에 발생된 합병증 또는 새로 발견된 질병의 치료가 병행되거나 의학상 관련이 없는 여러 종류의 질병을 갖고 있는 상태에서 통원한 경우에는 하나의 질병으로 봅니다. 〈개정 2015. 11. 30.〉

상해의 경우 사고의 급격성, 우연성, 외래성 충족여부 등 나름의 판단기준이 있는 반면, 질병은 '상해사고 이외의 모든 질환이나 병증'으로 일컬어도 좋을 만큼 범위가 넓기 때문에 위 조항은 수 개의 질환이나 병증(후유증) 등이 나타나는 경우 등 보장범위가 과도하게 확대되는 것을 방지하기 위해 마련된 것이라고 할 수 있다.

나. 질병의 치료중에 발생된 합병증

⑤ "하나의 질병"이란 발생 원인이 동일한 질병(의학상 중요한 관련이 있는 질병을 포함합니다)을 말하며, **질병의 치료 중에 발생된 합병증** 또는 새로 발견된 질병의 치료가 병행되거나 의학상 관련이 없는 여러 종류의 질병을 갖고 있는 상태에서 통원한 경우에는 하나의 질병으로 봅니다. 〈개정 2015. 11. 30.〉

발생원인이 동일한 특정 질병의 영향으로 발현되는 질환이나 병증(합병증) 모두 넓게는 질병의 범주에 포함되는데 각각을 별개의 질병으로 인정할 경우 보장대상이 과도하게 확대될 우려가 있어 각 질병간 인과관계가 존재하면 동일한 질병으로 간주된다.

다. 새로 별견된 질병 또는 의학상 관련 없는 다수의 질병

⑤ "하나의 질병"이란 발생 원인이 동일한 질병(의학상 중요한 관련이 있는 질병을 포함합니다)을 말하며, 질병의 치료 중에 발생된 합병증 또는 **새로 발견된 질병의 치료가 병행되거나 의학상 관련이 없는 여러 종류의 질병을 갖고 있는 상태**에서 통원한 경우에는 하나의 질병으로 봅니다. 〈개정 2015. 11. 30.〉

질병 치료 중 새롭게 발견된 질병이나 인과관계가 존재하지 않는 다수의 질병은 모두 하나의 질병으로 본다는 것은 보상한도나 보장횟수 등 보험금 지급조건을 개별 질병별이 아니라 묶어 일괄적용한다는 의미이다.

6. 제3조(보장종목별 보상내용) 제6항

⑥ 피보험자가 입원하여 치료를 받던 중 보험기간이 끝나더라도 그 계속 중인 입원에 대해서는 보험기간 종료일부터 180일까지(보험기간 종료일은 제외합니다) 보상하며, 이 경우 제4항은 적용하지 않습니다. 다만, 종전 계약을 자동갱신하거나 같은 회사의 보험상품에 재가입하는 경우에는 종전 계약의 보험기간을 연장하는 것으로 보아 제4항을 적용합니다. 〈개정 2015. 11. 30.〉

「PART 04 표준약관 축조해설(Ⅰ)」(보상하는 사항) 제2장(상해입원형) 제3조 제5항의 내용을 참조하기 바란다.

7. 제3조(보장종목별 보상내용) 제7항

⑦ 피보험자가 직원복리후생제도에 의해 의료비를 감면받고 그 감면받은 의료비가 근로소득에 포함되는 경우에는 그 감면 전 의료비를 기준으로 입원의료비를 계산합니다. 〈개정 2015. 11. 30.〉

「PART 04 표준약관 축조해설(Ⅰ)」(보상하는 사항) 제2장(상해입원형) 제3조 제6항의 내용을 참조하기 바란다.

8. 제3조(보장종목별 보상내용) 제8항~제10항

⑧ ~ ⑩ 삭제 〈2018. 7. 10.〉

당해 조항은 가입전 병력이 있는 경우 적용되는 「5년간 부담보 조건」과 관련한 내용으로 2018. 7. 10. 삭제되었다.

9. 제3조(보장종목별 보상내용) 제11항

⑪ 회사는 피보험자가 질병으로 인하여 병원에 입원하여 본인의 장기등(「장기등 이식에 관한 법률」 제4조에 의한 "장기등"을 의미합니다)의 기능회복을 위하여 「장기등 이식에 관한 법률」 제42조 및 관련 고시에 따라 장기등의 적출 및 이식에 드는 비용(공여적합성 여부를 확인하기 위한 검사비, 뇌사장기기증자 관리료 및 이에 속하는 비용항목 포함)은 제1항 내지 제6항에 따라 보상합니다. 〈신설 2018. 11. 6.〉

「PART 04 표준약관 축조해설(Ⅰ)」(보상하는 사항) 제2장(상해입원형) 제3조 제7항의 내용을 참조하기 바란다.

05 질병통원형(보상하는 사항)

1. 제3조(보상하는 사항) 제1항

① 회사는 피보험자가 질병으로 인하여 병원에 통원하여 치료를 받거나 처방조제를 받은 경우에는 통원의료비 명목으로 매년 계약해당일부터 1년을 단위로 하여 다음과 같이 외래(외래제비용, 외래수술비) 및 처방조제비를 각각 보상합니다. 〈개정 2015. 11. 30.〉

구분	보상한도
외래	방문 1회당 '「국민건강보험법」에서 정한 요양급여 또는 「의료급여법」에서 정한 의료급여 중 본인부담금'과 '비급여[주1]'를 합한 금액(본인이 실제로 부담한 금액을 말합니다)에서 〈표1〉의 '항목별 공제금액'을 뺀 금액을 외래의 보험가입금액[주2]의 한도 내에서 보상(매년 계약해당일부터 1년간 방문 180회를 한도로 합니다)
처방조제비	처방전 1건당 '「국민건강보험법」에서 정한 요양급여 또는 「의료급여법」에서 정한 의료급여 중 본인부담금'과 '비급여[주1]'를 합한 금액(본인이 실제로 부담한 금액을 말합니다)에서 〈표1〉의 '항목별 공제금액'을 뺀 금액을 처방조제비의 보험가입금액[주2]의 한도 내에서 보상(매년 계약해당일부터 1년간 처방전 180건을 한도로 합니다)

주1) 「국민건강보험법」또는 「의료급여법」에 따라 보건복지부장관이 정한 비급여대상(「국민건강보험법」에서 정한 요양급여 또는 「의료급여법」에서 정한 의료급여절차를 거쳤지만 급여항목이 발생하지 않은 경우로 「국민건강보험법」 또는 「의료급여법」에 따른 비급여 항목

주2) 외래 및 처방조제비는 회(건)당 합산하여 30만원 이내에서 계약시 계약자가 각각 정한 금액을 말합니다.

「PART 04 표준약관 축조해설(Ⅰ)」(보상하는 사항) 제3장(상해통원형) 제3조 제1항의 내용을 참조하기 바란다.

2. 제3조(보상하는 사항) 제2항

② 피보험자가 통원하여 치료를 받던 중 보험기간이 끝나더라도 그 계속 중인 통원치료에 대해서는 다음 예시와 같이 보험기간 종료일부터 180일 이내에 외래는 방문 90회, 처방조제비는 처방전 90건의 한도 내에서 보상합니다. 다만, 종전 계약을 자동갱신하거나 같은 회사의 보험상품에 재가입하는 경우에는 종전 계약의 보험기간을 연장하는 것으로 보아 제1항을 적용합니다. 〈개정 2015. 11. 30.〉

〈보상기간 예시〉

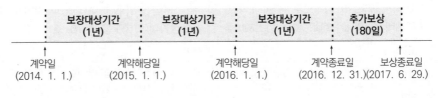

「PART 04 표준약관 축조해설(Ⅰ)」(보상하는 사항) 제3장(상해통원형) 제3조 제2항의 내용을 참조하기 바란다.

3. 제3조(보장종목별 보상내용) 제3항

③ 하나의 질병으로 하루에 같은 치료를 목적으로 의료기관에서 2회 이상 통원치료를 받거나 하나의 질병으로 약국에서 2회 이상 처방조제를 받은 경우 각각 1회의 외래 및 1건의 처방으로 보아 제1항과 제2항을 적용합니다. 이때 공제금액은 2회 이상의 중복방문 의료기관 중 가장 높은 공제금액을 적용합니다. 〈개정 2015. 11. 30.〉

「PART 04 표준약관 축조해설(Ⅰ)」(보상하는 사항) 제3장(상해통원형) 제3조 제3항의 내용을 참조하기 바란다.

4. 제3조(보장종목별 보상내용) 제4항

④ "하나의 질병"이란 발생 원인이 동일한 질병(의학상 중요한 관련이 있는 질병을 포함합니다)을 말하며, 질병의 치료 중에 발생된 합병증 또는 새로 발견된 질병의 치료가 병행되거나 의학상 관련이 없는 여러 종류의 질병을 갖고 있는 상태에서 통원한 경우에는 하나의 질병으로 봅니다. 〈개정 2015. 11. 30.〉

「PART 04 표준약관 축조해설(Ⅰ)」(보상하는 사항) 제4장(질병입원형) 제3조 제5항의 내용을 참조하기 바란다.

5. 제3조(보장종목별 보상내용) 제5항

⑤ 삭제 〈2018. 7. 10.〉

위 조항은 계약전 알릴의무대상에 해당하는 질병을 청약전 고지대상 기간에 진단 또는 치료를 받은 경우는 보장대상에서 제외된다는 내용으로 2018. 7. 10. 삭제되었다.

6. 제3조(보장종목별 보상내용) 제6항

⑥ 피보험자가 「국민건강보험법」 또는 「의료급여법」을 적용받지 못하는 경우에는 통원의료비(「국민건강보험 요양급여의 기준에 관한 규칙」에 따라 보건복지부장관이 정한 급여 및 비급여의료비 항목만 해당합니다) 중 본인이 실제로 부담한 금액에서 〈표1〉의 '항목별 공제금액'을 뺀 금액의 40%를 외래 및 처방조제비로 보험가입금액[외래 및 처방조제비는 회(건)당 합산하여 30만원 이내에서 계약 시 계약자가 각각 정한 금액을 말합니다]의 한도 내에서 보상합니다. 〈개정 2015. 11. 30.〉

「PART 04 표준약관 축조해설(Ⅰ)」(보상하는 사항) 제2장(상해입원형) 제3조 제3항의 내용을 참조하기 바란다.

7. 제3조(보장종목별 보상내용) 제7항

⑦ 피보험자가 직원복리후생제도에 의해 의료비를 감면받고 그 감면받은 의료비가 근로소득에 포함되는 경우에는 그 감면 전 의료비를 기준으로 입원의료비를 계산합니다. 〈개정 2015. 11. 30.〉

「PART 04 표준약관 축조해설(Ⅰ)」(보상하는 사항) 제3장(상해통원형) 제3조 제6항의 내용을 참조하기 바란다.

8. 제3조(보장종목별 보상내용) 제8항~제10항

⑧ ~ ⑩ 삭제 〈2018. 7. 10.〉

위 조항은 가입전 병력이 있는 경우 적용되는 「5년간 부담보 조건」과 관련한 내용으로 2018. 7. 10. 삭제되었다.

9. 제3조(보장종목별 보상내용) 제11항

⑪ 회사는 피보험자가 질병으로 인하여 병원에 통원하여 본인의 장기등(「장기등 이식에 관한 법률」 제4조에 의한 "장기등"을 의미합니다)의 기능회복을 위하여 「장기등 이식에 관한 법률」 제42조 및 관련 고시에 따라 장기등의 적출 및 이식에 드는 비용(공여적합성 여부를 확인하기 위한 검사비, 뇌사장기기증자 관리료 및 이에 속하는 비용항목 포함)은 제1항 내지 제10항에 따라 보상합니다. 〈신설 2018.11.6.〉

「PART 04 표준약관 축조해설(Ⅰ)」(보상하는 사항) 제3장(상해입원형) 제3조 제7항의 내용을 참조하기 바란다.

PART

05

표준약관
축조해설(Ⅱ)

보상하지 않는 사항

01 개요

보험계약은 당사자 일방이 약정한 보험료를 지급하고 재산 또는 생명이나 신체에 불확정한 사고가 발생할 경우에 상대방이 일정한 보험금이나 그 밖의 급여를 지급할 것을 약정[1]한 것이며, 이때 보험금 등의 지급책임이 확정되는 불확정한 사고를 '보험사고'라고 한다.

한편, 보험사고는 보험계약 성립의 전제가 되는 것으로 불확정적이고 발생가능성이 있어야 하고, 그 범위가 한정적이어야 하므로 약관에서 보상하지 않는 사항을 별도로 정하는 것은 이러한 보험사고의 성립요건을 충족하지 못하거나 해당 상품에서 의도한 담보범위 외의 위험은 보장대상에서 처음부터 배제시키기 위한 것이라 할 수 있다.

실손의료보험약관에서 정한 보상하지 않는 사항 즉, 면책사유는 ❶요양급여대상으로서 보장대상에서 제외되는 사항과 ❷비급여대상으로서 보장대상에서 제외되는 사항으로 구분할 수 있다.

여기서 거듭 유의할 점은 보험금의 청구 원인이 되는 사고가 면책사유에 해당하는지 살펴보려면 당해사고가 '보상하는 사항', 즉 약관상 보험사고에 해당하는지를 먼저 검토해야 한다는 사실이다. 왜냐하면 면책사유에 열거된 사고들은 보상하는 사항에 해당함을 전제로 하기 때문에 처음부터 '보상하는 사항'에 해당하지 않는다면 면책사유에 해당하는지 여부는 더 살펴볼 필요가 없기 때문이다.

---

1) [상법] 제638조(보험계약의 의의) 보험계약은 당사자 일방이 약정한 보험료를 지급하고 재산 또는 생명이나 신체에 불확정한 사고가 발생할 경우에 상대방이 일정한 보험금이나 그 밖의 급여를 지급할 것을 약정함으로써 효력이 생긴다.

이를 체계적으로 해석하면 제3관에서 열거된 조항들은 본래 제2관에서 정한 '본인부담금과 비급여 합계액'에는 일응 해당하지만 예외적으로 회사가 보상하지 아니하는 사항을 열거한 것으로 봄이 타당하고, 이와 달리 애초에 제2관에서 보상하지 않기로 정한 '공단부담금'을 다시 면책사항으로 정한 것으로 보기는 어렵다(전주지방법원 2심 2020. 10. 22. 판결 2019나7368 부당이득금, 1심 2019. 7. 31. 선고 2019가소53442 판결).

02 상해입원형

제4조(보상하지 않는 사항) 회사가 보상하지 않는 사항은 보장종목별로 다음과 같습니다. <개정 2015. 11. 30., 2016. 12. 8., 2018. 11. 6., 2020. 7. 31.>

---

① 회사는 다음의 사유로 인하여 생긴 입원의료비는 보상하지 않습니다. 〈개정 2015. 11. 30.〉
  1. 피보험자가 고의로 자신을 해친 경우. 다만, 피보험자가 심신상실 등으로 자유로운 의사결정을 할 수 없는 상태에서 자신을 해친 사실이 증명된 경우에는 보상합니다.
  2. 보험수익자가 고의로 피보험자를 해친 경우. 다만, 그 보험수익자가 보험금의 일부 보험수익자인 경우에는 다른 보험수익자에 대한 보험금은 지급합니다.
  3. 계약자가 고의로 피보험자를 해친 경우
  4. 피보험자가 임신, 출산(제왕절개를 포함합니다), 산후기로 입원한 경우. 다만, 회사가 보상하는 상해로 인하여 입원한 경우에는 보상합니다.
  5. 전쟁, 외국의 무력행사, 혁명, 내란, 사변, 폭동으로 인한 경우
  6. 피보험자가 정당한 이유없이 입원기간 중 의사의 지시를 따르지 않거나 의사가 통원치료가 가능하다고 인정함에도 피보험자 본인이 자의적으로 입원하여 발생한 입원의료비

▍약관의 변천

제1세대(예시)	2009. 9. 28.	2010. 3. 29.
회사는 아래의 사유로 생긴 손해는 보상하여 드리지 아니합니다. 1. 피보험자의 고의 2. 수익자의 고의. 그러나 그 수익자가 보험금의 일부수익자인 경우에는 그	① 회사는 아래의 사유로 생긴 손해는 보상하여 드리지 아니합니다. 1. 피보험자의 고의 2. 수익자의 고의. 그러나 그 수익자가 보험금의 일부수익자인 경우에는 그 수익자	① 회사는 아래의 사유로 생긴 손해는 보상하여 드리지 아니합니다. 1. 피보험자의 고의 2. 수익자의 고의. 그러나 그 수익자가 보험금의 일부수익자인 경우에는 그 수익자

수익자에 해당하는 보험금을 제외한 나머지 보험금을 다른 수익자에게 지급합니다.

3. 계약자의 고의

4. 피보험자의 자해, 자살, 자살미수, 형법상의 범죄행위 또는 폭력행위(단, 형법상 정당방위, 긴급피난 및 정당행위로 인정되는 경우에는 보상하여 드립니다.)
5. 지진, 분화, 해일 또는 이와 비슷한 천재지변

6. 전쟁, 외국의 무력행사, 혁명 내란, 사변, 포동
7. 소요, 기타 이들과 유사한 산태에 의하여 오염된 물질(원자핵분열 생성물을 포함합니다.)의 방사성, 폭발성 또는 그 밖의 유해한 특성에 의한 사고
8. 위 ⑦이외의 방사선을 쬐는 것 또는 방사능 오염
9. 알콜중독, 습관성 약품 또는 환각제의 복용 및 사용

10. 피보험자가 정당한 이유없이 입원기간 중 의사의 지시를 따르지 아니한 때에는 회사는 질병입원 의료비의 전부 또는 일부를 지급하여 드리지 아니합니다.

에 해당하는 보험금을 제외한 나머지 보험금을 다른 수익자에게 지급합니다.

3. 계약자의 고의. 다만, 피보험자(보험대상자)가 심신상실 등으로 자유로운 의사결정을 할 수 없는 상태에서 자신을 해친 사실이 증명된 경우에는 보상하여 드립니다.

4. 피보험자(보험대상자)의 임신, 출산(제왕절개를 포함합니다), 산후기로 입원한 경우. 그러나 회사가 보상하는 상해로 인한 경우에는 보상하여 드립니다.
5. 알콜중독, 습관성 약품 또는 환각제의 복용 및 사용

6. 전쟁, 외국의 무력행사, 혁명, 내란, 사변, 폭동
7. 핵연료 물질(사용이 끝난 연료를 포함합니다. 이하 같습니다) 또는 핵연료 물질에 의하여 오염된 물질(원자핵분열 생성물을 포함합니다)의 방사성, 폭발성 사고(방사선을 쬐는 것 또는 방사능 오염을 포함합니다)

8. 피보험자(보험대상자)가 정당한 이유 없이 입원기간 중 의사의 지시를 따르지 아니한 때에 회사는 그로 인하여 악화된 부분에 대하여는 보상하여 드리지 아니합니다.

에 해당하는 보험금을 제외한 나머지 보험금을 다른 수익자에게 지급합니다.

3. 계약자의 고의. 다만, 피보험자(보험대상자)가 심신상실 등으로 자유로운 의사결정을 할 수 없는 상태에서 자신을 해친 사실이 증명된 경우에는 보상하여 드립니다.

4. 피보험자(보험대상자)의 임신, 출산(제왕절개를 포함합니다), 산후기로 입원한 경우. 그러나 회사가 보상하는 상해로 인한 경우에는 보상하여 드립니다.

5. 전쟁, 외국의 무력행사, 혁명, 내란, 사변, 폭동

6. 피보험자(보험대상자)가 정당한 이유 없이 입원기간 중 의사의 지시를 따르지 아니한 때에 회사는 그로 인하여 악화된 부분에 대하여는 보상하여 드리지 아니합니다.

2011. 1. 19.	2014. 2. 11.
① 회사는 아래의 사유를 원인으로 하여 생긴 입원의료비는 보상하여 드리지 아니합니다.	① 회사는 아래의 사유를 원인으로 하여 생긴 입원의료비는 보상하지 않습니다.
1. 수익자의 고의. 다만, 그 수익자가 보험금의 일부 수익자인 경우에는 그 수익자에 해당하는 보험금을 제외한 나머지 보험금을 다른 수익자에게 지급하여 드립니다.	1. 피보험자가 고의로 자신을 해친 경우. 다만, 피보험자가 심신상실 등으로 자유로운 의사결정을 할 수 없는 상태에서 자신을 해친 사실이 증명된 경우에는 보상하여 드립니다.
2. 계약자의 고의	2. 보험수익자가 고의로 피보험자를 해친 경우. 다만, 그 보험수익자가 보험금의 일부 보험수익자인 경우에는 그 보험수익자에 해당하는 보험금을 제외한 나머지 보험금을 다른 보험수익자에게 지급합니다.
3. 피보험자(보험대상자)의 고의. 다만, 피보험자(보험대상자)가 심신상실 등으로 자유로운 의사결정을 할 수 없는 상태에서 자신을 해친 사실이 증명된 경우에는 보상하여 드립니다.	3. 계약자가 고의로 피보험자를 해친 경우
4. 피보험자(보험대상자)의 임신, 출산(제왕절개를 포함합니다), 산후기로 입원한 경우. 그러나 회사가 보상하는 상해로 인한 경우에는 보상하여 드립니다.	4. 피보험자의 임신, 출산(제왕절개를 포함합니다), 산후기로 입원한 경우. 그러나 회사가 보상하는 상해로 인한 경우에는 보상합니다.
5. 전쟁, 외국의 무력행사, 혁명, 내란, 사변, 폭동	5. 전쟁, 외국의 무력행사, 혁명, 내란, 사변, 폭동
6. 피보험자(보험대상자)가 정당한 이유 없이 입원기간 중 의사의 지시를 따르지 아니한 때에 회사는 그로 인하여 악화된 부분에 대하여는 보상하여 드리지 아니합니다.	6. 피보험자가 정당한 이유 없이 입원기간 중 의사의 지시를 따르지 않은 때에 회사는 그로 인하여 악화된 부분에 대하여는 보상하지 않습니다.

제1세대 실손의료보험 약관에서 면책사유로 정하고 있던 알코올 중독, 습관성 약품 또는 환각제의 복용 및 사용, 핵연료 물질 또는 핵연료 물질에 오염된 물질의 방사성, 폭발성 사고 면책조항 등은 2010. 3. 29. 삭제되었다.

한편, 증상이 호전되어 입원치료가 필요하지 않은데도 입원 일당 등을 수령할 목적으로 장기간 입원하는 도덕적 해이 사례 등이 있어서 이를 방지하기 위해 2015. 11. 28. 약관개정 시 면책사유에 피보험자가 정당한 이유 없이 입원기간 중 의사의 지시를 따르지 않은 경우 외에 '통원치료가 가능한데도 자의적으로 입원한 경우'가 추가되었다[2].

쟁점의 연구

위에 열거된 위험물은 불확실성, 우연성 등 보험사고의 성립 요건을 충족하지 못하기 때문에 보장대상에서 처음부터 배제하기 위한 것이다.

1. 제4조(보상하지 않는 사항) 제1항

가. 고의 사고 면책

① 회사는 다음의 사유로 인하여 생긴 입원의료비는 보상하지 않습니다. 〈개정 2015. 11. 30.〉
1. 피보험자가 고의로 자신을 해친 경우. 다만, 피보험자가 심신상실 등으로 자유로운 의사결정을 할 수 없는 상태에서 자신을 해친 사실이 증명된 경우에는 보상합니다.
2. 보험수익자가 고의로 피보험자를 해친 경우. 다만, 그 보험수익자가 보험금의 일부 보험수익자인 경우에는 다른 보험수익자에 대한 보험금은 지급합니다.
3. 계약자가 고의로 피보험자를 해친 경우

---

2) 금융감독원 보도자료, 자의적인 입원에 대한 통제장치 마련(2015. 12. 30.)

제1항 제1호 내지 제3호는 「질병·상해 표준약관」을 준용한 것으로 피보험자, 보험수익자, 보험계약자의 고의에 의한 사고는 불확정성, 적법성, 우연성 등을 충족하지 못하기 때문에 본질적으로 보험사고로 볼 수 없다[3].

국민건강보험법과의 관계

국민건강보험법 제53조(급여의 제한) 제1항에 따르면 '고의 또는 중대한 과실로 범죄행위에 그 원인이 있거나 고의로 사고를 일으킨 경우에는 보험급여를 하지 않는다'고 정하고 있는데 이런 경우가 실손의료보험 약관상 국민건강보험법을 적용받지 못한 경우[4]에 해당하므로 자칫 요양급여 중 본인부담금과 비급여 합계액의 40% 해당액을 보상[5]받을 수 있을 것으로 오해할 수 있으나, 동시에 약관상 면책사유에도 해당하므로 결과적으로 보장대상이 아니다.

나. 전쟁 등 대형재난 면책

---

① 회사는 다음의 사유로 인하여 생긴 입원의료비는 보상하지 않습니다. 〈개정 2015. 11. 30.〉
:
5. 전쟁, 외국의 무력행사, 혁명, 내란, 사변, 폭동으로 인한 경우

제1항 제5호는 「질병·상해 표준약관」을 준용한 것으로 보험회사가 감내할 수 없는 거대 위험은 처음부터 보장대상에서 제외하기 위한 것이다.

상법 제660조(전쟁위험 등으로 인한 면책)에서도 '보험사고가 전쟁 기타의 변란으로 인하여 생긴 때에는 당사자간에 다른 약정이 없으면 보험자는 보험금액을

---

3) 보험계약이 체결되기 전에 보험사고가 이미 발생하였을 경우, 보험계약의 당사자 쌍방 및 피보험자가 이를 알지 못한 경우를 제외하고는 그 보험계약을 무효로 한다는 [상법] 제644조의 규정은, 보험사고는 불확정한 것이어야 한다는 보험의 본질에 따른 강행규정으로, 당사자 사이의 합의에 의해 이 규정에 반하는 보험계약을 체결하더라도 그 계약은 무효임을 면할 수 없다 고 할 것이다 (출처 : 대법원 2002. 6. 28. 선고 2001다59064 판결 [손해배상(자)], 종합법률정보 판례).
4) [국민건강보험법] 제53조(급여의 제한) ① 공단은 보험급여를 받을 수 있는 사람이 다음 각 호의 어느 하나에 해당하면 보험급여를 하지 아니한다.
   1. 고의 또는 중대한 과실로 인한 범죄행위에 그 원인이 있거나 고의로 사고를 일으킨 경우
   2. 고의 또는 중대한 과실로 공단이나 요양기관의 요양에 관한 지시에 따르지 아니한 경우
5) 상해입원형 제3조(보장종목별 보장내용) 제3항 등

지급할 책임이 없다'라고 정하고 있다.

다. 입원기간 중 의사의 지시거부 입원 또는 자의적 입원

> ① 회사는 다음의 사유로 인하여 생긴 입원의료비는 보상하지 않습니다. 〈개정 2015. 11. 30.〉
> :
> **6. 피보험자가 정당한 이유없이 입원기간 중 의사의 지시를 따르지 않거나 의사가 통원치료가 가능하다고 인정함에도 피보험자 본인이 자의적으로 입원하여 발생한 입원의료비**

▎쟁점의 연구

　실손의료보험에서 보상하는 입원의료비는 피보험자의 의사와 무관하게 약관에서 정한 입원 인정조건, 즉 의사가 자택 등에서 치료가 곤란하여 관리, 치료에 전념하기 위해 입원할 필요가 있다고 판단되는 상태를 충족한 때에만 인정된다(<용어의 정의> '입원' 참조).

　위 조문도 국민건강보험법 제53조(급여의 제한) 제1항[6](보험급여의 제한)의 제2호에 해당하므로 실손의료보험 약관상 '국민건강보험법을 적용받지 못한 경우'로서 자칫 국민건강보험법에 따라 본인이 실제로 부담한 비용의 40% 상당액을 보상받을 수 있는 것으로 오해할 수 있으나 동시에 위 면책사유에도 해당하므로 결과적으로 보장대상이 아니다.

 참고판례 ▎

> 피고인이 보험금을 편취할 의사로 허위로 보험사고를 신고하거나 고의로 보험사고를 유발한 경우 보험금에 관한 사기죄가 성립하고, 나아가 설령 피고인이 보험사고에 해당할 수 있는 사고로 경미한 상해를 입었다고 하더라도 이를 기화로 보험금을 편취할 의사로 상해를

---

6) 제53조(급여의 제한) ① 공단은 보험급여를 받을 수 있는 사람이 다음 각 호의 어느 하나에 해당하면 보험급여를 하지 아니한다.
　2. 고의 또는 중대한 과실로 공단이나 요양기관의 요양에 관한 지시에 따르지 아니한 경우

과장하여 병원에 장기간 입원하고 이를 이유로 실제 피해에 비하여 과다한 보험금을 지급받는 경우에는 보험금 전체에 대해 사기죄가 성립한다(대법원 2011. 2. 24. 선고 2010도 17512 판결).

2. 제4조(보상하지 않는 사항) 제2항

> ② 회사는 다른 약정이 없으면 피보험자가 직업, 직무 또는 동호회 활동 목적으로 한 다음의 어느 하나에 해당하는 행위로 인하여 생긴 상해에 대해서는 보상하지 않습니다. 〈개정 2015. 11. 30.〉
> 1. 전문등반(전문적인 등산용구를 사용하여 암벽 또는 빙벽을 오르내리거나 특수한 기술, 경험, 사전 훈련이 필요한 등반을 말합니다), 글라이더 조종, 스카이다이빙, 스쿠버다이빙, 행글라이딩, 수상보트, 패러글라이딩
> 2. 모터보트·자동차 또는 오토바이에 의한 경기, 시범, 행사(이를 위한 연습을 포함합니다) 또는 시운전(다만, 공용도로에서 시운전을 하는 동안 발생한 상해는 보상합니다)
> 3. 선박에 탑승하는 것을 직무로 하는 사람이 직무상 선박에 탑승하고 있는 동안 〈개정 2020. 7. 31.〉

약관의 변천

제1세대(예시)	2009. 9. 28.	2011. 1. 19.
회사는 다른 약정이 없으면 피보험자가 직업, 직무 또는 동호회 활동목적으로 아래에 열거된 행위를 하는 동안에 생긴 손해에 대하여는 보장하여 드리지 아니합니다.	② 회사는 다른 약정이 없으면 피보험자(보험대상자)가 직업, 직무 또는 동호회 활동목적으로 아래에 열거된 행위로 인하여 생긴 상해에 대하여는 보상하여 드리지 아니합니다.	② 회사는 다른 약정이 없으면 피보험자(보험대상자)가 직업, 직무 또는 동호회 활동 목적으로 아래에 열거된 행위로 인하여 생긴 상해에 대하여는 보상하여 드리지 아니합니다.
① 전문등반(전문적인 등산용구를 사용하여 암벽 또는 빙벽을 오르내리거나 특수한 기	1. 전문등반(전문적인 등산용구를 사용하여 암벽 또는 빙벽을 오르내리거나 특수한 기술, 경험,	1. 전문등반(전문적인 등산용구를 사용하여 암벽 또는 빙벽을 오르내리거나 특수한 기술, 경험,

술, 경험, 사전훈련을 필요로 하는 등반을 말합니다), 글라이더 조종, 스카이다이빙, 스쿠버다이빙, 행글라이딩 또는 이와 비슷한 위험한 운동
② 모터보트, 자동차 또는 오토바이에 의한 경기, 시범, 흥행(이를 위한 연습을 포함합니다) 또는 시운전(다만, 공용도로상에서 시운전을 하는 동안 발생한 상해는 보장하여 드립니다)
③ 선박승무원, 어부, 사공, 그 밖에 선박에 탑승하는 것을 직무로 하는 사람이 직무상 선박에 탑승하고 있는 동안

사전훈련을 필요로 하는 등반을 말합니다), 글라이더 조종, 스카이다이빙, 스쿠버다이빙, 행글라이딩 또는 이와 비슷한 위험한 운동

2. 모타보트, 자동차 또는 오토바이에 의한 경기, 시범, 흥행(이를 위한 연습을 포함합니다) 또는 시운전(다만, 공용도로상에서 시운전을 하는 동안 발생한 상해는 보상하여 드립니다)
3. 선박승무원, 어부, 사공, 그 밖에 선박에 탑승하는 것을 직무로 하는 사람이 직무상 선박에 탑승

사전훈련을 필요로 하는 등반을 말합니다), 글라이더 조종, 스카이다이빙, 스쿠버다이빙, 행글라이딩

2. 모타보트, 자동차 또는 오토바이에 의한 경기, 시범, 흥행(이를 위한 연습을 포함합니다) 또는 시운전(다만, 공용도로상에서 시운전을 하는 동안 발생한 상해는 보상하여 드립니다)
3. 선박승무원, 어부, 사공, 그 밖에 선박에 탑승하는 것을 직무로 하는 사람이 직무상 선박에 탑승

2012. 12. 28.

→ ② 회사는 다른 약정이 없으면 피보험자(보험대상자)가 직업, 직무 또는 동호회 활동목적으로 아래에 열거된 행위로 인하여 생긴 상해에 대하여는 보상하여 드리지 아니합니다.

1. 전문등반(전문적인 등산용구를 사용하여 암벽 또는 빙벽을 오르내리거나 특수한 기술, 경험, 사전훈련을 필요로 하는 등반을 말합니다), 글라이더 조종, 스카이다이빙, 스쿠버다이빙, 행글라이딩, <u>수상보트, 패러글라이딩</u>

2. 모타보트, 자동차 또는 오토바이에 의한 경기, 시범, 흥행(이를 위한 연습을 포

2014. 2. 11.

→ ② 회사는 다른 약정이 없으면 피보험자가 직업, 직무 또는 동호회 활동목적으로 아래에 열거된 행위로 인하여 생긴 상해에 대하여는 보상하지 않습니다.

1. 전문등반(전문적인 등산용구를 사용하여 암벽 또는 빙벽을 오르내리거나 특수한 기술, 경험, 사전훈련을 필요로 하는 등반을 말합니다), 글라이더 조종, 스카이다이빙, 스쿠버다이빙, 행글라이딩, 수상보트, 패러글라이딩

2. 모터보트, 자동차 또는 오토바이에 의한 경기, 시범, 흥행(이를 위한 연습을 포함

2015. 11. 30.

→ ② 회사는 다른 약정이 없으면 피보험자가 직업, 직무 또는 동호회 활동목적으로 아래에 열거된 행위로 인하여 생긴 상해에 대해서는 보상하지 않습니다.

1. 전문등반(전문적인 등산용구를 사용하여 암벽 또는 빙벽을 오르내리거나 특수한 기술, 경험, 사전훈련을 필요로 하는 등반을 말합니다), 글라이더 조종, 스카이다이빙, 스쿠버다이빙, 행글라이딩, 수상보트, 패러글라이딩

2. 모터보트, 자동차 또는 오토바이에 의한 경기, 시범, 행사(이를 위한 연습을 포함합니다) 또는 시운전(다만, 공용도로상에

함합니다) 또는 시운전(다만, 공용도로상에서 시운전을 하는 동안 발생한 상해는 보상하여 드립니다)	합니다) 또는 시운전(다만, 공 용도로상에서 시운전을 하는 동 안 발생한 상해는 보상합니다)	서 시운전을 하는 동안 발생한 상해 는 보상합니다)
3. 선박승무원, 어부, 사 공, 그 밖에 선박에 탑승하 는 것을 직무로 하는 사람 이 직무상 선박에 탑승	3. 선박승무원, 어부, 사공, 그 밖에 선박에 탑승하는 것 을 직무로 하는 사람이 직무 상 선박에 탑승	3. 선박승무원, 어부, 사공, 그 밖에 선박에 탑승하는 것을 직 무로 하는 사람이 직무상 선박 탑승

약관의 변천

가. 레저활동 면책

위 조항은 「질병·상해 표준약관」을 준용한 것으로 표준약관 제정 당시에는 전문등반, 글라이더 조종, 스카이다이빙과 이와 유사한 운동 등 비교적 사고위험이 큰 활동을 '위험한 운동'으로 규정하여 면책해 왔으나, 레저활동의 다양화 및 안전의식 제고 등으로 보장대상의 확대 필요성이 커지면서 2011. 1. 19. '이와 비슷한 위험한 운동'이 삭제되었고, 2012. 12. 28. 수상보트, 패러글라이딩은 면책사유에 추가되었다.

나. 선박탑승위험 면책

선박 탑승 위험과 관련해서는 종전에는 특정 직업이나 직무, 동호회 관련 활동 등으로 인한 사고를 면책사유로 규정하여 이에는 선박승무원, 어부, 사공 등 특정 직업을 구체적으로 열거[7]하였으나, 특정 직업군에 대한 차별 논란 등으로 2020. 7. 31. 직업명을 삭제하고 '선박에 탑승하는 것을 직무로 하는 사람이 직무상 선박에 탑승하고 있는 동안[8]'으로 변경하였다.

---

7) 3. 선박승무원, 어부, 사공, 그 밖에 선박 탑승을 하는 것을 직무로 하는 사람이 직무상 선박에 탑승
8) 직무상 선박 탑승' 중 사고를 면책하려면 피보험자가 '선박에 탑승하는 것을 직무로 할 것'과 '선박에 탑승 중일 것' 등 두가지 조건을 모두 충족해야 한다.

쟁점의 연구

> ② 회사는 다른 약정이 없으면 피보험자가 직업, 직무 또는 동호회 활동 목적으로 한 다음의 어느 하나에 해당하는 행위로 인하여 생긴 상해에 대해서는 보상하지 않습니다. 〈개정 2015. 11. 30.〉
>
> :
>
> **3. 선박에 탑승하는 것을 직무로 하는 사람이 직무상 선박에 탑승하고 있는 동안** 〈개정 2020. 7. 31.〉

❶ 선박에 탑승하는 것을 직무로 할 것

'선박에 탑승하는 것을 직무'로 하는 것은 선박이라는 장소적 요건과 주된 업무가 선박에서 이루어지는 행위적 요건을 모두 충족해야 하므로 주로 선박승무원, 어부, 사고, 그 밖에 선박에 탑승하는 것을 직무로 하는 사람이 이에 해당한다.

따라서, 직무와의 관련성이 존재해야 하며, 아울러 일시적 또는 일회적이 아니라 계속적, 반복적인 것이어야 한다.

❷ 선박에 탑승 중일 것

일반적으로 교통재해 담보의 경우 교통승용구에 '탑승목적으로 승·하차 중 발생한 사고'와 '탑승 중 발생한 사고'로 구분할 수 있으며, 실손의료보험 약관에서도 선박 관련 사고에 대해 승선, 탑승 중, 하선 중 위험으로 구분하여 이 중 '선박탑승 중 사고'만 면책사유로 정하고 있다.

따라서, 당해 조문은 선박에 탑승하고 있는 동안 일반적으로 수반되거나, 이와 분리하기 어려운 탑승 전·후에 연계된 행위로 한정해야 할 것이다.

 참고판례 ▌

> 원심이 대체로 같은 취지에서 탑승 목적으로 교통승용구에 승차·승선하거나 탑승하였던 사람이 하차·하선하는 것은 탑승의 전후에 걸쳐 탑승과 불가분의 관계로 이어지는 일련의 과정으로서 이 사건 보험약관 제4조 [3]항의 '탑승'의 개념에 포섭된다고 봄이 상당하다고

한 판단은 정당하고, 거기에 상고이유에서 주장하는 바와 같이 판결 결과에 영향을 미친 약관의 해석에 관한 법리오해, 이유모순 등의 위법이 있다고 할 수 없다(대법원 2005. 4. 15. 선고 2004다65138, 65145 판결).

 참고판례 ┃

먼저 이 사건 사고가 망인이 직업, 직무 또는 동호회 활동목적으로 스쿠버다이빙을 하던 중 발생한 것으로 면책사유에 해당하는지 보건대, 망인은 이 사건 선박의 스크루에 로프가 걸리자 이를 해결하기 위하여 일회적으로 잠수작업을 하였던 것에 불과할 뿐 위와 같은 잠수작업을 계속적 반복적으로 하였던 것은 아닌 것으로 보이는 바, 그렇다면 망인이 잠수작업 중 사망한 사실만으로 망인이 스쿠버다이빙을 직업, 직무 또는 동호회 활동목적으로 하였다고 보기 어렵고, 달리 이를 인정할 증거가 없다.

다음으로 이 사건 사고가 선박에 탑승하는 것을 직무로 하는 사람이 직무상 선박에 탑승하고 있는 동안 생긴 사고로서 면책사유에 해당하는지 보건대, 약관의 내용은 개개의 계약체결자의 의사나 구체적인 사정을 고려함이 없이 평균적 고객의 이해가능성을 기준으로 하여 객관적·획일적으로 해석하여야 하고 고객보호의 측면에서 약관 내용이 명백하지 못하거나 의심스러운 때에는 고객에게 유리하게, 약관 작성자에게 불리하게 제한하여 해석해야 한다(대법원 2005. 10. 28. 선고 2005다35226 판결).

이 사건에 관하여 보건대, 이 사건 면책약관에서 '선박승무원, 어부, 사공, 그 밖에 선박에 탑승하는 것을 직무로 하는 사람이 직무상 선박에 탑승하고 있는 동안'에 생긴 손해를 면책사유로 정하고 있는 것은, 위와 같은 경우 이 사건 보험계약이 기본적으로 예정하고 있는 위험보험보다는 위험발생의 가능성이 커서 이를 보험의 담보에서 제외하려는 취지로 보이기는 한다. 그러나 위와 같은 면책조항은 보험계약자 내지 보험수익자의 권리를 배제하는 조항이므로 엄격하게 해석되어야 하고, 설령 면책조항에서 열거하고 있는 사유보다 위험발생의 가능성이 크다고 하더라도 위 면책조항에서 열거하지 아니한 경우까지 면책조항을 유추 내지 확장하는 것은 허용되지 아니한다고 할 것이다.

한편, 일반적으로 탑승은 자동차, 항공기, 기차, 선박 등에 올라타는 것을 의미하고, 탑승 전후에 걸쳐 탑승과 밀접하게 이어지는 일련의 행위 역시 탑승의 개념에 포함된다고 봄이 상당하나, 이러한 경우에도 탑승과 밀접한 관련이 있는 행위로서 탑승으로 볼 수 있는 행위는 선박승무원, 어부, 사고, 그 밖에 선박에 탑승하는 것을 직무로 하는 사람이 선박에 탑승하고 있는 동안 일반적으로 수반되거나 탑승전후에 걸쳐 불가분적으로 이어지는 일련의 행위에 한정한다 할 것이다. 그런데 망인은 이 사건 사고 당시 이 사건 선박에 있는 공기압축기 호스에 망인이 착용한 호흡기 호스를 연결하여 이를 이용해 호흡을 하며 잠수작업을 하다가 사망에 이르렀고, 위 호흡기 호스외에 이 사건 선박과 연결된 다른 장치는 없었던 것으로 보이는 바(이 사건 사고 당시 위 호흡기 호스는 망인과 분리되었다) 그렇다면 이 사건 사고는 망인은 이 사건 선박에서 벗어나 수중으로 잠수하여 작업을 하던 중 발생한 사고로서 이러한 잠수행위가 선박에 탑승하는 경우 일반적으로 수반되거나 탑승 전후에 걸쳐 불가분적으로 이루어지는 일련의 행위라고 볼 수는 없다(광주지방법원 2019나62115 판결 2020. 7. 10. 판결).

3. 제4조(보상하지 않는 사항) 제3항

③ 회사는 다음의 입원의료비에 대해서는 보상하지 않습니다. 〈개정 2015. 11. 30.〉
1. 치과치료(다만, 안면부 골절로 발생한 의료비는 치아 관련 치료를 제외하고 보상합니다) · 한방치료(다만, 「의료법」 제2조에 따른 한의사를 제외한 '의사'의 의료행위에 의해서 발생한 의료비는 보상합니다)에서 발생한 「국민건강보험법」에 따른 요양급여에 해당하지 않는 비급여의료비
2. 「국민건강보험법」에 따른 요양급여 중 본인부담금의 경우 국민건강보험 관련 법령에 따라 국민건강보험공단으로부터 사전 또는 사후 환급이 가능한 금액(본인부담금 상한제)
3. 「의료급여법」에 따른 의료급여 중 본인부담금의 경우 의료급여 관련 법령에 따라 의료급여기금 등으로부터 사전 또는 사후 환급이 가능한 금액(「의료급여법」에 따른 본인부담금 보상제 및 본인부담금 상한제)
4. 건강검진(단, 검사결과 이상 소견에 따라 건강검진센터 등에서 발생한 추가 의료비용은 보상합니다), 예방접종, 인공유산에 든 비용. 다만, 회사가 보상하는 상해 치료를 목적으로 하는 경우에는 보상합니다.
5. 영양제, 비타민제, 호르몬 투여, 보신용 투약, 친자 확인을 위한 진단, 불임검사, 불임수술, 불임복원술, 보조생식술(체내, 체외 인공수정을 포함합니다), 성장촉진, 의약외품과 관련하여 소요된 비용. 다만, 회사가 보상하는 상해 치료를 목적으로 하는 경우에는 보상합니다.
6. 의치, 의수족, 의안, 안경, 콘택트렌즈, 보청기, 목발, 팔걸이(Arm Sling), 보조기 등 진료 재료의 구입 및 대체 비용. 다만, 인공장기 등 신체에 이식되어 그 기능을 대신하는 경우에는 보상합니다.
7. 아래에 열거된 국민건강보험 비급여 대상으로 신체의 필수 기능개선 목적이 아닌 외모개선 목적의 치료로 인하여 발생한 의료비
   가. 쌍꺼풀수술(이중검수술. 다만, 안검하수, 안검내반 등을 치료하기 위한 시력개선 목적의 이중검수술은 보상합니다), 코성형수술(융비술), 유방 확대(다만, 유방암 환자

의 유방재건술은 보상합니다) · 축소술, 지방흡입술(다만, 「국민건강보험법」 및 관련 고시에 따라 요양급여에 해당하는 '여성형 유방증'을 수술하면서 그 일련의 과정으로 시행한 지방흡입술은 보상합니다), 주름살 제거술 등 〈개정 2018. 11. 6.〉

나. 사시교정, 안와격리증(양쪽 눈을 감싸고 있는 뼈와 뼈 사이의 거리가 넓은 증상)의 교정 등 시각계 수술로서 시력개선 목적이 아닌 외모개선 목적의 수술

다. 안경, 콘텍트렌즈 등을 대체하기 위한 시력교정술(국민건강보험 요양급여 대상 수술방법 또는 치료재료가 사용되지 않은 부분은 시력교정술로 봅니다)

라. 외모개선 목적의 다리정맥류 수술

마. 그 밖에 외모개선 목적의 치료로 국민건강보험 비급여대상에 해당하는 치료

8. 진료와 무관한 각종 비용(TV시청료, 전화료, 각종 증명료 등을 말합니다), 의사의 임상적 소견과 관련이 없는 검사비용, 간병비

9. 자동차보험(공제를 포함합니다) 또는 산재보험에서 보상받는 의료비. 다만, 본인부담의료비는 제3조(보장종목별 보상내용) (1) 상해입원 제1항, 제2항 및 제4항부터 제6항에 따라 보상합니다.

10. 「국민건강보험법」 제42조의 요양기관이 아닌 외국에 있는 의료기관에서 발생한 의료비

약관의 변천

제1세대(예시)	2009. 9. 28.
1. 치과질환 치료시의 의치비용, 치과보철비용 (크라운, 임플란트 등). 다만 국민건강보험급여로 처리되는 비용은 보상하여 드립니다. : 6. 한약재 등의 보신용 투약비용	치과치료 · 한방치료에서 발생한 국민건강보험법상 요양급여에 해당하지 않는 비급여 의료비

❶ 치과질환

제1세대 실손의료보험에서 치과질환은 원인 또는 요양급여 여부와 무관하게 보상하지 않았으며 상해로 인한 비용은 의치비용을 제외하고 보상하였으나, 2009. 9. 28. 표준약관이 마련된 이후 상해담보에서는 요양급여가 적용되는 치료는 보상(비급여 제외)토록 변경, 요양급여 여부가 보상기준이 되었다.

❷ 한방치료

한방치료의 경우, 제1세대 실손의료보험 약관에서는 손해보험회사의 경우 입원비용, 생명보험회사의 경우 요양급여를 보상하다가 표준약관 제정 이후 생명보험회사 방식을 채택하였다.

이는 한방의료의 경우 비급여가 표준화되어 있지 않아 적정한 보상관리가 어렵다는 점을 감안한 것인데 최근 국민권익위원회에서도 국민생활과 밀접한 한방의료 비급여를 표준화하여 요양급여를 받게 하거나 실손의료보험의 보장대상에 포함시킬 것을 권고하는 등 개정 요구가 꾸준히 제기되고 있다.

┃국민권익위원회 권고사항

구분	권고내용	소관부처
표준약관개정	입원환자 중 약침(봉침 포함), 추나요법 보상	금융위
	입원 시 양방과 동일하게 상급병실료 차액보상	
비급여명칭 표준화	약침, 추나요법 등의 비급여 진료행위의 입원 진료내역서 처방내용에 한약재 주성분, 치료행위, 투여량 등을 명기	복지부
한방건강보험 보장성 확대	한약제제, 물리요법 등의 빈번한 의료행위에 대한 품목 검토 후 건강보험 보장성 확대	

┃ 쟁점의 연구

가. 치과치료

> **1. 치과치료(다만, 안면부 골절로 발생한 의료비는 치아 관련 치료를 제외하고 보상합니다)**
> ·한방치료(다만, 「의료법」 제2조에 따른 한의사를 제외한 '의사'의 의료행위에 의해서 발생한 의료비는 보상합니다)**에서 발생한 「국민건강보험법」에 따른 요양급여에 해당하지 않는 비급여의료비**

상해담보 약관은 '보험기간 중 발생한 급격하고 우연한 외래의 사고'를 보상하므로 질병으로 분류되는 치과질환은 당연히 보장대상이 아니다.

한편, 질병담보 약관에서는 치아와 직접적인 관련이 있는 질환(K00~K08)[9]은 발생빈도 등이 높아 처음부터 담보 위험에서 배제하고 있으나 그 외의 치아질환과 구분되는 구강, 턱 관련 질환은 보상하고 있다.

나. 한방치료

---

1. 치과치료(다만, 안면부 골절로 발생한 의료비는 치아 관련 치료를 제외하고 보상합니다) **·한방치료**(다만, 「의료법」 제2조에 따른 한의사를 제외한 '의사'의 의료행위에 의해서 발생한 의료비는 보상합니다)**에서 발생한 「국민건강보험법」에 따른 요양급여에 해당하지 않는 비급여의료비**

한방치료의 사전적 의미는 '한의원에서 한약이나 뜸, 부항 따위를 이용하여 병을 낫게 하는 치료'이다.

그러나, 한방치료와 관련이 있는 국민건강보험법상 요양기관에는 한의원 외에 한방병원도 존재하므로 '한의원에서 이루어지는 치료'를 한방치료로 정의하는 것은 적절치 못하며, 한방병원에서는 한방 뿐만 아니라 양방치료가 가능하다는 점을 고려하면 '한의원 또는 한방병원에서 이루어지는 치료'라는 식으로 요양기관을 기준으로 정의하는 것도 적절치 못하다.

그런데, 의료법 제2조(의료인) 제2항 제3호에 의하면 '한의사는 한방 의료와 한방 보건지도를 임무로 한다'고 정하고 있으므로 '한방치료'는 한의사의 업무 범위를 기준으로 하여 '한의사에 의해 이루어지는 한방의료와 한방보건지도에 속한 행위'로 정의하는 것이 가장 합리적이라 할 것이다.

---

9) K00 치아의 발육 및 맹출장애
 K01 치아우식
 K03 치아경조직의 기타질환
 K04 치수 및 근단주위조직의 질환
 K05 치은염 및 치주질환
 K06 잇몸 및 무치성 치조융기의 기타 장애
 K07 치아얼굴이상(부정교합 포함)
 K08 치아 및 지지구조의 기타 장애

다. 한의사를 제외한 의사의 의료행위

> 1. 치과치료(다만, 안면부 골절로 발생한 의료비는 치아 관련 치료를 제외하고 보상합니다) ·
> 한방치료(**다만, 「의료법」 제2조에 따른 한의사를 제외한 '의사'의 의료행위에 의해서**
> **발생한 의료비는 보상합니다**)에서 발생한 「국민건강보험법」에 따른 요양급여에 해당하
> 지 않는 비급여의료비

　　의료법 제2조[10)](는 '의사'가 아닌 '의료인'을 규정하고 있고, 이 의료에는 '보건
복지부장관의 면허를 받은 의사, 치과의사, 한의사, 조산사 및 간호사'를 열거하
고 있다.

　　따라서 약관상 '의료법 제2조에 따른 한의사를 제외한 의사'는 '의사, 치과의
사'를 의미한다 할 것인데, 앞서 살펴본 바와 같이 한방치료는 한의사만 가능하므
로 '의사나 치과의사가 한방치료를 하는 경우'는 존재할 수 없기 때문에 괄호 문
구는 불필요하다고 본다.

　　결론적으로 위 조문은 의료비가 발생한 요양기관과 무관하게 '한의사에 의한
한방의료 또는 한방 보건지도로 인하여 발생한 비급여'로 해석하는 것이 타당하
다고 할 것이다.

 분쟁사례 ▌

[분쟁 경위]
A씨는 한방병원의 진단방사선과에서 MRI검사(비급여) 등을 받고 보험금을 청구하였으나,
보험회사는 한방병원에서의 진료라는 이유로 보험금 지급을 거절하였다.

[판단]
한방병원내 치료라 하더라도 한의사가 아닌 의사의 진료행위에 의한 경우 보상하는 것이
타당하다.

---

10) 제2조(의료인) ① 이 법에서 "의료인"이란 보건복지부장관의 면허를 받은 의사 · 치과의사 · 한
　　의사 · 조산사 및 간호사를 말한다. <개정 2008. 2. 29., 2010. 1. 18.>

라. 본인부담상한액 초과 환급금

> 2. 「국민건강보험법」에 따른 요양급여 중 본인부담금의 경우 국민건강보험 관련 법령에 따라 국민건강보험공단으로부터 사전 또는 사후 환급이 가능한 금액(본인부담금 상한제)
> 3. 「의료급여법」에 따른 의료급여 중 본인부담금의 경우 의료급여 관련 법령에 따라 의료급여기금 등으로부터 사전 또는 사후 환급이 가능한 금액(「의료급여법」에 따른 본인부담금 보상제 및 본인부담금 상한제)

약관의 변천

제1세대 실손의료보험 약관에서는 본인부담금 상한액 초과 환급액과 관련하여 별도로 규정하지 않았으나 표준약관 제정 시 처음으로 면책사유로 명시하였다.

2009. 11. 28. 표준약관이 제정된 당시에는 '국민건강보험법상 요양급여 중 본인부담금의 경우 국민건강보험 관련 법령에 의해 국민건강보험공단으로부터 사전 또는 사후 환급이 가능한 금액'으로 되어 있었으나, 의료급여법에 따른 본인부담액 초과 환급금도 보상되지 않는다는 문구가 2010. 3. 29. 추가되었다.

제1세대(예시)	2009. 9. 28.	2010. 3. 29.
없음	2. 국민건강보험법상 요양급여 중 본인부담금의 경우 국민건강보험 관련 법령에 의해 국민건강보험공단으로부터 사전 또는 사후 환급이 가능한 금액	2. 국민건강보험법상 요양급여 중 본인부담금의 경우 국민건강보험 관련 법령에 의해 국민건강보험공단으로부터 사전 또는 사후 환급이 가능한 금액(본인부담금 상한제) 3. 의료급여법상 의료급여 중 본인부담금의 경우 의료급여 관련 법령에 의해 의료급여기금 등으로부터 사전 또는 사후 환급이 가능한 금액(의료급여법상 본인부담금 보상제 및 본인부담금 상한제)

쟁점의 연구

본인부담상한액을 초과하는 환급대상 금액(이하 '초과환급금'이라고 한다)의 보상 여부와 관련한 논쟁을 해결하려면 먼저 초과환급금의 법적 성격을 규명해야 한다.

❶ 본인부담상한제

(ⅰ) 개요

본인부담상한제는 예기치 못한 질병 등의 치료를 위해 발생한 의료비 부담을 경감하기 위해 국민건강보험 가입자별 소득 구간을 7개로 구분하고 1년간 선별급여와 비급여를 제외한 건강보험 본인부담금이 개인별 본인부담 상한액을 초과하는 경우 그 초과금액을 국민건강보험공단이 부담하는 제도이다.

(ⅱ) 환급방식에 따른 구분

종전에는 동일한 요양기관 입원 시 연간 본인부담액이 최고상한액(2021년 기준 584만원)을 초과하면 요양기관이 그 초과액을 환자가 아닌 국민건강보험공단에 직접 청구하거나(사전급여 방식), 개인별로 본인부담상한액 기준보험료가 결정된 후 본인부담상한액 초과액을 국민건강보험공단이 환자에게 직접 지급(사후환급 방식)해 왔는데[11], 사전급여 방식을 활용하여 요양기관이 미리 의료비를 할인해 주거나 연간 약정 등을 통해 환자를 유인하는 부작용이 있어, 2020. 1월부터 국민건강보험공단이 환자에게 직접 지급하는 사후환급 방식만이 운용되고 있다[12].

한편, 피보험자 입장에서는 당해년도 소득이 확정되는 12월이 지난 다음 해 7월 이후에나 수령할 초과환급액을 알 수 있다 보니 보험회사는 피보험자로부터 과거 소득자료를 받아 예상 초과환급액을 계산한 후 이를 지급할 보험금에서 차감하거나(선공제방식), 향후 초과환급액을 반납하겠다는 약정을 하는 경우에만 보험금을 지급하고 있다(후환수방식).

선공제 방식은 피보험자의 소득이 파악되지 않는 이상 정확한 초과환급금을 계산하기 어렵고, 후환수 방식도 실무상 보험계약자 등에게 환입[13]을 강제하기가

---

11) 수 개의 요양기관에 납부한 환자의 연간 본인부담금 합산액이 본인부담상한액을 초과하는 경우 그 초과액을 익년 7월경 건보공단이 환급

12) 보건복지부, '내년부터 환자에게 요양병원 본인부담상한액 초과금 직접 지급한다' 2019. 12. 10.(조간)

쉽지 않아 어느 방식이든 초과환급금 반환과 관련한 분쟁이 끊이지 않고 있다.

❷ 본인부담금 상한액 초과환급금의 법적 성격

초과환급금의 보상 여부를 둘러싼 여러 주장들을 종합해 보면 결국 초과환급금을 '요양급여 중 부담하는 본인부담액에서 차감할 비용'으로 볼 것인가(차감액설), 아니면 '소득보전 차원에서 시행되는 지원금'[14]으로 볼 것인가(지원금설)로 귀결된다.

(ⅰ) 차감액설

차감액설에 따르면 국민건강보험법에 따른 수급받는 요양급여는 국민건강보험공단과 환자가 각자의 부담률에 따라 공동부담하는 것으로 볼 수 있는데, 초과환급금은 이러한 국민건강보험공단과 환자간의 부담률의 변동요인으로서 환자가 최종적으로 부담해야 하는 비용에서 차감하는 정산항목에 불과하므로 본인부담액만을 보상하는 실손의료보험의 취지상 당연히 지급할 수 없다고 본다.

또한 초과환급금을 지급하지 않는 경우 보험회사가 부당이득을 취하는 것이라는 주장에 대해서는 지급보험금 감소분만큼 손해율이 개선되어 전체 가입자의 보험료 인하요인이 되는 것이지 보험회사의 이익으로 계상되는 것은 아니라는 입장이다(산재보험에서 받는 의료비를 면책하는 경우도 동일).

(ⅱ) 지원금설

지원금설에 따르면 초과환급금은 환자의 진료비 부담 경감을 위해 보건당국이 사회정책적 목적으로 지급하는 것으로서 요양급여기준에 따른 환자 부담률과는 무관하므로 이러한 공적 영역의 사안에 관하여 민영보험회사가 실손의료보험 계약을 근거로 지급할 보험금에서 초과환급금을 공제한다면 취약계층에 대한 역차별이며, 동일한 보험료를 부담한 가입자간 형평성을 훼손할 뿐만 아니라 보험회사가 부당이익을 취하는 것이므로 불합리하다고 본다.

---

13) 일부 보험회사는 피보험자로부터 초과환급금 발생 시 환입하겠다는 각서나 동의서 작성을 요구하는 방식을 취하고 있다.

14) 국민건강보험공단과 한국소비자원은 환급액을 의료비로 이미 지출한 비용을 현금으로 환급하여 의료서비스 외에 소비재를 추가로 구매할 수 있으므로 소득보전 지원금이라는 입장이다.

❸ 실손의료보험과의 관계

실손의료보험 약관(상해입원형) 제1조(보장종목) 제1항에 따르면 '피보험자가 상해로 인하여 병원에 입원하여 치료를 받은 경우'에 보상한다고 정하여, '요양기관으로부터 제공받은 의료 용역' 즉, 현물급여(現物給與)만을 담보 대상으로 하고 있으므로 국민건강보험법에 따른 요양급여라 할지라도 현금급여(現金給與)에 대해 부담하는 비용은 처음부터 실손의료보험과 무관하다.

즉, 본인부담상한제에 따른 초과환급금이나 추후 설명할 요양비의 보상여부와 관련한 분쟁은 모두 현물급여 또는 현금급여 등 요양급여 방식과 관련되어 있다고 할 수 있으므로 실손의료보험과 초과환급금의 관계를 정리하기 위해서는 첫째, 초과환급금의 법적 성격, 즉 요양급여 부담액 정산항목(차감액설)과 지원금(지원금설) 중 어디에 해당하는지를 규명해야 하고, 둘째, 전자(前者)에 해당한다면 약관상 초과환급금 면책조항의 유무가 보상 여부에 미치는 영향 등을 검토해야 하며, 후자(後者)에 해당한다면 초과환급금은 현금급여로서 실손의료보험과 무관하므로 보험회사가 보상금액에서 공제할 수 없다고 정리할 수 있다.

한편, 실손의료보험은 실손보상원칙 또는 이득금지의 원칙이 적용되므로 이에 따라 초과환급금은 보장대상이 아니라고 보는 견해도 있는데, 앞서 실손의료보험의 법적 성격에서 살펴본 바와 같이 결론과 무관하게 이를 초과환급금의 면책 근거로 삼는 것은 부적절하다고 할 것이다.

사례 연구

금융감독원 금융분쟁조정위원회와 법원은 초과환급금에 대해 어떤 입장을 취하고 있는지 살펴보고 본인부담상한액 초과환급금의 법적 성격을 정리해 보고자 한다.

금융분쟁조정위원회는 제1세대 실손의료보험 약관 분쟁 사례(초과환급금이 면책사유에 포함되지 않은 약관)에서 초과환급금 만큼 본인부담금이 감소하므로 실손보상원칙에 따라 보장대상이 아니라고 판단하여 차감액설을 지지하고 있다.

조정사례 ▌

> 당해약관15)에서는 피보험자가 부담하는 국민건강보험법에서 정한 요양급여 중 본인 부담금
> 과 비급여에 해당하는 비용의 100% 해당액을 지급하도록 규정하고 있는바, 이 건 사고와
> 같이 요양 급여 중 본인부담 상한액(400만원) 초과액을 국민건강보험공단으로부터 환급을
> 받는다면 요양급여의 본인부담금이 줄어들게 되므로 요양 급여 중 본인부담금을 보험금으
> 로 지급하는 약관취지에 비추어 환급금 부분은 보험금 지급대상에서 제외되는 것이 타당하
> 다 할 것임(금융분쟁조정위원회 조정결정 제2010-69호, 2010. 7. 27.)

한편, 법원의 입장은 다소 엇갈린다. 우선 2016. 2월 대법원에서는 보험회사가
예상 초과환급금을 공제하지 않고 보험금을 지급한 뒤 추후 확정된 초과환급금을
반환하라고 제기한 부당이득반환 청구 소송에서 보험회사의 주장에 이유가 있다
고 판단16)하여 차감액설의 입장에서 판단한 바 있다.

 참고판례 ▌

> 위 기초사실에 의하면 이 사건 보험계약은 질병입원의 경우 피고가 국민건강보험공단에 대
> 하여 부담하는 연간 본인부담금 상한액, 통원치료의 경우 연간 본인부담금 상한액을 일할
> 계산한 금액에서 1일당 5,000원을 공제한 금액의 한도 내에서 보험금을 지급하기로 하는
> 내용의 계약이라고 봄이 상당하고, 따라서 원고가 피고에게 이 사건 보험계약상 약정한도를
> 초과하여 지급한 금원(이하 '이 사건 초과금'이라 한다)은 특별한 사정이 없는 한 법률상 원
> 인 없이 지급된 것에 해당하며, 이로 인하여 원고는 이 사건 초과금 상당의 손해를, 피고는
> 같은 금액 상당의 이익을 얻고 있다고 할 것이니, 피고는 원고에게 이를 부당이득으로 반환
> 할 의무가 있다(대법원 2015다246957 판결).

그러나, 최근 하급심에서는 초과환급금에 대한 사전급여 방식은 현물급여, 사
후 환급방식은 현금급여에 해당하므로 사후 환급방식에 의한 초과환급금은 보험
금에서 공제할 대상이 아니라고 판단하는 등 위 대법원의 입장과 달리 지원금설

---

15) 당해 계약은 실손의료보험 표준화 이전인 2008. 12월 체결된 것으로 면책사유에 본인부담상
   한액 초과 환급금 면책 사유를 포함하고 있지 않다.
16) 당해 계약은 2009. 7. 1. 표준화 이전 계약으로 질병입원의료비 : 국민건강보험법상 본인부담
   액 전액(단, 병실차액은 50%), 통원치료비 : 국민건강보험법상 1일당 본인부담액에서 5,000원
   을 공제한 금액을 지급한다고 정하고 있다.

을 지지하고 있는 것으로 보인다.

 참고판례 ▌

이처럼 '사전 급여'와 '사후 환급'은 요양급여비용 중 일부인 본인부담금의 연간 총액이 본인부담상한액을 초과하는 경우 공단이 이를 대신 부담하고 요양기관 또는 가입자에게 그 금액을 직접 지급하는 방식으로 보험급여가 이루어지므로 가입자의 질병·부상 등에 대하여 요양기관에서 진찰·검사·치료·입원 등을 받게 함으로써 현물급여의 형태로 실시되는 요양급여와는 서로 구별되는 특수한 형태의 보험급여라고 할 것이고…(인천지방법원 2017. 1. 10. 선고 2016나61108 판결)

다른 하급심에서도 초과환급금을 '의료서비스 외의 소비재를 추가로 소비할 수 있는 소득보전 성격의 금품'으로서 '국민건강보험의 보장성 강화를 위해 건보공단에서 지급한 보험급여'로 판단하여 지원금설 입장에서 초과환급금을 현금급여로 간주하고 있다.

 참고판례 ▌

이 사건 보험계약에는 이 사건 보험계약 체결 이후에 변경된 표준약관과 달리 본인부담금상한제로 인한 사후 환급이 가능한 금액이 '보상하지 아니하는 손해'로 규정되어 있지 않다.
…(중략)…
본인부담상한제의 환급금 성격은 경제적 취약계층에 '의료서비스 외의 소비재를 추가로 소비할 수 있는 소득 보전 성격의 금품'으로서 국민건강보험의 보장성 강화를 위해 국민건강보험공단에서 지급하는 '보험급여'에 해당하는 것으로 볼 수 있는바, 별다른 근거 없이 환급금을 보상에서 배제하는 것은 취약계층에 대한 역차별이자 본인부담금상한제의 시행 취지에 정면으로 반한다(부산지법 2021나40317 부당이득금 2021. 11. 3. 선고, 1심판결 2020. 12. 9. 선고 2020가단314782).

 참고판례 ▌

또한, ① 피고가 공단으로부터 사후 환급받을 수 있는 금액이라 하더라도 피고가 의료기관 등에 의료비를 납부할 당시에는 '피보험자인 피고가 부담한 본인부담금'에 해당하는 것은 분명하고(만약 그렇지 않고 피고가 부담할 본인부담금에 해당하는 것이 아니라 한다면, 피고가 이를 의료기관 등에 납부할 의무 자체가 없었다는 것이 되고, 이 경우 피고는 의료기관 등으로부터 기납부금을 반환받을 수 있다는 논리가 된다.) 이는 이 사건 보험의 약관상 원고가 보상하는 손해에 당연히 해당되는 것인 점, ② 피고가 2009. 3. 4. 경 가입한 이 사건 보험의 약관에는 본인부담금상한제로 인한 사후 환급이 가능한 금액이 '보상하지 아니하는 손해'로 규정되어 있지 아니하였고, 그 이후에서 이 약관에 그와 같은 규정이 생긴 점, ③ 위와 같은 사정상 이 사건 보험의 계약체결시점에서는 국민건강보험법의 본인부담금상한제는 보험료 산정의 고려대상도 아니었던 점, ④ 그 밖에 본인부담금상한제의 취지 등을 종합적으로 고려할 때, 원고가 주장하는 피고에 대한 환급금액이 이 사건 보험에서 보상되지 아니하는 손해에 해당한다고 보기도 어렵다(광주지방법원 2019가단83417(본소) 부당이득금 2021가단521(반소) 부당이득금).

다만, 최근 법원이 일관되게 지원금설을 지지하고 있는 것은 아니고 대법원과 같이 초과환급금을 지급 보험금에서 공제해야 한다고 본 하급심도 존재한다.

 참고판례 ▌

원고가 지급을 구하는 돈 중 … 2020년도의 본인부담상한액 ***원을 초과하여 국민건강보험공단으로부터 환급을 받았으므로 위 초과하는 부분은 피고가 보상하는 손해라고 할 수 없고….
본인부담금상한액을 초과하여 환급되는 금액이 보상하지 아니하는 사항에 포함된 약관의 개정 전에 체결한 실손의료보험의 경우에도 실손의료보험의 본질에 비추어 마찬가지로 보아야 한다(서울중앙지방법원 2021가소1445996 보험금 판결선고 2021. 11. 18.).

▌심층탐구① : 한국소비자보호원과 국민건강보험공단의 입장

1. 한국소비자보호원

한국소비자보호원 소비자분쟁조정위원회은 초과환급금이 특수한 형태의 보험급여로서 요양급여와 다르며, 이를 지급보험금에서 공제하는 것은 취약계층에 대한 역차별로서 국가의 사회복지정책에 역행하는 것이라는 입장인데, 결국 지원금설을 지지하고 있다고 하겠다.

본인부담상한제에 따른 환급예정 치료비의 보험금 지급요구[17]

환급금은 요양급여와는 성격이 다른 특별한 형태의 보험급여이므로 이를 요양급여와 동일하게 볼 수 없고, 환급금 공제는 취약계층에 대한 역차별이자 국가의 사회복지 정책에 역행하는 것이며, 소득이나 사회복지정책에 따라 실손의료보험의 보장대상이 달라지는 것은 보험계약자 평등원칙에 위반되고 보험회사마다 본인부담상한제 적용시기 및 소득분위 확인·적용방법이 다른 것은 약관의 객관적 해석의 원칙에 위배되므로 지급보험금에서 환급금을 선공제하는 것은 부당하다.

2. 국민건강보험공단

국민건강보험공단도 초과환급금은 건보공단부담금인 보험급여에 해당하는 것이지 환자 본인부담액에서 감경한 것이 아닌데도 이를 지급보험금에서 공제하는 것은 타당하지 않다고 본다.

또한, 본인부담상한제는 환자의 고액의 진료비에 따른 경제적 부담을 완화함으로써 건강보험 보장성을 강화하기 위하여 도입한 제도로 관련 사항이 국민건강보험법에 따라 운영·관리되는 공적보험의 영역인 반면, 민영보험은 당사자간에 보험약관을 통한 사적계약에 따라 보험금 지급여부 등이 결정되는 만큼 약관을 법령에 우선하여 해석할 수는 없으며, 본인부담금 상한제를 통한 건강보험 보장성 강화는 국민이 부담하는 보험료를 재원으로 하므로 이윤추구를 목적으로 민간보험과는 성격 자체가 다르다[18]는 것이다. 결국 표현은 조금씩 다르지만 국민건강보험공단도 그 근저에는 한국소비자보호원과 마찬가지로 지원금설을 지지하고 있다고 할 수 있다.

---

17) 한국소비자보호원 소비자분쟁조정위원회, 2016. 12. 12. 조정결정 제2016일가342호
18) 국민건강보험공단, 실손의료보험사의 본인부담상한액 자료 요구에 대한 공단 의견(2015. 11. 5.)

- 본인부담금 상한제 사후환급금은 공단이 부담하는 보험급여 비용으로 보장성을 강화하기 위해 가입자에게 건강보험혜택을 늘려주는 공적급여임

- 본인부담상한제는 의료비로 이미 지출한 비용을 현금으로 환급받게 함으로써 의료서비스 외의 소비재를 추가로 소비할 수 있는 소득보전 성격의 금품으로 대부분의 국가에서 재난적 의료비에 대한 국가정책은 본인부담상한제 사후환급금이 일반적이며, 저소득층에 대해 본인부담을 인하, 본인부담금 면제, 사전환급 등을 보충적으로 시행하고 있음

- 따라서, 본인부담금 상한제 사후 환급금을 환자 본인부담금 경감으로 간주하여 민간보험사에서 이를 공제하고 지급하는 것 자체가 국민건강보험법 및 상한제 도입 취지 등을 고려할 때 타당하다고 볼 수 없으며, 민간보험사의 사익을 우선하고 건강보험의 보장성을 축소하게 되는 것임

소결

이상의 내용을 토대로 본인부담상한제에 따른 초과환급금 보상여부와 관련한 분쟁은 사견이기는 하나 다음과 같이 정리할 수 있을 것이다.

첫째, 제2세대 이후 실손의료보험의 경우 초과환급금을 차감액설의 입장에서 현물급여의 차감항목으로 명확하게 규정하고 있는 만큼 당해약정이 무효라고 볼 만한 사정이 없는 이상 보장대상이 아니라 할 것이다. 즉, 초과환급금은 현물급여의 차감항목으로서 면책대상에 해당한다는 사실에 대해서는 이론의 여지가 없다.

둘째, 제1세대 실손의료보험(초과환급금 면책조항 불포함)의 경우도 대법원이나 금융분쟁조정위원회 모두 차감액설을 지지하고 있고 최근 하급심에서 지원금설의 입장에서 초과환급금을 보상하라고 판단한 사례가 증가하고 있기는 하나 여전히 차감액설을 지지한 경우도 있어 현재로서는 법원이 초과환급금을 지원금으로 정리한 것이라고 단정하기도 어려우므로 추후 더 심도있는 논의가 필요할 것으로 보인다.

마. 건강검진

> 4. 건강검진(단, 검사결과 이상 소견에 따라 건강검진센터 등에서 발생한 추가 의료비용은 보상합니다), 예방접종, 인공유산에 든 비용. 다만, 회사가 보상하는 상해 치료를 목적으로 하는 경우에는 보상합니다.

약관의 변천

제1세대(예시)	2009. 9. 28.	2014. 2. 11.
아래의 사유로 발생한 상해 입원의료비를 보상하여 드리지 아니합니다. ② 상해를 원인으로 하지 않는 신체검사, 예방접종, 인공유산, 불임시술, 제왕절개수술비	③ 회사는 아래의 입원의료비에 대하여는 보상하여 드리지 아니합니다. 3. 건강검진, 예방접종, 인공유산. 다만 회사가 보상하는 상해 치료를 목적으로 하는 경우에는 보상하여 드립니다.	③ 회사는 아래의 입원의료비에 대하여는 보상하지 않습니다. 4. 건강검진, 예방접종, 인공유산. 다만 회사가 보상하는 상해 치료를 목적으로 하는 경우에는 보상합니다.

　2014. 12. 26. 이전의 약관 조문에서는 '상해 또는 질병의 치료를 목적으로 하지 않는 건강검진, 예방접종, 인공유산 등'을 면책사유로 정하고 있었으나, 건강검진센터가 의료기관으로서 검진 중 처치 및 수술을 시행하는 경우도 존재하므로 이런 경우는 예외적으로 보상토록하기 위하여 '검사결과 이상 소견에 따라 건강검진센터 등에서 발생한 추가 의료비용'으로 2015. 11. 28. 변경하였다.

쟁점의 연구

　위 건강검진과 유사한 비용으로서 상해입원형 제3관(보상하지 아니하는 사항) 제4조 제1항 제8호[19])에서 정하고 있는 '검사비용'과 관련하여 상해 또는 질병의 치료 목적인정 여부를 두고 간혹 분쟁이 발생한다.

약관에서는 건강검진이나 의사의 임상적 소견이 없는 검사비용은 원칙적으로 보상하지 않으나 상해 또는 질병의 '치료를 목적'으로 한 것, '의사의 임상적 소견'에 의해 실시한 것은 예외적으로 보상하는 것으로 정하고 있고, 이 중 '의사의 임상적 소견에 의한 검사'는 상해 또는 질병의 치료와 직접적인 관련이 있다고 봄이 타당하므로 결국 건강검진비용이나 검사비용 모두 '상해 또는 질병의 치료를 목적으로 하는 경우'에는 보상한다는 의미로 해석된다.

따라서, 동 분쟁의 쟁점은 '상해 또는 질병 치료의 목적'의 인정 여부라 할 것이고 이를 해결하기 위해서 공정하고 객관적인 잣대가 필요하다.

한편 이와 관련하여 건강보험요양급여규칙 [별표2] 제3호에서 '예방진료로서 질병·부상의 진료를 직접목적으로 하지 아니하는 경우[20]'를 비급여대상으로 정하고 있으므로, 피보험자가 받은 건강검진 또는 검사가 이에 해당한다면 약관상 '치료 목적의 건강검진 또는 의사의 임상적 소견에 따른 검사'로 인정하기는 어렵다 할 것이다.

다만, 여기서 주의할 점은 '검사'가 [별표2] 제3호가 아닌 다른 사유, 예를 들어, '「신의료기술평가에 관한 규칙」 제3조 제10항 제2호에 따른 제한적 의료기술(법정비급여대상 [별표2] 제4호 (거)목)' 또는 '그 밖에 요양급여를 함에 있어서 비용효과성 등 진료상의 경제성이 불분명하여 보건복지부장관이 정하여 고시하는 검

---

[19] 진료와 무관한 각종 비용(TV시청료, 전화료, 각종 증명료 등을 말합니다), 의사의 임상적 소견과 관련이 없는 검사비용, 간병비

[20] 3. 다음 각목의 예방진료로서 질병·부상의 진료를 직접목적으로 하지 아니하는 경우에 실시 또는 사용되는 행위·약제 및 치료재료
　　가. 본인의 희망에 의한 건강검진(법 제52조의 규정에 의하여 공단이 가입자등에게 실시하는 건강검진 제외)
　　나. 예방접종(파상풍 혈청주사 등 치료목적으로 사용하는 예방주사 제외)
　　다. 구취제거, 치아 착색물질 제거, 치아 교정 및 보철을 위한 치석제거 및 구강보건증진 차원에서 정기적으로 실시하는 치석제거. 다만, 치석제거만으로 치료가 종료되는 전체 치석제거로서 보건복지부장관이 정하여 고시하는 경우는 제외한다.
　　라. 불소부분도포, 치면열구전색(치아홈메우기) 등 치아우식증(충치) 예방을 위한 진료. 다만, 18세 이하인 사람의 치아 중 치아우식증(충치)이 생기지 않은 순수 건전치아인 제1큰어금니 또는 제2큰어금니에 대한 치면열구전색(치아홈메우기)은 제외한다.
　　마. 멀미 예방, 금연 등을 위한 진료
　　바. 유전성질환 등 태아 또는 배아의 이상유무를 진단하기 위한 유전학적 검사
　　사. 장애인 진단서 등 각종 증명서 발급을 목적으로 하는 진료
　　아. 기타 가목 내지 마목에 상당하는 예방진료로서 보건복지부장관이 정하여 고시하는 예방진료

사 · 처치 · 수술 기타의 치료 또는 치료재료'(법정비급여대상 [별표2] 제4호(더)목) 등
에 해당하여 비급여로 청구된 경우도 존재하므로 비급여로 청구되었다는 사실만
으로 '상해 또는 질병의 치료목적'이 아니라고 단정할 수는 없다.

따라서, 보상실무상 주치의의 소견서와 보험회사의 의적소견이 다른 비급여
청구건의 경우 건강보험심사평가원에 진료비심사청구를 통해 당해 비급여 항목
이 건강보험요양급여규칙 [별표2] 중 어느 항목에 해당하는지 확인 후 그 결과에
따라 처리하기도 한다.

🍎 **분쟁사례 ▌**

> [분쟁 경위]
> A씨는 B형간염으로 통원치료 중 r-GTP검사비(전액본인부담금)를 납부하고 보험금을 청구
> 하였으나 보험회사는 건강검진비용에 해당한다며 보험금 지급을 거절하였다.
>
> [판단]
> 검사비는 국민건강보험법상 '진찰 · 검사', 즉 '행위'에 해당한다. 따라서, r-GTP검사가 건
> 강검진을 위한 것이라면 요양급여기준에 관한 규칙 [별표2]의 제3호에 해당되어 비급여로
> 청구되었을 것인데, 요양급여수가가 적용된 전액본인부담금으로 청구되었다는 것은 예방목
> 적이 아닌 치료목적으로 봄이 타당하다.

바. 영양제, 비타민, 호르몬 투여 등 약제

> 5. 영양제, 비타민제, 호르몬 투여, 보신용 투약, 친자 확인을 위한 진단, 불임검사, 불임
>   수술, 불임복원술, 보조생식술(체내, 체외 인공수정을 포함합니다), 성장촉진, 의약외품
>   과 관련하여 소요된 비용. 다만, 회사가 보상하는 상해 치료를 목적으로 하는 경우에는
>   보상합니다. 〈2014. 2. 11. 개정〉

약관의 변천

제1세대(예시)	2009. 9. 28.
회사는 아래의 사유로 발생한 상해입원의료비를 보상하여 드리지 아니합니다. ① 한약재 등의 보신용 투약비용 ⋮ ③ 피로, 권태, 심신허약 등을 치료하기 위한 안정치료비	③ 회사는 아래의 입원의료비에 대하여는 보상하여 드리지 아니합니다. 4. 영양제, 종합비타민제, 호르몬 투여, 보신용 투약, 친자확인을 위한 진단, 불임검사, 불임수술, 불임복원술, 보조생식술(체내, 체외 인공수정을 포함합니다), 성장촉진과 관련된 비용 등에 소요된 비용. 다만 회사가 보상하는 상해 치료를 목적으로 하는 경우에는 보상하여 드립니다.

「PART 05 표준약관 축조해설(Ⅱ)」(보상하지 않는 사항) 제4장(질병입원형) 제4조 제3항의 내용을 참고하기 바란다.

사. 진료재료

> 6. **의치, 의수족, 의안, 안경, 콘택트렌즈, 보청기, 목발, 팔걸이(Arm Sling), 보조기 등 진료재료의 구입 및 대체비용.** 다만, 인공장기 등 신체에 이식되어 그 기능을 대신하는 경우에는 보상합니다.

약관의 변천

제1세대(예시)	2009. 9. 28.
회사는 아래의 사유로 발생한 상해입원의료비를 보상하여 드리지 아니합니다. ④ 의치, 의수족, 의안, 안경, 콘택트렌즈, 보청기, 보조기 등 진료재료의 구입 및 대체비용	③ 회사는 아래의 입원의료비에 대하여는 보상하여 드리지 아니합니다. 5. 의치, 의수족, 의안, 안경, 콘택트렌즈, 보청기, <u>목발, 팔걸이(Arm Sling)</u>, 보조기 등 진료재료의 구입 및 대체비(<u>다만, 인공장기나 부분의치 등 신체에 이식되어 그 기능을 대신할 경우는 제외합니다</u>)

제1세대 실손의료보험 약관에서는 '의치, 의수족, 의안, 안경, 콘택트렌즈, 보청기, 보조기 등 진료재료의 구입 및 대체비용'으로 정하고 있었으나, 2009. 9. 28. 표준약관 제정 시 '의치, 의수족, 의안, 안경, 콘택트렌즈, 보청기, 목발, 팔걸이(Arm Sling), 보조기 등 진료재료의 구입 및 대체비(다만, 인공장기나 부분의치 등 신체에 이식되어 그 기능을 대신할 경우는 제외합니다)로 변경되었다.

▌쟁점의 연구

위 조문과 관련해서는 약관상 '진료재료'가 무엇을 의미하는지 정의되어 있지 않고, 예시 항목으로도 진료재료의 범위를 합리적으로 추정하기 어렵다 보니 분쟁이 자주 발생한다. 즉, 진료재료의 예시로 열거된 '의치, 의수족, …, 보조기 등'은 언뜻 '의료기기'로 이해되는데, '진료재료'라는 용어 자체로만 보면 소모성 '치료재료'로 볼 여지도 있어서 약관상 진료재료의 인정범위를 둘러싸고 의견이 엇갈리는 것이다.

대표적인 분쟁항목으로는 의사의 지도하에 부착한 당뇨병환자의 인슐린펌프나 연속 혈당측정센서, 수면무호흡증 치료를 위한 양압기 등을 들 수 있다.

이하에서는 현행 국민건강보험법 등 관계법규를 토대로 약관상 진료재료의 개념을 체계적으로 정리해보고자 한다.

a. 의치

> 6. **의치**, 의수족, 의안, 안경, 콘택트렌즈, 보청기, 목발, 팔걸이(Arm Sling), 보조기 등 진료재료의 구입 및 대체비용. 다만, 인공장기 등 신체에 이식되어 그 기능을 대신하는 경우에는 보상합니다.

의치는 국민건강보험법상 치료재료로서 '치과의 보철 또는 임플란트'에 해당한다. 또한, 건강보험요양급여규칙 [별표2] 비급여대상 제4호 (바)목[21]에 따른 '치

---

21) 4. 보험급여시책상 요양급여로 인정하기 어려운 경우 및 그 밖에 건강보험급여원리에 부합하지 아니하는 경우로서 다음 각목에서 정하는 비용·행위·약제 및 치료재료
　　바. 치과의 보철(보철재료 및 기공료 등을 포함한다) 및 치과임플란트를 목적으로 실시한

과의 보철 및 치과 임플란트를 목적으로 실시한 부가수술'에 사용된 경우는 비급여대상이며, 보건복지부장관이 정한 65세 이상 사람의 틀니 및 치과임플란트에 사용된 경우는 요양급여가 인정된다. 다만, 이때 당해 소정점수는 별도로 산정하지 않고 '수술 및 처치료'에 포함된다.

b. 의수족, 의안, 안경, 콘택트렌즈 등 의료기기

> 6. 의치, **의수족, 의안, 안경, 콘택트렌즈, 보청기, 목발, 팔걸이(Arm Sling), 보조기** 등 진료재료의 구입 및 대체비용. 다만, 인공장기 등 신체에 이식되어 그 기능을 대신하는 경우에는 보상합니다.

가. 개요

'의수족, …, 팔걸이, 보조기'는 주로 의료기기법상 '의료기기'로서 실손의료보험의 보장대상인 국민건강보험법 제41조의 요양급여대상 항목으로는 '치료재료'에 해당한다. 따라서, '진료재료'의 개념을 정리하려면 국민건강보험법상 '치료재료'가 무엇인지 먼저 살펴볼 필요가 있다.

나. 국민건강보험법상 치료재료

❶ 개념

국민건강보험법에서도 '치료재료'의 개념을 구체적으로 규정하고 있지 않으나, 앞서 살펴본 바와 같이 첫째, 약사법에 따라 품목허가를 받아야 하는 제품 중 의약품이 아닌 것, 둘째, 의료기기법 제2조 제1항의 의료기기 중 치료에 사용되는 기구·기계·장치·재료 또는 이와 유사한 제품, 셋째, 「인체조직 안전 및 관리 등에 관한 법률」 제3조에 따른 인체조직(이상은 '제3편 국민건강보험과 실손의료보험과의 관계 제2장 요양급여대상 항목' 참조)과 넷째, 의료기기법상 약제로 정리할 수 있다.

부가수술(골이식수술 등)을 포함한다. 다만, 보건복지부장관이 정하여 고시하는 65세 이상인 사람의 틀니 및 치과임플란트는 제외한다.

첫째, 약사법에 따라 품목허가를 받아야 하는 제품 중 의약품[22]이 아닌 것.

이에 해당하는 것은 주로 '의약외품'으로 식품의약품안전처장이 지정하는 다음에 해당하는 물품을 말한다[23].

(i) 사람이나 동물의 질병을 치료·경감(輕減)·처치 또는 예방할 목적으로 사용되는 섬유·고무제품 또는 이와 유사한 것

(ii) 인체에 대한 작용이 약하거나 인체에 직접 작용하지 아니하며, 기구 또는 기계가 아닌 것과 이와 유사한 것

(iii) 감염병 예방을 위하여 살균·살충 및 이와 유사한 용도로 사용되는 제제

둘째, 의료기기법 제2조 제1항의 의료기기 중 치료에 사용되는 기구·기계·장치·재료 또는 이와 유사한 제품

의료기기법 제2조 제1항에서는 의료기기를 '사람이나 동물에게 단독 또는 조합하여 사용되는 기구·기계·장치·재료·소프트웨어 또는 이와 유사한 제품(다만, 「약사법」 에 따른 의약품과 의약외품, 「장애인복지법」 제65조[24]에 따른 장애인보조기구 중 의지·보조기는 제외)으로서 다음 각 호의 어느 하나에 해당하는 제품을 말한다'고 정의하고 있다.

(i) 질병을 진단·치료·경감·처치 또는 예방할 목적으로 사용되는 제품

(ii) 상해(傷害) 또는 장애를 진단·치료·경감 또는 보정할 목적으로 사용되는 제품

(iii) 구조 또는 기능을 검사·대체 또는 변형할 목적으로 사용되는 제품

(iv) 임신을 조절할 목적으로 사용되는 제품

---

22) 의약품에 관한 사항은 '제3편 국민건강보험법과 실손의료보험의 관계 제2장 요양급여대상 항목'을 참조하기 바란다.

23) [약사법] 제2조(정의) 제7호

24) 제65조(장애인보조기구) ① "장애인보조기구"란 장애인이 장애의 예방·보완과 기능 향상을 위하여 사용하는 의지(義肢)·보조기 및 그 밖에 보건복지부장관이 정하는 보장구와 일상생활의 편의 증진을 위하여 사용하는 생활용품을 말한다.

셋째, 「인체조직 안전 및 관리 등에 관한 법률」 제3조에 따른 인체조직으로 다음과 같다.

(ⅰ) 뼈·연골·근막·피부·양막·인대 및 건
(ⅱ) 심장판막·혈관
(ⅲ) 신체의 일부로서 사람의 건강, 신체회복 및 장애예방을 위하여 채취하여 이식될 수 있는 것으로 대통령령이 정하는 것

넷째, 의료기기법상 약제

외견상 의료기기와 약제는 서로 전혀 무관한 것처럼 보이나, 의료기기법상 '의료기기'는 '사람이나 동물에게 단독 또는 조합하여 사용되는 기구·기계·장치·재료·소프트웨어 또는 이와 유사한 제품'으로 정의하고 있는데서 알 수 있듯이 일반적으로 '기기(器機)'로 이해되는 '기구, 기계, 장치' 외에 '재료'가 포함되어 있고 이에는 약제도 속하는데 대표적으로 창상피복제제(보습제)가 이에 해당한다.

❷ 치료재료의 요양급여 여부

약제의 경우 제조업자 등이 보건복지부장관에게 요양급여 신청 여부를 선택할 수 있는 반면, 치료재료의 경우는 치료재료의 제조업자, 수입업자 등은 요양급여대상 또는 비급여대상으로 결정되지 아니한 치료재료에 대하여 요양급여대상 여부의 결정을 보건복지부장관에 의무적으로 신청해야 한다[25].

이와 관련하여 보건복지부장관이 「건강보험요양급여규칙」 [별표2] 비급여대상에 따라 정한 치료재료는 '비급여치료재료', 그 외의 일체의 것은 '요양급여치료재료'가 되며, '급여·비급여치료재료 목록'을 별도로 고시하고 있다.

---

[25] [국민건강보험법] 제41조의 3(행위·치료재료 및 약제에 대한 요양급여 대상 여부의 결정 ① 제42조에 따른 요양기관, 치료재료의 제조업자·수입업자 등 보건복지부령으로 정하는 자는 요양급여대상 또는 비급여 대상으로 결정되지 아니한 제41조 제1항 제1호·제3호·제4호의 요양급여에 관한 행위 및 제41조 제1항 제2호의 치료재료(이하 "행위·치료재료"라 한다)에 대하여 요양급여대상 여부의 결정을 보건복지부장관에게 신청하여야 한다.

참고로, 장애인보호법상 보조기기로서 구입한 경우가 있는데, 동 법에 따른 보조기기는 국민건강보험법상 요양비 지급대상, 즉 현금급여에 대한 것으로 현물급여만을 담보하는 실손의료보험과 무관하다. 따라서, 면책사항에 해당하는지 여부는 더 나아가 따져볼 필요가 없다.

❸ 실손의료보험과의 관계

지금까지 살펴본 내용을 토대로 약관상 진료재료에 대해서 다음과 같이 정리해 볼 수 있을 것이다.

(ⅰ) 의치

국민건강보험법상 '의치'는 '치과 보철(임플란트)'로서 요양급여 대상 항목 중 '처치 및 수술료(행위)'에 포함되어 청구되는 항목이다. 따라서, 요양급여가 인정되는 경우 보상은 되나, '치료재료대'로서는 별도로 청구되지 않는 것이 원칙이며, 비급여 '치료재료대'로 청구된 경우는 약관상 면책사유[26]에 해당하여 보장대상이 아니다.

(ⅱ) 의치 이외의 진료재료

첫째, 실손의료보험의 보장대상은 원칙적으로 국민건강보험법 제41조에 따른 요양급여 범위 항목으로서 현물급여 방식에 의한 것으로 제한되므로 "의수족, …, 보조기" 중 국민건강보험법에 따라 장애인·노인 등의 보조기기 구입비용을 지원하는 요양비(현금급여)에 대해 부담한 비용은 처음부터 실손의료보험과 무관하다.

둘째, 국민건강보험법상 치료재료에 해당하는 비용에 대해서만 면책사유에 해당 하는지 여부를 살펴볼 실익이 있다고 하겠으나, 다만, 이때 약관해석의 원칙상 모든 치료재료를 면책대상 진료재료로 확대해석하는 것은 부당하며, 어디까지나 의수족, 의안, 안경 등 열거된 예시와 성질, 크기 등이 유사한 항목에 한정하여 적용하는 것이 타당하다.

심층탐구 : 요양비

1. 개요

국민건강보험법 제51조(장애인에 대한 특례)에 따르면 장애인복지법 상 장애인인 가입자 및 피부양자에게 '장애인·노인 등을 위한 보조기기 지원 및 활용촉진에 관한 법률' 제3조 제2호에 따른 보조기기(이하 보조기기)에 대하여 건보재정으로 보험급여할 수 있는데[27], 이때 지원되는 요양급여에 상당하는 금액을 '요양비'

---

26) ③ 회사는 다음의 입원의료비에 대해서는 보상하지 않습니다. <개정 2015. 11. 30.>
  1. 치과치료(다만, 안면부 골절로 발생한 의료비는 치아관련 치료를 제외하고 보상합니다)·한 방치료(다만, [의료법] 제2조에 따른 한의사를 제외한 '의사'의 의료행위에 의해서 발생한 의료비는 보상합니다)에서 발생한 [국민건강보험법]에 따른 요양급여에 해당하지 않는 비급여 의료비

27) 제51조(장애인에 대한 특례) ① 공단은 [장애인복지법]에 따라 등록한 장애인인 가입자 및 피부양자에게는 [장애인·노인 등을 위한 보조기기 지원 및 활용촉진에 관한 법률] 제3조 제2호에 따른 보조기기(이하 이 조에서 "보조기기"라 한다)에 대하여 보험급여를 할 수 있다. <개정 2019. 4. 23.>

라고 하며 현금급여로서 요양기관을 통해 제공되는 의료용역(현물급여)과는 다른 형태의 급여이다.

2. 요양비 대상지원

국민건강보험법상 요양비 지급대상은 위에서 설명한 국민건강보험법 제51조(장애인에 대한 특례)[28]에 따른 '장애인·노인 등이 구입한 보조기기' 외에 같은 법 제49조(요양비)[29]에 따른 '긴급하거나 그 밖의 부득이한 사유로 발생한 요양비 상당 금액' 등 두가지가 있다.

가. 장애인·노인 등의 보조기기 구입비(제51조)

장애인·노인 등을 위한 보조기기 지원 및 활용촉진에 관한 법률에 따른 보조기기는 개인 치료용 보조기기, 기술 훈련용 보조기기 등으로 보건복지부장관이 고시한 품목을 말하며[30], 이에는 다른 법령에 따른 장애인들을 위한 기계·기구

---

[28] 제51조(장애인에 대한 특례) ① 공단은 [장애인복지법]에 따라 등록한 장애인인 가입자 및 피부양자에게는 [장애인·노인 등을 위한 보조기기 지원 및 활용촉진에 관한 법률] 제3조 제2호에 따른 보조기기(이하 이 조에서 "보조기기"라 한다)에 대하여 보험급여를 할 수 있다. <개정 2019. 4. 23.>

[29] 제49조(요양비) ① 공단은 가입자나 피부양자가 보건복지부령으로 정하는 긴급하거나 그 밖의 부득이한 사유로 요양기관과 비슷한 기능을 하는 기관으로서 보건복지부령으로 정하는 기관(제98조 제1항에 따라 업무정지기간 중인 요양기관을 포함한다. 이하 "준요양기관"이라 한다)에서 질병·부상·출산 등에 대하여 요양을 받거나 요양기관이 아닌 장소에서 출산한 경우에는 그 요양급여에 상당하는 금액을 보건복지부령으로 정하는 바에 따라 가입자나 피부양자에게 요양비로 지급한다.

[30] 제2조(보조기기의 종류) ① [장애인·노인 등을 위한 보조기기 지원 및 활용촉진에 관한 법률](이하 "법"이라 한다) 제3조 제2호에서 "보건복지부령으로 정하는 것"이란 다음 각 호의 어느 하나에 해당하는 것을 말한다.
   1. 개인 치료용 보조기기
   2. 기술 훈련용 보조기기
   3. 보조기 및 의지(義肢)
   4. 개인 관리 및 보호용 보조기기
   5. 개인 이동용 보조기기
   6. 가사용 보조기기
   7. 가정·주택용 가구 및 개조용품
   8. 의사소통 및 정보전달용 보조기기
   9. 물건 및 기구 조작용 보조기기

·장비로서 보건복지부장관이 고시한 품목[31])이 포함되는데, 약관에서 열거하고 있는 항목 중 의치를 제외한 '의수족, 의안, 안경, 콘택트렌즈, 보청기, 목발, 팔걸이' 등은 국민건강보험법에 따라 보건복지부장관이 별도로 고시하는 '보조기기'로서 장애인복지법에 따른 장애인이 요양급여를 신청할 수 있는 품목이다.

나. 긴급·부득이한 사유로 발생한 비용(제49조)

국민건강보험법 제49조 제1항에서는 '환자가 보건복지부령으로 정하는 긴급하거나 그 밖의 부득이한 사유[32])로 요양기관과 비슷한 기능을 하는 기관으로 보건복지부령으로 정하는 기관에서 질병·부상·출산 등에 대하여 요양을 받거나 요양기관이 아닌 장소에서 출산한 경우에는 그 요양급여에 상당하는 금액을 보건복지부령으로 정하는 바에 따라 환자에게 요양비로 지급한다'고 정하고 있으며[33]), 그 대상으로 혈당검사 또는 인슐린주사에 사용되는 소모성 재료(제2호, 제4

---

10. 환경 개선 및 측정용 보조기기
11. 고용 및 직업훈련용 보조기기
12. 레크리에이션용 보조기기
13. 그 밖에 다른 법령에 따른 장애인등을 위한 기계·기구·장비로서 보건복지부장관이 정하는 보조기기
② 보건복지부장관은 제1항 각 호에 해당하는 보조기기의 품목을 고시하여야 한다.

31) 보조기기 품목분류 등에 관한 고시 [별표2]
32) [국민건강보험법 시행규칙] 제23조(요양비) ① 법 제49조 제1항에서 "보건복지부령으로 정하는 긴급하거나 그 밖의 부득이한 사유"란 다음 각 호의 어느 하나에 해당하는 경우를 말한다. <개정 2013. 6. 26., 2015. 11. 13., 2016. 12. 30., 2018. 6. 29., 2019. 12. 31.>
    1. 요양기관을 이용할 수 없거나 요양기관이 없는 경우
    2. 만성신부전증 환자가 의사의 처방전에 따라 복막관류액 또는 자동복막투석에 사용되는 소모성 재료를 요양기관 외의 의약품판매업소에서 구입·사용한 경우
    3. 산소치료를 필요로 하는 환자가 의사의 산소치료 처방전에 따라 보건복지부장관이 정하여 고시하는 방법으로 산소치료를 받는 경우
    4. 당뇨병 환자가 의사의 처방전에 따라 혈당검사 또는 인슐린주사에 사용되는 소모성 재료나 당뇨병 관리기기를 요양기관 외의 의료기기판매업소에서 구입·사용한 경우
    5. 신경인성 방광환자가 의사의 처방전에 따라 자가도뇨에 사용되는 소모성 재료를 요양기관 외의 의료기기판매업소에서 구입·사용한 경우
    6. 보건복지부장관이 정하여 고시하는 질환이 있는 사람으로서 인공호흡기 또는 기침유발기를 필요로 하는 환자가 의사의 처방전에 따라 인공호흡기 또는 기침유발기를 대여받아 사용하는 경우
    7. 수면무호흡증 환자가 의사의 처방전에 따라 양압기(수면 중 좁아진 기도에 지속적으로 공기를 불어 넣어 기도를 확보해 주는 기구를 말한다)를 대여 받아 사용하는 경우
33) [국민건강보험법] 제49조(요양비) ① 공단은 가입자나 피부양자가 보건복지부령으로 정하는

호), 당뇨병 관리기기(제4호), 인공호흡기 또는 기침유발기(제6호) 등이 포함되어 있다.

3. 요양비와 실손의료보험과의 관계

국민건강보험법상 요양비는 결론적으로 아래와 같은 사유로 실손의료보험의 보장대상이 아니다.

첫째, 요양비는 실손의료보험 약관의 보상조건인 '요양기관에서 치료를 받으며 발생한 비용'으로 볼 수 없다.

실손의료보험은 질병 또는 상해를 치료하기 위하여 '병원에 입원 또는 통원하여 치료를 받은 경우에 발생한 국민건강보험법 또는 의료급여법상 본인부담 요양급여 또는 비급여'를 보상하는 상품[34]이므로, 병원 등 요양기관이 주도적으로 제공한 의료용역에 대한 비용만이 실손의료보험의 보장대상이 된다.

예를 들어, 실손의료보험 입원(入院)담보형의 경우 '입원실료, 입원제비용, 입원수술비, 상급병실료 차액(선택형)' 등을 보상하며, 통원(通院)담보형의 경우 '외래(외래제비용 및 외래수술비 합계), 처방조제비' 등을 보상하는데, 이 중 입원담보형의 '입원제비용'은 '입원치료 중 발생한 진찰료, 검사료, 방사선료 투약 및 처방료(퇴원 시 의사로부터 치료목적으로 처방받은 약제비 포함), 주사료, 이학요법(물리치료, 재활치료)료, 정신요법료, 처치료, 치료재료, 석고붕대료(cast), 지정진료비 등'을 보상하므로 보장대상은 '치료와 관련한 발생한 모든 비용'이 아니라 '입원치료

긴급하거나 그 밖의 부득이한 사유로 요양기관과 비슷한 기능을 하는 기관으로서 보건복지부령으로 정하는 기관(제98조 제1항에 따라 업무정지기간 중인 요양기관을 포함한다. 이하 "준요양기관"이라 한다)에서 질병·부상·출산 등에 대하여 요양을 받거나 요양기관이 아닌 장소에서 출산한 경우에는 그 요양급여에 상당하는 금액을 보건복지부령으로 정하는 바에 따라 가입자나 피부양자에게 요양비로 지급한다. <개정 2020. 12. 29.>

34) [실손의료보험 보장종목]

보장종목		보상하는 내용
상해	입원	피보험자가 상해로 인하여 병원에 입원하여 치료를 받은 경우에 보상
	통원	피보험자가 상해로 인하여 병원에 통원하여 치료를 받거나 처방조제를 받은 경우에 보상
질병	입원	피보험자가 질병으로 인하여 병원에 입원하여 치료를 받은 경우에 보상
	통원	피보험자가 질병으로 인하여 병원에 통원하여 치료를 받거나 처방조제를 받은 경우에 보상

중 치료로 인하여 발생한 비용'으로 한정하고 있음을 알 수 있다.

📖 **참고판례** ▍

법 제41조, 제47조, 제49조, 제50조, 법 시행규칙 제19조, 제20조, 제23조, 제24조, 제25조, 제26조와 요양급여 기준 규칙 제3조에 의하면 법상의 요양급여는 원칙적으로 요양기관에 의하여 질병 또는 부상에 대하여 요양하게 하고, 요양기관으로 하여금 피고에게 요양급여비용을 청구하도록 함으로써 현물급여의 형태로 이루어지고, 다만, 가입자가 법 제49조, 법 시행령 제23조 제1항의 각호가 정한 긴급하거나 그 밖의 부득이한 사유로 법 시행령 제23조 제2항 각호가 정한 요양기관이 아닌 곳에서 요양을 받는 등 특별한 사유가 있는 경우에만 요양비나 기타 부가급여를 지급하도록 하고 있다(전주지방법원 2018. 2. 21. 선고 2017가단 14644 판결).

둘째, 실손의료보험 입원환자가 약관상 퇴원 시 투약 및 처방료로 보상되는 '입원제비용'은 국민건강보험법상 '약제'로 제한된다.

진료재료와 관련한 분쟁은 주로 퇴원 시 의사 처방을 받아 구입한 경우 발생하는데, 입원환자가 퇴원하면서 의사로부터 처방받은 약제비를 '입원제비용(투약 및 처방료)'으로 보상하므로 요양비도 의사의 처방에 의한 것인 만큼 보장대상에 해당하는지 여부가 논란이 된다. 그러나, 퇴원 시 처방 약제가 투약 및 처방료에 포함된 것은 약관상 소비자를 보다 두텁게 보호하기 위하여 입원제비용(입원 시 담보항목)과 처방조제비(통원 시 담보항목) 중 보상한도가 더 큰 입원제비용으로 보상토록 한 것이지, 의사의 처방에 의한 것이라는 이유로 보상토록 한 것은 아니며, 퇴원환자가 입원제비용 중 투약 및 처방료로 보상받는 것은 '약제비' 즉 국민건강보험법상 약제에 해당하는 항목을 뜻하므로 요양비는 이와 무관하다.

셋째, 실손의료보험은 요양급여기준이 적용되는 현물급여만을 보상한다.

실손의료보험은 '요양기관으로부터 제공받은 의료용역' 즉, 현물급여에 대한 비용을 보장대상으로 하는 반면, 요양비는 국민건강보험공단이 '요양기관과 비슷한 기능을 하는 기관으로서 보건복지부령으로 정하는 기관' 즉, 요양기관이 아닌 기관에 현금으로 지급하는 것을 말하므로 건보재정이 지원자금의 원천(源泉)이기는 하나, 현물급여는 국민건강보험법에 따른 요양급여기준이 적용되는 반면, 요양비는 요양기관이나 요양급여기준과 무관한 현금급여로서 법적 성격이 전혀 다른 개념이다.

　참고로 요양비는 환자 등 수급권자가 비(非)요양기관에 우선 납부하고 건보공단으로부터 요양급여 상당액을 환급받거나, 수급권자로부터 비요양기관이 요양비 청구권을 위임받아 건보공단에 청구하는 방식으로 처리되는데, 이처럼 요양기관이 요양비의 지급절차에 전혀 관여하지 않는다[35].

ⓘ 요양비 수령 절차

• 청구방법

요양을 실시한 기관은 보건복지부장관이 정하는 요양비 명세서나 요양명세를 적은 영수증을 요양을 받은 사람에게 내주어야 하며, 요양을 받은 사람은 이를 공단에 제출해야 하는데(법 제44조 제2항), 이는 요양의 구체적 내용과 요양에 대한 비용을 실제로 지급하였는지를 확인하여 요양비를 원활하게 지급함으로써 가입자 등의 수급권을 보호하기 위한 것이다. 한편, 요양비를 지급받으려는 사람은 요양비 지급청구서와 다음 서류를 공단에 제출해야 한다.

구분	제출서류
요양기관 이용불가 시	요양비 명세서(약국은 처방전) 또는 세금계산서 요양기관에서 요양받을 수 없었던 사유를 증명하는 서류
복막관류액, 자동복막투석, 소모성재료, 자가도뇨 소모성재료, 당뇨병 환자 소모성재료	처방전 및 세금계산서
산소치료 인공호흡기, 기침유발기, 양압기	처방전[36] 및 세금계산서 산소치료사실, 인공호흡기 · 기침유발기 · 양압기 대여사실 증명서류
출산비	출산 사실 증명서류

• 지급절차

공단은 요양비 지급청구가 요양비 지급요건에 해당하는지 지체 없이 확인 후 요양비를 지급해야 하며, 요양기관에서 제외되는 의료기관 등과 업무정지 기간 중인 요양기관에서 요양을 받은 경우에는 심사평가원의 심사를 거친 후 지급해야 한다(규칙 제23조 제5항).
요양비의 지급금액은 보건복지부장관이 고시하며, '요양비의 보험급여 기준 및 방법' 별표5에서 정하고 있다.

---

35) 간혹 요양기관이 요양비 지원대상 물품을 환자에게 직접 청구하는 경우도 있는데 원칙적으로 인정되지 않는 방법이며, 적법 여부를 떠나 요양기관이 환자에게 청구했다는 사실만으로 현금급여 방식의 요양비가 현물급여화된 것으로 인정하기도 어렵다.
36) 이미 제출한 처방전의 처방기간이 지나지 않은 경우에는 제출 생략 가능하다.

한편, 요양비는 현금급여로서 요양을 받는 자에게 지급하는 것이 원칙이나, 요양비 지급을 청구하는 사람이 규칙 제23조 제2항 제2호부터 제7호까지의 규정에 따른 판매자 또는 기관에 요양비를 지급할 것을 신청한 경우에는 예외적으로 그 판매자 또는 기관에 요양비를 직접 지급할 수 있다(규칙 제23조 제6항). 이는 업체, 가입자 및 공단 간 비용지급절차를 간소화하여 가입자등이 적은 부담으로 용이하게 해당 소모성 재료 등을 구입하거나 산소치료, 인공호흡치료 서비스 등을 받을 수 있게 하려는 것이다.

 [참고] 부가급여

국민건강보험법상 현금급여방식으로 요양비 외에 '부가급여'가 있다. 건보공단은 임신·출산한 가입자 또는 피부양자 등에 대해 법에서 정한 요양급여 외에 대통령령으로 정하는 바에 따라 임신·출산 진료비, 장제비, 상병수당, 그 밖의 급여를 실시할 수 있고(법 제50조), 임신·출산과 관련된 진료와 처방된 약제·치료재료의 구입에 드는 비용, 1세 미만 영유아의 진료와 약제·치료재료에 드는 비용 등을 결제할 수 있는 임신·출산진료비 이용권을 발급할 수 있는데(영 제23조) 이를 부가급여라 한다. 부가급여 또한 요양비와 동일하게 실손의료보험의 보장대상이라 볼 수 없다.

분쟁사례

❶ 연속혈당측정용 전극(센서) 실손의료보험금 분쟁

[분쟁경위]
제1형 당뇨환자인 A씨는 내과 통원 치료 시 처방받은 연속혈당측정용 전극센서(리브레) 2개 비용(15만원)을 비급여로 납부하였으나 보험회사는 전극센서가 보조기 등 진료재료에 해당한다며 보험금 지급을 거절하였다.

[판단]
리브레는 상박하부에 부착하여 스마트폰앱을 통해 상시 혈당을 확인할 수 있는 제품으로 식품의약품안전처로부터 1형 당뇨환자 치료를 위한 소모성 재료[37]인데, 당뇨병환자가 의사의 처방전에 따라 혈당검사 또는 인슐린주사에 사용되는 소모성 재료나 당뇨병 관리기기를 요양기관 외의 의료기기판매업소에서 구입·사용한 경우는 보건복지부령으로 정하는 긴급하거나 그 밖의 부득이한 사유의 하나로 법 제49조 제1항에 따른 요양비 지급대상이다. 따라서 리브레는 약관상 면책사유 해당 여부와 관계없이 실손의료보험의 보장대상이 아니다.

❷ 인슐린 펌프의 입원제비용 해당 여부

[분쟁경위]
'합병증을 동반하지 않는 제1형 당뇨병' 진단을 받은 A씨는 혈당조절이 어려워 의사의 처방에 따라 인슐린펌프 시술을 받고 구입비용을 청구하였으나 보험회사는 면책사유인 '보조기'에 해당한다며 보험금 지급을 거절하였다.

[판단]
약관상 질병 또는 상해로 인하여 병원에 입원하여 치료를 받은 경우에는 입원의료비를 보상하며, 보상하지 아니하는 사항으로 '의치, 의수족, 의안, 안경, 콘택트렌즈, 보청기, 목발, 팔걸이(Arm Sling), 보조기 등 진료재료의 구입 및 대체비용(다만, 인공장기나 부분 의치 등 신체에 이식되어 그 기능을 대신할 경우는 제외합니다)'라고 규정하고 있으므로 본건 분쟁의 관건은 인슐린펌프 비용이 약관상 '입원의료비'에 해당하는지 여부와 보상하지 아니하는 사항에 해당하지 않는지 여부이다.
인슐린 펌프는 적절한 농도의 인슐린이 조절되도록 24시간 계속하여 체내에 인슐린을 주입해주는 기계로 식사 전에 식사량에 따라 투입량을 조절할 수 있으며 피하 주사바늘은 2~3일에 1회 교환하므로 매번 투여해야 하는 주사제보다 편리하나, 인슐린 펌프를 사용하려면 의사와의 상담 및 처방이 필요하고 입원치료를 받으면서 사용가능 여부 등을 확인해야 한다. 그러나, 인슐린 펌프는 입원 중 반드시 필요한 것이라기 보다는 환자가 퇴원 후 일상생활을 하는데 있어서 혈당조절에 도움을 받기 위한 장치로서 이에 대한 구입 비용은 국민건강보험법상 요양비 지급대상이나, 의료용역(현물급여)에 대한 비용은 아니므로 의사의 처방에 의한 것이라는 사정만으로 약관상' 입원제비용'으로 인정하기는 어렵다.

실손의료보험 약관상 보조기 해당 여부와 관련하여, 아래 판례들을 찾아볼 수 있으나, 앞서 살펴본 바와 같이 요양기관의 의료용역(현물급여)이 아니라 요양비(현금급여)와 관련이 있는 경우는 처음부터 실손의료보험의 보장대상이 아니므로 면책사유는 더 이상 살펴볼 필요가 없다는 점에 유의할 필요가 있다.

---

37) 제4조(당뇨병 소모성 재료 등) ① 규칙 제23조 제1항 제4호에서 "혈당검사 또는 인슐린 주사에 사용되는 소모성 재료"란 [의료기기법] 관련 규정에 따라 식품의약품안전처장의 허가를 받았거나 식품의약품안전처장에게 신고한 품목의 혈당측정검사지, 채혈침, 인슐린주사기, 인슐린주사바늘, 인슐린펌프용 주사기, 인슐린펌프용 주사바늘 또는 연속혈당측정용 전극을 말한다.
② 당뇨병 환자에게 제1항의 소모성 재료(이하 "당뇨병 소모성 재료"라 한다)를 판매하는 의료기기판매업소 등이 규칙 제23조 제2항 제4호에 따라 공단에 등록하는 기준은 별표 3과 같다.

이러한 사실관계에 일반적으로 수면성 무호흡증 환자를 위한 양압기는 환자가 일상생활을 하면서 잠을 자는 동안에 이를 마스크처럼 코에 착용하여 사용하는 의료기구인 점 등을 종합하여 보면, 피고는 퇴원 후 자신의 주거 등에서 사용하기 위하여 이 사건 양압기를 구입하였고, 담당의사는 피고가 이 사건 양압기를 올바르게 사용할 수 있도록 지도하고 적정 압력을 검사한 것에 불과하다고 봄이 상당하다. 또한 앞서 본 입원 및 입원제비용의 의미에 비추어 보면, 피고가 입원기간 중에 의사의 처방에 따라 이 사건 양압기를 구입하여 의사의 지도 하에 사용하였다는 사정만으로 피고가 이 사건 양압기를 이용하여 입원치료를 받았다고 보기 어렵고, 달리 이 사건 양압기 구입비용이 입원치료 중 발생한 비용이라고 볼 만한 사정도 보이지 아니한다. 따라서 이 사건 양압기 구입비용은 위 특별약관 소정의 입원제비용에 해당한다고 보기 어렵다(대법원 2013. 10. 31. 선고, 2011다21723판결).

 참고판례 ▮ 바코패드의 보조기 인정여부

원고는 2016. 5. 24. '기타 골연골병증, 발목 및 부위의 인대의 파열, 기타 명시된 관절염'으로 광주00병원에 입원하여 치료를 받았고, 담당의사의 처방에 따라 VACO Splint (VACO ped, 이하 '바코패드'라 한다)을 이용하여 치료를 받았다.
※ 신청인은 '아킬레스힘줄의 손상 등'으로 입원치료를 받고 치료목적으로 바코패드를 사용하였고, 바코패드 비용은 별도로 제조업체에 부가세가 포함된 비용을 지불

살피건대, 원고가 담당의사의 처방에 따라 입원기간 동안 치료 및 재활을 위하여 바코패드를 이용하였음은 앞서 본 바와 같으나, 중략, 이 법원의 광주00병원장에 대한 사실조회결과에 변론 전체의 취지를 종합하여 인정되는 다음과 같은 사정, 즉 ① 보조기란 '인체의 기능을 보조하거나 변형이 생겼을 경우 신체를 적절한 형태로 잡아주는 역할을 하는 장비'를 말하는데, 바코패드는 발목 아킬레스건의 관절을 고정하거나 손상된 부위를 안정시키기 위하여 하체부위의 관절을 고정하여 압력이 골고루 분산되도록 도와주는 장치인 점, ② 골절부위 등의 관절 고정 및 보호를 위해 석고 캐스트(일명, 깁스)를 하는데, 완전한 고정을 위해 전체 부위에 하는 경우(통깁스)와 관절 운동 일부가 가능하도록 뒤쪽 부위에 하는 경우(반깁스)가 있으며, 원고의 담당의사는 원고의 하지 뒤쪽 부위에 이른바 반깁스를 하면서 고정을 돕기 위하여 바코패드를 처방한 것으로 보이는 점 등에 비추어 보면, 바코패드를 원고 주장과 같이 캐스트의 대체물로 볼 수는 없고, 오히려 이 사건 특별약관 제2조에서 규정하고 있는 '보조기'에 해당한다고 봄이 상당하므로 바코패드는 결국 이 사건 보험계약에 따른 보장대상에서 제외된다 하겠다(서울중앙지법 2017나48200, 2018. 7. 27.).

참고판례 ┃ 하악전방유도장치의 입원제비용 인정여부

이 사건 장치는 수면무호흡환자가 일상생활을 하면서 잠을 자는 동안에 이를 착용하여 사용하는 의료기구인 점, 피고가 입원기간 중에 의사의 처방에 따라 이 사건 장치를 구입하였고, 이를 위하여 의사가 피고의 구강 틀을 뜨고 제작업체에 이를 보내 턱에 맞게 장치를 만드는 과정이 필요한 것으로 보이나, 이는 피고가 퇴원 후 자신의 주거 등에서 사용하기 위하여 자신의 구강에 맞는 장치를 구입하기 위한 일련의 과정으로 보이는 점 등을 종합하여 보면, 피고가 입원기간 중에 의사의 처방에 따라 피고의 구강에 맞춘 이 사건 장치를 구입하여 의사의 지도하에 사용하였다는 사정으로 피고가 이 사건 장치를 이용하여 입원 또는 통원치료를 받았다고 보기 어렵고, 달리 이 사건 장치 구입비용이 입원 또는 통원치료 중 발생한 비용이라고 볼 만한 사정도 보이지 아니한다. 따라서 이 사건 장치 구입비용은 위 특별약관 소정의 입원제비용 또는 통원제비용에 해당한다고 할 수 없으므로 원고의 피고에 대한 보험금 지급의무는 존재하지 아니한다(의정부 지방법원 2015. 11. 5. 선고 2015나51839).

치료재료 관련 보건복지부 답변

- 「치료재료 급여·비급여 목록 및 급여상한금액표」는 요양급여대상 또는 비급여대상으로 결정한 치료재료의 목록 및 상한금액을 고시한 것이며, 목록 고시된 비급여 치료재료는 치료재료의 제조·수입업자 등이 식품의약품한전처의 허가를 받고 치료재료 평가를 신청한 치료재료 중 국민건강보험 요양급여의 기준에 관한 규칙 [별표2] 비급여대상 제4호(더)목*에 따라 비급여로 결정된 품목을 의미합니다.

  * 4. 보험급여시책상 요양급여로 인정하기 어려운 경우 및 그 밖에 건강보험급여원리에 부합하지 아니하는 경우로서 다음 각목에서 정하는 비용·행위·약제 및 치료재료다. 그 밖에 요양급여를 함에 있어서 비용효과성 등 진료상의 경제성이 불분명하여 보건복지부장관이 정하여 고시하는 검사·처치·수술 기타의 치료 또는 치료재료

- 「치료재료 급여·비급여 목록 및 급여상한금액표」의 중분류는 각 치료재료의 식품의약품 안전처 허가사항의 기능·형태·용도·재질·규격 등을 참고한 분류로 치료재료의 효율적인 관리를 위한 것으로 볼 수 있으며, 치료재료 평가대상으로 선정하고 목록으로 고시되는 치료재료의 종류는 '의료기기법'에 따른 의료기기 중 주로 소모성 의료기기, 「약사법」에 따른 의약외품 중 거즈, 붕대 등 일부품목, '인체조직안전 및 관리 등에 관한 법률'에 의한 피부, 뼈 등 인체조직 등이 해당됩니다.

- 「치료재료 급여비급여 목록 및 급여상한금액표」 고시에 급여 또는 비급여 대상 치료재료가

공고되어 있으며, 치료재료 급여 비급여목록 및 급여상한금액표 고시는 건강보험심사평가원 홈페이지에서 "Medical Device"로 검색하시면 전문을 확인하실 수 있습니다. 치료재료 급여비급여 목록 및 급여상한금액표 고시에 등재된 치료재료의 경우에만 요양기관에 급여 또는 비급여로 청구가 가능합니다.

아. 외모개선 목적의 치료

7. 아래에 열거된 국민건강보험 비급여 대상으로 신체의 필수 기능개선 목적이 아닌 외모개선 목적의 치료로 인하여 발생한 의료비

   가. 쌍꺼풀수술(이중검수술. 다만, 안검하수, 안검내반 등을 치료하기 위한 시력개선 목적의 이중검수술은 보상합니다), 코성형수술(융비술), 유방 확대(다만, 유방암 환자의 유방재건술은 보상합니다) · 축소술, 지방흡입술(다만, 「국민건강보험법」 및 관련 고시에 따라 요양급여에 해당하는 '여성형 유방증'을 수술하면서 그 일련의 과정으로 시행한 지방흡입술은 보상합니다), 주름살 제거술 등 〈개정 2018.11.6.〉

   나. 사시교정, 안와격리증(양쪽 눈을 감싸고 있는 뼈와 뼈 사이의 거리가 넓은 증상)의 교정 등 시각계 수술로서 시력개선 목적이 아닌 외모개선 목적의 수술

   다. 안경, 콘텍트렌즈 등을 대체하기 위한 시력교정술(국민건강보험 요양급여 대상 수술방법 또는 치료재료가 사용되지 않은 부분은 시력교정술로 봅니다)

   라. 외모개선 목적의 다리정맥류 수술

   마. 그 밖에 외모개선 목적의 치료로 국민건강보험 비급여대상에 해당하는 치료

약관의 변천

제1세대(예시)	2009. 9. 28.
아래에 정한 사유로 발생한 입원의료비를 보상하여 드리지 아니합니다. 위생관리, 미모를 위한 성형수술비	③ 회사는 아래의 입원의료비에 대하여는 보상하여 드리지 아니합니다. 6. 외모개선 목적의 치료로 인하여 발생한 의료비

가. 쌍꺼풀수술(이중검수술), 코성형수술(융비술), 유방확대 · 축소술, 지방흡입술, 주름살제거술 등

나. 사시교정, 안와격리증의 교정 등 시각계 수술로써 시력개선 목적이 아닌 외모개선 목적의 수술

다. 안경, 콘텍트렌즈 등을 대체하기 위한 시력교정술

라. 외모개선 목적의 다리정맥류 수술

2012. 12. 28.	2012. 12. 28.
③ 회사는 아래의 입원의료비에 대하여는 보상하여 드리지 아니합니다.	③ 회사는 아래의 입원의료비에 대하여는 보상하지 않습니다.
7. 외모개선 목적의 치료로 인하여 발생한 의료비	7. 아래에 열거된 국민건강보험 비급여대상으로 신체의 필수기능 개선목적이 아닌 외모개선 목적의 치료로 인하여 발생한 의료비
가. 쌍꺼풀수술(이중검수술), 코성형수술(융비술), 유방확대 · 축소술, 지방흡입술, 주름살제거술 등	가. 쌍꺼풀수술(이중검수술. 다만, 안검하수, 안검내반 등을 치료하기 위한 시력개선 목적의 이중검수술은 보상합니다), 코성형수술(융비술), 유방확대(다만, 유방암 환자의 유방재건술은 보상합니다) · 축소술, 지방흡입술, 주름살제거술 등
나. 사시교정, 안와격리증의 교정 등 시각계 수술로서 시력개선 목적이 아닌 외모개선 목적의 수술	나. 사시교정, 안와격리증(양쪽 눈을 감싸고 있는 뼈와 뼈 사이의 거리가 넓은 증상)의 교정 등 시각계 수술로서 시력개선 목적이 아닌 외모개선 목적의 수술
다. 안경, 콘텍트렌즈 등을 대체하기 위한 시력교정술	다. 안경, 콘텍트렌즈 등을 대체하기 위한 시력교정술(국민건강보험 요양급여 대상 수술방법 또는 치료재료가 사용되지 않은 부분은 시력교정술로 봅니다)
라. 외모개선 목적의 다리정맥류 수술	라. 외모개선 목적의 다리 정맥류 수술(국민건강보험 요양급여 대상 수술방법 또는 치료재료가 사용되지 않은 부분은 외모개선 목적으로 봅니다)
<u>마. 그 외 외모개선 목적의 치료로 건강보험 비급여대상에 해당하는 치료</u>	마. 그 밖에 외모개선 목적의 치료로 국민건강보험 비급여대상에 해당하는 치료

위 조문은 「요양급여기준에 관한 규칙」 [별표2] 제2호의 '다음 각목의 진료로서 신체의 필수 기능개선 목적이 아닌 경우에 실시 또는 사용되는 행위·약제 및 치료재료'[38]를 준용한 것이다.

제1세대 실손의료보험 약관에서는 '위생관리, 미모를 위한 성형수술비'로 정하였으나, 2015. 11. 30. 「요양급여의 기준에 관한 규칙」 [별표2] 제2호에 따른 비급여대상이 면책사유에 해당함을 명확히 하였다.

참고로, 표준약관 제정 당시에는 '외모개선 목적의 치료로 인하여 발생한 의료비'의 세부 항목으로서 (가)목 내지 (라)목만 열거[39]되어 있었으나, 2012. 12. 28. 약관 개정 시 (마)목이 추가되었다.

유방확대·축소술

보건복지부장관 고시에 따르면 중등도 이상의 여성형 유방증 수술 시 시행되는 지방흡입술은 요양급여를 인정하고 있으나, 일부 요양기관에서 이를 비급여로

---

38) 2. 다음 각목의 진료로서 신체의 필수 기능개선 목적이 아닌 경우에 실시 또는 사용되는 행위·약제 및 치료재료
　　가. 쌍꺼풀수술(이중검수술), 코성형수술(융비술), 유방확대·축소술, 지방흡인술, 주름살제거술 등 미용목적의 성형수술과 그로 인한 후유증치료
　　나. 사시교정, 안와격리증의 교정 등 시각계 수술로써 시력개선의 목적이 아닌 외모개선 목적의 수술
　　다. 치과교정. 다만, 입술입천장갈림증(구순구개열)을 치료하기 위한 치과교정 등 보건복지부장관이 정하여 고시하는 경우는 제외한다.
　　라. 씹는 기능 및 발음 기능의 개선 목적이 아닌 외모개선 목적의 턱얼굴(악안면) 교정술
　　마. 관절운동 제한이 없는 반흔구축성형술 등 외모개선 목적의 반흔제거술
　　바. 안경, 콘택트렌즈 등을 대체하기 위한 시력교정술
　　사. 질병 치료가 아닌 단순히 키 성장을 목적으로 하는 진료
　　아. 그 밖에 가목부터 사목까지에 상당하는 외모개선 목적의 진료로서 보건복지부장관이 정하여 고시하는 진료

39) (예시) A손해보험회사(2009. 10월)
　회사는 아래의 입원의료비에 대하여는 보상하여 드리지 아니합니다.
　6. 외모개선 목적의 치료로 인하여 발생한 의료비
　　가. 쌍꺼풀수술(이중검수술), 코성형수술(융비술), 유방확대·축소술, 지방흡입술, 주름살제거술 등
　　나. 사시교정 안와격리증의 교정 등 시각계 수술로써 시력개선 목적이 아닌 외모개선 목적의 수술
　　다. 안경 콘택트렌즈 등을 대체하기 위한 시력교정술
　　라. 외모개선 목적의 다리정맥류 수술

청구하는 경우 외모개선 목적의 치료 즉, 성형 치료로 간주되어 보험금을 지급받지 못하는 사례가 있었다.

이에 따라 요양급여가 인정되는 여성형유방증 진단을 받은 남성 환자가 유선제거술과 함께 시행 받은 지방흡입술도 질병 치료로 인정된다는 취지로 2018. 11. 6. 개정 시 반영하였다.

시력교정술

백내장 환자의 다초점렌즈 삽입술과 관련해서는 제1세대 실손의료보험 약관에서는 별도로 규정된 것이 없었으나, 실손의료보험 표준약관을 제정하면서 '안경, 콘텍트렌즈 등을 대체하기 위한 시력교정술'이 처음으로 명시되었고, 이후 2015. 11. 30. 약관 개정 시 '국민건강보험 요양급여 대상수술방법 또는 치료재료가 사용되지 않은 부분은 시력교정술로 봅니다'라는 문구를 추가하여 다초점렌즈 삽입술과 관련한 비급여대상 의료비는 보상되지 않음을 명확히 하였다.

다리정맥류 수술

제1세대 실손의료보험 약관에서는 단순히 '외모개선 목적의 다리정맥류 수술'로 정하고 있었으나, 2015. 11. 30. 국민건강보험법상 법정비급여 대상은 면책대상임을 명확히 하기 위하여 괄호 부분을 추가하였다.

쟁점의 연구

아-1. 쌍꺼풀 수술

> 7. 아래에 열거된 국민건강보험 비급여 대상으로 신체의 필수 기능개선 목적이 아닌 외모개선 목적의 치료로 인하여 발생한 의료비
>   가. **쌍꺼풀수술(이중검수술. 다만, 안검하수, 안검내반 등을 치료하기 위한 시력개선 목적의 이중검수술은 보상합니다)**, 코성형수술(융비술), 유방 확대(다만, 유방암 환자의 유방재건술은 보상합니다)·축소술, 지방흡입술(다만, 「국민건강보험법」 및 관련 고시에 따라 요양급여에 해당하는 '여성형 유방증'을 수술하면서 그 일련의 과정으로 시행한 지방흡입술은 보상합니다), 주름살 제거술 등 〈개정 2018. 11. 6.〉

위 조문은 「건강보험요양급여규칙」 [별표2] 비급여대상 제2호 (가)목40)의 내용을 준용한 것이다.

안검하수, 안검내반은 윗 눈꺼풀[안검, 眼瞼]이 아래로 쳐지거나[하수, 下垂], 안쪽으로 꺽인 것[내반, 內反]을 악화시키는 것으로 괄호의 단서는 안검 하수 또는 내반을 원인으로 하는 수술을 받는 경우는 외모개선 목적의 치료로 간주하지 않는다는 뜻을 의미한다.

참고로 「건강보험요양급여규칙」 [별표2] (가)목에서는 약관과 달리 예외사항을 두고 있지 않은데, 이는 치료목적의 이중검수술은 당연히 요양급여가 인정되므로 이를 다시 반복하여 규정할 이유가 없기 때문이다.

실손의료보험 약관	「건강보험요양급여규칙」 [별표2] (가)목
쌍꺼풀수술(이중검수술. <u>다만, 안검하수, 안검내반 등을 치료하기 위한 시력개선 목적의 이중검수술은 보상합니다</u>)	쌍꺼풀수술(이중검수술)

즉, 국민건강보험법의 관점에서 보면 쌍거풀수술은 '신체의 필수기능 개선 목적이 아닌 비급여 치료(A)'와 '신체의 필수기능 개선 목적인 요양급여 치료(B)'로 구분되고(2분법), A가 비급여 대상이라면 시력개선 목적의 안검내·외반 등 시력개선 목적의 이중검수술은 당연히 B에 해당하여 요양급여가 인정되므로 이를 [별표2] (가)목에서 기재할 필요가 없는 것이다.

사견으로는 비급여대상 중 면책사유를 정하고 있는 약관조문에서 당연히 보상되는 요양급여대상 이중검수술을 면책사유의 예외사항으로 다시 규정한 것은 다소 부적절하므로 가급적 「건강보험요양급여규칙」 [별표2]의 기술(記述)방식을 원용하는 것이 바람직할 것으로 보인다.

---

40) 가. 쌍꺼풀수술(이중검수술), 코성형수술(융비술), 유방확대·축소술, 지방흡인술, 주름살제거술 등 미용목적의 성형수술과 그로 인한 후유증치료

[분쟁경위]
A씨는 안검내반 수술, 내안각교정술, 눈꺼풀교정술을 받고 보험금을 청구하였으나, 보험회사는 비급여로 청구된 눈꺼풀교정술 의료비 지급을 거절하였다.

[판단]
비급여로 청구된 쌍꺼풀수술은 국민건강보험 「요양급여의 기준에 관한 규칙」 [별표2] 제2호(나)목 비급여대상 중 미용목적의 성형수술에 해당하고, 보건복지부 고시 제2009-96호에 의거 안검하수증에 대한 수술과 안검의 피부이완증 상병에 대한 피부절제술(안검성형술)의 경우 노화과정에서 생기는 퇴행성 안검하수증 및 안검의 피부이완증(피부 늘어짐)은 일상생활에 지장을 초래하는 시야 장애(정면 주시 사진 상 눈꺼풀 피부나 안검이 동공을 침범하는 경우)를 동반하는 경우 이를 교정하기 위한 수술에 한하여 요양급여를 인정하므로 본 건도 비급여 청구가 적정하다면 약관상 면책사유에 해당한다.

아-2. 코성형수술(융비술)

7. 아래에 열거된 국민건강보험 비급여 대상으로 신체의 필수 기능개선 목적이 아닌 외모개선 목적의 치료로 인하여 발생한 의료비
   가. 쌍꺼풀수술(이중검수술. 다만, 안검하수, 안검내반 등을 치료하기 위한 시력개선 목적의 이중검수술은 보상합니다), **코성형수술(융비술)**, 유방 확대(다만, 유방암 환자의 유방재건술은 보상합니다). 축소술, 지방흡입술(다만, 「국민건강보험법」 및 관련 고시에 따라 요양급여에 해당하는 '여성형 유방증'을 수술하면서 그 일련의 과정으로 시행한 지방흡입술은 보상합니다), 주름살 제거술 등 〈개정 2018. 11. 6.〉

외모개선 목적의 코성형수술은 당연히 면책사유에 해당하나, 비중격만곡증 또는 코막힘 치료 등을 위한 수술 후 코가 높아져 외모개선 효과가 나타날 수 있는데, 이렇게 치료와 외모개선 효과가 혼재된 경우 분쟁이 발생할 수 있다.

만약, 코수술이 치료를 목적으로 한 것이었다면 국민건강보험법에서도 요양급여가 인정되므로 보장대상이라 할 것이나 비급여로 청구되었다면 치료 목적의 수술로 인정하기 어려우므로 면책사유에 해당한다 할 것이다.

다만, 최근에는 비밸브재건술과 같이 신의료기술평가위원회의 승인을 얻은 신

의료기술에 의해 시술이 이루어진 경우 그 자체가 비급여대상이어서 요양급여수가 적용 여부로 수술의 목적을 판단하기 어려운 경우도 있는데, 이때에는 보상실무상 수술 전·후의 검사 또는 진찰료 등의 비급여 청구 여부 등을 참고할 수도 있다.

즉, 만약 수술의 주된 목적이 외모개선이라면 수술전에 시행된 검사 또는 진찰료도 비급여로 청구되어야 하며, 질병 치료를 위한 것이라면 요양급여가 적용되어야 하기 때문이다. 그 외에 수술 필요성에 대한 의료소견, 진료비심사청구 사례 등도 치료목적을 판단하는 데 참고자료로 활용할 수 있다.

📚 참고판례 ▎

주된 진료행위가 구 국민건강보험법(2016. 8. 4. 보건복지부령 제431호로 개정되기 전의 것) 제9조 제1항 [별표2]에서 정한 '비급여대상'에 해당하는 경우에는 주된 진료행위에 부수하여 그 전후에 이루어지는 진찰·검사·처치 등의 진료행위 역시 비급여대상에 해당하므로 요양기관이 부수적인 진료행위에 관하여 요양급여비용을 청구하는 것은 허용될 수 없다(대법원 요양기관업무정지처분취소청구 2020. 6. 25. 선고 2019두52980 판결).

아-3. 유방확대 · 축소술

7. 아래에 열거된 국민건강보험 비급여 대상으로 신체의 필수 기능개선 목적이 아닌 외모개선 목적의 치료로 인하여 발생한 의료비
   가. 쌍꺼풀수술(이중검수술. 다만, 안검하수, 안검내반 등을 치료하기 위한 시력개선 목적의 이중검수술은 보상합니다), 코성형수술(융비술), **유방 확대(다만, 유방암 환자의 유방재건술은 보상합니다) · 축소술**, 지방흡입술(다만, 「국민건강보험법」 및 관련 고시에 따라 요양급여에 해당하는 '여성형 유방증'을 수술하면서 그 일련의 과정으로 시행한 지방흡입술은 보상합니다), 주름살 제거술 등 〈개정 2018. 11. 6.〉

유방확대 또는 유방축소술은 외모개선 목적의 수술로서 면책대상이나 유방암 환자의 전절제술 후 시행되는 재건술은 보장대상에 해당한다.

종전에는 유방재건술이 외모개선을 위한 유방확대술로 간주되기도 하였으나

'유방암환자의 유방재건술은 치료로 보아야 한다'는 금융감독원 금융분쟁조정위원회 조정결정(제2012-21호, 2012. 9. 25.) 이후, 유방암 환자의 유방전절제술 후 유방재건술에 대해 2015. 4. 1. 요양급여가 인정되었으며, 2017. 10. 1. 부터는 유방재건 시행 후 합병증으로 인한 유방재건 재수술도 요양급여가 인정[41]되었다.

다만, 위 조문의 단서는 약관상 보상하지 않는 사항인 '외모개선 목적의 수술로 인정되는 비급여 대상'의 예외 사항을 규정한 것인데, 이처럼 '비급여대상' 중 면책사유를 정하고 있는 약관조문에 '요양급여대상' 유방재건술을 예외사유로 규정한 것은 위 '아-1'의 이중검수술의 단서조문과 마찬가지로 부적절한 기술방식으로 보인다.

 분쟁사례 ┃ 유방축소술

[분쟁 경위]
A씨는 B성형외과에서 '유방비대증으로 인한 목과 허리의 통증'으로 '상피측 피판을 이용한 수직절개 가슴축소수술'을 받고, 비급여로 660만원(부가가치세 포함)을 지불한 후 C보험회사에 실손의료보험금을 청구하였다. 주치의는 '유방비대증으로 인한 목과 허리의 통증과 함께 여러 가지 불편이 있어 가슴축소수술을 받은 것'이라는 소견이었다.

[판단]
주치의 소견에 따른다면 환자의 유방축소술은 '질병의 치료 목적'이라는 것인데 이를 '요양급여'가 아닌 '비급여'로 청구한 것은 이해하기 어렵다. 또한, 의료보건용역은 부가가치세 면세대상에 해당하나, '쌍꺼풀, 코성형수술, 유방확대·축소술' 등은 성형수술로 보아 면세대상에서 제외[42]하고 있고 본건의 경우도 부가가치세가 부가되었다면 약관상 보상하지 아니하는 사항에 해당한다 봄이 타당하다.

---

41) [보건복지부 고시 제2017-173호(행위) 자174]
　　유방재건은 다음과 같은 경우에 요양급여를 인정하며, 그 외 실시한 경우는 비급여대상임
　　　　　　　　　　　　　　　　　　-다음-
　　가. 유방암으로 유방전절제술을 시행한 경우
　　나. 위험감소 유방전전절제술을 시행한 경우
　　다. 대흉근 결손과 합지증이 동반된 폴란드 증후군 환자에서 시행한 경우
　　라. 상기 가.~다.로 유방재건 시행 후 합병증으로 인하여 유방재건을 재수술하는 경우
42) [부가가치세법] 제26조 제1항 및 동 법 시행령 제35조

아-4. 지방흡입술

> 7. 아래에 열거된 국민건강보험 비급여 대상으로 신체의 필수 기능개선 목적이 아닌 외모 개선 목적의 치료로 인하여 발생한 의료비
> 가. 쌍꺼풀수술(이중검수술. 다만, 안검하수, 안검내반 등을 치료하기 위한 시력개선 목적의 이중검수술은 보상합니다), 코성형수술(융비술), 유방 확대(다만, 유방암 환자의 유방재건술은 보상합니다) · 축소술, **지방흡입술(다만, 「국민건강보험법」 및 관련 고시에 따라 요양급여에 해당하는 '여성형 유방증'을 수술하면서 그 일련의 과정으로 시행한 지방흡입술은 보상합니다)**, 주름살 제거술 등 〈개정 2018. 11. 6.〉

남성의 여성형 유방증(여유증)은 여성호르몬 분비 과다 등으로 남성의 가슴이 비대해지는 질환으로 치료를 위해 일반적으로 유선(乳腺)을 제거한 후 지방흡입술이 병행되는데, 지방흡입술의 경우 유선제거술 없이 단독 시행되었다면 당연히 약관상 면책대상에 해당한다고 할 것이나, 가슴 통증, 우울증 등을 치료하기 위해 유선제거술과 함께 시행한 경우까지 면책할 수 있는지에 대해서는 논란이 될 수 있다.

이와 관련하여 보건복지부에서 두 차례에 걸쳐 '요양급여 인정 기준'을 고시하였는데 제1차 고시(2017. 9. 1.)에서는 신체의 필수기능개선 목적의 중등도(사이먼 분류법상 Grade ⅡA) 이상의 여유증 환자의 경우, 유선제거술과 병행한 지방흡입술도 요양급여를 인정하였고, 제2차 고시(2018. 4. 30.)에서는 이 중 중등도 미만의 초기단계 여유증 수술은 외모개선 목적의 치료로서 비급여 대상임을 명시하였다.

한편, 실손의료보험과 관련해서 살펴보면 보건복지부 고시가 발표되기 이전에는 보상실무상 여유증 수술 시 시행된 지방흡입술은 외모개선 목적의 치료로 간주하여 보상하지 않거나, 치료 목적이라는 주치의 소견서가 있는 경우 일부 보험금만 지급하는 등 보험회사마다 보상기준이 달라 분쟁이 발생하였는데, 이에 따라 2018. 11. 6. 표준약관 개정 시 중등도 이상의 여유증 환자가 고시에 따라 요양급여가 인정된 지방흡입술을 시행 받은 경우는 질병치료 과정의 일부로 인정하여 보상토록 하였다.

분쟁사례 ┃ 치료목적 소견이나 비급여 청구된 유방절제술의 보상여부

[분쟁경위]
A씨는 여성형 유방증-양측성(진성형, N62)진단으로 '유방절제술(N7131)을 치료목적 100% 시행함'이라는 진단서를 근거로 보험금을 청구하였으나 보험회사는 외모개선 목적의 치료라며 보험금 지급을 거절하였다.

[판단]
입원진료비계산서 확인결과 치료비가 모두 비급여로 청구되었으며 건강보험심사평가원의 진료비 확인서비스 실시 결과, 비급여로 지불한 내역은 여성형 유방수술이며 이는 보건복지부 고시 제2018-88호 [남성의 여성형 유방수술 급여기준]에 의거 국민건강보험법령에서 비급여대상으로 정한 항목으로 정당 비급여 소견으로 확인되므로 약관상 면책사유에 해당한다고 할 것이다.

ⓘ 여성형 유방중 수술관련 요양급여 인정 기준

[1차 고시(2017-152호, 2017. 9. 1. 시행)]

신체의 필수기능개선 목적으로 시행하는 남성의 여성형 유방수술은 자713가(2) 유방절제술(양성-피하절제)의 소정점수를 산정하며, 다음의 경우에 요양급여를 인정함

– 다음 –

가. 적응증
유방초음파 또는 조직병리검사 등을 통해 유선조직의 증식이 확인된 여성형 유방의 사이먼 분류법(Simon Classification of gynecomastia)에 따른 중등도 유방비대가 있고, 피부 처짐이 없는 상태인 Grade Ⅱ A 이상에 시행한 경우
단, 청소년기(만 18세 이하)에 발생한 여성형 유방증은 6개월 이상의 관찰기관을 요함

나. 기타
동 수술 시 시행한 지방흡인술은 일련의 과정으로 보아 별도 산정할 수 없음

[2차 고시 남성의 여성형 유방수술 급여기준(고시 제2018-88호, 2018. 4. 30.)]

2017. 9. 1. '남성의 여성형 유방수술 급여기준'을 고시하였다(고시 제2018, 4. 30). 이에 따르면 유방초음파 또는 조직병리검사 등을 통해 유선조직의 증식이 확인된 여성형 유방의 사이먼분류법(Simon Classification of gynecomastia)에 따른 중등도 유방비대가 있고, 피

부처짐이 없는 상태인 Grade II A 이상에 시행한 경우에 요양급여대상으로 하고 동 수술 시 시행한 지방흡인술은 일련의 과정으로 보아 별도 산정할 수 없으며, 이에 해당하지 않는 경우에는 국민건강보험 「요양급여의 기준에 관한 규칙」 [별표2] 비급여대상 2.에 따라 비급여대상으로 정하고 있다.

아-5. 사시교정, 안와격리증

> 7. 아래에 열거된 국민건강보험 비급여 대상으로 신체의 필수 기능개선 목적이 아닌 외모개선 목적의 치료로 인하여 발생한 의료비
>
> :
>
> **나. 사시교정, 안와격리증(양쪽 눈을 감싸고 있는 뼈와 뼈 사이의 거리가 넓은 증상)의 교정 등 시각계 수술로서 시력개선 목적이 아닌 외모개선 목적의 수술**

위 조문은 「건강보험요양급여규칙」 [별표2]와 동일한 내용으로 외모개선 목적에 해당하는지는 요양급여 인정 여부의 확인 등을 통해 판단할 수 있다.

 분쟁사례 ┃ 간헐적 외사시 수술의 치료목적 인정여부

[분쟁 경위]
A씨는 '(주상병)재발외사기' 진단으로 입원치료를 받았으며 주치의 소견서에는 "20프리즘 디옵터 외사시 소견 보여 2021. 6. 22. 좌안 내직근 재절제술 시행, 입체 시 200초로 양 안시 회복되어 치료목적 달성"이라고 기재되어 있기는 하나, 치료비는 전액이 비급여 청구되어 있어 보험회사는 약관상 면책사유인 외모개선 목적의 치료라며 보험금 지급을 거절하였다.

[판단]
본건의 경우 요양기관이 소견서 내용과 달리 비급여 청구한 것은 「국민건강보험 요양급여의 기준에 관한 규칙」 [별표2] 비급여대상 제2호[43]으로 본것이므로 사시수술 급여기준[44]에 따른 요양급여 인정기준에 부합하지 않는 한, 면책사유에 해당한다고 판단된다.

---

43) '나. 사시교정, 안와격리증의 교정 등 시각계 수술로써 시력개선의 목적이 아닌 외모개선 목적의 수술'의 진료로서 신체의 필수 기능개선 목적이 아닌 경우에 실시 또는 사용 되는 행위, 약

아-6. 시력교정술(백내장 환자의 다초점렌즈 삽입술)

> 7. 아래에 열거된 국민건강보험 비급여대상으로 신체의 필수 기능개선 목적이 아닌 외모 개선 목적의 치료로 인하여 발생한 의료비
>
> :
>
> **다. 안경, 콘텍트렌즈 등을 대체하기 위한 시력교정술(국민건강보험 요양급여 대상 수술방법 또는 치료재료가 사용되지 않은 부분은 시력교정술로 봅니다)**

최근 백내장 치료와 관련한 다초점렌즈삽입술의 보상과 관련하여 국민적 관심이 높아지고 있는데 이하에서는 그간의 분쟁 경위와 분쟁유형별 쟁점 등에 대해 살펴보기로 한다.

분쟁 경위

2015. 11. 30. 이전의 표준약관에서는 현행 처럼 '국민건강보험 요양급여 대상 수술방법 또는 치료재료가 사용되지 않은 부분은 시력교정술로 본다'라는 문구가 존재하지 않았다.

이러한 시력교정술 면책조문이 없는 약관과 관련한 분쟁에서 금융감독원 금융분쟁조정위원회는 '약관에 명확히 규정하지 않았다면 백내장 다초점렌즈삽입술을 면책사유인 시력교정술로 보기 어렵다'고 판단(조정결정 제2016－13호)하였는데, 동 조정결정으로 '국민건강보험 요양급여 대상 수술방법 또는 치료재료가 사용되지 않은 부분은 시력교정술로 봅니다'라는 문언이 있는 2015. 11. 30. 개정 이후의 약관45)에 가입한 경우는 보상하지 않고, 그 이전의 약관에 가입한 경우 보상

제 및 치료재료

44) (고시 제2009－122호)에 따르면 "다음'과 같은 경우 요양급여로 인정하며, 그 외에 시력이나 시기능의 회복을 기대할 수 없음에도 외모개선을 위하여 실시하는 미용목적의 사시수술은 국민건강보험 [요양급여의 기준에 관한 규칙](별표2) 비급여대상 2－나에 의거 비급여 대상"으로 규정.

* 가. 10세 미만의 사시환자
  나. 10세 이후의 사시환자
    －전신질환, 안와질환, 눈과 눈 주위 수술, 외상 등으로 사시가 발생하여 복시와 혼란시가 있는 경우
    －10세 이전에 발생된 사시로 이상두위 현상이 있는 경우
  다. 가~나 대상자에 대한 1차 교정수술 후 과교정으로 2차 수술을 시행하는 경우

하는 현행 방식이 자리잡게 되었다.

분쟁유형별 쟁점

백내장 치료 목적의 다초점렌즈 삽입술과 관련한 주요 실손의료보험 분쟁유형과 쟁점을 정리하면 다음과 같다.

첫째, 비급여대상인 다초점렌즈 삽입술을 외모개선 목적이 아닌 치료 목적의 수술로 볼 수 있는지 여부

둘째, 다초점렌즈삽입술 시술 전 검사비용의 보상 여부

셋째, 다초점렌즈에 추가된 난시교정기능 관련 비용의 보상 여부

넷째, 낮병동입원료 수가가 적용된 백내장 수술의 약관상 입원 인정 여부

❶ 다초점렌즈 삽입술의 치료 목적 인정 여부

백내장 치료를 위한 '렌즈삽입술' 자체는 국민건강보험법상 '처치 및 수술(행위)'로서 실손의료보험의 보장대상이지만, 이때 사용된 렌즈 즉, 치료재료는 단초점렌즈에 한해서 요양급여가 인정된다.

한편, 단초점렌즈 비용은 포괄수가제(DRG)[46] 적용대상으로 국민건강보험법 제45조(요양급여비용의 산정 등) 및 같은 법 시행령 제21조(계약의 내용 등), 요양급여 항목에 대한 상대가치 점수에 따른 처치 및 수술료 산정지침 등에 따라 '처치 및 수술료'에 포함되는 반면, 다초점렌즈는 시력교정용으로 간주되어 '처치 및 수술료 등'에 포함되지 않고 법정비급여 치료재료로서 별도 산정된다.

---

45) 2015. 11. 30. 개정약관의 판매개시시점이 2016. 1. 1.이므로 편의상 '1601 약관'으로 부르기도 한다.

46) 포괄수가제(DRG, Diagnosis－Related Group) 환자에게 제공되는 의료서비스의 종류나 양에 상관없이 환자가 어떤 질병의 진료를 위해 입원했었는가에 따라 미리 책정된 진료비를 지급하는 방식으로 일종의 진료비 정찰제이다. 진찰료, 검사료, 처치료, 입원료 약값 등에 따로 가격을 매긴 뒤 합산하는 행위별수가제가 진료를 늘릴수록 의사 수입이 많아지는 구조적 한계 때문에 과잉진료와 의료비 급증을 야기한다는 지적에 따라 대안으로 도입됐다. 우리나라에서는 2002년 선택 참여 형태로 처음 포괄수가제가 도입되었고 2012년 7월부터 백내장, 편도, 맹장, 항문, 탈장, 자궁, 제왕절개 등 7가지 수술에 대한 포괄수가제가 동네의원과 중소병원을 대상으로 도입되었고 2013년 7월부터는 종합병원과 상급종합병원으로 확대되었다(네이버 지식백과).

（ⅰ) 다초점렌즈삽입술의 시력교정술 해당여부(제2016-3호, 2016. 3. 29. 조정결정)

금융감독원 금융분쟁조정위원회에서는 다초점 렌즈삽입술은 백내장 수술 후 근거리 시력 저하 등을 종합적으로 감안하여 시행하는 것이므로 ❶외모개선목적의 시력교정으로 보기 어렵고, ❷의료자문 결과에서도 백내장 제거 후 다초점인공수정체를 삽입한 것도 백내장 질환의 치료 목적을 위한 수술로 보고 있으며, ❸수술 후 근거리 시력이 나오지 않는다는 주치의 소견 등을 감안할 때 약관에서 면책사유로 정한 '시력교정술'은 백내장 등 안구질환의 치료와는 무관하게 시력교정을 위해 실시되는 '라식, 라섹 등'을 의미하는 것으로 제한하여 해석해야 한다고 조정결정하였다[47].

（ⅱ) 법원의 입장

법원도 2015. 11. 30. 개정 이전의 약관과 관련된 분쟁에서 금융분쟁조정위원회와 마찬가지로 다초점렌즈 삽입술을 외모개선 목적의 치료로 볼 수 없다고 일관되게 판단하고 있다.

📚 참고판례 ▌

다음과 같은 사정들을 고려하면 피고가 단초점 렌즈가 아닌 다초점 렌즈를 이용하여 이 사건 수술을 받았다는 것만으로는 이 사건 보험약관에서 보상하지 아니하는 손해로 정한 '안경, 콘택트렌즈 등을 대체하기 위한 시력교정술'에 해당한다고 볼 수 없다.

(중략)

인공수정체 종류에 따른 장단점을 고려하면, 백내장 발생 전에 안경이나 콘택트렌즈를 사용하지 아니하고 '정상 시력을 가지고 있었던 환자'라도 백내장 수술을 하여 눈의 굴절조절 기능을 하는 자신의 수정체를 제거하고 '단초점' 인공수정체로 시술할 경우 초점을 맞춘 원거리 또는 근거리 중 하나만 제대로 보이게 되므로 백내장 이전 상태로의 온전한 회복이라 볼 수 없고, 다초점 인공수정체를 시술할 경우에 비교적 기존과 유사한 상태가 될 뿐이므로, 다초점 인공수정체의 삽입이 외모개선 목적의 치료라고 단정할 수 없다. 더욱이 '단초점' 인공수정체의 경우에도 근거리로 초점을 맞춘 인공수정체를 삽입하면 '노안'치료의 효과가 원거리로 초점을 맞춘 인공수정체를 삽입하면 '근시'치료의 효과가 발생하고, 양안에 삽입하는 인공수정체의 굴절도수를 다르게 하여 각각의 눈으로 원거리와 근거리를 볼 수

---

47) 당해 분쟁은 2015. 11. 30. 개정이전 약관과 관련한 건이다.

있도록 하는 것도 가능하여 시력교정 효과가 '다초점' 인공수정체에만 한정되는 것도 아니므로 다초점 인공수정체 삽입으로 인한 시력교정효과는 백내장 치료를 위한 수술의 부수적 결과에 불과하다고 보아야 한다.

한편, 약관의 내용이 명백하지 아니하거나 의심스러운 때에는 고객에게 유리하게 하고 약관 작성자에게 불리하게 해석하는 것이 타당하다(대법원 2011. 7. 28. 선고 2011다30147 판결 등 참조).

이 사건 보험계약 체결 이후인 2016. 1. 1.에 이르러서야 표준약관에 "안경, 콘텍트렌즈 등을 대체하기 위한 시력교정술(국민건강보험 요양급여 대상수술방법 또는 치료재료가 사용되지 않은 부분은 시력교정술로 본다)"는 규정을 명시적으로 둔 점을 감안하여 보더라도, 이러한 명시적인 규정이 없었던 기존 약관을 적용함에 있어서는 고객에게 유리하게 해석하여야 하므로 이 사건 보험계약에 적용되는 보험약관에서 보험금을 지급하지 않는 사유로 '외모 개선 목적의 치료로 인하여 발생한 의료비 항목 아래 안경, 콘택트렌즈 등을 대체하기 위한 시력 교정술'을 규정하고 있는 외에 위 항목에 해당하는 구체적인 시력 교정술의 정의나 범위에 관하여 명확한 규정을 두고 있지 아니한 점 등을 고려할 때, 피고의 수술과 같이 백내장 질환의 치료를 주목적으로 하고 부수적으로 시력교정의 효과가 발생하는 수술에 대하여는 기존 약관 규정의 "외모개선 목적의 치료로 인하여 발생한 의료비"라거나 "안경, 콘택트렌즈 등을 대체하기 위한 시력교정술"에 해당한다고 함부로 해석하여서는 아니된다(서울중앙지법2019가합568360(본소) 채무부존재확인 2020가합548928(반소) 보험금 판결선고 2021. 3. 25.).

참고로, 다초점렌즈 삽입술을 시력교정술로 간주한다고 명시한 2015. 11. 30. 개정이후 약관과 관련한 분쟁에서는 보상책임이 없다고 판단하고 있다.

📖 참고판례 |

위 인정사실 및 앞서 든 증거들에 비추어 알 수 있는 다음과 같은 사정, ① 백내장 수술 시 다초점 인공수정체를 사용하면 단초점 인공수정체에 비해 추가적인 시력교정 효과가 있는 점, ② 금융감독원과 피고가 약관의 해당 부분을 개정한 목적은 다초점 인공수정체 비용을 실손의료보험의 보장대상에서 명확히 제외하기 위한 것인 점, ③ 원고가 받은 TETRAFLEX 다초점 인공수정체 삽입술은 국민건강보험 요양급여 대상이 아님이 명백하므로 이 사건 보험 약관에 따라 시력교정술로 간주될 수 밖에 없는 점 등을 종합하면, 원고가 TETRAFLEX 다초점 인공수정체 삽입술로 인해 지출한 의료비는 이 사건 보험약관에 따라 피고가 보상하지 않는 사항에 해당한다(원고가 제출한 금융감독원의 조정결정서, 언론 기사 등은 모두 2016. 1. 1. 이전에 시행되던 표준약관이 적용되는 사안에 관한 것이다). 따라서 원고의 이 부분 청구 또한 이유 없다(인천지방법원 2018. 12. 19.선고 2018나62082 판결).

소결

앞서 살펴본 바와 같이 실무상 백내장 치료용 다초점렌즈(치료재료) 비용은 금융분쟁조정위원회 조정결정 등을 참고하여, 시력교정술 간주 조문이 없는 2015. 11. 30. 개정이전 약관에 가입한 경우만 보상하고, 개정이후 약관에 가입한 경우는 면책하고 있다.

다만, 금융분쟁조정위원회의 조정결정과 관련하여 '안경, 콘텍트렌즈 등을 대체하기 위한 시력교정술'은 「건강보험요양급여규칙」 [별표2] 제2호 (바)목48)을 준용한 것인데도 보상 책임을 인정한 것은 다음과 같은 이유로 불합리하다는 주장도 있다.

첫째, 만약 주치의 소견대로 다초점렌즈 삽입술이 시력교정 목적이 아닌 '신체의 필수기능개선 목적'으로 시행된 것이라면 요양급여 인정대상에 해당하며 「건강보험요양급여규칙」 [별표2] 제2호 (바)목에서 다초점렌즈를 '신체의 필수기능개선 목적'으로 인정하지 않는 사실이 명확한 이상, 다초점렌즈 삽입술은 시력교정술로 보는 것이 타당하다.

둘째, 실손의료보험 표준약관 제10관 제44조(준거법)에서는 '대한민국 법에 따라 규율되고 해석되며, 약관에서 정하지 않은 사항은 상법, 민법 등 관계법령을 따릅니다'라고 정하고 있으며, 「건강보험요양급여기준」은 강행법규로서 계약당사자를 구속하므로 약관에 달리 정한 바가 없다면 동 규칙을 우선하여 적용하는 것이 타당하다49).

셋째, 법원도 실손의료보험 약관에서 「요양급여에 관한 기준」에 따른 비급여대상을 면책사유로 준용하면서 일부 누락된 항목에 대해서는 약관상 면책사유로 주장할 수 없다고 판시한 점 등을 고려하면 실손의료보험 약관은 국민건강보험법규 틀 안에서 해석해야 한다.

---

48) 2. 다음 각목의 진료로서 신체의 필수 기능개선 목적이 아닌 경우에 실시 또는 사용되는 행위·약제 및 치료재료
　바. 안경, 콘텍트렌즈 등을 대체하기 위한 시력교정술
49) 요양급여기준은 법 제39조 제2항의 위임에 따른 것으로 법률상 위임 근거가 있는 법규명령이고 강행규정으로서의 성질을 가짐(구 [의료보험법]에 관한 대법원 2001. 7. 13. 선고 99두12267 판결 등 참조)

"나. 사시교정, 안와격리증의 교정 등 시각계수술로서 시력개선 목적이 아닌 외모개선 목적의 수술", "다. 안경, 콘택트렌즈 등을 대체하기 위한 시력교정술", "라. 외모개선 목적의 다리정맥류 수술"로 정하고 있는데, 화상환자에 대한 피부재활시술은 이 중 어느 항목에도 해당한다고 볼 수 없으므로, 피고의 면책주장은 받아들이지 않는다(대법원 판결선고 2019. 8. 30. 2018다251622 치료비지급청구, 원심판결 서울중앙지방법원 2018. 6. 8. 선고 2017나13907 판결).

❷ 백내장 진단 검사비용의 보상 여부

백내장 치료와 관련한 검사는 ❶시력 도수 측정을 위한 레이저(안구계측)검사와 ❷안구병변 진단을 위한 초음파검사[50]가 있으며, 단초점렌즈 삽입술의 경우 진단, 검사, 수술 등 모든 치료비용이 포괄수가제에 따라 산정된 비용이 청구되므로 분쟁이 거의 발생하지 않는다.

다만, 다초점렌즈삽입술의 경우 2015. 11. 28. 개정이전 약관 가입자에 대해서는 다초점렌즈 삽입술 관련비용 뿐만 아니라 검사비용까지 모두 보상하였으나, 개정이후 약관 가입자에 대해서는 다초점렌즈 비용은 면책하되, 진단·검사비용은 백내장의 치료를 위한 것으로 인정하여 보상하다가 일부 요양기관에서 다초점렌즈 비용은 낮추고 대신 검사비용을 높게 설정하는 사례가 늘어나자 검사비용도 시력교정술 시행과정의 일부에 불과하다며 보상을 거절하기 시작하였다.[51]

다초점렌즈 삽입술의 진단 및 시력계측 검사비용은 2020. 9월 요양급여가 인정[52]되었기 때문에 진단·검사의 시행시기와 가입시기에 따라 보상여부가 달라질

---

50) 안구계측검사(레이저검사)는 IOL master, Lenstar, AL scan 등이 있고, 초음파 검사는 A-Scan, B-Scan 등이 있다.

51) 참고로, 2020. 9월 백내장 관련 레이저검사 및 초음파검사 비용이 렌즈 종류와 관계없이 요양급여화 되면서 분쟁이 일단락되었다.

52) 9월 1일부터는 건강보험 적용 범위가 대폭 확대되어, 안구·안와에 질환이 있거나 질환이 의심되는 경우 안구·안와 초음파 검사에 건강보험을 1회 적용한다. 또한 고위험군 질환자*에게는 검사를 추가 1회 인정하고, 그 외에 경과관찰이 필요한 경우에도 건강보험을 적용한다(본인부담률 80%). * 매체 혼탁으로 안저 관찰이 어려운 급성 후유리체박리, 급성 망막박리, 맥락막박리, 유리체출혈, 포도막염
   - 아울러 백내장 수술 시 시행하는 계측검사도 건강보험을 1회 적용하고, 진료상 반드시 필요한 경우에는 1회 추가로 인정한다.

수 있는데, 이를 정리하면 다음 4가지 청구 유형으로 구분할 수 있다.

❶2015. 11. 30. 개정 전 약관 가입자가 2020. 9월 이전에 진단·검사를 받은 경우
❷2015. 11. 30. 개정 전 약관 가입자가 2020. 9월 이후에 진단·검사를 받은 경우
❸2015. 11. 30. 개정 후 약관 가입자가 2020. 9월 이전에 진단·검사를 받은 경우
❹2015. 11. 30. 개정 후 약관 가입자가 2020. 9월 이후에 진단·검사를 받은 경우

각 청구 유형별 보상여부 판단을 위해서는 우선 검사와 다초점렌즈삽입술간의 관계를 살펴보아야 한다.

(ⅰ) 검사와 다초점렌즈삽입술을 각각 구분하여 비용을 청구할 수 있는지 여부

다초점렌즈삽입술과 관련한 비용은 진찰·검사, 처치·수술, 약제(주사 등), 치료재료 등으로 구분할 수 있으며, 이 중 다초점렌즈는 비급여 '치료재료'에 해당한다.

문제는 렌즈삽입술과 관련한 진찰·검사 등 행위를 '안경, 콘텍트렌즈 등을 대체하기 위한 시력교정술' 시술 과정의 일부로 볼 것인지(구분불가설), 아니면 각 행위를 상호독립적인 것으로 보아 개별 행위별로 구분하여 볼 것인지(구분가능설)라 할 것이다.

a. 구분불가설

이에 따르면 백내장 진단 검사가 비급여대상인 다초점렌즈비용 삽입술을 시행하는 과정에서 이루어진 것이라면 주된 의료행위인 다초점렌즈 삽입술의 일부로서 수술 전·후의 진찰·검사, 처치 등의 모든 행위를 포함한다고 보는 것이 타당하므로, 이를 별도로 분리하여 볼 수 없다고 본다.

▎백내장 수술관련 행위·치료 재료별 요양급여 인정기준

구분		~2020. 9월	2020. 9월~
단초점렌즈 삽입술 (진찰, 검사, 수술 및 처치, 치료재료대 등 전액)		급여(포괄수가제)	
다초점렌즈 삽입술	진찰	비급여	비급여
	검사(계측검사, 초음파검사)	비급여	급여

구분		~2020. 9월	2020. 9월~
	수술 및 처치	비급여	비급여
	치료재료대	비급여	

 참고판례 ▎

주된 진료행위가 구 국민건강보험법(2016. 8. 4. 보건복지부령 제431호로 개정되기 전의 것) 제9조 제1항 [별표2]에서 정한 '비급여대상'에 해당하는 경우에는 주된 진료행위에 부수하여 그 전후에 이어지는 진찰 · 검사 · 처치 등의 진료행위 역시 비급여대상에 해당하므로 요양기관이 부수적인 진료행위에 관하여 요양급여비용을 청구하는 것은 허용될 수 없다 (대법원 요양기관업무정지처분취소청구 2020. 6. 25. 선고 2019두 52980 판결).

 참고판례 ▎

이와 같은 구 국민건강보험법령의 요양급여대상에 관한 규정의 체계, 형식과 내용에 비추어 보면, 요양기관이 가입자 등에게 실시 또는 사용한 행위 · 약제 및 치료재료가 요양급여기준 규칙 제9조 제1항 [별표2]에서 정한 비급여대상에 속한다면 외형상 보건복지부장관이 고시한 급여목록표에 열거된 행위, 약제 및 치료재료에 해당하더라도 요양급여대상에서 제외된다고 보아야 한다. 나아가 시력교정술은 이를 실시하기 전에 그 수술의 필요성 · 적응증 · 시기의 판단 · 방법의 선택 등을 위한 진찰, 검사 등을 거쳐 그 실시 여부를 결정하고, 수술을 실시한 후에도 염증 등 합병증을 예방하기 위한 처치, 수술의 경과 등에 관한 진찰, 검사 등이 이어질 수 있는 점, 요양급여기준규칙 제9조 제1항 [별표2]에서 정한 그 밖의 비급여 대상의 규정 형식과 내용을 함께 고려해 볼 때, 요양급여기준규칙 제9조 제1항 [별표2] 제2호 (바)목(이하 '이 사건 규정'이라고 한다)이 비급여대상으로 규정한 '안경, 콘택트렌즈 등을 대체하기 위한 시력교정술로서 신체의 필수 기능개선 목적이 아닌 경우에 실시 또는 사용되는 행위 · 약제 및 치료재료'에서 '시력교정술'이란 시력교정술 자체뿐만 아니라 이를 실시하기 위해 필요한 그 수술의 전 · 후의 진찰, 검사, 처치 등의 행위를 포함한다고 보는 것이 타당하다. 그리고 그 필요성 여부는 요양기관이 가입자 등의 내원동기, 객관적인 상태 등을 고려하여 합리적으로 판단한 진료의 목적, 진료의 내용, 시력교정술을 시행할 당시 요양기관 등 임상의학 분야에서 실천되고 있는 의료행위의 수준 등을 종합적으로 고려하여 판단하여야 할 것이다(대법원 요양급여비용환수처분취소 소송 2012. 11. 29.선고 2009두 3637 판결).

원고가 피고에게 (피보험자)의 백내장 치료와 관련한 국민건강보험의 급여 대상 진찰, 검사, 수술 등과 관련한 보험금은 모두 지급한 사실, 피고가 반소로써 구하고 있는 검사비와 초음파진단료는 다초점 인공수정체의 삽입이 가능하고 효과적인지 여부를 판단하고, 삽입하는 다초점 인공수정체 도수를 계산하며, 그 오차를 줄이기 위한 검사 및 진단비용인데, 이는 모두 국민건강보험의 비급여대상인 점 등을 종합하면, 피고가 반소로써 구하고 있는 검사비와 초음파진단료 역시 다초점 인공수정체 재료비와 마찬가지로 이 사건 보험약관에 따라 '보험금을 지급하지 않는 사유'에 해당한다고 봄이 타당하다(수원지방법원 2019가합25366(본소) 채무부존재확인 2020가합26969(반소) 보험금 2021. 12. 2. 선고)[53].

b. 구분가능설

이에 따르면 다초점렌즈 삽입술이 시력교정술로 간주되더라도 검사 또는 진료 자체는 백내장이라는 질병의 진단 및 치료를 위한 것임이 분명하고, 하급심이기는 하나 보험회사가 다초점렌즈 삽입술을 받은 피보험자에게 검사비용을 지급한 후 요양기관을 상대로 손해배상을 청구한 건과 관련하여 요양기관이 면책사항인 다초점렌즈 비용을 낮추고 고액의 검사비용을 비급여로 청구한 것이 기망행위에 해당한다거나 보험회사가 손해배상을 입었다고 보기 어렵다고 판단한 사례 등을 종합하면, 백내장 진단을 위한 검사는 렌즈삽입 등 다른 요양급여대상항목과 구분된다고 본다.

먼저 원고는 피고가 허위로 검사비를 증액하여 작성한 진료비영수증을 발급·교부함으로써 C(피보험자) 등이 보험금을 편취하는 것을 도왔다고 주장하고 있다. 위에서 본 다른 의료기관의 경우와 피고가 보험약관 개정 전에 수술한 일부 다른 환자의 경우를 이 사건의 경우와 비교하여 보면, 피고가 C등에 대한 검사비를 보험약관 개정 전에 비하여 현저히 인상된 금액으로 정한 것으로 보이고, 그것이 피고의 해명과 같이 다초점 인공수정체 비용에 포함되어 있던 검사비를 세분화한 데 따른 것이라고 보기는 어려운 측면이 있다. 그러나 건강보험 적용대상에서 제외되는 법정비급여 진료비용인 검사비용은 의료기관이 환자와의 합의에 따라 자율적으로 정할 수 있으므로(대법원 2012. 6. 18. 선고 2010 두27639, 27646 전원

---

53) 동 사건은 2015. 11. 30. 개정이후 약관과 관련한 분쟁사건이다(2016. 4. 가입). 다초점렌즈 삽입술을 시력교정술로 간주하는 약관이 적용된다.

합의체 판결 등 참조), 피고로서는 검사장비의 취득·유지비용, 검사 시행에 투입되는 인력과 결과 판독의 난이도 등에 따라 검사비용을 다르게 정할 수 있는 점, 실제로 개정약관 시행전에도 C 등의 경우와 유사하게 검사비를 고액으로 정한 사례가 발견되는 등 검사비용 책정의 기준이 일관되지 않았던 점에 비추어 보면 단순히 C 등과 보험금 청구에 관하여 공모하거나, 원고와 C 등 사이에 이 사건 각 보험계약이 체결된 사실을 알고 보험금청구를 하도록 권유하는 등 직·간접적으로 보험금 편취행위를 용이하게 하는 방조행위를 하였다는 점을 입증할 만한 증거도 없다(서울중앙지방법원 2019나41951 손해배상 제1심 판결 2020. 7. 9. 선고 서울중앙지방법원 2019. 7. 3. 선고 2018가소2046392 판결).

소결

관계법령 및 판례 등을 종합하면 원칙적으로 별도로 정한바가 없는 한, 주된 비급여 진료행위에 부수되는 진찰, 검사, 처치 등의 진료행위 역시 구분불가설의 입장에서 비급여행위로 간주된다고 보는 것이 타당하다(대법원 2019두52980 판결).

참고로, 구분가능설에서 인용한 하급심 판례는 보험회사가 요양기관을 상대로 제기한 손해배상청구권 등의 인정 여부를 다룬 것으로 본 사안의 쟁점과는 다소 거리가 있다[54].

따라서 2015. 11. 30. 개정이전 약관의 경우 2020. 9월 검사비 요양급여시점을 기준으로 그 이전에 시행된 백내장 검사 관련 비용은 다초점렌즈 삽입술을 시행하기 위한 일련의 과정에서 발생한 비용으로서 약관상 면책사유인 시력교정술로 인정된다.

이상의 검토내용을 토대로 청구 유형별 보상기준을 정리해 보면 2015. 11. 30. 개정 전 약관 가입건의 경우 검사비용도 보장대상에 해당하는 한편, 2015. 11. 30. 개정이후 약관 가입건의 경우 2020. 9월 이전 실시된 검사 관련 비용은 시력교정술의 일환으로 간주되어 보상되지 않는다.

다만, 2020. 9월 이후 실시된 검사관련 비용은 요양급여가 인정되므로 본인일부부담금에 대해 보상된다.

---

54) 2015. 11. 28. 개정 후 약관과 관련하여 검사비용 요양 급여화(2020. 9월) 이전 검사비에 대해서 보험사회가 병원을 상대로 손해배상을 청구한 사례에서 "피고가 이 사건 보험약관 개정 후 검사비용을 급격하게 인상한 이유에 관하여 납득할 만한 해명이 없는 점을 종합하면 원고가 주장하는 피고의 기망행위를 인정할 수 있다"고 판단한 사례도 있다(서울중앙지방법원 2018가소2989536 판결 2019. 9. 19. 판결).

▌약관 유형 및 검사시점별 보상여부 판단

구분	진단 · 검사 시점	
	2020. 9월 이전	2020.9월 이후
2015. 11. 30. 개정 전 약관	보상	보상
2015. 11. 30. 개정 후 약관	면책	보상 (요양급여에 따른 본인부담금)

❶개정 전 약관 가입자가 2020. 9월 이전에 진단 · 검사를 받을 경우 → 보상
❷개정 전 약관 가입자가 2020. 9월 이후에 진단 · 검사를 받을 경우 → 보상
❸개정 후 약관 가입자가 2020. 9월 이전에 진단 · 검사를 받을 경우 → 면책
❹개정 후 약관 가입자가 2020. 9월 이후에 진단 · 검사를 받을 경우 → 보상(요양급여)

❸ 난시교정용 기능렌즈(토릭렌즈)의 보상여부

2015. 11. 30 개정이전 약관에 가입한 경우라 하더라도 모든 다초점렌즈가 치료 목적의 치료재료로 인정되는 것은 아니고 난시교정용 등 시력기능 개선효과가 명확한 구분되는 렌즈는 시력교정술을 위한 것으로 본다[55].

 참고판례 ▌

> 렌즈를 이용한 난시교정은 백내장 치료에 전형적으로 수반되는 진료라고 보기 어렵고, 난시 개선을 위해서 적용된 시술로서 안경, 콘택트렌즈 등을 대체하기 위한 시력교정술의 범위에 포함되는 것으로 봄이 상당하므로 실손의료비의 지급대상이 아니다(서울중앙지법 2017. 11. 19. 선고 2017나1010 판결).

❹ 입원제비용 인정 여부

최근 다초점렌즈 비용이 고액화되면서 피보험자가 입원제비용의 지급 조건[56] 즉, 약관상 '입원'의 요건을 충족한 상태에 있었는지 여부가 새로운 쟁점으로 부각되고 있다.

---

55) 최근에는 난시교정 기능이 있는 다초점렌즈와 기능이 없는 렌즈의 가격을 같이 책정하는 사례가 있어 논란이 되고 있다.
56) 회사는 피보험자가 상해로 인하여 병원에 입원하여 치료를 받은 경우에는 입원의료비를 다음과 같이 하나의 상해당 보험가입금액(5천만원 이내에서 계약 시 계약자가 정한 금액을 말합니다)의 한도 내에서 보상합니다.

즉, 국민건강보험법상 입원과 퇴원이 24시간 이내 이루어진 경우 원칙적으로 입원실에 6시간 이상 체류해야 1일의 입원료 산정이 가능하나 백내장 수술은 포괄수가제 적용대상이므로 병원내 체류시간이 6시간 미만이라 하더라도 낮병동 입원료 수가가 인정되는 등 입원으로 간주되는데, 이를 실손의료보험 약관상 입원 즉, '의사가 피보험자의 질병 또는 상해로 인하여 치료가 필요하다고 인정한 경우로서 자택 등에서 치료가 곤란하여 병원, 의료기관 또는 이와 동등하다고 인정되는 의료기관에 입실하여 의사의 관리를 받으며, 치료에 전념하는 것'으로 인정할 수 있는지가 쟁점이 되는 것이다.

법원의 입장

법원은 보험약관에서 정하고 있는 '입원'의 해석과 관련하여 '환자에 대한 의료진의 지속적인 관찰 및 관리가 필요하여 병원 내에 체류하면서 치료를 받는 것으로 제반 관련 규정에 따라 6시간 이상 입원실에 체류하면서 의료진의 관찰하에서 치료를 받는 것'으로서 '입원실 체류시간 외에도 환자의 증상, 진단 및 치료내용 등을 종합하여 판단하여야 한다'는 입장이다.

즉, 보험약관에서 규정한 '입원'으로 인정되려면 ❶6시간 이상의 입원실 체류라는 형식적 요건과 ❷일반적인 의료경험칙상 치료의 목적과 내용을 충족하기 위해서는 피보험자가 입원이 필요한 상태에 있어야 한다는 실질적 요건을 모두 충족해야 한다고 보고 있는 것이다.

🍎 참고판례 ▮

입원이라 함은 환자의 질병에 대한 저항력이 매우 낮거나 투여되는 약물이 가져오는 부작용 혹은 부수효과와 관련하여 의료진의 지속적인 관찰이 필요한 경우, 영양상태 및 섭취음식물에 대한 관리가 필요한 경우, 약물투여·처치 등이 계속적으로 이루어질 필요가 있어 환자의 통원이 오히려 치료에 불편함을 끼치는 경우 또는 환자의 상태가 통원을 감당할 수 없는 상태에 있는 경우나 감염의 위험이 있는 경우 등에 환자가 병원 내에 체류하면서 치료를 받는 것으로서, 보건복지부 고시인 '요양급여의 적용기준 및 방법에 관한 세부사항' 등의 제반 규정에 따라 환자가 6시간 이상 입원실에 체류하면서 의료진의 관찰 및 관리하에 치료를 받는 것을 의미한다고 할 것이나, 입원실 체류시간만을 기준으로 입원 여부를 판단할 수는 없고, 환자의 증상, 진단 및 치료 내용과 경위, 환자들의 행동 등을 종합하여 판단하여야 한다(대법원 2006. 1. 12. 선고 2004도6557 판결[사기·사기방조]).

포괄수가제와의 관계

포괄수가제는 원칙적으로 일반입원료나 낮병동 입원료 수가57) 산정이 가능한 경우에 적용하며, 이 중 낮병동 입원료 수가는 원칙적으로 입원에 준하는 상태에서 항암제 투여, 처치 및 수술 등을 받은 환자에 대한 관찰에만 최소한 6시간 이상 소요되는 경우에만 산정할 수 있는데, 일반적으로 요양기관 체류시간 6시간 미만(통상 2~3시간)이 소요되는 백내장 수술에 이러한 조건을 적용할 경우 포괄수가제 대상에 포함시킬 수 없기 때문에 체류시간이 6시간 미만인 경우에도 예외적으로 낮병동 입원료 수가를 인정한 것이라고 볼 수 있다.

따라서, 낮병동 입원료 수가가 적용되었다고 하더라도 약관상 입원으로 인정되기 위한 형식적 요건 외에도 피보험자가 6시간 이상 입원실에 체류하면서, 의사의 지속적인 관찰 및 치료가 필요한 상태에 있어야 약관상 입원의 정의에 부합된다고 할 것이다.

 참고판례

입원이란 환자의 질병에 대한 저항력이 매우 낮거나 투여되는 약물이 가져오는 부작용 혹은 부수효과와 관련하여 의료진의 지속적인 관찰이 필요한 경우, 영양상태 및 섭취음식물에 대한 관리가 필요한 경우, 약물투여·처치 등이 계속적으로 이루어질 필요가 있어 환자의 통원이 오히려 불편함을 끼치는 경우 또는 환자의 상태가 통원을 감당할 수 없거나 감염의 위험이 있는 경우 등에 환자가 병원 내에 체류하면서 치료를 받는 것으로서, 보건복지부 고시인 '요양급여의 적용기준 및 방법에 관한 세부사항' 등의 제반 규정에 따라 환자가 6시간 이상 입원실에 체류하면서 의료진의 관찰 및 관리 하에 치료를 받는 것을 의미한다. 그러므로 치료의 실질적 입원치료인지 내지 입원치료의 필요성이 있었는지는 입원실 체류시간과

---

57) [입원료 및 낮병동 입원료 산정 시 기산점(고시 제2015–241호, 2016. 1. 1. 시행)]
　　1. 입원과 퇴원이 24시간 이내 이루어진 경우 1일의 입원료를 산정하는 기준은 입원실에 머무른 시간이 6시간 이상인 경우를 의미하는 것이며 이 경우 입원료 산정 기산점은 진료기록부 기재내역 및 환자가 실제로 입원실을 점유한 시점 등을 고려하여 입원실 입실시간을 기준으로 함.
　　2. 낮병동 입원료의 경우는 지역응급의료기관, 응급의료시설, 응급의료기관이 아닌 종합병원 응급실, 수술실 등에서 처치·수술 등을 받고 연속하여 6시간 이상 관찰 후 당일 귀가 또는 퇴원하는 경우에 산정토록 되어 있으므로 낮병동 입원료의 산정 기산점은 의료기관에 내원하여 진료가 시작된 시간을 기준으로 하며, 이 경우 의료기관은 진료기록부에 진료시간과 종료시간을 기재하여야 함.

환자의 증상, 진단 및 치료 내용과 경위, 환자들의 행동 등을 종합하여 판단하여야 한다(대법원 2006. 1. 12. 선고 2004도6557 판결, 대법원 2007. 6. 15. 선고 2007도2941 판결, 대법원 2014. 7. 24. 선고 2014도5063 판결 등 참조). 한편 보험계약에서 정한 보험사고가 발생하였다는 점에 대한 증명책임은 보험금을 청구하는 피보험자 등에게 있다(대법원 2001. 8. 21. 선고 2001다27579 판결, 대법원 2014. 6. 12. 선고 2013다208661 판결 등 참조). 보건복지부 고시인 '요양급여의 적용기준 및 방법에 관한 세부사항(요양급여)'에는 '낮병동 입원료' 산정과 관련하여 '입원과 퇴원이 24시간 이내 이루어진 경우 1일의 입원료를 산정하는 기준은 입원실에 머무른 시간이 6시간 이상인 경우를 의미하는 것이며 이 경우 입원료 산정 기산점은 진료기록부 기재내역 및 환자가 실제로 입원실을 점유한 시점 등을 고려하여 입원실 입실시간을 기준으로 한다', '낮병동 입원료의 경우 지역응급의료기관, 응급의료시설, 응급의료기관이 아닌 종합병원 응급실, 수술실 등에서 처치·수술 등을 받고 연속하여 6시간 이상 관찰 후 당일 귀가 또는 퇴원하는 경우에 산정하도록 되어 있으므로 낮병동 입원료의 산정 기산점은 의료기관에 내원하여 진료가 시작된 시간을 기준으로 하며, 이 경우 의료기관은 진료기록부에 진료시간과 종료시간을 기재하여야 한다'고 되어 있다. 이 사건 수술에 관한 '진료비 세부산정 내역'에 '낮병동 입원료'가 포함되어 있음은 앞서 본 바와 같다.

위와 같은 '입원'에 관한 이 사건 보험약관의 정의 규정, 대법원 판례 법리, 보건복지부 고시 내용 등에 따르면, 피고가 '입원'치료를 받았음을 전제로 이 사건 보험계약에 따라 원고로부터 입원의료비를 보험금으로 지급받기 위해서는, 피고를 치료한 의사가 피고의 입원이 필요하다고 인정한 것에 더하여 피고가 자택 등에서 치료가 곤란하여 병원에서 의사의 관리를 받으면서 치료를 받았어야 하고, 최소 6시간 이상 입원실에 머무르거나 처치·수술 등을 받고 연속하여 6시간 이상 관찰을 받았어야 하며, 피고의 증상, 진단 및 치료 내용과 경위, 피고의 행동 등을 종합하여 볼 때 그 치료의 실질이 입원치료에 해당하여야 할 것이다.

대한안과학회에서 발간한 '백내장 진단 및 치료지침'에 따르면 백내장 치료를 위한 이 사건 수술의 경우 후낭혼탁, 안내염, 전방 출혈, 녹내장, 망막박리 및 분리 등의 합병증이 발생할 수 있기 때문에, 수술자는 수술 후 흔하게 합병증이 발생할 수 있는 시기와 시기능이 안정화되는 시기 때까지 일정 간격을 두고 환자를 추적·관리하도록 되어 있기는 하다. 그러나 정도와 빈도의 차이가 있을 뿐 모든 수술에는 부작용이나 합병증이 발생할 수 있으므로, 그 수술이 어떠한 수술인지 및 해당 환자의 상태가 어떠한지와 관계없이 일반적으로 이 사건 수술을 받으면 부작용이나 합병증 등 후유증이 발생할 가능성이 있다는 사정만으로 이 사건 수술의 경우 입원치료가 필요하다고 인정할 수는 없다.

이 사건 의원은 의료법 제3조 제2항 제1호에서 정한 '의원급 의료기관'으로서 의사가 주로 외래환자를 대상으로 의료행위를 하는 의료기관이므로 병상을 갖출 필요가 없고, 실제로 건강보험심사평가원 자료상으로도 입원실이나 병상을 운영하지 않고 있는 것으로 되어 있으므로, 피고를 비롯한 환자들이 이 사건 의원에 입원하는 것이 물리적으로 가능한지도 의문이다.

한편 피고는 백내장 수술의 경우 포괄수가제가 적용되므로 피고가 처치·수술 등을 받고 의료진으로부터 6시간 이상 연속 관찰을 받았다거나 치료의 실질이 입원치료였다고 할 수 있는지와 무관하게 백내장 수술을 받은 경우 '입원'을 한 것으로 볼 수 있다고 주장한다. 이와 관련하여 국민건강보험「요양급여의 기준에 관한 규칙」제8조 제2항에 따른 보건복지부 고시인 '건강보험 행위 급여·비급여 목록 및 급여 상대가치점수' 및 관련 보건복지부 보도자료에 따르면, 이 사건 수술과 같은 수정체 수술(백내장 수술)을 받은 경우 종전에 6시간 이상 관찰 후 퇴원하는 경우에만 포괄수가제가 적용되던 것을 2003. 9. 1.부터 6시간 미만 관찰 후 당일 귀가하는 경우에도 포괄수가제가 적용되도록 제도가 변경된 사실이 인정되고, 현재도 변경된 제도가 그대로 유지되고 있음은 당사자 사이에 뚜렷한 다툼이 없다.

그러나 포괄수가제는 원래부터 입원을 전제로 한 제도인데, 백내장 수술의 경우 실질적으로 수술 후 6시간 이상 관찰할 필요가 없는 경우가 많고 이 경우 위 보건복지부 고시에서 정한 입원의 요건에 해당하지 않게 되어 포괄수가제가 적용될 수 없게 되는 바, 그러한 경우에도 포괄수가제를 적용하기 위한 정책적인 이유에서 '수술 후 6시간 이상 관찰'이라는 요건을 예외적으로 배제한 것으로 보인다. 이 사건 보험약관상 '입원' 개념은 부보대상인 모든 질병·상해에 공통적으로 적용되는 것이므로, 위와 같이 보건복지부 고시가 개정된 것 때문에 이 사건 보험약관에서 말하는 '입원' 개념이 백내장 수술의 경우에만 다르게 해석·적용될 수는 없다고 할 것이다[제1심법원의 건강보험시사평가원에 대한 사실조회 결과도 같은 취지이다(서울고등법원 2021나2013354(본소) 채무부존재확인 2022. 1. 20. 판결 선고, 대법원 2022다216749, 2022. 6. 16. 심리불속행 기각)].

ⓘ 행위별 수가제상 입원과 포괄수가제상 입원의 비교

Q. 수정체수술은 세부사항 고시에서 정한 "입원"의 요건을 갖추기 어렵기 때문에 이와 무관하게 수정체수술에도 포괄수가제를 적용하기 위하여 6시간 미만 관찰 후 귀가하는 경우를 입원진료에 포함시킨 것인지 여부

A. 행위별수가제에서의 "입원" 인정 기준과 포괄수가제에서의 입원 인정기준이 항상 동일하여야 한다고 할 수 없음. 수정체수술과 같이 수술 후 24시간 내 귀가하는 통원수술의 경우에도 의료비 절감, 병상수요 감소 등 의료자원 수급 효율화 측면에서 이를 포괄수가제상 입원 인정기준에 포함시켜 포괄수가제를 적용하고 있음. 포괄수가제 적용 입원은 위와 같

은 정책적 측면을 고려하여 기준화된 것임. 행위별 수가제에서의 "입원" 기준에의 부합 여부를 고려할 사안 자체가 아님.

Q. 수정체 수술은 "입원"이 불필요함에도 포괄수가제 적용을 위해 음성적 입원 유도의 문제점이 있어 6시간 미만 관찰 후 귀가 하는 경우를 입원진료에 포함하는 것으로 개정한 것인지 여부

A. 위에서 본 바와 같이 행위별수가제에서의 "입원" 인정 기준과 포괄수가제에서의 입원 인정 기준이 항상 동일한 것은 아니고, 입원을 행위별수가제 "입원" 기준에 맞추어 불필요 판단을 하는 것이 아님. 개정사유는 위에서 본 정책적 고려로 인한 것임. 참고로 "DRG적용을 위한 불필요한 입원 유도"관련, 불필요한 입원이란 입원일수 하단열외군(입원일수가 정상군 하한 미만인 경우) 취급방지를 위한 불필요한 2일 이상 입원을 의미함. 6시간 미만 관찰 등 문제와 무관함

Q. 행위별수가제에 따른 "입원" 기준에도 불구하고 포괄수가제 적용을 위한 6시간 미만 관찰 후 입원 처리 기준에 따라 입원 통계 시 1일로 입원일수를 처리한 것인지 여부

A. 포괄수가제가 적용되는 수정체수술의 입원기준은 위의 정책적 고려에 따른 것임. 포괄수가제 곤련 통계는 포괄수가제 적용기준을 따름.

(건강보험심사평가원 포괄수가실 포괄수가기준부 법원사실조회 회신)

 기타 참고판례 ▮

(1) 채권자는 채무자에 대한 채권을 보전하기 위하여 채무자를 대위해서 채무자의 권리를 행사할 수 있는데, 대위에 의하여 보전될 채권자의 권리가 금전채권인 경우에는 원칙적으로 채무자가 무자력인 때, 즉 채무자의 권리를 대신 행사하지 않으면 채무자의 책임재산이 감소함으로써 채권의 변제를 받지 못할 우려가 있는 경우에 보전의 필요성이 인정되어 채권자의 대위행사가 허용되고(대법원 2009. 2. 26. 선고 2008다76556 판결 등 참조), 다만 위와 같은 경우가 아니라도 채권자가 보전하려는 권리와 대위하여 행사하려는 채무자의 권리가 밀접하게 관련되어 있고 채권자가 채무자의 권리를 대위하여 행사하지 않으면 자기 채권의 완전한 만족을 얻을 수 없게 될 위험이 있어 채무자의 권리를 대위하여 행사하는 것이 자기채권의 현실적 이행을 유효·적절하게 확보하기 위하여 필요한 경우에는 채권자대위권의 행사가 채무자의 자유로운 재산관리행위에 대한 부당한 간섭이 된다는 등의 특별한 사정이 없는 한 채권자는 채무자의 권리를 대위하여 행사할 수 있다(대법원 2014. 12. 11. 선고 2013다71784 판결 등 참조).

(2) 이 사건에서 원고가 보전하고자 하는 피보전채권은 C등에 대한 보험금반환 채권으로서 금전채권에 해당하고, 원고가 C등을 대위하여 행사하고자 하는 피대위채권은 C등의 피고에 대한 진료비 반환채권인데, 원고가 C등에게 지급한 보험금이 바로 C등이 피고에게 지급한 진료비를 대상으로 하는 것이므로 두 채권은 동일한 경제적 이익을 목적물로 하는 것으로서 서로 밀접한 관련성이 인정된다. 그러나 원고로서는 채무자인 보험가입자, 즉 C 등이 무자력이 아닌 한 얼마든지 C등을 상대로 부당이득반환청구를 하여 그 부당이득의 사유를 주장·입증함으로써 채권을 실현할 수 있으므로 대위행사에 의하지 않고서는 채권의 완전한 만족을 얻지 못할 위험이 있다고 볼 수 없고, 원고가 다수의 보험가입자들을 상대로 일일이 반환청구를 하는 것이 번거롭다는 사정 역시 권리실현에 장애가 되는 요소라고 보기 어렵다. 또한 C등으로서는 설령 피고와의 진료계약에 무효사유가 있다고 하더라도 그 사유를 주장하여 부당이득반환청구를 할 것인지 여부를 스스로 선택할 권리가 있으므로, C등이 무자력이 아님에도 불구하고 그 의사와 무관하게 원고가 이를 대위행사하는 것은 그들의 재산관리행위에 대한 부당한 간섭이 될 여지가 있다.

(3) 따라서 C 등의 무자력에 대한 입증이 없는 이상 원고의 채권자대위에 의한 부당이득반환청구는 다른 점에 대하여 더 나아가 살펴볼 필요 없이 부적절하다.

1) 불법행위에 의한 손해배상청구에 대하여

앞서 본 증거에 의하면 피고는 보험약관 개정으로 다초점 인공수정체 대금이 그 보장대상에서 제외된 이후 환자들로부터 전보다 감액된 금액의 다초점 인공수정체 비용을, 전보다 증액된 이 사건 각 검사비를 각 지급받은 것으로 보이기는 한다. 그러나 앞서 보았거나 설시된 증거에 의하여 인정할 수 있는 다음의 사실 내지 사정을 종합하여 보면, 제출된 증거만으로는 이 사건 환자들이 원고로부터 보험금을 편취하였다고 인정하기에 부족하고, 달리 이를 인정할 만한 증거가 없으므로 이를 전제로 하는 원고의 이 부분 주장은 이유 없다.

① 건강보험 적용대상에서 제외되는 법정비급여 진료 비용인 검사비용은 의료기관이 환자와의 합의에 따라 자율적으로 정할 수 있으므로(대법원 2012. 6. 18. 선고 2010두27639, 27646 전원합의체 판결 참조), 이러한 방식으로 비용을 정하여 작성한 진료비영수증이 허위로 작성된 것이라고 볼 수 없다.

② 이 사건 환자들의 경우 피고가 정해 놓은 검사비를 지급한 후 원고에게 그에 관한 보험금을 청구한 것이고, 원고는 그 검사비가 보험금 지급대상이 된다고 판단하여 보험금을 지급한 것뿐이다. 이와 같은 과정에서 전문가가 아닌 이 사건 환자들이 원고에 대한 기망행위가 개입될 여지는 없어 보인다.

③ 또한 피고가 이 사건 환자들이 원고에게 보험금을 청구하고 지급받는 과정에서 어떠한 관여를 하였다고 볼 만한 사정을 찾기 어렵다.

2) 채권자대위권 행사에 의한 부당이득 반환청구에 대하여

나) 피대위채권의 존재여부

(1) 의료기관 또는 의사가 의료보험환자 아닌 일반환자를 치료하고 그 치료비를 청구함에 있어서 그 치료를 마친 의사 또는 의료기관은 그 치료비에 관하여 의료보험수가가 아닌 일반의료수가를 기준으로 계산한 치료비 전액의 지급을 청구할 수 있다 할 것이지만, 치료계약에 이르게 된 경위, 수술·처치 등 치료의 경과와 난이도, 기타 변론에 나타난 제반 사정에 비추어 그 일반의료수가가 부당하게 과다하여 신의성실의 원칙이나 형평의 원칙에 반하는 특별한 사정이 있는 경우에는 예외적으로 그와 같은 제반 사정을 고려하여 상당하다고 인정되는 범위를 초과하는 금액에 대하여는 그 지급을 청구할 수 없다(대법원 1995. 12. 8. 선고 95다3282 판결 참조).

(2) 이러한 법리에 비추어 이 사건에 관하여 보건대, (중략) 피고가 이 사건 환자들로부터 지급받은 이 사건 각 검사비는 부당하게 과다하여 신의성실의 원칙이나 형평의 원칙에 반하는 특별한 사정이 있다고 봄이 타당하고, 여러 사정을 고려해 볼 때, 그 상당하다고 인정되는 이 사건 검사비는 최대한 높게 인정하더라도 아래와 같이 서울지역 평균 검사비의 10배에 해당하는 금액(이하 '상당성 인정금액'이라 한다)이라고 할 것이므로 피고가 이 사건 환자들로부터 지급받은 이 사건 각 검사비 중 상당성 인정금액을 초과하는 부분은 법률상 원인 없이 지급받은 것으로서 위 환자들에게 반환하여야 한다.

검사항목	피고수령금액(원)	서울지역 평균금액(원)	10배 해당금액(원)
1검사	1,350,000	72,356	723,560
2검사	1,200,000	61,882.5	618,825
3검사	500,000	33,342.5	333,425
합계	3,050,000	167,581	1,675,810

① 피고는 서울지역 평균진료비 보다 1, 2 검사의 경우 약 19배, 3검사의 경우 약 15배 정도 더 많은 돈을 이 사건 각 검사비로 지급받았다. 위 서울지역 평균진료비는 건강보험심사평가원의 병원급 이상의 의료기관으로부터 제출한 자료를 근거로 작성된 것이기는 하나, 피고 의원이 병원급 이상의 의료기관보다 높은 의료서비스를 제공한다거나 그 운영과 관련하여 지출하여야 하는 비용이 특별히 더 많다고 보기 어려움에도 동일한 검사와 관련하여 약 20배 더 많은 비용을 지급받았다는 점은 납득하기 어렵다.

② 이 사건 각 검사는 레이저 또는 초음파 장비를 이용하여 환자의 안구길이, 각막의 두께 등을 측정하는 것으로서 그 장비의 작동방법이 특별히 어려워 보이지 않고, 검사에 걸리는 시간도 비교적 짧을 것으로 보일 분만 아니라, 피고 의원이 병원급 이상의 의료기관보다 고가의 장비를 사용하고 있다는 사정도 보이지 않는다.

③ 피고는 백내장 수술에 사용되는 인공수정체 비용이 실손의료보험의 보장대상
인지 여부가 명확하지 않던 2013년 경에는 이 사건 각 검사비로 합계
1,200,000원을 인공수정체 비용으로 1,000,000원을 지급받다가 위 인공수
정체 비용이 그 보장대상에서 제외된 이후부터 이 사건 각 검사비로 합계
3,050,000원을 인공수정체비용으로 600,000원을 각 지급받은 것으로 보인
다. 위 인공수정체 비용 600,000원은 피고가 공급받았다고 주장하는 금액인
841,500원 보다 적은 금액이다.[58] 이와 같이 피고는 환자들로부터 실손의료
보험의 보장대상이 되지 않는 인공수정체의 비용을 공급가보다 적게 받는 대
신 특별한 사정변경 없이 이 사건 각 검사비용을 2~3배 정도 증액한 것으로
보이는바, 법정비급여 진료비용을 의료기관이 환자와의 합의에 따라 자율적으
로 정할 수 있다고 하더라도 이러한 비용 책정 경위에 비추어 볼 때, 이는 신
의성실의 원칙이나 형평의 원칙에 반하여 부당하다고 판단된다.

④ 백내장 질환은 노년층에서 많이 발생하는 질환으로서 백내장을 진단하고 그
수술을 위해서는 이 사건 각 검사가 필수적이라는 이유로 관련 법령이 개정되
어 그 검사비에 대한 건강보험혜택이 확대되었는바, 이러한 법령 개정의 경위
에 비추어 보아도 피고가 지급받은 이 사건 각 검사비는 지나치게 과다한 것
으로 보인다.

(3) 따라서 피고는 이 사건 환자들에게 별지 목록 '검사비 합계'란 기재 금액 중 '상
당성 인정금액'란 기재금액을 초과하는 부분인 '피대위채권'란 기재 금액을 부
당이득금을 각 반환하여야 하므로 이 사건 환자들은 피고에 대하여 위 '피대위
채권'란 기재금액에 해당하는 합계 121,231,090원의 부당이득 반환채권을 갖
는다(서울중앙지법 2021. 1. 26. 판결 2018가합531217 손해배상).

아-7. 다리정맥류 수술

> 7. 아래에 열거된 국민건강보험 비급여 대상으로 신체의 필수 기능개선 목적이 아닌 외모
> 개선 목적의 치료로 인하여 발생한 의료비
>
> :
>
> **라. 외모개선 목적의 다리정맥류 수술**

---

58) 피고 의원 홈페이지 게시물에 의하면 피고 의원에서 사용한 다초점 인공수정체는 레스토, 테
크니스, 리사렌즈인 것으로 보이는데 ○○대학교병원이 2019. 5. 2. 공개한 레스토 렌즈의 구
입단가는 1,794,500원, 테크니스 렌즈의 구입단가는 1,550,000원이므로 피고 의원도 그와 비
슷한 가격으로 위 렌즈를 공급받았을 것으로 보인다.

약관의 변천

종전에는 '다리정맥류' 수술이 비급여로 청구된 경우에는 '비급여' 항목만으로도 외모개선 목적의 치료로 간주되었으나, 신의료기술위원회의 승인을 받은 수술기법은 그 자체가 비급여대상이어서 청구항목만으로는 치료목적과 외모개선 목적 중 어디에 해당하는지 구분하기가 쉽지 않았다.

이에 따라 2016. 12. 8. '국민건강보험요양급여 대상 수술방법 또는 치료재료가 사용되지 않은 부분의 외모개선 목적'이라는 문구를 삭제하고, 다음 요건을 충족하는 경우에만 치료 목적으로 인정토록 변경하였다.

ⓘ **비급여 다리정맥류 수술 관련 치료목적 판단기준(금융감독원)**

가. 다리정맥류가 발생한부위에 다리정맥류로 인한 증상이 있거나 다리정맥류에 의한 합병증 예방목적이 있어야함.

나. 혈류초음파검사 결과, 대복재정맥, 소복재정맥, 정강정맥, 심부대퇴정맥, 관통정맥의 역류가 0.5초(대퇴정맥 또는 슬와정맥의 경우 1초)이상 관찰되어야 함

→ 위 '가'와 '나'를 모두 충족한 경우 또는 '가'와 '나'를 모두 충족한 경우에 준한다고 의료계 일반에서 널리 인정되는 경우

비급여 정맥류수술	급여 정맥류 수술
1) 고주차 정맥내막폐쇄술 2) 광투시 정맥흡제거술 3) 레이저 정맥폐쇄술 4) 초음파유도하 혈관경화요법	1) 사지정맥류 국소치료 - 경화요법 국소제거술 2) 광범위정맥류 발거술

아-8. 기타

> 7. 아래에 열거된 국민건강보험 비급여 대상으로 신체의 필수 기능개선 목적이 아닌 외모개선 목적의 치료로 인하여 발생한 의료비
>
> :
>
> **마. 그 밖에 외모개선 목적의 치료로 국민건강보험 비급여대상에 해당하는 치료**

약관의 변천

위 조문은 「건강보험요양급여규칙」 [별표] 제2호 (사)목에서 정하고 있는 '그 밖에 가목부터 사목까지에 상당하는 외모개선 목적의 진료로서 보건복지부장관이 정하여 고시하는 진료'를 준용한 것이다.

표준약관 제정 당시에는 '아래에 열거된 의료비' 등의 형식으로 규정하였으나, 열거 항목 대부분이 법정비급여 대상이므로 관계법규와의 정합성 차원에서 현행과 같이 변경되었으며, 그 외의 다른 외모개선 목적의 비급여 치료 사례가 누락되지 않도록 (마)목이 추가되었다.

쟁점의 연구

❶ 약관에 누락된 법정비급여 항목의 보상책임 유무

위 조문과 관련해서는 「요양급여의 기준에 관한 규칙」 [별표2] (마)목의 유무가 면책 범위에 영향을 미치는지가 논란이 될 수 있는데, 이에 대해서는 긍정설과 부정설로 나뉜다.

긍정설

먼저 긍정설은 실손의료보험 약관상 면책조항이 요양급여 기준에 관한 규칙 [별표2] 제2호가 준용된 것이기는 하나, 예시를 열거한 것에 불과하므로 (마)목이 누락되었다고 하더라도 약관의 취지 등에 비추어 (가)목 내지 (라)목만으로도 (마)목에 해당하는 사례의 면책 근거가 될 수 있다는 입장이다.

부정설

반면, 부정설에 따르면 약관의 면책조항이 국민건강보험법의 요양급여기준에 관한 규칙 [별표2] 제2호의 각(목)의 일부를 준용한 것이 분명한 이상, 누락된 사항도 면책사유에 포함시키기로 했다는 약정이 없는 한, 면책사유를 보험자에게 유리하게 확대해석하는 것은 부당하다고 본다.

사견으로는 약관해석의 원칙59)상 보험계약자 등의 권리를 축소하는 면책사유는 제한적으로 해석하는 것이 타당할 뿐만 아니라, 긍정설에 따를 경우 약관에서 명시한 [별표2] 제2호의 (가)목 내지 (라)목에 해당하는 비급여 항목도 개별청구건 별로 주치의 소견 등을 참고하여 보상여부를 검토해야 한다는 결론에 도달하게 되며, 법원도 유사한 사례에서 「요양급여의 기준에 관한 규칙」 [별표2]를 준용60)하면서 포함시키지 않은 사유를 근거로 면책할 수 없다고 판시한 바 있어 이상을 종합하면 부정설이 더 타당하다고 본다.

 참고판례 ▎

피고는 피부재활시술이 치료에 해당하더라도 이 사건 보험약관에서 면책대상으로 정한 "외모개선 목적의 치료로 인하여 발생한 의료비"에 해당하므로 보험금을 지급할 수 없다고 주장하나, 이 사건 보험약관은 "외모개선 목적의 치료로 인하여 발생한 의료비"에 해당하는 진료행위의 종류를 "가. 쌍꺼풀수술, 코성형수술, 유방확대·축소술, 지방흡입술, 주름살제거술 등", "나. 사시교정, 안와격리증의 교정 등 시각계수술로서 시력개선 목적이 아닌 외모개선 목적의 수술", "다. 안경, 콘택트렌즈 등을 대체하기 위한 시력교정술", "라. 외모개선 목적의 다리정맥류 수술"로 정하고 있는데, 화상환자에 대한 피부재활시술은 이 중 어느 항목에도 해당한다고 볼 수 없으므로, 피고의 면책주장은 받아들이지 않는다(대법원 판결선고 2019. 8. 30. 2018다251622 치료비지급청구, 원심판결 서울중앙지방법원 2018. 6. 8. 선고 2017나13907 판결).

❷ 치료 목적의 인정 여부

실손의료보험 약관에 따르면 보상하는 사항을 '상해로 인하여 병원에 입원하여 치료를 받는 경우'로 규정하면서, 보상하지 아니하는 사항으로 '7. 외모개선 목적의 치료로 인하여 발생한 의료비'가 포함되어 있고, '쌍꺼풀(이중검수술), 코성형수술(융비술), 유방확대·축소술, 지방흡입술, 주름살제거술 등'이 열거되어 있다.

---

59) [실손의료보험 표준약관] 제40조(약관의 해석) ① 회사는 신의성실의 원칙에 따라 공정하게 약관을 해석하며, 계약자에 따라 다르게 해석하지 않습니다. <개정 2015. 11. 30.>
　② 회사는 약관의 뜻이 명백하지 않은 경우에는 계약자에게 유리하게 해석합니다.
　③ 회사는 보상하지 않는 사항 등 계약자나 피보험자에게 불리하거나 부담을 주는 내용은 확대하여 해석하지 않습니다.
60) [실손의료보험 표준약관] 제44조(준거법) 이 계약은 대한민국 법에 따라 규율되고 해석되며, 약관에서 정하지 않은 사항은 상법, 민법 등 관계 법령을 따릅니다.

위 조문도 국민건강보험법 「건강보험요양급여규칙」 [별표2] 제2호 '다음 각목의 진료로서 신체의 필수 기능개선 목적이 아닌 경우에 실시 또는 사용되는 행위·약제 및 치료재료'로서 '가. 쌍꺼풀수술(이중검수술), 코성형수술(융비술), 유방확대·축소술, 지방흡인술, 주름살제거술 등 미용목적의 성형수술과 그로 인한 후유증치료'를 준용한 것이다.

한편 약관상 보험금이 지급되려면 ❶상해로 인하여 병원에 입원하여 치료를 받을 것, ❷면책사유인 '외모개선 목적의 치료'에 해당하지 않을 것 등 두 가지 요건을 모두 충족해야 하는데, 이때 '외모개선 목적의 치료'에 해당하는지 여부를 어떤 근거로 판단할 것인가를 두고 분쟁이 발생한다.

이와 관련하여, 실손의료보험 표준약관 제44조에서는 '약관에 정하지 아니한 사항은 대한민국 법령에 따르도록' 정하고 있고, 면책사유인 '외모개선 목적의 치료'는 국민건강보험법 요양급여의 기준에 관한 규칙 [별표2] 비급여대상 제2호를 준용한 것이므로 '신체의 필수기능 개선 목적이 아닌 경우'에 열거된 '외모개선 목적' 또는 '미용 목적'의 비급여대상 진료에 해당한다면 실손의료보험 약관의 면책사유에도 해당한다는 논리가 성립하는 것이며, 이러한 해석방법이 일반인의 이해 가능성 측면에서도 가장 합리적이고 공정하다고 할 수 있다.

참고로, 「건강보험요양급여규칙」의 [별표2] 비급여대상이 약관에 어떻게 반영되어 있는지 정리하면 다음 표와 같다.

▎약관상 외모개선목적 치료 면책 사유와 「건강보험요양급여규칙」[별표 2] 제2호 항목간 비교

실손의료보험 표준약관(상해입원형) 제4조(보상하지 않는 사항)	요양급여기준에 관한 규칙 [별표2]
7. 아래에 열거된 국민건강보험 비급여 대상으로 신체의 필수 기능개선 목적이 아닌 외모개선 목적의 치료로 인하여 발생한 의료비	2. 다음 각목의 진료로서 신체의 필수 기능개선 목적이 아닌 경우에 실시 또는 사용되는 행위·약제 및 치료재료
가. 쌍꺼풀수술(이중검수술. 다만, 안검하수, 안검내반 등을 치료하기 위한 시력개선 목적의 이중검수술은 보상합니다), 코성형수술(융비술), 유방 확대(다만, 유방암 환자의 유방재건술은 보상합니다)·축소	가. 쌍꺼풀수술(이중검수술), 코성형수술(융비술), 유방확대·축소술, 지방흡인술, 주름살제거술 등 미용목적의 성형수술과 그로 인한 후유증치료

술, 지방흡입술(다만, 「국민건강보험법」 및 관련 고시에 따라 요양급여에 해당하는 '여성형 유방증'을 수술하면서 그 일련의 과정으로 시행한 지방흡입술은 보상합니다), 주름살 제거술 등 〈개정 2018. 11. 6.〉

나. 사시교정, 안와격리증(양쪽 눈을 감싸고 있는 뼈와 뼈 사이의 거리가 넓은 증상)의 교정 등 시각계 수술로서 시력개선 목적이 아닌 외모개선 목적의 수술

나. 사시교정, 안와격리증의 교정 등 시각계 수술로써 시력개선의 목적이 아닌 외모개선 목적의 수술

다. 안경, 콘텍트렌즈 등을 대체하기 위한 시력교정술(국민건강보험 요양급여 대상 수술방법 또는 치료재료가 사용되지 않은 부분은 시력교정술로 봅니다)

바. 안경, 콘텍트렌즈 등을 대체하기 위한 시력교정술

다. 치과교정. 다만, 입술입천장갈림증(구순구개열)을 치료하기 위한 치과교정 등 보건복지부장관이 정하여 고시하는 경우는 제외한다.

라. 씹는 기능 및 발음 기능의 개선 목적이 아닌 외모개선 목적의 턱얼굴(악안면) 교정술

마. 관절운동 제한이 없는 반흔구축성형술 등 외모개선 목적의 반흔제거술

사. 질병 치료가 아닌 단순히 키 성장을 목적으로 하는 진료

라. 외모개선 목적의 다리정맥류 수술
마. 그 밖에 외모개선 목적의 치료로 국민건강보험 비급여대상에 해당하는 치료

아. 그 밖에 가목부터 사목까지에 상당하는 외모개선 목적의 진료로서 보건복지부장관이 정하여 고시하는 진료

❸ 세법과 실손의료보험과의 관계

부가가치세법 제26조(재화 또는 용역의 공급에 대한 면세) 및 같은 법 시행령 제35조(면세하는 의료보건 용역의 범위)에 따르면 '의료법에 따른 의사, 치과의사, 한의사, 조산사 또는 간호사가 제공하는 의료보건 용역'은 면세대상이나, 국민건강보험법 제41조 제4항에 따른 비급여 항목은 면세대상에서 제외됨을 정하고 있다.

이에 따라, 「건강보험요양급여규칙」 [별표2] 제2호의 (가)목과 (라)목에 해당하여 피보험자가 부가세가 과세된 진료를 받았다면 세무당국에서도 해당 진료를 '외모개선 목적의 치료'로 간주하고 있다고 볼 수 있다.

물론 세법과 관련한 법령이 실손의료보험 약관을 구속하는 것은 아니나, 국민건강보험법과 실손의료보험이 밀접한 관계에 있는 상황에서 세무당국이 과세근거로 국민건강보험법을 준용하고 있다는 점에서 보면 실손의료보험과 세법이 전혀 무관하다고 보기는 어렵다.

예를 들어, 보험금의 청구원인이 된 의료행위가 '외모개선 목적'이 아니라 '부상이나 질병 등의 치료 목적'이었다면 세법상 당연히 면세 대상에 해당할 것이므로 반대로 과세된 의료행위에 대해 '외모개선 목적의 진료'가 아니라고 주장하는 것은 이치에 맞지 않는다고 할 것이다.

 분쟁사례

---

❶ 원형탈모치료 1

[분쟁경위]
A씨는 지루성피부염 등으로 인한 탈모로 국소도포제 및 약용샴푸 등을 처방받고 비급여 치료비를 지급 후 보험금을 청구하였으나 보험회사는 외모개선 목적의 치료라며 보험금 지급을 거절하였다.

[판단]
해당 약관에서 면책사유로 정한 '노화현상으로 인한 탈모 등 피부질환'은 국민건강보험법상 비급여대상 [별표2] 제1호* (나)목을 준용한 것인데 만약 면책사유에 해당하지 않는다면 요양급여로 청구되었을 것이므로 치료 목적으로 인정하기 어렵다.

* 다음 각목의 질환으로서 업무 또는 일상생활에 지장이 없는 경우에 실시 또는 사용되는 행위·약제 및 치료재료

❷ 원형탈모치료 2

[분쟁경위]
A씨는 탈모치료(비급여) 후 주치의로부터 '스트레스로 인한 휴지기 탈모(L650)로 향후 치료가 필요'라는 소견서를 발급받아 보험금을 청구하였으나 보험금 지급을 거절당했다.

[판단]
해당 약관에서는 '아래에 열거된 치료로 인하여 발생한 의료비'로 '주근깨, 다모, 무모, 백

반증, 딸기코, 점, 사마귀, 여드름, 노화현상으로 인한 탈모 등 피부질환'을 면책사유로 열거하고 있는데, 보건복지부 고시기준*을 참고할 때 외모개선이 아닌 치료목적이었다면 요양급여로 청구되었을 것이므로 치료목적으로 인정하기는 어렵다.

* (고시 제2000-35호 2000. 12. 31.) 병적탈모증은 자각증상 없이 탈모반이 한 개 또는 여러 개 발생하여 병소가 확대 또는 융합하여 큰 탈모반을 형성할 수 있는 병적인 탈모이므로 병변의 경중에 관계없이 급여대상임

❸ 반흔제거 레이저수술

[분쟁경위]

A씨는 켈로이드(L910), 결절성 가려움 발진(L281), 흉터NOS(L905) 진단으로 레이저치료비를 비급여로 지급 후 보험금을 청구하였으나, 보험회사는 성형수술로 판단하여 보험금 지급을 거절하였다.

[판단]

반흔은 일반적으로 외상이 치유된 후 그 자리의 피부 위에 남는 변성부분으로 간혹 가려움, 통증 등을 유발하기도 하나 일반적으로는 피부 변색 등의 미용 목적상 문제가 발생하는 것으로 알려져 있고, 심평원에서도 일상생활에 지장이 있는 반흔 치료는 보건복지부 고시기준 등에 따라 요양급여 항목으로 인정하며, 국민건강보험법 [별표2](비급여대상)에서는 신체의 필수 기능개선 목적이 아닌 경우에 실시되는 외모개선 목적의 반흔제거술 등은 비급여 항목으로 규정하고 있는데 본건은 비급여로 청구된 이상 치료목적으로 인정하기는 어렵다.

[건강보험심사평가원 비급여진료비 확인]

- 그 동안 안면화상 관련 수술은 그 범위가 크지 않고 운동제한이 없는 경우는 일상 생활에 지장이 없는 외모개선 목적으로 보아 「국민건강보험 요양급여의 기준에 관한 규칙」 [별표2] 비급여대상 2.마에 의하여 비급여대상이었으나, 안면부에 생긴 화상반흔은 크기나 정도에 관계없이 환자가 수치감을 갖게 되고 타인에게 혐오감을 주는 등 안정된 사회생활에 영향을 받게 되어 일상생활에 심각한 지장을 초래하므로 안면에 생긴 화상반흔 제거를 목적으로 하는 첫 번째 수술은 급여대상으로 정한 것임

- 의료보험의 근본취지는 모든 피보험자가 매월 납부하는 보험료로 질병, 부상, 분만 또는 사망 등에 대하여 보험급여를 실시함으로써 국민보건을 향상시키고 사회보장의 증진을 도모하는데 있으나, 한정된 보험재정을 효율적으로 운영하여 더 많은 국민에게 고른 혜택이 돌아가게 하기 위하여 부득불 요양급여기준을 정하여 보험급여의 범위와 수준을 조정하고 있음. 의료보험법 제29조 제①항에 의한 요양급여는 질병, 부상 등의 치료목적에 한해 지급하고 있으며, 기능상의 장애로 인하여 업무 또는 일상생활에 직접적인 지장이 없는 질환이나 미용목적 등 보험급여의 원리에 부합되지 아니하는 경우에는 보험급여대상에서 제외하고 있음. 두부 화상의 후유증으로 인한 전두부 반흔의 정도가 심하여 본인에게 수치감을 주고 타인에게도 혐오감을 줄 정도임을 감안하여 보험급여대상으로 함을 회신하며, 전박부 반흔은 반흔으로 인하여 기능상의 장애가 있어 기능회복을 위한 진료인 경우에는 보험급여대상이나 흉터를 제거하여 외모개선 목적

으로 진료하는 경우는 현재의 의료보험급여 수준상 보험급여대상으로 하기 곤란한 것임

❹ 안검황색종 레이저수술 후 입안흉살 제거

[분쟁경위]
A씨는 안검황색종진단 후 레이저 치료 후 입안쪽에 흉살이 생겨 제거술을 받고 비급여 의료비 지급 후 보험금을 청구하였으나, 보험회사에서는 외모개선 목적 치료라며 보험금 지급을 거절하였다.

[판단]
입퇴원 확인서 및 진료비명세에 따르면 A씨의 안검황색종은 그대로 둘 경우 계속 커질 수 있고 경우에 따라 눈의 기능에 이상 우려가 있다는 소견이나, 흉살이 일상생활에 지장을 초래하는 등의 사유가 있었다면 요양급여로 청구해야 하는데도 안검황색종 치료와 수술 후 입안쪽 흉살 제거술 비용 모두 비급여로 청구된 이상 면책사유에 해당한다.

❺ 선천성 부이개 수술

[분쟁경위]
A씨는 성형외과에서 선천성 스킨텍 우측 전이개부(부피부 쥐젖 Q82.8)진단으로 제거 · 봉합술을 받고 보험금을 청구하였으나, 보험회사는 보험금 지급을 거절하였다

[판단]
진단서에는 '선천성 기형으로서 귀 앞 부분에 발생하는 피부돌기가 튀어나와 치료목적의 제거술 및 봉합술을 시행'한 것으로 기재되었으나, 치료 목적이라면 요양급여 청구대상이며, 심평원 진료비 심사청구 사례에서도 '선천성 부이개 수술'은 '외모개선 목적의 수술로 판단되어 비급여 대상'으로 보고 있어 면책사유에 해당한다.

[국민건강보험심사평가원 비급여진료비 확인]

제목 : 선천성 부이개 수술
종결유형 : 정당(환불금 없음)
〈민원요지〉
부이개절제술 진료비용을 비급여로 지불하여 진료비확인 요청

〈처리결과 및 근거〉
선천성 부이개 환아에게 부이개절제술을 시행한 경우로 기능개선 목적이 아닌 외모개선 목적의 수술로 판단되어 비급여대상(정당)임(근거 : 국민건강보험 「요양급여의 기준에 관한 규칙」 [별표 2] 비급여대상(제9조 제1항 관련) 제2호 (아)목).

---

❻ 켈로이드 치료 후 흉터 레이저치료

[분쟁경위]

A씨는 켈로이드 피부질환 진단으로 흉터제거 레이저수술을 받고 보험금을 청구하였으나 보험회사는 외모개선 목적의 치료라며 보험금 지급을 거절하였다.

[판단]

해당 약관에서는 '외모개선 목적의 치료로 인하여 발생한 의료비'를 보상하지 않으며 그 사유를 구체적으로 열거하고 있다.

〈○○보험 실손의료비보장 특약〉

제4조 [보상하지 않는 사항] ③ 회사는 아래의 통원의료비에 대하여는 보상하여 드리지 아니합니다.

8. 외모개선 목적의 치료로 인하여 발생한 의료비
> 가. 쌍꺼풀수술(이중검수술), 코성형수술(융비술), 유방확대·축소술, 지방흡입술, 주름살제거술 등
> 나. 사시교정, 안와격리증의 교정 등 시각계 수술로써 시력개선 목적이 아닌 외모개선 목적의 수술
> 다. 안경, 콘텍트렌즈 등을 대체하기 위한 시력교정술
> 라. 외모개선 목적의 다리정맥류 수술

본건 레이저 치료는 급여대상에 해당하지 않으며, 심평원 진료비심사청구 결과 비급여대상 [별표2]의 제2호 (아)목 "그 밖에 가목부터 사목까지에 상당하는 외모개선 목적의 진료로서 보건복지부장관이 정하여 고시하는 진료"에는 해당하는 것으로 확인되었으나, 약관의 면책사항에는 동 목이 포함되어 있지 않으므로 보험회사는 보상책임을 면하기 어렵다.

[국민건강보험심사평가원 비급여진료비 확인]

비급여 진료비 확인을 위하여 요양기관에서 제출한 자료를 검토한 결과, 비급여로 지불한 내역은 켈로이드 흉터 치료 관련 주사료 및 처치 및 수술료 등이며, 이는 건강보험법령에서 비급여대상으로 정한 항목으로 규정에 맞게 지불하신 것으로 확인되었습니다.

자. 치료와 관련 없는 비용 등

> 8. 진료와 무관한 각종 비용(TV시청료, 전화료, 각종 증명료 등을 말합니다), 의사의 임상적 소견과 관련이 없는 검사비용, 간병비 〈2015. 11. 30. 개정〉

약관의 변천

<table>
<tr><td>

제1세대(예시)

회사는 아래의 사유로 발생한 상해입원의료비를 보상하여 드리지 아니합니다.

⑦ 진료와 무관한 제비용(TV시청료, 전화료, 제증명료 등), 상당한 사유가 없는 고단위 영양제 투여비용, 의사의 임상적 소견과 관련 없는 검사비용

</td><td>

2009. 9. 28.

③ 회사는 아래의 의료비에 대하여는 보상하여 드리지 아니합니다.

7. 진료와 무관한 제비용(TV시청료, 전화료, 제증명료 등), 의사의 임상적 소견과 관련이 없는 검사비용

</td></tr>
<tr><td>

2011. 6. 29.

③ 회사는 아래의 의료비에 대하여는 보상하여 드리지 아니합니다.
8. 진료와 무관한 제비용(TV시청료, 전화료, 제증명료 등), 의사의 임상적 소견과 관련이 없는 검사비용, <u>간병비</u>

</td><td>

2014. 2. 11.

③ 회사는 아래의 의료비에 대하여는 보상하지 않습니다.
8. 진료와 무관한 제비용(TV시청료, 전화료, 제증명료 등), 의사의 임상적 소견과 관련이 없는 검사비용, 간병비

</td></tr>
</table>

위 조문은 2009. 11. 28. 표준약관 제정 당시 '제비용'이라고 규정되어 있었으나, 2015. 11. 30. 개정 시 '각종 비용'으로 변경되었다.

한편, '간병비'의 경우 제1세대 실손의료보험에서는 「간병비용 특별약관」 등에서 별도로 보장하던 항목으로 2011. 6. 29. 약관 개정 시 추가되었다.

쟁점의 연구

자-1. 진료와 무관한 제비용

> **8. 진료와 무관한 각종 비용(TV시청료, 전화료, 각종 증명료 등을 말합니다)**, 의사의 임상적 소견과 관련이 없는 검사비용, 간병비

실손의료보험에서 보상하는 범위는 '국민건강보험(요양급여)법에 따른 요양(의

료급여)와 비급여'이다. 따라서 TV시청료, 전화료, 각종 증명료 등은 치료를 받는 중 발생한 것이라고 하더라도 '국민건강보험(의료급여)법의 적용을 받지 않는 비용'이므로 실손의료보험과는 아무런 관계가 없다.

따라서, 약관상 '보상하지 아니하는 사항'은 '보상하는 사항'에 해당하는 위험 중에서 배제하고자 하는 위험을 규정한 것이라는 점에서, 위와 같이 처음부터 보장대상도 아닌 위험을 '보상하지 아니하는 사항'에 기재하는 것은 부적절하다.

만약, 혼동하기 쉬운 사항을 명확히 설명하고자 하는 취지라면 상품설명서 등 별도의 보험상품 안내자료에 기재하는 방식이 바람직할 것이다.

자-2. 검사비용

> 8. 진료와 무관한 각종 비용(TV시청료, 전화료, 각종 증명료 등을 말합니다), **의사의 임상적 소견과 관련이 없는 검사비용**, 간병비

'진찰·검사'는 국민건강보험법 제41조(요양급여)에 따른 요양급여대상 중 '행위·치료재료'로 분류되며, '행위·치료재료'는 「요양급여기준에 관한 규칙」 [별표2]에서 정한 것은 '비급여대상' 그 외의 일체의 것은 '요양급여대상'에 해당하며, 동 규칙 [별표2] 제3호에서는 '다음 각목의 예방진료로서 질병·부상의 진료를 직접 목적으로 하지 아니하는 경우에 실시 또는 사용되는 행위·약제 및 치료재료'를 비급여대상으로 규정하고 있다[61].

---

61) 3. 다음 각목의 예방진료로서 질병·부상의 진료를 직접목적으로 하지 아니하는 경우에 실시 또는 사용되는 행위·약제 및 치료재료
　　가. 본인의 희망에 의한 건강검진(법 제52조의 규정에 의하여 공단이 가입자등에게 실시하는 건강검진 제외)
　　나. 예방접종(파상풍 혈청주사 등 치료목적으로 사용하는 예방주사 제외)
　　다. 구취제거, 치아 착색물질 제거, 치아 교정 및 보철을 위한 치석제거 및 구강보건증진 차원에서 정기적으로 실시하는 치석제거. 다만, 치석제거만으로 치료가 종료되는 전체 치석제거로서 보건복지부장관이 정하여 고시하는 경우는 제외한다.
　　라. 불소부분도포, 치면열구전색(치아홈메우기) 등 치아우식증(충치) 예방을 위한 진료. 다만, 18세 이하인 사람의 치아 중 치아우식증(충치)이 생기지 않은 순수 건전치아인 제1큰어금니 또는 제2큰어금니에 대한 치면열구전색(치아홈메우기)은 제외한다.
　　마. 멀미 예방, 금연 등을 위한 진료
　　바. 유전성질환 등 태아 또는 배아의 이상유무를 진단하기 위한 유전학적 검사

실손의료보험 약관에서 말하는 '의사의 임상적 소견과 관련이 없다'는 것은 '의사가 환자의 병증에 대한 원인을 정확히 진단하고, 그에 따른 효과적인 치료방법 등을 결정하기 위해 필요하다고 판단하여 실시하는 검사'가 아니라 '의사의 소견과 관계없이 환자 본인이 원해서 받는 검사'를 의미한다고 할 것이다.

따라서, 의사의 '임상적 소견의 유무'는 요양급여 기준에 관한 규칙 [별표2] 제3호에서 정한 '행위'에 해당하는지 여부를 참고하여 판단할 수 있다고 본다.

즉, 의사의 임상적 소견과 관련이 있는 검사였다면 보건복지부장관 고시에 정한 사항 등과 같은 타당한 사유가 없는 한, 요양급여 인정 대상에 해당하므로 요양급여로 청구되었다면 '임상적 소견이 있는 진료'로 인정되고, 만약 '비급여'로 청구되었다면 [별표2] 제3호의 '예방 진료'로서 의사의 임상적 소견과 무관한 것이라고 볼 수 있다.

참고로 진료내역서와 의적 소견에 대한 다툼이 있는 경우 진료비심사 확인제도를 활용하는 것도 도움이 될 것이다.

 분쟁사례

---

❶ 액상세포 검사비용

[분쟁경위]
A씨는 액상세포검사(자궁질세포병리검사)를 받고 비급여로 지불 후 보험금을 청구하였으나 보험회사는 예방차원의 검사라는 이유로 보험금 지급을 거절하였다.

[판단]
심평원의 비급여진료비 확인 결과, 자궁경부 세포진검사상 비정형 편형세포(ASC-US) 및 인유두종바이러스 검사상 이상 소견, 자궁경부 출혈 등이 확인되므로 요양급여대상임이 확인되어 A씨가 요양기관에 직접 환불청구토록 안내하는 한편, 요양급여 중 본인일부 부담금에 대해서는 보험금을 지급하였다.

❷ 자궁질세포 병리검사비용

[분쟁경위]
A씨는 폐경으로 실시한 자궁질세포병리검사(pop smear)비용을 비급여로 지불한 후 보험

사. 장애인 진단서 등 각종 증명서 발급을 목적으로 하는 진료
아. 기타 가목 내지 마목에 상당하는 예방진료로서 보건복지부장관이 정하여 고시하는 예방진료

금을 청구하였다.

[판단]

심평원의 비급여진료비 확인 결과, 임상증상 등이 없고 본인의 희망에 의한 예방진료로서 관련 고시기준*상 비급여대상(정당)으로 판단하고 있으므로 약관상 면책사유에 해당한다고 할 것이다.

* 세포병리검사-액상세포검사-자궁질 세포병리검사의 급여기준(고시 제2017-265호)

❸ 유방초음파 검사비용

[분쟁경위]

A씨는 치료목적으로 유방초음파 검사(비급여)를 받았는데 보험회사는 임상소견과 무관한 검사라며 보험금 지급을 거절하였다.

[판단]

국민건강보험법상 진찰, 검사는 요양급여기준에 관한 규칙 [별표2] 제3호의 예방진료로서 질병·부상의 진료를 직접 목적으로 하지 아니하는 경우에 실시 또는 사용되는 행위에 해당하는 경우는 비급여로 청구되며, 「유방·액와부 초음파 검사의 급여기준*」에 따르면 '초음파 급여기준에서 정하는 비급여 대상이라 할지라도 진료 의사의 의학적 판단에 따라 유방·액와부 질환이 있거나 의심되어 의사가 직접 시행한 경우 요양급여하므로 치료 목적상 필요한 경우라면 요양급여 청구되었을 것인데 본건의 경우 비급여로 청구된 이상 약관상 면책사유에 해당한다고 할 것이다.

* 보건복지부 고시 제2021-104호, 2021. 3. 30. 나942흉부초음파 및 나940단순초음파

❹ 코로나19 검사비용

[분쟁경위]

폐암수술을 받은 A씨는 방사선 치료를 위해 다른 병원으로 옮기면서 받은 코로나 검사비용을 보험회사에 청구하였으나 보험회사는 의사의 임상소견이 있는 경우라면 무료검사 대상이라며 보험금 지급을 거절하였다.

[판단]

코로나19 검사와 관련한 보건복지부의 고시는 다음과 같다.

a. 1차 고시(제2020-31호, 2020. 2. 7.)

질병관리본부 「신종코로나바이러스 감염증 대응지침」에 따른 ❶확진환자, ❷의사환자의 진단 및 추적관찰을 위해 실시하는 경우 인정하며 그 외의 환자가 원하여 시행하는 경우 등은 전액 본인부담으로 한다.

b. 2차 변경고시(제2020-95호, 2020. 5. 13.)

질병관리본부 「코로나바이러스감염증-19대응지침」에 따른 ❶확진환자, ❷의사환자, ❸조사대상 유증상자 등의 진단 및 추적관찰을 위해 실시하는 경우에 인정하며, ❹요양병원, 정신병원에 신규 입원하는 코로나19 관련 증상이 없는 환자를 대상으로 선별목적으로 실시하는 경우는 1회 인정하며, 「선별급여 지정 미실시 등에 관한 기준」에 따라 본인부담률 50%로 적용하고, ❺그 외의 환자가 원하여 시행하는 경우 등은 전액본인부담으로 한다.

c. 3차 변경고시(제2020-260호, 2020. 11. 19.)

질병관리청 「코로나바이러스감염증-19대응지침」에 따른 ❶확진환자, ❷의사환자, ❸조사대상 유증상자 등의 진단 및 추적관찰을 위해 실시하는 경우와 ❹코로나19 관련 임상증상이 없이 선별목적으로 실시하는 경우 1회, 세부사유별로 본인부담률을 50~100%로 인정하고 ❺그 외에 환자가 원하여 시행하는 경우는 요양급여비용 전액을 본인이 부담한다.

구분	기준	비고
1차고시 (제2020-31호, 2020. 2. 7.)	확진·의사환자 진단 및 추적관찰	무료
	환자가 원하여 시행하는 경우	전액본인부담
2차고시 (제2020-95호, 2020. 5.13.)	확진·의사환자, 조사대상 유증상자 등의 진단 및 추적관찰	무료
	요양병원, 정신병원 신규 입원자로서 무증상자에게 선별목적 실시	일부(50%)부담
	환자가 원하여 시행하는 경우	전액본인부담
3차고시 (제2020-260호, 2020. 11. 19.)	확진·의사환자, 조사대상 유증상자 등의 진단 및 추적관찰	무료
	임상증상 없이 선별 목적으로 실시	일부(50%)부담
	환자가 원하여 시행하는 경우	전액부담

즉, 관련 고시에 따르면 코로나19 검사비용의 요양급여 대상은 건보공단과 환자간 부담률(0~100%)에 따라 ❶건보공단부담율 100%(환자부담률 0%)인 경우, ❷건보공단부담률 50%인 경우, ❸전액본인부담(공단부담율 0%)인 경우 즉, 3가지 경우만 존재한다(비급여 청구 불가).

A씨의 경우 특별한 증상 없이 전원(轉院)을 위해 검사비용 전액을 부담한 것이므로 고시기준상 '환자가 원하여 시행하는 경우'로서 약관상 '임상소견과 관련 없는 검사비용"에 해당한다고 판단된다.

　＊만약 '임상소견과 관련 없는 비급여 검사비용'으로 규정되어 있었다면 전액본인부담(본인부담율 100%)한 경우도 요양급여 대상이므로 보험회사는 보상책임을 면하기 어렵다.

• 한편, 보건복지부 고시별 검사대상 구분기준을 자세히 살펴볼 필요가 있다.

즉, 제1차 고시에서는 「확진·의사환자」와 「그 외의 자」(2구분), 제2고시에서는 「확진·의사환자」, 「조사대상 유증상자」, 「요양·정신병원 입원자」, 「그 외의 자」(4구분), 제3차

고시에서는 「확진·의사환자」, 「유증상자」, 「선별목적 무증상자」, 「그 외의 자」(4구분)으로 각 고시 회차마다 대상자별 요양급여 부담률이 서로 상이하다.

예를 들어, 제2차 고시기준으로 보면 '조사대상 유증상자'상태에 해당하는 피보험자가 제1차 고시 적용기간(2021. 2. 7.~2021. 5. 12.) 중 코로나19 검사를 받았다면 검사비용 전액을 본인이 부담하는데, 실손의료보험에서는 제1차 고시기준상 「확진·의사환자 기준」을 충족하지 못했다고 하더라도 피보험자가 고열, 기침 등 증상이 있어 담당의사의 권유로 검사를 받은 것이라면 '임상소견이 없는 경우'가 아니므로 보험회사는 보상책임을 부담해야 한다.

자-3. 간병비

8. 진료와 무관한 각종 비용(TV시청료, 전화료, 각종 증명료 등을 말합니다), 의사의 임상적 소견과 관련이 없는 검사비용, **간병비**

▎쟁점의 연구

간병은 피보험자의 질병 등을 치료하는데 도움이 되고 개별 환자의 병증이나 특수한 상황에 따라 반드시 필요한 경우도 존재하나, TV시청료 등과 마찬가지로 국민건강보험법에 따른 요양급여나 비급여 대상과 무관한 비용이므로 처음부터 실손의료보험의 보장대상에 해당하지 않는다.

차. 자동차보험 및 산재보험에서 보상받는 의료비

9. 자동차보험(공제를 포함합니다) 또는 산재보험에서 보상받는 의료비. 다만, 본인부담의료비는 제3조(보장종목별 보상내용) (2)상해입원 제1항, 제2항 및 제4항부터 제6항에 따라 보상합니다.

제1세대(예시)	2009. 9. 28.	2012. 12. 28.
자동차보험(공제를 포함합니다) 또는 산재보험에서 보상받는 의료비. 단, 본인부담의료비는 1.에 따라 보상하여 드립니다.

회사는 국민건강보험법에 의하여 피보험자가 부담하는 위~의 비용 등을 1사고당 1,000만원 한도로 보상하여 드립니다.

다만, 피보험자가 부득이한 사정으로 국민건강보험요율을 적용받지 못한 경우에는 입원의료비 총액의 40% 해당액을 1사고당 1,000만원을 한도로 보상하여 드립니다.

국민건강보험요율을 적용받지 못하는 경우란 자동차사고로 인하여 본인이 부담하는 의료비, 국민건강보험에 미가입된 경우 등을 말합니다. | ③ 회사는 아래의 입원의료비에 대하여는 보상하여 드리지 아니합니다.

8. 자동차보험(공제를 포함합니다) 또는 산재보험에서 보상받는 의료비. 다만, 본인부담의료비는 제3조(담보종목별 보장내용)에 따라 보상하여 드립니다.

제3조
③ 피보험자가 국민건강보험법을 적용받지 못하는 경우(국민건강보험법에서 정한 요양급여 절차를 거치지 아니한 경우도 포함합니다)에는 입원의료비 중 본인이 실제로 부담만 금액의 40% 해당액을 하나의 상해당 보험가입금액을 한도로 보상하여 드립니다. | ③ 회사는 아래의 입원의료비에 대하여는 보상하여 드리지 아니합니다.

9. 자동차보험(공제를 포함합니다) 또는 산재보험에서 보상받는 의료비. 다만, 본인부담의료비는 제3조(담보종목별 보장내용)에 따라 보상하여 드립니다.

제3조
③ 피보험자(보험대상자)가 국민건강보험법 또는 의료급여법을 적용받지 못하는 경우에는 입원의료비('국민건강보험 요양급여의 기준에 관한 규칙'에 따라 보건복지부장관이 정한 급여 및 비급여의료비 항목에 한합니다) 중 본인이 실제로 부담한 금액의 40% 해당액을 하나의 상해당 보험가입금액(5,000만원을 최고한도로 계약자가 정하는 금액으로 합니다)을 한도로 보상하여 드립니다. |

제1세대 약관에서는 '국민건강보험요율을 적용받지 못하는 경우'를 '자동차사고 인하여 본인이 부담하는 의료비' 또는 '국민건강보험에 미가입된 경우'로 정의하고 있었으나, 표준약관 제정 시 '본인이 부담하는 의료비'가 '본인이 실제로 부담한 금액'으로 변경되었다.

또한, 종전의 '국민건강보험법을 적용받지 못한 경우'에 추가되었던 '(국민건강보험법에서 정한 요양급여 절차를 거치지 아니한 경우도 포함합니다)'라는 괄호는 2012. 11. 28. 삭제되었다.

한편, 현행 약관에서는 본인부담의료비는 제3조(보장종목별 보상내용)에 따라 보상하며 '국민건강보험법을 적용받지 못한 경우'에는 제3조 제3항(지급률 40%)이 적용되고 그 외의 경우는 제3조 제1항(지급률 80~90%)이 적용되는데 2015. 11. 30. 표준약관 개정 전에는 제3조 제3항이 적용되었다.

쟁점의 연구

차-1. 자동차보험에서 보상받는 의료비

> 9. **자동차보험(공제를 포함합니다)** 또는 산재보험**에서 보상받는 의료비**. 다만, **본인부담의료비**는 제3조(보장종목별 보상내용) (2) 상해입원 제1항, 제2항 및 제4항부터 제6항에 따라 보상합니다.

❶ 자동차보험과 실손의료보험과의 관계

자동차사고를 당한 환자 본인이 상대방측 보험회사 또는 자신이 가입한 자동차보험의 자기신체사고담보 특약 등으로 보상을 받는 경우, 치료비에 관한 한 본인이 부담하는 일은 발생하지 않는다.

그런데, 차대차(車對車) 사고 또는 무단횡단 중 사고 등 본인의 과실이 보상액에 영향을 끼치는 경우, ❶치료관계비, ❷위자료, ❸휴업손해, ❹후유장해보험금 등 모든 보상항목에 과실비율이 적용되므로 결과적으로 본인 과실비율 만큼 감소한 치료관계비가 약관상 '본인부담의료비'에 해당된다고 할 수 있다.

즉, 손해보험설에 따르면 이득금지의 원칙 등에 의해 과실상계로 감액된 치료관계비는 위자료, 휴업손해 등 다른 보상항목에서 보전받을 수 있기 때문에 '본인부담의료비'는 발생할 여지가 없으나, 인보험설에 따르면 당사자간에 달리 정하지 않는 한, 실손의료보험에서도 과실상계된 치료관계비를 보상해야 한다고 해석할 수 있으며, 약관에 '자동차보험에서 받는 의료비'를 면책사유로 정하면서 단서를 추가한 것은 이를 명확히 하기 위한 것으로 볼 수 있다.

이하에서는 자동차보험과 관련하여 발생하는 실손의료보험 분쟁유형을 정리해 보고자 한다.

❷ 실손의료보험 약관상 자동차보험의 범위

일반적으로 자동차보험에서 신체보상과 관련된 약관은 ❶자동차손해배상보장법에 따른 책임보험(대인배상Ⅰ)과 ❷대인배상Ⅱ, ❸자기신체사고손해담보특약, ❹자동차상해담보특약, ❺무보험차상해특약으로 구분된다. 그러나 실손의료보험 약관에서는 '자동차보험'의 범위를 달리 정하고 있지 않아 이를 어떻게 보느냐에 따라 '본인부담의료비'의 크기가 달라질 수 있다.

자동차보험의 범위에 관해서는 자동차손해배상보장법상 책임보험(대인배상Ⅰ)으로 한정해야 한다는 주장(책임보험 한정설)과 피보험자가 가입한 모든 자동차보험계약을 포함시켜야 한다는 주장(임의보험 포함설)으로 나뉜다.

▌자동차보험과 실손의료보험과의 관계

일반적인 자동차보험		자배법상 자동차보험	실손의료보험상 자동차보험
대인배상 Ⅰ		대인배상 Ⅰ	
대인배상 Ⅱ		-	
자기신체사고특약		-	?
무보험차상해특약		-	
자동차상해특약		-	
대물배상	~2천만원	의무보험	해당 없음
	초과	-	

(ⅰ) 책임보험 한정설

자동차보유자가 자동차손해배상보장법[62]에 따라 의무적으로 가입해야 하는 담보범위는 책임보험Ⅰ에 한정되므로 실손의료보험 약관의 자동차보험도 이에 한정해야 한다는 입장으로 그 논거는 다음과 같다.

첫째, 보험자가 실손의료보험의 보장대상을 개별 사정에 따라 선택적으로 가입한 임의보험 영역까지 연계할 경우 동일한 조건 하에서 같은 보험료를 부담하고도 임의보험 가입여부와 같은 실손의료보험과 무관한 피보험자의 개별 사정에 따라 보상액의 차이가 발생하는 등 가입자간 형평성이 훼손될 수 있다.

둘째, 자동차보험의 자기신체사고담보 등은 인보험적 성격을 가진 상해보험으로서 실손보상원칙 또는 이득금지원칙의 적용대상이 아니므로 실손의료보험에서 정한 자동차보험은 어디까지나 책임보험(대인배상Ⅰ)에 한정해야 한다.

셋째, 「국민건강보험법」 제53조(급여의 제한)에서는 '업무 또는 공무로 생긴 질병·부상·재해로 다른 법령에서 보상(報償) 또는 보상(補償)을 받게 되는 경우'(제1항 제4호), '국가나 지방자치단체로부터 다른 법령에 따라 보험급여에 상당하는 급여를 받거나 보험급여에 상당하는 비용을 지급받는 경우(제53조 제2항)'를 보험급여 제한사유로 정하고 있는데, 이처럼 다른 법령에 의해 실손의료보험 보상액에 영향을 미칠 수 있는 것은 법에 근거한 경우에만 가능하므로 특별한 사정이 없는 한 실손의료보험에서 말하는 자동차보험도 「자동차손해배상보장법」상 책임보험으로 한정하는 것이 타당하다.

(ⅱ) 임의보험 포함설

이에 반해 임의보험 포함설은 피보험자가 가입한 자동차보험의 모든 담보를 포함시켜야 한다는 입장으로 그 논거는 다음과 같다.

첫째, 실손의료보험은 피보험자 본인이 실제로 부담한 의료비를 보전하기 위한 것으로 이러한 실손보상 원칙이나 이득금지 원칙 등을 전제로 할 때 '자동차보

---

62) [자동차손해배상보장법] 제5조(보험 등의 가입 의무) ① 자동차보유자는 자동차의 운행으로 다른 사람이 사망하거나 부상한 경우에 피해자(피해자가 사망한 경우에는 손해배상을 받을 권리를 가진 자를 말한다. 이하 같다)에게 대통령령으로 정하는 금액을 지급할 책임을 지는 책임보험이나 책임공제(이하 "책임보험등"이라 한다)에 가입하여야 한다.

험'의 범위는 피보험자가 자동차보험으로부터 받을 수 있는 모든 담보를 포함한다고 해석하는 것이 타당하다.

둘째, 자동차보험의 담보별 가입현황 등에 따르면 대부분의 경우 책임보험(대인배상Ⅰ) 외에 자기신체사고담보 특약 등 임의보험에 가입하고 있고 일반인들의 평균적인 이해수준에서 보더라도 실손의료보험 약관상 자동차보험을 '대인배상(Ⅰ)'으로 한정하고 있다고 보기는 어렵다.

┃ 자동차보험 담보별 가입현황(2020년) (단위 : 천대, %)

구분	등록대수	대인 I	대인 II	대물	자손	자차
이륜차	2,289	45.9	8.6	45.9	5.2	0.2
자동차	24,242	93.2	89.6	93.2	89.4	70.4

셋째, 실손의료보험은 성별, 연령에 따라 보험료 수준이 결정되며 자동차보험 가입 여부 및 가입담보현황 등은 개인별 사정도 처음부터 요율에 반영되어 있지 않으므로 가입조건이 동일한 경우라도 개별 자동차보험 가입범위에 따라 보상액이 달라질 수 있다는 사실만으로 가입자간 형평성에 문제가 있다고 지적하는 것은 받아들이기 어렵다.

소결

자동차보험의 범위와 관련된 실손의료보험 분쟁을 다룬 사례는 찾아볼 수 없으나, 금융감독원 금융분쟁조정위원회에서도 대인배상Ⅱ에 따른 보상액을 실손의료보험 약관의 '자동차보험에서 보상받는 의료비'로 보고 있고(제2009-82호, 제2020-9호), 법원도 자기신체사고손해담보로 보상을 받은 피보험자가 별도로 지급받은 실손의료보험금을 부당이득으로 인정한 사례[63]를 찾아볼 수 있어 이러한 사정을 감안하면, 임의보험 포함설이 통설로 인정된다 하겠다.

---

63) A씨는 하차하여 차량 후방 확인 중 밀려 온 본인 차량에 치어 상해를 입고 B자동차보험회사로부터 직불치료비 12,000,000원을 포함하여 향후치료비, 휴업손해액, 위자료 등 합의금조로 28백만을 지급받았으며, 병원에는 할인받은 금액 일부를 제외한 12,000,000원을 납부하였다. 이후 A씨는 C보험회사로부터 실손의료보험금도 지급받았는데 C사는 A씨가 B사로부터 자기신체사고보험금을 지급받은 사실을 알고 A씨를 상대로 부당이득반환청구 소송을 제기하였 승소하였대[전주지방법원 2심 2020. 10. 22. 판결 2019나7368 부당이득금, 1심 2019. 7. 31. 선고 2019가소53442 판결].

조정사례 ▮

> 우리나라의 자동차보험이나 자동차공제는 「대인배상Ⅰ」, 「대인배상Ⅱ」, 「대물배상」, 「자기차량손해」, 「자기신체사고」(또는 자동차상해), 「무보험자동차에 의한 상해」 등 6개의 담보종목으로 구성되는 것이 일반적인데, 이 중에서 자동차사고로 사람이 다친 경우에 보험금을 지급하는 담보종목은 「대물배상」과 「자기차량손해」를 제외한 4개 담보종목이다. 4개의 담보종목을 살펴보면 「대인배상Ⅰ」과 「대인배상Ⅱ」는 책임보험이고 「자기신체사고」(또는 자동차상해), 「무보험자동차에 의한 상해」는 상해보험에 해당한다. 이 사건 면책사유에서 "자동차보험(공제를 포함합니다)"이 자동차보험이나 자동차공제를 구성하는 담보종목 중에서 무엇을 의미하는지 문제될 수 있는데, 자동차사고로 다친 사람을 치료하기 위한 실제 의료비가 보상되고 해당 의료비를 이 사건 특약에서 보상할 경우에는 중복해서 보상되는 상황이 발생한다면 그 담보종목이 책임보험인지 상해보험인지와 무관하게 이 사건 면책사유의 "자동차보험(공제를 포함합니다)"에 해당한다고 판단된다(금융분쟁조정위원회 조정결정 제2020-9호).

사견으로도 자동차보험 보상액을 면책사유로 정한 것은 이중수급 방지를 위한 것인 만큼, 자동차보험의 범위를 책임보험에 국한할 이유는 없다고 판단된다. 다만, 불필요한 분쟁을 예방하기 위해서라도 자동차보험의 범위를 약관에 명확히 규정하는 것이 바람직할 것이다.

❸ 지급률의 결정

실손의료보험에서 보상하는 자동차보험 본인부담의료비의 산정방식과 관련해서는 2012. 12. 28., 2015. 11. 30. 두 차례의 표준약관 개정이 있었기 때문에 다음 세가지 유형이 존재한다.

(ⅰ) 개요

a. 2012. 12. 28. 개정이전 약관 : '국민건강보험법을 적용받지 못하거나 또는 요양급여 절차를 거치지 아니한 경우'로서 지급률 40%를 적용

b. 2012. 12. 28. 개정 약관~2015. 11. 30. 개정 약관 : '국민건강보험법을 적용받지 못하는 경우'로서 지급률 40%를 적용

c. 2015. 11. 30 개정이후 약관: '국민건강보험법을 적용받지 못하는 경우'로서 일반지급률(80~90%)을 적용

즉, 자동차보험과 관련한 실손의료보험 보상액은 ❶'자동차보험으로부터 보상받는 의료비'가 '국민건강보험법을 적용받지 못하는 경우'와 '요양급여절차를 거치지 아니한 경우' 중 어디에 해당하는지와 ❷가입시기별 약관상 지급률에 따라 달라진다.

(ⅱ) 자동차보험으로부터 보상받는 의료비가 약관상 '국민건강보험법을 적용받지 못하는 경우'와 '요양급여 절차를 거치지 아니하는 경우' 중 어디에 해당하는지 여부

실손의료보험에서 정하고 있는 '국민건강보험법 또는 요양급여법을 적용받지 못하는 경우'라 함은 국민건강보험법의 가입대상에서 제외되는 경우(제5조), 요양급여의 제한(제53조) 또는 중지(제54조)되는 경우 등을 의미하며, '국민건강보험법에서 정한 요양급여 또는 의료급여법에서 정한 의료급여 절차를 거치지 아니한 경우'라 함은 '국민건강보험법상 요양급여나 의료급여법상 의료급여 적용을 받을 수 있음에도 불구하고 해당 법률에 의한 절차를 거치지 않은 경우'를 의미한다.

 조정사례 ❙

> 한편, 40% 보상조항이 적용되기 위해서는 "국민건강보험법 또는 의료급여법을 적용받지 못하는 경우"이거나 "국민건강보험법에서 정한 요양급여 또는 의료급여법에서 정한 의료급여 절차를 거치지 아니한 경우"여야 하는데, "국민건강보험법 또는 의료급여법을 적용받지 못하는 경우"는 「국민건강보험법」이나 「의료급여법」에서 규정하는 급여 제한사유나 급여 중지사유 등[64]에 해당하여 해당 법률에서 급여의 적용을 배제한 경우를 의미하는 것으로 판단된다. 이와 달리 「국민건강보험법」상 요양급여나 「의료급여법」상 의료급여 적용을 받을 수 있음에도 해당 법률에 의한 절차를 거치지 않은 경우에는 40% 보상조항 중에서 "국민건강보험법에서 정한 요양급여 또는 의료급여법에서 정한 의료급여 절차를 거치지 아니한 경우"로 이 사건에서 신청인은 여기에 해당하는 것으로 판단된다(금융분쟁조정위원회 조정결정 제2020-9호).

따라서 '자동차보험으로 보상받는 경우'는 '국민건강보험법 또는 의료급여법을 적용받지 못하는 경우'가 아니라 '국민건강보험법에서 정한 요양급여절차를 거치지 아니한 경우'에 해당한다고 본다.

---

64) 예를 들어, [국민건강보험법]은 제53조와 제54조에서 급여 제한사유와 급여 정지사유를 규정하고 있고, [의료급여법]은 제15조와 제17조에서 급여 제한사유와 급여 중지사유를 규정하고 있다.

참고로 제1세대 실손의료보험 약관에서도 회사별로 상이하기는 하나 대체적으로 '피보험자가 부득이한 사정으로 국민건강보험수가를 적용받지 못하는 경우'라고 규정하고 '국민건강보험수가를 적용받지 못하는 경우란 산재보험에서 보상받는 의료비 및 국민건강보험에 미가입된 경우를 말합니다'라고 정의하고 있었는데 이를 통해 보더라도 '자동차보험으로부터 보상받는 경우'를 '국민건강보험법을 적용받지 못한 경우'로 본 것은 아님을 알 수 있다(「PART 04 표준약관 축조해설(Ⅰ)」(보상하는 사항) 제4장(상해입원형) 제3조 제3항 설명 참조).

 참고판례 ▌

자동차손해배상보장법 제30조 이하에서 규정하는 보장사업은 자동차보유자가 납부하는 책임보험료 중 일정액을 정부가 분담금으로 징수하여 자동차 보유자를 알 수 없거나, 모부험인 자동차의 운행으로 인한 사고에 의하여 사망하거나 부상을 입은 피해자의 손해를 책임보험의 보험금 한도에서 보상하는 것을 주된 내용으로 하는 사회보장제도의 일종으로서, 뺑소니 자동차 또는 무보험 자동차에 의한 교통사고의 피해자 보호를 목적으로 하면서 법률상 강제되는 자동차책임 보험제도를 보완하려는 것이다(대법원 2005. 4. 15. 선고 2003다62477 판결, 대법원 2009. 8. 20. 선고 2009다27452 판결 등 참조).

이러한 보장사업의 목적과 취지, 성격 등에 비추어 보면, 자동차보유자를 알 수 없는 뺑소니 자동차 또는 무보험 자동차에 의한 교통사고의 경우 자배법 제30조 제1항에 다라 피해자가 가지는 보장사업에 의한 보상금청구권은 피해자 구제를 위하여 법이 특별 인정한 청구권으로서, 구 국민건강보험법 제53조 제1항에서 말하는 제3자에 대한 손해배상청구의 권리에 해당한다고 볼 수 없다.

한편 자배법 제36조 제1항은 "정부는 피해자가 「국가배상법」, 「산업재해보상보험법」, 그 밖에 대통령령으로 정하는 법률에 따라 제30조 제1항의 손해에 대하여 배상 또는 보상을 받으면 그가 배상 또는 보상받는 금액의 범위에서 제30조 제1항에 따른 보상 책임을 지지 아니한다."고 규정하고 있다. 이는 정부의 보장사업에 의한 구제가 다른 법률에 따라 구제받을 수 없는 교통사고 피해자를 최종적으로, 그리고 최소한도로 구제하기 위한 사회보장제도라는 점에서 보장사업에 의한 보상금의 지급과 다른 법률에 따른 배상 등과의 조정 관계를 규정한 것으로서(대법원 2005. 4. 15. 선고 2004다35113 판결 참조), 정부는 피해자가 다른 법률에 따라 자배법 제30조 제1항의 손해에 대하여 배상 또는 보상을 받을 수 있으면 그가 배상 또는 보상받는 금액의 범위에서 보장사업에 의한 보상책임을 지지 아니한다는 취지라고 할 것이다. 그런데 자동차손해배상보장법 시행령(이하 '자배법 시행령'이라고 한다) 제29조 제7호는 자배법 제36조 제1항에서 말하는 "그 밖에 대통령령으로 정하는 법률"의 하나로 국민건강보험법을 규정하고 있으므로 뺑소니 자동차 또는 무보험자동차에 의한 교통사고의 피해자가 우선적으로 국민건강보험법에 따른 보험급여를 통하여 보상받을 수 있는 금액의 범위에서 정부는 보장사업에 의한 보상책임을 지지 아니한다고 보는 것이 타당하고, 보장사업에 의하여 보상금을 지급받을 수 있는 경우에 해당한다는 사정은 구 국민건강보험법 제48조 제3항에 의한 보험급여 제한사유에 해당한다고 볼 수 없다(대법원 2012. 12. 13. 선고 2012다200394 판결).

(ⅲ) 가입시기별 약관상 지급률

자동차보험과 관련한 본인부담의료비가 '국민건강보험법을 적용받지 못한 경우'에 해당한다면 2012. 12. 28. 개정 약관과 2015. 11. 30. 개정 약관을 기준으로 가입시기에 따라 3가지의 보험금 계산방식이 존재하며, '요양급여절차를 거치지 아니한 경우'에 해당한다면 2012. 12. 28. 개정이전 약관과 개정이후 약관에 따라 2가지 계산방식이 존재하는데, 앞서 살펴본 바와 같이 자동차보험과 관련있는 실손의료보험은 후자인 '요양급여절차를 거치지 아니한 경우'에 따라 보상하는 것이 타당하다.

❚ 약관 개정 시점별 자동차보험 관련 실손의료보험 보상금액 지급률 차이

구분	요양급여절차를 거치지 아니한 경우	국민건강보험법을 적용받지 못한 경우
~2012. 12. 28.	본인부담의료비의 40%	본인부담의료비^{주)}의 40%
2012. 12. 28~ 2015. 11. 30.	본인부담의료비의 80~90%	
2015. 11. 30.~		본인부담의료비의 80~90%

주) 제1세대 실손의료보험 약관의 경우 '본인부담의료비'와 관련하여 '발생 입원(통원)의료비 총액', '피보험자가 부담하는 비용' 등 다양하다(「제4편 표준약관 축조해설(Ⅰ)-보상하는 사항 (제4장 상해입원형) 제3조 제3항 설명 참조).

❹ 국민건강보험공단 부담금의 보상 여부

약관상 '본인부담의료비'에 국민건강공단부담금이 포함되는지 여부도 논란이 될 수 있다.

실손의료보험의 보장대상은 요양급여가 인정되는 항목으로서 국민건강보험공단의 부담금이 제외된 본인(일부 또는 전액)부담금과 요양급여가 인정되지 않아 본인이 전부 부담하는 비급여 부담금이다.

따라서, 공단부담금은 '피보험자가 상해 등으로 요양기관에 치료를 받으면서 발생한 의료비'이기는 하나, 처음부터 피보험자가 부담할 가능성이 없는 비용으로 실손의료보험의 보장대상이 아니므로 원칙적으로 '본인부담의료비'에는 포함되지 않는다고 보는 것이 타당하다.

🍵 참고판례 ▌

① 우리나라 의료비 지급 체계상 진료비는 크게 '급여'와 '비급여' 항목으로 나뉘고, '급여' 항목은 의료보험이 적용되어 진료비 중 일부를 국민건강보험공단에서 지급하며(공단부담금) 나머지 진료비를 환자 본인이 부담하게 되고(본인부담금), '비급여' 항목은 의료보험이 적용되지 아니하여 전부 환자 본인이 부담하게 되는바, 환자가 병원에 납부할 금액(환자부담 총액)은 진료비 총액이 아니라 진료비 총액에서 '급여항목의 공단부담금'을 제외한 금액, 즉 '급여 항목 중 본인부담금'과 '비급여 항목'의 진료비를 합한 금액이 되고, 실손의료비 보험은 위와 같은 '환자부담 총액' 중 일정 비율에 해당하는 금액을 보상하는 것을 내용으로 한다.

② 이 사건 실손의료보험계약 역시 이 사건 약관 제2관에서 정한 바와 같이 환자가 상해로 입원치료를 받을 경우 국민건강보험법에서 정한 요양급여 또는 의료급여법에서 정한 의료급여 중 '본인부담금'과 '비급여' 합계액의 '80% 해당액'을 보상하는 보험계약이다.

③ 이 사건 약관조항의 문헌이 다소 모호하게 규정되어 있기는 하지만, 위와 같이 '공단부담금'은 국민건강보험공단에서 지급되는 금액으로 처음부터 환자가 지출하는 금액이 아니어서 실손의료비 보험이나 자동차보험, 산재보험 등의 보장대상이 아니라고 할 것인바, 피고의 주장과 같이 이 사건 약관조항이 '자동차보험 또는 산재보험에서 보상받는 공단부담금은 실손의료비보험에서 보상하지 아니하지만 본인부담금은 보상한다'는 의미라고 볼 수는 없다.

④ 이 사건 약관은 제2관에서 입원치료 시 '회사가 보상하는 사항'을 '본인부담금과 비급여 합계액의 80% 해당액'으로 먼저 규정하고, 제3관에서 다시 면책사항에 해당하는 조항들로 '비급여 의료비 중 치과치료 및 한방치료에서 발생한 국민건강보험법상 요양급여에 해당하지 않은 비급여 의료비', '본인부담금 중 본인부담금 상한제에 의하여 국민건강보험공단으로부터 사전 또는 사후 환급이 가능한 금액', '자동차보험 또는 산재보험에서 보상받는 의

료비'를 열거하고 있는바, 이를 체계적으로 해석하면 제3관에서 열거된 조항들은 본래 제2관에서 정한 '본인부담금과 비급여 합계액'에는 일응 해당하지만 예외적으로 회사가 보상하지 아니하는 사항을 열거한 것으로 봄이 타당하고, 이와 달리 애초에 제2관에서 보상하지 않기로 정한 '공단부담금'을 다시 면책사항으로 정한 것으로 보기는 어려우므로, 이 사건 약관조항의 '자동차보험 또는 산재보험에서 보상받는 의료비'는 '자동차보험 또는 산재보험에서 보상받는 본인부담금 및 비급여 의료비'라고 해석하는 것이 자연스럽다.

⑤ 나아가 이 사건 약관조항의 단서는 '본인부담의료비는 3.(담보종목별 보장내용)에 따라 보상한다'고 규정하고 있는바, 이를 제2관의 3.(담보종목별 보장내용)에서 '본인부담금과 비급여 합계액(본인이 실제로 부담한 금액)의 80% 해당액'을 보상한다고 규정한 것과 함께 체계적으로 해석하면, 이 사건 약관조항의 단서는 '본인이 실제로 부담한 본인부담금 및 비급여 의료비를 보상한다'는 의미로 보이고, 이는 자동차보험 또는 산재보험에서 보상받지 못하여 본인이 종국적으로 부담하게 된 본인부담금 및 비급여 의료비를 실손의료비보험으로써 보상해 주려는 취지로 마련된 단서조항으로 봄이 타당하다(전주지방법원 2심 2020. 10. 22. 판결 2019나7368 부당이득금, 1심 2019. 7.31. 선고 2019가소53442 판결)[65].

차-2 산재보험에서 보상받는 의료비

> 9. 자동차보험(공제를 포함합니다) 또는 **산재보험에서 보상받는 의료비**. 다만, 본인부담의료비는 제3조(보장종목별 보상내용) (2) 상해통원 제1항부터 제4항 및 제6항에 따라 보상합니다.

▌쟁점의 연구

산재보험에서 보상받는 의료비는 원칙적으로 이중수급 방지를 위해 실손의료보험에서 보상하지 않고 '본인부담의료비'만 보상하는데, 위 조문과 관련한 분쟁은 주로 '본인부담의료비'의 산정방법에 대한 것이다.

즉, 약관에서는 '자동차보험(공제를 포함합니다) 또는 산재보험에서 보상받는 의

---

65) 당해 사건은 자동차손해배상법이 적용되지 않는 자기신체손해담보특약과 관련한 분쟁으로 [국민건강보험법]의 적용여부와는 무관하다.

료비. 다만, 본인부담의료비는 제3조(보장종목별 보장내용) (2) 상해통원 제1항부터 제4항 및 제6항에 따라 보상합니다'라고 규정하고 있으나, 종전에는 '제3조(보장종목별 보장내용)에 따라 보상합니다'라고만 정하고 있어서 본인부담의료비에 대해 '국민건강보험법을 적용받는 경우'의 지급률(80~90%)을 적용할 것인지 아니면 '국민건강보험법을 적용받지 못한 경우'의 지급률(40%)을 적용할 것인지가 논란이 된 것이다.

즉, 산재환자의 경우 다른 법령에 따라 요양급여 상당액을 지급받는 이상 건강보험법의 틀 안에서 보상하는 실손의료보험과는 보상기준이 다른 것은 당연하다고 볼 수도 있으나, 산재 환자라는 이유만으로 낮은 지급률(40%)을 적용하여 국민건강보험으로 처리하는 경우보다 적게 보상받는 것은 가입자간 형평성 관점에서 납득하기 어려운 측면이 있기 때문이다.

이에 금융감독원에서는 산재요양 승인을 받지 못하고 부담한 의료비도 일반지급률(80~90%)을 적용토록 2015. 11. 30. 약관을 개정[66]'하였다.

ⓘ **산재환자의 건보 및 산재처리 시 보험금 차이**(금융감독원 보도자료, 예시)

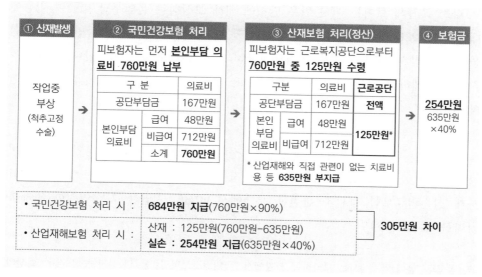

출처 : 금융감독원 보도자료

---

66) 다만, 당해 사항은 개정내용은 소급되지 않고 2015. 11. 30. 개정이후 약관에 가입한 경우에 적용된다(금융감독원 보도자료 참고).

차-3. 본인부담의료비 보상금액의 지급률

> 9. 자동차보험(공제를 포함합니다) 또는 산재보험에서 보상받는 의료비. **다만, 본인부담의료비는 제3조(보장종목별 보상내용) (1) 상해입원 제1항, 제2항 및 제4항부터 제6항에 따라 보상합니다.**

약관의 변천

종전에는 본인부담의료비를 제3조(보상종목별 보상내용)에 따라 보상한다고 정하고 있었으나, 제3조의 제1항과 제3항 중 어느 항을 적용할 것인지 불분명하여 2015. 11. 30. 약관개정 시 적용조항을 구체적으로 명시하였다.

쟁점의 연구

다소 복잡해 보이는 이 문언은 단서에 의해 보상하는 본인부담 비급여 비용에 대하여 제3조(보상하는 사항)에 따라 보상할 때 제3조 제3항, '즉, 국민건강보험법 등을 적용받지 못하는 경우 보장대상금액의 지급률 40%를 보상한다'는 규정의 적용을 배제하기 위한 것이다(개정취지 등은 '차-2 산재보험에서 보상받는 의료비' 설명 참조).

이와 관련하여, 법원이나 금융분쟁조정위원회에서 보상하는 본인부담의료비를 제3조의 어느 '조항'을 적용해야 하는지를 쟁점으로 다룬 사례는 없지만, 제1세대 실손의료보험 약관과 관련한 분쟁에서 40%의 지급률[67]을 인정한 판례를 찾아볼 수 있다.[68]

---

67) 참고로, 당해 약관에서는 보상하는 사항에서 [국민건강보험법]을 적용받지 못한 경우 '발생의료비 총입원의료비의 40%를 지급'한다고 정하고 있어 작성자 불이익 원칙에 따라 '본인부담의료비'에는 산재요양 승인금액도 포함된다고 판단하였다.

68) 한편, '본인부담의료비'와 관련하여 제1세대 실손의료보험의 경우 약관 문언에 따라서는 산재요양 승인을 받은 근로복지공단부담금이 포함될 여지도 있는 점에 유의할 필요가 있다.

참고판례 ▌

1) 약관의 해석은 개개 계약체결자의 의사나 구체적인 사정을 고려함이 없이 평균적 고객의 이해 가능성을 기준으로 하여 객관적, 획일적으로 해석하여야 하고, 고객보호의 측면에서 약관 내용이 명확하지 못하거나 의심스러운 때에는 고객에게 유리하게, 약관작성자에게 불리하게 제한해석하여야 한다(2011. 7. 28. 선고 2011다30147 판결 등 참조).

2) 즉, ① 이 사건 보험계약의 증권에는 "국민건강보험을 적용받지 못하는 경우에는 상기 발생입원의료비 총액의 40% 지급"이라고 기재되어 있을 뿐, 산재보험 등으로부터 지급받는 급여를 제외한다는 취지의 기재가 전혀 없는 점, ② 이 사건 약관 제15조 제3항 제9호에는 "산재보험에서 보상받는 의료비"를 보상하지 않는다는 취지가 명백하게 기재되어 있으나, 그 단서로 '단, 본인부담 의료비는 제16조(입원의료비)에 따라 보상하여 드립니다'라고 기재되어 있고, 제16조 제2항에는 "다만 피보험자가 부득이한 사정으로 국민건강보험을 적용받지 못한 경우에는 제1항의 발생 입원의료비 총액의 40% 해당액을 1사고당 3,000만원을 한도로 보상하여 드립니다"라고 기재되어 있는바, 이 사건 약관 제15조 제3항 제9호 단서와 제16조 제2항 단서의 각 기재를 종합할 때 위 "본인부담 의료비"를 "산재보험에서 보상받는 의료비를 제외한 피보험자가 실제 지급한 의료비"로 해석할 수도 있으나, "입원의료비 총액이 산재보험에서 보상받는 의료비를 초과할 경우 입원의료비 총액의 40%"로 해석할 여지도 있는 점, ③ 원고는 2009. 10. 14. 이 사건 보험계약과 유사한 'F보험'의 약관을 제작하면서 이 사건 약관 제15조 제3항 제9호 해당부분을 "산재보험에서 보상받는 의료비. 다만, 본인부담의료비는 제3조에 따라 보상하여 드립니다."로 이 사건 약관 제16조 제2항 해당부분을 "피보험자(보험대상자)가 국민건강보험법을 적용받지 못하는 경우에는 입원의료비 중 본인이 실제로 부담한 금액의 40% 해당액을"으로 각 변경한 점, ④ 약관작성자인 원고로서는 이 사건 약관 및 위 보험증권에 "피보험자(본인)이 실제로 지급한 의료비"라는 문구를 삽입함으로써 손쉽게 위 각 규정을 명확히 할 수 있었던 점 등에 보험계약자의 입장에서 이 사건 보험계약과 같은 유형의 보험을 가입한 목적은 질병이나 사고를 당했을 경우 자신이 부담해야 할 의료비를 일정한 한도액 범위 내에서 보장받기 위한 것임을 고려할 때, 국민건강보험이 적용되지 않은 우연한 경우 보험계약자에게 불이익이 있을 수 있다는 점은 보험자에 의하여 충분히 고지, 설명되어야 할 사항이라는 점을 더하여 볼 때, 위 각 약관조항은 고객인 피고에게 유리하게 "발생입원의료비 총액의 40%를 지급하는 것"으로 해석함이 상당하다(대법원 2013. 8 .23. 선고 2013다205655 판결).

소결

결론적으로 산재보험에서 발생한 비급여 의료비의 산출 기준은 다음과 같이 정리할 수 있다.

첫째, 2015. 11. 30. 개정 이후의 실손의료보험 약관의 경우 근로복지공단부담금을 제외한 본인부담의료비에 대해 일반지급률(80~90%)을 적용한다.

둘째, 2015. 11. 30. 개정 이전의 실손의료보험 약관의 경우 근로복지공단부담금을 제외한 본인부담의료비에 대해 국민건강보험법을 적용받지 못하는 경우에 해당하는 지급률(40%)을 적용한다.

셋째, 제1세대 실손의료보험 약관의 경우 본인부담의료비 상당액에 대해 국민건강보험법을 적용받지 못한 경우에 해당하는 지급률(40%)을 적용한다.

▌약관 개정시점별 산재보험관련 실손의료보험 지급률

구분	요양급여절차를 거치지 아니한 경우	국민건강보험법을 적용받지 못한 경우에 해당 시
~2012. 12. 28. 개정 약관	본인부담의료비의 40%	본인부담의료비^{주)}의 40%
2012. 12. 28~ 2015. 11. 30.	본인부담의료비의 80~90%	
2015. 11. 30.~		본인부담의료비의 80~90%

주) 제1세대 실손의료보험 약관의 경우 '본인부담의료비'를 '발생 입원(통원)의료비 총액', '피보험자가 부담하는 비용' 등 다양하게 규정하고 있다(「제4편 표준약관 축조해설(Ⅰ)-보상하는 사항 (제4장 상해입원형) 제3조 제3항 설명 참조).

 분쟁사례

❶ 산재요양승인을 받지 못한 비급여 치료비의 보상액

[분쟁 경위]
A씨는 근무 중 팔을 다쳐 근막절개술, 동맥문합술, 이차봉합술, 피부이식술을 등을 받고 산재요양승인을 받지 못해 본인이 부담한 비급여 치료비를 청구하였으나, 보험회사는 '국민건강보험을 적용받지 못한 경우'에 해당한다며 청구액의 40%만 지급하였다.

[판단]

산재보험으로 처리된 경우 국민건강보험법을 적용받지 못한 경우에 해당하므로 본건은 요양급여 비대상 의료비에 어떤 지급률을 적용할지가 쟁점이라 할 것인데, 2015. 11. 30. 개정이후 약관에서는 비급여 등 산재환자 본인이 부담한 금액에 대해 일반 지급률 (80~90%)이 적용되나, A씨는 개정전 약관에 가입한 경우로서 본인 부담금의 40%가 적용되므로 보험회사의 업무처리는 적정하다.

* 신청인 주장 : 총액 5,335,780원-16,000원(제증명료)=5,319,780×90%=4,787,802원
  피신청인 주장 : 총액 5,335,780원-16,000원(제증명료)=5,319,780×40%=2,127,912원

❷ 산재보상액의 환입 여부

[분쟁 경위]

A씨는 근무 중 심근경색증이 발생하여 입원치료 후 실손의료보험금 5백만원을 지급받았다. 이후 산재요양급여 신청이 승인되어 별도로 4백만원을 보상받았는데 이 사실을 알게 된 보험회사가 동 금액을 돌려달라고 요구하였다.

[판단]

당해약관에 따르면 면책사유로 '산재보험에서 보상받는 의료비. 다만, 본인부담 의료비는 제3조(담보종목별)에 따라 보상'하며, 제3조에서는 '피보험자가 국민건강보험법 또는 의료급여법을 적용받지 못하는 경우에는 입원의료비(「국민건강보험 요양급여의 기준에 관한 규칙」에 따라 보건복지부장관이 정한 급여 및 비급여료비 항목에 한합니다) 중 본인이 실제로 부담한 금액의 40% 해당액을 하나의 질병당 보험가입금액(5천만원)한도로 보상'한다고 각각 정하고 있어 산재보험에서 보상받는 의료비는 보상하지 아니하는 금액에 해당하므로 환입해야 한다. 다만, 본인이 실제로 부담한 100만원(치료비 5백만원-산재요양급여 4백만원)의 40%는 별도로 보상받을 수 있다.

차-4. 보상받는 의료비

> 9. 자동차보험(공제를 포함합니다) 또는 산재보험에서 **보상받는** 의료비. 다만, 본인부담의료비는 제3조(보장종목별 보상내용) (2) 상해통원 제1항부터 제4항 및 제6항에 따라 보상합니다.

자동차보험 또는 산재보험에서 '보상받는 의료비'는 '실제로 보상받은 의료비' 또는 '현재 보상받거나 보상받을 수 있는 의료비' 등으로 해석될 수 있다.

그러나, 동 조항이 자동차보험 또는 산재보험과 실손의료보험 간의 이중보상 방지를 위해 마련된 점이나, '보상받는'의 의미가 시점과 무관하게 '보상청구권의 행사가 가능한'이라고도 해석할 수 있는 점, '보상받는'을 이미 '보상받은' 것으로 제한할 경우 피보험자의 자동차보험 또는 산재보험으로 처리할 지 여부에 따라 지급 보험금이 달라지는 등 불합리한 결과를 초래하는 점 등을 종합할 때 '보상받는'은 이미 '보상받은' 것 뿐만 아니라 '보상받을 수 있는' 의료비까지 포함한다고 해석하는 것이 타당하다.

📙 **참고판례 ▮**

국민건강보험법 제53조 제1항 제4호는 업무 또는 공무로 생긴 질병·부상·재해로 다른 법령에 따른 보험급여나 보상을 받게 되는 경우 보험급여를 하지 아니한다고 규정하고 있는바, 여기서 '보험급여를 받게 되는 경우'라 함은 이미 다른 법령에 의한 보험급여를 현실로 받은 경우뿐만 아니라, 보험자의 급여 승인 여부에 관계없이 그 법령이 정한 보험급여의 지급요건에 충족되어 보험급여를 받을 수 있는 경우도 포함된다고 할 것이다(춘천지방법원 강릉지원 2014. 9. 16. 선고 2014나5149 판결).

ⓘ **'보상을 받게 되는 경우'에 대한 법제처 법령해석**

「국민건강보험법」 제53조 제1항 제4호에서 업무 또는 공무로 생긴 질병·부상·재해로 다른 법령에 따른 업무 또는 공무로 생긴 질병·부상·재해로 다른 법령에 따른 보험급여나 보상(報償) 또는 보상(補償)을 받게 되는 경우란 다른 법령에 따라 보험급여 등을 실제로 지급받은 항목으로 한정되는 것이 아니라 보험급여의 지급원인이 되는 질병이나 부상 등이 다른 법령이 정한 보험급여의 지급사유에 해당하면 그 요건을 충족하는 것으로 보아야 한다 (18-0776호, 2019. 7. 5.).

카. 국외 의료기관에서 발생한 의료비

10. 「국민건강보험법」 제42조의 요양기관이 아닌 외국에 있는 의료기관에서 발생한 의료비

약관의 변천

제1세대 실손의료보험표준약관에서는 외국에서 발생한 의료비에 대해서는 40%를 보상한다고 정하고 있었으나 2009. 11. 28. 표준약관 제정 시 면책사유로 규정하였다.

쟁점의 연구

❶ '외국의 의료기관'의 의미

실손의료보험은 '상해 또는 질병으로 병원에 입원 또는 통원하여 치료를 받는 경우에 발생한 입원 또는 통원의료비'를 보상한다.

그런데, 여기서 말하는 '병원'은 앞서 살펴본 바와 같이 국민건강보험법 제42조(요양기관)에서 정하는 국내의 병원 또는 의원(조산원은 제외)을 의미(용어의 정의)하므로 외국의 의료기관에서 발생한 의료비는 '보상하지 않는 사항' 해당 여부와 관계없이 처음부터 실손의료보험의 보장대상이 아니다(「PART 04 표준약관 축조해설(Ⅰ)」(보상하는 사항) 제2장(상해입원형) 제3조 제7항 참조).

❷ 해외위탁 검사비용의 보상여부

국내 요양기관에서 환자를 치료하는 과정 중의 검사, 약제, 치료재료 등 의료용역이나 재화를 외국의 의료기관[69]으로부터 공급받은 후 국내 요양기관이 관련 비용을 피보험자에게 합산 청구한 경우, '외국의 의료기관에서 발생한 비용'과 '국내의 요양기관에서 발생 비용' 중 어느 것으로 볼 것인지가 논란이 될 수 있다.

사견으로는 국민건강보험법 틀 안에서 적법한 절차에 따라 이루어진 청구라면 해외위탁검사 비용 등은 외국에서 발생한 것이라 하더라도 아래와 같은 이유로

---

[69] 본 조문의 취지는 [국민건강보험법] 제42조의 '요양기관'에서 발생한 의료비만을 보장하려는 것이나, 외국에서 발생한 의료비의 청구 주체는 요양기관 하위의 개념인 '의료기관'으로 규정되어 있기 때문에 [국민건강보험법] 제42조의 요양기관 중 의료기관 아닌 요양기관, 즉 약국, 한국희귀·필수의약품센터, 보건소 등에서 발생한 의료비는 해외에서 발생한 경우라 하더라도 면책조항을 적용할 수 없다. 따라서, 면책사항 해당여부가 아니라 보상하는 사항 즉, [국민건강보험법]에 따른 요양급여 또는 비급여대상에 해당하는지 먼저 살펴보아야 한다.

면책사유인 '외국의 의료기관에서 발생한 의료비'에 해당하지 않는다고 본다.

첫째, 해외 위탁검사 비용을 외국의 의료기관에서 발생한 비용으로 해석할 경우 국내 요양기관에서 치료 중 사용한 모든 수입 약제나 치료재료 등도 면책사유에 해당한다고 보아야 하며, '외국의 의료기관이 아닌 자'로부터 수입한 치료재료 등'은 면책 사유에 해당하지 않는다는 식의 해석도 가능하다.

둘째, 국민건강보험법 제45조(요양급여비용의 산정 등) 및 동법 시행령 제21조(계약의 내용 등), 요양급여 항목에 대한 상대가치 점수에 따른 처치 및 수술료 산정지침 등에 따르면 처치 및 수술 시에 사용된 약제 및 치료재료대는 별도로 산정하지 않는 점[70]을 감안하면, 해외위탁 검사비의 보상여부도 이러한 요양급여기준 등 관계법규에 따라 적절하게 청구된 것인지 살펴본 후 그 결과에 따라 보상여부를 판단해야 한다(아래 온코타입검사 관련 분쟁사례 참조).

 분쟁사례

[분쟁경위]
A씨는 초기 유방암 선별검사인 온코타입Dx 검사('온코타입검사')를 받고 국내 요양기관으로부터 청구된 위탁검사비(비급여-외국위탁)를 납부하고 보험금을 청구하였으나 보험회사는 위 면책조항을 근거로 보험금 지급을 거절하였다.

[판단]
온코타입검사 등 해외 위탁검사비용의 보상 판단은 다음 절차에 따른다.

[1단계] 약관상 '보상하는 사항'에 해당하는지 여부

❶ 국민건강보험법상 요양급여대상 범위의 항목인지 여부

국민건강보험법 제41조에서는 '가입자와 피부양자의 질병, 부상, 출산 등'과 관련하여 7가지 항목에 대한 요양급여를 실시한다고 정하고 있다.

또한, 법원은 이 중 '진찰·검사'와 관련하여, '의료행위라 함은 의학적 전문지식을 기초로 하는 경험과 기능으로 진찰, 검안, 처방, 투약 또는 외과적 수술을 시행하여 하는 질병의 예방 또는 그 밖에 의료인이 행하지 아니하면 보건위생상 위해가 생길 우려가 있는 행위를

---

70) 약제·치료재료 비용이 행위료에 포함되어 있는 것을 별도로 비용을 징수하는 것은 임의비급여에 해당한다(심층탐구 ① 임의비급여 참조).

말하는 것이고, 여기에서 '진찰'이라 함은 환자의 용태를 관찰하여 병상과 병명을 규명·판단하는 작용으로 그 진단방법으로는 문진, 시진, 청진, 타진, 촉진 기타 각종의 과학적 방법을 써서 검사하는 등 여러 가지가 있고, 위와 같은 작용에 의하여 밝혀진 질병에 적합한 약품을 처방, 조제, 공여하거나 시술하는 것이 치료행위에 속한다'고 판단하고 있다(대법원 2001. 7. 13. 선고 99도2328 판결).

즉, 위탁검사도 불가피한 사정 등으로 환자의 질병을 정확하게 진단과 적절한 치료 방법 등을 위해 실시한 것[71])이라면 위탁 장소와 관계없이 국민건강보험법 제41조에 따른 요양급여 대상으로서 '진찰·검사'에 해당한다 할 것이고 비용의 청구 방법 및 절차 또한 국민건강보험법의 틀 내에서 요양급여기준 등을 준수해야 한다.

❷ 온코타입검사의 요양급여 인정 여부

온코타입검사가 요양급여기준을 준수해야 하는 '행위'라면, 당해 비용은 ❶요양급여 또는 ❷비급여 혹은 예외적으로 인정되는 ❸임의비급여 중 어느 한가지에 해당한다.

따라서 요양급여 기준에서 정하고 있는 방법과 절차에 따른 것이라면 '❶요양급여 또는 ❷비급여' 중 하나로 볼 수 있고, 이를 벗어난 것이라면 ³'임의비급여'라 할 수 있다.

이와 관련하여, '진찰·검사 등 '행위·치료재료'는 건강보험요양급여규칙 [별표2]에 해당하는 경우 '법정비급여', '그 외의 일체의 것'은 '요양급여 인정대상(법 제43조 제1항 제1호)'으로 구분한다.

한편, '건강보험요양급여규칙 [별표1] 1. 요양급여의 일반원칙'(라)목에서는 '요양기관은 가입자 등의 요양급여에 필요한 적정한 인력·시설 및 장비를 유지하여야 하며, 이 경우 보건복지부장관은 인력·시설 및 장비의 적정기준을 정하여 고시할 수 있다'고 정하고, 다시 (마)목에서 '(라)목의 규정에 불구하고 가입자 등에 대한 최적의 요양급여를 실시하기 위하여 필요한 경우, 보건복지부장관이 정하여 고시하는 바'에 따라 다른 기관에 검사를 위탁하거나, 당해 요양기관에 소속되지 아니한 전문성이 뛰어난 의료인을 초빙하거나, 다른 요양기관에서 보유하고 있는 양질의 시설·인력 및 장비를 공동 활용할 수 있다'고 정하고 있는데 요양급여가 인정되지 않은 온코타입검사의 경우 동 기준을 충족하는 법정비급여 대상도 아니므로 결국 '임의비급여'에 해당함을 알 수 있다.

* 검체의 위탁검사와 관련하여, 보건복지부는 검체검사 위탁 관련 수탁기관을 의료기관인 요양기관, 의과대학 기초의학교실 또는 임상병리학교실 및 기타 장관이 인정하는 기관으로 한정[72])하거나, 검체검사 위탁기관은 건강보험심사평가원에 수탁검사기관의 가산율에 해당하는 수가코드로 청구토록 하는 등 위탁검사기관 및 청구 검사비용 청구 관련 규제[73]) 등을 마련·운용하고 있다.

그런데, 건강보험심사심평원에서는 온코타입검사의 위탁행위가 무조건 위법하다고 보고 있지는 않다.

외국으로 의뢰하는 검사의 경우 외국 의료기관이 현행 의료법상 요양급여를 행할 수 있는 요양기관의 기본 요건에 해당되지 아니하고, 건강보험법에 근거하는 검체검사위탁에 관한 기준의 수탁기관 요건에도 맞지 아니하므로 관련 비용을 건강보험으로 청구할 수 없으나, 외국으로 의뢰하는 경우의 검사비용 등에 대하여 그 실비를 환자에게 부담하도록 하는 것은 당해 요양기관의 자율적 판단에 따라 결정함이 적절할 것

온코타입Dx검사가 어떠한 행위인지 구체적으로 확인되지 않아 답변드리기 어려우나 '건강보험 행위급여 · 비급여 목록표 및 급여상대가치점수'(보건복지부 고시)상에는 동 명칭으로 등재된 의료행위는 확인되지 아니하므로 별도의 비용산정이 불가함을 알려드립니다. 또한, 검체검사 위탁에 관한 기준 제3조에서는 검체검사를 위탁하고자 하는 요양기관에서 수탁할 수 있는 기준을 정하고 있으며, 수탁기관은 아래와 같이 규정하고 있음을 알려드립니다.

* 의료법 제3조에서 정한 의료기관, 의과대학 기초의학교실 · 진단검사의학교실 및 치과대학 구강병리학교실, 기타 장관이 인정하는 기관(현재 대한결핵협회, 대한적십자사)으로 상근 인력과 시설 등 기준을 충족하고 검사분야별 학회 등을 통해 인증받은 기관에 한해 시행 가능

추가로 외국 의료기관은 현행 의료법상 요양급여를 행할 수 있는 요양기관의 기본요건 충족여부 등을 고려할 때 건강보험 제도 외의 사항으로 판단됩니다.

❸ 결론

이상을 종합하면, 온코타입검사는 '국민건강보험법의 틀을 벗어난 행위 · 치료재료 등 진료비를 청구하는 경우'에 속하는 인정임의비급여로 봄이 타당한 바, 비급여 주석의 유무에 따라 보상여부를 결정하는 것이 옳다고 본다(「PART 04 표준약관 축조해설(Ⅰ)」(보상하는 사항) 제2장(상해입원형) 제3조 제1항 참조).

---

71) 가입자의 질병, 부상, 출산 등과 무관한 비용은 요양기관으로부터 청구된 것이라 하더라도 요양급여대상이 아니므로 실손의료보험과 전혀 관계가 없다(예, 입원실 TV시청료 등)

72) 건강보험행위 급여, 비급여 목록표 및 급여 상대가치 점수 제1편 제2부 제2장 검사료 산정지침, 검체검사 위탁에 관한 기준 참조

73) [행위고시 제2017−111호]

상해통원형

1. 개요

상해통원형의 '보상하지 아니하는 사항'은 '응급의료관리료'를 제외하고는 (1) 상해입원형의 제4조(보장하지 않는 사항)에서 '입원의료비'가 '통원의료비'로 대체되었을 뿐 세부내용은 동일하다.

2. 응급의료관리료

> 11. 「응급의료에 관한 법률」 및 동 시행규칙에서 정한 응급환자에 해당하지 않는 자가 「의료법」 제3조의4에 따른 상급종합병원 응급실을 이용하면서 발생한 응급의료관리료

약관의 변천

위 조문은 2015. 11. 30. 개정 시 반영되었다.

쟁점의 연구

가. 응급환자

응급의료에 관한 법률 제2조(정의) 및 같은 법 시행령 제2조(응급환자)에 따르면 '응급환자'는 '질병, 분만, 각종 사고 및 재해로 인한 부상이나 그 밖의 위급한 상태로 인하여 즉시 필요한 응급처치를 받지 아니하면 생명을 보존할 수 없거나

심신에 중대한 위해가 발생할 가능성이 있는 환자 또는 이에 준하는 사람으로서 보건복지부령으로 정하는 사람'으로 정의하고 있다.

한편, 같은 법 시행규칙 제2조 제1항에서는 '1. 응급증상'을 '2. 응급증상에 준하는 증상'과 달리 구분하고 있으며, 구체적인 내용은 [별표1]에서 따르는데 실손의료보험에서는 이에 해당하는 경우만 보상된다.

ⓘ 「응급의료에 관한 법률」 시행규칙 [별표 1]

응급증상 및 이에 준하는 증상(제2조 제1호 관련)

1. 응급증상
   가. 신경학적 응급증상 : 급성의식장애, 급성신경학적 이상, 구토 · 의식장애 등의 증상이 있는 두부 손상
   나. 심혈관계 응급증상 : 심폐소생술이 필요한 증상, 급성호흡곤란, 심장질환으로 인한 급성 흉통, 심계항진, 박동이상 및 쇼크
   다. 중독 및 대사장애 : 심한 탈수, 약물 · 알콜 또는 기타 물질의 과다복용이나 중독, 급성 대사장애(간부전 · 신부전 · 당뇨병 등)
   라. 외과적 응급증상 : 개복술을 요하는 급성복증(급성복막염 · 장폐색증 · 급성췌장염 등 중한 경우에 한함), 광범위한 화상(외부신체 표면적의 18% 이상), 관통상, 개방성 · 다발성 골절 또는 대퇴부 척추의 골절, 사지를 절단할 우려가 있는 혈관 손상, 전신마취하에 응급수술을 요하는 중상, 다발성 외상
   마. 출혈 : 계속되는 각혈, 지혈이 안되는 출혈, 급성 위장관 출혈
   바. 안과적 응급증상 : 화학물질에 의한 눈의 손상, 급성 시력 손실
   사. 알러지 : 얼굴 부종을 동반한 알러지 반응
   아. 소아과적 응급증상 : 소아경련성 장애
   자. 정신과적 응급증상 : 자신 또는 다른 사람을 해할 우려가 있는 정신장애

2. 응급증상에 준하는 증상
   가. 신경학적 응급증상 : 의식장애, 현훈
   나. 심혈관계 응급증상 : 호흡곤란, 과호흡
   다. 외과적 응급증상 : 화상, 급성복증을 포함한 배의 전반적인 이상증상, 골절 · 외상 또는 탈골, 그 밖에 응급수술을 요하는 증상, 배뇨장애
   라. 출혈 : 혈관손상
   마. 소아과적 응급증상 : 소아 경련, 38℃ 이상인 소아 고열(공휴일 · 야간 등 의료서비스가 제공되기 어려운 때에 8세 이하의 소아에게 나타나는 증상을 말한다)

바. 산부인과적 응급증상 : 분만 또는 성폭력으로 인하여 산부인과적 검사 또는 처치가 필요한 증상

사. 이물에 의한 응급증상 : 귀·눈·코·항문 등에 이물이 들어가 제거술이 필요한 환자

나. 응급의료관리료

보건복지부장관이 고시하는 '응급의료수가기준[74]'은 「응급의료에 관한 법률」 제2조 제1호에 해당하는 응급환자(이하 '응급환자') 또는 '응급실에 내원한 환자를 진료한 경우'에 적용된다.

한편, 응급환자에 해당하지 않는 경우는 환자본인이 응급환자관리료 전액을 부담하며, 국민건강보험법 제44조 제1항[75]) 및 같은 법 시행령 제19조(비용의 본인부담) 제1항[76]) 및 별표2 제6호[77]), 그리고 같은 법 시행규칙 제16조 및 같은 법

---

74) I. 의료기관의 응급의료수가기준
　　1. 적용기준
　　　가. 응급의료수가기준은 [의료법] 제3조에 의한 의료기관 또는 [지역의료법] 제8조에 의한 보건의료원에 적용한다.
　　　나. 응급의료수가기준은 [응급의료에 관한 법률] 제2조 제1호에 해당되는 응급환자(이하 "응급환자"라 한다.) 또는 응급실에 내원한 환자를 진료한 경우에 적용한다.
　　2. 산정기준
　　　가. [응급의료에 관한 법률] 제2조 제5호에 의한 응급의료기관이 응급실에서 응급환자 또는 응급실에 내원한 환자에게 응급처치 및 응급의료를 행한 경우에는 초일에 한하여 (별표1) 응급의료수가기준액표 중 "가" 응급의료관리료를 산정하되, 응급환자에 해당되지 않는 경우에는 환자본인이 응급의료관리료 전액을 부담한다.

75) 제44조(비용의 일부부담) ① 요양급여를 받는 자는 대통령령으로 정하는 바에 따라 비용의 일부(이하 "본인일부부담금"이라 한다)를 본인이 부담한다. 이 경우 선별급여에 대해서는 다른 요양급여에 비하여 본인일부부담금을 상향 조정할 수 있다. <개정 2016. 3. 22.>

76) 제19조(비용의 본인부담) ① 법 제44조 제1항에 따른 본인일부부담금(이하 "본인일부부담금"이라 한다)의 부담률 및 부담액은 별표2와 같다.

77) [별표2] 본인일부부담금의 부담률 및 부담액(제19조 제1항 관련)
　　6. 제1호부터 제5호까지의 규정에도 불구하고 다음 각 목의 어느 하나에 해당하는 경우에는 보건복지부령으로 정하는 항목의 요양급여비용의 100분의 100의 범위에서 보건복지부령으로 정하는 금액을 부담한다.
　　가. 법 제53조 제3항에 따라 급여가 제한되는 경우
　　나.~라.(생략)
　　마. 보험재정에 상당한 부담을 준다고 인정되는 경우

[별표6] 제1호[78] (사)목[79]'에 따르면 「응급의료에 관한 법률」에 따라 요양기관이 구급차를 이용하여 이송되었을 경우의 '이송처치료' 및 응급의료수가 기준에서 정한 의료급여관리료 산정대상이 아닌 환자의 '응급의료관리료'는 본인이 전액 부담해야 한다.

따라서, 보상실무상 응급환자에 해당하는지는 '본인전액부담' 여부로 확인할 수 있다.

 분쟁사례

> [분쟁경위]
> A씨는 얼굴의 열상 등으로 응급실에서 창상봉합술 및 근육봉합술을 받고 요양기관에 지불한 응급의료관리료를 청구하였으나 보험회사는 이를 거절하였다.
>
> [판단]
> 만약 A씨가 관련 법령에 따른 응급환자에 해당한다면 응급의료수가가 적용되어 요양급여 중 일부만 본인이 부담했을 것이나, 요양기관이 응급의료관리료 명목으로 '본인전액부담금'으로 청구했다면 약관상 응급환자에 해당하지 않는다.

바. 그 밖에 보건복지부령으로 정하는 경우

78) 제16조(요양급여비용의 본인부담) 영 별표2 제6호에 따라 본인이 요양급여비용을 부담하는 항목 및 부담률은 별표6 과 같다. 별표6 요양급여비용의 본인부담 항목 및 부담률

79) 1. 요양급여비용의 본인부담 항목
    사. [응급의료에 관한 법률]에 따라 요양기관의 구급차를 이용하여 이송되었을 경우의 이송처치료 및 응급의료수가(應急醫療酬價) 기준에서 정한 응급의료관리료 산정 대상이 아닌 환자의 응급의료관리료. 다만, 본문에 따른 응급의료관리료 산정 대상이 아닌 환자가 [공공보건의료에 관한 법률] 제12조 제2항에 따라 보건복지부장관이 정하여 고시하는 의료취약지에 위치한 [응급의료에 관한 법률] 제31조에 따라 지정된 지역응급의료기관에 내원하는 경우에는 요양급여비용 중 [국민건강보험법] 제44조에 따른 본인일부부담금을 말한다.

04 질병입원형

① 회사는 다음의 사유로 생긴 입원의료비는 보상하지 않습니다. 〈개정 2015. 11. 30.〉

　1. 피보험자가 고의로 자신을 해친 경우. 다만, 피보험자가 심신상실 등으로 자유로운 의사결정을 할 수 없는 상태에서 자신을 해친 사실이 증명된 경우에는 보상합니다.

　2. 보험수익자가 고의로 피보험자를 해친 경우. 다만, 그 보험수익자가 보험금의 일부 보험수익자인 경우에는 다른 보험수익자에 대한 보험금은 지급합니다.

　3. 계약자가 고의로 피보험자를 해친 경우

　4. 피보험자가 정당한 이유없이 입원기간 중 의사의 지시를 따르지 않거나 의사가 통원치료가 가능하다고 인정함에도 피보험자 본인이 자의적으로 입원하여 발생한 입원의료비

② 회사는 '한국표준질병사인분류'에 따른 다음의 입원의료비에 대해서는 보상하지 않습니다. 〈개정 2015. 11. 30.〉

　1. 정신 및 행동장애(F04~F99)(다만, F04~F09, F20~F29, F30~F39, F40~F48, F51, F90~F98과 관련한 치료에서 발생한 「국민건강보험법」에 따른 요양급여에 해당하는 의료비는 보상합니다) 〈개정 2018. 11. 6.〉

　2. 여성생식기의 비염증성 장애로 인한 습관성 유산, 불임 및 인공수정 관련 합병증(N96~N98)

　3. 피보험자가 임신, 출산(제왕절개를 포함합니다), 산후기로 입원한 경우(O00~O99)

　4. 선천성 뇌질환(Q00~Q04)

　5. 비만(E66)

　6. 요실금(N39.3, N39.4, R32)

　7. 직장 또는 항문 질환 중 「국민건강보험법」에 따른 요양급여에 해당하지 않는 부분(I84, K60~K62, K64)

③ 회사는 다음의 입원의료비에 대해서는 보상하지 않습니다. 〈개정 2015. 11. 30.〉

　1. 치과치료(K00~K08) 및 한방치료(다만, 「의료법」 제2조에 따른 한의사를 제외한 '의사'의 의료행위에 의해서 발생한 의료비는 보상합니다)에서 발생한 「국민건강보험법」에 따른 요양급여에 해당하지 않는 비급여의료비

　2. 「국민건강보험법」에 따른 요양급여 중 본인부담금의 경우 국민건강보험 관련 법령에 따라 국민건강보험공단으로부터 사전 또는 사후 환급이 가능한 금액(본인부담금 상한제)

　3. 「의료급여법」에 따른 의료급여 중 본인부담금의 경우 의료급여 관련 법령에 따라 의료급여기금 등으로부터 사전 또는 사후 환급이 가능한 금액(「의료급여법」에 따른 본인부담금 보상제 및 본인부담금 상한제)

　4. 건강검진(단, 검사결과 이상 소견에 따라 건강검진센터 등에서 발생한 추가 의료비용은

보상합니다), 예방접종, 인공유산에 든 비용. 다만, 회사가 보상하는 질병 치료를 목적으로 하는 경우에는 보상합니다.

5. 영양제, 비타민제, 호르몬 투여(다만, 국민건강보험의 요양급여 기준에 해당하는 성조숙증을 치료하기 위한 호르몬 투여는 보상합니다), 보신용 투약, 친자 확인을 위한 진단, 불임검사, 불임수술, 불임복원술, 보조생식술(체내, 체외 인공수정을 포함합니다), 성장촉진, 의약외품과 관련하여 소요된 비용. 다만, 회사가 보상하는 질병 치료를 목적으로 하는 경우에는 보상합니다.

6. 다음의 어느 하나에 해당하는 치료로 인하여 발생한 의료비

   가. 단순한 피로 또는 권태

   나. 주근깨, 다모, 무모, 백모증, 딸기코(주사비), 점, 모반(피보험자가 보험가입당시 태아인 경우 화염상모반 등 선천성 비신생물성모반(Q82.5)은 보상합니다), 사마귀, 여드름, 노화현상으로 인한 탈모 등 피부질환

   다. 발기부전(impotence)·불감증, 단순 코골음(수면무호흡증(G47.3)은 보상합니다), 치료를 동반하지 않는 단순포경(phimosis), 「국민건강보험 요양급여의 기준에 관한 규칙」 제9조 제1항([별표2] 비급여대상)에 따른 업무 또는 일상생활에 지장이 없는 검열반 등 안과질환

7. 의치, 의수족, 의안, 안경, 콘택트렌즈, 보청기, 목발, 팔걸이(Arm Sling), 보조기 등 진료 재료의 구입 및 대체 비용. 다만, 인공장기 등 신체에 이식되어 그 기능을 대신하는 경우에는 보상합니다.

8. 아래에 열거된 국민건강보험 비급여 대상으로 신체의 필수 기능개선 목적이 아닌 외모개선 목적의 치료로 인하여 발생한 의료비

   가. 쌍꺼풀수술(이중검수술. 다만, 안검하수, 안검내반 등을 치료하기 위한 시력개선 목적의 이중검수술은 보상합니다), 코성형수술(융비술), 유방확대(다만, 유방암 환자의 유방재건술은 보상합니다)·축소술, 지방흡입술(다만, 「국민건강보험법」 및 관련고시에 따라 요양급여에 해당하는 '여성형 유방증'을 수술하면서 그 일련의 과정으로 시행한 지방흡입술은 보상합니다), 주름살 제거술 등 〈개정 2018. 11. 6.〉

   나. 사시교정, 안와격리증(양쪽 눈을 감싸고 있는 뼈와 뼈 사이의 거리가 넓은 증상)의 교정 등 시각계 수술로서 시력개선 목적이 아닌 외모개선 목적의 수술

   다. 안경, 콘택트렌즈 등을 대체하기 위한 시력교정술(국민건강보험 요양급여 대상 수술방법 또는 치료재료가 사용되지 않은 부분은 시력교정술로 봅니다)

   라. 외모개선 목적의 다리정맥류 수술

   마. 그 밖에 외모개선 목적의 치료로 국민건강보험 비급여대상에 해당하는 치료

9. 진료와 무관한 각종 비용(TV시청료, 전화료, 각종 증명료 등을 말합니다), 의사의 임상적 소견과 관련이 없는 검사비용, 간병비

10. 산재보험에서 보상받는 의료비. 다만, 본인부담의료비는 제3조(보장종목별 보상내용) (3) 질병입원 제1항, 제2항 및 제4항부터 제10항에 따라 보상합니다.

11. 인간면역결핍바이러스(HIV) 감염으로 인한 치료비(다만, 「의료법」에서 정한 의료인의 진료상 또는 치료 중 혈액에 의한 HIV 감염은 해당 진료기록을 통해 객관적으로 확인되는 경우는 보상합니다)
12. 「국민건강보험법」 제42조의 요양기관이 아닌 외국에 있는 의료기관에서 발생한 의료비

1. 제4조(보상하지 않는 사항) 제1항

가. 고의 사고 면책

① 회사는 다음의 사유로 인하여 생긴 입원의료비는 보상하지 않습니다. 〈개정 2015. 11. 30.〉
1. ~ 4.

「PART 05 표준약관 축조해설(Ⅱ)」(보상하지 않는 사항) 제2장(상해입원형) 제1항의 내용을 참조하기 바란다.

2. 제4조(보상하지 않는 사항) 제2항

② 회사는 '한국표준질병사인분류'에 따른 다음의 입원의료비에 대해서는 보상하지 않습니다. 〈개정 2015. 11. 30.〉
1. 정신 및 행동장애(F04~F99)(다만, F04~F09, F20~F29, F30~F39, F40~F48, F51, F90~F98과 관련한 치료에서 발생한 「국민건강보험법」에 따른 요양급여에 해당하는 의료비는 보상합니다) 〈개정 2018. 11. 6.〉
2. 여성생식기의 비염증성 장애로 인한 습관성 유산, 불임 및 인공수정 관련 합병증(N96~N98)
3. 피보험자가 임신, 출산(제왕절개를 포함합니다), 산후기로 입원한 경우(O00~O99)
4. 선천성 뇌질환(Q00~Q04)
5. 비만(E66)
6. 요실금(N39.3, N39.4, R32)
7. 직장 또는 항문 질환 중 「국민건강보험법」에 따른 요양급여에 해당하지 않는 부분(I84, K60~K62, K64)

가. 정신 및 행동장애

> ② 회사는 '한국표준질병사인분류'에 따른 다음의 입원의료비에 대해서는 보상하지 않습니다.〈개정 2015. 11. 30.〉
> 1. 정신 및 행동장애(F04~F99)(다만, F04~F09, F20~F29, F30~F39, F40~F48, F51, F90~F98과 관련한 치료에서 발생한 「국민건강보험법」에 따른 요양급여에 해당하는 의료비는 보상합니다)〈개정 2018. 11. 6.〉

▌약관의 변천

제1세대(예시)
회사는 제5차 한국표준질병사인분류에 있어서 아래의 질병으로 인한 손해에 대하여는 보상하여 드리지 아니합니다(별표 참조).   2. 정신과 질환 및 행동장애[80] 단, 치매는 보상하여 드립니다.

→

2009. 9. 28.
② 회사는 제5차 한국표준질병사인분류에 있어서 아래의 입원의료비에 대하여는 보상하여 드리지 아니합니다.   1. 정신과질환 및 행동장애(F04~F99)

→

2011. 6. 29.
② 회사는 한국표준질병사인분류에 있어서 아래의 입원의료비에 대하여는 보상하여 드리지 아니합니다.   1. 정신과질환 및 행동장애(F04~F99)

→

2015. 11. 30.
② 회사는 '한국표준질병사인분류'에 따른 다음의 입원의료비에 대해서는 보상하지 않습니다.   1. 정신 및 행동장애(F04~F99) (다만, F04~F09, F20~F29, F30~F39, F40~F48, F90~F98과 관련한 치료에서 발생한 「국민건강보험법」에 따른 요양급여에 해당하는 의료비는 보상합니다)

제1세대 실손의료보험 약관에서는 치매도 예외적으로 보상하였으나, 표준약관 제정 당시 보상하지 않는 것으로 변경되었다가, 2015. 11. 30., 2018. 11. 6. 일부 정신질환 등에 대해서는 다시 보상하는 것으로 개정되었다.

---

80) 정신 및 행동장애(F00~F99) 단, 치매(F00~F03)는 보상

한편, 면책대상 질병을 가입시점의 한국표준질병사인분류(KCD)으로 기준으로 할 경우 추후 분류항목이 변경된 경우 어떤 질병분류코드를 적용할 것인지에 대해 다툼이 발생할 수 있어 이를 방지하기 위하여 보상시점의 한국표준질병사인분류(KCD)를 기준으로 보상토록 2011. 6. 29. 약관을 개정하였다.

쟁점의 연구

정신 및 행동장애 관련 질환의 경우, 주로 환자의 진술과 행동 등을 토대로 진단이 이루어지고 증상도 점진적으로 진행되므로 정확한 발병 시점을 확인하기 어렵기 때문에 원칙적으로 실손의료보험에서는 보상하지 않는다.

한편, 노화로 인한 치매, 상해 또는 질환 등으로 인한 치매(F00~F03)[81]등은 제1세대 실손의료보험 약관에서 예외적으로 보상하는 경우도 있었으나, 표준약관을 마련하면서 정신과질환 및 행동장애(F00~F99)는 모두 면책사유로 규정하였다.

그러나, 2013. 9. 국민권익위원회가 정신질환자의 실손보상 차별화 금지를 권고하는 등 정신질환 등에 대한 보장요구가 지속적으로 제기되어 증상이 비교적 명확하여 치료 목적의 확인이 어렵지 않은 일부 요양급여 대상 정신질환도 보상토록 2015. 11. 30. 개정되었다(개정이후 약관 가입자부터 적용).

다만, 당시에도 '비기질성 수면장애(F51)[82]'는 증상이 주관적이라는 이유로 보장대상에서 제외되었으나, 스트레스 환자의 지속적인 증가 등에 따른 보장요구를 반영하여 2018. 11. 30. 약관개정 시 보장대상에 포함시켰다(2009. 10. 이후 약관 가입자부터 적용).

---

81) F00 알츠하이머병에서의 치매, F01 혈관성 치매, F02 달리 분류된 기타 질환에서의 치매, F03 상세불명의 치매

82) 비기질성(Non-organic)수면장애 : 신체적 원인에 의한 수면장애가 아닌 몽유병 등 정신적인 수면장애를 말하며 신체적 원인으로 하는 기질성 수면장애(G47)은 종전에도 보상

ⓘ 보장대상 요양급여대상 정신질환 치료

뇌손상, 뇌기능 이상에 의한 인격 및 행동장애 등(F04~F09), 정신분열증, 분열형 및 망상성 장애(F20~F29), 기분장애(F30~F39), 신경성 · 스트레스성 신체형 장애(F40~F48), 소아 및 청소년기의 행동 및 정서장애(F90~F98)

(주요보장질병) 기억상실, 편집증, 조울증, 공항장애, 외상후 스트레스장애, 주의력결핍과잉행동장애(ADHD), 틱장애 등

나. 습관성 유산, 임신 · 출산, 선천성 뇌질환 등

2. 여성생식기의 비염증성 장애로 인한 습관성 유산, 불임 및 인공수정 관련 합병증(N96 ~N98)
3. 피보험자가 임신, 출산(제왕절개를 포함합니다), 산후기로 입원한 경우(O00~O99)
4. 선천성 뇌질환(Q00~Q04)

약관의 변천

제1세대(예시)	2009. 9. 28.
7. 여성생식기의 비염증성 장애[83]로 인한 습관성 유산, 불임 및 인공수정 관련 합병증	2. 여성생식기의 비염증성 장애로 인한 습관성 유산, 불임 및 인공수정 관련 합병증 (N96~N98)
8. 임신, 출산(제왕절개 포함) 및 산욕[84]. 단 회사가 부담하는 질병으로 인한 경우에는 보상하여 드립니다.	3. 피보험자(보험대상자)의 임신, 출산(제왕절개를 포함합니다), 산후기로 입원한 경우(O00~O99)
9. 신경계의 질환[85]으로서 유전적 질환, 퇴행성 질환, 간질, 편두통, 수면장애, 신경장애, 근육질환, 뇌성마비 등	4. 선천성 뇌질환(Q00~Q04)
10. 선천성 기형, 변형 및 염색체 이상[86]	

위에 열거된 항목들은 제1세대 실손의료보험상품에서도 보상하지 않는 사항이었다. 다만, '선천성 뇌질환'의 경우 제1세대 실손의료보험에서는 한국표준질병사인분류(KCD) 제5차 이전의 분류에 따른 '신경계 질환(G00~G99)'과 '선천 기형, 변형 및 염색체 이상 (Q00~Q99)' 모두 면책대상이었으나, 2009. 11. 28. 표준약관 제정 시 '선천성 뇌질환(Q00~Q04)'으로 면책범위를 축소하였다.

다. 비만

5. 비만(E66)

▌약관의 변천

제1세대(예시)	2009. 9. 28.
회사는 아래에 정한 사유로 발생한 질병입원의료비를 보상하여 드리지 아니합니다. 7. 위생관리, 미모를 위한 성형수술비 및 비만치료비	② 회사는 제5차 한국표준질병사인분류에 있어서 아래의 입원의료비에 대하여는 보상하여 드리지 아니합니다. 5. 비만(E66)

제1세대 실손의료보험 약관에서는 '위생관리, 미모를 위한 성형수술 및 비만치료비'로 명시되어 있어 '비만' 해당 여부를 두고 분쟁이 발생할 소지가 있었으나, 표준약관 제정 시 '비만(E66)'으로 변경하여 '한국표준질병사인분류에 따른 비만'을 면책사유로 함을 명확화하였다.

---

83) [별표] 질병입원의료비에서 보상하지 아니하는 질병
 N96 습관성 유전자, N97 여성 불임증, N98 인공수정과 관련된 합병증
84) 임신, 출산 및 산후기(Q00~Q99)
85) 신경계통의 질환(G00~G99), 단, 중추신경계의 염증성 질환(G00~G09), 파킨슨병(G20), 알쯔하이머병(G30), 수두증(G91)은 보상
86) 선천 기형, 변형 및 염색체 이상(Q00~Q99)

쟁점의 연구

합병증을 동반한 비만의 경우 합병증 치료로 비만치료 효과를 수반하므로 당해 치료가 합병증과 비만 중 어느 것을 치료하기 위한 것으로 볼 것인지가 논란이 될 수 있다.

국민건강보험법에서는 비만 자체에 대한 치료는 '업무 또는 일상생활에 지장이 없는 경우의 행위·약제 및 치료재료'에 해당하는 비급여대상[87]으로 구분하고 있으나, 고혈압, 당뇨병 등 비만의 합병증 치료는 질병의 치료를 목적으로 한 것으로 보아 요양급여를 인정하고 있고, 2018. 12. 24.부터는 일정요건을 충족한 고도비만환자에 대한 위축소수술 등도 요양급여를 인정[88]하고 있다.

한편, 보상실무에서는 고도비만수술비용에 대해 요양급여 인정여부와 무관하게 보상하지 않는 경우가 있는데, 비만 수술에 대해 요양급여를 인정한다는 것은 비만 자체보다는 합병증의 치료를 주된 목적으로 본 것이라는 점에서 납득하기 어렵다.[89]

이와 반대로 비만 수술이 비급여로 청구되었다면 「건강보험요양급여규칙」상 '업무 또는 일상생활에 지장이 없는 경우'에 해당한다고 간주한 것이므로 비만

---

87) [건강보험요양급여규칙] [별표2] 비급여대상 제1호 (사)목
88) [고도비만수술에 대한 요양급여 적용기준(보건복지부 고시 제2018－281호)]
   비만수술은 다음과 같은 경우에 요양급여로 인정하며, 그 외 실시한 경우에는 비급여함
   가. 1)~3) 조거을 모두 만족하는 경우
      1) 적응증
         가) BMI ≥ 35kg/㎡이거나, BMI ≥ 30kg/㎡이면서 합병증을 동반한 경우(고혈압, 저환기증, 수면무호흡증, 관절질환, 비알콜성지방간, 위식도역류증, 제2형 당뇨, 고지혈증, 천식, 심근병증, 관상동맥질환, 다낭성난소증후군, 가뇌종양(pseudotumor cerebri))
         나) 기존 내과적 치료 및 생활습관 개선으로도 혈당조절이 되지 않는 27.5Kg/㎡ ≤ BMI < 30kg/㎡인 제2형 당뇨환자에게 자263－1가 위소매절재술 및 자263－1나 (1)(가) 비절제루와이형 문합 위우회술을 시행하는 경우(이 경우 「선별급여 지정 및 실시 등에 관한 기준」에 따라 본인부담률 80%로 적용함)
      2) '18세 이상이거나 뼈 성장 종료 확인' 시
      3) 비수술적 치료로도 효과를 얻을 수 없는 비만
         나. 비만수술 후 수술합병증 또는 과체중 감소로 복원술을 시행하는 경우
         다. 비만수술 후 수술합병정으로 교정술을 시행하거나, 18개월 이상 적극적 관리에도 상기 가. 1)가)에 해당하여 교정술을 시행하는 경우
89) 반대로 비급여로 청구하고 주치의 소견서에 '비만'이 아닌 '합병증'을 치료한 것이라는 주장도 받아들이기 어렵다.

에 의해 발생한 합병증 치료보다는 비만 자체의 치료를 주된 목적으로 한 것이라고 해석해도 무방할 것이다.

라. 비뇨기계, 직장 · 항문질환 등

> 6. 요실금(N39.3, N39.4, R32)
> 7. 직장 또는 항문 질환 중 「국민건강보험법」에 따른 요양급여에 해당하지 않는 부분(I84, K60~K62, K64)

약관의 변천

제1세대(예시)	2009. 9. 28.	2015. 11. 30.
회사는 제4차 한국표준질병사인분류에 있어서 아래의 질병으로 인한 손해에 대하여는 보상하여 드리지 아니합니다(별표).	② 회사는 제5차 한국표준질병사인분류에 있어서 아래의 입원의료비에 대하여는 보상하여 드리지 아니합니다.	② 회사는 '한국표준질병사인분류'에 따른 다음의 입원의료비에 대해서는 보상하지 않습니다.
4. 치핵, 비뇨기계 장애 및 직장 또는 항문 관련 질환90)	6. 비뇨기계 장애(N39, R32) 7. 직장 또는 항문질환 중 국민건강보험법상 요양급여에 해당하지 않는 부분(I84, K60~K62)	6. 요실금(N39.3, R32.4, R32) 7. 직장 또는 항문질환 중 「국민건강보험법」에 따른 요양급여에 해당하지 않는 부분(I84, K60~K62, K64)

비뇨기계통의 기타장애(N39)는 제1세대 실손의료보험에서도 보상하지 않았다. 이후 실손의료보험 표준약관 제정 당시 '상세불명의 요실금(R32)'이 면책사유에 추가되었다가 2015. 11. 30. 약관 개정 시 N39(비뇨계통의 기타 장애)91) 질병분류를 세분화하

---

90) 치핵, 비뇨기계장애 및 직장 또는 항문 관련 질환 : I84 치핵, K60 항문 및 직장부의 열구 및 샛길(누공), K61 항문 및 직장부의 고름집(농양), K62 항문 및 직장의 기타질환, N39 비뇨기계통의 기타장애

91) [제8차 한국표준질병사인분류] N39 비뇨계통의 기타 장애, N39.0 부위가 명시되지 않은 요로감염, N39.1 상세불명의 지속성 단백뇨, N39.2 상세불명의 기립성 단백뇨, N39.3 스트레스요

여 면책대상을 축소하였다(제2세대 실손의료보험 약관 가입자부터 적용).

한편, 직장·항문질환의 경우 제1세대 실손의료보험 약관에서는 요양급여 인정 여부와 관계없이 면책사유로 정하고 있었으나, 이후 표준약관이 제정되면서 비급여대상 질환(I84, K60~K62)으로 면책대상이 축소되었다가 2015. 11. 30. K64(치핵 및 항문주위정맥혈전증)가 추가되었다.

쟁점의 연구

한국표준질병사인분류(KCD)7차 개정(2016. 1. 1. 시행) 시 I84(치핵)가 K64(치핵 및 항문주위정맥혈전증)로 변경되었는데, I84와 K64는 동일한 질병이므로 질병코드명과 관계없이 면책사항에 해당한다.

ⓘ I84와 K64의 관계에 대한 통계청 질의·회신사항

1) KCD-6에서 I84의부호는 순환기계통 질환으로 구분되어 치핵을 분류하는 부호로 사용되었으며 여기에는 '치질', '항문 및 직장의 정맥류'를 포함합니다. KCD-7에서 K64의 부호는 소화기계통 질환으로 구분되며, '치핵 및 항문주위 정맥혈전증'을 분류하는 코드로 '치질'을 포함합니다. 이에 KCD-6에서 I84 부호가 KCD-7에서는 K64의 부호로 분류됨에 다른 질병이 아님을 안내드립니다.

2) KCD-6에서 치핵은 '내치핵'과 '외치핵'으로 세분류되었으며, KCD-7에서는 'Grade'에 따라 세분류되므로 구분 방법에 차이가 있지만 질병이 제외되거나 추가된 것은 아닙니다

3) 설정된 기준에 따라 질병명을 묶어놓은 하나의 범주체계인 질병분류의 정의상KCD-6에서 사용되던 I84의 부호와 KCD-7의 K64의 부호에서 포함하는 질환의 적용범위는 다르지 않습니다.

실금, N39.4 기타 명시된 요실금, N39.8 비뇨계통의 기타 명시된 장애, N39.9 비뇨계통의 상세불명 장애

3. 제4조(보상하지 않는 사항) 제3항

③ 회사는 다음의 입원의료비에 대해서는 보상하지 않습니다. 〈개정 2015. 11. 30.〉

1. 치과치료(K00~K08) 및 한방치료(다만, 「의료법」 제2조에 따른 한의사를 제외한 '의사'의 의료행위에 의해서 발생한 의료비는 보상합니다)에서 발생한 「국민건강보험법」에 따른 요양급여에 해당하지 않는 비급여의료비

2. 「국민건강보험법」에 따른 요양급여 중 본인부담금의 경우 국민건강보험 관련 법령에 따라 국민건강보험공단으로부터 사전 또는 사후 환급이 가능한 금액(본인부담금 상한제)

3. 「의료급여법」에 따른 의료급여 중 본인부담금의 경우 의료급여 관련 법령에 따라 의료급여기금 등으로부터 사전 또는 사후 환급이 가능한 금액(「의료급여법」에 따른 본인부담금 보상제 및 본인부담금 상한제)

4. 건강검진(단, 검사결과 이상 소견에 따라 건강검진센터 등에서 발생한 추가 의료비용은 보상합니다), 예방접종, 인공유산에 든 비용. 다만, 회사가 보상하는 질병 치료를 목적으로 하는 경우에는 보상합니다.

5. 영양제, 비타민제, 호르몬 투여(다만, 국민건강보험의 요양급여 기준에 해당하는 성조숙증을 치료하기 위한 호르몬 투여는 보상합니다), 보신용 투약, 친자 확인을 위한 진단, 불임검사, 불임수술, 불임복원술, 보조생식술(체내, 체외 인공수정을 포함합니다), 성장촉진, 의약외품과 관련하여 소요된 비용. 다만, 회사가 보상하는 질병 치료를 목적으로 하는 경우에는 보상합니다.

6. 다음의 어느 하나에 해당하는 치료로 인하여 발생한 의료비
   가. 단순한 피로 또는 권태
   나. 주근깨, 다모, 무모, 백모증, 딸기코(주사비), 점, 모반(피보험자가 보험가입당시 태아인 경우 화염상모반 등 선천성 비신생물성모반(Q82.5)은 보상합니다), 사마귀, 여드름, 노화현상으로 인한 탈모 등 피부질환
   다. 발기부전(impotence)·불감증, 단순 코골음(수면무호흡증(G47.3)은 보상합니다), 치료를 동반하지 않는 단순포경(phimosis), 「국민건강보험 요양급여의 기준에 관한 규칙」 제9조 제1항([별표2] 비급여대상)에 따른 업무 또는 일상생활에 지장이 없는 검열반 등 안과질환

7. 의치, 의수족, 의안, 안경, 콘택트렌즈, 보청기, 목발, 팔걸이(Arm Sling), 보조기 등 진료 재료의 구입 및 대체 비용. 다만, 인공장기 등 신체에 이식되어 그 기능을 대신하는 경우에는 보상합니다.

8. 아래에 열거된 국민건강보험 비급여 대상으로 신체의 필수 기능개선 목적이 아닌 외모개선 목적의 치료로 인하여 발생한 의료비
   가. 쌍꺼풀수술(이중검수술. 다만, 안검하수, 안검내반 등을 치료하기 위한 시력개선 목적의 이중검수술은 보상합니다), 코성형수술(융비술), 유방확대(다만, 유방암 환자의 유방재건술은 보상합니다)·축소술, 지방흡입술(다만, 「국민건강보험법」 및 관련

고시에 따라 요양급여에 해당하는 '여성형 유방증'을 수술하면서 그 일련의 과정으로 시행한 지방흡입술은 보상합니다), 주름살 제거술 등 〈개정 2018. 11. 6.〉

　나. 사시교정, 안와격리증(양쪽 눈을 감싸고 있는 뼈와 뼈 사이의 거리가 넓은 증상)의 교정 등 시각계 수술로서 시력개선 목적이 아닌 외모개선 목적의 수술

　다. 안경, 콘텍트렌즈 등을 대체하기 위한 시력교정술(국민건강보험 요양급여 대상 수술방법 또는 치료재료가 사용되지 않은 부분은 시력교정술로 봅니다)

　라. 외모개선 목적의 다리정맥류 수술

　마. 그 밖에 외모개선 목적의 치료로 국민건강보험 비급여대상에 해당하는 치료

9. 진료와 무관한 각종 비용(TV시청료, 전화료, 각종 증명료 등을 말합니다), 의사의 임상적 소견과 관련이 없는 검사비용, 간병비

10. 산재보험에서 보상받은 의료비. 다만, 본인부담의료비는 제3조(보장종목별 보상내용) (3) 질병입원 제1항, 제2항 및 제4항부터 제10항에 따라 보상합니다.

11. 인간면역결핍바이러스(HIV) 감염으로 인한 치료비(다만, 「의료법」에서 정한 의료인의 진료상 또는 치료 중 혈액에 의한 HIV 감염은 해당 진료기록을 통해 객관적으로 확인되는 경우는 보상합니다)

12. 「국민건강보험법」 제42조의 요양기관이 아닌 외국에 있는 의료기관에서 발생한 의료비

가. 치과 · 한방치료

1. 치과치료(K00~K08) 및 한방치료(다만, 「의료법」 제2조에 따른 한의사를 제외한 '의사'의 의료행위에 의해서 발생한 의료비는 보상합니다)에서 발생한 「국민건강보험법」에 따른 요양급여에 해당하지 않는 비급여의료비

▌약관의 변천

제1세대(예시)	2009. 9. 28.	2014. 2. 11.
회사는 제4차 한국표준질병사인분류에 있어서 아래의 질병으로 인한 손해에 대하여는 보상하여 드리지 아니합니다(별표).	회사는 아래의 입원의료비에 대하여는 보상하여 드리지 아니합니다.	회사는 아래의 입원의료비에 대하여는 보상하지 않습니다.

5. 치아우식증, 치아 및 치주질환 등의 치과질환92)	치과치료 및 한방치료에서 발생한 국민건강보험법상 요양급여에 해당하지 않는 비급여 의료비	1. 치과치료 및 한방치료에서 발생한 국민건강보험법상 요양급여에 해당하지 않는 비급여 의료비

제1세대 실손의료보험 약관에서는 한국표준질병사인분류(KCD)에 따른 치과질환(K00~K08)에 대해 보상하지 않았으나, 2009. 11. 28. 표준약관이 제정되면서 요양급여 인정 여부로 보상책임유무를 판단하게 되었다.

나. 영양제, 비타민, 호르몬 투여 등 약제

5. 영양제, 비타민제, 호르몬 투여(다만, 국민건강보험의 요양급여 기준에 해당하는 성조숙증을 치료하기 위한 호르몬 투여는 보상합니다), 보신용 투약, 친자 확인을 위한 진단, 불임검사, 불임수술, 불임복원술, 보조생식술(체내, 체외 인공수정을 포함합니다), 성장촉진, 의약외품과 관련하여 소요된 비용. 다만, 회사가 보상하는 질병 치료를 목적으로 하는 경우에는 보상합니다. 〈2015. 11. 28. 개정〉

▌약관의 변천

제1세대(예시)	2009. 9. 28.	2014. 2. 11.
회사는 아래에 정한 사유로 발생한 질병입원의료비를 보상하여 드리지 아니합니다.	③ 회사는 아래의 입원의료비에 대하여는 보상하여 드리지 아니합니다.	③ 회사는 아래의 입원의료비에 대하여는 보상하지 않습니다.
1. 한약재 등의 보신용 투약 비용	4. 영양제, 종합비타민제, 호르몬 투여, 보신용 투약,	4. 영양제, 종합비타민제, 호르몬 투여, 보신용 투약, 친자

---

92) 치아우식증, 치아 및 치주질환 등의 치과질환(K00~K08) : K00 치아의 발율 및 맹출(이돋이)장애, K01 매몰치 및 매복치, K02 치아우식증, K03 치아경조직의 기타 질환, K04 치수 및 치근단주위 조직의 질환, K05 치은염(잇몸염) 및 치주질환, K06 치은(잇몸) 및 무치성 치조융선(이틀융기)의 기타장애, K07 치아안면이상[부정교합을 포함], K08 치아 및 지지구조의 기타장애

2. 피로, 권태, 심신허약 등을 치료하기 위한 안정 치료비	친자확인을 위한 진단, 불임 검사, 불임수술, 불임복원 술, 보조생식술(체내, 체외 인 공수정을 포함합니다), 성장촉 진과 관련된 비용 등에 소요 된 비용. 다만, 회사가 보상 하는 질병 치료를 목적으로 하는 경우에는 보상하여 드 립니다.	확인을 위한 진단, 불임검사, 불임수술, 불임복원술, 보조 생식술(체내, 체외 인공수정을 포 함합니다), 성장촉진과 관련된 비용 등에 소요된 비용. 다만, 회사가 보상하는 질병 치료를 목적으로 하는 경우에는 보상 합니다.

2009. 9월 표준약관 제정 당시에는 '종합비타민제'로 정하고 있었으나, 2015. 11. 30. '비타민제'로 변경되었다, 이후 2015. 11. 28. '호르몬 투여에 '다만, 국민 건강보험의 요양급여기준에 해당하는 성조숙증을 치료하기 위한 호르몬 투여는 보상합니다'라는 단서가 추가되었다.

쟁점의 연구

약관에서는 '영양제, 비타민제, 호르몬 투여, 보신용투약, …, 성장촉진, 의약외 품과 관련하여 소요된 비용'은 보상하지 않으나, '회사가 보상하는 질병 치료를 목적으로 하는 경우에는 보상'한다는 단서[93]가 있는데, 위 조문과 관련한 분쟁의 대부분은 보험금 청구사유가 이에 해당하는지 여부를 두고 발생한다.

특히, 영양제, 비타민제[94], 호르몬 투여, 보신용 투약, 성장촉진, 의약외품과 관련한 의료비 등이 무엇을 의미하는지 약관에 명확하게 규정하고 있지 않은데다 가, 불임검사, 불임수술 등 영양제, 비타민제 등과 전혀 유사성이 없는 항목이 함 께 열거되어 있어서 면책 취지를 이해하기 쉽지 않다 보니 약관에 열거되지 않은 청구항목의 보상여부 판단도 쉽지 않다.

---

93) 5. 영양제, 비타민제, 호르몬 투여, 보신용 투약, 친자 확인을 위한 진단, 불임검사, 불임수술, 불임복원술, 보조생식술(체내, 체외 인공수정을 포함합니다), 성장촉진, 의약외품과 관련하여 소요된 비용. 다만, 회사가 보상하는 상해 치료를 목적으로 하는 경우에는 보상합니다.

94) 사전적으로는 영양제(營養劑)는 '영양을 보충하는 약, 각종 영양 성분을 배합하여 정제(錠劑) 나 음료의 형태로 만들어 복용과 체내 흡수를 쉽게 한 것', 비타민제(vitamin劑)는 '비타민을 순수하게 추출하거나, 합성하여 제조한 약제, 비타민 결핍증의 치료와 예방을 위하여 쓰며, 신 체 기능에 자극을 주어 활발하게 하는 작용이 있는 것' 등으로 각각 정의된다.

한편, 위에 열거된 면책항목을 국민건강보험법 제41조에 따른 요양급여대상 항목 기준으로 다시 분류해보면, '영양제, 비타민, 호르몬, 보신용 투약'은 '약제', '친자 확인을 위한 진단, 불임검사'는 '진찰·검사', '불임수술, 불임복원술, 보조생식술'은 '처치·수술 및 그 밖의 치료'에 각각 해당하는데, 이하에서는 주요 분쟁이 발생하는 면책항목과 관련하여 국민건강보험법에서는 어떻게 규정하고 있는지, 법의 틀 내에서 일반적으로 해당 항목의 치료목적이 인정되는 기준은 어떤 것인지 등을 확인한 후, 이를 토대로 합리적이고 공정한 분쟁해결방안을 모색해 보고자 한다.

나-1. 영양제, 비타민제, 보신용 투약

> 5. **영양제, 비타민제,** 호르몬 투여(다만, 국민건강보험의 요양급여 기준에 해당하는 성조숙증을 치료하기 위한 호르몬 투여는 보상합니다), **보신용 투약,** 친자 확인을 위한 진단, 불임검사, 불임수술, 불임복원술, 보조생식술(체내, 체외 인공수정을 포함합니다), 성장촉진, 의약외품과 관련하여 소요된 비용. **다만, 회사가 보상하는 질병 치료를 목적으로 하는 경우에는 보상합니다.**

❶ 관계법규상 약제의 개념

(ⅰ) 국민건강보험법

영양제, 비타민제, 보신용 투약 등은 모두 국민건강보험법상 약제에 해당하며 요양급여 인정 여부에 따라 '요양급여약제'와 '비급여약제'로 구분되나, '약제(藥劑)'의 정의나 범위는 별도로 규정되어 있지 않다.

참고로 소관부처인 보건복지부에서는 '건강보험적용 약제'를 '국민건강보험법 제41조(요양급여) 제2항 제2호에 따라 보건복지부 장관이 결정하여 「약제 및 급여목록 및 급여상한 금액표」에 고시한 것'으로 보고 있다.

ⓘ **국민건강보험법상 약제의 개념**

[국민건강보험법상 약제 정의, 건강보험 적용 대상 약제 등]

- 건강보험적용약제는 국민건강보험법 제41조(요양급여) 제2항 제2호에 따라 보건복지부장관이 결정하여 '약제 급여 목록 및 급여상한금액표' 및 '한약제제 급여목록 및 상한금액표'에 고시하고 있습니다.

[약제 중 한약제 외의 약제]

- 식품의약품안전처로부터 의약품으로 허가(신고)를 받은 의약품에 대하여 임상적 유용성, 비용 효과성 등을 평가하고 그 결과에 따라 급여대상 여부를 결정하며, 건강보험 적용 대상으로 결정된 약제에 대하여는 '약제 급여목록 및 급여상한금액표'에 등재하여 고시하고 있습니다.

- '약제 급여목록 및 급여상한금액표'에 등재되어 있는 의약품은 '건강보험심사평가원 홈페이지(www.hira.or.kr)/의료정보/자료공개/약제 급여목록표에서 확인하실 수 있으며, 국민건강보험법, 약제의 결정 및 조정기준 등의 관련 법령 등은 법제처 국가법령정보센터에서 확인하실 수 있습니다.

[약제 중 한약제]

- '한의학 육성법' 제2조 제5호에서는 '한약재'를 한약 또는 한약제제를 제조하기 위하여 사용되는 원료 약재로 정의하고 있습니다. 또한, 약사법 제2조에 따르면 "한약제제"란 한약을 한방원리에 따라 배합하여 제조한 의약품을 말하고, "한약"이란 동물·식물 또는 광물에서 채취된 것으로 주로 원형대로 건조·절단 또는 정제된 생약을 말하며, 약사법(제8365호, 2007. 4. 11.)부칙 제8호에 따라 한의사는 자신이 치료용으로 사용하는 한약 및 한약제제를 자신이 직접 조제할 수 있다고 규정되어 있고, 약사법 제23조 제1항에 의거 약사 및 한약사가 아니면 의약품을 조제할 수 없도록 규정하고 있습니다.

- 대법원 판례(대법원 2004. 1. 15. 선고 2001도1429 판결 등 참조)에서는 "약사법의 입법 목적과 취지 그리고 의약품을 정의한 약사법 제2조 제4항의 규정내용과 그 취지에 비추어 보면, 약사법에서 말하는 의약품은 제2조 제4항 제1호의 대한약전에 수재된 것 외에 사람 또는 동물의 질병의 진단, 치료, 경감, 처치 또는 예방에 사용됨을 목적으로 하는 것이나 혹은 사람 또는 동물의 신체의 구조 또는 기능에 약리적 기능을 미치게 하는 것이 목적으로 되어 있는 것을 모두 포함하는 개념(단, 기계기구, 화장품 제외)이라고 할 것이고, 반드시 약리작용상 어떠한 효능의 유무와 관계없이 그 성분, 형상(용기, 포장, 의장 등), 명칭, 거기에 표시된 사용목적, 효능, 효과, 용법, 용량, 판매할 때의선전 또는 설명 등을 종합적으로 판단하여 사회일반인이 볼 때 한 눈으로 의약품 아닌 식품에 불과한 것으로 인식되는 것을 제외하고는 그것이 위 목적에 사용디는 것으로 인식되거나 약효가 있다고 표방된 경우에는 이를 모두 의약품으로 보아 약사법의 규제대상이 된다"고 판시한 바 있습니다.

- 따라서, 한의사가 자신이 치료용으로 사용하기 위해 조제한 한약 또는 한의사의 처방에 따라 한약사가 조제한 한약의 경우 의약품에 해당함을 알려드립니다.

(보건복지부 질의 회신)

(ⅱ) 약사법상 의약품

그렇다면 국민건강보험법의 적용을 받는 약제의 개념이나 범위는 약사법 등 식품의약품안전처(이하 '식약처') 소관법령을 통해 가늠해 볼 수 있다.

▍식약처 소관 법령체계

구분	법령
의약품· 바이오 의약품 분야	약사법
	마약류관리에 관한 법률
	실험동물에 관한 법률
	인체조직안전 및 관리 등에 관한 법률
	화장품법
	인체조직안전 및 관리 등에 관한 법률
식품·건강기능식품· 농축수산물분야	식품안전기본법
	식품위생법
	식품등의 표시·광고에 관한 버률
	건강기능식품에 관한 법률
	수입식품안전관리특별법
	어린이 식생활안전관리 특별법
	축산물위생관리법
	농수산물 품질관리법
	한국식품안전관리인증원의 설립 및 운영에 관한 법률
의료기기 분야	의료기기법
체외진단의료기기 분야	체외진단의료기기법
시험·검사분야	식품·의약품분야 시험·검사 등에 관한 법률
기타	식품·의약품 등의 안전기술 진흥법
	위생용품관리법
	식품의약품안전처 와그 소속기관 직제(대통령령)

※ 출처 : https://www.mfds.go.kr/wpge/m_663/de010705l0009.do#none

약사법에서도 '약제'를 별도로 규정하고 있지는 않으나, 같은 법 제2조에서는 의약품(제4호), 한약(제5호), 한약제제(제6호), 의약외품(제7호), 신약(제8호), 일반의약품(제9호), 전문의약품(제10호), 희귀의약품(제18호), 국가필수의약품(제19호) 등 약제와 관련한 항목이 열거되어 있다.

[약사법] 제2조(정의) 이 법에서 사용하는 용어의 뜻은 다음과 같다. 〈개정 2007. 10. 17., 2008. 2. 29., 2009. 12. 29., 2010. 1. 18., 2011. 6. 7., 2013. 3. 23., 2014. 3. 18., 2016. 12. 2., 2017. 10. 24., 2019. 8. 27.〉

4. "의약품"이란 다음 각 목의 어느 하나에 해당하는 물품을 말한다.
　　가. 대한민국약전(大韓民國藥典)에 실린 물품 중 의약외품이 아닌 것
　　나. 사람이나 동물의 질병을 진단·치료·경감·처치 또는 예방할 목적으로 사용하는 물품 중 기구·기계 또는 장치가 아닌 것
　　다. 사람이나 동물의 구조와 기능에 약리학적(藥理學的) 영향을 줄 목적으로 사용하는 물품 중 기구·기계 또는 장치가 아닌 것

5. "한약"이란 동물·식물 또는 광물에서 채취된 것으로 주로 원형대로 건조·절단 또는 정제된 생약(生藥)을 말한다.

6. "한약제제(韓藥製劑)"란 한약을 한방원리에 따라 배합하여 제조한 의약품을 말한다.

7. "의약외품(醫藥外品)"이란 다음 각 목의 어느 하나에 해당하는 물품(제4호 나목 또는 다목에 따른 목적으로 사용되는 물품은 제외한다)으로서 식품의약품안전처장이 지정하는 것을 말한다.
　　가. 사람이나 동물의 질병을 치료·경감(輕減)·처치 또는 예방할 목적으로 사용되는 섬유·고무제품 또는 이와 유사한 것
　　나. 인체에 대한 작용이 약하거나 인체에 직접 작용하지 아니하며, 기구 또는 기계가 아닌 것과 이와 유사한 것
　　다. 감염병 예방을 위하여 살균·살충 및 이와 유사한 용도로 사용되는 제제

8. "신약"이란 화학구조나 본질 조성이 전혀 새로운 신물질의약품 또는 신물질을 유효성분으로 함유한 복합제제 의약품으로서 식품의약품안전처장이 지정하는 의약품을 말한다.

9. "일반의약품"이란 다음 각 목의 어느 하나에 해당하는 것으로서 보건복지부장관과 협의하여 식품의약품안전처장이 정하여 고시하는 기준에 해당하는 의약품을 말한다.
　　가. 오용·남용될 우려가 적고, 의사나 치과의사의 처방 없이 사용하더라도 안전성 및 유효성을 기대할 수 있는 의약품
　　나. 질병 치료를 위하여 의사나 치과의사의 전문지식이 없어도 사용할 수 있는 의약품
　　다. 의약품의 제형(劑型)과 약리작용상 인체에 미치는 부작용이 비교적 적은 의약품

10. "전문의약품"이란 일반의약품이 아닌 의약품을 말한다.

18. "희귀의약품"이란 제4호에 따른 의약품 중 다음 각 목의 어느 하나에 해당하는 의약품으로서 식품의약품안전처장의 지정을 받은 의약품을 말한다.
　　가. 「희귀질환관리법」 제2조 제1호에 따른 희귀질환을 진단하거나 치료하기 위한 목적으로 사용되는 의약품
　　나. 적용 대상이 드문 의약품으로서 대체 가능한 의약품이 없거나 대체 가능한 의약품보다 현저히 안전성 또는 유효성이 개선된 의약품

19. "국가필수의약품"이란 질병 관리, 방사능 방재 등 보건의료상 필수적이나 시장 기능만

> 으로는 안정적 공급이 어려운 의약품으로서 보건복지부장관과 식품의약품안전처장이 관계 중앙행정기관의 장과 협의하여 지정하는 의약품을 말한다.

a. 의약품

약사법 제2조에 따른 의약품(제4호)은 '❶대한민국약전에 실린 물품으로 의약외품이 아닌 것, ❷사람이나 동물의 질병을 진단·치료·경감·처치 또는 예방할 목적으로 사용하는 물품 중 기구·기계 또는 장치가 아닌 것, ❸사람이나 동물의 구조와 기능에 약리학적 영향을 줄 목적으로 사용하는 물품 중 기구·기계 또는 장치가 아닌 것 중 하나에 해당하는 것'이라고 정의하고 있으며[95], 의약외품 이외의 한약, 한약제제, 의약외품, 신약, 일반의약품, 전문의약품, 희귀의약품, 국가필수의약품도 대한민국약전에 포함된 항목으로 약사법상 의약품, 국민건강보험법상 약제에 해당한다[96].

b. 의약외품

의약외품(제7호)은 ❶사람이나 동물의 질병을 치료·경감·처치 또는 예방할 목적으로 사용되는 섬유·고무제품 또는 이와 유사한 것, ❷인체에 대한 작용이 약하거나 인체에 직접 작용하지 아니하며, 기구 또는 기계가 아닌 것과 이와 유사한 것, ❸감염병 예방을 위하여 살균·살충 및 이와 유사한 용도로 사용되는 제재 중 식약처 장관이 지정하는 것으로서 '사람이나 동물의 질병을 진단·치료·경감·처

---

95) 4. "의약품"이란 다음 각 목의 어느 하나에 해당하는 물품을 말한다.
　　가. 대한민국약전(大韓民國藥典)에 실린 물품 중 의약외품이 아닌 것
　　나. 사람이나 동물의 질병을 진단·치료·경감·처치 또는 예방할 목적으로 사용하는 물품 중 기구·기계 또는 장치가 아닌 것
　　다. 사람이나 동물의 구조와 기능에 약리학적(藥理學的) 영향을 줄 목적으로 사용하는 물품 중 기구·기계 또는 장치가 아닌 것

96) 참고로 법원은 [약사법]상 의약품에 해당하는지 여부에 대해 '반드시 약리작용상 어떠한 효능의 유무와는 관계없이 그 성분, 형상(용기, 포장, 의장 등), 명칭 및 거기에 표시된 사용목적, 효능, 효과, 용법, 용량, 판매할 때의 선전 또는 설명 등을 종합적으로 판단하여, 사회 일반인이 볼 때 화장품으로 인식되는 것을 제외하고는 그것이 위 목적에 사용되는 것으로 인식되고 혹은 약효가 있다고 표방된 경우에는 이를 모두 의약품으로 보아 약사법의 규제대상이 된다'고 판시한 사례(대법원 2003. 6. 13. 선고 2003도1746 판결 참조)도 있으나, 당해 판례는 [약사법]의 적용 여부에 대한 판단으로 국민건강보험법상 요양급여 대상에 해당하는 '약제'의 범위를 다룬 것은 아니라는 점에 유의할 필요가 있다.

치 또는 예방할 목적으로 사용하는 물품' 또는 '사람이나 동물의 구조와 기능에 약리학적(藥理學的) 영향을 줄 목적으로 사용하는 물품'은 제외되므로(약사법 제2조 제7호), 의약외품은 국민건강보험법상 약제의 범위에 속하지 않음을 알 수 있다.

[의약외품 범위지정] 식약처 고시 제2020-48호, 2020. 5. 29. 일부 개정

1. [약사법] 제2조 제7호 가목에 따른 의약외품은 다음 각목과 같다.

    가. 생리혈 위생처리 제품

        1) 생리대

        2) 탐폰

        3) 생리컵

    나. 마스크

        1) 수술용 마스크 : 진료, 치료 또는 수술 시 감염 예방을 목적으로 사용하는 제품

        2) 보건용 마스크 : 황사, 미세먼지 등 입자성 유해물질 또는 감염원으로부터 호흡기 보호를 목적으로 사용하는 제품

        3) 비말차단용 마스크 : 일상생활에서 비말감염을 예방하기 위한 목적으로 사용하는 제품

    다. 환부의 보존, 보호, 처치 등의 목적으로 사용하는 물품

        1) 안대

        2) 붕대

        3) 탄력붕대

        4) 석고붕대

        5) 원통형 탄력붕대(스터키넷)

        6) 거즈

        7) 탈지면

        8) 반창고

    라. 〈삭제, 2018. 11. 1.〉

    마. 〈삭제, 2018. 11. 1.〉

2. 「약사법」 제2조 제7호 나목에 따른 의약외품은 다음 각목과 같다.

    가. 구취 등의 방지제

        1) 구중청량제 : 입냄새 기타 불쾌감의 방지를 목적으로 하는 내용제 및 양치제. 다만, 과산화수소로서 0.75%를 초과하여 함유하는 제제(과산화수소를 방출하는 화합물 또는 혼합물 포함)는 제외한다.

        2) 액취방지제 : 땀 발생 억제를 통한 액취의 방지를 목적으로 사용하는 외용제

        3) 땀띠 · 짓무름용제 : 땀띠, 짓무름의 완화 및 개선을 목적으로 하는 외용살포제, 산화아연 연고제, 칼라민 · 산화아연 로션제

        4) 치약제 : 이를 희게 유지하고 튼튼하게 하며 구중청결, 치아, 잇몸 및 구강내의 질환

예방 등을 목적으로 하는 제제로서, 불소 1,500ppm 이하 또는 과산화수소 0.75% 이하를 함유하는 제제(과산화수소를 방출하는 화합물 또는 혼합물 포함)

　5) 〈삭제, 2017. 5. 30.〉

나. 〈삭제, 2017. 5. 30.〉

다. 사람의 보건을 목적으로 인체에 적용하는 모기, 진드기 등의 기피제

라. 콘택트렌즈관리용품

　콘택트렌즈의 관리를 위하여 세척 · 보존 · 소독 · 헹굼 기타 이와 유사한 방법으로 사용되는 물품으로서 기구 또는 기계가 아닌 것

마. 니코틴이 함유되지 않은 것으로서 아래에 해당하는 제품(연초[잎담배] 함유 제품 제외)

　1) 담배의 흡연욕구를 저하시킬 목적으로 사용하는 제품

　2) 담배와 유사한 형태로 흡입하여 흡연 습관 개선에 도움을 줄 목적으로 사용하는 제품

바. 인체에 직접 사용하는 과산화수소수, 이소프로필 알코올, 염화벤잘코늄, 크레졸 또는 에탄올을 주성분으로 하는 외용 소독제

사. 식품의약품안전처장이 고시하는 의약외품 표준제조기준에서 정하는 연고제, 카타플라스마제 및 스프레이파스

아. 내복용 제제

　1) 식품의약품안전처장이 정하여 고시하는 의약외품 표준제조기준에서 정하는 저함량 비타민 및 미네랄 제제

　2) 식품의약품안전처장이 정하여 고시하는 의약외품 표준제조기준에서 정하는 자양강장변질제로서 내용액제에 해당하는 제제

　3) 식품의약품안전처장이 고시하는 의약외품 표준제조기준에서 정하는 건위소화제로서 내용액제에 해당하는 제제 및 정장제로서 내용고형제에 해당하는 제제

자. 구강위생 등에 사용하는 제제

　1) 치아근관의 세척 · 소독을 목적으로 사용하는 외용액제

　2) 유 · 소아의 손빨기 버릇을 고치기 위하여 사용되는 외용액제, 산제 등

　3) 코고는 소음의 감소 및 억제를 위한 코골이 방지제(보조 제)

　4) 치아미백을 위해 치아에 부착 또는 도포하여 사용하거나 치아에 묻혀 치아를 닦는데 사용하는 제제. 다만, 과산화수소로서 3%를 초과하여 함유하는 제제(과산화수소를 방출하는 화합물 또는 혼합물 포함)는 제외한다.

　5) 의치(틀니), 치아교정기 등 구강 내에 탈부착하여 사용하는 물품의 세척 또는 소독을 목적으로 하는 제제

　6) 구강의 위생관리를 위해 구강 내의 치태 또는 설태 등을 염색 또는 착색하는데 사용하는 제제

　7) 〈삭제, 2018. 11. 1.〉

차. 〈삭제, 2019. 1. 1.〉

카. 〈삭제, 2018. 11. 1.〉

3. 〈삭제, 2019. 1. 1.〉
4. 「약사법」 제2조 제7호 가목 및 같은호 나목의 따른 이와 유사한 것은 다음 각목과 같다.
　　가. 패드, 스폰지등과 같이 환부의 삼출물등의 흡수를 목적으로 사용되는 비접착성 물품
　　나. 멸균면봉, 멸균장갑등과 같이 감염예방등의 목적으로 외과처치시 사용되는 멸균된 물품
　　다. 치아와 잇몸을 닦아주는 구강 청결용 물휴지
　　라. 치아 표면에 도포하여 치아의 색상을 일시적으로 조절하기 위해 사용하는 물품
　　마. 등산, 운동 전·후 등에 공기나 산소를 일시적으로 공급하여 사람이 흡입하도록 사용
　　　 하는 휴대용 물품
　　바. 출산 직후 출혈 및 오로(산후 질 분비물)의 위생처리를 목적으로 사용하는 물품
　　사. 제1호 각목과 유사한 물품

c. 건강보조식품

「건강보조식품에 관한 법률」 제3조에 따르면 '건강보조식품은 인체에 유용한 기능성을 가진 원료나 성분을 사용하여 제조(가공을 포함한다. 이하 같다)한 식품을 말한다'고 정의하고 있으며[97], 건강보조식품영업은 건강기능식품제조업, 건강보조식품수입업, 건강기능식품판매업으로 나뉘고[98] 법에 정한 요건을 충족하는 시설을 갖추고, 식품의약품안전처장의 허가를 받아야 한다.

그러나, 건강보조식품은 이상의 내용에서 알 수 있듯이 국민건강보험법과는 무관하다.

❷ 요양급여 여부에 따른 약제 구분

국민건강보험법상 약제는 '요양급여약제'와 '비급여약제'로 구분되는데 각 약제별 구분 및 요양급여 여부 결정과정은 다음과 같다.

---

[97] 제3조(정의) 이 법에서 사용하는 용어의 정의는 다음 각호와 같다. 〈개정 2008. 3. 21.〉
　　1. "건강기능식품"이란 인체에 유용한 기능성을 가진 원료나 성분을 사용하여 제조(가공을 포함한다. 이하 같다)한 식품을 말한다.
[98] 제4조(영업의 종류 및 시설기준) ① 다음 각호의 1에 해당하는 영업을 하고자 하는 자는 보건복지부령이 정하는 기준에 적합한 시설을 갖추어야 한다. 〈개정 2008. 2. 29., 2010. 1. 18.〉
　　1. 건강기능식품제조업
　　2. 건강기능식품수입업
　　3. 건강기능식품판매업

(i) 요양급여약제의 결정

'요양급여약제'는 국민건강보험법 제41조 제2항 제2호 및 같은 법 제41조의 3
에 따라 '요양급여 대상으로 보건복지부장관이 결정·고시한 약제'를 말하며, 이
때 요양급여 결정방법은 다음의 두 가지가 있다.

a. 약사법에 따른 제조업자 등이 요양급여대상 신청한 것(제41조의3 제2항)

국민건강보험법 제41조의3 제2항에서는 '약사법에 따른 약제의 제조업자·수
입업자 등 보건복지부령으로 정하는 자[99]는 요양급여대상에 포함되지 아니한 제
41조 제1항 제2호의 약제에 대하여 보건복지부 장관에게 요양급여대상 여부의
결정을 신청할 수 있다'고 정하고 있다.

이에 따라 보건복지부장관이 결정·고시하지 않은 약제, 즉 '비급여약제'에 대
해 약제의 제조·수입업자 등이 관련 절차에 따라 요양급여대상 선정을 신청하고
주무관청 심사를 거쳐 요양급여대상 여부를 결정한다.

2006년까지는 의약품 품목 허가를 받거나 품목신고를 한 날로부터 30일 이내
에 요양급여대상 여부의 결정을 의무적으로 보건복지부장관에게 신청토록 하고,
비급여 대상이 아닌 한 모든 의약품을 급여대상으로 하는 '포괄적 등재방식
(Negative list system)'으로 운용되고 있었으나, 현재는 신규 진입 약제의 목록을
줄여 보험재정의 안정을 기하는 한편, 제약회사가 자체 판단으로 신청한 의약품
에 대해서만 요양급여 대상으로 선정하는 방식으로 운용되고 있다.

이에 따라, 약제의 제조업자·위탁제조판매업자·수입업자 또는 한국희귀의약
품센터의 장은 요양급여대상에 포함되지 아니한 약제에 대하여 보건복지부장관
에게 요양급여대상 여부의 결정을 자체 판단에 따라 신청하고, 이에 따라 요양급
여대상으로 결정고시된 의약품은 요양급여약제가 된다.

b. 보건복지부장관이 직권으로 요양급여 대상으로 정한 것(제41조의3 제4항)

또 다른 요양급여약제의 결정 방법은 「국민건강보험법」 제41조의3 제4항에
따라 행위·치료재료나 약제의 요양급여 신청이 없더라도 보건복지부령[100]으로

---

99) [요양급여의 기준에 관한 규칙]에서는 요양급여 약제를 신청할 수 있는 자를 의약품을 제조,
    위탁판매, 수입하는 자로 규정하고 있다(§10의2, 약사법§31, §42).

100) [국민건강보험요양급여기준에 관한 규칙] 제13조(직권결정 및 조정 등) ① 보건복지부장관
    은 법 제41조의3 제4항에 따라 다음 각 호의 어느 하나에 해당하는 행위·치료재료에 대해
    서는 직권으로 제11조(행위 및 인체조직의 경우에는 제11조 제3항부터 제6항까지의 규정은

정한 바에 따라 보건복지부장관이 직권으로 결정한 경우이다.[101]

보건복지부장관은 ❶대체가능한 다른 약제 또는 치료법이 없고, 생명에 심각한 위해를 초래하는 질환에 사용되며, 임상적으로 유의미한 치료효과가 입증된 경우, ❷심사평가원 원장이 환자의 진료상 반드시 필요하다고 보건복지부장관에게 요청하는 경우에 직권으로 요양급여기준 제11조의 2의 절차를 준용하여 요양급여대상 여부 및 약제의 상한금액을 결정·고시한다.

(ⅱ) 비급여약제의 결정

위에서 살펴본 '「국민건강보험법」 제41조 제2항 제2호 및 제41조의3에 따라 요양급여 대상으로 보건복지부장관이 결정하여 고시한 것'이 '요양급여약제'이며, 이 '요양급여약제 이외의 일체의 약제'가 '법정비급여약제'가 된다[102].

제외한다)의 절차를 준용하여 요양급여대상 또는 비급여대상으로 결정하여 고시하며, 요양급여대상으로 결정한 경우에는 상대가치점수 또는 상한금액과 선별급여 본인부담률을 함께 정하여 고시해야 한다. 이 경우 결정·고시된 요양급여대상은 제10조 제1항 각 호의 어느 하나에 해당되는 날부터 소급하여 요양급여대상으로 적용한다. <개정 2001. 12. 31., 2006. 12. 29., 2007. 7. 25., 2008. 3. 3., 2010. 3. 19., 2011. 12. 2., 2016. 8. 4., 2018. 12. 31., 2019. 6. 12., 2021. 3. 26.>

  1. 대체가능한 진료·치료 방법이 없는 경우
  2. 환자의 진료·치료를 위하여 긴급한 도입이 필요한 경우
  3. [의료기기법 시행령] 제13조의2 제4항 제1호에 따른 의료기기 중 보건복지부장관이 필요하다고 인정하는 의료기기
  4. 그 밖에 행위·치료재료의 내용·금액과 환자에 대한 진료·치료 의 성격·경위 등에 비추어 보건복지부장관이 직권으로 요양급여대상 여부를 결정하는 것이 필요하다고 인정하는 경우

② 보건복지부장관은 법 제41조의3 제4항에 따라 다음 각 호의 어느 하나에 해당하는 약제에 대해서는 직권으로 제11조의2의 절차를 준용하여 요양급여대상 여부 및 약제의 상한금액을 결정하고 고시한다. <개정 2016. 8. 4., 2017. 9. 1., 2020. 10. 8.>

  1. 다음 각 목의 요건을 모두 충족하는 경우
      가. 대체가능한 다른 약제 또는 치료법이 없는 경우
      나. 생명에 심각한 위해를 초래하는 질환에 사용되는 경우
      다. 임상적으로 유의미한 치료효과가 입증된 경우
  2. 건강보험심사평가원장이 환자의 진료상 반드시 필요하다고 보건복지부장관에게 요청하는 경우

101) [국민건강보험법] 제41조의3(행위·치료재료 및 약제에 대한 요양급여대상 여부의 결정) ④ 보건복지부장관은 제1항 및 제2항에 따른 신청이 없는 경우에도 환자의 진료상 반드시 필요하다고 보건복지부령으로 정하는 경우에는 직권으로 행위·치료재료 및 약제의 요양급여대상의 여부를 결정할 수 있다.

이와 같이 국민건강보험법령은 '약제 항목'에 관하여는 요양급여의 대상이 되는 '약제'를 적극적으로 정하고 있는 반면, '약제 이외의 항목'에 관하여는 소극적으로 급여대상에 해당하지 아니하는 항목을 따로 정하도록 규정하고 있다. 그런데 '약제 이외의 항목'에 관하여는 '법령이 별도로 정한 '비급여대상'(이하 '법정비급여'라 한다)에 해당하지 아니하여 원칙적으로 요양급여대상이 되는 진료행위에 대하여도 요양급여기준규칙과 보건복지부장관이 고시한 사항이 정한 기준과 절차에 따라 요양급여를 제공하여야 하므로, 요양급여기준규칙과 보건복지부장관이 고시한 내용에 포함되지 아니하는 진료행위 또는 이들 규정이 정한 기준과 절차에 따르지 아니하고 가입자 등과의 합의에 따라 진료가 이루어지고 가입자 등에게 그 비용을 받은 경우에 대한 규제의 필요성이 있으므로, 이를 앞서 본 '법정비급여'와 구별하는 의미에서 '임의비급여'라고 하고 있다(대법원 2012. 6. 18. 선고 2010두27639, 27646 전원합의체 판결 등 참조). 그러나, '약제 항목'에 관하여는 '약제 이외의 항목'과는 달리 일정한 범위의 약제만을 요양급여 대상으로 정하고, 법령에서 별도로 '법정비급여'에 해당하는 약제를 따로 정하고 있지 아니하므로, 요양급여대상에 등재된 약제 중에서는 요양급여기준 규칙 등이 정한 기준과 절차에 따라 이루어지지 아니한 경우 '임의비급여'라는 개념을 상정할 여지가 있다 하더라도, 요양급여대상으로 등재되지 아니한 약제에 대하여는 '임의비급여'라는 개념을 상정할 여지가 없다고 보아야 한다. 이러한 관련 법령의 내용·취지 등을 종합하면, 이 사건 특약 제1조 제5항에서 정한 '국민건강보험법에서 정한 요양급여 중 비급여 부분'이란, '약제 항목'에 관하여는 국민건강보험법 제41조 제2항 제2호, 제41조의3에 따라 요양급여대상으로 보건복지부장관이 결정하여 고시한 것을 제외한 나머지 약제라고 봄이 타당하다(서울중앙지방법원 2018나32677 판결선고 2019. 7. 10.).

따라서, 법정비급여약제도 요양급여약제와 동일하게 ❶국민건강보험법이 적용되며, ❷식품의약품안전처장으로부터 제조 또는 수입의 허가를 받거나 신고된 의약품만을 대상으로 함을 알 수 있다.

결론적으로 실손의료보험 약관상 '약제'는 '국민건강보험법의 적용을 받는 약제'로서 '약사법에 따른 약제의 제조업자·수입업자 등 보건복지부령으로 정하는 자, 즉 요양급여기준에 관한 규칙(§10의2)에서 약제의 제조업자, 약제의 위탁제조판매업자, 약제의 수입자, 한국희귀필수의약품센터의 장이 식품의약품안전처장으로부터 허가를 받거나 신고한 의약품'으로 정리할 수 있다.

한편, 건강보험심사평가원의 '요양급여 대상여부의 확인에 관한 운영지침'에

---

102) 서울중앙지법 2019. 7. 10. 판결 2018나32677 등

따르면 화장품, 의약외품 등 의료행위와 관련되지 않은 항목의 비용을 지불한 경우 진료비 심사대상에서 제외하는데, 이를 통해서도 국민건강보험법의 적용을 받지 않는 경우 처음부터 실손의료보험과는 무관하다는 사실을 확인할 수 있다.

❸ 약제별 사용 원칙

국민건강보험법에서는 약제별의 사용방법과 관련하여 허용기준 또는 미준수시 처리 방식 등에 있어서 요양급여약제와 비급여약제별로 각각 달리 규정하고 있다.

(ⅰ) 요양급여약제

요양급여약제의 요양급여 처방·투여는 약사법령에 따라 허가를 받거나 신고한 범위 또는 별도의 고시 등에 부합되도록 사용한 경우[103]만 가능하며, 허가초과사용 시 해당 진료비는 임의비급여에 해당하므로 요양기관은 환자에게 환불해야 한다.

[사례❶] (행정해석) 비급여대상의 영양제의 범위에 단백아미노산제제 포함여부 관련 질의 회신
　　　　(급여 65720-644, 2001. 5. 9.)

• 단순히 피로회복이나 영양회복을 위해서 영양제 등의 의약품을 처방·투약하는 경우에는 국민건강보험 「요양급여의 기준에 관한 규칙」 제9조 제1항 [별표2] 비급여대상 1-가 규정에 의거 '단순한 피로 또는 권태 '에 사용하는 의약품에 해당하므로 비급여 대상임

• 아울러, 국민건강보험 「요양급여의 기준에 관한 규칙」 제5조 제1항 [별표1]요양급여의 적용기준 및 방법 3-4-(4) 규정에 의거 단백아미노산 수액제는 의학적으로 특히 필요하다고 인정되는 경우에 한하여 요양급여가 가능하고, 단백아미노산 수액제를 특정질환이나 증상이 수반되지 않은 상태에서 단순 영양공급 목적으로 투약하는 것은 식품의약품안전청장의 허가사항을 초과한 과잉투약에 해당되므로 약값을 환자에게 별도로 부담시켜서는 아니됨. 급여 65720-385(2001. 3. 30.) 참조

[사례❷] 비타민C메가요법의 요양급여 인정 여부
　　　　(보험급여인정여부 질의에 대한 회신 통보, 보험급여과-1368호, 2004. 3. 29.)

• 국민건강보험법령에 의거 약제의 경우에는 식품의약품안전청 허가범위내에서 필요·적절하게 사용하는 경우 급여하는 것으로 원칙으로 하고 있으며, 다만 안전성, 유효성이 확보된

---

103) 이를 실무편의상 온라벨(on-label)이라 하며, 이와는 반대로 약제를 약사법령에 따라 허가를 받거나 신고한 범위를 벗어난 처방·투약을 오프라벨(off-label)이라고 한다.

품목으로서 진료상 반드시 필요하다고 보건복지부장관이 인정·고시하는 경우에는 허가범위를 초과하는 경우에도 급여를 인정하고 있음

- 귀 병원에서 허가범위를 초과하여 말기암 환자의 통증 경감 및 면역 증강 등의 목적으로 비타민C메가요법을 사용시에도 급여를 인정해줄 것을 요청하였기에 관련규정에 따라 진료상 반드시 필요한 경우에 해당하는지 여부에 대해 임상적 타당성 등을 검토한 결과,

  현재 비타민C 주사는 식품의약품안전청으로부터 "비타민C 결핍증의 예방 및 치료, 비타민C 요구량이 증가(하)는 각종 질환(소모성질환, 임산부, 수유부, 흡수불량증, 수술 후 심한 육체노동 시) 등에 1일 500mg~1,000mg을 1회 또는 수회 분할하여 피하, 근육 또는 정맥주사"토록 허가를 받았고, 또한 복지부 급여세부인정기준(고시 제2001-28호, 2001. 6. 8.)에 따라 "소모성 질환에는 허가된 용량 범위내에서 투약한 경우 요양급여를 인정하되, 비타민 결핍증에는 다량 투여가 필요하므로 허가된 용량을 초과하여 투여하더라도 요양급여를 인정"하고 있음

- 귀 병원에서 질의하신 말기암환자의 통증 경감 및 면역증강 등의 목적으로 고단위(10g/day)를 투여하는 것은 현행 급여기준상 허가범위 초과로 인정하고 있는 비타민 결핍증의 범주로 보기도 곤란하므로 식약청 허가사항상 적응증 및 용법·용량을 모두 초과하는 범위로 검토하는 것이 타당함

- 따라서 참고문헌 등을 검토한 결과, 허가범위 초과 인정의 기준이 되는 교과서 및 의약품집에 수록된 자료는 없는 상태이며, 임상논문상 일부 효과가 있다는 결과가 있으나 추가적인 연구가 필요하다는 내용이어서 충분히 의학적 타당성을 입증할 수 있는 결과로 보기 곤란하다 판단되어 현재로서는 비타민C 주사의 허가범위를 초과하여 말기암환자의 통증경감, 면역증가 등의 목적으로 고단위(10g/day메가요법)를 투여하는 것은 보험급여를 인정하다 곤란하다 판단되며 향후 임상자료가 축적된 후에 재심의토록 하는 것이 타당함

다만, 다음 두 가지 경우에는 요양급여 약제를 약사법령에 따라 허가를 받거나 신고한 범위를 벗어나 처방·투약(허과초과사용, 오프라벨)할 수 있다. 다만 이때 유의할 사항은 두 가지 경우 모두 비급여로만 청구할 수 있다는 점이다.

첫째, 요양급여기준에 관한 규칙 [별표2] 비급여대상에 해당하는 처방·투여를 하는 경우
둘째, 다음 사유로 허가초과사용하려는 자가 보건복지부장관이 정하여 고시하는 절차에 따라 의학적 근거 등을 입증하여 비급여로 사용할 수 있는 경우[104]

---

104) 「건강보험요양급여규칙 [별표2] 제8호」 및 [허가 또는 신고범위 초과 약제 비급여 사용승인

a. 대체가능한 약제가 없는 경우

b. 대체가능한 약제가 있으나 투여 금기 등으로 투여를 할 수 없는 경우

c. 대체가능한 약제의 투여나 대체치료법보다 비용효과적이거나 부작용이 적고 임상적으로 치료효과가 높을 것으로 기대되는 경우

결론적으로 요양급여 약제는 온·오프라벨 처방과 요양급여 또는 비급여 청구가 모두 가능하나, 관계 법규에서 정한 방식과 절차에 따라야 한다.

ⓘ [사례] 삐콤씨주사제 및 비타민 주사제 요양급여 인정여부

- 약제는 식약처 허가사항(효능·효과, 용법·용량, 사용상 주의사항)을 득한 후, 요양급여결정을 신청하여 급여함이 타당하다고 결정된 약제들은 급여권으로 등재되며, 이렇게 급여권으로 등재된 약제들은 국민건강보험법령에 의거, 식품의약품안전처 허가(신고)사항(효능·효과 및 용법·용량 등) 범위 내에서 환자의 증상 등에 따라 필요·적절하게 사용하는 경우에 보험 급여하는 것을 원칙으로 하되, 일부 약제의 경우 보건복지부에서 급여 세부인정기준을 고시하여 해당 범위 내에서 보험 인정되고 있습니다.

- 이러한 기준들 중에는 대체의약품이 없거나, 그 약제의 임상적 유용성, 비용효과성 등에 확인되어 급여기준상에서 허가사항 범위를 초과하여 요양급여를 인정하거나, 전액환자부담으로 사용이 가능하게 기준이 마련된 약제도 있습니다.

- 다만, 단순한 피로 또는 권태, 여드름, 탈모 등 피부질환, 외모개선 목적의 수술 등 '국민건강보험 「요양급여의 기준에 관한 규칙」 별표2 비급여대상'에 해당될 경우, 이 때에 사용되는 행위·약제 및 치료재료는 비급여대상이 되게 됩니다. 단, 이러한 경우가 아닌 질환의 치료 목적으로 사용된 급여권에 등재된 약제의 사용, 즉, 요양급여하는 것이 타당한 약제를 비급여로 환자에게 청구하는 것은 적절치 않으며, 이러한 경우 환자가 진료비확인 신청을 통해 비급여 청구가 적절한지 확인을 요청할 수 있습니다.

- 문의하신 삐콤주사제(품명 : 삐콤헥사주) 및 비타민C 주사제(ascorbic acid제제)는 비타민제에 해당하므로 고시 제2013-127호 '[일반원칙] 비타민제'에 따라 '소모성 질환에는 허가된 용량 범위 내에서 투약한 경우 요양급여를 인정하며, 비타민 결핍증에는 다량 투여가 필요하므로 허가된 용량을 초과한 경우에도 요양급여를 인정'될 것으로 사료되며, 소모성 질환이 아닌 단순 피로 등에 식약처 허가사항 범위내에서 사용하는 것은 '비급여 대상'에 해당될 것으로 사료됩니다.

(건강보험심사평가원 질의 회신)

에 관한 기준 및 절차] 제2호

(ⅱ) 비급여약제

비급여약제는 요양급여약제와 달리 별도의 규제가 없으므로 의사와 환자간의 협의로 당사자간의 사적자치(私的自治)에 따라 자유롭게 처방·투약이 가능하다.

소결

이상의 내용을 토대로 가장 합리적이라고 판단되는 실손의료보험 약관상 약제별 보상기준을 정리해 보기로 한다.

(ⅰ) 요양급여약제

요양급여약제의 요양급여 청구 즉, 피보험자가 요양급여 중 본인일부부담 또는 전액본인부담을 부담한 경우는 건강보험요양급여규칙 [별표2] 제1호나 제2호에서 정하고 있는 비급여대상이 아니므로 약관상 '질병의 치료'를 목적으로 한 것으로 인정하는 것이 타당하며, 비급여로 청구된 경우는 다음 비급여약제의 보상기준에 따른다.

(ⅱ) 비급여약제

a. 비급여약제의 온라벨 사용

비급여약제의 온라벨 사용의 경우 약제의 허가 또는 범위 자체가 영양제, 비타민제(이상 제4조 제5호), 단순한, 피로 또는 권태(제4조 제6호 (가)목) 등 약관상 구체적인 면책사유에 해당하지 않는 한 질병치료로 볼 수 있으므로 보상하는 것이 타당하다.

b. 비급여약제의 오프라벨 사용

비급여약제의 오프라벨 사용 시 보상여부는 약제와 관련한 실손의료보험의 대표적인 분쟁유형이라 할 수 있다.

예를 들어, '감기, 위장염, 피로 등'의 진단을 받은 피보험자가 약사법상 '급·만성 간장에 의한 뇌증개선 및 간 장애 환자의 아미노산 보급 등'에 대한 허가를 받은 치료제인 '유바솔주'를 처방·투여한 데 대하여 주치의는 의료경험상 환자의 질병 치료에 효과가 있다는 소견을 밝히고 있는 반면, 보험회사는 오프라벨로 사용된 이상 질병 치료목적이 아닌 '영양제'에 해당하므로 보상할 수 없다고 주장하는 것이다.

이와 관련하여 법원은 비급여약제의 오프라벨 사용여부에 대하여 원칙적으로 주치의의 판단이 우선되어야 한다고 보고 있으나, 요양기관의 진료재량권은 어디까지나 합리적인 범위를 벗어나지 않거나, 의학적 근거에 의할 것을 전제하고 있다.

 참고판례

의사는 진료를 행함에 있어 환자의 상황과 당시의 의료수준, 그리고 자기의 지식경험에 따라 적절하다고 판단되는 진료방법을 선택할 상당한 범위의 재량을 가진다고 할 것이고, 그것이 합리적인 범위를 벗어난 것이 아닌 한 진료의 결과를 놓고 그중 어느 하나만이 정당하고 이와 다른 조치를 취한 것은 과실이 있다고 말할 수는 없다(대법원 2007. 5. 31. 선고 2005다5867 참고).

 참고판례

식약처 허가사항에 표시되지 않았지만 이뮨셀은 폐암의 적절한 보조치료로 사용되고 있고, 장기 투여 시 부작용도 적은 점, 치료의 상당성과 필요성 등이 인정되고, 치료의 상당성과 필요성 등이 인정되어야만 약관상 '보상하는 손해'에 해당된다고 (보험회사가) 주장하나 위 특약의 약관의 내용은 질병으로 인하여 병원에 입원하여 치료를 받은 경우에는 원칙적으로 입원비 등의 보험금 지급의무가 발생한다'(서울남부지법 2017. 8. 17 판결 2017가단 201334).

 참고판례

이뮨셀을 육종암 환자에게 처방한 건에 대해서도 '간세포암 제거술 후 보조요법으로 사용되는 것이지만 육종암의 치료에 이 주사를 이용하는 방식의 의료행위를 선택하더라도 이는 의학적 근거에 의해 의료인이 합리적으로 재량권을 행사한 것으로 볼 수 있다'(서울중앙지법 2018. 6. 21. 선고 2017가소6445048).

따라서, 비급여약제의 오프라벨 사용 시 '질병 치료 목적의 인정 여부'는 주치의의 진료재량권을 우선하여 판단하는 것을 원칙으로 하되, 연구논문, 임상결과보고서 등 의학계에서 일반적으로 인정되는 객관적인 의학적 근거에 의하여 치료의 효과가 입증되거나 입증할 수 있는 경우에 보상책임이 인정된다고 하겠다[105].

---

105) 분쟁조정 실무상으로는 비급여 약제의 오프라벨 사용 효과가 의학정보나 임상학적으로는 입

[분쟁경위]

유병자 실손의료보험에 가입한 A씨는 '상세불명의 비타민D 결핍증' 진단으로 비타민D 주사를 투여, 진료비를 비급여로 지불한 후 보험금을 청구했으나 보험회사는 질병치료 목적이 아닌 비타민제나, 항암제, 항생제(항진균제 포함), 희귀의약품을 제외한 비급여주사제는 면책사유*에 해당한다며 보험금 지급을 거절하였다.

* 1. 영양제, 비타민제 등과 관련한 비용(단, 회사가 보상하는 질병치료를 목적으로 하는 경우에는 보상),
  2 비급여 주사료(다만, 항암제, 항생제(항진균제 포함), 희귀의약품은 보상)

[판단]

비타민D주사가 요양급여 약제라면 질병치료 목적으로 요양급여 청구되고, [별표2] 제1호에 해당하면 비급여로 청구되므로 치료목적으로 보기 어려우나, 비급여약제라면 합리적인 범위내에서 치료로 인정될 수 있으므로 본건의 경우 먼저 해당 약제가 요양급여약제와 비급여약제 중 어디에 해당하는지 확인 후 요양급여 약제에 해당한다면 오프라벨 사용 시 환불대상이므로 면책이 타당하고 비급여약제인 경우 오프라벨 사용과 관련한 의학적인 효과가 입증된 것인지 확인할 필요가 있다.

나-2 호르몬투여, 성장촉진제

5. 영양제, 비타민제, **호르몬 투여(다만, 국민건강보험의 요양급여 기준에 해당하는 성조숙 증을 치료하기 위한 호르몬 투여는 보상합니다)**, 보신용 투약, 친자 확인을 위한 진단, 불임검사, 불임수술, 불임복원술, 보조생식술(체내, 체외 인공수정을 포함합니다), **성장 촉진**, 의약외품과 관련하여 소요된 비용. 다만, 회사가 보상하는 질병 치료를 목적으로 하는 경우에는 보상합니다.

❶ 개요

성조숙증(precocious puberty)[106] 치료를 위해 '생식샘자극호르몬(GnRH) 분비억

중되지 않는 경우가 많은데 이때는 분쟁당사자간의 협의를 통해 결정한 제3의 종합병원급 이상의 권위있는 전문의의 소견에 따라 보상여부를 결정토록 권고하기도 한다.

106) 여자아이가 8세 미만에 유방 또는 음모가 나오거나, 남자아이가 9세 미만에 음모가 나오거나, 음경이 커지거나, 고환이 4 mL 이상으로 커지면 성조숙증이라고 한다. 유방은 여성호르몬에 의해 발달하며, 음경, 음모, 음낭은 남성호르몬에 의하여 발달한다[네이버 지식백과, 성

제제'를 투여하는 경우 키 성장 지연 등의 부작용이 발생할 수 있어 '성장촉진제'가 병용(倂用)되기도 하는데, 이 성장촉진제는 저신장증 치료를 위해 사용되기도 한다.

실손의료보험에서는 이때 투여한 성장촉진제가 성조숙증이 또는 저신장증의 치료를 목적으로 한 것인지 위한 것인지, 아니면 단순한 키 성장촉진을 위한 것인지를 두고 분쟁이 발생한다.

❷ 요양급여기준

성장촉진제는 첫째, 성조숙증 치료를 위한 GnRH 분비억제제 단독으로 사용된 때, 둘째, GnRH 분비억제제와 성장촉진제가 병용된 때, 셋째, 성장촉진제 단독으로 사용된 때 등 3가지 경우로 구분되며, 각 경우별 보건복지부 고시는 다음과 같다.

(ⅰ) GnRH 분비억제제 단독 사용[고시 제2018-253호(약제) 2018. 12. 1.]

'중추성 사춘기 조발증'치료를 위한 GnRH 분비억제제(agonist)는 허가사항 범위 내에서 세부기준에 부합하는 경우 요양급여하며, 그 외의 경우는 약값 전액을 환자가 부담(전액본인부담)한다.

(ⅱ) GnRH 분비억제제와 성장촉진제를 병용한 경우[고시 제2018-253호(약제) 2018. 12. 1.]

성장호르몬결핍증 진단으로 받고 GnRH 분비억제제와 병용한 경우 성장촉진제도 요양급여하며 그 외의 경우는 약값 전액을 전액본인부담한다.

1. 허가사항 범위 내에서 아래와 같은 기준으로 투여 시 요양급여를 인정하며, 동 인정기준 이외에는 약값 전액을 환자가 부담토록 함

- 아 래 -

가. 대상약제성분 : Goserelin, Leuprolide, Triptorelin
나. 급여범위 : 각 약제 허가사항 범위 내에서 다음과 같이 인정함.

조숙증(precocious puberty), 서울대학교병원 의학정보(서울대학교병원)].

- 다 음 -

2) 중추성사춘기조발증
  가) 투여대상
    (1) 이차성징성숙도(Tanner stage) 2 이상이면서 골연령이 해당 역연령보다 증가되고,
    (2) GnRH(생식샘자극호르몬분비호르몬)자극검사에서 황체형성호르몬(LH)이 기저치의 2-3배 증가되면서 최고 농도는 5 IU/L 이상 인 경우
  나) 투여기간
    (1) 투여시작 : 역연령 여아 9세(8세 365일), 남아는 10세(9세 365일) 미만
    (2) 투여종료 : 역연령 여아 11세(11세 364일), 남아는 12세(12세 364일)까지
  다) 성장호르몬제와의 병용
    (1) 성장호르몬결핍증이 동반된 경우 GnRH(생식샘자극호르몬분비호르몬) agonist 주사제와 병용된 성장호르몬주사제도 인정함
    (2) GnRH(생식샘자극호르몬분비호르몬) 주사제로 인한 성장속도 감소의 경우, 성장호르몬주사제는 약값 전액을 환자가 부담함

다만, GnRH 분비억제제와 병용한 모든 성장호르몬제가 이에 해당하는 것이 아니라 중추성사춘기조발증(E22.8)진단을 받은 경우에만 적용되는 것이며, 그 외의 질병치료에 병용사용된 경우는 비급여약제로 분류된다.

(ⅲ) 성장호르몬제만 사용한 때[고시 제2019-252호, 2019. 12. 5.]

성장호르몬제인 Somatropin(유트로핀주), 지노트로핀주, 지노트로핀고퀵펜주 등은 약제·질병별[107]로 각각 구분하여 별도로 고시하고 있는데, GnRH 분비억제제와 마찬가지로 허가사항 범위 내에서 세부기준에 맞게 투여 시 요양급여를 인정하고, 그 외에는 약값 전액을 환자가 부담한다.

한편, 고시된 질병 또는 약제와 무관한 처방 약제는 원칙적으로 비급여대상이다.

1. 각 약제별 허가사항(효능·효과) 범위 내에서 아래와 같은 기준으로 투여 시 요양급여를 인정하며, 동 인정기준 이외에는 약값 전액을 환자가 부담토록 함

---

107) 소아성장호르몬결핍증, 터너증후군, 소아만성부전, 성인성장호르몬결핍증, 프라더윌리증후군, 임신주수에 비해 작게 태어난(Small for gestational age : SGA) 저신장증, 누난증후군

- 아 래 -

가. 소아성장호르몬결핍증

  1) 소아성장호르몬결핍증

    가) 투여대상

      (1) 해당 역연령의 3퍼센타일 이하의 신장이면서,

      (2) 2가지 이상 성장호르몬 유발검사로 확진되고,

      (3) 해당 역연령보다 골연령이 감소된 자

    나) 투여용량

      • 주당 0.5-0.71 IU/kg

    다) 투여기간

      • 역연령 만 2세 이후부터 골단이 닫히기 전까지 투여하나 골연령이 여자의 경우 14-15세, 남자의 경우 15-16세 범위 내에서 급여하고, 동 범주 내에 포함되지만 현재 신장이 여자의 경우 153㎝, 남자의 경우 165㎝ 초과되는 자는 전액 본인 부담함.

  2) 기질적인 원인으로 인하여 뇌하수체기능이 저하된 경우(예 : 뇌하수체절제술, 방사선 치료 등)

    가) 투여대상

      (1) 뇌하수체절제술을 시행한 경우 : 한 가지 이상 성장호르몬 유발검사로 확진된 자

      (2) 방사선 치료 등으로 인한 뇌하수체기능이 저하된 경우 : 두 가지 이상 성장호르몬 유발검사로 확진된 자

    나) 투여용량

      • 키가 크더라도 성장판이 닫힐 때까지는 전체 용량(Full dose), 그 다음엔 성인 성장호르몬결핍증 치료용량으로 인정

    다) 투여기간

      • 골단이 닫히기 전까지 투여하나 골연령이 여자의 경우 14-15세, 남자의 경우 15-16세 범위 내에서 급여하고, 동 범주 내에 포함되더라도 현재 신장이 여자의 경우 153㎝, 남자의 경우 165㎝ 초과되는 자는 전액 본인 부담함.

나. 터너증후군

  1) 투여대상

    • 진찰소견에서 터너증후군의 특징을 갖춘 자로서 염색체 검사로 확진된 자

  2) 투여용량

    • 주당 1.0 IU/kg 단, 동 투여용량에 충분한 반응이 없는 경우, '노디트로핀노디플렉스주'에 한해 허가사항에 따라 주당 1.4 IU/kg까지 인정함.

  3) 투여기간

    • 역연령 만 2세 이후부터 골단이 닫히기 전까지 투여하나 골연령 14-15세 범위

내에서 급여하고 동 범주 내에 포함되더라도 현재 신장이 153㎝ 초과되는 자는 전액 본인 부담함.

다. 소아만성신부전

  1) 투여대상

    가) 연간 신장증가속도가 4㎝ 미만이거나

    나) 해당 역연령의 3퍼센타일 이하의 신장이면서 해당역연령보다 골연령이 감소된 자

  2) 투여용량

    • 주당 0.9-1.5 IU/kg

  3) 투여기간

    • 역연령 만 2세 이후부터 골단이 닫히기 전까지 투여하나 골연령이 여자의 경우 14-15세, 남자의 경우 15-16세 범위 내에서 급여하고 동 범주내에 포함되더라도 현재 신장이 여자의 경우 153㎝, 남자의 경우 165㎝ 초과되는 자는 전액 본인부담

라. 성인성장호르몬결핍증

  1) 투여대상

    가) 유년기 개시형 결핍증(Childhood onset)

      유년기에 성장호르몬 결핍증으로 진단 받은 환자는 골단이 막혔거나, 역연령 남자 만 18세, 여자 만 16세가 넘어 성장이 거의 끝났다고 판정하였을 때 성장호르몬 대체요법을 시작하기 전에 반드시 재평가를 받아 성장호르몬 결핍증임이 확인되어야 함.

    나) 성인기 개시형 결핍증(Adult onset)

      성장호르몬 대체요법을 시작하기 전에 시상하부 또는 뇌하수체 질환 등에 의한 2차적 성장호르몬 결핍증과 적어도 한 가지 이상의 다른 호르몬 결핍증(프로락틴 제외)이 진단되어야 하며, 적절한 대체요법을 받고 있어야 함.

  2) 성장호르몬 결핍증 진단 기준

    • 성장호르몬 분비 자극검사[인슐린 부하검사(ITT), GHRH 자극검사, L-dopa 자극검사, Arginine 자극검사, Clonidine 자극검사, 글루카곤(Glucagons)] 중 최소한 2가지 이상의 검사를 시행하여 자극된 최대 혈청 성장호르몬 농도가 5ng/ml(또는 5㎍/L) 이하로 진단된 경우(단, 인슐린 부하검사(ITT)를 한 경우는 1가지 검사만으로도 최대 혈청 성장호르몬 농도가 5ng/ml (또는 5㎍/L) 이하이면 인정)

  3) 투여용량

    • 1일 0.018 IU/kg~최대 1일 0.036 IU/kg

  4) 투여기간

    • 3년간 투여 후 다시 자극검사를 시행(기질적 원인에 의한 범뇌하수체 기능저하증으로 확진된 경우는 제외)하여 성장호르몬 결핍이 있으면 연장 가능(투여소견서와 검사결과를 첨부)

  5) 효과에 대한 모니터링

- 치료시작 후 3개월까지는 최소 2-4주 간격으로 시행한 인슐린양 성장인자-I (IGF-I)의 수치로 성장호르몬의 투여용량의 증감을 결정하며 3개월 이후에는 1-3개월 간격으로 인슐린양 성장인자-I(IGF-I)을 포함한 대사항목을 검사하여 효과에 대한 판정기준으로 함.

마. 프라더윌리증후군(허가사항에 따라 '지노트로핀주', '지노트로핀고퀵펜주', '싸이트로핀에이카트리지주', '유트로핀주', '유트로핀펜주'만 해당)
  1) 투여대상
      가) 임상증상 및 유전자검사로 확진된 자
      나) 중증의 비만, 중증의 호흡장애를 가진 환자에는 투여하지 않음.
      다) 성장속도가 연간 1㎝ 이하 및 골단이 거의 폐쇄된 소아에는 투여하지 않음.
  2) 투여용량
      - 각 약제별 허가사항(용법 · 용량) 범위내에서 인정함. 단, 1일 최대 2.7㎎을 초과하여서는 안 됨.
  3) 투여기간
      - 역연령 만 2세 이후부터 골단이 닫히기 전까지 투여하나 골연령이 여자의 경우 14-15세, 남자의 경우 15-16세 범위 내에서 급여하고 동 범주 내에 포함되더라도 현재 신장이 여자의 경우 153㎝, 남자의 경우 165㎝ 초과되는 자는 전액 본인부담

바. 임신주수에 비해 작게 태어난(small for gestational age : SGA) 저신장 소아
  1) 투여대상
      - 각 재태기간(주수)에 출생 체중 또는 신장이 3퍼센타일 이하*인 소아 중 만 4세 이후에도 신장이 3퍼센타일 이하인 소아 * 관련 기준은 [붙임] 참조
  2) 투여용량
      - 1일 0.035㎎/㎏(또는 1.0㎎/㎡). 단, 신장증가효과가 없을 경우에는 1일 0.070㎎/㎏(또는 2.0㎎/㎡)까지 증량가능함.
  3) 투여기간
      - 역연령 만 4세 이후부터 골단이 닫히기 전까지 투여하나 골연령이 여자의 경우 14-15세, 남자의 경우 15-16세 범위 내에서 급여하고 동 범주 내에 포함되더라도 현재 신장이 여자의 경우 153㎝, 남자의 경우 165㎝ 초과되거나 신장 성장속도가 2cm/년 미만인 자는 전액 본인부담

사. 누난증후군(허가사항에 따라 '노디트로핀노디플렉스주'만 해당)
  1) 투여대상
      - 해당 역연령의 3퍼센타일 이하의 신장이면서 누난증후군의 특이적인 임상소견을 보이는 자
  2) 투여용량
      - 1일 0.05-0.07㎎/㎏(주당 1.0-1.5 IU/㎏)
  3) 투여기간

- 역연령 만 2세 이후부터 골단이 닫히기 전까지 투여하나, 골연령이 여자의 경우 14-15세, 남자의 경우 15-16세 범위 내에서 급여하고 동 범주에 포함되더라도 현재 신장이 여자의 경우 153㎝, 남자의 경우 165㎝ 초과하는 경우에는 약값 전액을 환자가 부담함.

2. 허가사항 범위를 초과하여 특발성 성인성장호르몬결핍증으로 확진된 경우에 아래와 같은 기준으로 투여 시 요양급여를 인정함.

- 아 래 -

가. 성장호르몬 분비 자극검사[인슐린 부하검사(ITT), GHRH 자극검사, L-dopa 자극검사, Arginine 자극검사, Glucagons 검사, Clonidine 자극검사(추가)] 중 최소한 2가지 이상의 검사를 시행하여 자극된 최대 혈청 성장호르몬 농도가 3ng/ml(또는3㎍/L) 이하로 진단된 경우 역연령 35세까지 요양급여하며, 35세 이후에는 약값 전액을 환자가 부담토록 함.

나. 투여용량, 투여기간, 효과에 대한 모니터링은 성인성장호르몬 결핍증과 동일

3. 장기투여원칙
   성장호르몬제를 6개월간 투여해도 별 반응이 없는 환자에 대해서는 진료담당의사는 성장호르몬제 투여의 적정성에 대해 재검토해야 함.

4. 성장호르몬제를 투여할 수 있는 요양기관 조건
   가. 반드시 소아과 전문의 또는 내분비학을 전공한 내과전문의가 상근하여야 함.
   나. 성장호르몬제 투여에 관련된 여러 가지 검사(예 : 성장호르몬 유발검사 및 염색체검사 등)를 실시할 수 있는 인력, 시설 및 장비를 갖추고 자체 검사하여 진단 · 처방 시 인정함.
      - 방사면역측정법(RIA)에 의한 검사, 터너증후군 진단을 위한 염색체 검사 및 프라더윌리증후군 진단을 위한 유전자 검사 등은 검체검사 위탁에 관한 기준 제3조(수탁기관의 인력 등 기준)에 적합한 기관에 의뢰하여 진단 · 처방한 경우에도 인정
   다. 최초 진단 · 처방한 요양기관에서 추적관리 하면서 약제처방만 의원에서 받는 경우는 인정

5. 성장호르몬제는 자가 주사로 처방 가능함.

6. 허가사항 범위를 초과하여 「보조생식술 급여기준」에 투여하는 경우에는 "[일반원칙] 보조생식술에 사용되는 호르몬 약제"에 의거하여 인정함.

❸ 실손의료보험 약관과의 관계

(i) 면책사유의 단서 해석

약관에서는 '호르몬 투여' 또는 '성장촉진제' 등의 약제는 보상하지 않는다고 정하고 있으나, 다시 ❶호르몬 투여에 대해서는 '국민건강보험의 요양급여 기준에 해당하는 성조숙증의 치료'와 '질병 치료를 목적으로 하는 비용'을, ❷성장촉진에 대해서는 '질병 치료를 목적으로 하는 비용'을 각각 보상한다고 정하고 있어 결국 '호르몬 투여'와 '성장촉진제' 모두 '회사가 담보하는 질병 치료를 목적으로 하는 경우는 보상'한다고 해석된다[108].

(ii) '국민건강보험의 요양급여 기준'에 해당하는 성조숙증 치료의 호르몬 투여

약관에서는 '국민건강보험의 요양급여 기준'이 무엇인지 정의하고 있지 않으나, 「국민건강보험법」 요양급여기준에 관한 규칙 [별표2] 제1조에서는 '이 규칙은 국민건강보험법 제41조 제3항 및 제4항에 따라 요양급여의 방법·절차·범위·상한 및 제외대상 등 요양급여기준에 관하여 필요한 사항을 규정함을 목적으로 한다'라고 규정하고 있다.

그렇다면, '요양급여 기준'이라 함은 광의의 개념으로는 '국민건강보험법에 따른 요양급여대상의 범위와 요양급여의 절차'라고 볼 수 있고, 둘째, 협의의 개념으로는 '국민건강보험법에 따른 요양급여 대상으로 요양급여가 인정되는 비용(비급여대상 제외)' 즉, '보건복지부장관이 정한 요양급여 인정기준[109]'으로도 볼 수 있으므로 이렇게 약관의 문언이 다의적인 경우에는 '작성자 불이익의 원칙'에 따라 '요양급여 기준에 해당하는 성장촉진제'라 함은 '요양급여 수가가 적용되는 본인일부부담 또는 본인전액부담한 경우'를 의미한다고 해석하는 것이 타당하다.

---

108) '호르몬 투여'의 예외 보상 사유인 '국민건강보험의 요양급여 기준에 해당하는 성조숙증의 치료'는 '회사가 담보하는 질병 치료를 목적으로 하는 경우'에 포함되므로 결과적으로 약관 문언상 단서로서의 의미를 갖지 못하고 있다.

109) 예를 들어, 상해입원의료비 면책사유(제4조 제7호) [국민건강보험법] 비급여 대상으로 신체의 필수기능개선 목적이 아닌 외모개선 목적의 치료로 인하여 발생한 의료비의 하나로 열거된 '다. 안경, 콘텍트렌즈 등을 대체하기 위한 시력교정술(국민건강보험 요양급여 대상 수술방법 또는 치료재료가 사용되지 않은 부분은 시력교정술로 봅니다)'의 경우 괄호 안은 요양급여 인정기준에 부합하는 경우는 보상한다고 해석된다.

소결

결과적으로 성조숙증 또는 성장촉진에 소요된 호르몬 투여, 성장촉진 비용의 보상 여부는 약제사용의 원칙을 제대로 준수했는지 여부가 관건이라 할 것이므로 보상방법을 아래와 같이 정리해 볼 수 있을 것이다.

첫째, '요양급여 인정기준'에 부합하는 처방·투여는 국민건강보험법상 치료 목적의 진료로 인정된다[110].

즉, 약제별 허가초과사용 여부에 따라 요양급여약제의 경우 온라벨 사용은 보상되나 오프라벨 사용은 면책대상이며, 비급여약제의 경우 요양급여인정 기준을 충족하는 경우는 보상되나 그렇지 않은 경우는 질병 치료 효과에 대한 입증이 가능한 경우에 한해 보상하는 것이 타당하다고 본다.

둘째, 아울러 질병 진단의 적정성도 보상여부를 결정하는 중요한 요건이다.

앞서 살펴본 바와 같이, GnRH 분비억제제 관련 고시(제2018 – 253호)에서는 중추성사춘기조발증 진단, 성장호르몬제(유트로핀주) 관련 고시(제2019 – 252호)에서는 소아성장호르몬결핍증, 터너증후군, 소아만성신부전, 성인성장호르몬결핍증, 프라더윌리증후군 등 요양급여가 인정되는 질병이 특정되어 있으나, 실손의료보험 약관에서는 '요양급여인정 기준에 부합한 질병'이 아닌 '회사가 담보하는 질병'을 보상한다고 규정하고 있어서 결과적으로 위 고시들에 따른 특정 질병외의 질병[111]도 보장대상이 될 수 있다.

이와 관련하여, 질병 진단의 적정 여부를 두고 분쟁이 발생하는 경우가 있는데 이때에는 진단이 객관적이고 공정한 기준에 따른 것인지 살펴볼 필요가 있다.

예를 들어, '저신장증'에 처방·투여한 성장촉진제가 '단순한 키 성장 촉진'을 위한 것이 아니라 '질병 치료 목적'으로 인정되려면 우선 '저신장증'의 진단은 질병관리청 기준인 '동일연령의 3% 미만의 신장' 등 의료계에서 일반적으로 인정되는 판단기준 등에 따른 것이어야 한다.

---

110) 피보험자가 요양급여가 인정되는 의료비 부담 방식은 요양급여 중 본인일부부담과 전액본인부담 모두 포함한다. 간혹 전액본인부담을 한 경우는 비급여와 동일하게 간주하여 치료목적으로 인정하지 않는 경우가 종종 있는데 본인일부부담이나 전액본인부담 모두 요양급여 인정기준에 따라 요양급여수가가 적용되는 점에서 치료 목적으로 인정하지 않을 이유가 없다 (「PART 04 표준약관 축조해설(Ⅰ)」(보상하는 사항) 제2장(상해입원형) 제3조 참조).

111) 조발사춘기, 특발성저신장, 달리분류되지 않는 단신 등

분쟁사례

[분쟁경위]
A씨는 사춘기 조숙(E30.1), 중추성사춘기조발증(E22.8) 진단으로 억제제인 디페렐린피알주와 성장호르몬(그로트로핀112)) 처방·투약(비급여)하였으나, 보험회사는 GnRH억제제 비용만 보상하고 성장호르몬제 비용은 보상을 거절하였다.

[판단]
중추성사춘기조발증의 그로트로핀투약은 GnRH주사제 고시(제2018-253호)대상이므로 요양급여 인정 기준을 충족하지 못할 경우 전액본인부담으로 청구되어야 하므로 진료비심사확인제도를 통해 청구항목 등의 적정 여부를 확인할 필요가 있다.
한편, 확인 결과 요양급여인정 기준에 부합하는데도 일반수가가 적용되어 비급여로 청구되었다면 과오납 상당액은 요양기관으로부터 환불받아야 하며, 비급여 청구가 적정하다면 무조건 면책은 부당하므로 질병진단의 적정성, 약제의 치료효과 등을 추가로 검토하여 보상여부를 결정하는 것이 타당하다.

다. 단순한 피로·권태, 주근깨 치료 등

6. 다음의 어느 하나에 해당하는 치료로 인하여 발생한 의료비
   가. 단순한 피로 또는 권태
   나. 주근깨, 다모, 무모, 백모증, 딸기코(주사비), 점, 모반(피보험자가 보험가입당시 태아인 경우 화염상모반 등 선천성 비신생물성모반(Q82.5)은 보상합니다), 사마귀, 여드름, 노화현상으로 인한 탈모 등 피부질환
   다. 발기부전(impotence)·불감증, 단순 코골음(수면무호흡증(G47.3)은 보상합니다), 치료를 동반하지 않는 단순포경(phimosis), 「국민건강보험 요양급여의 기준에 관한 규칙」 제9조 제1항([별표2] 비급여대상)에 따른 업무 또는 일상생활에 지장이 없는 검열반 등 안과질환

---

112) 주성분은 트립토렐린아세트산염으로 고시대상에 포함된 약제이다.

약관의 변천

제1세대(예시)	2009. 9. 28.	2010. 3. 29.
회사는 아래에 정한 사유로 발생한 의료비를 보상하여 드리지 아니합니다. 피로, 권태, 심신허약 등을 치료하기 위한 안정치료비 위생관리, 미모를 위한 성형수술비	5. 아래에 열거된 치료로 인하여 발생한 치료비 가. 단순한 피로 또는 권태 나. 주근깨, 다모, 무모, 백모증, 딸기코(주사비), 점(모반), 사마귀, 여드름, 노화현상으로 인한 탈모 등 피부질환 다. 발기부전(impotence) · 불감증, 단순 코골음, 단순 포경(phimosis), 검열반 등 안과질환	6. 아래에 열거된 치료로 인하여 발생한 치료비 가. 단순한 피로 또는 권태 나. 주근깨, 다모, 무모, 백모증, 딸기코(주사비), 점(모반), 사마귀, 여드름, 노화현상으로 인한 탈모 등 피부질환 다. 발기부전(impotence) · 불감증, 단순 코골음, 단순 포경(phimosis), <u>국민건강보험 요양급여의 기준에 관한 규칙 제9조 제1항([별표2] 비급여대상)에 의한 업무 또는 일상생활에 지장이 없는 검열반 등 안과질환</u>

위 조문과 관련하여 제1세대 실손의료보험 약관에서는 '안정치료비' 또는 '성형수술비' 등으로 규정하고 있었으며, 표준약관 제정 시 검열반 등 국민건강보험법상 법정비급여로 정하고 있는 사항을 추가하였다. 이후, 2010. 3. 29.에는 '요양급여의 기준에 관한 규칙'에 따른 것임을 명시하는 등 법적 근거를 명확히 하였다.

쟁점의 연구

위 조항은 그 목적과 관계없이 '열거된 항목의 치료로 인하여 발생한 의료비'는 보상하지 않는다고 정하고 있어 「건강보험요양급여규칙」[별표2]를 준용했다는 점에서 제3항 제8호의 규정과 유사하나 세부 보상조건간에는 다소 차이가 있다.

즉, 제3항 제8호에 열거된 면책사항은 '❶비급여대상으로서 ❷신체의 필수기능 개선 목적이 아닌 외모개선 목적의 치료로 발생한 의료비'인데 반해, 제3항 제6호에 열거된 면책사항은 ❶비급여대상 여부 또는 ❷업무 또는 일상생활의 지장 유무 등 치료의 목적과 무관하게 보상되지 않는다.

예를 들어, 코성형 수술(제3항 제8호)의 경우 '신체의 필수기능 개선 목적이 아닌 외모개선 목적의 치료'를 위해 법정비급여로 청구된 때에는 보상되지 않으나 요양급여가 인정된 경우에는 보상되는 반면, 사마귀(제3항 제6호(나)목)의 경우 업무 또는 일상생활에 지장이 있어 요양급여가 인정된 치료를 받았다고 하더라도 실손의료보험에서는 보상되지 않는다.

다만, 검열반 등 안과질환은 상해통원형과 마찬가지로 ❶법정비급여로서 ❷[별표2] 제1호에 해당하는 경우에만 면책되므로 요양급여가 적용된 경우는 보장대상에 해당한다.

❚ 실손의료보험 약관과 건강보험요양급여규칙 비교

실손의료보험 표준약관(질병입원형) 제4조(보상하지 않는 사항)	건강보험요양급여규칙 [별표2] 제1호
6. 다음의 어느 하나에 해당하는 치료로 인하여 발생한 의료비	1. 다음 각목의 질환으로서 업무 또는 일상생활에 지장이 없는 경우에 실시 또는 사용되는 행위·약제 및 치료재료
가. 단순한 피로 또는 권태	가. 단순한 피로 또는 권태
나. <u>주근깨, 다모, 무모, 백모증, 딸기코(주사비), 점, 모반</u>(피보험자가 보험가입당시 태아인 경우 화염상모반 등 선천성 비신생물성모반(Q82.5)은 보상합니다), <u>사마귀, 여드름, 노화현상으로 인한 탈모 등 피부질환</u>	나. 주근깨·다모(多毛)·무모(無毛)·백모증(白毛症)·딸기코(주사비)·점(모반)·사마귀·여드름·노화현상으로 인한 탈모 등 피부질환
다. <u>발기부전(impotence)·불감증,</u> <u>단순 코골음</u>(수면무호흡증(G47.3)은 보상합니다), <u>치료를 동반하지 않는 단순포경(phimosis),</u>	다. 발기부전(impotence)·불감증 또는 생식기 선천성기형 등의 비뇨생식기 질환 라. 단순 코골음 마. 질병을 동반하지 아니한 단순포경(phimosis)
「국민건강보험 요양급여의 기준에 관한 규칙」 제9조 제1항([별표2] 비급여대상)	바. 검열반 등 안과질환

실손의료보험 표준약관(질병입원형) 제4조(보상하지 않는 사항)	건강보험요양급여규칙 [별표2] 제1호
에 따른 업무 또는 일상생활에 지장이 없는 검열반 등 안과질환	
	사. 기타 가목 내지 바목에 상당하는 질환으로서 보건복지부장관이 정하여 고시하는 질환

제3항 제6호나 제8호의 면책사유는 모두 「건강보험요양급여규칙」 [별표2]에서 정한 비급여대상을 준용한 것인데도 제3항 제8호, 즉 '신체의 필수기능 개선목적이 아닌 외모개선 목적의 치료'에 대해서는 '법정비급여대상'에 대해서만 보상하지 않는다고 정하고 있는 반면, 제6호, 즉 '업무 또는 일상생활에 지장이 없는 경우'에 대에서는 안과질환을 제외하고 요양급여 여부와 무관하게 요양급여 및 법정비급여 대상 모두 면책사유로 정하고 있는 등 특별한 사정 없이 문언을 달리하고 있어 분쟁이 발생하기도 한다.

참고로 제4세대 실손의료보험에서는 위 제3항 제6호 및 제8호를 '비급여 실손의료비 특별약관의 공통으로 보상하지 않는 사항' 중 "「국민건강보험 요양급여의 기준에 관한 규칙」 제9조 제1항([별표2] 비급여대상)에 따른 아래 각호의 비급여 의료비"로 일원화하는 등 약관을 정비하였다.

라. 진료재료, 외모개선 치료비 등

7. 의치, 의수족, 의안, 안경, 콘택트렌즈, 보청기, 목발, 팔걸이(Arm Sling), 보조기 등 진료 재료의 구입 및 대체 비용. 다만, 인공장기 등 신체에 이식되어 그 기능을 대신하는 경우에는 보상합니다.
8. 아래에 열거된 국민건강보험 비급여 대상으로 신체의 필수 기능개선 목적이 아닌 외모개선 목적의 치료로 인하여 발생한 의료비
    가. 쌍꺼풀수술(이중검수술. 다만, 안검하수, 안검내반 등을 치료하기 위한 시력개선 목적의 이중검수술은 보상합니다), 코성형수술(융비술), 유방확대(다만, 유방암 환자의 유방재건술은 보상합니다)·축소술, 지방흡입술(다만, 「국민건강보험법」 및 관련 고시에 따라 요양급여에 해당하는 '여성형 유방증'을 수술하면서 그 일련의 과정으로 시행한 지방흡입술은 보상합니다), 주름살 제거술 등 〈개정 2018. 11. 6.〉

> 나. 사시교정, 안와격리증(양쪽 눈을 감싸고 있는 뼈와 뼈 사이의 거리가 넓은 증상)의
> 　　교정 등 시각계 수술로서 시력개선 목적이 아닌 외모개선 목적의 수술
> 다. 안경, 콘텍트렌즈 등을 대체하기 위한 시력교정술(국민건강보험 요양급여 대상 수
> 　　술방법 또는 치료재료가 사용되지 않은 부분은 시력교정술로 봅니다)
> 라. 외모개선 목적의 다리정맥류 수술
> 마. 그 밖에 외모개선 목적의 치료로 국민건강보험 비급여대상에 해당하는 치료
> 9. 진료와 무관한 각종 비용(TV시청료, 전화료, 각종 증명료 등을 말합니다), 의사의 임상
> 　　적 소견과 관련이 없는 검사비용, 간병비
> 10. 산재보험에서 보상받는 의료비. 다만, 본인부담의료비는 제3조(보장종목별 보상내용)
> 　　(3) 질병입원 제1항, 제2항 및 제4항부터 제10항에 따라 보상합니다.

위 사항은 「PART 05 표준약관 축조해설(Ⅱ)」(보상하지 않는 사항) 제2장(상해입원형) 제4조 제3항의 내용을 참조하기 바란다.

마. 인간면역결핍바이러스(HIV) 감염 치료비

> 11. 인간면역결핍바이러스(HIV) 감염으로 인한 치료비(다만, 「의료법」에서 정한 의료인의
> 　　진료상 또는 치료 중 혈액에 의한 HIV 감염은 해당 진료기록을 통해 객관적으로 확인
> 　　되는 경우는 보상합니다)

▌쟁점의 연구

에이즈 바이러스(Human Immunodeficiency Virus, HIV; B20~B24)의 경우 제1세대 실손의료보험 약관에서는 면책사유에 포함되지 않았으나, 실손의료보험 표준약관을 제정하면서 포함되었다.

한편, 단서의 의료법상 의료인은 보건복지부 장관의 면허를 받은 의사·치과의사·한의사·조산사를 말한다(의료법 제2조 제1항).

▌보건복지부 고시 제2021-118, 2016. 6. 30

항목	제목	세부인정사항
나471 HIV 항체	에이즈검사 의 급여기준	에이즈바이러스(Human Immunodeficiency Virus, HIV) 감염 후 본인이 감지하지 못한 상태에서도 타인에게 전염력이 있게 되므로, 감염자의 조기발견과 수혈 등으로 인한 감염요인 사전규명 및 진료과정에서의 감염예방 등을 위하여 실시한 나471가 및 나 HIV 항체검사(일반 또는 정밀)는 다음과 같은 경우에 산정함. - 다 음 - 가. 장기이식수술을 위하여 장기를 제공하는 경우 나. 수술 또는 수혈이 필요하거나 예측되는 환자 다. 중증감염환자, 불명열환자 또는 투석환자(혈액, 복막) 라. 비전형적 피부질환자 또는 원인불명의 전신성 림프선 종창환자 마. 동성애, 매춘, 성병, 마약주사 경험자 바. 기타 후천성 면역결핍증이 의심되는 경우 등 임상적으로 필요하여 실시하는 경우

바. 국외 의료기관에서 발생한 의료비

12. 「국민건강보험법」 제42조의 요양기관이 아닌 외국에 있는 의료기관에서 발생한 의료비

「PART 05 표준약관 축조해설(Ⅱ)」(보상하지 않는 사항) 제2장(상해입원형) 제4조 제3항의 내용을 참조하기 바란다.

① 회사는 다음의 사유로 인하여 생긴 통원의료비는 보상하지 않습니다. 〈개정 2015. 11. 30.〉

   1. 피보험자가 고의로 자신을 해친 경우. 다만, 피보험자가 심신상실 등으로 자유로운 의사결정을 할 수 없는 상태에서 자신을 해친 사실이 증명된 경우에는 보상합니다.

   2. 보험수익자가 고의로 피보험자를 해친 경우. 다만, 그 보험수익자가 보험금의 일부 보험수익자인 경우에는 다른 보험수익자에 대한 보험금은 지급합니다.

   3. 계약자가 고의로 피보험자를 해친 경우

   4. 피보험자가 정당한 이유 없이 통원기간 중 의사의 지시를 따르지 않아 발생한 통원의료비

② 회사는 '한국표준질병사인분류'에 따른 다음의 통원의료비에 대해서는 보상하지 않습니다. 〈개정 2015. 11. 30.〉

   1. 정신 및 행동장애(F04~F99)(다만, F04~F09, F20~F29, F30~F39, F40~F48, F51, F90~F98과 관련한 치료에서 발생한 「국민건강보험법」에 따른 요양급여에 해당하는 의료비는 보상합니다) 〈개정 2018.11.6.〉

   2. 여성생식기의 비염증성 장애로 인한 습관성 유산, 불임 및 인공수정 관련 합병증(N96~N98)

   3. 피보험자가 임신, 출산(제왕절개를 포함합니다), 산후기로 통원한 경우(O00~O99)

   4. 선천성 뇌질환(Q00~Q04)

   5. 비만(E66)

   6. 요실금(N39.3, N39.4, R32)

   7. 직장 또는 항문질환 중 「국민건강보험법」에 따른 요양급여에 해당하지 않는 부분(I84, K60~K62, K64)

③ 회사는 다음의 통원의료비에 대해서는 보상하지 않습니다. 〈개정 2015. 11. 30.〉

   1. 치과치료(K00~K08) 및 한방치료(다만, 「의료법」 제2조에 따른 한의사를 제외한 '의사'의 의료행위에 의해서 발생한 의료비는 보상합니다)에서 발생한 「국민건강보험법」에 따른 요양급여에 해당하지 않는 비급여의료비

   2. 「국민건강보험법」에 따른 요양급여 중 본인부담금의 경우 국민건강보험 관련 법령에 따라 국민건강보험공단으로부터 사전 또는 사후 환급이 가능한 금액(본인부담금 상한제)

   3. 「의료급여법」에 따른 의료급여 중 본인부담금의 경우 의료급여 관련 법령에 따라 의료급여기금 등으로부터 사전 또는 사후 환급이 가능한 금액(「의료급여법」에 따른 본인부담금 보상제 및 본인부담금 상한제)

4. 건강검진(단, 검사결과 이상 소견에 따라 건강검진센터 등에서 발생한 추가 의료비용은 보상합니다), 예방접종, 인공유산에 든 비용. 다만, 회사가 보상하는 질병 치료를 목적으로 하는 경우에는 보상합니다.

5. 영양제, 비타민제, 호르몬 투여(다만, 국민건강보험의 요양급여 기준에 해당하는 성조숙증을 치료하기 위한 호르몬 투여는 보상합니다), 보신용 투약, 친자 확인을 위한 진단, 불임검사, 불임수술, 불임복원술, 보조생식술(체내, 체외 인공수정을 포함합니다), 성장촉진, 의약외품과 관련하여 소요된 비용. 다만, 회사가 보상하는 질병 치료를 목적으로 하는 경우에는 보상합니다.

6. 다음의 어느 하나에 해당하는 치료로 인하여 발생한 의료비

가. 단순한 피로 또는 권태

나. 주근깨, 다모, 무모, 백모증, 딸기코(주사비), 점, 모반(피보험자가 보험가입당시 태아인 경우 화염상모반 등 선천성 비신생물성모반(Q82.5)은 보상합니다), 사마귀, 여드름, 노화현상으로 인한 탈모 등 피부질환

다. 발기부전(impotence)·불감증, 단순 코골음(수면무호흡증(G47.3)은 보상합니다), 치료를 동반하지 않는 단순포경(phimosis), 「국민건강보험 요양급여의 기준에 관한 규칙」 제9조 제1항([별표2] 비급여대상)에 따른 업무 또는 일상생활에 지장이 없는 검열반 등 안과질환

7. 의치, 의수족, 의안, 안경, 콘택트렌즈, 보청기, 목발, 팔걸이(Arm Sling), 보조기 등 진료 재료의 구입 및 대체 비용. 다만, 인공장기 등 신체에 이식되어 그 기능을 대신하는 경우에는 보상합니다.

8. 아래에 열거된 국민건강보험 비급여 대상으로 신체의 필수 기능개선 목적이 아닌 외모개선 목적의 치료로 인하여 발생한 의료비

가. 쌍꺼풀수술(이중검수술. 다만, 안검하수, 안검내반 등을 치료하기 위한 시력개선 목적의 이중검수술은 보상합니다), 코성형수술(융비술), 유방확대(다만, 유방암 환자의 유방재건술은 보상합니다)·축소술, 지방흡입술(다만, 「국민건강보험법」 및 관련 고시에 따라 요양급여에 해당하는 '여성형 유방증'을 수술하면서 그 일련의 과정으로 시행한 지방흡입술은 보상합니다), 주름살 제거술 등 〈개정 2018. 11. 6.〉

나. 사시교정, 안와격리증(양쪽 눈을 감싸고 있는 뼈와 뼈 사이의 거리가 넓은 증상)의 교정 등 시각계 수술로서 시력개선 목적이 아닌 외모개선 목적의 수술

다. 안경, 콘택트렌즈 등을 대체하기 위한 시력교정술(국민건강보험 요양급여 대상 수술방법 또는 치료재료가 사용되지 않은 부분은 시력교정술로 봅니다)

라. 외모개선 목적의 다리정맥류 수술

마. 그 밖에 외모개선 목적의 치료로 국민건강보험 비급여대상에 해당하는 치료

9. 진료와 무관한 각종 비용(TV시청료, 전화료, 각종 증명료 등을 말합니다), 의사의 임상적 소견과 관련 없는 검사비용, 간병비

10. 산재보험에서 보상받는 의료비. 다만, 본인부담의료비는 제3조(보장종목별 보상내용)

(4) 질병통원 제1항부터 제5항 및 제7항부터 제10항에 따라 보상합니다.

11. 인간면역결핍바이러스(HIV) 감염으로 인한 치료비(다만, 「의료법」에서 정한 의료인의 진료상 또는 치료 중 혈액에 의한 HIV 감염은 해당 진료기록을 통해 객관적으로 확인되는 경우는 보상합니다)

12. 「국민건강보험법」 제42조의 요양기관이 아닌 외국에 있는 의료기관에서 발생한 의료비

13. 「응급의료에 관한 법률」동 시행규칙에서 정한 응급환자에 해당하지 않는 자가 「의료법」 제3조의4에 따른 상급종합병원 응급실을 이용하면서 발생한 응급의료관리료

1. 치과치료 및 한방치료 등

① 회사는 다음의 사유로 인하여 생긴 통원의료비는 보상하지 않습니다. 〈개정 2015. 11. 30.〉
　　　　　　　　　　　　　　　　：

③ 회사는 다음의 통원의료비에 대해서는 보상하지 않습니다. 〈개정 2015. 11. 30.〉
　1. 치과치료(K00~K08) 및 한방치료(다만, 「의료법」 제2조에 따른 한의사를 제외한 '의사'의 의료행위에 의해서 발생한 의료비는 보상합니다)에서 발생한 「국민건강보험법」에 따른 요양급여에 해당하지 않는 비급여의료비
　　　　　　　　　　　　　　　　：
　12. 「국민건강보험법」 제42조의 요양기관이 아닌 외국에 있는 의료기관에서 발생한 의료비

　「PART 05 표준약관 축조해설(Ⅱ)」(보상하지 않는 사항) 제4장(질병입원형) 제1호~제12호를 참조하기 바란다.

2. 응급의료관리료

　13. 「응급의료에 관한 법률」동 시행규칙에서 정한 응급환자에 해당하지 않는 자가 「의료법」 제3조의4에 따른 상급종합병원 응급실을 이용하면서 발생한 응급의료관리료

　「PART 05 표준약관 축조해설(Ⅱ)」(보상하지 않는 사항) 제3장(상해통원형)을 참조하기 바란다.

PART

06

제4세대
실손의료보험
표준약관

실손의료보험론

01 개요

　손해율 상승에 따른 재무건전성 악화로 실손의료보험의 지속 가능성에 대한 우려가 커지자 금융당국은 보험금 누수의 주요 원인인 '비급여 의료서비스'에 대해 개인이용량에 따른 부담을 골자로 하는 제4세대 실손의료보험 약관을 마련하여 2020. 7. 1.부터 시행하였다.

　제4세대 실손의료보험의 가장 큰 특징은 요양급여 보장의 확대와 비급여 보장의 축소, 개인별 보험료 부담형평성 제고로 요약할 수 있으며, 이를 위해 요양급여·비급여 담보를 요양급여담보와 비급여담보로 각각 구분하는 한편, 보험료 부담 구간을 5단계로 나누어 직전 1년간 비급여 의료서비스 이용량에 따라 개인별 보험료를 차등 부담토록 하였다. 다만, 암질환, 심장질환, 희귀난치성질환자 또는 노인장기요양보험법상 1~2등급 장기요양대상자 등 의료취약계층에 대해서는 보험료 차등 적용대상에서 제외된다.

　그 외에 의료쇼핑이나 과잉진료의 억제를 위해 자기부담금과 통원의료비 기본 공제금액을 상향 조정하였으며, 의료환경 변화에 탄력적으로 대응할 수 있도록 계약 갱신주기를 종전 15년에서 5년으로 단축하였다.

　이하에서는 제3세대·제4세대 실손의료보험 표준약관을 비교하여 주요 변경내용 등에 대해 살펴보고자 한다.

02 주요 변경내용

1. 의료비 감면 · 지원 시 보상기준금액 명확화

의료비 감면 또는 지원액의 보상 여부를 두고 발생하는 분쟁을 근본적으로 해소하기 위해 감면 또는 지원액을 제외한 '실제 본인이 부담한 의료비'를 기준으로 보상하되, 감면 또는 지원받은 의료비가 근로소득에 포함되어 과세된 경우, 국가유공자예우에 관한 법률 및 독립유공자 예우에 관한 법률에 따라 의료비를 감면받는 경우에만 예외적으로 감면전 금액을 기준으로 보상하는 것으로 변경되었다.

이처럼 근로소득세 과세대상 감면 또는 지원액에 대해서 보상하는 것은 과세해당액만큼 보상액이 감소하게 되므로 실손보상원칙이나 이득금지의 원칙에 어긋날 소지가 상대적으로 적기 때문이다.

한편, '의료기관으로부터 의료비를 감면받거나 의료비를 납부하는 대가로 수수한 금액 등'을 포함한 것은 최근 일부 요양기관에서 실손의료보험에 가입한 환자를 유치하기 위해 지인할인 등 각종 의료비 지원 수단을 악용하는 사례가 있어 이를 방지하기 위한 것이다.

제3조(보상종목별 보상내용)

상해입원특약(제3세대 약관)	상해급여(제4세대 약관)
① 회사는 피보험자가 상해로 인하여 병원에 입원하여 치료를 받은 경우에는 입원의료비를 다음과 같이 하나의 상해당 보험가입금액(5천만원 이내에서 계약 시 계약자가 정한 금액을 말합니다)의 한도 내에서 보상합니다. 〈개정 2015. 11. 30.〉	① 회사는 피보험자가 상해로 인하여 의료기관에 입원 또는 통원(외래 및 처방조제)하여 치료를 받은 경우에는 급여의료비를 제5조(보험가입금액 한도 등)에서 정한 연간 보험가입금액의 한도 내에서 다음과 같이 보상합니다. 다만, 법령 등에 따라 의료비를 감면받거나 의료기관으로부터 의료비를 감면받은 경우(의료비를 납부하는 대가로 수수한 금액 등은 감면받은 의료비에 포함)에는 감면 후 실제 본인이 부담한 의료비 기준으로 계산하며, 감면받은 의료비가 근로소득에 포함된 경우,「국가유공자 등 예우 및 지원에 관한 법률」및「독립유공자 예우에

상해입원특약(제3세대 약관)	상해급여(제4세대 약관)
	관한 법률」에 따라 의료비를 감면받은 경우에는 감면 전 의료비로 급여 의료비를 계산합니다.

2. '자동차보험에서 보상받는 의료비' 의미의 명확화

제3세대 약관에서는 '자동차보험에서 보상받는 의료비'로 규정되어 있었으나, 자동차보험약관에서는 의료비 관련비용이 '치료관계비'로 되어 있기 때문에 두 표준약관간 용어를 통일하였다.

쌍방과실 자동차사고의 경우 가·피해자 양측 모두 상대방 보험회사로부터 치료비 상당액 이상을 보상받게 되나 본인과실이 없었다면 차감되지 않았을 치료비가 존재하므로 동 금액을 본인을 피보험자로 하는 실손의료보험으로 청구할 수 있는 점은 종전 약관과 동일하며 '과실상계 후 금액을 기준으로 합니다'라는 문구를 추가하여 본인과실비율을 적용한 후 상계처리되어 삭감된 치료관계비를 보장대상으로 함을 명확화하였다.

제3관 회사가 보상하지 아니하는 사항

제4조(보상하지 않는 사항)

상해입원특약(제3세대 약관)	상해급여(제4세대 약관)
③ 회사는 다음의 입원의료비에 대해서는 보상하지 않습니다. 〈개정 2015. 11. 30.〉 9. 자동차보험(공제를 포함합니다) 또는 산재보험에서 보상받는 의료비. 다만, 본인부담의료비는 제3조(보장종목별 보상내용) (1) 상해입원 제1항, 제2항 및 제4항부터 제6항에 따라 보상합니다.	③ 회사는 다음의 급여의료비에 대해서는 보상하지 않습니다. 3. 자동차보험(공제를 포함합니다)에서 보상받는 치료관계비(과실상계 후 금액을 기준으로 합니다) 또는 산재보험에서 보상받는 의료비. 다만, 본인부담의료비(자동차보험진료수가에 관한 기준 및 산재보험 요양급여 산정기준에 따라 발생한 실제 본인 부담 의료비)는 제3조(보장종목별 보상내용) (1) 상해급여 제1항, 제2항 및 제4항부터 제8항에 따라 보상합니다.

3. 비급여약제 보장대상 명확화

비급여약제에 대해서는 과잉 처방 우려 등의 문제가 지속적으로 제기되어 이를 근본적으로 해결하기 위해 소관부처의 허가·신고사항대로 사용하거나 별도의 고시기준 등에 부합되게 사용한 경우만 보상하고, 요양급여약제도 고시기준 등에 따르거나 별도의 승인절차를 거쳐 합법적으로 비급여로 사용된 경우에만 보상하는 등 주치의의 진료재량권 범위가 남용되지 않도록 한 것이다.

질병입원특약(제3세대 약관)	질병비급여(제4세대 약관)
③ 회사는 다음의 입원의료비에 대해서는 보상하지 않습니다. 〈개정 2015. 11. 30.〉	③ 회사는 다음의 비급여 의료비에 대해서는 보상하지 않습니다.
5. 영양제, 비타민제, 호르몬 투여(다만, 국민건강보험의 요양급여 기준에 해당하는 성조숙증을 치료하기 위한 호르몬 투여는 보상합니다), 보신용 투약, 친자 확인을 위한 진단, 불임검사, 불임수술, 불임복원술, 보조생식술(체내, 체외 인공수정을 포함합니다), 성장촉진, 의약외품과 관련하여 소요된 비용. 다만, 회사가 보상하는 질병 치료를 목적으로 하는 경우에는 보상합니다.	2. 영양제, 비타민제 등의 약제와 관련하여 소요된 비용. 다만 약관상 보상하는 질병을 치료함에 있어 아래 각목에 해당하는 경우는 치료 목적으로 보아 보상합니다. 가. 약사법령에 의하여 약제별 허가사항 또는 신고된 사항(효능/효과 및 용법/용량 등)대로 사용된 경우 나. 요양급여 약제가 관련 법령 또는 고시 등에서 정한 별도의 적용기준대로 비급여 약제로 사용된 경우 다. 요양급여 약제가 관련 법령에 따라 별도의 비급여사용승인 절차를 거쳐 그 승인 내용대로 사용된 경우 라. 상기 가목 내지 다목의 약제가 두 가지 이상 함께 사용된 경우(함께 사용된 약제 중 어느 하나라도 상기 가목 부터 다목에 해당하지 않는 경우 제외)

4. 전액본인부담 성장호르몬제 의료비의 보상제외

저신장의 치료 등에 투여된 성장촉진제에 대하여 보건복지부 고시기준에 따라 요양급여가 인정되는 경우는 본인부담률을 일부부담(본인일부부담)하거나 전액부담

(본인전액부담)하게 되는데, 본인전액부담의 경우 저신장증 진단 및 치료제의 효과에 대한 주치의와 보험회사 자문의간 의견차이로 잦은 분쟁의 원인이 되어 왔다.

이런 사정으로 요양급여가 인정된 경우라 하더라도 성장촉진제 의료비를 환자 본인이 약값 전액을 지불한 경우는 보장대상에서 제외하는 것으로 보장범위가 축소되었다.

제3관 회사가 보상하지 아니하는 사항

제4조(보상하지 않는 사항)

질병입원특약(제3세대 약관)	질병급여(제4세대 약관)
③ 회사는 다음의 입원의료비에 대해서는 보상하지 않습니다. 〈개정 2015. 11. 30.〉	③ 회사는 다음의 급여의료비에 대해서는 보상하지 않습니다.
5. 영양제, 비타민제, 호르몬 투여(다만, 국민건강보험의 요양급여 기준에 해당하는 성조숙증을 치료하기 위한 호르몬 투여는 보상합니다), 보신용 투약, 친자 확인을 위한 진단, 불임검사, 불임수술, 불임복원술, 보조생식술(체내, 체외 인공수정을 포함합니다), 성장촉진, 의약외품과 관련하여 소요된 비용. 다만, 회사가 보상하는 질병 치료를 목적으로 하는 경우에는 보상합니다.	3. 성장호르몬제 투여에 소요된 비용으로 부담한 전액본인부담금

5. 용어의 정비

종전에 병원, 의료기관, 요양기관 등 약관에서 혼용하던 진료기관은 국민건강보험법에 따른 요양기관에 속하는 의료기관으로 통일하였으며, 입원의 경우 판례, 낮병동수가 기준 등을 참고하여 6시간 이상 의료기관내 체류해야 함을 명확화하는 등 용어를 정비하였다.

	용어의 정의(제3세대 약관)	질병급여(제4세대 약관)
약국	「약사법」 제2조 제3호에 따른 장소로서, 약사가 수여(授與)할 목적으로 의약품 조제업무를 하는 장소를 말하며, 의료기관의 조제실은 제외하며「국민건강보험법」 제42조 제1항 제3호에 의한 한국 희귀 · 필수 의약품센터를 포함함	「약사법」 제2조 제3호에 따른 장소로서, 약사가 수여(授與)할 목적으로 의약품 조제업무를 하는 장소를 말하며, 의료기관의 조제실은 제외하며 「국민건강보험법」 제42조 제1항 제3호에 의한 한국 희귀 · 필수의약품센터를 포함함
입원	의사가 피보험자의 질병 또는 상해로 인하여 치료가 필요하다고 인정한 경우로서 자택 등에서 치료가 곤란하여 병원 또는 이와 동등하다고 인정되는 의료기관에 입실하여 의사의 관리를 받으며 치료에 전념하는 것	의사가 피보험자의 질병 또는 상해로 인하여 치료가 필요하다고 인정한 경우로서 자택 등에서 치료가 곤란하여 의료기관 또는 이와 동등하다고 인정되는 의료기관에 입실하여 계속하여 6시간 이상 체류하면서 의사의 관찰 및 관리 하에 치료를 받는 것
의료기관	–	다음 각호의 의료기관 1. 「의료법」 제3조(의료기관) 제2항에서 정하는 의료기관을 말하며, 종합병원 · 병원 · 치과병원 · 한방병원 · 요양병원 · 의원 · 치과의원 · 한의원(조산원 제외) 2. 「국민건강보험법」 제42조 제1항 제4호에 의한 보건소 · 보건의료원 · 보건지소 및 동법 제42조 제1항 제5호에 의한 보건진료소
병원	–	삭제
입원	의사가 피보험자의 질병 또는 상해로 인하여 치료가 필요하다고 인정한 경우로서 자택 등에서 치료가 곤란하여 병원 또는 이와 동등하다고 인정되는 의료기관에 입실하여 의사의 관리를 받으며 치료에 전념하는 것	의사가 피보험자의 질병 또는 상해로 인하여 치료가 필요하다고 인정한 경우로서 자택 등에서 치료가 곤란하여 의료기관 또는 이와 동등하다고 인정되는 의료기관에 입실하여 계속하여 6시간 이상 체류하면서 의사의 관찰 및 관리 하에 치료를 받는 것
기준병실	병원에서 국민건강보험 환자의 입원 시 병실료 산정에 적용하는 기준이 되는 병실	삭제
통원	의사가 피보험자의 질병 또는 상해로 치료가 필요하다고 인정하는 경우로서, 병원에 입원하지 않고 병원을 방문하여 의사의 관리하에 치료에 전념하는 것	의사가 피보험자의 질병 또는 상해로 치료가 필요하다고 인정하는 경우로서, 의료기관에 입원하지 않고 의료기관을 방문하여 의사의 관리하에 치료에 전념하는 것
처방 조제비	병원 의사의 처방전에 따라 조제되는 약국의 처방조제비 및 약사의 직접조제비	의료기관 의사의 처방전에 따라 조제되는 약국의 처방조제비 및 약사의 직접조제비

APPENDIX

부록

개정회차별
실손의료보험
표준약관

[제2세대]
 1. 최초 표준약관 (2009. 9. 28.)
 2. 제1차 개정 표준약관(2010. 3. 29.)
 3. 제2차 개정 표준약관(2011. 1. 19.)
 4. 제3차 개정 표준약관(2011. 6. 29.)
 5. 제4차 개정 표준약관(2012. 12. 28.)
 6. 제5차 개정 표준약관(2014. 2. 11.)
 7. 제6차 개정 표준약관(2014. 12. 26.)
 8. 제7차 개정 표준약관(2015. 11. 30.)
 9. 제8차 개정 표준약관(2015. 12. 29.)
10. 제9차 개정 표준약관(2016. 12. 8.)

[제3세대]
11. 제10차 개정 표준약관(2017. 3. 22.)
12. 제11차 개정 표준약관(2018. 3. 2.)
13. 제12차 개정 표준약관(2018. 7. 10.)
14. 제13차 개정 표준약관(2018. 11. 6.)
15. 제14차 개정 표준약관(2020. 7. 31.)
16. 제15차 개정 표준약관(2020. 10. 16.)

[제4세대]
17. 제16차 개정 표준약관(2021. 7. 1.)

* 부록의 마지막에 개정회차별 약관 조항의 상세 목록을 실었으니 참고하시기 바랍니다.

실손의료보험론

최초 표준약관(2009. 9. 28.)

〈실손 의료보험〉

> 실손 의료보험은 사람의 질병·상해 또는 이로 인한 간병에 관한 손해(의료비에 한합니다)를 보험회사가 보상하는 상품입니다

제1장 일반사항

제1조(담보종목) ① 회사가 판매하는 실손 의료보험상품은 상해입원형, 상해통원형, 질병입원형, 질병통원형, 종합(상해와 질병을 말합니다)입원형, 종합통원형 등 총 6개의 담보종목으로 구성되어 있으며, 계약자는 이들 6개 담보종목 중 한 가지 이상을 선택하여 가입할 수 있습니다.

담보종목		보상하는 내용
상해	입원	피보험자(보험대상자)가 상해로 인하여 병원에 입원하여 치료를 받은 경우에 보상
	통원	피보험자(보험대상자)가 상해로 인하여 병원에 통원하여 치료를 받거나 처방조제를 받은 경우에 보상
질병	입원	피보험자(보험대상자)가 질병으로 인하여 병원에 입원하여 치료를 받은 경우에 보상
	통원	피보험자(보험대상자)가 질병으로 인하여 병원에 통원하여 치료를 받거나 처방조제를 받은 경우에 보상
종합	입원	피보험자(보험대상자)가 상해 또는 질병으로 인하여 병원에 입원하여 치료를 받은 경우에 보상
	통원	피보험자(보험대상자)가 상해 또는 질병으로 인하여 병원에 통원하여 치료를 받거나 처방조제를 받은 경우에 보상

② 회사는 이 약관의 명칭에 '실손 의료비' 문구를 포함하여 사용합니다.

제2조(용어정의) 이 약관에서 사용하는 용어의 정의는 〈붙임〉과 같으며 해당 용어는 이 약관에서 밑줄을 그어 표시합니다.

제2장 회사가 보상하는 사항

제3조(담보종목별 보장내용) 회사가 이 계약의 보험기간 중 담보종목별로 각각 보상 또는 공제하는 내용은 다음과 같습니다.

담보종목	보상하는 사항
(1) 상해입원	① 회사는 피보험자(보험대상자)가 상해로 인하여 병원에 입원하여 치료를 받은 경우에는 입원의료비를 다음과 같이 하나의 상해당 보험가입금액(5,000만원을 최고한도로 계약자가 정하는 금액으로 합니다)을 한도로 보상하여 드립니다.

구 분	보상금액
입원실료, 입원제비용, 입원수술비	'국민건강보험법에서 정한 요양급여 중 본인부담금'과 '비급여(상급병실료 차액 제외)' 부분의 합계액 중 90% 해당액(다만, 10% 해당액이 계약일 또는 매년 계약해당일로부터 연간 200만원을 초과하는 경우 그 초과금액은 보상합니다)
상급병실료차액	입원 시 실제 사용병실과 기준병실과의 병실료 차액 중 50%를 공제한 후의 금액(다만, 1일 평균금액 10만원을 한도로 하며, 1일 평균금액은 입원기간 동안 상급병실료 차액 전체를 총 입원일수로 나누어 산출합니다)

② 제1항의 상해에는 유독가스 또는 유독물질을 우연하게도 일시에 흡입, 흡수 또는 섭취한 결과로 생긴 중독증상을 포함합니다. 그러나 세균성 음식물 중독과 상습적으로 흡입, 흡수 또는 섭취한 결과로 생긴 중독증상은 이에 포함되지 아니합니다.

③ 피보험자(보험대상자)가 국민건강보험법을 적용받지 못하는 경우(국민건강보험법에서 정한 요양급여 절차를 거치지 아니한 경우도 포함합니다)에는 입원의료비 중 본인이 실제로 부담한 금액의 40% 해당액을 하나의 상해당 보험가입금액(5,000만원을 최고한도로 계약자가 정하는 금액으로 합니다)을 한도로 보상하여 드립니다.

④ 회사는 하나의 상해(동일 상해로 2회 이상 치료를 받는 경우에도 이를 하나의 상해로 봅니다)로 인한 입원의료비를 최초 입원일로부터 365일까지(최초 입원일을 포함합니다) 보상합니다. 다만, 동일한 상해로 인하여 최초 입원일로부터 365일을 넘어 입원할 경우에는 아래의 예시와 같이 90일간의 보상제외기간이 지나야 새로운 상해로 보아 다시 보상하여 드립니다.

〈보상기간 예시〉

보장대상기간 (365일)	보상제외 (90일)	보장대상기간 (365일)

계약일 (2010. 1. 1.)	최초 입원일 (2010. 3. 1.)	(2011. 2. 28.) 2011. 3. 1.부터 보상제외	(2011. 5. 29.) 2011. 5. 30.부터 보상재개	(2012. 5. 29.) 2012. 5. 30. 부터 보상제외

⑤ 피보험자(보험대상자)가 입원하여 치료를 받던 중 보험기간이 만료되더라도 그 계속 중인 입원에 대하여는 보험기간 종료일로부터 180까지(보험기간 종료일은 제외합니다) 보상하여 드립니다. 다만, 이 경우 제4항은 적용하지 아니합니다.

담보종목	보상하는 사항
	⑥ 피보험자(보험대상자)가 병원의 직원복리후생제도에 의하여 납부할 의료비를 감면받은 경우에는 그 감면 전 의료비를 기준으로 입원의료비를 계산합니다.
(2) 상해통원	① 회사는 피보험자(보험대상자)가 상해로 인하여 병원에 통원하여 치료를 받거나 처방조제를 받은 경우에는 통원의료비로서 매년 계약해당일로부터 1년을 단위로 하여 다음과 같이 외래(외래제비용, 외래수술비) 및 처방조제비를 각각 보상하여 드립니다.

구분	보상한도
외래	방문 1회당 '국민건강보험법에서 정한 요양급여 중 본인부담금'과 '비급여' 부분의 합계액에서 〈표1 항목별 공제금액〉을 차감하고 외래의 보험가입금액^{주)}을 한도로 보상(매년 계약해당일로부터 1년간 방문 180회 한도)
처방 조제비	처방전 1건당 '국민건강보험법에서 정한 요양급여 중 본인부담금'과 '비급여' 부분의 합계액에서 〈표1 항목별 공제금액〉을 차감하고 처방조제비의 보험가입금액^{주)}을 한도로 보상(매년 계약해당일로부터 1년간 처방전 180건 한도)

주) 외래 및 처방조제비는 회(건)당 합산하여 30만원을 최고한도로 계약자가 정하는 금액으로 합니다.

〈표1 항목별 공제금액〉

구 분	항목	공제 금액
외래 (외래제비용 및 외래수술비 합계)	의료법 제3조 제6항에 의한 의원, 치과의원, 한의원, 의료법 제3조 제7항에 의한 조산원, 지역보건법 제7조에 의한 보건소, 지역보건법 제8조에 의한 보건의료원, 지역보건법 제10조에 의한 보건지소, 농어촌 등 보건의료를 위한 특별조치법 제15조에 의한 보건진료소	1만원
	의료법 제3조 제3항에 의한 종합병원, 동법 제3조 제4항에 의한 병원, 치과병원, 한방병원, 동법 제3조 제5항에 의한 요양병원	1만 5천원
	국민건강보험법 제40조 제2항에 의한 종합전문요양기관	2만원
처방 조제비	국민건강보험법 제40조 제1항 제2호에 의한 약국, 동법 제40조 제1항 제3호에 의한 한국희귀의약품센터에서의 처방, 조제(의사의 처방전 1건당, 의약분업 예외지역에서 약사의 직접조제 1건당)	8천원

② 피보험자(보험대상자)가 통원하여 치료를 받던 중 보험기간이 만료되더라도 그 계속 중인 통원 치료에 대하여는 보험기간 만료일로부터 180일 이내에 외래는 방문 90회, 처방조제비는 처방전 90건을 한도로 보상하여 드립니다.

담보종목	보상하는 사항

〈보상기간 예시〉

보장대상기간 (1년)	보장대상기간 (1년)	보장대상기간 (1년)	추가보상 (180일)
↑ 계약일 (2010. 1. 1.)	↑ 계약해당일 (2011. 1. 1.)	↑ 계약해당일 (2012. 1. 1.)	↑ 보험기간 종료일 (2012. 12. 31.)

보상종료 (2013. 6. 29.)

③ 하나의 상해로 인해 하루에 같은 치료를 목적으로 의료기관에 2회 이상 통원치료 시(하나의 상해로 약국을 통한 2회 이상의 처방조제를 포함합니다) 1회의 외래 및 1건의 처방으로 간주하여 제1항 및 제2항을 적용합니다.

④ 제1항의 상해에는 유독가스 또는 유독물질을 우연하게도 일시에 흡입, 흡수 또는 섭취한 결과로 생긴 중독증상을 포함합니다. 그러나 세균성 음식물 중독과 상습적으로 흡입, 흡수 또는 섭취한 결과로 생긴 중독증상은 이에 포함되지 아니합니다.

⑤ 피보험자(보험대상자)가 국민건강보험법을 적용받지 못하는 경우(국민건강보험법에서 정한 요양급여 절차를 거치지 아니한 경우도 포함합니다)에는 통원의료비 중 본인이 실제로 부담한 금액에서 〈표1 항목별 공제금액〉을 차감한 금액의 40% 해당액을 외래 및 처방조제비로 보험가입금액(외래 및 처방조제비는 회(건)당 합산하여 30만원을 최고한도로 계약자가 정하는 금액으로 합니다)을 한도로 보상하여 드립니다.

⑥ 피보험자(보험대상자)가 병원 또는 약국의 직원복리후생제도에 의하여 납부할 의료비를 감면받은 경우에는 그 감면 전 의료비를 기준으로 통원의료비를 계산합니다.

담보종목	보상하는 사항
(3) 질병입원	① 회사는 피보험자(보험대상자)가 질병으로 인하여 병원에 입원하여 치료를 받은 경우에는 입원의료비를 다음과 같이 하나의 질병당 보험가입금액(5,000만원을 최고한도로 계약자가 정하는 금액으로 합니다)을 한도로 보상하여 드립니다.

구분	보상금액
입원실료, 입원제비용, 입원수술비	'국민건강보험법에서 정한 요양급여 중 본인부담금'과 '비급여(상급병실료 차액 제외)' 부분의 합계액 중 90% 해당액(다만, 10% 해당액이 계약일 또는 매년 계약해당일로부터 연간 200만원을 초과하는 경우 그 초과금액은 보상합니다)
상급병실료 차액	입원 시 실제 사용병실과 기준병실과의 병실료 차액 중 50%를 공제한 후의 금액(다만, 1일 평균금액 10만원을 한도로 하며, 1일 평균금액은 입원기간 동안 상급병실료 차액 전체를 총 입원일수로 나누어 산출합니다)

② 제1항의 질병에서 청약서상 '계약 전 알릴의무(중요한 사항에 한합니다)'에 해당하는 질병으로 인하여 과거(청약서상 당해 질병의 고지대상 기간을 말합니다)에 진단 또는 치료를 받은 경우에는 제외합니다.

③ 피보험자(보험대상자)가 국민건강보험법을 적용받지 못하는 경우(국민건강보험법에 정한 요양급여 절차를 거치지 아니한 경우도 포함합니다)에는 입원의료비 중 본인이 실제로 부담한 금액의 40% 해당액을 하나의 질병당 보험가입금액(5,000만원을 최고한도로 계약자가 정하는 금액으로 합니다)을 한도로 보상하여 드립니다.

담보종목	보상하는 사항
	④ 회사는 동일한 질병 또는 하나의 질병(의학상 관련이 있다고 의사가 인정하는 질병은 동일한 질병으로 간주하며, 동일한 질병으로 2회 이상 치료를 받는 경우에는 이를 하나의 질병으로 봅니다)으로 인한 입원의료비는 최초 입원일로부터 365일(최초 입원일을 포함합니다)까지 보상하여 드립니다. 다만, 하나의 질병으로 인하여 최초 입원일로부터 365일을 넘어 입원할 경우에는 아래의 예시와 같이 90일간의 보상제외기간이 지나야 새로운 질병으로 인한 입원으로 보아 다시 보상하여 드립니다. 〈보상기간 예시〉 ⑤ 피보험자(보험대상자)가 입원하여 치료를 받던 중 보험기간이 만료되더라도 그 계속 중인 입원에 대하여는 보험기간 종료일로부터 180일까지(보험기간 종료일은 제외합니다) 보상하여 드립니다. 다만, 이 경우 제4항은 적용하지 아니합니다. ⑥ 피보험자(보험대상자)가 병원의 직원복리후생제도에 의하여 납부할 의료비를 감면받은 경우에는 그 감면 전 의료비를 기준으로 입원의료비를 계산합니다. ⑦ 동일한 질병이란 발생 원인이 동일한 질병(의학상 중요한 관련이 있는 질병을 포함합니다)을 말하며, 질병의 치료 중에 발생된 합병증 또는 새로이 발견된 질병의 치료가 병행되거나 의학상 관련이 없는 여러 종류의 질병을 갖고 있는 상태에서 입원한 때에는 동일한 질병으로 간주합니다. ⑧ 제2항에도 불구하고 청약일 이전에 진단확정된 질병이라 하더라도 청약일 이후 5년이 지나는 동안(계약이 자동갱신되어 5년을 지나는 경우를 포함합니다) 그 질병으로 인하여 추가적인 진단(단순 건강검진 제외) 또는 치료사실이 없을 경우, 청약일로부터 5년이 지난 이후에는 이 약관에 따라 보상하여 드립니다. ⑨ 제8항의 '청약일 이후 5년이 지나는 동안'이라 함은 이 약관 제15조(보험료의 납입연체 시 납입최고(독촉)와 계약의 해지)에서 정한 계약의 해지가 발생하지 않은 경우를 말합니다. ⑩ 이 약관 제16조(보험료의 납입연체로 인한 해지계약의 부활(효력회복))에서 정한 계약의 부활이 이루어진 경우 부활일을 제8항의 청약일로 하여 적용합니다.
(4) 질병통원	① 회사는 피보험자(보험대상자)가 질병으로 인하여 병원에 통원하여 치료를 받거나 처방조제를 받은 경우에는 통원의료비로서 매년 계약해당일로부터 1년을 단위로 하여 다음과 같이 외래(외래제비용, 외래수술비) 및 처방조제비를 각각 보상하여 드립니다. <table><tr><th>구분</th><th>보상한도</th></tr><tr><td>외래</td><td>방문 1회당 '국민건강보험법에서 정한 요양급여 중 본인부담금'과 '비급여' 부분의 합계액에서 〈표1 항목별 공제금액〉을 차감하고 외래의 보험가입금액^{주)}을 한도로 보상(매년 계약해당일로부터 1년간 방문 180회 한도)</td></tr><tr><td>처방 조제비</td><td>처방전 1건당 '국민건강보험법에서 정한 요양급여 중 본인부담금'과 '비급여' 부분의 합계액에서 〈표1 항목별 공제금액〉을 차감하고 처방조제비의 보험가입금액^{주)}을 한도로 보상(매년 계약해당일로부터 1년간 처방전 180건 한도)</td></tr></table>

담보종목	보상하는 사항

주) 외래 및 처방조제비는 회(건)당 합산하여 30만원을 최고한도로 계약자가 정하는 금액으로 합니다.

〈표1 항목별 공제금액〉

구분	항목	공제 금액
외래 (외래제비용 및 외래수술비 합계)	의료법 제3조 제6항에 의한 의원, 치과의원, 한의원, 의료법 제3조 제7항에 의한 조산원, 지역보건법 제7조에 의한 보건소, 지역보건법 제8조에 의한 보건의료원, 지역보건법 제10조에 의한 보건지소, 농어촌 등 보건의료를 위한 특별조치법 제15조에 의한 보건진료소	1만원
	의료법 제3조 제3항에 의한 종합병원, 동법 제3조 제4항에 의한 병원, 치과병원, 한방병원, 동법 제3조 제5항에 의한 요양병원	1만 5천원
	국민건강보험법 제40조 제2항에 의한 종합전문요양기관	2만원
처방 조제비	국민건강보험법 제40조 제1항 제2호에 의한 약국, 동법 제40조 제1항 제3호에 의한 한국희귀의약품센터에서의 처방, 조제(의사의 처방전 1건당, 의약분업 예외지역에서 약사의 직접조제 1건당)	8천원

② 피보험자(보험대상자)가 통원하여 치료를 받던 중 보험기간이 만료되더라도 그 계속 중인 통원 치료에 대하여는 보험기간 만료일로부터 180일 이내에 외래는 방문 90회, 처방조제비는 처방전 90건을 한도로 보상하여 드립니다.

〈보상기간 예시〉

보장대상기간 (1년)	보장대상기간 (1년)	보장대상기간 (1년)	추가보상 (180일)
계약일 (2010. 1. 1.)	계약해당일 (2011. 1. 1.)	계약해당일 (2012. 1. 1.)	보험기간 종료일 (2012. 12. 31.) 보상종료 (2013. 6. 29.)

③ 하나의 질병으로 인해 하루에 같은 치료를 목적으로 의료기관에 2회 이상 통원치료 시(하나의 질병으로 약국을 통한 2회 이상의 처방조제를 포함합니다) 1회의 외래 및 1건의 처방으로 간주하여 제1항 및 제2항을 적용합니다.

④ 제1항의 질병에서 청약서상 '계약 전 알릴의무(중요한 사항에 한합니다)'에 해당하는 질병으로 인하여 과거(청약서상 당해 질병의 고지대상 기간을 말합니다)에 진단 또는 치료를 받은 경우에는 제외합니다.

⑤ 피보험자(보험대상자)가 국민건강보험법을 적용받지 못하는 경우(국민건강보험법에 정한 요양급여 절차를 거치지 아니한 경우도 포함합니다)에는 통원의료비 중 본인이 실제로 부담한 금액에서 〈표1 항목별 공제금액〉을 차감한 금액의 40% 해당액을 외래 및 처방조제비로 보험가입금액(외래 및 처방조제비는 회(건)당 합산하여 30만원을 최고한도로 계약자가 정하는 금액으로 합니다)을 한도로 보상하여 드립니다.

⑥ 피보험자(보험대상자)가 병원 또는 약국의 직원복리후생제도에 의하여 납부할 의료비를 감면받은 경우에는 그 감면 전 의료비를 기준으로 통원의료비를 계산합니다.

담보종목	보상하는 사항
	⑦ 제4항에도 불구하고 청약일 이전에 진단된 질병이라 하더라도 청약일 이후 5년이 지나는 동안(계약이 자동갱신되어 5년을 지나는 경우를 포함합니다) 그 질병으로 인하여 추가적인 진단(단순건강검진 제외) 또는 치료사실이 없을 경우, 청약일로부터 5년이 지난 이후에는 이 약관에 따라 보상하여 드립니다.
	⑧ 제7항의 '청약일 이후 5년이 지나는 동안'이라 함은 이 약관 제15조(보험료의 납입연체 시 납입최고(독촉)와 계약의 해지)에서 정한 계약의 해지가 발생하지 않은 경우를 말합니다.
	⑨ 이 약관 제16조(보험료의 납입연체로 인한 해지계약의 부활(효력회복))에서 정한 계약의 부활이 이루어진 경우 부활일을 제7항의 청약일로 하여 적용합니다.

담보종목	보상하는 사항
(5) 종합입원	① 회사는 피보험자(보험대상자)가 상해 또는 질병으로 인하여 병원에 입원하여 치료를 받은 경우에는 입원의료비를 다음과 같이 보험가입금액(상해당, 질병당 각각 5,000만원을 최고한도로 계약자가 정하는 금액으로 합니다)을 한도로 보상하여 드립니다.

구분	보상금액
입원실료, 입원제비용, 입원수술비	'국민건강보험법에서 정한 요양급여 중 본인부담금'과 '비급여(상급병실료 차액 제외)' 부분의 합계액 중 90% 해당액(다만, 10% 해당액이 계약일 또는 매년 계약해당일로부터 연간 200만원을 초과하는 경우 그 초과금액은 보상합니다)
상급병실료 차액	입원 시 실제 사용병실과 기준병실과의 병실료 차액 중 50%를 공제한 후의 금액(다만, 1일 평균금액 10만원을 한도로 하며, 1일 평균금액은 입원기간 동안 상급병실료 차액 전체를 총 입원일수로 나누어 산출합니다)

② 제1항의 상해에는 유독가스 또는 유독물질을 우연하게도 일시에 흡입, 흡수 또는 섭취한 결과로 생긴 중독증상을 포함합니다. 그러나 세균성 음식물 중독과 상습적으로 흡입, 흡수 또는 섭취한 결과로 생긴 중독증상은 이에 포함되지 아니합니다.

③ 제1항의 질병에서 청약서상 '계약 전 알릴의무(중요한 사항에 한합니다)'에 해당하는 질병으로 인하여 과거(청약서상 당해 질병의 고지대상 기간을 말합니다)에 진단 또는 치료를 받은 경우에는 제외합니다.

④ 피보험자(보험대상자)가 국민건강보험법을 적용받지 못하는 경우(국민건강보험법에서 정한 요양급여 절차를 거치지 아니한 경우도 포함합니다)에는 입원의료비 중 본인이 실제로 부담한 금액의 40% 해당액을 보험가입금액(상해당, 질병당 각각 5,000만원을 최고한도로 계약자가 정하는 금액으로 합니다)을 한도로 보상하여 드립니다.

⑤ 회사는 하나의 상해(동일 상해로 2회 이상 치료를 받는 경우에도 이를 하나의 상해로 봅니다), 동일한 질병 또는 하나의 질병(의학상 관련이 있다고 의사가 인정하는 질병은 동일한 질병으로 간주하며, 동일한 질병으로 2회 이상 치료를 받는 경우에는 이를 하나의 질병으로 봅니다)으로 인한 입원의료비를 최초 입원일로부터 365일까지(최초 입원일을 포함합니다) 보상합니다. 다만, 최초 입원일로부터 365일을 넘어 입원할 경우에는 아래의 예시와 같이 90일간의 보상제외기간이 지나야 새로운 상해 또는 질병으로 보아 다시 보상하여 드립니다.

담보종목	보상하는 사항

〈보상기간 예시〉

	보장대상기간 (365일)	보상제외 (90일)	보장대상기간 (365일)	

| 계약일
(2010. 1. 1.) | 최초 입원일
(2010. 3. 1.) | (2011. 2. 28.)
2011. 3. 1.부터
보상제외 | (2011. 5. 29.)
2011. 5. 30.부터
보상재개 | (2012. 5. 29.)
2012. 5. 30.
부터 보상제외 |

⑥ 피보험자(보험대상자)가 입원하여 치료를 받던 중 보험기간이 만료되더라도 그 계속 중인 입원에 대하여는 보험기간 종료일로부터 180일까지(보험기간 종료일은 제외합니다) 보상하여 드립니다. 다만, 이 경우 제5항은 적용하지 아니합니다.

⑦ 피보험자(보험대상자)가 병원의 직원복리후생제도에 의하여 납부할 의료비를 감면받은 경우에는 그 감면 전 의료비를 기준으로 입원의료비를 계산합니다.

⑧ 동일한 질병이란 발생 원인이 동일한 질병(의학상 중요한 관련이 있는 질병을 포함합니다)을 말하며, 질병의 치료 중에 발생된 합병증 또는 새로이 발견된 질병의 치료가 병행되거나 의학상 관련이 없는 여러 종류의 질병을 갖고 있는 상태에서 입원한 때에는 동일한 질병으로 간주합니다.

⑨ 제3항에도 불구하고 청약일 이전에 진단확정된 질병이라 하더라도 청약일 이후 5년이 지나는 동안(계약이 자동갱신되어 5년을 지나는 경우를 포함합니다) 그 질병으로 인하여 추가적인 진단(단순 건강검진 제외) 또는 치료사실이 없을 경우, 청약일로부터 5년이 지난 이후에는 이 약관에 따라 보상하여 드립니다.

⑩ 제9항의 '청약일 이후 5년이 지나는 동안'이라 함은 이 약관 제15조(보험료의 납입연체 시 납입최고(독촉)와 계약의 해지)에서 정한 계약의 해지가 발생하지 않은 경우를 말합니다.

⑪ 이 약관 제16조(보험료의 납입연체로 인한 해지계약의 부활(효력회복))에서 정한 계약의 부활이 이루어진 경우 부활일을 제9항의 청약일로 하여 적용합니다.

(6) 종합통원	① 회사는 피보험자(보험대상자)가 상해 또는 질병으로 인하여 병원에 통원하여 치료를 받거나 처방조제를 받은 경우에는 통원의료비로서 매년 계약해당일로부터 1년을 단위로 하여 다음과 같이 외래(외래제비용, 외래수술비) 및 처방조제비를 각각 보상하여 드립니다.

구분	보상한도
외래	방문 1회당 '국민건강보험법에서 정한 요양급여 중 본인부담금'과 '비급여' 부분의 합계액에서 〈표1 항목별 공제금액〉을 차감하고 외래의 보험가입금액^{주)}을 한도로 보상(매년 계약해당일로부터 1년간 방문 180회 한도)
처방 조제비	처방전 1건당 '국민건강보험법에서 정한 요양급여 중 본인부담금'과 '비급여' 부분의 합계액에서 〈표1 항목별 공제금액〉을 차감하고 처방조제비의 보험가입금액^{주)}을 한도로 보상(매년 계약해당일로부터 1년간 처방전 180건 한도)

주) 외래 및 처방조제비는 회(건)당 합산하여 30만원을 최고한도로 계약자가 정하는 금액으로 합니다.

담보종목	보상하는 사항

〈표1 항목별 공제금액〉

구분	항목	공제 금액
외래 (외래제비용 및 외래수술비 합계)	의료법 제3조 제6항에 의한 의원, 치과의원, 한의원, 의료법 제3조 제7항에 의한 조산원, 지역보건법 제7조에 의한 보건소, 지역보건법 제8조에 의한 보건의료원, 지역보건법 제10조에 의한 보건지소, 농어촌 등 보건의료를 위한 특별조치법 제15조에 의한 보건진료소	1만원
	의료법 제3조 제3항에 의한 종합병원, 동법 제3조 제4항에 의한 병원, 치과병원, 한방병원, 동법 제3조 제5항에 의한 요양병원	1만 5천원
	국민건강보험법 제40조 제2항에 의한 종합전문요양기관	2만원
처방 조제비	국민건강보험법 제40조 제1항 제2호에 의한 약국, 동법 제40조 제1항 제3호에 의한 한국희귀의약품센터에서의 처방, 조제(의사의 처방전 1건당, 의약분업 예외지역에서 약사의 직접조제 1건당)	8천원

② 제1항의 상해에는 유독가스 또는 유독물질을 우연하게도 일시에 흡입, 흡수 또는 섭취한 결과로 생긴 중독증상을 포함합니다. 그러나 세균성 음식물 중독과 상습적으로 흡입, 흡수 또는 섭취한 결과로 생긴 중독증상은 이에 포함되지 아니합니다.

③ 제1항의 질병에서 청약서상 '계약 전 알릴의무(중요한 사항에 한합니다)'에 해당하는 질병으로 인하여 과거(청약서상 당해 질병의 고지대상 기간을 말합니다)에 진단 또는 치료를 받은 경우에는 제외합니다.

④ 피보험자(보험대상자)가 국민건강보험법을 적용받지 못하는 경우(국민건강보험법에서 정한 요양급여 절차를 거치지 아니한 경우도 포함합니다)에는 통원의료비 중 본인이 실제로 부담한 금액에서 〈표1 항목별 공제금액〉을 차감한 금액의 40% 해당액을 외래 및 처방조제비로 보험가입금액(외래 및 처방조제비는 회(건)당 합산하여 30만원을 최고한도로 계약자가 정하는 금액으로 합니다)을 한도로 보상하여 드립니다.

⑤ 피보험자(보험대상자)가 통원하여 치료를 받던 중 보험기간이 만료되더라도 그 계속 중인 통원 치료에 대하여는 보험기간 만료일로부터 180일 이내에 외래는 방문 90회, 처방조제비는 처방전 90건을 한도로 보상하여 드립니다.

〈보상기간 예시〉

보장대상기간 (1년)	보장대상기간 (1년)	보장대상기간 (1년)	추가보상 (180일)
↑ 계약일 (2010. 1. 1.)	↑ 계약해당일 (2011. 1. 1.)	↑ 계약해당일 (2012. 1. 1.)	↑ 보험기간 종료일 (2012. 12. 31.) ↑ 보상종료 (2013. 6. 29.)

⑥ 하나의 상해 또는 하나의 질병으로 인해 하루에 같은 치료를 목적으로 의료기관에 2회 이상 통원치료 시(하나의 상해 또는 하나의 질병으로 약국을 통한 2회 이상의 처방조제를 포함합니다) 1회의 외래 및 1건의 처방으로 간주하여 제1항 및 제5항을 적용합니다.

담보종목	보상하는 사항
	⑦ 피보험자(보험대상자)가 병원 또는 약국의 직원복리후생제도에 의하여 납부할 의료비를 감면받은 경우에는 그 감면 전 의료비를 기준으로 통원의료비를 계산합니다. ⑧ 제3항에도 불구하고 청약일 이전에 진단된 질병이라 하더라도 청약일 이후 5년이 지나는 동안(계약이 자동갱신되어 5년을 지나는 경우를 포함합니다) 그 질병으로 인하여 추가적인 진단(단순건강검진 제외) 또는 치료사실이 없을 경우, 청약일로부터 5년이 지난 이후에는 이 약관에 따라 보상하여 드립니다. ⑨ 제8항의 '청약일 이후 5년이 지나는 동안'이라 함은 이 약관 제15조(보험료의 납입연체 시 납입최고(독촉)와 계약의 해지)에서 정한 계약의 해지가 발생하지 않은 경우를 말합니다. ⑩ 이 약관 제16조(보험료의 납입연체로 인한 해지계약의 부활(효력회복))에서 정한 계약의 부활이 이루어진 경우 부활일을 제8항의 청약일로 하여 적용합니다.

제3장 회사가 보상하지 않는 사항

제4조(보상하지 않는 사항) 회사가 보상하지 않는 사항은 다음과 같습니다.

담보종목	보상하지 않는 사항
(1) 상해입원	① 회사는 아래의 사유를 원인으로 하여 생긴 입원의료비는 보상하여 드리지 아니합니다. 　1. 수익자의 고의. 다만, 그 수익자가 보험금의 일부 수익자인 경우에는 그 수익자에 해당하는 보험금을 제외한 나머지 보험금을 다른 수익자에게 지급하여 드립니다. 　2. 계약자의 고의 　3. 피보험자(보험대상자)의 고의. 다만, 피보험자(보험대상자)가 심신상실 등으로 자유로운 의사결정을 할 수 없는 상태에서 자신을 해친 사실이 증명된 경우에는 보상하여 드립니다. 　4. 피보험자(보험대상자)의 임신, 출산(제왕절개를 포함합니다), 산후기로 입원한 경우. 그러나 회사가 보상하는 상해로 인한 경우에는 보상하여 드립니다. 　5. 알콜중독, 습관성 약품 또는 환각제의 복용 및 사용 　6. 전쟁, 외국의 무력행사, 혁명, 내란, 사변, 폭동 　7. 핵연료 물질(사용이 끝난 연료를 포함합니다. 이하 같습니다) 또는 핵연료 물질에 의하여 오염된 물질(원자핵분열 생성물을 포함합니다)의 방사성, 폭발성 사고(방사선을 쬐는 것 또는 방사능 오염을 포함합니다) 　8. 피보험자(보험대상자)가 정당한 이유없이 입원기간 중 의사의 지시를 따르지 아니한 때에 회사는 그로 인하여 악화된 부분에 대하여는 보상하여 드리지 아니합니다. ② 회사는 다른 약정이 없으면 피보험자(보험대상자)가 직업, 직무 또는 동호회 활동목적으로 아래에 열거된 행위로 인하여 생긴 상해에 대하여는 보상하여 드리지 아니합니다. 　1. 전문등반(전문적인 등산용구를 사용하여 암벽 또는 빙벽을 오르내리거나 특수한 기술, 경험, 사전훈련을 필요로 하는 등반을 말합니다), 글라이더 조종, 스카이다이빙, 스쿠버다이빙, 행글라이딩 　2. 모터보트, 자동차 또는 오토바이에 의한 경기, 시범, 흥행(이를 위한 연습을 포함합니다) 또는 시운전(다만, 공용도로상에서 시운전을 하는 동안 발생한 상해는 보상하여 드

담보종목	보상하지 않는 사항
	립니다) 3. 선박승무원, 어부, 사공, 그밖에 선박에 탑승하는 것을 직무로 하는 사람이 직무상 선박에 탑승 ③ 회사는 아래의 입원의료비에 대하여는 보상하여 드리지 아니합니다. 　1. 치과치료 · 한방치료에서 발생한 국민건강보험법상 요양급여에 해당하지 않는 비급여 의료비 　2. 국민건강보험법상 요양급여 중 본인부담금의 경우 국민건강보험 관련 법령에 의해 국민건강보험공단으로부터 사전 또는 사후 환급이 가능한 금액 　3. 건강검진, 예방접종, 인공유산. 다만, 회사가 보상하는 상해 치료를 목적으로 하는 경우에는 보상하여 드립니다. 　4. 영양제, 종합비타민제, 호르몬 투여, 보신용 투약, 친자 확인을 위한 진단, 불임검사, 불임수술, 불임복원술, 보조생식술(체내, 체외 인공수정을 포함합니다), 성장촉진과 관련된 비용 등에 소요된 비용. 다만, 회사가 보상하는 상해 치료를 목적으로 하는 경우에는 보상하여 드립니다. 　5. 의치, 의수족, 의안, 안경, 콘택트렌즈, 보청기, 목발, 팔걸이(Arm Sling), 보조기 등 진료재료의 구입 및 대체비용(다만, 인공장기나 부분 의치 등 신체에 이식되어 그 기능을 대신할 경우는 제외합니다) 　6. 외모개선 목적의 치료로 인하여 발생한 의료비 　　가. 쌍꺼풀수술(이중검수술), 코성형수술(융비술), 유방확대 · 축소술, 지방흡입술, 주름살제거술 등 　　나. 사시교정, 안와격리증의 교정 등 시각계 수술로써 시력개선 목적이 아닌 외모개선 목적의 수술 　　다. 안경, 콘택트렌즈 등을 대체하기 위한 시력교정술 　　라. 외모개선 목적의 다리정맥류 수술 　7. 진료와 무관한 제비용(TV시청료, 전화료, 제증명료 등), 의사의 임상적 소견과 관련이 없는 검사비용 　8. 자동차보험(공제를 포함합니다) 또는 산재보험에서 보상받는 의료비. 다만, 본인부담의료비는 제3조(담보종목별 보장내용)에 따라 보상하여 드립니다. 　9. 국민건강보험법 제40조의 요양기관이 아닌 해외 소재 의료기관에서 발생한 의료비
(2) 상해통원	① 회사는 아래의 사유를 원인으로 하여 생긴 통원의료비는 보상하여 드리지 아니합니다. 　1. 수익자의 고의. 다만, 그 수익자가 보험금의 일부 수익자인 경우에는 그 수익자에 해당하는 보험금을 제외한 나머지 보험금을 다른 수익자에게 지급하여 드립니다. 　2. 계약자의 고의 　3. 피보험자(보험대상자)의 고의. 다만, 심신상실 등으로 자유로운 의사결정을 할 수 없는 상태에서 자신을 해친 사실이 증명된 경우에는 보상하여 드립니다. 　4. 피보험자(보험대상자)의 임신, 출산(제왕절개를 포함합니다), 산후기로 통원한 경우. 그러나 회사가 보상하는 상해로 인한 경우에는 보상하여 드립니다. 　5. 알콜중독, 습관성 약품 또는 환각제의 복용 및 사용 　6. 전쟁, 외국의 무력행사, 혁명, 내란, 사변, 폭동 　7. 핵연료 물질(사용이 끝난 연료를 포함합니다. 이하 같습니다) 또는 핵연료 물질에 의하여 오염된 물질(원자핵분열 생성물을 포함합니다)의 방사성, 폭발성 사고(방사선을 쬐는 것 또는 방사능 오염을 포함합니다)

담보종목	보상하지 않는 사항
	8. 피보험자(보험대상자)가 정당한 이유없이 통원기간 중 의사의 지시를 따르지 아니한 때에 회사는 그로 인하여 악화된 부분에 대하여는 보상하여 드리지 아니합니다.
	② 회사는 다른 약정이 없으면 피보험자(보험대상자)가 직업, 직무 또는 동호회 활동목적으로 아래에 열거된 행위로 인하여 생긴 상해에 대하여는 보상하여 드리지 아니합니다.
	1. 전문등반(전문적인 등산용구를 사용하여 암벽 또는 빙벽을 오르내리거나 특수한 기술, 경험, 사전훈련을 필요로 하는 등반을 말합니다), 글라이더 조종, 스카이다이빙, 스쿠버 다이빙, 행글라이딩 또는 이와 비슷한 위험한 활동
	2. 모타보트, 자동차 또는 오토바이에 의한 경기, 시범, 흥행(이를 위한 연습을 포함합니다) 또는 시운전(다만, 공용도로상에서 시운전을 하는 동안 발생한 상해는 보상하여 드립니다)
	3. 선박승무원, 어부, 사공, 그 밖에 선박에 탑승하는 것을 직무로 하는 사람이 직무상 선박에 탑승
	③ 회사는 아래의 통원의료비에 대하여는 보상하여 드리지 아니합니다.
	1. 치과치료 · 한방치료에서 발생한 국민건강보험법상 요양급여에 해당하지 않는 비급여 의료비
	2. 국민건강보험법상 요양급여 중 본인부담금의 경우 국민건강보험 관련 법령에 의해 국민건강보험공단으로부터 사전 또는 사후 환급이 가능한 금액
	3. 건강검진, 예방접종, 인공유산. 다만, 회사가 보상하는 상해 치료를 목적으로 하는 경우에는 보상하여 드립니다.
	4. 영양제, 종합비타민제, 호르몬 투여, 보신용 투약, 친자 확인을 위한 진단, 불임검사, 불임수술, 불임복원술, 보조생식술(체내, 체외 인공수정을 포함합니다), 성장촉진과 관련된 비용 등에 소요된 비용. 다만, 회사가 보상하는 상해 치료를 목적으로 하는 경우에는 보상하여 드립니다.
	5. 의치, 의수족, 의안, 안경, 콘택트렌즈, 보청기, 목발, 팔걸이(Arm Sling), 보조기 등 진료재료의 구입 및 대체비용(다만, 인공장기나 부분 의치 등 신체에 이식되어 그 기능을 대신할 경우는 제외합니다)
	6. 외모개선 목적의 치료로 인하여 발생한 의료비
	가. 쌍꺼풀수술(이중검수술), 코성형수술(융비술), 유방확대 · 축소술, 지방흡입술, 주름살제거술 등
	나. 사시교정, 안와격리증의 교정 등 시각계 수술로써 시력개선 목적이 아닌 외모개선 목적의 수술
	다. 안경, 콘택트렌즈 등을 대체하기 위한 시력교정술
	라. 외모개선 목적의 다리정맥류 수술
	7. 진료와 무관한 제비용(TV시청료, 전화료, 제증명료 등), 의사의 임상적 소견과 관련이 없는 검사비용
	8. 자동차보험(공제를 포함합니다) 또는 산재보험에서 보상받는 의료비. 다만, 본인부담의료비는 제3조(담보종목별 보장내용)에 따라 보상하여 드립니다.
	9. 국민건강보험법 제40조의 요양기관이 아닌 해외 소재 의료기관에서 발생한 의료비
(3) 질병입원	① 회사는 아래의 사유를 원인으로 하여 생긴 입원의료비는 보상하여 드리지 아니합니다.
	1. 수익자의 고의. 다만, 그 수익자가 보험금의 일부 수익자인 경우에는 그 수익자에 해당하는 보험금을 제외한 나머지 보험금을 다른 수익자에게 지급합니다.
	2. 계약자의 고의

담보종목	보상하지 않는 사항

3. 피보험자(보험대상자)의 고의. 다만, 심신상실 등으로 자유로운 의사결정을 할 수 없는 상태에서 자신을 해친 사실이 증명된 경우에는 보상하여 드립니다.

4. 피보험자(보험대상자)가 정당한 이유없이 입원기간 중 의사의 지시를 따르지 아니한 때에 회사는 그로 인하여 악화된 부분에 대하여는 보상하여 드리지 아니합니다.

② 회사는 제5차 한국표준질병사인분류에 있어서 아래의 입원의료비에 대하여는 보상하여 드리지 아니합니다.

1. 정신과질환 및 행동장애(F04~F99)

2. 여성생식기의 비염증성 장애로 인한 습관성 유산, 불임 및 인공수정 관련 합병증(N96~N98)

3. 피보험자(보험대상자)의 임신, 출산(제왕절개를 포함합니다), 산후기로 입원한 경우(O00~O99)

4. 선천성 뇌질환(Q00~Q04)

5. 비만(E66)

6. 비뇨기계 장애(N39, R32)

7. 직장 또는 항문질환 중 국민건강보험법상 요양급여에 해당하지 않는 부분(I84, K60~K62)

③ 회사는 아래의 입원의료비에 대하여는 보상하여 드리지 아니합니다.

1. 치과치료 및 한방치료에서 발생한 국민건강보험법상 요양급여에 해당하지 않는 비급여 의료비

2. 국민건강보험법상 요양급여 중 본인부담금의 경우 국민건강보험 관련 법령에 의해 국민건강보험공단으로부터 사전 또는 사후 환급이 가능한 금액

3. 건강검진, 예방접종, 인공유산. 다만, 회사가 보상하는 질병 치료를 목적으로 하는 경우에는 보상하여 드립니다.

4. 영양제, 종합비타민제, 호르몬 투여, 보신용 투약, 친자 확인을 위한 진단, 불임검사, 불임수술, 불임복원술, 보조생식술(체내, 체외 인공수정을 포함합니다), 성장촉진과 관련된 비용 등에 소요된 비용. 다만, 회사가 보상하는 질병 치료를 목적으로 하는 경우에는 보상하여 드립니다.

5. 아래에 열거된 치료로 인하여 발생한 의료비

가. 단순한 피로 또는 권태

나. 주근깨, 다모, 무모, 백모증, 딸기코(주사비), 점(모반), 사마귀, 여드름, 노화현상으로 인한 탈모 등 피부질환

다. 발기부전(impotence)·불감증, 단순 코골음, 단순포경(phimosis), 검열반 등 안과질환

6. 의치, 의수족, 의안, 안경, 콘택트렌즈, 보청기, 목발, 팔걸이(Arm Sling), 보조기 등 진료재료의 구입 및 대체비용(다만, 인공장기나 부분 의치 등 신체에 이식되어 그 기능을 대신할 경우는 제외합니다)

7. 외모개선 목적의 치료로 인하여 발생한 의료비

가. 쌍꺼풀수술(이중검수술), 코성형수술(융비술), 유방확대·축소술, 지방흡입술, 주름살제거술 등

나. 사시교정, 안와격리증의 교정 등 시각계 수술로써 시력개선 목적이 아닌 외모개선 목적의 수술

다. 안경, 콘택트렌즈 등을 대체하기 위한 시력교정술

라. 외모개선 목적의 다리정맥류 수술

담보종목	보상하지 않는 사항
	8. 진료와 무관한 제비용(TV시청료, 전화료, 제증명료 등), 의사의 임상적 소견과 관련이 없는 검사비용 9. 산재보험에서 보상받는 의료비. 다만, 본인부담의료비는 제3조(담보종목별 보장내용)에 따라 보상하여 드립니다. 10. 인간면역바이러스(HIV)감염으로 인한 치료비(다만, 의료법에서 정한 의료인의 진료상 또는 치료 중 혈액에 의한 HIV감염은 해당 진료기록을 통해 객관적으로 확인되는 경우는 제외합니다) 11. 국민건강보험법 제40조의 요양기관이 아닌 해외 소재 의료기관에서 발생한 의료비
(4) 질병통원	① 회사는 아래의 사유를 원인으로 하여 생긴 통원의료비는 보상하여 드리지 아니합니다. 1. 수익자의 고의. 다만, 그 수익자가 보험금의 일부 수익자인 경우에는 그 수익자에 해당하는 보험금을 제외한 나머지 보험금을 다른 수익자에게 지급합니다. 2. 계약자의 고의 3. 피보험자(보험대상자)의 고의. 다만, 심신상실 등으로 자유로운 의사결정을 할 수 없는 상태에서 자신을 해친 사실이 증명된 경우에는 보상하여 드립니다. 4. 피보험자(보험대상자)가 정당한 이유없이 통원기간 중 의사의 지시를 따르지 아니한 때에 회사는 그로 인하여 악화된 부분에 대하여는 보상하여 드리지 아니합니다. ② 회사는 제5차 한국표준질병사인분류에 있어서 아래의 통원의료비에 대하여는 보상하여 드리지 아니합니다. 1. 정신과질환 및 행동장애(F04~F99) 2. 여성생식기의 비염증성 장애로 인한 습관성 유산, 불임 및 인공수정 관련 합병증(N96~N98) 3. 피보험자(보험대상자)의 임신, 출산(제왕절개를 포함합니다), 산후기로 통원한 경우(O00~O99) 4. 선천성 뇌질환(Q00~Q04) 5. 비만(E66) 6. 비뇨기계 장애(N39, R32) 7. 직장 또는 항문질환 중 국민건강보험법상 요양급여에 해당하지 않는 부분(I84, K60~K62) ③ 회사는 아래의 통원의료비에 대하여는 보상하여 드리지 아니합니다. 1. 치과치료 및 한방치료에서 발생한 국민건강보험법상 요양급여에 해당하지 않는 비급여 의료비 2. 국민건강보험법상 요양급여 중 본인부담금의 경우 국민건강보험 관련 법령에 의해 국민건강보험공단으로부터 사전 또는 사후 환급이 가능한 금액 3. 건강검진, 예방접종, 인공유산. 다만, 회사가 보상하는 질병 치료를 목적으로 하는 경우에는 보상하여 드립니다. 4. 영양제, 종합비타민제, 호르몬 투여, 보신용 투약, 친자 확인을 위한 진단, 불임검사, 불임수술, 불임복원술, 보조생식술(체내, 체외 인공수정을 포함합니다), 성장촉진과 관련된 비용 등에 소요된 비용. 다만, 회사가 보상하는 질병 치료를 목적으로 하는 경우에는 보상하여 드립니다. 5. 아래에 열거된 치료로 인하여 발생한 의료비 　가. 단순한 피로 또는 권태 　나. 주근깨, 다모, 무모, 백모증, 딸기코(주사비), 점(모반), 사마귀, 여드름, 노화현상으

담보종목	보상하지 않는 사항
	로 인한 탈모 등 피부질환 다. 발기부전(impotence)·불감증, 단순 코골음, 단순포경(phimosis), 검열반 등 안과질환 6. 의치, 의수족, 의안, 안경, 콘택트렌즈, 보청기, 목발, 팔걸이(Arm Sling), 보조기 등 진료재료의 구입 및 대체비용(다만, 인공장기나 부분 의치 등 신체에 이식되어 그 기능을 대신할 경우는 제외합니다) 7. 외모개선 목적의 치료로 인하여 발생한 의료비 가. 쌍꺼풀수술(이중검수술), 코성형수술(융비술), 유방확대·축소술, 지방흡입술, 주름살제거술 등 나. 사시교정, 안와격리증의 교정 등 시각계 수술로써 시력개선 목적이 아닌 외모개선 목적의 수술 다. 안경, 콘택트렌즈 등을 대체하기 위한 시력교정술 라. 외모개선 목적의 다리정맥류 수술 8. 진료와 무관한 제비용(TV시청료, 전화료, 제증명료 등), 의사의 임상적 소견과 관련없는 검사비용 9. 산재보험에서 보상받는 의료비. 다만, 본인부담의료비는 제3조(담보종목별 보장내용)에 따라 보상하여 드립니다. 10. 인간면역바이러스(HIV)감염으로 인한 치료비(단, 의료법에서 정한 의료인의 진료상 또는 치료 중 혈액에 의한 HIV감염은 해당 진료기록을 통해 객관적으로 확인되는 경우는 제외) 11. 국민건강보험법 제40조의 요양기관이 아닌 해외 소재 의료기관에서 발생한 의료비
(5) 종합입원	① 상해에 대하여는 '상해입원'을 적용 ② 질병에 대하여는 '질병입원'을 적용
(6) 종합통원	① 상해에 대하여는 '상해통원'을 적용 ② 질병에 대하여는 '질병통원'을 적용

〈붙임〉 용어의 정의

용어	정의
계약	보험계약
계약자	보험회사와 계약을 체결하고 보험료를 납입하는 사람
피보험자 (보험대상자)	보험금 지급사유 또는 보험사고 발생의 대상(객체)이 되는 사람
수익자	보험금을 수령하는 사람
보험기간	계약에서 정한 대상이 되는 위험이 보장되는 기간
회사	보험회사
상해	보험기간 중 발생한 급격하고 우연한 외래의 사고

용어	정의
상해보험계약	상해를 보장하는 계약
의사	의료법 제2조(의료인)에서 정한 의사, 한의사 및 치과의사의 자격을 가진 사람
약사	약사법 제2조(정의)에서 정한 약사 및 한약사의 자격을 가진 사람
의료기관	의료법 제3조(의료기관) 제2항에서 정하는 의료기관이며 종합병원 · 병원 · 치과병원 · 한방병원 · 요양병원 · 의원 · 치과의원 · 한의원 및 조산원으로 구분됨
약국	약사법 제2조 제3항 규정에 의한 장소로서, 약사가 수여할 목적으로 의약품 조제업무를 하는 장소를 말하며, 의료기관의 조제실은 제외
병원	국민건강보험법 제40조(요양기관)에서 정하는 국내의 병원 또는 의원(조산원은 제외)
입원	의사가 보험대상자의 질병 또는 상해로 인하여 치료가 필요하다고 인정한 경우로서 자택 등에서 치료가 곤란하여 병원, 의료기관 또는 이와 동등하다고 인정되는 의료기관에 입실하여 의사의 관리를 받으며 치료에 전념하는 것
입원의 정의 중 이와 동등하다고 인정되는 의료기관	보건소, 보건의료원 및 보건지소 등 의료법 제3조(의료기관) 제2항에서 정한 의료기관에 준하는 의료기관으로서 군의무대, 치매요양원, 노인요양원 등에 속해 있는 요양원, 요양시설, 복지시설 등과 같이 의료기관이 아닌 곳은 이에 해당되지 않음
기준병실	병원에서 국민건강보험 환자의 입원 시 적용하는 기준이 되는 병실
입원실료	입원치료 중 발생한 기준병실 사용료, 환자관리료, 식대 등을 말함
입원제비용	입원치료 중 발생한 진찰료, 검사료, 방사선료, 투약 및 처방료, 주사료, 이학요법(물리치료, 재활치료)료, 정신요법료, 처치료, 재료대, 캐스트료, 지정진료비 등을 말함
입원수술비	입원치료 중 발생한 수술료, 마취료, 수술재료비 등을 말함
입원의료비	입원실료, 입원제비용, 입원수술비, 상급병실료 차액으로 구성됨
통원	의사가 피보험자(보험대상자)의 질병 또는 상해로 인하여 치료가 필요하다고 인정하는 경우로서, 병원에 입원하지 않고 병원을 방문하여 의사의 관리 하에 치료에 전념하는 것
처방조제	의사 및 약사가 피보험자(보험대상자)의 질병 또는 상해로 인하여 치료가 필요하다고 인정하는 경우로서, 통원으로 인하여 발행된 의사의 처방전으로 약국의 약사가 조제하는 것을 말함(국민건강보험법 제40조 제1항 제3호에 의한 한국희귀의약품센터에서의 처방조제 및 의약분업예외지역에서 약사의 직접조제 포함)
외래제비용	통원치료 중 발생한 진찰료, 검사료, 방사선료, 투약 및 처방료, 주사료, 이학요법(물리치료, 재활치료)료, 정신요법료, 처치료, 재료대, 캐스트료, 지정진료비 등을 말함
외래수술비	통원치료 중 발생한 수술료, 마취료, 수술재료비 등을 말함
처방조제비	병원 의사의 처방전에 따라 조제되는 약국의 처방조제비 및 약사의 직접조제비를 말함
통원의료비	외래제비용, 외래수술비, 처방조제비로 구성됨
요양급여	국민건강보험법 제39조(요양급여)에 의한 가입자 및 피부양자의 질병 · 부상 등에 대한 다음 각호의 요양급여를 말함 1. 진찰 · 검사 2. 약제 · 치료재료의 지급 3. 처치 · 수술 기타의 치료 4. 예방 · 재활 5. 입원 6. 간호 7. 이송

용어	정의
본인부담금 상한제	국민건강보험법상 요양급여 중 연간 본인부담금 총액이 국민건강보험법시행령 별표3에서 정하는 금액을 넘는 경우에 그 초과한 금액을 공단에서 부담하고 있는 제도를 말하며, 국민건강보험 관련 법령의 변경에 따라 환급기준이 변경될 경우에는 회사는 변경되는 기준에 따름
보장대상의료비	실제 부담액 - 보상제외금액
보상책임액	(실제 부담액 - 보상제외금액) × 회사부담비율
다수보험	실손 의료보험계약(우체국보험, 각종 공제, 상해·질병·간병보험 등 제3보험, 개인연금·퇴직보험 등 의료비를 실손으로 보상하는 보험·공제계약을 포함)이 동시에 또는 순차적으로 2개 이상 체결되었고, 그 계약이 동일한 보험사고에 대하여 각 계약별 보상책임액이 있는 다수의 실손 의료보험계약을 말함

제1차 개정 표준약관(2010. 3. 29.)

〈실손 의료보험〉

실손 의료보험은 사람의 질병·상해 또는 이로 인한 간병에 관한 손해(의료비에 한합니다)를 보험회사가 보상하는 상품입니다

제1장 일반사항

제1조(담보종목) ① 회사가 판매하는 실손 의료보험상품은 상해입원형, 상해통원형, 질병입원형, 질병통원형, 종합(상해와 질병을 말합니다)입원형, 종합통원형 등 총 6개의 담보종목으로 구성되어 있으며, 계약자는 이들 6개 담보종목 중 한 가지 이상을 선택하여 가입할 수 있습니다.

담보종목		보상하는 내용
상해	입원	피보험자(보험대상자)가 상해로 인하여 병원에 입원하여 치료를 받은 경우에 보상
	통원	피보험자(보험대상자)가 상해로 인하여 병원에 통원하여 치료를 받거나 처방조제를 받은 경우에 보상
질병	입원	피보험자(보험대상자)가 질병으로 인하여 병원에 입원하여 치료를 받은 경우에 보상
	통원	피보험자(보험대상자)가 질병으로 인하여 병원에 통원하여 치료를 받거나 처방조제를 받은 경우에 보상
종합	입원	피보험자(보험대상자)가 상해 또는 질병으로 인하여 병원에 입원하여 치료를 받은 경우에 보상
	통원	피보험자(보험대상자)가 상해 또는 질병으로 인하여 병원에 통원하여 치료를 받거나 처방조제를 받은 경우에 보상

② 회사는 이 약관의 명칭에 '실손 의료비' 문구를 포함하여 사용합니다.

제2조(용어정의) 이 약관에서 사용하는 용어의 정의는 〈붙임〉과 같으며 해당 용어는 이 약관에서 밑줄을 그어 표시합니다.

제2장 회사가 보상하는 사항

제3조(담보종목별 보장내용) 회사가 이 계약의 보험기간 중 담보종목별로 각각 보상 또는 공제하는 내용은 다음과 같습니다.

담보종목	보상하는 사항
(1) 상해입원	① 회사는 피보험자(보험대상자)가 상해로 인하여 병원에 입원하여 치료를 받은 경우에는 입원의료비를 다음과 같이 하나의 상해당 보험가입금액(5,000만원을 최고한도로 계약자가 정하는 금액으로 합니다)을 한도로 보상하여 드립니다.

구분	보상금액
입원실료, 입원제비용, 입원수술비	'국민건강보험법에서 정한 요양급여 또는 의료급여법에서 정한 의료급여 중 본인부담금'과 '비급여(상급병실료 차액 제외)' 부분의 합계액 중 90% 해당액(다만, 10% 해당액이 계약일 또는 매년 계약해당일로부터 연간 200만원을 초과하는 경우 그 초과금액은 보상합니다)
상급병실료 차액	입원 시 실제 사용병실과 기준병실과의 병실료 차액 중 50%를 공제한 후의 금액(다만, 1일 평균금액 10만원을 한도로 하며, 1일 평균금액은 입원기간 동안 상급병실료 차액 전체를 총 입원일수로 나누어 산출합니다)

② 제1항의 상해에는 유독가스 또는 유독물질을 우연하게도 일시에 흡입, 흡수 또는 섭취한 결과로 생긴 중독증상을 포함합니다. 그러나 세균성 음식물 중독과 상습적으로 흡입, 흡수 또는 섭취한 결과로 생긴 중독증상은 이에 포함되지 아니합니다.

③ 피보험자(보험대상자)가 국민건강보험법 또는 의료급여법을 적용받지 못하는 경우(국민건강보험법에서 정한 요양급여 또는 의료급여법에서 정한 의료급여 절차를 거치지 아니한 경우도 포함합니다)에는 입원의료비 중 본인이 실제로 부담한 금액의 40% 해당액을 하나의 상해당 보험가입금액(5,000만원을 최고한도로 계약자가 정하는 금액으로 합니다)을 한도로 보상하여 드립니다.

④ 회사는 하나의 상해(동일 상해로 2회 이상 치료를 받는 경우에도 이를 하나의 상해로 봅니다)로 인한 입원의료비를 최초 입원일로부터 365일까지(최초 입원일을 포함합니다) 보상합니다. 다만, 동일한 상해로 인하여 최초 입원일로부터 365일을 넘어 입원할 경우에는 아래의 예시와 같이 90일간의 보상제외기간이 지나야 새로운 상해로 보아 다시 보상하여 드립니다.

〈보상기간 예시〉

	보장대상기간 (365일)	보상제외 (90일)	보장대상기간 (365일)	

계약일 (2010. 1. 1.)   최초 입원일 (2010. 3. 1.)   (2011. 2. 28.) 2011. 3. 1.부터 보상제외   (2011. 5. 29.) 2011. 5. 30.부터 보상재개   (2012. 5. 29.) 2012. 5. 30.부터 보상제외

⑤ 피보험자(보험대상자)가 입원하여 치료를 받던 중 보험기간이 만료되더라도 그 계속 중인 입원에 대하여는 보험기간 종료일로부터 180일까지(보험기간 종료일은 제외합니다) 보상

담보종목	보상하는 사항
	하여 드립니다. 다만, 이 경우 제4항은 적용하지 아니합니다. ⑥ 피보험자(보험대상자)가 병원의 직원복리후생제도에 의하여 납부할 의료비를 감면받은 경우에는 그 감면 전 의료비를 기준으로 입원의료비를 계산합니다.
(2) 상해통원	① 회사는 피보험자(보험대상자)가 상해로 인하여 병원에 통원하여 치료를 받거나 처방조제를 받은 경우에는 통원의료비로서 매년 계약해당일로부터 1년을 단위로 하여 다음과 같이 외래(외래제비용, 외래수술비) 및 처방조제비를 각각 보상하여 드립니다.

구분	보상한도
외래	방문 1회당 '국민건강보험법에서 정한 요양급여 또는 의료급여법에서 정한 의료급여 중 본인부담금'과 '비급여' 부분의 합계액에서 〈표1 항목별 공제금액〉을 차감하고 외래의 보험가입금액^{주)}을 한도로 보상(매년 계약해당일로부터 1년간 방문 180회 한도)
처방조제비	처방전 1건당 '국민건강보험법에서 정한 요양급여 또는 의료급여법에서 정한 의료급여 중 본인부담금'과 '비급여' 부분의 합계액에서 〈표1 항목별 공제금액〉을 차감하고 처방조제비의 보험가입금액^{주)}을 한도로 보상(매년 계약해당일로부터 1년간 처방전 180건 한도)

주) 외래 및 처방조제비는 회(건)당 합산하여 30만원을 최고한도로 계약자가 정하는 금액으로 합니다.

〈표1 항목별 공제금액〉

구분	항목	공제 금액
외래 (외래제비용 및 외래수술비 합계)	의료법 제3조 제2항 제1호에 의한 의원, 치과의원, 한의원, 의료법 제3조 제2항 제2호에 의한 조산원, 지역보건법 제7조에 의한 보건소, 지역보건법 제8조에 의한 보건의료원, 지역보건법 제10조에 의한 보건지소, 농어촌 등 보건의료를 위한 특별조치법 제15조에 의한 보건진료소	1만원
	의료법 제3조 제2항 제3호에 의한 종합병원, 병원, 치과병원, 한방병원, 요양병원	1만 5천원
	국민건강보험법 제40조 제2항에 의한 종합전문요양기관 또는 의료법 제3조의4에 의한 상급종합병원	2만원
처방 조제비	국민건강보험법 제40조 제1항 제2호에 의한 약국, 동법 제40조 제1항 제3호에 의한 한국희귀의약품센터에서의 처방, 조제(의사의 처방전 1건당, 의약분업 예외지역에서 약사의 직접조제 1건당)	8천원

② 피보험자(보험대상자)가 통원하여 치료를 받던 중 보험기간이 만료되더라도 그 계속 중인 통원 치료에 대하여는 보험기간 만료일로부터 180일 이내에 외래는 방문 90회, 처방조제비는 처방전 90건을 한도로 보상하여 드립니다.

담보종목	보상하는 사항

〈보상기간 예시〉

보장대상기간 (1년)	보장대상기간 (1년)	보장대상기간 (1년)	추가보상 (180일)
↑ 계약일 (2010. 1. 1.)	↑ 계약해당일 (2011. 1. 1.)	↑ 계약해당일 (2012. 1. 1.)	↑ 보험기간 종료일 보상종료 (2012. 12. 31.) (2013. 6. 29.)

③ 하나의 상해로 인해 하루에 같은 치료를 목적으로 의료기관에 2회 이상 통원치료 시(하나의 상해로 약국을 통한 2회 이상의 처방조제를 포함합니다) 1회의 외래 및 1건의 처방으로 간주하여 제1항 및 제2항을 적용합니다.

④ 제1항의 상해에는 유독가스 또는 유독물질을 우연하게도 일시에 흡입, 흡수 또는 섭취한 결과로 생긴 중독증상을 포함합니다. 그러나 세균성 음식물 중독과 상습적으로 흡입, 흡수 또는 섭취한 결과로 생긴 중독증상은 이에 포함되지 아니합니다.

⑤ 피보험자(보험대상자)가 국민건강보험법 또는 의료급여법을 적용받지 못하는 경우(국민건강보험법에서 정한 요양급여 또는 의료급여법에서 정한 의료급여 절차를 거치지 아니한 경우도 포함합니다)에는 통원의료비 중 본인이 실제로 부담한 금액에서 〈표1 항목별 공제금액〉을 차감한 금액의 40% 해당액을 외래 및 처방조제비로 보험가입금액(외래 및 처방조제비는 회(건)당 합산하여 30만원을 최고한도로 계약자가 정하는 금액으로 합니다)을 한도로 보상하여 드립니다.

⑥ 피보험자(보험대상자)가 병원 또는 약국의 직원복리후생제도에 의하여 납부할 의료비를 감면받은 경우에는 그 감면 전 의료비를 기준으로 통원의료비를 계산합니다.

(3) 질병입원	① 회사는 피보험자(보험대상자)가 질병으로 인하여 병원에 입원하여 치료를 받은 경우에는 입원의료비를 다음과 같이 하나의 질병당 보험가입금액(5,000만원을 최고한도로 계약자가 정하는 금액으로 합니다)을 한도로 보상하여 드립니다.

구분	보상금액
입원실료, 입원제비용, 입원수술비	'국민건강보험법에서 정한 요양급여 또는 의료급여법에서 정한 의료급여 중 본인부담금'과 '비급여(상급병실료 차액 제외)' 부분의 합계액 중 90% 해당액(다만, 10% 해당액이 계약일 또는 매년 계약해당일로부터 연간 200만원을 초과하는 경우 그 초과금액은 보상합니다)
상급병실료 차액	입원 시 실제 사용병실과 기준병실과의 병실료 차액 중 50%를 공제한 후의 금액(다만, 1일 평균금액 10만원을 한도로 하며, 1일 평균금액은 입원기간 동안 상급병실료 차액 전체를 총 입원일수로 나누어 산출합니다)

② 제1항의 질병에서 청약서상 '계약 전 알릴의무(중요한 사항에 한합니다)'에 해당하는 질병으로 인하여 과거(청약서상 당해 질병의 고지대상 기간을 말합니다)에 진단 또는 치료를 받은 경우에는 제외합니다.

③ 피보험자(보험대상자)가 국민건강보험법 또는 의료급여법을 적용받지 못하는 경우(국민건강보험법에서 정한 요양급여 또는 의료급여법에서 정한 의료급여 절차를 거치지 아니한 경우도 포함합니다)에는 입원의료비 중 본인이 실제로 부담한 금액의 40% 해당액을 하나의 질병당 보험가입금액(5,000만원을 최고한도로 계약자가 정하는 금액으로 합니다)을 한도로 보상하여 드립니다.

담보종목	보상하는 사항
	④ 회사는 동일한 질병 또는 하나의 질병(의학상 관련이 있다고 의사가 인정하는 질병은 동일한 질병으로 간주하며, 동일한 질병으로 2회 이상 치료를 받는 경우에는 이를 하나의 질병으로 봅니다)으로 인한 입원의료비는 최초 입원일로부터 365일(최초 입원일을 포함합니다)까지 보상하여 드립니다. 다만, 하나의 질병으로 인하여 최초 입원일로부터 365일을 넘어 입원할 경우에는 아래의 예시와 같이 90일간의 보상제외기간이 지나야 새로운 질병으로 인한 입원으로 보아 다시 보상하여 드립니다.

〈보상기간 예시〉

	보장대상기간 (365일)	보상제외 (90일)	보장대상기간 (365일)	

| 계약일
(2010. 1. 1.) | 최초 입원일
(2010. 3. 1.) | (2011. 2. 28.)
2011. 3. 1.부터
보상제외 | (2011. 5. 29.)
2011. 5. 30.부터
보상재개 | (2012. 5. 29.)
2012. 5. 30.부터
보상제외 |

⑤ 피보험자(보험대상자)가 입원하여 치료를 받던 중 보험기간이 만료되더라도 그 계속 중인 입원에 대하여는 보험기간 종료일로부터 180일까지(보험기간 종료일은 제외합니다) 보상하여 드립니다. 다만, 이 경우 제4항은 적용하지 아니합니다.

⑥ 피보험자(보험대상자)가 병원의 직원복리후생제도에 의하여 납부할 의료비를 감면받은 경우에는 그 감면 전 의료비를 기준으로 입원의료비를 계산합니다.

⑦ 동일한 질병이란 발생 원인이 동일한 질병(의학상 중요한 관련이 있는 질병을 포함합니다)을 말하며, 질병의 치료 중에 발생된 합병증 또는 새로이 발견된 질병의 치료가 병행되거나 의학상 관련이 없는 여러 종류의 질병을 갖고 있는 상태에서 입원한 때에는 동일한 질병으로 간주합니다.

⑧ 제2항에도 불구하고 청약일 이전에 진단확정된 질병이라 하더라도 청약일 이후 5년이 지나는 동안(계약이 자동갱신되어 5년을 지나는 경우를 포함합니다) 그 질병으로 인하여 추가적인 진단(단순 건강검진 제외) 또는 치료사실이 없을 경우, 청약일로부터 5년이 지난 이후에는 이 약관에 따라 보상하여 드립니다.

⑨ 제8항의 '청약일 이후 5년이 지나는 동안'이라 함은 이 약관 제15조(보험료의 납입연체 시 납입최고(독촉)와 계약의 해지)에서 정한 계약의 해지가 발생하지 않은 경우를 말합니다.

⑩ 이 약관 제16조(보험료의 납입연체로 인한 해지계약의 부활(효력회복))에서 정한 계약의 부활이 이루어진 경우 부활일을 제8항의 청약일로 하여 적용합니다.

| (4)
질병통원 | ① 회사는 피보험자(보험대상자)가 질병으로 인하여 병원에 통원하여 치료를 받거나 처방조제를 받은 경우에는 통원의료비로서 매년 계약해당일로부터 1년을 단위로 하여 다음과 같이 외래(외래제비용, 외래수술비) 및 처방조제비를 각각 보상하여 드립니다. |

구분	보상한도
외래	방문 1회당 '국민건강보험법에서 정한 요양급여 또는 의료급여법에서 정한 의료급여 중 본인부담금'과 '비급여' 부분의 합계액에서 〈표1 항목별 공제금액〉을 차감하고 외래의 보험가입금액^{주)}을 한도로 보상(매년 계약해당일로부터 1년간 방문 180회 한도)

담보종목	보상하는 사항

구분	보상한도
처방 조제비	처방전 1건당 '국민건강보험법에서 정한 요양급여 또는 의료급여법에서 정한 의료급여 중 본인부담금'과 '비급여' 부분의 합계액에서 〈표1 항목별 공제금액〉을 차감하고 처방조제비의 보험가입금액^{주)}을 한도로 보상 (매년 계약해당일로부터 1년간 처방전 180건 한도)

주) 외래 및 처방조제비는 회(건)당 합산하여 30만원을 최고한도로 계약자가 정하는 금액으로 합니다.

〈표1 항목별 공제금액〉

구분	항목	공제 금액
외래 (외래제비용 및 외래수술비 합계)	의료법 제3조 제2항 제1호에 의한 의원, 치과의원, 한의원, 의료법 제3조 제2항 제2호에 의한 조산원, 지역보건법 제7조에 의한 보건소, 지역보건법 제8조에 의한 보건의료원, 지역보건법 제10조에 의한 보건지소, 농어촌 등 보건의료를 위한 특별조치법 제15조에 의한 보건진료소	1만원
	의료법 제3조 제2항 제3호에 의한 종합병원, 병원, 치과병원, 한방병원, 요양병원	1만 5천원
	국민건강보험법 제40조 제2항에 의한 종합전문요양기관 또는 의료법 제3조의4에 의한 상급종합병원	2만원
처방 조제비	국민건강보험법 제40조 제1항 제2호에 의한 약국, 동법 제40조 제1항 제3호에 의한 한국희귀의약품센터에서의 처방, 조제(의사의 처방전 1건당, 의약분업 예외지역에서 약사의 직접조제 1건당)	8천원

② 피보험자(보험대상자)가 통원하여 치료를 받던 중 보험기간이 만료되더라도 그 계속 중인 통원 치료에 대하여는 보험기간 만료일로부터 180일 이내에 외래는 방문 90회, 처방조제비는 처방전 90건을 한도로 보상하여 드립니다.

〈보상기간 예시〉

보장대상기간 (1년)	보장대상기간 (1년)	보장대상기간 (1년)	추가보상 (180일)
↑ 계약일 (2010. 1. 1.)	↑ 계약해당일 (2011. 1. 1.)	↑ 계약해당일 (2012. 1. 1.)	↑ ↑ 보험기간 종료일 보상종료 (2012. 12. 31.) (2013. 6. 29.)

③ 하나의 질병으로 인해 하루에 같은 치료를 목적으로 의료기관에 2회 이상 통원치료 시(하나의 질병으로 약국을 통한 2회 이상의 처방조제를 포함합니다) 1회의 외래 및 1건의 처방으로 간주하여 제1항 및 제2항을 적용합니다.

④ 제1항의 질병에서 청약서상 '계약 전 알릴의무(중요한 사항에 한합니다)'에 해당하는 질병으로 인하여 과거(청약서상 당해 질병의 고지대상 기간을 말합니다)에 진단 또는 치료를 받은 경우에는 제외합니다.

⑤ 피보험자(보험대상자)가 국민건강보험법 또는 의료급여법을 적용받지 못하는 경우(국민건강보험법에서 정한 요양급여 또는 의료급여법에서 정한 의료급여 절차를 거치지 아니한 경

담보종목	보상하는 사항
	우도 포함합니다)에는 통원의료비 중 본인이 실제로 부담한 금액에서 〈표1 항목별 공제금액〉을 차감한 금액의 40% 해당액을 외래 및 처방조제비로 보험가입금액(외래 및 처방조제비는 회(건)당 합산하여 30만원을 최고한도로 계약자가 정하는 금액으로 합니다)을 한도로 보상하여 드립니다.
	⑥ 피보험자(보험대상자)가 병원 또는 약국의 직원복리후생제도에 의하여 납부할 의료비를 감면받은 경우에는 그 감면 전 의료비를 기준으로 통원의료비를 계산합니다.
	⑦ 제4항에도 불구하고 청약일 이전에 진단된 질병이라 하더라도 청약일 이후 5년이 지나는 동안(계약이 자동갱신되어 5년을 지나는 경우를 포함합니다) 그 질병으로 인하여 추가적인 진단(단순건강검진 제외) 또는 치료사실이 없을 경우, 청약일로부터 5년이 지난 이후에는 이 약관에 따라 보상하여 드립니다.
	⑧ 제7항의 '청약일 이후 5년이 지나는 동안'이라 함은 이 약관 제15조(보험료의 납입연체 시 납입최고(독촉)와 계약의 해지)에서 정한 계약의 해지가 발생하지 않은 경우를 말합니다.
	⑨ 이 약관 제16조(보험료의 납입연체로 인한 해지계약의 부활(효력회복))에서 정한 계약의 부활이 이루어진 경우 부활일을 제7항의 청약일로 하여 적용합니다.
(5) 종합입원	① 회사는 피보험자(보험대상자)가 상해 또는 질병으로 인하여 병원에 입원하여 치료를 받은 경우에는 입원의료비를 다음과 같이 보험가입금액(상해당, 질병당 각각 5,000만원을 최고한도로 계약자가 정하는 금액으로 합니다)을 한도로 보상하여 드립니다.

구분	보상금액
입원실료, 입원제비용, 입원수술비	'국민건강보험법에서 정한 요양급여 또는 의료급여법에서 정한 의료급여 중 본인부담금'과 '비급여(상급병실료 차액 제외)' 부분의 합계액 중 90% 해당액(다만, 10% 해당액이 계약일 또는 매년 계약해당일로부터 연간 200만원을 초과하는 경우 그 초과금액은 보상합니다)
상급병실료 차액	입원 시 실제 사용병실과 기준병실과의 병실료 차액 중 50%를 공제한 후의 금액(다만, 1일 평균금액 10만원을 한도로 하며, 1일 평균금액은 입원기간 동안 상급병실료 차액 전체를 총 입원일수로 나누어 산출합니다)

② 제1항의 상해에는 유독가스 또는 유독물질을 우연하게도 일시에 흡입, 흡수 또는 섭취한 결과로 생긴 중독증상을 포함합니다. 그러나 세균성 음식물 중독과 상습적으로 흡입, 흡수 또는 섭취한 결과로 생긴 중독증상은 이에 포함되지 아니합니다.

③ 제1항의 질병에서 청약서상 '계약 전 알릴의무(중요한 사항에 한합니다)'에 해당하는 질병으로 인하여 과거(청약서상 당해 질병의 고지대상 기간을 말합니다)에 진단 또는 치료를 받은 경우에는 제외합니다.

④ 피보험자(보험대상자)가 국민건강보험법 또는 의료급여법을 적용받지 못하는 경우(국민건강보험법에서 정한 요양급여 또는 의료급여법에서 정한 의료급여 절차를 거치지 아니한 경우도 포함합니다)에는 입원의료비 중 본인이 실제로 부담한 금액의 40% 해당액을 보험가입금액(상해당, 질병당 각각 5,000만원을 최고한도로 계약자가 정하는 금액으로 합니다)을 한도로 보상하여 드립니다.

⑤ 회사는 하나의 상해(동일 상해로 2회 이상 치료를 받는 경우에도 이를 하나의 상해로 봅니다), 동일한 질병 또는 하나의 질병(의학상 관련이 있다고 의사가 인정하는 질병은 동일한 질병으로 간주하며, 동일한 질병으로 2회 이상 치료를 받는 경우에는 이를 하나의 질병으로 봅니다)으로 인한 입원의료비를 최초 입원일로부터 365일까지(최초 입원일을 포함합니

담보종목	보상하는 사항

다) 보상합니다. 다만, 최초 입원일로부터 365일을 넘어 입원할 경우에는 아래의 예시와 같이 90일간의 보상제외기간이 지나야 새로운 상해 또는 질병으로 보아 다시 보상하여 드립니다.

〈보상기간 예시〉

	보장대상기간 (365일)	보상제외 (90일)	보장대상기간 (365일)

| 계약일
(2010. 1. 1.) | 최초 입원일
(2010. 3. 1.) | (2011. 2. 28.)
2011. 3. 1.부터
보상제외 | (2011. 5. 29.)
2011. 5. 30.부터
보상재개 | (2012. 5. 29.)
2012. 5. 30.부터
보상제외 |

⑥ 피보험자(보험대상자)가 입원하여 치료를 받던 중 보험기간이 만료되더라도 그 계속 중인 입원에 대하여는 보험기간 종료일로부터 180일까지(보험기간 종료일은 제외합니다) 보상하여 드립니다. 다만, 이 경우 제5항은 적용하지 아니합니다.

⑦ 피보험자(보험대상자)가 병원의 직원복리후생제도에 의하여 납부할 의료비를 감면받은 경우에는 그 감면 전 의료비를 기준으로 입원의료비를 계산합니다.

⑧ 동일한 질병이란 발생 원인이 동일한 질병(의학상 중요한 관련이 있는 질병을 포함합니다)을 말하며, 질병의 치료 중에 발생된 합병증 또는 새로이 발견된 질병의 치료가 병행되거나 의학상 관련이 없는 여러 종류의 질병을 갖고 있는 상태에서 입원한 때에는 동일한 질병으로 간주합니다.

⑨ 제3항에도 불구하고 청약일 이전에 진단확정된 질병이라 하더라도 청약일 이후 5년이 지나는 동안(계약이 자동갱신되어 5년을 지나는 경우를 포함합니다) 그 질병으로 인하여 추가적인 진단(단순 건강검진 제외) 또는 치료사실이 없을 경우, 청약일로부터 5년이 지난 이후에는 이 약관에 따라 보상하여 드립니다.

⑩ 제9항의 '청약일 이후 5년이 지나는 동안'이라 함은 이 약관 제15조(보험료의 납입연체 시 납입최고(독촉)와 계약의 해지)에서 정한 계약의 해지가 발생하지 않은 경우를 말합니다.

⑪ 이 약관 제16조(보험료의 납입연체로 인한 해지계약의 부활(효력회복))에서 정한 계약의 부활이 이루어진 경우 부활일을 제9항의 청약일로 하여 적용합니다.

담보종목	보상하는 사항
(6) 종합통원	① 회사는 피보험자(보험대상자)가 상해 또는 질병으로 인하여 병원에 통원하여 치료를 받거나 처방조제를 받은 경우에는 통원의료비로서 매년 계약해당일로부터 1년을 단위로 하여 다음과 같이 외래(외래제비용, 외래수술비) 및 처방조제비를 각각 보상하여 드립니다.

구분	보상한도
외래	방문 1회당 '국민건강보험법에서 정한 요양급여 또는 의료급여법에서 정한 의료급여 중 본인부담금'과 '비급여' 부분의 합계액에서 〈표1 항목별 공제금액〉을 차감하고 외래의 보험가입금액주)을 한도로 보상(매년 계약 해당일로부터 1년간 방문 180회 한도)
처방 조제비	처방전 1건당 '국민건강보험법에서 정한 요양급여 또는 의료급여법에서 정한 의료급여 중 본인부담금'과 '비급여' 부분의 합계액에서 〈표1 항목별 공제금액〉을 차감하고 처방조제비의 보험가입금액주)을 한도로 보상(매년 계약해당일로부터 1년간 처방전 180건 한도)

담보종목	보상하는 사항

주) 외래 및 처방조제비는 회(건)당 합산하여 30만원을 최고한도로 계약자가 정하는 금액으로 합니다.

〈표1 항목별 공제금액〉

구분	항목	공제 금액
외래 (외래제비용 및 외래수술비 합계)	의료법 제3조 제2항 제1호에 의한 의원, 치과의원, 한의원, 의료법 제3조 제2항 제2호에 의한 조산원, 지역보건법 제7조에 의한 보건소, 지역보건법 제8조에 의한 보건의료원, 지역보건법 제10조에 의한 보건지소, 농어촌 등 보건의료를 위한 특별조치법 제15조에 의한 보건진료소	1만원
	의료법 제3조 제2항 제3호에 의한 종합병원, 병원, 치과병원, 한방병원, 요양병원	1만 5천원
	국민건강보험법 제40조 제2항에 의한 종합전문요양기관 또는 의료법 제3조의4에 의한 상급종합병원	2만원
처방 조제비	국민건강보험법 제40조 제1항 제2호에 의한 약국, 동법 제40조 제1항 제3호에 의한 한국희귀의약품센터에서의 처방, 조제(의사의 처방전 1건당, 의약분업 예외지역에서 약사의 직접조제 1건당)	8천원

② 제1항의 상해에는 유독가스 또는 유독물질을 우연하게도 일시에 흡입, 흡수 또는 섭취한 결과로 생긴 중독증상을 포함합니다. 그러나 세균성 음식물 중독과 상습적으로 흡입, 흡수 또는 섭취한 결과로 생긴 중독증상은 이에 포함되지 아니합니다.

③ 제1항의 질병에서 청약서상 '계약 전 알릴의무(중요한 사항에 한합니다)'에 해당하는 질병으로 인하여 과거(청약서상 당해 질병의 고지대상 기간을 말합니다)에 진단 또는 치료를 받은 경우에는 제외합니다.

④ 피보험자(보험대상자)가 국민건강보험법 또는 의료급여법을 적용받지 못하는 경우(국민건강보험법에서 정한 요양급여 또는 의료급여법에서 정한 의료급여 절차를 거치지 아니한 경우도 포함합니다)에는 통원의료비 중 본인이 실제로 부담한 금액에서 〈표1 항목별 공제금액〉을 차감한 금액의 40% 해당액을 외래 및 처방조제비로 보험가입금액(외래 및 처방조제비는 회(건)당 합산하여 30만원을 최고한도로 계약자가 정하는 금액으로 합니다)을 한도로 보상하여 드립니다.

⑤ 피보험자(보험대상자)가 통원하여 치료를 받던 중 보험기간이 만료되더라도 그 계속 중인 통원 치료에 대하여는 보험기간 만료일로부터 180일 이내에 외래는 방문 90회, 처방조제비는 처방전 90건을 한도로 보상하여 드립니다.

〈보상기간 예시〉

보장대상기간 (1년)	보장대상기간 (1년)	보장대상기간 (1년)	추가보상 (180일)	
↑ 계약일 (2010. 1. 1.)	↑ 계약해당일 (2011. 1. 1.)	↑ 계약해당일 (2012. 1. 1.)	↑ 보험기간 종료일 (2012. 12. 31.)	↑ 보상종료 (2013. 6. 29.)

⑥ 하나의 상해 또는 하나의 질병으로 인해 하루에 같은 치료를 목적으로 의료기관에 2회 이상 통원치료 시(하나의 상해 또는 하나의 질병으로 약국을 통한 2회 이상의 처방조제를 포

담보종목	보상하는 사항
	함합니다) 1회의 외래 및 1건의 처방으로 간주하여 제1항 및 제5항을 적용합니다.
	⑦ 피보험자(보험대상자)가 병원 또는 약국의 직원복리후생제도에 의하여 납부할 의료비를 감면받은 경우에는 그 감면 전 의료비를 기준으로 통원의료비를 계산합니다.
	⑧ 제3항에도 불구하고 청약일 이전에 진단된 질병이라 하더라도 청약일 이후 5년이 지나는 동안(계약이 자동갱신되어 5년을 지나는 경우를 포함합니다) 그 질병으로 인하여 추가적인 진단(단순건강검진 제외) 또는 치료사실이 없을 경우, 청약일로부터 5년이 지난 이후에는 이 약관에 따라 보상하여 드립니다.
	⑨ 제8항의 '청약일 이후 5년이 지나는 동안'이라 함은 이 약관 제15조(보험료의 납입연체 시 납입최고(독촉)와 계약의 해지)에서 정한 계약의 해지가 발생하지 않은 경우를 말합니다.
	⑩ 이 약관 제16조(보험료의 납입연체로 인한 해지계약의 부활(효력회복))에서 정한 계약의 부활이 이루어진 경우 부활일을 제8항의 청약일로 하여 적용합니다.

제3장 회사가 보상하지 않는 사항

제4조(보상하지 않는 사항) 회사가 보상하지 않는 사항은 다음과 같습니다.

담보종목	보상하지 않는 사항
(1) 상해입원	① 회사는 아래의 사유를 원인으로 하여 생긴 입원의료비는 보상하여 드리지 아니합니다. 1. 수익자의 고의. 다만, 그 수익자가 보험금의 일부 수익자인 경우에는 그 수익자에 해당하는 보험금을 제외한 나머지 보험금을 다른 수익자에게 지급하여 드립니다. 2. 계약자의 고의 3. 피보험자(보험대상자)의 고의. 다만, 피보험자(보험대상자)가 심신상실 등으로 자유로운 의사결정을 할 수 없는 상태에서 자신을 해친 사실이 증명된 경우에는 보상하여 드립니다. 4. 피보험자(보험대상자)의 임신, 출산(제왕절개를 포함합니다), 산후기로 입원한 경우. 그러나 회사가 보상하는 상해로 인한 경우에는 보상하여 드립니다. 5. 전쟁, 외국의 무력행사, 혁명, 내란, 사변, 폭동 6. 피보험자(보험대상자)가 정당한 이유없이 입원기간 중 의사의 지시를 따르지 아니한 때에 회사는 그로 인하여 악화된 부분에 대하여는 보상하여 드리지 아니합니다. ② 회사는 다른 약정이 없으면 피보험자(보험대상자)가 직업, 직무 또는 동호회 활동목적으로 아래에 열거된 행위로 인하여 생긴 상해에 대하여는 보상하여 드리지 아니합니다. 1. 전문등반(전문적인 등산용구를 사용하여 암벽 또는 빙벽을 오르내리거나 특수한 기술, 경험, 사전훈련을 필요로 하는 등반을 말합니다), 글라이더 조종, 스카이다이빙, 스쿠버다이빙, 행글라이딩 2. 모터보트, 자동차 또는 오토바이에 의한 경기, 시범, 흥행(이를 위한 연습을 포함합니다) 또는 시운전(다만, 공용도로상에서 시운전을 하는 동안 발생한 상해는 보상하여 드립니다) 3. 선박승무원, 어부, 사공, 그밖에 선박에 탑승하는 것을 직무로 하는 사람이 직무상 선박에 탑승

담보종목	보상하지 않는 사항
	③ 회사는 아래의 입원의료비에 대하여는 보상하여 드리지 아니합니다. 1. 치과치료·한방치료에서 발생한 국민건강보험법상 요양급여에 해당하지 않는 비급여 의료비 2. 국민건강보험법상 요양급여 중 본인부담금의 경우 국민건강보험 관련 법령에 의해 국민건강보험공단으로부터 사전 또는 사후 환급이 가능한 금액(본인부담금 상한제) 3. 의료급여법상 의료급여 중 본인부담금의 경우 의료급여 관련 법령에 의해 의료급여기금 등으로부터 사전 또는 사후 환급이 가능한 금액(의료급여법상 본인부담금 보상제 및 본인부담금 상한제) 4. 건강검진, 예방접종, 인공유산. 다만, 회사가 보상하는 상해 치료를 목적으로 하는 경우에는 보상하여 드립니다. 5. 영양제, 종합비타민제, 호르몬 투여, 보신용 투약, 친자 확인을 위한 진단, 불임검사, 불임수술, 불임복원술, 보조생식술(체내, 체외 인공수정을 포함합니다), 성장촉진과 관련된 비용 등에 소요된 비용. 다만, 회사가 보상하는 상해 치료를 목적으로 하는 경우에는 보상하여 드립니다. 6. 의치, 의수족, 의안, 안경, 콘택트렌즈, 보청기, 목발, 팔걸이(Arm Sling), 보조기 등 진료재료의 구입 및 대체비용(다만, 인공장기나 부분 의치 등 신체에 이식되어 그 기능을 대신할 경우는 제외합니다) 7. 외모개선 목적의 치료로 인하여 발생한 의료비 　가. 쌍꺼풀수술(이중검수술), 코성형수술(융비술), 유방확대·축소술, 지방흡입술, 주름살제거술 등 　나. 사시교정, 안와격리증의 교정 등 시각계 수술로써 시력개선 목적이 아닌 외모개선 목적의 수술 　다. 안경, 콘택트렌즈 등을 대체하기 위한 시력교정술 　라. 외모개선 목적의 다리정맥류 수술 8. 진료와 무관한 제비용(TV시청료, 전화료, 제증명료 등), 의사의 임상적 소견과 관련이 없는 검사비용 9. 자동차보험(공제를 포함합니다) 또는 산재보험에서 보상받는 의료비. 다만, 본인부담 의료비는 제3조(담보종목별 보장내용)에 따라 보상하여 드립니다. 10. 국민건강보험법 제40조의 요양기관이 아닌 해외 소재 의료기관에서 발생한 의료비
(2) 상해통원	① 회사는 아래의 사유를 원인으로 하여 생긴 통원의료비는 보상하여 드리지 아니합니다. 1. 수익자의 고의. 다만, 그 수익자가 보험금의 일부 수익자인 경우에는 그 수익자에 해당하는 보험금을 제외한 나머지 보험금을 다른 수익자에게 지급하여 드립니다. 2. 계약자의 고의 3. 피보험자(보험대상자)의 고의. 다만, 심신상실 등으로 자유로운 의사결정을 할 수 없는 상태에서 자신을 해친 사실이 증명된 경우에는 보상하여 드립니다. 4. 피보험자(보험대상자)의 임신, 출산(제왕절개를 포함합니다), 산후기로 통원한 경우. 그러나 회사가 보상하는 상해로 인한 경우에는 보상하여 드립니다. 5. 전쟁, 외국의 무력행사, 혁명, 내란, 사변, 폭동 6. 피보험자(보험대상자)가 정당한 이유없이 통원기간 중 의사의 지시를 따르지 아니한 때에 회사는 그로 인하여 악화된 부분에 대하여는 보상하여 드리지 아니합니다. ② 회사는 다른 약정이 없으면 피보험자(보험대상자)가 직업, 직무 또는 동호회 활동목적으로 아래에 열거된 행위로 인하여 생긴 상해에 대하여는 보상하여 드리지 아니합니다.

담보종목	보상하지 않는 사항

	1. 전문등반(전문적인 등산용구를 사용하여 암벽 또는 빙벽을 오르내리거나 특수한 기술, 경험, 사전훈련을 필요로 하는 등반을 말합니다), 글라이더 조종, 스카이다이빙, 스쿠버 다이빙, 행글라이딩 또는 이와 비슷한 위험한 활동
	
	2. 모타보트, 자동차 또는 오토바이에 의한 경기, 시범, 흥행(이를 위한 연습을 포함합니다) 또는 시운전(다만, 공용도로상에서 시운전을 하는 동안 발생한 상해는 보상하여 드립니다)
	
	3. 선박승무원, 어부, 사공, 그 밖에 선박에 탑승하는 것을 직무로 하는 사람이 직무상 선박에 탑승
	
	③ 회사는 아래의 통원의료비에 대하여는 보상하여 드리지 아니합니다.
	
	1. 치과치료·한방치료에서 발생한 국민건강보험법상 요양급여에 해당하지 않는 비급여 의료비
	
	2. 국민건강보험법상 요양급여 중 본인부담금의 경우 국민건강보험 관련 법령에 의해 국민 건강보험공단으로부터 사전 또는 사후 환급이 가능한 금액(본인부담금 상한제)
	
	3. 의료급여법상 의료급여 중 본인부담금의 경우 의료급여 관련 법령에 의해 의료급여기금 등으로부터 사전 또는 사후 환급이 가능한 금액(의료급여법상 본인부담금 보상제 및 본 인부담금 상한제)
	
	4. 건강검진, 예방접종, 인공유산. 다만, 회사가 보상하는 상해 치료를 목적으로 하는 경우에는 보상하여 드립니다.
	
	5. 영양제, 종합비타민제, 호르몬 투여, 보신용 투약, 친자 확인을 위한 진단, 불임검사, 불임수술, 불임복원술, 보조생식술(체내, 체외 인공수정을 포함합니다), 성장촉진과 관련된 비용 등에 소요된 비용. 다만, 회사가 보상하는 상해 치료를 목적으로 하는 경우에는 보상하여 드립니다.
	
	6. 의치, 의수족, 의안, 안경, 콘택트렌즈, 보청기, 목발, 팔걸이(Arm Sling), 보조기 등 진료재료의 구입 및 대체비용(다만, 인공장기나 부분 의치 등 신체에 이식되어 그 기능을 대신할 경우는 제외합니다)
	
	7. 외모개선 목적의 치료로 인하여 발생한 의료비
	   가. 쌍꺼풀수술(이중검수술), 코성형수술(융비술), 유방확대·축소술, 지방흡입술, 주름살제거술 등
	   나. 사시교정, 안와격리증의 교정 등 시각계 수술로써 시력개선 목적이 아닌 외모개선 목적의 수술
	   다. 안경, 콘택트렌즈 등을 대체하기 위한 시력교정술
	   라. 외모개선 목적의 다리정맥류 수술
	
	8. 진료와 무관한 제비용(TV시청료, 전화료, 제증명료 등), 의사의 임상적 소견과 관련이 없는 검사비용
	
	9. 자동차보험(공제를 포함합니다) 또는 산재보험에서 보상받는 의료비. 다만, 본인부담의료비는 제3조(담보종목별 보장내용)에 따라 보상하여 드립니다.
	
	10. 국민건강보험법 제40조의 요양기관이 아닌 해외 소재 의료기관에서 발생한 의료비

(3) 질병입원	① 회사는 아래의 사유를 원인으로 하여 생긴 입원의료비는 보상하여 드리지 아니합니다. 1. 수익자의 고의. 다만, 그 수익자가 보험금의 일부 수익자인 경우에는 그 수익자에 해당하는 보험금을 제외한 나머지 보험금을 다른 수익자에게 지급합니다. 2. 계약자의 고의 3. 피보험자(보험대상자)의 고의. 다만, 심신상실 등으로 자유로운 의사결정을 할 수 없는

담보종목	보상하지 않는 사항

상태에서 자신을 해친 사실이 증명된 경우에는 보상하여 드립니다.

4. 피보험자(보험대상자)가 정당한 이유없이 입원기간 중 의사의 지시를 따르지 아니한 때에 회사는 그로 인하여 악화된 부분에 대하여는 보상하여 드리지 아니합니다.

② 회사는 제5차 한국표준질병사인분류에 있어서 아래의 입원의료비에 대하여는 보상하여 드리지 아니합니다.

1. 정신과질환 및 행동장애(F04~F99)
2. 여성생식기의 비염증성 장애로 인한 습관성 유산, 불임 및 인공수정 관련 합병증(N96~N98)
3. 피보험자(보험대상자)의 임신, 출산(제왕절개를 포함합니다), 산후기로 입원한 경우(O00~O99)
4. 선천성 뇌질환(Q00~Q04)
5. 비만(E66)
6. 비뇨기계 장애(N39, R32)
7. 직장 또는 항문질환 중 국민건강보험법상 요양급여에 해당하지 않는 부분(I84, K60~K62)

③ 회사는 아래의 입원의료비에 대하여는 보상하여 드리지 아니합니다.

1. 치과치료 및 한방치료에서 발생한 국민건강보험법상 요양급여에 해당하지 않는 비급여 의료비
2. 국민건강보험법상 요양급여 중 본인부담금의 경우 국민건강보험 관련 법령에 의해 국민건강보험공단으로부터 사전 또는 사후 환급이 가능한 금액(본인부담금 상한제)
3. 의료급여법상 의료급여 중 본인부담금의 경우 의료급여 관련 법령에 의해 의료급여기금 등으로부터 사전 또는 사후 환급이 가능한 금액(의료급여법상 본인부담금 보상제 및 본인부담금 상한제)
4. 건강검진, 예방접종, 인공유산. 다만, 회사가 보상하는 질병 치료를 목적으로 하는 경우에는 보상하여 드립니다.
5. 영양제, 종합비타민제, 호르몬 투여, 보신용 투약, 친자 확인을 위한 진단, 불임검사, 불임수술, 불임복원술, 보조생식술(체내, 체외 인공수정을 포함합니다), 성장촉진과 관련된 비용 등에 소요된 비용. 다만, 회사가 보상하는 질병 치료를 목적으로 하는 경우에는 보상하여 드립니다.
6. 아래에 열거된 치료로 인하여 발생한 의료비
   가. 단순한 피로 또는 권태
   나. 주근깨, 다모, 무모, 백모증, 딸기코(주사비), 점(모반), 사마귀, 여드름, 노화현상으로 인한 탈모 등 피부질환
   다. 발기부전(impotence)·불감증, 단순 코골음, 단순포경(phimosis), 국민건강보험 요양급여의 기준에 관한 규칙 제9조 제1항([별표2] 비급여대상)에 의한 업무 또는 일상생활에 지장이 없는 검열반 등 안과질환
7. 의치, 의수족, 의안, 안경, 콘택트렌즈, 보청기, 목발, 팔걸이(Arm Sling), 보조기 등 진료재료의 구입 및 대체비용(다만, 인공장기나 부분 의치 등 신체에 이식되어 그 기능을 대신할 경우는 제외합니다)
8. 외모개선 목적의 치료로 인하여 발생한 의료비
   가. 쌍꺼풀수술(이중검수술), 코성형수술(융비술), 유방확대·축소술, 지방흡입술, 주름살제거술 등
   나. 사시교정, 안와격리증의 교정 등 시각계 수술로써 시력개선 목적이 아닌 외모개선

담보종목	보상하지 않는 사항
	목적의 수술
	다. 안경, 콘텍트렌즈 등을 대체하기 위한 시력교정술
	라. 외모개선 목적의 다리정맥류 수술
	9. 진료와 무관한 제비용(TV시청료, 전화료, 제증명료 등), 의사의 임상적 소견과 관련이 없는 검사비용
	10. 산재보험에서 보상받는 의료비. 다만, 본인부담의료비는 제3조(담보종목별 보장내용)에 따라 보상하여 드립니다.
	11. 인간면역바이러스(HIV)감염으로 인한 치료비(다만, 의료법에서 정한 의료인의 진료상 또는 치료 중 혈액에 의한 HIV감염은 해당 진료기록을 통해 객관적으로 확인되는 경우는 제외합니다)
	12. 국민건강보험법 제40조의 요양기관이 아닌 해외 소재 의료기관에서 발생한 의료비
(4) 질병통원	① 회사는 아래의 사유를 원인으로 하여 생긴 통원의료비는 보상하여 드리지 아니합니다.
	1. 수익자의 고의. 다만, 그 수익자가 보험금의 일부 수익자인 경우에는 그 수익자에 해당하는 보험금을 제외한 나머지 보험금을 다른 수익자에게 지급합니다.
	2. 계약자의 고의
	3. 피보험자(보험대상자)의 고의. 다만, 심신상실 등으로 자유로운 의사결정을 할 수 없는 상태에서 자신을 해친 사실이 증명된 경우에는 보상하여 드립니다.
	4. 피보험자(보험대상자)가 정당한 이유없이 통원기간 중 의사의 지시를 따르지 아니한 때에 회사는 그로 인하여 악화된 부분에 대하여는 보상하여 드리지 아니합니다.
	② 회사는 제5차 한국표준질병사인분류에 있어서 아래의 통원의료비에 대하여는 보상하여 드리지 아니합니다.
	1. 정신과질환 및 행동장애(F04~F99)
	2. 여성생식기의 비염증성 장애로 인한 습관성 유산, 불임 및 인공수정 관련 합병증(N96~N98)
	3. 피보험자(보험대상자)의 임신, 출산(제왕절개를 포함합니다), 산후기로 통원한 경우 (O00~O99)
	4. 선천성 뇌질환(Q00~Q04)
	5. 비만(E66)
	6. 비뇨기계 장애(N39, R32)
	7. 직장 또는 항문질환 중 국민건강보험법상 요양급여에 해당하지 않는 부분(I84, K60~K62)
	③ 회사는 아래의 통원의료비에 대하여는 보상하여 드리지 아니합니다.
	1. 치과치료 및 한방치료에서 발생한 국민건강보험법상 요양급여에 해당하지 않는 비급여 의료비
	2. 국민건강보험법상 요양급여 중 본인부담금의 경우 국민건강보험 관련 법령에 의해 국민건강보험공단으로부터 사전 또는 사후 환급이 가능한 금액(본인부담금 상한제)
	3. 의료급여법상 의료급여 중 본인부담금의 경우 의료급여 관련 법령에 의해 의료급여기금 등으로부터 사전 또는 사후 환급이 가능한 금액(의료급여법상 본인부담금 보상제 및 본인부담금 상한제)
	4. 건강검진, 예방접종, 인공유산. 다만, 회사가 보상하는 질병 치료를 목적으로 하는 경우에는 보상하여 드립니다.
	5. 영양제, 종합비타민제, 호르몬 투여, 보신용 투약, 친자 확인을 위한 진단, 불임검사, 불임수술, 불임복원술, 보조생식술(체내, 체외 인공수정을 포함합니다), 성장촉진과 관련

담보종목	보상하지 않는 사항
	된 비용 등에 소요된 비용. 다만, 회사가 보상하는 질병 치료를 목적으로 하는 경우에는 보상하여 드립니다.
	6. 아래에 열거된 치료로 인하여 발생한 의료비 가. 단순한 피로 또는 권태 나. 주근깨, 다모, 무모, 백모증, 딸기코(주사비), 점(모반), 사마귀, 여드름, 노화현상으로 인한 탈모 등 피부질환 다. 발기부전(impotence)·불감증, 단순 코골음, 단순포경(phimosis), 국민건강보험 요양급여의 기준에 관한 규칙 제9조 제1항([별표2] 비급여대상)에 의한 업무 또는 일상생활에 지장이 없는 검열반 등 안과질환
	7. 의치, 의수족, 의안, 안경, 콘택트렌즈, 보청기, 목발, 팔걸이(Arm Sling), 보조기 등 진료재료의 구입 및 대체비용(다만, 인공장기나 부분 의치 등 신체에 이식되어 그 기능을 대신할 경우는 제외합니다)
	8. 외모개선 목적의 치료로 인하여 발생한 의료비 가. 쌍꺼풀수술(이중검수술), 코성형수술(융비술), 유방확대·축소술, 지방흡입술, 주름살제거술 등 나. 사시교정, 안와격리증의 교정 등 시각계 수술로써 시력개선 목적이 아닌 외모개선 목적의 수술 다. 안경, 콘텍트렌즈 등을 대체하기 위한 시력교정술 라. 외모개선 목적의 다리정맥류 수술
	9. 진료와 무관한 제비용(TV시청료, 전화료, 제증명료 등), 의사의 임상적 소견과 관련없는 검사비용
	10. 산재보험에서 보상받는 의료비. 다만, 본인부담의료비는 제3조(담보종목별 보장내용)에 따라 보상하여 드립니다.
	11. 인간면역바이러스(HIV)감염으로 인한 치료비(단, 의료법에서 정한 의료인의 진료상 또는 치료 중 혈액에 의한 HIV감염은 해당 진료기록을 통해 객관적으로 확인되는 경우는 제외)
	12. 국민건강보험법 제40조의 요양기관이 아닌 해외 소재 의료기관에서 발생한 의료비
(5) 종합입원	① 상해에 대하여는 '상해입원'을 적용 ② 질병에 대하여는 '질병입원'을 적용
(6) 종합통원	① 상해에 대하여는 '상해통원'을 적용 ② 질병에 대하여는 '질병통원'을 적용

〈붙임〉 용어의 정의

용어	정의
계약	보험계약
계약자	보험회사와 계약을 체결하고 보험료를 납입하는 사람
피보험자(보험대상자)	보험금 지급사유 또는 보험사고 발생의 대상(객체)이 되는 사람
수익자	보험금을 수령하는 사람
보험기간	계약에서 정한 대상이 되는 위험이 보장되는 기간
회사	보험회사
상해	보험기간 중 발생한 급격하고 우연한 외래의 사고
상해보험계약	상해를 보장하는 계약
의사	의료법 제2조(의료인)에서 정한 의사, 한의사 및 치과의사의 자격을 가진 사람
약사	약사법 제2조(정의)에서 정한 약사 및 한약사의 자격을 가진 사람
의료기관	의료법 제3조(의료기관) 제2항에서 정하는 의료기관이며 종합병원 · 병원 · 치과병원 · 한방병원 · 요양병원 · 의원 · 치과의원 · 한의원 및 조산원으로 구분됨
약국	약사법 제2조 제3항 규정에 의한 장소로서, 약사가 수여할 목적으로 의약품 조제업무를 하는 장소를 말하며, 의료기관의 조제실은 제외
병원	국민건강보험법 제40조(요양기관)에서 정하는 국내의 병원 또는 의원(조산원은 제외)
입원	의사가 보험대상자의 질병 또는 상해로 인하여 치료가 필요하다고 인정한 경우로서 자택 등에서 치료가 곤란하여 병원, 의료기관 또는 이와 동등하다고 인정되는 의료기관에 입실하여 의사의 관리를 받으며 치료에 전념하는 것
입원의 정의 중 이와 동등하다고 인정되는 의료기관	보건소, 보건의료원 및 보건지소 등 의료법 제3조(의료기관) 제2항에서 정한 의료기관에 준하는 의료기관으로서 군의무대, 치매요양원, 노인요양원 등에 속해 있는 요양원, 요양시설, 복지시설 등과 같이 의료기관이 아닌 곳은 이에 해당되지 않음
기준병실	병원에서 국민건강보험 환자의 입원 시 적용하는 기준이 되는 병실
입원실료	입원치료 중 발생한 기준병실 사용료, 환자관리료, 식대 등을 말함
입원제비용	입원치료 중 발생한 진찰료, 검사료, 방사선료, 투약 및 처방료, 주사료, 이학요법(물리치료, 재활치료)료, 정신요법료, 처치료, 재료대, 캐스트료, 지정진료비 등을 말함
입원수술비	입원치료 중 발생한 수술료, 마취료, 수술재료비 등을 말함
입원의료비	입원실료, 입원제비용, 입원수술비, 상급병실료 차액으로 구성됨
통원	의사가 피보험자(보험대상자)의 질병 또는 상해로 인하여 치료가 필요하다고 인정하는 경우로서, 병원에 입원하지 않고 병원을 방문하여 의사의 관리 하에 치료에 전념하는 것
처방조제	의사 및 약사가 피보험자(보험대상자)의 질병 또는 상해로 인하여 치료가 필요하다고 인정하는 경우로서, 통원으로 인하여 발행된 의사의 처방전으로 약국의 약사가 조제하는 것을 말함(국민건강보험법 제40조 제1항 제3호에 의한 한국희귀의약품센터에서의 처방조제 및 의약분업예외지역에서 약사의 직접조제 포함)

용어	정의
외래제비용	통원치료 중 발생한 진찰료, 검사료, 방사선료, 투약 및 처방료, 주사료, 이학요법(물리치료, 재활치료)료, 정신요법료, 처치료, 재료대, 캐스트료, 지정진료비 등을 말함
외래수술비	통원치료 중 발생한 수술료, 마취료, 수술재료비 등을 말함
처방조제비	병원 의사의 처방전에 따라 조제되는 약국의 처방조제비 및 약사의 직접조제비를 말함
통원의료비	외래제비용, 외래수술비, 처방조제비로 구성됨
요양급여	국민건강보험법 제39조(요양급여)에 의한 가입자 및 피부양자의 질병·부상 등에 대한 다음 각호의 요양급여를 말함 1. 진찰·검사 2. 약제·치료재료의 지급 3. 처치·수술 기타의 치료 4. 예방·재활 5. 입원 6. 간호 7. 이송
의료급여	의료급여법 제7조(의료급여의 내용 등)에 의한 가입자 및 피부양자의 질병·부상 등에 대한 다음 각호의 의료급여를 말함 1. 진찰·검사 2. 약제·치료재료의 지급 3. 처치·수술 기타의 치료 4. 예방·재활 5. 입원 6. 간호 7. 이송과 그 밖의 의료목적의 달성을 위한 조치
국민건강보험법상 본인부담금 상한제	국민건강보험법상 요양급여 중 연간 본인부담금 총액이 국민건강보험법시행령 별표 3에서 정하는 금액을 넘는 경우에 그 초과한 금액을 공단에서 부담하고 있는 제도를 말하며, 국민건강보험 관련 법령의 변경에 따라 환급기준이 변경될 경우에는 회사는 변경되는 기준에 따름
의료급여법상 본인부담금 보상제 및 본인부담금 상한제	의료급여법상 의료급여 중 본인부담금이 의료급여법 시행령 제13조(급여비용의 부담)에서 정하는 금액을 넘는 경우에 그 초과한 금액을 의료급여기금 등에서 부담하고 있는 제도를 말하며, 의료급여 관련 법령의 변경에 따라 환급기준이 변경될 경우에는 회사는 변경된 기준에 따름
보장대상의료비	실제 부담액 – 보상제외금액
보상책임액	(실제 부담액 – 보상제외금액) × 회사부담비율
다수보험	실손 의료보험계약(우체국보험, 각종 공제, 상해·질병·간병보험 등 제3보험, 개인연금·퇴직보험 등 의료비를 실손으로 보상하는 보험·공제계약을 포함)이 동시에 또는 순차적으로 2개 이상 체결되었고, 그 계약이 동일한 보험사고에 대하여 각 계약별 보상책임액이 있는 다수의 실손 의료보험계약을 말함

제2차 개정 표준약관(2011. 1. 19.)

〈실손 의료보험〉

실손 의료보험은 사람의 질병·상해 또는 이로 인한 간병에 관한 손해(의료비에 한합니다)를 보험회사가 보상하는 상품입니다

제1장 일반사항

제1조(담보종목) ① 회사가 판매하는 실손 의료보험상품은 상해입원형, 상해통원형, 질병입원형, 질병통원형, 종합(상해와 질병을 말합니다)입원형, 종합통원형 등 총 6개의 담보종목으로 구성되어 있으며, 계약자는 이들 6개 담보종목 중 한 가지 이상을 선택하여 가입할 수 있습니다.

담보종목		보상하는 내용
상해	입원	피보험자(보험대상자)가 상해로 인하여 병원에 입원하여 치료를 받은 경우에 보상
	통원	피보험자(보험대상자)가 상해로 인하여 병원에 통원하여 치료를 받거나 처방조제를 받은 경우에 보상
질병	입원	피보험자(보험대상자)가 질병으로 인하여 병원에 입원하여 치료를 받은 경우에 보상
	통원	피보험자(보험대상자)가 질병으로 인하여 병원에 통원하여 치료를 받거나 처방조제를 받은 경우에 보상
종합	입원	피보험자(보험대상자)가 상해 또는 질병으로 인하여 병원에 입원하여 치료를 받은 경우에 보상
	통원	피보험자(보험대상자)가 상해 또는 질병으로 인하여 병원에 통원하여 치료를 받거나 처방조제를 받은 경우에 보상

② 회사는 이 약관의 명칭에 '실손 의료비' 문구를 포함하여 사용합니다.

제2조(용어정의) 이 약관에서 사용하는 용어의 정의는 <붙임>과 같으며 해당 용어는 이 약관에서 밑줄을 그어 표시합니다.

제2장 회사가 보상하는 사항

제3조(담보종목별 보장내용) 회사가 이 계약의 보험기간 중 담보종목별로 각각 보상 또는 공제하는 내용은 다음과 같습니다.

담보종목	보상하는 사항
(1) 상해입원	① 회사는 피보험자(보험대상자)가 상해로 인하여 병원에 입원하여 치료를 받은 경우에는 입원의료비를 다음과 같이 하나의 상해당 보험가입금액(5,000만원을 최고한도로 계약자가 정하는 금액으로 합니다)을 한도로 보상하여 드립니다.

구분	보상금액
입원실료, 입원제비용, 입원수술비	'국민건강보험법에서 정한 요양급여 또는 의료급여법에서 정한 의료급여 중 본인부담금'과 '비급여(상급병실료 차액 제외)' 부분의 합계액 중 90% 해당액(다만, 10% 해당액이 계약일 또는 매년 계약해당일로부터 연간 200만원을 초과하는 경우 그 초과금액은 보상합니다)
상급병실료 차액	입원 시 실제 사용병실과 기준병실과의 병실료 차액 중 50%를 공제한 후의 금액(다만, 1일 평균금액 10만원을 한도로 하며, 1일 평균금액은 입원기간 동안 상급병실료 차액 전체를 총 입원일수로 나누어 산출합니다)

② 제1항의 상해에는 유독가스 또는 유독물질을 우연하게도 일시에 흡입, 흡수 또는 섭취한 결과로 생긴 중독증상을 포함합니다. 그러나 세균성 음식물 중독과 상습적으로 흡입, 흡수 또는 섭취한 결과로 생긴 중독증상은 이에 포함되지 아니합니다.

③ 피보험자(보험대상자)가 국민건강보험법 또는 의료급여법을 적용받지 못하는 경우(국민건강보험법에서 정한 요양급여 또는 의료급여법에서 정한 의료급여 절차를 거치지 아니한 경우도 포함합니다)에는 입원의료비 중 본인이 실제로 부담한 금액의 40% 해당액을 하나의 상해당 보험가입금액(5,000만원을 최고한도로 계약자가 정하는 금액으로 합니다)을 한도로 보상하여 드립니다.

④ 회사는 하나의 상해(동일 상해로 2회 이상 치료를 받는 경우에도 이를 하나의 상해로 봅니다)로 인한 입원의료비를 최초 입원일로부터 365일까지(최초 입원일을 포함합니다) 보상합니다. 다만, 동일한 상해로 인하여 최초 입원일로부터 365일을 넘어 입원할 경우에는 아래의 예시와 같이 90일간의 보상제외기간이 지나야 새로운 상해로 보아 다시 보상하여 드립니다.

〈보상기간 예시〉

	보장대상기간 (365일)	보상제외 (90일)	보장대상기간 (365일)
계약일 (2010. 1. 1.)	최초 입원일 (2010. 3. 1.)	(2011. 2. 28.) 2011. 3. 1.부터 보상제외	(2011. 5. 29.) 2011. 5. 30.부터 보상재개

(2012. 5. 29.)
2012. 5. 30.부터
보상제외

⑤ 피보험자(보험대상자)가 입원하여 치료를 받던 중 보험기간이 만료되더라도 그 계속 중인 입원에 대하여는 보험기간 종료일로부터 180일까지(보험기간 종료일은 제외합니다) 보상하여 드립니다. 다만, 이 경우 제4항은 적용하지 아니합니다.

⑥ 피보험자(보험대상자)가 병원의 직원복리후생제도에 의하여 납부할 의료비를 감면받은 경우에는 그 감면 전 의료비를 기준으로 입원의료비를 계산합니다.

담보종목	보상하는 사항

(2) 상해통원	① 회사는 피보험자(보험대상자)가 상해로 인하여 병원에 통원하여 치료를 받거나 처방조제를 받은 경우에는 통원의료비로서 매년 계약해당일로부터 1년을 단위로 하여 다음과 같이 외래(외래제비용, 외래수술비) 및 처방조제비를 각각 보상하여 드립니다.

구분	보상한도
외래	방문 1회당 '국민건강보험법에서 정한 요양급여 또는 의료급여법에서 정한 의료급여 중 본인부담금'과 '비급여' 부분의 합계액에서 〈표1 항목별 공제금액〉을 차감하고 외래의 보험가입금액^{주)}을 한도로 보상(매년 계약해당일로부터 1년간 방문 180회 한도)
처방 조제비	처방전 1건당 '국민건강보험법에서 정한 요양급여 또는 의료급여법에서 정한 의료급여 중 본인부담금'과 '비급여' 부분의 합계액에서 〈표1 항목별 공제금액〉을 차감하고 처방조제비의 보험가입금액^{주)}을 한도로 보상(매년 계약해당일로부터 1년간 처방전 180건 한도)

주) 외래 및 처방조제비는 회(건)당 합산하여 30만원을 최고한도로 계약자가 정하는 금액으로 합니다.

〈표1 항목별 공제금액〉

구분	항목	공제 금액
외래 (외래제비용 및 외래수술비 합계)	의료법 제3조 제2항 제1호에 의한 의원, 치과의원, 한의원, 의료법 제3조 제2항 제2호에 의한 조산원, 지역보건법 제7조에 의한 보건소, 지역보건법 제8조에 의한 보건의료원, 지역보건법 제10조에 의한 보건지소, 농어촌 등 보건의료를 위한 특별조치법 제15조에 의한 보건진료소	1만원
	의료법 제3조 제2항 제3호에 의한 종합병원, 병원, 치과병원, 한방병원, 요양병원	1만 5천원
	국민건강보험법 제40조 제2항에 의한 종합전문요양기관 또는 의료법 제3조의4에 의한 상급종합병원	2만원
처방 조제비	국민건강보험법 제40조 제1항 제2호에 의한 약국, 동법 제40조 제1항 제3호에 의한 한국희귀의약품센터에서의 처방, 조제(의사의 처방전 1건당, 의약분업 예외지역에서 약사의 직접조제 1건당)	8천원

② 피보험자(보험대상자)가 통원하여 치료를 받던 중 보험기간이 만료되더라도 그 계속 중인 통원 치료에 대하여는 보험기간 만료일로부터 180일 이내에 외래는 방문 90회, 처방조제비는 처방전 90건을 한도로 보상하여 드립니다.

〈보상기간 예시〉

보장대상기간 (1년)	보장대상기간 (1년)	보장대상기간 (1년)	추가보상 (180일)
↑ 계약일 (2010. 1. 1.)	↑ 계약해당일 (2011. 1. 1.)	↑ 계약해당일 (2012. 1. 1.)	↑ 보험기간 종료일 (2012. 12. 31.) 보상종료 (2013. 6. 29.)

담보종목	보상하는 사항

③ 하나의 상해로 인해 하루에 같은 치료를 목적으로 의료기관에 2회 이상 통원치료 시(하나의 상해로 약국을 통한 2회 이상의 처방조제를 포함합니다) 1회의 외래 및 1건의 처방으로 간주하여 제1항 및 제2항을 적용합니다.

④ 제1항의 상해에는 유독가스 또는 유독물질을 우연하게도 일시에 흡입, 흡수 또는 섭취한 결과로 생긴 중독증상을 포함합니다. 그러나 세균성 음식물 중독과 상습적으로 흡입, 흡수 또는 섭취한 결과로 생긴 중독증상은 이에 포함되지 아니합니다.

⑤ 피보험자(보험대상자)가 국민건강보험법 또는 의료급여법을 적용받지 못하는 경우(국민건강보험법에서 정한 요양급여 또는 의료급여법에서 정한 의료급여 절차를 거치지 아니한 경우도 포함합니다)에는 통원의료비 중 본인이 실제로 부담한 금액에서 〈표1 항목별 공제금액〉을 차감한 금액의 40% 해당액을 외래 및 처방조제비로 보험가입금액(외래 및 처방조제비는 회(건)당 합산하여 30만원을 최고한도로 계약자가 정하는 금액으로 합니다)을 한도로 보상하여 드립니다.

⑥ 피보험자(보험대상자)가 병원 또는 약국의 직원복리후생제도에 의하여 납부할 의료비를 감면받은 경우에는 그 감면 전 의료비를 기준으로 통원의료비를 계산합니다.

(3) 질병입원

① 회사는 피보험자(보험대상자)가 질병으로 인하여 병원에 입원하여 치료를 받은 경우에는 입원의료비를 다음과 같이 하나의 질병당 보험가입금액(5,000만원을 최고한도로 계약자가 정하는 금액으로 합니다)을 한도로 보상하여 드립니다.

구분	보상금액
입원실료, 입원제비용, 입원수술비	'국민건강보험법에서 정한 요양급여 또는 의료급여법에서 정한 의료급여 중 본인부담금'과 '비급여(상급병실료 차액 제외)' 부분의 합계액 중 90% 해당액(다만, 10% 해당액이 계약일 또는 매년 계약해당일로부터 연간 200만원을 초과하는 경우 그 초과금액은 보상합니다)
상급병실료 차액	입원 시 실제 사용병실과 기준병실과의 병실료 차액 중 50%를 공제한 후의 금액(다만, 1일 평균금액 10만원을 한도로 하며, 1일 평균금액은 입원기간 동안 상급병실료 차액 전체를 총 입원일수로 나누어 산출합니다)

② 제1항의 질병에서 청약서상 '계약 전 알릴의무(중요한 사항에 한합니다)'에 해당하는 질병으로 인하여 과거(청약서상 당해 질병의 고지대상 기간을 말합니다)에 진단 또는 치료를 받은 경우에는 제외합니다.

③ 피보험자(보험대상자)가 국민건강보험법 또는 의료급여법을 적용받지 못하는 경우(국민건강보험법에서 정한 요양급여 또는 의료급여법에서 정한 의료급여 절차를 거치지 아니한 경우도 포함합니다)에는 입원의료비 중 본인이 실제로 부담한 금액의 40% 해당액을 하나의 질병당 보험가입금액(5,000만원을 최고한도로 계약자가 정하는 금액으로 합니다)을 한도로 보상하여 드립니다.

④ 회사는 동일한 질병 또는 하나의 질병(의학상 관련이 있다고 의사가 인정하는 질병은 동일한 질병으로 간주하며, 동일한 질병으로 2회 이상 치료를 받는 경우에는 이를 하나의 질병으로 봅니다)으로 인한 입원의료비는 최초 입원일로부터 365일(최초 입원일을 포함합니다)까지 보상하여 드립니다. 다만, 하나의 질병으로 인하여 최초 입원일로부터 365일을 넘어 입원할 경우에는 아래의 예시와 같이 90일간의 보상제외기간이 지나야 새로운 질병으로 인한 입원으로 보아 다시 보상하여 드립니다.

담보종목	보상하는 사항

〈보상기간 예시〉

⑤ 피보험자(보험대상자)가 입원하여 치료를 받던 중 보험기간이 만료되더라도 그 계속 중인 입원에 대하여는 보험기간 종료일로부터 180일까지(보험기간 종료일은 제외합니다) 보상하여 드립니다. 다만, 이 경우 제4항은 적용하지 아니합니다.

⑥ 피보험자(보험대상자)가 병원의 직원복리후생제도에 의하여 납부할 의료비를 감면받은 경우에는 그 감면 전 의료비를 기준으로 입원의료비를 계산합니다.

⑦ 동일한 질병이란 발생 원인이 동일한 질병(의학상 중요한 관련이 있는 질병을 포함합니다)을 말하며, 질병의 치료 중에 발생된 합병증 또는 새로이 발견된 질병의 치료가 병행되거나 의학상 관련이 없는 여러 종류의 질병을 갖고 있는 상태에서 입원한 때에는 동일한 질병으로 간주합니다.

⑧ 제2항에도 불구하고 청약일 이전에 진단확정된 질병이라 하더라도 청약일 이후 5년이 지나는 동안(계약이 자동갱신되어 5년을 지나는 경우를 포함합니다) 그 질병으로 인하여 추가적인 진단(단순 건강검진 제외) 또는 치료사실이 없을 경우, 청약일로부터 5년이 지난 이후에는 이 약관에 따라 보상하여 드립니다.

⑨ 제8항의 '청약일 이후 5년이 지나는 동안'이라 함은 이 약관 제15조(보험료의 납입연체 시 납입최고(독촉)와 계약의 해지)에서 정한 계약의 해지가 발생하지 않은 경우를 말합니다.

⑩ 이 약관 제16조(보험료의 납입연체로 인한 해지계약의 부활(효력회복))에서 정한 계약의 부활이 이루어진 경우 부활일을 제8항의 청약일로 하여 적용합니다.

(4) 질병통원	① 회사는 피보험자(보험대상자)가 질병으로 인하여 병원에 통원하여 치료를 받거나 처방조제를 받은 경우에는 통원의료비로서 매년 계약해당일로부터 1년을 단위로 하여 다음과 같이 외래(외래제비용, 외래수술비) 및 처방조제비를 각각 보상하여 드립니다.

구분	보상한도
외래	방문 1회당 '국민건강보험법에서 정한 요양급여 또는 의료급여법에서 정한 의료급여 중 본인부담금'과 '비급여' 부분의 합계액에서 〈표1 항목별 공제금액〉을 차감하고 외래의 보험가입금액[주]을 한도로 보상(매년 계약해당일로부터 1년간 방문 180회 한도)
처방 조제비	처방전 1건당 '국민건강보험법에서 정한 요양급여 또는 의료급여법에서 정한 의료급여 중 본인부담금'과 '비급여' 부분의 합계액에서 〈표1 항목별 공제금액〉을 차감하고 처방조제비의 보험가입금액[주]을 한도로 보상(매년 계약해당일로부터 1년간 처방전 180건 한도)

주) 외래 및 처방조제비는 회(건)당 합산하여 30만원을 최고한도로 계약자가 정하는 금액으로 합니다.

담보종목	보상하는 사항

〈표1 항목별 공제금액〉

구분	항목	공제 금액
외래 (외래제비용 및 외래수술비 합계)	의료법 제3조 제2항 제1호에 의한 의원, 치과의원, 한의원, 의료법 제3조 제2항 제2호에 의한 조산원, 지역보건법 제7조에 의한 보건소, 지역보건법 제8조에 의한 보건의료원, 지역보건법 제10조에 의한 보건지소, 농어촌 등 보건의료를 위한 특별조치법 제15조에 의한 보건진료소	1만원
	의료법 제3조 제2항 제3호에 의한 종합병원, 병원, 치과병원, 한방병원, 요양병원	1만 5천원
	국민건강보험법 제40조 제2항에 의한 종합전문요양기관 또는 의료법 제3조의4에 의한 상급종합병원	2만원
처방 조제비	국민건강보험법 제40조 제1항 제2호에 의한 약국, 동법 제40조 제1항 제3호에 의한 한국희귀의약품센터에서의 처방, 조제(의사의 처방전 1건당, 의약분업 예외지역에서 약사의 직접조제 1건당)	8천원

② 피보험자(보험대상자)가 통원하여 치료를 받던 중 보험기간이 만료되더라도 그 계속 중인 통원 치료에 대하여는 보험기간 만료일로부터 180일 이내에 외래는 방문 90회, 처방조제비는 처방전 90건을 한도로 보상하여 드립니다.

〈보상기간 예시〉

보장대상기간 (1년)	보장대상기간 (1년)	보장대상기간 (1년)	추가보상 (180일)
계약일 (2010. 1. 1.)	계약해당일 (2011. 1. 1.)	계약해당일 (2012. 1. 1.)	보험기간 종료일 보상종료 (2012. 12. 31.) (2013. 6. 29.)

③ 하나의 질병으로 인해 하루에 같은 치료를 목적으로 의료기관에 2회 이상 통원치료 시(하나의 질병으로 약국을 통한 2회 이상의 처방조제를 포함합니다) 1회의 외래 및 1건의 처방으로 간주하여 제1항 및 제2항을 적용합니다.

④ 제1항의 질병에서 청약서상 '계약 전 알릴의무(중요한 사항에 한합니다)'에 해당하는 질병으로 인하여 과거(청약서상 당해 질병의 고지대상 기간을 말합니다)에 진단 또는 치료를 받은 경우에는 제외합니다.

⑤ 피보험자(보험대상자)가 국민건강보험법 또는 의료급여법을 적용받지 못하는 경우(국민건강보험법에서 정한 요양급여 또는 의료급여법에서 정한 의료급여 절차를 거치지 아니한 경우도 포함합니다)에는 통원의료비 중 본인이 실제로 부담한 금액에서 〈표1 항목별 공제금액〉을 차감한 금액의 40% 해당액을 외래 및 처방조제비로 보험가입금액(외래 및 처방조제비는 회(건)당 합산하여 30만원을 최고한도로 계약자가 정하는 금액으로 합니다)을 한도로 보상하여 드립니다.

⑥ 피보험자(보험대상자)가 병원 또는 약국의 직원복리후생제도에 의하여 납부할 의료비를 감면받은 경우에는 그 감면 전 의료비를 기준으로 통원의료비를 계산합니다.

담보종목	보상하는 사항
	⑦ 제4항에도 불구하고 청약일 이전에 진단된 질병이라 하더라도 청약일 이후 5년이 지나는 동안(계약이 자동갱신되어 5년을 지나는 경우를 포함합니다) 그 질병으로 인하여 추가적인 진단(단순건강검진 제외) 또는 치료사실이 없을 경우, 청약일로부터 5년이 지난 이후에는 이 약관에 따라 보상하여 드립니다.
	⑧ 제7항의 '청약일 이후 5년이 지나는 동안'이라 함은 이 약관 제15조(보험료의 납입연체 시 납입최고(독촉)와 계약의 해지)에서 정한 계약의 해지가 발생하지 않은 경우를 말합니다.
	⑨ 이 약관 제16조(보험료의 납입연체로 인한 해지계약의 부활(효력회복))에서 정한 계약의 부활이 이루어진 경우 부활일을 제7항의 청약일로 하여 적용합니다.
(5) 종합입원	① 회사는 피보험자(보험대상자)가 상해 또는 질병으로 인하여 병원에 입원하여 치료를 받은 경우에는 입원의료비를 다음과 같이 보험가입금액(상해당, 질병당 각각 5,000만원을 최고한도로 계약자가 정하는 금액으로 합니다)을 한도로 보상하여 드립니다.

구분	보상금액
입원실료, 입원제비용, 입원수술비	'국민건강보험법에서 정한 요양급여 또는 의료급여법에서 정한 의료급여 중 본인부담금'과 '비급여(상급병실료 차액 제외)' 부분의 합계액 중 90% 해당액(다만, 10% 해당액이 계약일 또는 매년 계약해당일로부터 연간 200만원을 초과하는 경우 그 초과금액은 보상합니다)
상급병실료 차액	입원 시 실제 사용병실과 기준병실과의 병실료 차액 중 50%를 공제한 후의 금액(다만, 1일 평균금액 10만원을 한도로 하며, 1일 평균금액은 입원기간 동안 상급병실료 차액 전체를 총 입원일수로 나누어 산출합니다)

② 제1항의 상해에는 유독가스 또는 유독물질을 우연하게도 일시에 흡입, 흡수 또는 섭취한 결과로 생긴 중독증상을 포함합니다. 그러나 세균성 음식물 중독과 상습적으로 흡입, 흡수 또는 섭취한 결과로 생긴 중독증상은 이에 포함되지 아니합니다.

③ 제1항의 질병에서 청약서상 '계약 전 알릴의무(중요한 사항에 한합니다)'에 해당하는 질병으로 인하여 과거(청약서상 당해 질병의 고지대상 기간을 말합니다)에 진단 또는 치료를 받은 경우에는 제외합니다.

④ 피보험자(보험대상자)가 국민건강보험법 또는 의료급여법을 적용받지 못하는 경우(국민건강보험법에서 정한 요양급여 또는 의료급여법에서 정한 의료급여 절차를 거치지 아니한 경우도 포함합니다)에는 입원의료비 중 본인이 실제로 부담한 금액의 40% 해당액을 보험가입금액(상해당, 질병당 각각 5,000만원을 최고한도로 계약자가 정하는 금액으로 합니다)을 한도로 보상하여 드립니다.

⑤ 회사는 하나의 상해(동일 상해로 2회 이상 치료를 받는 경우에도 이를 하나의 상해로 봅니다), 동일한 질병 또는 하나의 질병(의학상 관련이 있다고 의사가 인정하는 질병은 동일한 질병으로 간주하며, 동일한 질병으로 2회 이상 치료를 받는 경우에는 이를 하나의 질병으로 봅니다)으로 인한 입원의료비를 최초 입원일로부터 365일까지(최초 입원일을 포함합니다) 보상합니다. 다만, 최초 입원일로부터 365일을 넘어 입원할 경우에는 아래의 예시와 같이 90일간의 보상제외기간이 지나야 새로운 상해 또는 질병으로 보아 다시 보상하여 드립니다.

담보종목	보상하는 사항

〈보상기간 예시〉

	보장대상기간 (365일)	보상제외 (90일)	보장대상기간 (365일)	
계약일 (2010. 1. 1.)	최초 입원일 (2010. 3. 1.)	(2011. 2. 28.) 2011. 3. 1.부터 보상제외	(2011. 5. 29.) 2011. 5. 30.부터 보상재개	(2012. 5. 29.) 2012. 5. 30.부터 보상제외

⑥ 피보험자(보험대상자)가 입원하여 치료를 받던 중 보험기간이 만료되더라도 그 계속 중인 입원에 대하여는 보험기간 종료일로부터 180일까지(보험기간 종료일은 제외합니다) 보상하여 드립니다. 다만, 이 경우 제5항은 적용하지 아니합니다.

⑦ 피보험자(보험대상자)가 병원의 직원복리후생제도에 의하여 납부할 의료비를 감면받은 경우에는 그 감면 전 의료비를 기준으로 입원의료비를 계산합니다.

⑧ 동일한 질병이란 발생 원인이 동일한 질병(의학상 중요한 관련이 있는 질병을 포함합니다)을 말하며, 질병의 치료 중에 발생된 합병증 또는 새로이 발견된 질병의 치료가 병행되거나 의학상 관련이 없는 여러 종류의 질병을 갖고 있는 상태에서 입원한 때에는 동일한 질병으로 간주합니다.

⑨ 제3항에도 불구하고 청약일 이전에 진단확정된 질병이라 하더라도 청약일 이후 5년이 지나는 동안(계약이 자동갱신되어 5년을 지나는 경우를 포함합니다) 그 질병으로 인하여 추가적인 진단(단순 건강검진 제외) 또는 치료사실이 없을 경우, 청약일로부터 5년이 지난 이후에는 이 약관에 따라 보상하여 드립니다.

⑩ 제9항의 '청약일 이후 5년이 지나는 동안'이라 함은 이 약관 제15조(보험료의 납입연체 시 납입최고(독촉)와 계약의 해지)에서 정한 계약의 해지가 발생하지 않은 경우를 말합니다.

⑪ 이 약관 제16조(보험료의 납입연체로 인한 해지계약의 부활(효력회복))에서 정한 계약의 부활이 이루어진 경우 부활일을 제9항의 청약일로 하여 적용합니다.

(6) 종합통원	① 회사는 피보험자(보험대상자)가 상해 또는 질병으로 인하여 병원에 통원하여 치료를 받거나 처방조제를 받은 경우에는 통원의료비로서 매년 계약해당일로부터 1년을 단위로 하여 다음과 같이 외래(외래제비용, 외래수술비) 및 처방조제비를 각각 보상하여 드립니다.

구분	보상한도
외래	방문 1회당 '국민건강보험법에서 정한 요양급여 또는 의료급여법에서 정한 의료급여 중 본인부담금'과 '비급여' 부분의 합계액에서 〈표1 항목별 공제금액〉을 차감하고 외래의 보험가입금액주)을 한도로 보상(매년 계약해당일로부터 1년간 방문 180회 한도)
처방 조제비	처방전 1건당 '국민건강보험법에서 정한 요양급여 또는 의료급여법에서 정한 의료급여 중 본인부담금'과 '비급여' 부분의 합계액에서 〈표1 항목별 공제금액〉을 차감하고 처방조제비의 보험가입금액주)을 한도로 보상(매년 계약해당일로부터 1년간 처방전 180건 한도)

주) 외래 및 처방조제비는 회(건)당 합산하여 30만원을 최고한도로 계약자가 정하는 금액으로 합니다.

담보종목	보상하는 사항

〈표1 항목별 공제금액〉

구분	항목	공제 금액
외래 (외래제비용 및 외래수술비 합계)	의료법 제3조 제2항 제1호에 의한 의원, 치과의원, 한의원, 의료법 제3조 제2항 제2호에 의한 조산원, 지역보건법 제7조에 의한 보건소, 지역보건법 제8조에 의한 보건의료원, 지역보건법 제10조에 의한 보건지소, 농어촌 등 보건의료를 위한 특별조치법 제15조에 의한 보건진료소	1만원
	의료법 제3조 제2항 제3호에 의한 종합병원, 병원, 치과병원, 한방병원, 요양병원	1만 5천원
	국민건강보험법 제40조 제2항에 의한 종합전문요양기관 또는 의료법 제3조의4에 의한 상급종합병원	2만원
처방 조제비	국민건강보험법 제40조 제1항 제2호에 의한 약국, 동법 제40조 제1항 제3호에 의한 한국희귀의약품센터에서의 처방, 조제(의사의 처방전 1건당, 의약분업 예외지역에서 약사의 직접조제 1건당)	8천원

② 제1항의 상해에는 유독가스 또는 유독물질을 우연하게도 일시에 흡입, 흡수 또는 섭취한 결과로 생긴 중독증상을 포함합니다. 그러나 세균성 음식물 중독과 상습적으로 흡입, 흡수 또는 섭취한 결과로 생긴 중독증상은 이에 포함되지 아니합니다.

③ 제1항의 질병에서 청약서상 '계약 전 알릴의무(중요한 사항에 한합니다)'에 해당하는 질병으로 인하여 과거(청약서상 당해 질병의 고지대상 기간을 말합니다)에 진단 또는 치료를 받은 경우에는 제외합니다.

④ 피보험자(보험대상자)가 국민건강보험법 또는 의료급여법을 적용받지 못하는 경우(국민건강보험법에서 정한 요양급여 또는 의료급여법에서 정한 의료급여 절차를 거치지 아니한 경우도 포함합니다)에는 통원의료비 중 본인이 실제로 부담한 금액에서 〈표1 항목별 공제금액〉을 차감한 금액의 40% 해당액을 외래 및 처방조제비로 보험가입금액(외래 및 처방조제비는 회(건)당 합산하여 30만원을 최고한도로 계약자가 정하는 금액으로 합니다)을 한도로 보상하여 드립니다.

⑤ 피보험자(보험대상자)가 통원하여 치료를 받던 중 보험기간이 만료되더라도 그 계속 중인 통원 치료에 대하여는 보험기간 만료일로부터 180일 이내에 외래는 방문 90회, 처방조제비는 처방전 90건을 한도로 보상하여 드립니다.

〈보상기간 예시〉

⑥ 하나의 상해 또는 하나의 질병으로 인해 하루에 같은 치료를 목적으로 의료기관에 2회 이상 통원치료 시(하나의 상해 또는 하나의 질병으로 약국을 통한 2회 이상의 처방조제를 포

담보종목	보상하는 사항
	함합니다) 1회의 외래 및 1건의 처방으로 간주하여 제1항 및 제5항을 적용합니다.
	⑦ 피보험자(보험대상자)가 병원 또는 약국의 직원복리후생제도에 의하여 납부할 의료비를 감면받은 경우에는 그 감면 전 의료비를 기준으로 통원의료비를 계산합니다.
	⑧ 제3항에도 불구하고 청약일 이전에 진단된 질병이라 하더라도 청약일 이후 5년이 지나는 동안(계약이 자동갱신되어 5년을 지나는 경우를 포함합니다) 그 질병으로 인하여 추가적인 진단(단순건강검진 제외) 또는 치료사실이 없을 경우, 청약일로부터 5년이 지난 이후에는 이 약관에 따라 보상하여 드립니다.
	⑨ 제8항의 '청약일 이후 5년이 지나는 동안'이라 함은 이 약관 제15조(보험료의 납입연체 시 납입최고(독촉)와 계약의 해지)에서 정한 계약의 해지가 발생하지 않은 경우를 말합니다.
	⑩ 이 약관 제16조(보험료의 납입연체로 인한 해지계약의 부활(효력회복))에서 정한 계약의 부활이 이루어진 경우 부활일을 제8항의 청약일로 하여 적용합니다.

제3장 회사가 보상하지 않는 사항

제4조(보상하지 않는 사항) 회사가 보상하지 않는 사항은 다음과 같습니다.

담보종목	보상하지 않는 사항
(1) 상해입원	① 회사는 아래의 사유를 원인으로 하여 생긴 입원의료비는 보상하여 드리지 아니합니다. 1. 수익자의 고의. 다만, 그 수익자가 보험금의 일부 수익자인 경우에는 그 수익자에 해당하는 보험금을 제외한 나머지 보험금을 다른 수익자에게 지급하여 드립니다. 2. 계약자의 고의 3. 피보험자(보험대상자)의 고의. 다만, 피보험자(보험대상자)가 심신상실 등으로 자유로운 의사결정을 할 수 없는 상태에서 자신을 해친 사실이 증명된 경우에는 보상하여 드립니다. 4. 피보험자(보험대상자)의 임신, 출산(제왕절개를 포함합니다), 산후기로 입원한 경우. 그러나 회사가 보상하는 상해로 인한 경우에는 보상하여 드립니다. 5. 전쟁, 외국의 무력행사, 혁명, 내란, 사변, 폭동 6. 피보험자(보험대상자)가 정당한 이유없이 입원기간 중 의사의 지시를 따르지 아니한 때에 회사는 그로 인하여 악화된 부분에 대하여는 보상하여 드리지 아니합니다. ② 회사는 다른 약정이 없으면 피보험자(보험대상자)가 직업, 직무 또는 동호회 활동목적으로 아래에 열거된 행위로 인하여 생긴 상해에 대하여는 보상하여 드리지 아니합니다. 1. 전문등반(전문적인 등산용구를 사용하여 암벽 또는 빙벽을 오르내리거나 특수한 기술, 경험, 사전훈련을 필요로 하는 등반을 말합니다), 글라이더 조종, 스카이다이빙, 스쿠버다이빙, 행글라이딩 2. 모터보트, 자동차 또는 오토바이에 의한 경기, 시범, 흥행(이를 위한 연습을 포함합니다) 또는 시운전(다만, 공용도로상에서 시운전을 하는 동안 발생한 상해는 보상하여 드립니다) 3. 선박승무원, 어부, 사공, 그밖에 선박에 탑승하는 것을 직무로 하는 사람이 직무상 선박에 탑승

담보종목	보상하지 않는 사항
	③ 회사는 아래의 입원의료비에 대하여는 보상하여 드리지 아니합니다. 1. 치과치료 · 한방치료에서 발생한 국민건강보험법상 요양급여에 해당하지 않는 비급여 의료비 2. 국민건강보험법상 요양급여 중 본인부담금의 경우 국민건강보험 관련 법령에 의해 국민건강보험공단으로부터 사전 또는 사후 환급이 가능한 금액(본인부담금 상한제) 3. 의료급여법상 의료급여 중 본인부담금의 경우 의료급여 관련 법령에 의해 의료급여기금 등으로부터 사전 또는 사후 환급이 가능한 금액(의료급여법상 본인부담금 보상제 및 본인부담금 상한제) 4. 건강검진, 예방접종, 인공유산. 다만, 회사가 보상하는 상해 치료를 목적으로 하는 경우에는 보상하여 드립니다. 5. 영양제, 종합비타민제, 호르몬 투여, 보신용 투약, 친자 확인을 위한 진단, 불임검사, 불임수술, 불임복원술, 보조생식술(체내, 체외 인공수정을 포함합니다), 성장촉진과 관련된 비용 등에 소요된 비용. 다만, 회사가 보상하는 상해 치료를 목적으로 하는 경우에는 보상하여 드립니다. 6. 의치, 의수족, 의안, 안경, 콘택트렌즈, 보청기, 목발, 팔걸이(Arm Sling), 보조기 등 진료재료의 구입 및 대체비용(다만, 인공장기나 부분 의치 등 신체에 이식되어 그 기능을 대신할 경우는 제외합니다) 7. 외모개선 목적의 치료로 인하여 발생한 의료비 　가. 쌍꺼풀수술(이중검수술), 코성형수술(융비술), 유방확대 · 축소술, 지방흡입술, 주름살제거술 등 　나. 사시교정, 안와격리증의 교정 등 시각계 수술로써 시력개선 목적이 아닌 외모개선 목적의 수술 　다. 안경, 콘텍트렌즈 등을 대체하기 위한 시력교정술 　라. 외모개선 목적의 다리정맥류 수술 8. 진료와 무관한 제비용(TV시청료, 전화료, 제증명료 등), 의사의 임상적 소견과 관련이 없는 검사비용 9. 자동차보험(공제를 포함합니다) 또는 산재보험에서 보상받는 의료비. 다만, 본인부담의료비는 제3조(담보종목별 보장내용)에 따라 보상하여 드립니다. 10. 국민건강보험법 제40조의 요양기관이 아닌 해외 소재 의료기관에서 발생한 의료비
(2) 상해통원	① 회사는 아래의 사유를 원인으로 하여 생긴 통원의료비는 보상하여 드리지 아니합니다. 1. 수익자의 고의. 다만, 그 수익자가 보험금의 일부 수익자인 경우에는 그 수익자에 해당하는 보험금을 제외한 나머지 보험금을 다른 수익자에게 지급하여 드립니다. 2. 계약자의 고의 3. 피보험자(보험대상자)의 고의. 다만, 심신상실 등으로 자유로운 의사결정을 할 수 없는 상태에서 자신을 해친 사실이 증명된 경우에는 보상하여 드립니다. 4. 피보험자(보험대상자)의 임신, 출산(제왕절개를 포함합니다), 산후기로 통원한 경우. 그러나 회사가 보상하는 상해로 인한 경우에는 보상하여 드립니다. 5. 전쟁, 외국의 무력행사, 혁명, 내란, 사변, 폭동 6. 피보험자(보험대상자)가 정당한 이유없이 통원기간 중 의사의 지시를 따르지 아니한 때에 회사는 그로 인하여 악화된 부분에 대하여는 보상하여 드리지 아니합니다. ② 회사는 다른 약정이 없으면 피보험자(보험대상자)가 직업, 직무 또는 동호회 활동목적으로 아래에 열거된 행위로 인하여 생긴 상해에 대하여는 보상하여 드리지 아니합니다.

담보종목	보상하지 않는 사항
	1. 전문등반(전문적인 등산용구를 사용하여 암벽 또는 빙벽을 오르내리거나 특수한 기술, 경험, 사전훈련을 필요로 하는 등반을 말합니다), 글라이더 조종, 스카이다이빙, 스쿠버다이빙, 행글라이딩 2. 모타보트, 자동차 또는 오토바이에 의한 경기, 시범, 흥행(이를 위한 연습을 포함합니다) 또는 시운전(다만, 공용도로상에서 시운전을 하는 동안 발생한 상해는 보상하여 드립니다) 3. 선박승무원, 어부, 사공, 그 밖에 선박에 탑승하는 것을 직무로 하는 사람이 직무상 선박에 탑승 ③ 회사는 아래의 통원의료비에 대하여는 보상하여 드리지 아니합니다. 　1. 치과치료 · 한방치료에서 발생한 국민건강보험법상 요양급여에 해당하지 않는 비급여 의료비 　2. 국민건강보험법상 요양급여 중 본인부담금의 경우 국민건강보험 관련 법령에 의해 국민건강보험공단으로부터 사전 또는 사후 환급이 가능한 금액(본인부담금 상한제) 　3. 의료급여법상 의료급여 중 본인부담금의 경우 의료급여 관련 법령에 의해 의료급여기금 등으로부터 사전 또는 사후 환급이 가능한 금액(의료급여법상 본인부담금 보상제 및 본인부담금 상한제) 　4. 건강검진, 예방접종, 인공유산. 다만, 회사가 보상하는 상해 치료를 목적으로 하는 경우에는 보상하여 드립니다. 　5. 영양제, 종합비타민제, 호르몬 투여, 보신용 투약, 친자 확인을 위한 진단, 불임검사, 불임수술, 불임복원술, 보조생식술(체내, 체외 인공수정을 포함합니다), 성장촉진과 관련된 비용 등에 소요된 비용. 다만, 회사가 보상하는 상해 치료를 목적으로 하는 경우에는 보상하여 드립니다. 　6. 의치, 의수족, 의안, 안경, 콘택트렌즈, 보청기, 목발, 팔걸이(Arm Sling), 보조기 등 진료재료의 구입 및 대체비용(다만, 인공장기나 부분 의치 등 신체에 이식되어 그 기능을 대신할 경우는 제외합니다) 　7. 외모개선 목적의 치료로 인하여 발생한 의료비 　　가. 쌍꺼풀수술(이중검수술), 코성형수술(융비술), 유방확대 · 축소술, 지방흡입술, 주름살제거술 등 　　나. 사시교정, 안와격리증의 교정 등 시각계 수술로써 시력개선 목적이 아닌 외모개선 목적의 수술 　　다. 안경, 콘택트렌즈 등을 대체하기 위한 시력교정술 　　라. 외모개선 목적의 다리정맥류 수술 　8. 진료와 무관한 제비용(TV시청료, 전화료, 제증명료 등), 의사의 임상적 소견과 관련이 없는 검사비용 　9. 자동차보험(공제를 포함합니다) 또는 산재보험에서 보상받는 의료비. 다만, 본인부담의료비는 제3조(담보종목별 보장내용)에 따라 보상하여 드립니다. 　10. 국민건강보험법 제40조의 요양기관이 아닌 해외 소재 의료기관에서 발생한 의료비
(3) 질병입원	① 회사는 아래의 사유를 원인으로 하여 생긴 입원의료비는 보상하여 드리지 아니합니다. 　1. 수익자의 고의. 다만, 그 수익자가 보험금의 일부 수익자인 경우에는 그 수익자에 해당하는 보험금을 제외한 나머지 보험금을 다른 수익자에게 지급합니다. 　2. 계약자의 고의 　3. 피보험자(보험대상자)의 고의. 다만, 심신상실 등으로 자유로운 의사결정을 할 수 없는

담보종목	보상하지 않는 사항

상태에서 자신을 해친 사실이 증명된 경우에는 보상하여 드립니다.

4. 피보험자(보험대상자)가 정당한 이유없이 입원기간 중 의사의 지시를 따르지 아니한 때에 회사는 그로 인하여 악화된 부분에 대하여는 보상하여 드리지 아니합니다.

② 회사는 제5차 한국표준질병사인분류에 있어서 아래의 입원의료비에 대하여는 보상하여 드리지 아니합니다.

1. 정신과질환 및 행동장애(F04~F99)
2. 여성생식기의 비염증성 장애로 인한 습관성 유산, 불임 및 인공수정 관련 합병증(N96~N98)
3. 피보험자(보험대상자)의 임신, 출산(제왕절개를 포함합니다), 산후기로 입원한 경우(O00~O99)
4. 선천성 뇌질환(Q00~Q04)
5. 비만(E66)
6. 비뇨기계 장애(N39, R32)
7. 직장 또는 항문질환 중 국민건강보험법상 요양급여에 해당하지 않는 부분(I84, K60~K62)

③ 회사는 아래의 입원의료비에 대하여는 보상하여 드리지 아니합니다.

1. 치과치료 및 한방치료에서 발생한 국민건강보험법상 요양급여에 해당하지 않는 비급여 의료비
2. 국민건강보험법상 요양급여 중 본인부담금의 경우 국민건강보험 관련 법령에 의해 국민건강보험공단으로부터 사전 또는 사후 환급이 가능한 금액(본인부담금 상한제)
3. 의료급여법상 의료급여 중 본인부담금의 경우 의료급여 관련 법령에 의해 의료급여기금 등으로부터 사전 또는 사후 환급이 가능한 금액(의료급여법상 본인부담금 보상제 및 본인부담금 상한제)
4. 건강검진, 예방접종, 인공유산. 다만, 회사가 보상하는 질병 치료를 목적으로 하는 경우에는 보상하여 드립니다.
5. 영양제, 종합비타민제, 호르몬 투여, 보신용 투약, 친자 확인을 위한 진단, 불임검사, 불임수술, 불임복원술, 보조생식술(체내, 체외 인공수정을 포함합니다), 성장촉진과 관련된 비용 등에 소요된 비용. 다만, 회사가 보상하는 질병 치료를 목적으로 하는 경우에는 보상하여 드립니다.
6. 아래에 열거된 치료로 인하여 발생한 의료비
   가. 단순한 피로 또는 권태
   나. 주근깨, 다모, 무모, 백모증, 딸기코(주사비), 점(모반), 사마귀, 여드름, 노화현상으로 인한 탈모 등 피부질환
   다. 발기부전(impotence)·불감증, 단순 코골음, 단순포경(phimosis), 국민건강보험 요양급여의 기준에 관한 규칙 제9조 제1항([별표2] 비급여대상)에 의한 업무 또는 일상생활에 지장이 없는 검열반 등 안과질환
7. 의치, 의수족, 의안, 안경, 콘택트렌즈, 보청기, 목발, 팔걸이(Arm Sling), 보조기 등 진료재료의 구입 및 대체비용(다만, 인공장기나 부분 의치 등 신체에 이식되어 그 기능을 대신할 경우는 제외합니다)
8. 외모개선 목적의 치료로 인하여 발생한 의료비
   가. 쌍꺼풀수술(이중검수술), 코성형수술(융비술), 유방확대·축소술, 지방흡입술, 주름살제거술 등
   나. 사시교정, 안와격리증의 교정 등 시각계 수술로써 시력개선 목적이 아닌 외모개선 목적의 수술

담보종목	보상하지 않는 사항
	다. 안경, 콘텍트렌즈 등을 대체하기 위한 시력교정술 라. 외모개선 목적의 다리정맥류 수술 9. 진료와 무관한 제비용(TV시청료, 전화료, 제증명료 등), 의사의 임상적 소견과 관련이 없는 검사비용 10. 산재보험에서 보상받는 의료비. 다만, 본인부담의료비는 제3조(담보종목별 보장내용)에 따라 보상하여 드립니다. 11. 인간면역바이러스(HIV)감염으로 인한 치료비(다만, 의료법에서 정한 의료인의 진료상 또는 치료 중 혈액에 의한 HIV감염은 해당 진료기록을 통해 객관적으로 확인되는 경우는 제외합니다) 12. 국민건강보험법 제40조의 요양기관이 아닌 해외 소재 의료기관에서 발생한 의료비
(4) 질병통원	① 회사는 아래의 사유를 원인으로 하여 생긴 통원의료비는 보상하여 드리지 아니합니다. 1. 수익자의 고의. 다만, 그 수익자가 보험금의 일부 수익자인 경우에는 그 수익자에 해당하는 보험금을 제외한 나머지 보험금을 다른 수익자에게 지급합니다. 2. 계약자의 고의 3. 피보험자(보험대상자)의 고의. 다만, 심신상실 등으로 자유로운 의사결정을 할 수 없는 상태에서 자신을 해친 사실이 증명된 경우에는 보상하여 드립니다. 4. 피보험자(보험대상자)가 정당한 이유없이 통원기간 중 의사의 지시를 따르지 아니한 때에 회사는 그로 인하여 악화된 부분에 대하여는 보상하여 드리지 아니합니다. ② 회사는 제5차 한국표준질병사인분류에 있어서 아래의 통원의료비에 대하여는 보상하여 드리지 아니합니다. 1. 정신과질환 및 행동장애(F04~F99) 2. 여성생식기의 비염증성 장애로 인한 습관성 유산, 불임 및 인공수정 관련 합병증(N96~N98) 3. 피보험자(보험대상자)의 임신, 출산(제왕절개를 포함합니다), 산후기로 통원한 경우(O00~O99) 4. 선천성 뇌질환(Q00~Q04) 5. 비만(E66) 6. 비뇨기계 장애(N39, R32) 7. 직장 또는 항문질환 중 국민건강보험법상 요양급여에 해당하지 않는 부분(I84, K60~K62) ③ 회사는 아래의 통원의료비에 대하여는 보상하여 드리지 아니합니다. 1. 치과치료 및 한방치료에서 발생한 국민건강보험법상 요양급여에 해당하지 않는 비급여 의료비 2. 국민건강보험법상 요양급여 중 본인부담금의 경우 국민건강보험 관련 법령에 의해 국민건강보험공단으로부터 사전 또는 사후 환급이 가능한 금액(본인부담금 상한제) 3. 의료급여법상 의료급여 중 본인부담금의 경우 의료급여 관련 법령에 의해 의료급여기금 등으로부터 사전 또는 사후 환급이 가능한 금액(의료급여법상 본인부담금 보상제 및 본인부담금 상한제) 4. 건강검진, 예방접종, 인공유산. 다만, 회사가 보상하는 질병 치료를 목적으로 하는 경우에는 보상하여 드립니다. 5. 영양제, 종합비타민제, 호르몬 투여, 보신용 투약, 친자 확인을 위한 진단, 불임검사, 불임수술, 불임복원술, 보조생식술(체내, 체외 인공수정을 포함합니다), 성장촉진과 관련

담보종목	보상하지 않는 사항

	된 비용 등에 소요된 비용. 다만, 회사가 보상하는 질병 치료를 목적으로 하는 경우에는 보상하여 드립니다.
	6. 아래에 열거된 치료로 인하여 발생한 의료비
	  가. 단순한 피로 또는 권태
	  나. 주근깨, 다모, 무모, 백모증, 딸기코(주사비), 점(모반), 사마귀, 여드름, 노화현상으로 인한 탈모 등 피부질환
	  다. 발기부전(impotence) · 불감증, 단순 코골음, 단순포경(phimosis), 국민건강보험 요양급여의 기준에 관한 규칙 제9조 제1항([별표2] 비급여대상)에 의한 업무 또는 일상생활에 지장이 없는 검열반 등 안과질환
	7. 의치, 의수족, 의안, 안경, 콘택트렌즈, 보청기, 목발, 팔걸이(Arm Sling), 보조기 등 진료재료의 구입 및 대체비용(다만, 인공장기나 부분 의치 등 신체에 이식되어 그 기능을 대신할 경우는 제외합니다)
	8. 외모개선 목적의 치료로 인하여 발생한 의료비
	  가. 쌍꺼풀수술(이중검수술), 코성형수술(융비술), 유방확대 · 축소술, 지방흡입술, 주름살제거술 등
	  나. 사시교정, 안와격리증의 교정 등 시각계 수술로써 시력개선 목적이 아닌 외모개선 목적의 수술
	  다. 안경, 콘택트렌즈 등을 대체하기 위한 시력교정술
	  라. 외모개선 목적의 다리정맥류 수술
	9. 진료와 무관한 제비용(TV시청료, 전화료, 제증명료 등), 의사의 임상적 소견과 관련없는 검사비용
	10. 산재보험에서 보상받는 의료비. 다만, 본인부담의료비는 제3조(담보종목별 보장내용)에 따라 보상하여 드립니다.
	11. 인간면역바이러스(HIV)감염으로 인한 치료비(단, 의료법에서 정한 의료인의 진료상 또는 치료 중 혈액에 의한 HIV감염은 해당 진료기록을 통해 객관적으로 확인되는 경우는 제외)
	12. 국민건강보험법 제40조의 요양기관이 아닌 해외 소재 의료기관에서 발생한 의료비

(5) 종합입원	① 상해에 대하여는 '상해입원'을 적용 ② 질병에 대하여는 '질병입원'을 적용
(6) 종합통원	① 상해에 대하여는 '상해통원'을 적용 ② 질병에 대하여는 '질병통원'을 적용

〈붙임〉 용어의 정의

용어	정의
계약	보험계약
계약자	보험회사와 계약을 체결하고 보험료를 납입하는 사람
피보험자 (보험대상자)	보험금 지급사유 또는 보험사고 발생의 대상(객체)이 되는 사람
수익자	보험금을 수령하는 사람
보험기간	계약에서 정한 대상이 되는 위험이 보장되는 기간
회사	보험회사
상해	보험기간 중 발생한 급격하고 우연한 외래의 사고
상해보험계약	상해를 보장하는 계약
의사	의료법 제2조(의료인)에서 정한 의사, 한의사 및 치과의사의 자격을 가진 사람
약사	약사법 제2조(정의)에서 정한 약사 및 한약사의 자격을 가진 사람
의료기관	의료법 제3조(의료기관) 제2항에서 정하는 의료기관이며 종합병원·병원·치과병원·한방병원·요양병원·의원·치과의원·한의원 및 조산원으로 구분됨
약국	약사법 제2조 제3항 규정에 의한 장소로서, 약사가 수여할 목적으로 의약품 조제업무를 하는 장소를 말하며, 의료기관의 조제실은 제외
병원	국민건강보험법 제40조(요양기관)에서 정하는 국내의 병원 또는 의원(조산원은 제외)
입원	의사가 보험대상자의 질병 또는 상해로 인하여 치료가 필요하다고 인정한 경우로서 자택 등에서 치료가 곤란하여 병원, 의료기관 또는 이와 동등하다고 인정되는 의료기관에 입실하여 의사의 관리를 받으며 치료에 전념하는 것
입원의 정의 중 이와 동등하다고 인정되는 의료기관	보건소, 보건의료원 및 보건지소 등 의료법 제3조(의료기관) 제2항에서 정한 의료기관에 준하는 의료기관으로서 군의무대, 치매요양원, 노인요양원 등에 속해 있는 요양원, 요양시설, 복지시설 등과 같이 의료기관이 아닌 곳은 이에 해당되지 않음
기준병실	병원에서 국민건강보험 환자의 입원 시 적용하는 기준이 되는 병실
입원실료	입원치료 중 발생한 기준병실 사용료, 환자관리료, 식대 등을 말함
입원제비용	입원치료 중 발생한 진찰료, 검사료, 방사선료, 투약 및 처방료, 주사료, 이학요법(물리치료, 재활치료)료, 정신요법료, 처치료, 재료대, 캐스트료, 지정진료비 등을 말함
입원수술비	입원치료 중 발생한 수술료, 마취료, 수술재료비 등을 말함
입원의료비	입원실료, 입원제비용, 입원수술비, 상급병실료 차액으로 구성됨
통원	의사가 피보험자(보험대상자)의 질병 또는 상해로 인하여 치료가 필요하다고 인정하는 경우로서, 병원에 입원하지 않고 병원을 방문하여 의사의 관리 하에 치료에 전념하는 것
처방조제	의사 및 약사가 피보험자(보험대상자)의 질병 또는 상해로 인하여 치료가 필요하다고 인정하는 경우로서, 통원으로 인하여 발행된 의사의 처방전으로 약국의 약사가 조제하는 것을 말함(국민건강보험법 제40조 제1항 제3호에 의한 한국희귀의약품센터에서의 처방조제 및 의약분업예외지역에서 약사의 직접조제 포함)

용어	정의
외래제비용	통원치료 중 발생한 진찰료, 검사료, 방사선료, 투약 및 처방료, 주사료, 이학요법(물리치료, 재활치료)료, 정신요법료, 처치료, 재료대, 캐스트료, 지정진료비 등을 말함
외래수술비	통원치료 중 발생한 수술료, 마취료, 수술재료비 등을 말함
처방조제비	병원 의사의 처방전에 따라 조제되는 약국의 처방조제비 및 약사의 직접조제비를 말함
통원의료비	외래제비용, 외래수술비, 처방조제비로 구성됨
요양급여	국민건강보험법 제39조(요양급여)에 의한 가입자 및 피부양자의 질병·부상 등에 대한 다음 각호의 요양급여를 말함 1. 진찰·검사 2. 약제·치료재료의 지급 3. 처치·수술 기타의 치료 4. 예방·재활 5. 입원 6. 간호 7. 이송
의료급여	의료급여법 제7조(의료급여의 내용 등)에 의한 가입자 및 피부양자의 질병·부상 등에 대한 다음 각호의 의료급여를 말함 1. 진찰·검사 2. 약제·치료재료의 지급 3. 처치·수술 기타의 치료 4. 예방·재활 5. 입원 6. 간호 7. 이송과 그 밖의 의료목적의 달성을 위한 조치
국민건강보험법상 본인부담금 상한제	국민건강보험법상 요양급여 중 연간 본인부담금 총액이 국민건강보험법시행령 별표3에서 정하는 금액을 넘는 경우에 그 초과한 금액을 공단에서 부담하고 있는 제도를 말하며, 국민건강보험 관련 법령의 변경에 따라 환급기준이 변경될 경우에는 회사는 변경되는 기준에 따름
의료급여법상 본인부담금 보상제 및 본인부담금 상한제	의료급여법상 의료급여 중 본인부담금이 의료급여법 시행령 제13조(급여비용의 부담)에서 정하는 금액을 넘는 경우에 그 초과한 금액을 의료급여기금 등에서 부담하고 있는 제도를 말하며, 의료급여 관련 법령의 변경에 따라 환급기준이 변경될 경우에는 회사는 변경된 기준에 따름
보장대상의료비	실제 부담액 − 보상제외금액
보상책임액	(실제 부담액 − 보상제외금액) × 회사부담비율
다수보험	실손 의료보험계약(우체국보험, 각종 공제, 상해·질병·간병보험 등 제3보험, 개인연금·퇴직보험 등 의료비를 실손으로 보상하는 보험·공제계약을 포함)이 동시에 또는 순차적으로 2개 이상 체결되었고, 그 계약이 동일한 보험사고에 대하여 각 계약별 보상책임액이 있는 다수의 실손 의료보험계약을 말함

제3차 개정 표준약관(2011. 6. 29.)

〈실손 의료보험〉

실손 의료보험은 사람의 질병 또는 상해로 인한 손해(의료비에 한합니다)를 보험회사가 보상하는 상품입니다.

제1장 일반사항

제1조(담보종목) ① 회사가 판매하는 실손 의료보험상품은 상해입원형, 상해통원형, 질병입원형, 질병통원형, 종합(상해와 질병을 말합니다)입원형, 종합통원형 등 총 6개의 담보종목으로 구성되어 있으며, 계약자는 이들 6개 담보종목 중 한 가지 이상을 선택하여 가입할 수 있습니다.

담보종목		보상하는 내용
상해	입원	피보험자(보험대상자)가 상해로 인하여 병원에 입원하여 치료를 받은 경우에 보상
	통원	피보험자(보험대상자)가 상해로 인하여 병원에 통원하여 치료를 받거나 처방조제를 받은 경우에 보상
질병	입원	피보험자(보험대상자)가 질병으로 인하여 병원에 입원하여 치료를 받은 경우에 보상
	통원	피보험자(보험대상자)가 질병으로 인하여 병원에 통원하여 치료를 받거나 처방조제를 받은 경우에 보상
종합	입원	피보험자(보험대상자)가 상해 또는 질병으로 인하여 병원에 입원하여 치료를 받은 경우에 보상
	통원	피보험자(보험대상자)가 상해 또는 질병으로 인하여 병원에 통원하여 치료를 받거나 처방조제를 받은 경우에 보상

② 회사는 이 약관의 명칭에 '실손 의료비' 문구를 포함하여 사용합니다.

제2조(용어정의) 이 약관에서 사용하는 용어의 정의는 <붙임>과 같으며 해당 용어는 이 약관에서 밑줄을 그어 표시합니다.

제2장 회사가 보상하는 사항

제3조(담보종목별 보장내용) 회사가 이 계약의 보험기간 중 담보종목별로 각각 보상 또는 공제하는 내용은 다음과 같습니다.

담보종목	보상하는 사항
(1) 상해입원	① 회사는 피보험자(보험대상자)가 상해로 인하여 병원에 입원하여 치료를 받은 경우에는 입원의료비를 다음과 같이 하나의 상해당 보험가입금액(5,000만원을 최고한도로 계약자가 정하는 금액으로 합니다)을 한도로 보상하여 드립니다.

구분	보상금액
입원실료, 입원제비용, 입원수술비	'국민건강보험법에서 정한 요양급여 또는 의료급여법에서 정한 의료급여 중 본인부6담금'과 '비급여(상급병실료 차액 제외)' 부분의 합계액 중 90% 해당액(다만, 10% 해당액이 계약일 또는 매년 계약해당일로부터 연간 200만원을 초과하는 경우 그 초과금액은 보상합니다)
상급병실료 차액	입원 시 실제 사용병실과 기준병실과의 병실료 차액 중 50%를 공제한 후의 금액(다만, 1일 평균금액 10만원을 한도로 하며, 1일 평균금액은 입원기간 동안 상급병실료 차액 전체를 총 입원일수로 나누어 산출합니다)

② 제1항의 상해에는 유독가스 또는 유독물질을 우연하게도 일시에 흡입, 흡수 또는 섭취한 결과로 생긴 중독증상을 포함합니다. 그러나 세균성 음식물 중독과 상습적으로 흡입, 흡수 또는 섭취한 결과로 생긴 중독증상은 이에 포함되지 아니합니다.

③ 피보험자(보험대상자)가 국민건강보험법 또는 의료급여법을 적용받지 못하는 경우(국민건강보험법에서 정한 요양급여 또는 의료급여법에서 정한 의료급여 절차를 거치지 아니한 경우도 포함합니다)에는 입원의료비 중 본인이 실제로 부담한 금액의 40% 해당액을 하나의 상해당 보험가입금액(5,000만원을 최고한도로 계약자가 정하는 금액으로 합니다)을 한도로 보상하여 드립니다.

④ 회사는 하나의 상해(동일 상해로 2회 이상 치료를 받는 경우에도 이를 하나의 상해로 봅니다)로 인한 입원의료비를 최초 입원일로부터 365일까지(최초 입원일을 포함합니다) 보상합니다. 다만, 동일한 상해로 인하여 최초 입원일로부터 365일을 넘어 입원할 경우에는 아래의 예시와 같이 90일간의 보상제외기간이 지나야 새로운 상해로 보아 다시 보상하여 드립니다.

〈보상기간 예시〉

보장대상기간 (365일)	보상제외 (90일)	보장대상기간 (365일)

계약일 (2010. 1. 1.)	최초 입원일 (2010. 3. 1.)	(2011. 2. 28.) 2011. 3. 1.부터 보상제외	(2011. 5. 29.) 2011. 5. 30.부터 보상재개	(2012. 5. 29.) 2012. 5. 30.부터 보상제외

⑤ 피보험자(보험대상자)가 입원하여 치료를 받던 중 보험기간이 만료되더라도 그 계속 중인 입원에 대하여는 보험기간 종료일로부터 180일까지(보험기간 종료일은 제외합니다) 보상하여 드립니다. 다만, 이 경우 제4항은 적용하지 아니합니다.

⑥ 피보험자(보험대상자)가 병원의 직원복리후생제도에 의하여 납부할 의료비를 감면받은 경

담보종목	보상하는 사항
	우에는 그 감면 전 의료비를 기준으로 입원의료비를 계산합니다.
(2) 상해통원	① 회사는 피보험자(보험대상자)가 상해로 인하여 병원에 통원하여 치료를 받거나 처방조제를 받은 경우에는 통원의료비로서 매년 계약해당일로부터 1년을 단위로 하여 다음과 같이 외래(외래제비용, 외래수술비) 및 처방조제비를 각각 보상하여 드립니다.

구분	보상한도
외래	방문 1회당 '국민건강보험법에서 정한 요양급여 또는 의료급여법에서 정한 의료급여 중 본인부담금'과 '비급여' 부분의 합계액에서 〈표1 항목별 공제금액〉을 차감하고 외래의 보험가입금액^{주)}을 한도로 보상(매년 계약해당일로부터 1년간 방문 180회 한도)
처방 조제비	처방전 1건당 '국민건강보험법에서 정한 요양급여 또는 의료급여법에서 정한 의료급여 중 본인부담금'과 '비급여' 부분의 합계액에서 〈표1 항목별 공제금액〉을 차감하고 처방조제비의 보험가입금액^{주)}을 한도로 보상(매년 계약해당일로부터 1년간 처방전 180건 한도)

주) 외래 및 처방조제비는 회(건)당 합산하여 30만원을 최고한도로 계약자가 정하는 금액으로 합니다.

〈표1 항목별 공제금액〉

구분	항목	공제 금액
외래 (외래제비용 및 외래수술비 합계)	의료법 제3조 제2항 제1호에 의한 의원, 치과의원, 한의원, 의료법 제3조 제2항 제2호에 의한 조산원, 지역보건법 제7조에 의한 보건소, 지역보건법 제8조에 의한 보건의료원, 지역보건법 제10조에 의한 보건지소, 농어촌 등 보건의료를 위한 특별조치법 제15조에 의한 보건진료소	1만원
	의료법 제3조 제2항 제3호에 의한 종합병원, 병원, 치과병원, 한방병원, 요양병원	1만 5천원
	국민건강보험법 제40조 제2항에 의한 종합전문요양기관 또는 의료법 제3조의4에 의한 상급종합병원	2만원
처방 조제비	국민건강보험법 제40조 제1항 제2호에 의한 약국, 동법 제40조 제1항 제3호에 의한 한국희귀의약품센터에서의 처방, 조제(의사의 처방전 1건당, 의약분업 예외지역에서 약사의 직접조제 1건당)	8천원

② 피보험자(보험대상자)가 통원하여 치료를 받던 중 보험기간이 만료되더라도 그 계속 중인 통원 치료에 대하여는 보험기간 만료일로부터 180일 이내에 외래는 방문 90회, 처방조제비는 처방전 90건을 한도로 보상하여 드립니다.

〈보상기간 예시〉

담보종목	보상하는 사항
	③ 하나의 상해로 인해 하루에 같은 치료를 목적으로 의료기관에 2회 이상 통원치료 시(하나의 상해로 약국을 통한 2회 이상의 처방조제를 포함합니다) 1회의 외래 및 1건의 처방으로 간주하여 제1항 및 제2항을 적용합니다.
	④ 제1항의 상해에는 유독가스 또는 유독물질을 우연하게도 일시에 흡입, 흡수 또는 섭취한 결과로 생긴 중독증상을 포함합니다. 그러나 세균성 음식물 중독과 상습적으로 흡입, 흡수 또는 섭취한 결과로 생긴 중독증상은 이에 포함되지 아니합니다.
	⑤ 피보험자(보험대상자)가 국민건강보험법 또는 의료급여법을 적용받지 못하는 경우(국민건강보험법에서 정한 요양급여 또는 의료급여법에서 정한 의료급여 절차를 거치지 아니한 경우도 포함합니다)에는 통원의료비 중 본인이 실제로 부담한 금액에서 〈표1 항목별 공제금액〉을 차감한 금액의 40% 해당액을 외래 및 처방조제비로 보험가입금액(외래 및 처방조제비는 회(건)당 합산하여 30만원을 최고한도로 계약자가 정하는 금액으로 합니다)을 한도로 보상하여 드립니다.
	⑥ 피보험자(보험대상자)가 병원 또는 약국의 직원복리후생제도에 의하여 납부할 의료비를 감면받은 경우에는 그 감면 전 의료비를 기준으로 통원의료비를 계산합니다.
(3) 질병입원	① 회사는 피보험자(보험대상자)가 질병으로 인하여 병원에 입원하여 치료를 받은 경우에는 입원의료비를 다음과 같이 하나의 질병당 보험가입금액(5,000만원을 최고한도로 계약자가 정하는 금액으로 합니다)을 한도로 보상하여 드립니다.

구분	보상금액
입원실료, 입원제비용, 입원수술비	'국민건강보험법에서 정한 요양급여 또는 의료급여법에서 정한 의료급여 중 본인부담금'과 '비급여(상급병실료 차액 제외)' 부분의 합계액 중 90% 해당액(다만, 10% 해당액이 계약일 또는 매년 계약해당일로부터 연간 200만원을 초과하는 경우 그 초과금액은 보상합니다)
상급병실료 차액	입원 시 실제 사용병실과 기준병실과의 병실료 차액 중 50%를 공제한 후의 금액(다만, 1일 평균금액 10만원을 한도로 하며, 1일 평균금액은 입원기간 동안 상급병실료 차액 전체를 총 입원일수로 나누어 산출합니다)

② 제1항의 질병에서 청약서상 '계약 전 알릴의무(중요한 사항에 한합니다)'에 해당하는 질병으로 인하여 과거(청약서상 당해 질병의 고지대상 기간을 말합니다)에 진단 또는 치료를 받은 경우에는 제외합니다.

③ 피보험자(보험대상자)가 국민건강보험법 또는 의료급여법을 적용받지 못하는 경우(국민건강보험법에서 정한 요양급여 또는 의료급여법에서 정한 의료급여 절차를 거치지 아니한 경우도 포함합니다)에는 입원의료비 중 본인이 실제로 부담한 금액의 40% 해당액을 하나의 질병당 보험가입금액(5,000만원을 최고한도로 계약자가 정하는 금액으로 합니다)을 한도로 보상하여 드립니다.

④ 회사는 동일한 질병 또는 하나의 질병(의학상 관련이 있다고 의사가 인정하는 질병은 동일한 질병으로 간주하며, 동일한 질병으로 2회 이상 치료를 받는 경우에는 이를 하나의 질병으로 봅니다)으로 인한 입원의료비는 최초 입원일로부터 365일(최초 입원일을 포함합니다)까지 보상하여 드립니다. 다만, 하나의 질병으로 인하여 최초 입원일로부터 365일을 넘어 입원할 경우에는 아래의 예시와 같이 90일간의 보상제외기간이 지나야 새로운 질병으로 인한 입원으로 보아 다시 보상하여 드립니다.

담보종목	보상하는 사항

〈보상기간 예시〉

보장대상기간 (365일)	보상제외 (90일)	보장대상기간 (365일)

계약일 (2010. 1. 1.)	최초 입원일 (2010. 3. 1.)	(2011. 2. 28.) 2011. 3. 1.부터 보상제외	(2011. 5. 29.) 2011. 5. 30.부터 보상재개	(2012. 5. 29.) 2012. 5. 30.부터 보상제외

⑤ 피보험자(보험대상자)가 입원하여 치료를 받던 중 보험기간이 만료되더라도 그 계속 중인 입원에 대하여는 보험기간 종료일로부터 180일까지(보험기간 종료일은 제외합니다) 보상하여 드립니다. 다만, 이 경우 제4항은 적용하지 아니합니다.

⑥ 피보험자(보험대상자)가 병원의 직원복리후생제도에 의하여 납부할 의료비를 감면받은 경우에는 그 감면 전 의료비를 기준으로 입원의료비를 계산합니다.

⑦ 동일한 질병이란 발생 원인이 동일한 질병(의학상 중요한 관련이 있는 질병을 포함합니다)을 말하며, 질병의 치료 중에 발생된 합병증 또는 새로이 발견된 질병의 치료가 병행되거나 의학상 관련이 없는 여러 종류의 질병을 갖고 있는 상태에서 입원한 때에는 동일한 질병으로 간주합니다.

⑧ 제2항에도 불구하고 청약일 이전에 진단확정된 질병이라 하더라도 청약일 이후 5년이 지나는 동안(계약이 자동갱신되어 5년을 지나는 경우를 포함합니다) 그 질병으로 인하여 추가적인 진단(단순 건강검진 제외) 또는 치료사실이 없을 경우, 청약일로부터 5년이 지난 이후에는 이 약관에 따라 보상하여 드립니다.

⑨ 제8항의 '청약일 이후 5년이 지나는 동안'이라 함은 이 약관 제15조(보험료의 납입연체 시 납입최고(독촉)와 계약의 해지)에서 정한 계약의 해지가 발생하지 않은 경우를 말합니다.

⑩ 이 약관 제16조(보험료의 납입연체로 인한 해지계약의 부활(효력회복))에서 정한 계약의 부활이 이루어진 경우 부활일을 제8항의 청약일로 하여 적용합니다.

(4) 질병통원	① 회사는 피보험자(보험대상자)가 질병으로 인하여 병원에 통원하여 치료를 받거나 처방조제를 받은 경우에는 통원의료비로서 매년 계약해당일로부터 1년을 단위로 하여 다음과 같이 외래(외래제비용, 외래수술비) 및 처방조제비를 각각 보상하여 드립니다.

구분	보상한도
외래	방문 1회당 '국민건강보험법에서 정한 요양급여 또는 의료급여법에서 정한 의료급여 중 본인부담금'과 '비급여' 부분의 합계액에서 〈표1 항목별 공제금액〉을 차감하고 외래의 보험가입금액^{주)}을 한도로 보상(매년 계약해당일로부터 1년간 방문 180회 한도)
처방 조제비	처방전 1건당 '국민건강보험법에서 정한 요양급여 또는 의료급여법에서 정한 의료급여 중 본인부담금'과 '비급여' 부분의 합계액에서 〈표1 항목별 공제금액〉을 차감하고 처방조제비의 보험가입금액^{주)}을 한도로 보상(매년 계약해당일로부터 1년간 처방전 180건 한도)

주) 외래 및 처방조제비는 회(건)당 합산하여 30만원을 최고한도로 계약자가 정하는 금액으로 합니다.

담보종목	보상하는 사항

〈표1 항목별 공제금액〉

구분	항목	공제 금액
외래 (외래제비용 및 외래수술비 합계)	의료법 제3조 제2항 제1호에 의한 의원, 치과의원, 한의원, 의료법 제3조 제2항 제2호에 의한 조산원, 지역보건법 제7조에 의한 보건소, 지역보건법 제8조에 의한 보건의료원, 지역보건법 제10조에 의한 보건지소, 농어촌 등 보건의료를 위한 특별조치법 제15조에 의한 보건진료소	1만원
	의료법 제3조 제2항 제3호에 의한 종합병원, 병원, 치과병원, 한방병원, 요양병원	1만 5천원
	국민건강보험법 제40조 제2항에 의한 종합전문요양기관 또는 의료법 제3조의4에 의한 상급종합병원	2만원
처방 조제비	국민건강보험법 제40조 제1항 제2호에 의한 약국, 동법 제40조 제1항 제3호에 의한 한국희귀의약품센터에서의 처방, 조제(의사의 처방전 1건당, 의약분업 예외지역에서 약사의 직접조제 1건당)	8천원

② 피보험자(보험대상자)가 통원하여 치료를 받던 중 보험기간이 만료되더라도 그 계속 중인 통원 치료에 대하여는 보험기간 만료일로부터 180일 이내에 외래는 방문 90회, 처방조제비는 처방전 90건을 한도로 보상하여 드립니다.

〈보상기간 예시〉

보장대상기간 (1년)	보장대상기간 (1년)	보장대상기간 (1년)	추가보상 (180일)
↑ 계약일 (2010. 1. 1.)	↑ 계약해당일 (2011. 1. 1.)	↑ 계약해당일 (2012. 1. 1.)	↑ 보험기간 종료일 (2012. 12. 31.) ↑ 보상종료 (2013. 6. 29.)

③ 하나의 질병으로 인해 하루에 같은 치료를 목적으로 의료기관에 2회 이상 통원치료 시(하나의 질병으로 약국을 통한 2회 이상의 처방조제를 포함합니다) 1회의 외래 및 1건의 처방으로 간주하여 제1항 및 제2항을 적용합니다.

④ 제1항의 질병에서 청약서상 '계약 전 알릴의무(중요한 사항에 한합니다)'에 해당하는 질병으로 인하여 과거(청약서상 당해 질병의 고지대상 기간을 말합니다)에 진단 또는 치료를 받은 경우에는 제외합니다.

⑤ 피보험자(보험대상자)가 국민건강보험법 또는 의료급여법을 적용받지 못하는 경우(국민건강보험법에서 정한 요양급여 또는 의료급여법에서 정한 의료급여 절차를 거치지 아니한 경우도 포함합니다)에는 통원의료비 중 본인이 실제로 부담한 금액에서 〈표1 항목별 공제금액〉을 차감한 금액의 40% 해당액을 외래 및 처방조제비로 보험가입금액(외래 및 처방조제비는 회(건)당 합산하여 30만원을 최고한도로 계약자가 정하는 금액으로 합니다)을 한도로 보상하여 드립니다.

⑥ 피보험자(보험대상자)가 병원 또는 약국의 직원복리후생제도에 의하여 납부할 의료비를 감면받은 경우에는 그 감면 전 의료비를 기준으로 통원의료비를 계산합니다.

담보종목	보상하는 사항
	⑦ 제4항에도 불구하고 청약일 이전에 진단된 질병이라 하더라도 청약일 이후 5년이 지나는 동안(계약이 자동갱신되어 5년을 지나는 경우를 포함합니다) 그 질병으로 인하여 추가적인 진단(단순건강검진 제외) 또는 치료사실이 없을 경우, 청약일로부터 5년이 지난 이후에는 이 약관에 따라 보상하여 드립니다.
	⑧ 제7항의 '청약일 이후 5년이 지나는 동안'이라 함은 이 약관 제15조(보험료의 납입연체 시 납입최고(독촉)와 계약의 해지)에서 정한 계약의 해지가 발생하지 않은 경우를 말합니다.
	⑨ 이 약관 제16조(보험료의 납입연체로 인한 해지계약의 부활(효력회복))에서 정한 계약의 부활이 이루어진 경우 부활일을 제7항의 청약일로 하여 적용합니다.
(5) 종합입원	① 회사는 피보험자(보험대상자)가 상해 또는 질병으로 인하여 병원에 입원하여 치료를 받은 경우에는 입원의료비를 다음과 같이 보험가입금액(상해당, 질병당 각각 5,000만원을 최고한도로 계약자가 정하는 금액으로 합니다)을 한도로 보상하여 드립니다.

구분	보상금액
입원실료, 입원제비용, 입원수술비	'국민건강보험법에서 정한 요양급여 또는 의료급여법에서 정한 의료급여 중 본인부담금'과 '비급여(상급병실료 차액 제외)' 부분의 합계액 중 90% 해당액(다만, 10% 해당액이 계약일 또는 매년 계약해당일로부터 연간 200만원을 초과하는 경우 그 초과금액은 보상합니다)
상급병실료 차액	입원 시 실제 사용병실과 기준병실과의 병실료 차액 중 50%를 공제한 후의 금액(다만, 1일 평균금액 10만원을 한도로 하며, 1일 평균금액은 입원 기간 동안 상급병실료 차액 전체를 총 입원일수로 나누어 산출합니다)

② 제1항의 상해에는 유독가스 또는 유독물질을 우연하게도 일시에 흡입, 흡수 또는 섭취한 결과로 생긴 중독증상을 포함합니다. 그러나 세균성 음식물 중독과 상습적으로 흡입, 흡수 또는 섭취한 결과로 생긴 중독증상은 이에 포함되지 아니합니다.

③ 제1항의 질병에서 청약서상 '계약 전 알릴의무(중요한 사항에 한합니다)'에 해당하는 질병으로 인하여 과거(청약서상 당해 질병의 고지대상 기간을 말합니다)에 진단 또는 치료를 받은 경우에는 제외합니다.

④ 피보험자(보험대상자)가 국민건강보험법 또는 의료급여법을 적용받지 못하는 경우(국민건강보험법에서 정한 요양급여 또는 의료급여법에서 정한 의료급여 절차를 거치지 아니한 경우도 포함합니다)에는 입원의료비 중 본인이 실제로 부담한 금액의 40% 해당액을 보험가입금액(상해당, 질병당 각각 5,000만원을 최고한도로 계약자가 정하는 금액으로 합니다)을 한도로 보상하여 드립니다.

⑤ 회사는 하나의 상해(동일 상해로 2회 이상 치료를 받는 경우에도 이를 하나의 상해로 봅니다), 동일한 질병 또는 하나의 질병(의학상 관련이 있다고 의사가 인정하는 질병은 동일한 질병으로 간주하며, 동일한 질병으로 2회 이상 치료를 받는 경우에는 이를 하나의 질병으로 봅니다)으로 인한 입원의료비를 최초 입원일로부터 365일까지(최초 입원일을 포함합니다) 보상합니다. 다만, 최초 입원일로부터 365일을 넘어 입원할 경우에는 아래의 예시와 같이 90일간의 보상제외기간이 지나야 새로운 상해 또는 질병으로 보아 다시 보상하여 드립니다. |

담보종목	보상하는 사항

〈보상기간 예시〉

계약일	최초 입원일	(2011. 2. 28.)	(2011. 5. 29.)	(2012. 5. 29.)
(2010. 1. 1.)	(2010. 3. 1.)	2011. 3. 1.부터 보상제외	2011. 5. 30.부터 보상재개	2012. 5. 30.부터 보상제외

⑥ 피보험자(보험대상자)가 입원하여 치료를 받던 중 보험기간이 만료되더라도 그 계속 중인 입원에 대하여는 보험기간 종료일로부터 180일까지(보험기간 종료일은 제외합니다) 보상하여 드립니다. 다만, 이 경우 제5항은 적용하지 아니합니다.

⑦ 피보험자(보험대상자)가 병원의 직원복리후생제도에 의하여 납부할 의료비를 감면받은 경우에는 그 감면 전 의료비를 기준으로 입원의료비를 계산합니다.

⑧ 동일한 질병이란 발생 원인이 동일한 질병(의학상 중요한 관련이 있는 질병을 포함합니다)을 말하며, 질병의 치료 중에 발생된 합병증 또는 새로이 발견된 질병의 치료가 병행되거나 의학상 관련이 없는 여러 종류의 질병을 갖고 있는 상태에서 입원한 때에는 동일한 질병으로 간주합니다.

⑨ 제3항에도 불구하고 청약일 이전에 진단확정된 질병이라 하더라도 청약일 이후 5년이 지나는 동안(계약이 자동갱신되어 5년을 지나는 경우를 포함합니다) 그 질병으로 인하여 추가적인 진단(단순 건강검진 제외) 또는 치료사실이 없을 경우, 청약일로부터 5년이 지난 이후에는 이 약관에 따라 보상하여 드립니다.

⑩ 제9항의 '청약일 이후 5년이 지나는 동안'이라 함은 이 약관 제15조(보험료의 납입연체 시 납입최고(독촉)와 계약의 해지)에서 정한 계약의 해지가 발생하지 않은 경우를 말합니다.

⑪ 이 약관 제16조(보험료의 납입연체로 인한 해지계약의 부활(효력회복))에서 정한 계약의 부활이 이루어진 경우 부활일을 제9항의 청약일로 하여 적용합니다.

(6) 종합통원	① 회사는 피보험자(보험대상자)가 상해 또는 질병으로 인하여 병원에 통원하여 치료를 받거나 처방조제를 받은 경우에는 통원의료비로서 매년 계약해당일로부터 1년을 단위로 하여 다음과 같이 외래(외래제비용, 외래수술비) 및 처방조제비를 각각 보상하여 드립니다.

구분	보상한도
외래	방문 1회당 '국민건강보험법에서 정한 요양급여 또는 의료급여법에서 정한 의료급여 중 본인부담금'과 '비급여' 부분의 합계액에서 〈표1 항목별 공제금액〉을 차감하고 외래의 보험가입금액주)을 한도로 보상(매년 계약해당일로부터 1년간 방문 180회 한도)
처방 조제비	처방전 1건당 '국민건강보험법에서 정한 요양급여 또는 의료급여법에서 정한 의료급여 중 본인부담금'과 '비급여' 부분의 합계액에서 〈표1 항목별 공제금액〉을 차감하고 처방조제비의 보험가입금액주)을 한도로 보상(매년 계약해당일로부터 1년간 처방전 180건 한도)

주) 외래 및 처방조제비는 회(건)당 합산하여 30만원을 최고한도로 계약자가 정하는 금액으로 합니다.

담보종목	보상하는 사항

〈표1 항목별 공제금액〉

구분	항목	공제 금액
외래 (외래제비용 및 외래수술비 합계)	의료법 제3조 제2항 제1호에 의한 의원, 치과의원, 한의원, 의료법 제3조 제2항 제2호에 의한 조산원, 지역보건법 제7조에 의한 보건소, 지역보건법 제8조에 의한 보건의료원, 지역보건법 제10조에 의한 보건지소, 농어촌 등 보건의료를 위한 특별조치법 제15조에 의한 보건진료소	1만원
	의료법 제3조 제2항 제3호에 의한 종합병원, 병원, 치과병원, 한방병원, 요양병원	1만 5천원
	국민건강보험법 제40조 제2항에 의한 종합전문요양기관 또는 의료법 제3조의4에 의한 상급종합병원	2만원
처방 조제비	국민건강보험법 제40조 제1항 제2호에 의한 약국, 동법 제40조 제1항 제3호에 의한 한국희귀의약품센터에서의 처방, 조제(의사의 처방전 1건당, 의약분업 예외지역에서 약사의 직접조제 1건당)	8천원

② 제1항의 상해에는 유독가스 또는 유독물질을 우연하게도 일시에 흡입, 흡수 또는 섭취한 결과로 생긴 중독증상을 포함합니다. 그러나 세균성 음식물 중독과 상습적으로 흡입, 흡수 또는 섭취한 결과로 생긴 중독증상은 이에 포함되지 아니합니다.

③ 제1항의 질병에서 청약서상 '계약 전 알릴의무(중요한 사항에 한합니다)'에 해당하는 질병으로 인하여 과거(청약서상 당해 질병의 고지대상 기간을 말합니다)에 진단 또는 치료를 받은 경우에는 제외합니다.

④ 피보험자(보험대상자)가 국민건강보험법 또는 의료급여법을 적용받지 못하는 경우(국민건강보험법에서 정한 요양급여 또는 의료급여법에서 정한 의료급여 절차를 거치지 아니한 경우도 포함합니다)에는 통원의료비 중 본인이 실제로 부담한 금액에서 〈표1 항목별 공제금액〉을 차감한 금액의 40% 해당액을 외래 및 처방조제비로 보험가입금액(외래 및 처방조제비는 회(건)당 합산하여 30만원을 최고한도로 계약자가 정하는 금액으로 합니다)을 한도로 보상하여 드립니다.

⑤ 피보험자(보험대상자)가 통원하여 치료를 받던 중 보험기간이 만료되더라도 그 계속 중인 통원 치료에 대하여는 보험기간 만료일로부터 180일 이내에 외래는 방문 90회, 처방조제비는 처방전 90건을 한도로 보상하여 드립니다.

〈보상기간 예시〉

보장대상기간 (1년)	보장대상기간 (1년)	보장대상기간 (1년)	추가보상 (180일)
↑ 계약일 (2010. 1. 1.)	↑ 계약해당일 (2011. 1. 1.)	↑ 계약해당일 (2012. 1. 1.)	↑ 보험기간 종료일 (2012. 12. 31.) ↑ 보상종료 (2013. 6. 29.)

⑥ 하나의 상해 또는 하나의 질병으로 인해 하루에 같은 치료를 목적으로 의료기관에 2회 이상 통원치료 시(하나의 상해 또는 하나의 질병으로 약국을 통한 2회 이상의 처방조제를 포

담보종목	보상하는 사항
	함합니다) 1회의 외래 및 1건의 처방으로 간주하여 제1항 및 제5항을 적용합니다. ⑦ 피보험자(보험대상자)가 병원 또는 약국의 직원복리후생제도에 의하여 납부할 의료비를 감면받은 경우에는 그 감면 전 의료비를 기준으로 통원의료비를 계산합니다. ⑧ 제3항에도 불구하고 청약일 이전에 진단된 질병이라 하더라도 청약일 이후 5년이 지나는 동안(계약이 자동갱신되어 5년을 지나는 경우를 포함합니다) 그 질병으로 인하여 추가적인 진단(단순건강검진 제외) 또는 치료사실이 없을 경우, 청약일로부터 5년이 지난 이후에는 이 약관에 따라 보상하여 드립니다. ⑨ 제8항의 '청약일 이후 5년이 지나는 동안'이라 함은 이 약관 제15조(보험료의 납입연체 시 납입최고(독촉)와 계약의 해지)에서 정한 계약의 해지가 발생하지 않은 경우를 말합니다. ⑩ 이 약관 제16조(보험료의 납입연체로 인한 해지계약의 부활(효력회복))에서 정한 계약의 부활이 이루어진 경우 부활일을 제8항의 청약일로 하여 적용합니다.

제3장 회사가 보상하지 않는 사항

제4조(보상하지 않는 사항) 회사가 보상하지 않는 사항은 다음과 같습니다.

담보종목	보상하지 않는 사항

(1)
상해입원
	① 회사는 아래의 사유를 원인으로 하여 생긴 입원의료비는 보상하여 드리지 아니합니다.
	  1. 수익자의 고의. 다만, 그 수익자가 보험금의 일부 수익자인 경우에는 그 수익자에 해당하는 보험금을 제외한 나머지 보험금을 다른 수익자에게 지급하여 드립니다.
	  2. 계약자의 고의
	  3. 피보험자(보험대상자)의 고의. 다만, 피보험자(보험대상자)가 심신상실 등으로 자유로운 의사결정을 할 수 없는 상태에서 자신을 해친 사실이 증명된 경우에는 보상하여 드립니다.
	  4. 피보험자(보험대상자)의 임신, 출산(제왕절개를 포함합니다), 산후기로 입원한 경우. 그러나 회사가 보상하는 상해로 인한 경우에는 보상하여 드립니다.
	  5. 전쟁, 외국의 무력행사, 혁명, 내란, 사변, 폭동
	  6. 피보험자(보험대상자)가 정당한 이유없이 입원기간 중 의사의 지시를 따르지 아니한 때에 회사는 그로 인하여 악화된 부분에 대하여는 보상하여 드리지 아니합니다.
	
	② 회사는 다른 약정이 없으면 피보험자(보험대상자)가 직업, 직무 또는 동호회 활동목적으로 아래에 열거된 행위로 인하여 생긴 상해에 대하여는 보상하여 드리지 아니합니다.
	  1. 전문등반(전문적인 등산용구를 사용하여 암벽 또는 빙벽을 오르내리거나 특수한 기술, 경험, 사전훈련을 필요로 하는 등반을 말합니다), 글라이더 조종, 스카이다이빙, 스쿠버다이빙, 행글라이딩
	  2. 모터보트, 자동차 또는 오토바이에 의한 경기, 시범, 흥행(이를 위한 연습을 포함합니다) 또는 시운전(다만, 공용도로상에서 시운전을 하는 동안 발생한 상해는 보상하여 드립니다)
	  3. 선박승무원, 어부, 사공, 그밖에 선박에 탑승하는 것을 직무로 하는 사람이 직무상 선박에 탑승

담보종목	보상하지 않는 사항
	③ 회사는 아래의 입원의료비에 대하여는 보상하여 드리지 아니합니다. 1. 치과치료 · 한방치료에서 발생한 국민건강보험법상 요양급여에 해당하지 않는 비급여 의료비 2. 국민건강보험법상 요양급여 중 본인부담금의 경우 국민건강보험 관련 법령에 의해 국민 건강보험공단으로부터 사전 또는 사후 환급이 가능한 금액(본인부담금 상한제) 3. 의료급여법상 의료급여 중 본인부담금의 경우 의료급여 관련 법령에 의해 의료급여기금 등으로부터 사전 또는 사후 환급이 가능한 금액(의료급여법상 본인부담금 보상제 및 본 인부담금 상한제) 4. 건강검진, 예방접종, 인공유산. 다만, 회사가 보상하는 상해 치료를 목적으로 하는 경우 에는 보상하여 드립니다. 5. 영양제, 종합비타민제, 호르몬 투여, 보신용 투약, 친자 확인을 위한 진단, 불임검사, 불 임수술, 불임복원술, 보조생식술(체내, 체외 인공수정을 포함합니다), 성장촉진과 관련 된 비용 등에 소요된 비용. 다만, 회사가 보상하는 상해 치료를 목적으로 하는 경우에 는 보상하여 드립니다. 6. 의치, 의수족, 의안, 안경, 콘택트렌즈, 보청기, 목발, 팔걸이(Arm Sling), 보조기 등 진료재료의 구입 및 대체비용(다만, 인공장기나 부분 의치 등 신체에 이식되어 그 기능 을 대신할 경우는 제외합니다) 7. 외모개선 목적의 치료로 인하여 발생한 의료비 가. 쌍꺼풀수술(이중검수술), 코성형수술(융비술), 유방확대 · 축소술, 지방흡입술, 주름 살제거술 등 나. 사시교정, 안와격리증의 교정 등 시각계 수술로써 시력개선 목적이 아닌 외모개선 목적의 수술 다. 안경, 콘택트렌즈 등을 대체하기 위한 시력교정술 라. 외모개선 목적의 다리정맥류 수술 8. 진료와 무관한 제비용(TV시청료, 전화료, 제증명료 등), 의사의 임상적 소견과 관련이 없는 검사비용, 간병비 9. 자동차보험(공제를 포함합니다) 또는 산재보험에서 보상받는 의료비. 다만, 본인부담의 료비는 제3조(담보종목별 보장내용)에 따라 보상하여 드립니다. 10. 국민건강보험법 제40조의 요양기관이 아닌 해외 소재 의료기관에서 발생한 의료비
(2) 상해통원	① 회사는 아래의 사유를 원인으로 하여 생긴 통원의료비는 보상하여 드리지 아니합니다. 1. 수익자의 고의. 다만, 그 수익자가 보험금의 일부 수익자인 경우에는 그 수익자에 해당 하는 보험금을 제외한 나머지 보험금을 다른 수익자에게 지급하여 드립니다. 2. 계약자의 고의 3. 피보험자(보험대상자)의 고의. 다만, 심신상실 등으로 자유로운 의사결정을 할 수 없는 상태에서 자신을 해친 사실이 증명된 경우에는 보상하여 드립니다. 4. 피보험자(보험대상자)의 임신, 출산(제왕절개를 포함합니다), 산후기로 통원한 경우. 그 러나 회사가 보상하는 상해로 인한 경우에는 보상하여 드립니다. 5. 전쟁, 외국의 무력행사, 혁명, 내란, 사변, 폭동 6. 피보험자(보험대상자)가 정당한 이유없이 통원기간 중 의사의 지시를 따르지 아니한 때 에 회사는 그로 인하여 악화된 부분에 대하여는 보상하여 드리지 아니합니다. ② 회사는 다른 약정이 없으면 피보험자(보험대상자)가 직업, 직무 또는 동호회 활동목적으로 아래에 열거된 행위로 인하여 생긴 상해에 대하여는 보상하여 드리지 아니합니다.

담보종목	보상하지 않는 사항
	1. 전문등반(전문적인 등산용구를 사용하여 암벽 또는 빙벽을 오르내리거나 특수한 기술, 경험, 사전훈련을 필요로 하는 등반을 말합니다), 글라이더 조종, 스카이다이빙, 스쿠버 다이빙, 행글라이딩 2. 모타보트, 자동차 또는 오토바이에 의한 경기, 시범, 흥행(이를 위한 연습을 포함합니다) 또는 시운전(다만, 공용도로상에서 시운전을 하는 동안 발생한 상해는 보상하여 드립니다) 3. 선박승무원, 어부, 사공, 그 밖에 선박에 탑승하는 것을 직무로 하는 사람이 직무상 선박에 탑승 ③ 회사는 아래의 통원의료비에 대하여는 보상하여 드리지 아니합니다. 　1. 치과치료·한방치료에서 발생한 국민건강보험법상 요양급여에 해당하지 않는 비급여 의료비 　2. 국민건강보험법상 요양급여 중 본인부담금의 경우 국민건강보험 관련 법령에 의해 국민건강보험공단으로부터 사전 또는 사후 환급이 가능한 금액(본인부담금 상한제) 　3. 의료급여법상 의료급여 중 본인부담금의 경우 의료급여 관련 법령에 의해 의료급여기금 등으로부터 사전 또는 사후 환급이 가능한 금액(의료급여법상 본인부담금 보상제 및 본인부담금 상한제) 　4. 건강검진, 예방접종, 인공유산. 다만, 회사가 보상하는 상해 치료를 목적으로 하는 경우에는 보상하여 드립니다. 　5. 영양제, 종합비타민제, 호르몬 투여, 보신용 투약, 친자 확인을 위한 진단, 불임검사, 불임수술, 불임복원술, 보조생식술(체내, 체외 인공수정을 포함합니다), 성장촉진과 관련된 비용 등에 소요된 비용. 다만, 회사가 보상하는 상해 치료를 목적으로 하는 경우에는 보상하여 드립니다. 　6. 의치, 의수족, 의안, 안경, 콘택트렌즈, 보청기, 목발, 팔걸이(Arm Sling), 보조기 등 진료재료의 구입 및 대체비용(다만, 인공장기나 부분 의치 등 신체에 이식되어 그 기능을 대신할 경우는 제외합니다) 　7. 외모개선 목적의 치료로 인하여 발생한 의료비 　　가. 쌍꺼풀수술(이중검수술), 코성형수술(융비술), 유방확대·축소술, 지방흡입술, 주름살제거술 등 　　나. 사시교정, 안와격리증의 교정 등 시각계 수술로써 시력개선 목적이 아닌 외모개선 목적의 수술 　　다. 안경, 콘택트렌즈 등을 대체하기 위한 시력교정술 　　라. 외모개선 목적의 다리정맥류 수술 　8. 진료와 무관한 제비용(TV시청료, 전화료, 제증명료 등), 의사의 임상적 소견과 관련이 없는 검사비용, 간병비 　9. 자동차보험(공제를 포함합니다) 또는 산재보험에서 보상받는 의료비. 다만, 본인부담의료비는 제3조(담보종목별 보장내용)에 따라 보상하여 드립니다. 　10. 국민건강보험법 제40조의 요양기관이 아닌 해외 소재 의료기관에서 발생한 의료비
(3) 질병입원	① 회사는 아래의 사유를 원인으로 하여 생긴 입원의료비는 보상하여 드리지 아니합니다. 　1. 수익자의 고의. 다만, 그 수익자가 보험금의 일부 수익자인 경우에는 그 수익자에 해당하는 보험금을 제외한 나머지 보험금을 다른 수익자에게 지급합니다. 　2. 계약자의 고의 　3. 피보험자(보험대상자)의 고의. 다만, 심신상실 등으로 자유로운 의사결정을 할 수 없는

담보종목	보상하지 않는 사항

상태에서 자신을 해친 사실이 증명된 경우에는 보상하여 드립니다.

4. 피보험자(보험대상자)가 정당한 이유없이 입원기간 중 의사의 지시를 따르지 아니한 때에 회사는 그로 인하여 악화된 부분에 대하여는 보상하여 드리지 아니합니다.

② 회사는 한국표준질병사인분류에 있어서 아래의 입원의료비에 대하여는 보상하여 드리지 아니합니다.

1. 정신과질환 및 행동장애(F04~F99)
2. 여성생식기의 비염증성 장애로 인한 습관성 유산, 불임 및 인공수정 관련 합병증(N96~N98)
3. 피보험자(보험대상자)의 임신, 출산(제왕절개를 포함합니다), 산후기로 입원한 경우(O00~O99)
4. 선천성 뇌질환(Q00~Q04)
5. 비만(E66)
6. 비뇨기계 장애(N39, R32)
7. 직장 또는 항문질환 중 국민건강보험법상 요양급여에 해당하지 않는 부분(I84, K60~K62)

③ 회사는 아래의 입원의료비에 대하여는 보상하여 드리지 아니합니다.

1. 치과치료 및 한방치료에서 발생한 국민건강보험법상 요양급여에 해당하지 않는 비급여 의료비
2. 국민건강보험법상 요양급여 중 본인부담금의 경우 국민건강보험 관련 법령에 의해 국민건강보험공단으로부터 사전 또는 사후 환급이 가능한 금액(본인부담금 상한제)
3. 의료급여법상 의료급여 중 본인부담금의 경우 의료급여 관련 법령에 의해 의료급여기금 등으로부터 사전 또는 사후 환급이 가능한 금액(의료급여법상 본인부담금 보상제 및 본인부담금 상한제)
4. 건강검진, 예방접종, 인공유산. 다만, 회사가 보상하는 질병 치료를 목적으로 하는 경우에는 보상하여 드립니다.
5. 영양제, 종합비타민제, 호르몬 투여, 보신용 투약, 친자 확인을 위한 진단, 불임검사, 불임수술, 불임복원술, 보조생식술(체내, 체외 인공수정을 포함합니다), 성장촉진과 관련된 비용 등에 소요된 비용. 다만, 회사가 보상하는 질병 치료를 목적으로 하는 경우에는 보상하여 드립니다.
6. 아래에 열거된 치료로 인하여 발생한 의료비
   가. 단순한 피로 또는 권태
   나. 주근깨, 다모, 무모, 백모증, 딸기코(주사비), 점(모반), 사마귀, 여드름, 노화현상으로 인한 탈모 등 피부질환
   다. 발기부전(impotence)·불감증, 단순 코골음, 단순포경(phimosis), 국민건강보험 요양급여의 기준에 관한 규칙 제9조 제1항([별표2] 비급여대상)에 의한 업무 또는 일상생활에 지장이 없는 검열반 등 안과질환
7. 의치, 의수족, 의안, 안경, 콘택트렌즈, 보청기, 목발, 팔걸이(Arm Sling), 보조기 등 진료재료의 구입 및 대체비용(다만, 인공장기나 부분 의치 등 신체에 이식되어 그 기능을 대신할 경우는 제외합니다)
8. 외모개선 목적의 치료로 인하여 발생한 의료비
   가. 쌍꺼풀수술(이중검수술), 코성형수술(융비술), 유방확대·축소술, 지방흡입술, 주름살제거술 등
   나. 사시교정, 안와격리증의 교정 등 시각계 수술로써 시력개선 목적이 아닌 외모개선

담보종목	보상하지 않는 사항

	목적의 수술
	  다. 안경, 콘텍트렌즈 등을 대체하기 위한 시력교정술
	  라. 외모개선 목적의 다리정맥류 수술
	  9. 진료와 무관한 제비용(TV시청료, 전화료, 제증명료 등), 의사의 임상적 소견과 관련이 없는 검사비용, 간병비
	  10. 산재보험에서 보상받는 의료비. 다만, 본인부담의료비는 제3조(담보종목별 보장내용)에 따라 보상하여 드립니다.
	  11. 인간면역바이러스(HIV)감염으로 인한 치료비(다만, 의료법에서 정한 의료인의 진료상 또는 치료 중 혈액에 의한 HIV감염은 해당 진료기록을 통해 객관적으로 확인되는 경우는 제외합니다)
	  12. 국민건강보험법 제40조의 요양기관이 아닌 해외 소재 의료기관에서 발생한 의료비

(4)
질병통원
	① 회사는 아래의 사유를 원인으로 하여 생긴 통원의료비는 보상하여 드리지 아니합니다.
	  1. 수익자의 고의. 다만, 그 수익자가 보험금의 일부 수익자인 경우에는 그 수익자에 해당하는 보험금을 제외한 나머지 보험금을 다른 수익자에게 지급합니다.
	  2. 계약자의 고의
	  3. 피보험자(보험대상자)의 고의. 다만, 심신상실 등으로 자유로운 의사결정을 할 수 없는 상태에서 자신을 해친 사실이 증명된 경우에는 보상하여 드립니다.
	  4. 피보험자(보험대상자)가 정당한 이유없이 통원기간 중 의사의 지시를 따르지 아니한 때에 회사는 그로 인하여 악화된 부분에 대하여는 보상하여 드리지 아니합니다.
	
	② 회사는 한국표준질병사인분류에 있어서 아래의 통원의료비에 대하여는 보상하여 드리지 아니합니다.
	  1. 정신과질환 및 행동장애(F04~F99)
	  2. 여성생식기의 비염증성 장애로 인한 습관성 유산, 불임 및 인공수정 관련 합병증(N96~N98)
	  3. 피보험자(보험대상자)의 임신, 출산(제왕절개를 포함합니다), 산후기로 통원한 경우(O00~O99)
	  4. 선천성 뇌질환(Q00~Q04)
	  5. 비만(E66)
	  6. 비뇨기계 장애(N39, R32)
	  7. 직장 또는 항문질환 중 국민건강보험법상 요양급여에 해당하지 않는 부분(I84, K60~K62)
	
	③ 회사는 아래의 통원의료비에 대하여는 보상하여 드리지 아니합니다.
	  1. 치과치료 및 한방치료에서 발생한 국민건강보험법상 요양급여에 해당하지 않는 비급여 의료비
	  2. 국민건강보험법상 요양급여 중 본인부담금의 경우 국민건강보험 관련 법령에 의해 국민건강보험공단으로부터 사전 또는 사후 환급이 가능한 금액(본인부담금 상한제)
	  3. 의료급여법상 의료급여 중 본인부담금의 경우 의료급여 관련 법령에 의해 의료급여기금 등으로부터 사전 또는 사후 환급이 가능한 금액(의료급여법상 본인부담금 보상제 및 본인부담금 상한제)
	  4. 건강검진, 예방접종, 인공유산. 다만, 회사가 보상하는 질병 치료를 목적으로 하는 경우에는 보상하여 드립니다.
	  5. 영양제, 종합비타민제, 호르몬 투여, 보신용 투약, 친자 확인을 위한 진단, 불임검사, 불

담보종목	보상하지 않는 사항
	임수술, 불임복원술, 보조생식술(체내, 체외 인공수정을 포함합니다), 성장촉진과 관련된 비용 등에 소요된 비용. 다만, 회사가 보상하는 질병 치료를 목적으로 하는 경우에는 보상하여 드립니다. 6. 아래에 열거된 치료로 인하여 발생한 의료비 　가. 단순한 피로 또는 권태 　나. 주근깨, 다모, 무모, 백모증, 딸기코(주사비), 점(모반), 사마귀, 여드름, 노화현상으로 인한 탈모 등 피부질환 　다. 발기부전(impotence)·불감증, 단순 코골음, 단순포경(phimosis), 국민건강보험 요양급여의 기준에 관한 규칙 제9조 제1항([별표2] 비급여대상)에 의한 업무 또는 일상생활에 지장이 없는 검열반 등 안과질환 7. 의치, 의수족, 의안, 안경, 콘택트렌즈, 보청기, 목발, 팔걸이(Arm Sling), 보조기 등 진료재료의 구입 및 대체비용(다만, 인공장기나 부분 의치 등 신체에 이식되어 그 기능을 대신할 경우는 제외합니다) 8. 외모개선 목적의 치료로 인하여 발생한 의료비 　가. 쌍꺼풀수술(이중검수술), 코성형수술(융비술), 유방확대·축소술, 지방흡입술, 주름살제거술 등 　나. 사시교정, 안와격리증의 교정 등 시각계 수술로써 시력개선 목적이 아닌 외모개선 목적의 수술 　다. 안경, 콘텍트렌즈 등을 대체하기 위한 시력교정술 　라. 외모개선 목적의 다리정맥류 수술 9. 진료와 무관한 제비용(TV시청료, 전화료, 제증명료 등), 의사의 임상적 소견과 관련없는 검사비용, 간병비 10. 산재보험에서 보상받는 의료비. 다만, 본인부담의료비는 제3조(담보종목별 보장내용)에 따라 보상하여 드립니다. 11. 인간면역바이러스(HIV)감염으로 인한 치료비(단, 의료법에서 정한 의료인의 진료상 또는 치료 중 혈액에 의한 HIV감염은 해당 진료기록을 통해 객관적으로 확인되는 경우는 제외) 12. 국민건강보험법 제40조의 요양기관이 아닌 해외 소재 의료기관에서 발생한 의료비
(5) 종합입원	① 상해에 대하여는 '상해입원'을 적용 ② 질병에 대하여는 '질병입원'을 적용
(6) 종합통원	① 상해에 대하여는 '상해통원'을 적용 ② 질병에 대하여는 '질병통원'을 적용

〈붙임〉 용어의 정의

용어	정의
계약	보험계약
계약자	보험회사와 계약을 체결하고 보험료를 납입하는 사람
피보험자 (보험대상자)	보험금 지급사유 또는 보험사고 발생의 대상(객체)이 되는 사람
수익자	보험금을 수령하는 사람
보험기간	계약에서 정한 대상이 되는 위험이 보장되는 기간
회사	보험회사
상해	보험기간 중 발생한 급격하고 우연한 외래의 사고
상해보험계약	상해를 보장하는 계약
의사	의료법 제2조(의료인)에서 정한 의사, 한의사 및 치과의사의 자격을 가진 사람
약사	약사법 제2조(정의)에서 정한 약사 및 한약사의 자격을 가진 사람
의료기관	의료법 제3조(의료기관) 제2항에서 정하는 의료기관이며 종합병원·병원·치과병원·한방병원·요양병원·의원·치과의원·한의원 및 조산원으로 구분됨
약국	약사법 제2조 제3항 규정에 의한 장소로서, 약사가 수여할 목적으로 의약품 조제업무를 하는 장소를 말하며, 의료기관의 조제실은 제외
병원	국민건강보험법 제40조(요양기관)에서 정하는 국내의 병원 또는 의원(조산원은 제외)
입원	의사가 보험대상자의 질병 또는 상해로 인하여 치료가 필요하다고 인정한 경우로서 자택 등에서 치료가 곤란하여 병원, 의료기관 또는 이와 동등하다고 인정되는 의료기관에 입실하여 의사의 관리를 받으며 치료에 전념하는 것
입원의 정의 중 이와 동등하다고 인정되는 의료기관	보건소, 보건의료원 및 보건지소 등 의료법 제3조(의료기관) 제2항에서 정한 의료기관에 준하는 의료기관으로서 군의무대, 치매요양원, 노인요양원 등에 속해 있는 요양원, 요양시설, 복지시설 등과 같이 의료기관이 아닌 곳은 이에 해당되지 않음
기준병실	병원에서 국민건강보험 환자의 입원 시 적용하는 기준이 되는 병실
입원실료	입원치료 중 발생한 기준병실 사용료, 환자관리료, 식대 등을 말함
입원제비용	입원치료 중 발생한 진찰료, 검사료, 방사선료, 투약 및 처방료, 주사료, 이학요법(물리치료, 재활치료)료, 정신요법료, 처치료, 재료대, 캐스트료, 지정진료비 등을 말함
입원수술비	입원치료 중 발생한 수술료, 마취료, 수술재료비 등을 말함
입원의료비	입원실료, 입원제비용, 입원수술비, 상급병실료 차액으로 구성됨
통원	의사가 피보험자(보험대상자)의 질병 또는 상해로 인하여 치료가 필요하다고 인정하는 경우로서, 병원에 입원하지 않고 병원을 방문하여 의사의 관리 하에 치료에 전념하는 것
처방조제	의사 및 약사가 피보험자(보험대상자)의 질병 또는 상해로 인하여 치료가 필요하다고 인정하는 경우로서, 통원으로 인하여 발행된 의사의 처방전으로 약국의 약사가 조제하는 것을 말함(국민건강보험법 제40조 제1항 제3호에 의한 한국희귀의약품센터에서의 처방조제 및 의약분업예외지역에서 약사의 직접조제 포함)

용어	정의
외래제비용	통원치료 중 발생한 진찰료, 검사료, 방사선료, 투약 및 처방료, 주사료, 이학요법(물리치료, 재활치료)료, 정신요법료, 처치료, 재료대, 캐스트료, 지정진료비 등을 말함
외래수술비	통원치료 중 발생한 수술료, 마취료, 수술재료비 등을 말함
처방조제비	병원 의사의 처방전에 따라 조제되는 약국의 처방조제비 및 약사의 직접조제비를 말함
통원의료비	외래제비용, 외래수술비, 처방조제비로 구성됨
요양급여	국민건강보험법 제39조(요양급여)에 의한 가입자 및 피부양자의 질병·부상 등에 대한 다음 각호의 요양급여를 말함 1. 진찰·검사 2. 약제·치료재료의 지급 3. 처치·수술 기타의 치료 4. 예방·재활 5. 입원 6. 간호 7. 이송
의료급여	의료급여법 제7조(의료급여의 내용 등)에 의한 가입자 및 피부양자의 질병·부상 등에 대한 다음 각호의 의료급여를 말함 1. 진찰·검사 2. 약제·치료재료의 지급 3. 처치·수술 기타의 치료 4. 예방·재활 5. 입원 6. 간호 7. 이송과 그 밖의 의료목적의 달성을 위한 조치
국민건강보험법상 본인부담금 상한제	국민건강보험법상 요양급여 중 연간 본인부담금 총액이 국민건강보험법시행령 별표3에서 정하는 금액을 넘는 경우에 그 초과한 금액을 공단에서 부담하고 있는 제도를 말하며, 국민건강보험 관련 법령의 변경에 따라 환급기준이 변경될 경우에는 회사는 변경되는 기준에 따름
의료급여법상 본인부담금 보상제 및 본인부담금 상한제	의료급여법상 의료급여 중 본인부담금이 의료급여법 시행령 제13조(급여비용의 부담)에서 정하는 금액을 넘는 경우에 그 초과한 금액을 의료급여기금 등에서 부담하고 있는 제도를 말하며, 의료급여 관련 법령의 변경에 따라 환급기준이 변경될 경우에는 회사는 변경된 기준에 따름
보장대상의료비	실제 부담액 - 보상제외금액
보상책임액	(실제 부담액 - 보상제외금액) × 회사부담비율
다수보험	실손 의료보험계약(우체국보험, 각종 공제, 상해·질병·간병보험 등 제3보험, 개인연금·퇴직보험 등 의료비를 실손으로 보상하는 보험·공제계약을 포함)이 동시에 또는 순차적으로 2개 이상 체결되었고, 그 계약이 동일한 보험사고에 대하여 각 계약별 보상책임액이 있는 다수의 실손 의료보험계약을 말함

제4차 개정 표준약관(2012. 12. 28.)

〈실손 의료보험〉

실손 의료보험은 사람의 질병 또는 상해로 인한 손해(의료비에 한합니다)를 보험회사가 보상하는 상품입니다.

제1장 일반사항

제1조(담보종목) ① 회사가 판매하는 실손 의료보험상품은 상해입원형, 상해통원형, 질병입원형 및 질병통원형의 총 4개이내의 담보종목으로 구성되어 있습니다.

담보종목		보상하는 내용
상해	입원	피보험자(보험대상자)가 상해로 인하여 병원에 입원하여 치료를 받은 경우에 보상
	통원	피보험자(보험대상자)가 상해로 인하여 병원에 통원하여 치료를 받거나 처방조제를 받은 경우에 보상
질병	입원	피보험자(보험대상자)가 질병으로 인하여 병원에 입원하여 치료를 받은 경우에 보상
	통원	피보험자(보험대상자)가 질병으로 인하여 병원에 통원하여 치료를 받거나 처방조제를 받은 경우에 보상

② 회사는 이 약관의 명칭에 '실손 의료비' 문구를 포함하여 사용합니다.

제2조(용어정의) 이 약관에서 사용하는 용어의 정의는 <붙임>과 같으며 해당 용어는 이 약관에서 밑줄을 그어 표시합니다.

제2장 회사가 보상하는 사항

제3조(담보종목별 보장내용) 회사가 이 계약의 보험기간 중 담보종목별로 각각 보상 또는 공제하는 내용은 다음과 같습니다.

담보종목	보상하는 사항

(1) 상해입원	① 회사는 피보험자(보험대상자)가 상해로 인하여 병원에 입원하여 치료를 받은 경우에는 입원의료비를 다음과 같이 하나의 상해당 보험가입금액(5,000만원을 최고한도로 계약자가 정하는 금액으로 합니다)을 한도로 보상하여 드립니다.

구분		보상금액
표준형	입원실료, 입원제비용, 입원수술비	'국민건강보험법에서 정한 요양급여 또는 의료급여법에서 정한 의료급여 중 본인부담금'과 '비급여^{주)}(상급병실료 차액 제외)'의 합계액(본인이 실제로 부담한 금액)의 80% 해당액(다만, 20% 해당액이 계약일 또는 매년 계약해당일로부터 연간 200만원을 초과하는 경우 그 초과금액은 보상합니다)
	상급병실료 차액	입원 시 실제 사용병실과 기준병실과의 병실료 차액 중 50%를 공제한 후의 금액(다만, 1일 평균금액 10만원을 한도로 하며, 1일 평균금액은 입원기간 동안 상급병실료 차액 전체를 총 입원일수로 나누어 산출합니다)
선택형	입원실료, 입원제비용, 입원수술비	'국민건강보험법에서 정한 요양급여 또는 의료급여법에서 정한 의료급여 중 본인부담금'과 '비급여^{주)}(상급병실료 차액 제외)'의 합계액(본인이 실제로 부담한 금액)의 90% 해당액(다만, 10% 해당액이 계약일 또는 매년 계약해당일로부터 연간 200만원을 초과하는 경우 그 초과금액은 보상합니다)
	상급병실료 차액	입원 시 실제 사용병실과 기준병실과의 병실료 차액 중 50%를 공제한 후의 금액(다만, 1일 평균금액 10만원을 한도로 하며, 1일 평균금액은 입원기간 동안 상급병실료 차액 전체를 총 입원일수로 나누어 산출합니다)

주) 국민건강보험 또는 의료급여법에 따라 보건복지부 장관이 정한 비급여대상

② 제1항의 상해에는 유독가스 또는 유독물질을 우연하게도 일시에 흡입, 흡수 또는 섭취한 결과로 생긴 중독증상을 포함합니다. 그러나 세균성 음식물 중독과 상습적으로 흡입, 흡수 또는 섭취한 결과로 생긴 중독증상은 이에 포함되지 아니합니다.

③ 피보험자(보험대상자)가 국민건강보험법 또는 의료급여법을 적용받지 못하는 경우에는 입원의료비('국민건강보험 요양급여의 기준에 관한 규칙'에 따라 보건복지부장관이 정한 급여 및 비급여의료비 항목에 한합니다) 중 본인이 실제로 부담한 금액의 40% 해당액을 하나의 상해당 보험가입금액(5,000만원을 최고한도로 계약자가 정하는 금액으로 합니다)을 한도로 보상하여 드립니다.

④ 회사는 하나의 상해(동일 상해로 2회 이상 치료를 받는 경우에도 이를 하나의 상해로 봅니다)로 인한 입원의료비를 최초 입원일로부터 365일까지(최초 입원일을 포함합니다) 보상합니다. 다만, 동일한 상해로 인하여 최초 입원일로부터 365일을 넘어 입원할 경우에는 아래의 예시와 같이 90일간의 보상제외기간이 지나야 새로운 상해로 보아 다시 보상하여 드립니다.

담보종목	보상하는 사항

〈보상기간 예시〉

⑤ 피보험자(보험대상자)가 입원하여 치료를 받던 중 보험기간이 만료되더라도 그 계속 중인 입원에 대하여는 보험기간 종료일로부터 180일까지(보험기간 종료일은 제외합니다) 보상하며 이 경우 제4항은 적용하지 아니합니다. 다만, 동일회사 계약의 자동갱신 또는 재가입의 경우 종전계약의 보험기간 연장으로 간주하여 제4항을 적용합니다.

⑥ 피보험자(보험대상자)가 병원의 직원복리후생제도에 의하여 납부할 의료비를 감면받은 경우에는 그 감면 전 의료비를 기준으로 입원의료비를 계산합니다.

(2) 상해통원	① 회사는 피보험자(보험대상자)가 상해로 인하여 병원에 통원하여 치료를 받거나 처방조제를 받은 경우에는 통원의료비로서 매년 계약해당일로부터 1년을 단위로 하여 다음과 같이 외래(외래제비용, 외래수술비) 및 처방조제비를 각각 보상하여 드립니다.

구분	보상한도
외래	방문 1회당 '국민건강보험법에서 정한 요양급여 또는 의료급여법에서 정한 의료급여 중 본인부담금'과 '비급여[주1]'의 합계액(본인이 실제로 부담한 금액)에서 〈표1 항목별 공제금액〉을 차감하고 외래의 보험가입금액[주2]을 한도로 보상(매년 계약해당일로부터 1년간 방문 180회 한도)
처방조제비	처방전 1건당 '국민건강보험법에서 정한 요양급여 또는 의료급여법에서 정한 의료급여 중 본인부담금'과 '비급여[주1]'의 합계액(본인이 실제로 부담한 금액)에서 〈표1 항목별 공제금액〉을 차감하고 처방조제비의 보험가입금액[주]을 한도로 보상(매년 계약해당일로부터 1년간 처방전 180건 한도)

주1) 국민건강보험 또는 의료급여법에 따라 보건복지부 장관이 정한 비급여대상
주2) 외래 및 처방조제비는 회(건)당 합산하여 30만원을 최고한도로 계약자가 정하는 금액으로 합니다.

〈표1 항목별 공제금액〉

구분		항목	공제금액
표준형	외래 (외래제비용 및 외래수술비 합계)	(현행과 같음)	1만원과 보장대상 의료비의 20% 중 큰 금액
			1만 5천원과 보장대상 의료비의 20% 중 큰 금액
			2만원과 보장대상 의료비의 20% 중 큰 금액
	처방조제비	(현행과 같음)	8천원과 보장대상 의료비의 20% 중 큰 금액
선택형	외래	(현행과 같음)	1만원

담보종목	보상하는 사항

구분		항목	공제금액
(외래제비용 및 외래수술비 합계)			1만 5천원
			2만원
처방조제비		(현행과 같음)	8천원

② 피보험자(보험대상자)가 통원하여 치료를 받던 중 보험기간이 만료되더라도 그 계속 중인 통원 치료에 대하여는 보험기간 만료일로부터 180일 이내에 외래는 방문 90회, 처방조제비는 처방전 90건을 한도로 보상하여 드립니다. 다만, 동일회사 계약의 자동갱신 또는 재가입의 경우 종전계약의 보험기간 연장으로 간주하여 제1항을 적용합니다.

〈보상기간 예시〉

보장대상기간 (1년)	보장대상기간 (1년)	보장대상기간 (1년)	추가보상 (180일)
↑ 계약일 (2013. 1. 1.)	↑ 계약해당일 (2014. 1. 1.)	↑ 계약해당일 (2015. 1. 1.)	↑ 계약 종료일 (2015. 12. 31.) ↑ 보상종료 (2016. 6. 28.)

③ 하나의 상해로 인해 하루에 같은 치료를 목적으로 의료기관에 2회 이상 통원치료 시(하나의 상해로 약국을 통한 2회 이상의 처방조제를 포함합니다) 1회의 외래 및 1건의 처방으로 간주하여 제1항 및 제2항을 적용합니다.

④ 제1항의 상해에는 유독가스 또는 유독물질을 우연하게도 일시에 흡입, 흡수 또는 섭취한 결과로 생긴 중독증상을 포함합니다. 그러나 세균성 음식물 중독과 상습적으로 흡입, 흡수 또는 섭취한 결과로 생긴 중독증상은 이에 포함되지 아니합니다.

⑤ 피보험자(보험대상자)가 국민건강보험법 또는 의료급여법을 적용받지 못하는 경우에는 통원의료비('국민건강보험 요양급여의 기준에 관한 규칙'에 따라 보건복지부장관이 정한 급여 및 비급여의료비 항목에 한합니다) 중 본인이 실제로 부담한 금액에서 〈표1 항목별 공제금액〉을 차감한 금액의 40% 해당액을 외래 및 처방조제비로 보험가입금액(외래 및 처방조제비는 회(건)당 합산하여 30만원을 최고한도로 계약자가 정하는 금액으로 합니다)을 한도로 보상하여 드립니다.

⑥ 피보험자(보험대상자)가 병원 또는 약국의 직원복리후생제도에 의하여 납부할 의료비를 감면받은 경우에는 그 감면 전 의료비를 기준으로 통원의료비를 계산합니다.

(3) 질병입원	① 회사는 피보험자(보험대상자)가 질병으로 인하여 병원에 입원하여 치료를 받은 경우에는 입원의료비를 다음과 같이 하나의 질병당 보험가입금액(5,000만원을 최고한도로 계약자가 정하는 금액으로 합니다)을 한도로 보상하여 드립니다.

구분		보상금액
표준형	입원실료, 입원제비용, 입원수술비	'국민건강보험법에서 정한 요양급여 또는 의료급여법에서 정한 의료급여 중 본인부담금'과 '비급여ᵘ(상급병실료 차액 제외)'의 합계액(본인이 실제로 부담한 금액)의 80% 해당액(다만, 20% 해당액이 계약일 또는 매년 계약해당일로부터 연간 200만원을 초과하는 경우 그 초과금액은 보상합니다)
	상급병실료	입원 시 실제 사용병실과 기준병실과의 병실료 차액 중 50%를

담보종목	보상하는 사항	

구분		보상금액
	차액	공제한 후의 금액(다만, 1일 평균금액 10만원을 한도로 하며, 1일 평균금액은 입원기간 동안 상급병실료 차액 전체를 총 입원일수로 나누어 산출합니다)
선택형	입원실료, 입원제비용, 입원수술비	'국민건강보험법에서 정한 요양급여 또는 의료급여법에서 정한 의료급여 중 본인부담금'과 '비급여^{주)}(상급병실료 차액 제외)'의 합계액(본인이 실제로 부담한 금액)의 90% 해당액(다만, 10% 해당액이 계약일 또는 매년 계약해당일로부터 연간 200만원을 초과하는 경우 그 초과금액은 보상합니다)
	상급병실료 차액	입원 시 실제 사용병실과 기준병실과의 병실료 차액 중 50%를 공제한 후의 금액(다만, 1일 평균금액 10만원을 한도로 하며, 1일 평균금액은 입원기간 동안 상급병실료 차액 전체를 총 입원일수로 나누어 산출합니다)

주) 국민건강보험 또는 의료급여법에 따라 보건복지부 장관이 정한 비급여대상

② 제1항의 질병에서 청약서상 '계약 전 알릴의무(중요한 사항에 한합니다)'에 해당하는 질병으로 인하여 과거(청약서상 당해 질병의 고지대상 기간을 말합니다)에 진단 또는 치료를 받은 경우에는 제외합니다.

③ 피보험자(보험대상자)가 국민건강보험법 또는 의료급여법을 적용받지 못하는 경우에는 입원의료비('국민건강보험 요양급여의 기준에 관한 규칙'에 따라 보건복지부장관이 정한 급여 및 비급여의료비 항목에 한합니다) 중 본인이 실제로 부담한 금액의 40% 해당액을 하나의 질병당 보험가입금액(5,000만원을 최고한도로 계약자가 정하는 금액으로 합니다)을 한도로 보상하여 드립니다.

④ 회사는 동일한 질병 또는 하나의 질병(의학상 관련이 있다고 의사가 인정하는 질병은 동일한 질병으로 간주하며, 동일한 질병으로 2회 이상 치료를 받는 경우에는 이를 하나의 질병으로 봅니다)으로 인한 입원의료비는 최초 입원일로부터 365일(최초 입원일을 포함합니다)까지 보상하여 드립니다. 다만, 하나의 질병으로 인하여 최초 입원일로부터 365일을 넘어 입원할 경우에는 아래의 예시와 같이 90일간의 보상제외기간이 지나야 새로운 질병으로 인한 입원으로 보아 다시 보상하여 드립니다.

〈보상기간 예시〉

⑤ 피보험자(보험대상자)가 입원하여 치료를 받던 중 보험기간이 만료되더라도 그 계속 중인 입원에 대하여는 보험기간 종료일로부터 180일까지(보험기간 종료일은 제외합니다) 보상하며 이 경우 제4항은 적용하지 아니합니다. 다만, 동일회사의 자동갱신 또는 재가입의 경우 종전계약의 보험기간 연장으로 간주하여 제4항을 적용합니다.

⑥ 피보험자(보험대상자)가 병원의 직원복리후생제도에 의하여 납부할 의료비를 감면받은 경

담보종목	보상하는 사항

	우에는 그 감면 전 의료비를 기준으로 입원의료비를 계산합니다.
	⑦ 동일한 질병이란 발생 원인이 동일한 질병(의학상 중요한 관련이 있는 질병을 포함합니다)을 말하며, 질병의 치료 중에 발생된 합병증 또는 새로이 발견된 질병의 치료가 병행되거나 의학상 관련이 없는 여러 종류의 질병을 갖고 있는 상태에서 입원한 때에는 동일한 질병으로 간주합니다.
	⑧ 제2항에도 불구하고 청약일 이전에 진단확정된 질병이라 하더라도 청약일 이후 5년이 지나는 동안(계약이 자동갱신되어 5년을 지나는 경우를 포함합니다) 그 질병으로 인하여 추가적인 진단(단순 건강검진 제외) 또는 치료사실이 없을 경우, 청약일로부터 5년이 지난 이후에는 이 약관에 따라 보상하여 드립니다.
	⑨ 제8항의 '청약일 이후 5년이 지나는 동안'이라 함은 이 약관 제15조(보험료의 납입연체 시 납입최고(독촉)와 계약의 해지)에서 정한 계약의 해지가 발생하지 않은 경우를 말합니다.
	⑩ 이 약관 제16조(보험료의 납입연체로 인한 해지계약의 부활(효력회복))에서 정한 계약의 부활이 이루어진 경우 부활일을 제8항의 청약일로 하여 적용합니다.

(4) 질병통원	① 회사는 피보험자(보험대상자)가 질병으로 인하여 병원에 통원하여 치료를 받거나 처방조제를 받은 경우에는 통원의료비로서 매년 계약해당일로부터 1년을 단위로 하여 다음과 같이 외래(외래제비용, 외래수술비) 및 처방조제비를 각각 보상하여 드립니다.

구분	보상한도
외래	방문 1회당 '국민건강보험법에서 정한 요양급여 또는 의료급여법에서 정한 의료급여 중 본인부담금'과 '비급여[주1]'의 합계액(본인이 실제로 부담한 금액)에서 〈표1 항목별 공제금액〉을 차감하고 외래의 보험가입금액[주2]을 한도로 보상(매년 계약해당일로부터 1년간 방문 180회 한도)
처방 조제비	처방전 1건당 '국민건강보험법에서 정한 요양급여 또는 의료급여법에서 정한 의료급여 중 본인부담금'과 '비급여[주1]'의 합계액(본인이 실제로 부담한 금액)에서 〈표1 항목별 공제금액〉을 차감하고 처방조제비의 보험가입금액[주]을 한도로 보상(매년 계약해당일로부터 1년간 처방전 180건 한도)

주1) 국민건강보험 또는 의료급여법에 따라 보건복지부 장관이 정한 비급여대상
주2) 외래 및 처방조제비는 회(건)당 합산하여 30만원을 최고한도로 계약자가 정하는 금액으로 합니다.

〈표1 항목별 공제금액〉

구분		항목	공제금액
표준형	외래 (외래제비용 및 외래수술비 합계)	(현행과 같음)	1만원과 보장대상 의료비의 20% 중 큰 금액
			1만 5천원과 보장대상 의료비의 20% 중 큰 금액
			2만원과 보장대상 의료비의 20% 중 큰 금액
	처방조제비	(현행과 같음)	8천원과 보장대상 의료비의 20% 중 큰 금액
선택형	외래	(현행과 같음)	1만원

담보종목	보상하는 사항			
	구분		항목	공제금액
	(외래제비용 및 외래수술비 합계)			1만 5천원
				2만원
	처방조제비		(현행과 같음)	8천원

② 피보험자(보험대상자)가 통원하여 치료를 받던 중 보험기간이 만료되더라도 그 계속 중인 통원 치료에 대하여는 보험기간 만료일로부터 180일 이내에 외래는 방문 90회, 처방조제비는 처방전 90건을 한도로 보상하여 드립니다. 다만, 동일회사 계약의 자동갱신 또는 재가입의 경우 종전계약의 보험기간 연장으로 간주하여 제1항을 적용합니다.

〈보상기간 예시〉

보장대상기간 (1년)	보장대상기간 (1년)	보장대상기간 (1년)	추가보상 (180일)
↑ 계약일 (2013. 1. 1.)	↑ 계약해당일 (2014. 1. 1.)	↑ 계약해당일 (2015. 1. 1.)	↑ 계약 종료일 (2015. 12. 31.) ↑ 보상종료 (2016. 6. 28.)

③ 하나의 질병으로 인해 하루에 같은 치료를 목적으로 의료기관에 2회 이상 통원치료 시(하나의 질병으로 약국을 통한 2회 이상의 처방조제를 포함합니다) 1회의 외래 및 1건의 처방으로 간주하여 제1항 및 제2항을 적용합니다.

④ 제1항의 질병에서 청약서상 '계약 전 알릴의무(중요한 사항에 한합니다)'에 해당하는 질병으로 인하여 과거(청약서상 당해 질병의 고지대상 기간을 말합니다)에 진단 또는 치료를 받은 경우에는 제외합니다.

⑤ 피보험자(보험대상자)가 국민건강보험법 또는 의료급여법을 적용받지 못하는 경우에는 통원의료비('국민건강보험 요양급여의 기준에 관한 규칙'에 따라 보건복지부장관이 정한 급여 및 비급여의료비 항목에 한합니다) 중 본인이 실제로 부담한 금액에서 〈표1 항목별 공제금액〉을 차감한 금액의 40% 해당액을 외래 및 처방조제비로 보험가입금액(외래 및 처방조제비는 회(건)당 합산하여 30만원을 최고한도로 계약자가 정하는 금액으로 합니다)을 한도로 보상하여 드립니다.

⑥ 피보험자(보험대상자)가 병원 또는 약국의 직원복리후생제도에 의하여 납부할 의료비를 감면받은 경우에는 그 감면 전 의료비를 기준으로 통원의료비를 계산합니다.

⑦ 제4항에도 불구하고 청약일 이전에 진단된 질병이라 하더라도 청약일 이후 5년이 지나는 동안(계약이 자동갱신되어 5년을 지나는 경우를 포함합니다) 그 질병으로 인하여 추가적인 진단(단순건강검진 제외) 또는 치료사실이 없을 경우, 청약일로부터 5년이 지난 이후에는 이 약관에 따라 보상하여 드립니다.

⑧ 제7항의 '청약일 이후 5년이 지나는 동안'이라 함은 이 약관 제15조(보험료의 납입연체 시 납입최고(독촉)와 계약의 해지)에서 정한 계약의 해지가 발생하지 않은 경우를 말합니다.

⑨ 이 약관 제16조(보험료의 납입연체로 인한 해지계약의 부활(효력회복))에서 정한 계약의 부활이 이루어진 경우 부활일을 제7항의 청약일로 하여 적용합니다.

제3장 회사가 보상하지 않는 사항

제4조(보상하지 않는 사항) 회사가 보상하지 않는 사항은 다음과 같습니다.

담보종목	보상하지 않는 사항

(1)
상해입원
	① 회사는 아래의 사유를 원인으로 하여 생긴 입원의료비는 보상하여 드리지 아니합니다.
	  1. 수익자의 고의. 다만, 그 수익자가 보험금의 일부 수익자인 경우에는 그 수익자에 해당하는 보험금을 제외한 나머지 보험금을 다른 수익자에게 지급하여 드립니다.
	  2. 계약자의 고의
	  3. 피보험자(보험대상자)의 고의. 다만, 피보험자(보험대상자)가 심신상실 등으로 자유로운 의사결정을 할 수 없는 상태에서 자신을 해친 사실이 증명된 경우에는 보상하여 드립니다.
	  4. 피보험자(보험대상자)의 임신, 출산(제왕절개를 포함합니다), 산후기로 입원한 경우. 그러나 회사가 보상하는 상해로 인한 경우에는 보상하여 드립니다.
	  5. 전쟁, 외국의 무력행사, 혁명, 내란, 사변, 폭동
	  6. 피보험자(보험대상자)가 정당한 이유없이 입원기간 중 의사의 지시를 따르지 아니한 때에 회사는 그로 인하여 악화된 부분에 대하여는 보상하여 드리지 아니합니다.
	
	② 회사는 다른 약정이 없으면 피보험자(보험대상자)가 직업, 직무 또는 동호회 활동목적으로 아래에 열거된 행위로 인하여 생긴 상해에 대하여는 보상하여 드리지 아니합니다.
	  1. 전문등반(전문적인 등산용구를 사용하여 암벽 또는 빙벽을 오르내리거나 특수한 기술, 경험, 사전훈련을 필요로 하는 등반을 말합니다), 글라이더 조종, 스카이다이빙, 스쿠버다이빙, 행글라이딩, 수상보트, 패러글라이딩
	  2. 모터보트, 자동차 또는 오토바이에 의한 경기, 시범, 흥행(이를 위한 연습을 포함합니다) 또는 시운전(다만, 공용도로상에서 시운전을 하는 동안 발생한 상해는 보상하여 드립니다)
	  3. 선박승무원, 어부, 사공, 그밖에 선박에 탑승하는 것을 직무로 하는 사람이 직무상 선박에 탑승
	
	③ 회사는 아래의 입원의료비에 대하여는 보상하여 드리지 아니합니다.
	  1. 치과치료·한방치료에서 발생한 국민건강보험법상 요양급여에 해당하지 않는 비급여 의료비
	  2. 국민건강보험법상 요양급여 중 본인부담금의 경우 국민건강보험 관련 법령에 의해 국민건강보험공단으로부터 사전 또는 사후 환급이 가능한 금액(본인부담금 상한제)
	  3. 의료급여법상 의료급여 중 본인부담금의 경우 의료급여 관련 법령에 의해 의료급여기금 등으로부터 사전 또는 사후 환급이 가능한 금액(의료급여법상 본인부담금 보상제 및 본인부담금 상한제)
	  4. 건강검진, 예방접종, 인공유산. 다만, 회사가 보상하는 상해 치료를 목적으로 하는 경우에는 보상하여 드립니다.
	  5. 영양제, 종합비타민제, 호르몬 투여, 보신용 투약, 친자 확인을 위한 진단, 불임검사, 불임수술, 불임복원술, 보조생식술(체내, 체외 인공수정을 포함합니다), 성장촉진과 관련된 비용 등에 소요된 비용. 다만, 회사가 보상하는 상해 치료를 목적으로 하는 경우에는 보상하여 드립니다.
	  6. 의치, 의수족, 의안, 안경, 콘택트렌즈, 보청기, 목발, 팔걸이(Arm Sling), 보조기 등 진료재료의 구입 및 대체비용(다만, 인공장기 등 신체에 이식되어 그 기능을 대신할 경우는 제외합니다)

담보종목	보상하지 않는 사항
	7. 외모개선 목적의 치료로 인하여 발생한 의료비 　가. 쌍꺼풀수술(이중검수술), 코성형수술(융비술), 유방확대 · 축소술, 지방흡입술, 주름 　　살제거술 등 　나. 사시교정, 안와격리증의 교정 등 시각계 수술로써 시력개선 목적이 아닌 외모개선 　　목적의 수술 　다. 안경, 콘텍트렌즈 등을 대체하기 위한 시력교정술 　라. 외모개선 목적의 다리정맥류 수술 　마. 그 외 외모개선 목적의 치료로 건강보험 비급여대상에 해당하는 치료 8. 진료와 무관한 제비용(TV시청료, 전화료, 제증명료 등), 의사의 임상적 소견과 관련이 　없는 검사비용, 간병비 9. 자동차보험(공제를 포함합니다) 또는 산재보험에서 보상받는 의료비. 다만, 본인부담의 　료비는 제3조(담보종목별 보장내용)에 따라 보상하여 드립니다. 10. 국민건강보험법 제40조의 요양기관이 아닌 해외 소재 의료기관에서 발생한 의료비
(2) 상해통원	① 회사는 아래의 사유를 원인으로 하여 생긴 통원의료비는 보상하여 드리지 아니합니다. 　1. 수익자의 고의. 다만, 그 수익자가 보험금의 일부 수익자인 경우에는 그 수익자에 해당 　　하는 보험금을 제외한 나머지 보험금을 다른 수익자에게 지급하여 드립니다. 　2. 계약자의 고의 　3. 피보험자(보험대상자)의 고의. 다만, 심신상실 등으로 자유로운 의사결정을 할 수 없는 　　상태에서 자신을 해친 사실이 증명된 경우에는 보상하여 드립니다. 　4. 피보험자(보험대상자)의 임신, 출산(제왕절개를 포함합니다), 산후기로 통원한 경우. 그 　　러나 회사가 보상하는 상해로 인한 경우에는 보상하여 드립니다. 　5. 전쟁, 외국의 무력행사, 혁명, 내란, 사변, 폭동 　6. 피보험자(보험대상자)가 정당한 이유없이 통원기간 중 의사의 지시를 따르지 아니한 때 　　에 회사는 그로 인하여 악화된 부분에 대하여는 보상하여 드리지 아니합니다. ② 회사는 다른 약정이 없으면 피보험자(보험대상자)가 직업, 직무 또는 동호회 활동목적으로 아래에 열거된 행위로 인하여 생긴 상해에 대하여는 보상하여 드리지 아니합니다. 　1. 전문등반(전문적인 등산용구를 사용하여 암벽 또는 빙벽을 오르내리거나 특수한 기술, 　　경험, 사전훈련을 필요로 하는 등반을 말합니다), 글라이더 조종, 스카이다이빙, 스쿠버 　　다이빙, 행글라이딩, 수상보트, 패러글라이딩 　2. 모타보트, 자동차 또는 오토바이에 의한 경기, 시범, 흥행(이를 위한 연습을 포함합니 　　다) 또는 시운전(다만, 공용도로상에서 시운전을 하는 동안 발생한 상해는 보상하여 드 　　립니다) 　3. 선박승무원, 어부, 사공, 그 밖에 선박에 탑승하는 것을 직무로 하는 사람이 직무상 선 　　박에 탑승 ③ 회사는 아래의 통원의료비에 대하여는 보상하여 드리지 아니합니다. 　1. 치과치료 · 한방치료에서 발생한 국민건강보험법상 요양급여에 해당하지 않는 비급여 　　의료비 　2. 국민건강보험법상 요양급여 중 본인부담금의 경우 국민건강보험 관련 법령에 의해 국민 　　건강보험공단으로부터 사전 또는 사후 환급이 가능한 금액(본인부담금 상한제) 　3. 의료급여법상 의료급여 중 본인부담금의 경우 의료급여 관련 법령에 의해 의료급여기금 　　등으로부터 사전 또는 사후 환급이 가능한 금액(의료급여법상 본인부담금 보상제 및 본 　　인부담금 상한제)

담보종목	보상하지 않는 사항
	4. 건강검진, 예방접종, 인공유산. 다만, 회사가 보상하는 상해 치료를 목적으로 하는 경우에는 보상하여 드립니다. 5. 영양제, 종합비타민제, 호르몬 투여, 보신용 투약, 친자 확인을 위한 진단, 불임검사, 불임수술, 불임복원술, 보조생식술(체내, 체외 인공수정을 포함합니다), 성장촉진과 관련된 비용 등에 소요된 비용. 다만, 회사가 보상하는 상해 치료를 목적으로 하는 경우에는 보상하여 드립니다. 6. 의치, 의수족, 의안, 안경, 콘택트렌즈, 보청기, 목발, 팔걸이(Arm Sling), 보조기 등 진료재료의 구입 및 대체비용(다만, 인공장기 등 신체에 이식되어 그 기능을 대신할 경우는 제외합니다) 7. 외모개선 목적의 치료로 인하여 발생한 의료비 　가. 쌍꺼풀수술(이중검수술), 코성형수술(융비술), 유방확대·축소술, 지방흡입술, 주름살제거술 등 　나. 사시교정, 안와격리증의 교정 등 시각계 수술로써 시력개선 목적이 아닌 외모개선 목적의 수술 　다. 안경, 콘텍트렌즈 등을 대체하기 위한 시력교정술 　라. 외모개선 목적의 다리정맥류 수술 　마. 그 외 외모개선 목적의 치료로 건강보험 비급여대상에 해당하는 치료 8. 진료와 무관한 제비용(TV시청료, 전화료, 제증명료 등), 의사의 임상적 소견과 관련이 없는 검사비용, 간병비 9. 자동차보험(공제를 포함합니다) 또는 산재보험에서 보상받는 의료비. 다만, 본인부담의료비는 제3조(담보종목별 보장내용)에 따라 보상하여 드립니다. 10. 국민건강보험법 제40조의 요양기관이 아닌 해외 소재 의료기관에서 발생한 의료비
(3) 질병입원	① 회사는 아래의 사유를 원인으로 하여 생긴 입원의료비는 보상하여 드리지 아니합니다. 1. 수익자의 고의. 다만, 그 수익자가 보험금의 일부 수익자인 경우에는 그 수익자에 해당하는 보험금을 제외한 나머지 보험금을 다른 수익자에게 지급합니다. 2. 계약자의 고의 3. 피보험자(보험대상자)의 고의. 다만, 심신상실 등으로 자유로운 의사결정을 할 수 없는 상태에서 자신을 해친 사실이 증명된 경우에는 보상하여 드립니다. 4. 피보험자(보험대상자)가 정당한 이유없이 입원기간 중 의사의 지시를 따르지 아니한 때에 회사는 그로 인하여 악화된 부분에 대하여는 보상하여 드리지 아니합니다. ② 회사는 한국표준질병사인분류에 있어서 아래의 입원의료비에 대하여는 보상하여 드리지 아니합니다. 1. 정신과질환 및 행동장애(F04~F99) 2. 여성생식기의 비염증성 장애로 인한 습관성 유산, 불임 및 인공수정 관련 합병증(N96~N98) 3. 피보험자(보험대상자)의 임신, 출산(제왕절개를 포함합니다), 산후기로 입원한 경우(O00~O99) 4. 선천성 뇌질환(Q00~Q04) 5. 비만(E66) 6. 비뇨기계 장애(N39, R32) 7. 직장 또는 항문질환 중 국민건강보험법상 요양급여에 해당하지 않는 부분(I84, K60~K62)

담보종목	보상하지 않는 사항

	③ 회사는 아래의 입원의료비에 대하여는 보상하여 드리지 아니합니다.
	  1. 치과치료 및 한방치료에서 발생한 국민건강보험법상 요양급여에 해당하지 않는 비급여
	   의료비
	  2. 국민건강보험법상 요양급여 중 본인부담금의 경우 국민건강보험 관련 법령에 의해 국민
	   건강보험공단으로부터 사전 또는 사후 환급이 가능한 금액(본인부담금 상한제)
	  3. 의료급여법상 의료급여 중 본인부담금의 경우 의료급여 관련 법령에 의해 의료급여기금
	   등으로부터 사전 또는 사후 환급이 가능한 금액(의료급여법상 본인부담금 보상제 및 본
	   인부담금 상한제)
	  4. 건강검진, 예방접종, 인공유산. 다만, 회사가 보상하는 질병 치료를 목적으로 하는 경우
	   에는 보상하여 드립니다.
	  5. 영양제, 종합비타민제, 호르몬 투여, 보신용 투약, 친자 확인을 위한 진단, 불임검사, 불
	   임수술, 불임복원술, 보조생식술(체내, 체외 인공수정을 포함합니다), 성장촉진과 관련
	   된 비용 등에 소요된 비용. 다만, 회사가 보상하는 질병 치료를 목적으로 하는 경우에
	   는 보상하여 드립니다.
	  6. 아래에 열거된 치료로 인하여 발생한 의료비
	   가. 단순한 피로 또는 권태
	   나. 주근깨, 다모, 무모, 백모증, 딸기코(주사비), 점(모반), 사마귀, 여드름, 노화현상으
	    로 인한 탈모 등 피부질환
	   다. 발기부전(impotence)·불감증, 단순 코골음, 단순포경(phimosis), 국민건강보험
	    요양급여의 기준에 관한 규칙 제9조 제1항([별표2] 비급여대상)에 의한 업무 또는
	    일상생활에 지장이 없는 검열반 등 안과질환
	  7. 의치, 의수족, 의안, 안경, 콘택트렌즈, 보청기, 목발, 팔걸이(Arm Sling), 보조기 등
	   진료재료의 구입 및 대체비용(다만, 인공장기 등 신체에 이식되어 그 기능을 대신할 경
	   우는 제외합니다)
	  8. 외모개선 목적의 치료로 인하여 발생한 의료비
	   가. 쌍꺼풀수술(이중검수술), 코성형수술(융비술), 유방확대·축소술, 지방흡입술, 주름
	    살제거술 등
	   나. 사시교정, 안와격리증의 교정 등 시각계 수술로써 시력개선 목적이 아닌 외모개선
	    목적의 수술
	   다. 안경, 콘택트렌즈 등을 대체하기 위한 시력교정술
	   라. 외모개선 목적의 다리정맥류 수술
	   마. 그 외 외모개선 목적의 치료로 건강보험 비급여대상에 해당하는 치료
	  9. 진료와 무관한 제비용(TV시청료, 전화료, 제증명료 등), 의사의 임상적 소견과 관련이
	   없는 검사비용, 간병비
	  10. 산재보험에서 보상받는 의료비. 다만, 본인부담의료비는 제3조(담보종목별 보장내용)에
	   따라 보상하여 드립니다.
	  11. 인간면역바이러스(HIV)감염으로 인한 치료비(다만, 의료법에서 정한 의료인의 진료상
	   또는 치료 중 혈액에 의한 HIV감염은 해당 진료기록을 통해 객관적으로 확인되는 경우
	   는 제외합니다)
	  12. 국민건강보험법 제40조의 요양기관이 아닌 해외 소재 의료기관에서 발생한 의료비

(4) 질병통원	① 회사는 아래의 사유를 원인으로 하여 생긴 통원의료비는 보상하여 드리지 아니합니다. 1. 수익자의 고의. 다만, 그 수익자가 보험금의 일부 수익자인 경우에는 그 수익자에 해당

담보종목	보상하지 않는 사항
	하는 보험금을 제외한 나머지 보험금을 다른 수익자에게 지급합니다. 2. 계약자의 고의 3. 피보험자(보험대상자)의 고의. 다만, 심신상실 등으로 자유로운 의사결정을 할 수 없는 상태에서 자신을 해친 사실이 증명된 경우에는 보상하여 드립니다. 4. 피보험자(보험대상자)가 정당한 이유없이 통원기간 중 의사의 지시를 따르지 아니한 때에 회사는 그로 인하여 악화된 부분에 대하여는 보상하여 드리지 아니합니다. ② 회사는 한국표준질병사인분류에 있어서 아래의 통원의료비에 대하여는 보상하여 드리지 아니합니다. 1. 정신과질환 및 행동장애(F04~F99) 2. 여성생식기의 비염증성 장애로 인한 습관성 유산, 불임 및 인공수정 관련 합병증(N96~N98) 3. 피보험자(보험대상자)의 임신, 출산(제왕절개를 포함합니다), 산후기로 통원한 경우(O00~O99) 4. 선천성 뇌질환(Q00~Q04) 5. 비만(E66) 6. 비뇨기계 장애(N39, R32) 7. 직장 또는 항문질환 중 국민건강보험법상 요양급여에 해당하지 않는 부분(I84, K60~K62) ③ 회사는 아래의 통원의료비에 대하여는 보상하여 드리지 아니합니다. 1. 치과치료 및 한방치료에서 발생한 국민건강보험법상 요양급여에 해당하지 않는 비급여 의료비 2. 국민건강보험법상 요양급여 중 본인부담금의 경우 국민건강보험 관련 법령에 의해 국민건강보험공단으로부터 사전 또는 사후 환급이 가능한 금액(본인부담금 상한제) 3. 의료급여법상 의료급여 중 본인부담금의 경우 의료급여 관련 법령에 의해 의료급여기금 등으로부터 사전 또는 사후 환급이 가능한 금액(의료급여법상 본인부담금 보상제 및 본인부담금 상한제) 4. 건강검진, 예방접종, 인공유산. 다만, 회사가 보상하는 질병 치료를 목적으로 하는 경우에는 보상하여 드립니다. 5. 영양제, 종합비타민제, 호르몬 투여, 보신용 투약, 친자 확인을 위한 진단, 불임검사, 불임수술, 불임복원술, 보조생식술(체내, 체외 인공수정을 포함합니다), 성장촉진과 관련된 비용 등에 소요된 비용. 다만, 회사가 보상하는 질병 치료를 목적으로 하는 경우에는 보상하여 드립니다. 6. 아래에 열거된 치료로 인하여 발생한 의료비 　가. 단순한 피로 또는 권태 　나. 주근깨, 다모, 무모, 백모증, 딸기코(주사비), 점(모반), 사마귀, 여드름, 노화현상으로 인한 탈모 등 피부질환 　다. 발기부전(impotence)·불감증, 단순 코골음, 단순포경(phimosis), 국민건강보험 요양급여의 기준에 관한 규칙 제9조 제1항([별표2] 비급여대상)에 의한 업무 또는 일상생활에 지장이 없는 검열반 등 안과질환 7. 의치, 의수족, 의안, 안경, 콘택트렌즈, 보청기, 목발, 팔걸이(Arm Sling), 보조기 등 진료재료의 구입 및 대체비용(다만, 인공장기 등 신체에 이식되어 그 기능을 대신할 경우는 제외합니다) 8. 외모개선 목적의 치료로 인하여 발생한 의료비

담보종목	보상하지 않는 사항
	가. 쌍꺼풀수술(이중검수술), 코성형수술(융비술), 유방확대 · 축소술, 지방흡입술, 주름 살제거술 등 나. 사시교정, 안와격리증의 교정 등 시각계 수술로써 시력개선 목적이 아닌 외모개선 목적의 수술 다. 안경, 콘텍트렌즈 등을 대체하기 위한 시력교정술 라. 외모개선 목적의 다리정맥류 수술 마. 그 외 외모개선 목적의 치료로 건강보험 비급여대상에 해당하는 치료 9. 진료와 무관한 제비용(TV시청료, 전화료, 제증명료 등), 의사의 임상적 소견과 관련없 는 검사비용, 간병비 10. 산재보험에서 보상받는 의료비. 다만, 본인부담의료비는 제3조(담보종목별 보장내용)에 따라 보상하여 드립니다. 11. 인간면역바이러스(HIV)감염으로 인한 치료비(단, 의료법에서 정한 의료인의 진료상 또 는 치료 중 혈액에 의한 HIV감염은 해당 진료기록을 통해 객관적으로 확인되는 경우는 제외) 12. 국민건강보험법 제40조의 요양기관이 아닌 해외 소재 의료기관에서 발생한 의료비

〈붙임〉 용어의 정의

용어	정의
계약	보험계약
계약자	보험회사와 계약을 체결하고 보험료를 납입하는 사람
피보험자 (보험대상자)	보험금 지급사유 또는 보험사고 발생의 대상(객체)이 되는 사람
수익자	보험금을 수령하는 사람
보험기간	계약에서 정한 대상이 되는 위험이 보장되는 기간
회사	보험회사
상해	보험기간 중 발생한 급격하고 우연한 외래의 사고
상해보험계약	상해를 보장하는 계약
의사	의료법 제2조(의료인)에서 정한 의사, 한의사 및 치과의사의 자격을 가진 사람
약사	약사법 제2조(정의)에서 정한 약사 및 한약사의 자격을 가진 사람
의료기관	의료법 제3조(의료기관) 제2항에서 정하는 의료기관이며 종합병원·병원·치과병원·한방병원·요양병원·의원·치과의원·한의원 및 조산원으로 구분됨
약국	약사법 제2조 제3항 규정에 의한 장소로서, 약사가 수여할 목적으로 의약품 조제업무를 하는 장소를 말하며, 의료기관의 조제실은 제외
병원	국민건강보험법 제40조(요양기관)에서 정하는 국내의 병원 또는 의원(조산원은 제외)
입원	의사가 보험대상자의 질병 또는 상해로 인하여 치료가 필요하다고 인정한 경우로서 자택 등에서 치료가 곤란하여 병원, 의료기관 또는 이와 동등하다고 인정되는 의료기관에 입실하여 의사의 관리를 받으며 치료에 전념하는 것
입원의 정의 중 이와 동등하다고 인정되는 의료기관	보건소, 보건의료원 및 보건지소 등 의료법 제3조(의료기관) 제2항에서 정한 의료기관에 준하는 의료기관으로서 군의무대, 치매요양원, 노인요양원 등에 속해 있는 요양원, 요양시설, 복지시설 등과 같이 의료기관이 아닌 곳은 이에 해당되지 않음
기준병실	병원에서 국민건강보험 환자의 입원 시 적용하는 기준이 되는 병실
입원실료	입원치료 중 발생한 기준병실 사용료, 환자관리료, 식대 등을 말함
입원제비용	입원치료 중 발생한 진찰료, 검사료, 방사선료, 투약 및 처방료, 주사료, 이학요법(물리치료, 재활치료)료, 정신요법료, 처치료, 재료대, 캐스트료, 지정진료비 등을 말함
입원수술비	입원치료 중 발생한 수술료, 마취료, 수술재료비 등을 말함
입원의료비	입원실료, 입원제비용, 입원수술비, 상급병실료 차액으로 구성됨
통원	의사가 피보험자(보험대상자)의 질병 또는 상해로 인하여 치료가 필요하다고 인정하는 경우로서, 병원에 입원하지 않고 병원을 방문하여 의사의 관리 하에 치료에 전념하는 것
처방조제	의사 및 약사가 피보험자(보험대상자)의 질병 또는 상해로 인하여 치료가 필요하다고 인정하는 경우로서, 통원으로 인하여 발행된 의사의 처방전으로 약국의 약사가 조제하는 것을 말함(국민건강보험법 제40조 제1항 제3호에 의한 한국희귀의약품센터에서의 처방조제 및 의약분업예외지역에서 약사의 직접조제 포함)

용어	정의
외래제비용	통원치료 중 발생한 진찰료, 검사료, 방사선료, 투약 및 처방료, 주사료, 이학요법(물리치료, 재활치료)료, 정신요법료, 처치료, 재료대, 캐스트료, 지정진료비 등을 말함
외래수술비	통원치료 중 발생한 수술료, 마취료, 수술재료비 등을 말함
처방조제비	병원 의사의 처방전에 따라 조제되는 약국의 처방조제비 및 약사의 직접조제비를 말함
통원의료비	외래제비용, 외래수술비, 처방조제비로 구성됨
요양급여	국민건강보험법 제39조(요양급여)에 의한 가입자 및 피부양자의 질병·부상 등에 대한 다음 각호의 요양급여를 말함 1. 진찰·검사 2. 약제·치료재료의 지급 3. 처치·수술 기타의 치료 4. 예방·재활 5. 입원 6. 간호 7. 이송
의료급여	의료급여법 제7조(의료급여의 내용 등)에 의한 가입자 및 피부양자의 질병·부상 등에 대한 다음 각호의 의료급여를 말함 1. 진찰·검사 2. 약제·치료재료의 지급 3 처치·수술 기타의 치료 4. 예방·재활 5. 입원 6. 간호 7. 이송과 그 밖의 의료목적의 달성을 위한 조치
국민건강보험법상 본인부담금 상한제	국민건강보험법상 요양급여 중 연간 본인부담금 총액이 국민건강보험법시행령 별표3에서 정하는 금액을 넘는 경우에 그 초과한 금액을 공단에서 부담하고 있는 제도를 말하며, 국민건강보험 관련 법령의 변경에 따라 환급기준이 변경될 경우에는 회사는 변경되는 기준에 따름
의료급여법상 본인부담금 보상제 및 본인부담금 상한제	의료급여법상 의료급여 중 본인부담금이 의료급여법 시행령 제13조(급여비용의 부담)에서 정하는 금액을 넘는 경우에 그 초과한 금액을 의료급여기금 등에서 부담하고 있는 제도를 말하며, 의료급여 관련 법령의 변경에 따라 환급기준이 변경될 경우에는 회사는 변경된 기준에 따름
보장대상의료비	실제 부담액 – 보상제외금액
보상책임액	(실제 부담액 – 보상제외금액) × 회사부담비율
다수보험	실손 의료보험계약(우체국보험, 각종 공제, 상해·질병·간병보험 등 제3보험, 개인연금·퇴직보험 등 의료비를 실손으로 보상하는 보험·공제계약을 포함)이 동시에 또는 순차적으로 2개 이상 체결되었고, 그 계약이 동일한 보험사고에 대하여 각 계약별 보상책임액이 있는 다수의 실손 의료보험계약을 말함

제5차 개정 표준약관(2014. 2. 11.)

〈실손 의료보험〉

실손 의료보험은 사람의 질병 또는 상해로 인한 손해(의료비에 한합니다)를 보험회사가 보상하는 상품입니다.

제1관 일반사항 및 용어의 정의

제1조(담보종목) ① 회사가 판매하는 실손 의료보험상품은 상해입원형, 상해통원형, 질병입원형 및 질병통원형의 총 4개 이내의 담보종목으로 구성되어 있습니다.

담보종목		보상하는 내용
상해	입원	피보험자가 상해로 인하여 병원에 입원하여 치료를 받은 경우에 보상
	통원	피보험자가 상해로 인하여 병원에 통원하여 치료를 받거나 처방조제를 받은 경우에 보상
질병	입원	피보험자가 질병으로 인하여 병원에 입원하여 치료를 받은 경우에 보상
	통원	피보험자가 질병으로 인하여 병원에 통원하여 치료를 받거나 처방조제를 받은 경우에 보상

② 회사는 이 약관의 명칭에 '실손 의료비' 문구를 포함하여 사용합니다.

제2조(용어정의) 이 약관에서 사용하는 용어의 정의는 <붙임1>과 같습니다.

제2관 회사가 보상하는 사항

제3조(담보종목별 보장내용) 회사가 이 계약의 보험기간 중 담보종목별로 각각 보상 또는 공제하는 내용은 다음과 같습니다.

담보종목	보상하는 사항
(1) 상해입원	① 회사는 피보험자가 상해로 인하여 병원에 입원하여 치료를 받은 경우에는 입원의료비를 다음과 같이 하나의 상해당 보험가입금액(5,000만원을 최고한도로 계약자가 정하는 금액으로 합니다)을 한도로 보상합니다.

담보종목	보상하는 사항		

	구분		보상금액
표준형	입원실료, 입원제비용, 입원수술비		'국민건강보험법에서 정한 요양급여 또는 의료급여법에서 정한 의료급여 중 본인부담금'과 '비급여^{주)}(상급병실료 차액 제외)'의 합계액(본인이 실제로 부담한 금액)의 80% 해당액(다만, 20% 해당액이 계약일 또는 매년 계약해당일로부터 연간 200만원을 초과하는 경우 그 초과금액은 보상합니다)
	상급병실료 차액		입원 시 실제 사용병실과 기준병실과의 병실료 차액 중 50%를 공제한 후의 금액(다만, 1일 평균금액 10만원을 한도로 하며, 1일 평균금액은 입원기간 동안 상급병실료 차액 전체를 총 입원일수로 나누어 산출합니다)
선택형	입원실료, 입원제비용, 입원수술비		'국민건강보험법에서 정한 요양급여 또는 의료급여법에서 정한 의료급여 중 본인부담금'과 '비급여^{주)}(상급병실료 차액 제외)'의 합계액(본인이 실제로 부담한 금액)의 90% 해당액(다만, 10% 해당액이 계약일 또는 매년 계약해당일로부터 연간 200만원을 초과하는 경우 그 초과금액은 보상합니다)
	상급병실료 차액		입원 시 실제 사용병실과 기준병실과의 병실료 차액 중 50%를 공제한 후의 금액(다만, 1일 평균금액 10만원을 한도로 하며, 1일 평균금액은 입원기간 동안 상급병실료 차액 전체를 총 입원일수로 나누어 산출합니다)

주) 국민건강보험 또는 의료급여법에 따라 보건복지부 장관이 정한 비급여대상(국민건강보험법에서 정한 요양급여 또는 의료급여법에서 정한 의료급여 절차를 거쳤지만 급여항목이 발생하지 않은 경우로 국민건강보험 또는 의료급여법에 따른 비급여항목 포함)

② 제1항의 상해에는 유독가스 또는 유독물질을 우연하게도 일시에 흡입, 흡수 또는 섭취한 결과로 생긴 중독증상을 포함합니다. 그러나 세균성 음식물 중독과 상습적으로 흡입, 흡수 또는 섭취한 결과로 생긴 중독증상은 이에 포함되지 않습니다.

③ 피보험자가 국민건강보험법 또는 의료급여법을 적용받지 못하는 경우에는 입원의료비('국민건강보험 요양급여의 기준에 관한 규칙'에 따라 보건복지부장관이 정한 급여 및 비급여 의료비 항목에 한합니다) 중 본인이 실제로 부담한 금액의 40% 해당액을 하나의 상해당 보험가입금액(5,000만원을 최고한도로 계약자가 정하는 금액으로 합니다)을 한도로 보상합니다.

④ 회사는 하나의 상해(동일 상해로 2회 이상 치료를 받는 경우에도 이를 하나의 상해로 봅니다)로 인한 입원의료비를 최초 입원일로부터 365일까지(최초 입원일을 포함합니다) 보상합니다. 다만, 하나의 상해로 인하여 최초 입원일로부터 365일을 넘어 입원할 경우에는 아래의 예시와 같이 90일간의 보상제외기간이 지났거나, 하나의 상해로 인한 입원이라도 입원의료비가 지급된 최종 입원의 퇴원일로부터 180일이 경과하여 동일한 사유로 재입원한 경우는 최초 입원한 것과 동일한 기준으로 다시 보상합니다.

담보종목	보상하는 사항

〈보상기간 예시〉

	보장대상기간 (365일)	보상제외 (90일)	보장대상기간 (365일)	

계약일
(2014. 1. 1.)

최초 입원일
(2014. 3. 1.)

(2015. 2. 28.)
2015. 3. 1.부터
보상제외

(2015. 5. 29.)
2015. 5. 30.부터
보상재개

(2016. 5. 28)
2016. 5. 29.부터
보상제외

⑤ 피보험자가 입원하여 치료를 받던 중 보험기간이 끝나더라도 그 계속 중인 입원에 대하여는 보험기간 종료일로부터 180일까지(보험기간 종료일은 제외합니다) 보상하며 이 경우 제4항은 적용하지 않습니다. 다만, 동일회사 계약의 자동갱신 또는 재가입의 경우 종전계약의 보험기간 연장으로 간주하여 제4항을 적용합니다.

⑥ 피보험자가 병원의 직원복리후생제도에 의하여 납부할 의료비를 감면받은 경우에는 그 감면 전 의료비를 기준으로 입원의료비를 계산합니다.

(2) 상해통원	① 회사는 피보험자가 상해로 인하여 병원에 통원하여 치료를 받거나 처방조제를 받은 경우에는 통원의료비로서 매년 계약해당일로부터 1년을 단위로 하여 다음과 같이 외래(외래제비용, 외래수술비) 및 처방조제비를 각각 보상합니다.

구분	보상한도
외래	방문 1회당 '국민건강보험법에서 정한 요양급여 또는 의료급여법에서 정한 의료급여 중 본인부담금'과 '비급여[주1]'의 합계액(본인이 실제로 부담한 금액)에서 〈표1 항목별 공제금액〉을 차감하고 외래의 보험가입금액[주2]을 한도로 보상(매년 계약해당일로부터 1년간 방문 180회 한도)
처방 조제비	처방전 1건당 '국민건강보험법에서 정한 요양급여 또는 의료급여법에서 정한 의료급여 중 본인부담금'과 '비급여[주1]'의 합계액(본인이 실제로 부담한 금액)에서 〈표1 항목별 공제금액〉을 차감하고 처방조제비의 보험가입금액[주2]을 한도로 보상(매년 계약해당일로부터 1년간 처방전 180건 한도)

주1) 국민건강보험 또는 의료급여법에 따라 보건복지부 장관이 정한 비급여대상(국민건강보험법에서 정한 요양급여 또는 의료급여법에서 정한 의료급여 절차를 거쳤지만 급여항목이 발생하지 않은 경우로 국민건강보험 또는 의료급여법에 따른 비급여항목 포함)
주2) 외래 및 처방조제비는 회(건)당 합산하여 30만원을 최고한도로 계약자가 정하는 금액으로 합니다.

〈표1 항목별 공제금액〉

구분		항목	공제금액
표준형	외래 (외래제비용 및 외래수술비 합계)	의료법 제3조 제2항 제1호에 의한 의원, 치과의원, 한의원, 의료법 제3조 제2항 제2호에 의한 조산원, 지역보건법 제7조에 의한 보건소, 지역보건법 제8조에 의한 보건의료원, 지역보건법 제10조에 의한 보건지소, 농어촌 등 보건의료를 위한 특별조치법 제15조에 의한 보건진료소	1만원과 보장대상 의료비의 20% 중 큰 금액

담보종목	보상하는 사항		

	구분	항목	공제금액
선택형		의료법 제3조 제2항 제3호에 의한 종합병원, 병원, 치과병원, 한방병원, 요양병원	1만 5천원과 보장대상 의료비의 20% 중 큰 금액
		국민건강보험법 제42조 제2항에 의한 종합전문요양기관 또는 의료법 제3조의4에 의한 상급종합병원	2만원과 보장대상 의료비의 20% 중 큰 금액
	처방 조제비	국민건강보험법 제42조 제1항 제2호에 의한 약국, 동법 제42조 제1항 제3호에 의한 한국희귀의약품센터에서의 처방, 조제(의사의 처방전 1건당, 의약분업 예외지역에서 약사의 직접조제 1건당)	8천원과 보장대상 의료비의 20% 중 큰 금액
	외래 (외래제비용 및 외래수술비 합계)	의료법 제3조 제2항 제1호에 의한 의원, 치과의원, 한의원, 의료법 제3조 제2항 제2호에 의한 조산원, 지역보건법 제7조에 의한 보건소, 지역보건법 제8조에 의한 보건의료원, 지역보건법 제10조에 의한 보건지소, 농어촌 등 보건의료를 위한 특별조치법 제15조에 의한 보건진료소	1만원
		의료법 제3조 제2항 제3호에 의한 종합병원, 병원, 치과병원, 한방병원, 요양병원	1만 5천원
		국민건강보험법 제42조 제2항에 의한 종합전문요양기관 또는 의료법 제3조의4에 의한 상급종합병원	2만원
	처방 조제비	국민건강보험법 제42조 제1항 제2호에 의한 약국, 동법 제42조 제1항 제3호에 의한 한국희귀의약품센터에서의 처방, 조제(의사의 처방전 1건당, 의약분업 예외지역에서 약사의 직접조제 1건당)	8천원

② 피보험자가 통원하여 치료를 받던 중 보험기간이 끝나더라도 그 계속 중인 통원 치료에 대하여는 보험기간 종료일로부터 180일 이내에 외래는 방문 90회, 처방조제비는 처방전 90건을 한도로 보상합니다. 다만, 동일회사 계약의 자동갱신 또는 재가입의 경우 종전계약의 보험기간 연장으로 간주하여 제1항을 적용합니다.

〈보상기간 예시〉

보장대상기간 (1년)	보장대상기간 (1년)	보장대상기간 (1년)	추가보상 (180일)
↑ 계약일 (2014. 1. 1.)	↑ 계약해당일 (2015. 1. 1.)	↑ 계약해당일 (2016. 1. 1.)	↑ 계약 종료일 (2016. 12. 31.) ↑ 보상종료 (2017. 6. 29.)

담보종목	보상하는 사항
	③ 하나의 상해로 인해 하루에 같은 치료를 목적으로 의료기관에 2회 이상 통원치료 시(하나의 상해로 약국을 통한 2회 이상의 처방조제를 포함합니다) 1회의 외래 및 1건의 처방으로 간주하여 제1항 및 제2항을 적용합니다. ④ 제1항의 상해에는 유독가스 또는 유독물질을 우연하게도 일시에 흡입, 흡수 또는 섭취한 결과로 생긴 중독증상을 포함합니다. 그러나 세균성 음식물 중독과 상습적으로 흡입, 흡수 또는 섭취한 결과로 생긴 중독증상은 이에 포함되지 않습니다. ⑤ 피보험자가 국민건강보험법 또는 의료급여법을 적용받지 못하는 경우에는 통원의료비('국민건강보험 요양급여의 기준에 관한 규칙'에 따라 보건복지부장관이 정한 급여 및 비급여의료비 항목에 한합니다) 중 본인이 실제로 부담한 금액에서 〈표1 항목별 공제금액〉을 차감한 금액의 40% 해당액을 외래 및 처방조제비로 보험가입금액(외래 및 처방조제비는 회(건)당 합산하여 30만원을 최고한도로 계약자가 정하는 금액으로 합니다)을 한도로 보상합니다. ⑥ 피보험자가 병원 또는 약국의 직원복리후생제도에 의하여 납부할 의료비를 감면받은 경우에는 그 감면 전 의료비를 기준으로 통원의료비를 계산합니다.
(3) 질병입원	① 회사는 피보험자가 질병으로 인하여 병원에 입원하여 치료를 받은 경우에는 입원의료비를 다음과 같이 하나의 질병당 보험가입금액(5,000만원을 최고한도로 계약자가 정하는 금액으로 합니다)을 한도로 보상합니다.

구분		보상금액
표준형	입원실료, 입원제비용, 입원수술비	'국민건강보험법에서 정한 요양급여 또는 의료급여법에서 정한 의료급여 중 본인부담금'과 '비급여^{주)}(상급병실료 차액 제외)'의 합계액(본인이 실제로 부담한 금액)의 80% 해당액(다만, 20% 해당액이 계약일 또는 매년 계약해당일로부터 연간 200만원을 초과하는 경우 그 초과금액은 보상합니다)
	상급병실료 차액	입원 시 실제 사용병실과 기준병실과의 병실료 차액 중 50%를 공제한 후의 금액(다만, 1일 평균금액 10만원을 한도로 하며, 1일 평균금액은 입원기간 동안 상급병실료 차액 전체를 총 입원일수로 나누어 산출합니다)
선택형	입원실료, 입원제비용, 입원수술비	'국민건강보험법에서 정한 요양급여 또는 의료급여법에서 정한 의료급여 중 본인부담금'과 '비급여^{주)}(상급병실료 차액 제외)'의 합계액(본인이 실제로 부담한 금액)의 90% 해당액(다만, 10% 해당액이 계약일 또는 매년 계약해당일로부터 연간 200만원을 초과하는 경우 그 초과금액은 보상합니다)
	상급병실료 차액	입원 시 실제 사용병실과 기준병실과의 병실료 차액 중 50%를 공제한 후의 금액(다만, 1일 평균금액 10만원을 한도로 하며, 1일 평균금액은 입원기간 동안 상급병실료 차액 전체를 총 입원일수로 나누어 산출합니다)

주) 국민건강보험 또는 의료급여법에 따라 보건복지부 장관이 정한 비급여대상(국민건강보험법에서 정한 요양급여 또는 의료급여법에서 정한 의료급여 절차를 거쳤지만 급여항목이 발생하지 않은 경우로 국민건강보험 또는 의료급여법에 따른 비급여항목 포함)

② 제1항의 질병에서 청약서상 '계약 전 알릴 의무(중요한 사항에 한합니다)'에 해당하는 질병

담보종목	보상하는 사항

으로 인하여 과거(청약서상 해당 질병의 고지대상 기간을 말합니다)에 진단 또는 치료를 받은 경우에는 제외합니다.

③ 피보험자가 국민건강보험법 또는 의료급여법을 적용받지 못하는 경우에는 입원의료비('국민건강보험 요양급여의 기준에 관한 규칙'에 따라 보건복지부장관이 정한 급여 및 비급여 의료비 항목에 한합니다) 중 본인이 실제로 부담한 금액의 40% 해당액을 하나의 질병당 보험가입금액(5,000만원을 최고한도로 계약자가 정하는 금액으로 합니다)을 한도로 보상합니다.

④ 회사는 하나의 질병(의학상 관련이 있다고 의사가 인정하는 질병은 하나의 질병으로 간주하며, 하나의 질병으로 2회 이상 치료를 받는 경우에는 이를 하나의 질병으로 봅니다)으로 인한 입원의료비는 최초 입원일로부터 365일(최초 입원일을 포함합니다)까지 보상합니다. 다만, 하나의 질병으로 인하여 최초 입원일로부터 365일을 넘어 입원할 경우에는 아래의 예시와 같이 90일간의 보상제외기간이 지났거나, 하나의 질병으로 인한 입원이라도 입원의료비가 지급된 최종 입원의 퇴원일로부터 180일이 경과하여 재입원한 경우는 새로운 질병으로 보아 다시 보상합니다.

〈보상기간 예시〉

	보장대상기간 (365일)	보장제외 (90일)	보장대상기간 (365일)
계약일 (2014. 1. 1.)	최초 입원일 (2014. 3. 1.)	(2015. 2. 28.) 2015. 3. 1.부터 보상제외	(2015. 5. 29.) 2015. 5. 30.부터 보상재개	(2016. 5. 28) 2016. 5. 29.부터 보상제외

⑤ 피보험자가 입원하여 치료를 받던 중 보험기간이 끝나더라도 그 계속 중인 입원에 대하여는 보험기간 종료일로부터 180일까지(보험기간 종료일은 제외합니다) 보상하며 이 경우 제4항은 적용하지 않습니다. 다만, 동일회사의 자동갱신 또는 재가입의 경우 종전계약의 보험기간 연장으로 간주하여 제4항을 적용합니다.

⑥ 피보험자가 병원의 직원복리후생제도에 의하여 납부할 의료비를 감면받은 경우에는 그 감면 전 의료비를 기준으로 입원의료비를 계산합니다.

⑦ 하나의 질병이란 발생 원인이 동일한 질병(의학상 중요한 관련이 있는 질병을 포함합니다)을 말하며, 질병의 치료 중에 발생된 합병증 또는 새로이 발견된 질병의 치료가 병행되거나 의학상 관련이 없는 여러 종류의 질병을 갖고 있는 상태에서 입원한 때에는 하나의 질병으로 간주합니다.

⑧ 제2항에도 불구하고 청약일 이전에 진단확정된 질병이라 하더라도 청약일 이후 5년이 지나는 동안(계약이 자동갱신되어 5년을 지나는 경우를 포함합니다) 그 질병으로 인하여 추가적인 진단(단순 건강검진 제외) 또는 치료사실이 없을 경우, 청약일로부터 5년이 지난 이후에는 이 약관에 따라 보상합니다.

⑨ 제8항의 '청약일 이후 5년이 지나는 동안'이라 함은 이 약관 제26조(보험료의 납입이 연체되는 경우 납입최고(독촉)와 계약의 해지)에서 정한 계약의 해지가 발생하지 않은 경우를 말합니다.

⑩ 이 약관 제27조(보험료의 납입연체로 인한 해지계약의 부활(효력회복))에서 정한 계약의 부활이 이루어진 경우 부활일을 제8항의 청약일로 하여 적용합니다.

담보종목	보상하는 사항
(4) 질병통원	① 회사는 피보험자가 질병으로 인하여 병원에 통원하여 치료를 받거나 처방조제를 받은 경우에는 통원의료비로서 매년 계약해당일로부터 1년을 단위로 하여 다음과 같이 외래(외래제비용, 외래수술비) 및 처방조제비를 각각 보상합니다.

구분	보상한도
외래	방문 1회당 '국민건강보험법에서 정한 요양급여 또는 의료급여법에서 정한 의료급여 중 본인부담금'과 '비급여[주1)]'의 합계액(본인이 실제로 부담한 금액)에서 〈표1 항목별 공제금액〉을 차감하고 외래의 보험가입금액[주2)]을 한도로 보상(매년 계약해당일로부터 1년간 방문 180회 한도)
처방 조제비	처방전 1건당 '국민건강보험법에서 정한 요양급여 또는 의료급여법에서 정한 의료급여 중 본인부담금'과 '비급여[주1)]'의 합계액(본인이 실제로 부담한 금액)에서 〈표1 항목별 공제금액〉을 차감하고 처방조제비의 보험가입금액[주2)]을 한도로 보상(매년 계약해당일로부터 1년간 처방전 180건 한도)

주1) 국민건강보험 또는 의료급여법에 따라 보건복지부 장관이 정한 비급여대상(국민건강보험법에서 정한 요양급여 또는 의료급여법에서 정한 의료급여 절차를 거쳤지만 급여항목이 발생하지 않은 경우로 국민건강보험 또는 의료급여법에 따른 비급여항목 포함)

주2) 외래 및 처방조제비는 회(건)당 합산하여 30만원을 최고한도로 계약자가 정하는 금액으로 합니다.

〈표1 항목별 공제금액〉

구분		항목	공제금액
표준형	외래 (외래제비용 및 외래수술비 합계)	의료법 제3조 제2항 제1호에 의한 의원, 치과의원, 한의원, 의료법 제3조 제2항 제2호에 의한 조산원, 지역보건법 제7조에 의한 보건소, 지역보건법 제8조에 의한 보건의료원, 지역보건법 제10조에 의한 보건지소, 농어촌 등 보건의료를 위한 특별조치법 제15조에 의한 보건진료소	1만원과 보장대상 의료비의 20% 중 큰 금액
		의료법 제3조 제2항 제3호에 의한 종합병원, 병원, 치과병원, 한방병원, 요양병원	1만 5천원과 보장대상 의료비의 20% 중 큰 금액
		국민건강보험법 제42조 제2항에 의한 종합전문요양기관 또는 의료법 제3조의4에 의한 상급종합병원	2만원과 보장대상 의료비의 20% 중 큰 금액
	처방 조제비	국민건강보험법 제42조 제1항 제2호에 의한 약국, 동법 제42조 제1항 제3호에 의한 한국희귀의약품센터에서의 처방, 조제(의사의 처방전 1건당, 의약분업 예외지역에서 약사의 직접조제 1건당)	8천원과 보장대상 의료비의 20% 중 큰 금액
선택형	외래 (외래제비용 및 외래수술비	의료법 제3조 제2항 제1호에 의한 의원, 치과의원, 한의원, 의료법 제3조 제2항 제2호에 의한 조산원, 지역보건법 제7조에	1만원

담보종목	보상하는 사항

	구분	항목	공제금액
	합계)	의한 보건소, 지역보건법 제8조에 의한 보건의료원, 지역보건법 제10조에 의한 보건지소, 농어촌 등 보건의료를 위한 특별조치법 제15조에 의한 보건진료소	
		의료법 제3조 제2항 제3호에 의한 종합병원, 병원, 치과병원, 한방병원, 요양병원	1만 5천원
		국민건강보험법 제42조 제2항에 의한 종합전문요양기관 또는 의료법 제3조의4에 의한 상급종합병원	2만원
	처방조제비	국민건강보험법 제42조 제1항 제2호에 의한 약국, 동법 제42조 제1항 제3호에 의한 한국희귀의약품센터에서의 처방, 조제(의사의 처방전 1건당, 의약분업 예외지역에서 약사의 직접조제 1건당)	8천원

② 피보험자가 통원하여 치료를 받던 중 보험기간이 끝나더라도 그 계속 중인 통원 치료에 대하여는 보험기간 종료일로부터 180일 이내에 외래는 방문 90회, 처방조제비는 처방전 90건을 한도로 보상합니다. 다만, 동일회사 계약의 자동갱신 또는 재가입의 경우 종전계약의 보험기간 연장으로 간주하여 제1항을 적용합니다.

〈보상기간 예시〉

보장대상기간 (1년)	보장대상기간 (1년)	보장대상기간 (1년)	추가보상 (180일)
↑ 계약일 (2014. 1. 1.)	↑ 계약해당일 (2015. 1. 1.)	↑ 계약해당일 (2016. 1. 1.)	↑ 계약 종료일 (2016. 12. 31.) ↑ 보상종료 (2017. 6. 29.)

③ 하나의 질병으로 인해 하루에 같은 치료를 목적으로 의료기관에 2회 이상 통원치료 시(하나의 질병으로 약국을 통한 2회 이상의 처방조제를 포함합니다) 1회의 외래 및 1건의 처방으로 간주하여 제1항 및 제2항을 적용합니다.

④ 제1항의 질병에서 청약서상 '계약 전 알릴 의무(중요한 사항에 한합니다)'에 해당하는 질병으로 인하여 과거(청약서상 해당 질병의 고지대상 기간을 말합니다)에 진단 또는 치료를 받은 경우에는 제외합니다.

⑤ 피보험자가 국민건강보험법 또는 의료급여법을 적용받지 못하는 경우에는 통원의료비('국민건강보험 요양급여의 기준에 관한 규칙'에 따라 보건복지부장관이 정한 급여 및 비급여 의료비 항목에 한합니다) 중 본인이 실제로 부담한 금액에서 〈표1 항목별 공제금액〉을 차감한 금액의 40% 해당액을 외래 및 처방조제비로 보험가입금액(외래 및 처방조제비는 회(건)당 합산하여 30만원을 최고한도로 계약자가 정하는 금액으로 합니다)을 한도로 보상합니다.

⑥ 피보험자가 병원 또는 약국의 직원복리후생제도에 의하여 납부할 의료비를 감면받은 경우

담보종목	보상하는 사항
	에는 그 감면 전 의료비를 기준으로 통원의료비를 계산합니다.
	⑦ 제4항에도 불구하고 청약일 이전에 진단된 질병이라 하더라도 청약일 이후 5년이 지나는 동안(계약이 자동갱신되어 5년을 지나는 경우를 포함합니다) 그 질병으로 인하여 추가적인 진단(단순건강검진 제외) 또는 치료사실이 없을 경우, 청약일로부터 5년이 지난 이후에는 이 약관에 따라 보상합니다.
	⑧ 제7항의 '청약일 이후 5년이 지나는 동안'이라 함은 이 약관 제26조(보험료의 납입이 연체 되는 경우 납입최고(독촉)와 계약의 해지)에서 정한 계약의 해지가 발생하지 않은 경우를 말합니다.
	⑨ 이 약관 제27조(보험료의 납입연체로 인한 해지계약의 부활(효력회복))에서 정한 계약의 부활이 이루어진 경우 부활일을 제7항의 청약일로 하여 적용합니다.

제3관 회사가 보상하지 않는 사항

제4조(보상하지 않는 사항) 회사가 보상하지 않는 사항은 다음과 같습니다.

담보종목	보상하지 않는 사항
(1) 상해입원	① 회사는 아래의 사유를 원인으로 하여 생긴 입원의료비는 보상하지 않습니다. 1. 피보험자가 고의로 자신을 해친 경우. 다만, 피보험자가 심신상실 등으로 자유로운 의사결정을 할 수 없는 상태에서 자신을 해친 사실이 증명된 경우에는 보상합니다. 2. 보험수익자가 고의로 피보험자를 해친 경우. 다만, 그 보험수익자가 보험금의 일부 보험수익자인 경우에는 그 보험수익자에 해당하는 보험금을 제외한 나머지 보험금을 다른 보험수익자에게 지급합니다. 3. 계약자가 고의로 피보험자를 해친 경우 4. 피보험자의 임신, 출산(제왕절개를 포함합니다), 산후기로 입원한 경우. 그러나 회사가 보상하는 상해로 인한 경우에는 보상합니다. 5. 전쟁, 외국의 무력행사, 혁명, 내란, 사변, 폭동 6. 피보험자가 정당한 이유없이 입원기간 중 의사의 지시를 따르지 않은 때에 회사는 그로 인하여 악화된 부분에 대하여는 보상하지 않습니다. ② 회사는 다른 약정이 없으면 피보험자가 직업, 직무 또는 동호회 활동목적으로 아래에 열거된 행위로 인하여 생긴 상해에 대하여는 보상하지 않습니다. 1. 전문등반(전문적인 등산용구를 사용하여 암벽 또는 빙벽을 오르내리거나 특수한 기술, 경험, 사전훈련을 필요로 하는 등반을 말합니다), 글라이더 조종, 스카이다이빙, 스쿠버다이빙, 행글라이딩, 수상보트, 패러글라이딩 2. 모터보트, 자동차 또는 오토바이에 의한 경기, 시범, 흥행(이를 위한 연습을 포함합니다) 또는 시운전(다만, 공용도로상에서 시운전을 하는 동안 발생한 상해는 보상합니다) 3. 선박승무원, 어부, 사공, 그밖에 선박에 탑승하는 것을 직무로 하는 사람이 직무상 선박에 탑승 ③ 회사는 아래의 입원의료비에 대하여는 보상하지 않습니다. 1. 치과치료·한방치료에서 발생한 국민건강보험법상 요양급여에 해당하지 않는 비급여 의료비

담보종목	보상하지 않는 사항
	2. 국민건강보험법상 요양급여 중 본인부담금의 경우 국민건강보험 관련 법령에 의해 국민건강보험공단으로부터 사전 또는 사후 환급이 가능한 금액(본인부담금 상한제) 3. 의료급여법상 의료급여 중 본인부담금의 경우 의료급여 관련 법령에 의해 의료급여기금 등으로부터 사전 또는 사후 환급이 가능한 금액(의료급여법상 본인부담금 보상제 및 본인부담금 상한제) 4. 건강검진, 예방접종, 인공유산. 다만, 회사가 보상하는 상해 치료를 목적으로 하는 경우에는 보상합니다. 5. 영양제, 종합비타민제, 호르몬 투여, 보신용 투약, 친자 확인을 위한 진단, 불임검사, 불임수술, 불임복원술, 보조생식술(체내, 체외 인공수정을 포함합니다), 성장촉진과 관련된 비용 등에 소요된 비용. 다만, 회사가 보상하는 상해 치료를 목적으로 하는 경우에는 보상합니다. 6. 의치, 의수족, 의안, 안경, 콘택트렌즈, 보청기, 목발, 팔걸이(Arm Sling), 보조기 등 진료재료의 구입 및 대체비용(다만, 인공장기 등 신체에 이식되어 그 기능을 대신할 경우는 제외합니다) 7. 외모개선 목적의 치료로 인하여 발생한 의료비 　가. 쌍꺼풀수술(이중검수술), 코성형수술(융비술), 유방확대 · 축소술, 지방흡입술, 주름살제거술 등 　나. 사시교정, 안와격리증의 교정 등 시각계 수술로써 시력개선 목적이 아닌 외모개선 목적의 수술 　다. 안경, 콘텍트렌즈 등을 대체하기 위한 시력교정술 　라. 외모개선 목적의 다리정맥류 수술 　마. 그 외 외모개선 목적의 치료로 건강보험 비급여대상에 해당하는 치료 8. 진료와 무관한 제비용(TV시청료, 전화료, 제증명료 등), 의사의 임상적 소견과 관련이 없는 검사비용, 간병비 9. 자동차보험(공제를 포함합니다) 또는 산재보험에서 보상받는 의료비. 다만, 본인부담의료비는 제3조(담보종목별 보장내용)에 따라 보상합니다. 10. 국민건강보험법 제42조의 요양기관이 아닌 해외 소재 의료기관에서 발생한 의료비
(2) 상해통원	① 회사는 아래의 사유를 원인으로 하여 생긴 통원의료비는 보상하지 않습니다. 　1. 피보험자가 고의로 자신을 해친 경우. 다만, 피보험자가 심신상실 등으로 자유로운 의사결정을 할 수 없는 상태에서 자신을 해친 사실이 증명된 경우에는 보상합니다. 　2. 보험수익자가 고의로 피보험자를 해친 경우. 다만, 그 보험수익자가 보험금의 일부 보험수익자인 경우에는 그 보험수익자에 해당하는 보험금을 제외한 나머지 보험금을 다른 보험수익자에게 지급합니다. 　3. 계약자가 고의로 피보험자를 해친 경우 　4. 피보험자의 임신, 출산(제왕절개를 포함합니다), 산후기로 통원한 경우. 그러나 회사가 보상하는 상해로 인한 경우에는 보상합니다. 　5. 전쟁, 외국의 무력행사, 혁명, 내란, 사변, 폭동 　6. 피보험자가 정당한 이유없이 통원기간 중 의사의 지시를 따르지 않은 때에 회사는 그로 인하여 악화된 부분에 대하여는 보상하지 않습니다. ② 회사는 다른 약정이 없으면 피보험자가 직업, 직무 또는 동호회 활동목적으로 아래에 열거된 행위로 인하여 생긴 상해에 대하여는 보상하지 않습니다. 　1. 전문등반(전문적인 등산용구를 사용하여 암벽 또는 빙벽을 오르내리거나 특수한 기술,

담보종목	보상하지 않는 사항
	경험, 사전훈련을 필요로 하는 등반을 말합니다), 글라이더 조종, 스카이다이빙, 스쿠버다이빙, 행글라이딩, 수상보트, 패러글라이딩 2. 모터보트, 자동차 또는 오토바이에 의한 경기, 시범, 흥행(이를 위한 연습을 포함합니다) 또는 시운전(다만, 공용도로상에서 시운전을 하는 동안 발생한 상해는 보상합니다) 3. 선박승무원, 어부, 사공, 그 밖에 선박에 탑승하는 것을 직무로 하는 사람이 직무상 선박에 탑승 ③ 회사는 아래의 통원의료비에 대하여는 보상하지 않습니다. 1. 치과치료·한방치료에서 발생한 국민건강보험법상 요양급여에 해당하지 않는 비급여 의료비 2. 국민건강보험법상 요양급여 중 본인부담금의 경우 국민건강보험 관련 법령에 의해 국민건강보험공단으로부터 사전 또는 사후 환급이 가능한 금액(본인부담금 상한제) 3. 의료급여법상 의료급여 중 본인부담금의 경우 의료급여 관련 법령에 의해 의료급여기금 등으로부터 사전 또는 사후 환급이 가능한 금액(의료급여법상 본인부담금 보상제 및 본인부담금 상한제) 4. 건강검진, 예방접종, 인공유산. 다만, 회사가 보상하는 상해 치료를 목적으로 하는 경우에는 보상합니다. 5. 영양제, 종합비타민제, 호르몬 투여, 보신용 투약, 친자 확인을 위한 진단, 불임검사, 불임수술, 불임복원술, 보조생식술(체내, 체외 인공수정을 포함합니다), 성장촉진과 관련된 비용 등에 소요된 비용. 다만, 회사가 보상하는 상해 치료를 목적으로 하는 경우에는 보상합니다. 6. 의치, 의수족, 의안, 안경, 콘택트렌즈, 보청기, 목발, 팔걸이(Arm Sling), 보조기 등 진료재료의 구입 및 대체비용(다만, 인공장기 등 신체에 이식되어 그 기능을 대신할 경우는 제외합니다) 7. 외모개선 목적의 치료로 인하여 발생한 의료비 　가. 쌍꺼풀수술(이중검수술), 코성형수술(융비술), 유방확대·축소술, 지방흡입술, 주름살제거술 등 　나. 사시교정, 안와격리증의 교정 등 시각계 수술로써 시력개선 목적이 아닌 외모개선 목적의 수술 　다. 안경, 콘택트렌즈 등을 대체하기 위한 시력교정술 　라. 외모개선 목적의 다리정맥류 수술 　마. 그 외 외모개선 목적의 치료로 건강보험 비급여대상에 해당하는 치료 8. 진료와 무관한 제비용(TV시청료, 전화료, 제증명료 등), 의사의 임상적 소견과 관련이 없는 검사비용, 간병비 9. 자동차보험(공제를 포함합니다) 또는 산재보험에서 보상받는 의료비. 다만, 본인부담의료비는 제3조(담보종목별 보장내용)에 따라 보상합니다. 10. 국민건강보험법 제42조의 요양기관이 아닌 해외 소재 의료기관에서 발생한 의료비
(3) 질병입원	① 회사는 아래의 사유를 원인으로 하여 생긴 입원의료비는 보상하지 않습니다. 1. 피보험자가 고의로 자신을 해친 경우. 다만, 피보험자가 심신상실 등으로 자유로운 의사결정을 할 수 없는 상태에서 자신을 해친 사실이 증명된 경우에는 보상합니다. 2. 보험수익자가 고의로 피보험자를 해친 경우. 다만, 그 보험수익자가 보험금의 일부 보험수익자인 경우에는 그 보험수익자에 해당하는 보험금을 제외한 나머지 보험금을 다른 보험수익자에게 지급합니다.

담보종목	보상하지 않는 사항

3. 계약자가 고의로 피보험자를 해친 경우

4. 피보험자가 정당한 이유없이 입원기간 중 의사의 지시를 따르지 않은 때에 회사는 그로 인하여 악화된 부분에 대하여는 보상하지 않습니다.

② 회사는 한국표준질병사인분류에 있어서 아래의 입원의료비에 대하여는 보상하지 않습니다.

1. 정신과질환 및 행동장애(F04~F99)

2. 여성생식기의 비염증성 장애로 인한 습관성 유산, 불임 및 인공수정 관련 합병증(N96~N98)

3. 피보험자의 임신, 출산(제왕절개를 포함합니다), 산후기로 입원한 경우(O00~O99)

4. 선천성 뇌질환(Q00~Q04)

5. 비만(E66)

6. 비뇨기계 장애(N39, R32)

7. 직장 또는 항문질환 중 국민건강보험법상 요양급여에 해당하지 않는 부분(I84, K60~K62)

③ 회사는 아래의 입원의료비에 대하여는 보상하지 않습니다.

1. 치과치료 및 한방치료에서 발생한 국민건강보험법상 요양급여에 해당하지 않는 비급여 의료비

2. 국민건강보험법상 요양급여 중 본인부담금의 경우 국민건강보험 관련 법령에 의해 국민건강보험공단으로부터 사전 또는 사후 환급이 가능한 금액(본인부담금 상한제)

3. 의료급여법상 의료급여 중 본인부담금의 경우 의료급여 관련 법령에 의해 의료급여기금 등으로부터 사전 또는 사후 환급이 가능한 금액(의료급여법상 본인부담금 보상제 및 본인부담금 상한제)

4. 건강검진, 예방접종, 인공유산. 다만, 회사가 보상하는 질병 치료를 목적으로 하는 경우에는 보상합니다.

5. 영양제, 종합비타민제, 호르몬 투여, 보신용 투약, 친자 확인을 위한 진단, 불임검사, 불임수술, 불임복원술, 보조생식술(체내, 체외 인공수정을 포함합니다), 성장촉진과 관련된 비용 등에 소요된 비용. 다만, 회사가 보상하는 질병 치료를 목적으로 하는 경우에는 보상합니다.

6. 아래에 열거된 치료로 인하여 발생한 의료비

가. 단순한 피로 또는 권태

나. 주근깨, 다모, 무모, 백모증, 딸기코(주사비), 점(모반), 사마귀, 여드름, 노화현상으로 인한 탈모 등 피부질환

다. 발기부전(impotence) · 불감증, 단순 코골음, 단순포경(phimosis), 국민건강보험 요양급여의 기준에 관한 규칙 제9조 제1항([별표2] 비급여대상)에 의한 업무 또는 일상생활에 지장이 없는 검열반 등 안과질환

7. 의치, 의수족, 의안, 안경, 콘택트렌즈, 보청기, 목발, 팔걸이(Arm Sling), 보조기 등 진료재료의 구입 및 대체비용(다만, 인공장기 등 신체에 이식되어 그 기능을 대신할 경우는 제외합니다)

8. 외모개선 목적의 치료로 인하여 발생한 의료비

가. 쌍꺼풀수술(이중검수술), 코성형수술(융비술), 유방확대 · 축소술, 지방흡입술, 주름살제거술 등

나. 사시교정, 안와격리증의 교정 등 시각계 수술로써 시력개선 목적이 아닌 외모개선 목적의 수술

다. 안경, 콘택트렌즈 등을 대체하기 위한 시력교정술

담보종목	보상하지 않는 사항
	라. 외모개선 목적의 다리정맥류 수술 마. 그 외 외모개선 목적의 치료로 건강보험 비급여대상에 해당하는 치료 9. 진료와 무관한 제비용(TV시청료, 전화료, 제증명료 등), 의사의 임상적 소견과 관련이 없는 검사비용, 간병비 10. 산재보험에서 보상받는 의료비. 다만, 본인부담의료비는 제3조(담보종목별 보장내용)에 따라 보상합니다. 11. 인간면역결핍바이러스(HIV)감염으로 인한 치료비(다만, 의료법에서 정한 의료인의 진료 상 또는 치료 중 혈액에 의한 HIV감염은 해당 진료기록을 통해 객관적으로 확인되는 경우는 제외합니다) 12. 국민건강보험법 제42조의 요양기관이 아닌 해외 소재 의료기관에서 발생한 의료비
(4) 질병통원	① 회사는 아래의 사유를 원인으로 하여 생긴 통원의료비는 보상하지 않습니다. 　1. 피보험자가 고의로 자신을 해친 경우. 다만, 피보험자가 심신상실 등으로 자유로운 의 사결정을 할 수 없는 상태에서 자신을 해친 사실이 증명된 경우에는 보상합니다. 　2. 보험수익자가 고의로 피보험자를 해친 경우. 다만, 그 보험수익자가 보험금의 일부 보 험수익자인 경우에는 그 보험수익자에 해당하는 보험금을 제외한 나머지 보험금을 다른 보험수익자에게 지급합니다. 　3. 계약자가 고의로 피보험자를 해친 경우 　4. 피보험자가 정당한 이유없이 통원기간 중 의사의 지시를 따르지 않은 때에 회사는 그로 인하여 악화된 부분에 대하여는 보상하지 않습니다. ② 회사는 한국표준질병사인분류에 있어서 아래의 통원의료비에 대하여는 보상하지 않습니다. 　1. 정신과질환 및 행동장애(F04~F99) 　2. 여성생식기의 비염증성 장애로 인한 습관성 유산, 불임 및 인공수정 관련 합병증 (N96~N98) 　3. 피보험자의 임신, 출산(제왕절개를 포함합니다), 산후기로 통원한 경우(O00~O99) 　4. 선천성 뇌질환(Q00~Q04) 　5. 비만(E66) 　6. 비뇨기계 장애(N39, R32) 　7. 직장 또는 항문질환 중 국민건강보험법상 요양급여에 해당하지 않는 부분(I84, K60~ K62) ③ 회사는 아래의 통원의료비에 대하여는 보상하지 않습니다. 　1. 치과치료 및 한방치료에서 발생한 국민건강보험법상 요양급여에 해당하지 않는 비급여 의료비 　2. 국민건강보험법상 요양급여 중 본인부담금의 경우 국민건강보험 관련 법령에 의해 국민 건강보험공단으로부터 사전 또는 사후 환급이 가능한 금액(본인부담금 상한제) 　3. 의료급여법상 의료급여 중 본인부담금의 경우 의료급여 관련 법령에 의해 의료급여기금 등으로부터 사전 또는 사후 환급이 가능한 금액(의료급여법상 본인부담금 보상제 및 본 인부담금 상한제) 　4. 건강검진, 예방접종, 인공유산. 다만, 회사가 보상하는 질병 치료를 목적으로 하는 경우 에는 보상합니다. 　5. 영양제, 종합비타민제, 호르몬 투여, 보신용 투약, 친자 확인을 위한 진단, 불임검사, 불 임수술, 불임복원술, 보조생식술(체내, 체외 인공수정을 포함합니다), 성장촉진과 관련 된 비용 등에 소요된 비용. 다만, 회사가 보상하는 질병 치료를 목적으로 하는 경우에

담보종목	보상하지 않는 사항
	는 보상합니다.
6. 아래에 열거된 치료로 인하여 발생한 의료비
가. 단순한 피로 또는 권태
나. 주근깨, 다모, 무모, 백모증, 딸기코(주사비), 점(모반), 사마귀, 여드름, 노화현상으로 인한 탈모 등 피부질환
다. 발기부전(impotence)·불감증, 단순 코골음, 단순포경(phimosis), 국민건강보험 요양급여의 기준에 관한 규칙 제9조 제1항([별표2] 비급여대상)에 의한 업무 또는 일상생활에 지장이 없는 검열반 등 안과질환
7. 의치, 의수족, 의안, 안경, 콘택트렌즈, 보청기, 목발, 팔걸이(Arm Sling), 보조기 등 진료재료의 구입 및 대체비용(다만, 인공장기 등 신체에 이식되어 그 기능을 대신할 경우는 제외합니다)
8. 외모개선 목적의 치료로 인하여 발생한 의료비
가. 쌍꺼풀수술(이중검수술), 코성형수술(융비술), 유방확대·축소술, 지방흡입술, 주름살제거술 등
나. 사시교정, 안와격리증의 교정 등 시각계 수술로써 시력개선 목적이 아닌 외모개선 목적의 수술
다. 안경, 콘택트렌즈 등을 대체하기 위한 시력교정술
라. 외모개선 목적의 다리정맥류 수술
마. 그 외 외모개선 목적의 치료로 건강보험 비급여대상에 해당하는 치료
9. 진료와 무관한 제비용(TV시청료, 전화료, 제증명료 등), 의사의 임상적 소견과 관련없는 검사비용, 간병비
10. 산재보험에서 보상받는 의료비. 다만, 본인부담의료비는 제3조(담보종목별 보장내용)에 따라 보상합니다.
11. 인간면역결핍바이러스(HIV)감염으로 인한 치료비(다만, 의료법에서 정한 의료인의 진료상 또는 치료 중 혈액에 의한 HIV감염은 해당 진료기록을 통해 객관적으로 확인되는 경우는 제외합니다)
12. 국민건강보험법 제42조의 요양기관이 아닌 해외 소재 의료기관에서 발생한 의료비

〈붙임〉 용어의 정의

용어	정의
계약	보험계약
진단계약	계약을 체결하기 위하여 피보험자가 건강진단을 받아야 하는 계약
보험증권	계약의 성립과 그 내용을 증명하기 위하여 회사가 계약자에게 드리는 증서
계약자	보험회사와 계약을 체결하고 보험료를 납입하는 사람
피보험자	보험금 지급사유 또는 보험사고 발생의 대상(객체)이 되는 사람
보험수익자	보험금을 수령하는 사람
보험기간	계약에서 정한 대상이 되는 위험이 보장되는 기간
회사	보험회사
연단위복리	회사가 지급할 금전에 이자를 줄 때 1년마다 마지막 날에 그 이자를 원금에 더한 금액을 다음 1년의 원금으로 하는 이자 계산방법
표준이율	회사가 최소한 적립해야 할 적립금 등을 계산하기 위해 시장금리를 고려하여 금융감독원장이 정하는 이율로서, 이 계약 체결 시점의 표준이율
해지환급금	계약이 해지되는 때에 회사가 계약자에게 돌려주는 금액
영업일	회사가 영업점에서 정상적으로 영업하는 날을 말하며, 토요일, '관공서의 공휴일에 관한 규정'에 따른 공휴일과 근로자의 날을 제외
상해	보험기간 중 발생한 급격하고 우연한 외래의 사고
상해보험계약	상해를 보장하는 계약
의사	의료법 제2조(의료인)에서 정한 의사, 한의사 및 치과의사의 자격을 가진 사람
약사	약사법 제2조(정의)에서 정한 약사 및 한약사의 자격을 가진 사람
의료기관	의료법 제3조(의료기관) 제2항에서 정하는 의료기관이며 종합병원 · 병원 · 치과병원 · 한방병원 · 요양병원 · 의원 · 치과의원 · 한의원 및 조산원으로 구분됨
약국	약사법 제2조 제3항 규정에 의한 장소로서, 약사가 수여할 목적으로 의약품 조제업무를 하는 장소를 말하며, 의료기관의 조제실은 제외
병원	국민건강보험법 제42조(요양기관)에서 정하는 국내의 병원 또는 의원(조산원은 제외)
입원	의사가 피보험자의 질병 또는 상해로 인하여 치료가 필요하다고 인정한 경우로서 자택 등에서 치료가 곤란하여 병원, 의료기관 또는 이와 동등하다고 인정되는 의료기관에 입실하여 의사의 관리를 받으며 치료에 전념하는 것
입원의 정의 중 이와 동등하다고 인정되는 의료기관	보건소, 보건의료원 및 보건지소 등 의료법 제3조(의료기관) 제2항에서 정한 의료기관에 준하는 의료기관으로서 군의무대, 치매요양원, 노인요양원 등에 속해 있는 요양원, 요양시설, 복지시설 등과 같이 의료기관이 아닌 곳은 이에 해당되지 않음
기준병실	병원에서 국민건강보험 환자의 입원 시 적용하는 기준이 되는 병실
입원실료	입원치료 중 발생한 기준병실 사용료, 환자관리료, 식대 등을 말함

용어	정의
입원제비용	입원치료 중 발생한 진찰료, 검사료, 방사선료, 투약 및 처방료, 주사료, 이학요법(물리치료, 재활치료)료, 정신요법료, 처치료, 재료대, 석고붕대(cast), 지정진료비 등을 말함
입원수술비	입원치료 중 발생한 수술료, 마취료, 수술재료비 등을 말함
입원의료비	입원실료, 입원제비용, 입원수술비, 상급병실료 차액으로 구성됨
통원	의사가 피보험자의 질병 또는 상해로 인하여 치료가 필요하다고 인정하는 경우로서, 병원에 입원하지 않고 병원을 방문하여 의사의 관리 하에 치료에 전념하는 것
처방조제	의사 및 약사가 피보험자의 질병 또는 상해로 인하여 치료가 필요하다고 인정하는 경우로서, 통원으로 인하여 발행된 의사의 처방전으로 약국의 약사가 조제하는 것을 말함(국민건강보험법 제42조 제1항 제3호에 의한 한국희귀의약품센터에서의 처방조제 및 의약분업예외지역에서 약사의 직접조제 포함)
외래제비용	통원치료 중 발생한 진찰료, 검사료, 방사선료, 투약 및 처방료, 주사료, 이학요법(물리치료, 재활치료)료, 정신요법료, 처치료, 재료대, 석고붕대(cast), 지정진료비 등을 말함
외래수술비	통원치료 중 발생한 수술료, 마취료, 수술재료비 등을 말함
처방조제비	병원 의사의 처방전에 따라 조제되는 약국의 처방조제비 및 약사의 직접조제비를 말함
통원의료비	외래제비용, 외래수술비, 처방조제비로 구성됨
요양급여	국민건강보험법 제41조(요양급여)에 의한 가입자 및 피부양자의 질병·부상 등에 대한 다음 각호의 요양급여를 말함 1. 진찰·검사 2. 약제·치료재료의 지급 3. 처치·수술 기타의 치료 4. 예방·재활 5. 입원 6. 간호 7. 이송
의료급여	의료급여법 제7조(의료급여의 내용 등)에 의한 가입자 및 피부양자의 질병·부상 등에 대한 다음 각호의 의료급여를 말함 1. 진찰·검사 2. 약제·치료재료의 지급 3. 처치·수술 기타의 치료 4. 예방·재활 5. 입원 6. 간호 7. 이송과 그 밖의 의료목적의 달성을 위한 조치
국민건강보험법상 본인부담금 상한제	국민건강보험법상 요양급여 중 연간 본인부담금 총액이 국민건강보험법시행령 별표3에서 정하는 금액을 넘는 경우에 그 초과한 금액을 공단에서 부담하고 있는 제도를 말하며, 국민건강보험 관련 법령의 변경에 따라 환급기준이 변경될 경우에는 회사는 변경되는 기준에 따름
의료급여법상 본인부담금 보상제 및 본인부담금 상한제	의료급여법상 의료급여 중 본인부담금이 의료급여법 시행령 제13조(급여비용의 부담)에서 정하는 금액을 넘는 경우에 그 초과한 금액을 의료급여기금 등에서 부담하고 있는 제도를 말하며, 의료급여 관련 법령의 변경에 따라 환급기준이 변경될 경우에는 회사는 변경된 기준에 따름
보장대상의료비	실제 부담액 – 보상제외금액
보상책임액	(실제 부담액 – 보상제외금액) × 회사부담비율
다수보험	실손 의료보험계약(우체국보험, 각종 공제, 상해·질병·간병보험 등 제3보험, 개인연금·퇴직보험 등 의료비를 실손으로 보상하는 보험·공제계약을 포함)이 동시에 또는 순차적으로 2개 이상 체결되었고, 그 계약이 동일한 보험사고에 대하여 각 계약별 보상책임액이 있는 다수의 실손 의료보험계약을 말함

제6차 개정 표준약관(2014. 12. 26.)

〈실손 의료보험〉

실손의료보험은 사람의 질병 또는 상해로 인한 손해(의료비에 한합니다)를 보험회사가 보상하는 상품입니다.

제1관 일반사항 및 용어의 정의

제1조(담보종목) ① 회사가 판매하는 실손 의료보험상품은 상해입원형, 상해통원형, 질병입원형 및 질병통원형의 총 4개 이내의 담보종목으로 구성되어 있습니다.

담보종목		보상하는 내용
상해	입원	피보험자가 상해로 인하여 병원에 입원하여 치료를 받은 경우에 보상
	통원	피보험자가 상해로 인하여 병원에 통원하여 치료를 받거나 처방조제를 받은 경우에 보상
질병	입원	피보험자가 질병으로 인하여 병원에 입원하여 치료를 받은 경우에 보상
	통원	피보험자가 질병으로 인하여 병원에 통원하여 치료를 받거나 처방조제를 받은 경우에 보상

② 회사는 이 약관의 명칭에 '실손 의료비' 문구를 포함하여 사용합니다.

제2조(용어정의) 이 약관에서 사용하는 용어의 정의는 <붙임1>과 같습니다.

제2관 회사가 보상하는 사항

제3조(담보종목별 보장내용) 회사가 이 계약의 보험기간 중 담보종목별로 각각 보상 또는 공제하는 내용은 다음과 같습니다.

담보종목	보상하는 사항
(1) 상해입원	① 회사는 피보험자가 상해로 인하여 병원에 입원하여 치료를 받은 경우에는 입원의료비를 다음과 같이 하나의 상해당 보험가입금액(5,000만원을 최고한도로 계약자가 정하는 금액으로 합니다)을 한도로 보상합니다.

담보종목	보상하는 사항

구분		보상금액
표준형	입원실료, 입원제비용, 입원수술비	'국민건강보험법에서 정한 요양급여 또는 의료급여법에서 정한 의료급여 중 본인부담금'과 '비급여^{주)}(상급병실료 차액 제외)'의 합계액(본인이 실제로 부담한 금액)의 80% 해당액(다만, 20% 해당액이 계약일 또는 매년 계약해당일로부터 연간 200만원을 초과하는 경우 그 초과금액은 보상합니다)
	상급병실료 차액	입원 시 실제 사용병실과 기준병실과의 병실료 차액 중 50%를 공제한 후의 금액(다만, 1일 평균금액 10만원을 한도로 하며, 1일 평균금액은 입원기간 동안 상급병실료 차액 전체를 총 입원일수로 나누어 산출합니다)
선택형	입원실료, 입원제비용, 입원수술비	'국민건강보험법에서 정한 요양급여 또는 의료급여법에서 정한 의료급여 중 본인부담금'과 '비급여^{주)}(상급병실료 차액 제외)'의 합계액(본인이 실제로 부담한 금액)의 90% 해당액(다만, 10% 해당액이 계약일 또는 매년 계약해당일로부터 연간 200만원을 초과하는 경우 그 초과금액은 보상합니다)
	상급병실료 차액	입원 시 실제 사용병실과 기준병실과의 병실료 차액 중 50%를 공제한 후의 금액(다만, 1일 평균금액 10만원을 한도로 하며, 1일 평균금액은 입원기간 동안 상급병실료 차액 전체를 총 입원일수로 나누어 산출합니다)

주) 국민건강보험 또는 의료급여법에 따라 보건복지부 장관이 정한 비급여대상(국민건강보험법에서 정한 요양급여 또는 의료급여법에서 정한 의료급여 절차를 거쳤지만 급여항목이 발생하지 않은 경우로 국민건강보험 또는 의료급여법에 따른 비급여항목 포함)

② 제1항의 상해에는 유독가스 또는 유독물질을 우연하게도 일시에 흡입, 흡수 또는 섭취한 결과로 생긴 중독증상을 포함합니다. 그러나 세균성 음식물 중독과 상습적으로 흡입, 흡수 또는 섭취한 결과로 생긴 중독증상은 이에 포함되지 않습니다.

③ 피보험자가 국민건강보험법 또는 의료급여법을 적용받지 못하는 경우에는 입원의료비('국민건강보험 요양급여의 기준에 관한 규칙'에 따라 보건복지부장관이 정한 급여 및 비급여 의료비 항목에 한합니다) 중 본인이 실제로 부담한 금액의 40% 해당액을 하나의 상해당 보험가입금액(5,000만원을 최고한도로 계약자가 정하는 금액으로 합니다)을 한도로 보상합니다.

④ 회사는 하나의 상해(동일 상해로 2회 이상 치료를 받는 경우에도 이를 하나의 상해로 봅니다)로 인한 입원의료비를 최초 입원일로부터 365일까지(최초 입원일을 포함합니다) 보상합니다. 다만, 하나의 상해로 인하여 최초 입원일로부터 365일을 넘어 입원할 경우에는 아래의 예시와 같이 90일간의 보상제외기간이 지났거나, 하나의 상해로 인한 입원이라도 입원 의료비가 지급된 최종 입원의 퇴원일로부터 180일이 경과하여 동일한 사유로 재입원한 경우는 최초 입원한 것과 동일한 기준으로 다시 보상합니다.

담보종목	보상하는 사항

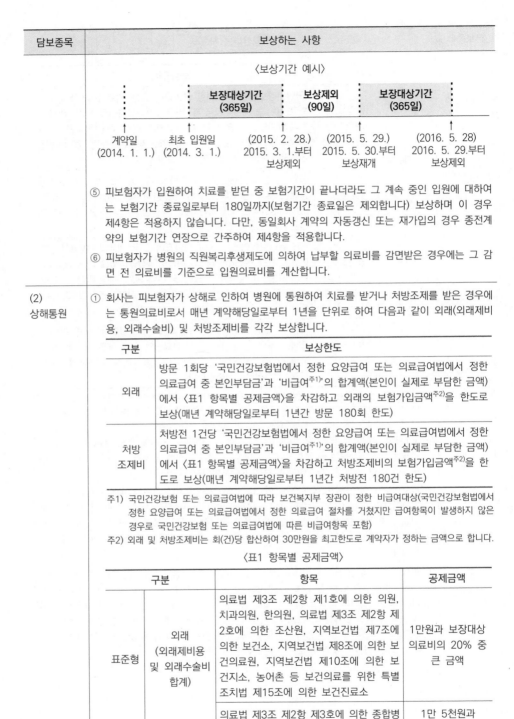

〈보상기간 예시〉

⑤ 피보험자가 입원하여 치료를 받던 중 보험기간이 끝나더라도 그 계속 중인 입원에 대하여는 보험기간 종료일로부터 180일까지(보험기간 종료일은 제외합니다) 보상하며 이 경우 제4항은 적용하지 않습니다. 다만, 동일회사 계약의 자동갱신 또는 재가입의 경우 종전계약의 보험기간 연장으로 간주하여 제4항을 적용합니다.

⑥ 피보험자가 병원의 직원복리후생제도에 의하여 납부할 의료비를 감면받은 경우에는 그 감면 전 의료비를 기준으로 입원의료비를 계산합니다.

(2) 상해통원	① 회사는 피보험자가 상해로 인하여 병원에 통원하여 치료를 받거나 처방조제를 받은 경우에는 통원의료비로서 매년 계약해당일로부터 1년을 단위로 하여 다음과 같이 외래(외래제비용, 외래수술비) 및 처방조제비를 각각 보상합니다.

구분	보상한도
외래	방문 1회당 '국민건강보험법에서 정한 요양급여 또는 의료급여법에서 정한 의료급여 중 본인부담금'과 '비급여주1)'의 합계액(본인이 실제로 부담한 금액)에서 〈표1 항목별 공제금액〉을 차감하고 외래의 보험가입금액주2)을 한도로 보상(매년 계약해당일로부터 1년간 방문 180회 한도)
처방 조제비	처방전 1건당 '국민건강보험법에서 정한 요양급여 또는 의료급여법에서 정한 의료급여 중 본인부담금'과 '비급여주1)'의 합계액(본인이 실제로 부담한 금액)에서 〈표1 항목별 공제금액〉을 차감하고 처방조제비의 보험가입금액주2)을 한도로 보상(매년 계약해당일로부터 1년간 처방전 180건 한도)

주1) 국민건강보험 또는 의료급여법에 따라 보건복지부 장관이 정한 비급여대상(국민건강보험법에서 정한 요양급여 또는 의료급여법에서 정한 의료급여 절차를 거쳤지만 급여항목이 발생하지 않은 경우로 국민건강보험 또는 의료급여법에 따른 비급여항목 포함)
주2) 외래 및 처방조제비는 회(건)당 합산하여 30만원을 최고한도로 계약자가 정하는 금액으로 합니다.

〈표1 항목별 공제금액〉

구분		항목	공제금액
표준형	외래 (외래제비용 및 외래수술비 합계)	의료법 제3조 제2항 제1호에 의한 의원, 치과의원, 한의원, 의료법 제3조 제2항 제2호에 의한 조산원, 지역보건법 제7조에 의한 보건소, 지역보건법 제8조에 의한 보건의료원, 지역보건법 제10조에 의한 보건지소, 농어촌 등 보건의료를 위한 특별조치법 제15조에 의한 보건진료소	1만원과 보장대상 의료비의 20% 중 큰 금액
		의료법 제3조 제2항 제3호에 의한 종합병	1만 5천원과

담보종목	보상하는 사항

구분		항목	공제금액
		원, 병원, 치과병원, 한방병원, 요양병원	보장대상 의료비의 20% 중 큰 금액
		국민건강보험법 제42조 제2항에 의한 종합전문요양기관 또는 의료법 제3조의4에 의한 상급종합병원	2만원과 보장대상 의료비의 20% 중 큰 금액
	처방 조제비	국민건강보험법 제42조 제1항 제2호에 의한 약국, 동법 제42조 제1항 제3호에 의한 한국희귀의약품센터에서의 처방, 조제(의사의 처방전 1건당, 의약분업 예외지역에서 약사의 직접조제 1건당)	8천원과 보장대상 의료비의 20% 중 큰 금액
선택형	외래 (외래제비용 및 외래수술비 합계)	의료법 제3조 제2항 제1호에 의한 의원, 치과의원, 한의원, 의료법 제3조 제2항 제2호에 의한 조산원, 지역보건법 제7조에 의한 보건소, 지역보건법 제8조에 의한 보건의료원, 지역보건법 제10조에 의한 보건지소, 농어촌 등 보건의료를 위한 특별조치법 제15조에 의한 보건진료소	1만원
		의료법 제3조 제2항 제3호에 의한 종합병원, 병원, 치과병원, 한방병원, 요양병원	1만 5천원
		국민건강보험법 제42조 제2항에 의한 종합전문요양기관 또는 의료법 제3조의4에 의한 상급종합병원	2만원
	처방 조제비	국민건강보험법 제42조 제1항 제2호에 의한 약국, 동법 제42조 제1항 제3호에 의한 한국희귀의약품센터에서의 처방, 조제(의사의 처방전 1건당, 의약분업 예외지역에서 약사의 직접조제 1건당)	8천원

② 피보험자가 통원하여 치료를 받던 중 보험기간이 끝나더라도 그 계속 중인 통원 치료에 대하여는 보험기간 종료일로부터 180일 이내에 외래는 방문 90회, 처방조제비는 처방전 90건을 한도로 보상합니다. 다만, 동일회사 계약의 자동갱신 또는 재가입의 경우 종전계약의 보험기간 연장으로 간주하여 제1항을 적용합니다.

〈보상기간 예시〉

보장대상기간 (1년)	보장대상기간 (1년)	보장대상기간 (1년)	추가보상 (180일)
계약일 (2014. 1. 1.)	계약해당일 (2015. 1. 1.)	계약해당일 (2016. 1. 1.)	계약 종료일 (2016. 12. 31.) / 보상종료 (2017. 6. 29.)

담보종목	보상하는 사항
	③ 하나의 상해로 인해 하루에 같은 치료를 목적으로 의료기관에 2회 이상 통원치료 시(하나의 상해로 약국을 통한 2회 이상의 처방조제를 포함합니다) 1회의 외래 및 1건의 처방으로 간주하여 제1항 및 제2항을 적용합니다.
	④ 제1항의 상해에는 유독가스 또는 유독물질을 우연하게도 일시에 흡입, 흡수 또는 섭취한 결과로 생긴 중독증상을 포함합니다. 그러나 세균성 음식물 중독과 상습적으로 흡입, 흡수 또는 섭취한 결과로 생긴 중독증상은 이에 포함되지 않습니다.
	⑤ 피보험자가 국민건강보험법 또는 의료급여법을 적용받지 못하는 경우에는 통원의료비('국민건강보험 요양급여의 기준에 관한 규칙'에 따라 보건복지부장관이 정한 급여 및 비급여 의료비 항목에 한합니다) 중 본인이 실제로 부담한 금액에서 〈표1 항목별 공제금액〉을 차감한 금액의 40% 해당액을 외래 및 처방조제비로 보험가입금액(외래 및 처방조제비는 회(건)당 합산하여 30만원을 최고한도로 계약자가 정하는 금액으로 합니다)을 한도로 보상합니다.
	⑥ 피보험자가 병원 또는 약국의 직원복리후생제도에 의하여 납부할 의료비를 감면받은 경우에는 그 감면 전 의료비를 기준으로 통원의료비를 계산합니다.
(3) 질병입원	① 회사는 피보험자가 질병으로 인하여 병원에 입원하여 치료를 받은 경우에는 입원의료비를 다음과 같이 하나의 질병당 보험가입금액(5,000만원을 최고한도로 계약자가 정하는 금액으로 합니다)을 한도로 보상합니다.

구분		보상금액
표준형	입원실료, 입원제비용, 입원수술비	'국민건강보험법에서 정한 요양급여 또는 의료급여법에서 정한 의료급여 중 본인부담금'과 '비급여^{주)}(상급병실료 차액 제외)'의 합계액(본인이 실제로 부담한 금액)의 80% 해당액(다만, 20% 해당액이 계약일 또는 매년 계약해당일로부터 연간 200만원을 초과하는 경우 그 초과금액은 보상합니다)
	상급병실료 차액	입원 시 실제 사용병실과 기준병실과의 병실료 차액 중 50%를 공제한 후의 금액(다만, 1일 평균금액 10만원을 한도로 하며, 1일 평균금액은 입원기간 동안 상급병실료 차액 전체를 총 입원일수로 나누어 산출합니다)
선택형	입원실료, 입원제비용, 입원수술비	'국민건강보험법에서 정한 요양급여 또는 의료급여법에서 정한 의료급여 중 본인부담금'과 '비급여^{주)}(상급병실료 차액 제외)'의 합계액(본인이 실제로 부담한 금액)의 90% 해당액(다만, 10% 해당액이 계약일 또는 매년 계약해당일로부터 연간 200만원을 초과하는 경우 그 초과금액은 보상합니다)
	상급병실료 차액	입원 시 실제 사용병실과 기준병실과의 병실료 차액 중 50%를 공제한 후의 금액(다만, 1일 평균금액 10만원을 한도로 하며, 1일 평균금액은 입원기간 동안 상급병실료 차액 전체를 총 입원일수로 나누어 산출합니다)

주) 국민건강보험 또는 의료급여법에 따라 보건복지부 장관이 정한 비급여대상(국민건강보험법에서 정한 요양급여 또는 의료급여법에서 정한 의료급여 절차를 거쳤지만 급여항목이 발생하지 않은 경우로 국민건강보험 또는 의료급여법에 따른 비급여항목 포함)

담보종목	보상하는 사항

② 제1항의 질병에서 청약서상 '계약 전 알릴 의무(중요한 사항에 한합니다)'에 해당하는 질병으로 인하여 과거(청약서상 해당 질병의 고지대상 기간을 말합니다)에 진단 또는 치료를 받은 경우에는 제외합니다.

③ 피보험자가 국민건강보험법 또는 의료급여법을 적용받지 못하는 경우에는 입원의료비('국민건강보험 요양급여의 기준에 관한 규칙'에 따라 보건복지부장관이 정한 급여 및 비급여 의료비 항목에 한합니다) 중 본인이 실제로 부담한 금액의 40% 해당액을 하나의 질병당 보험가입금액(5,000만원을 최고한도로 계약자가 정하는 금액으로 합니다)을 한도로 보상합니다.

④ 회사는 하나의 질병(의학상 관련이 있다고 의사가 인정하는 질병은 하나의 질병으로 간주하며, 하나의 질병으로 2회 이상 치료를 받는 경우에는 이를 하나의 질병으로 봅니다)으로 인한 입원의료비는 최초 입원일로부터 365일(최초 입원일을 포함합니다)까지 보상합니다. 다만, 하나의 질병으로 인하여 최초 입원일로부터 365일을 넘어 입원할 경우에는 아래의 예시와 같이 90일간의 보상제외기간이 지났거나, 하나의 질병으로 인한 입원이라도 입원의료비가 지급된 최종 입원의 퇴원일로부터 180일이 경과하여 재입원한 경우는 새로운 질병으로 보아 다시 보상합니다.

〈보상기간 예시〉

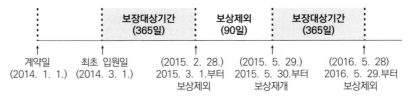

	보장대상기간 (365일)	보상제외 (90일)	보장대상기간 (365일)	
↑ 계약일 (2014. 1. 1.)	↑ 최초 입원일 (2014. 3. 1.)	↑ (2015. 2. 28.) 2015. 3. 1.부터 보상제외	↑ (2015. 5. 29.) 2015. 5. 30.부터 보상재개	↑ (2016. 5. 28) 2016. 5. 29.부터 보상제외

⑤ 피보험자가 입원하여 치료를 받던 중 보험기간이 끝나더라도 그 계속 중인 입원에 대하여는 보험기간 종료일로부터 180일까지(보험기간 종료일은 제외합니다) 보상하며 이 경우 제4항은 적용하지 않습니다. 다만, 동일회사의 자동갱신 또는 재가입의 경우 종전계약의 보험기간 연장으로 간주하여 제4항을 적용합니다.

⑥ 피보험자가 병원의 직원복리후생제도에 의하여 납부할 의료비를 감면받은 경우에는 그 감면 전 의료비를 기준으로 입원의료비를 계산합니다.

⑦ 하나의 질병이란 발생 원인이 동일한 질병(의학상 중요한 관련이 있는 질병을 포함합니다)을 말하며, 질병의 치료 중에 발생된 합병증 또는 새로이 발견된 질병의 치료가 병행되거나 의학상 관련이 없는 여러 종류의 질병을 갖고 있는 상태에서 입원한 때에는 하나의 질병으로 간주합니다.

⑧ 제2항에도 불구하고 청약일 이전에 진단확정된 질병이라 하더라도 청약일 이후 5년이 지나는 동안(계약이 자동갱신되어 5년을 지나는 경우를 포함합니다) 그 질병으로 인하여 추가적인 진단(단순 건강검진 제외) 또는 치료사실이 없을 경우, 청약일로부터 5년이 지난 이후에는 이 약관에 따라 보상합니다.

⑨ 제8항의 '청약일 이후 5년이 지나는 동안'이라 함은 이 약관 제26조(보험료의 납입이 연체되는 경우 납입최고(독촉)와 계약의 해지)에서 정한 계약의 해지가 발생하지 않은 경우를 말합니다.

⑩ 이 약관 제27조(보험료의 납입연체로 인한 해지계약의 부활(효력회복))에서 정한 계약의 부활이 이루어진 경우 부활일을 제8항의 청약일로 하여 적용합니다.

담보종목	보상하는 사항
(4) 질병통원	① 회사는 피보험자가 질병으로 인하여 병원에 통원하여 치료를 받거나 처방조제를 받은 경우에는 통원의료비로서 매년 계약해당일로부터 1년을 단위로 하여 다음과 같이 외래(외래제비용, 외래수술비) 및 처방조제비를 각각 보상합니다.

구분	보상한도
외래	방문 1회당 '국민건강보험법에서 정한 요양급여 또는 의료급여법에서 정한 의료급여 중 본인부담금'과 '비급여^{주1)}'의 합계액(본인이 실제로 부담한 금액)에서 〈표1 항목별 공제금액〉을 차감하고 외래의 보험가입금액^{주2)}을 한도로 보상 (매년 계약해당일로부터 1년간 방문 180회 한도)
처방 조제비	처방전 1건당 '국민건강보험법에서 정한 요양급여 또는 의료급여법에서 정한 의료급여 중 본인부담금'과 '비급여^{주1)}'의 합계액(본인이 실제로 부담한 금액)에서 〈표1 항목별 공제금액〉을 차감하고 처방조제비의 보험가입금액^{주2)}을 한도로 보상(매년 계약해당일로부터 1년간 처방전 180건 한도)

주1) 국민건강보험 또는 의료급여법에 따라 보건복지부 장관이 정한 비급여대상(국민건강보험법에서 정한 요양급여 또는 의료급여법에서 정한 의료급여 절차를 거쳤지만 급여항목이 발생하지 않은 경우로 국민건강보험 또는 의료급여법에 따른 비급여항목 포함)
주2) 외래 및 처방조제비는 회(건)당 합산하여 30만원을 최고한도로 계약자가 정하는 금액으로 합니다.

〈표1 항목별 공제금액〉

구분		항목	공제금액
표준형	외래 (외래제비용 및 외래수술비 합계)	의료법 제3조 제2항 제1호에 의한 의원, 치과의원, 한의원, 의료법 제3조 제2항 제2호에 의한 조산원, 지역보건법 제7조에 의한 보건소, 지역보건법 제8조에 의한 보건의료원, 지역보건법 제10조에 의한 보건지소, 농어촌 등 보건의료를 위한 특별조치법 제15조에 의한 보건진료소	1만원과 보장대상 의료비의 20% 중 큰 금액
		의료법 제3조 제2항 제3호에 의한 종합병원, 병원, 치과병원, 한방병원, 요양병원	1만 5천원과 보장대상 의료비의 20% 중 큰 금액
		국민건강보험법 제42조 제2항에 의한 종합전문요양기관 또는 의료법 제3조의4에 의한 상급종합병원	2만원과 보장대상 의료비의 20% 중 큰 금액
	처방 조제비	국민건강보험법 제42조 제1항 제2호에 의한 약국, 동법 제42조 제1항 제3호에 의한 한국희귀의약품센터에서의 처방, 조제(의사의 처방전 1건당, 의약분업 예외지역에서 약사의 직접조제 1건당)	8천원과 보장대상 의료비의 20% 중 큰 금액
선택형	외래 (외래제비용 및 외래수술비	의료법 제3조 제2항 제1호에 의한 의원, 치과의원, 한의원, 의료법 제3조 제2항 제2호에 의한 조산원, 지역보건법 제7조	1만원

담보종목	보상하는 사항		
	구분	항목	공제금액
	합계)	에 의한 보건소, 지역보건법 제8조에 의한 보건의료원, 지역보건법 제10조에 의한 보건지소, 농어촌 등 보건의료를 위한 특별조치법 제15조에 의한 보건진료소	
		의료법 제3조 제2항 제3호에 의한 종합병원, 병원, 치과병원, 한방병원, 요양병원	1만 5천원
		국민건강보험법 제42조 제2항에 의한 종합전문요양기관 또는 의료법 제3조의4에 의한 상급종합병원	2만원
	처방 조제비	국민건강보험법 제42조 제1항 제2호에 의한 약국, 동법 제42조 제1항 제3호에 의한 한국희귀의약품센터에서의 처방, 조제(의사의 처방전 1건당, 의약분업 예외지역에서 약사의 직접조제 1건당)	8천원

② 피보험자가 통원하여 치료를 받던 중 보험기간이 끝나더라도 그 계속 중인 통원 치료에 대하여는 보험기간 종료일로부터 180일 이내에 외래는 방문 90회, 처방조제비는 처방전 90건을 한도로 보상합니다. 다만, 동일회사 계약의 자동갱신 또는 재가입의 경우 종전계약의 보험기간 연장으로 간주하여 제1항을 적용합니다.

〈보상기간 예시〉

③ 하나의 질병으로 인해 하루에 같은 치료를 목적으로 의료기관에 2회 이상 통원치료 시(하나의 질병으로 약국을 통한 2회 이상의 처방조제를 포함합니다) 1회의 외래 및 1건의 처방으로 간주하여 제1항 및 제2항을 적용합니다.

④ 제1항의 질병에서 청약서상 '계약 전 알릴 의무(중요한 사항에 한합니다)'에 해당하는 질병으로 인하여 과거(청약서상 해당 질병의 고지대상 기간을 말합니다)에 진단 또는 치료를 받은 경우에는 제외합니다.

⑤ 피보험자가 국민건강보험법 또는 의료급여법을 적용받지 못하는 경우에는 통원의료비('국민건강보험 요양급여의 기준에 관한 규칙'에 따라 보건복지부장관이 정한 급여 및 비급여 의료비 항목에 한합니다) 중 본인이 실제로 부담한 금액에서 〈표1 항목별 공제금액〉을 차감한 금액의 40% 해당액을 외래 및 처방조제비로 보험가입금액(외래 및 처방조제비는 회(건)당 합산하여 30만원을 최고한도로 계약자가 정하는 금액으로 합니다)을 한도로 보상합니다.

⑥ 피보험자가 병원 또는 약국의 직원복리후생제도에 의하여 납부할 의료비를 감면받은 경우에는 그 감면 전 의료비를 기준으로 통원의료비를 계산합니다.

담보종목	보상하는 사항
	⑦ 제4항에도 불구하고 청약일 이전에 진단된 질병이라 하더라도 청약일 이후 5년이 지나는 동안(계약이 자동갱신되어 5년을 지나는 경우를 포함합니다) 그 질병으로 인하여 추가적인 진단(단순건강검진 제외) 또는 치료사실이 없을 경우, 청약일로부터 5년이 지난 이후에는 이 약관에 따라 보상합니다.
	⑧ 제7항의 '청약일 이후 5년이 지나는 동안'이라 함은 이 약관 제26조(보험료의 납입이 연체되는 경우 납입최고(독촉)와 계약의 해지)에서 정한 계약의 해지가 발생하지 않은 경우를 말합니다.
	⑨ 이 약관 제27조(보험료의 납입연체로 인한 해지계약의 부활(효력회복))에서 정한 계약의 부활이 이루어진 경우 부활일을 제7항의 청약일로 하여 적용합니다.

제3관 회사가 보상하지 않는 사항

제4조(보상하지 않는 사항) 회사가 보상하지 않는 사항은 다음과 같습니다.

담보종목	보상하지 않는 사항
(1) 상해입원	① 회사는 아래의 사유를 원인으로 하여 생긴 입원의료비는 보상하지 않습니다. 1. 피보험자가 고의로 자신을 해친 경우. 다만, 피보험자가 심신상실 등으로 자유로운 의사결정을 할 수 없는 상태에서 자신을 해친 사실이 증명된 경우에는 보상합니다. 2. 보험수익자가 고의로 피보험자를 해친 경우. 다만, 그 보험수익자가 보험금의 일부 보험수익자인 경우에는 다른 보험수익자에 대한 보험금은 지급합니다. 3. 계약자가 고의로 피보험자를 해친 경우 4. 피보험자의 임신, 출산(제왕절개를 포함합니다), 산후기로 입원한 경우. 그러나 회사가 보상하는 상해로 인한 경우에는 보상합니다. 5. 전쟁, 외국의 무력행사, 혁명, 내란, 사변, 폭동 6. 피보험자가 정당한 이유없이 입원기간 중 의사의 지시를 따르지 않은 때에 회사는 그로 인하여 악화된 부분에 대하여는 보상하지 않습니다. ② 회사는 다른 약정이 없으면 피보험자가 직업, 직무 또는 동호회 활동목적으로 아래에 열거된 행위로 인하여 생긴 상해에 대하여는 보상하지 않습니다. 1. 전문등반(전문적인 등산용구를 사용하여 암벽 또는 빙벽을 오르내리거나 특수한 기술, 경험, 사전훈련을 필요로 하는 등반을 말합니다), 글라이더 조종, 스카이다이빙, 스쿠버다이빙, 행글라이딩, 수상보트, 패러글라이딩 2. 모터보트, 자동차 또는 오토바이에 의한 경기, 시범, 흥행(이를 위한 연습을 포함합니다) 또는 시운전(다만, 공용도로상에서 시운전을 하는 동안 발생한 상해는 보상합니다) 3. 선박승무원, 어부, 사공, 그밖에 선박에 탑승하는 것을 직무로 하는 사람이 직무상 선박에 탑승 ③ 회사는 아래의 입원의료비에 대하여는 보상하지 않습니다. 1. 치과치료·한방치료에서 발생한 국민건강보험법상 요양급여에 해당하지 않는 비급여 의료비 2. 국민건강보험법상 요양급여 중 본인부담금의 경우 국민건강보험 관련 법령에 의해 국민건강보험공단으로부터 사전 또는 사후 환급이 가능한 금액(본인부담금 상한제)

담보종목	보상하지 않는 사항
	3. 의료급여법상 의료급여 중 본인부담금의 경우 의료급여 관련 법령에 의해 의료급여기금 등으로부터 사전 또는 사후 환급이 가능한 금액(의료급여법상 본인부담금 보상제 및 본인부담금 상한제)
	4. 건강검진, 예방접종, 인공유산. 다만, 회사가 보상하는 상해 치료를 목적으로 하는 경우에는 보상합니다.
	5. 영양제, 종합비타민제, 호르몬 투여, 보신용 투약, 친자 확인을 위한 진단, 불임검사, 불임수술, 불임복원술, 보조생식술(체내, 체외 인공수정을 포함합니다), 성장촉진과 관련된 비용 등에 소요된 비용. 다만, 회사가 보상하는 상해 치료를 목적으로 하는 경우에는 보상합니다.
	6. 의치, 의수족, 의안, 안경, 콘택트렌즈, 보청기, 목발, 팔걸이(Arm Sling), 보조기 등 진료재료의 구입 및 대체비용(다만, 인공장기 등 신체에 이식되어 그 기능을 대신할 경우는 제외합니다)
	7. 외모개선 목적의 치료로 인하여 발생한 의료비 　가. 쌍꺼풀수술(이중검수술), 코성형수술(융비술), 유방확대·축소술, 지방흡입술, 주름살제거술 등 　나. 사시교정, 안와격리증의 교정 등 시각계 수술로써 시력개선 목적이 아닌 외모개선 목적의 수술 　다. 안경, 콘택트렌즈 등을 대체하기 위한 시력교정술 　라. 외모개선 목적의 다리정맥류 수술 　마. 그 외 외모개선 목적의 치료로 건강보험 비급여대상에 해당하는 치료
	8. 진료와 무관한 제비용(TV시청료, 전화료, 제증명료 등), 의사의 임상적 소견과 관련이 없는 검사비용, 간병비
	9. 자동차보험(공제를 포함합니다) 또는 산재보험에서 보상받는 의료비. 다만, 본인부담의료비는 제3조(담보종목별 보장내용)에 따라 보상합니다.
	10. 국민건강보험법 제42조의 요양기관이 아닌 해외 소재 의료기관에서 발생한 의료비
(2) 상해통원	① 회사는 아래의 사유를 원인으로 하여 생긴 통원의료비는 보상하지 않습니다. 　1. 피보험자가 고의로 자신을 해친 경우. 다만, 피보험자가 심신상실 등으로 자유로운 의사결정을 할 수 없는 상태에서 자신을 해친 사실이 증명된 경우에는 보상합니다. 　2. 보험수익자가 고의로 피보험자를 해친 경우. 다만, 그 보험수익자가 보험금의 일부 보험수익자인 경우에는 다른 보험수익자에 대한 보험금은 지급합니다. 　3. 계약자가 고의로 피보험자를 해친 경우 　4. 피보험자의 임신, 출산(제왕절개를 포함합니다), 산후기로 통원한 경우. 그러나 회사가 보상하는 상해로 인한 경우에는 보상합니다. 　5. 전쟁, 외국의 무력행사, 혁명, 내란, 사변, 폭동 　6. 피보험자가 정당한 이유없이 통원기간 중 의사의 지시를 따르지 않은 때에 회사는 그로 인하여 악화된 부분에 대하여는 보상하지 않습니다. ② 회사는 다른 약정이 없으면 피보험자가 직업, 직무 또는 동호회 활동목적으로 아래에 열거된 행위로 인하여 생긴 상해에 대하여는 보상하지 않습니다. 　1. 전문등반(전문적인 등산용구를 사용하여 암벽 또는 빙벽을 오르내리거나 특수한 기술, 경험, 사전훈련을 필요로 하는 등반을 말합니다), 글라이더 조종, 스카이다이빙, 스쿠버다이빙, 행글라이딩, 수상보트, 패러글라이딩 　2. 모터보트, 자동차 또는 오토바이에 의한 경기, 시범, 흥행(이를 위한 연습을 포함합니

담보종목	보상하지 않는 사항
	다) 또는 시운전(다만, 공용도로상에서 시운전을 하는 동안 발생한 상해는 보상합니다)
	3. 선박승무원, 어부, 사공, 그 밖에 선박에 탑승하는 것을 직무로 하는 사람이 직무상 선박에 탑승
	③ 회사는 아래의 통원의료비에 대하여는 보상하지 않습니다.
	1. 치과치료ㆍ한방치료에서 발생한 국민건강보험법상 요양급여에 해당하지 않는 비급여 의료비
	2. 국민건강보험법상 요양급여 중 본인부담금의 경우 국민건강보험 관련 법령에 의해 국민건강보험공단으로부터 사전 또는 사후 환급이 가능한 금액(본인부담금 상한제)
	3. 의료급여법상 의료급여 중 본인부담금의 경우 의료급여 관련 법령에 의해 의료급여기금 등으로부터 사전 또는 사후 환급이 가능한 금액(의료급여법상 본인부담금 보상제 및 본인부담금 상한제)
	4. 건강검진, 예방접종, 인공유산. 다만, 회사가 보상하는 상해 치료를 목적으로 하는 경우에는 보상합니다.
	5. 영양제, 종합비타민제, 호르몬 투여, 보신용 투약, 친자 확인을 위한 진단, 불임검사, 불임수술, 불임복원술, 보조생식술(체내, 체외 인공수정을 포함합니다), 성장촉진과 관련된 비용 등에 소요된 비용. 다만, 회사가 보상하는 상해 치료를 목적으로 하는 경우에는 보상합니다.
	6. 의치, 의수족, 의안, 안경, 콘택트렌즈, 보청기, 목발, 팔걸이(Arm Sling), 보조기 등 진료재료의 구입 및 대체비용(다만, 인공장기 등 신체에 이식되어 그 기능을 대신할 경우는 제외합니다)
	7. 외모개선 목적의 치료로 인하여 발생한 의료비
	가. 쌍꺼풀수술(이중검수술), 코성형수술(융비술), 유방확대ㆍ축소술, 지방흡입술, 주름살제거술 등
	나. 사시교정, 안와격리증의 교정 등 시각계 수술로써 시력개선 목적이 아닌 외모개선 목적의 수술
	다. 안경, 콘텍트렌즈 등을 대체하기 위한 시력교정술
	라. 외모개선 목적의 다리정맥류 수술
	마. 그 외 외모개선 목적의 치료로 건강보험 비급여대상에 해당하는 치료
	8. 진료와 무관한 제비용(TV시청료, 전화료, 제증명료 등), 의사의 임상적 소견과 관련이 없는 검사비용, 간병비
	9. 자동차보험(공제를 포함합니다) 또는 산재보험에서 보상받는 의료비. 다만, 본인부담의료비는 제3조(담보종목별 보장내용)에 따라 보상합니다.
	10. 국민건강보험법 제42조의 요양기관이 아닌 해외 소재 의료기관에서 발생한 의료비
(3) 질병입원	① 회사는 아래의 사유를 원인으로 하여 생긴 입원의료비는 보상하지 않습니다.
	1. 피보험자가 고의로 자신을 해친 경우. 다만, 피보험자가 심신상실 등으로 자유로운 의사결정을 할 수 없는 상태에서 자신을 해친 사실이 증명된 경우에는 보상합니다.
	2. 보험수익자가 고의로 피보험자를 해친 경우. 다만, 그 보험수익자가 보험금의 일부 보험수익자인 경우에는 다른 보험수익자에 대한 보험금은 지급합니다.
	3. 계약자가 고의로 피보험자를 해친 경우
	4. 피보험자가 정당한 이유없이 입원기간 중 의사의 지시를 따르지 않은 때에 회사는 그로 인하여 악화된 부분에 대하여는 보상하지 않습니다.
	② 회사는 한국표준질병사인분류에 있어서 아래의 입원의료비에 대하여는 보상하지 않습니다.

담보종목	보상하지 않는 사항

1. 정신과질환 및 행동장애(F04~F99)
2. 여성생식기의 비염증성 장애로 인한 습관성 유산, 불임 및 인공수정 관련 합병증 (N96~N98)
3. 피보험자의 임신, 출산(제왕절개를 포함합니다), 산후기로 입원한 경우(O00~O99)
4. 선천성 뇌질환(Q00~Q04)
5. 비만(E66)
6. 비뇨기계 장애(N39, R32)
7. 직장 또는 항문질환 중 국민건강보험법상 요양급여에 해당하지 않는 부분(I84, K60~ K62)

③ 회사는 아래의 입원의료비에 대하여는 보상하지 않습니다.
1. 치과치료 및 한방치료에서 발생한 국민건강보험법상 요양급여에 해당하지 않는 비급여 의료비
2. 국민건강보험법상 요양급여 중 본인부담금의 경우 국민건강보험 관련 법령에 의해 국민 건강보험공단으로부터 사전 또는 사후 환급이 가능한 금액(본인부담금 상한제)
3. 의료급여법상 의료급여 중 본인부담금의 경우 의료급여 관련 법령에 의해 의료급여기금 등으로부터 사전 또는 사후 환급이 가능한 금액(의료급여법상 본인부담금 보상제 및 본 인부담금 상한제)
4. 건강검진, 예방접종, 인공유산. 다만, 회사가 보상하는 질병 치료를 목적으로 하는 경우 에는 보상합니다.
5. 영양제, 종합비타민제, 호르몬 투여, 보신용 투약, 친자 확인을 위한 진단, 불임검사, 불 임수술, 불임복원술, 보조생식술(체내, 체외 인공수정을 포함합니다), 성장촉진과 관련 된 비용 등에 소요된 비용. 다만, 회사가 보상하는 질병 치료를 목적으로 하는 경우에 는 보상합니다.
6. 아래에 열거된 치료로 인하여 발생한 의료비
   가. 단순한 피로 또는 권태
   나. 주근깨, 다모, 무모, 백모증, 딸기코(주사비), 점(모반), 사마귀, 여드름, 노화현상으 로 인한 탈모 등 피부질환
   다. 발기부전(impotence)·불감증, 단순 코골음, 단순포경(phimosis), 국민건강보험 요양급여의 기준에 관한 규칙 제9조 제1항([별표2] 비급여대상)에 의한 업무 또는 일상생활에 지장이 없는 검열반 등 안과질환
7. 의치, 의수족, 의안, 안경, 콘택트렌즈, 보청기, 목발, 팔걸이(Arm Sling), 보조기 등 진료재료의 구입 및 대체비용(다만, 인공장기 등 신체에 이식되어 그 기능을 대신할 경 우는 제외합니다)
8. 외모개선 목적의 치료로 인하여 발생한 의료비
   가. 쌍꺼풀수술(이중검수술), 코성형수술(융비술), 유방확대·축소술, 지방흡입술, 주름 살제거술 등
   나. 사시교정, 안와격리증의 교정 등 시각계 수술로써 시력개선 목적이 아닌 외모개선 목적의 수술
   다. 안경, 콘택트렌즈 등을 대체하기 위한 시력교정술
   라. 외모개선 목적의 다리정맥류 수술
   마. 그 외 외모개선 목적의 치료로 건강보험 비급여대상에 해당하는 치료
9. 진료와 무관한 제비용(TV시청료, 전화료, 제증명료 등), 의사의 임상적 소견과 관련이 없는 검사비용, 간병비

담보종목	보상하지 않는 사항
	10. 산재보험에서 보상받는 의료비. 다만, 본인부담의료비는 제3조(담보종목별 보장내용)에 따라 보상합니다. 11. 인간면역결핍바이러스(HIV)감염으로 인한 치료비(다만, 의료법에서 정한 의료인의 진료 상 또는 치료 중 혈액에 의한 HIV감염은 해당 진료기록을 통해 객관적으로 확인되는 경우는 제외합니다) 12. 국민건강보험법 제42조의 요양기관이 아닌 해외 소재 의료기관에서 발생한 의료비

(4)
 질병통원
	① 회사는 아래의 사유를 원인으로 하여 생긴 통원의료비는 보상하지 않습니다.
	   1. 피보험자가 고의로 자신을 해친 경우. 다만, 피보험자가 심신상실 등으로 자유로운 의 사결정을 할 수 없는 상태에서 자신을 해친 사실이 증명된 경우에는 보상합니다.
	   2. 보험수익자가 고의로 피보험자를 해친 경우. 다만, 그 보험수익자가 보험금의 일부 보 험수익자인 경우에는 다른 보험수익자에 대한 보험금은 지급합니다.
	   3. 계약자가 고의로 피보험자를 해친 경우
	   4. 피보험자가 정당한 이유없이 통원기간 중 의사의 지시를 따르지 않은 때에 회사는 그로 인하여 악화된 부분에 대하여는 보상하지 않습니다.
	 ② 회사는 한국표준질병사인분류에 있어서 아래의 통원의료비에 대하여는 보상하지 않습니다.
	   1. 정신과질환 및 행동장애(F04~F99)
	   2. 여성생식기의 비염증성 장애로 인한 습관성 유산, 불임 및 인공수정 관련 합병증 (N96~N98)
	   3. 피보험자의 임신, 출산(제왕절개를 포함합니다), 산후기로 통원한 경우(O00~O99)
	   4. 선천성 뇌질환(Q00~Q04)
	   5. 비만(E66)
	   6. 비뇨기계 장애(N39, R32)
	   7. 직장 또는 항문질환 중 국민건강보험법상 요양급여에 해당하지 않는 부분(I84, K60~K62)
	 ③ 회사는 아래의 통원의료비에 대하여는 보상하지 않습니다.
	   1. 치과치료 및 한방치료에서 발생한 국민건강보험법상 요양급여에 해당하지 않는 비급여 의료비
	   2. 국민건강보험법상 요양급여 중 본인부담금의 경우 국민건강보험 관련 법령에 의해 국민 건강보험공단으로부터 사전 또는 사후 환급이 가능한 금액(본인부담금 상한제)
	   3. 의료급여법상 의료급여 중 본인부담금의 경우 의료급여 관련 법령에 의해 의료급여기금 등으로부터 사전 또는 사후 환급이 가능한 금액(의료급여법상 본인부담금 보상제 및 본 인부담금 상한제)
	   4. 건강검진, 예방접종, 인공유산. 다만, 회사가 보상하는 질병 치료를 목적으로 하는 경우 에는 보상합니다.
	   5. 영양제, 종합비타민제, 호르몬 투여, 보신용 투약, 친자 확인을 위한 진단, 불임검사, 불 임수술, 불임복원술, 보조생식술(체내, 체외 인공수정을 포함합니다), 성장촉진과 관련 된 비용 등에 소요된 비용. 다만, 회사가 보상하는 질병 치료를 목적으로 하는 경우에 는 보상합니다.
	   6. 아래에 열거된 치료로 인하여 발생한 의료비
	     가. 단순한 피로 또는 권태
	     나. 주근깨, 다모, 무모, 백모증, 딸기코(주사비), 점(모반), 사마귀, 여드름, 노화현상으 로 인한 탈모 등 피부질환

담보종목	보상하지 않는 사항
	다. 발기부전(impotence)·불감증, 단순 코골음, 단순포경(phimosis), 국민건강보험 요양급여의 기준에 관한 규칙 제9조 제1항([별표2] 비급여대상)에 의한 업무 또는 일상생활에 지장이 없는 검열반 등 안과질환 7. 의치, 의수족, 의안, 안경, 콘택트렌즈, 보청기, 목발, 팔걸이(Arm Sling), 보조기 등 진료재료의 구입 및 대체비용(다만, 인공장기 등 신체에 이식되어 그 기능을 대신할 경우는 제외합니다) 8. 외모개선 목적의 치료로 인하여 발생한 의료비 　　가. 쌍꺼풀수술(이중검수술), 코성형수술(융비술), 유방확대·축소술, 지방흡입술, 주름 살제거술 등 　　나. 사시교정, 안와격리증의 교정 등 시각계 수술로써 시력개선 목적이 아닌 외모개선 목적의 수술 　　다. 안경, 콘택트렌즈 등을 대체하기 위한 시력교정술 　　라. 외모개선 목적의 다리정맥류 수술 　　마. 그 외 외모개선 목적의 치료로 건강보험 비급여대상에 해당하는 치료 9. 진료와 무관한 제비용(TV시청료, 전화료, 제증명료 등), 의사의 임상적 소견과 관련없는 검사비용, 간병비 10. 산재보험에서 보상받는 의료비. 다만, 본인부담의료비는 제3조(담보종목별 보장내용)에 따라 보상합니다. 11. 인간면역결핍바이러스(HIV)감염으로 인한 치료비(다만, 의료법에서 정한 의료인의 진료 상 또는 치료 중 혈액에 의한 HIV감염은 해당 진료기록을 통해 객관적으로 확인되는 경우는 제외합니다) 12. 국민건강보험법 제42조의 요양기관이 아닌 해외 소재 의료기관에서 발생한 의료비

〈붙임〉 용어의 정의

용어	정의
계약	보험계약
진단계약	계약을 체결하기 위하여 피보험자가 건강진단을 받아야 하는 계약
보험증권	계약의 성립과 그 내용을 증명하기 위하여 회사가 계약자에게 드리는 증서
계약자	보험회사와 계약을 체결하고 보험료를 납입하는 사람
피보험자	보험금 지급사유 또는 보험사고 발생의 대상(객체)이 되는 사람
보험수익자	보험금을 수령하는 사람
보험기간	계약에서 정한 대상이 되는 위험이 보장되는 기간
회사	보험회사
연단위복리	회사가 지급할 금전에 이자를 줄 때 1년마다 마지막 날에 그 이자를 원금에 더한 금액을 다음 1년의 원금으로 하는 이자 계산방법
표준이율	회사가 최소한 적립해야 할 적립금 등을 계산하기 위해 시장금리를 고려하여 금융감독원장이 정하는 이율로서, 이 계약 체결 시점의 표준이율
해지환급금	계약이 해지되는 때에 회사가 계약자에게 돌려주는 금액
영업일	회사가 영업점에서 정상적으로 영업하는 날을 말하며, 토요일, '관공서의 공휴일에 관한 규정'에 따른 공휴일과 근로자의 날을 제외
상해	보험기간 중 발생한 급격하고 우연한 외래의 사고
상해보험계약	상해를 보장하는 계약
의사	의료법 제2조(의료인)에서 정한 의사, 한의사 및 치과의사의 자격을 가진 사람
약사	약사법 제2조(정의)에서 정한 약사 및 한약사의 자격을 가진 사람
의료기관	의료법 제3조(의료기관) 제2항에서 정하는 의료기관이며 종합병원·병원·치과병원·한방병원·요양병원·의원·치과의원·한의원 및 조산원으로 구분됨
약국	약사법 제2조 제3항 규정에 의한 장소로서, 약사가 수여할 목적으로 의약품 조제업무를 하는 장소를 말하며, 의료기관의 조제실은 제외
병원	국민건강보험법 제42조(요양기관)에서 정하는 국내의 병원 또는 의원(조산원은 제외)
입원	의사가 피보험자의 질병 또는 상해로 인하여 치료가 필요하다고 인정한 경우로서 자택 등에서 치료가 곤란하여 병원, 의료기관 또는 이와 동등하다고 인정되는 의료기관에 입실하여 의사의 관리를 받으며 치료에 전념하는 것
입원의 정의 중 이와 동등하다고 인정되는 의료기관	보건소, 보건의료원 및 보건지소 등 의료법 제3조(의료기관) 제2항에서 정한 의료기관에 준하는 의료기관으로서 군의무대, 치매요양원, 노인요양원 등에 속해 있는 요양원, 요양시설, 복지시설 등과 같이 의료기관이 아닌 곳은 이에 해당되지 않음
기준병실	병원에서 국민건강보험 환자의 입원 시 적용하는 기준이 되는 병실
입원실료	입원치료 중 발생한 기준병실 사용료, 환자관리료, 식대 등을 말함

용어	정의
입원제비용	입원치료 중 발생한 진찰료, 검사료, 방사선료, 투약 및 처방료, 주사료, 이학요법(물리치료, 재활치료)료, 정신요법료, 처치료, 재료대, 석고붕대(cast), 지정진료비 등을 말함
입원수술비	입원치료 중 발생한 수술료, 마취료, 수술재료비 등을 말함
입원의료비	입원실료, 입원제비용, 입원수술비, 상급병실료 차액으로 구성됨
통원	의사가 피보험자의 질병 또는 상해로 인하여 치료가 필요하다고 인정하는 경우로서, 병원에 입원하지 않고 병원을 방문하여 의사의 관리 하에 치료에 전념하는 것
처방조제	의사 및 약사가 피보험자의 질병 또는 상해로 인하여 치료가 필요하다고 인정하는 경우로서, 통원으로 인하여 발행된 의사의 처방전으로 약국의 약사가 조제하는 것을 말함(국민건강보험법 제42조 제1항 제3호에 의한 한국희귀의약품센터에서의 처방조제 및 의약분업예외지역에서 약사의 직접조제 포함)
외래제비용	통원치료 중 발생한 진찰료, 검사료, 방사선료, 투약 및 처방료, 주사료, 이학요법(물리치료, 재활치료)료, 정신요법료, 처치료, 재료대, 석고붕대(cast), 지정진료비 등을 말함
외래수술비	통원치료 중 발생한 수술료, 마취료, 수술재료비 등을 말함
처방조제비	병원 의사의 처방전에 따라 조제되는 약국의 처방조제비 및 약사의 직접조제비를 말함
통원의료비	외래제비용, 외래수술비, 처방조제비로 구성됨
요양급여	국민건강보험법 제41조(요양급여)에 의한 가입자 및 피부양자의 질병·부상 등에 대한 다음 각호의 요양급여를 말함 1. 진찰·검사 2. 약제·치료재료의 지급 3. 처치·수술 기타의 치료 4. 예방·재활 5. 입원 6. 간호 7. 이송
의료급여	의료급여법 제7조(의료급여의 내용 등)에 의한 가입자 및 피부양자의 질병·부상 등에 대한 다음 각호의 의료급여를 말함 1. 진찰·검사 2. 약제·치료재료의 지급 3. 처치·수술 기타의 치료 4. 예방·재활 5. 입원 6. 간호 7. 이송과 그 밖의 의료목적의 달성을 위한 조치
국민건강보험법상 본인부담금 상한제	국민건강보험법상 요양급여 중 연간 본인부담금 총액이 국민건강보험법시행령 별표3에서 정하는 금액을 넘는 경우에 그 초과한 금액을 공단에서 부담하고 있는 제도를 말하며, 국민건강보험 관련 법령의 변경에 따라 환급기준이 변경될 경우에는 회사는 변경되는 기준에 따름
의료급여법상 본인부담금 보상제 및 본인부담금 상한제	의료급여법상 의료급여 중 본인부담금이 의료급여법 시행령 제13조(급여비용의 부담)에서 정하는 금액을 넘는 경우에 그 초과한 금액을 의료급여기금 등에서 부담하고 있는 제도를 말하며, 의료급여 관련 법령의 변경에 따라 환급기준이 변경될 경우에는 회사는 변경된 기준에 따름
보장대상의료비	실제 부담액 – 보상제외금액
보상책임액	(실제 부담액 – 보상제외금액) × 회사부담비율
다수보험	실손 의료보험계약(우체국보험, 각종 공제, 상해·질병·간병보험 등 제3보험, 개인연금·퇴직보험 등 의료비를 실손으로 보상하는 보험·공제계약을 포함)이 동시에 또는 순차적으로 2개 이상 체결되었고, 그 계약이 동일한 보험사고에 대하여 각 계약별 보상책임액이 있는 다수의 실손 의료보험계약을 말함

제7차 개정 표준약관(2015. 11. 30.)

〈실손 의료보험〉

실손의료보험은 보험회사가 피보험자의 질병 또는 상해로 인한 손해(의료비에 한정합니다)를 보상하는 상품입니다.

제1관 일반사항 및 용어의 정의

제1조(보장종목) ① 회사가 판매하는 실손의료보험상품은 다음과 같이 상해입원형, 상해통원형, 질병입원형 및 질병통원형의 4개 이내의 보장종목으로 구성되어 있습니다.

보장종목		보상하는 내용
상해	입원	피보험자가 상해로 인하여 병원에 입원하여 치료를 받은 경우에 보상
	통원	피보험자가 상해로 인하여 병원에 통원하여 치료를 받거나 처방조제를 받은 경우에 보상
질병	입원	피보험자가 질병으로 인하여 병원에 입원하여 치료를 받은 경우에 보상
	통원	피보험자가 질병으로 인하여 병원에 통원하여 치료를 받거나 처방조제를 받은 경우에 보상

② 회사는 이 약관의 명칭에 '실손의료비'라는 문구를 포함하여 사용합니다.

제2조(용어의 정의) 이 약관에서 사용하는 용어의 뜻은 ＜붙임1＞과 같습니다.

제2관 회사가 보상하는 사항

제3조(보장종목별 보상내용) 회사가 이 계약의 보험기간 중 보장종목별로 각각 보상하거나 공제하는 내용은 다음과 같습니다.

보장종목	보상하는 사항
(1) 상해입원	① 회사는 피보험자가 상해로 인하여 병원에 입원하여 치료를 받은 경우에는 입원의료비를 다음과 같이 하나의 상해당 보험가입금액(5천만원 이내에서 계약 시 계약자가 정한 금액을 말합니다)의 한도 내에서 보상합니다.

구분		보상금액
표준형	입원실료, 입원제비용, 입원수술비	'「국민건강보험법」에서 정한 요양급여 또는 「의료급여법」에서 정한 의료급여 중 본인부담금'과 '비급여^{주)}(상급병실료 차액은 제외합니다)'를 합한 금액(본인이 실제로 부담한 금액을 말합니다)의 80%에 해당하는 금액. 다만, 나머지 20%가 계약일 또는 매년 계약해당일부터 기산하여 연간 200만원을 초과하는 경우 그 초과금액은 보상합니다.
	상급병실료 차액	입원 시 실제로 사용한 병실과 기준병실의 병실료 차액에서 50%를 뺀 금액. 다만, 1일 평균금액 10만원을 한도로 하며, 1일 평균금액은 입원기간 동안 상급병실료 차액 전체를 총 입원일수로 나누어 산출합니다.
선택형	입원실료, 입원제비용, 입원수술비	'「국민건강보험법」에서 정한 요양급여 또는 「의료급여법」에서 정한 의료급여 중 본인부담금'과 '비급여^{주)}(상급병실료 차액은 제외합니다)'를 합한 금액(본인이 실제로 부담한 금액을 말합니다)의 90%에 해당하는 금액. 다만, 나머지 10%가 계약일 또는 매년 계약해당일부터 기산하여 연간 200만원을 초과하는 경우 그 초과금액은 보상합니다.
	상급병실료 차액	입원 시 실제로 사용한 병실과 기준병실의 병실료 차액에서 50%를 뺀 금액. 다만, 1일 평균금액 10만원을 한도로 하며, 1일 평균금액은 입원기간 동안 상급병실료 차액 전체를 총 입원일수로 나누어 산출합니다.

주) 「국민건강보험법」 또는 「의료급여법」에 따라 보건복지부 장관이 정한 비급여대상(「국민건강보험법」에서 정한 요양급여 또는 「의료급여법」에서 정한 의료급여 절차를 거쳤지만 급여항목이 발생하지 않은 경우로 「국민건강보험법」 또는 「의료급여법」에 따른 비급여항목 포함)

② 제1항의 상해에는 유독가스 또는 유독물질을 우연히 일시에 흡입, 흡수 또는 섭취한 결과로 생긴 중독증상이 포함됩니다. 다만, 유독가스 또는 유독물질을 상습적으로 흡입, 흡수 또는 섭취한 결과로 생긴 중독증상과 세균성 음식물 중독증상은 포함되지 않습니다.

③ 피보험자가 「국민건강보험법」 또는 「의료급여법」을 적용받지 못하는 경우에는 입원의료비(「국민건강보험 요양급여의 기준에 관한 규칙」에 따라 보건복지부장관이 정한 급여 및 비급여의료비 항목만 해당합니다) 중 본인이 실제로 부담한 금액의 40%를 하나의 상해당 보험가입금액(5천만원 이내에서 계약 시 계약자가 정한 금액을 말합니다)의 한도 내에서 보상합니다.

④ 제1항에도 불구하고 회사는 하나의 상해(같은 상해로 2회 이상 치료를 받는 경우에도 이를 하나의 상해로 봅니다)로 인한 입원의료비를 보험가입금액까지 보상한 경우에는 보상한 도종료일부터 90일이 경과한 날부터 최초 입원한 것과 동일한 기준으로 다시 보상합니다(계속 입원을 포함합니다). 다만, 최초 입원일부터 275일(365일-90일) 이내에 보상한도종료일이 있는 경우에는 최초 입원일부터 365일이 경과되는 날부터 최초 입원한 것과 동일한 기준으로 다시 보상합니다.

보장종목	보상하는 사항

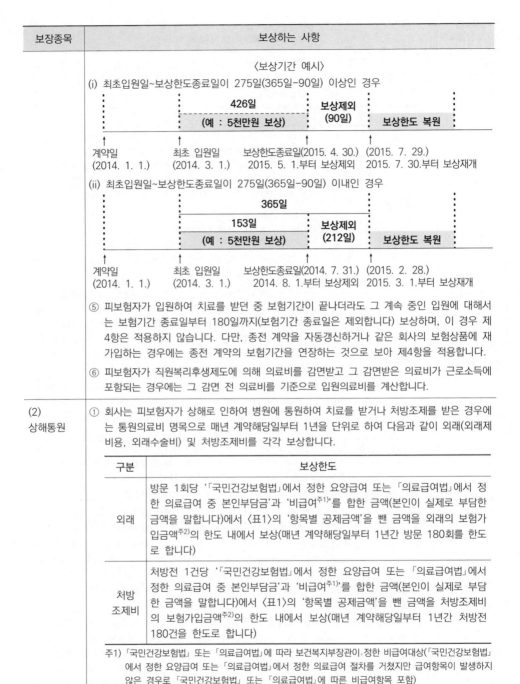

〈보상기간 예시〉

(i) 최초입원일~보상한도종료일이 275일(365일-90일) 이상인 경우

426일
(예 : 5천만원 보상)
보상제외 (90일)
보상한도 복원

계약일 (2014. 1. 1.)　최초 입원일 (2014. 3. 1.)　보상한도종료일(2015. 4. 30.) 2015. 5. 1.부터 보상제외　(2015. 7. 29.) 2015. 7. 30.부터 보상재개

(ii) 최초입원일~보상한도종료일이 275일(365일-90일) 이내인 경우

365일
153일
(예 : 5천만원 보상)
보상제외 (212일)
보상한도 복원

계약일 (2014. 1. 1.)　최초 입원일 (2014. 3. 1.)　보상한도종료일(2014. 7. 31.) 2014. 8. 1.부터 보상제외　(2015. 2. 28.) 2015. 3. 1.부터 보상재개

⑤ 피보험자가 입원하여 치료를 받던 중 보험기간이 끝나더라도 그 계속 중인 입원에 대해서는 보험기간 종료일부터 180일까지(보험기간 종료일은 제외합니다) 보상하며, 이 경우 제4항은 적용하지 않습니다. 다만, 종전 계약을 자동갱신하거나 같은 회사의 보험상품에 재가입하는 경우에는 종전 계약의 보험기간을 연장하는 것으로 보아 제4항을 적용합니다.

⑥ 피보험자가 직원복리후생제도에 의해 의료비를 감면받고 그 감면받은 의료비가 근로소득에 포함되는 경우에는 그 감면 전 의료비를 기준으로 입원의료비를 계산합니다.

(2) 상해통원

① 회사는 피보험자가 상해로 인하여 병원에 통원하여 치료를 받거나 처방조제를 받은 경우에는 통원의료비 명목으로 매년 계약해당일부터 1년을 단위로 하여 다음과 같이 외래(외래제비용, 외래수술비) 및 처방조제비를 각각 보상합니다.

구분	보상한도
외래	방문 1회당 '「국민건강보험법」에서 정한 요양급여 또는 「의료급여법」에서 정한 의료급여 중 본인부담금'과 '비급여[주1)]'를 합한 금액(본인이 실제로 부담한 금액을 말합니다)에서 〈표1〉의 '항목별 공제금액'을 뺀 금액을 외래의 보험가입금액[주2)]의 한도 내에서 보상(매년 계약해당일부터 1년간 방문 180회를 한도로 합니다)
처방조제비	처방전 1건당 '「국민건강보험법」에서 정한 요양급여 또는 「의료급여법」에서 정한 의료급여 중 본인부담금'과 '비급여[주1)]'를 합한 금액(본인이 실제로 부담한 금액을 말합니다)에서 〈표1〉의 '항목별 공제금액'을 뺀 금액을 처방조제비의 보험가입금액[주2)]의 한도 내에서 보상(매년 계약해당일부터 1년간 처방전 180건을 한도로 합니다)

주1) 「국민건강보험법」 또는 「의료급여법」에 따라 보건복지부장관이 정한 비급여대상(「국민건강보험법」에서 정한 요양급여 또는 「의료급여법」에서 정한 의료급여 절차를 거쳤지만 급여항목이 발생하지 않은 경우로 「국민건강보험법」 또는 「의료급여법」에 따른 비급여항목 포함)

주2) 외래 및 처방조제비는 회(건)당 합산하여 30만원 이내에서 계약 시 계약자가 각각 정한 금액으로 합니다.

보장종목	보상하는 사항

〈표1 항목별 공제금액〉

구분		항목	공제금액
표준형	외래 (외래제비용 및 외래수술비 합계)	「의료법」 제3조 제2항 제1호에 따른 의원, 치과의원, 한의원, 같은 항 제2호에 따른 조산원, 「지역보건법」 제10조, 제12조 및 제13조에 따른 보건소, 보건의료원 및 보건지소, 「농어촌 등 보건의료를 위한 특별조치법」 제15조에 따른 보건진료소	1만원과 보장대상 의료비의 20% 중 큰 금액
		「의료법」 제3조 제2항 제3호에 따른 종합병원, 병원, 치과병원, 한방병원, 요양병원	1만5천원과 보장대상 의료비의 20% 중 큰 금액
		「국민건강보험법」 제42조 제2항에 따른 종합전문요양기관 또는 「의료법」 제3조의4에 따른 상급종합병원	2만원과 보장대상 의료비의 20% 중 큰 금액
	처방 조제비	「국민건강보험법」 제42조 제1항 제2호에 따른 약국, 같은 항 제3호에 따른 한국희귀의약품센터에서의 처방, 조제(의사의 처방전 1건당, 의약분업 예외 지역에서 약사의 직접조제 1건당)	8천원과 보장대상 의료비의 20% 중 큰 금액
선택형	외래 (외래제비용 및 외래수술비 합계)	「의료법」 제3조 제2항 제1호에 따른 의원, 치과의원, 한의원, 같은 항 제2호에 따른 조산원, 「지역보건법」 제10조, 제12조 및 제13조에 따른 보건소, 보건의료원 및 보건지소, 「농어촌 등 보건의료를 위한 특별조치법」 제15조에 따른 보건진료소	1만원
		「의료법」 제3조 제2항 제3호에 따른 종합병원, 병원, 치과병원, 한방병원, 요양병원	1만5천원
		「국민건강보험법」 제42조 제2항에 따른 종합전문요양기관 또는 「의료법」 제3조의4에 따른 상급종합병원	2만원
	처방 조제비	「국민건강보험법」 제42조 제1항 제2호에 따른 약국, 같은 항 제3호에 따른 한국희귀의약품센터에서의 처방, 조제(의사의 처방전 1건당, 의약분업 예외 지역에서 약사의 직접조제 1건당)	8천원

② 피보험자가 통원하여 치료를 받던 중 보험기간이 끝나더라도 그 계속 중인 통원치료에 대해서는 다음 예시와 같이 보험기간 종료일부터 180일 이내에 외래는 방문 90회, 처방조제비는 처방전 90건의 한도 내에서 보상합니다. 다만, 종전 계약을 자동갱신하거나 같은 회사의 보험상품에 재가입하는 경우에는 종전 계약의 보험기간을 연장하는 것으로 보아 제1항을 적용합니다.

보장종목	보상하는 사항

〈보상기간 예시〉

보장대상기간 (1년)	보장대상기간 (1년)	보장대상기간 (1년)	추가보상 (180일)
↑ 계약일 (2014. 1. 1.)	↑ 계약해당일 (2015. 1. 1.)	↑ 계약해당일 (2016. 1. 1.)	↑ 계약 종료일 (2016. 12. 31.)

보상종료일
(2017. 6. 29.)

③ 하나의 상해로 인해 하루에 같은 치료를 목적으로 의료기관에서 2회 이상 통원치료를 받거나 하나의 상해로 약국에서 2회 이상의 처방조제를 받은 경우 각각 1회의 외래 및 1건의 처방으로 보아 제1항과 제2항을 적용합니다. 이때 공제금액은 2회 이상의 중복방문 의료기관 중 가장 높은 공제금액을 적용합니다.

④ 제1항의 상해에는 유독가스 또는 유독물질을 우연히 일시에 흡입, 흡수 또는 섭취한 결과로 생긴 중독증상이 포함됩니다. 다만, 유독가스 또는 유독물질을 상습적으로 흡입, 흡수 또는 섭취한 결과로 생긴 중독증상과 세균성 음식물 중독증상은 포함되지 않습니다.

⑤ 피보험자가 「국민건강보험법」 또는 「의료급여법」을 적용받지 못하는 경우에는 통원의료비(「국민건강보험 요양급여의 기준에 관한 규칙」에 따라 보건복지부장관이 정한 급여 및 비급여의료비 항목만 해당합니다) 중 본인이 실제로 부담한 금액에서 〈표1〉의 '항목별 공제금액'을 뺀 금액의 40%를 외래 및 처방조제비로 보험가입금액[외래 및 처방조제비는 회(건)당 합산하여 30만원 이내에서 계약 시 계약자가 각각 정한 금액을 말합니다]의 한도 내에서 보상합니다.

⑥ 피보험자가 직원복리후생제도에 의해 의료비를 감면받고 그 감면받은 의료비가 근로소득에 포함되는 경우에는 그 감면 전 의료비를 기준으로 통원의료비를 계산합니다.

(3) 질병입원	① 회사는 피보험자가 질병으로 인하여 병원에 입원하여 치료를 받은 경우에는 입원의료비를 다음과 같이 하나의 질병당 보험가입금액(5천만원 이내에서 계약 시 계약자가 정한 금액을 말합니다)의 한도 내에서 보상합니다.

구분		보상금액
표준형	입원실료, 입원제비용, 입원수술비	'「국민건강보험법」에서 정한 요양급여 또는 「의료급여법」에서 정한 의료급여 중 본인부담금'과 '비급여^{주)}(상급병실료 차액은 제외합니다)'를 합한 금액(본인이 실제로 부담한 금액을 말합니다)의 80%에 해당하는 금액. 다만, 나머지 20%가 계약일 또는 매년 계약해당일부터 기산하여 연간 200만원을 초과하는 경우 그 초과금액은 보상합니다.
	상급병실료 차액	입원 시 실제로 사용한 병실과 기준병실의 병실료 차액에서 50%를 뺀 금액. 다만, 1일 평균금액 10만원을 한도로 하며, 1일 평균금액은 입원기간 동안 상급병실료 차액 전체를 총 입원일수로 나누어 산출합니다.
선택형	입원실료, 입원제비용, 입원수술비	'「국민건강보험법」에서 정한 요양급여 또는 「의료급여법」에서 정한 의료급여 중 본인부담금'과 '비급여^{주)}(상급병실료 차액은 제외합니다)'를 합한 금액(본인이 실제로 부담한 금액을 말합니다)의 90%에 해당하는 금액. 다만, 나머지 10%가 계약일 또

보장종목	보상하는 사항	

구분	보상금액
	는 매년 계약해당일부터 기산하여 연간 200만원을 초과하는 경우 그 초과금액은 보상합니다.
상급병실료 차액	입원 시 실제로 사용한 병실과 기준병실의 병실료 차액에서 50%를 뺀 금액. 다만, 1일 평균금액 10만원을 한도로 하며, 1일 평균금액은 입원기간 동안 상급병실료 차액 전체를 총 입원일수로 나누어 산출합니다.

주)「국민건강보험법」 또는 「의료급여법」에 따라 보건복지부 장관이 정한 비급여대상(「국민건강보험법」에서 정한 요양급여 또는 「의료급여법」에서 정한 의료급여 절차를 거쳤지만 급여항목이 발생하지 않은 경우로 「국민건강보험법」 또는 「의료급여법」에 따른 비급여항목 포함)

② 제1항의 질병에서 청약서상 '계약 전 알릴 의무(중요한 사항으로 한정합니다)'에 해당하는 질병으로 인하여 과거(청약서상 해당 질병의 고지대상 기간을 말합니다)에 진단 또는 치료를 받은 경우 그 질병으로 인한 입원의료비는 보상하지 않습니다.

③ 피보험자가 「국민건강보험법」 또는 「의료급여법」을 적용받지 못하는 경우에는 입원의료비(「국민건강보험 요양급여의 기준에 관한 규칙」에 따라 보건복지부장관이 정한 급여 및 비급여의료비 항목만 해당합니다) 중 본인이 실제로 부담한 금액의 40%를 하나의 질병당 보험가입금액(5천만원 이내에서 계약 시 계약자가 정한 금액을 말합니다)의 한도 내에서 보상합니다.

④ 제1항에도 불구하고 회사는 하나의 질병으로 인한 입원의료비를 보험가입금액까지 보상한 경우에는 보상한도 종료일부터 90일이 경과한 날부터 최초 입원한 것과 동일한 기준으로 다시 보상합니다(계속 입원을 포함합니다). 다만, 최초 입원일부터 275일(365일-90일) 이내에 보상한도종료일이 있는 경우에는 최초 입원일부터 365일이 경과되는 날부터 최초 입원한 것과 동일한 기준으로 다시 보상합니다.

〈보상기간 예시〉

(i) 최초입원일~보상한도종료일이 275일(365일-90일) 이상인 경우

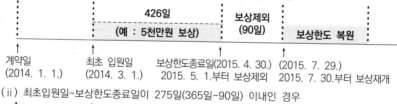

(ⅱ) 최초입원일~보상한도종료일이 275일(365일-90일) 이내인 경우

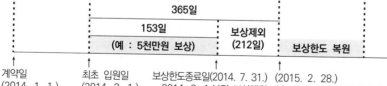

⑤ "하나의 질병"이란 발생 원인이 동일한 질병(의학상 중요한 관련이 있는 질병은 하나의 질병으로 간주하며, 하나의 질병으로 2회 이상 치료를 받는 경우에는 이를 하나의 질병으로 봅니다)을 말하며, 질병의 치료 중에 발생된 합병증 또는 새로 발견된 질병의 치료가 병행

보장종목	보상하는 사항
	되거나 의학상 관련이 없는 여러 종류의 질병을 갖고 있는 상태에서 입원한 경우에는 하나의 질병으로 간주합니다.
	⑥ 피보험자가 입원하여 치료를 받던 중 보험기간이 끝나더라도 그 계속 중인 입원에 대해서는 보험기간 종료일부터 180일까지(보험기간 종료일은 제외합니다) 보상하며, 이 경우 제4항은 적용하지 않습니다. 다만, 종전 계약을 자동갱신하거나 같은 회사의 보험상품에 재가입하는 경우에는 종전 계약의 보험기간을 연장하는 것으로 보아 제4항을 적용합니다.
	⑦ 피보험자가 직원복리후생제도에 의해 의료비를 감면받고 그 감면받은 의료비가 근로소득에 포함되는 경우에는 그 감면 전 의료비를 기준으로 입원의료비를 계산합니다.
	⑧ 제2항에도 불구하고 청약일 이전에 진단확정된 질병이라 하더라도 청약일 이후 5년이 지나는 동안(계약이 자동갱신되어 5년이 지나는 경우를 포함합니다) 그 질병으로 인하여 추가적인 진단(단순 건강검진은 제외합니다) 또는 치료사실이 없을 경우, 청약일부터 5년이 지난 이후에는 이 약관에 따라 보상합니다.
	⑨ 제8항에서 "청약일 이후 5년이 지나는 동안"이란 이 약관 제26조[보험료의 납입이 연체되는 경우 납입최고(독촉)와 계약의 해지]에서 정한 계약의 해지가 발생하지 않은 경우를 말합니다.
	⑩ 이 약관 제27조[보험료의 납입연체로 인한 해지계약의 부활(효력회복)]에서 정한 계약의 부활이 이루어진 경우 부활일을 제8항의 청약일로 하여 적용합니다.

보장종목	보상하는 사항
(4) 질병통원	① 회사는 피보험자가 질병으로 인하여 병원에 통원하여 치료를 받거나 처방조제를 받은 경우에는 통원의료비 명목으로 매년 계약해당일부터 1년을 단위로 하여 다음과 같이 외래(외래제비용, 외래수술비) 및 처방조제비를 각각 보상합니다.

구분	보상한도
외래	방문 1회당 '「국민건강보험법」에서 정한 요양급여 또는 「의료급여법」에서 정한 의료급여 중 본인부담금'과 '비급여[주1)]'를 합한 금액(본인이 실제로 부담한 금액을 말합니다)에서 〈표1〉의 '항목별 공제금액'을 뺀 금액을 외래의 보험가입금액[주2)]의 한도 내에서 보상(매년 계약해당일부터 1년간 방문 180회를 한도로 합니다)
처방 조제비	처방전 1건당 '「국민건강보험법」에서 정한 요양급여 또는 「의료급여법」에서 정한 의료급여 중 본인부담금'과 '비급여[주1)]'를 합한 금액(본인이 실제로 부담한 금액을 말합니다)에서 〈표1〉의 '항목별 공제금액'을 뺀 금액을 처방조제비의 보험가입금액[주2)]을 한도 내에서 보상(매년 계약해당일부터 1년간 처방전 180건을 한도로 합니다)

주1) 「국민건강보험법」 또는 「의료급여법」에 따라 보건복지부 장관이 정한 비급여대상(「국민건강보험법」에서 정한 요양급여 또는 「의료급여법」에서 정한 의료급여 절차를 거쳤지만 급여항목이 발생하지 않은 경우로 「국민건강보험법」 또는 「의료급여법」에 따른 비급여항목 포함)

주2) 외래 및 처방조제비는 회(건)당 합산하여 30만원 이내에서 계약 시 계약자가 각각 정한 금액을 말합니다.

〈표1 항목별 공제금액〉

구분		항목	공제 금액
표준형	외래	「의료법」 제3조 제2항 제1호에 따른 의원,	1만원과 보장대상

보장종목	보상하는 사항		
	구분	항목	공제 금액
	(외래제비용 및 외래수술비 합계)	치과의원, 한의원, 같은 항 제2호에 따른 조산원, 「지역보건법」 제10조, 제12조 및 제13조에 따른 보건소, 보건의료원 및 보건지소, 「농어촌 등 보건의료를 위한 특별조치법」 제15조에 따른 보건진료소	의료비의 20% 중 큰 금액
		「의료법」 제3조 제2항 제3호에 따른 종합병원, 병원, 치과병원, 한방병원, 요양병원	1만5천원과 보장대상 의료비의 20% 중 큰 금액
		「국민건강보험법」 제42조 제2항에 따른 종합전문요양기관 또는 「의료법」 제3조의4에 따른 상급종합병원	2만원과 보장대상 의료비의 20% 중 큰 금액
	처방 조제비	「국민건강보험법」 제42조 제1항 제2호에 따른 약국, 같은 항 제3호에 따른 한국희귀의약품센터에서의 처방, 조제(의사의 처방전 1건당, 의약분업 예외 지역에서 약사의 직접조제 1건당)	8천원과 보장대상 의료비의 20% 중 큰 금액
선택형	외래 (외래제비용 및 외래수술비 합계)	「의료법」 제3조 제2항 제1호에 따른 의원, 치과의원, 한의원, 같은 항 제2호에 따른 조산원, 「지역보건법」 제10조, 제12조 및 제13조에 따른 보건소, 보건의료원 및 보건지소, 「농어촌 등 보건의료를 위한 특별조치법」 제15조에 따른 보건진료소	1만원
		「의료법」 제3조 제2항 제3호에 따른 종합병원, 병원, 치과병원, 한방병원, 요양병원	1만5천원
		「국민건강보험법」 제42조 제2항에 따른 종합전문요양기관 또는 「의료법」 제3조의4에 따른 상급종합병원	2만원
	처방 조제비	「국민건강보험법」 제42조 제1항 제2호에 따른 약국, 같은 항 제3호에 따른 한국희귀의약품센터에서의 처방, 조제(의사의 처방전 1건당, 의약분업 예외 지역에서 약사의 직접조제 1건당)	8천원

② 피보험자가 통원하여 치료를 받던 중 보험기간이 끝나더라도 그 계속 중인 통원치료에 대해서는 다음 예시와 같이 보험기간 종료일부터 180일 이내에 외래는 방문 90회, 처방조제비는 처방전 90건의 한도 내에서 보상합니다. 다만, 종전 계약을 자동갱신하거나 같은 회사의 보험상품에 재가입하는 경우에는 종전 계약의 보험기간을 연장하는 것으로 보아 제1

보장종목	보상하는 사항

항을 적용합니다.

〈보상기간 예시〉

보장대상기간 (1년)	보장대상기간 (1년)	보장대상기간 (1년)	추가보상 (180일)

계약일 (2014. 1. 1.)　계약해당일 (2015. 1. 1.)　계약해당일 (2016. 1. 1.)　계약 종료일 (2016. 12. 31.)　보상종료일 (2017. 6. 29.)

③ 하나의 질병으로 하루에 같은 치료를 목적으로 의료기관에서 2회 이상 통원치료를 받거나 하나의 질병으로 약국에서 2회 이상 처방조제를 받은 경우 각각 1회의 외래 및 1건의 처방으로 보아 제1항과 제2항을 적용합니다. 이때 공제금액은 2회 이상의 중복방문 의료기관 중 가장 높은 공제금액을 적용합니다.

④ "하나의 질병"이란 발생 원인이 동일한 질병(의학상 중요한 관련이 있는 질병을 포함합니다)을 말하며, 질병의 치료 중에 발생된 합병증 또는 새로 발견된 질병의 치료가 병행되거나 의학상 관련이 없는 여러 종류의 질병을 갖고 있는 상태에서 통원한 경우에는 하나의 질병으로 봅니다.

⑤ 제1항의 질병에서 청약서상 '계약 전 알릴 의무(중요한 사항으로 한정합니다)'에 해당하는 질병으로 인하여 과거(청약서상 해당 질병의 고지대상 기간을 말합니다)에 진단 또는 치료를 받은 경우 그 질병으로 인한 외래 및 처방조제비는 보상하지 않습니다.

⑥ 피보험자가 「국민건강보험법」 또는 「의료급여법」을 적용받지 못하는 경우에는 통원의료비(「국민건강보험 요양급여의 기준에 관한 규칙」에 따라 보건복지부장관이 정한 급여 및 비급여의료비 항목만 해당합니다) 중 본인이 실제로 부담한 금액에서 〈표1〉의 '항목별 공제금액'을 뺀 금액의 40%를 외래 및 처방조제비로 보험가입금액(외래 및 처방조제비는 회(건)당 합산하여 30만원 이내에서 계약 시 계약자가 각각 정한 금액을 말합니다)의 한도 내에서 보상합니다.

⑦ 피보험자가 직원복리후생제도에 의해 의료비를 감면받고 그 감면받은 의료비가 근로소득에 포함되는 경우에는 그 감면 전 의료비를 기준으로 통원의료비를 계산합니다.

⑧ 제5항에도 불구하고 청약일 이전에 진단된 질병이라 하더라도 청약일 이후 5년이 지나는 동안(계약이 자동갱신되어 5년이 지나는 경우를 포함합니다) 그 질병으로 인하여 추가적인 진단(단순 건강검진은 제외합니다) 또는 치료사실이 없을 경우, 청약일부터 5년이 지난 이후에는 이 약관에 따라 보상합니다.

⑨ 제8항에서 "청약일 이후 5년이 지나는 동안"이란 이 약관 제26조[보험료의 납입이 연체되는 경우 납입최고(독촉)와 계약의 해지]에서 정한 계약의 해지가 발생하지 않은 경우를 말합니다.

⑩ 이 약관 제27조[보험료의 납입연체로 인한 해지계약의 부활(효력회복)]에서 정한 계약의 부활이 이루어진 경우 부활일을 제8항의 청약일로 하여 적용합니다.

제4조(보상하지 않는 사항) 회사가 보상하지 않는 사항은 보장종목별로 다음과 같습니다.

보장종목	보상하지 않는 사항
(1) 상해입원	① 회사는 다음의 사유로 인하여 생긴 입원의료비는 보상하지 않습니다. 　1. 피보험자가 고의로 자신을 해친 경우. 다만, 피보험자가 심신상실 등으로 자유로운 의사결정을 할 수 없는 상태에서 자신을 해친 사실이 증명된 경우에는 보상합니다. 　2. 보험수익자가 고의로 피보험자를 해친 경우. 다만, 그 보험수익자가 보험금의 일부 보험수익자인 경우에는 다른 보험수익자에 대한 보험금은 지급합니다. 　3. 계약자가 고의로 피보험자를 해친 경우 　4. 피보험자가 임신, 출산(제왕절개를 포함합니다), 산후기로 입원한 경우. 다만, 회사가 보상하는 상해로 인하여 입원한 경우에는 보상합니다. 　5. 전쟁, 외국의 무력행사, 혁명, 내란, 사변, 폭동으로 인한 경우 　6. 피보험자가 정당한 이유없이 입원기간 중 의사의 지시를 따르지 않거나 의사가 통원치료가 가능하다고 인정함에도 피보험자 본인이 자의적으로 입원하여 발생한 입원의료비 ② 회사는 다른 약정이 없으면 피보험자가 직업, 직무 또는 동호회 활동 목적으로 한 다음의 어느 하나에 해당하는 행위로 인하여 생긴 상해에 대해서는 보상하지 않습니다. 　1. 전문등반(전문적인 등산용구를 사용하여 암벽 또는 빙벽을 오르내리거나 특수한 기술, 경험, 사전 훈련이 필요한 등반을 말합니다), 글라이더 조종, 스카이다이빙, 스쿠버다이빙, 행글라이딩, 수상보트, 패러글라이딩 　2. 모터보트·자동차 또는 오토바이에 의한 경기, 시범, 행사(이를 위한 연습을 포함합니다) 또는 시운전(다만, 공용도로에서 시운전을 하는 동안 발생한 상해는 보상합니다) 　3. 선박 승무원, 어부, 사공, 그 밖에 선박에 탑승하는 것을 직무로 하는 사람의 직무상 선박탑승 ③ 회사는 다음의 입원의료비에 대해서는 보상하지 않습니다. 　1. 치과치료(다만, 안면부 골절로 발생한 의료비는 치아 관련 치료를 제외하고 보상합니다)·한방치료(다만, 「의료법」 제2조에 따른 한의사를 제외한 '의사'의 의료행위에 의해서 발생한 의료비는 보상합니다)에서 발생한 「국민건강보험법」에 따른 요양급여에 해당하지 않는 비급여의료비 　2. 「국민건강보험법」에 따른 요양급여 중 본인부담금의 경우 국민건강보험 관련 법령에 따라 국민건강보험공단으로부터 사전 또는 사후 환급이 가능한 금액(본인부담금 상한제) 　3. 「의료급여법」에 따른 의료급여 중 본인부담금의 경우 의료급여 관련 법령에 따라 의료급여기금 등으로부터 사전 또는 사후 환급이 가능한 금액(「의료급여법」에 따른 본인부담금 보상제 및 본인부담금 상한제) 　4. 건강검진(단, 검사결과 이상 소견에 따라 건강검진센터 등에서 발생한 추가 의료비용은 보상합니다), 예방접종, 인공유산에 든 비용. 다만, 회사가 보상하는 상해 치료를 목적으로 하는 경우에는 보상합니다. 　5. 영양제, 비타민제, 호르몬 투여, 보신용 투약, 친자 확인을 위한 진단, 불임검사, 불임수술, 불임복원술, 보조생식술(체내, 체외 인공수정을 포함합니다), 성장촉진, 의약외품과 관련하여 소요된 비용. 다만, 회사가 보상하는 상해 치료를 목적으로 하는 경우에는 보상합니다. 　6. 의치, 의수족, 의안, 안경, 콘택트렌즈, 보청기, 목발, 팔걸이(Arm Sling), 보조기 등

보장종목	보상하지 않는 사항
	진료 재료의 구입 및 대체 비용. 다만, 인공장기 등 신체에 이식되어 그 기능을 대신하는 경우에는 보상합니다.

7. 아래에 열거된 국민건강보험 비급여 대상으로 신체의 필수 기능개선 목적이 아닌 외모개선 목적의 치료로 인하여 발생한 의료비

   가. 쌍꺼풀수술(이중검수술. 다만, 안검하수, 안검내반 등을 치료하기 위한 시력개선 목적의 이중검수술은 보상합니다), 코성형수술(융비술), 유방 확대(다만, 유방암 환자의 유방재건술은 보상합니다)·축소술, 지방흡입술, 주름살 제거술 등

   나. 사시교정, 안와격리증(양쪽 눈을 감싸고 있는 뼈와 뼈 사이의 거리가 넓은 증상)의 교정 등 시각계 수술로서 시력개선 목적이 아닌 외모개선 목적의 수술

   다. 안경, 콘텍트렌즈 등을 대체하기 위한 시력교정술(국민건강보험 요양급여 대상 수술방법 또는 치료재료가 사용되지 않은 부분은 시력교정술로 봅니다)

   라. 외모개선 목적의 다리 정맥류 수술(국민건강보험 요양급여 대상 수술방법 또는 치료재료가 사용되지 않은 부분은 외모개선 목적으로 봅니다)

   마. 그 밖에 외모개선 목적의 치료로 국민건강보험 비급여대상에 해당하는 치료

8. 진료와 무관한 각종 비용(TV시청료, 전화료, 각종 증명료 등을 말합니다), 의사의 임상적 소견과 관련이 없는 검사비용, 간병비

9. 자동차보험(공제를 포함합니다) 또는 산재보험에서 보상받는 의료비. 다만, 본인부담의료비는 제3조(보장종목별 보상내용) (1) 상해입원 제1항, 제2항 및 제4항부터 제6항에 따라 보상합니다.

10. 「국민건강보험법」 제42조의 요양기관이 아닌 외국에 있는 의료기관에서 발생한 의료비

보장종목	보상하지 않는 사항
(2) 상해통원	① 회사는 다음의 사유로 인하여 생긴 통원의료비는 보상하지 않습니다.

  1. 피보험자가 고의로 자신을 해친 경우. 다만, 피보험자가 심신상실 등으로 자유로운 의사결정을 할 수 없는 상태에서 자신을 해친 사실이 증명된 경우에는 보상합니다.

  2. 보험수익자가 고의로 피보험자를 해친 경우. 다만, 그 보험수익자가 보험금의 일부 보험수익자인 경우에는 다른 보험수익자에 대한 보험금은 지급합니다.

  3. 계약자가 고의로 피보험자를 해친 경우

  4. 피보험자가 임신, 출산(제왕절개를 포함합니다), 산후기로 통원한 경우. 다만, 회사가 보상하는 상해로 인하여 통원한 경우에는 보상합니다.

  5. 전쟁, 외국의 무력행사, 혁명, 내란, 사변, 폭동으로 인한 경우

  6. 피보험자가 정당한 이유 없이 통원기간 중 의사의 지시를 따르지 않아 발생한 통원의료비

② 회사는 다른 약정이 없으면 피보험자가 직업, 직무 또는 동호회 활동 목적으로 한 다음의 어느 하나에 해당하는 행위로 인하여 생긴 상해에 대해서는 보상하지 않습니다.

  1. 전문등반(전문적인 등산용구를 사용하여 암벽 또는 빙벽을 오르내리거나 특수한 기술, 경험, 사전 훈련이 필요한 등반을 말합니다), 글라이더 조종, 스카이다이빙, 스쿠버다이빙, 행글라이딩, 수상보트, 패러글라이딩

  2. 모터보트, 자동차 또는 오토바이에 의한 경기, 시범, 행사(이를 위한 연습을 포함합니다) 또는 시운전(다만, 공용도로에서 시운전을 하는 동안 발생한 상해는 보상합니다)

  3. 선박 승무원, 어부, 사공, 그 밖에 선박에 탑승하는 것을 직무로 하는 사람의 직무상 선박탑승

③ 회사는 다음의 통원의료비에 대해서는 보상하지 않습니다.

  1. 치과치료(다만, 안면부 골절로 발생한 의료비는 치아 관련 치료를 제외하고 보상합니

보장종목	보상하지 않는 사항
	다) · 한방치료(다만, 「의료법」 제2조에 따른 한의사를 제외한 '의사'의 의료행위에 의해서 발생한 의료비는 보상합니다)에서 발생한 「국민건강보험법」에 따른 요양급여에 해당하지 않는 비급여의료비 2. 「국민건강보험법」에 따른 요양급여 중 본인부담금의 경우 국민건강보험 관련 법령에 따라 국민건강보험공단으로부터 사전 또는 사후 환급이 가능한 금액(본인부담금 상한제) 3. 「의료급여법」에 따른 의료급여 중 본인부담금의 경우 의료급여 관련 법령에 따라 의료급여기금 등으로부터 사전 또는 사후 환급이 가능한 금액(「의료급여법」에 따른 본인부담금 보상제 및 본인부담금 상한제) 4. 건강검진(단, 검사결과 이상 소견에 따라 건강검진센터 등에서 발생한 추가 의료비용은 보상합니다), 예방접종, 인공유산에 든 비용. 다만, 회사가 보상하는 상해 치료를 목적으로 하는 경우에는 보상합니다. 5. 영양제, 비타민제, 호르몬 투여, 보신용 투약, 친자 확인을 위한 진단, 불임검사, 불임수술, 불임복원술, 보조생식술(체내, 체외 인공수정을 포함합니다), 성장촉진, 의약외품과 관련하여 소요된 비용. 다만, 회사가 보상하는 상해 치료를 목적으로 하는 경우에는 보상합니다. 6. 의치, 의수족, 의안, 안경, 콘택트렌즈, 보청기, 목발, 팔걸이(Arm Sling), 보조기 등 진료 재료의 구입 및 대체 비용. 다만, 인공장기 등 신체에 이식되어 그 기능을 대신하는 경우에는 보상합니다. 7. 아래에 열거된 국민건강보험 비급여 대상으로 신체의 필수 기능개선 목적이 아닌 외모개선 목적의 치료로 인하여 발생한 의료비 　가. 쌍꺼풀수술(이중검수술. 다만, 안검하수, 안검내반 등을 치료하기 위한 시력개선 목적의 이중검수술은 보상합니다), 코성형수술(융비술), 유방 확대(다만, 유방암 환자의 유방재건술은 보상합니다) · 축소술, 지방흡입술, 주름살 제거술 등 　나. 사시교정, 안와격리증(양쪽 눈을 감싸고 있는 뼈와 뼈 사이의 거리가 넓은 증상)의 교정 등 시각계 수술로서 시력개선 목적이 아닌 외모개선 목적의 수술 　다. 안경, 콘택트렌즈 등을 대체하기 위한 시력교정술(국민건강보험 요양급여 대상 수술방법 또는 치료재료가 사용되지 않은 부분은 시력교정술로 봅니다) 　라. 외모개선 목적의 다리 정맥류 수술(국민건강보험 요양급여 대상 수술방법 또는 치료재료가 사용되지 않은 부분은 외모개선 목적으로 봅니다) 　마. 그 밖에 외모개선 목적의 치료로 국민건강보험 비급여대상에 해당하는 치료 8. 진료와 무관한 각종 비용(TV시청료, 전화료, 각종 증명료 등을 말합니다), 의사의 임상적 소견과 관련이 없는 검사비용, 간병비 9. 자동차보험(공제를 포함합니다) 또는 산재보험에서 보상받는 의료비. 다만, 본인부담의료비는 제3조(보장종목별 보상내용) (2) 상해통원 제1항부터 제4항 및 제6항에 따라 보상합니다. 10. 「국민건강보험법」 제42조의 요양기관이 아닌 외국에 있는 의료기관에서 발생한 의료비 11. 「응급의료에 관한 법률」 및 동 시행규칙에서 정한 응급환자에 해당하지 않는 자가 「의료법」 제3조의4에 따른 상급종합병원 응급실을 이용하면서 발생한 응급의료관리료
(3) 질병입원	① 회사는 다음의 사유로 생긴 입원의료비는 보상하지 않습니다. 1. 피보험자가 고의로 자신을 해친 경우. 다만, 피보험자가 심신상실 등으로 자유로운 의사결정을 할 수 없는 상태에서 자신을 해친 사실이 증명된 경우에는 보상합니다. 2. 보험수익자가 고의로 피보험자를 해친 경우. 다만, 그 보험수익자가 보험금의 일부 보

보장종목	보상하지 않는 사항

험수익자인 경우에는 다른 보험수익자에 대한 보험금은 지급합니다.

3. 계약자가 고의로 피보험자를 해친 경우
4. 피보험자가 정당한 이유없이 입원기간 중 의사의 지시를 따르지 않거나 의사가 통원치료가 가능하다고 인정함에도 피보험자 본인이 자의적으로 입원하여 발생한 입원의료비

② 회사는 '한국표준질병사인분류'에 따른 다음의 입원의료비에 대해서는 보상하지 않습니다.
1. 정신 및 행동장애(F04~F99)(다만, F04~F09, F20~F29, F30~F39, F40~F48, F90~F98과 관련한 치료에서 발생한 「국민건강보험법」에 따른 요양급여에 해당하는 의료비는 보상합니다)
2. 여성생식기의 비염증성 장애로 인한 습관성 유산, 불임 및 인공수정 관련 합병증(N96~N98)
3. 피보험자가 임신, 출산(제왕절개를 포함합니다), 산후기로 입원한 경우(O00~O99)
4. 선천성 뇌질환(Q00~Q04)
5. 비만(E66)
6. 요실금(N39.3, N39.4, R32)
7. 직장 또는 항문 질환 중 「국민건강보험법」에 따른 요양급여에 해당하지 않는 부분(I84, K60~K62, K64)

③ 회사는 다음의 입원의료비에 대해서는 보상하지 않습니다.
1. 치과치료(K00~K08) 및 한방치료(다만, 「의료법」 제2조에 따른 한의사를 제외한 '의사'의 의료행위에 의해서 발생한 의료비는 보상합니다)에서 발생한 「국민건강보험법」에 따른 요양급여에 해당하지 않는 비급여의료비
2. 「국민건강보험법」에 따른 요양급여 중 본인부담금의 경우 국민건강보험 관련 법령에 따라 국민건강보험공단으로부터 사전 또는 사후 환급이 가능한 금액(본인부담금 상한제)
3. 「의료급여법」에 따른 의료급여 중 본인부담금의 경우 의료급여 관련 법령에 따라 의료급여기금 등으로부터 사전 또는 사후 환급이 가능한 금액(「의료급여법」에 따른 본인부담금 보상제 및 본인부담금 상한제)
4. 건강검진(단, 검사결과 이상 소견에 따라 건강검진센터 등에서 발생한 추가 의료비용은 보상합니다), 예방접종, 인공유산에 든 비용. 다만, 회사가 보상하는 질병 치료를 목적으로 하는 경우에는 보상합니다.
5. 영양제, 비타민제, 호르몬 투여(다만, 국민건강보험의 요양급여 기준에 해당하는 성조숙증을 치료하기 위한 호르몬 투여는 보상합니다), 보신용 투약, 친자 확인을 위한 진단, 불임검사, 불임수술, 불임복원술, 보조생식술(체내, 체외 인공수정을 포함합니다), 성장촉진, 의약외품과 관련하여 소요된 비용. 다만, 회사가 보상하는 질병 치료를 목적으로 하는 경우에는 보상합니다.
6. 다음의 어느 하나에 해당하는 치료로 인하여 발생한 의료비
   가. 단순한 피로 또는 권태
   나. 주근깨, 다모, 무모, 백모증, 딸기코(주사비), 점, 모반(피보험자가 보험가입당시 태아인 경우 화염상모반 등 선천성 비신생물성모반(Q82.5)은 보상합니다), 사마귀, 여드름, 노화현상으로 인한 탈모 등 피부질환
   다. 발기부전(impotence)·불감증, 단순 코골음(수면무호흡증(G47.3)은 보상합니다), 치료를 동반하지 않는 단순포경(phimosis), 「국민건강보험 요양급여의 기준에 관한 규칙」 제9조 제1항([별표2] 비급여대상)에 따른 업무 또는 일상생활에 지장이 없는 검열반 등 안과질환
7. 의치, 의수족, 의안, 안경, 콘택트렌즈, 보청기, 목발, 팔걸이(Arm Sling), 보조기 등

보장종목	보상하지 않는 사항
	진료 재료의 구입 및 대체 비용. 다만, 인공장기 등 신체에 이식되어 그 기능을 대신하는 경우에는 보상합니다.

8. 아래에 열거된 국민건강보험 비급여 대상으로 신체의 필수 기능개선 목적이 아닌 외모개선 목적의 치료로 인하여 발생한 의료비
  가. 쌍꺼풀수술(이중검수술. 다만, 안검하수, 안검내반 등을 치료하기 위한 시력개선 목적의 이중검수술은 보상합니다), 코성형수술(융비술), 유방확대(다만, 유방암 환자의 유방재건술은 보상합니다)·축소술, 지방흡입술, 주름살 제거술 등
  나. 사시교정, 안와격리증(양쪽 눈을 감싸고 있는 뼈와 뼈 사이의 거리가 넓은 증상)의 교정 등 시각계 수술로서 시력개선 목적이 아닌 외모개선 목적의 수술
  다. 안경, 콘텍트렌즈 등을 대체하기 위한 시력교정술(국민건강보험 요양급여 대상 수술방법 또는 치료재료가 사용되지 않은 부분은 시력교정술로 봅니다)
  라. 외모개선 목적의 다리 정맥류 수술(국민건강보험 요양급여 대상 수술방법 또는 치료재료가 사용되지 않은 부분은 외모개선 목적으로 봅니다)
  마. 그 밖에 외모개선 목적의 치료로 국민건강보험 비급여대상에 해당하는 치료
9. 진료와 무관한 각종 비용(TV시청료, 전화료, 각종 증명료 등을 말합니다), 의사의 임상적 소견과 관련이 없는 검사비용, 간병비
10. 산재보험에서 보상받는 의료비. 다만, 본인부담의료비는 제3조(보장종목별 보상내용) (3) 질병입원 제1항, 제2항 및 제4항부터 제10항에 따라 보상합니다.
11. 인간면역결핍바이러스(HIV) 감염으로 인한 치료비(다만, 「의료법」에서 정한 의료인의 진료상 또는 치료 중 혈액에 의한 HIV 감염은 해당 진료기록을 통해 객관적으로 확인되는 경우는 보상합니다)
12. 「국민건강보험법」 제42조의 요양기관이 아닌 외국에 있는 의료기관에서 발생한 의료비

보장종목	보상하지 않는 사항
(4) 질병통원	① 회사는 다음의 사유로 인하여 생긴 통원의료비는 보상하지 않습니다.

  1. 피보험자가 고의로 자신을 해친 경우. 다만, 피보험자가 심신상실 등으로 자유로운 의사결정을 할 수 없는 상태에서 자신을 해친 사실이 증명된 경우에는 보상합니다.
  2. 보험수익자가 고의로 피보험자를 해친 경우. 다만, 그 보험수익자가 보험금의 일부 보험수익자인 경우에는 다른 보험수익자에 대한 보험금은 지급합니다.
  3. 계약자가 고의로 피보험자를 해친 경우
  4. 피보험자가 정당한 이유 없이 통원기간 중 의사의 지시를 따르지 않아 발생한 통원의료비

② 회사는 '한국표준질병사인분류'에 따른 다음의 통원의료비에 대해서는 보상하지 않습니다.
  1. 정신 및 행동장애(F04~F99)(다만, F04~F09, F20~F29, F30~F39, F40~F48, F90~F98과 관련한 치료에서 발생한 「국민건강보험법」에 따른 요양급여에 해당하는 의료비는 보상합니다)
  2. 여성생식기의 비염증성 장애로 인한 습관성 유산, 불임 및 인공수정 관련 합병증 (N96~N98)
  3. 피보험자가 임신, 출산(제왕절개를 포함합니다), 산후기로 통원한 경우(O00~O99)
  4. 선천성 뇌질환(Q00~Q04)
  5. 비만(E66)
  6. 요실금(N39.3, N39.4, R32)
  7. 직장 또는 항문질환 중 「국민건강보험법」에 따른 요양급여에 해당하지 않는 부분(I84, K60~K62, K64)

③ 회사는 다음의 통원의료비에 대해서는 보상하지 않습니다.

보장종목	보상하지 않는 사항
	1. 치과치료(K00~K08) 및 한방치료(다만, 「의료법」 제2조에 따른 한의사를 제외한 '의사'의 의료행위에 의해서 발생한 의료비는 보상합니다)에서 발생한 「국민건강보험법」에 따른 요양급여에 해당하지 않는 비급여의료비
	2. 「국민건강보험법」에 따른 요양급여 중 본인부담금의 경우 국민건강보험 관련 법령에 따라 국민건강보험공단으로부터 사전 또는 사후 환급이 가능한 금액(본인부담금 상한제)
	3. 「의료급여법」에 따른 의료급여 중 본인부담금의 경우 의료급여 관련 법령에 따라 의료급여기금 등으로부터 사전 또는 사후 환급이 가능한 금액(「의료급여법」에 따른 본인부담금 보상제 및 본인부담금 상한제)
	4. 건강검진(단, 검사결과 이상 소견에 따라 건강검진센터 등에서 발생한 추가 의료비용은 보상합니다), 예방접종, 인공유산에 든 비용. 다만, 회사가 보상하는 질병 치료를 목적으로 하는 경우에는 보상합니다.
	5. 영양제, 비타민제, 호르몬 투여(다만, 국민건강보험의 요양급여 기준에 해당하는 성조숙증을 치료하기 위한 호르몬 투여는 보상합니다), 보신용 투약, 친자 확인을 위한 진단, 불임검사, 불임수술, 불임복원술, 보조생식술(체내, 체외 인공수정을 포함합니다), 성장촉진, 의약외품과 관련하여 소요된 비용. 다만, 회사가 보상하는 질병 치료를 목적으로 하는 경우에는 보상합니다.
	6. 다음의 어느 하나에 해당하는 치료로 인하여 발생한 의료비
	가. 단순한 피로 또는 권태
	나. 주근깨, 다모, 무모, 백모증, 딸기코(주사비), 점, 모반(피보험자가 보험가입당시 태아인 경우 화염상모반 등 선천성 비신생물성모반(Q82.5)은 보상합니다), 사마귀, 여드름, 노화현상으로 인한 탈모 등 피부질환
	다. 발기부전(impotence)·불감증, 단순 코골음(수면무호흡증(G47.3)은 보상합니다), 치료를 동반하지 않는 단순포경(phimosis), 「국민건강보험 요양급여의 기준에 관한 규칙」 제9조 제1항([별표2] 비급여대상)에 따른 업무 또는 일상생활에 지장이 없는 검열반 등 안과질환
	7. 의치, 의수족, 의안, 안경, 콘택트렌즈, 보청기, 목발, 팔걸이(Arm Sling), 보조기 등 진료 재료의 구입 및 대체 비용. 다만, 인공장기 등 신체에 이식되어 그 기능을 대신하는 경우에는 보상합니다.
	8. 아래에 열거된 국민건강보험 비급여 대상으로 신체의 필수 기능개선 목적이 아닌 외모개선 목적의 치료로 인하여 발생한 의료비
	가. 쌍꺼풀수술(이중검수술. 다만, 안검하수, 안검내반 등을 치료하기 위한 시력개선 목적의 이중검수술은 보상합니다), 코성형수술(융비술), 유방확대(다만, 유방암 환자의 유방재건술은 보상합니다)·축소술, 지방흡입술, 주름살 제거술 등
	나. 사시교정, 안와격리증(양쪽 눈을 감싸고 있는 뼈와 뼈 사이의 거리가 넓은 증상)의 교정 등 시각계 수술로서 시력개선 목적이 아닌 외모개선 목적의 수술
	다. 안경, 콘택트렌즈 등을 대체하기 위한 시력교정술(국민건강보험 요양급여 대상 수술방법 또는 치료재료가 사용되지 않은 부분은 시력교정술로 봅니다)
	라. 외모개선 목적의 다리 정맥류 수술(국민건강보험 요양급여 대상 수술방법 또는 치료재료가 사용되지 않은 부분은 외모개선 목적으로 봅니다)
	마. 그 밖에 외모개선 목적의 치료로 국민건강보험 비급여대상에 해당하는 치료
	9. 진료와 무관한 각종 비용(TV시청료, 전화료, 각종 증명료 등을 말합니다), 의사의 임상적 소견과 관련 없는 검사비용, 간병비
	10. 산재보험에서 보상받는 의료비. 다만, 본인부담의료비는 제3조(보장종목별 보상내용)

보장종목	보상하지 않는 사항
	(4) 질병통원 제1항부터 제5항 및 제7항부터 제10항에 따라 보상합니다. 11. 인간면역결핍바이러스(HIV) 감염으로 인한 치료비(다만, 「의료법」에서 정한 의료인의 진료상 또는 치료 중 혈액에 의한 HIV 감염은 해당 진료기록을 통해 객관적으로 확인 되는 경우는 보상합니다) 12. 「국민건강보험법」 제42조의 요양기관이 아닌 외국에 있는 의료기관에서 발생한 의료비 13. 「응급의료에 관한 법률」동 시행규칙에서 정한 응급환자에 해당하지 않는 자가 「의료법」 제3조의4에 따른 상급종합병원 응급실을 이용하면서 발생한 응급의료관리료

〈붙임〉 용어의 정의

용어	정의
계약	보험계약
진단계약	계약을 체결하기 위하여 피보험자가 건강진단을 받아야 하는 계약
보험증권	계약의 성립과 계약내용을 증명하기 위하여 회사가 계약자에게 드리는 증서
계약자	보험회사와 계약을 체결하고 보험료를 납입하는 사람
피보험자	보험금지급사유 또는 보험사고 발생의 대상(객체)이 되는 사람
보험수익자	보험금을 수령하는 사람
보험기간	회사가 계약에서 정한 보상책임을 지는 기간
회사	보험회사
연단위복리	회사가 지급할 금전에 대한 이자를 줄 때 1년마다 마지막 날에 그 이자를 원금에 더한 금액을 다음 1년의 원금으로 하는 이자 계산방법
평균공시이율	전체 보험회사 공시이율의 평균으로, 이 계약 체결 시점의 이율을 말함
해지환급금	계약이 해지되는 때에 회사가 계약자에게 돌려주는 금액
영업일	회사가 영업점에서 정상적으로 영업하는 날을 말하며, 토요일, 「관공서의 공휴일에 관한 규정」에 따른 공휴일과 근로자의 날은 제외
상해	보험기간 중 발생한 급격하고 우연한 외래의 사고
상해보험계약	상해를 보장하는 계약
의사	「의료법」 제2조(의료인)에서 정한 의사, 한의사 및 치과의사의 자격을 가진 사람
약사	「약사법」 제2조(정의)에서 정한 약사 및 한약사의 자격을 가진 사람
의료기관	「의료법」 제3조(의료기관) 제2항에서 정하는 의료기관을 말하며, 종합병원 · 병원 · 치과병원 · 한방병원 · 요양병원 · 의원 · 치과의원 · 한의원 및 조산원으로 구분
약국	「약사법」 제2조 제3호에 따른 장소로서, 약사가 수여(授與)할 목적으로 의약품 조제업무를 하는 장소를 말하며, 의료기관의 조제실은 제외

용어	정의
병원	「국민건강보험법」 제42조(요양기관)에서 정하는 국내의 병원 또는 의원을 말하며, 조산원은 제외
입원	의사가 피보험자의 질병 또는 상해로 인하여 치료가 필요하다고 인정한 경우로서 자택 등에서 치료가 곤란하여 병원, 의료기관 또는 이와 동등하다고 인정되는 의료기관에 입실하여 의사의 관리를 받으며 치료에 전념하는 것
입원의 정의 중 '이와 동등하다고 인정되는 의료기관'	보건소, 보건의료원 및 보건지소 등 「의료법」 제3조(의료기관) 제2항에서 정한 의료기관에 준하는 의료기관으로서 군의무대, 치매요양원, 노인요양원 등에 속해 있는 요양원, 요양시설, 복지시설 등과 같이 의료기관이 아닌 곳은 이에 해당되지 않음
기준병실	병원에서 국민건강보험 환자의 입원 시 병실료 산정에 적용하는 기준이 되는 병실
입원실료	입원치료 중 발생한 기준병실 사용료, 환자 관리료, 식대 등
입원제비용	입원치료 중 발생한 진찰료, 검사료, 방사선료, 투약 및 처방료(퇴원 시 의사로부터 치료목적으로 처방받은 약제비 포함), 주사료, 이학요법(물리치료, 재활치료)료, 정신요법료, 처치료, 치료재료, 석고붕대료(cast), 지정진료비 등
입원수술비	입원치료 중 발생한 수술료, 마취료, 수술재료비 등
입원의료비	입원실료, 입원제비용, 입원수술비, 상급병실료 차액
보상한도 종료일	회사가 보험가입금액 한도까지 입원의료비를 보상한 기준 입원일자
통원	의사가 피보험자의 질병 또는 상해로 치료가 필요하다고 인정하는 경우로서, 병원에 입원하지 않고 병원을 방문하여 의사의 관리하에 치료에 전념하는 것
처방조제	의사 및 약사가 피보험자의 질병 또는 상해로 치료가 필요하다고 인정하는 경우로서, 통원으로 인하여 발행된 의사의 처방전으로 약국의 약사가 조제하는 것. 이 경우 「국민건강보험법」 제42조 제1항 제3호에 따른 한국희귀의약품센터에서의 처방조제 및 의약분업 예외 지역에서의 약사의 직접조제를 포함
외래제비용	통원치료 중 발생한 진찰료, 검사료, 방사선료, 투약 및 처방료, 주사료, 이학요법(물리치료, 재활치료)료, 정신요법료, 처치료, 치료재료, 석고붕대료(cast), 지정진료비 등
외래수술비	통원치료 중 발생한 수술료, 마취료, 수술재료비 등
처방조제비	병원 의사의 처방전에 따라 조제되는 약국의 처방조제비 및 약사의 직접조제비
통원의료비	외래제비용, 외래수술비, 처방조제비
요양급여	「국민건강보험법」 제41조(요양급여)에 따른 가입자 및 피부양자의 질병·부상 등에 대한 다음의 요양급여 1. 진찰·검사 2. 약제·치료재료의 지급 3. 처치·수술 또는 그 밖의 치료 4. 예방·재활 5. 입원 6. 간호 7. 이송

용어	정의
의료급여	「의료급여법」 제7조(의료급여의 내용 등)에 따른 가입자 및 피부양자의 질병·부상 등에 대한 다음 각 호의 의료급여 1. 진찰·검사 2. 약제·치료재료의 지급 3. 처치·수술 또는 그 밖의 치료 4. 예방·재활 5. 입원 6. 간호 7. 이송 8. 그 밖에 의료 목적의 달성을 위한 조치
「국민건강보험법」에 따른 본인부담금 상한제	「국민건강보험법」에 따른 요양급여 중 연간 본인부담금 총액이 「국민건강보험법 시행령」 별표3에서 정하는 금액을 넘는 경우에 그 초과한 금액을 공단에서 부담하는 제도를 말하며, 국민건강보험 관련 법령의 변경에 따라 환급기준이 변경될 경우에는 회사는 변경되는 기준에 따름
「의료급여법」에 따른 본인부담금 보상제 및 본인부담금 상한제	「의료급여법」에 따른 의료급여 중 본인부담금이 「의료급여법 시행령」 제13조(급여비용의 부담)에서 정하는 금액을 넘는 경우에 그 초과한 금액을 의료급여기금 등에서 부담하는 제도를 말하며, 의료급여 관련 법령의 변경에 따라 환급기준이 변경될 경우에는 회사는 변경된 기준에 따름
보장대상의료비	실제 부담액 – 보상제외금액* * 제3관 회사가 보장하지 않는 사항에 따른 금액 및 실제 사용병실과 기준병실과의 병실료 차액 중 회사가 보장하지 않는 금액
보상책임액	(보장대상의료비 – 피보험자부담 공제금액)과 보험가입금액 중 작은 금액
다수보험	실손 의료보험계약(우체국보험, 각종 공제, 상해·질병·간병보험 등 제3보험, 개인연금·퇴직보험 등 의료비를 실손으로 보상하는 보험·공제계약을 포함)이 동시에 또는 순차적으로 2개 이상 체결되었고, 그 계약이 동일한 보험사고에 대하여 각 계약별 보상책임액이 있는 여러 개의 실손 의료보험계약을 말함

제8차 개정 표준약관(2015. 12. 29.)

〈실손 의료보험〉

> 실손의료보험은 보험회사가 피보험자의 질병 또는 상해로 인한 손해(의료비에 한정합니다)를 보상하는 상품입니다.

제1관 일반사항 및 용어의 정의

제1조(보장종목) ① 회사가 판매하는 실손의료보험상품은 다음과 같이 상해입원형, 상해통원형, 질병입원형 및 질병통원형의 4개 이내의 보장종목으로 구성되어 있습니다.

보장종목		보상하는 내용
상해	입원	피보험자가 상해로 인하여 병원에 입원하여 치료를 받은 경우에 보상
	통원	피보험자가 상해로 인하여 병원에 통원하여 치료를 받거나 처방조제를 받은 경우에 보상
질병	입원	피보험자가 질병으로 인하여 병원에 입원하여 치료를 받은 경우에 보상
	통원	피보험자가 질병으로 인하여 병원에 통원하여 치료를 받거나 처방조제를 받은 경우에 보상

② 회사는 이 약관의 명칭에 '실손의료비'라는 문구를 포함하여 사용합니다.

제2조(용어의 정의) 이 약관에서 사용하는 용어의 뜻은 <붙임1>과 같습니다.

제2관 회사가 보상하는 사항

제3조(보장종목별 보상내용) 회사가 이 계약의 보험기간 중 보장종목별로 각각 보상하거나 공제하는 내용은 다음과 같습니다.

보장종목	보상하는 사항
(1) 상해입원	① 회사는 피보험자가 상해로 인하여 병원에 입원하여 치료를 받은 경우에는 입원의료비를 다음과 같이 하나의 상해당 보험가입금액(5천만원 이내에서 계약 시 계약자가 정한 금액을 말합니다)의 한도 내에서 보상합니다.

보장종목	보상하는 사항	

구분		보상금액
표준형	입원실료, 입원제비용, 입원수술비	'「국민건강보험법」에서 정한 요양급여 또는 「의료급여법」에서 정한 의료급여 중 본인부담금'과 '비급여^{주)}(상급병실료 차액은 제외합니다)'를 합한 금액(본인이 실제로 부담한 금액을 말합니다)의 80%에 해당하는 금액. 다만, 나머지 20%가 계약일 또는 매년 계약해당일부터 기산하여 연간 200만원을 초과하는 경우 그 초과금액은 보상합니다.
	상급병실료 차액	입원 시 실제로 사용한 병실과 기준병실의 병실료 차액에서 50%를 뺀 금액. 다만, 1일 평균금액 10만원을 한도로 하며, 1일 평균금액은 입원기간 동안 상급병실료 차액 전체를 총 입원일수로 나누어 산출합니다.
선택형	입원실료, 입원제비용, 입원수술비	'「국민건강보험법」에서 정한 요양급여 또는 「의료급여법」에서 정한 의료급여 중 본인부담금'과 '비급여^{주)}(상급병실료 차액은 제외합니다)'를 합한 금액(본인이 실제로 부담한 금액을 말합니다)의 90%에 해당하는 금액. 다만, 나머지 10%가 계약일 또는 매년 계약해당일부터 기산하여 연간 200만원을 초과하는 경우 그 초과금액은 보상합니다.
	상급병실료 차액	입원 시 실제로 사용한 병실과 기준병실의 병실료 차액에서 50%를 뺀 금액. 다만, 1일 평균금액 10만원을 한도로 하며, 1일 평균금액은 입원기간 동안 상급병실료 차액 전체를 총 입원일수로 나누어 산출합니다.

주) 「국민건강보험법」 또는 「의료급여법」에 따라 보건복지부 장관이 정한 비급여대상(「국민건강보험법」에서 정한 요양급여 또는 「의료급여법」에서 정한 의료급여 절차를 거쳤지만 급여항목이 발생하지 않은 경우로 「국민건강보험법」 또는 「의료급여법」에 따른 비급여항목 포함)

② 제1항의 상해에는 유독가스 또는 유독물질을 우연히 일시에 흡입, 흡수 또는 섭취한 결과로 생긴 중독증상이 포함됩니다. 다만, 유독가스 또는 유독물질을 상습적으로 흡입, 흡수 또는 섭취한 결과로 생긴 중독증상과 세균성 음식물 중독증상은 포함되지 않습니다.

③ 피보험자가 「국민건강보험법」 또는 「의료급여법」을 적용받지 못하는 경우에는 입원의료비 (「국민건강보험 요양급여의 기준에 관한 규칙」에 따라 보건복지부장관이 정한 급여 및 비급여의료비 항목만 해당합니다) 중 본인이 실제로 부담한 금액의 40%를 하나의 상해당 보험가입금액(5천만원 이내에서 계약 시 계약자가 정한 금액을 말합니다)의 한도 내에서 보상합니다.

④ 제1항에도 불구하고 회사는 하나의 상해(같은 상해로 2회 이상 치료를 받는 경우에도 이를 하나의 상해로 봅니다)로 인한 입원의료비를 보험가입금액까지 보상한 경우에는 보상한 도종료일부터 90일이 경과한 날부터 최초 입원한 것과 동일한 기준으로 다시 보상합니다 (계속 입원을 포함합니다). 다만, 최초 입원일부터 275일(365일-90일) 이내에 보상한도종료일이 있는 경우에는 최초 입원일부터 365일이 경과되는 날부터 최초 입원한 것과 동일한 기준으로 다시 보상합니다.

보장종목	보상하는 사항

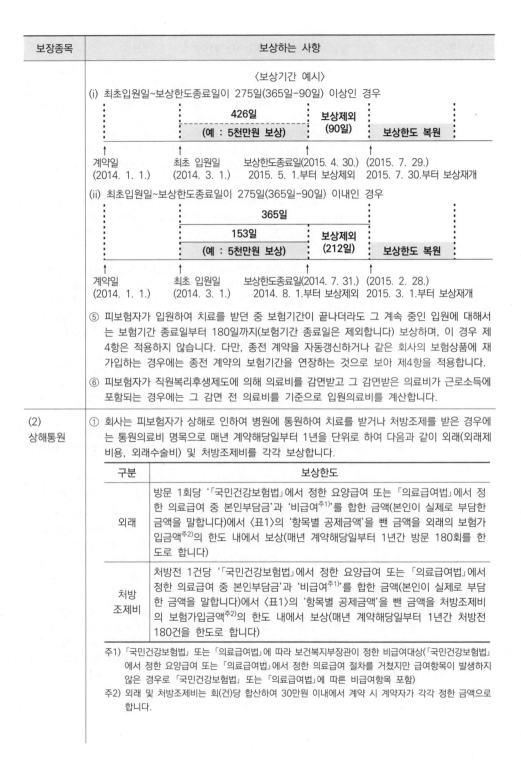

〈보상기간 예시〉

(i) 최초입원일~보상한도종료일이 275일(365일-90일) 이상인 경우

426일
(예 : 5천만원 보상) 보상제외 (90일) 보상한도 복원

↑ 계약일 (2014. 1. 1.) ↑ 최초 입원일 (2014. 3. 1.) 보상한도종료일(2015. 4. 30.) 2015. 5. 1.부터 보상제외 ↑ (2015. 7. 29.) 2015. 7. 30.부터 보상재개

(ii) 최초입원일~보상한도종료일이 275일(365일-90일) 이내인 경우

365일
153일
(예 : 5천만원 보상) 보상제외 (212일) 보상한도 복원

↑ 계약일 (2014. 1. 1.) ↑ 최초 입원일 (2014. 3. 1.) 보상한도종료일(2014. 7. 31.) 2014. 8. 1.부터 보상제외 ↑ (2015. 2. 28.) 2015. 3. 1.부터 보상재개

⑤ 피보험자가 입원하여 치료를 받던 중 보험기간이 끝나더라도 그 계속 중인 입원에 대해서는 보험기간 종료일부터 180일까지(보험기간 종료일은 제외합니다) 보상하며, 이 경우 제4항은 적용하지 않습니다. 다만, 종전 계약을 자동갱신하거나 같은 회사의 보험상품에 재가입하는 경우에는 종전 계약의 보험기간을 연장하는 것으로 보아 제4항을 적용합니다.

⑥ 피보험자가 직원복리후생제도에 의해 의료비를 감면받고 그 감면받은 의료비가 근로소득에 포함되는 경우에는 그 감면 전 의료비를 기준으로 입원의료비를 계산합니다.

(2) 상해통원	① 회사는 피보험자가 상해로 인하여 병원에 통원하여 치료를 받거나 처방조제를 받은 경우에는 통원의료비 명목으로 매년 계약해당일부터 1년을 단위로 하여 다음과 같이 외래(외래제비용, 외래수술비) 및 처방조제비를 각각 보상합니다.

구분	보상한도
외래	방문 1회당 '「국민건강보험법」에서 정한 요양급여 또는 「의료급여법」에서 정한 의료급여 중 본인부담금'과 '비급여[주1]'를 합한 금액(본인이 실제로 부담한 금액을 말합니다)에서 〈표1〉의 '항목별 공제금액'을 뺀 금액을 외래의 보험가입금액[주2]의 한도 내에서 보상(매년 계약해당일부터 1년간 방문 180회를 한도로 합니다)
처방조제비	처방전 1건당 '「국민건강보험법」에서 정한 요양급여 또는 「의료급여법」에서 정한 의료급여 중 본인부담금'과 '비급여[주1]'를 합한 금액(본인이 실제로 부담한 금액을 말합니다)에서 〈표1〉의 '항목별 공제금액'을 뺀 금액을 처방조제비의 보험가입금액[주2]의 한도 내에서 보상(매년 계약해당일부터 1년간 처방전 180건을 한도로 합니다)

주1) 「국민건강보험법」 또는 「의료급여법」에 따라 보건복지부장관이 정한 비급여대상(「국민건강보험법」에서 정한 요양급여 또는 「의료급여법」에서 정한 의료급여 절차를 거쳤지만 급여항목이 발생하지 않은 경우로 「국민건강보험법」 또는 「의료급여법」에 따른 비급여항목 포함)

주2) 외래 및 처방조제비는 회(건)당 합산하여 30만원 이내에서 계약 시 계약자가 각각 정한 금액으로 합니다.

보장종목	보상하는 사항

〈표1 항목별 공제금액〉

구분		항목	공제금액
표준형	외래 (외래제비용 및 외래수술비 합계)	「의료법」 제3조 제2항 제1호에 따른 의원, 치과의원, 한의원, 같은 항 제2호에 따른 조산원, 「지역보건법」 제10조, 제12조 및 제13조에 따른 보건소, 보건의료원 및 보건지소, 「농어촌 등 보건의료를 위한 특별조치법」 제15조에 따른 보건진료소	1만원과 보장대상 의료비의 20% 중 큰 금액
		「의료법」 제3조 제2항 제3호에 따른 종합병원, 병원, 치과병원, 한방병원, 요양병원	1만5천원과 보장대상 의료비의 20% 중 큰 금액
		「국민건강보험법」 제42조 제2항에 따른 종합전문요양기관 또는 「의료법」 제3조의4에 따른 상급종합병원	2만원과 보장대상 의료비의 20% 중 큰 금액
	처방 조제비	「국민건강보험법」 제42조 제1항 제2호에 따른 약국, 같은 항 제3호에 따른 한국희귀의약품센터에서의 처방, 조제(의사의 처방전 1건당, 의약분업 예외 지역에서 약사의 직접조제 1건당)	8천원과 보장대상 의료비의 20% 중 큰 금액
선택형	외래 (외래제비용 및 외래수술비 합계)	「의료법」 제3조 제2항 제1호에 따른 의원, 치과의원, 한의원, 같은 항 제2호에 따른 조산원, 「지역보건법」 제10조, 제12조 및 제13조에 따른 보건소, 보건의료원 및 보건지소, 「농어촌 등 보건의료를 위한 특별조치법」 제15조에 따른 보건진료소	1만원
		「의료법」 제3조 제2항 제3호에 따른 종합병원, 병원, 치과병원, 한방병원, 요양병원	1만5천원
		「국민건강보험법」 제42조 제2항에 따른 종합전문요양기관 또는 「의료법」 제3조의4에 따른 상급종합병원	2만원
	처방 조제비	「국민건강보험법」 제42조 제1항 제2호에 따른 약국, 같은 항 제3호에 따른 한국희귀의약품센터에서의 처방, 조제(의사의 처방전 1건당, 의약분업 예외 지역에서 약사의 직접조제 1건당)	8천원

② 피보험자가 통원하여 치료를 받던 중 보험기간이 끝나더라도 그 계속 중인 통원치료에 대해서는 다음 예시와 같이 보험기간 종료일부터 180일 이내에 외래는 방문 90회, 처방조제비는 처방전 90건의 한도 내에서 보상합니다. 다만, 종전 계약을 자동갱신하거나 같은 회사의 보험상품에 재가입하는 경우에는 종전 계약의 보험기간을 연장하는 것으로 보아 제1항을 적용합니다.

보장종목	보상하는 사항

〈보상기간 예시〉

보장대상기간 (1년)	보장대상기간 (1년)	보장대상기간 (1년)	추가보상 (180일)
↑ 계약일 (2014. 1. 1.)	↑ 계약해당일 (2015. 1. 1.)	↑ 계약해당일 (2016. 1. 1.)	↑ 계약 종료일 (2016. 12. 31.)　　보상종료일 (2017. 6. 29.)

③ 하나의 상해로 인해 하루에 같은 치료를 목적으로 의료기관에서 2회 이상 통원치료를 받거나 하나의 상해로 약국에서 2회 이상의 처방조제를 받은 경우 각각 1회의 외래 및 1건의 처방으로 보아 제1항과 제2항을 적용합니다. 이때 공제금액은 2회 이상의 중복방문 의료기관 중 가장 높은 공제금액을 적용합니다.

④ 제1항의 상해에는 유독가스 또는 유독물질을 우연히 일시에 흡입, 흡수 또는 섭취한 결과로 생긴 중독증상이 포함됩니다. 다만, 유독가스 또는 유독물질을 상습적으로 흡입, 흡수 또는 섭취한 결과로 생긴 중독증상과 세균성 음식물 중독증상은 포함되지 않습니다.

⑤ 피보험자가 「국민건강보험법」 또는 「의료급여법」을 적용받지 못하는 경우에는 통원의료비(「국민건강보험 요양급여의 기준에 관한 규칙」에 따라 보건복지부장관이 정한 급여 및 비급여의료비 항목만 해당합니다) 중 본인이 실제로 부담한 금액에서 〈표1〉의 '항목별 공제금액'을 뺀 금액의 40%를 외래 및 처방조제비로 보험가입금액[외래 및 처방조제비는 회(건)당 합산하여 30만원 이내에서 계약 시 계약자가 각각 정한 금액을 말합니다]의 한도 내에서 보상합니다.

⑥ 피보험자가 직원복리후생제도에 의해 의료비를 감면받고 그 감면받은 의료비가 근로소득에 포함되는 경우에는 그 감면 전 의료비를 기준으로 통원의료비를 계산합니다.

(3) 질병입원	① 회사는 피보험자가 질병으로 인하여 병원에 입원하여 치료를 받은 경우에는 입원의료비를 다음과 같이 하나의 질병당 보험가입금액(5천만원 이내에서 계약 시 계약자가 정한 금액을 말합니다)의 한도 내에서 보상합니다.

구분		보상금액
표준형	입원실료, 입원제비용, 입원수술비	'「국민건강보험법」에서 정한 요양급여 또는 「의료급여법」에서 정한 의료급여 중 본인부담금'과 '비급여^{주)}(상급병실료 차액은 제외합니다)'를 합한 금액(본인이 실제로 부담한 금액을 말합니다)의 80%에 해당하는 금액. 다만, 나머지 20%가 계약일 또는 매년 계약해당일부터 기산하여 연간 200만원을 초과하는 경우 그 초과금액은 보상합니다.
	상급병실료 차액	입원 시 실제로 사용한 병실과 기준병실의 병실료 차액에서 50%를 뺀 금액. 다만, 1일 평균금액 10만원을 한도로 하며, 1일 평균금액은 입원기간 동안 상급병실료 차액 전체를 총 입원일수로 나누어 산출합니다.
선택형	입원실료, 입원제비용, 입원수술비	'「국민건강보험법」에서 정한 요양급여 또는 「의료급여법」에서 정한 의료급여 중 본인부담금'과 '비급여^{주)}(상급병실료 차액은 제외합니다)'를 합한 금액(본인이 실제로 부담한 금액을 말합니다)의 90%에 해당하는 금액. 다만, 나머지 10%가 계약일 또

보장종목	보상하는 사항	
	구분	보상금액
		는 매년 계약해당일부터 기산하여 연간 200만원을 초과하는 경우 그 초과금액은 보상합니다.
	상급병실료 차액	입원 시 실제로 사용한 병실과 기준병실의 병실료 차액에서 50%를 뺀 금액. 다만, 1일 평균금액 10만원을 한도로 하며, 1일 평균금액은 입원기간 동안 상급병실료 차액 전체를 총 입원일수로 나누어 산출합니다.

주)「국민건강보험법」또는「의료급여법」에 따라 보건복지부 장관이 정한 비급여대상(「국민건강보험법」에서 정한 요양급여 또는「의료급여법」에서 정한 의료급여 절차를 거쳤지만 급여항목이 발생하지 않은 경우로「국민건강보험법」또는「의료급여법」에 따른 비급여항목 포함)

② 제1항의 질병에서 청약서상 '계약 전 알릴 의무(중요한 사항으로 한정합니다)'에 해당하는 질병으로 인하여 과거(청약서상 해당 질병의 고지대상 기간을 말합니다)에 진단 또는 치료를 받은 경우 그 질병으로 인한 입원의료비는 보상하지 않습니다.

③ 피보험자가「국민건강보험법」또는「의료급여법」을 적용받지 못하는 경우에는 입원의료비(「국민건강보험 요양급여의 기준에 관한 규칙」에 따라 보건복지부장관이 정한 급여 및 비급여의료비 항목만 해당합니다) 중 본인이 실제로 부담한 금액의 40%를 하나의 질병당 보험가입금액(5천만원 이내에서 계약 시 계약자가 정한 금액을 말합니다)의 한도 내에서 보상합니다.

④ 제1항에도 불구하고 회사는 하나의 질병으로 인한 입원의료비를 보험가입금액까지 보상한 경우에는 보상한도 종료일부터 90일이 경과한 날부터 최초 입원한 것과 동일한 기준으로 다시 보상합니다(계속 입원을 포함합니다). 다만, 최초 입원일부터 275일(365일-90일) 이내에 보상한도종료일이 있는 경우에는 최초 입원일부터 365일이 경과되는 날부터 최초 입원한 것과 동일한 기준으로 다시 보상합니다.

〈보상기간 예시〉

(ⅰ) 최초입원일~보상한도종료일이 275일(365일-90일) 이상인 경우

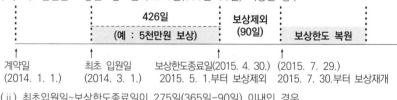

(ⅱ) 최초입원일~보상한도종료일이 275일(365일-90일) 이내인 경우

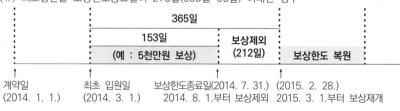

⑤ "하나의 질병"이란 발생 원인이 동일한 질병(의학상 중요한 관련이 있는 질병은 하나의 질

보장종목	보상하는 사항
	병으로 간주하며, 하나의 질병으로 2회 이상 치료를 받는 경우에는 이를 하나의 질병으로 봅니다)을 말하며, 질병의 치료 중에 발생된 합병증 또는 새로 발견된 질병의 치료가 병행되거나 의학상 관련이 없는 여러 종류의 질병을 갖고 있는 상태에서 입원한 경우에는 하나의 질병으로 간주합니다.

⑥ 피보험자가 입원하여 치료를 받던 중 보험기간이 끝나더라도 그 계속 중인 입원에 대해서는 보험기간 종료일부터 180일까지(보험기간 종료일은 제외합니다) 보상하며, 이 경우 제4항은 적용하지 않습니다. 다만, 종전 계약을 자동갱신하거나 같은 회사의 보험상품에 재가입하는 경우에는 종전 계약의 보험기간을 연장하는 것으로 보아 제4항을 적용합니다.

⑦ 피보험자가 직원복리후생제도에 의해 의료비를 감면받고 그 감면받은 의료비가 근로소득에 포함되는 경우에는 그 감면 전 의료비를 기준으로 입원의료비를 계산합니다.

⑧ 제2항에도 불구하고 청약일 이전에 진단확정된 질병이라 하더라도 청약일 이후 5년이 지나는 동안(계약이 자동갱신되어 5년이 지나는 경우를 포함합니다) 그 질병으로 인하여 추가적인 진단(단순 건강검진은 제외합니다) 또는 치료사실이 없을 경우, 청약일부터 5년이 지난 이후에는 이 약관에 따라 보상합니다.

⑨ 제8항에서 "청약일 이후 5년이 지나는 동안"이란 이 약관 제26조[보험료의 납입이 연체되는 경우 납입최고(독촉)와 계약의 해지]에서 정한 계약의 해지가 발생하지 않은 경우를 말합니다.

⑩ 이 약관 제27조[보험료의 납입연체로 인한 해지계약의 부활(효력회복)]에서 정한 계약의 부활이 이루어진 경우 부활일을 제8항의 청약일로 하여 적용합니다.

(4) 질병통원

① 회사는 피보험자가 질병으로 인하여 병원에 통원하여 치료를 받거나 처방조제를 받은 경우에는 통원의료비 명목으로 매년 계약해당일부터 1년을 단위로 하여 다음과 같이 외래(외래제비용, 외래수술비) 및 처방조제비를 각각 보상합니다.

구분	보상한도
외래	방문 1회당 '「국민건강보험법」에서 정한 요양급여 또는 「의료급여법」에서 정한 의료급여 중 본인부담금'과 '비급여[주1)]'를 합한 금액(본인이 실제로 부담한 금액을 말합니다)에서 〈표1〉의 '항목별 공제금액'을 뺀 금액을 외래의 보험가입금액[주2)]의 한도 내에서 보상(매년 계약해당일부터 1년간 방문 180회를 한도로 합니다)
처방조제비	처방전 1건당 '「국민건강보험법」에서 정한 요양급여 또는 「의료급여법」에서 정한 의료급여 중 본인부담금'과 '비급여[주1)]'를 합한 금액(본인이 실제로 부담한 금액을 말합니다)에서 〈표1〉의 '항목별 공제금액'을 뺀 금액을 처방조제비의 보험가입금액[주2)]을 한도 내에서 보상(매년 계약해당일부터 1년간 처방전 180건을 한도로 합니다)

주1) 「국민건강보험법」 또는 「의료급여법」에 따라 보건복지부 장관이 정한 비급여대상(「국민건강보험법」에서 정한 요양급여 또는 「의료급여법」에서 정한 의료급여 절차를 거쳤지만 급여항목이 발생하지 않은 경우로 「국민건강보험법」 또는 「의료급여법」에 따른 비급여항목 포함)

주2) 외래 및 처방조제비는 회(건)당 합산하여 30만원 이내에서 계약 시 계약자가 각각 정한 금액을 말합니다.

보장종목	보상하는 사항

〈표1 항목별 공제금액〉

구분		항목	공제 금액
표준형	외래 (외래제비용 및 외래수술비 합계)	「의료법」 제3조 제2항 제1호에 따른 의원, 치과의원, 한의원, 같은 항 제2호에 따른 조산원, 「지역보건법」 제10조, 제12조 및 제13조에 따른 보건소, 보건의료원 및 보건지소, 「농어촌 등 보건의료를 위한 특별조치법」 제15조에 따른 보건진료소	1만원과 보장대상 의료비의 20% 중 큰 금액
		「의료법」 제3조 제2항 제3호에 따른 종합병원, 병원, 치과병원, 한방병원, 요양병원	1만5천원과 보장대상 의료비의 20% 중 큰 금액
		「국민건강보험법」 제42조 제2항에 따른 종합전문요양기관 또는 「의료법」 제3조의4에 따른 상급종합병원	2만원과 보장대상 의료비의 20% 중 큰 금액
	처방 조제비	「국민건강보험법」 제42조 제1항 제2호에 따른 약국, 같은 항 제3호에 따른 한국희귀의약품센터에서의 처방, 조제(의사의 처방전 1건당, 의약분업 예외 지역에서 약사의 직접조제 1건당)	8천원과 보장대상 의료비의 20% 중 큰 금액
선택형	외래 (외래제비용 및 외래수술비 합계)	「의료법」 제3조 제2항 제1호에 따른 의원, 치과의원, 한의원, 같은 항 제2호에 따른 조산원, 「지역보건법」 제10조, 제12조 및 제13조에 따른 보건소, 보건의료원 및 보건지소, 「농어촌 등 보건의료를 위한 특별조치법」 제15조에 따른 보건진료소	1만원
		「의료법」 제3조 제2항 제3호에 따른 종합병원, 병원, 치과병원, 한방병원, 요양병원	1만5천원
		「국민건강보험법」 제42조 제2항에 따른 종합전문요양기관 또는 「의료법」 제3조의4에 따른 상급종합병원	2만원
	처방 조제비	「국민건강보험법」 제42조 제1항 제2호에 따른 약국, 같은 항 제3호에 따른 한국희귀의약품센터에서의 처방, 조제(의사의 처방전 1건당, 의약분업 예외 지역에서 약사의 직접조제 1건당)	8천원

② 피보험자가 통원하여 치료를 받던 중 보험기간이 끝나더라도 그 계속 중인 통원치료에 대해서는 다음 예시와 같이 보험기간 종료일부터 180일 이내에 외래는 방문 90회, 처방조제

보장종목	보상하는 사항

비는 처방전 90건의 한도 내에서 보상합니다. 다만, 종전 계약을 자동갱신하거나 같은 회사의 보험상품에 재가입하는 경우에는 종전 계약의 보험기간을 연장하는 것으로 보아 제1항을 적용합니다.

〈보상기간 예시〉

③ 하나의 질병으로 하루에 같은 치료를 목적으로 의료기관에서 2회 이상 통원치료를 받거나 하나의 질병으로 약국에서 2회 이상 처방조제를 받은 경우 각각 1회의 외래 및 1건의 처방으로 보아 제1항과 제2항을 적용합니다. 이때 공제금액은 2회 이상의 중복방문 의료기관 중 가장 높은 공제금액을 적용합니다.

④ "하나의 질병"이란 발생 원인이 동일한 질병(의학상 중요한 관련이 있는 질병을 포함합니다)을 말하며, 질병의 치료 중에 발생된 합병증 또는 새로 발견된 질병의 치료가 병행되거나 의학상 관련이 없는 여러 종류의 질병을 갖고 있는 상태에서 통원한 경우에는 하나의 질병으로 봅니다.

⑤ 제1항의 질병에서 청약서상 '계약 전 알릴 의무(중요한 사항으로 한정합니다)'에 해당하는 질병으로 인하여 과거(청약서상 해당 질병의 고지대상 기간을 말합니다)에 진단 또는 치료를 받은 경우 그 질병으로 인한 외래 및 처방조제비는 보상하지 않습니다.

⑥ 피보험자가 「국민건강보험법」 또는 「의료급여법」을 적용받지 못하는 경우에는 통원의료비(「국민건강보험 요양급여의 기준에 관한 규칙」에 따라 보건복지부장관이 정한 급여 및 비급여의료비 항목만 해당합니다) 중 본인이 실제로 부담한 금액에서 〈표1〉의 '항목별 공제금액'을 뺀 금액의 40%를 외래 및 처방조제비로 보험가입금액(외래 및 처방조제비는 회(건)당 합산하여 30만원 이내에서 계약 시 계약자가 각각 정한 금액을 말합니다)의 한도 내에서 보상합니다.

⑦ 피보험자가 직원복리후생제도에 의해 의료비를 감면받고 그 감면받은 의료비가 근로소득에 포함되는 경우에는 그 감면 전 의료비를 기준으로 통원의료비를 계산합니다.

⑧ 제5항에도 불구하고 청약일 이전에 진단된 질병이라 하더라도 청약일 이후 5년이 지나는 동안(계약이 자동갱신되어 5년이 지나는 경우를 포함합니다) 그 질병으로 인하여 추가적인 진단(단순 건강검진은 제외합니다) 또는 치료사실이 없을 경우, 청약일부터 5년이 지난 이후에는 이 약관에 따라 보상합니다.

⑨ 제8항에서 "청약일 이후 5년이 지나는 동안"이란 이 약관 제26조[보험료의 납입이 연체되는 경우 납입최고(독촉)와 계약의 해지]에서 정한 계약의 해지가 발생하지 않은 경우를 말합니다.

⑩ 이 약관 제27조[보험료의 납입연체로 인한 해지계약의 부활(효력회복)]에서 정한 계약의 부활이 이루어진 경우 부활일을 제8항의 청약일로 하여 적용합니다.

제3관 회사가 보상하지 않는 사항

제4조(보상하지 않는 사항) 회사가 보상하지 않는 사항은 보장종목별로 다음과 같습니다.

보장종목	보상하지 않는 사항
(1) 상해입원	① 회사는 다음의 사유로 인하여 생긴 입원의료비는 보상하지 않습니다. 　1. 피보험자가 고의로 자신을 해친 경우. 다만, 피보험자가 심신상실 등으로 자유로운 의사결정을 할 수 없는 상태에서 자신을 해친 사실이 증명된 경우에는 보상합니다. 　2. 보험수익자가 고의로 피보험자를 해친 경우. 다만, 그 보험수익자가 보험금의 일부 보험수익자인 경우에는 다른 보험수익자에 대한 보험금은 지급합니다. 　3. 계약자가 고의로 피보험자를 해친 경우 　4. 피보험자가 임신, 출산(제왕절개를 포함합니다), 산후기로 입원한 경우. 다만, 회사가 보상하는 상해로 인하여 입원한 경우에는 보상합니다. 　5. 전쟁, 외국의 무력행사, 혁명, 내란, 사변, 폭동으로 인한 경우 　6. 피보험자가 정당한 이유없이 입원기간 중 의사의 지시를 따르지 않거나 의사가 통원치료가 가능하다고 인정함에도 피보험자 본인이 자의적으로 입원하여 발생한 입원의료비 ② 회사는 다른 약정이 없으면 피보험자가 직업, 직무 또는 동호회 활동 목적으로 한 다음의 어느 하나에 해당하는 행위로 인하여 생긴 상해에 대해서는 보상하지 않습니다. 　1. 전문등반(전문적인 등산용구를 사용하여 암벽 또는 빙벽을 오르내리거나 특수한 기술, 경험, 사전 훈련이 필요한 등반을 말합니다), 글라이더 조종, 스카이다이빙, 스쿠버다이빙, 행글라이딩, 수상보트, 패러글라이딩 　2. 모터보트·자동차 또는 오토바이에 의한 경기, 시범, 행사(이를 위한 연습을 포함합니다) 또는 시운전(다만, 공용도로에서 시운전을 하는 동안 발생한 상해는 보상합니다) 　3. 선박 승무원, 어부, 사공, 그 밖에 선박에 탑승하는 것을 직무로 하는 사람의 직무상 선박탑승 ③ 회사는 다음의 입원의료비에 대해서는 보상하지 않습니다. 　1. 치과치료(다만, 안면부 골절로 발생한 의료비는 치아 관련 치료를 제외하고 보상합니다)·한방치료(다만, 「의료법」 제2조에 따른 한의사를 제외한 '의사'의 의료행위에 의해서 발생한 의료비는 보상합니다)에서 발생한 「국민건강보험법」에 따른 요양급여에 해당하지 않는 비급여의료비 　2. 「국민건강보험법」에 따른 요양급여 중 본인부담금의 경우 국민건강보험 관련 법령에 따라 국민건강보험공단으로부터 사전 또는 사후 환급이 가능한 금액(본인부담금 상한제) 　3. 「의료급여법」에 따른 의료급여 중 본인부담금의 경우 의료급여 관련 법령에 따라 의료급여기금 등으로부터 사전 또는 사후 환급이 가능한 금액(「의료급여법」에 따른 본인부담금 보상제 및 본인부담금 상한제) 　4. 건강검진(단, 검사결과 이상 소견에 따라 건강검진센터 등에서 발생한 추가 의료비용은 보상합니다), 예방접종, 인공유산에 든 비용. 다만, 회사가 보상하는 상해 치료를 목적으로 하는 경우에는 보상합니다. 　5. 영양제, 비타민제, 호르몬 투여, 보신용 투약, 친자 확인을 위한 진단, 불임검사, 불임수술, 불임복원술, 보조생식술(체내, 체외 인공수정을 포함합니다), 성장촉진, 의약외품과 관련하여 소요된 비용. 다만, 회사가 보상하는 상해 치료를 목적으로 하는 경우에는 보상합니다. 　6. 의치, 의수족, 의안, 안경, 콘택트렌즈, 보청기, 목발, 팔걸이(Arm Sling), 보조기 등

보장종목	보상하지 않는 사항
	진료 재료의 구입 및 대체 비용. 다만, 인공장기 등 신체에 이식되어 그 기능을 대신하는 경우에는 보상합니다. 7. 아래에 열거된 국민건강보험 비급여 대상으로 신체의 필수 기능개선 목적이 아닌 외모개선 목적의 치료로 인하여 발생한 의료비 　가. 쌍꺼풀수술(이중검수술. 다만, 안검하수, 안검내반 등을 치료하기 위한 시력개선 목적의 이중검수술은 보상합니다), 코성형수술(융비술), 유방 확대(다만, 유방암 환자의 유방재건술은 보상합니다)·축소술, 지방흡입술, 주름살 제거술 등 　나. 사시교정, 안와격리증(양쪽 눈을 감싸고 있는 뼈와 뼈 사이의 거리가 넓은 증상)의 교정 등 시각계 수술로서 시력개선 목적이 아닌 외모개선 목적의 수술 　다. 안경, 콘텍트렌즈 등을 대체하기 위한 시력교정술(국민건강보험 요양급여 대상 수술방법 또는 치료재료가 사용되지 않은 부분은 시력교정술로 봅니다) 　라. 외모개선 목적의 다리 정맥류 수술(국민건강보험 요양급여 대상 수술방법 또는 치료재료가 사용되지 않은 부분은 외모개선 목적으로 봅니다) 　마. 그 밖에 외모개선 목적의 치료로 국민건강보험 비급여대상에 해당하는 치료 8. 진료와 무관한 각종 비용(TV시청료, 전화료, 각종 증명료 등을 말합니다), 의사의 임상적 소견과 관련이 없는 검사비용, 간병비 9. 자동차보험(공제를 포함합니다) 또는 산재보험에서 보상받는 의료비. 다만, 본인부담의료비는 제3조(보장종목별 보상내용) (1) 상해입원 제1항, 제2항 및 제4항부터 제6항에 따라 보상합니다. 10. 「국민건강보험법」 제42조의 요양기관이 아닌 외국에 있는 의료기관에서 발생한 의료비
(2) 상해통원	① 회사는 다음의 사유로 인하여 생긴 통원의료비는 보상하지 않습니다. 　1. 피보험자가 고의로 자신을 해친 경우. 다만, 피보험자가 심신상실 등으로 자유로운 의사결정을 할 수 없는 상태에서 자신을 해친 사실이 증명된 경우에는 보상합니다. 　2. 보험수익자가 고의로 피보험자를 해친 경우. 다만, 그 보험수익자가 보험금의 일부 보험수익자인 경우에는 다른 보험수익자에 대한 보험금은 지급합니다. 　3. 계약자가 고의로 피보험자를 해친 경우 　4. 피보험자가 임신, 출산(제왕절개를 포함합니다), 산후기로 통원한 경우. 다만, 회사가 보상하는 상해로 인하여 통원한 경우에는 보상합니다. 　5. 전쟁, 외국의 무력행사, 혁명, 내란, 사변, 폭동으로 인한 경우 　6. 피보험자가 정당한 이유 없이 통원기간 중 의사의 지시를 따르지 않아 발생한 통원의료비 ② 회사는 다른 약정이 없으면 피보험자가 직업, 직무 또는 동호회 활동 목적으로 한 다음의 어느 하나에 해당하는 행위로 인하여 생긴 상해에 대해서는 보상하지 않습니다. 　1. 전문등반(전문적인 등산용구를 사용하여 암벽 또는 빙벽을 오르내리거나 특수한 기술, 경험, 사전 훈련이 필요한 등반을 말합니다), 글라이더 조종, 스카이다이빙, 스쿠버다이빙, 행글라이딩, 수상보트, 패러글라이딩 　2. 모터보트, 자동차 또는 오토바이에 의한 경기, 시범, 행사(이를 위한 연습을 포함합니다) 또는 시운전(다만, 공용도로에서 시운전을 하는 동안 발생한 상해는 보상합니다) 　3. 선박 승무원, 어부, 사공, 그 밖에 선박에 탑승하는 것을 직무로 하는 사람의 직무상 선박탑승 ③ 회사는 다음의 통원의료비에 대해서는 보상하지 않습니다. 　1. 치과치료(다만, 안면부 골절로 발생한 의료비는 치아 관련 치료를 제외하고 보상합니

보장종목	보상하지 않는 사항
	다) · 한방치료(다만, 「의료법」 제2조에 따른 한의사를 제외한 '의사'의 의료행위에 의해서 발생한 의료비는 보상합니다)에서 발생한 「국민건강보험법」에 따른 요양급여에 해당하지 않는 비급여의료비

2. 「국민건강보험법」에 따른 요양급여 중 본인부담금의 경우 국민건강보험 관련 법령에 따라 국민건강보험공단으로부터 사전 또는 사후 환급이 가능한 금액(본인부담금 상한제)
3. 「의료급여법」에 따른 의료급여 중 본인부담금의 경우 의료급여 관련 법령에 따라 의료급여기금 등으로부터 사전 또는 사후 환급이 가능한 금액(「의료급여법」에 따른 본인부담금 보상제 및 본인부담금 상한제)
4. 건강검진(단, 검사결과 이상 소견에 따라 건강검진센터 등에서 발생한 추가 의료비용은 보상합니다), 예방접종, 인공유산에 든 비용. 다만, 회사가 보상하는 상해 치료를 목적으로 하는 경우에는 보상합니다.
5. 영양제, 비타민제, 호르몬 투여, 보신용 투약, 친자 확인을 위한 진단, 불임검사, 불임수술, 불임복원술, 보조생식술(체내, 체외 인공수정을 포함합니다), 성장촉진, 의약외품과 관련하여 소요된 비용. 다만, 회사가 보상하는 상해 치료를 목적으로 하는 경우에는 보상합니다.
6. 의치, 의수족, 의안, 안경, 콘택트렌즈, 보청기, 목발, 팔걸이(Arm Sling), 보조기 등 진료 재료의 구입 및 대체 비용. 다만, 인공장기 등 신체에 이식되어 그 기능을 대신하는 경우에는 보상합니다.
7. 아래에 열거된 국민건강보험 비급여 대상으로 신체의 필수 기능개선 목적이 아닌 외모개선 목적의 치료로 인하여 발생한 의료비
   가. 쌍꺼풀수술(이중검수술. 다만, 안검하수, 안검내반 등을 치료하기 위한 시력개선 목적의 이중검수술은 보상합니다), 코성형수술(융비술), 유방 확대(다만, 유방암 환자의 유방재건술은 보상합니다) · 축소술, 지방흡입술, 주름살 제거술 등
   나. 사시교정, 안와격리증(양쪽 눈을 감싸고 있는 뼈와 뼈 사이의 거리가 넓은 증상)의 교정 등 시각계 수술로서 시력개선 목적이 아닌 외모개선 목적의 수술
   다. 안경, 콘택트렌즈 등을 대체하기 위한 시력교정술(국민건강보험 요양급여 대상 수술방법 또는 치료재료가 사용되지 않은 부분은 시력교정술로 봅니다)
   라. 외모개선 목적의 다리 정맥류 수술(국민건강보험 요양급여 대상 수술방법 또는 치료재료가 사용되지 않은 부분은 외모개선 목적으로 봅니다)
   마. 그 밖에 외모개선 목적의 치료로 국민건강보험 비급여대상에 해당하는 치료
8. 진료와 무관한 각종 비용(TV시청료, 전화료, 각종 증명료 등을 말합니다), 의사의 임상적 소견과 관련이 없는 검사비용, 간병비
9. 자동차보험(공제를 포함합니다) 또는 산재보험에서 보상받는 의료비. 다만, 본인부담의료비는 제3조(보장종목별 보상내용) (2) 상해통원 제1항부터 제4항 및 제6항에 따라 보상합니다.
10. 「국민건강보험법」 제42조의 요양기관이 아닌 외국에 있는 의료기관에서 발생한 의료비
11. 「응급의료에 관한 법률」 및 동 시행규칙에서 정한 응급환자에 해당하지 않는 자가 「의료법」 제3조의4에 따른 상급종합병원 응급실을 이용하면서 발생한 응급의료관리료

보장종목	보상하지 않는 사항
(3) 질병입원	① 회사는 다음의 사유로 생긴 입원의료비는 보상하지 않습니다.

1. 피보험자가 고의로 자신을 해친 경우. 다만, 피보험자가 심신상실 등으로 자유로운 의사결정을 할 수 없는 상태에서 자신을 해친 사실이 증명된 경우에는 보상합니다.
2. 보험수익자가 고의로 피보험자를 해친 경우. 다만, 그 보험수익자가 보험금의 일부 보

보장종목	보상하지 않는 사항

험수익자인 경우에는 다른 보험수익자에 대한 보험금은 지급합니다.

3. 계약자가 고의로 피보험자를 해친 경우

4. 피보험자가 정당한 이유없이 입원기간 중 의사의 지시를 따르지 않거나 의사가 통원치료가 가능하다고 인정함에도 피보험자 본인이 자의적으로 입원하여 발생한 입원의료비

② 회사는 '한국표준질병사인분류'에 따른 다음의 입원의료비에 대해서는 보상하지 않습니다.

1. 정신 및 행동장애(F04~F99)(다만, F04~F09, F20~F29, F30~F39, F40~F48, F90~F98과 관련한 치료에서 발생한 「국민건강보험법」에 따른 요양급여에 해당하는 의료비는 보상합니다)

2. 여성생식기의 비염증성 장애로 인한 습관성 유산, 불임 및 인공수정 관련 합병증(N96~N98)

3. 피보험자가 임신, 출산(제왕절개를 포함합니다), 산후기로 입원한 경우(O00~O99)

4. 선천성 뇌질환(Q00~Q04)

5. 비만(E66)

6. 요실금(N39.3, N39.4, R32)

7. 직장 또는 항문 질환 중 「국민건강보험법」에 따른 요양급여에 해당하지 않는 부분(I84, K60~K62, K64)

③ 회사는 다음의 입원의료비에 대해서는 보상하지 않습니다.

1. 치과치료(K00~K08) 및 한방치료(다만, 「의료법」 제2조에 따른 한의사를 제외한 '의사'의 의료행위에 의해서 발생한 의료비는 보상합니다)에서 발생한 「국민건강보험법」에 따른 요양급여에 해당하지 않는 비급여의료비

2. 「국민건강보험법」에 따른 요양급여 중 본인부담금의 경우 국민건강보험 관련 법령에 따라 국민건강보험공단으로부터 사전 또는 사후 환급이 가능한 금액(본인부담금 상한제)

3. 「의료급여법」에 따른 의료급여 중 본인부담금의 경우 의료급여 관련 법령에 따라 의료급여기금 등으로부터 사전 또는 사후 환급이 가능한 금액(「의료급여법」에 따른 본인부담금 보상제 및 본인부담금 상한제)

4. 건강검진(단, 검사결과 이상 소견에 따라 건강검진센터 등에서 발생한 추가 의료비용은 보상합니다), 예방접종, 인공유산에 든 비용. 다만, 회사가 보상하는 질병 치료를 목적으로 하는 경우에는 보상합니다.

5. 영양제, 비타민제, 호르몬 투여(다만, 국민건강보험의 요양급여 기준에 해당하는 성조숙증을 치료하기 위한 호르몬 투여는 보상합니다), 보신용 투약, 친자 확인을 위한 진단, 불임검사, 불임수술, 불임복원술, 보조생식술(체내, 체외 인공수정을 포함합니다), 성장촉진, 의약외품과 관련하여 소요된 비용. 다만, 회사가 보상하는 질병 치료를 목적으로 하는 경우에는 보상합니다.

6. 다음의 어느 하나에 해당하는 치료로 인하여 발생한 의료비

가. 단순한 피로 또는 권태

나. 주근깨, 다모, 무모, 백모증, 딸기코(주사비), 점, 모반(피보험자가 보험가입당시 태아인 경우 화염상모반 등 선천성 비신생물성모반(Q82.5)은 보상합니다), 사마귀, 여드름, 노화현상으로 인한 탈모 등 피부질환

다. 발기부전(impotence)·불감증, 단순 코골음(수면무호흡증(G47.3)은 보상합니다), 치료를 동반하지 않는 단순포경(phimosis), 「국민건강보험 요양급여의 기준에 관한 규칙」 제9조 제1항([별표2] 비급여대상)에 따른 업무 또는 일상생활에 지장이 없는 검열반 등 안과질환

7. 의치, 의수족, 의안, 안경, 콘택트렌즈, 보청기, 목발, 팔걸이(Arm Sling), 보조기 등

보장종목	보상하지 않는 사항
	진료 재료의 구입 및 대체 비용. 다만, 인공장기 등 신체에 이식되어 그 기능을 대신하는 경우에는 보상합니다. 8. 아래에 열거된 국민건강보험 비급여 대상으로 신체의 필수 기능개선 목적이 아닌 외모개선 목적의 치료로 인하여 발생한 의료비 　　가. 쌍꺼풀수술(이중검수술. 다만, 안검하수, 안검내반 등을 치료하기 위한 시력개선 목적의 이중검수술은 보상합니다), 코성형수술(융비술), 유방확대(다만, 유방암 환자의 유방재건술은 보상합니다)·축소술, 지방흡입술, 주름살 제거술 등 　　나. 사시교정, 안와격리증(양쪽 눈을 감싸고 있는 뼈와 뼈 사이의 거리가 넓은 증상)의 교정 등 시각계 수술로서 시력개선 목적이 아닌 외모개선 목적의 수술 　　다. 안경, 콘텍트렌즈 등을 대체하기 위한 시력교정술(국민건강보험 요양급여 대상 수술방법 또는 치료재료가 사용되지 않은 부분은 시력교정술로 봅니다) 　　라. 외모개선 목적의 다리 정맥류 수술(국민건강보험 요양급여 대상 수술방법 또는 치료재료가 사용되지 않은 부분은 외모개선 목적으로 봅니다) 　　마. 그 밖에 외모개선 목적의 치료로 국민건강보험 비급여대상에 해당하는 치료 9. 진료와 무관한 각종 비용(TV시청료, 전화료, 각종 증명료 등을 말합니다), 의사의 임상적 소견과 관련이 없는 검사비용, 간병비 10. 산재보험에서 보상받는 의료비. 다만, 본인부담의료비는 제3조(보장종목별 보상내용) (3) 질병입원 제1항, 제2항 및 제4항부터 제10항에 따라 보상합니다. 11. 인간면역결핍바이러스(HIV) 감염으로 인한 치료비(다만, 「의료법」에서 정한 의료인의 진료상 또는 치료 중 혈액에 의한 HIV 감염은 해당 진료기록을 통해 객관적으로 확인되는 경우는 보상합니다) 12. 「국민건강보험법」 제42조의 요양기관이 아닌 외국에 있는 의료기관에서 발생한 의료비
(4) 질병통원	① 회사는 다음의 사유로 인하여 생긴 통원의료비는 보상하지 않습니다. 　1. 피보험자가 고의로 자신을 해친 경우. 다만, 피보험자가 심신상실 등으로 자유로운 의사결정을 할 수 없는 상태에서 자신을 해친 사실이 증명된 경우에는 보상합니다. 　2. 보험수익자가 고의로 피보험자를 해친 경우. 다만, 그 보험수익자가 보험금의 일부 보험수익자인 경우에는 다른 보험수익자에 대한 보험금은 지급합니다. 　3. 계약자가 고의로 피보험자를 해친 경우 　4. 피보험자가 정당한 이유 없이 통원기간 중 의사의 지시를 따르지 않아 발생한 통원의료비 ② 회사는 '한국표준질병사인분류'에 따른 다음의 통원의료비에 대해서는 보상하지 않습니다. 　1. 정신 및 행동장애(F04~F99)(다만, F04~F09, F20~F29, F30~F39, F40~F48, F90~F98과 관련한 치료에서 발생한 「국민건강보험법」에 따른 요양급여에 해당하는 의료비는 보상합니다) 　2. 여성생식기의 비염증성 장애로 인한 습관성 유산, 불임 및 인공수정 관련 합병증(N96~N98) 　3. 피보험자가 임신, 출산(제왕절개를 포함합니다), 산후기로 통원한 경우(O00~O99) 　4. 선천성 뇌질환(Q00~Q04) 　5. 비만(E66) 　6. 요실금(N39.3, N39.4, R32) 　7. 직장 또는 항문질환 중 「국민건강보험법」에 따른 요양급여에 해당하지 않는 부분(I84, K60~K62, K64) ③ 회사는 다음의 통원의료비에 대해서는 보상하지 않습니다.

보장종목	보상하지 않는 사항

1. 치과치료(K00~K08) 및 한방치료(다만, 「의료법」 제2조에 따른 한의사를 제외한 '의사'의 의료행위에 의해서 발생한 의료비는 보상합니다)에서 발생한 「국민건강보험법」에 따른 요양급여에 해당하지 않는 비급여의료비

2. 「국민건강보험법」에 따른 요양급여 중 본인부담금의 경우 국민건강보험 관련 법령에 따라 국민건강보험공단으로부터 사전 또는 사후 환급이 가능한 금액(본인부담금 상한제)

3. 「의료급여법」에 따른 의료급여 중 본인부담금의 경우 의료급여 관련 법령에 따라 의료급여기금 등으로부터 사전 또는 사후 환급이 가능한 금액(「의료급여법」에 따른 본인부담금 보상제 및 본인부담금 상한제)

4. 건강검진(단, 검사결과 이상 소견에 따라 건강검진센터 등에서 발생한 추가 의료비용은 보상합니다), 예방접종, 인공유산에 든 비용. 다만, 회사가 보상하는 질병 치료를 목적으로 하는 경우에는 보상합니다.

5. 영양제, 비타민제, 호르몬 투여(다만, 국민건강보험의 요양급여 기준에 해당하는 성조숙증을 치료하기 위한 호르몬 투여는 보상합니다), 보신용 투약, 친자 확인을 위한 진단, 불임검사, 불임수술, 불임복원술, 보조생식술(체내, 체외 인공수정을 포함합니다), 성장촉진, 의약외품과 관련하여 소요된 비용. 다만, 회사가 보상하는 질병 치료를 목적으로 하는 경우에는 보상합니다.

6. 다음의 어느 하나에 해당하는 치료로 인하여 발생한 의료비

   가. 단순한 피로 또는 권태

   나. 주근깨, 다모, 무모, 백모증, 딸기코(주사비), 점, 모반(피보험자가 보험가입당시 태아인 경우 화염상모반 등 선천성 비신생물성모반(Q82.5)은 보상합니다), 사마귀, 여드름, 노화현상으로 인한 탈모 등 피부질환

   다. 발기부전(impotence)·불감증, 단순 코골음(수면무호흡증(G47.3)은 보상합니다), 치료를 동반하지 않는 단순포경(phimosis), 「국민건강보험 요양급여의 기준에 관한 규칙」 제9조 제1항([별표2] 비급여대상)에 따른 업무 또는 일상생활에 지장이 없는 검열반 등 안과질환

7. 의치, 의수족, 의안, 안경, 콘택트렌즈, 보청기, 목발, 팔걸이(Arm Sling), 보조기 등 진료 재료의 구입 및 대체 비용. 다만, 인공장기 등 신체에 이식되어 그 기능을 대신하는 경우에는 보상합니다.

8. 아래에 열거된 국민건강보험 비급여 대상으로 신체의 필수 기능개선 목적이 아닌 외모개선 목적의 치료로 인하여 발생한 의료비

   가. 쌍꺼풀수술(이중검수술. 다만, 안검하수, 안검내반 등을 치료하기 위한 시력개선 목적의 이중검수술은 보상합니다), 코성형수술(융비술), 유방확대(다만, 유방암 환자의 유방재건술은 보상합니다)·축소술, 지방흡입술, 주름살 제거술 등

   나. 사시교정, 안와격리증(양쪽 눈을 감싸고 있는 뼈와 뼈 사이의 거리가 넓은 증상)의 교정 등 시각계 수술로서 시력개선 목적이 아닌 외모개선 목적의 수술

   다. 안경, 콘택트렌즈 등을 대체하기 위한 시력교정술(국민건강보험 요양급여 대상 수술방법 또는 치료재료가 사용되지 않은 부분은 시력교정술로 봅니다)

   라. 외모개선 목적의 다리 정맥류 수술(국민건강보험 요양급여 대상 수술방법 또는 치료재료가 사용되지 않은 부분은 외모개선 목적으로 봅니다)

   마. 그 밖에 외모개선 목적의 치료로 국민건강보험 비급여대상에 해당하는 치료

9. 진료와 무관한 각종 비용(TV시청료, 전화료, 각종 증명료 등을 말합니다), 의사의 임상적 소견과 관련 없는 검사비용, 간병비

10. 산재보험에서 보상받는 의료비. 다만, 본인부담의료비는 제3조(보장종목별 보상내용)

보장종목	보상하지 않는 사항
	(4) 질병통원 제1항부터 제5항 및 제7항부터 제10항에 따라 보상합니다.
	11. 인간면역결핍바이러스(HIV) 감염으로 인한 치료비(다만, 「의료법」에서 정한 의료인의 진료상 또는 치료 중 혈액에 의한 HIV 감염은 해당 진료기록을 통해 객관적으로 확인되는 경우는 보상합니다)
	12. 「국민건강보험법」 제42조의 요양기관이 아닌 외국에 있는 의료기관에서 발생한 의료비
	13. 「응급의료에 관한 법률」동 시행규칙에서 정한 응급환자에 해당하지 않는 자가 「의료법」 제3조의4에 따른 상급종합병원 응급실을 이용하면서 발생한 응급의료관리료

〈붙임〉 용어의 정의

용어	정의
계약	보험계약
진단계약	계약을 체결하기 위하여 피보험자가 건강진단을 받아야 하는 계약
보험증권	계약의 성립과 계약내용을 증명하기 위하여 회사가 계약자에게 드리는 증서
계약자	보험회사와 계약을 체결하고 보험료를 납입하는 사람
피보험자	보험금지급사유 또는 보험사고 발생의 대상(객체)이 되는 사람
보험수익자	보험금을 수령하는 사람
보험기간	회사가 계약에서 정한 보상책임을 지는 기간
회사	보험회사
연단위복리	회사가 지급할 금전에 대한 이자를 줄 때 1년마다 마지막 날에 그 이자를 원금에 더한 금액을 다음 1년의 원금으로 하는 이자 계산방법
평균공시이율	전체 보험회사 공시이율의 평균으로, 이 계약 체결 시점의 이율을 말함
해지환급금	계약이 해지되는 때에 회사가 계약자에게 돌려주는 금액
영업일	회사가 영업점에서 정상적으로 영업하는 날을 말하며, 토요일, 「관공서의 공휴일에 관한 규정」에 따른 공휴일과 근로자의 날은 제외
상해	보험기간 중 발생한 급격하고 우연한 외래의 사고
상해보험계약	상해를 보장하는 계약
의사	「의료법」 제2조(의료인)에서 정한 의사, 한의사 및 치과의사의 자격을 가진 사람
약사	「약사법」 제2조(정의)에서 정한 약사 및 한약사의 자격을 가진 사람
의료기관	「의료법」 제3조(의료기관) 제2항에서 정하는 의료기관을 말하며, 종합병원ㆍ병원ㆍ치과병원ㆍ한방병원ㆍ요양병원ㆍ의원ㆍ치과의원ㆍ한의원 및 조산원으로 구분
약국	「약사법」 제2조 제3호에 따른 장소로서, 약사가 수여(授與)할 목적으로 의약품 조제업무를 하는 장소를 말하며, 의료기관의 조제실은 제외
병원	「국민건강보험법」 제42조(요양기관)에서 정하는 국내의 병원 또는 의원을 말하며, 조산원은 제외

용어	정의
입원	의사가 피보험자의 질병 또는 상해로 인하여 치료가 필요하다고 인정한 경우로서 자택 등에서 치료가 곤란하여 병원, 의료기관 또는 이와 동등하다고 인정되는 의료기관에 입실하여 의사의 관리를 받으며 치료에 전념하는 것
입원의 정의 중 '이와 동등하다고 인정되는 의료기관'	보건소, 보건의료원 및 보건지소 등 「의료법」 제3조(의료기관) 제2항에서 정한 의료기관에 준하는 의료기관으로서 군의무대, 치매요양원, 노인요양원 등에 속해 있는 요양원, 요양시설, 복지시설 등과 같이 의료기관이 아닌 곳은 이에 해당되지 않음
기준병실	병원에서 국민건강보험 환자의 입원 시 병실료 산정에 적용하는 기준이 되는 병실
입원실료	입원치료 중 발생한 기준병실 사용료, 환자 관리료, 식대 등
입원제비용	입원치료 중 발생한 진찰료, 검사료, 방사선료, 투약 및 처방료(퇴원 시 의사로부터 치료목적으로 처방받은 약제비 포함), 주사료, 이학요법(물리치료, 재활치료)료, 정신요법료, 처치료, 치료재료, 석고붕대료(cast), 지정진료비 등
입원수술비	입원치료 중 발생한 수술료, 마취료, 수술재료비 등
입원의료비	입원실료, 입원제비용, 입원수술비, 상급병실료 차액
보상한도 종료일	회사가 보험가입금액 한도까지 입원의료비를 보상한 기준 입원일자
통원	의사가 피보험자의 질병 또는 상해로 치료가 필요하다고 인정하는 경우로서, 병원에 입원하지 않고 병원을 방문하여 의사의 관리하에 치료에 전념하는 것
처방조제	의사 및 약사가 피보험자의 질병 또는 상해로 치료가 필요하다고 인정하는 경우로서, 통원으로 인하여 발행된 의사의 처방전으로 약국의 약사가 조제하는 것. 이 경우 「국민건강보험법」 제42조 제1항 제3호에 따른 한국희귀의약품센터에서의 처방조제 및 의약분업 예외 지역에서의 약사의 직접조제를 포함
외래제비용	통원치료 중 발생한 진찰료, 검사료, 방사선료, 투약 및 처방료, 주사료, 이학요법(물리치료, 재활치료)료, 정신요법료, 처치료, 치료재료, 석고붕대료(cast), 지정진료비 등
외래수술비	통원치료 중 발생한 수술료, 마취료, 수술재료비 등
처방조제비	병원 의사의 처방전에 따라 조제되는 약국의 처방조제비 및 약사의 직접조제비
통원의료비	외래제비용, 외래수술비, 처방조제비
요양급여	「국민건강보험법」 제41조(요양급여)에 따른 가입자 및 피부양자의 질병·부상 등에 대한 다음의 요양급여 1. 진찰·검사 2. 약제·치료재료의 지급 3. 처치·수술 또는 그 밖의 치료 4. 예방·재활 5. 입원 6. 간호 7. 이송

용어	정의
의료급여	「의료급여법」 제7조(의료급여의 내용 등)에 따른 가입자 및 피부양자의 질병·부상 등에 대한 다음 각 호의 의료급여 1. 진찰·검사 2. 약제·치료재료의 지급 3. 처치·수술 또는 그 밖의 치료 4. 예방·재활 5. 입원 6. 간호 7. 이송 8. 그 밖에 의료 목적의 달성을 위한 조치
「국민건강보험법」에 따른 본인부담금 상한제	「국민건강보험법」에 따른 요양급여 중 연간 본인부담금 총액이 「국민건강보험법 시행령」 별표3에서 정하는 금액을 넘는 경우에 그 초과한 금액을 공단에서 부담하는 제도를 말하며, 국민건강보험 관련 법령의 변경에 따라 환급기준이 변경될 경우에는 회사는 변경되는 기준에 따름
「의료급여법」에 따른 본인부담금 보상제 및 본인부담금 상한제	「의료급여법」에 따른 의료급여 중 본인부담금이 「의료급여법 시행령」 제13조(급여비용의 부담)에서 정하는 금액을 넘는 경우에 그 초과한 금액을 의료급여기금 등에서 부담하는 제도를 말하며, 의료급여 관련 법령의 변경에 따라 환급기준이 변경될 경우에는 회사는 변경된 기준에 따름
보장대상의료비	실제 부담액 – 보상제외금액* * 제3관 회사가 보장하지 않는 사항에 따른 금액 및 실제 사용병실과 기준병실과의 병실료 차액 중 회사가 보장하지 않는 금액
보상책임액	(보장대상의료비 – 피보험자부담 공제금액)과 보험가입금액 중 작은 금액
다수보험	실손 의료보험계약(우체국보험, 각종 공제, 상해·질병·간병보험 등 제3보험, 개인연금·퇴직보험 등 의료비를 실손으로 보상하는 보험·공제계약을 포함)이 동시에 또는 순차적으로 2개 이상 체결되었고, 그 계약이 동일한 보험사고에 대하여 각 계약별 보상책임액이 있는 여러 개의 실손 의료보험계약을 말함

제9차 개정 표준약관(2016. 12. 8.)

〈실손 의료보험〉

실손의료보험은 보험회사가 피보험자의 질병 또는 상해로 인한 손해(의료비에 한정합니다)를 보상하는 상품입니다.

제1관 일반사항 및 용어의 정의

제1조(보장종목) ① 회사가 판매하는 실손의료보험상품은 다음과 같이 상해입원형, 상해통원형, 질병입원형 및 질병통원형의 4개 이내의 보장종목으로 구성되어 있습니다.

보장종목		보상하는 내용
상해	입원	피보험자가 상해로 인하여 병원에 입원하여 치료를 받은 경우에 보상
	통원	피보험자가 상해로 인하여 병원에 통원하여 치료를 받거나 처방조제를 받은 경우에 보상
질병	입원	피보험자가 질병으로 인하여 병원에 입원하여 치료를 받은 경우에 보상
	통원	피보험자가 질병으로 인하여 병원에 통원하여 치료를 받거나 처방조제를 받은 경우에 보상

② 회사는 이 약관의 명칭에 '실손의료비'라는 문구를 포함하여 사용합니다.

제2조(용어의 정의) 이 약관에서 사용하는 용어의 뜻은 <붙임1>과 같습니다.

제2관 회사가 보상하는 사항

제3조(보장종목별 보상내용) 회사가 이 계약의 보험기간 중 보장종목별로 각각 보상하거나 공제하는 내용은 다음과 같습니다.

보장종목	보상하는 사항
(1) 상해입원	① 회사는 피보험자가 상해로 인하여 병원에 입원하여 치료를 받은 경우에는 입원의료비를 다음과 같이 하나의 상해당 보험가입금액(5천만원 이내에서 계약 시 계약자가 정한 금액을 말합니다)의 한도 내에서 보상합니다.

보장종목	보상하는 사항

구분		보상금액
표준형	입원실료, 입원제비용, 입원수술비	'「국민건강보험법」에서 정한 요양급여 또는 「의료급여법」에서 정한 의료급여 중 본인부담금'과 '비급여^{주)}(상급병실료 차액은 제외합니다)'를 합한 금액(본인이 실제로 부담한 금액을 말합니다)의 80%에 해당하는 금액. 다만, 나머지 20%가 계약일 또는 매년 계약해당일부터 기산하여 연간 200만원을 초과하는 경우 그 초과금액은 보상합니다.
	상급병실료 차액	입원 시 실제로 사용한 병실과 기준병실의 병실료 차액에서 50%를 뺀 금액. 다만, 1일 평균금액 10만원을 한도로 하며, 1일 평균금액은 입원기간 동안 상급병실료 차액 전체를 총 입원일수로 나누어 산출합니다.
선택형	입원실료, 입원제비용, 입원수술비	'「국민건강보험법」에서 정한 요양급여 또는 「의료급여법」에서 정한 의료급여 중 본인부담금'과 '비급여^{주)}(상급병실료 차액은 제외합니다)'를 합한 금액(본인이 실제로 부담한 금액을 말합니다)의 90%에 해당하는 금액. 다만, 나머지 10%가 계약일 또는 매년 계약해당일부터 기산하여 연간 200만원을 초과하는 경우 그 초과금액은 보상합니다.
	상급병실료 차액	입원 시 실제로 사용한 병실과 기준병실의 병실료 차액에서 50%를 뺀 금액. 다만, 1일 평균금액 10만원을 한도로 하며, 1일 평균금액은 입원기간 동안 상급병실료 차액 전체를 총 입원일수로 나누어 산출합니다.

주) 「국민건강보험법」 또는 「의료급여법」에 따라 보건복지부 장관이 정한 비급여대상(「국민건강보험법」에서 정한 요양급여 또는 「의료급여법」에서 정한 의료급여 절차를 거쳤지만 급여항목이 발생하지 않은 경우로 「국민건강보험법」 또는 「의료급여법」에 따른 비급여항목 포함)

② 제1항의 상해에는 유독가스 또는 유독물질을 우연히 일시에 흡입, 흡수 또는 섭취한 결과로 생긴 중독증상이 포함됩니다. 다만, 유독가스 또는 유독물질을 상습적으로 흡입, 흡수 또는 섭취한 결과로 생긴 중독증상과 세균성 음식물 중독증상은 포함되지 않습니다.

③ 피보험자가 「국민건강보험법」 또는 「의료급여법」을 적용받지 못하는 경우에는 입원의료비(「국민건강보험 요양급여의 기준에 관한 규칙」에 따라 보건복지부장관이 정한 급여 및 비급여의료비 항목만 해당합니다) 중 본인이 실제로 부담한 금액의 40%를 하나의 상해당 보험가입금액(5천만원 이내에서 계약 시 계약자가 정한 금액을 말합니다)의 한도 내에서 보상합니다.

④ 제1항에도 불구하고 회사는 하나의 상해(같은 상해로 2회 이상 치료를 받는 경우에도 이를 하나의 상해로 봅니다)로 인한 입원의료비를 보험가입금액까지 보상한 경우에는 보상한 도종료일부터 90일이 경과한 날부터 최초 입원한 것과 동일한 기준으로 다시 보상합니다(계속 입원을 포함합니다). 다만, 최초 입원일부터 275일(365일-90일) 이내에 보상한도종료일이 있는 경우에는 최초 입원일부터 365일이 경과되는 날부터 최초 입원한 것과 동일한 기준으로 다시 보상합니다.

보장종목	보상하는 사항

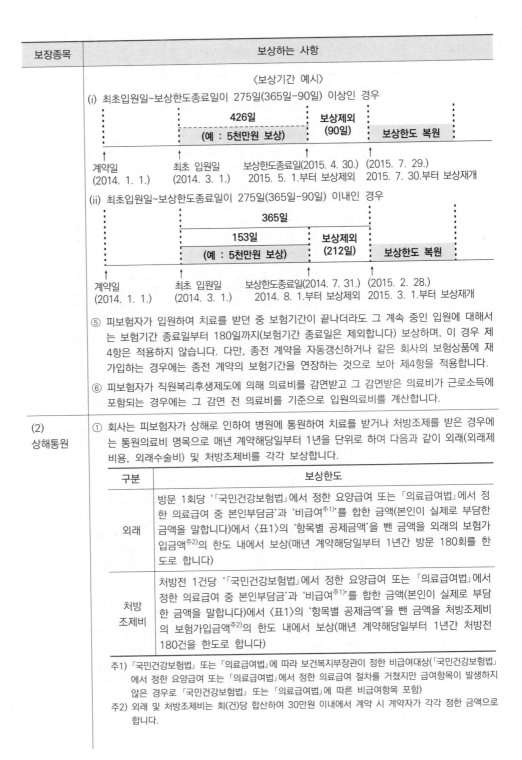

〈보상기간 예시〉

(i) 최초입원일~보상한도종료일이 275일(365일-90일) 이상인 경우

| | 426일 | 보상제외 | |
| | (예 : 5천만원 보상) | (90일) | 보상한도 복원 |

계약일　　　　최초 입원일　　　보상한도종료일(2015. 4. 30.)　(2015. 7. 29.)
(2014. 1. 1.)　(2014. 3. 1.)　　 2015. 5. 1.부터 보상제외　 2015. 7. 30.부터 보상재개

(ii) 최초입원일~보상한도종료일이 275일(365일-90일) 이내인 경우

365일		
153일	보상제외	
(예 : 5천만원 보상)	(212일)	보상한도 복원

계약일　　　　최초 입원일　　　보상한도종료일(2014. 7. 31.)　(2015. 2. 28.)
(2014. 1. 1.)　(2014. 3. 1.)　　 2014. 8. 1.부터 보상제외　 2015. 3. 1.부터 보상재개

⑤ 피보험자가 입원하여 치료를 받던 중 보험기간이 끝나더라도 그 계속 중인 입원에 대해서는 보험기간 종료일부터 180일까지(보험기간 종료일은 제외합니다) 보상하며, 이 경우 제4항은 적용하지 않습니다. 다만, 종전 계약을 자동갱신하거나 같은 회사의 보험상품에 재가입하는 경우에는 종전 계약의 보험기간을 연장하는 것으로 보아 제4항을 적용합니다.

⑥ 피보험자가 직원복리후생제도에 의해 의료비를 감면받고 그 감면받은 의료비가 근로소득에 포함되는 경우에는 그 감면 전 의료비를 기준으로 입원의료비를 계산합니다.

(2) 상해통원	① 회사는 피보험자가 상해로 인하여 병원에 통원하여 치료를 받거나 처방조제를 받은 경우에는 통원의료비 명목으로 매년 계약해당일부터 1년을 단위로 하여 다음과 같이 외래(외래제비용, 외래수술비) 및 처방조제비를 각각 보상합니다.

구분	보상한도
외래	방문 1회당 '「국민건강보험법」에서 정한 요양급여 또는 「의료급여법」에서 정한 의료급여 중 본인부담금'과 '비급여[주1)]'를 합한 금액(본인이 실제로 부담한 금액을 말합니다)에서 〈표1〉의 '항목별 공제금액'을 뺀 금액을 외래의 보험가입금액[주2)]의 한도 내에서 보상(매년 계약해당일부터 1년간 방문 180회를 한도로 합니다)
처방 조제비	처방전 1건당 '「국민건강보험법」에서 정한 요양급여 또는 「의료급여법」에서 정한 의료급여 중 본인부담금'과 '비급여[주1)]'를 합한 금액(본인이 실제로 부담한 금액을 말합니다)에서 〈표1〉의 '항목별 공제금액'을 뺀 금액을 처방조제비의 보험가입금액[주2)]의 한도 내에서 보상(매년 계약해당일부터 1년간 처방전 180건을 한도로 합니다)

주1) 「국민건강보험법」 또는 「의료급여법」에 따라 보건복지부장관이 정한 비급여대상(「국민건강보험법」에서 정한 요양급여 또는 「의료급여법」에서 정한 의료급여 절차를 거쳤지만 급여항목이 발생하지 않은 경우로 「국민건강보험법」 또는 「의료급여법」에 따른 비급여항목 포함)

주2) 외래 및 처방조제비는 회(건)당 합산하여 30만원 이내에서 계약 시 계약자가 각각 정한 금액으로 합니다.

보장종목	보상하는 사항

〈표1 항목별 공제금액〉

구분		항목	공제금액
표준형	외래 (외래제비용 및 외래수술비 합계)	「의료법」 제3조 제2항 제1호에 따른 의원, 치과의원, 한의원, 같은 항 제2호에 따른 조산원, 「지역보건법」 제10조, 제12조 및 제13조에 따른 보건소, 보건의료원 및 보건지소, 「농어촌 등 보건의료를 위한 특별조치법」 제15조에 따른 보건진료소	1만원과 보장대상 의료비의 20% 중 큰 금액
		「의료법」 제3조 제2항 제3호에 따른 종합병원, 병원, 치과병원, 한방병원, 요양병원	1만5천원과 보장대상 의료비의 20% 중 큰 금액
		「국민건강보험법」 제42조 제2항에 따른 종합전문요양기관 또는 「의료법」 제3조의4에 따른 상급종합병원	2만원과 보장대상 의료비의 20% 중 큰 금액
	처방 조제비	「국민건강보험법」 제42조 제1항 제2호에 따른 약국, 같은 항 제3호에 따른 한국희귀의약품센터에서의 처방, 조제(의사의 처방전 1건당, 의약분업 예외 지역에서 약사의 직접조제 1건당)	8천원과 보장대상 의료비의 20% 중 큰 금액
선택형	외래 (외래제비용 및 외래수술비 합계)	「의료법」 제3조 제2항 제1호에 따른 의원, 치과의원, 한의원, 같은 항 제2호에 따른 조산원, 「지역보건법」 제10조, 제12조 및 제13조에 따른 보건소, 보건의료원 및 보건지소, 「농어촌 등 보건의료를 위한 특별조치법」 제15조에 따른 보건진료소	1만원
		「의료법」 제3조 제2항 제3호에 따른 종합병원, 병원, 치과병원, 한방병원, 요양병원	1만5천원
		「국민건강보험법」 제42조 제2항에 따른 종합전문요양기관 또는 「의료법」 제3조의4에 따른 상급종합병원	2만원
	처방 조제비	「국민건강보험법」 제42조 제1항 제2호에 따른 약국, 같은 항 제3호에 따른 한국희귀의약품센터에서의 처방, 조제(의사의 처방전 1건당, 의약분업 예외 지역에서 약사의 직접조제 1건당)	8천원

② 피보험자가 통원하여 치료를 받던 중 보험기간이 끝나더라도 그 계속 중인 통원치료에 대해서는 다음 예시와 같이 보험기간 종료일부터 180일 이내에 외래는 방문 90회, 처방조제비는 처방전 90건의 한도 내에서 보상합니다. 다만, 종전 계약을 자동갱신하거나 같은 회사의 보험상품에 재가입하는 경우에는 종전 계약의 보험기간을 연장하는 것으로 보아 제1

보장종목	보상하는 사항

항을 적용합니다.

〈보상기간 예시〉

보장대상기간 (1년)	보장대상기간 (1년)	보장대상기간 (1년)	추가보상 (180일)
↑ 계약일 (2014. 1. 1.)	↑ 계약해당일 (2015. 1. 1.)	↑ 계약해당일 (2016. 1. 1.)	↑ 계약 종료일 (2016. 12. 31.)	↑ 보상종료일 (2017. 6. 29.)

③ 하나의 상해로 인해 하루에 같은 치료를 목적으로 의료기관에서 2회 이상 통원치료를 받 거나 하나의 상해로 약국에서 2회 이상의 처방조제를 받은 경우 각각 1회의 외래 및 1건 의 처방으로 보아 제1항과 제2항을 적용합니다. 이때 공제금액은 2회 이상의 중복방문 의 료기관 중 가장 높은 공제금액을 적용합니다.

④ 제1항의 상해에는 유독가스 또는 유독물질을 우연히 일시에 흡입, 흡수 또는 섭취한 결과 로 생긴 중독증상이 포함됩니다. 다만, 유독가스 또는 유독물질을 상습적으로 흡입, 흡수 또는 섭취한 결과로 생긴 중독증상과 세균성 음식물 중독증상은 포함되지 않습니다.

⑤ 피보험자가 「국민건강보험법」 또는 「의료급여법」을 적용받지 못하는 경우에는 통원의료비 (「국민건강보험 요양급여의 기준에 관한 규칙」에 따라 보건복지부장관이 정한 급여 및 비 급여의료비 항목만 해당합니다) 중 본인이 실제로 부담한 금액에서 〈표1〉의 '항목별 공제 금액'을 뺀 금액의 40%를 외래 및 처방조제비로 보험가입금액[외래 및 처방조제비는 회 (건)당 합산하여 30만원 이내에서 계약 시 계약자가 각각 정한 금액을 말합니다]의 한도 내에서 보상합니다.

⑥ 피보험자가 직원복리후생제도에 의해 의료비를 감면받고 그 감면받은 의료비가 근로소득에 포함되는 경우에는 그 감면 전 의료비를 기준으로 통원의료비를 계산합니다.

---

(3) 질병입원

① 회사는 피보험자가 질병으로 인하여 병원에 입원하여 치료를 받은 경우에는 입원의료비를 다음과 같이 하나의 질병당 보험가입금액(5천만원 이내에서 계약 시 계약자가 정한 금액을 말합니다)의 한도 내에서 보상합니다.

구분		보상금액
표준형	입원실료, 입원제비용, 입원수술비	'「국민건강보험법」에서 정한 요양급여 또는 「의료급여법」에서 정한 의료급여 중 본인부담금'과 '비급여^{주)}(상급병실료 차액은 제외합니다)'를 합한 금액(본인이 실제로 부담한 금액을 말합니 다)의 80%에 해당하는 금액. 다만, 나머지 20%가 계약일 또 는 매년 계약해당일부터 기산하여 연간 200만원을 초과하는 경 우 그 초과금액은 보상합니다.
	상급병실료 차액	입원 시 실제로 사용한 병실과 기준병실의 병실료 차액에서 50%를 뺀 금액. 다만, 1일 평균금액 10만원을 한도로 하며, 1 일 평균금액은 입원기간 동안 상급병실료 차액 전체를 총 입원 일수로 나누어 산출합니다.
선택형	입원실료, 입원제비용, 입원수술비	'「국민건강보험법」에서 정한 요양급여 또는 「의료급여법」에서 정한 의료급여 중 본인부담금'과 '비급여^{주)}(상급병실료 차액은 제외합니다)'를 합한 금액(본인이 실제로 부담한 금액을 말합니

보장종목	보상하는 사항

구분	보상금액
	다)의 90%에 해당하는 금액. 다만, 나머지 10%가 계약일 또는 매년 계약해당일부터 기산하여 연간 200만원을 초과하는 경우 그 초과금액은 보상합니다.
상급병실료 차액	입원 시 실제로 사용한 병실과 기준병실의 병실료 차액에서 50%를 뺀 금액. 다만, 1일 평균금액 10만원을 한도로 하며, 1일 평균금액은 입원기간 동안 상급병실료 차액 전체를 총 입원일수로 나누어 산출합니다.

주) 「국민건강보험법」 또는 「의료급여법」에 따라 보건복지부 장관이 정한 비급여대상(「국민건강보험법」에서 정한 요양급여 또는 「의료급여법」에서 정한 의료급여 절차를 거쳤지만 급여항목이 발생하지 않은 경우로 「국민건강보험법」 또는 「의료급여법」에 따른 비급여항목 포함)

② 제1항의 질병에서 청약서상 '계약 전 알릴 의무(중요한 사항으로 한정합니다)'에 해당하는 질병으로 인하여 과거(청약서상 해당 질병의 고지대상 기간을 말합니다)에 진단 또는 치료를 받은 경우 그 질병으로 인한 입원의료비는 보상하지 않습니다.

③ 피보험자가 「국민건강보험법」 또는 「의료급여법」을 적용받지 못하는 경우에는 입원의료비(「국민건강보험 요양급여의 기준에 관한 규칙」에 따라 보건복지부장관이 정한 급여 및 비급여의료비 항목만 해당합니다) 중 본인이 실제로 부담한 금액의 40%를 하나의 질병당 보험가입금액(5천만원 이내에서 계약 시 계약자가 정한 금액을 말합니다)의 한도 내에서 보상합니다.

④ 제1항에도 불구하고 회사는 하나의 질병으로 인한 입원의료비를 보험가입금액까지 보상한 경우에는 보상한도 종료일부터 90일이 경과한 날부터 최초 입원한 것과 동일한 기준으로 다시 보상합니다(계속 입원을 포함합니다). 다만, 최초 입원일부터 275일(365일-90일) 이내에 보상한도종료일이 있는 경우에는 최초 입원일부터 365일이 경과되는 날부터 최초 입원한 것과 동일한 기준으로 다시 보상합니다.

〈보상기간 예시〉

(ⅰ) 최초입원일~보상한도종료일이 275일(365일-90일) 이상인 경우

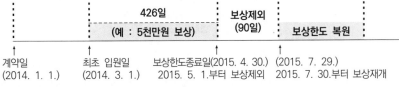

계약일 (2014. 1. 1.)　최초 입원일 (2014. 3. 1.)　보상한도종료일(2015. 4. 30.) 2015. 5. 1.부터 보상제외　(2015. 7. 29.) 2015. 7. 30.부터 보상재개

(ⅱ) 최초입원일~보상한도종료일이 275일(365일-90일) 이내인 경우

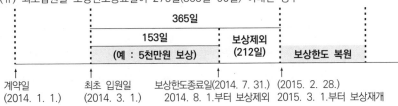

계약일 (2014. 1. 1.)　최초 입원일 (2014. 3. 1.)　보상한도종료일(2014. 7. 31.) 2014. 8. 1.부터 보상제외　(2015. 2. 28.) 2015. 3. 1.부터 보상재개

⑤ "하나의 질병"이란 발생 원인이 동일한 질병(의학상 중요한 관련이 있는 질병은 하나의 질

보장종목	보상하는 사항
	병으로 간주하며, 하나의 질병으로 2회 이상 치료를 받는 경우에는 이를 하나의 질병으로 봅니다)을 말하며, 질병의 치료 중에 발생된 합병증 또는 새로 발견된 질병의 치료가 병행되거나 의학상 관련이 없는 여러 종류의 질병을 갖고 있는 상태에서 입원한 경우에는 하나의 질병으로 간주합니다. ⑥ 피보험자가 입원하여 치료를 받던 중 보험기간이 끝나더라도 그 계속 중인 입원에 대해서는 보험기간 종료일부터 180일까지(보험기간 종료일은 제외합니다) 보상하며, 이 경우 제4항은 적용하지 않습니다. 다만, 종전 계약을 자동갱신하거나 같은 회사의 보험상품에 재가입하는 경우에는 종전 계약의 보험기간을 연장하는 것으로 보아 제4항을 적용합니다. ⑦ 피보험자가 직원복리후생제도에 의해 의료비를 감면받고 그 감면받은 의료비가 근로소득에 포함되는 경우에는 그 감면 전 의료비를 기준으로 입원의료비를 계산합니다. ⑧ 제2항에도 불구하고 청약일 이전에 진단확정된 질병이라 하더라도 청약일 이후 5년이 지나는 동안(계약이 자동갱신되어 5년이 지나는 경우를 포함합니다) 그 질병으로 인하여 추가적인 진단(단순 건강검진은 제외합니다) 또는 치료사실이 없을 경우, 청약일부터 5년이 지난 이후에는 이 약관에 따라 보상합니다. ⑨ 제8항에서 "청약일 이후 5년이 지나는 동안"이란 이 약관 제26조[보험료의 납입이 연체되는 경우 납입최고(독촉)와 계약의 해지]에서 정한 계약의 해지가 발생하지 않은 경우를 말합니다. ⑩ 이 약관 제27조[보험료의 납입연체로 인한 해지계약의 부활(효력회복)]에서 정한 계약의 부활이 이루어진 경우 부활일을 제8항의 청약일로 하여 적용합니다.
(4) 질병통원	① 회사는 피보험자가 질병으로 인하여 병원에 통원하여 치료를 받거나 처방조제를 받은 경우에는 통원의료비 명목으로 매년 계약해당일부터 1년을 단위로 하여 다음과 같이 외래(외래제비용, 외래수술비) 및 처방조제비를 각각 보상합니다.

구분	보상한도
외래	방문 1회당 '「국민건강보험법」에서 정한 요양급여 또는 「의료급여법」에서 정한 의료급여 중 본인부담금'과 '비급여[주1]'를 합한 금액(본인이 실제로 부담한 금액을 말합니다)에서 〈표1〉의 '항목별 공제금액'을 뺀 금액을 외래의 보험가입금액[주2]의 한도 내에서 보상(매년 계약해당일부터 1년간 방문 180회를 한도로 합니다)
처방 조제비	처방전 1건당 '「국민건강보험법」에서 정한 요양급여 또는 「의료급여법」에서 정한 의료급여 중 본인부담금'과 '비급여[주1]'를 합한 금액(본인이 실제로 부담한 금액을 말합니다)에서 〈표1〉의 '항목별 공제금액'을 뺀 금액을 처방조제비의 보험가입금액[주2]을 한도 내에서 보상(매년 계약해당일부터 1년간 처방전 180건을 한도로 합니다)

주1) 「국민건강보험법」 또는 「의료급여법」에 따라 보건복지부 장관이 정한 비급여대상(「국민건강보험법」에서 정한 요양급여 또는 「의료급여법」에서 정한 의료급여 절차를 거쳤지만 급여항목이 발생하지 않은 경우로 「국민건강보험법」 또는 「의료급여법」에 따른 비급여항목 포함)

주2) 외래 및 처방조제비는 회(건)당 합산하여 30만원 이내에서 계약 시 계약자가 각각 정한 금액을 말합니다.

보장종목	보상하는 사항

〈표1 항목별 공제금액〉

구분		항목	공제 금액
표준형	외래 (외래제비용 및 외래수술비 합계)	「의료법」 제3조 제2항 제1호에 따른 의원, 치과의원, 한의원, 같은 항 제2호에 따른 조산원, 「지역보건법」 제10조, 제12조 및 제13조에 따른 보건소, 보건의료원 및 보건지소, 「농어촌 등 보건의료를 위한 특별조치법」 제15조에 따른 보건진료소	1만원과 보장대상 의료비의 20% 중 큰 금액
		「의료법」 제3조 제2항 제3호에 따른 종합병원, 병원, 치과병원, 한방병원, 요양병원	1만5천원과 보장대상 의료비의 20% 중 큰 금액
		「국민건강보험법」 제42조 제2항에 따른 종합전문요양기관 또는 「의료법」 제3조의4에 따른 상급종합병원	2만원과 보장대상 의료비의 20% 중 큰 금액
	처방 조제비	「국민건강보험법」 제42조 제1항 제2호에 따른 약국, 같은 항 제3호에 따른 한국희귀의약품센터에서의 처방, 조제(의사의 처방전 1건당, 의약분업 예외 지역에서 약사의 직접조제 1건당)	8천원과 보장대상 의료비의 20% 중 큰 금액
선택형	외래 (외래제비용 및 외래수술비 합계)	「의료법」 제3조 제2항 제1호에 따른 의원, 치과의원, 한의원, 같은 항 제2호에 따른 조산원, 「지역보건법」 제10조, 제12조 및 제13조에 따른 보건소, 보건의료원 및 보건지소, 「농어촌 등 보건의료를 위한 특별조치법」 제15조에 따른 보건진료소	1만원
		「의료법」 제3조 제2항 제3호에 따른 종합병원, 병원, 치과병원, 한방병원, 요양병원	1만5천원
		「국민건강보험법」 제42조 제2항에 따른 종합전문요양기관 또는 「의료법」 제3조의4에 따른 상급종합병원	2만원
	처방 조제비	「국민건강보험법」 제42조 제1항 제2호에 따른 약국, 같은 항 제3호에 따른 한국희귀의약품센터에서의 처방, 조제(의사의 처방전 1건당, 의약분업 예외 지역에서 약사의 직접조제 1건당)	8천원

② 피보험자가 통원하여 치료를 받던 중 보험기간이 끝나더라도 그 계속 중인 통원치료에 대해서는 다음 예시와 같이 보험기간 종료일부터 180일 이내에 외래는 방문 90회, 처방조제비는 처방전 90건의 한도 내에서 보상합니다. 다만, 종전 계약을 자동갱신하거나 같은 회

보장종목	보상하는 사항

사의 보험상품에 재가입하는 경우에는 종전 계약의 보험기간을 연장하는 것으로 보아 제1항을 적용합니다.

〈보상기간 예시〉

보장대상기간 (1년)	보장대상기간 (1년)	보장대상기간 (1년)	추가보상 (180일)

계약일 (2014. 1. 1.)	계약해당일 (2015. 1. 1.)	계약해당일 (2016. 1. 1.)	계약 종료일 (2016. 12. 31.)	보상종료일 (2017. 6. 29.)

③ 하나의 질병으로 하루에 같은 치료를 목적으로 의료기관에서 2회 이상 통원치료를 받거나 하나의 질병으로 약국에서 2회 이상 처방조제를 받은 경우 각각 1회의 외래 및 1건의 처방으로 보아 제1항과 제2항을 적용합니다. 이때 공제금액은 2회 이상의 중복방문 의료기관 중 가장 높은 공제금액을 적용합니다.

④ "하나의 질병"이란 발생 원인이 동일한 질병(의학상 중요한 관련이 있는 질병을 포함합니다)을 말하며, 질병의 치료 중에 발생된 합병증 또는 새로 발견된 질병의 치료가 병행되거나 의학상 관련이 없는 여러 종류의 질병을 갖고 있는 상태에서 통원한 경우에는 하나의 질병으로 봅니다.

⑤ 제1항의 질병에서 청약서상 '계약 전 알릴 의무(중요한 사항으로 한정합니다)'에 해당하는 질병으로 인하여 과거(청약서상 해당 질병의 고지대상 기간을 말합니다)에 진단 또는 치료를 받은 경우 그 질병으로 인한 외래 및 처방조제비는 보상하지 않습니다.

⑥ 피보험자가 「국민건강보험법」 또는 「의료급여법」을 적용받지 못하는 경우에는 통원의료비(「국민건강보험 요양급여의 기준에 관한 규칙」에 따라 보건복지부장관이 정한 급여 및 비급여의료비 항목만 해당합니다) 중 본인이 실제로 부담한 금액에서 〈표1〉의 '항목별 공제금액'을 뺀 금액의 40%를 외래 및 처방조제비로 보험가입금액(외래 및 처방조제비는 회(건)당 합산하여 30만원 이내에서 계약 시 계약자가 각각 정한 금액을 말합니다)의 한도 내에서 보상합니다.

⑦ 피보험자가 직원복리후생제도에 의해 의료비를 감면받고 그 감면받은 의료비가 근로소득에 포함되는 경우에는 그 감면 전 의료비를 기준으로 통원의료비를 계산합니다.

⑧ 제5항에도 불구하고 청약 이전에 진단된 질병이라 하더라도 청약 이후 5년이 지나는 동안(계약이 자동갱신되어 5년이 지나는 경우를 포함합니다) 그 질병으로 인하여 추가적인 진단(단순 건강검진은 제외합니다) 또는 치료사실이 없을 경우, 청약일부터 5년이 지난 이후에는 이 약관에 따라 보상합니다.

⑨ 제8항에서 "청약일 이후 5년이 지나는 동안"이란 이 약관 제26조[보험료의 납입이 연체되는 경우 납입최고(독촉)와 계약의 해지]에서 정한 계약의 해지가 발생하지 않은 경우를 말합니다.

⑩ 이 약관 제27조[보험료의 납입연체로 인한 해지계약의 부활(효력회복)]에서 정한 계약의 부활이 이루어진 경우 부활일을 제8항의 청약일로 하여 적용합니다.

제3관 회사가 보상하지 않는 사항

제4조(보상하지 않는 사항) 회사가 보상하지 않는 사항은 보장종목별로 다음과 같습니다.

보장종목	보상하지 않는 사항

(1)
상해입원
	① 회사는 다음의 사유로 인하여 생긴 입원의료비는 보상하지 않습니다.
	  1. 피보험자가 고의로 자신을 해친 경우. 다만, 피보험자가 심신상실 등으로 자유로운 의사결정을 할 수 없는 상태에서 자신을 해친 사실이 증명된 경우에는 보상합니다.
	  2. 보험수익자가 고의로 피보험자를 해친 경우. 다만, 그 보험수익자가 보험금의 일부 보험수익자인 경우에는 다른 보험수익자에 대한 보험금은 지급합니다.
	  3. 계약자가 고의로 피보험자를 해친 경우
	  4. 피보험자가 임신, 출산(제왕절개를 포함합니다), 산후기로 입원한 경우. 다만, 회사가 보상하는 상해로 인하여 입원한 경우에는 보상합니다.
	  5. 전쟁, 외국의 무력행사, 혁명, 내란, 사변, 폭동으로 인한 경우
	  6. 피보험자가 정당한 이유없이 입원기간 중 의사의 지시를 따르지 않거나 의사가 통원치료가 가능하다고 인정함에도 피보험자 본인이 자의적으로 입원하여 발생한 입원의료비
	
	② 회사는 다른 약정이 없으면 피보험자가 직업, 직무 또는 동호회 활동 목적으로 한 다음의 어느 하나에 해당하는 행위로 인하여 생긴 상해에 대해서는 보상하지 않습니다.
	  1. 전문등반(전문적인 등산용구를 사용하여 암벽 또는 빙벽을 오르내리거나 특수한 기술, 경험, 사전 훈련이 필요한 등반을 말합니다), 글라이더 조종, 스카이다이빙, 스쿠버다이빙, 행글라이딩, 수상보트, 패러글라이딩
	  2. 모터보트 · 자동차 또는 오토바이에 의한 경기, 시범, 행사(이를 위한 연습을 포함합니다) 또는 시운전(다만, 공용도로에서 시운전을 하는 동안 발생한 상해는 보상합니다)
	  3. 선박 승무원, 어부, 사공, 그 밖에 선박에 탑승하는 것을 직무로 하는 사람의 직무상 선박탑승
	
	③ 회사는 다음의 입원의료비에 대해서는 보상하지 않습니다.
	  1. 치과치료(다만, 안면부 골절로 발생한 의료비는 치아 관련 치료를 제외하고 보상합니다) · 한방치료(다만, 「의료법」 제2조에 따른 한의사를 제외한 '의사'의 의료행위에 의해서 발생한 의료비는 보상합니다)에서 발생한 「국민건강보험법」에 따른 요양급여에 해당하지 않는 비급여의료비
	  2. 「국민건강보험법」에 따른 요양급여 중 본인부담금의 경우 국민건강보험 관련 법령에 따라 국민건강보험공단으로부터 사전 또는 사후 환급이 가능한 금액(본인부담금 상한제)
	  3. 「의료급여법」에 따른 의료급여 중 본인부담금의 경우 의료급여 관련 법령에 따라 의료급여기금 등으로부터 사전 또는 사후 환급이 가능한 금액(「의료급여법」에 따른 본인부담금 보상제 및 본인부담금 상한제)
	  4. 건강검진(단, 검사결과 이상 소견에 따라 건강검진센터 등에서 발생한 추가 의료비용은 보상합니다), 예방접종, 인공유산에 든 비용. 다만, 회사가 보상하는 상해 치료를 목적으로 하는 경우에는 보상합니다.
	  5. 영양제, 비타민제, 호르몬 투여, 보신용 투약, 친자 확인을 위한 진단, 불임검사, 불임수술, 불임복원술, 보조생식술(체내, 체외 인공수정을 포함합니다), 성장촉진, 의약외품과 관련하여 소요된 비용. 다만, 회사가 보상하는 상해 치료를 목적으로 하는 경우에는 보상합니다.
	  6. 의치, 의수족, 의안, 안경, 콘택트렌즈, 보청기, 목발, 팔걸이(Arm Sling), 보조기 등

보장종목	보상하지 않는 사항

	진료 재료의 구입 및 대체 비용. 다만, 인공장기 등 신체에 이식되어 그 기능을 대신하는 경우에는 보상합니다.
	7. 아래에 열거된 국민건강보험 비급여 대상으로 신체의 필수 기능개선 목적이 아닌 외모개선 목적의 치료로 인하여 발생한 의료비
	   가. 쌍꺼풀수술(이중검수술. 다만, 안검하수, 안검내반 등을 치료하기 위한 시력개선 목적의 이중검수술은 보상합니다), 코성형수술(융비술), 유방 확대(다만, 유방암 환자의 유방재건술은 보상합니다)·축소술, 지방흡입술, 주름살 제거술 등
	   나. 사시교정, 안와격리증(양쪽 눈을 감싸고 있는 뼈와 뼈 사이의 거리가 넓은 증상)의 교정 등 시각계 수술로서 시력개선 목적이 아닌 외모개선 목적의 수술
	   다. 안경, 콘텍트렌즈 등을 대체하기 위한 시력교정술(국민건강보험 요양급여 대상 수술방법 또는 치료재료가 사용되지 않은 부분은 시력교정술로 봅니다)
	   라. 외모개선 목적의 다리정맥류 수술
	   마. 그 밖에 외모개선 목적의 치료로 국민건강보험 비급여대상에 해당하는 치료
	8. 진료와 무관한 각종 비용(TV시청료, 전화료, 각종 증명료 등을 말합니다), 의사의 임상적 소견과 관련이 없는 검사비용, 간병비
	9. 자동차보험(공제를 포함합니다) 또는 산재보험에서 보상받는 의료비. 다만, 본인부담의료비는 제3조(보장종목별 보상내용) (1) 상해입원 제1항, 제2항 및 제4항부터 제6항에 따라 보상합니다.
	10. 「국민건강보험법」 제42조의 요양기관이 아닌 외국에 있는 의료기관에서 발생한 의료비

(2)
상해통원
	① 회사는 다음의 사유로 인하여 생긴 통원의료비는 보상하지 않습니다.
	  1. 피보험자가 고의로 자신을 해친 경우. 다만, 피보험자가 심신상실 등으로 자유로운 의사결정을 할 수 없는 상태에서 자신을 해친 사실이 증명된 경우에는 보상합니다.
	  2. 보험수익자가 고의로 피보험자를 해친 경우. 다만, 그 보험수익자가 보험금의 일부 보험수익자인 경우에는 다른 보험수익자에 대한 보험금은 지급합니다.
	  3. 계약자가 고의로 피보험자를 해친 경우
	  4. 피보험자가 임신, 출산(제왕절개를 포함합니다), 산후기로 통원한 경우. 다만, 회사가 보상하는 상해로 인하여 통원한 경우에는 보상합니다.
	  5. 전쟁, 외국의 무력행사, 혁명, 내란, 사변, 폭동으로 인한 경우
	  6. 피보험자가 정당한 이유 없이 통원기간 중 의사의 지시를 따르지 않아 발생한 통원의료비
	
	② 회사는 다른 약정이 없으면 피보험자가 직업, 직무 또는 동호회 활동 목적으로 한 다음의 어느 하나에 해당하는 행위로 인하여 생긴 상해에 대해서는 보상하지 않습니다.
	  1. 전문등반(전문적인 등산용구를 사용하여 암벽 또는 빙벽을 오르내리거나 특수한 기술, 경험, 사전 훈련이 필요한 등반을 말합니다), 글라이더 조종, 스카이다이빙, 스쿠버다이빙, 행글라이딩, 수상보트, 패러글라이딩
	  2. 모터보트, 자동차 또는 오토바이에 의한 경기, 시범, 행사(이를 위한 연습을 포함합니다) 또는 시운전(다만, 공용도로에서 시운전을 하는 동안 발생한 상해는 보상합니다)
	  3. 선박 승무원, 어부, 사공, 그 밖에 선박에 탑승하는 것을 직무로 하는 사람의 직무상 선박탑승
	
	③ 회사는 다음의 통원의료비에 대해서는 보상하지 않습니다.
	  1. 치과치료(다만, 안면부 골절로 발생한 의료비는 치아 관련 치료를 제외하고 보상합니다)·한방치료(다만, 「의료법」 제2조에 따른 한의사를 제외한 '의사'의 의료행위에 의해

보장종목	보상하지 않는 사항

서 발생한 의료비는 보상합니다)에서 발생한 「국민건강보험법」에 따른 요양급여에 해당하지 않는 비급여의료비

2. 「국민건강보험법」에 따른 요양급여 중 본인부담금의 경우 국민건강보험 관련 법령에 따라 국민건강보험공단으로부터 사전 또는 사후 환급이 가능한 금액(본인부담금 상한제)

3. 「의료급여법」에 따른 의료급여 중 본인부담금의 경우 의료급여 관련 법령에 따라 의료급여기금 등으로부터 사전 또는 사후 환급이 가능한 금액(「의료급여법」에 따른 본인부담금 보상제 및 본인부담금 상한제)

4. 건강검진(단, 검사결과 이상 소견에 따라 건강검진센터 등에서 발생한 추가 의료비용은 보상합니다), 예방접종, 인공유산에 든 비용. 다만, 회사가 보상하는 상해 치료를 목적으로 하는 경우에는 보상합니다.

5. 영양제, 비타민제, 호르몬 투여, 보신용 투약, 친자 확인을 위한 진단, 불임검사, 불임수술, 불임복원술, 보조생식술(체내, 체외 인공수정을 포함합니다), 성장촉진, 의약외품과 관련하여 소요된 비용. 다만, 회사가 보상하는 상해 치료를 목적으로 하는 경우에는 보상합니다.

6. 의치, 의수족, 의안, 안경, 콘택트렌즈, 보청기, 목발, 팔걸이(Arm Sling), 보조기 등 진료 재료의 구입 및 대체 비용. 다만, 인공장기 등 신체에 이식되어 그 기능을 대신하는 경우에는 보상합니다.

7. 아래에 열거된 국민건강보험 비급여 대상으로 신체의 필수 기능개선 목적이 아닌 외모개선 목적의 치료로 인하여 발생한 의료비

    가. 쌍꺼풀수술(이중검수술. 다만, 안검하수, 안검내반 등을 치료하기 위한 시력개선 목적의 이중검수술은 보상합니다), 코성형수술(융비술), 유방 확대(다만, 유방암 환자의 유방재건술은 보상합니다)·축소술, 지방흡입술, 주름살 제거술 등

    나. 사시교정, 안와격리증(양쪽 눈을 감싸고 있는 뼈와 뼈 사이의 거리가 넓은 증상)의 교정 등 시각계 수술로서 시력개선 목적이 아닌 외모개선 목적의 수술

    다. 안경, 콘택트렌즈 등을 대체하기 위한 시력교정술(국민건강보험 요양급여 대상 수술방법 또는 치료재료가 사용되지 않은 부분은 시력교정술로 봅니다)

    라. 외모개선 목적의 다리정맥류 수술

    마. 그 밖에 외모개선 목적의 치료로 국민건강보험 비급여대상에 해당하는 치료

8. 진료와 무관한 각종 비용(TV시청료, 전화료, 각종 증명료 등을 말합니다), 의사의 임상적 소견과 관련이 없는 검사비용, 간병비

9. 자동차보험(공제를 포함합니다) 또는 산재보험에서 보상받는 의료비. 다만, 본인부담의료비는 제3조(보장종목별 보상내용) (2) 상해통원 제1항부터 제4항 및 제6항에 따라 보상합니다.

10. 「국민건강보험법」 제42조의 요양기관이 아닌 외국에 있는 의료기관에서 발생한 의료비

11. 「응급의료에 관한 법률」 및 동 시행규칙에서 정한 응급환자에 해당하지 않는 자가 「의료법」 제3조의4에 따른 상급종합병원 응급실을 이용하면서 발생한 응급의료관리료

| (3)
질병입원 | ① 회사는 다음의 사유로 생긴 입원의료비는 보상하지 않습니다.

1. 피보험자가 고의로 자신을 해친 경우. 다만, 피보험자가 심신상실 등으로 자유로운 의사결정을 할 수 없는 상태에서 자신을 해친 사실이 증명된 경우에는 보상합니다.

2. 보험수익자가 고의로 피보험자를 해친 경우. 다만, 그 보험수익자가 보험금의 일부 보험수익자인 경우에는 다른 보험수익자에 대한 보험금은 지급합니다. |

보장종목	보상하지 않는 사항

3. 계약자가 고의로 피보험자를 해친 경우
4. 피보험자가 정당한 이유없이 입원기간 중 의사의 지시를 따르지 않거나 의사가 통원치료가 가능하다고 인정함에도 피보험자 본인이 자의적으로 입원하여 발생한 입원의료비

② 회사는 '한국표준질병사인분류'에 따른 다음의 입원의료비에 대해서는 보상하지 않습니다.
   1. 정신 및 행동장애(F04~F99)(다만, F04~F09, F20~F29, F30~F39, F40~F48, F90~F98과 관련한 치료에서 발생한 「국민건강보험법」에 따른 요양급여에 해당하는 의료비는 보상합니다)
   2. 여성생식기의 비염증성 장애로 인한 습관성 유산, 불임 및 인공수정 관련 합병증(N96~N98)
   3. 피보험자가 임신, 출산(제왕절개를 포함합니다), 산후기로 입원한 경우(O00~O99)
   4. 선천성 뇌질환(Q00~Q04)
   5. 비만(E66)
   6. 요실금(N39.3, N39.4, R32)
   7. 직장 또는 항문 질환 중 「국민건강보험법」에 따른 요양급여에 해당하지 않는 부분(I84, K60~K62, K64)

③ 회사는 다음의 입원의료비에 대해서는 보상하지 않습니다.
   1. 치과치료(K00~K08) 및 한방치료(다만, 「의료법」 제2조에 따른 한의사를 제외한 '의사'의 의료행위에 의해서 발생한 의료비는 보상합니다)에서 발생한 「국민건강보험법」에 따른 요양급여에 해당하지 않는 비급여의료비
   2. 「국민건강보험법」에 따른 요양급여 중 본인부담금의 경우 국민건강보험 관련 법령에 따라 국민건강보험공단으로부터 사전 또는 사후 환급이 가능한 금액(본인부담금 상한제)
   3. 「의료급여법」에 따른 의료급여 중 본인부담금의 경우 의료급여 관련 법령에 따라 의료급여기금 등으로부터 사전 또는 사후 환급이 가능한 금액(「의료급여법」에 따른 본인부담금 보상제 및 본인부담금 상한제)
   4. 건강검진(단, 검사결과 이상 소견에 따라 건강검진센터 등에서 발생한 추가 의료비용은 보상합니다), 예방접종, 인공유산에 든 비용. 다만, 회사가 보상하는 질병 치료를 목적으로 하는 경우에는 보상합니다.
   5. 영양제, 비타민제, 호르몬 투여(다만, 국민건강보험의 요양급여 기준에 해당하는 성조숙증을 치료하기 위한 호르몬 투여는 보상합니다), 보신용 투약, 친자 확인을 위한 진단, 불임검사, 불임수술, 불임복원술, 보조생식술(체내, 체외 인공수정을 포함합니다), 성장촉진, 의약외품과 관련하여 소요된 비용. 다만, 회사가 보상하는 질병 치료를 목적으로 하는 경우에는 보상합니다.
   6. 다음의 어느 하나에 해당하는 치료로 인하여 발생한 의료비
      가. 단순한 피로 또는 권태
      나. 주근깨, 다모, 무모, 백모증, 딸기코(주사비), 점, 모반(피보험자가 보험가입당시 태아인 경우 화염상모반 등 선천성 비신생물성모반(Q82.5)은 보상합니다), 사마귀, 여드름, 노화현상으로 인한 탈모 등 피부질환
      다. 발기부전(impotence)·불감증, 단순 코골음(수면무호흡증(G47.3)은 보상합니다), 치료를 동반하지 않는 단순포경(phimosis), 「국민건강보험 요양급여의 기준에 관한 규칙」 제9조 제1항([별표2] 비급여대상)에 따른 업무 또는 일상생활에 지장이 없는 검열반 등 안과질환
   7. 의치, 의수족, 의안, 안경, 콘택트렌즈, 보청기, 목발, 팔걸이(Arm Sling), 보조기 등 진료 재료의 구입 및 대체 비용. 다만, 인공장기 등 신체에 이식되어 그 기능을 대신하

보장종목	보상하지 않는 사항

는 경우에는 보상합니다.

8. 아래에 열거된 국민건강보험 비급여 대상으로 신체의 필수 기능개선 목적이 아닌 외모개선 목적의 치료로 인하여 발생한 의료비

    가. 쌍꺼풀수술(이중검수술. 다만, 안검하수, 안검내반 등을 치료하기 위한 시력개선 목적의 이중검수술은 보상합니다), 코성형수술(융비술), 유방확대(다만, 유방암 환자의 유방재건술은 보상합니다) · 축소술, 지방흡입술, 주름살 제거술 등

    나. 사시교정, 안와격리증(양쪽 눈을 감싸고 있는 뼈와 뼈 사이의 거리가 넓은 증상)의 교정 등 시각계 수술로서 시력개선 목적이 아닌 외모개선 목적의 수술

    다. 안경, 콘텍트렌즈 등을 대체하기 위한 시력교정술(국민건강보험 요양급여 대상 수술방법 또는 치료재료가 사용되지 않은 부분은 시력교정술로 봅니다)

    라. 외모개선 목적의 다리정맥류 수술

    마. 그 밖에 외모개선 목적의 치료로 국민건강보험 비급여대상에 해당하는 치료

9. 진료와 무관한 각종 비용(TV시청료, 전화료, 각종 증명료 등을 말합니다), 의사의 임상적 소견과 관련이 없는 검사비용, 간병비

10. 산재보험에서 보상받는 의료비. 다만, 본인부담의료비는 제3조(보장종목별 보상내용) (3) 질병입원 제1항, 제2항 및 제4항부터 제10항에 따라 보상합니다.

11. 인간면역결핍바이러스(HIV) 감염으로 인한 치료비(다만, 「의료법」에서 정한 의료인의 진료상 또는 치료 중 혈액에 의한 HIV 감염은 해당 진료기록을 통해 객관적으로 확인되는 경우는 보상합니다)

12. 「국민건강보험법」 제42조의 요양기관이 아닌 외국에 있는 의료기관에서 발생한 의료비

(4) 질병통원

① 회사는 다음의 사유로 인하여 생긴 통원의료비는 보상하지 않습니다.

  1. 피보험자가 고의로 자신을 해친 경우. 다만, 피보험자가 심신상실 등으로 자유로운 의사결정을 할 수 없는 상태에서 자신을 해친 사실이 증명된 경우에는 보상합니다.

  2. 보험수익자가 고의로 피보험자를 해친 경우. 다만, 그 보험수익자가 보험금의 일부 보험수익자인 경우에는 다른 보험수익자에 대한 보험금은 지급합니다.

  3. 계약자가 고의로 피보험자를 해친 경우

  4. 피보험자가 정당한 이유 없이 통원기간 중 의사의 지시를 따르지 않아 발생한 통원의료비

② 회사는 '한국표준질병사인분류'에 따른 다음의 통원의료비에 대해서는 보상하지 않습니다.

  1. 정신 및 행동장애(F04~F99)(다만, F04~F09, F20~F29, F30~F39, F40~F48, F90~F98과 관련한 치료에서 발생한 「국민건강보험법」에 따른 요양급여에 해당하는 의료비는 보상합니다)

  2. 여성생식기의 비염증성 장애로 인한 습관성 유산, 불임 및 인공수정 관련 합병증(N96~N98)

  3. 피보험자가 임신, 출산(제왕절개를 포함합니다), 산후기로 통원한 경우(O00~O99)

  4. 선천성 뇌질환(Q00~Q04)

  5. 비만(E66)

  6. 요실금(N39.3, N39.4, R32)

  7. 직장 또는 항문질환 중 「국민건강보험법」에 따른 요양급여에 해당하지 않는 부분(I84, K60~K62, K64)

③ 회사는 다음의 통원의료비에 대해서는 보상하지 않습니다.

  1. 치과치료(K00~K08) 및 한방치료(다만, 「의료법」 제2조에 따른 한의사를 제외한 '의

보장종목	보상하지 않는 사항

사'의 의료행위에 의해서 발생한 의료비는 보상합니다)에서 발생한 「국민건강보험법」에 따른 요양급여에 해당하지 않는 비급여의료비

2. 「국민건강보험법」에 따른 요양급여 중 본인부담금의 경우 국민건강보험 관련 법령에 따라 국민건강보험공단으로부터 사전 또는 사후 환급이 가능한 금액(본인부담금 상한제)

3. 「의료급여법」에 따른 의료급여 중 본인부담금의 경우 의료급여 관련 법령에 따라 의료급여기금 등으로부터 사전 또는 사후 환급이 가능한 금액(「의료급여법」에 따른 본인부담금 보상제 및 본인부담금 상한제)

4. 건강검진(단, 검사결과 이상 소견에 따라 건강검진센터 등에서 발생한 추가 의료비용은 보상합니다), 예방접종, 인공유산에 든 비용. 다만, 회사가 보상하는 질병 치료를 목적으로 하는 경우에는 보상합니다.

5. 영양제, 비타민제, 호르몬 투여(다만, 국민건강보험의 요양급여 기준에 해당하는 성조숙증을 치료하기 위한 호르몬 투여는 보상합니다), 보신용 투약, 친자 확인을 위한 진단, 불임검사, 불임수술, 불임복원술, 보조생식술(체내, 체외 인공수정을 포함합니다), 성장촉진, 의약외품과 관련하여 소요된 비용. 다만, 회사가 보상하는 질병 치료를 목적으로 하는 경우에는 보상합니다.

6. 다음의 어느 하나에 해당하는 치료로 인하여 발생한 의료비
    가. 단순한 피로 또는 권태
    나. 주근깨, 다모, 무모, 백모증, 딸기코(주사비), 점, 모반(피보험자가 보험가입당시 태아인 경우 화염상모반 등 선천성 비신생물성모반(Q82.5)은 보상합니다), 사마귀, 여드름, 노화현상으로 인한 탈모 등 피부질환
    다. 발기부전(impotence)·불감증, 단순 코골음(수면무호흡증(G47.3)은 보상합니다), 치료를 동반하지 않는 단순포경(phimosis), 「국민건강보험 요양급여의 기준에 관한 규칙」제9조 제1항([별표2] 비급여대상)에 따른 업무 또는 일상생활에 지장이 없는 검열반 등 안과질환

7. 의치, 의수족, 의안, 안경, 콘택트렌즈, 보청기, 목발, 팔걸이(Arm Sling), 보조기 등 진료 재료의 구입 및 대체 비용. 다만, 인공장기 등 신체에 이식되어 그 기능을 대신하는 경우에는 보상합니다.

8. 아래에 열거된 국민건강보험 비급여 대상으로 신체의 필수 기능개선 목적이 아닌 외모개선 목적의 치료로 인하여 발생한 의료비
    가. 쌍꺼풀수술(이중검수술. 다만, 안검하수, 안검내반 등을 치료하기 위한 시력개선 목적의 이중검수술은 보상합니다), 코성형수술(융비술), 유방확대(다만, 유방암 환자의 유방재건술은 보상합니다)·축소술, 지방흡입술, 주름살 제거술 등
    나. 사시교정, 안와격리증(양쪽 눈을 감싸고 있는 뼈와 뼈 사이의 거리가 넓은 증상)의 교정 등 시각계 수술로서 시력개선 목적이 아닌 외모개선 목적의 수술
    다. 안경, 콘텍트렌즈 등을 대체하기 위한 시력교정술(국민건강보험 요양급여 대상 수술방법 또는 치료재료가 사용되지 않은 부분은 시력교정술로 봅니다)
    라. 외모개선 목적의 다리정맥류 수술
    마. 그 밖에 외모개선 목적의 치료로 국민건강보험 비급여대상에 해당하는 치료

9. 진료와 무관한 각종 비용(TV시청료, 전화료, 각종 증명료 등을 말합니다), 의사의 임상적 소견과 관련 없는 검사비용, 간병비

10. 산재보험에서 보상받는 의료비. 다만, 본인부담의료비는 제3조(보장종목별 보상내용) (4) 질병통원 제1항부터 제5항 및 제7항부터 제10항에 따라 보상합니다.

11. 인간면역결핍바이러스(HIV) 감염으로 인한 치료비(다만, 「의료법」에서 정한 의료인의

보장종목	보상하지 않는 사항
	진료상 또는 치료 중 혈액에 의한 HIV 감염은 해당 진료기록을 통해 객관적으로 확인되는 경우는 보상합니다) 12. 「국민건강보험법」 제42조의 요양기관이 아닌 외국에 있는 의료기관에서 발생한 의료비 13. 「응급의료에 관한 법률」동 시행규칙에서 정한 응급환자에 해당하지 않는 자가 「의료법」 제3조의4에 따른 상급종합병원 응급실을 이용하면서 발생한 응급의료관리료

〈붙임〉 용어의 정의

용어	정의
계약	보험계약
진단계약	계약을 체결하기 위하여 피보험자가 건강진단을 받아야 하는 계약
보험증권	계약의 성립과 계약내용을 증명하기 위하여 회사가 계약자에게 드리는 증서
계약자	보험회사와 계약을 체결하고 보험료를 납입하는 사람
피보험자	보험금지급사유 또는 보험사고 발생의 대상(객체)이 되는 사람
보험수익자	보험금을 수령하는 사람
보험기간	회사가 계약에서 정한 보상책임을 지는 기간
회사	보험회사
연단위복리	회사가 지급할 금전에 대한 이자를 줄 때 1년마다 마지막 날에 그 이자를 원금에 더한 금액을 다음 1년의 원금으로 하는 이자 계산방법
평균공시이율	전체 보험회사 공시이율의 평균으로, 이 계약 체결 시점의 이율을 말함
해지환급금	계약이 해지되는 때에 회사가 계약자에게 돌려주는 금액
영업일	회사가 영업점에서 정상적으로 영업하는 날을 말하며, 토요일, 「관공서의 공휴일에 관한 규정」에 따른 공휴일과 근로자의 날은 제외
상해	보험기간 중 발생한 급격하고 우연한 외래의 사고
상해보험계약	상해를 보장하는 계약
의사	「의료법」 제2조(의료인)에서 정한 의사, 한의사 및 치과의사의 자격을 가진 사람
약사	「약사법」 제2조(정의)에서 정한 약사 및 한약사의 자격을 가진 사람
의료기관	「의료법」 제3조(의료기관) 제2항에서 정하는 의료기관을 말하며, 종합병원·병원·치과병원·한방병원·요양병원·의원·치과의원·한의원 및 조산원으로 구분
약국	「약사법」 제2조 제3호에 따른 장소로서, 약사가 수여(授與)할 목적으로 의약품 조제업무를 하는 장소를 말하며, 의료기관의 조제실은 제외
병원	「국민건강보험법」 제42조(요양기관)에서 정하는 국내의 병원 또는 의원을 말하며, 조산원은 제외

용어	정의
입원	의사가 피보험자의 질병 또는 상해로 인하여 치료가 필요하다고 인정한 경우로서 자택 등에서 치료가 곤란하여 병원, 의료기관 또는 이와 동등하다고 인정되는 의료기관에 입실하여 의사의 관리를 받으며 치료에 전념하는 것
입원의 정의 중 '이와 동등하다고 인정되는 의료기관'	보건소, 보건의료원 및 보건지소 등 「의료법」 제3조(의료기관) 제2항에서 정한 의료기관에 준하는 의료기관으로서 군의무대, 치매요양원, 노인요양원 등에 속해 있는 요양원, 요양시설, 복지시설 등과 같이 의료기관이 아닌 곳은 이에 해당되지 않음
기준병실	병원에서 국민건강보험 환자의 입원 시 병실료 산정에 적용하는 기준이 되는 병실
입원실료	입원치료 중 발생한 기준병실 사용료, 환자 관리료, 식대 등
입원제비용	입원치료 중 발생한 진찰료, 검사료, 방사선료, 투약 및 처방료(퇴원 시 의사로부터 치료목적으로 처방받은 약제비 포함), 주사료, 이학요법(물리치료, 재활치료)료, 정신요법료, 처치료, 치료재료, 석고붕대료(cast), 지정진료비 등
입원수술비	입원치료 중 발생한 수술료, 마취료, 수술재료비 등
입원의료비	입원실료, 입원제비용, 입원수술비, 상급병실료 차액
보상한도 종료일	회사가 보험가입금액 한도까지 입원의료비를 보상한 기준 입원일자
통원	의사가 피보험자의 질병 또는 상해로 치료가 필요하다고 인정하는 경우로서, 병원에 입원하지 않고 병원을 방문하여 의사의 관리하에 치료에 전념하는 것
처방조제	의사 및 약사가 피보험자의 질병 또는 상해로 치료가 필요하다고 인정하는 경우로서, 통원으로 인하여 발행된 의사의 처방전으로 약국의 약사가 조제하는 것. 이 경우 「국민건강보험법」 제42조 제1항 제3호에 따른 한국희귀의약품센터에서의 처방조제 및 의약분업 예외 지역에서의 약사의 직접조제를 포함
외래제비용	통원치료 중 발생한 진찰료, 검사료, 방사선료, 투약 및 처방료, 주사료, 이학요법(물리치료, 재활치료)료, 정신요법료, 처치료, 치료재료, 석고붕대료(cast), 지정진료비 등
외래수술비	통원치료 중 발생한 수술료, 마취료, 수술재료비 등
처방조제비	병원 의사의 처방전에 따라 조제되는 약국의 처방조제비 및 약사의 직접조제비
통원의료비	외래제비용, 외래수술비, 처방조제비
요양급여	「국민건강보험법」 제41조(요양급여)에 따른 가입자 및 피부양자의 질병·부상 등에 대한 다음의 요양급여 1. 진찰·검사 2. 약제·치료재료의 지급 3. 처치·수술 또는 그 밖의 치료 4. 예방·재활 5. 입원 6. 간호 7. 이송

용어	정의
의료급여	「의료급여법」 제7조(의료급여의 내용 등)에 따른 가입자 및 피부양자의 질병·부상 등에 대한 다음 각 호의 의료급여 　1. 진찰·검사 　2. 약제·치료재료의 지급 　3. 처치·수술 또는 그 밖의 치료 　4. 예방·재활 　5. 입원 　6. 간호 　7. 이송 　8. 그 밖에 의료 목적의 달성을 위한 조치
「국민건강보험법」에 따른 본인부담금 상한제	「국민건강보험법」에 따른 요양급여 중 연간 본인부담금 총액이 「국민건강보험법 시행령」 별표3에서 정하는 금액을 넘는 경우에 그 초과한 금액을 공단에서 부담하는 제도를 말하며, 국민건강보험 관련 법령의 변경에 따라 환급기준이 변경될 경우에는 회사는 변경되는 기준에 따름
「의료급여법」에 따른 본인부담금 보상제 및 본인부담금 상한제	「의료급여법」에 따른 의료급여 중 본인부담금이 「의료급여법 시행령」 제13조(급여비용의 부담)에서 정하는 금액을 넘는 경우에 그 초과한 금액을 의료급여기금 등에서 부담하는 제도를 말하며, 의료급여 관련 법령의 변경에 따라 환급기준이 변경될 경우에는 회사는 변경된 기준에 따름
보장대상의료비	실제 부담액 – 보상제외금액* * 제3관 회사가 보장하지 않는 사항에 따른 금액 및 실제 사용병실과 기준병실과의 병실료 차액 중 회사가 보장하지 않는 금액
보상책임액	(보장대상의료비 – 피보험자부담 공제금액)과 보험가입금액 중 작은 금액
다수보험	실손 의료보험계약(우체국보험, 각종 공제, 상해·질병·간병보험 등 제3보험, 개인연금·퇴직보험 등 의료비를 실손으로 보상하는 보험·공제계약을 포함)이 동시에 또는 순차적으로 2개 이상 체결되었고, 그 계약이 동일한 보험사고에 대하여 각 계약별 보상책임액이 있는 여러 개의 실손 의료보험계약을 말함

제10차 개정 표준약관(2017. 3. 22.)

〈실손 의료보험〉

실손의료보험은 보험회사가 피보험자의 질병 또는 상해로 인한 손해(의료비에 한정합니다)를 보상하는 상품입니다.

□ **기본형 실손의료보험**

제1관 일반사항 및 용어의 정의

제1조(보장종목) ① 회사가 판매하는 기본형 실손의료보험상품은 다음과 같이 상해입원형, 상해통원형, 질병입원형 및 질병통원형의 4개 이내의 보장종목으로 구성되어 있습니다.

보장종목		보상하는 내용
상해	입원	피보험자가 상해로 인하여 병원에 입원하여 치료를 받은 경우에 보상
	통원	피보험자가 상해로 인하여 병원에 통원하여 치료를 받거나 처방조제를 받은 경우에 보상
질병	입원	피보험자가 질병으로 인하여 병원에 입원하여 치료를 받은 경우에 보상
	통원	피보험자가 질병으로 인하여 병원에 통원하여 치료를 받거나 처방조제를 받은 경우에 보상

② 회사는 이 약관의 명칭에 '실손의료비'라는 문구를 포함하여 사용합니다.

제2조(용어의 정의) 이 약관에서 사용하는 용어의 뜻은 <붙임1>과 같습니다.

제2관 회사가 보상하는 사항

제3조(보장종목별 보상내용) 회사가 이 계약의 보험기간 중 보장종목별로 각각 보상하거나 공제하는 내용은 다음과 같습니다.

보장종목	보상하는 사항
(1) 상해입원	① 회사는 피보험자가 상해로 인하여 병원에 입원하여 치료를 받은 경우에는 입원의료비를 다음과 같이 하나의 상해당 보험가입금액(5천만원 이내에서 계약 시 계약자가 정한 금액을

보장종목	보상하는 사항

말합니다)의 한도 내에서 보상합니다.

구분		보상금액
표준형	입원실료, 입원제비용, 입원수술비	'「국민건강보험법」에서 정한 요양급여 또는 「의료급여법」에서 정한 의료급여 중 본인부담금'과 '비급여^{주)}(상급병실료 차액은 제외합니다)'를 합한 금액(본인이 실제로 부담한 금액을 말합니다)의 80%에 해당하는 금액. 다만, 나머지 20%가 계약일 또는 매년 계약해당일부터 기산하여 연간 200만원을 초과하는 경우 그 초과금액은 보상합니다.
	상급병실료 차액	입원 시 실제로 사용한 병실과 기준병실의 병실료 차액에서 50%를 뺀 금액. 다만, 1일 평균금액 10만원을 한도로 하며, 1일 평균금액은 입원기간 동안 상급병실료 차액 전체를 총 입원일수로 나누어 산출합니다.
선택형	입원실료, 입원제비용, 입원수술비	'「국민건강보험법」에서 정한 요양급여 또는 「의료급여법」에서 정한 의료급여 중 본인부담금'과 '비급여^{주)}(상급병실료 차액은 제외합니다)'를 합한 금액(본인이 실제로 부담한 금액을 말합니다)의 90%에 해당하는 금액. 다만, 나머지 10%가 계약일 또는 매년 계약해당일부터 기산하여 연간 200만원을 초과하는 경우 그 초과금액은 보상합니다.
	상급병실료 차액	입원 시 실제로 사용한 병실과 기준병실의 병실료 차액에서 50%를 뺀 금액. 다만, 1일 평균금액 10만원을 한도로 하며, 1일 평균금액은 입원기간 동안 상급병실료 차액 전체를 총 입원일수로 나누어 산출합니다.

주) 「국민건강보험법」 또는 「의료급여법」에 따라 보건복지부장관이 정한 비급여대상(「국민건강보험법」 에서 정한 요양급여 또는 「의료급여법」에서 정한 의료급여 절차를 거쳤지만 급여항목이 발생하지 않은 경우로 「국민건강보험법」 또는 「의료급여법」에 따른 비급여항목 포함)

② 제1항의 상해에는 유독가스 또는 유독물질을 우연히 일시에 흡입, 흡수 또는 섭취한 결과로 생긴 중독증상이 포함됩니다. 다만, 유독가스 또는 유독물질을 상습적으로 흡입, 흡수 또는 섭취한 결과로 생긴 중독증상과 세균성 음식물 중독증상은 포함되지 않습니다.

③ 피보험자가 「국민건강보험법」 또는 「의료급여법」을 적용받지 못하는 경우에는 입원의료비 (「국민건강보험 요양급여의 기준에 관한 규칙」에 따라 보건복지부장관이 정한 급여 및 비급여의료비 항목만 해당합니다) 중 본인이 실제로 부담한 금액의 40%를 하나의 상해당 보험가입금액(5천만원 이내에서 계약 시 계약자가 정한 금액을 말합니다)의 한도 내에서 보상합니다.

④ 제1항에도 불구하고 회사는 하나의 상해(같은 상해로 2회 이상 치료를 받는 경우에도 이를 하나의 상해로 봅니다)로 인한 입원의료비를 보험가입금액까지 보상한 경우에는 보상한 도종료일부터 90일이 경과한 날부터 최초 입원한 것과 동일한 기준으로 다시 보상합니다 (계속 입원을 포함합니다). 다만, 최초 입원일부터 275일(365일-90일) 이내에 보상한도종료일이 있는 경우에는 최초 입원일부터 365일이 경과되는 날부터 최초 입원한 것과 동일한 기준으로 다시 보상합니다.

보장종목	보상하는 사항

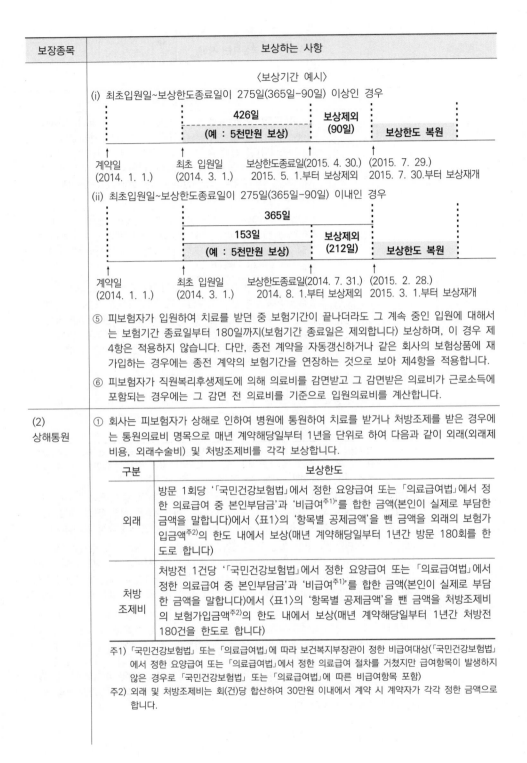

〈보상기간 예시〉

(i) 최초입원일~보상한도종료일이 275일(365일-90일) 이상인 경우

| 426일 (예 : 5천만원 보상) | 보상제외 (90일) | 보상한도 복원 |

계약일 (2014. 1. 1.) / 최초 입원일 (2014. 3. 1.) / 보상한도종료일(2015. 4. 30.) 2015. 5. 1.부터 보상제외 / (2015. 7. 29.) 2015. 7. 30.부터 보상재개

(ii) 최초입원일~보상한도종료일이 275일(365일-90일) 이내인 경우

| 365일 |
| 153일 (예 : 5천만원 보상) | 보상제외 (212일) | 보상한도 복원 |

계약일 (2014. 1. 1.) / 최초 입원일 (2014. 3. 1.) / 보상한도종료일(2014. 7. 31.) 2014. 8. 1.부터 보상제외 / (2015. 2. 28.) 2015. 3. 1.부터 보상재개

⑤ 피보험자가 입원하여 치료를 받던 중 보험기간이 끝나더라도 그 계속 중인 입원에 대해서는 보험기간 종료일부터 180일까지(보험기간 종료일은 제외합니다) 보상하며, 이 경우 제4항은 적용하지 않습니다. 다만, 종전 계약을 자동갱신하거나 같은 회사의 보험상품에 재가입하는 경우에는 종전 계약의 보험기간을 연장하는 것으로 보아 제4항을 적용합니다.

⑥ 피보험자가 직원복리후생제도에 의해 의료비를 감면받고 그 감면받은 의료비가 근로소득에 포함되는 경우에는 그 감면 전 의료비를 기준으로 입원의료비를 계산합니다.

(2) 상해통원

① 회사는 피보험자가 상해로 인하여 병원에 통원하여 치료를 받거나 처방조제를 받은 경우에는 통원의료비 명목으로 매년 계약해당일부터 1년을 단위로 하여 다음과 같이 외래(외래제비용, 외래수술비) 및 처방조제비를 각각 보상합니다.

구분	보상한도
외래	방문 1회당 '「국민건강보험법」에서 정한 요양급여 또는 「의료급여법」에서 정한 의료급여 중 본인부담금'과 '비급여주1)'를 합한 금액(본인이 실제로 부담한 금액을 말합니다)에서 〈표1〉의 '항목별 공제금액'을 뺀 금액을 외래의 보험가입금액주2)의 한도 내에서 보상(매년 계약해당일부터 1년간 방문 180회를 한도로 합니다)
처방 조제비	처방전 1건당 '「국민건강보험법」에서 정한 요양급여 또는 「의료급여법」에서 정한 의료급여 중 본인부담금'과 '비급여주1)'를 합한 금액(본인이 실제로 부담한 금액을 말합니다)에서 〈표1〉의 '항목별 공제금액'을 뺀 금액을 처방조제비의 보험가입금액주2)의 한도 내에서 보상(매년 계약해당일부터 1년간 처방전 180건을 한도로 합니다)

주1) 「국민건강보험법」 또는 「의료급여법」에 따라 보건복지부장관이 정한 비급여대상(「국민건강보험법」에서 정한 요양급여 또는 「의료급여법」에서 정한 의료급여 절차를 거쳤지만 급여항목이 발생하지 않은 경우로 「국민건강보험법」 또는 「의료급여법」에 따른 비급여항목 포함)

주2) 외래 및 처방조제비는 회(건)당 합산하여 30만원 이내에서 계약 시 계약자가 각각 정한 금액으로 합니다.

보장종목	보상하는 사항

〈표1 항목별 공제금액〉

구분		항목	공제금액
표준형	외래 (외래제비용 및 외래수술비 합계)	「의료법」 제3조 제2항 제1호에 따른 의원, 치과의원, 한의원, 같은 항 제2호에 따른 조산원, 「지역보건법」 제10조, 제12조 및 제13조에 따른 보건소, 보건의료원 및 보건지소, 「농어촌 등 보건의료를 위한 특별조치법」 제15조에 따른 보건진료소	1만원과 보장대상 의료비의 20% 중 큰 금액
		「의료법」 제3조 제2항 제3호에 따른 종합병원, 병원, 치과병원, 한방병원, 요양병원	1만5천원과 보장대상 의료비의 20% 중 큰 금액
		「국민건강보험법」 제42조 제2항에 따른 종합전문요양기관 또는 「의료법」 제3조의4에 따른 상급종합병원	2만원과 보장대상 의료비의 20% 중 큰 금액
	처방 조제비	「국민건강보험법」 제42조 제1항 제2호에 따른 약국, 같은 항 제3호에 따른 한국희귀의약품센터에서의 처방, 조제(의사의 처방전 1건당, 의약분업 예외 지역에서 약사의 직접조제 1건당)	8천원과 보장대상 의료비의 20% 중 큰 금액
선택형	외래 (외래제비용 및 외래수술비 합계)	「의료법」 제3조 제2항 제1호에 따른 의원, 치과의원, 한의원, 같은 항 제2호에 따른 조산원, 「지역보건법」 제10조, 제12조 및 제13조에 따른 보건소, 보건의료원 및 보건지소, 「농어촌 등 보건의료를 위한 특별조치법」 제15조에 따른 보건진료소	1만원
		「의료법」 제3조 제2항 제3호에 따른 종합병원, 병원, 치과병원, 한방병원, 요양병원	1만5천원
		「국민건강보험법」 제42조 제2항에 따른 종합전문요양기관 또는 「의료법」 제3조의4에 따른 상급종합병원	2만원
	처방 조제비	「국민건강보험법」 제42조 제1항 제2호에 따른 약국, 같은 항 제3호에 따른 한국희귀의약품센터에서의 처방, 조제(의사의 처방전 1건당, 의약분업 예외 지역에서 약사의 직접조제 1건당)	8천원

② 피보험자가 통원하여 치료를 받던 중 보험기간이 끝나더라도 그 계속 중인 통원치료에 대해서는 다음 예시와 같이 보험기간 종료일부터 180일 이내에 외래는 방문 90회, 처방조제

보장종목	보상하는 사항

비는 처방전 90건의 한도 내에서 보상합니다. 다만, 종전 계약을 자동갱신하거나 같은 회사의 보험상품에 재가입하는 경우에는 종전 계약의 보험기간을 연장하는 것으로 보아 제1항을 적용합니다.

〈보상기간 예시〉

보장대상기간 (1년)	보장대상기간 (1년)	보장대상기간 (1년)	추가보상 (180일)
↑ 계약일 (2014. 1. 1.)	↑ 계약해당일 (2015. 1. 1.)	↑ 계약해당일 (2016. 1. 1.)	↑ 계약종료일 (2016. 12. 31.)

↑
보상종료일
(2017. 6. 29.)

③ 하나의 상해로 인해 하루에 같은 치료를 목적으로 의료기관에서 2회 이상 통원치료를 받거나 하나의 상해로 약국에서 2회 이상의 처방조제를 받은 경우 각각 1회의 외래 및 1건의 처방으로 보아 제1항과 제2항을 적용합니다. 이때 공제금액은 2회 이상의 중복방문 의료기관 중 가장 높은 공제금액을 적용합니다.

④ 제1항의 상해에는 유독가스 또는 유독물질을 우연히 일시에 흡입, 흡수 또는 섭취한 결과로 생긴 중독증상이 포함됩니다. 다만, 유독가스 또는 유독물질을 상습적으로 흡입, 흡수 또는 섭취한 결과로 생긴 중독증상과 세균성 음식물 중독증상은 포함되지 않습니다.

⑤ 피보험자가 「국민건강보험법」 또는 「의료급여법」을 적용받지 못하는 경우에는 통원의료비(「국민건강보험 요양급여의 기준에 관한 규칙」에 따라 보건복지부장관이 정한 급여 및 비급여의료비 항목만 해당합니다) 중 본인이 실제로 부담한 금액에서 〈표1〉의 '항목별 공제금액'을 뺀 금액의 40%를 외래 및 처방조제비로 보험가입금액[외래 및 처방조제비는 회(건)당 합산하여 30만원 이내에서 계약 시 계약자가 각각 정한 금액을 말합니다]의 한도 내에서 보상합니다.

⑥ 피보험자가 직원복리후생제도에 의해 의료비를 감면받고 그 감면받은 의료비가 근로소득에 포함되는 경우에는 그 감면 전 의료비를 기준으로 통원의료비를 계산합니다.

(3) 질병입원	① 회사는 피보험자가 질병으로 인하여 병원에 입원하여 치료를 받은 경우에는 입원의료비를 다음과 같이 하나의 질병당 보험가입금액(5천만원 이내에서 계약 시 계약자가 정한 금액을 말합니다)의 한도 내에서 보상합니다.

구분		보상금액
표준형	입원실료, 입원제비용, 입원수술비	'「국민건강보험법」에서 정한 요양급여 또는 「의료급여법」에서 정한 의료급여 중 본인부담금'과 '비급여^{주)}(상급병실료 차액은 제외합니다)'를 합한 금액(본인이 실제로 부담한 금액을 말합니다)의 80%에 해당하는 금액. 다만, 나머지 20%가 계약일 또는 매년 계약해당일부터 기산하여 연간 200만원을 초과하는 경우 그 초과금액은 보상합니다.
	상급병실료 차액	입원 시 실제로 사용한 병실과 기준병실의 병실료 차액에서 50%를 뺀 금액. 다만, 1일 평균금액 10만원을 한도로 하며, 1일 평균금액은 입원기간 동안 상급병실료 차액 전체를 총 입원일수로 나누어 산출합니다.
선택형	입원실료, 입원제비용,	'「국민건강보험법」에서 정한 요양급여 또는 「의료급여법」에서 정한 의료급여 중 본인부담금'과 '비급여^{주)}(상급병실료 차액은

보장종목	보상하는 사항	

구분	보상금액
입원수술비	제외합니다)'를 합한 금액(본인이 실제로 부담한 금액을 말합니다)의 90%에 해당하는 금액. 다만, 나머지 10%가 계약일 또는 매년 계약해당일부터 기산하여 연간 200만원을 초과하는 경우 그 초과금액은 보상합니다.
상급병실료 차액	입원 시 실제로 사용한 병실과 기준병실의 병실료 차액에서 50%를 뺀 금액. 다만, 1일 평균금액 10만원을 한도로 하며, 1일 평균금액은 입원기간 동안 상급병실료 차액 전체를 총 입원일수로 나누어 산출합니다.

주) 「국민건강보험법」 또는 「의료급여법」에 따라 보건복지부장관이 정한 비급여대상(「국민건강보험법」에서 정한 요양급여 또는 「의료급여법」에서 정한 의료급여 절차를 거쳤지만 급여항목이 발생하지 않은 경우로 「국민건강보험법」 또는 「의료급여법」에 따른 비급여항목 포함)

② 제1항의 질병에서 청약서상 '계약 전 알릴 의무(중요한 사항으로 한정합니다)'에 해당하는 질병으로 인하여 과거(청약서상 해당 질병의 고지대상 기간을 말합니다)에 진단 또는 치료를 받은 경우 그 질병으로 인한 입원의료비는 보상하지 않습니다.

③ 피보험자가 「국민건강보험법」 또는 「의료급여법」을 적용받지 못하는 경우에는 입원의료비(「국민건강보험 요양급여의 기준에 관한 규칙」에 따라 보건복지부장관이 정한 급여 및 비급여의료비 항목만 해당합니다) 중 본인이 실제로 부담한 금액의 40%를 하나의 질병당 보험가입금액(5천만원 이내에서 계약 시 계약자가 정한 금액을 말합니다)의 한도 내에서 보상합니다.

④ 제1항에도 불구하고 회사는 하나의 질병으로 인한 입원의료비를 보험가입금액까지 보상한 경우에는 보상한도 종료일부터 90일이 경과한 날부터 최초 입원한 것과 동일한 기준으로 다시 보상합니다(계속 입원을 포함합니다). 다만, 최초 입원일부터 275일(365일-90일) 이내에 보상한도종료일이 있는 경우에는 최초 입원일부터 365일이 경과되는 날부터 최초 입원한 것과 동일한 기준으로 다시 보상합니다.

〈보상기간 예시〉

(i) 최초입원일~보상한도종료일이 275일(365일-90일) 이상인 경우

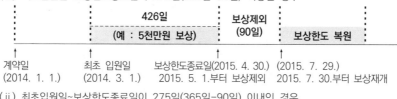

(ii) 최초입원일~보상한도종료일이 275일(365일-90일) 이내인 경우

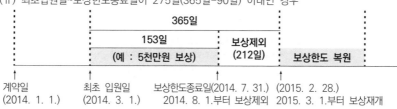

⑤ "하나의 질병"이란 발생 원인이 동일한 질병(의학상 중요한 관련이 있는 질병은 하나의 질

보장종목	보상하는 사항
	병으로 간주하며, 하나의 질병으로 2회 이상 치료를 받는 경우에는 이를 하나의 질병으로 봅니다)을 말하며, 질병의 치료 중에 발생된 합병증 또는 새로 발견된 질병의 치료가 병행되거나 의학상 관련이 없는 여러 종류의 질병을 갖고 있는 상태에서 입원한 경우에는 하나의 질병으로 간주합니다. ⑥ 피보험자가 입원하여 치료를 받던 중 보험기간이 끝나더라도 그 계속 중인 입원에 대해서는 보험기간 종료일부터 180일까지(보험기간 종료일은 제외합니다) 보상하며, 이 경우 제4항은 적용하지 않습니다. 다만, 종전 계약을 자동갱신하거나 같은 회사의 보험상품에 재가입하는 경우에는 종전 계약의 보험기간을 연장하는 것으로 보아 제4항을 적용합니다. ⑦ 피보험자가 직원복리후생제도에 의해 의료비를 감면받고 그 감면받은 의료비가 근로소득에 포함되는 경우에는 그 감면 전 의료비를 기준으로 입원의료비를 계산합니다. ⑧ 제2항에도 불구하고 청약일 이전에 진단확정된 질병이라 하더라도 청약일 이후 5년이 지나는 동안(계약이 자동갱신되어 5년이 지나는 경우를 포함합니다) 그 질병으로 인하여 추가적인 진단(단순 건강검진은 제외합니다) 또는 치료사실이 없을 경우, 청약일부터 5년이 지난 이후에는 이 약관에 따라 보상합니다. ⑨ 제8항에서 "청약일 이후 5년이 지나는 동안"이란 이 약관 제26조[보험료의 납입이 연체되는 경우 납입최고(독촉)와 계약의 해지]에서 정한 계약의 해지가 발생하지 않은 경우를 말합니다. ⑩ 이 약관 제27조[보험료의 납입연체로 인한 해지계약의 부활(효력회복)]에서 정한 계약의 부활이 이루어진 경우 부활일을 제8항의 청약일로 하여 적용합니다.
(4) 질병통원	① 회사는 피보험자가 질병으로 인하여 병원에 통원하여 치료를 받거나 처방조제를 받은 경우에는 통원의료비 명목으로 매년 계약해당일부터 1년을 단위로 하여 다음과 같이 외래(외래제비용, 외래수술비) 및 처방조제비를 각각 보상합니다. 표 아래 참조

질병통원 보상한도 표:

구분	보상한도
외래	방문 1회당 '「국민건강보험법」에서 정한 요양급여 또는 「의료급여법」에서 정한 의료급여 중 본인부담금'과 '비급여[주1]'를 합한 금액(본인이 실제로 부담한 금액을 말합니다)에서 〈표1〉의 '항목별 공제금액'을 뺀 금액을 외래의 보험가입금액[주2]의 한도 내에서 보상(매년 계약해당일부터 1년간 방문 180회를 한도로 합니다)
처방조제비	처방전 1건당 '「국민건강보험법」에서 정한 요양급여 또는 「의료급여법」에서 정한 의료급여 중 본인부담금'과 '비급여[주1]'를 합한 금액(본인이 실제로 부담한 금액을 말합니다)에서 〈표1〉의 '항목별 공제금액'을 뺀 금액을 처방조제비의 보험가입금액[주2]을 한도 내에서 보상(매년 계약해당일부터 1년간 처방전 180건을 한도로 합니다)

주1) 「국민건강보험법」 또는 「의료급여법」에 따라 보건복지부장관이 정한 비급여대상(「국민건강보험법」에서 정한 요양급여 또는 「의료급여법」에서 정한 의료급여 절차를 거쳤지만 급여항목이 발생하지 않은 경우로 「국민건강보험법」 또는 「의료급여법」에 따른 비급여항목 포함)

주2) 외래 및 처방조제비는 회(건)당 합산하여 30만원 이내에서 계약 시 계약자가 각각 정한 금액을 말합니다.

보장종목	보상하는 사항

<표1 항목별 공제금액>

구분		항목	공제 금액
표준형	외래 (외래제비용 및 외래수술비 합계)	「의료법」 제3조 제2항 제1호에 따른 의원, 치과의원, 한의원, 같은 항 제2호에 따른 조산원, 「지역보건법」 제10조, 제12조 및 제13조에 따른 보건소, 보건의료원 및 보건지소, 「농어촌 등 보건의료를 위한 특별조치법」 제15조에 따른 보건진료소	1만원과 보장대상 의료비의 20% 중 큰 금액
		「의료법」 제3조 제2항 제3호에 따른 종합병원, 병원, 치과병원, 한방병원, 요양병원	1만5천원과 보장대상 의료비의 20% 중 큰 금액
		「국민건강보험법」 제42조 제2항에 따른 종합전문요양기관 또는 「의료법」 제3조의4에 따른 상급종합병원	2만원과 보장대상 의료비의 20% 중 큰 금액
	처방 조제비	「국민건강보험법」 제42조 제1항 제2호에 따른 약국, 같은 항 제3호에 따른 한국희귀의약품센터에서의 처방, 조제(의사의 처방전 1건당, 의약분업 예외 지역에서 약사의 직접조제 1건당)	8천원과 보장대상 의료비의 20% 중 큰 금액
선택형	외래 (외래제비용 및 외래수술비 합계)	「의료법」 제3조 제2항 제1호에 따른 의원, 치과의원, 한의원, 같은 항 제2호에 따른 조산원, 「지역보건법」 제10조, 제12조 및 제13조에 따른 보건소, 보건의료원 및 보건지소, 「농어촌 등 보건의료를 위한 특별조치법」 제15조에 따른 보건진료소	1만원
		「의료법」 제3조 제2항 제3호에 따른 종합병원, 병원, 치과병원, 한방병원, 요양병원	1만5천원
		「국민건강보험법」 제42조 제2항에 따른 종합전문요양기관 또는 「의료법」 제3조의4에 따른 상급종합병원	2만원
	처방 조제비	「국민건강보험법」 제42조 제1항 제2호에 따른 약국, 같은 항 제3호에 따른 한국희귀의약품센터에서의 처방, 조제(의사의 처방전 1건당, 의약분업 예외 지역에서 약사의 직접조제 1건당)	8천원

② 피보험자가 통원하여 치료를 받던 중 보험기간이 끝나더라도 그 계속 중인 통원치료에 대해서는 다음 예시와 같이 보험기간 종료일부터 180일 이내에 외래는 방문 90회, 처방조제비는 처방전 90건의 한도 내에서 보상합니다. 다만, 종전 계약을 자동갱신하거나 같은 회사의 보험상품에 재가입하는 경우에는 종전 계약의 보험기간을 연장하는 것으로 보아 제1

보장종목	보상하는 사항

항을 적용합니다.

〈보상기간 예시〉

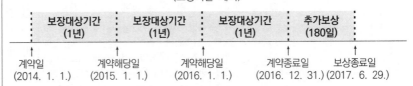

보장대상기간 (1년)	보장대상기간 (1년)	보장대상기간 (1년)	추가보상 (180일)
↑ 계약일 (2014. 1. 1.)	↑ 계약해당일 (2015. 1. 1.)	↑ 계약해당일 (2016. 1. 1.)	↑ 계약종료일 (2016. 12. 31.) ↑ 보상종료일 (2017. 6. 29.)

③ 하나의 질병으로 하루에 같은 치료를 목적으로 의료기관에서 2회 이상 통원치료를 받거나 하나의 질병으로 약국에서 2회 이상 처방조제를 받은 경우 각각 1회의 외래 및 1건의 처방으로 보아 제1항과 제2항을 적용합니다. 이때 공제금액은 2회 이상의 중복방문 의료기관 중 가장 높은 공제금액을 적용합니다.

④ "하나의 질병"이란 발생 원인이 동일한 질병(의학상 중요한 관련이 있는 질병을 포함합니다)을 말하며, 질병의 치료 중에 발생된 합병증 또는 새로 발견된 질병의 치료가 병행되거나 의학상 관련이 없는 여러 종류의 질병을 갖고 있는 상태에서 통원한 경우에는 하나의 질병으로 봅니다.

⑤ 제1항의 질병에서 청약서상 '계약 전 알릴 의무(중요한 사항으로 한정합니다)'에 해당하는 질병으로 인하여 과거(청약서상 해당 질병의 고지대상 기간을 말합니다)에 진단 또는 치료를 받은 경우 그 질병으로 인한 외래 및 처방조제비는 보상하지 않습니다.

⑥ 피보험자가 「국민건강보험법」 또는 「의료급여법」을 적용받지 못하는 경우에는 통원의료비(「국민건강보험 요양급여의 기준에 관한 규칙」에 따라 보건복지부장관이 정한 급여 및 비급여의료비 항목만 해당합니다) 중 본인이 실제로 부담한 금액에서 〈표1〉의 '항목별 공제금액'을 뺀 금액의 40%를 외래 및 처방조제비로 보험가입금액(외래 및 처방조제비는 회(건)당 합산하여 30만원 이내에서 계약 시 계약자가 각각 정한 금액을 말합니다)의 한도 내에서 보상합니다.

⑦ 피보험자가 직원복리후생제도에 의해 의료비를 감면받고 그 감면받은 의료비가 근로소득에 포함되는 경우에는 그 감면 전 의료비를 기준으로 통원의료비를 계산합니다.

⑧ 제5항에도 불구하고 청약일 이전에 진단된 질병이라 하더라도 청약일 이후 5년이 지나는 동안(계약이 자동갱신되어 5년이 지나는 경우를 포함합니다) 그 질병으로 인하여 추가적인 진단(단순 건강검진은 제외합니다) 또는 치료사실이 없을 경우, 청약일부터 5년이 지난 이후에는 이 약관에 따라 보상합니다.

⑨ 제8항에서 "청약일 이후 5년이 지나는 동안"이란 이 약관 제26조[보험료의 납입이 연체되는 경우 납입최고(독촉)와 계약의 해지]에서 정한 계약의 해지가 발생하지 않은 경우를 말합니다.

⑩ 이 약관 제27조[보험료의 납입연체로 인한 해지계약의 부활(효력회복)]에서 정한 계약의 부활이 이루어진 경우 부활일을 제8항의 청약일로 하여 적용합니다.

제3관 회사가 보상하지 않는 사항

제4조(보상하지 않는 사항) 회사가 보상하지 않는 사항은 보장종목별로 다음과 같습니다.

보장종목	보상하지 않는 사항
(1) 상해입원	① 회사는 다음의 사유로 인하여 생긴 입원의료비는 보상하지 않습니다. 　1. 피보험자가 고의로 자신을 해친 경우. 다만, 피보험자가 심신상실 등으로 자유로운 의사결정을 할 수 없는 상태에서 자신을 해친 사실이 증명된 경우에는 보상합니다. 　2. 보험수익자가 고의로 피보험자를 해친 경우. 다만, 그 보험수익자가 보험금의 일부 보험수익자인 경우에는 다른 보험수익자에 대한 보험금은 지급합니다. 　3. 계약자가 고의로 피보험자를 해친 경우 　4. 피보험자가 임신, 출산(제왕절개를 포함합니다), 산후기로 입원한 경우. 다만, 회사가 보상하는 상해로 인하여 입원한 경우에는 보상합니다. 　5. 전쟁, 외국의 무력행사, 혁명, 내란, 사변, 폭동으로 인한 경우 　6. 피보험자가 정당한 이유없이 입원기간 중 의사의 지시를 따르지 않거나 의사가 통원치료가 가능하다고 인정함에도 피보험자 본인이 자의적으로 입원하여 발생한 입원의료비 ② 회사는 다른 약정이 없으면 피보험자가 직업, 직무 또는 동호회 활동 목적으로 한 다음의 어느 하나에 해당하는 행위로 인하여 생긴 상해에 대해서는 보상하지 않습니다. 　1. 전문등반(전문적인 등산용구를 사용하여 암벽 또는 빙벽을 오르내리거나 특수한 기술, 경험, 사전 훈련이 필요한 등반을 말합니다), 글라이더 조종, 스카이다이빙, 스쿠버다이빙, 행글라이딩, 수상보트, 패러글라이딩 　2. 모터보트·자동차 또는 오토바이에 의한 경기, 시범, 행사(이를 위한 연습을 포함합니다) 또는 시운전(다만, 공용도로에서 시운전을 하는 동안 발생한 상해는 보상합니다) 　3. 선박 승무원, 어부, 사공, 그 밖에 선박에 탑승하는 것을 직무로 하는 사람의 직무상 선박탑승 ③ 회사는 다음의 입원의료비에 대해서는 보상하지 않습니다. 　1. 치과치료(다만, 안면부 골절로 발생한 의료비는 치아 관련 치료를 제외하고 보상합니다)·한방치료(다만, 「의료법」 제2조에 따른 한의사를 제외한 '의사'의 의료행위에 의해서 발생한 의료비는 보상합니다)에서 발생한 「국민건강보험법」에 따른 요양급여에 해당하지 않는 비급여의료비 　2. 「국민건강보험법」에 따른 요양급여 중 본인부담금의 경우 국민건강보험 관련 법령에 따라 국민건강보험공단으로부터 사전 또는 사후 환급이 가능한 금액(본인부담금 상한제) 　3. 「의료급여법」에 따른 의료급여 중 본인부담금의 경우 의료급여 관련 법령에 따라 의료급여기금 등으로부터 사전 또는 사후 환급이 가능한 금액(「의료급여법」에 따른 본인부담금 보상제 및 본인부담금 상한제) 　4. 건강검진(단, 검사결과 이상 소견에 따라 건강검진센터 등에서 발생한 추가 의료비용은 보상합니다), 예방접종, 인공유산에 든 비용. 다만, 회사가 보상하는 상해 치료를 목적으로 하는 경우에는 보상합니다. 　5. 영양제, 비타민제, 호르몬 투여, 보신용 투약, 친자 확인을 위한 진단, 불임검사, 불임수술, 불임복원술, 보조생식술(체내, 체외 인공수정을 포함합니다), 성장촉진, 의약외품과 관련하여 소요된 비용. 다만, 회사가 보상하는 상해 치료를 목적으로 하는 경우에는 보상합니다.

보장종목	보상하지 않는 사항

	6. 의치, 의수족, 의안, 안경, 콘택트렌즈, 보청기, 목발, 팔걸이(Arm Sling), 보조기 등 진료 재료의 구입 및 대체 비용. 다만, 인공장기 등 신체에 이식되어 그 기능을 대신하는 경우에는 보상합니다.
	 7. 아래에 열거된 국민건강보험 비급여 대상으로 신체의 필수 기능개선 목적이 아닌 외모개선 목적의 치료로 인하여 발생한 의료비
	   가. 쌍꺼풀수술(이중검수술. 다만, 안검하수, 안검내반 등을 치료하기 위한 시력개선 목적의 이중검수술은 보상합니다), 코성형수술(융비술), 유방 확대(다만, 유방암 환자의 유방재건술은 보상합니다)·축소술, 지방흡입술, 주름살 제거술 등
	   나. 사시교정, 안와격리증(양쪽 눈을 감싸고 있는 뼈와 뼈 사이의 거리가 넓은 증상)의 교정 등 시각계 수술로서 시력개선 목적이 아닌 외모개선 목적의 수술
	   다. 안경, 콘택트렌즈 등을 대체하기 위한 시력교정술(국민건강보험 요양급여 대상 수술방법 또는 치료재료가 사용되지 않은 부분은 시력교정술로 봅니다)
	   라. 외모개선 목적의 다리정맥류 수술
	   마. 그 밖에 외모개선 목적의 치료로 국민건강보험 비급여대상에 해당하는 치료
	 8. 진료와 무관한 각종 비용(TV시청료, 전화료, 각종 증명료 등을 말합니다), 의사의 임상적 소견과 관련이 없는 검사비용, 간병비
	 9. 자동차보험(공제를 포함합니다) 또는 산재보험에서 보상받는 의료비. 다만, 본인부담의료비는 제3조(보장종목별 보상내용) (1) 상해입원 제1항, 제2항 및 제4항부터 제6항에 따라 보상합니다.
	 10. 「국민건강보험법」 제42조의 요양기관이 아닌 외국에 있는 의료기관에서 발생한 의료비

(2)
상해통원
	① 회사는 다음의 사유로 인하여 생긴 통원의료비는 보상하지 않습니다.
	   1. 피보험자가 고의로 자신을 해친 경우. 다만, 피보험자가 심신상실 등으로 자유로운 의사결정을 할 수 없는 상태에서 자신을 해친 사실이 증명된 경우에는 보상합니다.
	   2. 보험수익자가 고의로 피보험자를 해친 경우. 다만, 그 보험수익자가 보험금의 일부 보험수익자인 경우에는 다른 보험수익자에 대한 보험금은 지급합니다.
	   3. 계약자가 고의로 피보험자를 해친 경우
	   4. 피보험자가 임신, 출산(제왕절개를 포함합니다), 산후기로 통원한 경우. 다만, 회사가 보상하는 상해로 인하여 통원한 경우에는 보상합니다.
	   5. 전쟁, 외국의 무력행사, 혁명, 내란, 사변, 폭동으로 인한 경우
	   6. 피보험자가 정당한 이유 없이 통원기간 중 의사의 지시를 따르지 않아 발생한 통원의료비
	 ② 회사는 다른 약정이 없으면 피보험자가 직업, 직무 또는 동호회 활동 목적으로 한 다음의 어느 하나에 해당하는 행위로 인하여 생긴 상해에 대해서는 보상하지 않습니다.
	   1. 전문등반(전문적인 등산용구를 사용하여 암벽 또는 빙벽을 오르내리거나 특수한 기술, 경험, 사전 훈련이 필요한 등반을 말합니다), 글라이더 조종, 스카이다이빙, 스쿠버다이빙, 행글라이딩, 수상보트, 패러글라이딩
	   2. 모터보트, 자동차 또는 오토바이에 의한 경기, 시범, 행사(이를 위한 연습을 포함합니다) 또는 시운전(다만, 공용도로에서 시운전을 하는 동안 발생한 상해는 보상합니다)
	   3. 선박 승무원, 어부, 사공, 그 밖에 선박에 탑승하는 것을 직무로 하는 사람의 직무상 선박탑승
	 ③ 회사는 다음의 통원의료비에 대해서는 보상하지 않습니다.
	   1. 치과치료(다만, 안면부 골절로 발생한 의료비는 치아 관련 치료를 제외하고 보상합니

보장종목	보상하지 않는 사항

다) · 한방치료(다만, 「의료법」 제2조에 따른 한의사를 제외한 '의사'의 의료행위에 의해서 발생한 의료비는 보상합니다)에서 발생한 「국민건강보험법」에 따른 요양급여에 해당하지 않는 비급여의료비

2. 「국민건강보험법」에 따른 요양급여 중 본인부담금의 경우 국민건강보험 관련 법령에 따라 국민건강보험공단으로부터 사전 또는 사후 환급이 가능한 금액(본인부담금 상한제)

3. 「의료급여법」에 따른 의료급여 중 본인부담금의 경우 의료급여 관련 법령에 따라 의료급여기금 등으로부터 사전 또는 사후 환급이 가능한 금액(「의료급여법」에 따른 본인부담금 보상제 및 본인부담금 상한제)

4. 건강검진(단, 검사결과 이상 소견에 따라 건강검진센터 등에서 발생한 추가 의료비용은 보상합니다), 예방접종, 인공유산에 든 비용. 다만, 회사가 보상하는 상해 치료를 목적으로 하는 경우에는 보상합니다.

5. 영양제, 비타민제, 호르몬 투여, 보신용 투약, 친자 확인을 위한 진단, 불임검사, 불임수술, 불임복원술, 보조생식술(체내, 체외 인공수정을 포함합니다), 성장촉진, 의약외품과 관련하여 소요된 비용. 다만, 회사가 보상하는 상해 치료를 목적으로 하는 경우에는 보상합니다.

6. 의치, 의수족, 의안, 안경, 콘택트렌즈, 보청기, 목발, 팔걸이(Arm Sling), 보조기 등 진료 재료의 구입 및 대체 비용. 다만, 인공장기 등 신체에 이식되어 그 기능을 대신하는 경우에는 보상합니다.

7. 아래에 열거된 국민건강보험 비급여 대상으로 신체의 필수 기능개선 목적이 아닌 외모개선 목적의 치료로 인하여 발생한 의료비

    가. 쌍꺼풀수술(이중검수술. 다만, 안검하수, 안검내반 등을 치료하기 위한 시력개선 목적의 이중검수술은 보상합니다), 코성형수술(융비술), 유방 확대(다만, 유방암 환자의 유방재건술은 보상합니다) · 축소술, 지방흡입술, 주름살 제거술 등

    나. 사시교정, 안와격리증(양쪽 눈을 감싸고 있는 뼈와 뼈 사이의 거리가 넓은 증상)의 교정 등 시각계 수술로서 시력개선 목적이 아닌 외모개선 목적의 수술

    다. 안경, 콘텍트렌즈 등을 대체하기 위한 시력교정술(국민건강보험 요양급여 대상 수술방법 또는 치료재료가 사용되지 않은 부분은 시력교정술로 봅니다)

    라. 외모개선 목적의 다리정맥류 수술

    마. 그 밖에 외모개선 목적의 치료로 국민건강보험 비급여대상에 해당하는 치료

8. 진료와 무관한 각종 비용(TV시청료, 전화료, 각종 증명료 등을 말합니다), 의사의 임상적 소견과 관련이 없는 검사비용, 간병비

9. 자동차보험(공제를 포함합니다) 또는 산재보험에서 보상받는 의료비. 다만, 본인부담의료비는 제3조(보장종목별 보상내용) (2) 상해통원 제1항부터 제4항 및 제6항에 따라 보상합니다.

10. 「국민건강보험법」 제42조의 요양기관이 아닌 외국에 있는 의료기관에서 발생한 의료비

11. 「응급의료에 관한 법률」 및 동 시행규칙에서 정한 응급환자에 해당하지 않는 자가 「의료법」 제3조의4에 따른 상급종합병원 응급실을 이용하면서 발생한 응급의료관리료

보장종목	보상하지 않는 사항
(3) 질병입원	① 회사는 다음의 사유로 생긴 입원의료비는 보상하지 않습니다. 1. 피보험자가 고의로 자신을 해친 경우. 다만, 피보험자가 심신상실 등으로 자유로운 의사결정을 할 수 없는 상태에서 자신을 해친 사실이 증명된 경우에는 보상합니다. 2. 보험수익자가 고의로 피보험자를 해친 경우. 다만, 그 보험수익자가 보험금의 일부 보

보장종목	보상하지 않는 사항

험수익자인 경우에는 다른 보험수익자에 대한 보험금은 지급합니다.

3. 계약자가 고의로 피보험자를 해친 경우

4. 피보험자가 정당한 이유없이 입원기간 중 의사의 지시를 따르지 않거나 의사가 통원치료가 가능하다고 인정함에도 피보험자 본인이 자의적으로 입원하여 발생한 입원의료비

② 회사는 '한국표준질병사인분류'에 따른 다음의 입원의료비에 대해서는 보상하지 않습니다.

1. 정신 및 행동장애(F04~F99)(다만, F04~F09, F20~F29, F30~F39, F40~F48, F90~F98과 관련한 치료에서 발생한 「국민건강보험법」에 따른 요양급여에 해당하는 의료비는 보상합니다)

2. 여성생식기의 비염증성 장애로 인한 습관성 유산, 불임 및 인공수정 관련 합병증(N96~N98)

3. 피보험자가 임신, 출산(제왕절개를 포함합니다), 산후기로 입원한 경우(O00~O99)

4. 선천성 뇌질환(Q00~Q04)

5. 비만(E66)

6. 요실금(N39.3, N39.4, R32)

7. 직장 또는 항문 질환 중 「국민건강보험법」에 따른 요양급여에 해당하지 않는 부분(I84, K60~K62, K64)

③ 회사는 다음의 입원의료비에 대해서는 보상하지 않습니다.

1. 치과치료(K00~K08) 및 한방치료(다만, 「의료법」 제2조에 따른 한의사를 제외한 '의사'의 의료행위에 의해서 발생한 의료비는 보상합니다)에서 발생한 「국민건강보험법」에 따른 요양급여에 해당하지 않는 비급여의료비

2. 「국민건강보험법」에 따른 요양급여 중 본인부담금의 경우 국민건강보험 관련 법령에 따라 국민건강보험공단으로부터 사전 또는 사후 환급이 가능한 금액(본인부담금 상한제)

3. 「의료급여법」에 따른 의료급여 중 본인부담금의 경우 의료급여 관련 법령에 따라 의료급여기금 등으로부터 사전 또는 사후 환급이 가능한 금액(「의료급여법」에 따른 본인부담금 보상제 및 본인부담금 상한제)

4. 건강검진(단, 검사결과 이상 소견에 따라 건강검진센터 등에서 발생한 추가 의료비용은 보상합니다), 예방접종, 인공유산에 든 비용. 다만, 회사가 보상하는 질병 치료를 목적으로 하는 경우에는 보상합니다.

5. 영양제, 비타민제, 호르몬 투여(다만, 국민건강보험의 요양급여 기준에 해당하는 성조숙증을 치료하기 위한 호르몬 투여는 보상합니다), 보신용 투약, 친자 확인을 위한 진단, 불임검사, 불임수술, 불임복원술, 보조생식술(체내, 체외 인공수정을 포함합니다), 성장촉진, 의약외품과 관련하여 소요된 비용. 다만, 회사가 보상하는 질병 치료를 목적으로 하는 경우에는 보상합니다.

6. 다음의 어느 하나에 해당하는 치료로 인하여 발생한 의료비

가. 단순한 피로 또는 권태

나. 주근깨, 다모, 무모, 백모증, 딸기코(주사비), 점, 모반(피보험자가 보험가입당시 태아인 경우 화염상모반 등 선천성 비신생물성모반(Q82.5)은 보상합니다), 사마귀, 여드름, 노화현상으로 인한 탈모 등 피부질환

다. 발기부전(impotence)·불감증, 단순 코골음(수면무호흡증(G47.3)은 보상합니다), 치료를 동반하지 않는 단순포경(phimosis), 「국민건강보험 요양급여의 기준에 관한 규칙」 제9조 제1항([별표2] 비급여대상)에 따른 업무 또는 일상생활에 지장이 없는 검열반 등 안과질환

7. 의치, 의수족, 의안, 안경, 콘택트렌즈, 보청기, 목발, 팔걸이(Arm Sling), 보조기 등

보장종목	보상하지 않는 사항
	진료 재료의 구입 및 대체 비용. 다만, 인공장기 등 신체에 이식되어 그 기능을 대신하는 경우에는 보상합니다. 8. 아래에 열거된 국민건강보험 비급여 대상으로 신체의 필수 기능개선 목적이 아닌 외모개선 목적의 치료로 인하여 발생한 의료비 　가. 쌍꺼풀수술(이중검수술. 다만, 안검하수, 안검내반 등을 치료하기 위한 시력개선 목적의 이중검수술은 보상합니다), 코성형수술(융비술), 유방확대(다만, 유방암 환자의 유방재건술은 보상합니다)·축소술, 지방흡입술, 주름살 제거술 등 　나. 사시교정, 안와격리증(양쪽 눈을 감싸고 있는 뼈와 뼈 사이의 거리가 넓은 증상)의 교정 등 시각계 수술로서 시력개선 목적이 아닌 외모개선 목적의 수술 　다. 안경, 콘텍트렌즈 등을 대체하기 위한 시력교정술(국민건강보험 요양급여 대상 수술방법 또는 치료재료가 사용되지 않은 부분은 시력교정술로 봅니다) 　라. 외모개선 목적의 다리정맥류 수술 　마. 그 밖에 외모개선 목적의 치료로 국민건강보험 비급여대상에 해당하는 치료 9. 진료와 무관한 각종 비용(TV시청료, 전화료, 각종 증명료 등을 말합니다), 의사의 임상적 소견과 관련이 없는 검사비용, 간병비 10. 산재보험에서 보상받는 의료비. 다만, 본인부담의료비는 제3조(보장종목별 보상내용) (3) 질병입원 제1항, 제2항 및 제4항부터 제10항에 따라 보상합니다. 11. 인간면역결핍바이러스(HIV) 감염으로 인한 치료비(다만, 「의료법」에서 정한 의료인의 진료상 또는 치료 중 혈액에 의한 HIV 감염은 해당 진료기록을 통해 객관적으로 확인되는 경우는 보상합니다) 12. 「국민건강보험법」 제42조의 요양기관이 아닌 외국에 있는 의료기관에서 발생한 의료비
(4) 질병통원	① 회사는 다음의 사유로 인하여 생긴 통원의료비는 보상하지 않습니다. 1. 피보험자가 고의로 자신을 해친 경우. 다만, 피보험자가 심신상실 등으로 자유로운 의사결정을 할 수 없는 상태에서 자신을 해친 사실이 증명된 경우에는 보상합니다. 2. 보험수익자가 고의로 피보험자를 해친 경우. 다만, 그 보험수익자가 보험금의 일부 보험수익자인 경우에는 다른 보험수익자에 대한 보험금은 지급합니다. 3. 계약자가 고의로 피보험자를 해친 경우 4. 피보험자가 정당한 이유 없이 통원기간 중 의사의 지시를 따르지 않아 발생한 통원의료비 ② 회사는 '한국표준질병사인분류'에 따른 다음의 통원의료비에 대해서는 보상하지 않습니다. 1. 정신 및 행동장애(F04~F99)(다만, F04~F09, F20~F29, F30~F39, F40~F48, F90~F98과 관련한 치료에서 발생한 「국민건강보험법」에 따른 요양급여에 해당하는 의료비는 보상합니다) 2. 여성생식기의 비염증성 장애로 인한 습관성 유산, 불임 및 인공수정 관련 합병증(N96~N98) 3. 피보험자가 임신, 출산(제왕절개를 포함합니다), 산후기로 통원한 경우(O00~O99) 4. 선천성 뇌질환(Q00~Q04) 5. 비만(E66) 6. 요실금(N39.3, N39.4, R32) 7. 직장 또는 항문질환 중 「국민건강보험법」에 따른 요양급여에 해당하지 않는 부분(I84, K60~K62, K64) ③ 회사는 다음의 통원의료비에 대해서는 보상하지 않습니다. 1. 치과치료(K00~K08) 및 한방치료(다만, 「의료법」 제2조에 따른 한의사를 제외한 '의

보장종목	보상하지 않는 사항

사'의 의료행위에 의해서 발생한 의료비는 보상합니다)에서 발생한 「국민건강보험법」에 따른 요양급여에 해당하지 않는 비급여의료비

2. 「국민건강보험법」에 따른 요양급여 중 본인부담금의 경우 국민건강보험 관련 법령에 따라 국민건강보험공단으로부터 사전 또는 사후 환급이 가능한 금액(본인부담금 상한제)

3. 「의료급여법」에 따른 의료급여 중 본인부담금의 경우 의료급여 관련 법령에 따라 의료급여기금 등으로부터 사전 또는 사후 환급이 가능한 금액(「의료급여법」에 따른 본인부담금 보상제 및 본인부담금 상한제)

4. 건강검진(단, 검사결과 이상 소견에 따라 건강검진센터 등에서 발생한 추가 의료비용은 보상합니다), 예방접종, 인공유산에 든 비용. 다만, 회사가 보상하는 질병 치료를 목적으로 하는 경우에는 보상합니다.

5. 영양제, 비타민제, 호르몬 투여(다만, 국민건강보험의 요양급여 기준에 해당하는 성조숙증을 치료하기 위한 호르몬 투여는 보상합니다), 보신용 투약, 친자 확인을 위한 진단, 불임검사, 불임수술, 불임복원술, 보조생식술(체내, 체외 인공수정을 포함합니다), 성장 촉진, 의약외품과 관련하여 소요된 비용. 다만, 회사가 보상하는 질병 치료를 목적으로 하는 경우에는 보상합니다.

6. 다음의 어느 하나에 해당하는 치료로 인하여 발생한 의료비
   가. 단순한 피로 또는 권태
   나. 주근깨, 다모, 무모, 백모증, 딸기코(주사비), 점, 모반(피보험자가 보험가입당시 태아인 경우 화염상모반 등 선천성 비신생물성모반(Q82.5)은 보상합니다), 사마귀, 여드름, 노화현상으로 인한 탈모 등 피부질환
   다. 발기부전(impotence)·불감증, 단순 코골음(수면무호흡증(G47.3)은 보상합니다), 치료를 동반하지 않는 단순포경(phimosis), 「국민건강보험 요양급여의 기준에 관한 규칙」 제9조 제1항([별표2] 비급여대상)에 따른 업무 또는 일상생활에 지장이 없는 검열반 등 안과질환

7. 의치, 의수족, 의안, 안경, 콘택트렌즈, 보청기, 목발, 팔걸이(Arm Sling), 보조기 등 진료 재료의 구입 및 대체 비용. 다만, 인공장기 등 신체에 이식되어 그 기능을 대신하는 경우에는 보상합니다.

8. 아래에 열거된 국민건강보험 비급여 대상으로 신체의 필수 기능개선 목적이 아닌 외모개선 목적의 치료로 인하여 발생한 의료비
   가. 쌍꺼풀수술(이중검수술. 다만, 안검하수, 안검내반 등을 치료하기 위한 시력개선 목적의 이중검수술은 보상합니다), 코성형수술(융비술), 유방확대(다만, 유방암 환자의 유방재건술은 보상합니다)·축소술, 지방흡입술, 주름살 제거술 등
   나. 사시교정, 안와격리증(양쪽 눈을 감싸고 있는 뼈와 뼈 사이의 거리가 넓은 증상)의 교정 등 시각계 수술로서 시력개선 목적이 아닌 외모개선 목적의 수술
   다. 안경, 콘텍트렌즈 등을 대체하기 위한 시력교정술(국민건강보험 요양급여 대상 수술방법 또는 치료재료가 사용되지 않은 부분은 시력교정술로 봅니다)
   라. 외모개선 목적의 다리정맥류 수술
   마. 그 밖에 외모개선 목적의 치료로 국민건강보험 비급여대상에 해당하는 치료

9. 진료와 무관한 각종 비용(TV시청료, 전화료, 각종 증명료 등을 말합니다), 의사의 임상적 소견과 관련 없는 검사비용, 간병비

10. 산재보험에서 보상받는 의료비. 다만, 본인부담의료비는 제3조(보장종목별 보상내용)(4) 질병통원 제1항부터 제5항 및 제7항부터 제10항에 따라 보상합니다.

보장종목	보상하지 않는 사항
	11. 인간면역결핍바이러스(HIV) 감염으로 인한 치료비(다만, 「의료법」에서 정한 의료인의 진료상 또는 치료 중 혈액에 의한 HIV 감염은 해당 진료기록을 통해 객관적으로 확인 되는 경우는 보상합니다) 12. 「국민건강보험법」제42조의 요양기관이 아닌 외국에 있는 의료기관에서 발생한 의료비 13. 「응급의료에 관한 법률」동 시행규칙에서 정한 응급환자에 해당하지 않는 자가 「의료법」 제3조의4에 따른 상급종합병원 응급실을 이용하면서 발생한 응급의료관리료

제4조의2(특별약관에서 보상하는 사항) ① 제3조 및 제4조에도 불구하고 다음 각 호에 해당하는 의료비는 기본형 실손의료보험에서 보상하지 않습니다.

　　1. 도수치료·체외충격파치료·증식치료로 인하여 발생한 비급여의료비

　　2. 비급여 주사료[다만, 항암제, 항생제(항진균제 포함), 희귀의약품은 보상합니다]

　　3. 자기공명영상진단(MRI/MRA)으로 인하여 발생한 비급여의료비(조영제, 판독료를 포함합니다)

　　4. 제1호, 제2호, 제3호와 관련하여 자동차보험(공제를 포함합니다) 또는 산재보험에 서 발생한 본인부담의료비

② 제1항 제1호에서 제4호까지 정한 의료비와 다른 의료비가 함께 청구되어 각 항목별 의료비가 구분되지 않는 경우 회사는 보험금 지급금액 결정을 위해 계약자, 피보험자 또는 보험수익자에게 각각의 의료비에 대한 확인을 요청할 수 있습니다.

〈붙임〉 용어의 정의

용어	정의
계약	보험계약
진단계약	계약을 체결하기 위하여 피보험자가 건강진단을 받아야 하는 계약
보험증권	계약의 성립과 계약내용을 증명하기 위하여 회사가 계약자에게 드리는 증서
계약자	보험회사와 계약을 체결하고 보험료를 납입하는 사람
피보험자	보험금지급사유 또는 보험사고 발생의 대상(객체)이 되는 사람
보험수익자	보험금을 수령하는 사람
보험기간	회사가 계약에서 정한 보상책임을 지는 기간
회사	보험회사
연단위복리	회사가 지급할 금전에 대한 이자를 줄 때 1년마다 마지막 날에 그 이자를 원금에 더한 금액을 다음 1년의 원금으로 하는 이자 계산방법
평균공시이율	전체 보험회사 공시이율의 평균으로, 이 계약 체결 시점의 이율을 말함
해지환급금	계약이 해지되는 때에 회사가 계약자에게 돌려주는 금액

용어	정의
영업일	회사가 영업점에서 정상적으로 영업하는 날을 말하며, 토요일, 「관공서의 공휴일에 관한 규정」에 따른 공휴일과 근로자의 날은 제외
상해	보험기간 중 발생한 급격하고 우연한 외래의 사고
상해보험계약	상해를 보장하는 계약
의사	「의료법」 제2조(의료인)에서 정한 의사, 한의사 및 치과의사의 자격을 가진 사람
약사	「약사법」 제2조(정의)에서 정한 약사 및 한약사의 자격을 가진 사람
의료기관	「의료법」 제3조(의료기관) 제2항에서 정하는 의료기관을 말하며, 종합병원 · 병원 · 치과병원 · 한방병원 · 요양병원 · 의원 · 치과의원 · 한의원 및 조산원으로 구분
약국	「약사법」 제2조 제3호에 따른 장소로서, 약사가 수여(授與)할 목적으로 의약품 조제업무를 하는 장소를 말하며, 의료기관의 조제실은 제외
병원	「국민건강보험법」 제42조(요양기관)에서 정하는 국내의 병원 또는 의원을 말하며, 조산원은 제외
입원	의사가 피보험자의 질병 또는 상해로 인하여 치료가 필요하다고 인정한 경우로서 자택 등에서 치료가 곤란하여 병원, 의료기관 또는 이와 동등하다고 인정되는 의료기관에 입실하여 의사의 관리를 받으며 치료에 전념하는 것
입원의 정의 중 '이와 동등하다고 인정되는 의료기관'	보건소, 보건의료원 및 보건지소 등 「의료법」 제3조(의료기관) 제2항에서 정한 의료기관에 준하는 의료기관으로서 군의무대, 치매요양원, 노인요양원 등에 속해 있는 요양원, 요양시설, 복지시설 등과 같이 의료기관이 아닌 곳은 이에 해당되지 않음
기준병실	병원에서 국민건강보험 환자의 입원 시 병실료 산정에 적용하는 기준이 되는 병실
입원실료	입원치료 중 발생한 기준병실 사용료, 환자 관리료, 식대 등
입원제비용	입원치료 중 발생한 진찰료, 검사료, 방사선료, 투약 및 처방료(퇴원 시 의사로부터 치료목적으로 처방받은 약제비 포함), 주사료, 이학요법(물리치료, 재활치료)료, 정신요법료, 처치료, 치료재료, 석고붕대료(cast), 지정진료비 등
입원수술비	입원치료 중 발생한 수술료, 마취료, 수술재료비 등
입원의료비	입원실료, 입원제비용, 입원수술비, 상급병실료 차액
보상한도 종료일	회사가 보험가입금액 한도까지 입원의료비를 보상한 기준 입원일자
통원	의사가 피보험자의 질병 또는 상해로 치료가 필요하다고 인정하는 경우로서, 병원에 입원하지 않고 병원을 방문하여 의사의 관리하에 치료에 전념하는 것
처방조제	의사 및 약사가 피보험자의 질병 또는 상해로 치료가 필요하다고 인정하는 경우로서, 통원으로 인하여 발행된 의사의 처방전으로 약국의 약사가 조제하는 것. 이 경우 「국민건강보험법」 제42조 제1항 제3호에 따른 한국희귀의약품센터에서의 처방조제 및 의약분업 예외 지역에서의 약사의 직접조제를 포함
외래제비용	통원치료 중 발생한 진찰료, 검사료, 방사선료, 투약 및 처방료, 주사료, 이학요법(물리치료, 재활치료)료, 정신요법료, 처치료, 치료재료, 석고붕대료(cast), 지정진료비 등
외래수술비	통원치료 중 발생한 수술료, 마취료, 수술재료비 등
처방조제비	병원 의사의 처방전에 따라 조제되는 약국의 처방조제비 및 약사의 직접조제비
통원의료비	외래제비용, 외래수술비, 처방조제비

용어	정의
요양급여	「국민건강보험법」 제41조(요양급여)에 따른 가입자 및 피부양자의 질병·부상 등에 대한 다음의 요양급여 1. 진찰·검사 2. 약제·치료재료의 지급 3. 처치·수술 또는 그 밖의 치료 4. 예방·재활 5. 입원 6. 간호 7. 이송
의료급여	「의료급여법」 제7조(의료급여의 내용 등)에 따른 가입자 및 피부양자의 질병·부상 등에 대한 다음 각 호의 의료급여 1. 진찰·검사 2. 약제·치료재료의 지급 3. 처치·수술 또는 그 밖의 치료 4. 예방·재활 5. 입원 6. 간호 7. 이송 8. 그 밖에 의료 목적의 달성을 위한 조치
「국민건강보험법」에 따른 본인부담금 상한제	「국민건강보험법」에 따른 요양급여 중 연간 본인부담금 총액이 「국민건강보험법 시행령」 별표3에서 정하는 금액을 넘는 경우에 그 초과한 금액을 공단에서 부담하는 제도를 말하며, 국민건강보험 관련 법령의 변경에 따라 환급기준이 변경될 경우에는 회사는 변경되는 기준에 따름
「의료급여법」에 따른 본인부담금 보상제 및 본인부담금 상한제	「의료급여법」에 따른 의료급여 중 본인부담금이 「의료급여법 시행령」 제13조(급여비용의 부담)에서 정하는 금액을 넘는 경우에 그 초과한 금액을 의료급여기금 등에서 부담하는 제도를 말하며, 의료급여 관련 법령의 변경에 따라 환급기준이 변경될 경우에는 회사는 변경된 기준에 따름
보장대상의료비	실제 부담액 − 보상제외금액* * 제3관 회사가 보장하지 않는 사항에 따른 금액 및 실제 사용병실과 기준병실과의 병실료 차액 중 회사가 보장하지 않는 금액
보상책임액	(보장대상의료비 − 피보험자부담 공제금액)과 보험가입금액 중 작은 금액
다수보험	실손 의료보험계약(우체국보험, 각종 공제, 상해·질병·간병보험 등 제3보험, 개인연금·퇴직보험 등 의료비를 실손으로 보상하는 보험·공제계약을 포함)이 동시에 또는 순차적으로 2개 이상 체결되었고, 그 계약이 동일한 보험사고에 대하여 각 계약별 보상책임액이 있는 여러 개의 실손 의료보험계약을 말함
도수치료	치료자가 손(정형용 교정장치 장비 등의 도움을 받는 경우를 포함합니다)을 이용해서 환자의 근골격계통(관절, 근육, 연부조직, 림프절 등)의 기능 개선 및 통증감소를 위하여 실시하는 치료행위 * 의사 또는 의사의 지도하에 물리치료사가 도수치료를 하는 경우에 한함

용어	정의
체외충격파치료	체외에서 충격파를 병변에 가해 혈관 재형성을 돕고 건(힘줄) 및 뼈의 치유 과정을 자극하거나 재활성화 시켜 기능개선 및 통증감소를 위하여 실시하는 치료행위(체외충격파쇄석술은 제외)
증식치료	근골격계 통증이 있는 부위의 인대나 건(힘줄), 관절, 연골 등에 증식물질을 주사하여 통증이 소실되거나 완화되는 것을 유도하는 치료행위
주사료	주사치료 시 사용된 행위, 약제 및 치료재료대
항암제	식품의약품안전처가 「의약품등 분류번호에 관한 규정」에 따라 지정하는 '조직세포의 기능용 의약품' 중 '종양용약'과 '조직세포의 치료 및 진단 목적제제'* * 「의약품등 분류번호에 관한 규정」에 따른 의약품분류표가 변경되는 경우 치료시점의 의약품분류표에 따릅니다.
항생제(항진균제 포함)	식품의약품안전처가 「의약품등 분류번호에 관한 규정」에 따라 지정하는 '항병원생물성 의약품' 중 '항생물질제제', '화학요법제' 및 '기생동물에 대한 의약품 중 항원충제'* * 「의약품등 분류번호에 관한 규정」에 따른 의약품분류표가 변경되는 경우 치료시점의 의약품분류표에 따릅니다.
희귀의약품	식품의약품안전처장이 「희귀의약품 지정에 관한 규정」에 따라 지정하는 의약품* * 「희귀의약품 지정에 관한 규정」에 따른 희귀의약품 지정 항목이 변경되는 경우 치료시점의 희귀의약품 지정 항목에 따릅니다.
자기공명영상진단	자기공명영상 장치를 이용하여 고주파 등을 통한 신호의 차이를 영상화하여 조직의 구조를 분석하는 검사(MRI/MRA) * 자기공명영상진단 결과를 다른 의료기관에서 판독하는 경우 포함 　(보건복지부에서 고시하는 「건강보험 행위 급여 · 비급여 목록 및 급여 상대가치점수」상의 MRI 범주에 따름)

□ 비급여 도수치료 · 체외충격파치료 · 증식치료 실손의료보험 특별약관

제1조(보장종목) ① 회사가 판매하는 비급여 도수치료 · 체외충격파치료 · 증식치료 실손의료보험 특별약관(이하 '특별약관'이라 합니다)은 아래의 내용으로 구성되어 있습니다.

보상하는 내용
피보험자가 상해 또는 질병의 치료목적으로 병원에 입원 또는 통원하여 비급여[주]「도수치료 · 체외충격파치료 · 증식치료」를 받은 경우에 보상

주) 「국민건강보험법」 또는 「의료급여법」에 따라 보건복지부장관이 정한 비급여대상(「국민건강보험법」에서 정한 요양급여 또는 「의료급여법」에서 정한 의료급여 절차를 거쳤지만 급여항목이 발생하지 않은 경우로 「국민건강보험법」 또는 「의료급여법」에 따른 비급여항목 포함)

② 회사는 이 특별약관의 명칭에 '비급여 도수치료 · 체외충격파치료 · 증식치료 실손의료비'라는 문구를 포함하여 사용합니다.

제2조(용어의 정의) ① 이 특별약관에서 사용하는 용어의 뜻은 다음과 같습니다.

용어	정의
도수치료	치료자가 손(정형용 교정장치 장비 등의 도움을 받는 경우를 포함합니다)을 이용해서 환자의 근골격계통(관절, 근육, 연부조직, 림프절 등)의 기능 개선 및 통증감소를 위하여 실시하는 치료행위 * 의사 또는 의사의 지도하에 물리치료사가 도수치료를 하는 경우에 한함
체외충격파 치료	체외에서 충격파를 병변에 가해 혈관 재형성을 돕고 건(힘줄) 및 뼈의 치유 과정을 자극하거나 재활성화 시켜 기능개선 및 통증감소를 위하여 실시하는 치료행위(체외충격파쇄석술은 제외)
증식치료	근골격계 통증이 있는 부위의 인대나 건(힘줄), 관절, 연골 등에 증식물질을 주사하여 통증이 소실되거나 완화되는 것을 유도하는 치료행위

② 제1항에서 정하지 않은 용어의 뜻은 기본형 실손의료보험 표준약관 제2조(용어의 정의)를 준용합니다.

제3조(보상내용) 회사가 이 계약의 보험기간 중 보상하거나 공제하는 내용은 다음과 같습니다.

보상하는 사항

① 회사는 피보험자가 이 특별약관의 보험기간 중 상해 또는 질병의 치료목적으로 병원에 입원 또는 통원하여 도수치료·체외충격파치료·증식치료를 받은 경우 도수치료·체외충격파치료·증식치료로 인하여 본인이 실제로 부담한 비급여의료비(행위료, 약제비, 치료재료대 포함)에서 공제금액을 뺀 금액을 보상한도 내에서 보상합니다.

구분	내용
보장대상 의료비	「도수치료·체외충격파치료·증식치료」로 인하여 본인이 실제로 부담한 비급여의료비(행위료, 약제비, 치료재료대 포함)
공제금액	1회당 2만원과 보장대상의료비의 30% 중 큰 금액
보상한도	계약일 또는 매년 계약해당일부터 1년 단위로 350만원 이내에서 50회^{주)}까지 보상

주) 도수치료·체외충격파치료·증식치료의 각 치료횟수를 합산하여 50회까지 보상합니다.

〈보상기간 예시〉

(i) 계약일 또는 매년 계약해당일로부터 1년내 350만원을 모두 보상한 경우

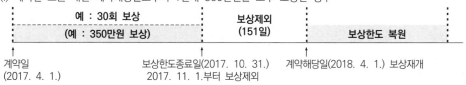

예 : 30회 보상	보상제외 (151일)	보상한도 복원
(예 : 350만원 보상)		

계약일
(2017. 4. 1.)　　　　보상한도종료일(2017. 10. 31.)　　계약해당일(2018. 4. 1.) 보상재개
　　　　　　　　　　2017. 11. 1.부터 보상제외

보상하는 사항

(ii) 계약일 또는 매년 계약해당일로부터 1년내 지급된 보험금이 350만원 미만이나 50회를 모두 보상한 경우

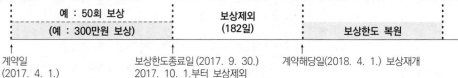

예 : 50회 보상	보상제외 (182일)	보상한도 복원
(예 : 300만원 보상)		

계약일
(2017. 4. 1.)

보상한도종료일 (2017. 9. 30.)
2017. 10. 1.부터 보상제외

계약해당일(2018. 4. 1.) 보상재개

② 병원을 1회 통원(또는 1회 입원)하여 이 특별약관에서 정한 도수치료, 체외충격파치료, 증식치료 중 2종류 이상의 치료를 받거나 동일한 치료를 2회 이상 받는 경우 각 치료행위를 1회로 보고 각각 제1항에서 정한 1회당 공제금액 및 보상한도를 적용합니다.

③ 제1항에서 보상하는 비급여의료비와 다른 의료비가 함께 청구되고 각 행위별 의료비가 구분되지 않는 경우 회사는 보험금 지급금액 결정을 위해 계약자, 피보험자 또는 보험수익자에게 제1항에서 보상하는 의료비의 확인을 요청할 수 있습니다.

④ 제1항의 상해에는 유독가스 또는 유독물질을 우연히 일시에 흡입, 흡수 또는 섭취한 결과로 생긴 중독증상이 포함됩니다. 다만, 유독가스 또는 유독물질을 상습적으로 흡입, 흡수 또는 섭취한 결과로 생긴 중독증상과 세균성 음식물 중독증상은 포함되지 않습니다.

⑤ 제1항의 질병에서 청약서상 '계약 전 알릴 의무(중요한 사항으로 한정합니다)'에 해당하는 질병으로 인하여 과거(청약서상 해당 질병의 고지대상 기간을 말합니다)에 진단 또는 치료를 받은 경우 그 질병으로 인한 의료비는 보상하지 않습니다.

⑥ 피보험자가 입원 또는 통원하여 치료를 받던 중 보험기간이 끝나더라도 그 계속 중인 치료에 대하여는 보험기간 종료일부터 180일까지(보험기간 종료일은 제외합니다) 보상합니다. 이 경우 보상한도는 연간 보상한도(금액)에서 직전 보험기간 종료일까지 지급한 금액을 차감한 잔여 금액과 연간 보상한도(횟수)에서 직전 보험기간 종료일까지 보상한 횟수를 차감한 잔여 횟수를 한도로 적용합니다. 다만, 종전 계약을 자동갱신하거나 같은 회사의 보험상품에 재가입하는 경우에는 종전 계약의 보험기간을 연장하는 것으로 보아 제1항을 적용합니다.

〈보상기간 예시〉

보장대상기간 (1년)	보장대상기간 (1년)	보장대상기간 (1년)	추가보상 (180일)

계약일
(2018. 1. 1.)

계약해당일
(2019. 1. 1.)

계약해당일
(2020. 1. 1.)

계약종료일
(2020. 12. 31.)

보상종료
(2021. 6. 29.)

⑦ 피보험자가 직원복리후생제도에 의해 의료비를 감면받고 그 감면받은 의료비가 근로소득에 포함되는 경우에는 그 감면 전 의료비를 기준으로 도수치료 · 체외충격파치료 · 증식치료 비급여의료비를 계산합니다.

⑧ 제5항에도 불구하고 청약일 이전에 진단확정된 질병이라 하더라도 청약일 이후 5년이 지나는 동안(계약이 자동갱신되어 5년이 지나는 경우를 포함합니다) 그 질병으로 인하여 추가적인 진단(단순 건강검진은 제외합니다) 또는 치료사실이 없을 경우, 청약일부터 5년이 지난 이후에는 이 특별약관에 따라 보상합니다.

⑨ 제8항에서 "청약일 이후 5년이 지나는 동안"이란 기본형 실손의료보험 표준약관 제26조[보험료의 납입이 연체되는 경우 납입최고(독촉)와 계약의 해지]에서 정한 계약의 해지가 발생하지 않은 경우를 말합니다.

⑩ 기본형 실손의료보험 표준약관 제27조[보험료의 납입연체로 인한 해지계약의 부활(효력회복)]에서 정한 계약의 부활이 이루어진 경우 부활일을 제8항의 청약일로 하여 적용합니다.

제4조(보상하지 않는 사항) 회사가 보상하지 않는 사항은 다음과 같습니다.

보상하지 않는 사항

① 회사는 다음의 사유로 인하여 생긴 의료비는 보상하지 않습니다.
  1. 피보험자가 고의로 자신을 해친 경우. 다만, 피보험자가 심신상실 등으로 자유로운 의사결정을 할 수 없는 상태에서 자신을 해친 사실이 증명된 경우에는 제3조(보상내용)에 따라 보상합니다.
  2. 보험수익자가 고의로 피보험자를 해친 경우. 다만, 그 보험수익자가 보험금의 일부 보험수익자인 경우에는 다른 보험수익자에 대한 보험금은 제3조(보상내용)에 따라 지급합니다.
  3. 계약자가 고의로 피보험자를 해친 경우
  4. 전쟁, 외국의 무력행사, 혁명, 내란, 사변, 폭동으로 인한 경우
  5. 피보험자가 정당한 이유없이 입원 또는 통원 기간 중 의사의 지시를 따르지 않아 발생한 의료비

② 회사는 다른 약정이 없으면 피보험자가 직업, 직무 또는 동호회 활동 목적으로 한 다음의 어느 하나에 해당하는 행위로 인하여 생긴 상해에 대해서는 보상하지 않습니다.
  1. 전문등반(전문적인 등산용구를 사용하여 암벽 또는 빙벽을 오르내리거나 특수한 기술, 경험, 사전 훈련이 필요한 등반을 말합니다), 글라이더 조종, 스카이다이빙, 스쿠버다이빙, 행글라이딩, 수상보트, 패러글라이딩
  2. 모터보트·자동차 또는 오토바이에 의한 경기, 시범, 행사(이를 위한 연습을 포함합니다) 또는 시운전 (다만, 공용도로에서 시운전을 하는 동안 발생한 상해는 제3조(보상내용)에 따라 보상합니다)
  3. 선박 승무원, 어부, 사공, 그 밖에 선박에 탑승하는 것을 직무로 하는 사람의 직무상 선박탑승

③ 회사는 '한국표준질병사인분류'에 따른 다음의 의료비에 대해서는 보상하지 않습니다.
  1. 정신 및 행동장애(F04~F99)
  2. 여성생식기의 비염증성 장애로 인한 습관성 유산, 불임 및 인공수정 관련 합병증(N96~N98)
  3. 피보험자가 임신, 출산(제왕절개를 포함합니다), 산후기로 입원 또는 통원한 경우(O00~O99). 다만, 회사가 보상하는 상해로 인하여 입원 또는 통원한 경우에는 제3조(보상내용)에 따라 보상합니다.
  4. 선천성 뇌질환(Q00~Q04)
  5. 비만(E66)
  6. 요실금(N39.3, N39.4, R32)
  7. 직장 또는 항문 질환 중 「국민건강보험법」에 따른 요양급여에 해당하지 않는 부분(I84, K60~K62, K64)

④ 회사는 다음의 의료비에 대해서는 보상하지 않습니다.
  1. 치과치료(다만, 안면부 골절로 발생한 의료비는 치아 관련 치료를 제외하고 제3조(보상내용)에 따라 보상하며, K00~K08과 무관한 질병으로 인한 의료비는 제3조(보상내용)에 따라 보상합니다)·한방치료(다만, 「의료법」 제2조에 따른 한의사를 제외한 '의사'의 의료행위에 의해서 발생한 의료비는 제3조(보상내용)에 따라 보상합니다)에서 발생한 「국민건강보험법」에 따른 요양급여에 해당하지 않는 비급여의료비
  2. 건강검진(단, 검사결과 이상 소견에 따라 건강검진센터 등에서 발생한 추가 의료비용은 제3조(보상내용)에 따라 보상합니다), 예방접종, 인공유산에 든 비용. 다만, 회사가 보상하는 상해 또는 질병의 치료를 목적으로 하는 경우에는 제3조(보상내용)에 따라 보상합니다.
  3. 영양제, 비타민제, 호르몬 투여, 보신용 투약, 친자 확인을 위한 진단, 불임검사, 불임수술, 불임복원술, 보조생식술(체내, 체외 인공수정을 포함합니다), 성장촉진, 의약외품과 관련하여 소요된 비용. 다만, 회사가 보상하는 상해 또는 질병의 치료를 목적으로 하는 경우에는 제3조(보상내용)에 따라 보상합니다.
  4. 다음의 어느 하나에 해당하는 치료로 인하여 발생한 의료비

가. 단순한 피로 또는 권태

나. 주근깨, 다모, 무모, 백모증, 딸기코(주사비), 점, 모반(피보험자가 보험가입당시 태아인 경우 화염
상모반 등 선천성 비신생물성모반(Q82.5)은 제3조(보상내용)에 따라 보상합니다), 사마귀, 여드
름, 노화현상으로 인한 탈모 등 피부질환

다. 발기부전(impotence)·불감증, 단순 코골음(수면무호흡증(G47.3)은 제3조(보상내용)에 따라 보
상합니다), 치료를 동반하지 않는 단순포경(phimosis), 「국민건강보험 요양급여의 기준에 관한
규칙」 제9조 제1항([별표2] 비급여대상)에 따른 업무 또는 일상생활에 지장이 없는 검열반 등 안
과질환

5. 의치, 의수족, 의안, 안경, 콘택트렌즈, 보청기, 목발, 팔걸이(Arm Sling), 보조기 등 진료 재료의 구
입 및 대체 비용. 다만, 인공장기 등 신체에 이식되어 그 기능을 대신하는 경우에는 제3조(보상내용)
에 따라 보상합니다.

6. 아래에 열거된 국민건강보험 비급여 대상으로 신체의 필수 기능개선 목적이 아닌 외모개선 목적의 치
료로 인하여 발생한 의료비

가. 쌍꺼풀수술(이중검수술. 다만, 안검하수, 안검내반 등을 치료하기 위한 시력개선 목적의 이중검수
술은 제3조(보상내용)에 따라 보상합니다), 코성형수술(융비술), 유방 확대(다만, 유방암 환자의
유방재건술은 제3조(보상내용)에 따라 보상합니다)·축소술, 지방흡입술, 주름살 제거술 등

나. 사시교정, 안와격리증(양쪽 눈을 감싸고 있는 뼈와 뼈 사이의 거리가 넓은 증상)의 교정 등 시각
계 수술로서 시력개선 목적이 아닌 외모개선 목적의 수술

다. 안경, 콘텍트렌즈 등을 대체하기 위한 시력교정술(국민건강보험 요양급여 대상 수술방법 또는 치
료재료가 사용되지 않은 부분은 시력교정술로 봅니다)

라. 외모개선 목적의 다리 정맥류 수술

마. 그 밖에 외모개선 목적의 치료로 국민건강보험 비급여대상에 해당하는 치료

7. 진료와 무관한 각종 비용(TV시청료, 전화료, 각종 증명료 등을 말합니다), 의사의 임상적 소견과 관련
이 없는 검사비용, 간병비

8. 자동차보험(공제를 포함합니다) 또는 산재보험에서 보상받는 의료비. 다만, 본인부담의료비는 제3조
(보상내용)에 따라 보상합니다.

9. 인간면역결핍바이러스(HIV) 감염으로 인한 치료비(다만, 「의료법」에서 정한 의료인의 진료상 또는 치
료 중 혈액에 의한 HIV 감염은 해당 진료기록을 통해 객관적으로 확인되는 경우는 제3조(보상내용)
에 따라 보상합니다)

10. 「국민건강보험법」 제42조의 요양기관이 아닌 외국에 있는 의료기관에서 발생한 의료비

11. 「응급의료에 관한 법률」 및 동 시행규칙에서 정한 응급환자에 해당하지 않는 자가 「의료법」 제3조의
4에 따른 상급종합병원 응급실을 이용하면서 발생한 응급의료관리료

제5조(특별약관의 소멸) 피보험자의 사망으로 인하여 이 특별약관에서 규정하는 보험금 지급
사유가 더 이상 발생할 수 없는 경우에는 이 계약은 그때부터 효력이 없습니다.

제6조(준용규정) 이 특별약관에서 정하지 않은 사항은 기본형 실손의료보험 표준약관을 따릅
니다.

□ 비급여 주사료 실손의료보험 특별약관

제1조(보장종목) ① 회사가 판매하는 비급여 주사료 실손의료보험 특별약관(이하 '특별약관'

이라 합니다)은 아래의 내용으로 구성되어 있습니다.

보상하는 내용
피보험자가 상해 또는 질병의 치료목적으로 병원에 입원 또는 통원하여 비급여^{주)}에 해당하는 주사료를 부담하는 경우에 보상

주) 「국민건강보험법」 또는 「의료급여법」에 따라 보건복지부장관이 정한 비급여대상(「국민건강보험법」에서 정한 요양급여 또는 「의료급여법」에서 정한 의료급여 절차를 거쳤지만 급여항목이 발생하지 않은 경우로 「국민건강보험법」 또는 「의료급여법」에 따른 비급여항목 포함)

② 회사는 이 특별약관의 명칭에 '비급여 주사료 실손의료비'라는 문구를 포함하여 사용합니다.

제2조(용어의 정의) ① 이 특별약관에서 사용하는 용어의 뜻은 다음과 같습니다.

용어	정의
주사료	주사치료 시 사용된 행위, 약제 및 치료재료대
항암제	식품의약품안전처가 「의약품등 분류번호에 관한 규정」에 따라 지정하는 '조직세포의 기능용 의약품' 중 '종양용약'과 '조직세포의 치료 및 진단 목적제제'* * 「의약품등 분류번호에 관한 규정」에 따른 의약품분류표가 변경되는 경우 치료시점의 의약품분류표에 따릅니다.
항생제 (항진균제 포함)	식품의약품안전처가 「의약품등 분류번호에 관한 규정」에 따라 지정하는 '항병원생물성 의약품' 중 '항생물질제제', '화학요법제' 및 '기생동물에 대한 의약품 중 항원충제'* * 「의약품등 분류번호에 관한 규정」에 따른 의약품분류표가 변경되는 경우 치료시점의 의약품분류표에 따릅니다.
희귀의약품	식품의약품안전처장이 「희귀의약품 지정에 관한 규정」에 따라 지정하는 의약품* * 「희귀의약품 지정에 관한 규정」에 따른 희귀의약품 지정 항목이 변경되는 경우 치료시점의 희귀의약품 지정 항목에 따릅니다.

② 제1항에서 정하지 않은 용어의 뜻은 기본형 실손의료보험 표준약관 제2조(용어의 정의)를 준용합니다.

제3조(보상내용) 회사가 이 계약의 보험기간 중 보상하거나 공제하는 내용은 다음과 같습니다.

보상하는 사항
① 회사는 피보험자가 이 특별약관의 보험기간 중 상해 또는 질병의 치료목적으로 병원에 입원 또는 통원하여 주사치료를 받아 본인이 실제로 부담한 비급여 주사료에서 공제금액을 뺀 금액을 보상한도 내에서 보상합니다.

구분	내용
보장대상 의료비	주사치료를 받아 본인이 실제로 부담한 비급여 주사료
공제금액	입원·통원 1회당 2만원과 보장대상의료비의 30% 중 큰 금액

보상하는 사항	
구분	내용
보상한도	계약일 또는 매년 계약해당일부터 1년 단위로 250만원 이내에서 입원과 통원을 합산하여 50회까지 보상

〈보상기간 예시〉

(i) 계약일 또는 매년 계약해당일로부터 1년내 250만원을 모두 보상한 경우

계약일
(2017. 4. 1.)

보상한도종료일(2017. 10. 31.)
2017. 11. 1.부터 보상제외

계약해당일(2018. 4. 1.) 보상재개

(ii) 계약일 또는 매년 계약해당일로부터 1년내 지급된 보험금이 250만원 미만이나 50회 모두 보상한 경우

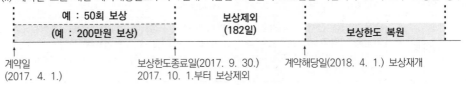

계약일
(2017. 4. 1.)

보상한도종료일(2017. 9. 30.)
2017. 10. 1.부터 보상제외

계약해당일(2018. 4. 1.) 보상재개

② 제1항의 주사료에서 항암제, 항생제(항진균제 포함), 희귀의약품을 위해 사용된 비급여 주사료는 기본형 실손의료보험에서 보상합니다.

③ 병원을 1회 통원(또는 1회 입원)하여 치료목적으로 2회 이상 주사치료를 받더라도 1회로 보고 제1항에서 정한 공제금액 및 보상한도를 적용합니다.

④ 제3항에서 1회 입원이라 함은 퇴원없이 계속 중인 입원(동일한 질병 또는 상해 치료목적으로 퇴원 당일 다른 병원으로 옮겨 입원하는 경우 포함)을 말합니다. 동일한 상해 또는 질병으로 인한 입원이라고 하더라도 퇴원 후 재입원하는 경우에는 퇴원 전후 입원기간을 각각 1회 입원으로 봅니다.

⑤ 제1항에서 보상하는 비급여의료비와 다른 의료비가 함께 청구되고 각 항목별 의료비가 구분되지 않는 경우 회사는 보험금 지급금액을 결정하기 위해 계약자, 피보험자 또는 보험수익자에게 제1항에서 보상하는 의료비의 확인을 요청할 수 있습니다.

⑥ 제1항의 상해에는 유독가스 또는 유독물질을 우연히 일시에 흡입, 흡수 또는 섭취한 결과로 생긴 중독증상이 포함됩니다. 다만, 유독가스 또는 유독물질을 상습적으로 흡입, 흡수 또는 섭취한 결과로 생긴 중독증상과 세균성 음식물 중독증상은 포함되지 않습니다.

⑦ 제1항의 질병에서 청약서상 '계약 전 알릴 의무(중요한 사항으로 한정합니다)'에 해당하는 질병으로 인하여 과거(청약서상 해당 질병의 고지대상 기간을 말합니다)에 진단 또는 치료를 받은 경우 그 질병으로 인한 의료비는 보상하지 않습니다.

⑧ 피보험자가 입원 또는 통원하여 치료를 받던 중 보험기간이 끝나더라도 그 계속 중인 치료에 대하여는 보험기간 종료일부터 180일까지(보험기간 종료일은 제외합니다) 보상합니다. 이 경우 보상한도는 연간 보상한도(금액)에서 직전 보험기간 종료일까지 지급한 금액을 차감한 잔여 금액과 연간 보상한도(횟수)에서 직전 보험기간 종료일까지 보상한 횟수를 차감한 잔여횟수를 한도로 적용합니다. 다만, 종전 계약을 자동갱신하거나 같은 회사의 보험상품에 재가입하는 경우에는 종전 계약의 보험기간을 연장하는 것으로 보아 제1항을 적용합니다.

보상하는 사항

〈보상기간 예시〉

보장대상기간 (1년)	보장대상기간 (1년)	보장대상기간 (1년)	추가보상 (180일)
↑ 계약일 (2018. 1. 1.)	↑ 계약해당일 (2019. 1. 1.)	↑ 계약해당일 (2020. 1. 1.)	↑ 계약종료일 (2020. 12. 31.) ↑ 보상종료 (2021. 6. 29.)

⑨ 피보험자가 직원복리후생제도에 의해 의료비를 감면받고 그 감면받은 의료비가 근로소득에 포함되는 경우에는 그 감면 전 의료비를 기준으로 비급여 주사료를 계산합니다.

⑩ 제7항에도 불구하고 청약일 이전에 진단확정된 질병이라 하더라도 청약일 이후 5년이 지나는 동안(계약이 자동갱신되어 5년이 지나는 경우를 포함합니다) 그 질병으로 인하여 추가적인 진단(단순 건강검진은 제외합니다) 또는 치료사실이 없을 경우, 청약일부터 5년이 지난 이후에는 이 특별약관에 따라 보상합니다.

⑪ 제10항에서 "청약일 이후 5년이 지나는 동안"이란 기본형 실손의료보험 표준약관 제26조[보험료의 납입이 연체되는 경우 납입최고(독촉)와 계약의 해지]에서 정한 계약의 해지가 발생하지 않은 경우를 말합니다.

⑫ 기본형 실손의료보험 표준약관 제27조[보험료의 납입연체로 인한 해지계약의 부활(효력회복)]에서 정한 계약의 부활이 이루어진 경우 부활일을 제10항의 청약일로 하여 적용합니다.

제4조(보상하지 않는 사항) 회사가 보상하지 않는 사항은 다음과 같습니다.

보상하지 않는 사항

① 회사는 다음의 사유로 인하여 생긴 의료비는 보상하지 않습니다.
   1. 피보험자가 고의로 자신을 해친 경우. 다만, 피보험자가 심신상실 등으로 자유로운 의사결정을 할 수 없는 상태에서 자신을 해친 사실이 증명된 경우에는 제3조(보상내용)에 따라 보상합니다.
   2. 보험수익자가 고의로 피보험자를 해친 경우. 다만, 그 보험수익자가 보험금의 일부 보험수익자인 경우에는 다른 보험수익자에 대한 보험금은 제3조(보상내용)에 따라 지급합니다.
   3. 계약자가 고의로 피보험자를 해친 경우
   4. 전쟁, 외국의 무력행사, 혁명, 내란, 사변, 폭동으로 인한 경우
   5. 피보험자가 정당한 이유없이 입원 또는 통원 기간 중 의사의 지시를 따르지 않아 발생한 의료비

② 회사는 다른 약정이 없으면 피보험자가 직업, 직무 또는 동호회 활동 목적으로 한 다음의 어느 하나에 해당하는 행위로 인하여 생긴 상해에 대해서는 보상하지 않습니다.
   1. 전문등반(전문적인 등산용구를 사용하여 암벽 또는 빙벽을 오르내리거나 특수한 기술, 경험, 사전 훈련이 필요한 등반을 말합니다), 글라이더 조종, 스카이다이빙, 스쿠버다이빙, 행글라이딩, 수상보트, 패러글라이딩
   2. 모터보트·자동차 또는 오토바이에 의한 경기, 시범, 행사(이를 위한 연습을 포함합니다) 또는 시운전 (다만, 공용도로에서 시운전을 하는 동안 발생한 상해는 제3조(보상내용)에 따라 보상합니다)
   3. 선박 승무원, 어부, 사공, 그 밖에 선박에 탑승하는 것을 직무로 하는 사람의 직무상 선박탑승

③ 회사는 '한국표준질병사인분류'에 따른 다음의 의료비에 대해서는 보상하지 않습니다.
   1. 정신 및 행동장애(F04~F99)
   2. 여성생식기의 비염증성 장애로 인한 습관성 유산, 불임 및 인공수정 관련 합병증(N96~N98)
   3. 피보험자가 임신, 출산(제왕절개를 포함합니다), 산후기로 입원 또는 통원한 경우(O00~O99). 다만,

회사가 보상하는 상해로 인하여 입원 또는 통원한 경우에는 제3조(보상내용)에 따라 보상합니다.

4. 선천성 뇌질환(Q00~Q04)

5. 비만(E66)

6. 요실금(N39.3, N39.4, R32)

7. 직장 또는 항문 질환 중 「국민건강보험법」에 따른 요양급여에 해당하지 않는 부분(I84, K60~K62, K64)

④ 회사는 다음의 의료비에 대해서는 보상하지 않습니다.

1. 치과치료(다만, 안면부 골절로 발생한 의료비는 치아 관련 치료를 제외하고 제3조(보상내용)에 따라 보상하며, K00~K08과 무관한 질병으로 인한 의료비는 제3조(보상내용)에 따라 보상합니다) · 한방치료(다만, 「의료법」 제2조에 따른 한의사를 제외한 '의사'의 의료행위에 의해서 발생한 의료비는 제3조(보상내용)에 따라 보상합니다)에서 발생한 「국민건강보험법」에 따른 요양급여에 해당하지 않는 비급여의료비

2. 건강검진(단, 검사결과 이상 소견에 따라 건강검진센터 등에서 발생한 추가 의료비용은 제3조(보상내용)에 따라 보상합니다), 예방접종, 인공유산에 든 비용. 다만, 회사가 보상하는 상해 또는 질병의 치료를 목적으로 하는 경우에는 제3조(보상내용)에 따라 보상합니다.

3. 영양제, 비타민제, 호르몬 투여, 보신용 투약, 친자 확인을 위한 진단, 불임검사, 불임수술, 불임복원술, 보조생식술(체내, 체외 인공수정을 포함합니다), 성장촉진, 의약외품과 관련하여 소요된 비용. 다만, 회사가 보상하는 상해 또는 질병의 치료를 목적으로 하는 경우에는 제3조(보상내용)에 따라 보상합니다.

4. 다음의 어느 하나에 해당하는 치료로 인하여 발생한 의료비

가. 단순한 피로 또는 권태

나. 주근깨, 다모, 무모, 백모증, 딸기코(주사비), 점, 모반(피보험자가 보험가입당시 태아인 경우 화염상모반 등 선천성 비신생물성모반(Q82.5)은 제3조(보상내용)에 따라 보상합니다), 사마귀, 여드름, 노화현상으로 인한 탈모 등 피부질환

다. 발기부전(impotence) · 불감증, 단순 코골음(수면무호흡증(G47.3)은 보상합니다), 치료를 동반하지 않는 단순포경(phimosis), 「국민건강보험 요양급여의 기준에 관한 규칙」 제9조 제1항([별표2] 비급여대상)에 따른 업무 또는 일상생활에 지장이 없는 검열반 등 안과질환

5. 의치, 의수족, 의안, 안경, 콘택트렌즈, 보청기, 목발, 팔걸이(Arm Sling), 보조기 등 진료 재료의 구입 및 대체 비용. 다만, 인공장기 등 신체에 이식되어 그 기능을 대신하는 경우에는 제3조(보상내용)에 따라 보상합니다.

6. 아래에 열거된 국민건강보험 비급여 대상으로 신체의 필수 기능개선 목적이 아닌 외모개선 목적의 치료로 인하여 발생한 의료비

가. 쌍꺼풀수술(이중검수술. 다만, 안검하수, 안검내반 등을 치료하기 위한 시력개선 목적의 이중검수술은 제3조(보상내용)에 따라 보상합니다), 코성형수술(융비술), 유방 확대(다만, 유방암 환자의 유방재건술은 제3조(보상내용)에 따라 보상합니다) · 축소술, 지방흡입술, 주름살 제거술 등

나. 사시교정, 안와격리증(양쪽 눈을 감싸고 있는 뼈와 뼈 사이의 거리가 넓은 증상)의 교정 등 시각계 수술로서 시력개선 목적이 아닌 외모개선 목적의 수술

다. 안경, 콘텍트렌즈 등을 대체하기 위한 시력교정술(국민건강보험 요양급여 대상 수술방법 또는 치료재료가 사용되지 않은 부분은 시력교정술로 봅니다)

라. 외모개선 목적의 다리 정맥류 수술

마. 그 밖에 외모개선 목적의 치료로 국민건강보험 비급여대상에 해당하는 치료

7. 진료와 무관한 각종 비용(TV시청료, 전화료, 각종 증명료 등을 말합니다), 의사의 임상적 소견과 관련이 없는 검사비용, 간병비

보상하지 않는 사항
8. 자동차보험(공제를 포함합니다) 또는 산재보험에서 보상받는 의료비. 다만, 본인부담의료비는 제3조 (보상내용)에 따라 보상합니다.
9. 인간면역결핍바이러스(HIV) 감염으로 인한 치료비(다만, 「의료법」에서 정한 의료인의 진료상 또는 치료 중 혈액에 의한 HIV 감염은 해당 진료기록을 통해 객관적으로 확인되는 경우는 제3조(보상내용)에 따라 보상합니다)
10. 「국민건강보험법」 제42조의 요양기관이 아닌 외국에 있는 의료기관에서 발생한 의료비
11. 「응급의료에 관한 법률」 및 동 시행규칙에서 정한 응급환자에 해당하지 않는 자가 「의료법」 제3조의 4에 따른 상급종합병원 응급실을 이용하면서 발생한 응급의료관리료
12. 증식치료로 인하여 발생하는 주사료 및 비급여 자기공명영상진단(MRI/MRA)으로 인하여 발생하는 약제비 또는 조영제에 해당하는 의료비

제5조(특별약관의 소멸) 피보험자의 사망으로 인하여 이 특별약관에서 규정하는 보험금 지급 사유가 더 이상 발생할 수 없는 경우에는 이 계약은 그때부터 효력이 없습니다.

제6조(준용규정) 이 특별약관에서 정하지 않은 사항은 기본형 실손의료보험 표준약관을 따릅니다.

□ 비급여 자기공명영상진단(MRI/MRA) 실손의료보험 특별약관

제1조(보장종목) ① 회사가 판매하는 비급여 자기공명영상진단(MRI/MRA) 실손의료보험 특별약관(이하 '특별약관'이라 합니다)은 아래의 내용으로 구성되어 있습니다.

보상하는 내용
피보험자가 상해 또는 질병의 치료목적으로 병원에 입원 또는 통원하여 비급여^{주)} 자기공명영상진단을 받은 경우에 보상

주) 「국민건강보험법」 또는 「의료급여법」에 따라 보건복지부장관이 정한 비급여대상(「국민건강보험법」에서 정한 요양급여 또는 「의료급여법」에서 정한 의료급여 절차를 거쳤지만 급여항목이 발생하지 않은 경우로 「국민건강보험법」 또는 「의료급여법」에 따른 비급여항목 포함)

② 회사는 이 특별약관의 명칭에 '비급여 자기공명영상진단(MRI/MRA) 실손의료비'라는 문구를 포함하여 사용합니다.

제2조(용어의 정의) ① 이 특별약관에서 사용하는 용어의 뜻은 다음과 같습니다.

용어	정의
자기공명영상 진단	자기공명영상 장치를 이용하여 고주파 등을 통한 신호의 차이를 영상화하여 조직의 구조를 분석하는 검사(MRI/MRA) * 자기공명영상진단 결과를 다른 의료기관에서 판독하는 경우 포함 (보건복지부에서 고시하는 「건강보험 행위 급여ㆍ비급여 목록 및 급여 상대가치점수」상의 MRI 범주에 따름)

② 제1항에서 정하지 않은 용어의 뜻은 기본형 실손의료보험 표준약관 제2조(용어의 정의)를 준용합니다.

제3조(보상내용) 회사가 이 계약의 보험기간 중 보상하거나 공제하는 내용은 다음과 같습니다.

보상하는 사항

① 회사는 피보험자가 이 특별약관의 보험기간 중 상해 또는 질병의 치료목적으로 병원에 입원 또는 통원하여 자기공명영상진단을 받아 본인이 실제로 부담한 비급여의료비(조영제, 판독료를 포함합니다)에서 공제금액을 뺀 금액을 보상한도 내에서 보상합니다.

구분	내용
보장대상 의료비	자기공명영상진단을 받아 본인이 실제로 부담한 비급여의료비(조영제, 판독료 포함)
공제금액	1회당 2만원과 보장대상의료비의 30% 중 큰 금액
보상한도	계약일 또는 매년 계약해당일부터 1년 단위로 연간 300만원 한도 내에서 보상

② 병원을 1회 통원(또는 1회 입원)하여 2개 이상 부위에 걸쳐 이 특별약관에서 정한 자기공명영상진단을 받거나 동일한 부위에 대해 2회 이상 이 특별약관에서 정한 자기공명영상진단을 받는 경우 각 진단행위를 1회로 보아 각각 1회당 공제금액 및 보상한도를 적용합니다.

③ 제1항의 상해에는 유독가스 또는 유독물질을 우연히 일시에 흡입, 흡수 또는 섭취한 결과로 생긴 중독증상이 포함됩니다. 다만, 유독가스 또는 유독물질을 상습적으로 흡입, 흡수 또는 섭취한 결과로 생긴 중독증상과 세균성 음식물 중독증상은 포함되지 않습니다.

④ 제1항의 질병에서 청약서상 '계약 전 알릴 의무(중요한 사항으로 한정합니다)'에 해당하는 질병으로 인하여 과거(청약서상 해당 질병의 고지대상 기간을 말합니다)에 진단 또는 치료를 받은 경우 그 질병으로 인한 의료비는 보상하지 않습니다.

⑤ 피보험자가 입원 또는 통원하여 치료를 받던 중 보험기간이 끝나더라도 그 계속 중인 치료에 대하여는 보험기간 종료일부터 180일까지(보험기간 종료일은 제외합니다) 보상합니다. 이 경우 보상한도는 연간 보상한도에서 직전 보험기간 종료일까지 지급한 보상금액을 차감한 잔여 금액을 한도로 적용합니다. 다만, 종전 계약을 자동갱신하거나 같은 회사의 보험상품에 재가입하는 경우에는 종전 계약의 보험기간을 연장하는 것으로 보아 제1항을 적용합니다.

〈보상기간 예시〉

보장대상기간 (1년)	보장대상기간 (1년)	보장대상기간 (1년)	추가보상 (180일)
↑ 계약일 (2018. 1. 1.)	↑ 계약해당일 (2019. 1. 1.)	↑ 계약해당일 (2020. 1. 1.)	↑ 계약종료일 (2020. 12. 31.) ／ ↑ 보상종료 (2021. 6. 29.)

⑥ 피보험자가 직원복리후생제도에 의해 의료비를 감면받고 그 감면받은 의료비가 근로소득에 포함되는 경우에는 그 감면 전 의료비를 기준으로 비급여 자기공명영상진단(MRI/MRA) 의료비를 계산합니다.

⑦ 제4항에도 불구하고 청약일 이전에 진단확정된 질병이라 하더라도 청약일 이후 5년이 지나는 동안(계약이 자동갱신되어 5년이 지나는 경우를 포함합니다) 그 질병으로 인하여 추가적인 진단(단순 건강검진은 제외합니다) 또는 치료사실이 없을 경우, 청약일부터 5년이 지난 이후에는 이 특별약관에 따라 보상합니다.

⑧ 제7항에서 "청약일 이후 5년이 지나는 동안"이란 기본형 실손의료보험 표준약관 제26조[보험료의 납입이 연체되는 경우 납입최고(독촉)와 계약의 해지]에서 정한 계약의 해지가 발생하지 않은 경우를 말합니다.

보상하는 사항

⑨ 기본형 실손의료보험 표준약관 제27조[보험료의 납입연체로 인한 해지계약의 부활(효력회복)]에서 정한 계약의 부활이 이루어진 경우 부활일을 제7항의 청약일로 하여 적용합니다.

제4조(보상하지 않는 사항) 회사가 보상하지 않는 사항은 다음과 같습니다.

보상하지 않는 사항

① 회사는 다음의 사유로 인하여 생긴 의료비는 보상하지 않습니다.
   1. 피보험자가 고의로 자신을 해친 경우. 다만, 피보험자가 심신상실 등으로 자유로운 의사결정을 할 수 없는 상태에서 자신을 해친 사실이 증명된 경우에는 제3조(보상내용)에 따라 보상합니다.
   2. 보험수익자가 고의로 피보험자를 해친 경우. 다만, 그 보험수익자가 보험금의 일부 보험수익자인 경우에는 다른 보험수익자에 대한 보험금은 제3조(보상내용)에 따라 지급합니다.
   3. 계약자가 고의로 피보험자를 해친 경우
   4. 전쟁, 외국의 무력행사, 혁명, 내란, 사변, 폭동으로 인한 경우
   5. 피보험자가 정당한 이유없이 입원 또는 통원 기간 중 의사의 지시를 따르지 않아 발생한 의료비

② 회사는 다른 약정이 없으면 피보험자가 직업, 직무 또는 동호회 활동 목적으로 한 다음의 어느 하나에 해당하는 행위로 인하여 생긴 상해에 대해서는 보상하지 않습니다.
   1. 전문등반(전문적인 등산용구를 사용하여 암벽 또는 빙벽을 오르내리거나 특수한 기술, 경험, 사전 훈련이 필요한 등반을 말합니다), 글라이더 조종, 스카이다이빙, 스쿠버다이빙, 행글라이딩, 수상보트, 패러글라이딩
   2. 모터보트 · 자동차 또는 오토바이에 의한 경기, 시범, 행사(이를 위한 연습을 포함합니다) 또는 시운전(다만, 공용도로에서 시운전을 하는 동안 발생한 상해는 제3조(보상내용)에 따라 보상합니다)
   3. 선박 승무원, 어부, 사공, 그 밖에 선박에 탑승하는 것을 직무로 하는 사람의 직무상 선박탑승

③ 회사는 '한국표준질병사인분류'에 따른 다음의 의료비에 대해서는 보상하지 않습니다.
   1. 정신 및 행동장애(F04~F99)
   2. 여성생식기의 비염증성 장애로 인한 습관성 유산, 불임 및 인공수정 관련 합병증(N96~N98)
   3. 피보험자가 임신, 출산(제왕절개를 포함합니다), 산후기로 입원 또는 통원한 경우(O00~O99). 다만, 회사가 보상하는 상해로 인하여 입원 또는 통원한 경우에는 제3조(보상내용)에 따라 보상합니다.
   4. 선천성 뇌질환(Q00~Q04)
   5. 비만(E66)
   6. 요실금(N39.3, N39.4, R32)
   7. 직장 또는 항문 질환 중 「국민건강보험법」에 따른 요양급여에 해당하지 않는 부분(I84, K60~K62, K64)

④ 회사는 다음의 의료비에 대해서는 보상하지 않습니다.
   1. 치과치료(다만, 안면부 골절로 발생한 의료비는 치아 관련 치료를 제외하고 제3조(보상내용)에 따라 보상하며, K00~K08과 무관한 질병으로 인한 의료비는 제3조(보상내용)에 따라 보상합니다) · 한방치료(다만, 「의료법」 제2조에 따른 한의사를 제외한 '의사'의 의료행위에 의해서 발생한 의료비는 제3조(보상내용)에 따라 보상합니다)에서 발생한 「국민건강보험법」에 따른 요양급여에 해당하지 않는 비급여의료비
   2. 건강검진(단, 검사결과 이상 소견에 따라 건강검진센터 등에서 발생한 추가 의료비용은 제3조(보상내용)에 따라 보상합니다), 예방접종, 인공유산에 든 비용. 다만, 회사가 보상하는 상해 또는 질병의 치료를 목적으로 하는 경우에는 제3조(보상내용)에 따라 보상합니다.

3. 영양제, 비타민제, 호르몬 투여, 보신용 투약, 친자 확인을 위한 진단, 불임검사, 불임수술, 불임복원술, 보조생식술(체내, 체외 인공수정을 포함합니다), 성장촉진, 의약외품과 관련하여 소요된 비용. 다만, 회사가 보상하는 상해 또는 질병의 치료를 목적으로 하는 경우에는 제3조(보상내용)에 따라 보상합니다.

4. 다음의 어느 하나에 해당하는 치료로 인하여 발생한 의료비
   가. 단순한 피로 또는 권태
   나. 주근깨, 다모, 무모, 백모증, 딸기코(주사비), 점, 모반(피보험자가 보험가입당시 태아인 경우 화염상모반 등 선천성 비신생물성모반(Q82.5)은 제3조(보상내용)에 따라 보상합니다), 사마귀, 여드름, 노화현상으로 인한 탈모 등 피부질환
   다. 발기부전(impotence)·불감증, 단순 코골음(수면무호흡증(G47.3)은 보상합니다), 치료를 동반하지 않는 단순포경(phimosis), 「국민건강보험 요양급여의 기준에 관한 규칙」 제9조 제1항([별표2] 비급여대상)에 따른 업무 또는 일상생활에 지장이 없는 검열반 등 안과질환

5. 의치, 의수족, 의안, 안경, 콘택트렌즈, 보청기, 목발, 팔걸이(Arm Sling), 보조기 등 진료 재료의 구입 및 대체 비용. 다만, 인공장기 등 신체에 이식되어 그 기능을 대신하는 경우에는 제3조(보상내용)에 따라 보상합니다.

6. 아래에 열거된 국민건강보험 비급여 대상으로 신체의 필수 기능개선 목적이 아닌 외모개선 목적의 치료로 인하여 발생한 의료비
   가. 쌍꺼풀수술(이중검수술. 다만, 안검하수, 안검내반 등을 치료하기 위한 시력개선 목적의 이중검수술은 제3조(보상내용)에 따라 보상합니다), 코성형수술(융비술), 유방 확대(다만, 유방암 환자의 유방재건술은 제3조(보상내용)에 따라 보상합니다)·축소술, 지방흡입술, 주름살 제거술 등
   나. 사시교정, 안와격리증(양쪽 눈을 감싸고 있는 뼈와 뼈 사이의 거리가 넓은 증상)의 교정 등 시각계 수술로서 시력개선 목적이 아닌 외모개선 목적의 수술
   다. 안경, 콘택트렌즈 등을 대체하기 위한 시력교정술(국민건강보험 요양급여 대상 수술방법 또는 치료재료가 사용되지 않은 부분은 시력교정술로 봅니다)
   라. 외모개선 목적의 다리 정맥류 수술
   마. 그 밖에 외모개선 목적의 치료로 국민건강보험 비급여대상에 해당하는 치료

7. 진료와 무관한 각종 비용(TV시청료, 전화료, 각종 증명료 등을 말합니다), 의사의 임상적 소견과 관련이 없는 검사비용, 간병비

8. 자동차보험(공제를 포함합니다) 또는 산재보험에서 보상받는 의료비. 다만, 본인부담의료비는 제3조(보상내용)에 따라 보상합니다.

9. 인간면역결핍바이러스(HIV) 감염으로 인한 치료비(다만, 「의료법」에서 정한 의료인의 진료상 또는 치료 중 혈액에 의한 HIV 감염은 해당 진료기록을 통해 객관적으로 확인되는 경우는 제3조(보상내용)에 따라 보상합니다)

10. 「국민건강보험법」 제42조의 요양기관이 아닌 외국에 있는 의료기관에서 발생한 의료비

11. 「응급의료에 관한 법률」 및 동 시행규칙에서 정한 응급환자에 해당하지 않는 자가 「의료법」 제3조의4에 따른 상급종합병원 응급실을 이용하면서 발생한 응급의료관리료

제5조(특별약관의 소멸) 피보험자의 사망으로 인하여 이 특별약관에서 규정하는 보험금 지급사유가 더 이상 발생할 수 없는 경우에는 이 계약은 그때부터 효력이 없습니다.

제6조(준용규정) 이 특별약관에서 정하지 않은 사항은 기본형 실손의료보험 표준약관을 따릅니다.

제11차 개정 표준약관(2018. 3. 2.)

〈실손 의료보험〉

> 실손의료보험은 보험회사가 피보험자의 질병 또는 상해로 인한 손해(의료비에 한정합니다)를 보상하는 상품입니다.

□ **기본형 실손의료보험**

제1관 일반사항 및 용어의 정의

제1조(보장종목) ① 회사가 판매하는 기본형 실손의료보험상품은 다음과 같이 상해입원형, 상해통원형, 질병입원형 및 질병통원형의 4개 이내의 보장종목으로 구성되어 있습니다.

보장종목		보상하는 내용
상해	입원	피보험자가 상해로 인하여 병원에 입원하여 치료를 받은 경우에 보상
	통원	피보험자가 상해로 인하여 병원에 통원하여 치료를 받거나 처방조제를 받은 경우에 보상
질병	입원	피보험자가 질병으로 인하여 병원에 입원하여 치료를 받은 경우에 보상
	통원	피보험자가 질병으로 인하여 병원에 통원하여 치료를 받거나 처방조제를 받은 경우에 보상

② 회사는 이 약관의 명칭에 '실손의료비'라는 문구를 포함하여 사용합니다.

제2조(용어의 정의) 이 약관에서 사용하는 용어의 뜻은 <붙임1>과 같습니다.

제2관 회사가 보상하는 사항

제3조(보장종목별 보상내용) 회사가 이 계약의 보험기간 중 보장종목별로 각각 보상하거나 공제하는 내용은 다음과 같습니다.

보장종목	보상하는 사항
(1) 상해입원	① 회사는 피보험자가 상해로 인하여 병원에 입원하여 치료를 받은 경우에는 입원의료비를 다음과 같이 하나의 상해당 보험가입금액(5천만원 이내에서 계약 시 계약자가 정한 금액을 말합니다)의 한도 내에서 보상합니다.

보장종목	보상하는 사항		
	구분		보상금액
표준형	입원실료, 입원제비용, 입원수술비		'「국민건강보험법」에서 정한 요양급여 또는 「의료급여법」에서 정한 의료급여 중 본인부담금'과 '비급여^{주)}(상급병실료 차액은 제외합니다)'를 합한 금액(본인이 실제로 부담한 금액을 말합니다)의 80%에 해당하는 금액. 다만, 나머지 20%가 계약일 또는 매년 계약해당일부터 기산하여 연간 200만원을 초과하는 경우 그 초과금액은 보상합니다.
	상급병실료 차액		입원 시 실제로 사용한 병실과 기준병실의 병실료 차액에서 50%를 뺀 금액. 다만, 1일 평균금액 10만원을 한도로 하며, 1일 평균금액은 입원기간 동안 상급병실료 차액 전체를 총 입원일수로 나누어 산출합니다.
선택형	입원실료, 입원제비용, 입원수술비		'「국민건강보험법」에서 정한 요양급여 또는 「의료급여법」에서 정한 의료급여 중 본인부담금'과 '비급여^{주)}(상급병실료 차액은 제외합니다)'를 합한 금액(본인이 실제로 부담한 금액을 말합니다)의 90%에 해당하는 금액. 다만, 나머지 10%가 계약일 또는 매년 계약해당일부터 기산하여 연간 200만원을 초과하는 경우 그 초과금액은 보상합니다.
	상급병실료 차액		입원 시 실제로 사용한 병실과 기준병실의 병실료 차액에서 50%를 뺀 금액. 다만, 1일 평균금액 10만원을 한도로 하며, 1일 평균금액은 입원기간 동안 상급병실료 차액 전체를 총 입원일수로 나누어 산출합니다.

주) 「국민건강보험법」 또는 「의료급여법」에 따라 보건복지부장관이 정한 비급여대상(「국민건강보험법」에서 정한 요양급여 또는 「의료급여법」에서 정한 의료급여 절차를 거쳤지만 급여항목이 발생하지 않은 경우로 「국민건강보험법」 또는 「의료급여법」에 따른 비급여항목 포함)

② 제1항의 상해에는 유독가스 또는 유독물질을 우연히 일시에 흡입, 흡수 또는 섭취한 결과로 생긴 중독증상이 포함됩니다. 다만, 유독가스 또는 유독물질을 상습적으로 흡입, 흡수 또는 섭취한 결과로 생긴 중독증상과 세균성 음식물 중독증상은 포함되지 않습니다.

③ 피보험자가 「국민건강보험법」 또는 「의료급여법」을 적용받지 못하는 경우에는 입원의료비(「국민건강보험 요양급여의 기준에 관한 규칙」에 따라 보건복지부장관이 정한 급여 및 비급여의료비 항목만 해당합니다) 중 본인이 실제로 부담한 금액의 40%를 하나의 상해당 보험가입금액(5천만원 이내에서 계약 시 계약자가 정한 금액을 말합니다)의 한도 내에서 보상합니다.

④ 제1항에도 불구하고 회사는 하나의 상해(같은 상해로 2회 이상 치료를 받는 경우에도 이를 하나의 상해로 봅니다)로 인한 입원의료비를 보험가입금액까지 보상한 경우에는 보상한도종료일부터 90일이 경과한 날부터 최초 입원한 것과 동일한 기준으로 다시 보상합니다(계속입원을 포함합니다). 다만, 최초 입원일부터 275일(365일-90일) 이내에 보상한도종료일이 있는 경우에는 최초 입원일부터 365일이 경과되는 날부터 최초 입원한 것과 동일한 기준으로 다시 보상합니다.

보장종목	보상하는 사항

〈보상기간 예시〉

(i) 최초입원일~보상한도종료일이 275일(365일-90일) 이상인 경우

계약일   최초 입원일   보상한도종료일(2015. 4. 30.) (2015. 7. 29.)
(2014. 1. 1.) (2014. 3. 1.)   2015. 5. 1.부터 보상제외 2015. 7. 30.부터 보상재개

(ii) 최초입원일~보상한도종료일이 275일(365일-90일) 이내인 경우

계약일   최초 입원일   보상한도종료일(2014. 7. 31.) (2015. 2. 28.)
(2014. 1. 1.) (2014. 3. 1.)   2014. 8. 1.부터 보상제외 2015. 3. 1.부터 보상재개

⑤ 피보험자가 입원하여 치료를 받던 중 보험기간이 끝나더라도 그 계속 중인 입원에 대해서는 보험기간 종료일부터 180일까지(보험기간 종료일은 제외합니다) 보상하며, 이 경우 제4항은 적용하지 않습니다. 다만, 종전 계약을 자동갱신하거나 같은 회사의 보험상품에 재가입하는 경우에는 종전 계약의 보험기간을 연장하는 것으로 보아 제4항을 적용합니다.

⑥ 피보험자가 직원복리후생제도에 의해 의료비를 감면받고 그 감면받은 의료비가 근로소득에 포함되는 경우에는 그 감면 전 의료비를 기준으로 입원의료비를 계산합니다.

(2) 상해통원	① 회사는 피보험자가 상해로 인하여 병원에 통원하여 치료를 받거나 처방조제를 받은 경우에는 통원의료비 명목으로 매년 계약해당일부터 1년을 단위로 하여 다음과 같이 외래(외래제비용, 외래수술비) 및 처방조제비를 각각 보상합니다.

구분	보상한도
외래	방문 1회당 '「국민건강보험법」에서 정한 요양급여 또는 「의료급여법」에서 정한 의료급여 중 본인부담금'과 '비급여[주1)]'를 합한 금액(본인이 실제로 부담한 금액을 말합니다)에서 〈표1〉의 '항목별 공제금액'을 뺀 금액을 외래의 보험가입금액[주2)]의 한도 내에서 보상(매년 계약해당일부터 1년간 방문 180회를 한도로 합니다)
처방 조제비	처방전 1건당 '「국민건강보험법」에서 정한 요양급여 또는 「의료급여법」에서 정한 의료급여 중 본인부담금'과 '비급여[주1)]'를 합한 금액(본인이 실제로 부담한 금액을 말합니다)에서 〈표1〉의 '항목별 공제금액'을 뺀 금액을 처방조제비의 보험가입금액[주2)]의 한도 내에서 보상(매년 계약해당일부터 1년간 처방전 180건을 한도로 합니다)

주1) 「국민건강보험법」 또는 「의료급여법」에 따라 보건복지부장관이 정한 비급여대상(「국민건강보험법」에서 정한 요양급여 또는 「의료급여법」에서 정한 의료급여 절차를 거쳤지만 급여항목이 발생하지 않은 경우로 「국민건강보험법」 또는 「의료급여법」에 따른 비급여항목 포함)
주2) 외래 및 처방조제비는 회(건)당 합산하여 30만원 이내에서 계약 시 계약자가 각각 정한 금액으로 합니다.

보장종목	보상하는 사항

〈표1 항목별 공제금액〉

구분		항목	공제금액
표준형	외래 (외래제비용 및 외래수술비 합계)	「의료법」 제3조 제2항 제1호에 따른 의원, 치과의원, 한의원, 같은 항 제2호에 따른 조산원, 「지역보건법」 제10조, 제12조 및 제13조에 따른 보건소, 보건의료원 및 보건지소, 「농어촌 등 보건의료를 위한 특별조치법」 제15조에 따른 보건진료소	1만원과 보장대상 의료비의 20% 중 큰 금액
		「의료법」 제3조 제2항 제3호에 따른 종합병원, 병원, 치과병원, 한방병원, 요양병원	1만5천원과 보장대상 의료비의 20% 중 큰 금액
		「국민건강보험법」 제42조 제2항에 따른 종합전문요양기관 또는 「의료법」 제3조의4에 따른 상급종합병원	2만원과 보장대상 의료비의 20% 중 큰 금액
	처방 조제비	「국민건강보험법」 제42조 제1항 제2호에 따른 약국, 같은 항 제3호에 따른 한국희귀의약품센터에서의 처방, 조제(의사의 처방전 1건당, 의약분업 예외 지역에서 약사의 직접조제 1건당)	8천원과 보장대상 의료비의 20% 중 큰 금액
선택형	외래 (외래제비용 및 외래수술비 합계)	「의료법」 제3조 제2항 제1호에 따른 의원, 치과의원, 한의원, 같은 항 제2호에 따른 조산원, 「지역보건법」 제10조, 제12조 및 제13조에 따른 보건소, 보건의료원 및 보건지소, 「농어촌 등 보건의료를 위한 특별조치법」 제15조에 따른 보건진료소	1만원
		「의료법」 제3조 제2항 제3호에 따른 종합병원, 병원, 치과병원, 한방병원, 요양병원	1만5천원
		「국민건강보험법」 제42조 제2항에 따른 종합전문요양기관 또는 「의료법」 제3조의4에 따른 상급종합병원	2만원
	처방 조제비	「국민건강보험법」 제42조 제1항 제2호에 따른 약국, 같은 항 제3호에 따른 한국희귀의약품센터에서의 처방, 조제(의사의 처방전 1건당, 의약분업 예외 지역에서 약사의 직접조제 1건당)	8천원

② 피보험자가 통원하여 치료를 받던 중 보험기간이 끝나더라도 그 계속 중인 통원치료에 대해서는 다음 예시와 같이 보험기간 종료일부터 180일 이내에 외래는 방문 90회, 처방조제비

보장종목	보상하는 사항
	는 처방전 90건의 한도 내에서 보상합니다. 다만, 종전 계약을 자동갱신하거나 같은 회사의 보험상품에 재가입하는 경우에는 종전 계약의 보험기간을 연장하는 것으로 보아 제1항을 적용합니다.

〈보상기간 예시〉

보장대상기간 (1년)	보장대상기간 (1년)	보장대상기간 (1년)	추가보상 (180일)	
↑ 계약일 (2014. 1. 1.)	↑ 계약해당일 (2015. 1. 1.)	↑ 계약해당일 (2016. 1. 1.)	↑ 계약종료일 (2016. 12. 31.)	↑ 보상종료일 (2017. 6. 29.)

③ 하나의 상해로 인해 하루에 같은 치료를 목적으로 의료기관에서 2회 이상 통원치료를 받거나 하나의 상해로 약국에서 2회 이상의 처방조제를 받은 경우 각각 1회의 외래 및 1건의 처방으로 보아 제1항과 제2항을 적용합니다. 이때 공제금액은 2회 이상의 중복방문 의료기관 중 가장 높은 공제금액을 적용합니다.

④ 제1항의 상해에는 유독가스 또는 유독물질을 우연히 일시에 흡입, 흡수 또는 섭취한 결과로 생긴 중독증상이 포함됩니다. 다만, 유독가스 또는 유독물질을 상습적으로 흡입, 흡수 또는 섭취한 결과로 생긴 중독증상과 세균성 음식물 중독증상은 포함되지 않습니다.

⑤ 피보험자가 「국민건강보험법」 또는 「의료급여법」을 적용받지 못하는 경우에는 통원의료비 (「국민건강보험 요양급여의 기준에 관한 규칙」에 따라 보건복지부장관이 정한 급여 및 비급여의료비 항목만 해당합니다) 중 본인이 실제로 부담한 금액에서 〈표1〉의 '항목별 공제금액'을 뺀 금액의 40%를 외래 및 처방조제비로 보험가입금액[외래 및 처방조제비는 회(건)당 합산하여 30만원 이내에서 계약 시 계약자가 각각 정한 금액을 말합니다]의 한도 내에서 보상합니다.

⑥ 피보험자가 직원복리후생제도에 의해 의료비를 감면받고 그 감면받은 의료비가 근로소득에 포함되는 경우에는 그 감면 전 의료비를 기준으로 통원의료비를 계산합니다.

(3) 질병입원	① 회사는 피보험자가 질병으로 인하여 병원에 입원하여 치료를 받은 경우에는 입원의료비를 다음과 같이 하나의 질병당 보험가입금액(5천만원 이내에서 계약 시 계약자가 정한 금액을 말합니다)의 한도 내에서 보상합니다.

구분		보상금액
표준형	입원실료, 입원제비용, 입원수술비	'「국민건강보험법」에서 정한 요양급여 또는 「의료급여법」에서 정한 의료급여 중 본인부담금'과 '비급여^{주)}(상급병실료 차액은 제외합니다)'를 합한 금액(본인이 실제로 부담한 금액을 말합니다)의 80%에 해당하는 금액. 다만, 나머지 20%가 계약일 또는 매년 계약해당일부터 기산하여 연간 200만원을 초과하는 경우 그 초과금액은 보상합니다.
	상급병실료 차액	입원 시 실제로 사용한 병실과 기준병실의 병실료 차액에서 50%를 뺀 금액. 다만, 1일 평균금액 10만원을 한도로 하며, 1일 평균금액은 입원기간 동안 상급병실료 차액 전체를 총 입원일수로 나누어 산출합니다.
선택형	입원실료, 입원제비용,	'「국민건강보험법」에서 정한 요양급여 또는 「의료급여법」에서 정한 의료급여 중 본인부담금'과 '비급여^{주)}(상급병실료 차액은

보장종목	보상하는 사항

구분		보상금액
	입원수술비	제외합니다)'를 합한 금액(본인이 실제로 부담한 금액을 말합니다)의 90%에 해당하는 금액. 다만, 나머지 10%가 계약일 또는 매년 계약해당일부터 기산하여 연간 200만원을 초과하는 경우 그 초과금액은 보상합니다.
	상급병실료 차액	입원 시 실제로 사용한 병실과 기준병실의 병실료 차액에서 50%를 뺀 금액. 다만, 1일 평균금액 10만원을 한도로 하며, 1일 평균금액은 입원기간 동안 상급병실료 차액 전체를 총 입원일수로 나누어 산출합니다.

주)「국민건강보험법」 또는 「의료급여법」에 따라 보건복지부장관이 정한 비급여대상(「국민건강보험법」에서 정한 요양급여 또는 「의료급여법」에서 정한 의료급여 절차를 거쳤지만 급여항목이 발생하지 않은 경우로 「국민건강보험법」 또는 「의료급여법」에 따른 비급여항목 포함)

② 제1항의 질병에서 청약서상 '계약 전 알릴 의무(중요한 사항으로 한정합니다)'에 해당하는 질병으로 인하여 과거(청약서상 해당 질병의 고지대상 기간을 말합니다)에 진단 또는 치료를 받은 경우 그 질병으로 인한 입원의료비는 보상하지 않습니다.

③ 피보험자가 「국민건강보험법」 또는 「의료급여법」을 적용받지 못하는 경우에는 입원의료비(「국민건강보험 요양급여의 기준에 관한 규칙」에 따라 보건복지부장관이 정한 급여 및 비급여의료비 항목만 해당합니다) 중 본인이 실제로 부담한 금액의 40%를 하나의 질병당 보험가입금액(5천만원 이내에서 계약 시 계약자가 정한 금액을 말합니다)의 한도 내에서 보상합니다.

④ 제1항에도 불구하고 회사는 하나의 질병으로 인한 입원의료비를 보험가입금액까지 보상한 경우에는 보상한도 종료일부터 90일이 경과한 날부터 최초 입원한 것과 동일한 기준으로 다시 보상합니다(계속 입원을 포함합니다). 다만, 최초 입원일부터 275일(365일-90일) 이내에 보상한도종료일이 있는 경우에는 최초 입원일부터 365일이 경과되는 날부터 최초 입원한 것과 동일한 기준으로 다시 보상합니다.

〈보상기간 예시〉

(i) 최초입원일~보상한도종료일이 275일(365일-90일) 이상인 경우

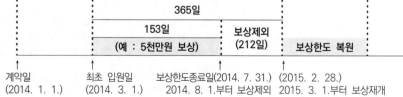

계약일 (2014. 1. 1.)	최초 입원일 (2014. 3. 1.)	보상한도종료일(2015. 4. 30.) 2015. 5. 1.부터 보상제외	(2015. 7. 29.) 2015. 7. 30.부터 보상재개

(ii) 최초입원일~보상한도종료일이 275일(365일-90일) 이내인 경우

		365일		
	153일		보상제외 (212일)	보상한도 복원
	(예 : 5천만원 보상)			

계약일 (2014. 1. 1.)	최초 입원일 (2014. 3. 1.)	보상한도종료일(2014. 7. 31.) 2014. 8. 1.부터 보상제외	(2015. 2. 28.) 2015. 3. 1.부터 보상재개

보장종목	보상하는 사항

⑤ "하나의 질병"이란 발생 원인이 동일한 질병(의학상 중요한 관련이 있는 질병은 하나의 질병으로 간주하며, 하나의 질병으로 2회 이상 치료를 받는 경우에는 이를 하나의 질병으로 봅니다)을 말하며, 질병의 치료 중에 발생된 합병증 또는 새로 발견된 질병의 치료가 병행되거나 의학상 관련이 없는 여러 종류의 질병을 갖고 있는 상태에서 입원한 경우에는 하나의 질병으로 간주합니다.

⑥ 피보험자가 입원하여 치료를 받던 중 보험기간이 끝나더라도 그 계속 중인 입원에 대해서는 보험기간 종료일부터 180일까지(보험기간 종료일은 제외합니다) 보상하며, 이 경우 제4항은 적용하지 않습니다. 다만, 종전 계약을 자동갱신하거나 같은 회사의 보험상품에 재가입하는 경우에는 종전 계약의 보험기간을 연장하는 것으로 보아 제4항을 적용합니다.

⑦ 피보험자가 직원복리후생제도에 의해 의료비를 감면받고 그 감면받은 의료비가 근로소득에 포함되는 경우에는 그 감면 전 의료비를 기준으로 입원의료비를 계산합니다.

⑧ 제2항에도 불구하고 청약일 이전에 진단확정된 질병이라 하더라도 청약일 이후 5년이 지나는 동안(계약이 자동갱신되어 5년이 지나는 경우를 포함합니다) 그 질병으로 인하여 추가적인 진단(단순 건강검진은 제외합니다) 또는 치료사실이 없을 경우, 청약일부터 5년이 지난 이후에는 이 약관에 따라 보상합니다.

⑨ 제8항에서 "청약일 이후 5년이 지나는 동안"이란 이 약관 제26조[보험료의 납입이 연체되는 경우 납입최고(독촉)와 계약의 해지]에서 정한 계약의 해지가 발생하지 않은 경우를 말합니다.

⑩ 이 약관 제27조[보험료의 납입연체로 인한 해지계약의 부활(효력회복)]에서 정한 계약의 부활이 이루어진 경우 부활일을 제8항의 청약일로 하여 적용합니다.

---

(4) 질병통원

① 회사는 피보험자가 질병으로 인하여 병원에 통원하여 치료를 받거나 처방조제를 받은 경우에는 통원의료비 명목으로 매년 계약해당일부터 1년을 단위로 하여 다음과 같이 외래(외래제비용, 외래수술비) 및 처방조제비를 각각 보상합니다.

구분	보상한도
외래	방문 1회당 '「국민건강보험법」에서 정한 요양급여 또는 「의료급여법」에서 정한 의료급여 중 본인부담금'과 '비급여[주1)]'를 합한 금액(본인이 실제로 부담한 금액을 말합니다)에서 〈표1〉의 '항목별 공제금액'을 뺀 금액을 외래의 보험가입금액[주2)]의 한도 내에서 보상(매년 계약해당일부터 1년간 방문 180회를 한도로 합니다)
처방조제비	처방전 1건당 '「국민건강보험법」에서 정한 요양급여 또는 「의료급여법」에서 정한 의료급여 중 본인부담금'과 '비급여[주1)]'를 합한 금액(본인이 실제로 부담한 금액을 말합니다)에서 〈표1〉의 '항목별 공제금액'을 뺀 금액을 처방조제비의 보험가입금액[주2)]을 한도 내에서 보상(매년 계약해당일부터 1년간 처방전 180건을 한도로 합니다)

주1) 「국민건강보험법」 또는 「의료급여법」에 따라 보건복지부장관이 정한 비급여대상(「국민건강보험법」에서 정한 요양급여 또는 「의료급여법」에서 정한 의료급여 절차를 거쳤지만 급여항목이 발생하지 않은 경우로 「국민건강보험법」 또는 「의료급여법」에 따른 비급여항목 포함)

주2) 외래 및 처방조제비는 회(건)당 합산하여 30만원 이내에서 계약 시 계약자가 각각 정한 금액을 말합니다.

보장종목	보상하는 사항

<표1 항목별 공제금액>

구분		항목	공제 금액
표준형	외래 (외래제비용 및 외래수술비 합계)	「의료법」 제3조 제2항 제1호에 따른 의원, 치과의원, 한의원, 같은 항 제2호에 따른 조산원, 「지역보건법」 제10조, 제12조 및 제13조에 따른 보건소, 보건의료원 및 보건지소, 「농어촌 등 보건의료를 위한 특별조치법」 제15조에 따른 보건진료소	1만원과 보장대상 의료비의 20% 중 큰 금액
		「의료법」 제3조 제2항 제3호에 따른 종합병원, 병원, 치과병원, 한방병원, 요양병원	1만5천원과 보장대상 의료비의 20% 중 큰 금액
		「국민건강보험법」 제42조 제2항에 따른 종합전문요양기관 또는 「의료법」 제3조의4에 따른 상급종합병원	2만원과 보장대상 의료비의 20% 중 큰 금액
	처방 조제비	「국민건강보험법」 제42조 제1항 제2호에 따른 약국, 같은 항 제3호에 따른 한국희귀의약품센터에서의 처방, 조제(의사의 처방전 1건당, 의약분업 예외 지역에서 약사의 직접조제 1건당)	8천원과 보장대상 의료비의 20% 중 큰 금액
선택형	외래 (외래제비용 및 외래수술비 합계)	「의료법」 제3조 제2항 제1호에 따른 의원, 치과의원, 한의원, 같은 항 제2호에 따른 조산원, 「지역보건법」 제10조, 제12조 및 제13조에 따른 보건소, 보건의료원 및 보건지소, 「농어촌 등 보건의료를 위한 특별조치법」 제15조에 따른 보건진료소	1만원
		「의료법」 제3조 제2항 제3호에 따른 종합병원, 병원, 치과병원, 한방병원, 요양병원	1만5천원
		「국민건강보험법」 제42조 제2항에 따른 종합전문요양기관 또는 「의료법」 제3조의4에 따른 상급종합병원	2만원
	처방 조제비	「국민건강보험법」 제42조 제1항 제2호에 따른 약국, 같은 항 제3호에 따른 한국희귀의약품센터에서의 처방, 조제(의사의 처방전 1건당, 의약분업 예외 지역에서 약사의 직접조제 1건당)	8천원

② 피보험자가 통원하여 치료를 받던 중 보험기간이 끝나더라도 그 계속 중인 통원치료에 대해서는 다음 예시와 같이 보험기간 종료일부터 180일 이내에 외래는 방문 90회, 처방조제비는 처방전 90건의 한도 내에서 보상합니다. 다만, 종전 계약을 자동갱신하거나 같은 회사의 보험상품에 재가입하는 경우에는 종전 계약의 보험기간을 연장하는 것으로 보아 제1항을 적용합니다.

보장종목	보상하는 사항

〈보상기간 예시〉

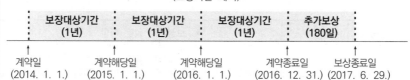

보장대상기간 (1년)	보장대상기간 (1년)	보장대상기간 (1년)	추가보상 (180일)
↑ 계약일 (2014. 1. 1.)	↑ 계약해당일 (2015. 1. 1.)	↑ 계약해당일 (2016. 1. 1.)	↑ 계약종료일 (2016. 12. 31.)	↑ 보상종료일 (2017. 6. 29.)

③ 하나의 질병으로 하루에 같은 치료를 목적으로 의료기관에서 2회 이상 통원치료를 받거나 하나의 질병으로 약국에서 2회 이상 처방조제를 받은 경우 각각 1회의 외래 및 1건의 처방으로 보아 제1항과 제2항을 적용합니다. 이때 공제금액은 2회 이상의 중복방문 의료기관 중 가장 높은 공제금액을 적용합니다.

④ "하나의 질병"이란 발생 원인이 동일한 질병(의학상 중요한 관련이 있는 질병을 포함합니다)을 말하며, 질병의 치료 중에 발생된 합병증 또는 새로 발견된 질병의 치료가 병행되거나 의학상 관련이 없는 여러 종류의 질병을 갖고 있는 상태에서 통원한 경우에는 하나의 질병으로 봅니다.

⑤ 제1항의 질병에서 청약서상 '계약 전 알릴 의무(중요한 사항으로 한정합니다)'에 해당하는 질병으로 인하여 과거(청약서상 해당 질병의 고지대상 기간을 말합니다)에 진단 또는 치료를 받은 경우 그 질병으로 인한 외래 및 처방조제비는 보상하지 않습니다.

⑥ 피보험자가 「국민건강보험법」 또는 「의료급여법」을 적용받지 못하는 경우에는 통원의료비(「국민건강보험 요양급여의 기준에 관한 규칙」에 따라 보건복지부장관이 정한 급여 및 비급여의료비 항목만 해당합니다) 중 본인이 실제로 부담한 금액에서 〈표1〉의 '항목별 공제금액'을 뺀 금액의 40%를 외래 및 처방조제비로 보험가입금액(외래 및 처방조제비는 회(건)당 합산하여 30만원 이내에서 계약 시 계약자가 각각 정한 금액을 말합니다)의 한도 내에서 보상합니다.

⑦ 피보험자가 직원복리후생제도에 의해 의료비를 감면받고 그 감면받은 의료비가 근로소득에 포함되는 경우에는 그 감면 전 의료비를 기준으로 통원의료비를 계산합니다.

⑧ 제5항에도 불구하고 청약일 이전에 진단된 질병이라 하더라도 청약일 이후 5년이 지나는 동안(계약이 자동갱신되어 5년이 지나는 경우를 포함합니다) 그 질병으로 인하여 추가적인 진단(단순 건강검진은 제외합니다) 또는 치료사실이 없을 경우, 청약일부터 5년이 지난 이후에는 이 약관에 따라 보상합니다.

⑨ 제8항에서 "청약일 이후 5년이 지나는 동안"이란 이 약관 제26조[보험료의 납입이 연체되는 경우 납입최고(독촉)와 계약의 해지]에서 정한 계약의 해지가 발생하지 않은 경우를 말합니다.

⑩ 이 약관 제27조[보험료의 납입연체로 인한 해지계약의 부활(효력회복)]에서 정한 계약의 부활이 이루어진 경우 부활일을 제8항의 청약일로 하여 적용합니다.

제3관 회사가 보상하지 않는 사항

제4조(보상하지 않는 사항) 회사가 보상하지 않는 사항은 보장종목별로 다음과 같습니다.

보장종목	보상하지 않는 사항
(1) 상해입원	① 회사는 다음의 사유로 인하여 생긴 입원의료비는 보상하지 않습니다. 　1. 피보험자가 고의로 자신을 해친 경우. 다만, 피보험자가 심신상실 등으로 자유로운 의사결정을 할 수 없는 상태에서 자신을 해친 사실이 증명된 경우에는 보상합니다. 　2. 보험수익자가 고의로 피보험자를 해친 경우. 다만, 그 보험수익자가 보험금의 일부 보험수익자인 경우에는 다른 보험수익자에 대한 보험금은 지급합니다. 　3. 계약자가 고의로 피보험자를 해친 경우 　4. 피보험자가 임신, 출산(제왕절개를 포함합니다), 산후기로 입원한 경우. 다만, 회사가 보상하는 상해로 인하여 입원한 경우에는 보상합니다. 　5. 전쟁, 외국의 무력행사, 혁명, 내란, 사변, 폭동으로 인한 경우 　6. 피보험자가 정당한 이유없이 입원기간 중 의사의 지시를 따르지 않거나 의사가 통원치료가 가능하다고 인정함에도 피보험자 본인이 자의적으로 입원하여 발생한 입원의료비 ② 회사는 다른 약정이 없으면 피보험자가 직업, 직무 또는 동호회 활동 목적으로 한 다음의 어느 하나에 해당하는 행위로 인하여 생긴 상해에 대해서는 보상하지 않습니다. 　1. 전문등반(전문적인 등산용구를 사용하여 암벽 또는 빙벽을 오르내리거나 특수한 기술, 경험, 사전 훈련이 필요한 등반을 말합니다), 글라이더 조종, 스카이다이빙, 스쿠버다이빙, 행글라이딩, 수상보트, 패러글라이딩 　2. 모터보트·자동차 또는 오토바이에 의한 경기, 시범, 행사(이를 위한 연습을 포함합니다) 또는 시운전(다만, 공용도로에서 시운전을 하는 동안 발생한 상해는 보상합니다) 　3. 선박 승무원, 어부, 사공, 그 밖에 선박에 탑승하는 것을 직무로 하는 사람의 직무상 선박탑승 ③ 회사는 다음의 입원의료비에 대해서는 보상하지 않습니다. 　1. 치과치료(다만, 안면부 골절로 발생한 의료비는 치아 관련 치료를 제외하고 보상합니다)·한방치료(다만, 「의료법」 제2조에 따른 한의사를 제외한 '의사'의 의료행위에 의해서 발생한 의료비는 보상합니다)에서 발생한 「국민건강보험법」에 따른 요양급여에 해당하지 않는 비급여의료비 　2. 「국민건강보험법」에 따른 요양급여 중 본인부담금의 경우 국민건강보험 관련 법령에 따라 국민건강보험공단으로부터 사전 또는 사후 환급이 가능한 금액(본인부담금 상한제) 　3. 「의료급여법」에 따른 의료급여 중 본인부담금의 경우 의료급여 관련 법령에 따라 의료급여기금 등으로부터 사전 또는 사후 환급이 가능한 금액(「의료급여법」에 따른 본인부담금 보상제 및 본인부담금 상한제) 　4. 건강검진(단, 검사결과 이상 소견에 따라 건강검진센터 등에서 발생한 추가 의료비용은 보상합니다), 예방접종, 인공유산에 든 비용. 다만, 회사가 보상하는 상해 치료를 목적으로 하는 경우에는 보상합니다. 　5. 영양제, 비타민제, 호르몬 투여, 보신용 투약, 친자 확인을 위한 진단, 불임검사, 불임수술, 불임복원술, 보조생식술(체내, 체외 인공수정을 포함합니다), 성장촉진, 의약외품과 관련하여 소요된 비용. 다만, 회사가 보상하는 상해 치료를 목적으로 하는 경우에는 보상합니다. 　6. 의치, 의수족, 의안, 안경, 콘택트렌즈, 보청기, 목발, 팔걸이(Arm Sling), 보조기 등

보장종목	보상하지 않는 사항
	진료 재료의 구입 및 대체 비용. 다만, 인공장기 등 신체에 이식되어 그 기능을 대신하는 경우에는 보상합니다. 7. 아래에 열거된 국민건강보험 비급여 대상으로 신체의 필수 기능개선 목적이 아닌 외모개선 목적의 치료로 인하여 발생한 의료비 　가. 쌍꺼풀수술(이중검수술. 다만, 안검하수, 안검내반 등을 치료하기 위한 시력개선 목적의 이중검수술은 보상합니다), 코성형수술(융비술), 유방 확대(다만, 유방암 환자의 유방재건술은 보상합니다)·축소술, 지방흡입술, 주름살 제거술 등 　나. 사시교정, 안와격리증(양쪽 눈을 감싸고 있는 뼈와 뼈 사이의 거리가 넓은 증상)의 교정 등 시각계 수술로서 시력개선 목적이 아닌 외모개선 목적의 수술 　다. 안경, 콘텍트렌즈 등을 대체하기 위한 시력교정술(국민건강보험 요양급여 대상 수술방법 또는 치료재료가 사용되지 않은 부분은 시력교정술로 봅니다) 　라. 외모개선 목적의 다리정맥류 수술 　마. 그 밖에 외모개선 목적의 치료로 국민건강보험 비급여대상에 해당하는 치료 8. 진료와 무관한 각종 비용(TV시청료, 전화료, 각종 증명료 등을 말합니다), 의사의 임상적 소견과 관련이 없는 검사비용, 간병비 9. 자동차보험(공제를 포함합니다) 또는 산재보험에서 보상받는 의료비. 다만, 본인부담의료비는 제3조(보장종목별 보상내용) (1) 상해입원 제1항, 제2항 및 제4항부터 제6항에 따라 보상합니다. 10. 「국민건강보험법」 제42조의 요양기관이 아닌 외국에 있는 의료기관에서 발생한 의료비
(2) 상해통원	① 회사는 다음의 사유로 인하여 생긴 통원의료비는 보상하지 않습니다. 　1. 피보험자가 고의로 자신을 해친 경우. 다만, 피보험자가 심신상실 등으로 자유로운 의사결정을 할 수 없는 상태에서 자신을 해친 사실이 증명된 경우에는 보상합니다. 　2. 보험수익자가 고의로 피보험자를 해친 경우. 다만, 그 보험수익자가 보험금의 일부 보험수익자인 경우에는 다른 보험수익자에 대한 보험금은 지급합니다. 　3. 계약자가 고의로 피보험자를 해친 경우 　4. 피보험자가 임신, 출산(제왕절개를 포함합니다), 산후기로 통원한 경우. 다만, 회사가 보상하는 상해로 인하여 통원한 경우에는 보상합니다. 　5. 전쟁, 외국의 무력행사, 혁명, 내란, 사변, 폭동으로 인한 경우 　6. 피보험자가 정당한 이유 없이 통원기간 중 의사의 지시를 따르지 않아 발생한 통원의료비 ② 회사는 다른 약정이 없으면 피보험자가 직업, 직무 또는 동호회 활동 목적으로 한 다음의 어느 하나에 해당하는 행위로 인하여 생긴 상해에 대해서는 보상하지 않습니다. 　1. 전문등반(전문적인 등산용구를 사용하여 암벽 또는 빙벽을 오르내리거나 특수한 기술, 경험, 사전 훈련이 필요한 등반을 말합니다), 글라이더 조종, 스카이다이빙, 스쿠버다이빙, 행글라이딩, 수상보트, 패러글라이딩 　2. 모터보트, 자동차 또는 오토바이에 의한 경기, 시범, 행사(이를 위한 연습을 포함합니다) 또는 시운전(다만, 공용도로에서 시운전을 하는 동안 발생한 상해는 보상합니다) 　3. 선박 승무원, 어부, 사공, 그 밖에 선박에 탑승하는 것을 직무로 하는 사람의 직무상 선박탑승 ③ 회사는 다음의 통원의료비에 대해서는 보상하지 않습니다. 　1. 치과치료(다만, 안면부 골절로 발생한 의료비는 치아 관련 치료를 제외하고 보상합니다)·한방치료(다만, 「의료법」 제2조에 따른 한의사를 제외한 '의사'의 의료행위에 의해서 발생한 의료비는 보상합니다)에서 발생한 「국민건강보험법」에 따른 요양급여에 해

보장종목	보상하지 않는 사항
	당하지 않는 비급여의료비
	2. 「국민건강보험법」에 따른 요양급여 중 본인부담금의 경우 국민건강보험 관련 법령에 따라 국민건강보험공단으로부터 사전 또는 사후 환급이 가능한 금액(본인부담금 상한제)
	3. 「의료급여법」에 따른 의료급여 중 본인부담금의 경우 의료급여 관련 법령에 따라 의료급여기금 등으로부터 사전 또는 사후 환급이 가능한 금액(「의료급여법」에 따른 본인부담금 보상제 및 본인부담금 상한제)
	4. 건강검진(단, 검사결과 이상 소견에 따라 건강검진센터 등에서 발생한 추가 의료비용은 보상합니다), 예방접종, 인공유산에 든 비용. 다만, 회사가 보상하는 상해 치료를 목적으로 하는 경우에는 보상합니다.
	5. 영양제, 비타민제, 호르몬 투여, 보신용 투약, 친자 확인을 위한 진단, 불임검사, 불임수술, 불임복원술, 보조생식술(체내, 체외 인공수정을 포함합니다), 성장촉진, 의약외품과 관련하여 소요된 비용. 다만, 회사가 보상하는 상해 치료를 목적으로 하는 경우에는 보상합니다.
	6. 의치, 의수족, 의안, 안경, 콘택트렌즈, 보청기, 목발, 팔걸이(Arm Sling), 보조기 등 진료 재료의 구입 및 대체 비용. 다만, 인공장기 등 신체에 이식되어 그 기능을 대신하는 경우에는 보상합니다.
	7. 아래에 열거된 국민건강보험 비급여 대상으로 신체의 필수 기능개선 목적이 아닌 외모 개선 목적의 치료로 인하여 발생한 의료비
	가. 쌍꺼풀수술(이중검수술. 다만, 안검하수, 안검내반 등을 치료하기 위한 시력개선 목적의 이중검수술은 보상합니다), 코성형수술(융비술), 유방 확대(다만, 유방암 환자의 유방재건술은 보상합니다)·축소술, 지방흡입술, 주름살 제거술 등
	나. 사시교정, 안와격리증(양쪽 눈을 감싸고 있는 뼈와 뼈 사이의 거리가 넓은 증상)의 교정 등 시각계 수술로서 시력개선 목적이 아닌 외모개선 목적의 수술
	다. 안경, 콘텍트렌즈 등을 대체하기 위한 시력교정술(국민건강보험 요양급여 대상 수술방법 또는 치료재료가 사용되지 않은 부분은 시력교정술로 봅니다)
	라. 외모개선 목적의 다리정맥류 수술
	마. 그 밖에 외모개선 목적의 치료로 국민건강보험 비급여대상에 해당하는 치료
	8. 진료와 무관한 각종 비용(TV시청료, 전화료, 각종 증명료 등을 말합니다), 의사의 임상적 소견과 관련이 없는 검사비용, 간병비
	9. 자동차보험(공제를 포함합니다) 또는 산재보험에서 보상받는 의료비. 다만, 본인부담의료비는 제3조(보장종목별 보상내용) (2) 상해통원 제1항부터 제4항 및 제6항에 따라 보상합니다.
	10. 「국민건강보험법」 제42조의 요양기관이 아닌 외국에 있는 의료기관에서 발생한 의료비
	11. 「응급의료에 관한 법률」 및 동 시행규칙에서 정한 응급환자에 해당하지 않는 자가 「의료법」 제3조의4에 따른 상급종합병원 응급실을 이용하면서 발생한 응급의료관리료
(3) 질병입원	① 회사는 다음의 사유로 생긴 입원의료비는 보상하지 않습니다. 　1. 피보험자가 고의로 자신을 해친 경우. 다만, 피보험자가 심신상실 등으로 자유로운 의사결정을 할 수 없는 상태에서 자신을 해친 사실이 증명된 경우에는 보상합니다. 　2. 보험수익자가 고의로 피보험자를 해친 경우. 다만, 그 보험수익자가 보험금의 일부 보험수익자인 경우에는 다른 보험수익자에 대한 보험금은 지급합니다. 　3. 계약자가 고의로 피보험자를 해친 경우 　4. 피보험자가 정당한 이유없이 입원기간 중 의사의 지시를 따르지 않거나 의사가 통원치

보장종목	보상하지 않는 사항

료가 가능하다고 인정함에도 피보험자 본인이 자의적으로 입원하여 발생한 입원의료비

② 회사는 '한국표준질병사인분류'에 따른 다음의 입원의료비에 대해서는 보상하지 않습니다.

1. 정신 및 행동장애(F04~F99)(다만, F04~F09, F20~F29, F30~F39, F40~F48, F90~F98과 관련한 치료에서 발생한 「국민건강보험법」에 따른 요양급여에 해당하는 의료비는 보상합니다)

2. 여성생식기의 비염증성 장애로 인한 습관성 유산, 불임 및 인공수정 관련 합병증(N96~N98)

3. 피보험자가 임신, 출산(제왕절개를 포함합니다), 산후기로 입원한 경우(O00~O99)

4. 선천성 뇌질환(Q00~Q04)

5. 비만(E66)

6. 요실금(N39.3, N39.4, R32)

7. 직장 또는 항문 질환 중 「국민건강보험법」에 따른 요양급여에 해당하지 않는 부분(I84, K60~K62, K64)

③ 회사는 다음의 입원의료비에 대해서는 보상하지 않습니다.

1. 치과치료(K00~K08) 및 한방치료(다만, 「의료법」 제2조에 따른 한의사를 제외한 '의사'의 의료행위에 의해서 발생한 의료비는 보상합니다)에서 발생한 「국민건강보험법」에 따른 요양급여에 해당하지 않는 비급여의료비

2. 「국민건강보험법」에 따른 요양급여 중 본인부담금의 경우 국민건강보험 관련 법령에 따라 국민건강보험공단으로부터 사전 또는 사후 환급이 가능한 금액(본인부담금 상한제)

3. 「의료급여법」에 따른 의료급여 중 본인부담금의 경우 의료급여 관련 법령에 따라 의료급여기금 등으로부터 사전 또는 사후 환급이 가능한 금액(「의료급여법」에 따른 본인부담금 보상제 및 본인부담금 상한제)

4. 건강검진(단, 검사결과 이상 소견에 따라 건강검진센터 등에서 발생한 추가 의료비용은 보상합니다), 예방접종, 인공유산에 든 비용. 다만, 회사가 보상하는 질병 치료를 목적으로 하는 경우에는 보상합니다.

5. 영양제, 비타민제, 호르몬 투여(다만, 국민건강보험의 요양급여 기준에 해당하는 성조숙증을 치료하기 위한 호르몬 투여는 보상합니다), 보신용 투약, 친자 확인을 위한 진단, 불임검사, 불임수술, 불임복원술, 보조생식술(체내, 체외 인공수정을 포함합니다), 성장촉진, 의약외품과 관련하여 소요된 비용. 다만, 회사가 보상하는 질병 치료를 목적으로 하는 경우에는 보상합니다.

6. 다음의 어느 하나에 해당하는 치료로 인하여 발생한 의료비

가. 단순한 피로 또는 권태

나. 주근깨, 다모, 무모, 백모증, 딸기코(주사비), 점, 모반(피보험자가 보험가입당시 태아인 경우 화염상모반 등 선천성 비신생물성모반(Q82.5)은 보상합니다), 사마귀, 여드름, 노화현상으로 인한 탈모 등 피부질환

다. 발기부전(impotence)·불감증, 단순 코골음(수면무호흡증(G47.3)은 보상합니다), 치료를 동반하지 않는 단순포경(phimosis), 「국민건강보험 요양급여의 기준에 관한 규칙」 제9조 제1항([별표2] 비급여대상)에 따른 업무 또는 일상생활에 지장이 없는 검열반 등 안과질환

7. 의치, 의수족, 의안, 안경, 콘택트렌즈, 보청기, 목발, 팔걸이(Arm Sling), 보조기 등 진료 재료의 구입 및 대체 비용. 다만, 인공장기 등 신체에 이식되어 그 기능을 대신하는 경우에는 보상합니다.

보장종목	보상하지 않는 사항
	8. 아래에 열거된 국민건강보험 비급여 대상으로 신체의 필수 기능개선 목적이 아닌 외모개선 목적의 치료로 인하여 발생한 의료비 　가. 쌍꺼풀수술(이중검수술. 다만, 안검하수, 안검내반 등을 치료하기 위한 시력개선 목적의 이중검수술은 보상합니다), 코성형수술(융비술), 유방확대(다만, 유방암 환자의 유방재건술은 보상합니다)·축소술, 지방흡입술, 주름살 제거술 등 　나. 사시교정, 안와격리증(양쪽 눈을 감싸고 있는 뼈와 뼈 사이의 거리가 넓은 증상)의 교정 등 시각계 수술로서 시력개선 목적이 아닌 외모개선 목적의 수술 　다. 안경, 콘텍트렌즈 등을 대체하기 위한 시력교정술(국민건강보험 요양급여 대상 수술방법 또는 치료재료가 사용되지 않은 부분은 시력교정술로 봅니다) 　라. 외모개선 목적의 다리정맥류 수술 　마. 그 밖에 외모개선 목적의 치료로 국민건강보험 비급여대상에 해당하는 치료 9. 진료와 무관한 각종 비용(TV시청료, 전화료, 각종 증명료 등을 말합니다), 의사의 임상적 소견과 관련이 없는 검사비용, 간병비 10. 산재보험에서 보상받는 의료비. 다만, 본인부담의료비는 제3조(보장종목별 보상내용) (3) 질병입원 제1항, 제2항 및 제4항부터 제10항에 따라 보상합니다. 11. 인간면역결핍바이러스(HIV) 감염으로 인한 치료비(다만, 「의료법」에서 정한 의료인의 진료상 또는 치료 중 혈액에 의한 HIV 감염은 해당 진료기록을 통해 객관적으로 확인되는 경우는 보상합니다) 12. 「국민건강보험법」 제42조의 요양기관이 아닌 외국에 있는 의료기관에서 발생한 의료비
(4) 질병통원	① 회사는 다음의 사유로 인하여 생긴 통원의료비는 보상하지 않습니다. 　1. 피보험자가 고의로 자신을 해친 경우. 다만, 피보험자가 심신상실 등으로 자유로운 의사결정을 할 수 없는 상태에서 자신을 해친 사실이 증명된 경우에는 보상합니다. 　2. 보험수익자가 고의로 피보험자를 해친 경우. 다만, 그 보험수익자가 보험금의 일부 보험수익자인 경우에는 다른 보험수익자에 대한 보험금은 지급합니다. 　3. 계약자가 고의로 피보험자를 해친 경우 　4. 피보험자가 정당한 이유 없이 통원기간 중 의사의 지시를 따르지 않아 발생한 통원의료비 ② 회사는 '한국표준질병사인분류'에 따른 다음의 통원의료비에 대해서는 보상하지 않습니다. 　1. 정신 및 행동장애(F04~F99)(다만, F04~F09, F20~F29, F30~F39, F40~F48, F90~F98과 관련한 치료에서 발생한 「국민건강보험법」에 따른 요양급여에 해당하는 의료비는 보상합니다) 　2. 여성생식기의 비염증성 장애로 인한 습관성 유산, 불임 및 인공수정 관련 합병증(N96~N98) 　3. 피보험자가 임신, 출산(제왕절개를 포함합니다), 산후기로 통원한 경우(O00~O99) 　4. 선천성 뇌질환(Q00~Q04) 　5. 비만(E66) 　6. 요실금(N39.3, N39.4, R32) 　7. 직장 또는 항문질환 중 「국민건강보험법」에 따른 요양급여에 해당하지 않는 부분(I84, K60~K62, K64) ③ 회사는 다음의 통원의료비에 대해서는 보상하지 않습니다. 　1. 치과치료(K00~K08) 및 한방치료(다만, 「의료법」 제2조에 따른 한의사를 제외한 '의사'의 의료행위에 의해서 발생한 의료비는 보상합니다)에서 발생한 「국민건강보험법」에

보장종목	보상하지 않는 사항

따른 요양급여에 해당하지 않는 비급여의료비

2. 「국민건강보험법」에 따른 요양급여 중 본인부담금의 경우 국민건강보험 관련 법령에 따라 국민건강보험공단으로부터 사전 또는 사후 환급이 가능한 금액(본인부담금 상한제)

3. 「의료급여법」에 따른 의료급여 중 본인부담금의 경우 의료급여 관련 법령에 따라 의료급여기금 등으로부터 사전 또는 사후 환급이 가능한 금액(「의료급여법」에 따른 본인부담금 보상제 및 본인부담금 상한제)

4. 건강검진(단, 검사결과 이상 소견에 따라 건강검진센터 등에서 발생한 추가 의료비용은 보상합니다), 예방접종, 인공유산에 든 비용. 다만, 회사가 보상하는 질병 치료를 목적으로 하는 경우에는 보상합니다.

5. 영양제, 비타민제, 호르몬 투여(다만, 국민건강보험의 요양급여 기준에 해당하는 성조숙증을 치료하기 위한 호르몬 투여는 보상합니다), 보신용 투약, 친자 확인을 위한 진단, 불임검사, 불임수술, 불임복원술, 보조생식술(체내, 체외 인공수정을 포함합니다), 성장촉진, 의약외품과 관련하여 소요된 비용. 다만, 회사가 보상하는 질병 치료를 목적으로 하는 경우에는 보상합니다.

6. 다음의 어느 하나에 해당하는 치료로 인하여 발생한 의료비
   가. 단순한 피로 또는 권태
   나. 주근깨, 다모, 무모, 백모증, 딸기코(주사비), 점, 모반(피보험자가 보험가입당시 태아인 경우 화염상모반 등 선천성 비신생물성모반(Q82.5)은 보상합니다), 사마귀, 여드름, 노화현상으로 인한 탈모 등 피부질환
   다. 발기부전(impotence)·불감증, 단순 코골음(수면무호흡증(G47.3)은 보상합니다), 치료를 동반하지 않는 단순포경(phimosis), 「국민건강보험 요양급여의 기준에 관한 규칙」 제9조 제1항([별표2] 비급여대상)에 따른 업무 또는 일상생활에 지장이 없는 검열반 등 안과질환

7. 의치, 의수족, 의안, 안경, 콘택트렌즈, 보청기, 목발, 팔걸이(Arm Sling), 보조기 등 진료 재료의 구입 및 대체 비용. 다만, 인공장기 등 신체에 이식되어 그 기능을 대신하는 경우에는 보상합니다.

8. 아래에 열거된 국민건강보험 비급여 대상으로 신체의 필수 기능개선 목적이 아닌 외모개선 목적의 치료로 인하여 발생한 의료비
   가. 쌍꺼풀수술(이중검수술. 다만, 안검하수, 안검내반 등을 치료하기 위한 시력개선 목적의 이중검수술은 보상합니다), 코성형수술(융비술), 유방확대(다만, 유방암 환자의 유방재건술은 보상합니다)·축소술, 지방흡입술, 주름살 제거술 등
   나. 사시교정, 안와격리증(양쪽 눈을 감싸고 있는 뼈와 뼈 사이의 거리가 넓은 증상)의 교정 등 시각계 수술로서 시력개선 목적이 아닌 외모개선 목적의 수술
   다. 안경, 콘택트렌즈 등을 대체하기 위한 시력교정술(국민건강보험 요양급여 대상 수술방법 또는 치료재료가 사용되지 않은 부분은 시력교정술로 봅니다)
   라. 외모개선 목적의 다리정맥류 수술
   마. 그 밖에 외모개선 목적의 치료로 국민건강보험 비급여대상에 해당하는 치료

9. 진료와 무관한 각종 비용(TV시청료, 전화료, 각종 증명료 등을 말합니다), 의사의 임상적 소견과 관련 없는 검사비용, 간병비

10. 산재보험에서 보상받는 의료비. 다만, 본인부담의료비는 제3조(보장종목별 보상내용) (4) 질병통원 제1항부터 제5항 및 제7항부터 제10항에 따라 보상합니다.

11. 인간면역결핍바이러스(HIV) 감염으로 인한 치료비(다만, 「의료법」에서 정한 의료인의 진료상 또는 치료 중 혈액에 의한 HIV 감염은 해당 진료기록을 통해 객관적으로 확인

보장종목	보상하지 않는 사항
	되는 경우는 보상합니다)
	12. 「국민건강보험법」 제42조의 요양기관이 아닌 외국에 있는 의료기관에서 발생한 의료비
	13. 「응급의료에 관한 법률」동 시행규칙에서 정한 응급환자에 해당하지 않는 자가 「의료법」 제3조의4에 따른 상급종합병원 응급실을 이용하면서 발생한 응급의료관리료

제4조의2(특별약관에서 보상하는 사항) ① 제3조 및 제4조에도 불구하고 다음 각 호에 해당하는 의료비는 기본형 실손의료보험에서 보상하지 않습니다.

    1. 도수치료·체외충격파치료·증식치료로 인하여 발생한 비급여의료비

    2. 비급여 주사료[다만, 항암제, 항생제(항진균제 포함), 희귀의약품은 보상합니다]

    3. 자기공명영상진단(MRI/MRA)으로 인하여 발생한 비급여의료비(조영제, 판독료를 포함합니다)

    4. 제1호, 제2호, 제3호와 관련하여 자동차보험(공제를 포함합니다) 또는 산재보험에서 발생한 본인부담의료비

② 제1항 제1호에서 제4호까지 정한 의료비와 다른 의료비가 함께 청구되어 각 항목별 의료비가 구분되지 않는 경우 회사는 보험금 지급금액 결정을 위해 계약자, 피보험자 또는 보험수익자에게 각각의 의료비에 대한 확인을 요청할 수 있습니다.

〈붙임〉 용어의 정의

용어	정의
계약	보험계약
진단계약	계약을 체결하기 위하여 피보험자가 건강진단을 받아야 하는 계약
보험증권	계약의 성립과 계약내용을 증명하기 위하여 회사가 계약자에게 드리는 증서
계약자	보험회사와 계약을 체결하고 보험료를 납입하는 사람
피보험자	보험금지급사유 또는 보험사고 발생의 대상(객체)이 되는 사람
보험수익자	보험금을 수령하는 사람
보험기간	회사가 계약에서 정한 보상책임을 지는 기간
회사	보험회사
연단위복리	회사가 지급할 금전에 대한 이자를 줄 때 1년마다 마지막 날에 그 이자를 원금에 더한 금액을 다음 1년의 원금으로 하는 이자 계산방법
평균공시이율	전체 보험회사 공시이율의 평균으로, 이 계약 체결 시점의 이율을 말함
해지환급금	계약이 해지되는 때에 회사가 계약자에게 돌려주는 금액
영업일	회사가 영업점에서 정상적으로 영업하는 날을 말하며, 토요일, 「관공서의 공휴일에 관한 규정」에 따른 공휴일과 근로자의 날은 제외
상해	보험기간 중 발생한 급격하고 우연한 외래의 사고

용어	정의
상해보험계약	상해를 보장하는 계약
의사	「의료법」 제2조(의료인)에서 정한 의사, 한의사 및 치과의사의 자격을 가진 사람
약사	「약사법」 제2조(정의)에서 정한 약사 및 한약사의 자격을 가진 사람
의료기관	「의료법」 제3조(의료기관) 제2항에서 정하는 의료기관을 말하며, 종합병원 · 병원 · 치과병원 · 한방병원 · 요양병원 · 의원 · 치과의원 · 한의원 및 조산원으로 구분
약국	「약사법」 제2조 제3호에 따른 장소로서, 약사가 수여(授與)할 목적으로 의약품 조제업무를 하는 장소를 말하며, 의료기관의 조제실은 제외
병원	「국민건강보험법」 제42조(요양기관)에서 정하는 국내의 병원 또는 의원을 말하며, 조산원은 제외
입원	의사가 피보험자의 질병 또는 상해로 인하여 치료가 필요하다고 인정한 경우로서 자택 등에서 치료가 곤란하여 병원, 의료기관 또는 이와 동등하다고 인정되는 의료기관에 입실하여 의사의 관리를 받으며 치료에 전념하는 것
입원의 정의 중 '이와 동등하다고 인정되는 의료기관'	보건소, 보건의료원 및 보건지소 등 「의료법」 제3조(의료기관) 제2항에서 정한 의료기관에 준하는 의료기관으로서 군의무대, 치매요양원, 노인요양원 등에 속해 있는 요양원, 요양시설, 복지시설 등과 같이 의료기관이 아닌 곳은 이에 해당되지 않음
기준병실	병원에서 국민건강보험 환자의 입원 시 병실료 산정에 적용하는 기준이 되는 병실
입원실료	입원치료 중 발생한 기준병실 사용료, 환자 관리료, 식대 등
입원제비용	입원치료 중 발생한 진찰료, 검사료, 방사선료, 투약 및 처방료(퇴원 시 의사로부터 치료목적으로 처방받은 약제비 포함), 주사료, 이학요법(물리치료, 재활치료)료, 정신요법료, 처치료, 치료재료, 석고붕대료(cast), 지정진료비 등
입원수술비	입원치료 중 발생한 수술료, 마취료, 수술재료비 등
입원의료비	입원실료, 입원제비용, 입원수술비, 상급병실료 차액
보상한도 종료일	회사가 보험가입금액 한도까지 입원의료비를 보상한 기준 입원일자
통원	의사가 피보험자의 질병 또는 상해로 치료가 필요하다고 인정하는 경우로서, 병원에 입원하지 않고 병원을 방문하여 의사의 관리하에 치료에 전념하는 것
처방조제	의사 및 약사가 피보험자의 질병 또는 상해로 치료가 필요하다고 인정하는 경우로서, 통원으로 인하여 발행된 의사의 처방전으로 약국의 약사가 조제하는 것. 이 경우 「국민건강보험법」 제42조 제1항 제3호에 따른 한국희귀의약품센터에서의 처방조제 및 의약분업 예외 지역에서의 약사의 직접조제를 포함
외래제비용	통원치료 중 발생한 진찰료, 검사료, 방사선료, 투약 및 처방료, 주사료, 이학요법(물리치료, 재활치료)료, 정신요법료, 처치료, 치료재료, 석고붕대료(cast), 지정진료비 등
외래수술비	통원치료 중 발생한 수술료, 마취료, 수술재료비 등
처방조제비	병원 의사의 처방전에 따라 조제되는 약국의 처방조제비 및 약사의 직접조제비
통원의료비	외래제비용, 외래수술비, 처방조제비

용어	정의
요양급여	「국민건강보험법」 제41조(요양급여)에 따른 가입자 및 피부양자의 질병·부상 등에 대한 다음의 요양급여 1. 진찰·검사 2. 약제·치료재료의 지급 3. 처치·수술 또는 그 밖의 치료 4. 예방·재활 5. 입원 6. 간호 7. 이송
의료급여	「의료급여법」 제7조(의료급여의 내용 등)에 따른 가입자 및 피부양자의 질병·부상 등에 대한 다음 각 호의 의료급여 1. 진찰·검사 2. 약제·치료재료의 지급 3. 처치·수술 또는 그 밖의 치료 4. 예방·재활 5. 입원 6. 간호 7. 이송 8. 그 밖에 의료 목적의 달성을 위한 조치
「국민건강보험법」에 따른 본인부담금 상한제	「국민건강보험법」에 따른 요양급여 중 연간 본인부담금 총액이 「국민건강보험법 시행령」 별표3에서 정하는 금액을 넘는 경우에 그 초과한 금액을 공단에서 부담하는 제도를 말하며, 국민건강보험 관련 법령의 변경에 따라 환급기준이 변경될 경우에는 회사는 변경되는 기준에 따름
「의료급여법」에 따른 본인부담금 보상제 및 본인부담금 상한제	「의료급여법」에 따른 의료급여 중 본인부담금이 「의료급여법 시행령」 제13조(급여비용의 부담)에서 정하는 금액을 넘는 경우에 그 초과한 금액을 의료급여기금 등에서 부담하는 제도를 말하며, 의료급여 관련 법령의 변경에 따라 환급기준이 변경될 경우에는 회사는 변경된 기준에 따름
보장대상의료비	실제 부담액 – 보상제외금액* * 제3관 회사가 보장하지 않는 사항에 따른 금액 및 실제 사용병실과 기준병실과의 병실료 차액 중 회사가 보장하지 않는 금액
보상책임액	(보장대상의료비 – 피보험자부담 공제금액)과 보험가입금액 중 작은 금액
다수보험	실손 의료보험계약(우체국보험, 각종 공제, 상해·질병·간병보험 등 제3보험, 개인연금·퇴직보험 등 의료비를 실손으로 보상하는 보험·공제계약을 포함)이 동시에 또는 순차적으로 2개 이상 체결되었고, 그 계약이 동일한 보험사고에 대하여 각 계약별 보상책임액이 있는 여러 개의 실손 의료보험계약을 말함
도수치료	치료자가 손(정형용 교정장치 장비 등의 도움을 받는 경우를 포함합니다)을 이용해서 환자의 근골격계통(관절, 근육, 연부조직, 림프절 등)의 기능 개선 및 통증감소를 위하여 실시하는 치료행위 * 의사 또는 의사의 지도하에 물리치료사가 도수치료를 하는 경우에 한함
체외충격파치료	체외에서 충격파를 병변에 가해 혈관 재형성을 돕고 건(힘줄) 및 뼈의 치유 과정을 자극하거나 재활성화 시켜 기능개선 및 통증감소를 위하여 실시하는 치료행위(체외충격파쇄석술은 제외)

용어	정의
증식치료	근골격계 통증이 있는 부위의 인대나 건(힘줄), 관절, 연골 등에 증식물질을 주사하여 통증이 소실되거나 완화되는 것을 유도하는 치료행위
주사료	주사치료 시 사용된 행위, 약제 및 치료재료대
항암제	식품의약품안전처가 「의약품등 분류번호에 관한 규정」에 따라 지정하는 '조직세포의 기능용 의약품' 중 '종양용약'과 '조직세포의 치료 및 진단 목적제제'* * 「의약품등 분류번호에 관한 규정」에 따른 의약품분류표가 변경되는 경우 치료시점의 의약품분류표에 따릅니다.
항생제 (항진균제 포함)	식품의약품안전처가 「의약품등 분류번호에 관한 규정」에 따라 지정하는 '항병원생물성 의약품' 중 '항생물질제제', '화학요법제' 및 '기생동물에 대한 의약품 중 항원충제'* * 「의약품등 분류번호에 관한 규정」에 따른 의약품분류표가 변경되는 경우 치료시점의 의약품분류표에 따릅니다.
희귀의약품	식품의약품안전처장이 「희귀의약품 지정에 관한 규정」에 따라 지정하는 의약품* * 「희귀의약품 지정에 관한 규정」에 따른 희귀의약품 지정 항목이 변경되는 경우 치료시점의 희귀의약품 지정 항목에 따릅니다.
자기공명영상진단	자기공명영상 장치를 이용하여 고주파 등을 통한 신호의 차이를 영상화하여 조직의 구조를 분석하는 검사(MRI/MRA) * 자기공명영상진단 결과를 다른 의료기관에서 판독하는 경우 포함 (보건복지부에서 고시하는 「건강보험 행위 급여ㆍ비급여 목록 및 급여 상대가치점수」상의 MRI 범주에 따름)

□ 비급여 도수치료ㆍ체외충격파치료ㆍ증식치료 실손의료보험 특별약관

제1조(보장종목) ① 회사가 판매하는 비급여 도수치료ㆍ체외충격파치료ㆍ증식치료 실손의료보험 특별약관(이하 '특별약관'이라 합니다)은 아래의 내용으로 구성되어 있습니다.

보상하는 내용
피보험자가 상해 또는 질병의 치료목적으로 병원에 입원 또는 통원하여 비급여[주)]「도수치료ㆍ체외충격파치료ㆍ증식치료」를 받은 경우에 보상

주) 「국민건강보험법」 또는 「의료급여법」에 따라 보건복지부장관이 정한 비급여대상(「국민건강보험법」에서 정한 요양급여 또는 「의료급여법」에서 정한 의료급여 절차를 거쳤지만 급여항목이 발생하지 않은 경우로 「국민건강보험법」 또는 「의료급여법」에 따른 비급여항목 포함)

② 회사는 이 특별약관의 명칭에 '비급여 도수치료ㆍ체외충격파치료ㆍ증식치료 실손의료비'라는 문구를 포함하여 사용합니다.

제2조(용어의 정의) ① 이 특별약관에서 사용하는 용어의 뜻은 다음과 같습니다.

용어	정의
도수치료	치료자가 손(정형용 교정장치 장비 등의 도움을 받는 경우를 포함합니다)을 이용해서 환자의 근골격계통(관절, 근육, 연부조직, 림프절 등)의 기능 개선 및 통증감소를 위하여 실시하는 치료행위 * 의사 또는 의사의 지도하에 물리치료사가 도수치료를 하는 경우에 한함

용어	정의
체외충격파 치료	체외에서 충격파를 병변에 가해 혈관 재형성을 돕고 건(힘줄) 및 뼈의 치유 과정을 자극하거나 재활성화 시켜 기능개선 및 통증감소를 위하여 실시하는 치료행위(체외충격파쇄석술은 제외)
증식치료	근골격계 통증이 있는 부위의 인대나 건(힘줄), 관절, 연골 등에 증식물질을 주사하여 통증이 소실되거나 완화되는 것을 유도하는 치료행위

② 제1항에서 정하지 않은 용어의 뜻은 기본형 실손의료보험 표준약관 제2조(용어의 정의)를 준용합니다.

제3조(보상내용) 회사가 이 계약의 보험기간 중 보상하거나 공제하는 내용은 다음과 같습니다.

보상하는 사항

① 회사는 피보험자가 이 특별약관의 보험기간 중 상해 또는 질병의 치료목적으로 병원에 입원 또는 통원하여 도수치료 · 체외충격파치료 · 증식치료를 받은 경우 도수치료 · 체외충격파치료 · 증식치료로 인하여 본인이 실제로 부담한 비급여의료비(행위료, 약제비, 치료재료대 포함)에서 공제금액을 뺀 금액을 보상한도 내에서 보상합니다.

구분	내용
보장대상 의료비	「도수치료 · 체외충격파치료 · 증식치료」로 인하여 본인이 실제로 부담한 비급여의료비 (행위료, 약제비, 치료재료대 포함)
공제금액	1회당 2만원과 보장대상의료비의 30% 중 큰 금액
보상한도	계약일 또는 매년 계약해당일부터 1년 단위로 350만원 이내에서 50회^{주)}까지 보상

주) 도수치료 · 체외충격파치료 · 증식치료의 각 치료횟수를 합산하여 50회까지 보상합니다.

〈보상기간 예시〉

(i) 계약일 또는 매년 계약해당일로부터 1년내 350만원을 모두 보상한 경우

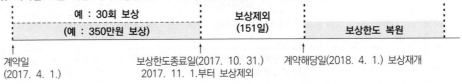

(ii) 계약일 또는 매년 계약해당일로부터 1년내 지급된 보험금이 350만원 미만이나 50회를 모두 보상한 경우

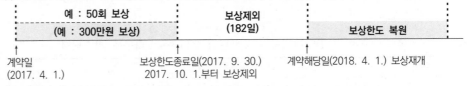

② 병원을 1회 통원(또는 1회 입원)하여 이 특별약관에서 정한 도수치료, 체외충격파치료, 증식치료 중 2종류 이상의 치료를 받거나 동일한 치료를 2회 이상 받는 경우 각 치료행위를 1회로 보고 각각 제1항에서 정한 1회당 공제금액 및 보상한도를 적용합니다.

③ 제1항에서 보상하는 비급여의료비와 다른 의료비가 함께 청구되고 각 행위별 의료비가 구분되지 않는 경

우 회사는 보험금 지급금액 결정을 위해 계약자, 피보험자 또는 보험수익자에게 제1항에서 보상하는 의료비의 확인을 요청할 수 있습니다.

④ 제1항의 상해에는 유독가스 또는 유독물질을 우연히 일시에 흡입, 흡수 또는 섭취한 결과로 생긴 중독증상이 포함됩니다. 다만, 유독가스 또는 유독물질을 상습적으로 흡입, 흡수 또는 섭취한 결과로 생긴 중독증상과 세균성 음식물 중독증상은 포함되지 않습니다.

⑤ 제1항의 질병에서 청약서상 '계약 전 알릴 의무(중요한 사항으로 한정합니다)'에 해당하는 질병으로 인하여 과거(청약서상 해당 질병의 고지대상 기간을 말합니다)에 진단 또는 치료를 받은 경우 그 질병으로 인한 의료비는 보상하지 않습니다.

⑥ 피보험자가 입원 또는 통원하여 치료를 받던 중 보험기간이 끝나더라도 그 계속 중인 치료에 대하여는 보험기간 종료일부터 180일까지(보험기간 종료일은 제외합니다) 보상합니다. 이 경우 보상한도는 연간 보상한도(금액)에서 직전 보험기간 종료일까지 지급한 금액을 차감한 잔여 금액과 연간 보상한도(횟수)에서 직전 보험기간 종료일까지 보상한 횟수를 차감한 잔여 횟수를 한도로 적용합니다. 다만, 종전 계약을 자동갱신하거나 같은 회사의 보험상품에 재가입하는 경우에는 종전 계약의 보험기간을 연장하는 것으로 보아 제1항을 적용합니다.

〈보상기간 예시〉

보장대상기간 (1년)	보장대상기간 (1년)	보장대상기간 (1년)	추가보상 (180일)
↑ 계약일 (2018. 1. 1.)	↑ 계약해당일 (2019 1. 1.)	↑ 계약해당일 (2020. 1. 1.)	↑ 계약종료일 (2020. 12. 31.)

↑ 보상종료 (2021. 6. 29.)

⑦ 피보험자가 직원복리후생제도에 의해 의료비를 감면받고 그 감면받은 의료비가 근로소득에 포함되는 경우에는 그 감면 전 의료비를 기준으로 도수치료 · 체외충격파치료 · 증식치료 비급여의료비를 계산합니다.

⑧ 제5항에도 불구하고 청약일 이전에 진단확정된 질병이라 하더라도 청약일 이후 5년이 지나는 동안(계약이 자동갱신되어 5년이 지나는 경우를 포함합니다) 그 질병으로 인하여 추가적인 진단(단순 건강검진은 제외합니다) 또는 치료사실이 없을 경우, 청약일부터 5년이 지난 이후에는 이 특별약관에 따라 보상합니다.

⑨ 제8항에서 "청약일 이후 5년이 지나는 동안"이란 기본형 실손의료보험 표준약관 제26조[보험료의 납입이 연체되는 경우 납입최고(독촉)와 계약의 해지]에서 정한 계약의 해지가 발생하지 않은 경우를 말합니다.

⑩ 기본형 실손의료보험 표준약관 제27조[보험료의 납입연체로 인한 해지계약의 부활(효력회복)]에서 정한 계약의 부활이 이루어진 경우 부활일을 제8항의 청약일로 하여 적용합니다.

제4조(보상하지 않는 사항) 회사가 보상하지 않는 사항은 다음과 같습니다.

① 회사는 다음의 사유로 인하여 생긴 의료비는 보상하지 않습니다.
1. 피보험자가 고의로 자신을 해친 경우. 다만, 피보험자가 심신상실 등으로 자유로운 의사결정을 할 수 없는 상태에서 자신을 해친 사실이 증명된 경우에는 제3조(보상내용)에 따라 보상합니다.
2. 보험수익자가 고의로 피보험자를 해친 경우. 다만, 그 보험수익자가 보험금의 일부 보험수익자인 경우에는 다른 보험수익자에 대한 보험금은 제3조(보상내용)에 따라 지급합니다.
3. 계약자가 고의로 피보험자를 해친 경우

4. 전쟁, 외국의 무력행사, 혁명, 내란, 사변, 폭동으로 인한 경우

5. 피보험자가 정당한 이유없이 입원 또는 통원 기간 중 의사의 지시를 따르지 않아 발생한 의료비

② 회사는 다른 약정이 없으면 피보험자가 직업, 직무 또는 동호회 활동 목적으로 한 다음의 어느 하나에 해당하는 행위로 인하여 생긴 상해에 대해서는 보상하지 않습니다.

1. 전문등반(전문적인 등산용구를 사용하여 암벽 또는 빙벽을 오르내리거나 특수한 기술, 경험, 사전 훈련이 필요한 등반을 말합니다), 글라이더 조종, 스카이다이빙, 스쿠버다이빙, 행글라이딩, 수상보트, 패러글라이딩

2. 모터보트·자동차 또는 오토바이에 의한 경기, 시범, 행사(이를 위한 연습을 포함합니다) 또는 시운전 (다만, 공용도로에서 시운전을 하는 동안 발생한 상해는 제3조(보상내용)에 따라 보상합니다)

3. 선박 승무원, 어부, 사공, 그 밖에 선박에 탑승하는 것을 직무로 하는 사람의 직무상 선박탑승

③ 회사는 '한국표준질병사인분류'에 따른 다음의 의료비에 대해서는 보상하지 않습니다.

1. 정신 및 행동장애(F04~F99)

2. 여성생식기의 비염증성 장애로 인한 습관성 유산, 불임 및 인공수정 관련 합병증(N96~N98)

3. 피보험자가 임신, 출산(제왕절개를 포함합니다), 산후기로 입원 또는 통원한 경우(O00~O99). 다만, 회사가 보상하는 상해로 인하여 입원 또는 통원한 경우에는 제3조(보상내용)에 따라 보상합니다.

4. 선천성 뇌질환(Q00~Q04)

5. 비만(E66)

6. 요실금(N39.3, N39.4, R32)

7. 직장 또는 항문 질환 중 「국민건강보험법」에 따른 요양급여에 해당하지 않는 부분(I84, K60~K62, K64)

④ 회사는 다음의 의료비에 대해서는 보상하지 않습니다.

1. 치과치료(다만, 안면부 골절로 발생한 의료비는 치아 관련 치료를 제외하고 제3조(보상내용)에 따라 보상하며, K00~K08과 무관한 질병으로 인한 의료비는 제3조(보상내용)에 따라 보상합니다)·한방치료(다만, 「의료법」 제2조에 따른 한의사를 제외한 '의사'의 의료행위에 의해서 발생한 의료비는 제3조(보상내용)에 따라 보상합니다)에서 발생한 「국민건강보험법」에 따른 요양급여에 해당하지 않는 비급여의료비

2. 건강검진(단, 검사결과 이상 소견에 따라 건강검진센터 등에서 발생한 추가 의료비용은 제3조(보상내용)에 따라 보상합니다), 예방접종, 인공유산에 든 비용. 다만, 회사가 보상하는 상해 또는 질병의 치료를 목적으로 하는 경우에는 제3조(보상내용)에 따라 보상합니다.

3. 영양제, 비타민제, 호르몬 투여, 보신용 투약, 친자 확인을 위한 진단, 불임검사, 불임수술, 불임복원술, 보조생식술(체내, 체외 인공수정을 포함합니다), 성장촉진, 의약외품과 관련하여 소요된 비용. 다만, 회사가 보상하는 상해 또는 질병의 치료를 목적으로 하는 경우에는 제3조(보상내용)에 따라 보상합니다.

4. 다음의 어느 하나에 해당하는 치료로 인하여 발생한 의료비

가. 단순한 피로 또는 권태

나. 주근깨, 다모, 무모, 백모증, 딸기코(주사비), 점, 모반(피보험자가 보험가입당시 태아인 경우 화염상모반 등 선천성 비신생물성모반(Q82.5)은 제3조(보상내용)에 따라 보상합니다), 사마귀, 여드름, 노화현상으로 인한 탈모 등 피부질환

다. 발기부전(impotence)·불감증, 단순 코골음(수면무호흡증(G47.3)은 제3조(보상내용)에 따라 보상합니다), 치료를 동반하지 않는 단순포경(phimosis), 「국민건강보험 요양급여의 기준에 관한 규칙」 제9조 제1항([별표2] 비급여대상)에 따른 업무 또는 일상생활에 지장이 없는 검열반 등 안과질환

5. 의치, 의수족, 의안, 안경, 콘택트렌즈, 보청기, 목발, 팔걸이(Arm Sling), 보조기 등 진료 재료의 구

입 및 대체 비용. 다만, 인공장기 등 신체에 이식되어 그 기능을 대신하는 경우에는 제3조(보상내용)에 따라 보상합니다.

6. 아래에 열거된 국민건강보험 비급여 대상으로 신체의 필수 기능개선 목적이 아닌 외모개선 목적의 치료로 인하여 발생한 의료비

    가. 쌍꺼풀수술(이중검수술. 다만, 안검하수, 안검내반 등을 치료하기 위한 시력개선 목적의 이중검수술은 제3조(보상내용)에 따라 보상합니다), 코성형수술(융비술), 유방 확대(다만, 유방암 환자의 유방재건술은 제3조(보상내용)에 따라 보상합니다)·축소술, 지방흡입술, 주름살 제거술 등

    나. 사시교정, 안와격리증(양쪽 눈을 감싸고 있는 뼈와 뼈 사이의 거리가 넓은 증상)의 교정 등 시각계 수술로서 시력개선 목적이 아닌 외모개선 목적의 수술

    다. 안경, 콘텍트렌즈 등을 대체하기 위한 시력교정술(국민건강보험 요양급여 대상 수술방법 또는 치료재료가 사용되지 않은 부분은 시력교정술로 봅니다)

    라. 외모개선 목적의 다리 정맥류 수술

    마. 그 밖에 외모개선 목적의 치료로 국민건강보험 비급여대상에 해당하는 치료

7. 진료와 무관한 각종 비용(TV시청료, 전화료, 각종 증명료 등을 말합니다), 의사의 임상적 소견과 관련이 없는 검사비용, 간병비

8. 자동차보험(공제를 포함합니다) 또는 산재보험에서 보상받는 의료비. 다만, 본인부담의료비는 제3조(보상내용)에 따라 보상합니다.

9. 인간면역결핍바이러스(HIV) 감염으로 인한 치료비(다만, 「의료법」에서 정한 의료인의 진료상 또는 치료 중 혈액에 의한 HIV 감염은 해당 진료기록을 통해 객관적으로 확인되는 경우는 제3조(보상내용)에 따라 보상합니다)

10. 「국민건강보험법」 제42조의 요양기관이 아닌 외국에 있는 의료기관에서 발생한 의료비

11. 「응급의료에 관한 법률」 및 동 시행규칙에서 정한 응급환자에 해당하지 않는 자가 「의료법」 제3조의 4에 따른 상급종합병원 응급실을 이용하면서 발생한 응급의료관리료

제5조(특별약관의 소멸) 피보험자의 사망으로 인하여 이 특별약관에서 규정하는 보험금 지급 사유가 더 이상 발생할 수 없는 경우에는 이 계약은 그때부터 효력이 없습니다.

제6조(준용규정) 이 특별약관에서 정하지 않은 사항은 기본형 실손의료보험 표준약관을 따릅니다.

□ 비급여 주사료 실손의료보험 특별약관

제1조(보장종목) ① 회사가 판매하는 비급여 주사료 실손의료보험 특별약관(이하 '특별약관'이라 합니다)은 아래의 내용으로 구성되어 있습니다.

보상하는 내용
피보험자가 상해 또는 질병의 치료목적으로 병원에 입원 또는 통원하여 비급여^{주)}에 해당하는 주사료를 부담하는 경우에 보상

주) 「국민건강보험법」 또는 「의료급여법」에 따라 보건복지부장관이 정한 비급여대상(「국민건강보험법」에서 정한 요양급여 또는 「의료급여법」에서 정한 의료급여 절차를 거쳤지만 급여항목이 발생하지 않은 경우로 「국민건강보험법」 또는 「의료급여법」에 따른 비급여항목 포함)

② 회사는 이 특별약관의 명칭에 '비급여 주사료 실손의료비'라는 문구를 포함하여 사용합니다.

제2조(용어의 정의) ① 이 특별약관에서 사용하는 용어의 뜻은 다음과 같습니다.

용어	정의
주사료	주사치료 시 사용된 행위, 약제 및 치료재료대
항암제	식품의약품안전처가 「의약품등 분류번호에 관한 규정」에 따라 지정하는 '조직세포의 기능용 의약품' 중 '종양용약'과 '조직세포의 치료 및 진단 목적제제'* * 「의약품등 분류번호에 관한 규정」에 따른 의약품분류표가 변경되는 경우 치료시점의 의약품분류표에 따릅니다.
항생제 (항진균제 포함)	식품의약품안전처가 「의약품등 분류번호에 관한 규정」에 따라 지정하는 '항병원생물성 의약품' 중 '항생물질제제', '화학요법제' 및 '기생동물에 대한 의약품 중 항원충제'* * 「의약품등 분류번호에 관한 규정」에 따른 의약품분류표가 변경되는 경우 치료시점의 의약품분류표에 따릅니다.
희귀의약품	식품의약품안전처장이 「희귀의약품 지정에 관한 규정」에 따라 지정하는 의약품* * 「희귀의약품 지정에 관한 규정」에 따른 희귀의약품 지정 항목이 변경되는 경우 치료시점의 희귀의약품 지정 항목에 따릅니다.

② 제1항에서 정하지 않은 용어의 뜻은 기본형 실손의료보험 표준약관 제2조(용어의 정의)를 준용합니다.

제3조(보상내용) 회사가 이 계약의 보험기간 중 보상하거나 공제하는 내용은 다음과 같습니다.

보상하는 사항

① 회사는 피보험자가 이 특별약관의 보험기간 중 상해 또는 질병의 치료목적으로 병원에 입원 또는 통원하여 주사치료를 받아 본인이 실제로 부담한 비급여 주사료에서 공제금액을 뺀 금액을 보상한도 내에서 보상합니다.

구분	내용
보장대상 의료비	주사치료를 받아 본인이 실제로 부담한 비급여 주사료
공제금액	입원·통원 1회당 2만원과 보장대상의료비의 30% 중 큰 금액
보상한도	계약일 또는 매년 계약해당일부터 1년 단위로 250만원 이내에서 입원과 통원을 합산하여 50회까지 보상

〈보상기간 예시〉

(i) 계약일 또는 매년 계약해당일로부터 1년내 250만원을 모두 보상한 경우

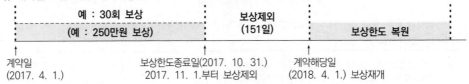

보상하는 사항

(ii) 계약일 또는 매년 계약해당일로부터 1년내 지급된 보험금이 250만원 미만이나 50회 모두 보상한 경우

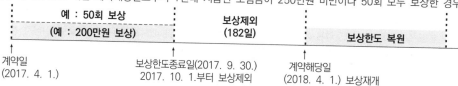

예 : 50회 보상
(예 : 200만원 보상)

보상제외
(182일)

보상한도 복원

계약일
(2017. 4. 1.)

보상한도종료일(2017. 9. 30.)
2017. 10. 1.부터 보상제외

계약해당일
(2018. 4. 1.) 보상재개

② 제1항의 주사료에서 항암제, 항생제(항진균제 포함), 희귀의약품을 위해 사용된 비급여 주사료는 기본형 실손의료보험에서 보상합니다.

③ 병원을 1회 통원(또는 1회 입원)하여 치료목적으로 2회 이상 주사치료를 받더라도 1회로 보고 제1항에서 정한 공제금액 및 보상한도를 적용합니다.

④ 제3항에서 1회 입원이라 함은 퇴원없이 계속 중인 입원(동일한 질병 또는 상해 치료목적으로 퇴원 당일 다른 병원으로 옮겨 입원하는 경우 포함)을 말합니다. 동일한 상해 또는 질병으로 인한 입원이라고 하더라도 퇴원 후 재입원하는 경우에는 퇴원 전후 입원기간을 각각 1회 입원으로 봅니다.

⑤ 제1항에서 보상하는 비급여의료비와 다른 의료비가 함께 청구되고 각 항목별 의료비가 구분되지 않는 경우 회사는 보험금 지급금액을 결정하기 위해 계약자, 피보험자 또는 보험수익자에게 제1항에서 보상하는 의료비의 확인을 요청할 수 있습니다.

⑥ 제1항의 상해에는 유독가스 또는 유독물질을 우연히 일시에 흡입, 흡수 또는 섭취한 결과로 생긴 중독증상이 포함됩니다. 다만, 유독가스 또는 유독물질을 상습적으로 흡입, 흡수 또는 섭취한 결과로 생긴 중독증상과 세균성 음식물 중독증상은 포함되지 않습니다.

⑦ 제1항의 질병에서 청약서상 '계약 전 알릴 의무(중요한 사항으로 한정합니다)'에 해당하는 질병으로 인하여 과거(청약서상 해당 질병의 고지대상 기간을 말합니다)에 진단 또는 치료를 받은 경우 그 질병으로 인한 의료비는 보상하지 않습니다.

⑧ 피보험자가 입원 또는 통원하여 치료를 받던 중 보험기간이 끝나더라도 그 계속 중인 치료에 대하여는 보험기간 종료일부터 180일까지(보험기간 종료일은 제외합니다) 보상합니다. 이 경우 보상한도는 연간 보상한도(금액)에서 직전 보험기간 종료일까지 지급한 금액을 차감한 잔여 금액과 연간 보상한도(횟수)에서 직전 보험기간 종료일까지 보상한 횟수를 차감한 잔여횟수를 한도로 적용합니다. 다만, 종전 계약을 자동갱신하거나 같은 회사의 보험상품에 재가입하는 경우에는 종전 계약의 보험기간을 연장하는 것으로 보아 제1항을 적용합니다.

〈보상기간 예시〉

보장대상기간 (1년)	보장대상기간 (1년)	보장대상기간 (1년)	추가보상 (180일)

계약일
(2018. 1. 1.)

계약해당일
(2019. 1. 1.)

계약해당일
(2020. 1. 1.)

계약종료일
(2020. 12. 31.)

보상종료
(2021. 6. 29.)

⑨ 피보험자가 직원복리후생제도에 의해 의료비를 감면받고 그 감면받은 의료비가 근로소득에 포함되는 경우에는 그 감면 전 의료비를 기준으로 비급여 주사료를 계산합니다.

⑩ 제7항에도 불구하고 청약일 이전에 진단확정된 질병이라 하더라도 청약일 이후 5년이 지나는 동안(계약이 자동갱신되어 5년이 지나는 경우를 포함합니다) 그 질병으로 인하여 추가적인 진단(단순 건강검진은 제외합니다) 또는 치료사실이 없을 경우, 청약일부터 5년이 지난 이후에는 이 특별약관에 따라 보상합니다.

⑪ 제10항에서 "청약일 이후 5년이 지나는 동안"이란 기본형 실손의료보험 표준약관 제26조[보험료의 납입이 연체되는 경우 납입최고(독촉)와 계약의 해지]에서 정한 계약의 해지가 발생하지 않은 경우를 말합니다.

⑫ 기본형 실손의료보험 표준약관 제27조[보험료의 납입연체로 인한 해지계약의 부활(효력회복)]에서 정한 계약의 부활이 이루어진 경우 부활일을 제10항의 청약일로 하여 적용합니다.

제4조(보상하지 않는 사항) 회사가 보상하지 않는 사항은 다음과 같습니다.

① 회사는 다음의 사유로 인하여 생긴 의료비는 보상하지 않습니다.
  1. 피보험자가 고의로 자신을 해친 경우. 다만, 피보험자가 심신상실 등으로 자유로운 의사결정을 할 수 없는 상태에서 자신을 해친 사실이 증명된 경우에는 제3조(보상내용)에 따라 보상합니다.
  2. 보험수익자가 고의로 피보험자를 해친 경우. 다만, 그 보험수익자가 보험금의 일부 보험수익자인 경우에는 다른 보험수익자에 대한 보험금은 제3조(보상내용)에 따라 지급합니다.
  3. 계약자가 고의로 피보험자를 해친 경우
  4. 전쟁, 외국의 무력행사, 혁명, 내란, 사변, 폭동으로 인한 경우
  5. 피보험자가 정당한 이유없이 입원 또는 통원 기간 중 의사의 지시를 따르지 않아 발생한 의료비

② 회사는 다른 약정이 없으면 피보험자가 직업, 직무 또는 동호회 활동 목적으로 한 다음의 어느 하나에 해당하는 행위로 인하여 생긴 상해에 대해서는 보상하지 않습니다.
  1. 전문등반(전문적인 등산용구를 사용하여 암벽 또는 빙벽을 오르내리거나 특수한 기술, 경험, 사전 훈련이 필요한 등반을 말합니다), 글라이더 조종, 스카이다이빙, 스쿠버다이빙, 행글라이딩, 수상보트, 패러글라이딩
  2. 모터보트·자동차 또는 오토바이에 의한 경기, 시범, 행사(이를 위한 연습을 포함합니다) 또는 시운전(다만, 공용도로에서 시운전을 하는 동안 발생한 상해는 제3조(보상내용)에 따라 보상합니다)
  3. 선박 승무원, 어부, 사공, 그 밖에 선박에 탑승하는 것을 직무로 하는 사람의 직무상 선박탑승

③ 회사는 '한국표준질병사인분류'에 따른 다음의 의료비에 대해서는 보상하지 않습니다.
  1. 정신 및 행동장애(F04~F99)
  2. 여성생식기의 비염증성 장애로 인한 습관성 유산, 불임 및 인공수정 관련 합병증(N96~N98)
  3. 피보험자가 임신, 출산(제왕절개를 포함합니다), 산후기로 입원 또는 통원한 경우(O00~O99). 다만, 회사가 보상하는 상해로 인하여 입원 또는 통원한 경우에는 제3조(보상내용)에 따라 보상합니다.
  4. 선천성 뇌질환(Q00~Q04)
  5. 비만(E66)
  6. 요실금(N39.3, N39.4, R32)
  7. 직장 또는 항문 질환 중 「국민건강보험법」에 따른 요양급여에 해당하지 않는 부분(I84, K60~K62, K64)

④ 회사는 다음의 의료비에 대해서는 보상하지 않습니다.
  1. 치과치료(다만, 안면부 골절로 발생한 의료비는 치아 관련 치료를 제외하고 제3조(보상내용)에 따라 보상하며, K00~K08과 무관한 질병으로 인한 의료비는 제3조(보상내용)에 따라 보상합니다) · 한방치료(다만, 「의료법」 제2조에 따른 한의사를 제외한 '의사'의 의료행위에 의해서 발생한 의료비는 제3조(보상내용)에 따라 보상합니다)에서 발생한 「국민건강보험법」에 따른 요양급여에 해당하지 않는 비급여의료비

2. 건강검진(단, 검사결과 이상 소견에 따라 건강검진센터 등에서 발생한 추가 의료비용은 제3조(보상내용)에 따라 보상합니다), 예방접종, 인공유산에 든 비용. 다만, 회사가 보상하는 상해 또는 질병의 치료를 목적으로 하는 경우에는 제3조(보상내용)에 따라 보상합니다.

3. 영양제, 비타민제, 호르몬 투여, 보신용 투약, 친자 확인을 위한 진단, 불임검사, 불임수술, 불임복원술, 보조생식술(체내, 체외 인공수정을 포함합니다), 성장촉진, 의약외품과 관련하여 소요된 비용. 다만, 회사가 보상하는 상해 또는 질병의 치료를 목적으로 하는 경우에는 제3조(보상내용)에 따라 보상합니다.

4. 다음의 어느 하나에 해당하는 치료로 인하여 발생한 의료비
   가. 단순한 피로 또는 권태
   나. 주근깨, 다모, 무모, 백모증, 딸기코(주사비), 점, 모반(피보험자가 보험가입당시 태아인 경우 화염상모반 등 선천성 비신생물성모반(Q82.5)은 제3조(보상내용)에 따라 보상합니다), 사마귀, 여드름, 노화현상으로 인한 탈모 등 피부질환
   다. 발기부전(impotence)·불감증, 단순 코골음(수면무호흡증(G47.3)은 보상합니다), 치료를 동반하지 않는 단순포경(phimosis), 「국민건강보험 요양급여의 기준에 관한 규칙」 제9조 제1항([별표2] 비급여대상)에 따른 업무 또는 일상생활에 지장이 없는 검열반 등 안과질환

5. 의치, 의수족, 의안, 안경, 콘택트렌즈, 보청기, 목발, 팔걸이(Arm Sling), 보조기 등 진료 재료의 구입 및 대체 비용. 다만, 인공장기 등 신체에 이식되어 그 기능을 대신하는 경우에는 제3조(보상내용)에 따라 보상합니다.

6. 아래에 열거된 국민건강보험 비급여 대상으로 신체의 필수 기능개선 목적이 아닌 외모개선 목적의 치료로 인하여 발생한 의료비
   가. 쌍꺼풀수술(이중검수술. 다만, 안검하수, 안검내반 등을 치료하기 위한 시력개선 목적의 이중검수술은 제3조(보상내용)에 따라 보상합니다), 코성형수술(융비술), 유방 확대(다만, 유방암 환자의 유방재건술은 제3조(보상내용)에 따라 보상합니다)·축소술, 지방흡입술, 주름살 제거술 등
   나. 사시교정, 안와격리증(양쪽 눈을 감싸고 있는 뼈와 뼈 사이의 거리가 넓은 증상)의 교정 등 시각계 수술로서 시력개선 목적이 아닌 외모개선 목적의 수술
   다. 안경, 콘택트렌즈 등을 대체하기 위한 시력교정술(국민건강보험 요양급여 대상 수술방법 또는 치료재료가 사용되지 않은 부분은 시력교정술로 봅니다)
   라. 외모개선 목적의 다리 정맥류 수술
   마. 그 밖에 외모개선 목적의 치료로 국민건강보험 비급여대상에 해당하는 치료

7. 진료와 무관한 각종 비용(TV시청료, 전화료, 각종 증명료 등을 말합니다), 의사의 임상적 소견과 관련이 없는 검사비용, 간병비

8. 자동차보험(공제를 포함합니다) 또는 산재보험에서 보상받는 의료비. 다만, 본인부담의료비는 제3조(보상내용)에 따라 보상합니다.

9. 인간면역결핍바이러스(HIV) 감염으로 인한 치료비(다만, 「의료법」에서 정한 의료인의 진료상 또는 치료 중 혈액에 의한 HIV 감염은 해당 진료기록을 통해 객관적으로 확인되는 경우는 제3조(보상내용)에 따라 보상합니다)

10. 「국민건강보험법」 제42조의 요양기관이 아닌 외국에 있는 의료기관에서 발생한 의료비

11. 「응급의료에 관한 법률」 및 동 시행규칙에서 정한 응급환자에 해당하지 않는 자가 「의료법」 제3조의4에 따른 상급종합병원 응급실을 이용하면서 발생한 응급의료관리료

12. 증식치료로 인하여 발생하는 주사료 및 비급여 자기공명영상진단(MRI/MRA)으로 인하여 발생하는 약제비 또는 조영제에 해당하는 의료비

제5조(특별약관의 소멸) 피보험자의 사망으로 인하여 이 특별약관에서 규정하는 보험금 지급 사유가 더 이상 발생할 수 없는 경우에는 이 계약은 그때부터 효력이 없습니다.

제6조(준용규정) 이 특별약관에서 정하지 않은 사항은 기본형 실손의료보험 표준약관을 따릅니다.

□ 비급여 자기공명영상진단(MRI/MRA) 실손의료보험 특별약관

제1조(보장종목) ① 회사가 판매하는 비급여 자기공명영상진단(MRI/MRA) 실손의료보험 특별약관(이하 '특별약관'이라 합니다)은 아래의 내용으로 구성되어 있습니다.

보상하는 내용
피보험자가 상해 또는 질병의 치료목적으로 병원에 입원 또는 통원하여 비급여[주] 자기공명영상진단을 받은 경우에 보상

주)「국민건강보험법」 또는 「의료급여법」에 따라 보건복지부장관이 정한 비급여대상(「국민건강보험법」에서 정한 요양급여 또는 「의료급여법」에서 정한 의료급여 절차를 거쳤지만 급여항목이 발생하지 않은 경우로 「국민건강보험법」 또는 「의료급여법」에 따른 비급여항목 포함)

② 회사는 이 특별약관의 명칭에 '비급여 자기공명영상진단(MRI/MRA) 실손의료비'라는 문구를 포함하여 사용합니다.

제2조(용어의 정의) ① 이 특별약관에서 사용하는 용어의 뜻은 다음과 같습니다.

용어	정의
자기공명영상 진단	자기공명영상 장치를 이용하여 고주파 등을 통한 신호의 차이를 영상화하여 조직의 구조를 분석하는 검사(MRI/MRA) * 자기공명영상진단 결과를 다른 의료기관에서 판독하는 경우 포함 (보건복지부에서 고시하는 「건강보험 행위 급여 · 비급여 목록 및 급여 상대가치점수」상의 MRI 범주에 따름)

② 제1항에서 정하지 않은 용어의 뜻은 기본형 실손의료보험 표준약관 제2조(용어의 정의)를 준용합니다.

제3조(보상내용) 회사가 이 계약의 보험기간 중 보상하거나 공제하는 내용은 다음과 같습니다.

보상하는 사항
① 회사는 피보험자가 이 특별약관의 보험기간 중 상해 또는 질병의 치료목적으로 병원에 입원 또는 통원하여 자기공명영상진단을 받아 본인이 실제로 부담한 비급여의료비(조영제, 판독료를 포함합니다)에서 공제금액을 뺀 금액을 보상한도 내에서 보상합니다.

보상하는 사항	
구분	**내용**
보장대상 의료비	자기공명영상진단을 받아 본인이 실제로 부담한 비급여의료비(조영제, 판독료 포함)
공제금액	1회당 2만원과 보장대상의료비의 30% 중 큰 금액
보상한도	계약일 또는 매년 계약해당일부터 1년 단위로 연간 300만원 한도 내에서 보상

② 병원을 1회 통원(또는 1회 입원)하여 2개 이상 부위에 걸쳐 이 특별약관에서 정한 자기공명영상진단을 받거나 동일한 부위에 대해 2회 이상 이 특별약관에서 정한 자기공명영상진단을 받는 경우 각 진단행위를 1회로 보아 각각 1회당 공제금액 및 보상한도를 적용합니다.

③ 제1항의 상해에는 유독가스 또는 유독물질을 우연히 일시에 흡입, 흡수 또는 섭취한 결과로 생긴 중독증상이 포함됩니다. 다만, 유독가스 또는 유독물질을 상습적으로 흡입, 흡수 또는 섭취한 결과로 생긴 중독증상과 세균성 음식물 중독증상은 포함되지 않습니다.

④ 제1항의 질병에서 청약서상 '계약 전 알릴 의무(중요한 사항으로 한정합니다)'에 해당하는 질병으로 인하여 과거(청약서상 해당 질병의 고지대상 기간을 말합니다)에 진단 또는 치료를 받은 경우 그 질병으로 인한 의료비는 보상하지 않습니다.

⑤ 피보험자가 입원 또는 통원하여 치료를 받던 중 보험기간이 끝나더라도 그 계속 중인 치료에 대하여는 보험기간 종료일부터 180일까지(보험기간 종료일은 제외합니다) 보상합니다. 이 경우 보상한도는 연간 보상한도에서 직전 보험기간 종료일까지 지급한 보상금액을 차감한 잔여 금액을 한도로 적용합니다. 다만, 종전 계약을 자동갱신하거나 같은 회사의 보험상품에 재가입하는 경우에는 종전 계약의 보험기간을 연장하는 것으로 보아 제1항을 적용합니다.

〈보상기간 예시〉

보장대상기간 (1년)	보장대상기간 (1년)	보장대상기간 (1년)	추가보상 (180일)
↑ 계약일 (2018. 1. 1.)	↑ 계약해당일 (2019. 1. 1.)	↑ 계약해당일 (2020. 1. 1.)	↑ 계약종료일 (2020. 12. 31.) ↑ 보상종료 (2021. 6. 29.)

⑥ 피보험자가 직원복리후생제도에 의해 의료비를 감면받고 그 감면받은 의료비가 근로소득에 포함되는 경우에는 그 감면 전 의료비를 기준으로 비급여 자기공명영상진단(MRI/MRA) 의료비를 계산합니다.

⑦ 제4항에도 불구하고 청약일 이전에 진단확정된 질병이라 하더라도 청약일 이후 5년이 지나는 동안(계약이 자동갱신되어 5년이 지나는 경우를 포함합니다) 그 질병으로 인하여 추가적인 진단(단순 건강검진은 제외합니다) 또는 치료사실이 없을 경우, 청약일부터 5년이 지난 이후에는 이 특별약관에 따라 보상합니다.

⑧ 제7항에서 "청약일 이후 5년이 지나는 동안"이란 기본형 실손의료보험 표준약관 제26조[보험료의 납입이 연체되는 경우 납입최고(독촉)와 계약의 해지]에서 정한 계약의 해지가 발생하지 않은 경우를 말합니다.

⑨ 기본형 실손의료보험 표준약관 제27조[보험료의 납입연체로 인한 해지계약의 부활(효력회복)]에서 정한 계약의 부활이 이루어진 경우 부활일을 제7항의 청약일로 하여 적용합니다.

제4조(보상하지 않는 사항) 회사가 보상하지 않는 사항은 다음과 같습니다.

보상하지 않는 사항

---

① 회사는 다음의 사유로 인하여 생긴 의료비는 보상하지 않습니다.
   1. 피보험자가 고의로 자신을 해친 경우. 다만, 피보험자가 심신상실 등으로 자유로운 의사결정을 할 수 없는 상태에서 자신을 해친 사실이 증명된 경우에는 제3조(보상내용)에 따라 보상합니다.
   2. 보험수익자가 고의로 피보험자를 해친 경우. 다만, 그 보험수익자가 보험금의 일부 보험수익자인 경우에는 다른 보험수익자에 대한 보험금은 제3조(보상내용)에 따라 지급합니다.
   3. 계약자가 고의로 피보험자를 해친 경우
   4. 전쟁, 외국의 무력행사, 혁명, 내란, 사변, 폭동으로 인한 경우
   5. 피보험자가 정당한 이유없이 입원 또는 통원 기간 중 의사의 지시를 따르지 않아 발생한 의료비

② 회사는 다른 약정이 없으면 피보험자가 직업, 직무 또는 동호회 활동 목적으로 한 다음의 어느 하나에 해당하는 행위로 인하여 생긴 상해에 대해서는 보상하지 않습니다.
   1. 전문등반(전문적인 등산용구를 사용하여 암벽 또는 빙벽을 오르내리거나 특수한 기술, 경험, 사전 훈련이 필요한 등반을 말합니다), 글라이더 조종, 스카이다이빙, 스쿠버다이빙, 행글라이딩, 수상보트, 패러글라이딩
   2. 모터보트·자동차 또는 오토바이에 의한 경기, 시범, 행사(이를 위한 연습을 포함합니다) 또는 시운전 (다만, 공용도로에서 시운전을 하는 동안 발생한 상해는 제3조(보상내용)에 따라 보상합니다)
   3. 선박 승무원, 어부, 사공, 그 밖에 선박에 탑승하는 것을 직무로 하는 사람의 직무상 선박탑승

③ 회사는 '한국표준질병사인분류'에 따른 다음의 의료비에 대해서는 보상하지 않습니다.
   1. 정신 및 행동장애(F04~F99)
   2. 여성생식기의 비염증성 장애로 인한 습관성 유산, 불임 및 인공수정 관련 합병증(N96~N98)
   3. 피보험자가 임신, 출산(제왕절개를 포함합니다), 산후기로 입원 또는 통원한 경우(O00~O99). 다만, 회사가 보상하는 상해로 인하여 입원 또는 통원한 경우에는 제3조(보상내용)에 따라 보상합니다.
   4. 선천성 뇌질환(Q00~Q04)
   5. 비만(E66)
   6. 요실금(N39.3, N39.4, R32)
   7. 직장 또는 항문 질환 중 「국민건강보험법」에 따른 요양급여에 해당하지 않는 부분(I84, K60~K62, K64)

④ 회사는 다음의 의료비에 대해서는 보상하지 않습니다.
   1. 치과치료(다만, 안면부 골절로 발생한 의료비는 치아 관련 치료를 제외하고 제3조(보상내용)에 따라 보상하며, K00~K08과 무관한 질병으로 인한 의료비는 제3조(보상내용)에 따라 보상합니다)·한방치료(다만, 「의료법」 제2조에 따른 한의사를 제외한 '의사'의 의료행위에 의해서 발생한 의료비는 제3조(보상내용)에 따라 보상합니다)에서 발생한 「국민건강보험법」에 따른 요양급여에 해당하지 않는 비급여의료비
   2. 건강검진(단, 검사결과 이상 소견에 따라 건강검진센터 등에서 발생한 추가 의료비용은 제3조(보상내용)에 따라 보상합니다), 예방접종, 인공유산에 든 비용. 다만, 회사가 보상하는 상해 또는 질병의 치료를 목적으로 하는 경우에는 제3조(보상내용)에 따라 보상합니다.
   3. 영양제, 비타민제, 호르몬 투여, 보신용 투약, 친자 확인을 위한 진단, 불임검사, 불임수술, 불임복원술, 보조생식술(체내, 체외 인공수정을 포함합니다), 성장촉진, 의약외품과 관련하여 소요된 비용. 다만, 회사가 보상하는 상해 또는 질병의 치료를 목적으로 하는 경우에는 제3조(보상내용)에 따라 보상합니다.
   4. 다음의 어느 하나에 해당하는 치료로 인하여 발생한 의료비

    가. 단순한 피로 또는 권태

    나. 주근깨, 다모, 무모, 백모증, 딸기코(주사비), 점, 모반(피보험자가 보험가입당시 태아인 경우 화염
        상모반 등 선천성 비신생물성모반(Q82.5)은 제3조(보상내용)에 따라 보상합니다), 사마귀, 여드
        름, 노화현상으로 인한 탈모 등 피부질환

    다. 발기부전(impotence)·불감증, 단순 코골음(수면무호흡증(G47.3)은 보상합니다), 치료를 동반
        하지 않는 단순포경(phimosis), 「국민건강보험 요양급여의 기준에 관한 규칙」 제9조 제1항([별
        표2] 비급여대상)에 따른 업무 또는 일상생활에 지장이 없는 검열반 등 안과질환

5. 의치, 의수족, 의안, 안경, 콘택트렌즈, 보청기, 목발, 팔걸이(Arm Sling), 보조기 등 진료 재료의 구
    입 및 대체 비용. 다만, 인공장기 등 신체에 이식되어 그 기능을 대신하는 경우에는 제3조(보상내용)
    에 따라 보상합니다.

6. 아래에 열거된 국민건강보험 비급여 대상으로 신체의 필수 기능개선 목적이 아닌 외모개선 목적의 치
    료로 인하여 발생한 의료비

    가. 쌍꺼풀수술(이중검수술. 다만, 안검하수, 안검내반 등을 치료하기 위한 시력개선 목적의 이중검수
        술은 제3조(보상내용)에 따라 보상합니다), 코성형수술(융비술), 유방 확대(다만, 유방암 환자의
        유방재건술은 제3조(보상내용)에 따라 보상합니다)·축소술, 지방흡입술, 주름살 제거술 등

    나. 사시교정, 안와격리증(양쪽 눈을 감싸고 있는 뼈와 뼈 사이의 거리가 넓은 증상)의 교정 등 시각
        계 수술로서 시력개선 목적이 아닌 외모개선 목적의 수술

    다. 안경, 콘텍트렌즈 등을 대체하기 위한 시력교정술(국민건강보험 요양급여 대상 수술방법 또는 치
        료재료가 사용되지 않은 부분은 시력교정술로 봅니다)

    라. 외모개선 목적의 다리 정맥류 수술

    마. 그 밖에 외모개선 목적의 치료로 국민건강보험 비급여대상에 해당하는 치료

7. 진료와 무관한 각종 비용(TV시청료, 전화료, 각종 증명료 등을 말합니다), 의사의 임상적 소견과 관련
    이 없는 검사비용, 간병비

8. 자동차보험(공제를 포함합니다) 또는 산재보험에서 보상받는 의료비. 다만, 본인부담의료비는 제3조
    (보상내용)에 따라 보상합니다.

9. 인간면역결핍바이러스(HIV) 감염으로 인한 치료비(다만, 「의료법」에서 정한 의료인의 진료상 또는 치
    료 중 혈액에 의한 HIV 감염은 해당 진료기록을 통해 객관적으로 확인되는 경우는 제3조(보상내용)
    에 따라 보상합니다)

10. 「국민건강보험법」 제42조의 요양기관이 아닌 외국에 있는 의료기관에서 발생한 의료비

11. 「응급의료에 관한 법률」 및 동 시행규칙에서 정한 응급환자에 해당하지 않는 자가 「의료법」 제3조의
    4에 따른 상급종합병원 응급실을 이용하면서 발생한 응급의료관리료

제5조(특별약관의 소멸) 피보험자의 사망으로 인하여 이 특별약관에서 규정하는 보험금 지급
사유가 더 이상 발생할 수 없는 경우에는 이 계약은 그때부터 효력이 없습니다.

제6조(준용규정) 이 특별약관에서 정하지 않은 사항은 기본형 실손의료보험 표준약관을 따릅
니다.

제12차 개정 표준약관(2018. 7. 10.)

〈실손 의료보험〉

실손의료보험은 보험회사가 피보험자의 질병 또는 상해로 인한 손해(의료비에 한정합니다)를 보상하는 상품입니다.

□ **기본형 실손의료보험**

제1관 일반사항 및 용어의 정의

제1조(보장종목) ① 회사가 판매하는 기본형 실손의료보험상품은 다음과 같이 상해입원형, 상해통원형, 질병입원형 및 질병통원형의 4개 이내의 보장종목으로 구성되어 있습니다.

보장종목		보상하는 내용
상해	입원	피보험자가 상해로 인하여 병원에 입원하여 치료를 받은 경우에 보상
	통원	피보험자가 상해로 인하여 병원에 통원하여 치료를 받거나 처방조제를 받은 경우에 보상
질병	입원	피보험자가 질병으로 인하여 병원에 입원하여 치료를 받은 경우에 보상
	통원	피보험자가 질병으로 인하여 병원에 통원하여 치료를 받거나 처방조제를 받은 경우에 보상

② 회사는 이 약관의 명칭에 '실손의료비'라는 문구를 포함하여 사용합니다.

제2조(용어의 정의) 이 약관에서 사용하는 용어의 뜻은 <붙임1>과 같습니다.

제2관 회사가 보상하는 사항

제3조(보장종목별 보상내용) 회사가 이 계약의 보험기간 중 보장종목별로 각각 보상하거나 공제하는 내용은 다음과 같습니다.

보장종목	보상하는 사항
(1) 상해입원	① 회사는 피보험자가 상해로 인하여 병원에 입원하여 치료를 받은 경우에는 입원의료비를 다음과 같이 하나의 상해당 보험가입금액(5천만원 이내에서 계약 시 계약자가 정한 금액을 말합니다)의 한도 내에서 보상합니다.

보장종목	보상하는 사항	

	구분	보상금액
표준형	입원실료, 입원제비용, 입원수술비	'「국민건강보험법」에서 정한 요양급여 또는 「의료급여법」에서 정한 의료급여 중 본인부담금'과 '비급여^{주)}(상급병실료 차액은 제외합니다)'를 합한 금액(본인이 실제로 부담한 금액을 말합니다)의 80%에 해당하는 금액. 다만, 나머지 20%가 계약일 또는 매년 계약해당일부터 기산하여 연간 200만원을 초과하는 경우 그 초과금액은 보상합니다.
	상급병실료 차액	입원 시 실제로 사용한 병실과 기준병실의 병실료 차액에서 50%를 뺀 금액. 다만, 1일 평균금액 10만원을 한도로 하며, 1일 평균금액은 입원기간 동안 상급병실료 차액 전체를 총 입원일수로 나누어 산출합니다.
선택형	입원실료, 입원제비용, 입원수술비	'「국민건강보험법」에서 정한 요양급여 또는 「의료급여법」에서 정한 의료급여 중 본인부담금'과 '비급여^{주)}(상급병실료 차액은 제외합니다)'를 합한 금액(본인이 실제로 부담한 금액을 말합니다)의 90%에 해당하는 금액. 다만, 나머지 10%가 계약일 또는 매년 계약해당일부터 기산하여 연간 200만원을 초과하는 경우 그 초과금액은 보상합니다.
	상급병실료 차액	입원 시 실제로 사용한 병실과 기준병실의 병실료 차액에서 50%를 뺀 금액. 다만, 1일 평균금액 10만원을 한도로 하며, 1일 평균금액은 입원기간 동안 상급병실료 차액 전체를 총 입원일수로 나누어 산출합니다.

주) 「국민건강보험법」 또는 「의료급여법」에 따라 보건복지부장관이 정한 비급여대상(「국민건강보험법」에서 정한 요양급여 또는 「의료급여법」에서 정한 의료급여 절차를 거쳤지만 급여항목이 발생하지 않은 경우로 「국민건강보험법」 또는 「의료급여법」에 따른 비급여항목 포함)

② 제1항의 상해에는 유독가스 또는 유독물질을 우연히 일시에 흡입, 흡수 또는 섭취한 결과로 생긴 중독증상이 포함됩니다. 다만, 유독가스 또는 유독물질을 상습적으로 흡입, 흡수 또는 섭취한 결과로 생긴 중독증상과 세균성 음식물 중독증상은 포함되지 않습니다.

③ 피보험자가 「국민건강보험법」 또는 「의료급여법」을 적용받지 못하는 경우에는 입원의료비(「국민건강보험 요양급여의 기준에 관한 규칙」에 따라 보건복지부장관이 정한 급여 및 비급여의료비 항목만 해당합니다) 중 본인이 실제로 부담한 금액의 40%를 하나의 상해당 보험가입금액(5천만원 이내에서 계약 시 계약자가 정한 금액을 말합니다)의 한도 내에서 보상합니다.

④ 제1항에도 불구하고 회사는 하나의 상해(같은 상해로 2회 이상 치료를 받는 경우에도 이를 하나의 상해로 봅니다)로 인한 입원의료비를 보험가입금액까지 보상한 경우에는 보상한 도종료일부터 90일이 경과한 날부터 최초 입원한 것과 동일한 기준으로 다시 보상합니다(계속 입원을 포함합니다). 다만, 최초 입원일부터 275일(365일-90일) 이내에 보상한도종료일이 있는 경우에는 최초 입원일부터 365일이 경과되는 날부터 최초 입원한 것과 동일한 기준으로 다시 보상합니다.

보장종목	보상하는 사항

〈보상기간 예시〉

(i) 최초입원일~보상한도종료일이 275일(365일-90일) 이상인 경우

	426일	보상제외	
	(예 : 5천만원 보상)	(90일)	보상한도 복원

↑	↑	↑	↑
계약일	최초 입원일	보상한도종료일(2015. 4. 30.)	(2015. 7. 29.)
(2014. 1. 1.)	(2014. 3. 1.)	2015. 5. 1.부터 보상제외	2015. 7. 30.부터 보상재개

(ii) 최초입원일~보상한도종료일이 275일(365일-90일) 이내인 경우

365일			
153일	보상제외		
(예 : 5천만원 보상)	(212일)		보상한도 복원

↑	↑	↑	↑
계약일	최초 입원일	보상한도종료일(2014. 7. 31.)	(2015. 2. 28.)
(2014. 1. 1.)	(2014. 3. 1.)	2014. 8. 1.부터 보상제외	2015. 3. 1.부터 보상재개

⑤ 피보험자가 입원하여 치료를 받던 중 보험기간이 끝나더라도 그 계속 중인 입원에 대해서는 보험기간 종료일부터 180일까지(보험기간 종료일은 제외합니다) 보상하며, 이 경우 제4항은 적용하지 않습니다. 다만, 종전 계약을 자동갱신하거나 같은 회사의 보험상품에 재가입하는 경우에는 종전 계약의 보험기간을 연장하는 것으로 보아 제4항을 적용합니다.

⑥ 피보험자가 직원복리후생제도에 의해 의료비를 감면받고 그 감면받은 의료비가 근로소득에 포함되는 경우에는 그 감면 전 의료비를 기준으로 입원의료비를 계산합니다.

(2) 상해통원	① 회사는 피보험자가 상해로 인하여 병원에 통원하여 치료를 받거나 처방조제를 받은 경우에는 통원의료비 명목으로 매년 계약해당일부터 1년을 단위로 하여 다음과 같이 외래(외래제비용, 외래수술비) 및 처방조제비를 각각 보상합니다.

구분	보상한도
외래	방문 1회당 '「국민건강보험법」에서 정한 요양급여 또는 「의료급여법」에서 정한 의료급여 중 본인부담금'과 '비급여[주1]'를 합한 금액(본인이 실제로 부담한 금액을 말합니다)에서 〈표1〉의 '항목별 공제금액'을 뺀 금액을 외래의 보험가입금액[주2]의 한도 내에서 보상(매년 계약해당일부터 1년간 방문 180회를 한도로 합니다)
처방조제비	처방전 1건당 '「국민건강보험법」에서 정한 요양급여 또는 「의료급여법」에서 정한 의료급여 중 본인부담금'과 '비급여[주1]'를 합한 금액(본인이 실제로 부담한 금액을 말합니다)에서 〈표1〉의 '항목별 공제금액'을 뺀 금액을 처방조제비의 보험가입금액[주2]의 한도 내에서 보상(매년 계약해당일부터 1년간 처방전 180건을 한도로 합니다)

주1) 「국민건강보험법」 또는 「의료급여법」에 따라 보건복지부장관이 정한 비급여대상(「국민건강보험법」에서 정한 요양급여 또는 「의료급여법」에서 정한 의료급여 절차를 거쳤지만 급여항목이 발생하지 않은 경우로 「국민건강보험법」 또는 「의료급여법」에 따른 비급여항목 포함)

주2) 외래 및 처방조제비는 회(건)당 합산하여 30만원 이내에서 계약 시 계약자가 각각 정한 금액으로 합니다.

보장종목	보상하는 사항

〈표1 항목별 공제금액〉

구분		항목	공제금액
표준형	외래 (외래제비용 및 외래수술비 합계)	「의료법」 제3조 제2항 제1호에 따른 의원, 치과의원, 한의원, 같은 항 제2호에 따른 조산원, 「지역보건법」 제10조, 제12조 및 제13조에 따른 보건소, 보건의료원 및 보건지소, 「농어촌 등 보건의료를 위한 특별조치법」 제15조에 따른 보건진료소	1만원과 보장대상 의료비의 20% 중 큰 금액
		「의료법」 제3조 제2항 제3호에 따른 종합병원, 병원, 치과병원, 한방병원, 요양병원	1만5천원과 보장대상 의료비의 20% 중 큰 금액
		「국민건강보험법」 제42조 제2항에 따른 종합전문요양기관 또는 「의료법」 제3조의4에 따른 상급종합병원	2만원과 보장대상 의료비의 20% 중 큰 금액
	처방 조제비	「국민건강보험법」 제42조 제1항 제2호에 따른 약국, 같은 항 제3호에 따른 한국희귀의약품센터에서의 처방, 조제(의사의 처방전 1건당, 의약분업 예외 지역에서 약사의 직접조제 1건당)	8천원과 보장대상 의료비의 20% 중 큰 금액
선택형	외래 (외래제비용 및 외래수술비 합계)	「의료법」 제3조 제2항 제1호에 따른 의원, 치과의원, 한의원, 같은 항 제2호에 따른 조산원, 「지역보건법」 제10조, 제12조 및 제13조에 따른 보건소, 보건의료원 및 보건지소, 「농어촌 등 보건의료를 위한 특별조치법」 제15조에 따른 보건진료소	1만원
		「의료법」 제3조 제2항 제3호에 따른 종합병원, 병원, 치과병원, 한방병원, 요양병원	1만5천원
		「국민건강보험법」 제42조 제2항에 따른 종합전문요양기관 또는 「의료법」 제3조의4에 따른 상급종합병원	2만원
	처방 조제비	「국민건강보험법」 제42조 제1항 제2호에 따른 약국, 같은 항 제3호에 따른 한국희귀의약품센터에서의 처방, 조제(의사의 처방전 1건당, 의약분업 예외 지역에서 약사의 직접조제 1건당)	8천원

② 피보험자가 통원하여 치료를 받던 중 보험기간이 끝나더라도 그 계속 중인 통원치료에 대해서는 다음 예시와 같이 보험기간 종료일부터 180일 이내에 외래는 방문 90회, 처방조제비는 처방전 90건의 한도 내에서 보상합니다. 다만, 종전 계약을 자동갱신하거나 같은 회사의 보험상품에 재가입하는 경우에는 종전 계약의 보험기간을 연장하는 것으로 보아 제1

보장종목	보상하는 사항

항을 적용합니다.

〈보상기간 예시〉

보장대상기간 (1년)	보장대상기간 (1년)	보장대상기간 (1년)	추가보상 (180일)
↑ 계약일 (2014. 1. 1.)	↑ 계약해당일 (2015. 1. 1.)	↑ 계약해당일 (2016. 1. 1.)	↑ 계약종료일 (2016. 12. 31.)	↑ 보상종료일 (2017. 6. 29.)

③ 하나의 상해로 인해 하루에 같은 치료를 목적으로 의료기관에서 2회 이상 통원치료를 받거나 하나의 상해로 약국에서 2회 이상의 처방조제를 받은 경우 각각 1회의 외래 및 1건의 처방으로 보아 제1항과 제2항을 적용합니다. 이때 공제금액은 2회 이상의 중복방문 의료기관 중 가장 높은 공제금액을 적용합니다.

④ 제1항의 상해에는 유독가스 또는 유독물질을 우연히 일시에 흡입, 흡수 또는 섭취한 결과로 생긴 중독증상이 포함됩니다. 다만, 유독가스 또는 유독물질을 상습적으로 흡입, 흡수 또는 섭취한 결과로 생긴 중독증상과 세균성 음식물 중독증상은 포함되지 않습니다.

⑤ 피보험자가 「국민건강보험법」 또는 「의료급여법」을 적용받지 못하는 경우에는 통원의료비(「국민건강보험 요양급여의 기준에 관한 규칙」에 따라 보건복지부장관이 정한 급여 및 비급여의료비 항목만 해당합니다) 중 본인이 실제로 부담한 금액에서 〈표1〉의 '항목별 공제금액'을 뺀 금액의 40%를 외래 및 처방조제비로 보험가입금액[외래 및 처방조제비는 회(건)당 합산하여 30만원 이내에서 계약 시 계약자가 각각 정한 금액을 말합니다]의 한도 내에서 보상합니다.

⑥ 피보험자가 직원복리후생제도에 의해 의료비를 감면받고 그 감면받은 의료비가 근로소득에 포함되는 경우에는 그 감면 전 의료비를 기준으로 통원의료비를 계산합니다.

(3) 질병입원

① 회사는 피보험자가 질병으로 인하여 병원에 입원하여 치료를 받은 경우에는 입원의료비를 다음과 같이 하나의 질병당 보험가입금액(5천만원 이내에서 계약 시 계약자가 정한 금액을 말합니다)의 한도 내에서 보상합니다.

구분		보상금액
표준형	입원실료, 입원제비용, 입원수술비	'「국민건강보험법」에서 정한 요양급여 또는 「의료급여법」에서 정한 의료급여 중 본인부담금'과 '비급여^{주)}(상급병실료 차액은 제외합니다)'를 합한 금액(본인이 실제로 부담한 금액을 말합니다)의 80%에 해당하는 금액. 다만, 나머지 20%가 계약일 또는 매년 계약해당일부터 기산하여 연간 200만원을 초과하는 경우 그 초과금액은 보상합니다.
	상급병실료 차액	입원 시 실제로 사용한 병실과 기준병실의 병실료 차액에서 50%를 뺀 금액. 다만, 1일 평균금액 10만원을 한도로 하며, 1일 평균금액은 입원기간 동안 상급병실료 차액 전체를 총 입원일수로 나누어 산출합니다.
선택형	입원실료, 입원제비용, 입원수술비	'「국민건강보험법」에서 정한 요양급여 또는 「의료급여법」에서 정한 의료급여 중 본인부담금'과 '비급여^{주)}(상급병실료 차액은 제외합니다)'를 합한 금액(본인이 실제로 부담한 금액을 말합니

보장종목	보상하는 사항

구분		보상금액
		다)의 90%에 해당하는 금액. 다만, 나머지 10%가 계약일 또는 매년 계약해당일부터 기산하여 연간 200만원을 초과하는 경우 그 초과금액은 보상합니다.
	상급병실료 차액	입원 시 실제로 사용한 병실과 기준병실의 병실료 차액에서 50%를 뺀 금액. 다만, 1일 평균금액 10만원을 한도로 하며, 1일 평균금액은 입원기간 동안 상급병실료 차액 전체를 총 입원일수로 나누어 산출합니다.

주)「국민건강보험법」 또는 「의료급여법」에 따라 보건복지부장관이 정한 비급여대상(「국민건강보험법」에서 정한 요양급여 또는 「의료급여법」에서 정한 의료급여 절차를 거쳤지만 급여항목이 발생하지 않은 경우로 「국민건강보험법」 또는 「의료급여법」에 따른 비급여항목 포함)

② 삭제 〈2018. 7. 10.〉

③ 피보험자가 「국민건강보험법」 또는 「의료급여법」을 적용받지 못하는 경우에는 입원의료비(「국민건강보험 요양급여의 기준에 관한 규칙」에 따라 보건복지부장관이 정한 급여 및 비급여의료비 항목만 해당합니다) 중 본인이 실제로 부담한 금액의 40%를 하나의 질병당 보험가입금액(5천만원 이내에서 계약 시 계약자가 정한 금액을 말합니다)의 한도 내에서 보상합니다.

④ 제1항에도 불구하고 회사는 하나의 질병으로 인한 입원의료비를 보험가입금액까지 보상한 경우에는 보상한도 종료일부터 90일이 경과한 날부터 최초 입원한 것과 동일한 기준으로 다시 보상합니다(계속 입원을 포함합니다). 다만, 최초 입원일부터 275일(365일-90일) 이내에 보상한도종료일이 있는 경우에는 최초 입원일부터 365일이 경과되는 날부터 최초 입원한 것과 동일한 기준으로 다시 보상합니다.

〈보상기간 예시〉

(ⅰ) 최초입원일~보상한도종료일이 275일(365일-90일) 이상인 경우

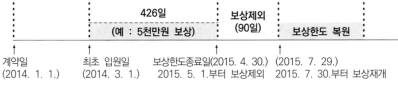

(ⅱ) 최초입원일~보상한도종료일이 275일(365일-90일) 이내인 경우

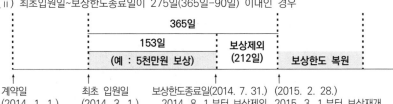

⑤ "하나의 질병"이란 발생 원인이 동일한 질병(의학상 중요한 관련이 있는 질병은 하나의 질병으로 간주하며, 하나의 질병으로 2회 이상 치료를 받는 경우에는 이를 하나의 질병으로 봅니다)을 말하며, 질병의 치료 중에 발생된 합병증 또는 새로 발견된 질병의 치료가 병행되거나 의학상 관련이 없는 여러 종류의 질병을 갖고 있는 상태에서 입원한 경우에는 하나

보장종목	보상하는 사항
	의 질병으로 간주합니다.

⑥ 피보험자가 입원하여 치료를 받던 중 보험기간이 끝나더라도 그 계속 중인 입원에 대해서는 보험기간 종료일부터 180일까지(보험기간 종료일은 제외합니다) 보상하며, 이 경우 제4항은 적용하지 않습니다. 다만, 종전 계약을 자동갱신하거나 같은 회사의 보험상품에 재가입하는 경우에는 종전 계약의 보험기간을 연장하는 것으로 보아 제4항을 적용합니다.

⑦ 피보험자가 직원복리후생제도에 의해 의료비를 감면받고 그 감면받은 의료비가 근로소득에 포함되는 경우에는 그 감면 전 의료비를 기준으로 입원의료비를 계산합니다.

⑧ 삭제 〈2018. 7. 10.〉

⑨ 삭제 〈2018. 7. 10.〉

⑩ 삭제 〈2018. 7. 10.〉

(4) 질병통원

① 회사는 피보험자가 질병으로 인하여 병원에 통원하여 치료를 받거나 처방조제를 받은 경우에는 통원의료비 명목으로 매년 계약해당일부터 1년을 단위로 하여 다음과 같이 외래(외래제비용, 외래수술비) 및 처방조제비를 각각 보상합니다.

구분	보상한도
외래	방문 1회당 '「국민건강보험법」에서 정한 요양급여 또는 「의료급여법」에서 정한 의료급여 중 본인부담금'과 '비급여[주1)]'를 합한 금액(본인이 실제로 부담한 금액을 말합니다)에서 〈표1〉의 '항목별 공제금액'을 뺀 금액을 외래의 보험가입금액[주2)]의 한도 내에서 보상(매년 계약해당일부터 1년간 방문 180회를 한도로 합니다)
처방조제비	처방전 1건당 '「국민건강보험법」에서 정한 요양급여 또는 「의료급여법」에서 정한 의료급여 중 본인부담금'과 '비급여[주1)]'를 합한 금액(본인이 실제로 부담한 금액을 말합니다)에서 〈표1〉의 '항목별 공제금액'을 뺀 금액을 처방조제비의 보험가입금액[주2)]을 한도 내에서 보상(매년 계약해당일부터 1년간 처방전 180건을 한도로 합니다)

주1) 「국민건강보험법」 또는 「의료급여법」에 따라 보건복지부장관이 정한 비급여대상(「국민건강보험법」에서 정한 요양급여 또는 「의료급여법」에서 정한 의료급여 절차를 거쳤지만 급여항목이 발생하지 않은 경우로 「국민건강보험법」 또는 「의료급여법」에 따른 비급여항목 포함)

주2) 외래 및 처방조제비는 회(건)당 합산하여 30만원 이내에서 계약 시 계약자가 각각 정한 금액을 말합니다.

〈표1 항목별 공제금액〉

구분		항목	공제 금액
표준형	외래 (외래제비용 및 외래수술비 합계)	「의료법」 제3조 제2항 제1호에 따른 의원, 치과의원, 한의원, 같은 항 제2호에 따른 조산원, 「지역보건법」 제10조, 제12조 및 제13조에 따른 보건소, 보건의료원 및 보건지소, 「농어촌 등 보건의료를 위한 특별조치법」 제15조에 따른 보건진료소	1만원과 보장대상 의료비의 20% 중 큰 금액
		「의료법」 제3조 제2항 제3호에 따른 종합병원, 병원, 치과병원, 한방병원, 요양병원	1만5천원과 보장대상 의료비의

보장종목		보상하는 사항	

	구분	항목	공제 금액
선택형			20% 중 큰 금액
		「국민건강보험법」 제42조 제2항에 따른 종합전문요양기관 또는 「의료법」 제3조의 4에 따른 상급종합병원	2만원과 보장대상 의료비의 20% 중 큰 금액
	처방 조제비	「국민건강보험법」 제42조 제1항 제2호에 따른 약국, 같은 항 제3호에 따른 한국희귀의약품센터에서의 처방, 조제(의사의 처방전 1건당, 의약분업 예외 지역에서 약사의 직접조제 1건당)	8천원과 보장대상 의료비의 20% 중 큰 금액
	외래 (외래제비용 및 외래수술비 합계)	「의료법」 제3조 제2항 제1호에 따른 의원, 치과의원, 한의원, 같은 항 제2호에 따른 조산원, 「지역보건법」 제10조, 제12조 및 제13조에 따른 보건소, 보건의료원 및 보건지소, 「농어촌 등 보건의료를 위한 특별조치법」 제15조에 따른 보건진료소	1만원
		「의료법」 제3조 제2항 제3호에 따른 종합병원, 병원, 치과병원, 한방병원, 요양병원	1만5천원
		「국민건강보험법」 제42조 제2항에 따른 종합전문요양기관 또는 「의료법」 제3조의 4에 따른 상급종합병원	2만원
	처방 조제비	「국민건강보험법」 제42조 제1항 제2호에 따른 약국, 같은 항 제3호에 따른 한국희귀의약품센터에서의 처방, 조제(의사의 처방전 1건당, 의약분업 예외 지역에서 약사의 직접조제 1건당)	8천원

② 피보험자가 통원하여 치료를 받던 중 보험기간이 끝나더라도 그 계속 중인 통원치료에 대해서는 다음 예시와 같이 보험기간 종료일부터 180일 이내에 외래는 방문 90회, 처방조제비는 처방전 90건의 한도 내에서 보상합니다. 다만, 종전 계약을 자동갱신하거나 같은 회사의 보험상품에 재가입하는 경우에는 종전 계약의 보험기간을 연장하는 것으로 보아 제1항을 적용합니다.

〈보상기간 예시〉

보장대상기간 (1년)	보장대상기간 (1년)	보장대상기간 (1년)	추가보상 (180일)
↑ 계약일 (2014. 1. 1.)	↑ 계약해당일 (2015. 1. 1.)	↑ 계약해당일 (2016. 1. 1.)	↑ 계약종료일 (2016. 12. 31.)

↑ 보상종료일 (2017. 6. 29.)

③ 하나의 질병으로 하루에 같은 치료를 목적으로 의료기관에서 2회 이상 통원치료를 받거나 하나의 질병으로 약국에서 2회 이상 처방조제를 받은 경우 각각 1회의 외래 및 1건의 처

보장종목	보상하는 사항
	방으로 보아 제1항과 제2항을 적용합니다. 이때 공제금액은 2회 이상의 중복방문 의료기관 중 가장 높은 공제금액을 적용합니다.
	④ "하나의 질병"이란 발생 원인이 동일한 질병(의학상 중요한 관련이 있는 질병을 포함합니다)을 말하며, 질병의 치료 중에 발생된 합병증 또는 새로 발견된 질병의 치료가 병행되거나 의학상 관련이 없는 여러 종류의 질병을 갖고 있는 상태에서 통원한 경우에는 하나의 질병으로 봅니다.
	⑤ 삭제 〈2018. 7. 10.〉
	⑥ 피보험자가 「국민건강보험법」 또는 「의료급여법」을 적용받지 못하는 경우에는 통원의료비(「국민건강보험 요양급여의 기준에 관한 규칙」에 따라 보건복지부장관이 정한 급여 및 비급여의료비 항목만 해당합니다) 중 본인이 실제로 부담한 금액에서 〈표1〉의 '항목별 공제금액'을 뺀 금액의 40%를 외래 및 처방조제비로 보험가입금액(외래 및 처방조제비는 회(건)당 합산하여 30만원 이내에서 계약 시 계약자가 각각 정한 금액을 말합니다)의 한도 내에서 보상합니다.
	⑦ 피보험자가 직원복리후생제도에 의해 의료비를 감면받고 그 감면받은 의료비가 근로소득에 포함되는 경우에는 그 감면 전 의료비를 기준으로 통원의료비를 계산합니다.
	⑧ 삭제 〈2018. 7. 10.〉
	⑨ 삭제 〈2018. 7. 10.〉
	⑩ 삭제 〈2018. 7. 10.〉

제3관 회사가 보상하지 않는 사항

제4조(보상하지 않는 사항) 회사가 보상하지 않는 사항은 보장종목별로 다음과 같습니다.

보장종목	보상하지 않는 사항
(1) 상해입원	① 회사는 다음의 사유로 인하여 생긴 입원의료비는 보상하지 않습니다.
	1. 피보험자가 고의로 자신을 해친 경우. 다만, 피보험자가 심신상실 등으로 자유로운 의사결정을 할 수 없는 상태에서 자신을 해친 사실이 증명된 경우에는 보상합니다.
	2. 보험수익자가 고의로 피보험자를 해친 경우. 다만, 그 보험수익자가 보험금의 일부 보험수익자인 경우에는 다른 보험수익자에 대한 보험금은 지급합니다.
	3. 계약자가 고의로 피보험자를 해친 경우
	4. 피보험자가 임신, 출산(제왕절개를 포함합니다), 산후기로 입원한 경우. 다만, 회사가 보상하는 상해로 인하여 입원한 경우에는 보상합니다.
	5. 전쟁, 외국의 무력행사, 혁명, 내란, 사변, 폭동으로 인한 경우
	6. 피보험자가 정당한 이유없이 입원기간 중 의사의 지시를 따르지 않거나 의사가 통원치료가 가능하다고 인정함에도 피보험자 본인이 자의적으로 입원하여 발생한 입원의료비
	② 회사는 다른 약정이 없으면 피보험자가 직업, 직무 또는 동호회 활동 목적으로 한 다음의 어느 하나에 해당하는 행위로 인하여 생긴 상해에 대해서는 보상하지 않습니다.
	1. 전문등반(전문적인 등산용구를 사용하여 암벽 또는 빙벽을 오르내리거나 특수한 기술,

보장종목	보상하지 않는 사항

경험, 사전 훈련이 필요한 등반을 말합니다), 글라이더 조종, 스카이다이빙, 스쿠버다이빙, 행글라이딩, 수상보트, 패러글라이딩

2. 모터보트·자동차 또는 오토바이에 의한 경기, 시범, 행사(이를 위한 연습을 포함합니다) 또는 시운전(다만, 공용도로에서 시운전을 하는 동안 발생한 상해는 보상합니다)

3. 선박 승무원, 어부, 사공, 그 밖에 선박에 탑승하는 것을 직무로 하는 사람의 직무상 선박탑승

③ 회사는 다음의 입원의료비에 대해서는 보상하지 않습니다.

1. 치과치료(다만, 안면부 골절로 발생한 의료비는 치아 관련 치료를 제외하고 보상합니다)·한방치료(다만,「의료법」제2조에 따른 한의사를 제외한 '의사'의 의료행위에 의해서 발생한 의료비는 보상합니다)에서 발생한「국민건강보험법」에 따른 요양급여에 해당하지 않는 비급여의료비

2. 「국민건강보험법」에 따른 요양급여 중 본인부담금의 경우 국민건강보험 관련 법령에 따라 국민건강보험공단으로부터 사전 또는 사후 환급이 가능한 금액(본인부담금 상한제)

3. 「의료급여법」에 따른 의료급여 중 본인부담금의 경우 의료급여 관련 법령에 따라 의료급여기금 등으로부터 사전 또는 사후 환급이 가능한 금액(「의료급여법」에 따른 본인부담금 보상제 및 본인부담금 상한제)

4. 건강검진(단, 검사결과 이상 소견에 따라 건강검진센터 등에서 발생한 추가 의료비용은 보상합니다), 예방접종, 인공유산에 든 비용. 다만, 회사가 보상하는 상해 치료를 목적으로 하는 경우에는 보상합니다.

5. 영양제, 비타민제, 호르몬 투여, 보신용 투약, 친자 확인을 위한 진단, 불임검사, 불임수술, 불임복원술, 보조생식술(체내, 체외 인공수정을 포함합니다), 성장촉진, 의약외품과 관련하여 소요된 비용. 다만, 회사가 보상하는 상해 치료를 목적으로 하는 경우에는 보상합니다.

6. 의치, 의수족, 의안, 안경, 콘택트렌즈, 보청기, 목발, 팔걸이(Arm Sling), 보조기 등 진료 재료의 구입 및 대체 비용. 다만, 인공장기 등 신체에 이식되어 그 기능을 대신하는 경우에는 보상합니다.

7. 아래에 열거된 국민건강보험 비급여 대상으로 신체의 필수 기능개선 목적이 아닌 외모개선 목적의 치료로 인하여 발생한 의료비

   가. 쌍꺼풀수술(이중검수술. 다만, 안검하수, 안검내반 등을 치료하기 위한 시력개선 목적의 이중검수술은 보상합니다), 코성형수술(융비술), 유방 확대(다만, 유방암 환자의 유방재건술은 보상합니다)·축소술, 지방흡입술, 주름살 제거술 등

   나. 사시교정, 안와격리증(양쪽 눈을 감싸고 있는 뼈와 뼈 사이의 거리가 넓은 증상)의 교정 등 시각계 수술로서 시력개선 목적이 아닌 외모개선 목적의 수술

   다. 안경, 콘택트렌즈 등을 대체하기 위한 시력교정술(국민건강보험 요양급여 대상 수술방법 또는 치료재료가 사용되지 않은 부분은 시력교정술로 봅니다)

   라. 외모개선 목적의 다리정맥류 수술

   마. 그 밖에 외모개선 목적의 치료로 국민건강보험 비급여대상에 해당하는 치료

8. 진료와 무관한 각종 비용(TV시청료, 전화료, 각종 증명료 등을 말합니다), 의사의 임상적 소견과 관련이 없는 검사비용, 간병비

9. 자동차보험(공제를 포함합니다) 또는 산재보험에서 보상받는 의료비. 다만, 본인부담의료비는 제3조(보장종목별 보상내용) (1) 상해입원 제1항, 제2항 및 제4항부터 제6항에 따라 보상합니다.

10. 「국민건강보험법」제42조의 요양기관이 아닌 외국에 있는 의료기관에서 발생한 의료비

보장종목	보상하지 않는 사항
(2) 상해통원	① 회사는 다음의 사유로 인하여 생긴 통원의료비는 보상하지 않습니다. 　1. 피보험자가 고의로 자신을 해친 경우. 다만, 피보험자가 심신상실 등으로 자유로운 의사결정을 할 수 없는 상태에서 자신을 해친 사실이 증명된 경우에는 보상합니다. 　2. 보험수익자가 고의로 피보험자를 해친 경우. 다만, 그 보험수익자가 보험금의 일부 보험수익자인 경우에는 다른 보험수익자에 대한 보험금은 지급합니다. 　3. 계약자가 고의로 피보험자를 해친 경우 　4. 피보험자가 임신, 출산(제왕절개를 포함합니다), 산후기로 통원한 경우. 다만, 회사가 보상하는 상해로 인하여 통원한 경우에는 보상합니다. 　5. 전쟁, 외국의 무력행사, 혁명, 내란, 사변, 폭동으로 인한 경우 　6. 피보험자가 정당한 이유 없이 통원기간 중 의사의 지시를 따르지 않아 발생한 통원의료비 ② 회사는 다른 약정이 없으면 피보험자가 직업, 직무 또는 동호회 활동 목적으로 한 다음의 어느 하나에 해당하는 행위로 인하여 생긴 상해에 대해서는 보상하지 않습니다. 　1. 전문등반(전문적인 등산용구를 사용하여 암벽 또는 빙벽을 오르내리거나 특수한 기술, 경험, 사전 훈련이 필요한 등반을 말합니다), 글라이더 조종, 스카이다이빙, 스쿠버다이빙, 행글라이딩, 수상보트, 패러글라이딩 　2. 모터보트, 자동차 또는 오토바이에 의한 경기, 시범, 행사(이를 위한 연습을 포함합니다) 또는 시운전(다만, 공용도로에서 시운전을 하는 동안 발생한 상해는 보상합니다) 　3. 선박 승무원, 어부, 사공, 그 밖에 선박에 탑승하는 것을 직무로 하는 사람의 직무상 선박탑승 ③ 회사는 다음의 통원의료비에 대해서는 보상하지 않습니다. 　1. 치과치료(다만, 안면부 골절로 발생한 의료비는 치아 관련 치료를 제외하고 보상합니다) · 한방치료(다만, 「의료법」 제2조에 따른 한의사를 제외한 '의사'의 의료행위에 의해서 발생한 의료비는 보상합니다)에서 발생한 「국민건강보험법」에 따른 요양급여에 해당하지 않는 비급여의료비 　2. 「국민건강보험법」에 따른 요양급여 중 본인부담금의 경우 국민건강보험 관련 법령에 따라 국민건강보험공단으로부터 사전 또는 사후 환급이 가능한 금액(본인부담금 상한제) 　3. 「의료급여법」에 따른 의료급여 중 본인부담금의 경우 의료급여 관련 법령에 따라 의료급여기금 등으로부터 사전 또는 사후 환급이 가능한 금액(「의료급여법」에 따른 본인부담금 보상제 및 본인부담금 상한제) 　4. 건강검진(단, 검사결과 이상 소견에 따라 건강검진센터 등에서 발생한 추가 의료비용은 보상합니다), 예방접종, 인공유산에 든 비용. 다만, 회사가 보상하는 상해 치료를 목적으로 하는 경우에는 보상합니다. 　5. 영양제, 비타민제, 호르몬 투여, 보신용 투약, 친자 확인을 위한 진단, 불임검사, 불임수술, 불임복원술, 보조생식술(체내, 체외 인공수정을 포함합니다), 성장촉진, 의약외품과 관련하여 소요된 비용. 다만, 회사가 보상하는 상해 치료를 목적으로 하는 경우에는 보상합니다. 　6. 의치, 의수족, 의안, 안경, 콘택트렌즈, 보청기, 목발, 팔걸이(Arm Sling), 보조기 등 진료 재료의 구입 및 대체 비용. 다만, 인공장기 등 신체에 이식되어 그 기능을 대신하는 경우에는 보상합니다. 　7. 아래에 열거된 국민건강보험 비급여 대상으로 신체의 필수 기능개선 목적이 아닌 외모 개선 목적의 치료로 인하여 발생한 의료비 　　가. 쌍꺼풀수술(이중검수술. 다만, 안검하수, 안검내반 등을 치료하기 위한 시력개선 목

보장종목	보상하지 않는 사항
	적의 이중검수술은 보상합니다), 코성형수술(융비술), 유방 확대(다만, 유방암 환자의 유방재건술은 보상합니다) · 축소술, 지방흡입술, 주름살 제거술 등
	나. 사시교정, 안와격리증(양쪽 눈을 감싸고 있는 뼈와 뼈 사이의 거리가 넓은 증상)의 교정 등 시각계 수술로서 시력개선 목적이 아닌 외모개선 목적의 수술
	다. 안경, 콘텍트렌즈 등을 대체하기 위한 시력교정술(국민건강보험 요양급여 대상 수술방법 또는 치료재료가 사용되지 않은 부분은 시력교정술로 봅니다)
	라. 외모개선 목적의 다리정맥류 수술
	마. 그 밖에 외모개선 목적의 치료로 국민건강보험 비급여대상에 해당하는 치료
	8. 진료와 무관한 각종 비용(TV시청료, 전화료, 각종 증명료 등을 말합니다), 의사의 임상적 소견과 관련이 없는 검사비용, 간병비
	9. 자동차보험(공제를 포함합니다) 또는 산재보험에서 보상받는 의료비. 다만, 본인부담의료비는 제3조(보장종목별 보상내용) (2) 상해통원 제1항부터 제4항 및 제6항에 따라 보상합니다.
	10. 「국민건강보험법」 제42조의 요양기관이 아닌 외국에 있는 의료기관에서 발생한 의료비
	11. 「응급의료에 관한 법률」 및 동 시행규칙에서 정한 응급환자에 해당하지 않는 자가 「의료법」 제3조의4에 따른 상급종합병원 응급실을 이용하면서 발생한 응급의료관리료
(3) 질병입원	① 회사는 다음의 사유로 생긴 입원의료비는 보상하지 않습니다. 　1. 피보험자가 고의로 자신을 해친 경우. 다만, 피보험자가 심신상실 등으로 자유로운 의사결정을 할 수 없는 상태에서 자신을 해친 사실이 증명된 경우에는 보상합니다. 　2. 보험수익자가 고의로 피보험자를 해친 경우. 다만, 그 보험수익자가 보험금의 일부 보험수익자인 경우에는 다른 보험수익자에 대한 보험금은 지급합니다. 　3. 계약자가 고의로 피보험자를 해친 경우 　4. 피보험자가 정당한 이유없이 입원기간 중 의사의 지시를 따르지 않거나 의사가 통원치료가 가능하다고 인정함에도 피보험자 본인이 자의적으로 입원하여 발생한 입원의료비 ② 회사는 '한국표준질병사인분류'에 따른 다음의 입원의료비에 대해서는 보상하지 않습니다. 　1. 정신 및 행동장애(F04~F99) 　　(다만, F04~F09, F20~F29, F30~F39, F40~F48, F90~F98과 관련한 치료에서 발생한 「국민건강보험법」에 따른 요양급여에 해당하는 의료비는 보상합니다) 　2. 여성생식기의 비염증성 장애로 인한 습관성 유산, 불임 및 인공수정 관련 합병증(N96~N98) 　3. 피보험자가 임신, 출산(제왕절개를 포함합니다), 산후기로 입원한 경우(O00~O99) 　4. 선천성 뇌질환(Q00~Q04) 　5. 비만(E66) 　6. 요실금(N39.3, N39.4, R32) 　7. 직장 또는 항문 질환 중 「국민건강보험법」에 따른 요양급여에 해당하지 않는 부분(I84, K60~K62, K64) ③ 회사는 다음의 입원의료비에 대해서는 보상하지 않습니다. 　1. 치과치료(K00~K08) 및 한방치료(다만, 「의료법」 제2조에 따른 한의사를 제외한 '의사'의 의료행위에 의해서 발생한 의료비는 보상합니다)에서 발생한 「국민건강보험법」에 따른 요양급여에 해당하지 않는 비급여의료비 　2. 「국민건강보험법」에 따른 요양급여 중 본인부담금의 경우 국민건강보험 관련 법령에 따라 국민건강보험공단으로부터 사전 또는 사후 환급이 가능한 금액(본인부담금 상한제)

보장종목	보상하지 않는 사항

3. 「의료급여법」에 따른 의료급여 중 본인부담금의 경우 의료급여 관련 법령에 따라 의료급여기금 등으로부터 사전 또는 사후 환급이 가능한 금액(「의료급여법」에 따른 본인부담금 보상제 및 본인부담금 상한제)

4. 건강검진(단, 검사결과 이상 소견에 따라 건강검진센터 등에서 발생한 추가 의료비용은 보상합니다), 예방접종, 인공유산에 든 비용. 다만, 회사가 보상하는 질병 치료를 목적으로 하는 경우에는 보상합니다.

5. 영양제, 비타민제, 호르몬 투여(다만, 국민건강보험의 요양급여 기준에 해당하는 성조숙증을 치료하기 위한 호르몬 투여는 보상합니다), 보신용 투약, 친자 확인을 위한 진단, 불임검사, 불임수술, 불임복원술, 보조생식술(체내, 체외 인공수정을 포함합니다), 성장촉진, 의약외품과 관련하여 소요된 비용. 다만, 회사가 보상하는 질병 치료를 목적으로 하는 경우에는 보상합니다.

6. 다음의 어느 하나에 해당하는 치료로 인하여 발생한 의료비
   가. 단순한 피로 또는 권태
   나. 주근깨, 다모, 무모, 백모증, 딸기코(주사비), 점, 모반(피보험자가 보험가입당시 태아인 경우 화염상모반 등 선천성 비신생물성모반(Q82.5)은 보상합니다), 사마귀, 여드름, 노화현상으로 인한 탈모 등 피부질환
   다. 발기부전(impotence)·불감증, 단순 코골음(수면무호흡증(G47.3)은 보상합니다), 치료를 동반하지 않는 단순포경(phimosis), 「국민건강보험 요양급여의 기준에 관한 규칙」 제9조 제1항([별표2] 비급여대상)에 따른 업무 또는 일상생활에 지장이 없는 검열반 등 안과질환

7. 의치, 의수족, 의안, 안경, 콘택트렌즈, 보청기, 목발, 팔걸이(Arm Sling), 보조기 등 진료 재료의 구입 및 대체 비용. 다만, 인공장기 등 신체에 이식되어 그 기능을 대신하는 경우에는 보상합니다.

8. 아래에 열거된 국민건강보험 비급여 대상으로 신체의 필수 기능개선 목적이 아닌 외모개선 목적의 치료로 인하여 발생한 의료비
   가. 쌍꺼풀수술(이중검수술. 다만, 안검하수, 안검내반 등을 치료하기 위한 시력개선 목적의 이중검수술은 보상합니다), 코성형수술(융비술), 유방확대(다만, 유방암 환자의 유방재건술은 보상합니다)·축소술, 지방흡입술, 주름살 제거술 등
   나. 사시교정, 안와격리증(양쪽 눈을 감싸고 있는 뼈와 뼈 사이의 거리가 넓은 증상)의 교정 등 시각계 수술로서 시력개선 목적이 아닌 외모개선 목적의 수술
   다. 안경, 콘텍트렌즈 등을 대체하기 위한 시력교정술(국민건강보험 요양급여 대상 수술방법 또는 치료재료가 사용되지 않은 부분은 시력교정술로 봅니다)
   라. 외모개선 목적의 다리정맥류 수술
   마. 그 밖에 외모개선 목적의 치료로 국민건강보험 비급여대상에 해당하는 치료

9. 진료와 무관한 각종 비용(TV시청료, 전화료, 각종 증명료 등을 말합니다), 의사의 임상적 소견과 관련이 없는 검사비용, 간병비

10. 산재보험에서 보상받는 의료비. 다만, 본인부담의료비는 제3조(보장종목별 보상내용) (3) 질병입원 제1항, 제2항 및 제4항부터 제10항에 따라 보상합니다.

11. 인간면역결핍바이러스(HIV) 감염으로 인한 치료비(다만, 「의료법」에서 정한 의료인의 진료상 또는 치료 중 혈액에 의한 HIV 감염은 해당 진료기록을 통해 객관적으로 확인되는 경우는 보상합니다)

12. 「국민건강보험법」 제42조의 요양기관이 아닌 외국에 있는 의료기관에서 발생한 의료비

보장종목	보상하지 않는 사항
(4) 질병통원	① 회사는 다음의 사유로 인하여 생긴 통원의료비는 보상하지 않습니다. 　1. 피보험자가 고의로 자신을 해친 경우. 다만, 피보험자가 심신상실 등으로 자유로운 의사결정을 할 수 없는 상태에서 자신을 해친 사실이 증명된 경우에는 보상합니다. 　2. 보험수익자가 고의로 피보험자를 해친 경우. 다만, 그 보험수익자가 보험금의 일부 보험수익자인 경우에는 다른 보험수익자에 대한 보험금은 지급합니다. 　3. 계약자가 고의로 피보험자를 해친 경우 　4. 피보험자가 정당한 이유 없이 통원기간 중 의사의 지시를 따르지 않아 발생한 통원의료비 ② 회사는 '한국표준질병사인분류'에 따른 다음의 통원의료비에 대해서는 보상하지 않습니다. 　1. 정신 및 행동장애(F04~F99)(다만, F04~F09, F20~F29, F30~F39, F40~F48, F90~F98과 관련한 치료에서 발생한 「국민건강보험법」에 따른 요양급여에 해당하는 의료비는 보상합니다) 　2. 여성생식기의 비염증성 장애로 인한 습관성 유산, 불임 및 인공수정 관련 합병증(N96~N98) 　3. 피보험자가 임신, 출산(제왕절개를 포함합니다), 산후기로 통원한 경우(O00~O99) 　4. 선천성 뇌질환(Q00~Q04) 　5. 비만(E66) 　6. 요실금(N39.3, N39.4, R32) 　7. 직장 또는 항문질환 중 「국민건강보험법」에 따른 요양급여에 해당하지 않는 부분(I84, K60~K62, K64) ③ 회사는 다음의 통원의료비에 대해서는 보상하지 않습니다. 　1. 치과치료(K00~K08) 및 한방치료(다만, 「의료법」 제2조에 따른 한의사를 제외한 '의사'의 의료행위에 의해서 발생한 의료비는 보상합니다)에서 발생한 「국민건강보험법」에 따른 요양급여에 해당하지 않는 비급여의료비 　2. 「국민건강보험법」에 따른 요양급여 중 본인부담금의 경우 국민건강보험 관련 법령에 따라 국민건강보험공단으로부터 사전 또는 사후 환급이 가능한 금액(본인부담금 상한제) 　3. 「의료급여법」에 따른 의료급여 중 본인부담금의 경우 의료급여 관련 법령에 따라 의료급여기금 등으로부터 사전 또는 사후 환급이 가능한 금액(「의료급여법」에 따른 본인부담금 보상제 및 본인부담금 상한제) 　4. 건강검진(단, 검사결과 이상 소견에 따라 건강검진센터 등에서 발생한 추가 의료비용은 보상합니다), 예방접종, 인공유산에 든 비용. 다만, 회사가 보상하는 질병 치료를 목적으로 하는 경우에는 보상합니다. 　5. 영양제, 비타민제, 호르몬 투여(다만, 국민건강보험의 요양급여 기준에 해당하는 성조숙증을 치료하기 위한 호르몬 투여는 보상합니다), 보신용 투약, 친자 확인을 위한 진단, 불임검사, 불임수술, 불임복원술, 보조생식술(체내, 체외 인공수정을 포함합니다), 성장촉진, 의약외품과 관련하여 소요된 비용. 다만, 회사가 보상하는 질병 치료를 목적으로 하는 경우에는 보상합니다. 　6. 다음의 어느 하나에 해당하는 치료로 인하여 발생한 의료비 　　가. 단순한 피로 또는 권태 　　나. 주근깨, 다모, 무모, 백모증, 딸기코(주사비), 점, 모반(피보험자가 보험가입당시 태아인 경우 화염상모반 등 선천성 비신생물성모반(Q82.5)은 보상합니다), 사마귀, 여드름, 노화현상으로 인한 탈모 등 피부질환 　　다. 발기부전(impotence)·불감증, 단순 코골음(수면무호흡증(G47.3)은 보상합니다),

보장종목	보상하지 않는 사항
	치료를 동반하지 않는 단순포경(phimosis), 「국민건강보험 요양급여의 기준에 관한 규칙」 제9조 제1항([별표2] 비급여대상)에 따른 업무 또는 일상생활에 지장이 없는 검열반 등 안과질환 7. 의치, 의수족, 의안, 안경, 콘택트렌즈, 보청기, 목발, 팔걸이(Arm Sling), 보조기 등 진료 재료의 구입 및 대체 비용. 다만, 인공장기 등 신체에 이식되어 그 기능을 대신하는 경우에는 보상합니다. 8. 아래에 열거된 국민건강보험 비급여 대상으로 신체의 필수 기능개선 목적이 아닌 외모개선 목적의 치료로 인하여 발생한 의료비 　가. 쌍꺼풀수술(이중검수술. 다만, 안검하수, 안검내반 등을 치료하기 위한 시력개선 목적의 이중검수술은 보상합니다), 코성형수술(융비술), 유방확대(다만, 유방암 환자의 유방재건술은 보상합니다)·축소술, 지방흡입술, 주름살 제거술 등 　나. 사시교정, 안와격리증(양쪽 눈을 감싸고 있는 뼈와 뼈 사이의 거리가 넓은 증상)의 교정 등 시각계 수술로서 시력개선 목적이 아닌 외모개선 목적의 수술 　다. 안경, 콘텍트렌즈 등을 대체하기 위한 시력교정술(국민건강보험 요양급여 대상 수술방법 또는 치료재료가 사용되지 않은 부분은 시력교정술로 봅니다) 　라. 외모개선 목적의 다리정맥류 수술 　마. 그 밖에 외모개선 목적의 치료로 국민건강보험 비급여대상에 해당하는 치료 9. 진료와 무관한 각종 비용(TV시청료, 전화료, 각종 증명료 등을 말합니다), 의사의 임상적 소견과 관련 없는 검사비용, 간병비 10. 산재보험에서 보상받는 의료비. 다만, 본인부담의료비는 제3조(보장종목별 보상내용) (4) 질병통원 제1항부터 제5항 및 제7항부터 제10항에 따라 보상합니다. 11. 인간면역결핍바이러스(HIV) 감염으로 인한 치료비(다만, 「의료법」에서 정한 의료인의 진료상 또는 치료 중 혈액에 의한 HIV 감염은 해당 진료기록을 통해 객관적으로 확인되는 경우는 보상합니다) 12. 「국민건강보험법」 제42조의 요양기관이 아닌 외국에 있는 의료기관에서 발생한 의료비 13. 「응급의료에 관한 법률」동 시행규칙에서 정한 응급환자에 해당하지 않는 자가 「의료법」 제3조의4에 따른 상급종합병원 응급실을 이용하면서 발생한 응급의료관리료

제4조의2(특별약관에서 보상하는 사항) ① 제3조 및 제4조에도 불구하고 다음 각 호에 해당하는 의료비는 기본형 실손의료보험에서 보상하지 않습니다.

　1. 도수치료·체외충격파치료·증식치료로 인하여 발생한 비급여의료비

　2. 비급여 주사료[다만, 항암제, 항생제(항진균제 포함), 희귀의약품은 보상합니다]

　3. 자기공명영상진단(MRI/MRA)으로 인하여 발생한 비급여의료비(조영제, 판독료를 포함합니다)

　4. 제1호, 제2호, 제3호와 관련하여 자동차보험(공제를 포함합니다) 또는 산재보험에서 발생한 본인부담의료비

② 제1항 제1호에서 제4호까지 정한 의료비와 다른 의료비가 함께 청구되어 각 항목별 의료비가 구분되지 않는 경우 회사는 보험금 지급금액 결정을 위해 계약자, 피보험자 또는 보험수익자에게 각각의 의료비에 대한 확인을 요청할 수 있습니다.

〈붙임〉 용어의 정의

용어	정의
계약	보험계약
진단계약	계약을 체결하기 위하여 피보험자가 건강진단을 받아야 하는 계약
보험증권	계약의 성립과 계약내용을 증명하기 위하여 회사가 계약자에게 드리는 증서
계약자	보험회사와 계약을 체결하고 보험료를 납입하는 사람
피보험자	보험금지급사유 또는 보험사고 발생의 대상(객체)이 되는 사람
보험수익자	보험금을 수령하는 사람
보험기간	회사가 계약에서 정한 보상책임을 지는 기간
회사	보험회사
연단위복리	회사가 지급할 금전에 대한 이자를 줄 때 1년마다 마지막 날에 그 이자를 원금에 더한 금액을 다음 1년의 원금으로 하는 이자 계산방법
평균공시이율	전체 보험회사 공시이율의 평균으로, 이 계약 체결 시점의 이율을 말함
해지환급금	계약이 해지되는 때에 회사가 계약자에게 돌려주는 금액
영업일	회사가 영업점에서 정상적으로 영업하는 날을 말하며, 토요일, 「관공서의 공휴일에 관한 규정」에 따른 공휴일과 근로자의 날은 제외
상해	보험기간 중 발생한 급격하고 우연한 외래의 사고
상해보험계약	상해를 보장하는 계약
의사	「의료법」 제2조(의료인)에서 정한 의사, 한의사 및 치과의사의 자격을 가진 사람
약사	「약사법」 제2조(정의)에서 정한 약사 및 한약사의 자격을 가진 사람
의료기관	「의료법」 제3조(의료기관) 제2항에서 정하는 의료기관을 말하며, 종합병원 · 병원 · 치과병원 · 한방병원 · 요양병원 · 의원 · 치과의원 · 한의원 및 조산원으로 구분
약국	「약사법」 제2조 제3호에 따른 장소로서, 약사가 수여(授與)할 목적으로 의약품 조제업무를 하는 장소를 말하며, 의료기관의 조제실은 제외
병원	「국민건강보험법」 제42조(요양기관)에서 정하는 국내의 병원 또는 의원을 말하며, 조산원은 제외
입원	의사가 피보험자의 질병 또는 상해로 인하여 치료가 필요하다고 인정한 경우로서 자택 등에서 치료가 곤란하여 병원, 의료기관 또는 이와 동등하다고 인정되는 의료기관에 입실하여 의사의 관리를 받으며 치료에 전념하는 것
입원의 정의 중 '이와 동등하다고 인정되는 의료기관'	보건소, 보건의료원 및 보건지소 등 「의료법」 제3조(의료기관) 제2항에서 정한 의료기관에 준하는 의료기관으로서 군의무대, 치매요양원, 노인요양원 등에 속해 있는 요양원, 요양시설, 복지시설 등과 같이 의료기관이 아닌 곳은 이에 해당되지 않음
기준병실	병원에서 국민건강보험 환자의 입원 시 병실료 산정에 적용하는 기준이 되는 병실
입원실료	입원치료 중 발생한 기준병실 사용료, 환자 관리료, 식대 등
입원제비용	입원치료 중 발생한 진찰료, 검사료, 방사선료, 투약 및 처방료(퇴원 시 의사로부터 치료목적으로 처방받은 약제비 포함), 주사료, 이학요법(물리치료, 재활치료)료, 정신요법료, 처치료, 치료재료, 석고붕대료(cast), 지정진료비 등

용어	정의
입원수술비	입원치료 중 발생한 수술료, 마취료, 수술재료비 등
입원의료비	입원실료, 입원제비용, 입원수술비, 상급병실료 차액
보상한도 종료일	회사가 보험가입금액 한도까지 입원의료비를 보상한 기준 입원일자
통원	의사가 피보험자의 질병 또는 상해로 치료가 필요하다고 인정하는 경우로서, 병원에 입원하지 않고 병원을 방문하여 의사의 관리하에 치료에 전념하는 것
처방조제	의사 및 약사가 피보험자의 질병 또는 상해로 치료가 필요하다고 인정하는 경우로서, 통원으로 인하여 발행된 의사의 처방전으로 약국의 약사가 조제하는 것. 이 경우 「국민건강보험법」 제42조 제1항 제3호에 따른 한국희귀의약품센터에서의 처방조제 및 의약분업 예외 지역에서의 약사의 직접조제를 포함
외래제비용	통원치료 중 발생한 진찰료, 검사료, 방사선료, 투약 및 처방료, 주사료, 이학요법(물리치료, 재활치료)료, 정신요법료, 처치료, 치료재료, 석고붕대료(cast), 지정진료비 등
외래수술비	통원치료 중 발생한 수술료, 마취료, 수술재료비 등
처방조제비	병원 의사의 처방전에 따라 조제되는 약국의 처방조제비 및 약사의 직접조제비
통원의료비	외래제비용, 외래수술비, 처방조제비
요양급여	「국민건강보험법」 제41조(요양급여)에 따른 가입자 및 피부양자의 질병·부상 등에 대한 다음의 요양급여 1. 진찰·검사 2. 약제·치료재료의 지급 3. 처치·수술 또는 그 밖의 치료 4. 예방·재활 5. 입원 6. 간호 7. 이송
의료급여	「의료급여법」 제7조(의료급여의 내용 등)에 따른 가입자 및 피부양자의 질병·부상 등에 대한 다음 각 호의 의료급여 1. 진찰·검사 2. 약제·치료재료의 지급 3. 처치·수술 또는 그 밖의 치료 4. 예방·재활 5. 입원 6. 간호 7. 이송 8. 그 밖에 의료 목적의 달성을 위한 조치
「국민건강보험법」에 따른 본인부담금 상한제	「국민건강보험법」에 따른 요양급여 중 연간 본인부담금 총액이 「국민건강보험법 시행령」 별표3에서 정하는 금액을 넘는 경우에 그 초과한 금액을 공단에서 부담하는 제도를 말하며, 국민건강보험 관련 법령의 변경에 따라 환급기준이 변경될 경우에는 회사는 변경되는 기준에 따름

용어	정의
「의료급여법」에 따른 본인부담금 보상제 및 본인부담금 상한제	「의료급여법」에 따른 의료급여 중 본인부담금이 「의료급여법 시행령」 제13조(급여비용의 부담)에서 정하는 금액을 넘는 경우에 그 초과한 금액을 의료급여기금 등에서 부담하는 제도를 말하며, 의료급여 관련 법령의 변경에 따라 환급기준이 변경될 경우에는 회사는 변경된 기준에 따름
보장대상의료비	실제 부담액 – 보상제외금액* * 제3관 회사가 보장하지 않는 사항에 따른 금액 및 실제 사용병실과 기준병실과의 병실료 차액 중 회사가 보장하지 않는 금액
보상책임액	(보장대상의료비 – 피보험자부담 공제금액)과 보험가입금액 중 작은 금액
다수보험	실손 의료보험계약(우체국보험, 각종 공제, 상해·질병·간병보험 등 제3보험, 개인연금·퇴직보험 등 의료비를 실손으로 보상하는 보험·공제계약을 포함)이 동시에 또는 순차적으로 2개 이상 체결되었고, 그 계약이 동일한 보험사고에 대하여 각 계약별 보상책임액이 있는 여러 개의 실손 의료보험계약을 말함
도수치료	치료자가 손(정형용 교정장치 장비 등의 도움을 받는 경우를 포함합니다)을 이용해서 환자의 근골격계통(관절, 근육, 연부조직, 림프절 등)의 기능 개선 및 통증감소를 위하여 실시하는 치료행위 * 의사 또는 의사의 지도하에 물리치료사가 도수치료를 하는 경우에 한함
체외충격파치료	체외에서 충격파를 병변에 가해 혈관 재형성을 돕고 건(힘줄) 및 뼈의 치유 과정을 자극하거나 재활성화 시켜 기능개선 및 통증감소를 위하여 실시하는 치료행위(체외충격파쇄석술은 제외)
증식치료	근골격계 통증이 있는 부위의 인대나 건(힘줄), 관절, 연골 등에 증식물질을 주사하여 통증이 소실되거나 완화되는 것을 유도하는 치료행위
주사료	주사치료 시 사용된 행위, 약제 및 치료재료대
항암제	식품의약품안전처가 「의약품등 분류번호에 관한 규정」에 따라 지정하는 '조직세포의 기능용 의약품' 중 '종양용약'과 '조직세포의 치료 및 진단 목적제제'* * 「의약품등 분류번호에 관한 규정」에 따른 의약품분류표가 변경되는 경우 치료시점의 의약품분류표에 따릅니다.
항생제(항진균제 포함)	식품의약품안전처가 「의약품등 분류번호에 관한 규정」에 따라 지정하는 '항병원생물성 의약품' 중 '항생물질제제', '화학요법제' 및 기생동물에 대한 의약품 중 항원충제* * 「의약품등 분류번호에 관한 규정」에 따른 의약품분류표가 변경되는 경우 치료시점의 의약품분류표에 따릅니다.
희귀의약품	식품의약품안전처장이 「희귀의약품 지정에 관한 규정」에 따라 지정하는 의약품* * 「희귀의약품 지정에 관한 규정」에 따른 희귀의약품 지정 항목이 변경되는 경우 치료시점의 희귀의약품 지정 항목에 따릅니다.
자기공명영상진단	자기공명영상 장치를 이용하여 고주파 등을 통한 신호의 차이를 영상화하여 조직의 구조를 분석하는 검사(MRI/MRA) * 자기공명영상진단 결과를 다른 의료기관에서 판독하는 경우 포함 　(보건복지부에서 고시하는 「건강보험 행위 급여·비급여 목록 및 급여 상대가치점수」상의 MRI 범주에 따름)

□ 비급여 도수치료 · 체외충격파치료 · 증식치료 실손의료보험 특별약관

제1조(보장종목) ① 회사가 판매하는 비급여 도수치료 · 체외충격파치료 · 증식치료 실손의료
보험 특별약관(이하 '특별약관'이라 합니다)은 아래의 내용으로 구성되어 있습니다.

보상하는 내용
피보험자가 상해 또는 질병의 치료목적으로 병원에 입원 또는 통원하여 비급여^{주)}「도수치료 · 체외충격파치료 · 증식치료」를 받은 경우에 보상

주) 「국민건강보험법」 또는 「의료급여법」에 따라 보건복지부장관이 정한 비급여대상(「국민건강보험법」에서 정한 요양급여 또는 「의료급여법」에서 정한 의료급여 절차를 거쳤지만 급여항목이 발생하지 않은 경우로 「국민건강보험법」 또는 「의료급여법」에 따른 비급여항목 포함)

② 회사는 이 특별약관의 명칭에 '비급여 도수치료 · 체외충격파치료 · 증식치료 실손의료
비'라는 문구를 포함하여 사용합니다.

제2조(용어의 정의) ① 이 특별약관에서 사용하는 용어의 뜻은 다음과 같습니다.

용어	정의
도수치료	치료자가 손(정형용 교정장치 장비 등의 도움을 받는 경우를 포함합니다)을 이용해서 환자의 근골격계통(관절, 근육, 연부조직, 림프절 등)의 기능 개선 및 통증감소를 위하여 실시하는 치료행위 * 의사 또는 의사의 지도하에 물리치료사가 도수치료를 하는 경우에 한함
체외충격파치료	체외에서 충격파를 병변에 가해 혈관 재형성을 돕고 건(힘줄) 및 뼈의 치유 과정을 자극하거나 재활성화 시켜 기능개선 및 통증감소를 위하여 실시하는 치료행위(체외충격파쇄석술은 제외)
증식치료	근골격계 통증이 있는 부위의 인대나 건(힘줄), 관절, 연골 등에 증식물질을 주사하여 통증이 소실되거나 완화되는 것을 유도하는 치료행위

② 제1항에서 정하지 않은 용어의 뜻은 기본형 실손의료보험 표준약관 제2조(용어의 정
의)를 준용합니다.

제3조(보상내용) 회사가 이 계약의 보험기간 중 보상하거나 공제하는 내용은 다음과 같습
니다.

보상하는 사항
① 회사는 피보험자가 이 특별약관의 보험기간 중 상해 또는 질병의 치료목적으로 병원에 입원 또는 통원하여 도수치료 · 체외충격파치료 · 증식치료를 받은 경우 도수치료 · 체외충격파치료 · 증식치료로 인하여 본인이 실제로 부담한 비급여의료비(행위료, 약제비, 치료재료대 포함)에서 공제금액을 뺀 금액을 보상한도 내에서 보상합니다.

보상하는 사항	
구분	**내용**
보장대상 의료비	「도수치료 · 체외충격파치료 · 증식치료」로 인하여 본인이 실제로 부담한 비급여의 료비(행위료, 약제비, 치료재료대 포함)
공제금액	1회당 2만원과 보장대상의료비의 30% 중 큰 금액
보상한도	계약일 또는 매년 계약해당일부터 1년 단위로 350만원 이내에서 50회^{주)}까지 보상

주) 도수치료 · 체외충격파치료 · 증식치료의 각 치료횟수를 합산하여 50회까지 보상합니다.

〈보상기간 예시〉

(i) 계약일 또는 매년 계약해당일로부터 1년내 350만원을 모두 보상한 경우

(ii) 계약일 또는 매년 계약해당일로부터 1년내 지급된 보험금이 350만원 미만이나 50회를 모두 보상한 경우

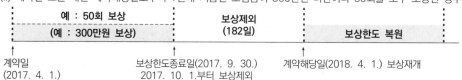

② 병원을 1회 통원(또는 1회 입원)하여 이 특별약관에서 정한 도수치료, 체외충격파치료, 증식치료 중 2종류 이상의 치료를 받거나 동일한 치료를 2회 이상 받는 경우 각 치료행위를 1회로 보고 각각 제1항에서 정한 1회당 공제금액 및 보상한도를 적용합니다.

③ 제1항에서 보상하는 비급여의료비와 다른 의료비가 함께 청구되고 각 행위별 의료비가 구분되지 않는 경우 회사는 보험금 지급금액 결정을 위해 계약자, 피보험자 또는 보험수익자에게 제1항에서 보상하는 의료비의 확인을 요청할 수 있습니다.

④ 제1항의 상해에는 유독가스 또는 유독물질을 우연히 일시에 흡입, 흡수 또는 섭취한 결과로 생긴 중독증상이 포함됩니다. 다만, 유독가스 또는 유독물질을 상습적으로 흡입, 흡수 또는 섭취한 결과로 생긴 중독증상과 세균성 음식물 중독증상은 포함되지 않습니다.

⑤ 삭제 〈2018. 7. 10.〉

⑥ 피보험자가 입원 또는 통원하여 치료를 받던 중 보험기간이 끝나더라도 그 계속 중인 치료에 대하여는 보험기간 종료일부터 180일까지(보험기간 종료일은 제외합니다) 보상합니다. 이 경우 보상한도는 연간 보상한도(금액)에서 직전 보험기간 종료일까지 지급한 금액을 차감한 잔여 금액과 연간 보상한도(횟수)에서 직전 보험기간 종료일까지 보상한 횟수를 차감한 잔여 횟수를 한도로 적용합니다. 다만, 종전 계약을 자동갱신하거나 같은 회사의 보험상품에 재가입하는 경우에는 종전 계약의 보험기간을 연장하는 것으로 보아 제1항을 적용합니다.

보상하는 사항

〈보상기간 예시〉

보장대상기간 (1년)	보장대상기간 (1년)	보장대상기간 (1년)	추가보상 (180일)
↑ 계약일 (2018. 1. 1.)	↑ 계약해당일 (2019 1. 1.)	↑ 계약해당일 (2020. 1. 1.)	↑ 계약종료일 (2020. 12. 31.)	↑ 보상종료 (2021. 6. 29.)

⑦ 피보험자가 직원복리후생제도에 의해 의료비를 감면받고 그 감면받은 의료비가 근로소득에 포함되는 경우에는 그 감면 전 의료비를 기준으로 도수치료 · 체외충격파치료 · 증식치료 비급여의료비를 계산합니다.

⑧ 삭제 〈2018. 7. 10.〉

⑨ 삭제 〈2018. 7. 10.〉

⑩ 삭제 〈2018. 7. 10.〉

제4조(보상하지 않는 사항) 회사가 보상하지 않는 사항은 다음과 같습니다.

보상하지 않는 사항

① 회사는 다음의 사유로 인하여 생긴 의료비는 보상하지 않습니다.
1. 피보험자가 고의로 자신을 해친 경우. 다만, 피보험자가 심신상실 등으로 자유로운 의사결정을 할 수 없는 상태에서 자신을 해친 사실이 증명된 경우에는 제3조(보상내용)에 따라 보상합니다.
2. 보험수익자가 고의로 피보험자를 해친 경우. 다만, 그 보험수익자가 보험금의 일부 보험수익자인 경우에는 다른 보험수익자에 대한 보험금은 제3조(보상내용)에 따라 지급합니다.
3. 계약자가 고의로 피보험자를 해친 경우
4. 전쟁, 외국의 무력행사, 혁명, 내란, 사변, 폭동으로 인한 경우
5. 피보험자가 정당한 이유없이 입원 또는 통원 기간 중 의사의 지시를 따르지 않아 발생한 의료비

② 회사는 다른 약정이 없으면 피보험자가 직업, 직무 또는 동호회 활동 목적으로 한 다음의 어느 하나에 해당하는 행위로 인하여 생긴 상해에 대해서는 보상하지 않습니다.
1. 전문등반(전문적인 등산용구를 사용하여 암벽 또는 빙벽을 오르내리거나 특수한 기술, 경험, 사전 훈련이 필요한 등반을 말합니다), 글라이더 조종, 스카이다이빙, 스쿠버다이빙, 행글라이딩, 수상보트, 패러글라이딩
2. 모터보트 · 자동차 또는 오토바이에 의한 경기, 시범, 행사(이를 위한 연습을 포함합니다) 또는 시운전 (다만, 공용도로에서 시운전을 하는 동안 발생한 상해는 제3조(보상내용)에 따라 보상합니다)
3. 선박 승무원, 어부, 사공, 그 밖에 선박에 탑승하는 것을 직무로 하는 사람의 직무상 선박탑승

③ 회사는 '한국표준질병사인분류'에 따른 다음의 의료비에 대해서는 보상하지 않습니다.
1. 정신 및 행동장애(F04~F99)
2. 여성생식기의 비염증성 장애로 인한 습관성 유산, 불임 및 인공수정 관련 합병증(N96~N98)
3. 피보험자가 임신, 출산(제왕절개를 포함합니다), 산후기로 입원 또는 통원한 경우(O00~O99). 다만, 회사가 보상하는 상해로 인하여 입원 또는 통원한 경우에는 제3조(보상내용)에 따라 보상합니다.
4. 선천성 뇌질환(Q00~Q04)
5. 비만(E66)
6. 요실금(N39.3, N39.4, R32)
7. 직장 또는 항문 질환 중 「국민건강보험법」에 따른 요양급여에 해당하지 않는 부분(I84, K60~K62, K64)

④ 회사는 다음의 의료비에 대해서는 보상하지 않습니다.
 1. 치과치료(다만, 안면부 골절로 발생한 의료비는 치아 관련 치료를 제외하고 제3조(보상내용)에 따라 보상하며, K00~K08과 무관한 질병으로 인한 의료비는 제3조(보상내용)에 따라 보상합니다) · 한방치료(다만, 「의료법」 제2조에 따른 한의사를 제외한 '의사'의 의료행위에 의해서 발생한 의료비는 제3조(보상내용)에 따라 보상합니다)에서 발생한 「국민건강보험법」에 따른 요양급여에 해당하지 않는 비급여의료비
 2. 건강검진(단, 검사결과 이상 소견에 따라 건강검진센터 등에서 발생한 추가 의료비용은 제3조(보상내용)에 따라 보상합니다), 예방접종, 인공유산에 든 비용. 다만, 회사가 보상하는 상해 또는 질병의 치료를 목적으로 하는 경우에는 제3조(보상내용)에 따라 보상합니다.
 3. 영양제, 비타민제, 호르몬 투여, 보신용 투약, 친자 확인을 위한 진단, 불임검사, 불임수술, 불임복원술, 보조생식술(체내, 체외 인공수정을 포함합니다), 성장촉진, 의약외품과 관련하여 소요된 비용. 다만, 회사가 보상하는 상해 또는 질병의 치료를 목적으로 하는 경우에는 제3조(보상내용)에 따라 보상합니다.
 4. 다음의 어느 하나에 해당하는 치료로 인하여 발생한 의료비
   가. 단순한 피로 또는 권태
   나. 주근깨, 다모, 무모, 백모증, 딸기코(주사비), 점, 모반(피보험자가 보험가입당시 태아인 경우 화염상모반 등 선천성 비신생물성모반(Q82.5)은 제3조(보상내용)에 따라 보상합니다), 사마귀, 여드름, 노화현상으로 인한 탈모 등 피부질환
   다. 발기부전(impotence) · 불감증, 단순 코골음(수면무호흡증(G47.3)은 제3조(보상내용)에 따라 보상합니다), 치료를 동반하지 않는 단순포경(phimosis), 「국민건강보험 요양급여의 기준에 관한 규칙」 제9조 제1항([별표2] 비급여대상)에 따른 업무 또는 일상생활에 지장이 없는 검열반 등 안과질환
 5. 의치, 의수족, 의안, 안경, 콘택트렌즈, 보청기, 목발, 팔걸이(Arm Sling), 보조기 등 진료 재료의 구입 및 대체 비용. 다만, 인공장기 등 신체에 이식되어 그 기능을 대신하는 경우에는 제3조(보상내용)에 따라 보상합니다.
 6. 아래에 열거된 국민건강보험 비급여 대상으로 신체의 필수 기능개선 목적이 아닌 외모개선 목적의 치료로 인하여 발생한 의료비
   가. 쌍꺼풀수술(이중검수술. 다만, 안검하수, 안검내반 등을 치료하기 위한 시력개선 목적의 이중검수술은 제3조(보상내용)에 따라 보상합니다), 코성형수술(융비술), 유방 확대(다만, 유방암 환자의 유방재건술은 제3조(보상내용)에 따라 보상합니다) · 축소술, 지방흡입술, 주름살 제거술 등
   나. 사시교정, 안와격리증(양쪽 눈을 감싸고 있는 뼈와 뼈 사이의 거리가 넓은 증상)의 교정 등 시각계 수술로서 시력개선 목적이 아닌 외모개선 목적의 수술
   다. 안경, 콘택트렌즈 등을 대체하기 위한 시력교정술(국민건강보험 요양급여 대상 수술방법 또는 치료재료가 사용되지 않은 부분은 시력교정술로 봅니다)
   라. 외모개선 목적의 다리 정맥류 수술
   마. 그 밖에 외모개선 목적의 치료로 국민건강보험 비급여대상에 해당하는 치료
 7. 진료와 무관한 각종 비용(TV시청료, 전화료, 각종 증명료 등을 말합니다), 의사의 임상적 소견과 관련이 없는 검사비용, 간병비
 8. 자동차보험(공제를 포함합니다) 또는 산재보험에서 보상받는 의료비. 다만, 본인부담의료비는 제3조(보상내용)에 따라 보상합니다.
 9. 인간면역결핍바이러스(HIV) 감염으로 인한 치료비(다만, 「의료법」에서 정한 의료인의 진료상 또는 치료 중 혈액에 의한 HIV 감염은 해당 진료기록을 통해 객관적으로 확인되는 경우는 제3조(보상내용)에 따라 보상합니다)
 10. 「국민건강보험법」 제42조의 요양기관이 아닌 외국에 있는 의료기관에서 발생한 의료비
 11. 「응급의료에 관한 법률」 및 동 시행규칙에서 정한 응급환자에 해당하지 않는 자가 「의료법」 제3조의4에 따른 상급종합병원 응급실을 이용하면서 발생한 응급의료관리료

제5조(특별약관의 소멸) 피보험자의 사망으로 인하여 이 특별약관에서 규정하는 보험금 지급 사유가 더 이상 발생할 수 없는 경우에는 이 계약은 그때부터 효력이 없습니다.

제6조(준용규정) 이 특별약관에서 정하지 않은 사항은 기본형 실손의료보험 표준약관을 따릅니다.

□ 비급여 주사료 실손의료보험 특별약관

제1조(보장종목) ① 회사가 판매하는 비급여 주사료 실손의료보험 특별약관(이하 '특별약관'이라 합니다)은 아래의 내용으로 구성되어 있습니다.

보상하는 내용
피보험자가 상해 또는 질병의 치료목적으로 병원에 입원 또는 통원하여 비급여[주]에 해당하는 주사료를 부담하는 경우에 보상

주) 「국민건강보험법」 또는 「의료급여법」에 따라 보건복지부장관이 정한 비급여대상(「국민건강보험법」에서 정한 요양급여 또는 「의료급여법」에서 정한 의료급여 절차를 거쳤지만 급여항목이 발생하지 않은 경우로 「국민건강보험법」 또는 「의료급여법」에 따른 비급여항목 포함)

② 회사는 이 특별약관의 명칭에 '비급여 주사료 실손의료비'라는 문구를 포함하여 사용합니다.

제2조(용어의 정의) ① 이 특별약관에서 사용하는 용어의 뜻은 다음과 같습니다.

용어	정의
주사료	주사치료 시 사용된 행위, 약제 및 치료재료대
항암제	식품의약품안전처가 「의약품등 분류번호에 관한 규정」에 따라 지정하는 '조직세포의 기능용 의약품' 중 '종양용약'과 '조직세포의 치료 및 진단 목적제제'* * 「의약품등 분류번호에 관한 규정」에 따른 의약품분류표가 변경되는 경우 치료시점의 의약품분류표에 따릅니다.
항생제 (항진균제 포함)	식품의약품안전처가 「의약품등 분류번호에 관한 규정」에 따라 지정하는 '항병원생물성의약품' 중 '항생물질제제', '화학요법제' 및 '기생동물에 대한 의약품 중 항원충제'* * 「의약품등 분류번호에 관한 규정」에 따른 의약품분류표가 변경되는 경우 치료시점의 의약품분류표에 따릅니다.
희귀의약품	식품의약품안전처장이 「희귀의약품 지정에 관한 규정」에 따라 지정하는 의약품* * 「희귀의약품 지정에 관한 규정」에 따른 희귀의약품 지정 항목이 변경되는 경우 치료시점의 희귀의약품 지정 항목에 따릅니다.

② 제1항에서 정하지 않은 용어의 뜻은 기본형 실손의료보험 표준약관 제2조(용어의 정의)를 준용합니다.

제3조(보상내용) 회사가 이 계약의 보험기간 중 보상하거나 공제하는 내용은 다음과 같습니다.

보상하는 사항

① 회사는 피보험자가 이 특별약관의 보험기간 중 상해 또는 질병의 치료목적으로 병원에 입원 또는 통원하여 주사치료를 받아 본인이 실제로 부담한 비급여 주사료에서 공제금액을 뺀 금액을 보상한도 내에서 보상합니다.

구분	내용
보장대상 의료비	주사치료를 받아 본인이 실제로 부담한 비급여 주사료
공제금액	입원·통원 1회당 2만원과 보장대상의료비의 30% 중 큰 금액
보상한도	계약일 또는 매년 계약해당일부터 1년 단위로 250만원 이내에서 입원과 통원을 합산하여 50회까지 보상

〈보상기간 예시〉

(i) 계약일 또는 매년 계약해당일로부터 1년내 250만원을 모두 보상한 경우

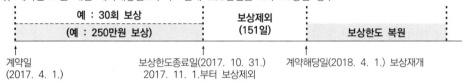

계약일
(2017. 4. 1.)
보상한도종료일(2017. 10. 31.)
2017. 11. 1.부터 보상제외
계약해당일(2018. 4. 1.) 보상재개

(ii) 계약일 또는 매년 계약해당일로부터 1년내 지급된 보험금이 250만원 미만이나 50회 모두 보상한 경우

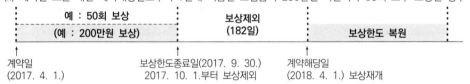

계약일
(2017. 4. 1.)
보상한도종료일(2017. 9. 30.)
2017. 10. 1.부터 보상제외
계약해당일
(2018. 4. 1.) 보상재개

② 제1항의 주사료에서 항암제, 항생제(항진균제 포함), 희귀의약품을 위해 사용된 비급여 주사료는 기본형 실손의료보험에서 보상합니다.

③ 병원을 1회 통원(또는 1회 입원)하여 치료목적으로 2회 이상 주사치료를 받더라도 1회로 보고 제1항에서 정한 공제금액 및 보상한도를 적용합니다.

④ 제3항에서 1회 입원이라 함은 퇴원없이 계속 중인 입원(동일한 질병 또는 상해 치료목적으로 퇴원 당일 다른 병원으로 옮겨 입원하는 경우 포함)을 말합니다. 동일한 상해 또는 질병으로 인한 입원이라고 하더라도 퇴원 후 재입원하는 경우에는 퇴원 전후 입원기간을 각각 1회 입원으로 봅니다.

⑤ 제1항에서 보상하는 비급여의료비와 다른 의료비가 함께 청구되고 각 항목별 의료비가 구분되지 않는 경우 회사는 보험금 지급금액을 결정하기 위해 계약자, 피보험자 또는 보험수익자에게 제1항에서 보상하는 의료비의 확인을 요청할 수 있습니다.

⑥ 제1항의 상해에는 유독가스 또는 유독물질을 우연히 일시에 흡입, 흡수 또는 섭취한 결과로 생긴 중독증상이 포함됩니다. 다만, 유독가스 또는 유독물질을 상습적으로 흡입, 흡수 또는 섭취한 결과로 생긴 중독증상과 세균성 음식물 중독증상은 포함되지 않습니다.

⑦ 삭제 〈2018. 7. 10.〉

⑧ 피보험자가 입원 또는 통원하여 치료를 받던 중 보험기간이 끝나더라도 그 계속 중인 치료에 대하여는

보험기간 종료일부터 180일까지(보험기간 종료일은 제외합니다) 보상합니다. 이 경우 보상한도는 연간 보상한도(금액)에서 직전 보험기간 종료일까지 지급한 금액을 차감한 잔여 금액과 연간 보상한도(횟수)에서 직전 보험기간 종료일까지 보상한 횟수를 차감한 잔여횟수를 한도로 적용합니다. 다만, 종전 계약을 자동갱신하거나 같은 회사의 보험상품에 재가입하는 경우에는 종전 계약의 보험기간을 연장하는 것으로 보아 제1항을 적용합니다.

〈보상기간 예시〉

보장대상기간 (1년)	보장대상기간 (1년)	보장대상기간 (1년)	추가보상 (180일)
↑ 계약일 (2018. 1. 1.)	↑ 계약해당일 (2019. 1. 1.)	↑ 계약해당일 (2020. 1. 1.)	↑ 계약종료일 (2020. 12. 31.)	↑ 보상종료 (2021. 6. 29.)

⑨ 피보험자가 직원복리후생제도에 의해 의료비를 감면받고 그 감면받은 의료비가 근로소득에 포함되는 경우에는 그 감면 전 의료비를 기준으로 비급여 주사료를 계산합니다.

⑩ 삭제 〈2018. 7. 10.〉

⑪ 삭제 〈2018. 7. 10.〉

⑫ 삭제 〈2018. 7. 10.〉

제4조(보상하지 않는 사항) 회사가 보상하지 않는 사항은 다음과 같습니다.

① 회사는 다음의 사유로 인하여 생긴 의료비는 보상하지 않습니다.
  1. 피보험자가 고의로 자신을 해친 경우. 다만, 피보험자가 심신상실 등으로 자유로운 의사결정을 할 수 없는 상태에서 자신을 해친 사실이 증명된 경우에는 제3조(보상내용)에 따라 보상합니다.
  2. 보험수익자가 고의로 피보험자를 해친 경우. 다만, 그 보험수익자가 보험금의 일부 보험수익자인 경우에는 다른 보험수익자에 대한 보험금은 제3조(보상내용)에 따라 지급합니다.
  3. 계약자가 고의로 피보험자를 해친 경우
  4. 전쟁, 외국의 무력행사, 혁명, 내란, 사변, 폭동으로 인한 경우
  5. 피보험자가 정당한 이유없이 입원 또는 통원 기간 중 의사의 지시를 따르지 않아 발생한 의료비

② 회사는 다른 약정이 없으면 피보험자가 직업, 직무 또는 동호회 활동 목적으로 한 다음의 어느 하나에 해당하는 행위로 인하여 생긴 상해에 대해서는 보상하지 않습니다.
  1. 전문등반(전문적인 등산용구를 사용하여 암벽 또는 빙벽을 오르내리거나 특수한 기술, 경험, 사전 훈련이 필요한 등반을 말합니다), 글라이더 조종, 스카이다이빙, 스쿠버다이빙, 행글라이딩, 수상보트, 패러글라이딩
  2. 모터보트 · 자동차 또는 오토바이에 의한 경기, 시범, 행사(이를 위한 연습을 포함합니다) 또는 시운전 (다만, 공용도로에서 시운전을 하는 동안 발생한 상해는 제3조(보상내용)에 따라 보상합니다)
  3. 선박 승무원, 어부, 사공, 그 밖에 선박에 탑승하는 것을 직무로 하는 사람의 직무상 선박탑승

③ 회사는 '한국표준질병사인분류'에 따른 다음의 의료비에 대해서는 보상하지 않습니다.
  1. 정신 및 행동장애(F04~F99)
  2. 여성생식기의 비염증성 장애로 인한 습관성 유산, 불임 및 인공수정 관련 합병증(N96~N98)
  3. 피보험자가 임신, 출산(제왕절개를 포함합니다), 산후기로 입원 또는 통원한 경우(O00~O99). 다만,

회사가 보상하는 상해로 인하여 입원 또는 통원한 경우에는 제3조(보상내용)에 따라 보상합니다.

4. 선천성 뇌질환(Q00~Q04)

5. 비만(E66)

6. 요실금(N39.3, N39.4, R32)

7. 직장 또는 항문 질환 중 「국민건강보험법」에 따른 요양급여에 해당하지 않는 부분(I84, K60~K62, K64)

④ 회사는 다음의 의료비에 대해서는 보상하지 않습니다.

1. 치과치료(다만, 안면부 골절로 발생한 의료비는 치아 관련 치료를 제외하고 제3조(보상내용)에 따라 보상하며, K00~K08과 무관한 질병으로 인한 의료비는 제3조(보상내용)에 따라 보상합니다)·한방치료(다만, 「의료법」 제2조에 따른 한의사를 제외한 '의사'의 의료행위에 의해서 발생한 의료비는 제3조(보상내용)에 따라 보상합니다)에서 발생한 「국민건강보험법」에 따른 요양급여에 해당하지 않는 비급여의료비

2. 건강검진(단, 검사결과 이상 소견에 따라 건강검진센터 등에서 발생한 추가 의료비용은 제3조(보상내용)에 따라 보상합니다), 예방접종, 인공유산에 든 비용. 다만, 회사가 보상하는 상해 또는 질병의 치료를 목적으로 하는 경우에는 제3조(보상내용)에 따라 보상합니다.

3. 영양제, 비타민제, 호르몬 투여, 보신용 투약, 친자 확인을 위한 진단, 불임검사, 불임수술, 불임복원술, 보조생식술(체내, 체외 인공수정을 포함합니다), 성장촉진, 의약외품과 관련하여 소요된 비용. 다만, 회사가 보상하는 상해 또는 질병의 치료를 목적으로 하는 경우에는 제3조(보상내용)에 따라 보상합니다.

4. 다음의 어느 하나에 해당하는 치료로 인하여 발생한 의료비

   가. 단순한 피로 또는 권태

   나. 주근깨, 다모, 무모, 백모증, 딸기코(주사비), 점, 모반(피보험자가 보험가입당시 태아인 경우 화염상모반 등 선천성 비신생물성모반(Q82.5)은 제3조(보상내용)에 따라 보상합니다), 사마귀, 여드름, 노화현상으로 인한 탈모 등 피부질환

   다. 발기부전(impotence)·불감증, 단순 코골음(수면무호흡증(G47.3)은 보상합니다), 치료를 동반하지 않는 단순포경(phimosis), 「국민건강보험 요양급여의 기준에 관한 규칙」 제9조 제1항([별표2] 비급여대상)에 따른 업무 또는 일상생활에 지장이 없는 검열반 등 안과질환

5. 의치, 의수족, 의안, 안경, 콘택트렌즈, 보청기, 목발, 팔걸이(Arm Sling), 보조기 등 진료 재료의 구입 및 대체 비용. 다만, 인공장기 등 신체에 이식되어 그 기능을 대신하는 경우에는 제3조(보상내용)에 따라 보상합니다.

6. 아래에 열거된 국민건강보험 비급여 대상으로 신체의 필수 기능개선 목적이 아닌 외모개선 목적의 치료로 인하여 발생한 의료비

   가. 쌍꺼풀수술(이중검수술. 다만, 안검하수, 안검내반 등을 치료하기 위한 시력개선 목적의 이중검수술은 제3조(보상내용)에 따라 보상합니다), 코성형수술(융비술), 유방 확대(다만, 유방암 환자의 유방재건술은 제3조(보상내용)에 따라 보상합니다)·축소술, 지방흡입술, 주름살 제거술 등

   나. 사시교정, 안와격리증(양쪽 눈을 감싸고 있는 뼈와 뼈 사이의 거리가 넓은 증상)의 교정 등 시각계 수술로서 시력개선 목적이 아닌 외모개선 목적의 수술

   다. 안경, 콘택트렌즈 등을 대체하기 위한 시력교정술(국민건강보험 요양급여 대상 수술방법 또는 치료재료가 사용되지 않은 부분은 시력교정술로 봅니다)

   라. 외모개선 목적의 다리 정맥류 수술

   마. 그 밖에 외모개선 목적의 치료로 국민건강보험 비급여대상에 해당하는 치료

7. 진료와 무관한 각종 비용(TV시청료, 전화료, 각종 증명료 등을 말합니다), 의사의 임상적 소견과 관련이 없는 검사비용, 간병비

보상하지 않는 사항
8. 자동차보험(공제를 포함합니다) 또는 산재보험에서 보상받는 의료비. 다만, 본인부담의료비는 제3조(보상내용)에 따라 보상합니다.
9. 인간면역결핍바이러스(HIV) 감염으로 인한 치료비(다만, 「의료법」에서 정한 의료인의 진료상 또는 치료 중 혈액에 의한 HIV 감염은 해당 진료기록을 통해 객관적으로 확인되는 경우는 제3조(보상내용)에 따라 보상합니다)
10. 「국민건강보험법」 제42조의 요양기관이 아닌 외국에 있는 의료기관에서 발생한 의료비
11. 「응급의료에 관한 법률」 및 동 시행규칙에서 정한 응급환자에 해당하지 않는 자가 「의료법」 제3조의4에 따른 상급종합병원 응급실을 이용하면서 발생한 응급의료관리료
12. 증식치료로 인하여 발생하는 주사료 및 비급여 자기공명영상진단(MRI/MRA)으로 인하여 발생하는 약제비 또는 조영제에 해당하는 의료비

제5조(특별약관의 소멸) 피보험자의 사망으로 인하여 이 특별약관에서 규정하는 보험금 지급 사유가 더 이상 발생할 수 없는 경우에는 이 계약은 그때부터 효력이 없습니다.

제6조(준용규정) 이 특별약관에서 정하지 않은 사항은 기본형 실손의료보험 표준약관을 따릅니다.

□ 비급여 자기공명영상진단(MRI/MRA) 실손의료보험 특별약관

제1조(보장종목) ① 회사가 판매하는 비급여 자기공명영상진단(MRI/MRA) 실손의료보험 특별약관(이하 '특별약관'이라 합니다)은 아래의 내용으로 구성되어 있습니다.

보상하는 내용
피보험자가 상해 또는 질병의 치료목적으로 병원에 입원 또는 통원하여 비급여^{주)} 자기공명영상진단을 받은 경우에 보상

주) 「국민건강보험법」 또는 「의료급여법」에 따라 보건복지부장관이 정한 비급여대상(「국민건강보험법」에서 정한 요양급여 또는 「의료급여법」에서 정한 의료급여 절차를 거쳤지만 급여항목이 발생하지 않은 경우로 「국민건강보험법」 또는 「의료급여법」에 따른 비급여항목 포함)

② 회사는 이 특별약관의 명칭에 '비급여 자기공명영상진단(MRI/MRA) 실손의료비'라는 문구를 포함하여 사용합니다.

제2조(용어의 정의) ① 이 특별약관에서 사용하는 용어의 뜻은 다음과 같습니다.

용어	정의
자기공명영상진단	자기공명영상 장치를 이용하여 고주파 등을 통한 신호의 차이를 영상화하여 조직의 구조를 분석하는 검사(MRI/MRA) * 자기공명영상진단 결과를 다른 의료기관에서 판독하는 경우 포함 (보건복지부에서 고시하는 「건강보험 행위 급여 · 비급여 목록 및 급여 상대가치점수」상의 MRI 범주에 따름)

② 제1항에서 정하지 않은 용어의 뜻은 기본형 실손의료보험 표준약관 제2조(용어의 정의)를 준용합니다.

제3조(보상내용) 회사가 이 계약의 보험기간 중 보상하거나 공제하는 내용은 다음과 같습니다.

보상하는 사항

① 회사는 피보험자가 이 특별약관의 보험기간 중 상해 또는 질병의 치료목적으로 병원에 입원 또는 통원하여 자기공명영상진단을 받아 본인이 실제로 부담한 비급여의료비(조영제, 판독료를 포함합니다)에서 공제금액을 뺀 금액을 보상한도 내에서 보상합니다.

구분	내용
보장대상 의료비	자기공명영상진단을 받아 본인이 실제로 부담한 비급여의료비(조영제, 판독료 포함)
공제금액	1회당 2만원과 보장대상의료비의 30% 중 큰 금액
보상한도	계약일 또는 매년 계약해당일부터 1년 단위로 연간 300만원 한도 내에서 보상

② 병원을 1회 통원(또는 1회 입원)하여 2개 이상 부위에 걸쳐 이 특별약관에서 정한 자기공명영상진단을 받거나 동일한 부위에 대해 2회 이상 이 특별약관에서 정한 자기공명영상진단을 받는 경우 각 진단행위를 1회로 보아 각각 1회당 공제금액 및 보상한도를 적용합니다.

③ 제1항의 상해에는 유독가스 또는 유독물질을 우연히 일시에 흡입, 흡수 또는 섭취한 결과로 생긴 중독증상이 포함됩니다. 다만, 유독가스 또는 유독물질을 상습적으로 흡입, 흡수 또는 섭취한 결과로 생긴 중독증상과 세균성 음식물 중독증상은 포함되지 않습니다.

④ 삭제〈2018. 7. 10.〉

⑤ 피보험자가 입원 또는 통원하여 치료를 받던 중 보험기간이 끝나더라도 그 계속 중인 치료에 대하여는 보험기간 종료일부터 180일까지(보험기간 종료일은 제외합니다) 보상합니다. 이 경우 보상한도는 연간 보상한도에서 직전 보험기간 종료일까지 지급한 보상금액을 차감한 잔여 금액을 한도로 적용합니다. 다만, 종전 계약을 자동갱신하거나 같은 회사의 보험상품에 재가입하는 경우에는 종전 계약의 보험기간을 연장하는 것으로 보아 제1항을 적용합니다.

〈보상기간 예시〉

보장대상기간 (1년)	보장대상기간 (1년)	보장대상기간 (1년)	추가보상 (180일)
↑ 계약일 (2018. 1. 1.)	↑ 계약해당일 (2019. 1. 1.)	↑ 계약해당일 (2020. 1. 1.)	↑ 계약종료일 (2020. 12. 31.)	↑ 보상종료 (2021. 6. 29.)

⑥ 피보험자가 직원복리후생제도에 의해 의료비를 감면받고 그 감면받은 의료비가 근로소득에 포함되는 경우에는 그 감면 전 의료비를 기준으로 비급여 자기공명영상진단(MRI/MRA) 의료비를 계산합니다.

⑦ 삭제〈2018. 7. 10.〉

⑧ 삭제〈2018. 7. 10.〉

⑨ 삭제〈2018. 7. 10.〉

제4조(보상하지 않는 사항) 회사가 보상하지 않는 사항은 다음과 같습니다.

보상하지 않는 사항

① 회사는 다음의 사유로 인하여 생긴 의료비는 보상하지 않습니다.
   1. 피보험자가 고의로 자신을 해친 경우. 다만, 피보험자가 심신상실 등으로 자유로운 의사결정을 할 수 없는 상태에서 자신을 해친 사실이 증명된 경우에는 제3조(보상내용)에 따라 보상합니다.
   2. 보험수익자가 고의로 피보험자를 해친 경우. 다만, 그 보험수익자가 보험금의 일부 보험수익자인 경우에는 다른 보험수익자에 대한 보험금은 제3조(보상내용)에 따라 지급합니다.
   3. 계약자가 고의로 피보험자를 해친 경우
   4. 전쟁, 외국의 무력행사, 혁명, 내란, 사변, 폭동으로 인한 경우
   5. 피보험자가 정당한 이유없이 입원 또는 통원 기간 중 의사의 지시를 따르지 않아 발생한 의료비

② 회사는 다른 약정이 없으면 피보험자가 직업, 직무 또는 동호회 활동 목적으로 한 다음의 어느 하나에 해당하는 행위로 인하여 생긴 상해에 대해서는 보상하지 않습니다.
   1. 전문등반(전문적인 등산용구를 사용하여 암벽 또는 빙벽을 오르내리거나 특수한 기술, 경험, 사전 훈련이 필요한 등반을 말합니다), 글라이더 조종, 스카이다이빙, 스쿠버다이빙, 행글라이딩, 수상보트, 패러글라이딩
   2. 모터보트·자동차 또는 오토바이에 의한 경기, 시범, 행사(이를 위한 연습을 포함합니다) 또는 시운전(다만, 공용도로에서 시운전을 하는 동안 발생한 상해는 제3조(보상내용)에 따라 보상합니다)
   3. 선박 승무원, 어부, 사공, 그 밖에 선박에 탑승하는 것을 직무로 하는 사람의 직무상 선박탑승

③ 회사는 '한국표준질병사인분류'에 따른 다음의 의료비에 대해서는 보상하지 않습니다.
   1. 정신 및 행동장애(F04~F99)
   2. 여성생식기의 비염증성 장애로 인한 습관성 유산, 불임 및 인공수정 관련 합병증(N96~N98)
   3. 피보험자가 임신, 출산(제왕절개를 포함합니다), 산후기로 입원 또는 통원한 경우(O00~O99). 다만, 회사가 보상하는 상해로 인하여 입원 또는 통원한 경우에는 제3조(보상내용)에 따라 보상합니다.
   4. 선천성 뇌질환(Q00~Q04)
   5. 비만(E66)
   6. 요실금(N39.3, N39.4, R32)
   7. 직장 또는 항문 질환 중 「국민건강보험법」에 따른 요양급여에 해당하지 않는 부분(I84, K60~K62, K64)

④ 회사는 다음의 의료비에 대해서는 보상하지 않습니다.
   1. 치과치료(다만, 안면부 골절로 발생한 의료비는 치아 관련 치료를 제외하고 제3조(보상내용)에 따라 보상하며, K00~K08과 무관한 질병으로 인한 의료비는 제3조(보상내용)에 따라 보상합니다)·한방치료(다만, 「의료법」 제2조에 따른 한의사를 제외한 '의사'의 의료행위에 의해서 발생한 의료비는 제3조(보상내용)에 따라 보상합니다)에서 발생한 「국민건강보험법」에 따른 요양급여에 해당하지 않는 비급여의료비
   2. 건강검진(단, 검사결과 이상 소견에 따라 건강검진센터 등에서 발생한 추가 의료비용은 제3조(보상내용)에 따라 보상합니다), 예방접종, 인공유산에 든 비용. 다만, 회사가 보상하는 상해 또는 질병의 치료를 목적으로 하는 경우에는 제3조(보상내용)에 따라 보상합니다.
   3. 영양제, 비타민제, 호르몬 투여, 보신용 투약, 친자 확인을 위한 진단, 불임검사, 불임수술, 불임복원술, 보조생식술(체내, 체외 인공수정을 포함합니다), 성장촉진, 의약외품과 관련하여 소요된 비용. 다만, 회사가 보상하는 상해 또는 질병의 치료를 목적으로 하는 경우에는 제3조(보상내용)에 따라 보상합니다.
   4. 다음의 어느 하나에 해당하는 치료로 인하여 발생한 의료비

    가. 단순한 피로 또는 권태

    나. 주근깨, 다모, 무모, 백모증, 딸기코(주사비), 점, 모반(피보험자가 보험가입당시 태아인 경우 화염상모반 등 선천성 비신생물성모반(Q82.5)은 제3조(보상내용)에 따라 보상합니다), 사마귀, 여드름, 노화현상으로 인한 탈모 등 피부질환

    다. 발기부전(impotence) · 불감증, 단순 코골음(수면무호흡증(G47.3)은 보상합니다), 치료를 동반하지 않는 단순포경(phimosis), 「국민건강보험 요양급여의 기준에 관한 규칙」 제9조 제1항([별표2] 비급여대상)에 따른 업무 또는 일상생활에 지장이 없는 검열반 등 안과질환

5. 의치, 의수족, 의안, 안경, 콘택트렌즈, 보청기, 목발, 팔걸이(Arm Sling), 보조기 등 진료 재료의 구입 및 대체 비용. 다만, 인공장기 등 신체에 이식되어 그 기능을 대신하는 경우에는 제3조(보상내용)에 따라 보상합니다.

6. 아래에 열거된 국민건강보험 비급여 대상으로 신체의 필수 기능개선 목적이 아닌 외모개선 목적의 치료로 인하여 발생한 의료비

    가. 쌍꺼풀수술(이중검수술. 다만, 안검하수, 안검내반 등을 치료하기 위한 시력개선 목적의 이중검수술은 제3조(보상내용)에 따라 보상합니다), 코성형수술(융비술), 유방 확대(다만, 유방암 환자의 유방재건술은 제3조(보상내용)에 따라 보상합니다) · 축소술, 지방흡입술, 주름살 제거술 등

    나. 사시교정, 안와격리증(양쪽 눈을 감싸고 있는 뼈와 뼈 사이의 거리가 넓은 증상)의 교정 등 시각계 수술로서 시력개선 목적이 아닌 외모개선 목적의 수술

    다. 안경, 콘텍트렌즈 등을 대체하기 위한 시력교정술(국민건강보험 요양급여 대상 수술방법 또는 치료재료가 사용되지 않은 부분은 시력교정술로 봅니다)

    라. 외모개선 목적의 다리 정맥류 수술

    마. 그 밖에 외모개선 목적의 치료로 국민건강보험 비급여대상에 해당하는 치료

7. 진료와 무관한 각종 비용(TV시청료, 전화료, 각종 증명료 등을 말합니다), 의사의 임상적 소견과 관련이 없는 검사비용, 간병비

8. 자동차보험(공제를 포함합니다) 또는 산재보험에서 보상받는 의료비. 다만, 본인부담의료비는 제3조(보상내용)에 따라 보상합니다.

9. 인간면역결핍바이러스(HIV) 감염으로 인한 치료비(다만, 「의료법」에서 정한 의료인의 진료상 또는 치료 중 혈액에 의한 HIV 감염은 해당 진료기록을 통해 객관적으로 확인되는 경우는 제3조(보상내용)에 따라 보상합니다)

10. 「국민건강보험법」 제42조의 요양기관이 아닌 외국에 있는 의료기관에서 발생한 의료비

11. 「응급의료에 관한 법률」 및 동 시행규칙에서 정한 응급환자에 해당하지 않는 자가 「의료법」 제3조의4에 따른 상급종합병원 응급실을 이용하면서 발생한 응급의료관리료

제5조(특별약관의 소멸) 피보험자의 사망으로 인하여 이 특별약관에서 규정하는 보험금 지급 사유가 더 이상 발생할 수 없는 경우에는 이 계약은 그때부터 효력이 없습니다.

제6조(준용규정) 이 특별약관에서 정하지 않은 사항은 기본형 실손의료보험 표준약관을 따릅니다.

제13차 개정 표준약관(2018. 11. 6.)

〈실손 의료보험〉

> 실손의료보험은 보험회사가 피보험자의 질병 또는 상해로 인한 손해(의료비에 한정합니다)를 보상하는 상품입니다.

□ **기본형 실손의료보험**

제1관 일반사항 및 용어의 정의

제1조(보장종목) ① 회사가 판매하는 기본형 실손의료보험상품은 다음과 같이 상해입원형, 상해통원형, 질병입원형 및 질병통원형의 4개 이내의 보장종목으로 구성되어 있습니다.

보장종목		보상하는 내용
상해	입원	피보험자가 상해로 인하여 병원에 입원하여 치료를 받은 경우에 보상
	통원	피보험자가 상해로 인하여 병원에 통원하여 치료를 받거나 처방조제를 받은 경우에 보상
질병	입원	피보험자가 질병으로 인하여 병원에 입원하여 치료를 받은 경우에 보상
	통원	피보험자가 질병으로 인하여 병원에 통원하여 치료를 받거나 처방조제를 받은 경우에 보상

② 회사는 이 약관의 명칭에 '실손의료비'라는 문구를 포함하여 사용합니다.

제2조(용어의 정의) 이 약관에서 사용하는 용어의 뜻은 <붙임1>과 같습니다.

제2관 회사가 보상하는 사항

제3조(보장종목별 보상내용) 회사가 이 계약의 보험기간 중 보장종목별로 각각 보상하거나 공제하는 내용은 다음과 같습니다.

보장종목	보상하는 사항
(1) 상해입원	① 회사는 피보험자가 상해로 인하여 병원에 입원하여 치료를 받은 경우에는 입원의료비를 다음과 같이 하나의 상해당 보험가입금액(5천만원 이내에서 계약 시 계약자가 정한 금액을 말합니다)의 한도 내에서 보상합니다.

보장종목	보상하는 사항

구분		보상금액
표준형	입원실료, 입원제비용, 입원수술비	'「국민건강보험법」에서 정한 요양급여 또는 「의료급여법」에서 정한 의료급여 중 본인부담금'과 '비급여^{주)}(상급병실료 차액은 제외합니다)'를 합한 금액(본인이 실제로 부담한 금액을 말합니다)의 80%에 해당하는 금액. 다만, 나머지 20%가 계약일 또는 매년 계약해당일부터 기산하여 연간 200만원을 초과하는 경우 그 초과금액은 보상합니다.
	상급병실료 차액	입원 시 실제로 사용한 병실과 기준병실의 병실료 차액에서 50%를 뺀 금액. 다만, 1일 평균금액 10만원을 한도로 하며, 1일 평균금액은 입원기간 동안 상급병실료 차액 전체를 총 입원일수로 나누어 산출합니다.
선택형	입원실료, 입원제비용, 입원수술비	'「국민건강보험법」에서 정한 요양급여 또는 「의료급여법」에서 정한 의료급여 중 본인부담금'과 '비급여^{주)}(상급병실료 차액은 제외합니다)'를 합한 금액(본인이 실제로 부담한 금액을 말합니다)의 90%에 해당하는 금액. 다만, 나머지 10%가 계약일 또는 매년 계약해당일부터 기산하여 연간 200만원을 초과하는 경우 그 초과금액은 보상합니다.
	상급병실료 차액	입원 시 실제로 사용한 병실과 기준병실의 병실료 차액에서 50%를 뺀 금액. 다만, 1일 평균금액 10만원을 한도로 하며, 1일 평균금액은 입원기간 동안 상급병실료 차액 전체를 총 입원일수로 나누어 산출합니다.

주) 「국민건강보험법」 또는 「의료급여법」에 따라 보건복지부장관이 정한 비급여대상(「국민건강보험법」에서 정한 요양급여 또는 「의료급여법」에서 정한 의료급여 절차를 거쳤지만 급여항목이 발생하지 않은 경우로 「국민건강보험법」 또는 「의료급여법」에 따른 비급여항목 포함)

② 제1항의 상해에는 유독가스 또는 유독물질을 우연히 일시에 흡입, 흡수 또는 섭취한 결과로 생긴 중독증상이 포함됩니다. 다만, 유독가스 또는 유독물질을 상습적으로 흡입, 흡수 또는 섭취한 결과로 생긴 중독증상과 세균성 음식물 중독증상은 포함되지 않습니다.

③ 피보험자가 「국민건강보험법」 또는 「의료급여법」을 적용받지 못하는 경우에는 입원의료비(「국민건강보험 요양급여의 기준에 관한 규칙」에 따라 보건복지부장관이 정한 급여 및 비급여의료비 항목만 해당합니다) 중 본인이 실제로 부담한 금액의 40%를 하나의 상해당 보험가입금액(5천만원 이내에서 계약 시 계약자가 정한 금액을 말합니다)의 한도 내에서 보상합니다.

④ 제1항에도 불구하고 회사는 하나의 상해(같은 상해로 2회 이상 치료를 받는 경우에도 이를 하나의 상해로 봅니다)로 인한 입원의료비를 보험가입금액까지 보상한 경우에는 보상한도종료일부터 90일이 경과한 날부터 최초 입원한 것과 동일한 기준으로 다시 보상합니다(계속 입원을 포함합니다). 다만, 최초 입원일부터 275일(365일-90일) 이내에 보상한도종료일이 있는 경우에는 최초 입원일부터 365일이 경과되는 날부터 최초 입원한 것과 동일한 기준으로 다시 보상합니다.

보장종목	보상하는 사항

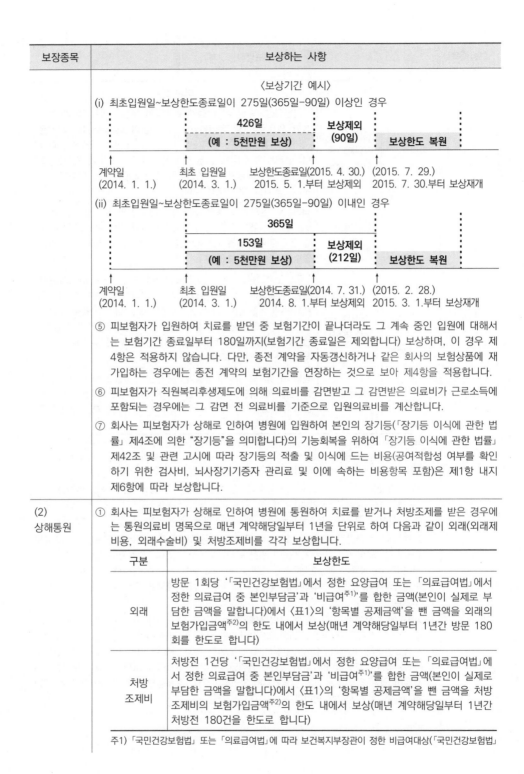

〈보상기간 예시〉

(i) 최초입원일~보상한도종료일이 275일(365일-90일) 이상인 경우

426일	보상제외	
(예 : 5천만원 보상)	(90일)	보상한도 복원

계약일 (2014. 1. 1.)　　최초 입원일 (2014. 3. 1.)　　보상한도종료일(2015. 4. 30.) 2015. 5. 1.부터 보상제외　　(2015. 7. 29.) 2015. 7. 30.부터 보상재개

(ii) 최초입원일~보상한도종료일이 275일(365일-90일) 이내인 경우

365일		
153일	보상제외	
(예 : 5천만원 보상)	(212일)	보상한도 복원

계약일 (2014. 1. 1.)　　최초 입원일 (2014. 3. 1.)　　보상한도종료일(2014. 7. 31.) 2014. 8. 1.부터 보상제외　　(2015. 2. 28.) 2015. 3. 1.부터 보상재개

⑤ 피보험자가 입원하여 치료를 받던 중 보험기간이 끝나더라도 그 계속 중인 입원에 대해서는 보험기간 종료일부터 180일까지(보험기간 종료일은 제외합니다) 보상하며, 이 경우 제4항은 적용하지 않습니다. 다만, 종전 계약을 자동갱신하거나 같은 회사의 보험상품에 재가입하는 경우에는 종전 계약의 보험기간을 연장하는 것으로 보아 제4항을 적용합니다.

⑥ 피보험자가 직원복리후생제도에 의해 의료비를 감면받고 그 감면받은 의료비가 근로소득에 포함되는 경우에는 그 감면 전 의료비를 기준으로 입원의료비를 계산합니다.

⑦ 회사는 피보험자가 상해로 인하여 병원에 입원하여 본인의 장기등(「장기등 이식에 관한 법률」 제4조에 의한 "장기등"을 의미합니다)의 기능회복을 위하여 「장기등 이식에 관한 법률」 제42조 및 관련 고시에 따라 장기등의 적출 및 이식에 드는 비용(공여적합성 여부를 확인하기 위한 검사비, 뇌사장기기증자 관리료 및 이에 속하는 비용항목 포함)은 제1항 내지 제6항에 따라 보상합니다.

(2) 상해통원	① 회사는 피보험자가 상해로 인하여 병원에 통원하여 치료를 받거나 처방조제를 받은 경우에는 통원의료비 명목으로 매년 계약해당일부터 1년을 단위로 하여 다음과 같이 외래(외래제비용, 외래수술비) 및 처방조제비를 각각 보상합니다.

구분	보상한도
외래	방문 1회당 '「국민건강보험법」에서 정한 요양급여 또는 「의료급여법」에서 정한 의료급여 중 본인부담금'과 '비급여[주1]'를 합한 금액(본인이 실제로 부담한 금액을 말합니다)에서 〈표1〉의 '항목별 공제금액'을 뺀 금액을 외래의 보험가입금액[주2]의 한도 내에서 보상(매년 계약해당일부터 1년간 방문 180회를 한도로 합니다)
처방 조제비	처방전 1건당 '「국민건강보험법」에서 정한 요양급여 또는 「의료급여법」에서 정한 의료급여 중 본인부담금'과 '비급여[주1]'를 합한 금액(본인이 실제로 부담한 금액을 말합니다)에서 〈표1〉의 '항목별 공제금액'을 뺀 금액을 처방조제비의 보험가입금액[주2]의 한도 내에서 보상(매년 계약해당일부터 1년간 처방전 180건을 한도로 합니다)

주1) 「국민건강보험법」 또는 「의료급여법」에 따라 보건복지부장관이 정한 비급여대상(「국민건강보험법」

보장종목	보상하는 사항

에서 정한 요양급여 또는 「의료급여법」에서 정한 의료급여 절차를 거쳤지만 급여항목이 발생하지 않은 경우로 「국민건강보험법」 또는 「의료급여법」에 따른 비급여항목 포함)

주2) 외래 및 처방조제비는 회(건)당 합산하여 30만원 이내에서 계약 시 계약자가 각각 정한 금액으로 합니다.

〈표1 항목별 공제금액〉

구분		항목	공제금액
표준형	외래 (외래제비용 및 외래수술비 합계)	「의료법」 제3조 제2항 제1호에 따른 의원, 치과의원, 한의원, 같은 항 제2호에 따른 조산원, 「지역보건법」 제10조, 제12조 및 제13조에 따른 보건소, 보건의료원 및 보건지소, 「농어촌 등 보건의료를 위한 특별조치법」 제15조에 따른 보건진료소	1만원과 보장대상 의료비의 20% 중 큰 금액
		「의료법」 제3조 제2항 제3호에 따른 종합병원, 병원, 치과병원, 한방병원, 요양병원	1만5천원과 보장대상 의료비의 20% 중 큰 금액
		「국민건강보험법」 제42조 제2항에 따른 종합전문요양기관 또는 「의료법」 제3조의4에 따른 상급종합병원	2만원과 보장대상 의료비의 20% 중 큰 금액
	처방 조제비	「국민건강보험법」 제42조 제1항 제2호에 따른 약국, 같은 항 제3호에 따른 한국희귀의약품센터에서의 처방, 조제(의사의 처방전 1건당, 의약분업 예외 지역에서 약사의 직접조제 1건당)	8천원과 보장대상 의료비의 20% 중 큰 금액
선택형	외래 (외래제비용 및 외래수술비 합계)	「의료법」 제3조 제2항 제1호에 따른 의원, 치과의원, 한의원, 같은 항 제2호에 따른 조산원, 「지역보건법」 제10조, 제12조 및 제13조에 따른 보건소, 보건의료원 및 보건지소, 「농어촌 등 보건의료를 위한 특별조치법」 제15조에 따른 보건진료소	1만원
		「의료법」 제3조 제2항 제3호에 따른 종합병원, 병원, 치과병원, 한방병원, 요양병원	1만5천원
		「국민건강보험법」 제42조 제2항에 따른 종합전문요양기관 또는 「의료법」 제3조의4에 따른 상급종합병원	2만원
	처방 조제비	「국민건강보험법」 제42조 제1항 제2호에 따른 약국, 같은 항 제3호에 따른 한국희귀의약품센터에서의 처방, 조제(의사의 처방전 1건당, 의약분업 예외 지역에서 약사의 직접조제 1건당)	8천원

보장종목	보상하는 사항
	② 피보험자가 통원하여 치료를 받던 중 보험기간이 끝나더라도 그 계속 중인 통원치료에 대해서는 다음 예시와 같이 보험기간 종료일부터 180일 이내에 외래는 방문 90회, 처방조제비는 처방전 90건의 한도 내에서 보상합니다. 다만, 종전 계약을 자동갱신하거나 같은 회사의 보험상품에 재가입하는 경우에는 종전 계약의 보험기간을 연장하는 것으로 보아 제1항을 적용합니다.

〈보상기간 예시〉

보장대상기간 (1년)	보장대상기간 (1년)	보장대상기간 (1년)	추가보상 (180일)
↑ 계약일 (2014. 1. 1.)	↑ 계약해당일 (2015. 1. 1.)	↑ 계약해당일 (2016. 1. 1.)	↑ 계약종료일 (2016. 12. 31.)	↑ 보상종료일 (2017. 6. 29.)

보장종목	보상하는 사항
	③ 하나의 상해로 인해 하루에 같은 치료를 목적으로 의료기관에서 2회 이상 통원치료를 받거나 하나의 상해로 약국에서 2회 이상의 처방조제를 받은 경우 각각 1회의 외래 및 1건의 처방으로 보아 제1항과 제2항을 적용합니다. 이때 공제금액은 2회 이상의 중복방문 의료기관 중 가장 높은 공제금액을 적용합니다.
	④ 제1항의 상해에는 유독가스 또는 유독물질을 우연히 일시에 흡입, 흡수 또는 섭취한 결과로 생긴 중독증상이 포함됩니다. 다만, 유독가스 또는 유독물질을 상습적으로 흡입, 흡수 또는 섭취한 결과로 생긴 중독증상과 세균성 음식물 중독증상은 포함되지 않습니다.
	⑤ 피보험자가 「국민건강보험법」 또는 「의료급여법」을 적용받지 못하는 경우에는 통원의료비(「국민건강보험 요양급여의 기준에 관한 규칙」에 따라 보건복지부장관이 정한 급여 및 비급여의료비 항목만 해당합니다) 중 본인이 실제로 부담한 금액에서 〈표1〉의 '항목별 공제금액'을 뺀 금액의 40%를 외래 및 처방조제비로 보험가입금액[외래 및 처방조제비는 회(건)당 합산하여 30만원 이내에서 계약 시 계약자가 각각 정한 금액을 말합니다]의 한도 내에서 보상합니다.
	⑥ 피보험자가 직원복리후생제도에 의해 의료비를 감면받고 그 감면받은 의료비가 근로소득에 포함되는 경우에는 그 감면 전 의료비를 기준으로 통원의료비를 계산합니다.
	⑦ 회사는 피보험자가 상해로 인하여 병원에 통원하여 본인의 장기등(「장기등 이식에 관한 법률」 제4조에 의한 "장기등"을 의미합니다)의 기능회복을 위하여 「장기등 이식에 관한 법률」 제42조 및 관련 고시에 따라 장기등의 적출 및 이식에 드는 비용(공여적합성 여부를 확인하기 위한 검사비, 뇌사장기기증자 관리료 및 이에 속하는 비용항목 포함)은 제1항 내지 제6항에 따라 보상합니다.
(3) 질병입원	① 회사는 피보험자가 질병으로 인하여 병원에 입원하여 치료를 받은 경우에는 입원의료비를 다음과 같이 하나의 질병당 보험가입금액(5천만원 이내에서 계약 시 계약자가 정한 금액을 말합니다)의 한도 내에서 보상합니다.

구분		보상금액
표준형	입원실료, 입원제비용, 입원수술비	'「국민건강보험법」에서 정한 요양급여 또는 「의료급여법」에서 정한 의료급여 중 본인부담금'과 '비급여^{주)}(상급병실료 차액은 제외합니다)'를 합한 금액(본인이 실제로 부담한 금액을 말합니다)의 80%에 해당하는 금액. 다만, 나머지 20%가 계약일 또

보장종목		보상하는 사항
		는 매년 계약해당일부터 기산하여 연간 200만원을 초과하는 경우 그 초과금액은 보상합니다.
	상급병실료 차액	입원 시 실제로 사용한 병실과 기준병실의 병실료 차액에서 50%를 뺀 금액. 다만, 1일 평균금액 10만원을 한도로 하며, 1일 평균금액은 입원기간 동안 상급병실료 차액 전체를 총 입원일수로 나누어 산출합니다.
선택형	입원실료, 입원제비용, 입원수술비	'「국민건강보험법」에서 정한 요양급여 또는 「의료급여법」에서 정한 의료급여 중 본인부담금'과 '비급여^{주)}(상급병실료 차액은 제외합니다)'를 합한 금액(본인이 실제로 부담한 금액을 말합니다)의 90%에 해당하는 금액. 다만, 나머지 10%가 계약일 또는 매년 계약해당일부터 기산하여 연간 200만원을 초과하는 경우 그 초과금액은 보상합니다.
	상급병실료 차액	입원 시 실제로 사용한 병실과 기준병실의 병실료 차액에서 50%를 뺀 금액. 다만, 1일 평균금액 10만원을 한도로 하며, 1일 평균금액은 입원기간 동안 상급병실료 차액 전체를 총 입원일수로 나누어 산출합니다.

주)「국민건강보험법」 또는 「의료급여법」에 따라 보건복지부장관이 정한 비급여대상(「국민건강보험법」에서 정한 요양급여 또는 「의료급여법」에서 정한 의료급여 절차를 거쳤지만 급여항목이 발생하지 않은 경우로 「국민건강보험법」 또는 「의료급여법」에 따른 비급여항목 포함)

② 삭제 〈2018. 7. 10.〉

③ 피보험자가 「국민건강보험법」 또는 「의료급여법」을 적용받지 못하는 경우에는 입원의료비(「국민건강보험 요양급여의 기준에 관한 규칙」에 따라 보건복지부장관이 정한 급여 및 비급여의료비 항목만 해당합니다) 중 본인이 실제로 부담한 금액의 40%를 하나의 질병당 보험가입금액(5천만원 이내에서 계약 시 계약자가 정한 금액을 말합니다)의 한도 내에서 보상합니다.

④ 제1항에도 불구하고 회사는 하나의 질병으로 인한 입원의료비를 보험가입금액까지 보상한 경우에는 보상한도 종료일부터 90일이 경과한 날부터 최초 입원한 것과 동일한 기준으로 다시 보상합니다(계속 입원을 포함합니다). 다만, 최초 입원일부터 275일(365일-90일) 이내에 보상한도종료일이 있는 경우에는 최초 입원일부터 365일이 경과되는 날부터 최초 입원한 것과 동일한 기준으로 다시 보상합니다.

〈보상기간 예시〉

(i) 최초입원일~보상한도종료일이 275일(365일-90일) 이상인 경우

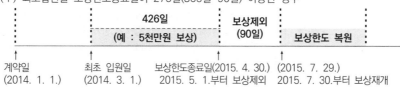

보장종목	보상하는 사항

(ⅱ) 최초입원일~보상한도종료일이 275일(365일-90일) 이내인 경우

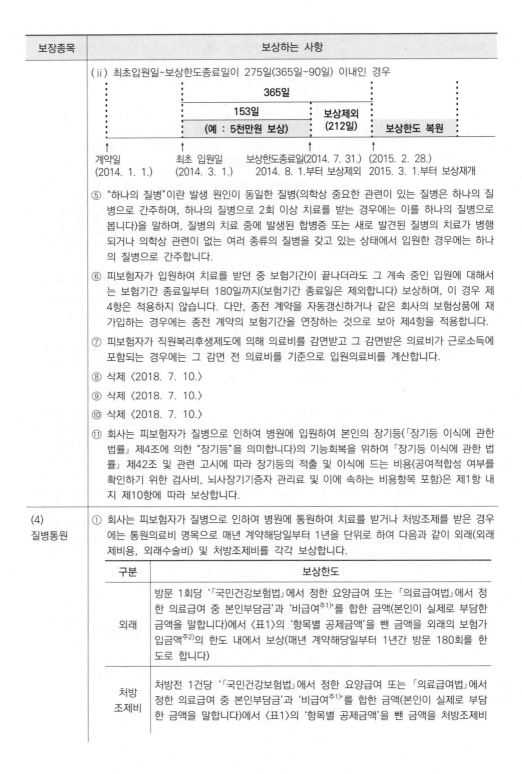

⑤ "하나의 질병"이란 발생 원인이 동일한 질병(의학상 중요한 관련이 있는 질병은 하나의 질병으로 간주하며, 하나의 질병으로 2회 이상 치료를 받는 경우에는 이를 하나의 질병으로 봅니다)을 말하며, 질병의 치료 중에 발생된 합병증 또는 새로 발견된 질병의 치료가 병행되거나 의학상 관련이 없는 여러 종류의 질병을 갖고 있는 상태에서 입원한 경우에는 하나의 질병으로 간주합니다.

⑥ 피보험자가 입원하여 치료를 받던 중 보험기간이 끝나더라도 그 계속 중인 입원에 대해서는 보험기간 종료일부터 180일까지(보험기간 종료일은 제외합니다) 보상하며, 이 경우 제4항은 적용하지 않습니다. 다만, 종전 계약을 자동갱신하거나 같은 회사의 보험상품에 재가입하는 경우에는 종전 계약의 보험기간을 연장하는 것으로 보아 제4항을 적용합니다.

⑦ 피보험자가 직원복리후생제도에 의해 의료비를 감면받고 그 감면받은 의료비가 근로소득에 포함되는 경우에는 그 감면 전 의료비를 기준으로 입원의료비를 계산합니다.

⑧ 삭제 〈2018. 7. 10.〉

⑨ 삭제 〈2018. 7. 10.〉

⑩ 삭제 〈2018. 7. 10.〉

⑪ 회사는 피보험자가 질병으로 인하여 병원에 입원하여 본인의 장기등(「장기등 이식에 관한 법률」 제4조에 의한 "장기등"을 의미합니다)의 기능회복을 위하여 「장기등 이식에 관한 법률」 제42조 및 관련 고시에 따라 장기등의 적출 및 이식에 드는 비용(공여적합성 여부를 확인하기 위한 검사비, 뇌사장기기증자 관리료 및 이에 속하는 비용항목 포함)은 제1항 내지 제10항에 따라 보상합니다.

(4) 질병통원	① 회사는 피보험자가 질병으로 인하여 병원에 통원하여 치료를 받거나 처방조제를 받은 경우에는 통원의료비 명목으로 매년 계약해당일부터 1년을 단위로 하여 다음과 같이 외래(외래제비용, 외래수술비) 및 처방조제비를 각각 보상합니다.

구분	보상한도
외래	방문 1회당 '「국민건강보험법」에서 정한 요양급여 또는 「의료급여법」에서 정한 의료급여 중 본인부담금'과 '비급여[주1)]'를 합한 금액(본인이 실제로 부담한 금액을 말합니다)에서 〈표1〉의 '항목별 공제금액'을 뺀 금액을 외래의 보험가입금액[주2)]의 한도 내에서 보상(매년 계약해당일부터 1년간 방문 180회를 한도로 합니다)
처방조제비	처방전 1건당 '「국민건강보험법」에서 정한 요양급여 또는 「의료급여법」에서 정한 의료급여 중 본인부담금'과 '비급여[주1)]'를 합한 금액(본인이 실제로 부담한 금액을 말합니다)에서 〈표1〉의 '항목별 공제금액'을 뺀 금액을 처방조제비

보장종목	보상하는 사항	

구분	보상한도
	의 보험가입금액^{주2)}을 한도 내에서 보상(매년 계약해당일부터 1년간 처방전 180건을 한도로 합니다)

주1) 「국민건강보험법」 또는 「의료급여법」에 따라 보건복지부장관이 정한 비급여대상(「국민건강보험법」에서 정한 요양급여 또는 「의료급여법」에서 정한 의료급여 절차를 거쳤지만 급여항목이 발생하지 않은 경우로 「국민건강보험법」 또는 「의료급여법」에 따른 비급여항목 포함)

주2) 외래 및 처방조제비는 회(건)당 합산하여 30만원 이내에서 계약 시 계약자가 각각 정한 금액을 말합니다.

〈표1 항목별 공제금액〉

구분		항목	공제 금액
표준형	외래 (외래제비용 및 외래수술비 합계)	「의료법」 제3조 제2항 제1호에 따른 의원, 치과의원, 한의원, 같은 항 제2호에 따른 조산원, 「지역보건법」 제10조, 제12조 및 제13조에 따른 보건소, 보건의료원 및 보건지소, 「농어촌 등 보건의료를 위한 특별조치법」 제15조에 따른 보건진료소	1만원과 보장대상 의료비의 20% 중 큰 금액
		「의료법」 제3조 제2항 제3호에 따른 종합병원, 병원, 치과병원, 한방병원, 요양병원	1만5천원과 보장대상 의료비의 20% 중 큰 금액
		「국민건강보험법」 제42조 제2항에 따른 종합전문요양기관 또는 「의료법」 제3조의4에 따른 상급종합병원	2만원과 보장대상 의료비의 20% 중 큰 금액
	처방 조제비	「국민건강보험법」 제42조 제1항 제2호에 따른 약국, 같은 항 제3호에 따른 한국희귀의약품센터에서의 처방, 조제(의사의 처방전 1건당, 의약분업 예외 지역에서 약사의 직접조제 1건당)	8천원과 보장대상 의료비의 20% 중 큰 금액
선택형	외래 (외래제비용 및 외래수술비 합계)	「의료법」 제3조 제2항 제1호에 따른 의원, 치과의원, 한의원, 같은 항 제2호에 따른 조산원, 「지역보건법」 제10조, 제12조 및 제13조에 따른 보건소, 보건의료원 및 보건지소, 「농어촌 등 보건의료를 위한 특별조치법」 제15조에 따른 보건진료소	1만원
		「의료법」 제3조 제2항 제3호에 따른 종합병원, 병원, 치과병원, 한방병원, 요양병원	1만5천원
		「국민건강보험법」 제42조 제2항에 따른 종합전문요양기관 또는 「의료법」 제3조의4에 따	2만원

보장종목	보상하는 사항		
	구분	항목	공제 금액
		른 상급종합병원	
	처방 조제비	「국민건강보험법」 제42조 제1항 제2호에 따른 약국, 같은 항 제3호에 따른 한국희귀의약품센터에서의 처방, 조제(의사의 처방전 1건당, 의약분업 예외 지역에서 약사의 직접조제 1건당)	8천원

② 피보험자가 통원하여 치료를 받던 중 보험기간이 끝나더라도 그 계속 중인 통원치료에 대해서는 다음 예시와 같이 보험기간 종료일부터 180일 이내에 외래는 방문 90회, 처방조제비는 처방전 90건의 한도 내에서 보상합니다. 다만, 종전 계약을 자동갱신하거나 같은 회사의 보험상품에 재가입하는 경우에는 종전 계약의 보험기간을 연장하는 것으로 보아 제1항을 적용합니다.

〈보상기간 예시〉

보장대상기간 (1년)	보장대상기간 (1년)	보장대상기간 (1년)	추가보상 (180일)
계약일 (2014. 1. 1.)	계약해당일 (2015. 1. 1.)	계약해당일 (2016. 1. 1.)	계약종료일 (2016. 12. 31.) 보상종료일 (2017. 6. 29.)

③ 하나의 질병으로 하루에 같은 치료를 목적으로 의료기관에서 2회 이상 통원치료를 받거나 하나의 질병으로 약국에서 2회 이상 처방조제를 받은 경우 각각 1회의 외래 및 1건의 처방으로 보아 제1항과 제2항을 적용합니다. 이때 공제금액은 2회 이상의 중복방문 의료기관 중 가장 높은 공제금액을 적용합니다.

④ "하나의 질병"이란 발생 원인이 동일한 질병(의학상 중요한 관련이 있는 질병을 포함합니다)을 말하며, 질병의 치료 중에 발생된 합병증 또는 새로 발견된 질병의 치료가 병행되거나 의학상 관련이 없는 여러 종류의 질병을 갖고 있는 상태에서 통원한 경우에는 하나의 질병으로 봅니다.

⑤ 삭제 〈2018. 7. 10.〉

⑥ 피보험자가 「국민건강보험법」 또는 「의료급여법」을 적용받지 못하는 경우에는 통원의료비(「국민건강보험 요양급여의 기준에 관한 규칙」에 따라 보건복지부장관이 정한 급여 및 비급여의료비 항목만 해당합니다) 중 본인이 실제로 부담한 금액에서 〈표1〉의 '항목별 공제금액'을 뺀 금액의 40%를 외래 및 처방조제비로 보험가입금액(외래 및 처방조제비는 회(건)당 합산하여 30만원 이내에서 계약 시 계약자가 각각 정한 금액을 말합니다)의 한도내에서 보상합니다.

⑦ 피보험자가 직원복리후생제도에 의해 의료비를 감면받고 그 감면받은 의료비가 근로소득에 포함되는 경우에는 그 감면 전 의료비를 기준으로 통원의료비를 계산합니다.

⑧ 삭제 〈2018. 7. 10.〉

⑨ 삭제 〈2018. 7. 10.〉

⑩ 삭제 〈2018. 7. 10.〉

보장종목	보상하는 사항
	⑪ 회사는 피보험자가 질병으로 인하여 병원에 통원하여 본인의 장기등(「장기등 이식에 관한 법률」 제4조에 의한 "장기등"을 의미합니다)의 기능회복을 위하여 「장기등 이식에 관한 법률」 제42조 및 관련 고시에 따라 장기등의 적출 및 이식에 드는 비용(공여적합성 여부를 확인하기 위한 검사비, 뇌사장기기증자 관리료 및 이에 속하는 비용항목 포함)은 제1항 내지 제10항에 따라 보상합니다.

제3관 회사가 보상하지 않는 사항

제4조(보상하지 않는 사항) 회사가 보상하지 않는 사항은 보장종목별로 다음과 같습니다.

보장종목	보상하지 않는 사항

(1) 상해입원	① 회사는 다음의 사유로 인하여 생긴 입원의료비는 보상하지 않습니다.
	  1. 피보험자가 고의로 자신을 해친 경우. 다만, 피보험자가 심신상실 등으로 자유로운 의사결정을 할 수 없는 상태에서 자신을 해친 사실이 증명된 경우에는 보상합니다.
	  2. 보험수익자가 고의로 피보험자를 해친 경우. 다만, 그 보험수익자가 보험금의 일부 보험수익자인 경우에는 다른 보험수익자에 대한 보험금은 지급합니다.
	  3. 계약자가 고의로 피보험자를 해친 경우
	  4. 피보험자가 임신, 출산(제왕절개를 포함합니다), 산후기로 입원한 경우. 다만, 회사가 보상하는 상해로 인하여 입원한 경우에는 보상합니다.
	  5. 전쟁, 외국의 무력행사, 혁명, 내란, 사변, 폭동으로 인한 경우
	  6. 피보험자가 정당한 이유없이 입원기간 중 의사의 지시를 따르지 않거나 의사가 통원치료가 가능하다고 인정함에도 피보험자 본인이 자의적으로 입원하여 발생한 입원의료비
	② 회사는 다른 약정이 없으면 피보험자가 직업, 직무 또는 동호회 활동 목적으로 한 다음의 어느 하나에 해당하는 행위로 인하여 생긴 상해에 대해서는 보상하지 않습니다.
	  1. 전문등반(전문적인 등산용구를 사용하여 암벽 또는 빙벽을 오르내리거나 특수한 기술, 경험, 사전 훈련이 필요한 등반을 말합니다), 글라이더 조종, 스카이다이빙, 스쿠버다이빙, 행글라이딩, 수상보트, 패러글라이딩
	  2. 모터보트·자동차 또는 오토바이에 의한 경기, 시범, 행사(이를 위한 연습을 포함합니다) 또는 시운전(다만, 공용도로에서 시운전을 하는 동안 발생한 상해는 보상합니다)
	  3. 선박 승무원, 어부, 사공, 그 밖에 선박에 탑승하는 것을 직무로 하는 사람의 직무상 선박탑승
	③ 회사는 다음의 입원의료비에 대해서는 보상하지 않습니다.
	  1. 치과치료(다만, 안면부 골절로 발생한 의료비는 치아 관련 치료를 제외하고 보상합니다)·한방치료(다만, 「의료법」 제2조에 따른 한의사를 제외한 '의사'의 의료행위에 의해서 발생한 의료비는 보상합니다)에서 발생한 「국민건강보험법」에 따른 요양급여에 해당하지 않는 비급여의료비
	  2. 「국민건강보험법」에 따른 요양급여 중 본인부담금의 경우 국민건강보험 관련 법령에 따라 국민건강보험공단으로부터 사전 또는 사후 환급이 가능한 금액(본인부담금 상한제)
	  3. 「의료급여법」에 따른 의료급여 중 본인부담금의 경우 의료급여 관련 법령에 따라 의료급여기금 등으로부터 사전 또는 사후 환급이 가능한 금액(「의료급여법」에 따른 본인부담금 보상제 및 본인부담금 상한제)

보장종목	보상하지 않는 사항
	4. 건강검진(단, 검사결과 이상 소견에 따라 건강검진센터 등에서 발생한 추가 의료비용은 보상합니다), 예방접종, 인공유산에 든 비용. 다만, 회사가 보상하는 상해 치료를 목적으로 하는 경우에는 보상합니다. 5. 영양제, 비타민제, 호르몬 투여, 보신용 투약, 친자 확인을 위한 진단, 불임검사, 불임수술, 불임복원술, 보조생식술(체내, 체외 인공수정을 포함합니다), 성장촉진, 의약외품과 관련하여 소요된 비용. 다만, 회사가 보상하는 상해 치료를 목적으로 하는 경우에는 보상합니다. 6. 의치, 의수족, 의안, 안경, 콘택트렌즈, 보청기, 목발, 팔걸이(Arm Sling), 보조기 등 진료 재료의 구입 및 대체 비용. 다만, 인공장기 등 신체에 이식되어 그 기능을 대신하는 경우에는 보상합니다. 7. 아래에 열거된 국민건강보험 비급여 대상으로 신체의 필수 기능개선 목적이 아닌 외모개선 목적의 치료로 인하여 발생한 의료비 　가. 쌍꺼풀수술(이중검수술. 다만, 안검하수, 안검내반 등을 치료하기 위한 시력개선 목적의 이중검수술은 보상합니다), 코성형수술(융비술), 유방 확대(다만, 유방암 환자의 유방재건술은 보상합니다)·축소술, 지방흡입술(다만, 「국민건강보험법」 및 관련 고시에 따라 요양급여에 해당하는 '여성형 유방증'을 수술하면서 그 일련의 과정으로 시행한 지방흡입술은 보상합니다), 주름살 제거술 등 　나. 사시교정, 안와격리증(양쪽 눈을 감싸고 있는 뼈와 뼈 사이의 거리가 넓은 증상)의 교정 등 시각계 수술로서 시력개선 목적이 아닌 외모개선 목적의 수술 　다. 안경, 콘텍트렌즈 등을 대체하기 위한 시력교정술(국민건강보험 요양급여 대상 수술방법 또는 치료재료가 사용되지 않은 부분은 시력교정술로 봅니다) 　라. 외모개선 목적의 다리정맥류 수술 　마. 그 밖에 외모개선 목적의 치료로 국민건강보험 비급여대상에 해당하는 치료 8. 진료와 무관한 각종 비용(TV시청료, 전화료, 각종 증명료 등을 말합니다), 의사의 임상적 소견과 관련이 없는 검사비용, 간병비 9. 자동차보험(공제를 포함합니다) 또는 산재보험에서 보상받는 의료비. 다만, 본인부담의료비는 제3조(보장종목별 보상내용) (1) 상해입원 제1항, 제2항 및 제4항부터 제6항에 따라 보상합니다. 10. 「국민건강보험법」 제42조의 요양기관이 아닌 외국에 있는 의료기관에서 발생한 의료비
(2) 상해통원	① 회사는 다음의 사유로 인하여 생긴 통원의료비는 보상하지 않습니다. 1. 피보험자가 고의로 자신을 해친 경우. 다만, 피보험자가 심신상실 등으로 자유로운 의사결정을 할 수 없는 상태에서 자신을 해친 사실이 증명된 경우에는 보상합니다. 2. 보험수익자가 고의로 피보험자를 해친 경우. 다만, 그 보험수익자가 보험금의 일부 보험수익자인 경우에는 다른 보험수익자에 대한 보험금은 지급합니다. 3. 계약자가 고의로 피보험자를 해친 경우 4. 피보험자가 임신, 출산(제왕절개를 포함합니다), 산후기로 통원한 경우. 다만, 회사가 보상하는 상해로 인하여 통원한 경우에는 보상합니다. 5. 전쟁, 외국의 무력행사, 혁명, 내란, 사변, 폭동으로 인한 경우 6. 피보험자가 정당한 이유 없이 통원기간 중 의사의 지시를 따르지 않아 발생한 통원의료비 ② 회사는 다른 약정이 없으면 피보험자가 직업, 직무 또는 동호회 활동 목적으로 한 다음의 어느 하나에 해당하는 행위로 인하여 생긴 상해에 대해서는 보상하지 않습니다.

보장종목	보상하지 않는 사항

1. 전문등반(전문적인 등산용구를 사용하여 암벽 또는 빙벽을 오르내리거나 특수한 기술, 경험, 사전 훈련이 필요한 등반을 말합니다), 글라이더 조종, 스카이다이빙, 스쿠버다이빙, 행글라이딩, 수상보트, 패러글라이딩
2. 모터보트, 자동차 또는 오토바이에 의한 경기, 시범, 행사(이를 위한 연습을 포함합니다) 또는 시운전(다만, 공용도로에서 시운전을 하는 동안 발생한 상해는 보상합니다)
3. 선박 승무원, 어부, 사공, 그 밖에 선박에 탑승하는 것을 직무로 하는 사람의 직무상 선박탑승

③ 회사는 다음의 통원의료비에 대해서는 보상하지 않습니다.
1. 치과치료(다만, 안면부 골절로 발생한 의료비는 치아 관련 치료를 제외하고 보상합니다)·한방치료(다만, 「의료법」 제2조에 따른 한의사를 제외한 '의사'의 의료행위에 의해서 발생한 의료비는 보상합니다)에서 발생한 「국민건강보험법」에 따른 요양급여에 해당하지 않는 비급여의료비
2. 「국민건강보험법」에 따른 요양급여 중 본인부담금의 경우 국민건강보험 관련 법령에 따라 국민건강보험공단으로부터 사전 또는 사후 환급이 가능한 금액(본인부담금 상한제)
3. 「의료급여법」에 따른 의료급여 중 본인부담금의 경우 의료급여 관련 법령에 따라 의료급여기금 등으로부터 사전 또는 사후 환급이 가능한 금액(「의료급여법」에 따른 본인부담금 보상제 및 본인부담금 상한제)
4. 건강검진(단, 검사결과 이상 소견에 따라 건강검진센터 등에서 발생한 추가 의료비용은 보상합니다), 예방접종, 인공유산에 든 비용. 다만, 회사가 보상하는 상해 치료를 목적으로 하는 경우에는 보상합니다.
5. 영양제, 비타민제, 호르몬 투여, 보신용 투약, 친자 확인을 위한 진단, 불임검사, 불임수술, 불임복원술, 보조생식술(체내, 체외 인공수정을 포함합니다), 성장촉진, 의약외품과 관련하여 소요된 비용. 다만, 회사가 보상하는 상해 치료를 목적으로 하는 경우에는 보상합니다.
6. 의치, 의수족, 의안, 안경, 콘택트렌즈, 보청기, 목발, 팔걸이(Arm Sling), 보조기 등 진료 재료의 구입 및 대체 비용. 다만, 인공장기 등 신체에 이식되어 그 기능을 대신하는 경우에는 보상합니다.
7. 아래에 열거된 국민건강보험 비급여 대상으로 신체의 필수 기능개선 목적이 아닌 외모개선 목적의 치료로 인하여 발생한 의료비
   가. 쌍꺼풀수술(이중검수술. 다만, 안검하수, 안검내반 등을 치료하기 위한 시력개선 목적의 이중검수술은 보상합니다), 코성형수술(융비술), 유방 확대(다만, 유방암 환자의 유방재건술은 보상합니다)·축소술, 지방흡입술(다만, 「국민건강보험법」 및 관련 고시에 따라 요양급여에 해당하는 '여성형 유방증'을 수술하면서 그 일련의 과정으로 시행한 지방흡입술은 보상합니다), 주름살 제거술 등
   나. 사시교정, 안와격리증(양쪽 눈을 감싸고 있는 뼈와 뼈 사이의 거리가 넓은 증상)의 교정 등 시각계 수술로서 시력개선 목적이 아닌 외모개선 목적의 수술
   다. 안경, 콘택트렌즈 등을 대체하기 위한 시력교정술(국민건강보험 요양급여 대상 수술방법 또는 치료재료가 사용되지 않은 부분은 시력교정술로 봅니다)
   라. 외모개선 목적의 다리정맥류 수술
   마. 그 밖에 외모개선 목적의 치료로 국민건강보험 비급여대상에 해당하는 치료
8. 진료와 무관한 각종 비용(TV시청료, 전화료, 각종 증명료 등을 말합니다), 의사의 임상적 소견과 관련이 없는 검사비용, 간병비
9. 자동차보험(공제를 포함합니다) 또는 산재보험에서 보상받는 의료비. 다만, 본인부담의

보장종목	보상하지 않는 사항
	료비는 제3조(보장종목별 보상내용) (2) 상해통원 제1항부터 제4항 및 제6항에 따라 보상합니다. 10. 「국민건강보험법」 제42조의 요양기관이 아닌 외국에 있는 의료기관에서 발생한 의료비 11. 「응급의료에 관한 법률」 및 동 시행규칙에서 정한 응급환자에 해당하지 않는 자가 「의료법」 제3조의4에 따른 상급종합병원 응급실을 이용하면서 발생한 응급의료관리료
(3) 질병입원	① 회사는 다음의 사유로 생긴 입원의료비는 보상하지 않습니다. 　1. 피보험자가 고의로 자신을 해친 경우. 다만, 피보험자가 심신상실 등으로 자유로운 의사결정을 할 수 없는 상태에서 자신을 해친 사실이 증명된 경우에는 보상합니다. 　2. 보험수익자가 고의로 피보험자를 해친 경우. 다만, 그 보험수익자가 보험금의 일부 보험수익자인 경우에는 다른 보험수익자에 대한 보험금은 지급합니다. 　3. 계약자가 고의로 피보험자를 해친 경우 　4. 피보험자가 정당한 이유없이 입원기간 중 의사의 지시를 따르지 않거나 의사가 통원치료가 가능하다고 인정함에도 피보험자 본인이 자의적으로 입원하여 발생한 입원의료비 ② 회사는 '한국표준질병사인분류'에 따른 다음의 입원의료비에 대해서는 보상하지 않습니다. 　1. 정신 및 행동장애(F04~F99)(다만, F04~F09, F20~F29, F30~F39, F40~F48, F51, F90~F98과 관련한 치료에서 발생한 「국민건강보험법」에 따른 요양급여에 해당하는 의료비는 보상합니다) 　2. 여성생식기의 비염증성 장애로 인한 습관성 유산, 불임 및 인공수정 관련 합병증(N96~N98) 　3. 피보험자가 임신, 출산(제왕절개를 포함합니다), 산후기로 입원한 경우(O00~O99) 　4. 선천성 뇌질환(Q00~Q04) 　5. 비만(E66) 　6. 요실금(N39.3, N39.4, R32) 　7. 직장 또는 항문 질환 중 「국민건강보험법」에 따른 요양급여에 해당하지 않는 부분(I84, K60~K62, K64) ③ 회사는 다음의 입원의료비에 대해서는 보상하지 않습니다. 　1. 치과치료(K00~K08) 및 한방치료(다만, 「의료법」 제2조에 따른 한의사를 제외한 '의사'의 의료행위에 의해서 발생한 의료비는 보상합니다)에서 발생한 「국민건강보험법」에 따른 요양급여에 해당하지 않는 비급여의료비 　2. 「국민건강보험법」에 따른 요양급여 중 본인부담금의 경우 국민건강보험 관련 법령에 따라 국민건강보험공단으로부터 사전 또는 사후 환급이 가능한 금액(본인부담금 상한제) 　3. 「의료급여법」에 따른 의료급여 중 본인부담금의 경우 의료급여 관련 법령에 따라 의료급여기금 등으로부터 사전 또는 사후 환급이 가능한 금액(「의료급여법」에 따른 본인부담금 보상제 및 본인부담금 상한제) 　4. 건강검진(단, 검사결과 이상 소견에 따라 건강검진센터 등에서 발생한 추가 의료비용은 보상합니다), 예방접종, 인공유산에 든 비용. 다만, 회사가 보상하는 질병 치료를 목적으로 하는 경우에는 보상합니다. 　5. 영양제, 비타민제, 호르몬 투여(다만, 국민건강보험의 요양급여 기준에 해당하는 성조숙증을 치료하기 위한 호르몬 투여는 보상합니다), 보신용 투약, 친자 확인을 위한 진단, 불임검사, 불임수술, 불임복원술, 보조생식술(체내, 체외 인공수정을 포함합니다), 성장촉진, 의약외품과 관련하여 소요된 비용. 다만, 회사가 보상하는 질병 치료를 목적으로 하는 경우에는 보상합니다.

보장종목	보상하지 않는 사항

6. 다음의 어느 하나에 해당하는 치료로 인하여 발생한 의료비

  가. 단순한 피로 또는 권태

  나. 주근깨, 다모, 무모, 백모증, 딸기코(주사비), 점, 모반(피보험자가 보험가입당시 태아인 경우 화염상모반 등 선천성 비신생물성모반(Q82.5)은 보상합니다), 사마귀, 여드름, 노화현상으로 인한 탈모 등 피부질환

  다. 발기부전(impotence)·불감증, 단순 코골음(수면무호흡증(G47.3)은 보상합니다), 치료를 동반하지 않는 단순포경(phimosis), 「국민건강보험 요양급여의 기준에 관한 규칙」 제9조 제1항([별표2] 비급여대상)에 따른 업무 또는 일상생활에 지장이 없는 검열반 등 안과질환

7. 의치, 의수족, 의안, 안경, 콘택트렌즈, 보청기, 목발, 팔걸이(Arm Sling), 보조기 등 진료 재료의 구입 및 대체 비용. 다만, 인공장기 등 신체에 이식되어 그 기능을 대신하는 경우에는 보상합니다.

8. 아래에 열거된 국민건강보험 비급여 대상으로 신체의 필수 기능개선 목적이 아닌 외모개선 목적의 치료로 인하여 발생한 의료비

  가. 쌍꺼풀수술(이중검수술. 다만, 안검하수, 안검내반 등을 치료하기 위한 시력개선 목적의 이중검수술은 보상합니다), 코성형수술(융비술), 유방확대(다만, 유방암 환자의 유방재건술은 보상합니다)·축소술, 지방흡입술(다만, 「국민건강보험법」 및 관련 고시에 따라 요양급여에 해당하는 '여성형 유방증'을 수술하면서 그 일련의 과정으로 시행한 지방흡입술은 보상합니다), 주름살 제거술 등

  나. 사시교정, 안와격리증(양쪽 눈을 감싸고 있는 뼈와 뼈 사이의 거리가 넓은 증상)의 교정 등 시각계 수술로서 시력개선 목적이 아닌 외모개선 목적의 수술

  다. 안경, 콘택트렌즈 등을 대체하기 위한 시력교정술(국민건강보험 요양급여 대상 수술방법 또는 치료재료가 사용되지 않은 부분은 시력교정술로 봅니다)

  라. 외모개선 목적의 다리정맥류 수술

  마. 그 밖에 외모개선 목적의 치료로 국민건강보험 비급여대상에 해당하는 치료

9. 진료와 무관한 각종 비용(TV시청료, 전화료, 각종 증명료 등을 말합니다), 의사의 임상적 소견과 관련이 없는 검사비용, 간병비

10. 산재보험에서 보상받는 의료비. 다만, 본인부담의료비는 제3조(보장종목별 보상내용) (3) 질병입원 제1항, 제2항 및 제4항부터 제10항에 따라 보상합니다.

11. 인간면역결핍바이러스(HIV) 감염으로 인한 치료비(다만, 「의료법」에서 정한 의료인의 진료상 또는 치료 중 혈액에 의한 HIV 감염은 해당 진료기록을 통해 객관적으로 확인되는 경우는 보상합니다)

12. 「국민건강보험법」 제42조의 요양기관이 아닌 외국에 있는 의료기관에서 발생한 의료비

---

(4) 질병통원

① 회사는 다음의 사유로 인하여 생긴 통원의료비는 보상하지 않습니다.

1. 피보험자가 고의로 자신을 해친 경우. 다만, 피보험자가 심신상실 등으로 자유로운 의사결정을 할 수 없는 상태에서 자신을 해친 사실이 증명된 경우에는 보상합니다.

2. 보험수익자가 고의로 피보험자를 해친 경우. 다만, 그 보험수익자가 보험금의 일부 보험수익자인 경우에는 다른 보험수익자에 대한 보험금은 지급합니다.

3. 계약자가 고의로 피보험자를 해친 경우

4. 피보험자가 정당한 이유 없이 통원기간 중 의사의 지시를 따르지 않아 발생한 통원의료비

② 회사는 '한국표준질병사인분류'에 따른 다음의 통원의료비에 대해서는 보상하지 않습니다.

1. 정신 및 행동장애(F04~F99)(다만, F04~F09, F20~F29, F30~F39, F40~F48, F51,

보장종목	보상하지 않는 사항

F90~F98과 관련한 치료에서 발생한 「국민건강보험법」에 따른 요양급여에 해당하는 의료비는 보상합니다)

2. 여성생식기의 비염증성 장애로 인한 습관성 유산, 불임 및 인공수정 관련 합병증 (N96~N98)
3. 피보험자가 임신, 출산(제왕절개를 포함합니다), 산후기로 통원한 경우(O00~O99)
4. 선천성 뇌질환(Q00~Q04)
5. 비만(E66)
6. 요실금(N39.3, N39.4, R32)
7. 직장 또는 항문질환 중 「국민건강보험법」에 따른 요양급여에 해당하지 않는 부분(I84, K60~K62, K64)

③ 회사는 다음의 통원의료비에 대해서는 보상하지 않습니다.

1. 치과치료(K00~K08) 및 한방치료(다만, 「의료법」 제2조에 따른 한의사를 제외한 '의사'의 의료행위에 의해서 발생한 의료비는 보상합니다)에서 발생한 「국민건강보험법」에 따른 요양급여에 해당하지 않는 비급여의료비
2. 「국민건강보험법」에 따른 요양급여 중 본인부담금의 경우 국민건강보험 관련 법령에 따라 국민건강보험공단으로부터 사전 또는 사후 환급이 가능한 금액(본인부담금 상한제)
3. 「의료급여법」에 따른 의료급여 중 본인부담금의 경우 의료급여 관련 법령에 따라 의료급여기금 등으로부터 사전 또는 사후 환급이 가능한 금액(「의료급여법」에 따른 본인부담금 보상제 및 본인부담금 상한제)
4. 건강검진(단, 검사결과 이상 소견에 따라 건강검진센터 등에서 발생한 추가 의료비용은 보상합니다), 예방접종, 인공유산에 든 비용. 다만, 회사가 보상하는 질병 치료를 목적으로 하는 경우에는 보상합니다.
5. 영양제, 비타민제, 호르몬 투여(다만, 국민건강보험의 요양급여 기준에 해당하는 성조숙증을 치료하기 위한 호르몬 투여는 보상합니다), 보신용 투약, 친자 확인을 위한 진단, 불임검사, 불임수술, 불임복원술, 보조생식술(체내, 체외 인공수정을 포함합니다), 성장촉진, 의약외품과 관련하여 소요된 비용. 다만, 회사가 보상하는 질병 치료를 목적으로 하는 경우에는 보상합니다.
6. 다음의 어느 하나에 해당하는 치료로 인하여 발생한 의료비
   가. 단순한 피로 또는 권태
   나. 주근깨, 다모, 무모, 백모증, 딸기코(주사비), 점, 모반(피보험자가 보험가입당시 태아인 경우 화염상모반 등 선천성 비신생물성모반(Q82.5)은 보상합니다), 사마귀, 여드름, 노화현상으로 인한 탈모 등 피부질환
   다. 발기부전(impotence)·불감증, 단순 코골음(수면무호흡증(G47.3)은 보상합니다), 치료를 동반하지 않는 단순포경(phimosis), 「국민건강보험 요양급여의 기준에 관한 규칙」 제9조 제1항([별표2] 비급여대상)에 따른 업무 또는 일상생활에 지장이 없는 검열반 등 안과질환
7. 의치, 의수족, 의안, 안경, 콘택트렌즈, 보청기, 목발, 팔걸이(Arm Sling), 보조기 등 진료 재료의 구입 및 대체 비용. 다만, 인공장기 등 신체에 이식되어 그 기능을 대신하는 경우에는 보상합니다.
8. 아래에 열거된 국민건강보험 비급여 대상으로 신체의 필수 기능개선 목적이 아닌 외모개선 목적의 치료로 인하여 발생한 의료비
   가. 쌍꺼풀수술(이중검수술. 다만, 안검하수, 안검내반 등을 치료하기 위한 시력개선 목적의 이중검수술은 보상합니다), 코성형수술(융비술), 유방확대(다만, 유방암 환자의

보장종목	보상하지 않는 사항
	유방재건술은 보상합니다)·축소술, 지방흡입술(다만, 「국민건강보험법」 및 관련 고시에 따라 요양급여에 해당하는 '여성형 유방증'을 수술하면서 그 일련의 과정으로 시행한 지방흡입술은 보상합니다), 주름살 제거술 등 나. 사시교정, 안와격리증(양쪽 눈을 감싸고 있는 뼈와 뼈 사이의 거리가 넓은 증상)의 교정 등 시각계 수술로서 시력개선 목적이 아닌 외모개선 목적의 수술 다. 안경, 콘텍트렌즈 등을 대체하기 위한 시력교정술(국민건강보험 요양급여 대상 수술방법 또는 치료재료가 사용되지 않은 부분은 시력교정술로 봅니다) 라. 외모개선 목적의 다리정맥류 수술 마. 그 밖에 외모개선 목적의 치료로 국민건강보험 비급여대상에 해당하는 치료 9. 진료와 무관한 각종 비용(TV시청료, 전화료, 각종 증명료 등을 말합니다), 의사의 임상적 소견과 관련 없는 검사비용, 간병비 10. 산재보험에서 보상받는 의료비. 다만, 본인부담의료비는 제3조(보장종목별 보상내용) (4) 질병통원 제1항부터 제5항 및 제7항부터 제10항에 따라 보상합니다. 11. 인간면역결핍바이러스(HIV) 감염으로 인한 치료비(다만, 「의료법」에서 정한 의료인의 진료상 또는 치료 중 혈액에 의한 HIV 감염은 해당 진료기록을 통해 객관적으로 확인되는 경우는 보상합니다) 12. 「국민건강보험법」 제42조의 요양기관이 아닌 외국에 있는 의료기관에서 발생한 의료비 13. 「응급의료에 관한 법률」동 시행규칙에서 정한 응급환자에 해당하지 않는 자가 「의료법」 제3조의4에 따른 상급종합병원 응급실을 이용하면서 발생한 응급의료관리료

제4조의2(특별약관에서 보상하는 사항) ① 제3조 및 제4조에도 불구하고 다음 각 호에 해당하는 의료비는 기본형 실손의료보험에서 보상하지 않습니다.

1. 도수치료·체외충격파치료·증식치료로 인하여 발생한 비급여의료비

2. 비급여 주사료[다만, 항암제, 항생제(항진균제 포함), 희귀의약품은 보상합니다]

3. 자기공명영상진단(MRI/MRA)으로 인하여 발생한 비급여의료비(조영제, 판독료를 포함합니다)

4. 제1호, 제2호, 제3호와 관련하여 자동차보험(공제를 포함합니다) 또는 산재보험에서 발생한 본인부담의료비

② 제1항 제1호에서 제4호까지 정한 의료비와 다른 의료비가 함께 청구되어 각 항목별 의료비가 구분되지 않는 경우 회사는 보험금 지급금액 결정을 위해 계약자, 피보험자 또는 보험수익자에게 각각의 의료비에 대한 확인을 요청할 수 있습니다.

〈붙임〉 용어의 정의

용어	정의
계약	보험계약
진단계약	계약을 체결하기 위하여 피보험자가 건강진단을 받아야 하는 계약
보험증권	계약의 성립과 계약내용을 증명하기 위하여 회사가 계약자에게 드리는 증서
계약자	보험회사와 계약을 체결하고 보험료를 납입하는 사람
피보험자	보험금지급사유 또는 보험사고 발생의 대상(객체)이 되는 사람
보험수익자	보험금을 수령하는 사람
보험기간	회사가 계약에서 정한 보상책임을 지는 기간
회사	보험회사
연단위복리	회사가 지급할 금전에 대한 이자를 줄 때 1년마다 마지막 날에 그 이자를 원금에 더한 금액을 다음 1년의 원금으로 하는 이자 계산방법
평균공시이율	전체 보험회사 공시이율의 평균으로, 이 계약 체결 시점의 이율을 말함
해지환급금	계약이 해지되는 때에 회사가 계약자에게 돌려주는 금액
영업일	회사가 영업점에서 정상적으로 영업하는 날을 말하며, 토요일, 「관공서의 공휴일에 관한 규정」에 따른 공휴일과 근로자의 날은 제외
상해	보험기간 중 발생한 급격하고 우연한 외래의 사고
상해보험계약	상해를 보장하는 계약
의사	「의료법」 제2조(의료인)에서 정한 의사, 한의사 및 치과의사의 자격을 가진 사람
약사	「약사법」 제2조(정의)에서 정한 약사 및 한약사의 자격을 가진 사람
의료기관	「의료법」 제3조(의료기관) 제2항에서 정하는 의료기관을 말하며, 종합병원·병원·치과병원·한방병원·요양병원·의원·치과의원·한의원 및 조산원으로 구분
약국	「약사법」 제2조 제3호에 따른 장소로서, 약사가 수여(授與)할 목적으로 의약품 조제업무를 하는 장소를 말하며, 의료기관의 조제실은 제외
병원	「국민건강보험법」 제42조(요양기관)에서 정하는 국내의 병원 또는 의원을 말하며, 조산원은 제외
입원	의사가 피보험자의 질병 또는 상해로 인하여 치료가 필요하다고 인정한 경우로서 자택 등에서 치료가 곤란하여 병원, 의료기관 또는 이와 동등하다고 인정되는 의료기관에 입실하여 의사의 관리를 받으며 치료에 전념하는 것
입원의 정의 중 '이와 동등하다고 인정되는 의료기관'	보건소, 보건의료원 및 보건지소 등 「의료법」 제3조(의료기관) 제2항에서 정한 의료기관에 준하는 의료기관으로서 군의무대, 치매요양원, 노인요양원 등에 속해 있는 요양원, 요양시설, 복지시설 등과 같이 의료기관이 아닌 곳은 이에 해당되지 않음
기준병실	병원에서 국민건강보험 환자의 입원 시 병실료 산정에 적용하는 기준이 되는 병실
입원실료	입원치료 중 발생한 기준병실 사용료, 환자 관리료, 식대 등
입원제비용	입원치료 중 발생한 진찰료, 검사료, 방사선료, 투약 및 처방료(퇴원 시 의사로부터 치료목적으로 처방받은 약제비 포함), 주사료, 이학요법(물리치료, 재활치료)료, 정신요법료, 처치료, 치료재료, 석고붕대료(cast), 지정진료비 등

용어	정의
입원수술비	입원치료 중 발생한 수술료, 마취료, 수술재료비 등
입원의료비	입원실료, 입원제비용, 입원수술비, 상급병실료 차액
보상한도 종료일	회사가 보험가입금액 한도까지 입원의료비를 보상한 기준 입원일자
통원	의사가 피보험자의 질병 또는 상해로 치료가 필요하다고 인정하는 경우로서, 병원에 입원하지 않고 병원을 방문하여 의사의 관리하에 치료에 전념하는 것
처방조제	의사 및 약사가 피보험자의 질병 또는 상해로 치료가 필요하다고 인정하는 경우로서, 통원으로 인하여 발행된 의사의 처방전으로 약국의 약사가 조제하는 것. 이 경우 「국민건강보험법」 제42조 제1항 제3호에 따른 한국희귀의약품센터에서의 처방조제 및 의약분업 예외지역에서의 약사의 직접조제를 포함
외래제비용	통원치료 중 발생한 진찰료, 검사료, 방사선료, 투약 및 처방료, 주사료, 이학요법(물리치료, 재활치료)료, 정신요법료, 처치료, 치료재료, 석고붕대료(cast), 지정진료비 등
외래수술비	통원치료 중 발생한 수술료, 마취료, 수술재료비 등
처방조제비	병원 의사의 처방전에 따라 조제되는 약국의 처방조제비 및 약사의 직접조제비
통원의료비	외래제비용, 외래수술비, 처방조제비
요양급여	「국민건강보험법」 제41조(요양급여)에 따른 가입자 및 피부양자의 질병 · 부상 등에 대한 다음의 요양급여 1. 진찰 · 검사 2. 약제 · 치료재료의 지급 3. 처치 · 수술 또는 그 밖의 치료 4. 예방 · 재활 5. 입원 6. 간호 7. 이송
의료급여	「의료급여법」 제7조(의료급여의 내용 등)에 따른 가입자 및 피부양자의 질병 · 부상 등에 대한 다음 각 호의 의료급여 1. 진찰 · 검사 2. 약제 · 치료재료의 지급 3. 처치 · 수술 또는 그 밖의 치료 4. 예방 · 재활 5. 입원 6. 간호 7. 이송 8. 그 밖에 의료 목적의 달성을 위한 조치
「국민건강보험법」에 따른 본인부담금 상한제	「국민건강보험법」에 따른 요양급여 중 연간 본인부담금 총액이 「국민건강보험법 시행령」 별표3에서 정하는 금액을 넘는 경우에 그 초과한 금액을 공단에서 부담하는 제도를 말하며, 국민건강보험 관련 법령의 변경에 따라 환급기준이 변경될 경우에는 회사는 변경되는 기준에 따름
「의료급여법」에 따른 본인부담금 보상제 및 본인부담금 상한제	「의료급여법」에 따른 의료급여 중 본인부담금이 「의료급여법 시행령」 제13조(급여비용의 부담)에서 정하는 금액을 넘는 경우에 그 초과한 금액을 의료급여기금 등에서 부담하는 제도를 말하며, 의료급여 관련 법령의 변경에 따라 환급기준이 변경될 경우에는 회사는 변경된 기준에 따름
보장대상의료비	실제 부담액 - 보상제외금액* * 제3관 회사가 보장하지 않는 사항에 따른 금액 및 실제 사용병실과 기준병실과의 병실료 차액 중 회사가 보장하지 않는 금액
보상책임액	(보장대상의료비 - 피보험자부담 공제금액)과 보험가입금액 중 작은 금액

용어	정의
다수보험	실손 의료보험계약(우체국보험, 각종 공제, 상해 · 질병 · 간병보험 등 제3보험, 개인연금 · 퇴직보험 등 의료비를 실손으로 보상하는 보험 · 공제계약을 포함)이 동시에 또는 순차적으로 2개 이상 체결되었고, 그 계약이 동일한 보험사고에 대하여 각 계약별 보상책임액이 있는 여러 개의 실손 의료보험계약을 말함
도수치료	치료자가 손(정형용 교정장치 장비 등의 도움을 받는 경우를 포함합니다)을 이용해서 환자의 근골격계통(관절, 근육, 연부조직, 림프절 등)의 기능 개선 및 통증감소를 위하여 실시하는 치료행위 * 의사 또는 의사의 지도하에 물리치료사가 도수치료를 하는 경우에 한함
체외충격파치료	체외에서 충격파를 병변에 가해 혈관 재형성을 돕고 건(힘줄) 및 뼈의 치유 과정을 자극하거나 재활성화 시켜 기능개선 및 통증감소를 위하여 실시하는 치료행위(체외충격파쇄석술은 제외)
증식치료	근골격계 통증이 있는 부위의 인대나 건(힘줄), 관절, 연골 등에 증식물질을 주사하여 통증이 소실되거나 완화되는 것을 유도하는 치료행위
주사료	주사치료 시 사용된 행위, 약제 및 치료재료대
항암제	식품의약품안전처가 「의약품등 분류번호에 관한 규정」에 따라 지정하는 '조직세포의 기능용 의약품' 중 '종양용약'과 '조직세포의 치료 및 진단 목적제제'* * 「의약품등 분류번호에 관한 규정」에 따른 의약품분류표가 변경되는 경우 치료시점의 의약품분류표에 따릅니다.
항생제 (항진균제 포함)	식품의약품안전처가 「의약품등 분류번호에 관한 규정」에 따라 지정하는 '항병원생물성 의약품' 중 '항생물질제제', '화학요법제' 및 '기생동물에 대한 의약품 중 항원충제'* * 「의약품등 분류번호에 관한 규정」에 따른 의약품분류표가 변경되는 경우 치료시점의 의약품분류표에 따릅니다.
희귀의약품	식품의약품안전처장이 「희귀의약품 지정에 관한 규정」에 따라 지정하는 의약품* * 「희귀의약품 지정에 관한 규정」에 따른 희귀의약품 지정 항목이 변경되는 경우 치료시점의 희귀의약품 지정 항목에 따릅니다.
자기공명 영상진단	자기공명영상 장치를 이용하여 고주파 등을 통한 신호의 차이를 영상화하여 조직의 구조를 분석하는 검사(MRI/MRA) * 자기공명영상진단 결과를 다른 의료기관에서 판독하는 경우 포함 (보건복지부에서 고시하는 「건강보험 행위 급여 · 비급여 목록 및 급여 상대가치점수」상의 MRI 범주에 따름)

□ **비급여 도수치료 · 체외충격파치료 · 증식치료 실손의료보험 특별약관**

제1조(보장종목) ① 회사가 판매하는 비급여 도수치료 · 체외충격파치료 · 증식치료 실손의료보험 특별약관(이하 '특별약관'이라 합니다)은 아래의 내용으로 구성되어 있습니다.

보상하는 내용
피보험자가 상해 또는 질병의 치료목적으로 병원에 입원 또는 통원하여 비급여[주] 「도수치료 · 체외충격파치료 · 증식치료」를 받은 경우에 보상

주) 「국민건강보험법」 또는 「의료급여법」에 따라 보건복지부장관이 정한 비급여대상(「국민건강보험법」에서 정한 요양급여 또는 「의료급여법」에서 정한 의료급여 절차를 거쳤지만 급여항목이 발생하지 않은 경우로 「국민건강보험법」 또는 「의료급여법」에 따른 비급여항목 포함)

② 회사는 이 특별약관의 명칭에 '비급여 도수치료·체외충격파치료·증식치료 실손의료비'라는 문구를 포함하여 사용합니다.

제2조(용어의 정의) ① 이 특별약관에서 사용하는 용어의 뜻은 다음과 같습니다.

용어	정의
도수치료	치료자가 손(정형용 교정장치 장비 등의 도움을 받는 경우를 포함합니다)을 이용해서 환자의 근골격계통(관절, 근육, 연부조직, 림프절 등)의 기능 개선 및 통증감소를 위하여 실시하는 치료행위 * 의사 또는 의사의 지도하에 물리치료사가 도수치료를 하는 경우에 한함
체외충격파 치료	체외에서 충격파를 병변에 가해 혈관 재형성을 돕고 건(힘줄) 및 뼈의 치유 과정을 자극하거나 재활성화 시켜 기능개선 및 통증감소를 위하여 실시하는 치료행위(체외충격파쇄석술은 제외)
증식치료	근골격계 통증이 있는 부위의 인대나 건(힘줄), 관절, 연골 등에 증식물질을 주사하여 통증이 소실되거나 완화되는 것을 유도하는 치료행위

② 제1항에서 정하지 않은 용어의 뜻은 기본형 실손의료보험 표준약관 제2조(용어의 정의)를 준용합니다.

제3조(보상내용) 회사가 이 계약의 보험기간 중 보상하거나 공제하는 내용은 다음과 같습니다.

보상하는 사항

① 회사는 피보험자가 이 특별약관의 보험기간 중 상해 또는 질병의 치료목적으로 병원에 입원 또는 통원하여 도수치료·체외충격파치료·증식치료를 받은 경우 도수치료·체외충격파치료·증식치료로 인하여 본인이 실제로 부담한 비급여의료비(행위료, 약제비, 치료재료대 포함)에서 공제금액을 뺀 금액을 보상한도 내에서 보상합니다.

구분	내용
보장대상 의료비	「도수치료·체외충격파치료·증식치료」로 인하여 본인이 실제로 부담한 비급여의료비(행위료, 약제비, 치료재료대 포함)
공제금액	1회당 2만원과 보장대상의료비의 30% 중 큰 금액
보상한도	계약일 또는 매년 계약해당일부터 1년 단위로 350만원 이내에서 50회^{주)}까지 보상

주) 도수치료·체외충격파치료·증식치료의 각 치료횟수를 합산하여 50회까지 보상합니다.

〈보상기간 예시〉

(i) 계약일 또는 매년 계약해당일로부터 1년내 350만원을 모두 보상한 경우

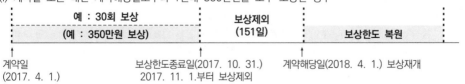

계약일
(2017. 4. 1.)

보상한도종료일(2017. 10. 31.)
2017. 11. 1.부터 보상제외

계약해당일(2018. 4. 1.) 보상재개

보상하는 사항

(ii) 계약일 또는 매년 계약해당일로부터 1년내 지급된 보험금이 350만원 미만이나 50회를 모두 보상한 경우

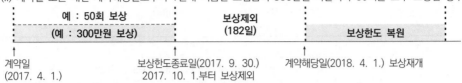

예 : 50회 보상	보상제외	
(예 : 300만원 보상)	(182일)	보상한도 복원

계약일
(2017. 4. 1.)

보상한도종료일(2017. 9. 30.)
2017. 10. 1.부터 보상제외

계약해당일(2018. 4. 1.) 보상재개

② 병원을 1회 통원(또는 1회 입원)하여 이 특별약관에서 정한 도수치료, 체외충격파치료, 증식치료 중 2종류 이상의 치료를 받거나 동일한 치료를 2회 이상 받는 경우 각 치료행위를 1회로 보고 각각 제1항에서 정한 1회당 공제금액 및 보상한도를 적용합니다.

③ 제1항에서 보상하는 비급여의료비와 다른 의료비가 함께 청구되고 각 행위별 의료비가 구분되지 않는 경우 회사는 보험금 지급금액 결정을 위해 계약자, 피보험자 또는 보험수익자에게 제1항에서 보상하는 의료비의 확인을 요청할 수 있습니다.

④ 제1항의 상해에는 유독가스 또는 유독물질을 우연히 일시에 흡입, 흡수 또는 섭취한 결과로 생긴 중독증상이 포함됩니다. 다만, 유독가스 또는 유독물질을 상습적으로 흡입, 흡수 또는 섭취한 결과로 생긴 중독증상과 세균성 음식물 중독증상은 포함되지 않습니다.

⑤ 삭제 〈2018. 7. 10.〉

⑥ 피보험자가 입원 또는 통원하여 치료를 받던 중 보험기간이 끝나더라도 그 계속 중인 치료에 대하여는 보험기간 종료일부터 180일까지(보험기간 종료일은 제외합니다) 보상합니다. 이 경우 보상한도는 연간 보상한도(금액)에서 직전 보험기간 종료일까지 지급한 금액을 차감한 잔여 금액과 연간 보상한도(횟수)에서 직전 보험기간 종료일까지 보상한 횟수를 차감한 잔여 횟수를 한도로 적용합니다. 다만, 종전 계약을 자동갱신하거나 같은 회사의 보험상품에 재가입하는 경우에는 종전 계약의 보험기간을 연장하는 것으로 보아 제1항을 적용합니다.

〈보상기간 예시〉

보장대상기간 (1년)	보장대상기간 (1년)	보장대상기간 (1년)	추가보상 (180일)

계약일
(2018. 1. 1.)

계약해당일
(2019 1. 1.)

계약해당일
(2020. 1. 1.)

계약종료일
(2020. 12. 31.)

보상종료
(2021. 6. 29.)

⑦ 피보험자가 직원복리후생제도에 의해 의료비를 감면받고 그 감면받은 의료비가 근로소득에 포함되는 경우에는 그 감면 전 의료비를 기준으로 도수치료·체외충격파치료·증식치료 비급여의료비를 계산합니다.

⑧ 삭제 〈2018. 7. 10.〉

⑨ 삭제 〈2018. 7. 10.〉

⑩ 삭제 〈2018. 7. 10.〉

⑪ 회사는 피보험자가 상해 또는 질병의 치료목적으로 병원에 입원 또는 통원하여 도수치료·체외충격파치료·증식치료를 받은 경우, 본인의 장기등(「장기등 이식에 관한 법률」 제4조에 의한 "장기등"을 의미합니다)의 기능회복을 위하여 「장기등 이식에 관한 법률」 제42조 및 관련 고시에 따라 장기등의 적출 및 이식에 드는 비용(공여적합성 여부를 확인하기 위한 검사비, 뇌사장기기증자 관리료 및 이에 속하는 비용항목 포함)은 제1항 내지 제10항에 따라 보상합니다.

제4조(보상하지 않는 사항) 회사가 보상하지 않는 사항은 다음과 같습니다.

보상하지 않는 사항

---

① 회사는 다음의 사유로 인하여 생긴 의료비는 보상하지 않습니다.
  1. 피보험자가 고의로 자신을 해친 경우. 다만, 피보험자가 심신상실 등으로 자유로운 의사결정을 할 수 없는 상태에서 자신을 해친 사실이 증명된 경우에는 제3조(보상내용)에 따라 보상합니다.
  2. 보험수익자가 고의로 피보험자를 해친 경우. 다만, 그 보험수익자가 보험금의 일부 보험수익자인 경우에는 다른 보험수익자에 대한 보험금은 제3조(보상내용)에 따라 지급합니다.
  3. 계약자가 고의로 피보험자를 해친 경우
  4. 전쟁, 외국의 무력행사, 혁명, 내란, 사변, 폭동으로 인한 경우
  5. 피보험자가 정당한 이유없이 입원 또는 통원 기간 중 의사의 지시를 따르지 않아 발생한 의료비

② 회사는 다른 약정이 없으면 피보험자가 직업, 직무 또는 동호회 활동 목적으로 한 다음의 어느 하나에 해당하는 행위로 인하여 생긴 상해에 대해서는 보상하지 않습니다.
  1. 전문등반(전문적인 등산용구를 사용하여 암벽 또는 빙벽을 오르내리거나 특수한 기술, 경험, 사전 훈련이 필요한 등반을 말합니다), 글라이더 조종, 스카이다이빙, 스쿠버다이빙, 행글라이딩, 수상보트, 패러글라이딩
  2. 모터보트·자동차 또는 오토바이에 의한 경기, 시범, 행사(이를 위한 연습을 포함합니다) 또는 시운전 (다만, 공용도로로서 시운전을 하는 동안 발생한 상해는 제3조(보상내용)에 따라 보상합니다)
  3. 선박 승무원, 어부, 사공, 그 밖에 선박에 탑승하는 것을 직무로 하는 사람의 직무상 선박탑승

③ 회사는 '한국표준질병사인분류'에 따른 다음의 의료비에 대해서는 보상하지 않습니다.
  1. 정신 및 행동장애(F04~F99)
  2. 여성생식기의 비염증성 장애로 인한 습관성 유산, 불임 및 인공수정 관련 합병증(N96~N98)
  3. 피보험자가 임신, 출산(제왕절개를 포함합니다), 산후기로 입원 또는 통원한 경우(O00~O99). 다만, 회사가 보상하는 상해로 인하여 입원 또는 통원한 경우에는 제3조(보상내용)에 따라 보상합니다.
  4. 선천성 뇌질환(Q00~Q04)
  5. 비만(E66)
  6. 요실금(N39.3, N39.4, R32)
  7. 직장 또는 항문 질환 중 「국민건강보험법」에 따른 요양급여에 해당하지 않는 부분(I84, K60~K62, K64)

④ 회사는 다음의 의료비에 대해서는 보상하지 않습니다.
  1. 치과치료(다만, 안면부 골절로 발생한 의료비는 치아 관련 치료를 제외하고 제3조(보상내용)에 따라 보상하며, K00~K08과 무관한 질병으로 인한 의료비는 제3조(보상내용)에 따라 보상합니다)·한방치료(다만, 「의료법」 제2조에 따른 한의사를 제외한 '의사'의 의료행위에 의해서 발생한 의료비는 제3조(보상내용)에 따라 보상합니다)에서 발생한 「국민건강보험법」에 따른 요양급여에 해당하지 않는 비급여의료비
  2. 건강검진(단, 검사결과 이상 소견에 따라 건강검진센터 등에서 발생한 추가 의료비용은 제3조(보상내용)에 따라 보상합니다), 예방접종, 인공유산에 든 비용. 다만, 회사가 보상하는 상해 또는 질병의 치료를 목적으로 하는 경우에는 제3조(보상내용)에 따라 보상합니다.
  3. 영양제, 비타민제, 호르몬 투여, 보신용 투약, 친자 확인을 위한 진단, 불임검사, 불임수술, 불임복원술, 보조생식술(체내, 체외 인공수정을 포함합니다), 성장촉진, 의약외품과 관련하여 소요된 비용. 다만, 회사가 보상하는 상해 또는 질병의 치료를 목적으로 하는 경우에는 제3조(보상내용)에 따라 보상합니다.
  4. 다음의 어느 하나에 해당하는 치료로 인하여 발생한 의료비

    가. 단순한 피로 또는 권태

    나. 주근깨, 다모, 무모, 백모증, 딸기코(주사비), 점, 모반(피보험자가 보험가입당시 태아인 경우 화염 상모반 등 선천성 비신생물성모반(Q82.5)은 제3조(보상내용)에 따라 보상합니다), 사마귀, 여드름, 노화현상으로 인한 탈모 등 피부질환

    다. 발기부전(impotence)·불감증, 단순 코골음(수면무호흡증(G47.3)은 제3조(보상내용)에 따라 보상합니다), 치료를 동반하지 않는 단순포경(phimosis), 「국민건강보험 요양급여의 기준에 관한 규칙」 제9조 제1항([별표2] 비급여대상)에 따른 업무 또는 일상생활에 지장이 없는 검열반 등 안과질환

5. 의치, 의수족, 의안, 안경, 콘택트렌즈, 보청기, 목발, 팔걸이(Arm Sling), 보조기 등 진료 재료의 구입 및 대체 비용. 다만, 인공장기 등 신체에 이식되어 그 기능을 대신하는 경우에는 제3조(보상내용)에 따라 보상합니다.

6. 아래에 열거된 국민건강보험 비급여 대상으로 신체의 필수 기능개선 목적이 아닌 외모개선 목적의 치료로 인하여 발생한 의료비

    가. 쌍꺼풀수술(이중검수술. 다만, 안검하수, 안검내반 등을 치료하기 위한 시력개선 목적의 이중검수술은 제3조(보상내용)에 따라 보상합니다), 코성형수술(융비술), 유방 확대(다만, 유방암 환자의 유방재건술은 제3조(보상내용)에 따라 보상합니다)·축소술, 지방흡입술(다만, 「국민건강보험법」 및 관련 고시에 따라 요양급여에 해당하는 '여성형 유방증'을 수술하면서 그 일련의 과정으로 시행한 지방흡입술은 제3조(보상내용)에 따라 보상합니다), 주름살 제거술 등

    나. 사시교정, 안와격리증(양쪽 눈을 감싸고 있는 뼈와 뼈 사이의 거리가 넓은 증상)의 교정 등 시각계 수술로서 시력개선 목적이 아닌 외모개선 목적의 수술

    다. 안경, 콘택트렌즈 등을 대체하기 위한 시력교정술(국민건강보험 요양급여 대상 수술방법 또는 치료재료가 사용되지 않은 부분은 시력교정술로 봅니다)

    라. 외모개선 목적의 다리 정맥류 수술

    마. 그 밖에 외모개선 목적의 치료로 국민건강보험 비급여대상에 해당하는 치료

7. 진료와 무관한 각종 비용(TV시청료, 전화료, 각종 증명료 등을 말합니다), 의사의 임상적 소견과 관련이 없는 검사비용, 간병비

8. 자동차보험(공제를 포함합니다) 또는 산재보험에서 보상받는 의료비. 다만, 본인부담의료비는 제3조(보상내용)에 따라 보상합니다.

9. 인간면역결핍바이러스(HIV) 감염으로 인한 치료비(다만, 「의료법」에서 정한 의료인의 진료상 또는 치료 중 혈액에 의한 HIV 감염은 해당 진료기록을 통해 객관적으로 확인되는 경우는 제3조(보상내용)에 따라 보상합니다)

10. 「국민건강보험법」 제42조의 요양기관이 아닌 외국에 있는 의료기관에서 발생한 의료비

11. 「응급의료에 관한 법률」 및 동 시행규칙에서 정한 응급환자에 해당하지 않는 자가 「의료법」 제3조의4에 따른 상급종합병원 응급실을 이용하면서 발생한 응급의료관리료

제5조(특별약관의 소멸) 피보험자의 사망으로 인하여 이 특별약관에서 규정하는 보험금 지급 사유가 더 이상 발생할 수 없는 경우에는 이 계약은 그때부터 효력이 없습니다.

제6조(준용규정) 이 특별약관에서 정하지 않은 사항은 기본형 실손의료보험 표준약관을 따릅니다.

□ 비급여 주사료 실손의료보험 특별약관

제1조(보장종목) ① 회사가 판매하는 비급여 주사료 실손의료보험 특별약관(이하 '특별약관'이라 합니다)은 아래의 내용으로 구성되어 있습니다.

보상하는 내용
피보험자가 상해 또는 질병의 치료목적으로 병원에 입원 또는 통원하여 비급여^{주)}에 해당하는 주사료를 부담하는 경우에 보상

주) 「국민건강보험법」 또는 「의료급여법」에 따라 보건복지부장관이 정한 비급여대상(「국민건강보험법」에서 정한 요양급여 또는 「의료급여법」에서 정한 의료급여 절차를 거쳤지만 급여항목이 발생하지 않은 경우로 「국민건강보험법」 또는 「의료급여법」에 따른 비급여항목 포함)

② 회사는 이 특별약관의 명칭에 '비급여 주사료 실손의료비'라는 문구를 포함하여 사용합니다.

제2조(용어의 정의) ① 이 특별약관에서 사용하는 용어의 뜻은 다음과 같습니다.

용어	정의
주사료	주사치료 시 사용된 행위, 약제 및 치료재료대
항암제	식품의약품안전처가 「의약품등 분류번호에 관한 규정」에 따라 지정하는 '조직세포의 기능용 의약품' 중 '종양용약'과 '조직세포의 치료 및 진단 목적제제'* * 「의약품등 분류번호에 관한 규정」에 따른 의약품분류표가 변경되는 경우 치료시점의 의약품분류표에 따릅니다.
항생제 (항진균제 포함)	식품의약품안전처가 「의약품등 분류번호에 관한 규정」에 따라 지정하는 '항병원생물성 의약품' 중 '항생물질제제', '화학요법제' 및 '기생동물에 대한 의약품 중 항원충제'* * 「의약품등 분류번호에 관한 규정」에 따른 의약품분류표가 변경되는 경우 치료시점의 의약품분류표에 따릅니다.
희귀의약품	식품의약품안전처장이 「희귀의약품 지정에 관한 규정」에 따라 지정하는 의약품* * 「희귀의약품 지정에 관한 규정」에 따른 희귀의약품 지정 항목이 변경되는 경우 치료시점의 희귀의약품 지정 항목에 따릅니다.

② 제1항에서 정하지 않은 용어의 뜻은 기본형 실손의료보험 표준약관 제2조(용어의 정의)를 준용합니다.

제3조(보상내용) 회사가 이 계약의 보험기간 중 보상하거나 공제하는 내용은 다음과 같습니다.

보상하는 사항
① 회사는 피보험자가 이 특별약관의 보험기간 중 상해 또는 질병의 치료목적으로 병원에 입원 또는 통원하여 주사치료를 받아 본인이 실제로 부담한 비급여 주사료에서 공제금액을 뺀 금액을 보상한도 내에서 보상합니다.

보상하는 사항	

구분	내용
보장대상 의료비	주사치료를 받아 본인이 실제로 부담한 비급여 주사료
공제금액	입원·통원 1회당 2만원과 보장대상의료비의 30% 중 큰 금액
보상한도	계약일 또는 매년 계약해당일부터 1년 단위로 250만원 이내에서 입원과 통원을 합산하여 50회까지 보상

〈보상기간 예시〉

(i) 계약일 또는 매년 계약해당일로부터 1년내 250만원을 모두 보상한 경우

(ii) 계약일 또는 매년 계약해당일로부터 1년내 지급된 보험금이 250만원 미만이나 50회 모두 보상한 경우

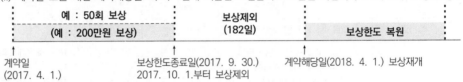

② 제1항의 주사료에서 항암제, 항생제(항진균제 포함), 희귀의약품을 위해 사용된 비급여 주사료는 기본형 실손의료보험에서 보상합니다.

③ 병원을 1회 통원(또는 1회 입원)하여 치료목적으로 2회 이상 주사치료를 받더라도 1회로 보고 제1항에서 정한 공제금액 및 보상한도를 적용합니다.

④ 제3항에서 1회 입원이라 함은 퇴원없이 계속 중인 입원(동일한 질병 또는 상해 치료목적으로 퇴원 당일 다른 병원으로 옮겨 입원하는 경우 포함)을 말합니다. 동일한 상해 또는 질병으로 인한 입원이라고 하더라도 퇴원 후 재입원하는 경우에는 퇴원 전후 입원기간을 각각 1회 입원으로 봅니다.

⑤ 제1항에서 보상하는 비급여의료비와 다른 의료비가 함께 청구되고 각 항목별 의료비가 구분되지 않는 경우 회사는 보험금 지급금액을 결정하기 위해 계약자, 피보험자 또는 보험수익자에게 제1항에서 보상하는 의료비의 확인을 요청할 수 있습니다.

⑥ 제1항의 상해에는 유독가스 또는 유독물질을 우연히 일시에 흡입, 흡수 또는 섭취한 결과로 생긴 중독증상이 포함됩니다. 다만, 유독가스 또는 유독물질을 상습적으로 흡입, 흡수 또는 섭취한 결과로 생긴 중독증상과 세균성 음식물 중독증상은 포함되지 않습니다.

⑦ 삭제〈2018. 7. 10.〉

⑧ 피보험자가 입원 또는 통원하여 치료를 받던 중 보험기간이 끝나더라도 그 계속 중인 치료에 대하여는 보험기간 종료일부터 180일까지(보험기간 종료일은 제외합니다) 보상합니다. 이 경우 보상한도는 연간 보상한도(금액)에서 직전 보험기간 종료일까지 지급한 금액을 차감한 잔여 금액과 연간 보상한도(횟수)에서 직전 보험기간 종료일까지 보상한 횟수를 차감한 잔여횟수를 한도로 적용합니다. 다만, 종전 계약을 자동갱신하거나 같은 회사의 보험상품에 재가입하는 경우에는 종전 계약의 보험기간을 연장하는 것으로 보아 제1항을 적용합니다.

보상하는 사항

〈보상기간 예시〉

보장대상기간 (1년)	보장대상기간 (1년)	보장대상기간 (1년)	추가보상 (180일)
↑ 계약일 (2018. 1. 1.)	↑ 계약해당일 (2019. 1. 1.)	↑ 계약해당일 (2020. 1. 1.)	↑ 계약종료일 (2020. 12. 31.) ↑ 보상종료 (2021. 6. 29.)

⑨ 피보험자가 직원복리후생제도에 의해 의료비를 감면받고 그 감면받은 의료비가 근로소득에 포함되는 경우에는 그 감면 전 의료비를 기준으로 비급여 주사료를 계산합니다.

⑩ 삭제 〈2018. 7. 10.〉

⑪ 삭제 〈2018. 7. 10.〉

⑫ 삭제 〈2018. 7. 10.〉

⑬ 회사는 피보험자가 상해 또는 질병의 치료목적으로 병원에 입원 또는 통원하여 주사치료를 받은 경우, 본인의 장기등(「장기등 이식에 관한 법률」 제4조에 의한 "장기등"을 의미합니다)의 기능회복을 위하여 「장기등 이식에 관한 법률」 제42조 및 관련 고시에 따라 장기등의 적출 및 이식에 드는 비용(공여적합성 여부를 확인하기 위한 검사비, 뇌사장기기증자 관리료 및 이에 속하는 비용항목 포함)은 제1항 내지 제12항에 따라 보상합니다.

제4조(보상하지 않는 사항) 회사가 보상하지 않는 사항은 다음과 같습니다.

보상하지 않는 사항

① 회사는 다음의 사유로 인하여 생긴 의료비는 보상하지 않습니다.
  1. 피보험자가 고의로 자신을 해친 경우. 다만, 피보험자가 심신상실 등으로 자유로운 의사결정을 할 수 없는 상태에서 자신을 해친 사실이 증명된 경우에는 제3조(보상내용)에 따라 보상합니다.
  2. 보험수익자가 고의로 피보험자를 해친 경우. 다만, 그 보험수익자가 보험금의 일부 보험수익자인 경우에는 다른 보험수익자에 대한 보험금은 제3조(보상내용)에 따라 지급합니다.
  3. 계약자가 고의로 피보험자를 해친 경우
  4. 전쟁, 외국의 무력행사, 혁명, 내란, 사변, 폭동으로 인한 경우
  5. 피보험자가 정당한 이유없이 입원 또는 통원 기간 중 의사의 지시를 따르지 않아 발생한 의료비

② 회사는 다른 약정이 없으면 피보험자가 직업, 직무 또는 동호회 활동 목적으로 한 다음의 어느 하나에 해당하는 행위로 인하여 생긴 상해에 대해서는 보상하지 않습니다.
  1. 전문등반(전문적인 등산용구를 사용하여 암벽 또는 빙벽을 오르내리거나 특수한 기술, 경험, 사전 훈련이 필요한 등반을 말합니다), 글라이더 조종, 스카이다이빙, 스쿠버다이빙, 행글라이딩, 수상보트, 패러글라이딩
  2. 모터보트ㆍ자동차 또는 오토바이에 의한 경기, 시범, 행사(이를 위한 연습을 포함합니다) 또는 시운전 (다만, 공용도로에서 시운전을 하는 동안 발생한 상해는 제3조(보상내용)에 따라 보상합니다)
  3. 선박 승무원, 어부, 사공, 그 밖에 선박에 탑승하는 것을 직무로 하는 사람의 직무상 선박탑승

③ 회사는 '한국표준질병사인분류'에 따른 다음의 의료비에 대해서는 보상하지 않습니다.
  1. 정신 및 행동장애(F04~F99)
  2. 여성생식기의 비염증성 장애로 인한 습관성 유산, 불임 및 인공수정 관련 합병증(N96~N98)

3. 피보험자가 임신, 출산(제왕절개를 포함합니다), 산후기로 입원 또는 통원한 경우(O00~O99). 다만, 회사가 보상하는 상해로 인하여 입원 또는 통원한 경우에는 제3조(보상내용)에 따라 보상합니다.

4. 선천성 뇌질환(Q00~Q04)

5. 비만(E66)

6. 요실금(N39.3, N39.4, R32)

7. 직장 또는 항문 질환 중 「국민건강보험법」에 따른 요양급여에 해당하지 않는 부분(I84, K60~K62, K64)

④ 회사는 다음의 의료비에 대해서는 보상하지 않습니다.

1. 치과치료(다만, 안면부 골절로 발생한 의료비는 치아 관련 치료를 제외하고 제3조(보상내용)에 따라 보상하며, K00~K08과 무관한 질병으로 인한 의료비는 제3조(보상내용)에 따라 보상합니다) · 한방치료(다만, 「의료법」 제2조에 따른 한의사를 제외한 '의사'의 의료행위에 의해서 발생한 의료비는 제3조(보상내용)에 따라 보상합니다)에서 발생한 「국민건강보험법」에 따른 요양급여에 해당하지 않는 비급여의료비

2. 건강검진(단, 검사결과 이상 소견에 따라 건강검진센터 등에서 발생한 추가 의료비용은 제3조(보상내용)에 따라 보상합니다), 예방접종, 인공유산에 든 비용. 다만, 회사가 보상하는 상해 또는 질병의 치료를 목적으로 하는 경우에는 제3조(보상내용)에 따라 보상합니다.

3. 영양제, 비타민제, 호르몬 투여, 보신용 투약, 친자 확인을 위한 진단, 불임검사, 불임수술, 불임복원술, 보조생식술(체내, 체외 인공수정을 포함합니다), 성장촉진, 의약외품과 관련하여 소요된 비용. 다만, 회사가 보상하는 상해 또는 질병의 치료를 목적으로 하는 경우에는 제3조(보상내용)에 따라 보상합니다.

4. 다음의 어느 하나에 해당하는 치료로 인하여 발생한 의료비

   가. 단순한 피로 또는 권태

   나. 주근깨, 다모, 무모, 백모증, 딸기코(주사비), 점, 모반(피보험자가 보험가입당시 태아인 경우 화염상모반 등 선천성 비신생물성모반(Q82.5)은 제3조(보상내용)에 따라 보상합니다), 사마귀, 여드름, 노화현상으로 인한 탈모 등 피부질환

   다. 발기부전(impotence) · 불감증, 단순 코골음(수면무호흡증(G47.3)은 보상합니다), 치료를 동반하지 않는 단순포경(phimosis), 「국민건강보험 요양급여의 기준에 관한 규칙」 제9조 제1항([별표2] 비급여대상)에 따른 업무 또는 일상생활에 지장이 없는 검열반 등 안과질환

5. 의치, 의수족, 의안, 안경, 콘택트렌즈, 보청기, 목발, 팔걸이(Arm Sling), 보조기 등 진료 재료의 구입 및 대체 비용. 다만, 인공장기 등 신체에 이식되어 그 기능을 대신하는 경우에는 제3조(보상내용)에 따라 보상합니다.

6. 아래에 열거된 국민건강보험 비급여 대상으로 신체의 필수 기능개선 목적이 아닌 외모개선 목적의 치료로 인하여 발생한 의료비

   가. 쌍꺼풀수술(이중검수술. 다만, 안검하수, 안검내반 등을 치료하기 위한 시력개선 목적의 이중검수술은 제3조(보상내용)에 따라 보상합니다), 코성형수술(융비술), 유방 확대(다만, 유방암 환자의 유방재건술은 제3조(보상내용)에 따라 보상합니다) · 축소술, 지방흡입술(다만, 「국민건강보험법」 및 관련 고시에 따라 요양급여에 해당하는 '여성형 유방증'을 수술하면서 그 일련의 과정으로 시행한 지방흡입술은 제3조(보상내용)에 따라 보상합니다), 주름살 제거술 등

   나. 사시교정, 안와격리증(양쪽 눈을 감싸고 있는 뼈와 뼈 사이의 거리가 넓은 증상)의 교정 등 시각계 수술로서 시력개선 목적이 아닌 외모개선 목적의 수술

   다. 안경, 콘택트렌즈 등을 대체하기 위한 시력교정술(국민건강보험 요양급여 대상 수술방법 또는 치료재료가 사용되지 않은 부분은 시력교정술로 봅니다)

   라. 외모개선 목적의 다리 정맥류 수술

보상하지 않는 사항

　　마. 그 밖에 외모개선 목적의 치료로 국민건강보험 비급여대상에 해당하는 치료

　7. 진료와 무관한 각종 비용(TV시청료, 전화료, 각종 증명료 등을 말합니다), 의사의 임상적 소견과 관련이 없는 검사비용, 간병비

　8. 자동차보험(공제를 포함합니다) 또는 산재보험에서 보상받는 의료비. 다만, 본인부담의료비는 제3조(보상내용)에 따라 보상합니다.

　9. 인간면역결핍바이러스(HIV) 감염으로 인한 치료비(다만, 「의료법」에서 정한 의료인의 진료상 또는 치료 중 혈액에 의한 HIV 감염은 해당 진료기록을 통해 객관적으로 확인되는 경우는 제3조(보상내용)에 따라 보상합니다)

　10. 「국민건강보험법」 제42조의 요양기관이 아닌 외국에 있는 의료기관에서 발생한 의료비

　11. 「응급의료에 관한 법률」 및 동 시행규칙에서 정한 응급환자에 해당하지 않는 자가 「의료법」 제3조의 4에 따른 상급종합병원 응급실을 이용하면서 발생한 응급의료관리료

　12. 증식치료로 인하여 발생하는 주사료 및 비급여 자기공명영상진단(MRI/MRA)으로 인하여 발생하는 약제비 또는 조영제에 해당하는 의료비

제5조(특별약관의 소멸) 피보험자의 사망으로 인하여 이 특별약관에서 규정하는 보험금 지급 사유가 더 이상 발생할 수 없는 경우에는 이 계약은 그때부터 효력이 없습니다.

제6조(준용규정) 이 특별약관에서 정하지 않은 사항은 기본형 실손의료보험 표준약관을 따릅니다.

□ 비급여 자기공명영상진단(MRI/MRA) 실손의료보험 특별약관

제1조(보장종목) ① 회사가 판매하는 비급여 자기공명영상진단(MRI/MRA) 실손의료보험 특별약관(이하 '특별약관'이라 합니다)은 아래의 내용으로 구성되어 있습니다.

보상하는 내용
피보험자가 상해 또는 질병의 치료목적으로 병원에 입원 또는 통원하여 비급여주) 자기공명영상진단을 받은 경우에 보상

주) 「국민건강보험법」 또는 「의료급여법」에 따라 보건복지부장관이 정한 비급여대상(「국민건강보험법」에서 정한 요양급여 또는 「의료급여법」에서 정한 의료급여 절차를 거쳤지만 급여항목이 발생하지 않은 경우로 「국민건강보험법」 또는 「의료급여법」에 따른 비급여항목 포함)

　② 회사는 이 특별약관의 명칭에 '비급여 자기공명영상진단(MRI/MRA) 실손의료비'라는 문구를 포함하여 사용합니다.

제2조(용어의 정의) ① 이 특별약관에서 사용하는 용어의 뜻은 다음과 같습니다.

용어	정의
자기공명영상 진단	자기공명영상 장치를 이용하여 고주파 등을 통한 신호의 차이를 영상화하여 조직의 구조를 분석하는 검사(MRI/MRA)

용어	정의
	* 자기공명영상진단 결과를 다른 의료기관에서 판독하는 경우 포함 (보건복지부에서 고시하는 「건강보험 행위 급여 · 비급여 목록 및 급여 상대가치점수」상의 MRI 범주에 따름)

② 제1항에서 정하지 않은 용어의 뜻은 기본형 실손의료보험 표준약관 제2조(용어의 정의)를 준용합니다.

제3조(보상내용) 회사가 이 계약의 보험기간 중 보상하거나 공제하는 내용은 다음과 같습니다.

보상하는 사항

① 회사는 피보험자가 이 특별약관의 보험기간 중 상해 또는 질병의 치료목적으로 병원에 입원 또는 통원하여 자기공명영상진단을 받아 본인이 실제로 부담한 비급여의료비(조영제, 판독료를 포함합니다)에서 공제금액을 뺀 금액을 보상한도 내에서 보상합니다.

구분	내용
보장대상 의료비	자기공명영상진단을 받아 본인이 실제로 부담한 비급여의료비(조영제, 판독료 포함)
공제금액	1회당 2만원과 보장대상의료비의 30% 중 큰 금액
보상한도	계약일 또는 매년 계약해당일부터 1년 단위로 연간 300만원 한도 내에서 보상

② 병원을 1회 통원(또는 1회 입원)하여 2개 이상 부위에 걸쳐 이 특별약관에서 정한 자기공명영상진단을 받거나 동일한 부위에 대해 2회 이상 이 특별약관에서 정한 자기공명영상진단을 받는 경우 각 진단행위를 1회로 보아 각각 1회당 공제금액 및 보상한도를 적용합니다.

③ 제1항의 상해에는 유독가스 또는 유독물질을 우연히 일시에 흡입, 흡수 또는 섭취한 결과로 생긴 중독증상이 포함됩니다. 다만, 유독가스 또는 유독물질을 상습적으로 흡입, 흡수 또는 섭취한 결과로 생긴 중독증상과 세균성 음식물 중독증상은 포함되지 않습니다.

④ 삭제 〈2018. 7. 10.〉

⑤ 피보험자가 입원 또는 통원하여 치료를 받던 중 보험기간이 끝나더라도 그 계속 중인 치료에 대하여는 보험기간 종료일부터 180일까지(보험기간 종료일은 제외합니다) 보상합니다. 이 경우 보상한도는 연간 보상한도에서 직전 보험기간 종료일까지 지급한 보상금액을 차감한 잔여 금액을 한도로 적용합니다. 다만, 종전 계약을 자동갱신하거나 같은 회사의 보험상품에 재가입하는 경우에는 종전 계약의 보험기간을 연장하는 것으로 보아 제1항을 적용합니다.

〈보상기간 예시〉

보장대상기간 (1년)	보장대상기간 (1년)	보장대상기간 (1년)	추가보상 (180일)
↑ 계약일 (2018. 1. 1.)	↑ 계약해당일 (2019. 1. 1.)	↑ 계약해당일 (2020. 1. 1.)	↑ 계약종료일 (2020. 12. 31.)

보상종료
(2021. 6. 29.)

⑥ 피보험자가 직원복리후생제도에 의해 의료비를 감면받고 그 감면받은 의료비가 근로소득에 포함되는 경우에는 그 감면 전 의료비를 기준으로 비급여 자기공명영상진단(MRI/MRA) 의료비를 계산합니다.

⑦ 삭제 〈2018. 7. 10.〉

⑧ 삭제 〈2018. 7. 10.〉

보상하는 사항

⑨ 삭제 〈2018. 7. 10.〉

⑩ 회사는 피보험자가 상해 또는 질병의 치료목적으로 병원에 입원 또는 통원하여 자기공명영상진단을 받은 경우, 본인의 장기등(「장기등 이식에 관한 법률」 제4조에 의한 "장기등"을 의미합니다)의 기능회복을 위하여 「장기등 이식에 관한 법률」 제42조 및 관련 고시에 따라 장기등의 적출 및 이식에 드는 비용(공여 적합성 여부를 확인하기 위한 검사비, 뇌사장기기증자 관리료 및 이에 속하는 비용항목 포함)은 제1항 내지 제9항에 따라 보상합니다.

제4조(보상하지 않는 사항) 회사가 보상하지 않는 사항은 다음과 같습니다.

보상하지 않는 사항

① 회사는 다음의 사유로 인하여 생긴 의료비는 보상하지 않습니다.
  1. 피보험자가 고의로 자신을 해친 경우. 다만, 피보험자가 심신상실 등으로 자유로운 의사결정을 할 수 없는 상태에서 자신을 해친 사실이 증명된 경우에는 제3조(보상내용)에 따라 보상합니다.
  2. 보험수익자가 고의로 피보험자를 해친 경우. 다만, 그 보험수익자가 보험금의 일부 보험수익자인 경우에는 다른 보험수익자에 대한 보험금은 제3조(보상내용)에 따라 지급합니다.
  3. 계약자가 고의로 피보험자를 해친 경우
  4. 전쟁, 외국의 무력행사, 혁명, 내란, 사변, 폭동으로 인한 경우
  5. 피보험자가 정당한 이유없이 입원 또는 통원 기간 중 의사의 지시를 따르지 않아 발생한 의료비

② 회사는 다른 약정이 없으면 피보험자가 직업, 직무 또는 동호회 활동 목적으로 한 다음의 어느 하나에 해당하는 행위로 인하여 생긴 상해에 대해서는 보상하지 않습니다.
  1. 전문등반(전문적인 등산용구를 사용하여 암벽 또는 빙벽을 오르내리거나 특수한 기술, 경험, 사전 훈련이 필요한 등반을 말합니다), 글라이더 조종, 스카이다이빙, 스쿠버다이빙, 행글라이딩, 수상보트, 패러글라이딩
  2. 모터보트 · 자동차 또는 오토바이에 의한 경기, 시범, 행사(이를 위한 연습을 포함합니다) 또는 시운전 (다만, 공용도로에서 시운전을 하는 동안 발생한 상해는 제3조(보상내용)에 따라 보상합니다)
  3. 선박 승무원, 어부, 사공, 그 밖에 선박에 탑승하는 것을 직무로 하는 사람의 직무상 선박탑승

③ 회사는 '한국표준질병사인분류'에 따른 다음의 의료비에 대해서는 보상하지 않습니다.
  1. 정신 및 행동장애(F04~F99)
  2. 여성생식기의 비염증성 장애로 인한 습관성 유산, 불임 및 인공수정 관련 합병증(N96~N98)
  3. 피보험자가 임신, 출산(제왕절개를 포함합니다), 산후기로 입원 또는 통원한 경우(O00~O99). 다만, 회사가 보상하는 상해로 인하여 입원 또는 통원한 경우에는 제3조(보상내용)에 따라 보상합니다.
  4. 선천성 뇌질환(Q00~Q04)
  5. 비만(E66)
  6. 요실금(N39.3, N39.4, R32)
  7. 직장 또는 항문 질환 중 「국민건강보험법」에 따른 요양급여에 해당하지 않는 부분(I84, K60~K62, K64)

④ 회사는 다음의 의료비에 대해서는 보상하지 않습니다.
  1. 치과치료(다만, 안면부 골절로 발생한 의료비는 치아 관련 치료를 제외하고 제3조(보상내용)에 따라 보상하며, K00~K08과 무관한 질병으로 인한 의료비는 제3조(보상내용)에 따라 보상합니다) · 한방치료(다만, 「의료법」 제2조에 따른 한의사를 제외한 '의사'의 의료행위에 의해서 발생한 의료비는 제3

조(보상내용)에 따라 보상합니다)에서 발생한 「국민건강보험법」에 따른 요양급여에 해당하지 않는 비급여의료비

2. 건강검진(단, 검사결과 이상 소견에 따라 건강검진센터 등에서 발생한 추가 의료비용은 제3조(보상내용)에 따라 보상합니다), 예방접종, 인공유산에 든 비용. 다만, 회사가 보상하는 상해 또는 질병의 치료를 목적으로 하는 경우에는 제3조(보상내용)에 따라 보상합니다.

3. 영양제, 비타민제, 호르몬 투여, 보신용 투약, 친자 확인을 위한 진단, 불임검사, 불임수술, 불임복원술, 보조생식술(체내, 체외 인공수정을 포함합니다), 성장촉진, 의약외품과 관련하여 소요된 비용. 다만, 회사가 보상하는 상해 또는 질병의 치료를 목적으로 하는 경우에는 제3조(보상내용)에 따라 보상합니다.

4. 다음의 어느 하나에 해당하는 치료로 인하여 발생한 의료비
   가. 단순한 피로 또는 권태
   나. 주근깨, 다모, 무모, 백모증, 딸기코(주사비), 점, 모반(피보험자가 보험가입당시 태아인 경우 화염상모반 등 선천성 비신생물성모반(Q82.5)은 제3조(보상내용)에 따라 보상합니다), 사마귀, 여드름, 노화현상으로 인한 탈모 등 피부질환
   다. 발기부전(impotence)·불감증, 단순 코골음(수면무호흡증(G47.3)은 보상합니다), 치료를 동반하지 않는 단순포경(phimosis), 「국민건강보험 요양급여의 기준에 관한 규칙」 제9조 제1항([별표2] 비급여대상)에 따른 업무 또는 일상생활에 지장이 없는 검열반 등 안과질환

5. 의치, 의수족, 의안, 안경, 콘택트렌즈, 보청기, 목발, 팔걸이(Arm Sling), 보조기 등 진료 재료의 구입 및 대체 비용. 다만, 인공장기 등 신체에 이식되어 그 기능을 대신하는 경우에는 제3조(보상내용)에 따라 보상합니다.

6. 아래에 열거된 국민건강보험 비급여 대상으로 신체의 필수 기능개선 목적이 아닌 외모개선 목적의 치료로 인하여 발생한 의료비
   가. 쌍꺼풀수술(이중검수술. 다만, 안검하수, 안검내반 등을 치료하기 위한 시력개선 목적의 이중검수술은 제3조(보상내용)에 따라 보상합니다), 코성형수술(융비술), 유방 확대(다만, 유방암 환자의 유방재건술은 제3조(보상내용)에 따라 보상합니다)·축소술, 지방흡입술(다만, 「국민건강보험법」 및 관련 고시에 따라 요양급여에 해당하는 '여성형 유방증'을 수술하면서 그 일련의 과정으로 시행한 지방흡입술은 제3조(보상내용)에 따라 보상합니다), 주름살 제거술 등
   나. 사시교정, 안와격리증(양쪽 눈을 감싸고 있는 뼈와 뼈 사이의 거리가 넓은 증상)의 교정 등 시각계 수술로서 시력개선 목적이 아닌 외모개선 목적의 수술
   다. 안경, 콘택트렌즈 등을 대체하기 위한 시력교정술(국민건강보험 요양급여 대상 수술방법 또는 치료재료가 사용되지 않은 부분은 시력교정술로 봅니다)
   라. 외모개선 목적의 다리 정맥류 수술
   마. 그 밖에 외모개선 목적의 치료로 국민건강보험 비급여대상에 해당하는 치료

7. 진료와 무관한 각종 비용(TV시청료, 전화료, 각종 증명료 등을 말합니다), 의사의 임상적 소견과 관련이 없는 검사비용, 간병비

8. 자동차보험(공제를 포함합니다) 또는 산재보험에서 보상받는 의료비. 다만, 본인부담의료비는 제3조(보상내용)에 따라 보상합니다.

9. 인간면역결핍바이러스(HIV) 감염으로 인한 치료비(다만, 「의료법」에서 정한 의료인의 진료상 또는 치료 중 혈액에 의한 HIV 감염은 해당 진료기록을 통해 객관적으로 확인되는 경우는 제3조(보상내용)에 따라 보상합니다)

10. 「국민건강보험법」 제42조의 요양기관이 아닌 외국에 있는 의료기관에서 발생한 의료비

11. 「응급의료에 관한 법률」 및 동 시행규칙에서 정한 응급환자에 해당하지 않는 자가 「의료법」 제3조의4에 따른 상급종합병원 응급실을 이용하면서 발생한 응급의료관리료

제5조(특별약관의 소멸) 피보험자의 사망으로 인하여 이 특별약관에서 규정하는 보험금 지급 사유가 더 이상 발생할 수 없는 경우에는 이 계약은 그때부터 효력이 없습니다.

제6조(준용규정) 이 특별약관에서 정하지 않은 사항은 기본형 실손의료보험 표준약관을 따릅니다.

제14차 개정 표준약관(2020. 7. 31.)

〈실손 의료보험〉

실손의료보험은 보험회사가 피보험자의 질병 또는 상해로 인한 손해(의료비에 한정합니다)를 보상하는 상품입니다.

□ **기본형 실손의료보험**

제1관 일반사항 및 용어의 정의

제1조(보장종목) ① 회사가 판매하는 기본형 실손의료보험상품은 다음과 같이 상해입원형, 상해통원형, 질병입원형 및 질병통원형의 4개 이내의 보장종목으로 구성되어 있습니다.

보장종목		보상하는 내용
상해	입원	피보험자가 상해로 인하여 병원에 입원하여 치료를 받은 경우에 보상
	통원	피보험자가 상해로 인하여 병원에 통원하여 치료를 받거나 처방조제를 받은 경우에 보상
질병	입원	피보험자가 질병으로 인하여 병원에 입원하여 치료를 받은 경우에 보상
	통원	피보험자가 질병으로 인하여 병원에 통원하여 치료를 받거나 처방조제를 받은 경우에 보상

② 회사는 이 약관의 명칭에 '실손의료비'라는 문구를 포함하여 사용합니다.

제2조(용어의 정의) 이 약관에서 사용하는 용어의 뜻은 <붙임1>과 같습니다.

제2관 회사가 보상하는 사항

제3조(보장종목별 보상내용) 회사가 이 계약의 보험기간 중 보장종목별로 각각 보상하거나 공제하는 내용은 다음과 같습니다.

보장종목	보상하는 사항
(1) 상해입원	① 회사는 피보험자가 상해로 인하여 병원에 입원하여 치료를 받은 경우에는 입원의료비를 다음과 같이 하나의 상해당 보험가입금액(5천만원 이내에서 계약 시 계약자가 정한 금액을 말합니다)의 한도 내에서 보상합니다.

보장종목	보상하는 사항

구분		보상금액
표준형	입원실료, 입원제비용, 입원수술비	'「국민건강보험법」에서 정한 요양급여 또는 「의료급여법」에서 정한 의료급여 중 본인부담금'과 '비급여^{주)}(상급병실료 차액은 제외합니다)'를 합한 금액(본인이 실제로 부담한 금액을 말합니다)의 80%에 해당하는 금액. 다만, 나머지 20%가 계약일 또는 매년 계약해당일부터 기산하여 연간 200만원을 초과하는 경우 그 초과금액은 보상합니다.
	상급병실료 차액	입원 시 실제로 사용한 병실과 기준병실의 병실료 차액에서 50%를 뺀 금액. 다만, 1일 평균금액 10만원을 한도로 하며, 1일 평균금액은 입원기간 동안 상급병실료 차액 전체를 총 입원일수로 나누어 산출합니다.
선택형	입원실료, 입원제비용, 입원수술비	'「국민건강보험법」에서 정한 요양급여 또는 「의료급여법」에서 정한 의료급여 중 본인부담금'과 '비급여^{주)}(상급병실료 차액은 제외합니다)'를 합한 금액(본인이 실제로 부담한 금액을 말합니다)의 90%에 해당하는 금액. 다만, 나머지 10%가 계약일 또는 매년 계약해당일부터 기산하여 연간 200만원을 초과하는 경우 그 초과금액은 보상합니다.
	상급병실료 차액	입원 시 실제로 사용한 병실과 기준병실의 병실료 차액에서 50%를 뺀 금액. 다만, 1일 평균금액 10만원을 한도로 하며, 1일 평균금액은 입원기간 동안 상급병실료 차액 전체를 총 입원일수로 나누어 산출합니다.

주) 「국민건강보험법」 또는 「의료급여법」에 따라 보건복지부장관이 정한 비급여대상(「국민건강보험법」에서 정한 요양급여 또는 「의료급여법」에서 정한 의료급여 절차를 거쳤지만 급여항목이 발생하지 않은 경우로 「국민건강보험법」 또는 「의료급여법」에 따른 비급여항목 포함)

② 제1항의 상해에는 유독가스 또는 유독물질을 우연히 일시에 흡입, 흡수 또는 섭취한 결과로 생긴 중독증상이 포함됩니다. 다만, 유독가스 또는 유독물질을 상습적으로 흡입, 흡수 또는 섭취한 결과로 생긴 중독증상과 세균성 음식물 중독증상은 포함되지 않습니다.

③ 피보험자가 「국민건강보험법」 또는 「의료급여법」을 적용받지 못하는 경우에는 입원의료비(「국민건강보험 요양급여의 기준에 관한 규칙」에 따라 보건복지부장관이 정한 급여 및 비급여의료비 항목만 해당합니다) 중 본인이 실제로 부담한 금액의 40%를 하나의 상해당 보험가입금액(5천만원 이내에서 계약 시 계약자가 정한 금액을 말합니다)의 한도 내에서 보상합니다.

④ 제1항에도 불구하고 회사는 하나의 상해(같은 상해로 2회 이상 치료를 받는 경우에도 이를 하나의 상해로 봅니다)로 인한 입원의료비를 보험가입금액까지 보상한 경우에는 보상한 도종료일부터 90일이 경과한 날부터 최초 입원한 것과 동일한 기준으로 다시 보상합니다(계속 입원을 포함합니다). 다만, 최초 입원일부터 275일(365일-90일) 이내에 보상한도종료일이 있는 경우에는 최초 입원일부터 365일이 경과되는 날부터 최초 입원한 것과 동일한 기준으로 다시 보상합니다.

보장종목	보상하는 사항

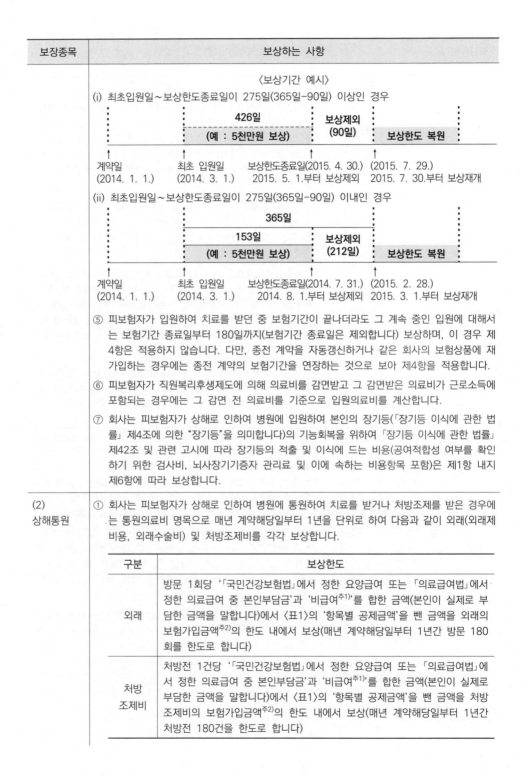

〈보상기간 예시〉

(i) 최초입원일~보상한도종료일이 275일(365일-90일) 이상인 경우

426일	보상제외	
(예 : 5천만원 보상)	(90일)	보상한도 복원

계약일　　　　　　　　최초 입원일　　　　보상한도종료일(2015. 4. 30.)　(2015. 7. 29.)
(2014. 1. 1.)　　　　　(2014. 3. 1.)　　　2015. 5. 1.부터 보상제외　2015. 7. 30.부터 보상재개

(ii) 최초입원일~보상한도종료일이 275일(365일-90일) 이내인 경우

365일

153일	보상제외	
(예 : 5천만원 보상)	(212일)	보상한도 복원

계약일　　　　　　　　최초 입원일　　　　보상한도종료일(2014. 7. 31.)　(2015. 2. 28.)
(2014. 1. 1.)　　　　　(2014. 3. 1.)　　　2014. 8. 1.부터 보상제외　2015. 3. 1.부터 보상재개

⑤ 피보험자가 입원하여 치료를 받던 중 보험기간이 끝나더라도 그 계속 중인 입원에 대해서는 보험기간 종료일부터 180일까지(보험기간 종료일은 제외합니다) 보상하며, 이 경우 제4항은 적용하지 않습니다. 다만, 종전 계약을 자동갱신하거나 같은 회사의 보험상품에 재가입하는 경우에는 종전 계약의 보험기간을 연장하는 것으로 보아 제4항을 적용합니다.

⑥ 피보험자가 직원복리후생제도에 의해 의료비를 감면받고 그 감면받은 의료비가 근로소득에 포함되는 경우에는 그 감면 전 의료비를 기준으로 입원의료비를 계산합니다.

⑦ 회사는 피보험자가 상해로 인하여 병원에 입원하여 본인의 장기등(「장기등 이식에 관한 법률」제4조에 의한 "장기등"을 의미합니다)의 기능회복을 위하여 「장기등 이식에 관한 법률」제42조 및 관련 고시에 따라 장기등의 적출 및 이식에 드는 비용(공여적합성 여부를 확인하기 위한 검사비, 뇌사장기기증자 관리료 및 이에 속하는 비용항목 포함)은 제1항 내지 제6항에 따라 보상합니다.

(2) 상해통원	① 회사는 피보험자가 상해로 인하여 병원에 통원하여 치료를 받거나 처방조제를 받은 경우에는 통원의료비 명목으로 매년 계약해당일부터 1년을 단위로 하여 다음과 같이 외래(외래제비용, 외래수술비) 및 처방조제비를 각각 보상합니다.

구분	보상한도
외래	방문 1회당 '「국민건강보험법」에서 정한 요양급여 또는 「의료급여법」에서 정한 의료급여 중 본인부담금'과 '비급여[주1)]'를 합한 금액(본인이 실제로 부담한 금액을 말합니다)에서 〈표1〉의 '항목별 공제금액'을 뺀 금액을 외래의 보험가입금액[주2)]의 한도 내에서 보상(매년 계약해당일부터 1년간 방문 180회를 한도로 합니다)
처방 조제비	처방전 1건당 '「국민건강보험법」에서 정한 요양급여 또는 「의료급여법」에서 정한 의료급여 중 본인부담금'과 '비급여[주1)]'를 합한 금액(본인이 실제로 부담한 금액을 말합니다)에서 〈표1〉의 '항목별 공제금액'을 뺀 금액을 처방조제비의 보험가입금액[주2)]의 한도 내에서 보상(매년 계약해당일부터 1년간 처방전 180건을 한도로 합니다)

보장종목	보상하는 사항

주1) 「국민건강보험법」 또는 「의료급여법」에 따라 보건복지부장관이 정한 비급여대상(「국민건강보험법」에서 정한 요양급여 또는 「의료급여법」에서 정한 의료급여 절차를 거쳤지만 급여항목이 발생하지 않은 경우로 「국민건강보험법」 또는 「의료급여법」에 따른 비급여항목 포함)

주2) 외래 및 처방조제비는 회(건)당 합산하여 30만원 이내에서 계약 시 계약자가 각각 정한 금액으로 합니다.

〈표1 항목별 공제금액〉

구분		항목	공제금액
표준형	외래 (외래제비용 및 외래수술비 합계)	「의료법」 제3조 제2항 제1호에 따른 의원, 치과의원, 한의원, 같은 항 제2호에 따른 조산원, 「지역보건법」 제10조, 제12조 및 제13조에 따른 보건소, 보건의료원 및 보건지소, 「농어촌 등 보건의료를 위한 특별조치법」 제15조에 따른 보건진료소	1만원과 보장대상 의료비의 20% 중 큰 금액
		「의료법」 제3조 제2항 제3호에 따른 종합병원, 병원, 치과병원, 한방병원, 요양병원	1만5천원과 보장대상 의료비의 20% 중 큰 금액
		「국민건강보험법」 제42조 제2항에 따른 종합전문요양기관 또는 「의료법」 제3조의4에 따른 상급종합병원	2만원과 보장대상 의료비의 20% 중 큰 금액
	처방 조제비	「국민건강보험법」 제42조 제1항 제2호에 따른 약국, 같은 항 제3호에 따른 한국희귀의약품센터에서의 처방, 조제(의사의 처방전 1건당, 의약분업 예외 지역에서 약사의 직접조제 1건당)	8천원과 보장대상 의료비의 20% 중 큰 금액
선택형	외래 (외래제비용 및 외래수술비 합계)	「의료법」 제3조 제2항 제1호에 따른 의원, 치과의원, 한의원, 같은 항 제2호에 따른 조산원, 「지역보건법」 제10조, 제12조 및 제13조에 따른 보건소, 보건의료원 및 보건지소, 「농어촌 등 보건의료를 위한 특별조치법」 제15조에 따른 보건진료소	1만원
		「의료법」 제3조 제2항 제3호에 따른 종합병원, 병원, 치과병원, 한방병원, 요양병원	1만5천원
		「국민건강보험법」 제42조 제2항에 따른 종합전문요양기관 또는 「의료법」 제3조의4에 따른 상급종합병원	2만원
	처방 조제비	「국민건강보험법」 제42조 제1항 제2호에 따른 약국, 같은 항 제3호에 따른 한국희귀의약품센터에서의 처방, 조제(의사의 처방전 1건당, 의약분업 예외 지역에서 약사의 직접조제 1건당)	8천원

보장종목	보상하는 사항
	② 피보험자가 통원하여 치료를 받던 중 보험기간이 끝나더라도 그 계속 중인 통원치료에 대해서는 다음 예시와 같이 보험기간 종료일부터 180일 이내에 외래는 방문 90회, 처방조제비는 처방전 90건의 한도 내에서 보상합니다. 다만, 종전 계약을 자동갱신하거나 같은 회사의 보험상품에 재가입하는 경우에는 종전 계약의 보험기간을 연장하는 것으로 보아 제1항을 적용합니다.

〈보상기간 예시〉

보장대상기간 (1년)	보장대상기간 (1년)	보장대상기간 (1년)	추가보상 (180일)
↑ 계약일 (2014. 1. 1.)	↑ 계약해당일 (2015. 1. 1.)	↑ 계약해당일 (2016. 1. 1.)	↑ 계약종료일 (2016. 12. 31.)

↑
보상종료일
(2017. 6. 29.)

③ 하나의 상해로 인해 하루에 같은 치료를 목적으로 의료기관에서 2회 이상 통원치료를 받거나 하나의 상해로 약국에서 2회 이상의 처방조제를 받은 경우 각각 1회의 외래 및 1건의 처방으로 보아 제1항과 제2항을 적용합니다. 이때 공제금액은 2회 이상의 중복방문 의료기관 중 가장 높은 공제금액을 적용합니다.

④ 제1항의 상해에는 유독가스 또는 유독물질을 우연히 일시에 흡입, 흡수 또는 섭취한 결과로 생긴 중독증상이 포함됩니다. 다만, 유독가스 또는 유독물질을 상습적으로 흡입, 흡수 또는 섭취한 결과로 생긴 중독증상과 세균성 음식물 중독증상은 포함되지 않습니다.

⑤ 피보험자가 「국민건강보험법」 또는 「의료급여법」을 적용받지 못하는 경우에는 통원의료비(「국민건강보험 요양급여의 기준에 관한 규칙」에 따라 보건복지부장관이 정한 급여 및 비급여의료비 항목만 해당합니다) 중 본인이 실제로 부담한 금액에서 〈표1〉의 '항목별 공제금액'을 뺀 금액의 40%를 외래 및 처방조제비로 보험가입금액[외래 및 처방조제비는 회(건)당 합산하여 30만원 이내에서 계약 시 계약자가 각각 정한 금액을 말합니다]의 한도 내에서 보상합니다.

⑥ 피보험자가 직원복리후생제도에 의해 의료비를 감면받고 그 감면받은 의료비가 근로소득에 포함되는 경우에는 그 감면 전 의료비를 기준으로 통원의료비를 계산합니다.

⑦ 회사는 피보험자가 상해로 인하여 병원에 통원하여 본인의 장기등(「장기등 이식에 관한 법률」 제4조에 의한 "장기등"을 의미합니다)의 기능회복을 위하여 「장기등 이식에 관한 법률」 제42조 및 관련 고시에 따라 장기등의 적출 및 이식에 드는 비용(공여적합성 여부를 확인하기 위한 검사비, 뇌사장기기증자 관리료 및 이에 속하는 비용항목 포함)은 제1항 내지 제6항에 따라 보상합니다.

(3) 질병입원	① 회사는 피보험자가 질병으로 인하여 병원에 입원하여 치료를 받은 경우에는 입원의료비를 다음과 같이 하나의 질병당 보험가입금액(5천만원 이내에서 계약 시 계약자가 정한 금액을 말합니다)의 한도 내에서 보상합니다.

구분		보상금액
표준형	입원실료, 입원제비용, 입원수술비	'「국민건강보험법」에서 정한 요양급여 또는 「의료급여법」에서 정한 의료급여 중 본인부담금'과 '비급여^{주)}(상급병실료 차액은 제외합니다)'를 합한 금액(본인이 실제로 부담한 금액을 말합니다)의 80%에 해당하는 금액. 다만, 나머지 20%가 계약일 또

보장종목	보상하는 사항	

구분		보상금액
		는 매년 계약해당일부터 기산하여 연간 200만원을 초과하는 경우 그 초과금액은 보상합니다.
	상급병실료 차액	입원 시 실제로 사용한 병실과 기준병실의 병실료 차액에서 50%를 뺀 금액. 다만, 1일 평균금액 10만원을 한도로 하며, 1일 평균금액은 입원기간 동안 상급병실료 차액 전체를 총 입원일수로 나누어 산출합니다.
선택형	입원실료, 입원제비용, 입원수술비	'「국민건강보험법」에서 정한 요양급여 또는 「의료급여법」에서 정한 의료급여 중 본인부담금'과 '비급여^{주)}(상급병실료 차액은 제외합니다)'를 합한 금액(본인이 실제로 부담한 금액을 말합니다)의 90%에 해당하는 금액. 다만, 나머지 10%가 계약일 또는 매년 계약해당일부터 기산하여 연간 200만원을 초과하는 경우 그 초과금액은 보상합니다.
	상급병실료 차액	입원 시 실제로 사용한 병실과 기준병실의 병실료 차액에서 50%를 뺀 금액. 다만, 1일 평균금액 10만원을 한도로 하며, 1일 평균금액은 입원기간 동안 상급병실료 차액 전체를 총 입원일수로 나누어 산출합니다.

주) 「국민건강보험법」 또는 「의료급여법」에 따라 보건복지부장관이 정한 비급여대상(「국민건강보험법」에서 정한 요양급여 또는 「의료급여법」에서 정한 의료급여 절차를 거쳤지만 급여항목이 발생하지 않은 경우로 「국민건강보험법」 또는 「의료급여법」에 따른 비급여항목 포함)

② 삭제 〈2018. 7. 10.〉

③ 피보험자가 「국민건강보험법」 또는 「의료급여법」을 적용받지 못하는 경우에는 입원의료비(「국민건강보험 요양급여의 기준에 관한 규칙」에 따라 보건복지부장관이 정한 급여 및 비급여의료비 항목만 해당합니다) 중 본인이 실제로 부담한 금액의 40%를 하나의 질병당 보험가입금액(5천만원 이내에서 계약 시 계약자가 정한 금액을 말합니다)의 한도 내에서 보상합니다.

④ 제1항에도 불구하고 회사는 하나의 질병으로 인한 입원의료비를 보험가입금액까지 보상한 경우에는 보상한도 종료일부터 90일이 경과한 날부터 최초 입원한 것과 동일한 기준으로 다시 보상합니다(계속 입원을 포함합니다). 다만, 최초 입원일부터 275일(365일-90일) 이내에 보상한도종료일이 있는 경우에는 최초 입원일부터 365일이 경과되는 날부터 최초 입원한 것과 동일한 기준으로 다시 보상합니다.

〈보상기간 예시〉

(ⅰ) 최초입원일~보상한도종료일이 275일(365일-90일) 이상인 경우

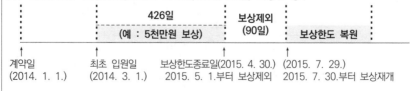

보장종목	보상하는 사항

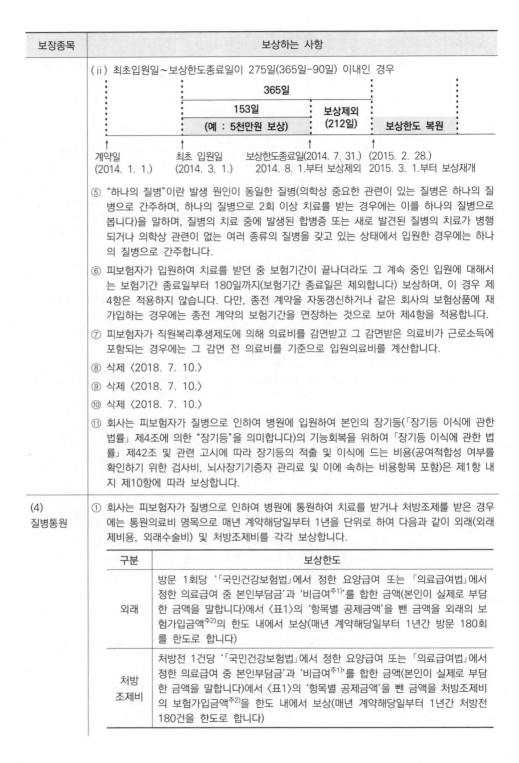

(ii) 최초입원일~보상한도종료일이 275일(365일-90일) 이내인 경우

365일
153일 / 보상제외 (212일)
(예 : 5천만원 보상) / 보상한도 복원

계약일
(2014. 1. 1.)

최초 입원일
(2014. 3. 1.)

보상한도종료일(2014. 7. 31.)
2014. 8. 1.부터 보상제외

(2015. 2. 28.)
2015. 3. 1.부터 보상재개

⑤ "하나의 질병"이란 발생 원인이 동일한 질병(의학상 중요한 관련이 있는 질병은 하나의 질병으로 간주하며, 하나의 질병으로 2회 이상 치료를 받는 경우에는 이를 하나의 질병으로 봅니다)을 말하며, 질병의 치료 중에 발생된 합병증 또는 새로 발견된 질병의 치료가 병행되거나 의학상 관련이 없는 여러 종류의 질병을 갖고 있는 상태에서 입원한 경우에는 하나의 질병으로 간주합니다.

⑥ 피보험자가 입원하여 치료를 받던 중 보험기간이 끝나더라도 그 계속 중인 입원에 대해서는 보험기간 종료일부터 180일까지(보험기간 종료일은 제외합니다) 보상하며, 이 경우 제4항은 적용하지 않습니다. 다만, 종전 계약을 자동갱신하거나 같은 회사의 보험상품에 재가입하는 경우에는 종전 계약의 보험기간을 연장하는 것으로 보아 제4항을 적용합니다.

⑦ 피보험자가 직원복리후생제도에 의해 의료비를 감면받고 그 감면받은 의료비가 근로소득에 포함되는 경우에는 그 감면 전 의료비를 기준으로 입원의료비를 계산합니다.

⑧ 삭제 〈2018. 7. 10.〉

⑨ 삭제 〈2018. 7. 10.〉

⑩ 삭제 〈2018. 7. 10.〉

⑪ 회사는 피보험자가 질병으로 인하여 병원에 입원하여 본인의 장기등(「장기등 이식에 관한 법률」 제4조에 의한 "장기등"을 의미합니다)의 기능회복을 위하여 「장기등 이식에 관한 법률」 제42조 및 관련 고시에 따라 장기등의 적출 및 이식에 드는 비용(공여적합성 여부를 확인하기 위한 검사비, 뇌사장기기증자 관리료 및 이에 속하는 비용항목 포함)은 제1항 내지 제10항에 따라 보상합니다.

(4) 질병통원

① 회사는 피보험자가 질병으로 인하여 병원에 통원하여 치료를 받거나 처방조제를 받은 경우에는 통원의료비 명목으로 매년 계약해당일부터 1년을 단위로 하여 다음과 같이 외래(외래제비용, 외래수술비) 및 처방조제비를 각각 보상합니다.

구분	보상한도
외래	방문 1회당 '「국민건강보험법」에서 정한 요양급여 또는 「의료급여법」에서 정한 의료급여 중 본인부담금'과 '비급여[주1)]'를 합한 금액(본인이 실제로 부담한 금액을 말합니다)에서 〈표1〉의 '항목별 공제금액'을 뺀 금액을 외래의 보험가입금액[주2)]의 한도 내에서 보상(매년 계약해당일부터 1년간 방문 180회를 한도로 합니다)
처방조제비	처방전 1건당 '「국민건강보험법」에서 정한 요양급여 또는 「의료급여법」에서 정한 의료급여 중 본인부담금'과 '비급여[주1)]'를 합한 금액(본인이 실제로 부담한 금액을 말합니다)에서 〈표1〉의 '항목별 공제금액'을 뺀 금액을 처방조제비의 보험가입금액[주2)]을 한도 내에서 보상(매년 계약해당일부터 1년간 처방전 180건을 한도로 합니다)

보장종목	보상하는 사항

주1)「국민건강보험법」또는「의료급여법」에 따라 보건복지부장관이 정한 비급여대상(「국민건강보험법」에서 정한 요양급여 또는「의료급여법」에서 정한 의료급여 절차를 거쳤지만 급여항목이 발생하지 않은 경우로「국민건강보험법」또는「의료급여법」에 따른 비급여항목 포함)

주2) 외래 및 처방조제비는 회(건)당 합산하여 30만원 이내에서 계약 시 계약자가 각각 정한 금액을 말합니다.

〈표1 항목별 공제금액〉

구분		항목	공제 금액
표준형	외래 (외래제비용 및 외래수술비 합계)	「의료법」제3조 제2항 제1호에 따른 의원, 치과의원, 한의원, 같은 항 제2호에 따른 조산원, 「지역보건법」제10조, 제12조 및 제13조에 따른 보건소, 보건의료원 및 보건지소, 「농어촌 등 보건의료를 위한 특별조치법」제15조에 따른 보건진료소	1만원과 보장대상 의료비의 20% 중 큰 금액
		「의료법」제3조 제2항 제3호에 따른 종합병원, 병원, 치과병원, 한방병원, 요양병원	1만5천원과 보장대상 의료비의 20% 중 큰 금액
		「국민건강보험법」제42조 제2항에 따른 종합전문요양기관 또는「의료법」제3조의4에 따른 상급종합병원	2만원과 보장대상 의료비의 20% 중 큰 금액
	처방 조제비	「국민건강보험법」제42조 제1항 제2호에 따른 약국, 같은 항 제3호에 따른 한국희귀의약품센터에서의 처방, 조제(의사의 처방전 1건당, 의약분업 예외 지역에서 약사의 직접조제 1건당)	8천원과 보장대상 의료비의 20% 중 큰 금액
선택형	외래 (외래제비용 및 외래수술비 합계)	「의료법」제3조 제2항 제1호에 따른 의원, 치과의원, 한의원, 같은 항 제2호에 따른 조산원, 「지역보건법」제10조, 제12조 및 제13조에 따른 보건소, 보건의료원 및 보건지소, 「농어촌 등 보건의료를 위한 특별조치법」제15조에 따른 보건진료소	1만원
		「의료법」제3조 제2항 제3호에 따른 종합병원, 병원, 치과병원, 한방병원, 요양병원	1만5천원
		「국민건강보험법」제42조 제2항에 따른 종합전문요양기관 또는「의료법」제3조의4에 따른 상급종합병원	2만원
	처방 조제비	「국민건강보험법」제42조 제1항 제2호에 따른 약국, 같은 항 제3호에 따른 한국희귀의약품센터에서의 처방, 조제(의사의 처방전 1건당, 의약분업 예외 지역에서 약사의 직접조제 1건당)	8천원

보장종목	보상하는 사항

② 피보험자가 통원하여 치료를 받던 중 보험기간이 끝나더라도 그 계속 중인 통원치료에 대해서는 다음 예시와 같이 보험기간 종료일부터 180일 이내에 외래는 방문 90회, 처방조제비는 처방전 90건의 한도 내에서 보상합니다. 다만, 종전 계약을 자동갱신하거나 같은 회사의 보험상품에 재가입하는 경우에는 종전 계약의 보험기간을 연장하는 것으로 보아 제1항을 적용합니다.

〈보상기간 예시〉

보장대상기간 (1년)	보장대상기간 (1년)	보장대상기간 (1년)	추가보상 (180일)
↑ 계약일 (2014. 1. 1.)	↑ 계약해당일 (2015. 1. 1.)	↑ 계약해당일 (2016. 1. 1.)	↑ 계약종료일 (2016. 12. 31.) ↑ 보상종료일 (2017. 6. 29.)

③ 하나의 질병으로 하루에 같은 치료를 목적으로 의료기관에서 2회 이상 통원치료를 받거나 하나의 질병으로 약국에서 2회 이상 처방조제를 받은 경우 각각 1회의 외래 및 1건의 처방으로 보아 제1항과 제2항을 적용합니다. 이때 공제금액은 2회 이상의 중복방문 의료기관 중 가장 높은 공제금액을 적용합니다.

④ "하나의 질병"이란 발생 원인이 동일한 질병(의학상 중요한 관련이 있는 질병을 포함합니다)을 말하며, 질병의 치료 중에 발생된 합병증 또는 새로 발견된 질병의 치료가 병행되거나 의학상 관련이 없는 여러 종류의 질병을 갖고 있는 상태에서 통원한 경우에는 하나의 질병으로 봅니다.

⑤ 삭제 〈2018. 7. 10.〉

⑥ 피보험자가 「국민건강보험법」 또는 「의료급여법」을 적용받지 못하는 경우에는 통원의료비(「국민건강보험 요양급여의 기준에 관한 규칙」에 따라 보건복지부장관이 정한 급여 및 비급여의료비 항목만 해당합니다) 중 본인이 실제로 부담한 금액에서 〈표1〉의 '항목별 공제금액'을 뺀 금액의 40%를 외래 및 처방조제비로 보험가입금액(외래 및 처방조제비는 회(건)당 합산하여 30만원 이내에서 계약 시 계약자가 각각 정한 금액을 말합니다)의 한도 내에서 보상합니다.

⑦ 피보험자가 직원복리후생제도에 의해 의료비를 감면받고 그 감면받은 의료비가 근로소득에 포함되는 경우에는 그 감면 전 의료비를 기준으로 통원의료비를 계산합니다.

⑧ 삭제 〈2018. 7. 10.〉

⑨ 삭제 〈2018. 7. 10.〉

⑩ 삭제 〈2018. 7. 10.〉

⑪ 회사는 피보험자가 질병으로 인하여 병원에 통원하여 본인의 장기등(「장기등 이식에 관한 법률」 제4조에 의한 "장기등"을 의미합니다)의 기능회복을 위하여 「장기등 이식에 관한 법률」 제42조 및 관련 고시에 따라 장기등의 적출 및 이식에 드는 비용(공여적합성 여부를 확인하기 위한 검사비, 뇌사장기기증자 관리료 및 이에 속하는 비용항목 포함)은 제1항 내지 제10항에 따라 보상합니다.

제3관 회사가 보상하지 않는 사항

제4조(보상하지 않는 사항) 회사가 보상하지 않는 사항은 보장종목별로 다음과 같습니다.

보장종목	보상하지 않는 사항
(1) 상해입원	① 회사는 다음의 사유로 인하여 생긴 입원의료비는 보상하지 않습니다. 　1. 피보험자가 고의로 자신을 해친 경우. 다만, 피보험자가 심신상실 등으로 자유로운 의사결정을 할 수 없는 상태에서 자신을 해친 사실이 증명된 경우에는 보상합니다. 　2. 보험수익자가 고의로 피보험자를 해친 경우. 다만, 그 보험수익자가 보험금의 일부 보험수익자인 경우에는 다른 보험수익자에 대한 보험금은 지급합니다. 　3. 계약자가 고의로 피보험자를 해친 경우 　4. 피보험자가 임신, 출산(제왕절개를 포함합니다), 산후기로 입원한 경우. 다만, 회사가 보상하는 상해로 인하여 입원한 경우에는 보상합니다. 　5. 전쟁, 외국의 무력행사, 혁명, 내란, 사변, 폭동으로 인한 경우 　6. 피보험자가 정당한 이유없이 입원기간 중 의사의 지시를 따르지 않거나 의사가 통원치료가 가능하다고 인정함에도 피보험자 본인이 자의적으로 입원하여 발생한 입원의료비 ② 회사는 다른 약정이 없으면 피보험자가 직업, 직무 또는 동호회 활동 목적으로 한 다음의 어느 하나에 해당하는 행위로 인하여 생긴 상해에 대해서는 보상하지 않습니다. 　1. 전문등반(전문적인 등산용구를 사용하여 암벽 또는 빙벽을 오르내리거나 특수한 기술, 경험, 사전 훈련이 필요한 등반을 말합니다), 글라이더 조종, 스카이다이빙, 스쿠버다이빙, 행글라이딩, 수상보트, 패러글라이딩 　2. 모터보트·자동차 또는 오토바이에 의한 경기, 시범, 행사(이를 위한 연습을 포함합니다) 또는 시운전(다만, 공용도로에서 시운전을 하는 동안 발생한 상해는 보상합니다) 　3. 선박에 탑승하는 것을 직무로 하는 사람이 직무상 선박에 탑승하고 있는 동안 ③ 회사는 다음의 입원의료비에 대해서는 보상하지 않습니다. 　1. 치과치료(다만, 안면부 골절로 발생한 의료비는 치아 관련 치료를 제외하고 보상합니다)·한방치료(다만, 「의료법」 제2조에 따른 한의사를 제외한 '의사'의 의료행위에 의해서 발생한 의료비는 보상합니다)에서 발생한 「국민건강보험법」에 따른 요양급여에 해당하지 않는 비급여의료비 　2. 「국민건강보험법」에 따른 요양급여 중 본인부담금의 경우 국민건강보험 관련 법령에 따라 국민건강보험공단으로부터 사전 또는 사후 환급이 가능한 금액(본인부담금 상한제) 　3. 「의료급여법」에 따른 의료급여 중 본인부담금의 경우 의료급여 관련 법령에 따라 의료급여기금 등으로부터 사전 또는 사후 환급이 가능한 금액(「의료급여법」에 따른 본인부담금 보상제 및 본인부담금 상한제) 　4. 건강검진(단, 검사결과 이상 소견에 따라 건강검진센터 등에서 발생한 추가 의료비용은 보상합니다), 예방접종, 인공유산에 든 비용. 다만, 회사가 보상하는 상해 치료를 목적으로 하는 경우에는 보상합니다. 　5. 영양제, 비타민제, 호르몬 투여, 보신용 투약, 친자 확인을 위한 진단, 불임검사, 불임수술, 불임복원술, 보조생식술(체내, 체외 인공수정을 포함합니다), 성장촉진, 의약외품과 관련하여 소요된 비용. 다만, 회사가 보상하는 상해 치료를 목적으로 하는 경우에는 보상합니다. 　6. 의치, 의수족, 의안, 안경, 콘택트렌즈, 보청기, 목발, 팔걸이(Arm Sling), 보조기 등 진료 재료의 구입 및 대체 비용. 다만, 인공장기 등 신체에 이식되어 그 기능을 대신하

보장종목	보상하지 않는 사항

	는 경우에는 보상합니다.
	7. 아래에 열거된 국민건강보험 비급여 대상으로 신체의 필수 기능개선 목적이 아닌 외모개선 목적의 치료로 인하여 발생한 의료비
	   가. 쌍꺼풀수술(이중검수술. 다만, 안검하수, 안검내반 등을 치료하기 위한 시력개선 목적의 이중검수술은 보상합니다), 코성형수술(융비술), 유방 확대(다만, 유방암 환자의 유방재건술은 보상합니다)·축소술, 지방흡입술(다만, 「국민건강보험법」 및 관련 고시에 따라 요양급여에 해당하는 '여성형 유방증'을 수술하면서 그 일련의 과정으로 시행한 지방흡입술은 보상합니다), 주름살 제거술 등
	   나. 사시교정, 안와격리증(양쪽 눈을 감싸고 있는 뼈와 뼈 사이의 거리가 넓은 증상)의 교정 등 시각계 수술로서 시력개선 목적이 아닌 외모개선 목적의 수술
	   다. 안경, 콘텍트렌즈 등을 대체하기 위한 시력교정술(국민건강보험 요양급여 대상 수술방법 또는 치료재료가 사용되지 않은 부분은 시력교정술로 봅니다)
	   라. 외모개선 목적의 다리정맥류 수술
	   마. 그 밖에 외모개선 목적의 치료로 국민건강보험 비급여대상에 해당하는 치료
	8. 진료와 무관한 각종 비용(TV시청료, 전화료, 각종 증명료 등을 말합니다), 의사의 임상적 소견과 관련이 없는 검사비용, 간병비
	9. 자동차보험(공제를 포함합니다) 또는 산재보험에서 보상받는 의료비. 다만, 본인부담의료비는 제3조(보장종목별 보상내용) (1) 상해입원 제1항, 제2항 및 제4항부터 제6항에 따라 보상합니다.
	10. 「국민건강보험법」 제42조의 요양기관이 아닌 외국에 있는 의료기관에서 발생한 의료비

(2)
상해통원
	① 회사는 다음의 사유로 인하여 생긴 통원의료비는 보상하지 않습니다.
	  1. 피보험자가 고의로 자신을 해친 경우. 다만, 피보험자가 심신상실 등으로 자유로운 의사결정을 할 수 없는 상태에서 자신을 해친 사실이 증명된 경우에는 보상합니다.
	  2. 보험수익자가 고의로 피보험자를 해친 경우. 다만, 그 보험수익자가 보험금의 일부 보험수익자인 경우에는 다른 보험수익자에 대한 보험금은 지급합니다.
	  3. 계약자가 고의로 피보험자를 해친 경우
	  4. 피보험자가 임신, 출산(제왕절개를 포함합니다), 산후기로 통원한 경우. 다만, 회사가 보상하는 상해로 인하여 통원한 경우에는 보상합니다.
	  5. 전쟁, 외국의 무력행사, 혁명, 내란, 사변, 폭동으로 인한 경우
	  6. 피보험자가 정당한 이유 없이 통원기간 중 의사의 지시를 따르지 않아 발생한 통원의료비
	② 회사는 다른 약정이 없으면 피보험자가 직업, 직무 또는 동호회 활동 목적으로 한 다음의 어느 하나에 해당하는 행위로 인하여 생긴 상해에 대해서는 보상하지 않습니다.
	  1. 전문등반(전문적인 등산용구를 사용하여 암벽 또는 빙벽을 오르내리거나 특수한 기술, 경험, 사전 훈련이 필요한 등반을 말합니다), 글라이더 조종, 스카이다이빙, 스쿠버다이빙, 행글라이딩, 수상보트, 패러글라이딩
	  2. 모터보트, 자동차 또는 오토바이에 의한 경기, 시범, 행사(이를 위한 연습을 포함합니다) 또는 시운전(다만, 공용도로에서 시운전을 하는 동안 발생한 상해는 보상합니다)
	  3. 선박에 탑승하는 것을 직무로 하는 사람이 직무상 선박에 탑승하고 있는 동안
	③ 회사는 다음의 통원의료비에 대해서는 보상하지 않습니다.
	  1. 치과치료(다만, 안면부 골절로 발생한 의료비는 치아 관련 치료를 제외하고 보상합니다)·한방치료(다만, 「의료법」 제2조에 따른 한의사를 제외한 '의사'의 의료행위에 의해서 발생한 의료비는 보상합니다)에서 발생한 「국민건강보험법」에 따른 요양급여에 해

보장종목	보상하지 않는 사항
	당하지 않는 비급여의료비

2. 「국민건강보험법」에 따른 요양급여 중 본인부담금의 경우 국민건강보험 관련 법령에 따라 국민건강보험공단으로부터 사전 또는 사후 환급이 가능한 금액(본인부담금 상한제)
3. 「의료급여법」에 따른 의료급여 중 본인부담금의 경우 의료급여 관련 법령에 따라 의료급여기금 등으로부터 사전 또는 사후 환급이 가능한 금액(「의료급여법」에 따른 본인부담금 보상제 및 본인부담금 상한제)
4. 건강검진(단, 검사결과 이상 소견에 따라 건강검진센터 등에서 발생한 추가 의료비용은 보상합니다), 예방접종, 인공유산에 든 비용. 다만, 회사가 보상하는 상해 치료를 목적으로 하는 경우에는 보상합니다.
5. 영양제, 비타민제, 호르몬 투여, 보신용 투약, 친자 확인을 위한 진단, 불임검사, 불임수술, 불임복원술, 보조생식술(체내, 체외 인공수정을 포함합니다), 성장촉진, 의약외품과 관련하여 소요된 비용. 다만, 회사가 보상하는 상해 치료를 목적으로 하는 경우에는 보상합니다.
6. 의치, 의수족, 의안, 안경, 콘택트렌즈, 보청기, 목발, 팔걸이(Arm Sling), 보조기 등 진료 재료의 구입 및 대체 비용. 다만, 인공장기 등 신체에 이식되어 그 기능을 대신하는 경우에는 보상합니다.
7. 아래에 열거된 국민건강보험 비급여 대상으로 신체의 필수 기능개선 목적이 아닌 외모개선 목적의 치료로 인하여 발생한 의료비
   가. 쌍꺼풀수술(이중검수술. 다만, 안검하수, 안검내반 등을 치료하기 위한 시력개선 목적의 이중검수술은 보상합니다), 코성형수술(융비술), 유방 확대(다만, 유방암 환자의 유방재건술은 보상합니다)·축소술, 지방흡입술(다만, 「국민건강보험법」 및 관련 고시에 따라 요양급여에 해당하는 '여성형 유방증'을 수술하면서 그 일련의 과정으로 시행한 지방흡입술은 보상합니다), 주름살 제거술 등
   나. 사시교정, 안와격리증(양쪽 눈을 감싸고 있는 뼈와 뼈 사이의 거리가 넓은 증상)의 교정 등 시각계 수술로서 시력개선 목적이 아닌 외모개선 목적의 수술
   다. 안경, 콘텍트렌즈 등을 대체하기 위한 시력교정술(국민건강보험 요양급여 대상 수술방법 또는 치료재료가 사용되지 않은 부분은 시력교정술로 봅니다)
   라. 외모개선 목적의 다리정맥류 수술
   마. 그 밖에 외모개선 목적의 치료로 국민건강보험 비급여대상에 해당하는 치료
8. 진료와 무관한 각종 비용(TV시청료, 전화료, 각종 증명료 등을 말합니다), 의사의 임상적 소견과 관련이 없는 검사비용, 간병비
9. 자동차보험(공제를 포함합니다) 또는 산재보험에서 보상받는 의료비. 다만, 본인부담의료비는 제3조(보장종목별 보상내용) (2) 상해통원 제1항부터 제4항 및 제6항에 따라 보상합니다.
10. 「국민건강보험법」 제42조의 요양기관이 아닌 외국에 있는 의료기관에서 발생한 의료비
11. 「응급의료에 관한 법률」 및 동 시행규칙에서 정한 응급환자에 해당하지 않는 자가 「의료법」 제3조의4에 따른 상급종합병원 응급실을 이용하면서 발생한 응급의료관리료

| (3)
질병입원 | ① 회사는 다음의 사유로 생긴 입원의료비는 보상하지 않습니다. |

1. 피보험자가 고의로 자신을 해친 경우. 다만, 피보험자가 심신상실 등으로 자유로운 의사결정을 할 수 없는 상태에서 자신을 해친 사실이 증명된 경우에는 보상합니다.
2. 보험수익자가 고의로 피보험자를 해친 경우. 다만, 그 보험수익자가 보험금의 일부 보험수익자인 경우에는 다른 보험수익자에 대한 보험금은 지급합니다.
3. 계약자가 고의로 피보험자를 해친 경우
4. 피보험자가 정당한 이유없이 입원기간 중 의사의 지시를 따르지 않거나 의사가 통원치

보장종목	보상하지 않는 사항

료가 가능하다고 인정함에도 피보험자 본인이 자의적으로 입원하여 발생한 입원의료비

② 회사는 '한국표준질병사인분류'에 따른 다음의 입원의료비에 대해서는 보상하지 않습니다.
1. 정신 및 행동장애(F04~F99)(다만, F04~F09, F20~F29, F30~F39, F40~F48, F51, F90~F98과 관련한 치료에서 발생한 「국민건강보험법」에 따른 요양급여에 해당하는 의료비는 보상합니다)
2. 여성생식기의 비염증성 장애로 인한 습관성 유산, 불임 및 인공수정 관련 합병증(N96~N98)
3. 피보험자가 임신, 출산(제왕절개를 포함합니다), 산후기로 입원한 경우(O00~O99)
4. 선천성 뇌질환(Q00~Q04)
5. 비만(E66)
6. 요실금(N39.3, N39.4, R32)
7. 직장 또는 항문 질환 중 「국민건강보험법」에 따른 요양급여에 해당하지 않는 부분(I84, K60~K62, K64)

③ 회사는 다음의 입원의료비에 대해서는 보상하지 않습니다.
1. 치과치료(K00~K08) 및 한방치료(다만, 「의료법」 제2조에 따른 한의사를 제외한 '의사'의 의료행위에 의해서 발생한 의료비는 보상합니다)에서 발생한 「국민건강보험법」에 따른 요양급여에 해당하지 않는 비급여의료비
2. 「국민건강보험법」에 따른 요양급여 중 본인부담금의 경우 국민건강보험 관련 법령에 따라 국민건강보험공단으로부터 사전 또는 사후 환급이 가능한 금액(본인부담금 상한제)
3. 「의료급여법」에 따른 의료급여 중 본인부담금의 경우 의료급여 관련 법령에 따라 의료급여기금 등으로부터 사전 또는 사후 환급이 가능한 금액(「의료급여법」에 따른 본인부담금 보상제 및 본인부담금 상한제)
4. 건강검진(단, 검사결과 이상 소견에 따라 건강검진센터 등에서 발생한 추가 의료비용은 보상합니다), 예방접종, 인공유산에 든 비용. 다만, 회사가 보상하는 질병 치료를 목적으로 하는 경우에는 보상합니다.
5. 영양제, 비타민제, 호르몬 투여(다만, 국민건강보험의 요양급여 기준에 해당하는 성조숙증을 치료하기 위한 호르몬 투여는 보상합니다), 보신용 투약, 친자 확인을 위한 진단, 불임검사, 불임수술, 불임복원술, 보조생식술(체내, 체외 인공수정을 포함합니다), 성장촉진, 의약외품과 관련하여 소요된 비용. 다만, 회사가 보상하는 질병 치료를 목적으로 하는 경우에는 보상합니다.
6. 다음의 어느 하나에 해당하는 치료로 인하여 발생한 의료비
   가. 단순한 피로 또는 권태
   나. 주근깨, 다모, 무모, 백모증, 딸기코(주사비), 점, 모반(피보험자가 보험가입당시 태아인 경우 화염상모반 등 선천성 비신생물성모반(Q82.5)은 보상합니다), 사마귀, 여드름, 노화현상으로 인한 탈모 등 피부질환
   다. 발기부전(impotence)·불감증, 단순 코골음(수면무호흡증(G47.3)은 보상합니다), 치료를 동반하지 않는 단순포경(phimosis), 「국민건강보험 요양급여의 기준에 관한 규칙」 제9조 제1항([별표2] 비급여대상)에 따른 업무 또는 일상생활에 지장이 없는 검열반 등 안과질환
7. 의치, 의수족, 의안, 안경, 콘택트렌즈, 보청기, 목발, 팔걸이(Arm Sling), 보조기 등 진료 재료의 구입 및 대체 비용. 다만, 인공장기 등 신체에 이식되어 그 기능을 대신하는 경우에는 보상합니다.
8. 아래에 열거된 국민건강보험 비급여 대상으로 신체의 필수 기능개선 목적이 아닌 외모

보장종목	보상하지 않는 사항
	개선 목적의 치료로 인하여 발생한 의료비 가. 쌍꺼풀수술(이중검수술. 다만, 안검하수, 안검내반 등을 치료하기 위한 시력개선 목적의 이중검수술은 보상합니다), 코성형수술(융비술), 유방확대(다만, 유방암 환자의 유방재건술은 보상합니다)·축소술, 지방흡입술(다만, 「국민건강보험법」 및 관련 고시에 따라 요양급여에 해당하는 '여성형 유방증'을 수술하면서 그 일련의 과정으로 시행한 지방흡입술은 보상합니다), 주름살 제거술 등 나. 사시교정, 안와격리증(양쪽 눈을 감싸고 있는 뼈와 뼈 사이의 거리가 넓은 증상)의 교정 등 시각계 수술로서 시력개선 목적이 아닌 외모개선 목적의 수술 다. 안경, 콘텍트렌즈 등을 대체하기 위한 시력교정술(국민건강보험 요양급여 대상 수술방법 또는 치료재료가 사용되지 않은 부분은 시력교정술로 봅니다) 라. 외모개선 목적의 다리정맥류 수술 마. 그 밖에 외모개선 목적의 치료로 국민건강보험 비급여대상에 해당하는 치료 9. 진료와 무관한 각종 비용(TV시청료, 전화료, 각종 증명료 등을 말합니다), 의사의 임상적 소견과 관련이 없는 검사비용, 간병비 10. 산재보험에서 보상받는 의료비. 다만, 본인부담의료비는 제3조(보장종목별 보상내용) (3) 질병입원 제1항, 제2항 및 제4항부터 제10항에 따라 보상합니다. 11. 인간면역결핍바이러스(HIV) 감염으로 인한 치료비(다만, 「의료법」에서 정한 의료인의 진료상 또는 치료 중 혈액에 의한 HIV 감염은 해당 진료기록을 통해 객관적으로 확인되는 경우는 보상합니다) 12. 「국민건강보험법」 제42조의 요양기관이 아닌 외국에 있는 의료기관에서 발생한 의료비
(4) 질병통원	① 회사는 다음의 사유로 인하여 생긴 통원의료비는 보상하지 않습니다. 1. 피보험자가 고의로 자신을 해친 경우. 다만, 피보험자가 심신상실 등으로 자유로운 의사결정을 할 수 없는 상태에서 자신을 해친 사실이 증명된 경우에는 보상합니다. 2. 보험수익자가 고의로 피보험자를 해친 경우. 다만, 그 보험수익자가 보험금의 일부 보험수익자인 경우에는 다른 보험수익자에 대한 보험금은 지급합니다. 3. 계약자가 고의로 피보험자를 해친 경우 4. 피보험자가 정당한 이유 없이 통원기간 중 의사의 지시를 따르지 않아 발생한 통원의료비 ② 회사는 '한국표준질병사인분류'에 따른 다음의 통원의료비에 대해서는 보상하지 않습니다. 1. 정신 및 행동장애(F04~F99)(다만, F04~F09, F20~F29, F30~F39, F40~F48, F51, F90~F98과 관련한 치료에서 발생한 「국민건강보험법」에 따른 요양급여에 해당하는 의료비는 보상합니다) 2. 여성생식기의 비염증성 장애로 인한 습관성 유산, 불임 및 인공수정 관련 합병증(N96~N98) 3. 피보험자가 임신, 출산(제왕절개를 포함합니다), 산후기로 통원한 경우(O00~O99) 4. 선천성 뇌질환(Q00~Q04) 5. 비만(E66) 6. 요실금(N39.3, N39.4, R32) 7. 직장 또는 항문질환 중 「국민건강보험법」에 따른 요양급여에 해당하지 않는 부분(I84, K60~K62, K64) ③ 회사는 다음의 통원의료비에 대해서는 보상하지 않습니다. 1. 치과치료(K00~K08) 및 한방치료(다만, 「의료법」 제2조에 따른 한의사를 제외한 '의

보장종목	보상하지 않는 사항

사'의 의료행위에 의해서 발생한 의료비는 보상합니다)에서 발생한 「국민건강보험법」에 따른 요양급여에 해당하지 않는 비급여의료비

2. 「국민건강보험법」에 따른 요양급여 중 본인부담금의 경우 국민건강보험 관련 법령에 따라 국민건강보험공단으로부터 사전 또는 사후 환급이 가능한 금액(본인부담금 상한제)

3. 「의료급여법」에 따른 의료급여 중 본인부담금의 경우 의료급여 관련 법령에 따라 의료급여기금 등으로부터 사전 또는 사후 환급이 가능한 금액(「의료급여법」에 따른 본인부담금 보상제 및 본인부담금 상한제)

4. 건강검진(단, 검사결과 이상 소견에 따라 건강검진센터 등에서 발생한 추가 의료비용은 보상합니다), 예방접종, 인공유산에 든 비용. 다만, 회사가 보상하는 질병 치료를 목적으로 하는 경우에는 보상합니다.

5. 영양제, 비타민제, 호르몬 투여(다만, 국민건강보험의 요양급여 기준에 해당하는 성조숙증을 치료하기 위한 호르몬 투여는 보상합니다), 보신용 투약, 친자 확인을 위한 진단, 불임검사, 불임수술, 불임복원술, 보조생식술(체내, 체외 인공수정을 포함합니다), 성장촉진, 의약외품과 관련하여 소요된 비용. 다만, 회사가 보상하는 질병 치료를 목적으로 하는 경우에는 보상합니다.

6. 다음의 어느 하나에 해당하는 치료로 인하여 발생한 의료비

   가. 단순한 피로 또는 권태

   나. 주근깨, 다모, 무모, 백모증, 딸기코(주사비), 점, 모반(피보험자가 보험가입당시 태아인 경우 화염상모반 등 선천성 비신생물성모반(Q82.5)은 보상합니다), 사마귀, 여드름, 노화현상으로 인한 탈모 등 피부질환

   다. 발기부전(impotence)·불감증, 단순 코골음(수면무호흡증(G47.3)은 보상합니다), 치료를 동반하지 않는 단순포경(phimosis), 「국민건강보험 요양급여의 기준에 관한 규칙」 제9조 제1항([별표2] 비급여대상)에 따른 업무 또는 일상생활에 지장이 없는 검열반 등 안과질환

7. 의치, 의수족, 의안, 안경, 콘택트렌즈, 보청기, 목발, 팔걸이(Arm Sling), 보조기 등 진료 재료의 구입 및 대체 비용. 다만, 인공장기 등 신체에 이식되어 그 기능을 대신하는 경우에는 보상합니다.

8. 아래에 열거된 국민건강보험 비급여 대상으로 신체의 필수 기능개선 목적이 아닌 외모개선 목적의 치료로 인하여 발생한 의료비

   가. 쌍꺼풀수술(이중검수술. 다만, 안검하수, 안검내반 등을 치료하기 위한 시력개선 목적의 이중검수술은 보상합니다), 코성형수술(융비술), 유방확대(다만, 유방암 환자의 유방재건술은 보상합니다)·축소술, 지방흡입술(다만, 「국민건강보험법」 및 관련 고시에 따라 요양급여에 해당하는 '여성형 유방증'을 수술하면서 그 일련의 과정으로 시행한 지방흡입술은 보상합니다), 주름살 제거술 등

   나. 사시교정, 안와격리증(양쪽 눈을 감싸고 있는 뼈와 뼈 사이의 거리가 넓은 증상)의 교정 등 시각계 수술로서 시력개선 목적이 아닌 외모개선 목적의 수술

   다. 안경, 콘택트렌즈 등을 대체하기 위한 시력교정술(국민건강보험 요양급여 대상 수술방법 또는 치료재료가 사용되지 않은 부분은 시력교정술로 봅니다)

   라. 외모개선 목적의 다리정맥류 수술

   마. 그 밖에 외모개선 목적의 치료로 국민건강보험 비급여대상에 해당하는 치료

9. 진료와 무관한 각종 비용(TV시청료, 전화료, 각종 증명료 등을 말합니다), 의사의 임상적 소견과 관련 없는 검사비용, 간병비

10. 산재보험에서 보상받는 의료비. 다만, 본인부담의료비는 제3조(보장종목별 보상내용)

보장종목	보상하지 않는 사항
	(4) 질병통원 제1항부터 제5항 및 제7항부터 제10항에 따라 보상합니다.
	11. 인간면역결핍바이러스(HIV) 감염으로 인한 치료비(다만, 「의료법」에서 정한 의료인의 진료상 또는 치료 중 혈액에 의한 HIV 감염은 해당 진료기록을 통해 객관적으로 확인되는 경우는 보상합니다)
	12. 「국민건강보험법」 제42조의 요양기관이 아닌 외국에 있는 의료기관에서 발생한 의료비
	13. 「응급의료에 관한 법률」동 시행규칙에서 정한 응급환자에 해당하지 않는 자가 「의료법」 제3조의4에 따른 상급종합병원 응급실을 이용하면서 발생한 응급의료관리료

제4조의2(특별약관에서 보상하는 사항) ① 제3조 및 제4조에도 불구하고 다음 각 호에 해당하는 의료비는 기본형 실손의료보험에서 보상하지 않습니다.

1. 도수치료·체외충격파치료·증식치료로 인하여 발생한 비급여의료비
2. 비급여 주사료[다만, 항암제, 항생제(항진균제 포함), 희귀의약품은 보상합니다]
3. 자기공명영상진단(MRI/MRA)으로 인하여 발생한 비급여의료비(조영제, 판독료를 포함합니다)
4. 제1호, 제2호, 제3호와 관련하여 자동차보험(공제를 포함합니다) 또는 산재보험에서 발생한 본인부담의료비

② 제1항 제1호에서 제4호까지 정한 의료비와 다른 의료비가 함께 청구되어 각 항목별 의료비가 구분되지 않는 경우 회사는 보험금 지급금액 결정을 위해 계약자, 피보험자 또는 보험수익자에게 각각의 의료비에 대한 확인을 요청할 수 있습니다.

〈붙임〉 용어의 정의

용어	정의
계약	보험계약
진단계약	계약을 체결하기 위하여 피보험자가 건강진단을 받아야 하는 계약
보험증권	계약의 성립과 계약내용을 증명하기 위하여 회사가 계약자에게 드리는 증서
계약자	보험회사와 계약을 체결하고 보험료를 납입하는 사람
피보험자	보험금지급사유 또는 보험사고 발생의 대상(객체)이 되는 사람
보험수익자	보험금을 수령하는 사람
보험기간	회사가 계약에서 정한 보상책임을 지는 기간
회사	보험회사
연단위복리	회사가 지급할 금전에 대한 이자를 줄 때 1년마다 마지막 날에 그 이자를 원금에 더한 금액을 다음 1년의 원금으로 하는 이자 계산방법
평균공시이율	전체 보험회사 공시이율의 평균으로, 이 계약 체결 시점의 이율을 말함
해지환급금	계약이 해지되는 때에 회사가 계약자에게 돌려주는 금액

용어	정의
영업일	회사가 영업점에서 정상적으로 영업하는 날을 말하며, 토요일, 「관공서의 공휴일에 관한 규정」에 따른 공휴일과 근로자의 날은 제외
상해	보험기간 중 발생한 급격하고 우연한 외래의 사고
상해보험계약	상해를 보장하는 계약
의사	「의료법」 제2조(의료인)에서 정한 의사, 한의사 및 치과의사의 자격을 가진 사람
약사	「약사법」 제2조(정의)에서 정한 약사 및 한약사의 자격을 가진 사람
의료기관	「의료법」 제3조(의료기관) 제2항에서 정하는 의료기관을 말하며, 종합병원 · 병원 · 치과병원 · 한방병원 · 요양병원 · 의원 · 치과의원 · 한의원 및 조산원으로 구분
약국	「약사법」 제2조 제3호에 따른 장소로서, 약사가 수여(授與)할 목적으로 의약품 조제업무를 하는 장소를 말하며, 의료기관의 조제실은 제외
병원	「국민건강보험법」 제42조(요양기관)에서 정하는 국내의 병원 또는 의원을 말하며, 조산원은 제외
입원	의사가 피보험자의 질병 또는 상해로 인하여 치료가 필요하다고 인정한 경우로서 자택 등에서 치료가 곤란하여 병원, 의료기관 또는 이와 동등하다고 인정되는 의료기관에 입실하여 의사의 관리를 받으며 치료에 전념하는 것
입원의 정의 중 '이와 동등하다고 인정되는 의료기관'	보건소, 보건의료원 및 보건지소 등 「의료법」 제3조(의료기관) 제2항에서 정한 의료기관에 준하는 의료기관으로서 군의무대, 치매요양원, 노인요양원 등에 속해 있는 요양원, 요양시설, 복지시설 등과 같이 의료기관이 아닌 곳은 이에 해당되지 않음
기준병실	병원에서 국민건강보험 환자의 입원 시 병실료 산정에 적용하는 기준이 되는 병실
입원실료	입원치료 중 발생한 기준병실 사용료, 환자 관리료, 식대 등
입원제비용	입원치료 중 발생한 진찰료, 검사료, 방사선료, 투약 및 처방료(퇴원 시 의사로부터 치료목적으로 처방받은 약제비 포함), 주사료, 이학요법(물리치료, 재활치료)료, 정신요법료, 처치료, 치료재료, 석고붕대료(cast), 지정진료비 등
입원수술비	입원치료 중 발생한 수술료, 마취료, 수술재료비 등
입원의료비	입원실료, 입원제비용, 입원수술비, 상급병실료 차액
보상한도 종료일	회사가 보험가입금액 한도까지 입원의료비를 보상한 기준 입원일자
통원	의사가 피보험자의 질병 또는 상해로 치료가 필요하다고 인정하는 경우로서, 병원에 입원하지 않고 병원을 방문하여 의사의 관리하에 치료에 전념하는 것
처방조제	의사 및 약사가 피보험자의 질병 또는 상해로 치료가 필요하다고 인정하는 경우로서, 통원으로 인하여 발행된 의사의 처방전으로 약국의 약사가 조제하는 것. 이 경우 「국민건강보험법」 제42조 제1항 제3호에 따른 한국희귀의약품센터에서의 처방조제 및 의약분업 예외 지역에서의 약사의 직접조제를 포함
외래제비용	통원치료 중 발생한 진찰료, 검사료, 방사선료, 투약 및 처방료, 주사료, 이학요법(물리치료, 재활치료)료, 정신요법료, 처치료, 치료재료, 석고붕대료(cast), 지정진료비 등
외래수술비	통원치료 중 발생한 수술료, 마취료, 수술재료비 등
처방조제비	병원 의사의 처방전에 따라 조제되는 약국의 처방조제비 및 약사의 직접조제비

용어	정의
통원의료비	외래제비용, 외래수술비, 처방조제비
요양급여	「국민건강보험법」 제41조(요양급여)에 따른 가입자 및 피부양자의 질병·부상 등에 대한 다음의 요양급여 1. 진찰·검사 2. 약제·치료재료의 지급 3. 처치·수술 또는 그 밖의 치료 4. 예방·재활 5. 입원 6. 간호 7. 이송
의료급여	「의료급여법」 제7조(의료급여의 내용 등)에 따른 가입자 및 피부양자의 질병·부상 등에 대한 다음 각 호의 의료급여 1. 진찰·검사 2. 약제·치료재료의 지급 3. 처치·수술 또는 그 밖의 치료 4. 예방·재활 5. 입원 6. 간호 7. 이송 8. 그 밖에 의료 목적의 달성을 위한 조치
「국민건강보험법」에 따른 본인부담금 상한제	「국민건강보험법」에 따른 요양급여 중 연간 본인부담금 총액이 「국민건강보험법 시행령」 별표3에서 정하는 금액을 넘는 경우에 그 초과한 금액을 공단에서 부담하는 제도를 말하며, 국민건강보험 관련 법령의 변경에 따라 환급기준이 변경될 경우에는 회사는 변경되는 기준에 따름
「의료급여법」에 따른 본인부담금 보상제 및 본인부담금 상한제	「의료급여법」에 따른 의료급여 중 본인부담금이 「의료급여법 시행령」 제13조(급여비용의 부담)에서 정하는 금액을 넘는 경우에 그 초과한 금액을 의료급여기금 등에서 부담하는 제도를 말하며, 의료급여 관련 법령의 변경에 따라 환급기준이 변경될 경우에는 회사는 변경된 기준에 따름
보장대상의료비	실제 부담액 – 보상제외금액* * 제3관 회사가 보장하지 않는 사항에 따른 금액 및 실제 사용병실과 기준병실과의 병실료 차액 중 회사가 보장하지 않는 금액
보상책임액	(보장대상의료비 – 피보험자부담 공제금액)과 보험가입금액 중 작은 금액
다수보험	실손 의료보험계약(우체국보험, 각종 공제, 상해·질병·간병보험 등 제3보험, 개인연금·퇴직보험 등 의료비를 실손으로 보상하는 보험·공제계약을 포함)이 동시에 또는 순차적으로 2개 이상 체결되었고, 그 계약이 동일한 보험사고에 대하여 각 계약별 보상책임액이 있는 여러 개의 실손 의료보험계약을 말함
도수치료	치료자가 손(정형용 교정장치 장비 등의 도움을 받는 경우를 포함합니다)을 이용해서 환자의 근골격계통(관절, 근육, 연부조직, 림프절 등)의 기능 개선 및 통증감소를 위하여 실시하는 치료행위 * 의사 또는 의사의 지도하에 물리치료사가 도수치료를 하는 경우에 한함

용어	정의
체외충격파치료	체외에서 충격파를 병변에 가해 혈관 재형성을 돕고 건(힘줄) 및 뼈의 치유 과정을 자극하거나 재활성화 시켜 기능개선 및 통증감소를 위하여 실시하는 치료행위(체외충격파쇄석술은 제외)
증식치료	근골격계 통증이 있는 부위의 인대나 건(힘줄), 관절, 연골 등에 증식물질을 주사하여 통증이 소실되거나 완화되는 것을 유도하는 치료행위
주사료	주사치료 시 사용된 행위, 약제 및 치료재료대
항암제	식품의약품안전처가 「의약품등 분류번호에 관한 규정」에 따라 지정하는 '조직세포의 기능용 의약품' 중 '종양용약'과 '조직세포의 치료 및 진단 목적제제'* * 「의약품등 분류번호에 관한 규정」에 따른 의약품분류표가 변경되는 경우 치료시점의 의약품분류표에 따릅니다.
항생제 (항진균제 포함)	식품의약품안전처가 「의약품등 분류번호에 관한 규정」에 따라 지정하는 '항병원생물성 의약품' 중 '항생물질제제', '화학요법제' 및 '기생동물에 대한 의약품 중 항원충제'* * 「의약품등 분류번호에 관한 규정」에 따른 의약품분류표가 변경되는 경우 치료시점의 의약품분류표에 따릅니다.
희귀의약품	식품의약품안전처장이 「희귀의약품 지정에 관한 규정」에 따라 지정하는 의약품* * 「희귀의약품 지정에 관한 규정」에 따른 희귀의약품 지정 항목이 변경되는 경우 치료시점의 희귀의약품 지정 항목에 따릅니다.
자기공명영상진단	자기공명영상 장치를 이용하여 고주파 등을 통한 신호의 차이를 영상화하여 조직의 구조를 분석하는 검사(MRI/MRA) * 자기공명영상진단 결과를 다른 의료기관에서 판독하는 경우 포함 (보건복지부에서 고시하는 「건강보험 행위 급여·비급여 목록 및 급여 상대가치점수」상의 MRI 범주에 따름)

□ **비급여 도수치료 · 체외충격파치료 · 증식치료 실손의료보험 특별약관**

제1조(보장종목) ① 회사가 판매하는 비급여 도수치료·체외충격파치료·증식치료 실손의료 보험 특별약관(이하 '특별약관'이라 합니다)은 아래의 내용으로 구성되어 있습니다.

보상하는 내용
피보험자가 상해 또는 질병의 치료목적으로 병원에 입원 또는 통원하여 비급여^{주)}「도수치료·체외충격파치료·증식치료」를 받은 경우에 보상

주) 「국민건강보험법」 또는 「의료급여법」에 따라 보건복지부장관이 정한 비급여대상(「국민건강보험법」에서 정한 요양급여 또는 「의료급여법」에서 정한 의료급여 절차를 거쳤지만 급여항목이 발생하지 않은 경우로 「국민건강보험법」 또는 「의료급여법」에 따른 비급여항목 포함)

② 회사는 이 특별약관의 명칭에 '비급여 도수치료·체외충격파치료·증식치료 실손의료 비'라는 문구를 포함하여 사용합니다.

제2조(용어의 정의) ① 이 특별약관에서 사용하는 용어의 뜻은 다음과 같습니다.

용어	정의
도수치료	치료자가 손(정형용 교정장치 장비 등의 도움을 받는 경우를 포함합니다)을 이용해서 환자의 근골격계통(관절, 근육, 연부조직, 림프절 등)의 기능 개선 및 통증감소를 위하여 실시하는 치료행위 * 의사 또는 의사의 지도하에 물리치료사가 도수치료를 하는 경우에 한함
체외충격파치료	체외에서 충격파를 병변에 가해 혈관 재형성을 돕고 건(힘줄) 및 뼈의 치유 과정을 자극하거나 재활성화 시켜 기능개선 및 통증감소를 위하여 실시하는 치료행위(체외충격파쇄석술은 제외)
증식치료	근골격계 통증이 있는 부위의 인대나 건(힘줄), 관절, 연골 등에 증식물질을 주사하여 통증이 소실되거나 완화되는 것을 유도하는 치료행위

② 제1항에서 정하지 않은 용어의 뜻은 기본형 실손의료보험 표준약관 제2조(용어의 정의)를 준용합니다.

제3조(보상내용) 회사가 이 계약의 보험기간 중 보상하거나 공제하는 내용은 다음과 같습니다.

보상하는 사항

① 회사는 피보험자가 이 특별약관의 보험기간 중 상해 또는 질병의 치료목적으로 병원에 입원 또는 통원하여 도수치료·체외충격파치료·증식치료를 받은 경우 도수치료·체외충격파치료·증식치료로 인하여 본인이 실제로 부담한 비급여의료비(행위료, 약제비, 치료재료대 포함)에서 공제금액을 뺀 금액을 보상한도 내에서 보상합니다.

구분	내용
보장대상 의료비	「도수치료·체외충격파치료·증식치료」로 인하여 본인이 실제로 부담한 비급여의료비(행위료, 약제비, 치료재료대 포함)
공제금액	1회당 2만원과 보장대상의료비의 30% 중 큰 금액
보상한도	계약일 또는 매년 계약해당일부터 1년 단위로 350만원 이내에서 50회^{주)}까지 보상

주) 도수치료·체외충격파치료·증식치료의 각 치료횟수를 합산하여 50회까지 보상합니다.

〈보상기간 예시〉

(i) 계약일 또는 매년 계약해당일로부터 1년내 350만원을 모두 보상한 경우

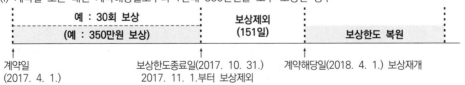

예 : 30회 보상 (예 : 350만원 보상) | 보상제외 (151일) | 보상한도 복원

계약일 (2017. 4. 1.) | 보상한도종료일(2017. 10. 31.) 2017. 11. 1.부터 보상제외 | 계약해당일(2018. 4. 1.) 보상재개

보상하는 사항

(ii) 계약일 또는 매년 계약해당일로부터 1년내 지급된 보험금이 350만원 미만이나 50회를 모두 보상한 경우

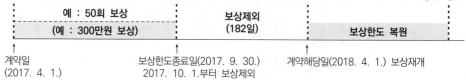

계약일
(2017. 4. 1.)

보상한도종료일(2017. 9. 30.)
2017. 10. 1.부터 보상제외

계약해당일(2018. 4. 1.) 보상재개

② 병원을 1회 통원(또는 1회 입원)하여 이 특별약관에서 정한 도수치료, 체외충격파치료, 증식치료 중 2종류 이상의 치료를 받거나 동일한 치료를 2회 이상 받는 경우 각 치료행위를 1회로 보고 각각 제1항에서 정한 1회당 공제금액 및 보상한도를 적용합니다.

③ 제1항에서 보상하는 비급여의료비와 다른 의료비가 함께 청구되고 각 행위별 의료비가 구분되지 않는 경우 회사는 보험금 지급금액 결정을 위해 계약자, 피보험자 또는 보험수익자에게 제1항에서 보상하는 의료비의 확인을 요청할 수 있습니다.

④ 제1항의 상해에는 유독가스 또는 유독물질을 우연히 일시에 흡입, 흡수 또는 섭취한 결과로 생긴 중독증상이 포함됩니다. 다만, 유독가스 또는 유독물질을 상습적으로 흡입, 흡수 또는 섭취한 결과로 생긴 중독증상과 세균성 음식물 중독증상은 포함되지 않습니다.

⑤ 삭제 〈2018. 7. 10.〉

⑥ 피보험자가 입원 또는 통원하여 치료를 받던 중 보험기간이 끝나더라도 그 계속 중인 치료에 대하여는 보험기간 종료일부터 180일까지(보험기간 종료일은 제외합니다) 보상합니다. 이 경우 보상한도는 연간 보상한도(금액)에서 직전 보험기간 종료일까지 지급한 금액을 차감한 잔여 금액과 연간 보상한도(횟수)에서 직전 보험기간 종료일까지 보상한 횟수를 차감한 잔여 횟수를 한도로 적용합니다. 다만, 종전 계약을 자동갱신하거나 같은 회사의 보험상품에 재가입하는 경우에는 종전 계약의 보험기간을 연장하는 것으로 보아 제1항을 적용합니다.

〈보상기간 예시〉

계약일
(2018. 1. 1.)

계약해당일
(2019 1. 1.)

계약해당일
(2020. 1. 1.)

계약종료일
(2020. 12. 31.)

보상종료
(2021. 6. 29.)

⑦ 피보험자가 직원복리후생제도에 의해 의료비를 감면받고 그 감면받은 의료비가 근로소득에 포함되는 경우에는 그 감면 전 의료비를 기준으로 도수치료 · 체외충격파치료 · 증식치료 비급여의료비를 계산합니다.

⑧ 삭제 〈2018. 7. 10.〉

⑨ 삭제 〈2018. 7. 10.〉

⑩ 삭제 〈2018. 7. 10.〉

⑪ 회사는 피보험자가 상해 또는 질병의 치료목적으로 병원에 입원 또는 통원하여 도수치료 · 체외충격파치료 · 증식치료를 받은 경우, 본인의 장기등(「장기등 이식에 관한 법률」 제4조에 의한 "장기등"을 의미합니다)의 기능회복을 위하여 「장기등 이식에 관한 법률」 제42조 및 관련 고시에 따라 장기등의 적출 및 이식에 드는 비용(공여적합성 여부를 확인하기 위한 검사비, 뇌사장기기증자 관리료 및 이에 속하는 비용항목 포함)은 제1항 내지 제10항에 따라 보상합니다.

제4조(보상하지 않는 사항) 회사가 보상하지 않는 사항은 다음과 같습니다.

보상하지 않는 사항

---

① 회사는 다음의 사유로 인하여 생긴 의료비는 보상하지 않습니다.
  1. 피보험자가 고의로 자신을 해친 경우. 다만, 피보험자가 심신상실 등으로 자유로운 의사결정을 할 수 없는 상태에서 자신을 해친 사실이 증명된 경우에는 제3조(보상내용)에 따라 보상합니다.
  2. 보험수익자가 고의로 피보험자를 해친 경우. 다만, 그 보험수익자가 보험금의 일부 보험수익자인 경우에는 다른 보험수익자에 대한 보험금은 제3조(보상내용)에 따라 지급합니다.
  3. 계약자가 고의로 피보험자를 해친 경우
  4. 전쟁, 외국의 무력행사, 혁명, 내란, 사변, 폭동으로 인한 경우
  5. 피보험자가 정당한 이유없이 입원 또는 통원 기간 중 의사의 지시를 따르지 않아 발생한 의료비

② 회사는 다른 약정이 없으면 피보험자가 직업, 직무 또는 동호회 활동 목적으로 한 다음의 어느 하나에 해당하는 행위로 인하여 생긴 상해에 대해서는 보상하지 않습니다.
  1. 전문등반(전문적인 등산용구를 사용하여 암벽 또는 빙벽을 오르내리거나 특수한 기술, 경험, 사전 훈련이 필요한 등반을 말합니다), 글라이더 조종, 스카이다이빙, 스쿠버다이빙, 행글라이딩, 수상보트, 패러글라이딩
  2. 모터보트·자동차 또는 오토바이에 의한 경기, 시범, 행사(이를 위한 연습을 포함합니다) 또는 시운전 (다만, 공용도로에서 시운전을 하는 동안 발생한 상해는 제3조(보상내용)에 따라 보상합니다)
  3. 선박에 탑승하는 것을 직무로 하는 사람이 직무상 선박에 탑승하고 있는 동안

③ 회사는 '한국표준질병사인분류'에 따른 다음의 의료비에 대해서는 보상하지 않습니다.
  1. 정신 및 행동장애(F04~F99)
  2. 여성생식기의 비염증성 장애로 인한 습관성 유산, 불임 및 인공수정 관련 합병증(N96~N98)
  3. 피보험자가 임신, 출산(제왕절개를 포함합니다), 산후기로 입원 또는 통원한 경우(O00~O99). 다만, 회사가 보상하는 상해로 인하여 입원 또는 통원한 경우에는 제3조(보상내용)에 따라 보상합니다.
  4. 선천성 뇌질환(Q00~Q04)
  5. 비만(E66)
  6. 요실금(N39.3, N39.4, R32)
  7. 직장 또는 항문 질환 중 「국민건강보험법」에 따른 요양급여에 해당하지 않는 부분(I84, K60~K62, K64)

④ 회사는 다음의 의료비에 대해서는 보상하지 않습니다.
  1. 치과치료(다만, 안면부 골절로 발생한 의료비는 치아 관련 치료를 제외하고 제3조(보상내용)에 따라 보상하며, K00~K08과 무관한 질병으로 인한 의료비는 제3조(보상내용)에 따라 보상합니다)·한방치료(다만, 「의료법」 제2조에 따른 한의사를 제외한 '의사'의 의료행위에 의해서 발생한 의료비는 제3조(보상내용)에 따라 보상합니다)에서 발생한 「국민건강보험법」에 따른 요양급여에 해당하지 않는 비급여의료비
  2. 건강검진(단, 검사결과 이상 소견에 따라 건강검진센터 등에서 발생한 추가 의료비용은 제3조(보상내용)에 따라 보상합니다), 예방접종, 인공유산에 든 비용. 다만, 회사가 보상하는 상해 또는 질병의 치료를 목적으로 하는 경우에는 제3조(보상내용)에 따라 보상합니다.
  3. 영양제, 비타민제, 호르몬 투여, 보신용 투약, 친자 확인을 위한 진단, 불임검사, 불임수술, 불임복원술, 보조생식술(체내, 체외 인공수정을 포함합니다), 성장촉진, 의약외품과 관련하여 소요된 비용. 다만, 회사가 보상하는 상해 또는 질병의 치료를 목적으로 하는 경우에는 제3조(보상내용)에 따라 보상합니다.
  4. 다음의 어느 하나에 해당하는 치료로 인하여 발생한 의료비
     가. 단순한 피로 또는 권태
     나. 주근깨, 다모, 무모, 백모증, 딸기코(주사비), 점, 모반(피보험자가 보험가입당시 태아인 경우 화염

상모반 등 선천성 비신생물성모반(Q82.5)은 제3조(보상내용)에 따라 보상합니다), 사마귀, 여드름, 노화현상으로 인한 탈모 등 피부질환

　다. 발기부전(impotence)·불감증, 단순 코골음(수면무호흡증(G47.3)은 제3조(보상내용)에 따라 보상합니다), 치료를 동반하지 않는 단순포경(phimosis), 「국민건강보험 요양급여의 기준에 관한 규칙」 제9조 제1항([별표2] 비급여대상)에 따른 업무 또는 일상생활에 지장이 없는 검열반 등 안과질환

5. 의치, 의수족, 의안, 안경, 콘택트렌즈, 보청기, 목발, 팔걸이(Arm Sling), 보조기 등 진료 재료의 구입 및 대체 비용. 다만, 인공장기 등 신체에 이식되어 그 기능을 대신하는 경우에는 제3조(보상내용)에 따라 보상합니다.

6. 아래에 열거된 국민건강보험 비급여 대상으로 신체의 필수 기능개선 목적이 아닌 외모개선 목적의 치료로 인하여 발생한 의료비

　가. 쌍꺼풀수술(이중검수술. 다만, 안검하수, 안검내반 등을 치료하기 위한 시력개선 목적의 이중검수술은 제3조(보상내용)에 따라 보상합니다), 코성형수술(융비술), 유방 확대(다만, 유방암 환자의 유방재건술은 제3조(보상내용)에 따라 보상합니다)·축소술, 지방흡입술(다만, 「국민건강보험법」 및 관련 고시에 따라 요양급여에 해당하는 '여성형 유방증'을 수술하면서 그 일련의 과정으로 시행한 지방흡입술은 제3조(보상내용)에 따라 보상합니다), 주름살 제거술 등

　나. 사시교정, 안와격리증(양쪽 눈을 감싸고 있는 뼈와 뼈 사이의 거리가 넓은 증상)의 교정 등 시각계 수술로서 시력개선 목적이 아닌 외모개선 목적의 수술

　다. 안경, 콘택트렌즈 등을 대체하기 위한 시력교정술(국민건강보험 요양급여 대상 수술방법 또는 치료재료가 사용되지 않은 부분은 시력교정술로 봅니다)

　라. 외모개선 목적의 다리 정맥류 수술

　마. 그 밖에 외모개선 목적의 치료로 국민건강보험 비급여대상에 해당하는 치료

7. 진료와 무관한 각종 비용(TV시청료, 전화료, 각종 증명료 등을 말합니다), 의사의 임상적 소견과 관련이 없는 검사비용, 간병비

8. 자동차보험(공제를 포함합니다) 또는 산재보험에서 보상받는 의료비. 다만, 본인부담의료비는 제3조(보상내용)에 따라 보상합니다.

9. 인간면역결핍바이러스(HIV) 감염으로 인한 치료비(다만, 「의료법」에서 정한 의료인의 진료상 또는 치료 중 혈액에 의한 HIV 감염은 해당 진료기록을 통해 객관적으로 확인되는 경우는 제3조(보상내용)에 따라 보상합니다)

10. 「국민건강보험법」 제42조의 요양기관이 아닌 외국에 있는 의료기관에서 발생한 의료비

11. 「응급의료에 관한 법률」 및 동 시행규칙에서 정한 응급환자에 해당하지 않는 자가 「의료법」 제3조의4에 따른 상급종합병원 응급실을 이용하면서 발생한 응급의료관리료

제5조(특별약관의 소멸) 피보험자의 사망으로 인하여 이 특별약관에서 규정하는 보험금 지급 사유가 더 이상 발생할 수 없는 경우에는 이 계약은 그때부터 효력이 없습니다.

제6조(준용규정) 이 특별약관에서 정하지 않은 사항은 기본형 실손의료보험 표준약관을 따릅니다.

□ 비급여 주사료 실손의료보험 특별약관

제1조(보장종목) ① 회사가 판매하는 비급여 주사료 실손의료보험 특별약관(이하 '특별약관'
이라 합니다)은 아래의 내용으로 구성되어 있습니다.

보상하는 내용
피보험자가 상해 또는 질병의 치료목적으로 병원에 입원 또는 통원하여 비급여^{주)}에 해당하는 주사료를 부담하는 경우에 보상

주) 「국민건강보험법」 또는 「의료급여법」에 따라 보건복지부장관이 정한 비급여대상(「국민건강보험법」에서 정한 요양급여 또는 「의료급여법」에서 정한 의료급여 절차를 거쳤지만 급여항목이 발생하지 않은 경우로 「국민건강보험법」 또는 「의료급여법」에 따른 비급여항목 포함)

② 회사는 이 특별약관의 명칭에 '비급여 주사료 실손의료비'라는 문구를 포함하여 사용합니다.

제2조(용어의 정의) ① 이 특별약관에서 사용하는 용어의 뜻은 다음과 같습니다.

용어	정의
주사료	주사치료 시 사용된 행위, 약제 및 치료재료대
항암제	식품의약품안전처가 「의약품등 분류번호에 관한 규정」에 따라 지정하는 '조직세포의 기능용 의약품' 중 '종양용약'과 '조직세포의 치료 및 진단 목적제제'* * 「의약품등 분류번호에 관한 규정」에 따른 의약품분류표가 변경되는 경우 치료시점의 의약품분류표에 따릅니다.
항생제 (항진균제 포함)	식품의약품안전처가 「의약품등 분류번호에 관한 규정」에 따라 지정하는 '항병원생물성 의약품' 중 '항생물질제제', '화학요법제' 및 '기생동물에 대한 의약품 중 항원충제'* * 「의약품등 분류번호에 관한 규정」에 따른 의약품분류표가 변경되는 경우 치료시점의 의약품분류표에 따릅니다.
희귀의약품	식품의약품안전처장이 「희귀의약품 지정에 관한 규정」에 따라 지정하는 의약품* * 「희귀의약품 지정에 관한 규정」에 따른 희귀의약품 지정 항목이 변경되는 경우 치료시점의 희귀의약품 지정 항목에 따릅니다.

② 제1항에서 정하지 않은 용어의 뜻은 기본형 실손의료보험 표준약관 제2조(용어의 정의)를 준용합니다.

제3조(보상내용) 회사가 이 계약의 보험기간 중 보상하거나 공제하는 내용은 다음과 같습니다.

보상하는 사항
① 회사는 피보험자가 이 특별약관의 보험기간 중 상해 또는 질병의 치료목적으로 병원에 입원 또는 통원하여 주사치료를 받아 본인이 실제로 부담한 비급여 주사료에서 공제금액을 뺀 금액을 보상한도 내에서 보상합니다.

보상하는 사항	
구분	내용
보장대상 의료비	주사치료를 받아 본인이 실제로 부담한 비급여 주사료
공제금액	입원·통원 1회당 2만원과 보장대상의료비의 30% 중 큰 금액
보상한도	계약일 또는 매년 계약해당일부터 1년 단위로 250만원 이내에서 입원과 통원을 합산하여 50회까지 보상

〈보상기간 예시〉

(i) 계약일 또는 매년 계약해당일로부터 1년내 250만원을 모두 보상한 경우

(ii) 계약일 또는 매년 계약해당일로부터 1년내 지급된 보험금이 250만원 미만이나 50회 모두 보상한 경우

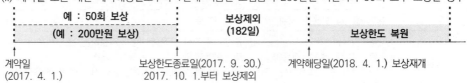

② 제1항의 주사료에서 항암제, 항생제(항진균제 포함), 희귀의약품을 위해 사용된 비급여 주사료는 기본형 실손의료보험에서 보상합니다.

③ 병원을 1회 통원(또는 1회 입원)하여 치료목적으로 2회 이상 주사치료를 받더라도 1회로 보고 제1항에서 정한 공제금액 및 보상한도를 적용합니다.

④ 제3항에서 1회 입원이라 함은 퇴원없이 계속 중인 입원(동일한 질병 또는 상해 치료목적으로 퇴원 당일 다른 병원으로 옮겨 입원하는 경우 포함)을 말합니다. 동일한 상해 또는 질병으로 인한 입원이라고 하더라도 퇴원 후 재입원하는 경우에는 퇴원 전후 입원기간을 각각 1회 입원으로 봅니다.

⑤ 제1항에서 보상하는 비급여의료비와 다른 의료비가 함께 청구되고 각 항목별 의료비가 구분되지 않는 경우 회사는 보험금 지급금액을 결정하기 위해 계약자, 피보험자 또는 보험수익자에게 제1항에서 보상하는 의료비의 확인을 요청할 수 있습니다.

⑥ 제1항의 상해에는 유독가스 또는 유독물질을 우연히 일시에 흡입, 흡수 또는 섭취한 결과로 생긴 중독증상이 포함됩니다. 다만, 유독가스 또는 유독물질을 상습적으로 흡입, 흡수 또는 섭취한 결과로 생긴 중독증상과 세균성 음식물 중독증상은 포함되지 않습니다.

⑦ 삭제 〈2018. 7. 10.〉

⑧ 피보험자가 입원 또는 통원하여 치료를 받던 중 보험기간이 끝나더라도 그 계속 중인 치료에 대하여는 보험기간 종료일부터 180일까지(보험기간 종료일은 제외합니다) 보상합니다. 이 경우 보상한도는 연간 보상한도(금액)에서 직전 보험기간 종료일까지 지급한 금액을 차감한 잔여 금액과 연간 보상한도(횟수)에서 직전 보험기간 종료일까지 보상한 횟수를 차감한 잔여횟수를 한도로 적용합니다. 다만, 종전 계약을 자동갱신하거나 같은 회사의 보험상품에 재가입하는 경우에는 종전 계약의 보험기간을 연장하는 것으로

보아 제1항을 적용합니다.

〈보상기간 예시〉

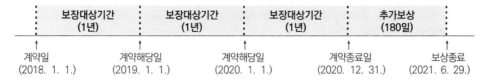

보장대상기간 (1년)	보장대상기간 (1년)	보장대상기간 (1년)	추가보상 (180일)
계약일 (2018. 1. 1.)	계약해당일 (2019. 1. 1.)	계약해당일 (2020. 1. 1.)	계약종료일 (2020. 12. 31.)	보상종료 (2021. 6. 29.)

⑨ 피보험자가 직원복리후생제도에 의해 의료비를 감면받고 그 감면받은 의료비가 근로소득에 포함되는 경우에는 그 감면 전 의료비를 기준으로 비급여 주사료를 계산합니다.

⑩ 삭제 〈2018. 7. 10.〉

⑪ 삭제 〈2018. 7. 10.〉

⑫ 삭제 〈2018. 7. 10.〉

⑬ 회사는 피보험자가 상해 또는 질병의 치료목적으로 병원에 입원 또는 통원하여 주사치료를 받은 경우, 본인의 장기등(「장기등 이식에 관한 법률」 제4조에 의한 "장기등"을 의미합니다)의 기능회복을 위하여 「장기등 이식에 관한 법률」 제42조 및 관련 고시에 따라 장기등의 적출 및 이식에 드는 비용(공여적합성 여부를 확인하기 위한 검사비, 뇌사장기기증자 관리료 및 이에 속하는 비용항목 포함)은 제1항 내지 제12항에 따라 보상합니다.

제4조(보상하지 않는 사항) 회사가 보상하지 않는 사항은 다음과 같습니다.

① 회사는 다음의 사유로 인하여 생긴 의료비는 보상하지 않습니다.
1. 피보험자가 고의로 자신을 해친 경우. 다만, 피보험자가 심신상실 등으로 자유로운 의사결정을 할 수 없는 상태에서 자신을 해친 사실이 증명된 경우에는 제3조(보상내용)에 따라 보상합니다.
2. 보험수익자가 고의로 피보험자를 해친 경우. 다만, 그 보험수익자가 보험금의 일부 보험수익자인 경우에는 다른 보험수익자에 대한 보험금은 제3조(보상내용)에 따라 지급합니다.
3. 계약자가 고의로 피보험자를 해친 경우
4. 전쟁, 외국의 무력행사, 혁명, 내란, 사변, 폭동으로 인한 경우
5. 피보험자가 정당한 이유없이 입원 또는 통원 기간 중 의사의 지시를 따르지 않아 발생한 의료비

② 회사는 다른 약정이 없으면 피보험자가 직업, 직무 또는 동호회 활동 목적으로 한 다음의 어느 하나에 해당하는 행위로 인하여 생긴 상해에 대해서는 보상하지 않습니다.
1. 전문등반(전문적인 등산용구를 사용하여 암벽 또는 빙벽을 오르내리거나 특수한 기술, 경험, 사전 훈련이 필요한 등반을 말합니다), 글라이더 조종, 스카이다이빙, 스쿠버다이빙, 행글라이딩, 수상보트, 패러글라이딩
2. 모터보트·자동차 또는 오토바이에 의한 경기, 시범, 행사(이를 위한 연습을 포함합니다) 또는 시운전 (다만, 공용도로에서 시운전을 하는 동안 발생한 상해는 제3조(보상내용)에 따라 보상합니다)
3. 선박에 탑승하는 것을 직무로 하는 사람이 직무상 선박에 탑승하고 있는 동안

③ 회사는 '한국표준질병사인분류'에 따른 다음의 의료비에 대해서는 보상하지 않습니다.

1. 정신 및 행동장애(F04~F99)
2. 여성생식기의 비염증성 장애로 인한 습관성 유산, 불임 및 인공수정 관련 합병증(N96~N98)
3. 피보험자가 임신, 출산(제왕절개를 포함합니다), 산후기로 입원 또는 통원한 경우(O00~O99). 다만, 회사가 보상하는 상해로 인하여 입원 또는 통원한 경우에는 제3조(보상내용)에 따라 보상합니다.
4. 선천성 뇌질환(Q00~Q04)
5. 비만(E66)
6. 요실금(N39.3, N39.4, R32)
7. 직장 또는 항문 질환 중 「국민건강보험법」에 따른 요양급여에 해당하지 않는 부분(I84, K60~K62, K64)

④ 회사는 다음의 의료비에 대해서는 보상하지 않습니다.
  1. 치과치료(다만, 안면부 골절로 발생한 의료비는 치아 관련 치료를 제외하고 제3조(보상내용)에 따라 보상하며, K00~K08과 무관한 질병으로 인한 의료비는 제3조(보상내용)에 따라 보상합니다)·한방치료(다만, 「의료법」 제2조에 따른 한의사를 제외한 '의사'의 의료행위에 의해서 발생한 의료비는 제3조(보상내용)에 따라 보상합니다)에서 발생한 「국민건강보험법」에 따른 요양급여에 해당하지 않는 비급여의료비
  2. 건강검진(단, 검사결과 이상 소견에 따라 건강검진센터 등에서 발생한 추가 의료비용은 제3조(보상내용)에 따라 보상합니다), 예방접종, 인공유산에 든 비용. 다만, 회사가 보상하는 상해 또는 질병의 치료를 목적으로 하는 경우에는 제3조(보상내용)에 따라 보상합니다.
  3. 영양제, 비타민제, 호르몬 투여, 보신용 투약, 친자 확인을 위한 진단, 불임검사, 불임수술, 불임복원술, 보조생식술(체내, 체외 인공수정을 포함합니다), 성장촉진, 의약외품과 관련하여 소요된 비용. 다만, 회사가 보상하는 상해 또는 질병의 치료를 목적으로 하는 경우에는 제3조(보상내용)에 따라 보상합니다.

  4. 다음의 어느 하나에 해당하는 치료로 인하여 발생한 의료비
    가. 단순한 피로 또는 권태
    나. 주근깨, 다모, 무모, 백모증, 딸기코(주사비), 점, 모반(피보험자가 보험가입당시 태아인 경우 화염상모반 등 선천성 비신생물성모반(Q82.5)은 제3조(보상내용)에 따라 보상합니다), 사마귀, 여드름, 노화현상으로 인한 탈모 등 피부질환
    다. 발기부전(impotence)·불감증, 단순 코골음(수면무호흡증(G47.3)은 보상합니다), 치료를 동반하지 않는 단순포경(phimosis), 「국민건강보험 요양급여의 기준에 관한 규칙」 제9조 제1항([별표2] 비급여대상)에 따른 업무 또는 일상생활에 지장이 없는 검열반 등 안과질환
  5. 의치, 의수족, 의안, 안경, 콘택트렌즈, 보청기, 목발, 팔걸이(Arm Sling), 보조기 등 진료 재료의 구입 및 대체 비용. 다만, 인공장기 등 신체에 이식되어 그 기능을 대신하는 경우에는 제3조(보상내용)에 따라 보상합니다.
  6. 아래에 열거된 국민건강보험 비급여 대상으로 신체의 필수 기능개선 목적이 아닌 외모개선 목적의 치료로 인하여 발생한 의료비
    가. 쌍꺼풀수술(이중검수술. 다만, 안검하수, 안검내반 등을 치료하기 위한 시력개선 목적의 이중검수술은 제3조(보상내용)에 따라 보상합니다), 코성형수술(융비술), 유방 확대(다만, 유방암 환자의 유방재건술은 제3조(보상내용)에 따라 보상합니다)·축소술, 지방흡입술(다만, 「국민건강보험법」 및 관련 고시에 따라 요양급여에 해당하는 '여성형 유방증'을 수술하면서 그 일련의 과정으로 시행한 지방흡입술은 제3조(보상내용)에 따라 보상합니다), 주름살 제거술 등
    나. 사시교정, 안와격리증(양쪽 눈을 감싸고 있는 뼈와 뼈 사이의 거리가 넓은 증상)의 교정 등 시각계 수술로서 시력개선 목적이 아닌 외모개선 목적의 수술

다. 안경, 콘텍트렌즈 등을 대체하기 위한 시력교정술(국민건강보험 요양급여 대상 수술방법 또는 치료재료가 사용되지 않은 부분은 시력교정술로 봅니다)

라. 외모개선 목적의 다리 정맥류 수술

마. 그 밖에 외모개선 목적의 치료로 국민건강보험 비급여대상에 해당하는 치료

7. 진료와 무관한 각종 비용(TV시청료, 전화료, 각종 증명료 등을 말합니다), 의사의 임상적 소견과 관련이 없는 검사비용, 간병비

8. 자동차보험(공제를 포함합니다) 또는 산재보험에서 보상받는 의료비. 다만, 본인부담의료비는 제3조(보상내용)에 따라 보상합니다.

9. 인간면역결핍바이러스(HIV) 감염으로 인한 치료비(다만, 「의료법」에서 정한 의료인의 진료상 또는 치료 중 혈액에 의한 HIV 감염은 해당 진료기록을 통해 객관적으로 확인되는 경우는 제3조(보상내용)에 따라 보상합니다)

10. 「국민건강보험법」 제42조의 요양기관이 아닌 외국에 있는 의료기관에서 발생한 의료비

11. 「응급의료에 관한 법률」 및 동 시행규칙에서 정한 응급환자에 해당하지 않는 자가 「의료법」 제3조의4에 따른 상급종합병원 응급실을 이용하면서 발생한 응급의료관리료

12. 증식치료로 인하여 발생하는 주사료 및 비급여 자기공명영상진단(MRI/MRA)으로 인하여 발생하는 약제비 또는 조영제에 해당하는 의료비

제5조(특별약관의 소멸) 피보험자의 사망으로 인하여 이 특별약관에서 규정하는 보험금 지급 사유가 더 이상 발생할 수 없는 경우에는 이 계약은 그때부터 효력이 없습니다.

제6조(준용규정) 이 특별약관에서 정하지 않은 사항은 기본형 실손의료보험 표준약관을 따릅니다.

□ 비급여 자기공명영상진단(MRI/MRA) 실손의료보험 특별약관

제1조(보장종목) ① 회사가 판매하는 비급여 자기공명영상진단(MRI/MRA) 실손의료보험 특별약관(이하 '특별약관'이라 합니다)은 아래의 내용으로 구성되어 있습니다.

보상하는 내용
피보험자가 상해 또는 질병의 치료목적으로 병원에 입원 또는 통원하여 비급여^{주)} 자기공명영상진단을 받은 경우에 보상

주) 「국민건강보험법」 또는 「의료급여법」에 따라 보건복지부장관이 정한 비급여대상(「국민건강보험법」에서 정한 요양급여 또는 「의료급여법」에서 정한 의료급여 절차를 거쳤지만 급여항목이 발생하지 않은 경우로 「국민건강보험법」 또는 「의료급여법」에 따른 비급여항목 포함)

② 회사는 이 특별약관의 명칭에 '비급여 자기공명영상진단(MRI/MRA) 실손의료비'라는 문구를 포함하여 사용합니다.

제2조(용어의 정의) ① 이 특별약관에서 사용하는 용어의 뜻은 다음과 같습니다.

용어	정의
자기공명영상진단	자기공명영상 장치를 이용하여 고주파 등을 통한 신호의 차이를 영상화하여 조직의 구조를 분석하는 검사(MRI/MRA) * 자기공명영상진단 결과를 다른 의료기관에서 판독하는 경우 포함 (보건복지부에서 고시하는 「건강보험 행위 급여 · 비급여 목록 및 급여 상대가치점수」 상의 MRI 범주에 따름)

② 제1항에서 정하지 않은 용어의 뜻은 기본형 실손의료보험 표준약관 제2조(용어의 정의)를 준용합니다.

제3조(보상내용) 회사가 이 계약의 보험기간 중 보상하거나 공제하는 내용은 다음과 같습니다.

보상하는 사항

① 회사는 피보험자가 이 특별약관의 보험기간 중 상해 또는 질병의 치료목적으로 병원에 입원 또는 통원하여 자기공명영상진단을 받아 본인이 실제로 부담한 비급여의료비(조영제, 판독료를 포함합니다)에서 공제금액을 뺀 금액을 보상한도 내에서 보상합니다.

구분	내용
보장대상 의료비	자기공명영상진단을 받아 본인이 실제로 부담한 비급여의료비(조영제, 판독료 포함)
공제금액	1회당 2만원과 보장대상의료비의 30% 중 큰 금액
보상한도	계약일 또는 매년 계약해당일부터 1년 단위로 연간 300만원 한도 내에서 보상

② 병원을 1회 통원(또는 1회 입원)하여 2개 이상 부위에 걸쳐 이 특별약관에서 정한 자기공명영상진단을 받거나 동일한 부위에 대해 2회 이상 이 특별약관에서 정한 자기공명영상진단을 받는 경우 각 진단행위를 1회로 보아 각각 1회당 공제금액 및 보상한도를 적용합니다.

③ 제1항의 상해에는 유독가스 또는 유독물질을 우연히 일시에 흡입, 흡수 또는 섭취한 결과로 생긴 중독증상이 포함됩니다. 다만, 유독가스 또는 유독물질을 상습적으로 흡입, 흡수 또는 섭취한 결과로 생긴 중독증상과 세균성 음식물 중독증상은 포함되지 않습니다.

④ 삭제 〈2018. 7. 10.〉

⑤ 피보험자가 입원 또는 통원하여 치료를 받던 중 보험기간이 끝나더라도 그 계속 중인 치료에 대하여는 보험기간 종료일부터 180일까지(보험기간 종료일은 제외합니다) 보상합니다. 이 경우 보상한도는 연간 보상한도에서 직전 보험기간 종료일까지 지급한 보상금액을 차감한 잔여 금액을 한도로 적용합니다. 다만, 종전 계약을 자동갱신하거나 같은 회사의 보험상품에 재가입하는 경우에는 종전 계약의 보험기간을 연장하는 것으로 보아 제1항을 적용합니다.

〈보상기간 예시〉

보장대상기간 (1년)	보장대상기간 (1년)	보장대상기간 (1년)	추가보상 (180일)
계약일 (2018. 1. 1.)	계약해당일 (2019. 1. 1.)	계약해당일 (2020. 1. 1.)	계약종료일 (2020. 12. 31.)	보상종료 (2021. 6. 29.)

보상하는 사항

⑥ 피보험자가 직원복리후생제도에 의해 의료비를 감면받고 그 감면받은 의료비가 근로소득에 포함되는 경우에는 그 감면 전 의료비를 기준으로 비급여 자기공명영상진단(MRI/MRA) 의료비를 계산합니다.

⑦ 삭제〈2018. 7. 10.〉

⑧ 삭제〈2018. 7. 10.〉

⑨ 삭제〈2018. 7. 10.〉

⑩ 회사는 피보험자가 상해 또는 질병의 치료목적으로 병원에 입원 또는 통원하여 자기공명영상진단을 받은 경우, 본인의 장기등(「장기등 이식에 관한 법률」 제4조에 의한 "장기등"을 의미합니다)의 기능회복을 위하여 「장기등 이식에 관한 법률」 제42조 및 관련 고시에 따라 장기등의 적출 및 이식에 드는 비용(공여 적합성 여부를 확인하기 위한 검사비, 뇌사장기기증자 관리료 및 이에 속하는 비용항목 포함)은 제1항 내지 제9항에 따라 보상합니다.

제4조(보상하지 않는 사항) 회사가 보상하지 않는 사항은 다음과 같습니다.

보상하지 않는 사항

① 회사는 다음의 사유로 인하여 생긴 의료비는 보상하지 않습니다.
  1. 피보험자가 고의로 자신을 해친 경우. 다만, 피보험자가 심신상실 등으로 자유로운 의사결정을 할 수 없는 상태에서 자신을 해친 사실이 증명된 경우에는 제3조(보상내용)에 따라 보상합니다.
  2. 보험수익자가 고의로 피보험자를 해친 경우. 다만, 그 보험수익자가 보험금의 일부 보험수익자인 경우에는 다른 보험수익자에 대한 보험금은 제3조(보상내용)에 따라 지급합니다.
  3. 계약자가 고의로 피보험자를 해친 경우
  4. 전쟁, 외국의 무력행사, 혁명, 내란, 사변, 폭동으로 인한 경우
  5. 피보험자가 정당한 이유없이 입원 또는 통원 기간 중 의사의 지시를 따르지 않아 발생한 의료비

② 회사는 다른 약정이 없으면 피보험자가 직업, 직무 또는 동호회 활동 목적으로 한 다음의 어느 하나에 해당하는 행위로 인하여 생긴 상해에 대해서는 보상하지 않습니다.
  1. 전문등반(전문적인 등산용구를 사용하여 암벽 또는 빙벽을 오르내리거나 특수한 기술, 경험, 사전 훈련이 필요한 등반을 말합니다), 글라이더 조종, 스카이다이빙, 스쿠버다이빙, 행글라이딩, 수상보트, 패러글라이딩
  2. 모터보트 · 자동차 또는 오토바이에 의한 경기, 시범, 행사(이를 위한 연습을 포함합니다) 또는 시운전 (다만, 공용도로에서 시운전을 하는 동안 발생한 상해는 제3조(보상내용)에 따라 보상합니다)
  3. 선박에 탑승하는 것을 직무로 하는 사람이 직무상 선박에 탑승하고 있는 동안

③ 회사는 '한국표준질병사인분류'에 따른 다음의 의료비에 대해서는 보상하지 않습니다.
  1. 정신 및 행동장애(F04~F99)
  2. 여성생식기의 비염증성 장애로 인한 습관성 유산, 불임 및 인공수정 관련 합병증(N96~N98)
  3. 피보험자가 임신, 출산(제왕절개를 포함합니다), 산후기로 입원 또는 통원한 경우(O00~O99). 다만, 회사가 보상하는 상해로 인하여 입원 또는 통원한 경우에는 제3조(보상내용)에 따라 보상합니다.
  4. 선천성 뇌질환(Q00~Q04)
  5. 비만(E66)
  6. 요실금(N39.3, N39.4, R32)
  7. 직장 또는 항문 질환 중 「국민건강보험법」에 따른 요양급여에 해당하지 않는 부분(I84, K60~K62,

K64)

④ 회사는 다음의 의료비에 대해서는 보상하지 않습니다.

1. 치과치료(다만, 안면부 골절로 발생한 의료비는 치아 관련 치료를 제외하고 제3조(보상내용)에 따라 보상하며, K00~K08과 무관한 질병으로 인한 의료비는 제3조(보상내용)에 따라 보상합니다) · 한방치료(다만, 「의료법」 제2조에 따른 한의사를 제외한 '의사'의 의료행위에 의해서 발생한 의료비는 제3조(보상내용)에 따라 보상합니다)에서 발생한 「국민건강보험법」에 따른 요양급여에 해당하지 않는 비급여의료비

2. 건강검진(단, 검사결과 이상 소견에 따라 건강검진센터 등에서 발생한 추가 의료비용은 제3조(보상내용)에 따라 보상합니다), 예방접종, 인공유산에 든 비용. 다만, 회사가 보상하는 상해 또는 질병의 치료를 목적으로 하는 경우에는 제3조(보상내용)에 따라 보상합니다.

3. 영양제, 비타민제, 호르몬 투여, 보신용 투약, 친자 확인을 위한 진단, 불임검사, 불임수술, 불임복원술, 보조생식술(체내, 체외 인공수정을 포함합니다), 성장촉진, 의약외품과 관련하여 소요된 비용. 다만, 회사가 보상하는 상해 또는 질병의 치료를 목적으로 하는 경우에는 제3조(보상내용)에 따라 보상합니다.

4. 다음의 어느 하나에 해당하는 치료로 인하여 발생한 의료비
   가. 단순한 피로 또는 권태
   나. 주근깨, 다모, 무모, 백모증, 딸기코(주사비), 점, 모반(피보험자가 보험가입당시 태아인 경우 화염상모반 등 선천성 비신생물성모반(Q82.5)은 제3조(보상내용)에 따라 보상합니다), 사마귀, 여드름, 노화현상으로 인한 탈모 등 피부질환
   다. 발기부전(impotence) · 불감증, 단순 코골음(수면무호흡증(G47.3)은 보상합니다), 치료를 동반하지 않는 단순포경(phimosis), 「국민건강보험 요양급여의 기준에 관한 규칙」 제9조 제1항([별표2] 비급여대상)에 따른 업무 또는 일상생활에 지장이 없는 검열반 등 안과질환

5. 의치, 의수족, 의안, 안경, 콘택트렌즈, 보청기, 목발, 팔걸이(Arm Sling), 보조기 등 진료 재료의 구입 및 대체 비용. 다만, 인공장기 등 신체에 이식되어 그 기능을 대신하는 경우에는 제3조(보상내용)에 따라 보상합니다.

6. 아래에 열거된 국민건강보험 비급여 대상으로 신체의 필수 기능개선 목적이 아닌 외모개선 목적의 치료로 인하여 발생한 의료비
   가. 쌍꺼풀수술(이중검수술. 다만, 안검하수, 안검내반 등을 치료하기 위한 시력개선 목적의 이중검수술은 제3조(보상내용)에 따라 보상합니다), 코성형수술(융비술), 유방 확대(다만, 유방암 환자의 유방재건술은 제3조(보상내용)에 따라 보상합니다) · 축소술, 지방흡입술(다만, 「국민건강보험법」 및 관련 고시에 따라 요양급여에 해당하는 '여성형 유방증'을 수술하면서 그 일련의 과정으로 시행한 지방흡입술은 제3조(보상내용)에 따라 보상합니다), 주름살 제거술 등
   나. 사시교정, 안와격리증(양쪽 눈을 감싸고 있는 뼈와 뼈 사이의 거리가 넓은 증상)의 교정 등 시각계 수술로서 시력개선 목적이 아닌 외모개선 목적의 수술
   다. 안경, 콘택트렌즈 등을 대체하기 위한 시력교정술(국민건강보험 요양급여 대상 수술방법 또는 치료재료가 사용되지 않은 부분은 시력교정술로 봅니다)
   라. 외모개선 목적의 다리 정맥류 수술
   마. 그 밖에 외모개선 목적의 치료로 국민건강보험 비급여대상에 해당하는 치료

7. 진료와 무관한 각종 비용(TV시청료, 전화료, 각종 증명료 등을 말합니다), 의사의 임상적 소견과 관련이 없는 검사비용, 간병비

8. 자동차보험(공제를 포함합니다) 또는 산재보험에서 보상받는 의료비. 다만, 본인부담의료비는 제3조(보상내용)에 따라 보상합니다.

9. 인간면역결핍바이러스(HIV) 감염으로 인한 치료비(다만, 「의료법」에서 정한 의료인의 진료상 또는 치

보상하지 않는 사항
료 중 혈액에 의한 HIV 감염은 해당 진료기록을 통해 객관적으로 확인되는 경우는 제3조(보상내용) 에 따라 보상합니다)   10. 「국민건강보험법」 제42조의 요양기관이 아닌 외국에 있는 의료기관에서 발생한 의료비   11. 「응급의료에 관한 법률」 및 동 시행규칙에서 정한 응급환자에 해당하지 않는 자가 「의료법」 제3조의 4에 따른 상급종합병원 응급실을 이용하면서 발생한 응급의료관리료

제5조(특별약관의 소멸) 피보험자의 사망으로 인하여 이 특별약관에서 규정하는 보험금 지급 사유가 더 이상 발생할 수 없는 경우에는 이 계약은 그때부터 효력이 없습니다.

제6조(준용규정) 이 특별약관에서 정하지 않은 사항은 기본형 실손의료보험 표준약관을 따릅니다.

제15차 개정 표준약관(2020. 10. 16.)

〈실손 의료보험〉

> 실손의료보험은 보험회사가 피보험자의 질병 또는 상해로 인한 손해(의료비에 한정합니다)를 보상하는 상품입니다.

☐ **기본형 실손의료보험**

제1관 일반사항 및 용어의 정의

제1조(보장종목) ① 회사가 판매하는 기본형 실손의료보험상품은 다음과 같이 상해입원형, 상해통원형, 질병입원형 및 질병통원형의 4개 이내의 보장종목으로 구성되어 있습니다.

보장종목		보상하는 내용
상해	입원	피보험자가 상해로 인하여 병원에 입원하여 치료를 받은 경우에 보상
	통원	피보험자가 상해로 인하여 병원에 통원하여 치료를 받거나 처방조제를 받은 경우에 보상
질병	입원	피보험자가 질병으로 인하여 병원에 입원하여 치료를 받은 경우에 보상
	통원	피보험자가 질병으로 인하여 병원에 통원하여 치료를 받거나 처방조제를 받은 경우에 보상

② 회사는 이 약관의 명칭에 '실손의료비'라는 문구를 포함하여 사용합니다.

제2조(용어의 정의) 이 약관에서 사용하는 용어의 뜻은 <붙임1>과 같습니다.

제2관 회사가 보상하는 사항

제3조(보장종목별 보상내용) 회사가 이 계약의 보험기간 중 보장종목별로 각각 보상하거나 공제하는 내용은 다음과 같습니다.

보장종목	보상하는 사항
(1) 상해입원	① 회사는 피보험자가 상해로 인하여 병원에 입원하여 치료를 받은 경우에는 입원의료비를 다음과 같이 하나의 상해당 보험가입금액(5천만원 이내에서 계약 시 계약자가 정한 금액을 말합니다)의 한도 내에서 보상합니다.

보장종목	보상하는 사항	

	구분	보상금액
표준형	입원실료, 입원제비용, 입원수술비	'「국민건강보험법」에서 정한 요양급여 또는 「의료급여법」에서 정한 의료급여 중 본인부담금'과 '비급여^{주)}(상급병실료 차액은 제외합니다)'를 합한 금액(본인이 실제로 부담한 금액을 말합니다)의 80%에 해당하는 금액. 다만, 나머지 20%가 계약일 또는 매년 계약해당일부터 기산하여 연간 200만원을 초과하는 경우 그 초과금액은 보상합니다.
	상급병실료 차액	입원 시 실제로 사용한 병실과 기준병실의 병실료 차액에서 50%를 뺀 금액. 다만, 1일 평균금액 10만원을 한도로 하며, 1일 평균금액은 입원기간 동안 상급병실료 차액 전체를 총 입원 일수로 나누어 산출합니다.
선택형	입원실료, 입원제비용, 입원수술비	'「국민건강보험법」에서 정한 요양급여 또는 「의료급여법」에서 정한 의료급여 중 본인부담금'과 '비급여^{주)}(상급병실료 차액은 제외합니다)'를 합한 금액(본인이 실제로 부담한 금액을 말합니다)의 90%에 해당하는 금액. 다만, 나머지 10%가 계약일 또는 매년 계약해당일부터 기산하여 연간 200만원을 초과하는 경우 그 초과금액은 보상합니다.
	상급병실료 차액	입원 시 실제로 사용한 병실과 기준병실의 병실료 차액에서 50%를 뺀 금액. 다만, 1일 평균금액 10만원을 한도로 하며, 1일 평균금액은 입원기간 동안 상급병실료 차액 전체를 총 입원 일수로 나누어 산출합니다.

주) 「국민건강보험법」 또는 「의료급여법」에 따라 보건복지부장관이 정한 비급여대상(「국민건강보험법」에서 정한 요양급여 또는 「의료급여법」에서 정한 의료급여 절차를 거쳤지만 급여항목이 발생하지 않은 경우로 「국민건강보험법」 또는 「의료급여법」에 따른 비급여항목 포함)

② 제1항의 상해에는 유독가스 또는 유독물질을 우연히 일시에 흡입, 흡수 또는 섭취한 결과로 생긴 중독증상이 포함됩니다. 다만, 유독가스 또는 유독물질을 상습적으로 흡입, 흡수 또는 섭취한 결과로 생긴 중독증상과 세균성 음식물 중독증상은 포함되지 않습니다.

③ 피보험자가 「국민건강보험법」 또는 「의료급여법」을 적용받지 못하는 경우에는 입원의료비(「국민건강보험 요양급여의 기준에 관한 규칙」에 따라 보건복지부장관이 정한 급여 및 비급여의료비 항목만 해당합니다) 중 본인이 실제로 부담한 금액의 40%를 하나의 상해당 보험가입금액(5천만원 이내에서 계약 시 계약자가 정한 금액을 말합니다)의 한도 내에서 보상합니다.

④ 제1항에도 불구하고 회사는 하나의 상해(같은 상해로 2회 이상 치료를 받는 경우에도 이를 하나의 상해로 봅니다)로 인한 입원의료비를 보험가입금액까지 보상한 경우에는 보상한 도종료일부터 90일이 경과한 날부터 최초 입원한 것과 동일한 기준으로 다시 보상합니다(계속 입원을 포함합니다). 다만, 최초 입원일부터 275일(365일-90일) 이내에 보상한도종료일이 있는 경우에는 최초 입원일부터 365일이 경과되는 날부터 최초 입원한 것과 동일한 기준으로 다시 보상합니다.

보장종목	보상하는 사항

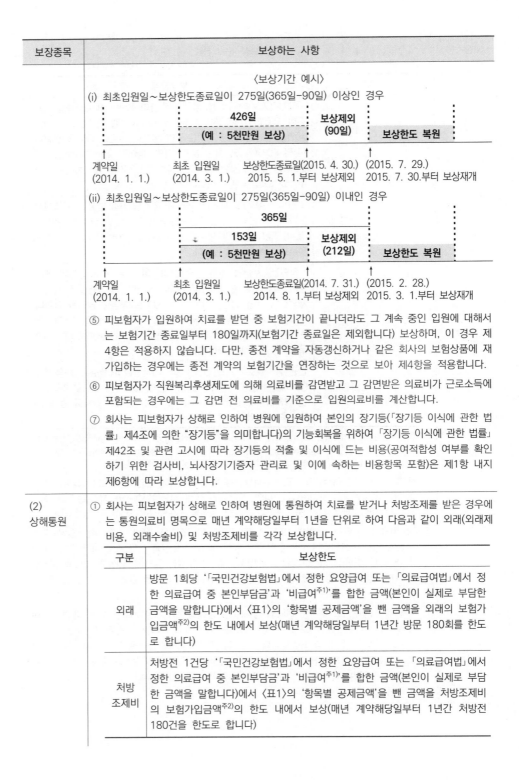

〈보상기간 예시〉

(i) 최초입원일~보상한도종료일이 275일(365일-90일) 이상인 경우

426일
(예 : 5천만원 보상)
보상제외
(90일)
보상한도 복원

계약일 (2014. 1. 1.)　최초 입원일 (2014. 3. 1.)　보상한도종료일(2015. 4. 30.) 2015. 5. 1.부터 보상제외　(2015. 7. 29.) 2015. 7. 30.부터 보상재개

(ii) 최초입원일~보상한도종료일이 275일(365일-90일) 이내인 경우

365일
153일
(예 : 5천만원 보상)
보상제외
(212일)
보상한도 복원

계약일 (2014. 1. 1.)　최초 입원일 (2014. 3. 1.)　보상한도종료일(2014. 7. 31.) 2014. 8. 1.부터 보상제외　(2015. 2. 28.) 2015. 3. 1.부터 보상재개

⑤ 피보험자가 입원하여 치료를 받던 중 보험기간이 끝나더라도 그 계속 중인 입원에 대해서는 보험기간 종료일부터 180일까지(보험기간 종료일은 제외합니다) 보상하며, 이 경우 제4항은 적용하지 않습니다. 다만, 종전 계약을 자동갱신하거나 같은 회사의 보험상품에 재가입하는 경우에는 종전 계약의 보험기간을 연장하는 것으로 보아 제4항을 적용합니다.

⑥ 피보험자가 직원복리후생제도에 의해 의료비를 감면받고 그 감면받은 의료비가 근로소득에 포함되는 경우에는 그 감면 전 의료비를 기준으로 입원의료비를 계산합니다.

⑦ 회사는 피보험자가 상해로 인하여 병원에 입원하여 본인의 장기등(「장기등 이식에 관한 법률」 제4조에 의한 "장기등"을 의미합니다)의 기능회복을 위하여 「장기등 이식에 관한 법률」 제42조 및 관련 고시에 따라 장기등의 적출 및 이식에 드는 비용(공여적합성 여부를 확인하기 위한 검사비, 뇌사장기기증자 관리료 및 이에 속하는 비용항목 포함)은 제1항 내지 제6항에 따라 보상합니다.

(2) 상해통원	① 회사는 피보험자가 상해로 인하여 병원에 통원하여 치료를 받거나 처방조제를 받은 경우에는 통원의료비 명목으로 매년 계약해당일부터 1년을 단위로 하여 다음과 같이 외래(외래제비용, 외래수술비) 및 처방조제비를 각각 보상합니다.

구분	보상한도
외래	방문 1회당 '「국민건강보험법」에서 정한 요양급여 또는 「의료급여법」에서 정한 의료급여 중 본인부담금'과 '비급여[주1]'를 합한 금액(본인이 실제로 부담한 금액을 말합니다)에서 〈표1〉의 '항목별 공제금액'을 뺀 금액을 외래의 보험가입금액[주2]의 한도 내에서 보상(매년 계약해당일부터 1년간 방문 180회를 한도로 합니다)
처방 조제비	처방전 1건당 '「국민건강보험법」에서 정한 요양급여 또는 「의료급여법」에서 정한 의료급여 중 본인부담금'과 '비급여[주1]'를 합한 금액(본인이 실제로 부담한 금액을 말합니다)에서 〈표1〉의 '항목별 공제금액'을 뺀 금액을 처방조제비의 보험가입금액[주2]의 한도 내에서 보상(매년 계약해당일부터 1년간 처방전 180건을 한도로 합니다)

보장종목	보상하는 사항

주1) 「국민건강보험법」 또는 「의료급여법」에 따라 보건복지부장관이 정한 비급여대상(「국민건강보험법」에서 정한 요양급여 또는 「의료급여법」에서 정한 의료급여 절차를 거쳤지만 급여항목이 발생하지 않은 경우로 「국민건강보험법」 또는 「의료급여법」에 따른 비급여항목 포함)

주2) 외래 및 처방조제비는 회(건)당 합산하여 30만원 이내에서 계약 시 계약자가 각각 정한 금액으로 합니다.

〈표1 항목별 공제금액〉

구분		항목	공제금액
표준형	외래 (외래제비용 및 외래수술비 합계)	「의료법」 제3조 제2항 제1호에 따른 의원, 치과의원, 한의원, 같은 항 제2호에 따른 조산원, 「지역보건법」 제10조, 제12조 및 제13조에 따른 보건소, 보건의료원 및 보건지소, 「농어촌 등 보건의료를 위한 특별조치법」 제15조에 따른 보건진료소	1만원과 보장대상 의료비의 20% 중 큰 금액
		「의료법」 제3조 제2항 제3호에 따른 종합병원, 병원, 치과병원, 한방병원, 요양병원	1만5천원과 보장대상 의료비의 20% 중 큰 금액
		「국민건강보험법」 제42조 제2항에 따른 종합전문요양기관 또는 「의료법」 제3조의4에 따른 상급종합병원	2만원과 보장대상 의료비의 20% 중 큰 금액
	처방조제비	「국민건강보험법」 제42조 제1항 제2호에 따른 약국, 같은 항 제3호에 따른 한국희귀의약품센터에서의 처방, 조제(의사의 처방전 1건당, 의약분업 예외 지역에서 약사의 직접조제 1건당)	8천원과 보장대상 의료비의 20% 중 큰 금액
선택형	외래 (외래제비용 및 외래수술비 합계)	「의료법」 제3조 제2항 제1호에 따른 의원, 치과의원, 한의원, 같은 항 제2호에 따른 조산원, 「지역보건법」 제10조, 제12조 및 제13조에 따른 보건소, 보건의료원 및 보건지소, 「농어촌 등 보건의료를 위한 특별조치법」 제15조에 따른 보건진료소	1만원
		「의료법」 제3조 제2항 제3호에 따른 종합병원, 병원, 치과병원, 한방병원, 요양병원	1만5천원
		「국민건강보험법」 제42조 제2항에 따른 종합전문요양기관 또는 「의료법」 제3조의4에 따른 상급종합병원	2만원
	처방조제비	「국민건강보험법」 제42조 제1항 제2호에 따른 약국, 같은 항 제3호에 따른 한국희귀의약품센터에서의 처방, 조제(의사의 처방전 1건당, 의약분업 예외 지역에서 약사의 직접조제 1건당)	8천원

보장종목	보상하는 사항

② 피보험자가 통원하여 치료를 받던 중 보험기간이 끝나더라도 그 계속 중인 통원치료에 대해서는 다음 예시와 같이 보험기간 종료일부터 180일 이내에 외래는 방문 90회, 처방조제비는 처방전 90건의 한도 내에서 보상합니다. 다만, 종전 계약을 자동갱신하거나 같은 회사의 보험상품에 재가입하는 경우에는 종전 계약의 보험기간을 연장하는 것으로 보아 제1항을 적용합니다.

〈보상기간 예시〉

보장대상기간 (1년)	보장대상기간 (1년)	보장대상기간 (1년)	추가보상 (180일)
↑ 계약일 (2014. 1. 1.)	↑ 계약해당일 (2015. 1. 1.)	↑ 계약해당일 (2016. 1. 1.)	↑ 계약종료일 (2016. 12. 31.)

(표 우측 끝) ↑ 보상종료일 (2017. 6. 29.)

③ 하나의 상해로 인해 하루에 같은 치료를 목적으로 의료기관에서 2회 이상 통원치료를 받거나 하나의 상해로 약국에서 2회 이상의 처방조제를 받은 경우 각각 1회의 외래 및 1건의 처방으로 보아 제1항과 제2항을 적용합니다. 이때 공제금액은 2회 이상의 중복방문 의료기관 중 가장 높은 공제금액을 적용합니다.

④ 제1항의 상해에는 유독가스 또는 유독물질을 우연히 일시에 흡입, 흡수 또는 섭취한 결과로 생긴 중독증상이 포함됩니다. 다만, 유독가스 또는 유독물질을 상습적으로 흡입, 흡수 또는 섭취한 결과로 생긴 중독증상과 세균성 음식물 중독증상은 포함되지 않습니다.

⑤ 피보험자가 「국민건강보험법」 또는 「의료급여법」을 적용받지 못하는 경우에는 통원의료비(「국민건강보험 요양급여의 기준에 관한 규칙」에 따라 보건복지부장관이 정한 급여 및 비급여의료비 항목만 해당합니다) 중 본인이 실제로 부담한 금액에서 〈표1〉의 '항목별 공제금액'을 뺀 금액의 40%를 외래 및 처방조제비로 보험가입금액[외래 및 처방조제비는 회(건)당 합산하여 30만원 이내에서 계약 시 계약자가 각각 정한 금액을 말합니다]의 한도 내에서 보상합니다.

⑥ 피보험자가 직원복리후생제도에 의해 의료비를 감면받고 그 감면받은 의료비가 근로소득에 포함되는 경우에는 그 감면 전 의료비를 기준으로 통원의료비를 계산합니다.

⑦ 회사는 피보험자가 상해로 인하여 병원에 통원하여 본인의 장기등(「장기등 이식에 관한 법률」 제4조에 의한 "장기등"을 의미합니다)의 기능회복을 위하여 「장기등 이식에 관한 법률」 제42조 및 관련 고시에 따라 장기등의 적출 및 이식에 드는 비용(공여적합성 여부를 확인하기 위한 검사비, 뇌사장기기증자 관리료 및 이에 속하는 비용항목 포함)은 제1항 내지 제6항에 따라 보상합니다.

(3) 질병입원	① 회사는 피보험자가 질병으로 인하여 병원에 입원하여 치료를 받은 경우에는 입원의료비를 다음과 같이 하나의 질병당 보험가입금액(5천만원 이내에서 계약 시 계약자가 정한 금액을 말합니다)의 한도 내에서 보상합니다.

구분		보상금액
표준형	입원실료, 입원제비용, 입원수술비	'「국민건강보험법」에서 정한 요양급여 또는 「의료급여법」에서 정한 의료급여 중 본인부담금'과 '비급여^{주)}(상급병실료 차액은 제외합니다)'를 합한 금액(본인이 실제로 부담한 금액을 말합니다)의 80%에 해당하는 금액. 다만, 나머지 20%가 계약일 또

보장종목	보상하는 사항	

구분		보상금액
선택형		는 매년 계약해당일부터 기산하여 연간 200만원을 초과하는 경우 그 초과금액은 보상합니다.
	상급병실료 차액	입원 시 실제로 사용한 병실과 기준병실의 병실료 차액에서 50%를 뺀 금액. 다만, 1일 평균금액 10만원을 한도로 하며, 1일 평균금액은 입원기간 동안 상급병실료 차액 전체를 총 입원 일수로 나누어 산출합니다.
	입원실료, 입원제비용, 입원수술비	'「국민건강보험법」에서 정한 요양급여 또는 「의료급여법」에서 정한 의료급여 중 본인부담금'과 '비급여^{주)}(상급병실료 차액은 제외합니다)'를 합한 금액(본인이 실제로 부담한 금액을 말합니다)의 90%에 해당하는 금액. 다만, 나머지 10%가 계약일 또는 매년 계약해당일부터 기산하여 연간 200만원을 초과하는 경우 그 초과금액은 보상합니다.
	상급병실료 차액	입원 시 실제로 사용한 병실과 기준병실의 병실료 차액에서 50%를 뺀 금액. 다만, 1일 평균금액 10만원을 한도로 하며, 1일 평균금액은 입원기간 동안 상급병실료 차액 전체를 총 입원 일수로 나누어 산출합니다.

주) 「국민건강보험법」 또는 「의료급여법」에 따라 보건복지부장관이 정한 비급여대상(「국민건강보험법」에서 정한 요양급여 또는 「의료급여법」에서 정한 의료급여 절차를 거쳤지만 급여항목이 발생하지 않은 경우로 「국민건강보험법」 또는 「의료급여법」에 따른 비급여항목 포함)

② 삭제 〈2018. 7. 10.〉

③ 피보험자가 「국민건강보험법」 또는 「의료급여법」을 적용받지 못하는 경우에는 입원의료비(「국민건강보험 요양급여의 기준에 관한 규칙」에 따라 보건복지부장관이 정한 급여 및 비급여의료비 항목만 해당합니다) 중 본인이 실제로 부담한 금액의 40%를 하나의 질병당 보험가입금액(5천만원 이내에서 계약 시 계약자가 정한 금액을 말합니다)의 한도 내에서 보상합니다.

④ 제1항에도 불구하고 회사는 하나의 질병으로 인한 입원의료비를 보험가입금액까지 보상한 경우에는 보상한도 종료일부터 90일이 경과한 날부터 최초 입원한 것과 동일한 기준으로 다시 보상합니다(계속 입원을 포함합니다). 다만, 최초 입원일부터 275일(365일-90일) 이내에 보상한도종료일이 있는 경우에는 최초 입원일부터 365일이 경과되는 날부터 최초 입원한 것과 동일한 기준으로 다시 보상합니다.

〈보상기간 예시〉

(i) 최초입원일~보상한도종료일이 275일(365일-90일) 이상인 경우

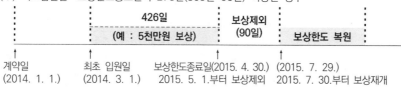

(ii) 최초입원일~보상한도종료일이 275일(365일-90일) 이내인 경우

보장종목	보상하는 사항

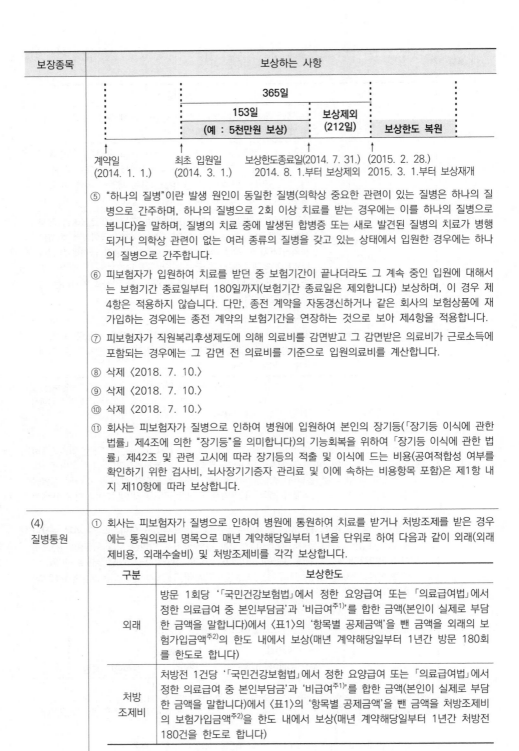

365일

153일

(예 : 5천만원 보상)

보상제외 (212일)

보상한도 복원

계약일 (2014. 1. 1.)　　최초 입원일 (2014. 3. 1.)　　보상한도종료일(2014. 7. 31.)　　(2015. 2. 28.)
2014. 8. 1.부터 보상제외　2015. 3. 1.부터 보상재개

⑤ "하나의 질병"이란 발생 원인이 동일한 질병(의학상 중요한 관련이 있는 질병은 하나의 질병으로 간주하며, 하나의 질병으로 2회 이상 치료를 받는 경우에는 이를 하나의 질병으로 봅니다)을 말하며, 질병의 치료 중에 발생된 합병증 또는 새로 발견된 질병의 치료가 병행되거나 의학상 관련이 없는 여러 종류의 질병을 갖고 있는 상태에서 입원한 경우에는 하나의 질병으로 간주합니다.

⑥ 피보험자가 입원하여 치료를 받던 중 보험기간이 끝나더라도 그 계속 중인 입원에 대해서는 보험기간 종료일부터 180일까지(보험기간 종료일은 제외합니다) 보상하며, 이 경우 제4항은 적용하지 않습니다. 다만, 종전 계약을 자동갱신하거나 같은 회사의 보험상품에 재가입하는 경우에는 종전 계약의 보험기간을 연장하는 것으로 보아 제4항을 적용합니다.

⑦ 피보험자가 직원복리후생제도에 의해 의료비를 감면받고 그 감면받은 의료비가 근로소득에 포함되는 경우에는 그 감면 전 의료비를 기준으로 입원의료비를 계산합니다.

⑧ 삭제 〈2018. 7. 10.〉

⑨ 삭제 〈2018. 7. 10.〉

⑩ 삭제 〈2018. 7. 10.〉

⑪ 회사는 피보험자가 질병으로 인하여 병원에 입원하여 본인의 장기등(「장기등 이식에 관한 법률」 제4조에 의한 "장기등"을 의미합니다)의 기능회복을 위하여 「장기등 이식에 관한 법률」 제42조 및 관련 고시에 따라 장기등의 적출 및 이식에 드는 비용(공여적합성 여부를 확인하기 위한 검사비, 뇌사장기기증자 관리료 및 이에 속하는 비용항목 포함)은 제1항 내지 제10항에 따라 보상합니다.

(4) 질병통원	① 회사는 피보험자가 질병으로 인하여 병원에 통원하여 치료를 받거나 처방조제를 받은 경우에는 통원의료비 명목으로 매년 계약해당일부터 1년을 단위로 하여 다음과 같이 외래(외래제비용, 외래수술비) 및 처방조제비를 각각 보상합니다.

구분	보상한도
외래	방문 1회당 '「국민건강보험법」에서 정한 요양급여 또는 「의료급여법」에서 정한 의료급여 중 본인부담금'과 '비급여[주1)]'를 합한 금액(본인이 실제로 부담한 금액을 말합니다)에서 〈표1〉의 '항목별 공제금액'을 뺀 금액을 외래의 보험가입금액[주2)]의 한도 내에서 보상(매년 계약해당일부터 1년간 방문 180회를 한도로 합니다)
처방 조제비	처방전 1건당 '「국민건강보험법」에서 정한 요양급여 또는 「의료급여법」에서 정한 의료급여 중 본인부담금'과 '비급여[주1)]'를 합한 금액(본인이 실제로 부담한 금액을 말합니다)에서 〈표1〉의 '항목별 공제금액'을 뺀 금액을 처방조제비의 보험가입금액[주2)]을 한도 내에서 보상(매년 계약해당일부터 1년간 처방전 180건을 한도로 합니다)

보장종목	보상하는 사항

주1)「국민건강보험법」또는「의료급여법」에 따라 보건복지부장관이 정한 비급여대상(「국민건강보험법」에서 정한 요양급여 또는「의료급여법」에서 정한 의료급여 절차를 거쳤지만 급여항목이 발생하지 않은 경우로「국민건강보험법」또는「의료급여법」에 따른 비급여항목 포함)

주2) 외래 및 처방조제비는 회(건)당 합산하여 30만원 이내에서 계약 시 계약자가 각각 정한 금액을 말합니다.

〈표1 항목별 공제금액〉

구분		항목	공제 금액
표준형	외래 (외래제비용 및 외래수술비 합계)	「의료법」제3조 제2항 제1호에 따른 의원, 치과의원, 한의원, 같은 항 제2호에 따른 조산원,「지역보건법」제10조, 제12조 및 제13조에 따른 보건소, 보건의료원 및 보건지소,「농어촌 등 보건의료를 위한 특별조치법」제15조에 따른 보건진료소	1만원과 보장대상 의료비의 20% 중 큰 금액
		「의료법」제3조 제2항 제3호에 따른 종합병원, 병원, 치과병원, 한방병원, 요양병원	1만5천원과 보장대상 의료비의 20% 중 큰 금액
		「국민건강보험법」제42조 제2항에 따른 종합전문요양기관 또는「의료법」제3조의4에 따른 상급종합병원	2만원과 보장대상 의료비의 20% 중 큰 금액
	처방 조제비	「국민건강보험법」제42조 제1항 제2호에 따른 약국, 같은 항 제3호에 따른 한국희귀의약품센터에서의 처방, 조제(의사의 처방전 1건당, 의약분업 예외 지역에서 약사의 직접조제 1건당)	8천원과 보장대상 의료비의 20% 중 큰 금액
선택형	외래 (외래제비용 및 외래수술비 합계)	「의료법」제3조 제2항 제1호에 따른 의원, 치과의원, 한의원, 같은 항 제2호에 따른 조산원,「지역보건법」제10조, 제12조 및 제13조에 따른 보건소, 보건의료원 및 보건지소,「농어촌 등 보건의료를 위한 특별조치법」제15조에 따른 보건진료소	1만원
		「의료법」제3조 제2항 제3호에 따른 종합병원, 병원, 치과병원, 한방병원, 요양병원	1만5천원
		「국민건강보험법」제42조 제2항에 따른 종합전문요양기관 또는「의료법」제3조의4에 따른 상급종합병원	2만원
	처방 조제비	「국민건강보험법」제42조 제1항 제2호에 따른 약국, 같은 항 제3호에 따른 한국희귀의약품센터에서의 처방, 조제(의사의 처방전 1건당, 의약분업 예외 지역에서 약사의 직접조제 1건당)	8천원

보장종목	보상하는 사항

② 피보험자가 통원하여 치료를 받던 중 보험기간이 끝나더라도 그 계속 중인 통원치료에 대해서는 다음 예시와 같이 보험기간 종료일부터 180일 이내에 외래는 방문 90회, 처방조제비는 처방전 90건의 한도 내에서 보상합니다. 다만, 종전 계약을 자동갱신하거나 같은 회사의 보험상품에 재가입하는 경우에는 종전 계약의 보험기간을 연장하는 것으로 보아 제1항을 적용합니다.

〈보상기간 예시〉

보장대상기간 (1년)	보장대상기간 (1년)	보장대상기간 (1년)	추가보상 (180일)
↑ 계약일 (2014. 1. 1.)	↑ 계약해당일 (2015. 1. 1.)	↑ 계약해당일 (2016. 1. 1.)	↑ 계약종료일 (2016. 12. 31.)	↑ 보상종료일 (2017. 6. 29.)

③ 하나의 질병으로 하루에 같은 치료를 목적으로 의료기관에서 2회 이상 통원치료를 받거나 하나의 질병으로 약국에서 2회 이상 처방조제를 받은 경우 각각 1회의 외래 및 1건의 처방으로 보아 제1항과 제2항을 적용합니다. 이때 공제금액은 2회 이상의 중복방문 의료기관 중 가장 높은 공제금액을 적용합니다.

④ "하나의 질병"이란 발생 원인이 동일한 질병(의학상 중요한 관련이 있는 질병을 포함합니다)을 말하며, 질병의 치료 중에 발생된 합병증 또는 새로 발견된 질병의 치료가 병행되거나 의학상 관련이 없는 여러 종류의 질병을 갖고 있는 상태에서 통원한 경우에는 하나의 질병으로 봅니다.

⑤ 삭제 〈2018. 7. 10.〉

⑥ 피보험자가 「국민건강보험법」 또는 「의료급여법」을 적용받지 못하는 경우에는 통원의료비(「국민건강보험 요양급여의 기준에 관한 규칙」에 따라 보건복지부장관이 정한 급여 및 비급여의료비 항목만 해당합니다) 중 본인이 실제로 부담한 금액에서 〈표1〉의 '항목별 공제금액'을 뺀 금액의 40%를 외래 및 처방조제비로 보험가입금액(외래 및 처방조제비는 회(건)당 합산하여 30만원 이내에서 계약 시 계약자가 각각 정한 금액을 말합니다)의 한도 내에서 보상합니다.

⑦ 피보험자가 직원복리후생제도에 의해 의료비를 감면받고 그 감면받은 의료비가 근로소득에 포함되는 경우에는 그 감면 전 의료비를 기준으로 통원의료비를 계산합니다.

⑧ 삭제 〈2018. 7. 10.〉

⑨ 삭제 〈2018. 7. 10.〉

⑩ 삭제 〈2018. 7. 10.〉

⑪ 회사는 피보험자가 질병으로 인하여 병원에 통원하여 본인의 장기등(「장기등 이식에 관한 법률」 제4조에 의한 "장기등"을 의미합니다)의 기능회복을 위하여 「장기등 이식에 관한 법률」 제42조 및 관련 고시에 따라 장기등의 적출 및 이식에 드는 비용(공여적합성 여부를 확인하기 위한 검사비, 뇌사장기기증자 관리료 및 이에 속하는 비용항목 포함)은 제1항 내지 제10항에 따라 보상합니다.

제3관 회사가 보상하지 않는 사항

제4조(보상하지 않는 사항) 회사가 보상하지 않는 사항은 보장종목별로 다음과 같습니다.

보장종목	보상하지 않는 사항
(1) 상해입원	① 회사는 다음의 사유로 인하여 생긴 입원의료비는 보상하지 않습니다. 　1. 피보험자가 고의로 자신을 해친 경우. 다만, 피보험자가 심신상실 등으로 자유로운 의사결정을 할 수 없는 상태에서 자신을 해친 사실이 증명된 경우에는 보상합니다. 　2. 보험수익자가 고의로 피보험자를 해친 경우. 다만, 그 보험수익자가 보험금의 일부 보험수익자인 경우에는 다른 보험수익자에 대한 보험금은 지급합니다. 　3. 계약자가 고의로 피보험자를 해친 경우 　4. 피보험자가 임신, 출산(제왕절개를 포함합니다), 산후기로 입원한 경우. 다만, 회사가 보상하는 상해로 인하여 입원한 경우에는 보상합니다. 　5. 전쟁, 외국의 무력행사, 혁명, 내란, 사변, 폭동으로 인한 경우 　6. 피보험자가 정당한 이유없이 입원기간 중 의사의 지시를 따르지 않거나 의사가 통원치료가 가능하다고 인정함에도 피보험자 본인이 자의적으로 입원하여 발생한 입원의료비 ② 회사는 다른 약정이 없으면 피보험자가 직업, 직무 또는 동호회 활동 목적으로 한 다음의 어느 하나에 해당하는 행위로 인하여 생긴 상해에 대해서는 보상하지 않습니다. 　1. 전문등반(전문적인 등산용구를 사용하여 암벽 또는 빙벽을 오르내리거나 특수한 기술, 경험, 사전 훈련이 필요한 등반을 말합니다), 글라이더 조종, 스카이다이빙, 스쿠버다이빙, 행글라이딩, 수상보트, 패러글라이딩 　2. 모터보트·자동차 또는 오토바이에 의한 경기, 시범, 행사(이를 위한 연습을 포함합니다) 또는 시운전(다만, 공용도로에서 시운전을 하는 동안 발생한 상해는 보상합니다) 　3. 선박에 탑승하는 것을 직무로 하는 사람이 직무상 선박에 탑승하고 있는 동안 ③ 회사는 다음의 입원의료비에 대해서는 보상하지 않습니다. 　1. 치과치료(다만, 안면부 골절로 발생한 의료비는 치아 관련 치료를 제외하고 보상합니다)·한방치료(다만, 「의료법」 제2조에 따른 한의사를 제외한 '의사'의 의료행위에 의해서 발생한 의료비는 보상합니다)에서 발생한 「국민건강보험법」에 따른 요양급여에 해당하지 않는 비급여의료비 　2. 「국민건강보험법」에 따른 요양급여 중 본인부담금의 경우 국민건강보험 관련 법령에 따라 국민건강보험공단으로부터 사전 또는 사후 환급이 가능한 금액(본인부담금 상한제) 　3. 「의료급여법」에 따른 의료급여 중 본인부담금의 경우 의료급여 관련 법령에 따라 의료급여기금 등으로부터 사전 또는 사후 환급이 가능한 금액(「의료급여법」에 따른 본인부담금 보상제 및 본인부담금 상한제) 　4. 건강검진(단, 검사결과 이상 소견에 따라 건강검진센터 등에서 발생한 추가 의료비용은 보상합니다), 예방접종, 인공유산에 든 비용. 다만, 회사가 보상하는 상해 치료를 목적으로 하는 경우에는 보상합니다. 　5. 영양제, 비타민제, 호르몬 투여, 보신용 투약, 친자 확인을 위한 진단, 불임검사, 불임수술, 불임복원술, 보조생식술(체내, 체외 인공수정을 포함합니다), 성장촉진, 의약외품과 관련하여 소요된 비용. 다만, 회사가 보상하는 상해 치료를 목적으로 하는 경우에는 보상합니다. 　6. 의치, 의수족, 의안, 안경, 콘택트렌즈, 보청기, 목발, 팔걸이(Arm Sling), 보조기 등 진료 재료의 구입 및 대체 비용. 다만, 인공장기 등 신체에 이식되어 그 기능을 대신하

보장종목	보상하지 않는 사항
	는 경우에는 보상합니다.

7. 아래에 열거된 국민건강보험 비급여 대상으로 신체의 필수 기능개선 목적이 아닌 외모 개선 목적의 치료로 인하여 발생한 의료비

    가. 쌍꺼풀수술(이중검수술. 다만, 안검하수, 안검내반 등을 치료하기 위한 시력개선 목 적의 이중검수술은 보상합니다), 코성형수술(융비술), 유방 확대(다만, 유방암 환자 의 유방재건술은 보상합니다) · 축소술, 지방흡입술(다만, 「국민건강보험법」 및 관련 고시에 따라 요양급여에 해당하는 '여성형 유방증'을 수술하면서 그 일련의 과정으 로 시행한 지방흡입술은 보상합니다), 주름살 제거술 등

    나. 사시교정, 안와격리증(양쪽 눈을 감싸고 있는 뼈와 뼈 사이의 거리가 넓은 증상)의 교정 등 시각계 수술로서 시력개선 목적이 아닌 외모개선 목적의 수술

    다. 안경, 콘텍트렌즈 등을 대체하기 위한 시력교정술(국민건강보험 요양급여 대상 수 술방법 또는 치료재료가 사용되지 않은 부분은 시력교정술로 봅니다)

    라. 외모개선 목적의 다리정맥류 수술

    마. 그 밖에 외모개선 목적의 치료로 국민건강보험 비급여대상에 해당하는 치료

8. 진료와 무관한 각종 비용(TV시청료, 전화료, 각종 증명료 등을 말합니다), 의사의 임상 적 소견과 관련이 없는 검사비용, 간병비

9. 자동차보험(공제를 포함합니다) 또는 산재보험에서 보상받는 의료비. 다만, 본인부담의 료비는 제3조(보장종목별 보상내용) (1) 상해입원 제1항, 제2항 및 제4항부터 제6항에 따라 보상합니다.

10. 「국민건강보험법」 제42조의 요양기관이 아닌 외국에 있는 의료기관에서 발생한 의료비

---

(2) 상해통원

① 회사는 다음의 사유로 인하여 생긴 통원의료비는 보상하지 않습니다.

1. 피보험자가 고의로 자신을 해친 경우. 다만, 피보험자가 심신상실 등으로 자유로운 의 사결정을 할 수 없는 상태에서 자신을 해친 사실이 증명된 경우에는 보상합니다.

2. 보험수익자가 고의로 피보험자를 해친 경우. 다만, 그 보험수익자가 보험금의 일부 보 험수익자인 경우에는 다른 보험수익자에 대한 보험금은 지급합니다.

3. 계약자가 고의로 피보험자를 해친 경우

4. 피보험자가 임신, 출산(제왕절개를 포함합니다), 산후기로 통원한 경우. 다만, 회사가 보상하는 상해로 인하여 통원한 경우에는 보상합니다.

5. 전쟁, 외국의 무력행사, 혁명, 내란, 사변, 폭동으로 인한 경우

6. 피보험자가 정당한 이유 없이 통원기간 중 의사의 지시를 따르지 않아 발생한 통원의 료비

② 회사는 다른 약정이 없으면 피보험자가 직업, 직무 또는 동호회 활동 목적으로 한 다음의 어느 하나에 해당하는 행위로 인하여 생긴 상해에 대해서는 보상하지 않습니다.

1. 전문등반(전문적인 등산용구를 사용하여 암벽 또는 빙벽을 오르내리거나 특수한 기술, 경험, 사전 훈련이 필요한 등반을 말합니다), 글라이더 조종, 스카이다이빙, 스쿠버다이 빙, 행글라이딩, 수상보트, 패러글라이딩

2. 모터보트, 자동차 또는 오토바이에 의한 경기, 시범, 행사(이를 위한 연습을 포함합니 다) 또는 시운전(다만, 공용도로에서 시운전을 하는 동안 발생한 상해는 보상합니다)

3. 선박에 탑승하는 것을 직무로 하는 사람이 직무상 선박에 탑승하고 있는 동안

③ 회사는 다음의 통원의료비에 대해서는 보상하지 않습니다.

1. 치과치료(다만, 안면부 골절로 발생한 의료비는 치아 관련 치료를 제외하고 보상합니 다) · 한방치료(다만, 「의료법」 제2조에 따른 한의사를 제외한 '의사'의 의료행위에 의해

보장종목	보상하지 않는 사항

서 발생한 의료비는 보상합니다)에서 발생한 「국민건강보험법」에 따른 요양급여에 해당하지 않는 비급여의료비

2. 「국민건강보험법」에 따른 요양급여 중 본인부담금의 경우 국민건강보험 관련 법령에 따라 국민건강보험공단으로부터 사전 또는 사후 환급이 가능한 금액(본인부담금 상한제)

3. 「의료급여법」에 따른 의료급여 중 본인부담금의 경우 의료급여 관련 법령에 따라 의료급여기금 등으로부터 사전 또는 사후 환급이 가능한 금액(「의료급여법」에 따른 본인부담금 보상제 및 본인부담금 상한제)

4. 건강검진(단, 검사결과 이상 소견에 따라 건강검진센터 등에서 발생한 추가 의료비용은 보상합니다), 예방접종, 인공유산에 든 비용. 다만, 회사가 보상하는 상해 치료를 목적으로 하는 경우에는 보상합니다.

5. 영양제, 비타민제, 호르몬 투여, 보신용 투약, 친자 확인을 위한 진단, 불임검사, 불임수술, 불임복원술, 보조생식술(체내, 체외 인공수정을 포함합니다), 성장촉진, 의약외품과 관련하여 소요된 비용. 다만, 회사가 보상하는 상해 치료를 목적으로 하는 경우에는 보상합니다.

6. 의치, 의수족, 의안, 안경, 콘택트렌즈, 보청기, 목발, 팔걸이(Arm Sling), 보조기 등 진료 재료의 구입 및 대체 비용. 다만, 인공장기 등 신체에 이식되어 그 기능을 대신하는 경우에는 보상합니다.

7. 아래에 열거된 국민건강보험 비급여 대상으로 신체의 필수 기능개선 목적이 아닌 외모개선 목적의 치료로 인하여 발생한 의료비

   가. 쌍꺼풀수술(이중검수술. 다만, 안검하수, 안검내반 등을 치료하기 위한 시력개선 목적의 이중검수술은 보상합니다), 코성형수술(융비술), 유방 확대(다만, 유방암 환자의 유방재건술은 보상합니다)·축소술, 지방흡입술(다만, 「국민건강보험법」 및 관련 고시에 따라 요양급여에 해당하는 '여성형 유방증'을 수술하면서 그 일련의 과정으로 시행한 지방흡입술은 보상합니다), 주름살 제거술 등

   나. 사시교정, 안와격리증(양쪽 눈을 감싸고 있는 뼈와 뼈 사이의 거리가 넓은 증상)의 교정 등 시각계 수술로서 시력개선 목적이 아닌 외모개선 목적의 수술

   다. 안경, 콘텍트렌즈 등을 대체하기 위한 시력교정술(국민건강보험 요양급여 대상 수술방법 또는 치료재료가 사용되지 않은 부분은 시력교정술로 봅니다)

   라. 외모개선 목적의 다리정맥류 수술

   마. 그 밖에 외모개선 목적의 치료로 국민건강보험 비급여대상에 해당하는 치료

8. 진료와 무관한 각종 비용(TV시청료, 전화료, 각종 증명료 등을 말합니다), 의사의 임상적 소견과 관련이 없는 검사비용, 간병비

9. 자동차보험(공제를 포함합니다) 또는 산재보험에서 보상받는 의료비. 다만, 본인부담의료비는 제3조(보장종목별 보상내용) (2) 상해통원 제1항부터 제4항 및 제6항에 따라 보상합니다.

10. 「국민건강보험법」 제42조의 요양기관이 아닌 외국에 있는 의료기관에서 발생한 의료비

11. 「응급의료에 관한 법률」 및 동 시행규칙에서 정한 응급환자에 해당하지 않는 자가 「의료법」 제3조의4에 따른 상급종합병원 응급실을 이용하면서 발생한 응급의료관리료

(3) 질병입원	① 회사는 다음의 사유로 생긴 입원의료비는 보상하지 않습니다. 1. 피보험자가 고의로 자신을 해친 경우. 다만, 피보험자가 심신상실 등으로 자유로운 의사결정을 할 수 없는 상태에서 자신을 해친 사실이 증명된 경우에는 보상합니다. 2. 보험수익자가 고의로 피보험자를 해친 경우. 다만, 그 보험수익자가 보험금의 일부 보

보장종목	보상하지 않는 사항

험수익자인 경우에는 다른 보험수익자에 대한 보험금은 지급합니다.

  3. 계약자가 고의로 피보험자를 해친 경우

  4. 피보험자가 정당한 이유없이 입원기간 중 의사의 지시를 따르지 않거나 의사가 통원치료가 가능하다고 인정함에도 피보험자 본인이 자의적으로 입원하여 발생한 입원의료비

② 회사는 '한국표준질병사인분류'에 따른 다음의 입원의료비에 대해서는 보상하지 않습니다.

  1. 정신 및 행동장애(F04~F99)(다만, F04~F09, F20~F29, F30~F39, F40~F48, F51, F90~F98과 관련한 치료에서 발생한 「국민건강보험법」에 따른 요양급여에 해당하는 의료비는 보상합니다)

  2. 여성생식기의 비염증성 장애로 인한 습관성 유산, 불임 및 인공수정 관련 합병증(N96~N98)

  3. 피보험자가 임신, 출산(제왕절개를 포함합니다), 산후기로 입원한 경우(O00~O99)

  4. 선천성 뇌질환(Q00~Q04)

  5. 비만(E66)

  6. 요실금(N39.3, N39.4, R32)

  7. 직장 또는 항문 질환 중 「국민건강보험법」에 따른 요양급여에 해당하지 않는 부분(I84, K60~K62, K64)

③ 회사는 다음의 입원의료비에 대해서는 보상하지 않습니다.

  1. 치과치료(K00~K08) 및 한방치료(다만, 「의료법」 제2조에 따른 한의사를 제외한 '의사'의 의료행위에 의해서 발생한 의료비는 보상합니다)에서 발생한 「국민건강보험법」에 따른 요양급여에 해당하지 않는 비급여의료비

  2. 「국민건강보험법」에 따른 요양급여 중 본인부담금의 경우 국민건강보험 관련 법령에 따라 국민건강보험공단으로부터 사전 또는 사후 환급이 가능한 금액(본인부담금 상한제)

  3. 「의료급여법」에 따른 의료급여 중 본인부담금의 경우 의료급여 관련 법령에 따라 의료급여기금 등으로부터 사전 또는 사후 환급이 가능한 금액(「의료급여법」에 따른 본인부담금 보상제 및 본인부담금 상한제)

  4. 건강검진(단, 검사결과 이상 소견에 따라 건강검진센터 등에서 발생한 추가 의료비용은 보상합니다), 예방접종, 인공유산에 든 비용. 다만, 회사가 보상하는 질병 치료를 목적으로 하는 경우에는 보상합니다.

  5. 영양제, 비타민제, 호르몬 투여(다만, 국민건강보험의 요양급여 기준에 해당하는 성조숙증을 치료하기 위한 호르몬 투여는 보상합니다), 보신용 투약, 친자 확인을 위한 진단, 불임검사, 불임수술, 불임복원술, 보조생식술(체내, 체외 인공수정을 포함합니다), 성장촉진, 의약외품과 관련하여 소요된 비용. 다만, 회사가 보상하는 질병 치료를 목적으로 하는 경우에는 보상합니다.

  6. 다음의 어느 하나에 해당하는 치료로 인하여 발생한 의료비

    가. 단순한 피로 또는 권태

    나. 주근깨, 다모, 무모, 백모증, 딸기코(주사비), 점, 모반(피보험자가 보험가입당시 태아인 경우 화염상모반 등 선천성 비신생물성모반(Q82.5)은 보상합니다), 사마귀, 여드름, 노화현상으로 인한 탈모 등 피부질환

    다. 발기부전(impotence)·불감증, 단순 코골음(수면무호흡증(G47.3)은 보상합니다), 치료를 동반하지 않는 단순포경(phimosis), 「국민건강보험 요양급여의 기준에 관한 규칙」 제9조 제1항([별표2] 비급여대상)에 따른 업무 또는 일상생활에 지장이 없는 검열반 등 안과질환

  7. 의치, 의수족, 의안, 안경, 콘택트렌즈, 보청기, 목발, 팔걸이(Arm Sling), 보조기 등

보장종목	보상하지 않는 사항
	진료 재료의 구입 및 대체 비용. 다만, 인공장기 등 신체에 이식되어 그 기능을 대신하는 경우에는 보상합니다. 8. 아래에 열거된 국민건강보험 비급여 대상으로 신체의 필수 기능개선 목적이 아닌 외모 개선 목적의 치료로 인하여 발생한 의료비 　가. 쌍꺼풀수술(이중검수술. 다만, 안검하수, 안검내반 등을 치료하기 위한 시력개선 목적의 이중검수술은 보상합니다), 코성형수술(융비술), 유방확대(다만, 유방암 환자의 유방재건술은 보상합니다) · 축소술, 지방흡입술(다만, 「국민건강보험법」 및 관련 고시에 따라 요양급여에 해당하는 '여성형 유방증'을 수술하면서 그 일련의 과정으로 시행한 지방흡입술은 보상합니다), 주름살 제거술 등 　나. 사시교정, 안와격리증(양쪽 눈을 감싸고 있는 뼈와 뼈 사이의 거리가 넓은 증상)의 교정 등 시각계 수술로서 시력개선 목적이 아닌 외모개선 목적의 수술 　다. 안경, 콘텍트렌즈 등을 대체하기 위한 시력교정술(국민건강보험 요양급여 대상 수술방법 또는 치료재료가 사용되지 않은 부분은 시력교정술로 봅니다) 　라. 외모개선 목적의 다리정맥류 수술 　마. 그 밖에 외모개선 목적의 치료로 국민건강보험 비급여대상에 해당하는 치료 9. 진료와 무관한 각종 비용(TV시청료, 전화료, 각종 증명료 등을 말합니다), 의사의 임상적 소견과 관련이 없는 검사비용, 간병비 10. 산재보험에서 보상받는 의료비. 다만, 본인부담의료비는 제3조(보장종목별 보상내용) 　(3) 질병입원 제1항, 제2항 및 제4항부터 제10항에 따라 보상합니다. 11. 인간면역결핍바이러스(HIV) 감염으로 인한 치료비(다만, 「의료법」에서 정한 의료인의 진료상 또는 치료 중 혈액에 의한 HIV 감염은 해당 진료기록을 통해 객관적으로 확인되는 경우는 보상합니다) 12. 「국민건강보험법」 제42조의 요양기관이 아닌 외국에 있는 의료기관에서 발생한 의료비
(4) 질병통원	① 회사는 다음의 사유로 인하여 생긴 통원의료비는 보상하지 않습니다. 1. 피보험자가 고의로 자신을 해친 경우. 다만, 피보험자가 심신상실 등으로 자유로운 의사결정을 할 수 없는 상태에서 자신을 해친 사실이 증명된 경우에는 보상합니다. 2. 보험수익자가 고의로 피보험자를 해친 경우. 다만, 그 보험수익자가 보험금의 일부 보험수익자인 경우에는 다른 보험수익자에 대한 보험금은 지급합니다. 3. 계약자가 고의로 피보험자를 해친 경우 4. 피보험자가 정당한 이유 없이 통원기간 중 의사의 지시를 따르지 않아 발생한 통원의료비 ② 회사는 '한국표준질병사인분류'에 따른 다음의 통원의료비에 대해서는 보상하지 않습니다. 1. 정신 및 행동장애(F04~F99)(다만, F04~F09, F20~F29, F30~F39, F40~F48, F51, F90~F98과 관련한 치료에서 발생한 「국민건강보험법」에 따른 요양급여에 해당하는 의료비는 보상합니다) 2. 여성생식기의 비염증성 장애로 인한 습관성 유산, 불임 및 인공수정 관련 합병증(N96~N98) 3. 피보험자가 임신, 출산(제왕절개를 포함합니다), 산후기로 통원한 경우(O00~O99) 4. 선천성 뇌질환(Q00~Q04) 5. 비만(E66) 6. 요실금(N39.3, N39.4, R32) 7. 직장 또는 항문질환 중 「국민건강보험법」에 따른 요양급여에 해당하지 않는 부분(I84, K60~K62, K64)

보장종목	보상하지 않는 사항

③ 회사는 다음의 통원의료비에 대해서는 보상하지 않습니다.
   1. 치과치료(K00~K08) 및 한방치료(다만, 「의료법」 제2조에 따른 한의사를 제외한 '의사'의 의료행위에 의해서 발생한 의료비는 보상합니다)에서 발생한 「국민건강보험법」에 따른 요양급여에 해당하지 않는 비급여의료비
   2. 「국민건강보험법」에 따른 요양급여 중 본인부담금의 경우 국민건강보험 관련 법령에 따라 국민건강보험공단으로부터 사전 또는 사후 환급이 가능한 금액(본인부담금 상한제)
   3. 「의료급여법」에 따른 의료급여 중 본인부담금의 경우 의료급여 관련 법령에 따라 의료급여기금 등으로부터 사전 또는 사후 환급이 가능한 금액(「의료급여법」에 따른 본인부담금 보상제 및 본인부담금 상한제)
   4. 건강검진(단, 검사결과 이상 소견에 따라 건강검진센터 등에서 발생한 추가 의료비용은 보상합니다), 예방접종, 인공유산에 든 비용. 다만, 회사가 보상하는 질병 치료를 목적으로 하는 경우에는 보상합니다.
   5. 영양제, 비타민제, 호르몬 투여(다만, 국민건강보험의 요양급여 기준에 해당하는 성조숙증을 치료하기 위한 호르몬 투여는 보상합니다), 보신용 투약, 친자 확인을 위한 진단, 불임검사, 불임수술, 불임복원술, 보조생식술(체내, 체외 인공수정을 포함합니다), 성장촉진, 의약외품과 관련하여 소요된 비용. 다만, 회사가 보상하는 질병 치료를 목적으로 하는 경우에는 보상합니다.
   6. 다음의 어느 하나에 해당하는 치료로 인하여 발생한 의료비
      가. 단순한 피로 또는 권태
      나. 주근깨, 다모, 무모, 백모증, 딸기코(주사비), 점, 모반(피보험자가 보험가입당시 태아인 경우 화염상모반 등 선천성 비신생물성모반(Q82.5)은 보상합니다), 사마귀, 여드름, 노화현상으로 인한 탈모 등 피부질환
      다. 발기부전(impotence)·불감증, 단순 코골음(수면무호흡증(G47.3)은 보상합니다), 치료를 동반하지 않는 단순포경(phimosis), 「국민건강보험 요양급여의 기준에 관한 규칙」 제9조 제1항([별표2] 비급여대상)에 따른 업무 또는 일상생활에 지장이 없는 검열반 등 안과질환
   7. 의치, 의수족, 의안, 안경, 콘택트렌즈, 보청기, 목발, 팔걸이(Arm Sling), 보조기 등 진료 재료의 구입 및 대체 비용. 다만, 인공장기 등 신체에 이식되어 그 기능을 대신하는 경우에는 보상합니다.
   8. 아래에 열거된 국민건강보험 비급여 대상으로 신체의 필수 기능개선 목적이 아닌 외모개선 목적의 치료로 인하여 발생한 의료비
      가. 쌍꺼풀수술(이중검수술. 다만, 안검하수, 안검내반 등을 치료하기 위한 시력개선 목적의 이중검수술은 보상합니다), 코성형수술(융비술), 유방확대(다만, 유방암 환자의 유방재건술은 보상합니다)·축소술, 지방흡입술(다만, 「국민건강보험법」 및 관련 고시에 따라 요양급여에 해당하는 '여성형 유방증'을 수술하면서 그 일련의 과정으로 시행한 지방흡입술은 보상합니다), 주름살 제거술 등
      나. 사시교정, 안와격리증(양쪽 눈을 감싸고 있는 뼈와 뼈 사이의 거리가 넓은 증상)의 교정 등 시각계 수술로서 시력개선 목적이 아닌 외모개선 목적의 수술
      다. 안경, 콘텍트렌즈 등을 대체하기 위한 시력교정술(국민건강보험 요양급여 대상 수술방법 또는 치료재료가 사용되지 않은 부분은 시력교정술로 봅니다)
      라. 외모개선 목적의 다리정맥류 수술
      마. 그 밖에 외모개선 목적의 치료로 국민건강보험 비급여대상에 해당하는 치료

보장종목	보상하지 않는 사항
	9. 진료와 무관한 각종 비용(TV시청료, 전화료, 각종 증명료 등을 말합니다), 의사의 임상적 소견과 관련 없는 검사비용, 간병비
	10. 산재보험에서 보상받는 의료비. 다만, 본인부담의료비는 제3조(보장종목별 보상내용) (4) 질병통원 제1항부터 제5항 및 제7항부터 제10항에 따라 보상합니다.
	11. 인간면역결핍바이러스(HIV) 감염으로 인한 치료비(다만, 「의료법」에서 정한 의료인의 진료상 또는 치료 중 혈액에 의한 HIV 감염은 해당 진료기록을 통해 객관적으로 확인되는 경우는 보상합니다)
	12.「국민건강보험법」 제42조의 요양기관이 아닌 외국에 있는 의료기관에서 발생한 의료비
	13.「응급의료에 관한 법률」동 시행규칙에서 정한 응급환자에 해당하지 않는 자가 「의료법」 제3조의4에 따른 상급종합병원 응급실을 이용하면서 발생한 응급의료관리료

제4조의2(특별약관에서 보상하는 사항) ① 제3조 및 제4조에도 불구하고 다음 각 호에 해당하는 의료비는 기본형 실손의료보험에서 보상하지 않습니다.

1. 도수치료 · 체외충격파치료 · 증식치료로 인하여 발생한 비급여의료비
2. 비급여 주사료[다만, 항암제, 항생제(항진균제 포함), 희귀의약품은 보상합니다]
3. 자기공명영상진단(MRI/MRA)으로 인하여 발생한 비급여의료비(조영제, 판독료를 포함합니다)
4. 제1호, 제2호, 제3호와 관련하여 자동차보험(공제를 포함합니다) 또는 산재보험에서 발생한 본인부담의료비

② 제1항 제1호에서 제4호까지 정한 의료비와 다른 의료비가 함께 청구되어 각 항목별 의료비가 구분되지 않는 경우 회사는 보험금 지급금액 결정을 위해 계약자, 피보험자 또는 보험수익자에게 각각의 의료비에 대한 확인을 요청할 수 있습니다.

〈붙임〉 용어의 정의

용어	정의
계약	보험계약
진단계약	계약을 체결하기 위하여 피보험자가 건강진단을 받아야 하는 계약
보험증권	계약의 성립과 계약내용을 증명하기 위하여 회사가 계약자에게 드리는 증서
계약자	보험회사와 계약을 체결하고 보험료를 납입하는 사람
피보험자	보험금지급사유 또는 보험사고 발생의 대상(객체)이 되는 사람
보험수익자	보험금을 수령하는 사람
보험기간	회사가 계약에서 정한 보상책임을 지는 기간
회사	보험회사

용어	정의
연단위복리	회사가 지급할 금전에 대한 이자를 줄 때 1년마다 마지막 날에 그 이자를 원금에 더한 금액을 다음 1년의 원금으로 하는 이자 계산방법
평균공시이율	전체 보험회사 공시이율의 평균으로, 이 계약 체결 시점의 이율을 말함
해지환급금	계약이 해지되는 때에 회사가 계약자에게 돌려주는 금액
영업일	회사가 영업점에서 정상적으로 영업하는 날을 말하며, 토요일, 「관공서의 공휴일에 관한 규정」에 따른 공휴일과 근로자의 날은 제외
상해	보험기간 중 발생한 급격하고 우연한 외래의 사고
상해보험계약	상해를 보장하는 계약
의사	「의료법」 제2조(의료인)에서 정한 의사, 한의사 및 치과의사의 자격을 가진 사람
약사	「약사법」 제2조(정의)에서 정한 약사 및 한약사의 자격을 가진 사람
의료기관	「의료법」 제3조(의료기관) 제2항에서 정하는 의료기관을 말하며, 종합병원 · 병원 · 치과병원 · 한방병원 · 요양병원 · 의원 · 치과의원 · 한의원 및 조산원으로 구분
약국	「약사법」 제2조 제3호에 따른 장소로서, 약사가 수여(授與)할 목적으로 의약품 조제업무를 하는 장소를 말하며, 의료기관의 조제실은 제외
병원	「국민건강보험법」 제42조(요양기관)에서 정하는 국내의 병원 또는 의원을 말하며, 조산원은 제외
입원	의사가 피보험자의 질병 또는 상해로 인하여 치료가 필요하다고 인정한 경우로서 자택 등에서 치료가 곤란하여 병원, 의료기관 또는 이와 동등하다고 인정되는 의료기관에 입실하여 의사의 관리를 받으며 치료에 전념하는 것
입원의 정의 중 '이와 동등하다고 인정되는 의료기관'	보건소, 보건의료원 및 보건지소 등 「의료법」 제3조(의료기관) 제2항에서 정한 의료기관에 준하는 의료기관으로서 군의무대, 치매요양원, 노인요양원 등에 속해 있는 요양원, 요양시설, 복지시설 등과 같이 의료기관이 아닌 곳은 이에 해당되지 않음
기준병실	병원에서 국민건강보험 환자의 입원 시 병실료 산정에 적용하는 기준이 되는 병실
입원실료	입원치료 중 발생한 기준병실 사용료, 환자 관리료, 식대 등
입원제비용	입원치료 중 발생한 진찰료, 검사료, 방사선료, 투약 및 처방료(퇴원 시 의사로부터 치료목적으로 처방받은 약제비 포함), 주사료, 이학요법(물리치료, 재활치료)료, 정신요법료, 처치료, 치료재료, 석고붕대료(cast), 지정진료비 등
입원수술비	입원치료 중 발생한 수술료, 마취료, 수술재료비 등
입원의료비	입원실료, 입원제비용, 입원수술비, 상급병실료 차액
보상한도 종료일	회사가 보험가입금액 한도까지 입원의료비를 보상한 기준 입원일자
통원	의사가 피보험자의 질병 또는 상해로 치료 필요하다고 인정하는 경우로서, 병원에 입원하지 않고 병원을 방문하여 의사의 관리하에 치료에 전념하는 것
처방조제	의사 및 약사가 피보험자의 질병 또는 상해로 치료가 필요하다고 인정하는 경우로서, 통원으로 인하여 발행된 의사의 처방전으로 약국의 약사가 조제하는 것. 이 경우 「국민건강보험법」 제42조 제1항 제3호에 따른 한국희귀의약품센터에서의 처방조제 및 의약분업 예외 지역에서의 약사의 직접조제를 포함

용어	정의
외래제비용	통원치료 중 발생한 진찰료, 검사료, 방사선료, 투약 및 처방료, 주사료, 이학요법(물리치료, 재활치료)료, 정신요법료, 처치료, 치료재료, 석고붕대료(cast), 지정진료비 등
외래수술비	통원치료 중 발생한 수술료, 마취료, 수술재료비 등
처방조제비	병원 의사의 처방전에 따라 조제되는 약국의 처방조제비 및 약사의 직접조제비
통원의료비	외래제비용, 외래수술비, 처방조제비
요양급여	「국민건강보험법」 제41조(요양급여)에 따른 가입자 및 피부양자의 질병 · 부상 등에 대한 다음의 요양급여 1. 진찰 · 검사 2. 약제 · 치료재료의 지급 3. 처치 · 수술 또는 그 밖의 치료 4. 예방 · 재활 5. 입원 6. 간호 7. 이송
의료급여	「의료급여법」 제7조(의료급여의 내용 등)에 따른 가입자 및 피부양자의 질병 · 부상 등에 대한 다음 각 호의 의료급여 1. 진찰 · 검사 2. 약제 · 치료재료의 지급 3. 처치 · 수술 또는 그 밖의 치료 4. 예방 · 재활 5. 입원 6. 간호 7. 이송 8. 그 밖에 의료 목적의 달성을 위한 조치
「국민건강보험법」에 따른 본인부담금 상한제	「국민건강보험법」에 따른 요양급여 중 연간 본인부담금 총액이 「국민건강보험법 시행령」 별표3에서 정하는 금액을 넘는 경우에 그 초과한 금액을 공단에서 부담하는 제도를 말하며, 국민건강보험 관련 법령의 변경에 따라 환급기준이 변경될 경우에는 회사는 변경되는 기준에 따름
「의료급여법」에 따른 본인부담금 보상제 및 본인부담금 상한제	「의료급여법」에 따른 의료급여 중 본인부담금이 「의료급여법 시행령」 제13조(급여비용의 부담)에서 정하는 금액을 넘는 경우에 그 초과한 금액을 의료급여기금 등에서 부담하는 제도를 말하며, 의료급여 관련 법령의 변경에 따라 환급기준이 변경될 경우에는 회사는 변경된 기준에 따름
보장대상의료비	실제 부담액 – 보상제외금액* * 제3관 회사가 보장하지 않는 사항에 따른 금액 및 실제 사용병실과 기준병실과의 병실료 차액 중 회사가 보장하지 않는 금액
보상책임액	(보장대상의료비 – 피보험자부담 공제금액)과 보험가입금액 중 작은 금액
다수보험	실손 의료보험계약(우체국보험, 각종 공제, 상해 · 질병 · 간병보험 등 제3보험, 개인연금 · 퇴직보험 등 의료비를 실손으로 보상하는 보험 · 공제계약을 포함)이 동시에 또는 순차적으로 2개 이상 체결되었고, 그 계약이 동일한 보험사고에 대하여 각 계약별 보상책임액이 있는 여러 개의 실손 의료보험계약을 말함

용어	정의
도수치료	치료자가 손(정형용 교정장치 장비 등의 도움을 받는 경우를 포함합니다)을 이용해서 환자의 근골격계통(관절, 근육, 연부조직, 림프절 등)의 기능 개선 및 통증감소를 위하여 실시하는 치료행위 * 의사 또는 의사의 지도하에 물리치료사가 도수치료를 하는 경우에 한함
체외충격파치료	체외에서 충격파를 병변에 가해 혈관 재형성을 돕고 건(힘줄) 및 뼈의 치유 과정을 자극하거나 재활성화 시켜 기능개선 및 통증감소를 위하여 실시하는 치료행위(체외충격파쇄석술은 제외)
증식치료	근골격계 통증이 있는 부위의 인대나 건(힘줄), 관절, 연골 등에 증식물질을 주사하여 통증이 소실되거나 완화되는 것을 유도하는 치료행위
주사료	주사치료 시 사용된 행위, 약제 및 치료재료대
항암제	식품의약품안전처가 「의약품등 분류번호에 관한 규정」에 따라 지정하는 '조직세포의 기능용 의약품' 중 '종양용약'과 '조직세포의 치료 및 진단 목적제제'* * 「의약품등 분류번호에 관한 규정」에 따른 의약품분류표가 변경되는 경우 치료시점의 의약품분류표에 따릅니다.
항생제(항진균제 포함)	식품의약품안전처가 「의약품등 분류번호에 관한 규정」에 따라 지정하는 '항병원생물성 의약품' 중 '항생물질제제', '화학요법제' 및 '기생동물에 대한 의약품 중 항원충제'* * 「의약품등 분류번호에 관한 규정」에 따른 의약품분류표가 변경되는 경우 치료시점의 의약품분류표에 따릅니다.
희귀의약품	식품의약품안전처장이 「희귀의약품 지정에 관한 규정」에 따라 지정하는 의약품* * 「희귀의약품 지정에 관한 규정」에 따른 희귀의약품 지정 항목이 변경되는 경우 치료시점의 희귀의약품 지정 항목에 따릅니다.
자기공명영상진단	자기공명영상 장치를 이용하여 고주파 등을 통한 신호의 차이를 영상화하여 조직의 구조를 분석하는 검사(MRI/MRA) * 자기공명영상진단 결과를 다른 의료기관에서 판독하는 경우 포함 (보건복지부에서 고시하는 「건강보험 행위 급여 · 비급여 목록 및 급여 상대가치점수」상의 MRI 범주에 따름)

□ 비급여 도수치료 · 체외충격파치료 · 증식치료 실손의료보험 특별약관

제1조(보장종목) ① 회사가 판매하는 비급여 도수치료 · 체외충격파치료 · 증식치료 실손의료보험 특별약관(이하 '특별약관'이라 합니다)은 아래의 내용으로 구성되어 있습니다.

보상하는 내용
피보험자가 상해 또는 질병의 치료목적으로 병원에 입원 또는 통원하여 비급여^{주)}「도수치료 · 체외충격파치료 · 증식치료」를 받은 경우에 보상

주) 「국민건강보험법」 또는 「의료급여법」에 따라 보건복지부장관이 정한 비급여대상(「국민건강보험법」에서 정한 요양급여 또는 「의료급여법」에서 정한 의료급여 절차를 거쳤지만 급여항목이 발생하지 않은 경우로 「국민건강보험법」 또는 「의료급여법」에 따른 비급여항목 포함)

② 회사는 이 특별약관의 명칭에 '비급여 도수치료 · 체외충격파치료 · 증식치료 실손의료비'라는 문구를 포함하여 사용합니다.

제2조(용어의 정의) ① 이 특별약관에서 사용하는 용어의 뜻은 다음과 같습니다.

용어	정의
도수치료	치료자가 손(정형용 교정장치 장비 등의 도움을 받는 경우를 포함합니다)을 이용해서 환자의 근골격계통(관절, 근육, 연부조직, 림프절 등)의 기능 개선 및 통증감소를 위하여 실시하는 치료행위 * 의사 또는 의사의 지도하에 물리치료사가 도수치료를 하는 경우에 한함
체외충격파치료	체외에서 충격파를 병변에 가해 혈관 재형성을 돕고 건(힘줄) 및 뼈의 치유 과정을 자극하거나 재활성화 시켜 기능개선 및 통증감소를 위하여 실시하는 치료행위(체외충격파쇄석술은 제외)
증식치료	근골격계 통증이 있는 부위의 인대나 건(힘줄), 관절, 연골 등에 증식물질을 주사하여 통증이 소실되거나 완화되는 것을 유도하는 치료행위

② 제1항에서 정하지 않은 용어의 뜻은 기본형 실손의료보험 표준약관 제2조(용어의 정의)를 준용합니다.

제3조(보상내용) 회사가 이 계약의 보험기간 중 보상하거나 공제하는 내용은 다음과 같습니다.

보상하는 사항

① 회사는 피보험자가 이 특별약관의 보험기간 중 상해 또는 질병의 치료목적으로 병원에 입원 또는 통원하여 도수치료 · 체외충격파치료 · 증식치료를 받은 경우 도수치료 · 체외충격파치료 · 증식치료로 인하여 본인이 실제로 부담한 비급여의료비(행위료, 약제비, 치료재료대 포함)에서 공제금액을 뺀 금액을 보상한도 내에서 보상합니다.

구분	내용
보장대상 의료비	「도수치료 · 체외충격파치료 · 증식치료」로 인하여 본인이 실제로 부담한 비급여의료비(행위료, 약제비, 치료재료대 포함)
공제금액	1회당 2만원과 보장대상의료비의 30% 중 큰 금액
보상한도	계약일 또는 매년 계약해당일부터 1년 단위로 350만원 이내에서 50회^{주)}까지 보상

주) 도수치료 · 체외충격파치료 · 증식치료의 각 치료횟수를 합산하여 50회까지 보상합니다.

〈보상기간 예시〉

(i) 계약일 또는 매년 계약해당일로부터 1년내 350만원을 모두 보상한 경우

계약일
(2017. 4. 1.)
보상한도종료일(2017. 10. 31.)
2017. 11. 1.부터 보상제외
계약해당일(2018. 4. 1.) 보상재개

보상하는 사항

(ii) 계약일 또는 매년 계약해당일로부터 1년내 지급된 보험금이 350만원 미만이나 50회를 모두 보상한 경우

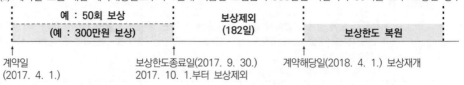

예 : 50회 보상	보상제외	
(예 : 300만원 보상)	(182일)	보상한도 복원

계약일　　　　　　　　　　　　　　보상한도종료일(2017. 9. 30.)　　　계약해당일(2018. 4. 1.) 보상재개
(2017. 4. 1.)　　　　　　　　　　　2017. 10. 1.부터 보상제외

② 병원을 1회 통원(또는 1회 입원)하여 이 특별약관에서 정한 도수치료, 체외충격파치료, 증식치료 중 2종 류 이상의 치료를 받거나 동일한 치료를 2회 이상 받는 경우 각 치료행위를 1회로 보고 각각 제1항에서 정한 1회당 공제금액 및 보상한도를 적용합니다.

③ 제1항에서 보상하는 비급여의료비와 다른 의료비가 함께 청구되고 각 행위별 의료비가 구분되지 않는 경 우 회사는 보험금 지급금액 결정을 위해 계약자, 피보험자 또는 보험수익자에게 제1항에서 보상하는 의 료비의 확인을 요청할 수 있습니다.

④ 제1항의 상해에는 유독가스 또는 유독물질을 우연히 일시에 흡입, 흡수 또는 섭취한 결과로 생긴 중독증 상이 포함됩니다. 다만, 유독가스 또는 유독물질을 상습적으로 흡입, 흡수 또는 섭취한 결과로 생긴 중독 증상과 세균성 음식물 중독증상은 포함되지 않습니다.

⑤ 삭제 〈2018. 7. 10.〉

⑥ 피보험자가 입원 또는 통원하여 치료를 받던 중 보험기간이 끝나더라도 그 계속 중인 치료에 대하여는 보험기간 종료일부터 180일까지(보험기간 종료일은 제외합니다) 보상합니다. 이 경우 보상한도는 연간 보상한도(금액)에서 직전 보험기간 종료일까지 지급한 금액을 차감한 잔여 금액과 연간 보상한도(횟수)에 서 직전 보험기간 종료일까지 보상한 횟수를 차감한 잔여 횟수를 한도로 적용합니다. 다만, 종전 계약을 자동갱신하거나 같은 회사의 보험상품에 재가입하는 경우에는 종전 계약의 보험기간을 연장하는 것으로 보아 제1항을 적용합니다.

〈보상기간 예시〉

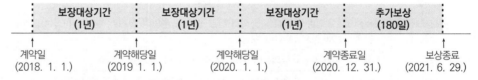

보장대상기간 (1년)	보장대상기간 (1년)	보장대상기간 (1년)	추가보상 (180일)

계약일　　　　　　계약해당일　　　　　계약해당일　　　　　계약종료일　　　　　보상종료
(2018. 1. 1.)　　　(2019 1. 1.)　　　　(2020. 1. 1.)　　　(2020. 12. 31.)　　　(2021. 6. 29.)

⑦ 피보험자가 직원복리후생제도에 의해 의료비를 감면받고 그 감면받은 의료비가 근로소득에 포함되는 경 우에는 그 감면 전 의료비를 기준으로 도수치료ㆍ체외충격파치료ㆍ증식치료 비급여의료비를 계산합니다.

⑧ 삭제 〈2018. 7. 10.〉

⑨ 삭제 〈2018. 7. 10.〉

⑩ 삭제 〈2018. 7. 10.〉

⑪ 회사는 피보험자가 상해 또는 질병의 치료목적으로 병원에 입원 또는 통원하여 도수치료ㆍ체외충격파치 료ㆍ증식치료를 받은 경우, 본인의 장기등(「장기등 이식에 관한 법률」 제4조에 의한 "장기등"을 의미합 니다)의 기능회복을 위하여 「장기등 이식에 관한 법률」 제42조 및 관련 고시에 따라 장기등의 적출 및 이식에 드는 비용(공여적합성 여부를 확인하기 위한 검사비, 뇌사장기기증자 관리료 및 이에 속하는 비 용항목 포함)은 제1항 내지 제10항에 따라 보상합니다.

제4조(보상하지 않는 사항) 회사가 보상하지 않는 사항은 다음과 같습니다.

보상하지 않는 사항

---

① 회사는 다음의 사유로 인하여 생긴 의료비는 보상하지 않습니다.
  1. 피보험자가 고의로 자신을 해친 경우. 다만, 피보험자가 심신상실 등으로 자유로운 의사결정을 할 수 없는 상태에서 자신을 해친 사실이 증명된 경우에는 제3조(보상내용)에 따라 보상합니다.
  2. 보험수익자가 고의로 피보험자를 해친 경우. 다만, 그 보험수익자가 보험금의 일부 보험수익자인 경우에는 다른 보험수익자에 대한 보험금은 제3조(보상내용)에 따라 지급합니다.
  3. 계약자가 고의로 피보험자를 해친 경우
  4. 전쟁, 외국의 무력행사, 혁명, 내란, 사변, 폭동으로 인한 경우
  5. 피보험자가 정당한 이유없이 입원 또는 통원 기간 중 의사의 지시를 따르지 않아 발생한 의료비

② 회사는 다른 약정이 없으면 피보험자가 직업, 직무 또는 동호회 활동 목적으로 한 다음의 어느 하나에 해당하는 행위로 인하여 생긴 상해에 대해서는 보상하지 않습니다.
  1. 전문등반(전문적인 등산용구를 사용하여 암벽 또는 빙벽을 오르내리거나 특수한 기술, 경험, 사전 훈련이 필요한 등반을 말합니다), 글라이더 조종, 스카이다이빙, 스쿠버다이빙, 행글라이딩, 수상보트, 패러글라이딩
  2. 모터보트·자동차 또는 오토바이에 의한 경기, 시범, 행사(이를 위한 연습을 포함합니다) 또는 시운전 (다만, 공용도로에서 시운전을 하는 동안 발생한 상해는 제3조(보상내용)에 따라 보상합니다)
  3. 선박에 탑승하는 것을 직무로 하는 사람이 직무상 선박에 탑승하고 있는 동안

③ 회사는 '한국표준질병사인분류'에 따른 다음의 의료비에 대해서는 보상하지 않습니다.
  1. 정신 및 행동장애(F04~F99)
  2. 여성생식기의 비염증성 장애로 인한 습관성 유산, 불임 및 인공수정 관련 합병증(N96~N98)
  3. 피보험자가 임신, 출산(제왕절개를 포함합니다), 산후기로 입원 또는 통원한 경우(O00~O99). 다만, 회사가 보상하는 상해로 인하여 입원 또는 통원한 경우에는 제3조(보상내용)에 따라 보상합니다.
  4. 선천성 뇌질환(Q00~Q04)
  5. 비만(E66)
  6. 요실금(N39.3, N39.4, R32)
  7. 직장 또는 항문 질환 중 「국민건강보험법」에 따른 요양급여에 해당하지 않는 부분(I84, K60~K62, K64)

④ 회사는 다음의 의료비에 대해서는 보상하지 않습니다.
  1. 치과치료(다만, 안면부 골절로 발생한 의료비는 치아 관련 치료를 제외하고 제3조(보상내용)에 따라 보상하며, K00~K08과 무관한 질병으로 인한 의료비는 제3조(보상내용)에 따라 보상합니다) · 한방치료(다만, 「의료법」 제2조에 따른 한의사를 제외한 '의사'의 의료행위에 의해서 발생한 의료비는 제3조(보상내용)에 따라 보상합니다)에서 발생한 「국민건강보험법」에 따른 요양급여에 해당하지 않는 비급여의료비
  2. 건강검진(단, 검사결과 이상 소견에 따라 건강검진센터 등에서 발생한 추가 의료비용은 제3조(보상내용)에 따라 보상합니다), 예방접종, 인공유산에 든 비용. 다만, 회사가 보상하는 상해 또는 질병의 치료를 목적으로 하는 경우에는 제3조(보상내용)에 따라 보상합니다.
  3. 영양제, 비타민제, 호르몬 투여, 보신용 투약, 친자 확인을 위한 진단, 불임검사, 불임수술, 불임복원술, 보조생식술(체내, 체외 인공수정을 포함합니다), 성장촉진, 의약외품과 관련하여 소요된 비용. 다만, 회사가 보상하는 상해 또는 질병의 치료를 목적으로 하는 경우에는 제3조(보상내용)에 따라 보상합니다.
  4. 다음의 어느 하나에 해당하는 치료로 인하여 발생한 의료비
    가. 단순한 피로 또는 권태

나. 주근깨, 다모, 무모, 백모증, 딸기코(주사비), 점, 모반(피보험자가 보험가입당시 태아인 경우 화염상모반 등 선천성 비신생물성모반(Q82.5)은 제3조(보상내용)에 따라 보상합니다), 사마귀, 여드름, 노화현상으로 인한 탈모 등 피부질환

다. 발기부전(impotence)·불감증, 단순 코골음(수면무호흡증(G47.3)은 제3조(보상내용)에 따라 보상합니다), 치료를 동반하지 않는 단순포경(phimosis), 「국민건강보험 요양급여의 기준에 관한 규칙」 제9조 제1항([별표2] 비급여대상)에 따른 업무 또는 일상생활에 지장이 없는 검열반 등 안과질환

5. 의치, 의수족, 의안, 안경, 콘택트렌즈, 보청기, 목발, 팔걸이(Arm Sling), 보조기 등 진료 재료의 구입 및 대체 비용. 다만, 인공장기 등 신체에 이식되어 그 기능을 대신하는 경우에는 제3조(보상내용)에 따라 보상합니다.

6. 아래에 열거된 국민건강보험 비급여 대상으로 신체의 필수 기능개선 목적이 아닌 외모개선 목적의 치료로 인하여 발생한 의료비

가. 쌍꺼풀수술(이중검수술. 다만, 안검하수, 안검내반 등을 치료하기 위한 시력개선 목적의 이중검수술은 제3조(보상내용)에 따라 보상합니다), 코성형수술(융비술), 유방 확대(다만, 유방암 환자의 유방재건술은 제3조(보상내용)에 따라 보상합니다)·축소술, 지방흡입술(다만, 「국민건강보험법」 및 관련 고시에 따라 요양급여에 해당하는 '여성형 유방증'을 수술하면서 그 일련의 과정으로 시행한 지방흡입술은 제3조(보상내용)에 따라 보상합니다), 주름살 제거술 등

나. 사시교정, 안와격리증(양쪽 눈을 감싸고 있는 뼈와 뼈 사이의 거리가 넓은 증상)의 교정 등 시각계 수술로서 시력개선 목적이 아닌 외모개선 목적의 수술

다. 안경, 콘택트렌즈 등을 대체하기 위한 시력교정술(국민건강보험 요양급여 대상 수술방법 또는 치료재료가 사용되지 않은 부분은 시력교정술로 봅니다)

라. 외모개선 목적의 다리 정맥류 수술

마. 그 밖에 외모개선 목적의 치료로 국민건강보험 비급여대상에 해당하는 치료

7. 진료와 무관한 각종 비용(TV시청료, 전화료, 각종 증명료 등을 말합니다), 의사의 임상적 소견과 관련이 없는 검사비용, 간병비

8. 자동차보험(공제를 포함합니다) 또는 산재보험에서 보상받는 의료비. 다만, 본인부담의료비는 제3조(보상내용)에 따라 보상합니다.

9. 인간면역결핍바이러스(HIV) 감염으로 인한 치료비(다만, 「의료법」에서 정한 의료인의 진료상 또는 치료 중 혈액에 의한 HIV 감염은 해당 진료기록을 통해 객관적으로 확인되는 경우는 제3조(보상내용)에 따라 보상합니다

10. 「국민건강보험법」 제42조의 요양기관이 아닌 외국에 있는 의료기관에서 발생한 의료비

11. 「응급의료에 관한 법률」 및 동 시행규칙에서 정한 응급환자에 해당하지 않는 자가 「의료법」 제3조의4에 따른 상급종합병원 응급실을 이용하면서 발생한 응급의료관리료

제5조(특별약관의 소멸) 피보험자의 사망으로 인하여 이 특별약관에서 규정하는 보험금 지급 사유가 더 이상 발생할 수 없는 경우에는 이 계약은 그때부터 효력이 없습니다.

제6조(준용규정) 이 특별약관에서 정하지 않은 사항은 기본형 실손의료보험 표준약관을 따릅니다.

□ 비급여 주사료 실손의료보험 특별약관

제1조(보장종목) ① 회사가 판매하는 비급여 주사료 실손의료보험 특별약관(이하 '특별약관'
이라 합니다)은 아래의 내용으로 구성되어 있습니다.

보상하는 내용
피보험자가 상해 또는 질병의 치료목적으로 병원에 입원 또는 통원하여 비급여^{주)}에 해당하는 주사료를 부담하는 경우에 보상

주) 「국민건강보험법」 또는 「의료급여법」에 따라 보건복지부장관이 정한 비급여대상(「국민건강보험법」에서 정한 요양급여 또는 「의료급여법」에서 정한 의료급여 절차를 거쳤지만 급여항목이 발생하지 않은 경우로 「국민건강보험법」 또는 「의료급여법」에 따른 비급여항목 포함)

② 회사는 이 특별약관의 명칭에 '비급여 주사료 실손의료비'라는 문구를 포함하여 사용
합니다.

제2조(용어의 정의) ① 이 특별약관에서 사용하는 용어의 뜻은 다음과 같습니다.

용어	정의
주사료	주사치료 시 사용된 행위, 약제 및 치료재료대
항암제	식품의약품안전처가 「의약품등 분류번호에 관한 규정」에 따라 지정하는 '조직세포의 기능용 의약품' 중 '종양용약'과 '조직세포의 치료 및 진단 목적제제'* * 「의약품등 분류번호에 관한 규정」에 따른 의약품분류표가 변경되는 경우 치료시점의 의약품분류표에 따릅니다.
항생제 (항진균제 포함)	식품의약품안전처가 「의약품등 분류번호에 관한 규정」에 따라 지정하는 '항병원생물성 의약품' 중 '항생물질제제', '화학요법제' 및 '기생동물에 대한 의약품 중 항원충제'* * 「의약품등 분류번호에 관한 규정」에 따른 의약품분류표가 변경되는 경우 치료시점의 의약품분류표에 따릅니다.
희귀의약품	식품의약품안전처장이 「희귀의약품 지정에 관한 규정」에 따라 지정하는 의약품* * 「희귀의약품 지정에 관한 규정」에 따른 희귀의약품 지정 항목이 변경되는 경우 치료시점의 희귀의약품 지정 항목에 따릅니다.

② 제1항에서 정하지 않은 용어의 뜻은 기본형 실손의료보험 표준약관 제2조(용어의 정
의)를 준용합니다.

제3조(보상내용) 회사가 이 계약의 보험기간 중 보상하거나 공제하는 내용은 다음과 같습
니다.

보상하는 사항
① 회사는 피보험자가 이 특별약관의 보험기간 중 상해 또는 질병의 치료목적으로 병원에 입원 또는 통원하여 주사치료를 받아 본인이 실제로 부담한 비급여 주사료에서 공제금액을 뺀 금액을 보상한도 내에서 보상합니다.

보상하는 사항	
구분	내용
보장대상 의료비	주사치료를 받아 본인이 실제로 부담한 비급여 주사료
공제금액	입원·통원 1회당 2만원과 보장대상의료비의 30% 중 큰 금액
보상한도	계약일 또는 매년 계약해당일부터 1년 단위로 250만원 이내에서 입원과 통원을 합산하여 50회까지 보상

〈보상기간 예시〉

(i) 계약일 또는 매년 계약해당일로부터 1년내 250만원을 모두 보상한 경우

(ii) 계약일 또는 매년 계약해당일로부터 1년내 지급된 보험금이 250만원 미만이나 50회 모두 보상한 경우

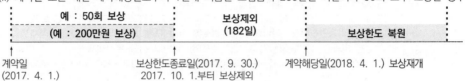

② 제1항의 주사료에서 항암제, 항생제(항진균제 포함), 희귀의약품을 위해 사용된 비급여 주사료는 기본형 실손의료보험에서 보상합니다.

③ 병원을 1회 통원(또는 1회 입원)하여 치료목적으로 2회 이상 주사치료를 받더라도 1회로 보고 제1항에서 정한 공제금액 및 보상한도를 적용합니다.

④ 제3항에서 1회 입원이라 함은 퇴원없이 계속 중인 입원(동일한 질병 또는 상해 치료목적으로 퇴원 당일 다른 병원으로 옮겨 입원하는 경우 포함)을 말합니다. 동일한 상해 또는 질병으로 인한 입원이라고 하더라도 퇴원 후 재입원하는 경우에는 퇴원 전후 입원기간을 각각 1회 입원으로 봅니다.

⑤ 제1항에서 보상하는 비급여의료비와 다른 의료비가 함께 청구되고 각 항목별 의료비가 구분되지 않는 경우 회사는 보험금 지급금액을 결정하기 위해 계약자, 피보험자 또는 보험수익자에게 제1항에서 보상하는 의료비의 확인을 요청할 수 있습니다.

⑥ 제1항의 상해에는 유독가스 또는 유독물질을 우연히 일시에 흡입, 흡수 또는 섭취한 결과로 생긴 중독증상이 포함됩니다. 다만, 유독가스 또는 유독물질을 상습적으로 흡입, 흡수 또는 섭취한 결과로 생긴 중독증상과 세균성 음식물 중독증상은 포함되지 않습니다.

⑦ 삭제 〈2018. 7. 10.〉

⑧ 피보험자가 입원 또는 통원하여 치료를 받던 중 보험기간이 끝나더라도 그 계속 중인 치료에 대하여는 보험기간 종료일부터 180일까지(보험기간 종료일은 제외합니다) 보상합니다. 이 경우 보상한도는 연간 보상한도(금액)에서 직전 보험기간 종료일까지 지급한 금액을 차감한 잔여 금액과 연간 보상한도(횟수)에서 직전 보험기간 종료일까지 보상한 횟수를 차감한 잔여횟수를 한도로 적용합니다. 다만, 종전 계약을 자동갱신하거나 같은 회사의 보험상품에 재가입하는 경우에는 종전 계약의 보험기간을 연장하는 것으로 보아 제

보상하는 사항

1항을 적용합니다.

〈보상기간 예시〉

보장대상기간 (1년)	보장대상기간 (1년)	보장대상기간 (1년)	추가보상 (180일)
↑ 계약일 (2018. 1. 1.)	↑ 계약해당일 (2019. 1. 1.) ↑ 계약해당일 (2020. 1. 1.)	↑ 계약종료일 (2020. 12. 31.)	↑ 보상종료 (2021. 6. 29.)

⑨ 피보험자가 직원복리후생제도에 의해 의료비를 감면받고 그 감면받은 의료비가 근로소득에 포함되는 경우에는 그 감면 전 의료비를 기준으로 비급여 주사료를 계산합니다.

⑩ 삭제 〈2018. 7. 10.〉

⑪ 삭제 〈2018. 7. 10.〉

⑫ 삭제 〈2018. 7. 10.〉

⑬ 회사는 피보험자가 상해 또는 질병의 치료목적으로 병원에 입원 또는 통원하여 주사치료를 받은 경우, 본인의 장기등(「장기등 이식에 관한 법률」 제4조에 의한 "장기등"을 의미합니다)의 기능회복을 위하여 「장기등 이식에 관한 법률」 제42조 및 관련 고시에 따라 장기등의 적출 및 이식에 드는 비용(공여적합성 여부를 확인하기 위한 검사비, 뇌사장기기증자 관리료 및 이에 속하는 비용항목 포함)은 제1항 내지 제12항에 따라 보상합니다.

제4조(보상하지 않는 사항) 회사가 보상하지 않는 사항은 다음과 같습니다.

보상하지 않는 사항

① 회사는 다음의 사유로 인하여 생긴 의료비는 보상하지 않습니다.
  1. 피보험자가 고의로 자신을 해친 경우. 다만, 피보험자가 심신상실 등으로 자유로운 의사결정을 할 수 없는 상태에서 자신을 해친 사실이 증명된 경우에는 제3조(보상내용)에 따라 보상합니다.
  2. 보험수익자가 고의로 피보험자를 해친 경우. 다만, 그 보험수익자가 보험금의 일부 보험수익자인 경우에는 다른 보험수익자에 대한 보험금은 제3조(보상내용)에 따라 지급합니다.
  3. 계약자가 고의로 피보험자를 해친 경우
  4. 전쟁, 외국의 무력행사, 혁명, 내란, 사변, 폭동으로 인한 경우
  5. 피보험자가 정당한 이유없이 입원 또는 통원 기간 중 의사의 지시를 따르지 않아 발생한 의료비

② 회사는 다른 약정이 없으면 피보험자가 직업, 직무 또는 동호회 활동 목적으로 한 다음의 어느 하나에 해당하는 행위로 인하여 생긴 상해에 대해서는 보상하지 않습니다.
  1. 전문등반(전문적인 등산용구를 사용하여 암벽 또는 빙벽을 오르내리거나 특수한 기술, 경험, 사전 훈련이 필요한 등반을 말합니다), 글라이더 조종, 스카이다이빙, 스쿠버다이빙, 행글라이딩, 수상보트, 패러글라이딩
  2. 모터보트·자동차 또는 오토바이에 의한 경기, 시범, 행사(이를 위한 연습을 포함합니다) 또는 시운전 (다만, 공용도로에서 시운전을 하는 동안 발생한 상해는 제3조(보상내용)에 따라 보상합니다)
  3. 선박에 탑승하는 것을 직무로 하는 사람이 직무상 선박에 탑승하고 있는 동안

③ 회사는 '한국표준질병사인분류'에 따른 다음의 의료비에 대해서는 보상하지 않습니다.
  1. 정신 및 행동장애(F04~F99)

2. 여성생식기의 비염증성 장애로 인한 습관성 유산, 불임 및 인공수정 관련 합병증(N96~N98)

3. 피보험자가 임신, 출산(제왕절개를 포함합니다), 산후기로 입원 또는 통원한 경우(O00~O99). 다만, 회사가 보상하는 상해로 인하여 입원 또는 통원한 경우에는 제3조(보상내용)에 따라 보상합니다.

4. 선천성 뇌질환(Q00~Q04)

5. 비만(E66)

6. 요실금(N39.3, N39.4, R32)

7. 직장 또는 항문 질환 중 「국민건강보험법」에 따른 요양급여에 해당하지 않는 부분(I84, K60~K62, K64)

④ 회사는 다음의 의료비에 대해서는 보상하지 않습니다.

1. 치과치료(다만, 안면부 골절로 발생한 의료비는 치아 관련 치료를 제외하고 제3조(보상내용)에 따라 보상하며, K00~K08과 무관한 질병으로 인한 의료비는 제3조(보상내용)에 따라 보상합니다) · 한방치료(다만, 「의료법」 제2조에 따른 한의사를 제외한 '의사'의 의료행위에 의해서 발생한 의료비는 제3조(보상내용)에 따라 보상합니다)에서 발생한 「국민건강보험법」에 따른 요양급여에 해당하지 않는 비급여의료비

2. 건강검진(단, 검사결과 이상 소견에 따라 건강검진센터 등에서 발생한 추가 의료비용은 제3조(보상내용)에 따라 보상합니다), 예방접종, 인공유산에 든 비용. 다만, 회사가 보상하는 상해 또는 질병의 치료를 목적으로 하는 경우에는 제3조(보상내용)에 따라 보상합니다.

3. 영양제, 비타민제, 호르몬 투여, 보신용 투약, 친자 확인을 위한 진단, 불임검사, 불임수술, 불임복원술, 보조생식술(체내, 체외 인공수정을 포함합니다), 성장촉진, 의약외품과 관련하여 소요된 비용. 다만, 회사가 보상하는 상해 또는 질병의 치료를 목적으로 하는 경우에는 제3조(보상내용)에 따라 보상합니다.

4. 다음의 어느 하나에 해당하는 치료로 인하여 발생한 의료비

가. 단순한 피로 또는 권태

나. 주근깨, 다모, 무모, 백모증, 딸기코(주사비), 점, 모반(피보험자가 보험가입당시 태아인 경우 화염상모반 등 선천성 비신생물성모반(Q82.5)은 제3조(보상내용)에 따라 보상합니다), 사마귀, 여드름, 노화현상으로 인한 탈모 등 피부질환

다. 발기부전(impotence) · 불감증, 단순 코골음(수면무호흡증(G47.3)은 보상합니다), 치료를 동반하지 않는 단순포경(phimosis), 「국민건강보험 요양급여의 기준에 관한 규칙」 제9조 제1항([별표2] 비급여대상)에 따른 업무 또는 일상생활에 지장이 없는 검열반 등 안과질환

5. 의치, 의수족, 의안, 안경, 콘택트렌즈, 보청기, 목발, 팔걸이(Arm Sling), 보조기 등 진료 재료의 구입 및 대체 비용. 다만, 인공장기 등 신체에 이식되어 그 기능을 대신하는 경우에는 제3조(보상내용)에 따라 보상합니다.

6. 아래에 열거된 국민건강보험 비급여 대상으로 신체의 필수 기능개선 목적이 아닌 외모개선 목적의 치료로 인하여 발생한 의료비

가. 쌍꺼풀수술(이중검수술. 다만, 안검하수, 안검내반 등을 치료하기 위한 시력개선 목적의 이중검수술은 제3조(보상내용)에 따라 보상합니다), 코성형수술(융비술), 유방 확대(다만, 유방암 환자의 유방재건술은 제3조(보상내용)에 따라 보상합니다) · 축소술, 지방흡입술(다만, 「국민건강보험법」 및 관련 고시에 따라 요양급여에 해당하는 '여성형 유방증'을 수술하면서 그 일련의 과정으로 시행한 지방흡입술은 제3조(보상내용)에 따라 보상합니다), 주름살 제거술 등

나. 사시교정, 안와격리증(양쪽 눈을 감싸고 있는 뼈와 뼈 사이의 거리가 넓은 증상)의 교정 등 시각계 수술로서 시력개선 목적이 아닌 외모개선 목적의 수술

다. 안경, 콘택트렌즈 등을 대체하기 위한 시력교정술(국민건강보험 요양급여 대상 수술방법 또는 치료재료가 사용되지 않은 부분은 시력교정술로 봅니다)

보상하지 않는 사항

    라. 외모개선 목적의 다리 정맥류 수술

    마. 그 밖에 외모개선 목적의 치료로 국민건강보험 비급여대상에 해당하는 치료

7. 진료와 무관한 각종 비용(TV시청료, 전화료, 각종 증명료 등을 말합니다), 의사의 임상적 소견과 관련이 없는 검사비용, 간병비

8. 자동차보험(공제를 포함합니다) 또는 산재보험에서 보상받는 의료비. 다만, 본인부담의료비는 제3조(보상내용)에 따라 보상합니다.

9. 인간면역결핍바이러스(HIV) 감염으로 인한 치료비(다만, 「의료법」에서 정한 의료인의 진료상 또는 치료 중 혈액에 의한 HIV 감염은 해당 진료기록을 통해 객관적으로 확인되는 경우는 제3조(보상내용)에 따라 보상합니다)

10. 「국민건강보험법」 제42조의 요양기관이 아닌 외국에 있는 의료기관에서 발생한 의료비

11. 「응급의료에 관한 법률」 및 동 시행규칙에서 정한 응급환자에 해당하지 않는 자가 「의료법」 제3조의4에 따른 상급종합병원 응급실을 이용하면서 발생한 응급의료관리료

12. 증식치료로 인하여 발생하는 주사료 및 비급여 자기공명영상진단(MRI/MRA)으로 인하여 발생하는 약제비 또는 조영제에 해당하는 의료비

제5조(특별약관의 소멸) 피보험자의 사망으로 인하여 이 특별약관에서 규정하는 보험금 지급 사유가 더 이상 발생할 수 없는 경우에는 이 계약은 그때부터 효력이 없습니다.

제6조(준용규정) 이 특별약관에서 정하지 않은 사항은 기본형 실손의료보험 표준약관을 따릅니다.

□ 비급여 자기공명영상진단(MRI/MRA) 실손의료보험 특별약관

제1조(보장종목) ① 회사가 판매하는 비급여 자기공명영상진단(MRI/MRA) 실손의료보험 특별약관(이하 '특별약관'이라 합니다)은 아래의 내용으로 구성되어 있습니다.

보상하는 내용
피보험자가 상해 또는 질병의 치료목적으로 병원에 입원 또는 통원하여 비급여^{주)} 자기공명영상진단을 받은 경우에 보상

주) 「국민건강보험법」 또는 「의료급여법」에 따라 보건복지부장관이 정한 비급여대상(「국민건강보험법」에서 정한 요양급여 또는 「의료급여법」에서 정한 의료급여 절차를 거쳤지만 급여항목이 발생하지 않은 경우로 「국민건강보험법」 또는 「의료급여법」에 따른 비급여항목 포함)

② 회사는 이 특별약관의 명칭에 '비급여 자기공명영상진단(MRI/MRA) 실손의료비'라는 문구를 포함하여 사용합니다.

제2조(용어의 정의) ① 이 특별약관에서 사용하는 용어의 뜻은 다음과 같습니다.

용어	정의
자기공명영상 진단	자기공명영상 장치를 이용하여 고주파 등을 통한 신호의 차이를 영상화하여 조직의 구조를 분석하는 검사(MRI/MRA) * 자기공명영상진단 결과를 다른 의료기관에서 판독하는 경우 포함 (보건복지부에서 고시하는 「건강보험 행위 급여 · 비급여 목록 및 급여 상대가치점수」상의 MRI 범주에 따름)

② 제1항에서 정하지 않은 용어의 뜻은 기본형 실손의료보험 표준약관 제2조(용어의 정의)를 준용합니다.

제3조(보상내용) 회사가 이 계약의 보험기간 중 보상하거나 공제하는 내용은 다음과 같습니다.

보상하는 사항

① 회사는 피보험자가 이 특별약관의 보험기간 중 상해 또는 질병의 치료목적으로 병원에 입원 또는 통원하여 자기공명영상진단을 받아 본인이 실제로 부담한 비급여의료비(조영제, 판독료를 포함합니다)에서 공제금액을 뺀 금액을 보상한도 내에서 보상합니다.

구분	내용
보장대상 의료비	자기공명영상진단을 받아 본인이 실제로 부담한 비급여의료비(조영제, 판독료 포함)
공제금액	1회당 2만원과 보장대상의료비의 30% 중 큰 금액
보상한도	계약일 또는 매년 계약해당일부터 1년 단위로 연간 300만원 한도 내에서 보상

② 병원을 1회 통원(또는 1회 입원)하여 2개 이상 부위에 걸쳐 이 특별약관에서 정한 자기공명영상진단을 받거나 동일한 부위에 대해 2회 이상 이 특별약관에서 정한 자기공명영상진단을 받는 경우 각 진단행위를 1회로 보아 각각 1회당 공제금액 및 보상한도를 적용합니다.

③ 제1항의 상해에는 유독가스 또는 유독물질을 우연히 일시에 흡입, 흡수 또는 섭취한 결과로 생긴 중독증상이 포함됩니다. 다만, 유독가스 또는 유독물질을 상습적으로 흡입, 흡수 또는 섭취한 결과로 생긴 중독증상과 세균성 음식물 중독증상은 포함되지 않습니다.

④ 삭제 〈2018. 7. 10.〉

⑤ 피보험자가 입원 또는 통원하여 치료를 받던 중 보험기간이 끝나더라도 그 계속 중인 치료에 대하여는 보험기간 종료일부터 180일까지(보험기간 종료일은 제외합니다) 보상합니다. 이 경우 보상한도는 연간 보상한도에서 직전 보험기간 종료일까지 지급한 보상금액을 차감한 잔여 금액을 한도로 적용합니다. 다만, 종전 계약을 자동갱신하거나 같은 회사의 보험상품에 재가입하는 경우에는 종전 계약의 보험기간을 연장하는 것으로 보아 제1항을 적용합니다.

〈보상기간 예시〉

보장대상기간 (1년)	보장대상기간 (1년)	보장대상기간 (1년)	추가보상 (180일)
↑ 계약일 (2018. 1. 1.)	↑ 계약해당일 (2019. 1. 1.)	↑ 계약해당일 (2020. 1. 1.)	↑ 계약종료일 (2020. 12. 31.) ↑ 보상종료 (2021. 6. 29.)

보상하는 사항

⑥ 피보험자가 직원복리후생제도에 의해 의료비를 감면받고 그 감면받은 의료비가 근로소득에 포함되는 경우에는 그 감면 전 의료비를 기준으로 비급여 자기공명영상진단(MRI/MRA) 의료비를 계산합니다.

⑦ 삭제 〈2018. 7. 10.〉

⑧ 삭제 〈2018. 7. 10.〉

⑨ 삭제 〈2018. 7. 10.〉

⑩ 회사는 피보험자가 상해 또는 질병의 치료목적으로 병원에 입원 또는 통원하여 자기공명영상진단을 받은 경우, 본인의 장기등(「장기등 이식에 관한 법률」 제4조에 의한 "장기등"을 의미합니다)의 기능회복을 위하여 「장기등 이식에 관한 법률」 제42조 및 관련 고시에 따라 장기등의 적출 및 이식에 드는 비용(공여 적합성 여부를 확인하기 위한 검사비, 뇌사장기기증자 관리료 및 이에 속하는 비용항목 포함)은 제1항 내지 제9항에 따라 보상합니다.

제4조(보상하지 않는 사항) 회사가 보상하지 않는 사항은 다음과 같습니다.

보상하지 않는 사항

① 회사는 다음의 사유로 인하여 생긴 의료비는 보상하지 않습니다.
  1. 피보험자가 고의로 자신을 해친 경우. 다만, 피보험자가 심신상실 등으로 자유로운 의사결정을 할 수 없는 상태에서 자신을 해친 사실이 증명된 경우에는 제3조(보상내용)에 따라 보상합니다.
  2. 보험수익자가 고의로 피보험자를 해친 경우. 다만, 그 보험수익자가 보험금의 일부 보험수익자인 경우에는 다른 보험수익자에 대한 보험금은 제3조(보상내용)에 따라 지급합니다.
  3. 계약자가 고의로 피보험자를 해친 경우
  4. 전쟁, 외국의 무력행사, 혁명, 내란, 사변, 폭동으로 인한 경우
  5. 피보험자가 정당한 이유없이 입원 또는 통원 기간 중 의사의 지시를 따르지 않아 발생한 의료비

② 회사는 다른 약정이 없으면 피보험자가 직업, 직무 또는 동호회 활동 목적으로 한 다음의 어느 하나에 해당하는 행위로 인하여 생긴 상해에 대해서는 보상하지 않습니다.
  1. 전문등반(전문적인 등산용구를 사용하여 암벽 또는 빙벽을 오르내리거나 특수한 기술, 경험, 사전 훈련이 필요한 등반을 말합니다), 글라이더 조종, 스카이다이빙, 스쿠버다이빙, 행글라이딩, 수상보트, 패러글라이딩
  2. 모터보트·자동차 또는 오토바이에 의한 경기, 시범, 행사(이를 위한 연습을 포함합니다) 또는 시운전 (다만, 공용도로에서 시운전을 하는 동안 발생한 상해는 제3조(보상내용)에 따라 보상합니다)
  3. 선박에 탑승하는 것을 직무로 하는 사람이 직무상 선박에 탑승하고 있는 동안

③ 회사는 '한국표준질병사인분류'에 따른 다음의 의료비에 대해서는 보상하지 않습니다.
  1. 정신 및 행동장애(F04~F99)
  2. 여성생식기의 비염증성 장애로 인한 습관성 유산, 불임 및 인공수정 관련 합병증(N96~N98)
  3. 피보험자가 임신, 출산(제왕절개를 포함합니다), 산후기로 입원 또는 통원한 경우(O00~O99). 다만, 회사가 보상하는 상해로 인하여 입원 또는 통원한 경우에는 제3조(보상내용)에 따라 보상합니다.
  4. 선천성 뇌질환(Q00~Q04)
  5. 비만(E66)
  6. 요실금(N39.3, N39.4, R32)
  7. 직장 또는 항문 질환 중 「국민건강보험법」에 따른 요양급여에 해당하지 않는 부분(I84, K60~K62,

K64)

④ 회사는 다음의 의료비에 대해서는 보상하지 않습니다.

1. 치과치료(단, 안면부 골절로 발생한 의료비는 치아 관련 치료를 제외하고 제3조(보상내용)에 따라 보상하며, K00~K08과 무관한 질병으로 인한 의료비는 제3조(보상내용)에 따라 보상합니다)·한방치료(단, 「의료법」 제2조에 따른 한의사를 제외한 '의사'의 의료행위에 의해서 발생한 의료비는 제3조(보상내용)에 따라 보상합니다)에서 발생한 「국민건강보험법」에 따른 요양급여에 해당하지 않는 비급여의료비

2. 건강검진(단, 검사결과 이상 소견에 따라 건강검진센터 등에서 발생한 추가 의료비용은 제3조(보상내용)에 따라 보상합니다), 예방접종, 인공유산에 든 비용. 다만, 회사가 보상하는 상해 또는 질병의 치료를 목적으로 하는 경우에는 제3조(보상내용)에 따라 보상합니다.

3. 영양제, 비타민제, 호르몬 투여, 보신용 투약, 친자 확인을 위한 진단, 불임검사, 불임수술, 불임복원술, 보조생식술(체내, 체외 인공수정을 포함합니다), 성장촉진, 의약외품과 관련하여 소요된 비용. 다만, 회사가 보상하는 상해 또는 질병의 치료를 목적으로 하는 경우에는 제3조(보상내용)에 따라 보상합니다.

4. 다음의 어느 하나에 해당하는 치료로 인하여 발생한 의료비
   가. 단순한 피로 또는 권태
   나. 주근깨, 다모, 무모, 백모증, 딸기코(주사비), 점, 모반(피보험자가 보험가입당시 태아인 경우 화염상모반 등 선천성 비신생물성모반(Q82.5)은 제3조(보상내용)에 따라 보상합니다), 사마귀, 여드름, 노화현상으로 인한 탈모 등 피부질환
   다. 발기부전(impotence)·불감증, 단순 코골음(수면무호흡증(G47.3)은 보상합니다), 치료를 동반하지 않는 단순포경(phimosis), 「국민건강보험 요양급여의 기준에 관한 규칙」 제9조 제1항([별표2] 비급여대상)에 따른 업무 또는 일상생활에 지장이 없는 검열반 등 안과질환

5. 의치, 의수족, 의안, 안경, 콘택트렌즈, 보청기, 목발, 팔걸이(Arm Sling), 보조기 등 진료 재료의 구입 및 대체 비용. 다만, 인공장기 등 신체에 이식되어 그 기능을 대신하는 경우에는 제3조(보상내용)에 따라 보상합니다.

6. 아래에 열거된 국민건강보험 비급여 대상으로 신체의 필수 기능개선 목적이 아닌 외모개선 목적의 치료로 인하여 발생한 의료비
   가. 쌍꺼풀수술(이중검수술. 다만, 안검하수, 안검내반 등을 치료하기 위한 시력개선 목적의 이중검수술은 제3조(보상내용)에 따라 보상합니다), 코성형수술(융비술), 유방 확대(다만, 유방암 환자의 유방재건술은 제3조(보상내용)에 따라 보상합니다)·축소술, 지방흡입술(다만, 「국민건강보험법」 및 관련 고시에 따라 요양급여에 해당하는 '여성형 유방증'을 수술하면서 그 일련의 과정으로 시행한 지방흡입술은 제3조(보상내용)에 따라 보상합니다), 주름살 제거술 등
   나. 사시교정, 안와격리증(양쪽 눈을 감싸고 있는 뼈와 뼈 사이의 거리가 넓은 증상)의 교정 등 시각계 수술로서 시력개선 목적이 아닌 외모개선 목적의 수술
   다. 안경, 콘택트렌즈 등을 대체하기 위한 시력교정술(국민건강보험 요양급여 대상 수술방법 또는 치료재료가 사용되지 않은 부분은 시력교정술로 봅니다)
   라. 외모개선 목적의 다리 정맥류 수술
   마. 그 밖에 외모개선 목적의 치료로 국민건강보험 비급여대상에 해당하는 치료

7. 진료와 무관한 각종 비용(TV시청료, 전화료, 각종 증명료 등을 말합니다), 의사의 임상적 소견과 관련이 없는 검사비용, 간병비

8. 자동차보험(공제를 포함합니다) 또는 산재보험에서 보상받는 의료비. 다만, 본인부담의료비는 제3조(보상내용)에 따라 보상합니다.

9. 인간면역결핍바이러스(HIV) 감염으로 인한 치료비(다만, 「의료법」에서 정한 의료인의 진료상 또는 치

료 중 혈액에 의한 HIV 감염은 해당 진료기록을 통해 객관적으로 확인되는 경우는 제3조(보상내용)에 따라 보상합니다)

10. 「국민건강보험법」 제42조의 요양기관이 아닌 외국에 있는 의료기관에서 발생한 의료비

11. 「응급의료에 관한 법률」 및 동 시행규칙에서 정한 응급환자에 해당하지 않는 자가 「의료법」 제3조의 4에 따른 상급종합병원 응급실을 이용하면서 발생한 응급의료관리료

제5조(특별약관의 소멸) 피보험자의 사망으로 인하여 이 특별약관에서 규정하는 보험금 지급 사유가 더 이상 발생할 수 없는 경우에는 이 계약은 그때부터 효력이 없습니다.

제6조(준용규정) 이 특별약관에서 정하지 않은 사항은 기본형 실손의료보험 표준약관을 따릅니다.

제16차 개정 표준약관(2021. 7. 1.)

〈실손 의료보험〉

실손의료보험은 보험회사가 피보험자의 질병 또는 상해로 인한 손해(의료비에 한정합니다)를 보상하는 상품입니다.

□ **기본형 실손의료보험(급여 실손의료비)**

제1관 일반사항 및 용어의 정의

제1조(보장종목) ① 회사가 판매하는 기본형 실손의료보험상품은 다음과 같이 상해급여형, 질병급여형의 2개 보장종목으로 구성되어 있습니다.

보장종목	보상하는 내용
상해급여	피보험자가 상해로 인하여 의료기관에 입원 또는 통원하여 급여^{주)} 치료를 받거나 급여 처방조제를 받은 경우에 보상
질병급여	피보험자가 질병으로 인하여 의료기관에 입원 또는 통원하여 급여 치료를 받거나 급여 처방조제를 받은 경우에 보상

주) 「국민건강보험법」에서 정한 요양급여 또는 「의료급여법」에서 정한 의료급여

② 회사는 이 약관의 명칭에 '급여 실손의료비'라는 문구를 포함하여 사용합니다.

제2조(용어의 정의) 이 약관에서 사용하는 용어의 뜻은 <붙임1>과 같습니다.

제2관 회사가 보상하는 사항

제3조(보장종목별 보상내용) 회사가 이 계약의 보험기간 중 보장종목별로 각각 보상하거나 공제하는 내용은 다음과 같습니다.

보장종목	보상하는 사항
(1) 상해급여	① 회사는 피보험자가 상해로 인하여 의료기관에 입원 또는 통원(외래 및 처방조제)하여 치료를 받은 경우에는 급여의료비를 제5조(보험가입금액 한도 등)에서 정한 연간 보험가입금액의 한도 내에서 다음과 같이 보상합니다. 다만, 법령 등에 따라 의료비를 감면받거나 의료

보장종목	보상하는 사항

기관으로부터 의료비를 감면받은 경우(의료비를 납부하는 대가로 수수한 금액 등은 감면받은 의료비에 포함)에는 감면 후 실제 본인이 부담한 의료비 기준으로 계산하며, 감면받은 의료비가 근로소득에 포함된 경우,「국가유공자 등 예우 및 지원에 관한 법률」및「독립유공자 예우에 관한 법률」에 따라 의료비를 감면받은 경우에는 감면 전 의료비로 급여 의료비를 계산합니다.

구분	보상금액
입원 (입원실료, 입원제비용, 입원수술비)	「국민건강보험법」에서 정한 요양급여 또는 「의료급여법」에서 정한 의료급여 중 본인부담금(본인이 실제로 부담한 금액으로서 요양급여 비용 또는 의료급여 비용의 일부를 본인이 부담하는 일부본인부담금과 요양급여 비용 또는 의료급여 비용의 전부를 본인이 부담하는 전액본인부담금을 말합니다.)의 80%에 해당하는 금액
통원 (외래제비용, 외래수술비, 처방조제비)	통원 1회당(외래 및 처방조제 합산)「국민건강보험법」에서 정한 요양급여 또는 「의료급여법」에서 정한 의료급여 중 본인부담금(본인이 실제로 부담한 금액으로서 요양급여 비용 또는 의료급여 비용의 일부를 본인이 부담하는 일부본인부담금과 요양급여 비용 또는 의료급여 비용의 전부를 본인이 부담하는 전액본인부담금을 말합니다.)에서 〈표1〉의 '통원항목별 공제금액'을 뺀 금액

〈표1〉 통원항목별 공제금액

항목	공제금액
「의료법」 제3조 제2항에 의한 의료기관(동법 제3조의3에 의한 종합병원은 제외), 「국민건강보험법」 제42조 제1항 제4호에 의한 보건소·보건의료원·보건지소, 동법 제42조 제1항 제5호에 의한 보건진료소에서의 외래 및 「국민건강보험법」 제42조 제1항 제2호에 의한 약국, 동법 제42조 제1항 제3호에 의한 한국희귀·필수의약품센터에서의 처방·조제(의약분업 예외지역 등에서의 약사의 직접 조제 포함)	1만원과 보장대상 의료비의 20% 중 큰 금액
「국민건강보험법」 제42조 제2항에 의한 전문요양기관, 「의료법」 제3조의4에 의한 상급종합병원, 동법 제3조의3에 의한 종합병원에서의 외래 및 그에 따른 「국민건강보험법」 제42조 제1항 제2호에 의한 약국, 동법 제42조 제1항 제3호에 의한 한국희귀·필수의약품센터에서의 처방·조제	2만원과 보장대상 의료비의 20% 중 큰 금액

② 제1항의 상해에는 유독가스 또는 유독물질을 우연히 일시에 흡입, 흡수 또는 섭취한 결과로 생긴 중독증상이 포함됩니다. 다만, 유독가스 또는 유독물질을 상습적으로 흡입, 흡수 또는 섭취한 결과로 생긴 중독증상과 세균성 음식물 중독증상은 포함되지 않습니다.

③ 피보험자가 「국민건강보험법」 제5조, 제53조, 제54조에 따라 요양급여 또는 「의료급여법」 제4조, 제15조, 제17조에 따라 의료급여를 적용받지 못하는 경우에는 다음과 같이 보상합니다.

보장종목	보상하는 사항

1. 의료비(「국민건강보험 요양급여의 기준에 관한 규칙」에 따라 보건복지부장관이 정한 급여의료비 항목만 해당합니다) 중 본인이 실제로 부담한 금액(통원의 경우 본인이 실제로 부담한 금액에서 같은 조 제1항 〈표1〉의 '통원항목별 공제금액'을 뺀 금액)의 40%를 제5조(보험가입금액 한도 등)에서 정한 연간 보험가입금액의 한도 내에서 보상합니다.

2. 법령 등에 따라 의료비를 감면받거나 의료기관으로부터 의료비를 감면받은 경우(의료비를 납부하는 대가로 수수한 금액 등은 감면받은 의료비에 포함)에는 제1호를 적용하지 아니하고 감면 후 실제 본인이 부담한 의료비에 대해서만 제1항의 보상금액에 따라 계산한 금액을 제5조(보험가입금액 한도 등)에서 정한 연간 보험가입금액의 한도 내에서 보상합니다. 다만, 감면받은 의료비가 근로소득에 포함된 경우, 「국가유공자 등 예우 및 지원에 관한 법률」 및 「독립유공자 예우에 관한 법률」에 따라 의료비를 감면받은 경우에는 감면 전 의료비에 대해서 제1항의 보상금액에 따라 계산한 금액을 제5조에서 정한 연간 보험가입금액의 한도 내에서 보상합니다.

④ 피보험자가 입원하여 치료를 받던 중 보험계약이 종료되더라도 그 계속 중인 입원에 대해서는 다음 예시와 같이 보험계약 종료일 다음날부터 180일까지 보상합니다.

⑤ 피보험자가 통원하여 치료를 받던 중 보험계약이 종료되더라도 그 계속 중인 통원에 대해서는 다음 예시와 같이 보험계약 종료일 다음날부터 180일 이내의 통원을 보상하며 최대 90회 한도 내에서 보상합니다.

〈입원 및 통원 보상기간 예시〉

보장대상기간 (1년)	보장대상기간 (1년)	보장대상기간 (1년)	추가보상 (180일)
계약일 (2022. 1. 1.)	계약해당일 (2023. 1. 1.)	계약해당일 (2024. 1. 1.)	계약종료일 (2024. 12. 31.) · 보상종료일 (2025. 6. 29.)

⑥ 종전 계약을 자동갱신하거나 같은 회사의 보험상품에 재가입하는 경우에는 종전 계약의 보험기간을 연장하는 것으로 보아 제4항과 제5항을 적용하지 않습니다.

⑦ 하나의 상해(같은 상해로 2회 이상 치료를 받는 경우에도 이를 하나의 상해로 봅니다)로 인해 동일한 의료기관에서 같은 날 외래 및 처방을 함께 받은 경우 처방일자를 기준으로 외래 및 처방조제를 합산하되(조 제일자가 다른 경우도 동일하게 적용) 통원 1회로 보아 제1항, 제5항 및 제6항을 적용합니다.

⑧ 하나의 상해로 인해 하루에 같은 치료를 목적으로 2회 이상 통원치료(외래 및 처방조제 합산)를 받은 경우 1회의 통원으로 보아 제1항, 제5항 및 제6항을 적용합니다. 이때 공제금액은 2회 이상의 중복방문 의료기관 중 가장 높은 공제금액을 적용합니다.

⑨ 회사는 피보험자가 상해로 인하여 의료기관에서 본인의 장기등(「장기등 이식에 관한 법률」 제4조에 의한 "장기등"을 의미합니다)의 기능회복을 위하여 「장기등 이식에 관한 법률」 제42조 및 관련 고시에 따라 장기등의 적출 및 이식에 드는 비용(공여적합성 여부를 확인하기 위한 검사비, 뇌사장기기증자 관리료 및 이에 속하는 비용항목 포함)은 제1항부터 제8항에 따라 보상합니다.

(2) 질병급여	① 회사는 피보험자가 질병으로 의료기관에 입원 또는 통원(외래 및 처방조제)하여 치료를 받은 경우에는 급여의료비를 제5조(보험가입금액 한도 등)에서 정한 연간 보험가입금액의 한도 내에서 다음과 같이 보상합니다. 다만, 법령 등에 따라 의료비를 감면받거나 의료기관

보장종목	보상하는 사항

으로부터 의료비를 감면받은 경우(의료비를 납부하는 대가로 수수한 금액 등은 감면받은 의료비에 포함)에는 감면 후 실제 본인이 부담한 의료비 기준으로 계산하며, 감면받은 의료비가 근로소득에 포함된 경우, 「국가유공자 등 예우 및 지원에 관한 법률」 및 「독립유공자 예우에 관한 법률」에 따라 의료비를 감면받은 경우에는 감면 전 의료비로 급여 의료비를 계산합니다.

구분	보상금액
입원 (입원실료, 입원제비용, 입원수술비)	「국민건강보험법」에서 정한 요양급여 또는 「의료급여법」에서 정한 의료급여 중 본인부담금(본인이 실제로 부담한 금액으로서 요양급여 비용 또는 의료급여 비용의 일부를 본인이 부담하는 일부본인부담금과 요양급여 비용 또는 의료급여 비용의 전부를 본인이 부담하는 전액본인부담금을 말합니다.)의 80%에 해당하는 금액

통원 1회당(외래 및 처방조제 합산) 「국민건강보험법」에서 정한 요양급여 또는 「의료급여법」에서 정한 의료급여 중 본인부담금(본인이 실제로 부담한 금액으로서 요양급여 비용 또는 의료급여 비용의 일부를 본인이 부담하는 일부본인부담금과 요양급여 비용 또는 의료급여 비용의 전부를 본인이 부담하는 전액본인부담금을 말합니다.)에서 〈표1〉의 '통원항목별 공제금액'을 뺀 금액

〈표1〉 통원항목별 공제금액

항목	공제금액
「의료법」 제3조 제2항에 의한 의료기관(동법 제3조의3에 의한 종합병원은 제외), 「국민건강보험법」 제42조 제1항 제4호에 의한 보건소·보건의료원·보건지소, 동법 제42조 제1항 제5호에 의한 보건진료소에서의 외래 및 「국민건강보험법」 제42조 제1항 제2호에 의한 약국, 동법 제42조 제1항 제3호에 의한 한국희귀·필수의약품센터에서의 처방·조제(의약분업 예외지역 등에서의 약사의 직접 조제 포함)	1만원과 보장대상 의료비의 20% 중 큰 금액
「국민건강보험법」 제42조 제2항에 의한 전문요양기관, 「의료법」 제3조의4에 의한 상급종합병원, 동법 제3조의3에 의한 종합병원에서의 외래 및 그에 따른 「국민건강보험법」 제42조 제1항 제2호에 의한 약국, 동법 제42조 제1항 제3호에 의한 한국희귀·필수의약품센터에서의 처방·조제	2만원과 보장대상 의료비의 20% 중 큰 금액

통원
(외래제비용,
외래수술비,
처방조제비)

② 피보험자가 「국민건강보험법」 제5조, 제53조, 제54조에 따라 요양급여 또는 「의료급여법」 제4조, 제15조, 제17조에 따라 의료급여를 적용받지 못하는 경우에는 다음과 같이 보상합니다.

1. 의료비(「국민건강보험 요양급여의 기준에 관한 규칙」에 따라 보건복지부장관이 정한 급여의료비 항목만 해당합니다) 중 본인이 실제로 부담한 금액(통원의 경우 본인이 실제로 부담한 금액에서 같은 조 제1항 〈표1〉의 '통원항목별 공제금액'을 뺀 금액)의

보장종목	보상하는 사항

40%를 제5조(보험가입금액 한도 등)에서 정한 연간 보험가입금액의 한도 내에서 보상합니다.

2. 법령 등에 따라 의료비를 감면받거나 의료기관으로부터 의료비를 감면받은 경우(의료비를 납부하는 대가로 수수한 금액 등은 감면받은 의료비에 포함)에는 제1호를 적용하지 아니하고 감면 후 실제 본인이 부담한 의료비에 대해서만 제1항의 보상금액에 따라 계산한 금액을 제5조(보험가입금액 한도 등)에서 정한 연간 보험가입금액의 한도 내에서 보상합니다. 다만, 감면받은 의료비가 근로소득에 포함된 경우, 「국가유공자 등 예우 및 지원에 관한 법률」 및 「독립유공자 예우에 관한 법률」에 따라 의료비를 감면받은 경우에는 감면 전 의료비에 대해서 제1항의 보상금액에 따라 계산한 금액을 제5조에서 정한 연간 보험가입금액의 한도 내에서 보상합니다.

③ 피보험자가 입원하여 치료를 받던 중 보험계약이 종료되더라도 그 계속 중인 입원에 대해서는 다음 예시와 같이 보험계약 종료일 다음날부터 180일까지 보상합니다.

④ 피보험자가 통원하여 치료를 받던 중 보험계약이 종료되더라도 그 계속 중인 통원에 대해서는 다음 예시와 같이 보험계약 종료일 다음날부터 180일 이내의 통원을 보상하며 최대 90회 한도 내에서 보상합니다.

〈입원 및 통원 보상기간 예시〉

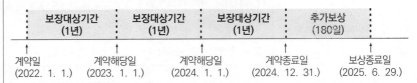

⑤ 종전 계약을 자동갱신하거나 같은 회사의 보험상품에 재가입하는 경우에는 종전 계약의 보험기간을 연장하는 것으로 보아 제3항과 제4항을 적용하지 않습니다.

⑥ 하나의 질병으로 동일한 의료기관에서 같은 날 외래 및 처방을 함께 받은 경우 처방일자를 기준으로 외래 및 처방조제를 합산하되(조 제일자가 다른 경우도 동일하게 적용) 통원 1회로 보아 제1항, 제4항 및 제5항을 적용합니다.

⑦ "하나의 질병"이란 발생 원인이 동일한 질병(의학상 중요한 관련이 있는 질병은 하나의 질병으로 간주하며, 하나의 질병으로 2회 이상 치료를 받는 경우에는 이를 하나의 질병으로 봅니다)을 말하며, 질병의 치료 중에 발생된 합병증 또는 새로 발견된 질병의 치료가 병행되거나 의학상 관련이 없는 여러 종류의 질병을 갖고 있는 상태에서 통원한 경우에는 하나의 질병으로 간주합니다.

⑧ 하나의 질병으로 하루에 같은 치료를 목적으로 2회 이상 통원치료(외래 및 처방조제 합산)를 받은 경우 1회의 통원으로 보아 제1항, 제4항 및 제5항을 적용합니다. 이때 공제금액은 2회 이상의 중복방문 의료기관 중 가장 높은 공제금액을 적용합니다.

⑨ 회사는 피보험자가 질병으로 인하여 의료기관에서 본인의 장기등(「장기등 이식에 관한 법률」 제4조에 의한 "장기등"을 의미합니다)의 기능회복을 위하여 「장기등 이식에 관한 법률」 제42조 및 관련 고시에 따라 장기등의 적출 및 이식에 드는 비용(공여적합성 여부를 확인하기 위한 검사비, 뇌사장기기증자 관리료 및 이에 속하는 비용항목 포함)은 제1항부터 제8항에 따라 보상합니다.

제3관 회사가 보상하지 않는 사항

제4조(보상하지 않는 사항) 회사가 보상하지 않는 사항은 보장종목별로 다음과 같습니다.

보장종목	보상하지 않는 사항

(1)
상해급여
	① 회사는 다음의 사유로 인하여 생긴 급여의료비는 보상하지 않습니다.
	  1. 피보험자가 고의로 자신을 해친 경우. 다만, 피보험자가 심신상실 등으로 자유로운 의사결정을 할 수 없는 상태에서 자신을 해친 사실이 증명된 경우에는 보상합니다.
	  2. 보험수익자가 고의로 피보험자를 해친 경우. 다만, 그 보험수익자가 보험금의 일부 보험수익자인 경우에는 다른 보험수익자에 대한 보험금은 지급합니다.
	  3. 계약자가 고의로 피보험자를 해친 경우
	  4. 피보험자가 임신, 출산(제왕절개를 포함합니다), 산후기로 입원 또는 통원한 경우. 다만, 회사가 보상하는 상해로 인하여 입원 또는 통원한 경우에는 보상합니다.
	  5. 전쟁, 외국의 무력행사, 혁명, 내란, 사변, 폭동으로 인한 경우
	  6. 피보험자가 정당한 이유없이 입원기간 중 의사의 지시를 따르지 않거나 의사가 통원치료가 가능하다고 인정함에도 피보험자 본인이 자의적으로 입원하여 발생한 입원의료비
	  7. 피보험자가 정당한 이유없이 통원기간 중 의사의 지시를 따르지 않아 발생한 통원의료비
	② 회사는 다른 약정이 없으면 피보험자가 직업, 직무 또는 동호회 활동 목적으로 한 다음의 어느 하나에 해당하는 행위로 인하여 생긴 상해에 대해서는 보상하지 않습니다.
	  1. 전문등반(전문적인 등산용구를 사용하여 암벽 또는 빙벽을 오르내리거나 특수한 기술, 경험, 사전 훈련이 필요한 등반을 말합니다), 글라이더 조종, 스카이다이빙, 스쿠버다이빙, 행글라이딩, 수상보트, 패러글라이딩
	  2. 모터보트 · 자동차 또는 오토바이에 의한 경기, 시범, 행사(이를 위한 연습을 포함합니다) 또는 시운전(다만, 공용도로에서 시운전을 하는 동안 발생한 상해는 보상합니다)
	  3. 선박에 탑승하는 것을 직무로 하는 사람이 직무상 선박에 탑승하고 있는 동안
	③ 회사는 다음의 급여의료비에 대해서는 보상하지 않습니다.
	  1. 「국민건강보험법」에 따른 요양급여 중 본인부담금의 경우 국민건강보험 관련 법령에 따라 국민건강보험공단으로부터 사전 또는 사후 환급이 가능한 금액(본인부담금 상한제)
	  2. 「의료급여법」에 따른 의료급여 중 본인부담금의 경우 의료급여 관련 법령에 따라 의료급여기금 등으로부터 사전 또는 사후 환급이 가능한 금액(「의료급여법」에 따른 본인부담금 보상제 및 본인부담금 상한제)
	  3. 자동차보험(공제를 포함합니다)에서 보상받는 치료관계비(과실상계 후 금액을 기준으로 합니다) 또는 산재보험에서 보상받는 의료비. 다만, 본인부담의료비(자동차보험 진료수가에 관한 기준 및 산재보험 요양급여 산정기준에 따라 발생한 실제 본인 부담의료비)는 제3조(보장종목별 보상내용) (1) 상해급여 제1항, 제2항 및 제4항부터 제8항에 따라 보상합니다.
	  4. 「응급의료에 관한 법률」 및 동법 시행규칙에서 정한 응급환자에 해당하지 않는 자가 동법 제26조 권역응급의료센터 또는 「의료법」 제3조의4에 따른 상급종합병원 응급실을 이용하면서 발생한 응급의료관리료로서 전액본인부담금에 해당하는 의료비

(2)
질병급여
	① 회사는 다음의 사유로 인하여 생긴 급여의료비는 보상하지 않습니다.
	  1. 피보험자가 고의로 자신을 해친 경우. 다만, 피보험자가 심신상실 등으로 자유로운 의사결정을 할 수 없는 상태에서 자신을 해친 사실이 증명된 경우에는 보상합니다.
	  2. 보험수익자가 고의로 피보험자를 해친 경우. 다만, 그 보험수익자가 보험금의 일부 보험수익자인 경우에는 다른 보험수익자에 대한 보험금은 지급합니다.

보장종목	보상하지 않는 사항
	3. 계약자가 고의로 피보험자를 해친 경우
	4. 피보험자가 정당한 이유 없이 입원기간 중 의사의 지시를 따르지 않거나 의사가 통원치료가 가능하다고 인정함에도 피보험자 본인이 자의적으로 입원하여 발생한 입원의료비
	5. 피보험자가 정당한 이유 없이 통원기간 중 의사의 지시를 따르지 않아 발생한 통원의료비
	② 회사는 '한국표준질병사인분류'에 따른 다음의 의료비에 대해서는 보상하지 않습니다.
	1. 정신 및 행동장애(F04~F99). 다만, F04~F09, F20~F29, F30~F39, F40~F48, F51, F90~F98과 관련한 치료에서 발생한 「국민건강보험법」에 따른 요양급여에 해당하는 의료비는 보상합니다.
	2. 여성생식기의 비염증성 장애로 인한 습관성 유산, 불임 및 인공수정 관련 합병증(N96~N98)으로 발생한 의료비 중 전액본인부담금 및 보험가입일로부터 2년 이내에 발생한 의료비
	3. 피보험자가 임신, 출산(제왕절개를 포함합니다), 산후기로 입원 또는 통원한 경우(O00~O99)
	4. 선천성 뇌질환(Q00~Q04). 다만, 피보험자가 보험가입당시 태아인 경우에는 보상합니다.
	5. 요실금(N39.3, N39.4, R32)
	③ 회사는 다음의 급여의료비에 대해서는 보상하지 않습니다.
	1. 「국민건강보험법」에 따른 요양급여 중 본인부담금의 경우 국민건강보험 관련 법령에 따라 국민건강보험공단으로부터 사전 또는 사후 환급이 가능한 금액(본인부담금 상한제)
	2. 「의료급여법」에 따른 의료급여 중 본인부담금의 경우 의료급여 관련 법령에 따라 의료급여기금 등으로부터 사전 또는 사후 환급이 가능한 금액(「의료급여법」에 따른 본인부담금 보상제 및 본인부담금 상한제)
	3. 성장호르몬제 투여에 소요된 비용으로 부담한 전액본인부담금
	4. 산재보험에서 보상받는 의료비. 다만, 본인부담의료비(산재보험 요양급여 산정기준에 따라 발생한 실제 본인 부담의료비)는 제3조(보장종목별 보상내용) (2) 질병급여 제1항 및 제3항부터 제8항에 따라 보상합니다.
	5. 사람면역결핍바이러스(HIV) 감염으로 인한 치료비(다만, 「의료법」에서 정한 의료인의 진료상 또는 치료 중 혈액에 의한 HIV 감염은 해당 진료기록을 통해 객관적으로 확인되는 경우는 보상합니다)
	6. 「응급의료에 관한 법률」 및 동법 시행규칙에서 정한 응급환자에 해당하지 않는 자가 동법 제26조 권역응급의료센터 또는 「의료법」 제3조의4에 따른 상급종합병원 응급실을 이용하면서 발생한 응급의료관리료로서 전액본인부담금에 해당하는 의료비

제4조의2(특별약관에서 보상하는 사항) ① 제3조 및 제4조에도 불구하고 다음 각 호에 해당하는 의료비는 기본형 실손의료보험에서 보상하지 않습니다.

  1. 비급여 의료비

  2. 제1호와 관련하여 자동차보험(공제를 포함합니다) 또는 산재보험에서 발생한 본인부담의료비

② 제1항 제1호 및 제2호에서 정한 의료비와 다른 의료비가 함께 청구되어 각 항목별 의료비가 구분되지 않는 경우 회사는 보험금 지급금액 결정을 위해 계약자, 피보험자 또는 보험수익자에게 각각의 의료비에 대한 확인을 요청할 수 있습니다.

〈붙임〉 용어의 정의

용어	정의
계약	보험계약
진단계약	계약을 체결하기 위하여 피보험자가 건강진단을 받아야 하는 계약
보험증권	계약의 성립과 계약내용을 증명하기 위하여 회사가 계약자에게 드리는 증서
계약자	보험회사와 계약을 체결하고 보험료를 납입하는 사람
피보험자	보험금지급사유 또는 보험사고 발생의 대상(객체)이 되는 사람
보험수익자	보험금을 수령하는 사람
보험기간	회사가 계약에서 정한 보상책임을 지는 기간
회사	보험회사
보험연도	당해연도 계약해당일부터 차년도 계약해당일 전일까지 매1년 단위의 연도. 예를 들어, 보험계약일이 2021년 7월 1일인 경우 보험연도는 2021년 7월 1일부터 2022년 6월 30일까지 1년이 됩니다.
연단위복리	회사가 지급할 금전에 대한 이자를 줄 때 1년마다 마지막 날에 그 이자를 원금에 더한 금액을 다음 1년의 원금으로 하는 이자 계산방법
평균공시이율	전체 보험회사 공시이율의 평균으로, 이 계약 체결 시점의 이율을 말함
해지환급금	계약이 해지되는 때에 회사가 계약자에게 돌려주는 금액
영업일	회사가 영업점에서 정상적으로 영업하는 날을 말하며, 토요일, 「관공서의 공휴일에 관한 규정」에 따른 공휴일과 근로자의 날은 제외
상해	보험기간 중 발생한 급격하고 우연한 외래의 사고
상해보험계약	상해를 보장하는 계약
의사	「의료법」 제2조(의료인)에서 정한 의사, 한의사 및 치과의사의 자격을 가진 사람
약사	「약사법」 제2조(정의)에서 정한 약사 및 한약사의 자격을 가진 사람
의료기관	다음 각호의 의료기관 1. 「의료법」 제3조(의료기관) 제2항에서 정하는 의료기관을 말하며, 종합병원 · 병원 · 치과병원 · 한방병원 · 요양병원 · 의원 · 치과의원 · 한의원(조산원 제외) 2. 「국민건강보험법」 제42조 제1항 제4호에 의한 보건소 · 보건의료원 · 보건지소 및 동법 제42조 제1항 제5호에 의한 보건진료소
약국	「약사법」 제2조 제3호에 따른 장소로서, 약사가 수여(授與)할 목적으로 의약품 조제업무를 하는 장소를 말하며, 의료기관의 조제실은 제외하며「국민건강보험법」 제42조 제1항 제3호에 의한 한국 희귀 · 필수의약품센터를 포함함
입원	의사가 피보험자의 질병 또는 상해로 인하여 치료가 필요하다고 인정한 경우로서 자택 등에서 치료가 곤란하여 의료기관 또는 이와 동등하다고 인정되는 의료기관에 입실하여 계속하여 6시간 이상 체류하면서 의사의 관찰 및 관리 하에 치료를 받는 것
입원의 정의 중 '이와 동등하다고 인정되는 의료기관'	보건소, 보건의료원 및 보건지소 등 「의료법」 제3조(의료기관) 제2항에서 정한 의료기관에 준하는 의료기관으로서 군의무대, 치매요양원, 노인요양원 등에 속해 있는 요양원, 요양시설, 복지시설 등과 같이 의료기관이 아닌 곳은 이에 해당되지 않음
입원실료	입원치료 중 발생한 기준병실 사용료, 환자 관리료, 식대 등

용어	정의
입원제비용	입원치료 중 발생한 진찰료, 검사료, 방사선료, 투약 및 처방료(퇴원 시 의사로부터 치료목적으로 처방받은 약제비 포함), 주사료, 이학요법(물리치료, 재활치료)료, 정신요법료, 처치료, 치료재료, 석고붕대료(cast), 지정진료비 등
입원수술비	입원치료 중 발생한 수술료, 마취료, 수술재료비 등
입원의료비	입원실료, 입원제비용, 입원수술비
통원	의사가 피보험자의 질병 또는 상해로 치료가 필요하다고 인정하는 경우로서, 의료기관에 입원하지 않고 의료기관을 방문하여 의사의 관리하에 치료에 전념하는 것
처방조제	의사 및 약사가 피보험자의 질병 또는 상해로 치료가 필요하다고 인정하는 경우로서, 통원으로 인하여 발행된 의사의 처방전으로 약국의 약사가 조제하는 것. 이 경우 「국민건강보험법」 제42조 제1항 제3호에 따른 한국희귀의약품센터에서의 처방조제 및 의약분업 예외 지역에서의 약사의 직접조제를 포함
외래제비용	통원치료 중 발생한 진찰료, 검사료, 방사선료, 투약 및 처방료, 주사료, 이학요법(물리치료, 재활치료)료, 정신요법료, 처치료, 치료재료, 석고붕대료(cast), 지정진료비 등
외래수술비	통원치료 중 발생한 수술료, 마취료, 수술재료비 등
처방조제비	의료기관 의사의 처방전에 따라 조제되는 약국의 처방조제비 및 약사의 직접조제비
통원의료비	외래제비용, 외래수술비, 처방조제비
요양급여	「국민건강보험법」 제41조(요양급여)에 따른 가입자 및 피부양자의 질병·부상 등에 대한 다음의 요양급여 1. 진찰·검사 2. 약제·치료재료의 지급 3. 처치·수술 또는 그 밖의 치료 4. 예방·재활 5. 입원 6. 간호 7. 이송
의료급여	「의료급여법」 제7조(의료급여의 내용 등)에 따른 가입자 및 피부양자의 질병·부상 등에 대한 다음 각 호의 의료급여 1. 진찰·검사 2. 약제·치료재료의 지급 3. 처치·수술 또는 그 밖의 치료 4. 예방·재활 5. 입원 6. 간호 7. 이송 8. 그 밖에 의료 목적의 달성을 위한 조치
「국민건강보험법」에 따른 본인부담금 상한제	「국민건강보험법」에 따른 요양급여 중 연간 본인부담금 총액이 「국민건강보험법 시행령」 별표3에서 정하는 금액을 넘는 경우에 그 초과한 금액을 공단에서 부담하는 제도를 말하며, 국민건강보험 관련 법령의 변경에 따라 환급기준이 변경될 경우에는 회사는 변경되는 기준에 따름

용어	정의
「의료급여법」에 따른 본인부담금 보상제 및 본인부담금 상한제	「의료급여법」에 따른 의료급여 중 본인부담금이 「의료급여법 시행령」 제13조(급여비용의 부담)에서 정하는 금액을 넘는 경우에 그 초과한 금액을 의료급여기금 등에서 부담하는 제도를 말하며, 의료급여 관련 법령의 변경에 따라 환급기준이 변경될 경우에는 회사는 변경된 기준에 따름
보장대상의료비	실제 부담액 − 보장제외금액* * 제3관 회사가 보장하지 않는 사항에 따른 금액
보장책임액	(보장대상의료비 − 피보험자부담 공제금액)과 보험가입금액 중 작은 금액
다수보험	실손 의료보험계약(우체국보험, 각종 공제, 상해ㆍ질병ㆍ간병보험 등 제3보험, 개인연금ㆍ퇴직보험 등 의료비를 실손으로 보상하는 보험ㆍ공제계약을 포함)이 동시에 또는 순차적으로 2개 이상 체결되었고, 그 계약이 동일한 보험사고에 대하여 각 계약별 보장책임액이 있는 여러 개의 실손 의료보험계약을 말함

□ **실손의료보험 특별약관(비급여 실손의료비)**

제1조(보장종목) ① 회사가 판매하는 실손의료보험 특별약관(이하 '특별약관'이라 합니다)은 상해비급여형, 질병비급여형, 3대 비급여형의 3개의 보장종목으로 구성되어 있습니다.

보장종목	보상하는 내용
상해비급여	피보험자가 상해로 인하여 의료기관에 입원 또는 통원하여 비급여주) 치료를 받거나 비급여 처방조제를 받은 경우에 보상(3대 비급여 제외)
질병비급여	피보험자가 질병으로 인하여 의료기관에 입원 또는 통원하여 비급여 치료를 받거나 비급여 처방조제를 받은 경우에 보상(3대 비급여 제외)
3대비급여	피보험자가 상해 또는 질병의 치료목적으로 의료기관에 입원 또는 통원하여 3대 비급여 치료를 받은 경우에 보상

주)「국민건강보험법」 또는 「의료급여법」에 따라 보건복지부장관이 정한 비급여 대상 (「국민건강보험법」에서 정한 요양급여 또는 「의료급여법」에서 정한 의료급여 절차를 거쳤지만 급여항목이 발생하지 않은 경우로 「국민건강보험법」 또는 「의료급여법」에 따른 비급여항목 포함)

> ※ 건강보험심사평가원에서는 국민 알 권리 증진 및 의료기관 선택에 도움이 될 수 있도록 비급여 진료비용을 공개하고 있으며, 의료기관 등에서 진료를 받고 지불한 비급여(전액 본인부담금포함) 진료비용이 건강보험(의료급여)에 해당되는지 확인할 수 있도록 비급여 진료비 확인제도를 운영하고 있습니다.

② 회사는 이 특별약관의 명칭에 '비급여 실손의료비'라는 문구를 포함하여 사용합니다.

제2조(용어의 정의) ①이 특별약관에서 사용하는 용어의 뜻은 다음과 같습니다.

3대비급여치료	용어	정의
「도수치료ㆍ체외충격파	도수치료	치료자가 손(정형용 교정장치 장비 등의 도움을 받는 경우를 포함합니다)을 이용해서 환자의 근골격계통(관절, 근육, 연부조직, 림프절 등)의 기능

3대비급여치료	용어	정의
치료 · 증식치료」		개선 및 통증감소를 위하여 실시하는 치료행위 * 의사 또는 의사의 지도하에 물리치료사가 도수치료를 하는 경우에 한함
	체외충격파 치료	체외에서 충격파를 병변에 가해 혈관 재형성을 돕고 건(힘줄) 및 뼈의 치유 과정을 자극하거나 재활성화 시켜 기능개선 및 통증감소를 위하여 실시하는 치료행위(체외충격파쇄석술은 제외)
	증식치료	근골격계 통증이 있는 부위의 인대나 건(힘줄), 관절, 연골 등에 증식물질을 주사하여 통증이 소실되거나 완화되는 것을 유도하는 치료행위
주사료	주사료	주사치료 시 사용된 행위, 약제 및 치료재료대
	항암제	식품의약품안전처가 「의약품등 분류번호에 관한 규정」에 따라 지정하는 '조직세포의 기능용 의약품' 중 '종양용약'과 '조직세포의 치료 및 진단 목적제제'* * 「의약품등 분류번호에 관한 규정」에 따른 의약품분류표가 변경되는 경우 치료시점의 의약품분류표에 따릅니다.
	항생제 (항진균제 포함)	식품의약품안전처가 「의약품등 분류번호에 관한 규정」에 따라 지정하는 '항병원생물성 의약품' 중 '항생물질제제', '화학요법제' 및 '기생동물에 대한 의약품 중 항원충제'* * 「의약품등 분류번호에 관한 규정」에 따른 의약품분류표가 변경되는 경우 치료시점의 의약품분류표에 따릅니다.
	희귀의약품	식품의약품안전처장이 「희귀의약품 지정에 관한 규정」에 따라 지정하는 의약품* * 「희귀의약품 지정에 관한 규정」에 따른 희귀의약품 지정 항목이 변경되는 경우 치료시점의 희귀의약품 지정 항목에 따릅니다.
자기공명영상 진단		자기공명영상 장치를 이용하여 고주파 등을 통한 신호의 차이를 영상화하여 조직의 구조를 분석하는 검사(MRI/MRA) * 자기공명영상진단 결과를 다른 의료기관에서 판독하는 경우 포함 (보건복지부에서 고시하는 「건강보험 행위 급여 · 비급여 목록 및 급여 상대가치점수」상의 MRI 범주에 따름)
입원의료비		입원실료, 입원제비용, 입원수술비, 비급여 병실료
보장대상 의료비		실제 부담액 – 보장제외금액* * 제3관 회사가 보장하지 않는 사항에 따른 금액 및 비급여 병실료 중 회사가 보장하지 않는 금액
상급병실료 차액		상급병상을 이용함에 따라 요양급여 대상인 입원료 외에 추가로 부담하는 입원실 이용 비용

② 제1항에서 정하지 않은 용어의 뜻은 기본형 실손의료보험 표준약관 제2조(용어의 정의)를 준용합니다.

제3조(보장종목별 보상내용) 회사가 이 계약의 보험기간 중 보상하거나 공제하는 내용은 보장종목별로 다음과 같습니다.

보장종목	보상하는 사항
(1) 상해 비급여	① 회사는 피보험자가 상해로 인하여 의료기관에 입원 또는 통원(외래 및 처방조제)하여 치료를 받은 경우에는 비급여의료비(3대비급여는 제외합니다)를 제5조(보험가입금액의 한도 등)에서 정한 연간 보험가입금액의 한도 내에서 다음과 같이 보상합니다. 다만, 법령 등에 따라 의료비를 감면받거나 의료기관으로부터 의료비를 감면받은 경우(의료비를 납부하는 대가로 수수한 금액 등은 감면받은 의료비에 포함)에는 감면 후 실제 본인이 부담한 의료비 기준으로 계산하며, 감면받은 의료비가 근로소득에 포함된 경우, 「국가유공자 등 예우 및 지원에 관한 법률」 및 「독립유공자 예우에 관한 법률」에 따라 의료비를 감면받은 경우에는 감면 전 의료비로 비급여 의료비를 계산합니다.

구분	보상금액
입원(입원실료, 입원제비용, 입원수술비)	'비급여 의료비(비급여병실료는 제외합니다)'(본인이 실제로 부담한 금액을 말합니다)의 70%에 해당하는 금액
상급병실료 차액	비급여 병실료의 50%. 다만, 1일 평균금액 10만원을 한도로 하며, 1일 평균금액은 입원기간 동안 비급여 병실료 전체를 총 입원일수로 나누어 산출합니다.
통원 (외래제비용, 외래수술비, 처방조제비)	통원 1회당(외래 및 처방·조제비 합산) '비급여 의료비(비급여병실료는 제외합니다)'(본인이 실제로 부담한 금액을 말합니다)에서 〈표1〉의 '통원항목별 공제금액'을 뺀 금액(매년 계약해당일부터 1년간 통원 100회를 한도로 합니다.) 〈표1〉 통원항목별 공제금액

항목	공제금액
「국민건강보험법」 제42조 제1항 제1호에 의한 의료기관, 동법 제42조 제1항 제4호에 의한 보건소·보건의료원·보건지소, 동법 제42조 제1항 제5호에 의한 보건진료소에서의 외래 및 「국민건강보험법」 제42조 제1항 제2호에 의한 약국, 동법 제42조 제1항 제3호에 의한 한국희귀·필수의약품센터에서의 처방·조제)	3만원과 보장대상 의료비의 30% 중 큰 금액

② 제1항의 상해에는 유독가스 또는 유독물질을 우연히 일시에 흡입, 흡수 또는 섭취한 결과로 생긴 중독증상이 포함됩니다. 다만, 유독가스 또는 유독물질을 상습적으로 흡입, 흡수 또는 섭취한 결과로 생긴 중독증상과 세균성 음식물 중독증상은 포함되지 않습니다.

③ 피보험자가 입원하여 치료를 받던 중 보험계약이 종료되더라도 그 계속 중인 입원에 대해서는 다음 예시와 같이 보험계약 종료일 다음날부터 180일까지 보상합니다.

④ 피보험자가 통원하여 치료를 받던 중 보험계약이 종료되더라도 그 계속 중인 통원에 대해서는 다음 예시와 같이 보험계약 종료일 다음날부터 180일 이내의 통원을 보상하며 최대 90회 한도 내에서 보상합니다.

〈입원 및 통원 보상기간 예시〉

보장대상기간 (1년)	보장대상기간 (1년)	보장대상기간 (1년)	추가보상 (180일)
계약일 (2022. 1. 1.)	계약해당일 (2023. 1. 1.)	계약해당일 (2024. 1. 1.)	계약종료일 (2024. 12. 31.)	보상종료일 (2025. 6. 29.)

보장종목	보상하는 사항

⑤ 종전 계약을 자동갱신하거나 같은 회사의 보험상품에 재가입하는 경우에는 종전 계약의 보험기간을 연장하는 것으로 보아 제3항과 제4항을 적용하지 않습니다.

⑥ 하나의 상해(같은 상해로 2회 이상 치료를 받는 경우에도 이를 하나의 상해로 봅니다)로 인해 동일한 의료기관에서 같은 날 외래 및 처방을 함께 받은 경우 처방일자를 기준으로 외래 및 처방조제를 합산하되(조 제일자가 다른 경우도 동일하게 적용) 통원 1회로 보아 제1항, 제4항 및 제5항을 적용합니다.

⑦ 하나의 상해로 인해 하루에 같은 치료를 목적으로 2회 이상 통원치료(외래 및 처방·조제 합산)를 받은 경우 1회의 통원으로 보아 제1항, 제4항 및 제5항을 적용합니다.

⑧ 피보험자가 「국민건강보험법」 제5조, 제53조, 제54조에 따라 요양급여 또는 「의료급여법」 제4조, 제15조, 제17조에 따라 의료급여를 적용받지 못하는 경우에는 다음과 같이 보상합니다.
  1. 의료비(「국민건강보험 요양급여의 기준에 관한 규칙」에 따라 보건복지부장관이 정한 비급여의료비 항목만 해당합니다) 중 본인이 실제로 부담한 금액(통원의 경우 본인이 실제로 부담한 금액에서 같은 조 제1항 〈표1〉의 '공제금액'을 뺀 금액)의 40%를 제5조(보험가입금액 한도 등)에서 정한 연간 보험가입금액의 한도 내에서 보상합니다.
  2. 법령 등에 따라 의료비를 감면받거나 의료기관으로부터 의료비를 감면받은 경우(의료비를 납부하는 대가로 수수한 금액 등은 감면받은 의료비에 포함)에는 제1호를 적용하지 아니하고 감면 후 실제 본인이 부담한 의료비에 대해서만 제1항의 보상금액에 따라 계산한 금액을 제5조(보험가입금액 한도 등)에서 정한 연간 보험가입금액의 한도 내에서 보상합니다. 다만, 감면받은 의료비가 근로소득에 포함된 경우, 「국가유공자 등 예우 및 지원에 관한 법률」 및 「독립유공자 예우에 관한 법률」에 따라 의료비를 감면받은 경우에는 감면 전 의료비에 대해서 제1항의 보상금액에 따라 계산한 금액을 제5조에서 정한 연간 보험가입금액의 한도 내에서 보상합니다.

⑨ 회사는 피보험자가 상해로 인하여 의료기관에서 본인의 장기등(「장기등 이식에 관한 법률」 제4조에 의한 "장기등"을 의미합니다)의 기능회복을 위하여 「장기등 이식에 관한 법률」 제42조 및 관련 고시에 따라 장기등의 적출 및 이식에 드는 비용(공여적합성 여부를 확인하기 위한 검사비, 뇌사장기기증자 관리료 및 이에 속하는 비용항목 포함)은 제1항부터 제8항에 따라 보상합니다.

---

(2) 질병 비급여

① 회사는 피보험자가 질병으로 의료기관에 입원 또는 통원(외래 및 처방조제)하여 치료를 받은 경우에는 비급여의료비(3대비급여는 제외합니다)를 제5조(보험가입금액의 한도 등)에서 정한 연간 보험가입금액의 한도 내에서 다음과 같이 보상합니다. 다만, 법령 등에 따라 의료비를 감면받거나 의료기관으로부터 의료비를 감면받은 경우(의료비를 납부하는 대가로 수수한 금액 등은 감면받은 의료비에 포함)에는 감면 후 실제 본인이 부담한 의료비 기준으로 계산하며, 감면받은 의료비가 근로소득에 포함된 경우, 「국가유공자 등 예우 및 지원에 관한 법률」 및 「독립유공자 예우에 관한 법률」에 따라 의료비를 감면받은 경우에는 감면 전 의료비로 비급여 의료비를 계산합니다.

구분	보상금액
입원 (입원실료, 입원제비용, 입원수술비)	'비급여 의료비(비급여병실료는 제외합니다)'(본인이 실제로 부담한 금액을 말합니다)의 70%에 해당하는 금액

보장종목	보상하는 사항

구분	보상금액
상급병실료 차액	비급여 병실료의 50%. 다만, 1일 평균금액 10만원을 한도로 하며, 1일 평균금액은 입원기간 동안 비급여 병실료 전체를 총 입원일수로 나누어 산출합니다.
통원 (외래제비용, 외래수술비, 처방조제비)	통원 1회당(외래 및 처방ㆍ조제비 합산) '비급여 의료비(비급여병실료는 제외합니다)'(본인이 실제로 부담한 금액을 말합니다)에서 〈표1〉의 '통원항목별 공제금액'을 뺀 금액(매년 계약해당일부터 1년간 통원 100회를 한도로 합니다.)

〈표1〉 통원항목별 공제금액

항목	공제금액
「국민건강보험법」 제42조 제1항 제1호에 의한 의료기관, 동법 제42조 제1항 제4호에 의한 보건소ㆍ보건의료원ㆍ보건지소, 동법 제42조 제1항 제5호에 의한 보건진료소에서의 외래 및 「국민건강보험법」 제42조 제1항 제2호에 의한 약국, 동법 제42조 제1항 제3호에 의한 한국희귀ㆍ필수의약품센터에서의 처방ㆍ조제)	3만원과 보장대상 의료비의 30% 중 큰 금액

② 피보험자가 입원하여 치료를 받던 중 보험계약이 종료되더라도 그 계속 중인 입원에 대해서는 다음 예시와 같이 보험계약 종료일 다음날부터 180일까지 보상합니다.

③ 피보험자가 통원하여 치료를 받던 중 보험계약이 종료되더라도 그 계속 중인 통원에 대해서는 다음 예시와 같이 보험계약 종료일 다음날부터 180일 이내의 통원을 보상하며 최대 90회 한도 내에서 보상합니다.

〈입원 및 통원 보상기간 예시〉

보장대상기간 (1년)	보장대상기간 (1년)	보장대상기간 (1년)	추가보상 (180일)
계약일 (2022. 1. 1.)	계약해당일 (2023. 1. 1.)	계약해당일 (2024. 1. 1.)	계약종료일 (2024. 12. 31.) / 보상종료일 (2025. 6. 29.)

④ 종전 계약을 자동갱신하거나 같은 회사의 보험상품에 재가입하는 경우에는 종전 계약의 보험기간을 연장하는 것으로 보아 제2항과 제3항을 적용하지 않습니다.

⑤ 하나의 질병으로 동일한 의료기관에서 같은 날 외래 및 처방을 함께 받은 경우 처방일자를 기준으로 외래 및 처방조제를 합산하되(조 제일자가 다른 경우도 동일하게 적용) 통원 1회로 보아 제1항, 제3항 및 제4항을 적용합니다.

⑥ "하나의 질병"이란 발생 원인이 동일한 질병(의학상 중요한 관련이 있는 질병은 하나의 질병으로 간주하며, 하나의 질병으로 2회 이상 치료를 받는 경우 제6항에는 이를 하나의 질병으로 봅니다)을 말하며, 질병의 치료 중에 발생된 합병증 또는 새로 발견된 질병의 치료가 병행되거나 의학상 관련이 없는 여러 종류의 질병을 갖고 있는 상태에서 통원한 경우에는 하나의 질병으로 간주합니다.

⑦ 하나의 질병으로 하루에 같은 치료를 목적으로 2회 이상 통원치료(외래 및 처방조제 합산)를 받은 경우 1회의 통원으로 보아 제1항, 제3항 및 제4항을 적용합니다.

보장종목	보상하는 사항
	⑧ 피보험자가 「국민건강보험법」 제5조, 제53조, 제54조에 따라 요양급여 또는 「의료급여법」 제4조, 제15조, 제17조에 따라 의료급여를 적용받지 못하는 경우에는 다음과 같이 보상합니다. 1. 의료비(「국민건강보험 요양급여의 기준에 관한 규칙」에 따라 보건복지부장관이 정한 비급여의료비 항목만 해당합니다) 중 본인이 실제로 부담한 금액(통원의 경우 본인이 실제로 부담한 금액에서 같은 조 제1항 〈표1〉의 '공제금액'을 뺀 금액)의 40%를 제5조(보험가입금액 한도 등)에서 정한 연간 보험가입금액의 한도 내에서 보상합니다. 2. 법령 등에 따라 의료비를 감면받거나 의료기관으로부터 의료비를 감면받은 경우(의료비를 납부하는 대가로 수수한 금액 등은 감면받은 의료비에 포함)에는 제1호를 적용하지 아니하고 감면 후 실제 본인이 부담한 의료비에 대해서만 제1항의 보상금액에 따라 계산한 금액을 제5조(보험가입금액 한도 등)에서 정한 연간 보험가입금액의 한도 내에서 보상합니다. 다만, 감면받은 의료비가 근로소득에 포함된 경우, 「국가유공자 등 예우 및 지원에 관한 법률」 및 「독립유공자 예우에 관한 법률」에 따라 의료비를 감면받은 경우에는 감면 전 의료비에 대해서 제1항의 보상금액에 따라 계산한 금액을 제5조에서 정한 연간 보험가입금액의 한도 내에서 보상합니다. ⑨ 회사는 피보험자가 질병으로 인하여 의료기관에서 본인의 장기등(「장기등 이식에 관한 법률」 제4조에 의한 "장기등"을 의미합니다)의 기능회복을 위하여 「장기등 이식에 관한 법률」 제42조 및 관련 고시에 따라 장기등의 적출 및 이식에 드는 비용(공여적합성 여부를 확인하기 위한 검사비, 뇌사장기기증자 관리료 및 이에 속하는 비용항목 포함)은 제1항부터 제8항에 따라 보상합니다.
(3) 3대 비급여	① 회사는 이 특별약관의 보험기간 중 상해 또는 질병의 치료목적으로 의료기관에 입원 또는 통원하여 아래의 비급여 의료행위로 치료를 받은 경우에는 본인이 실제로 부담한 비급여의료비(행위료, 약제비, 치료재료대, 조영제, 판독료 포함)에서 공제금액을 뺀 금액을 아래의 보장한도 범위 내에서 각각 보상합니다. 다만, 법령 등에 따라 의료비를 감면받거나 의료기관으로부터 의료비를 감면받은 경우(의료비를 납부하는 대가로 수수한 금액 등은 감면받은 의료비에 포함)에는 감면 후 실제 본인이 부담한 의료비 기준으로 계산하며, 감면받은 의료비가 근로소득에 포함된 경우, 「국가유공자 등 예우 및 지원에 관한 법률」 및 「독립유공자 예우에 관한 법률」에 따라 의료비를 감면받은 경우에는 감면 전 의료비로 비급여 의료비를 계산합니다. 〈표1 공제금액 및 보장한도〉

<표1 공제금액 및 보장한도>

구분		공제금액	보장한도
도수치료 · 체외충격파 치료 · 증식치료	"도수치료 · 체외충격파 치료 · 증식치료"로 인하여 본인이 실제로 부담한 비급여의료비(행위료, 약제비, 치료재료대 포함)	1회당 3만원과 보장대상의료비의 30% 중 큰 금액	계약일 또는 매년 계약해당일부터 1년 단위로 각 상해 · 질병 치료행위를 합산하여 350만원 이내에서 50회까지 보상^{주)}
주사료	주사치료를 받아 본인이 실제로 부담한 비급여의료비	1회당 3만원과 보장대상의료비의 30% 중 큰 금액	계약일 또는 매년 계약해당일부터 1년 단위로 각 상해 · 질병 치료행위를 합산하여 250만원 이내에서 50회까지 보상

보장종목	보상하는 사항		
자기공명 영상진단	자기공명영상진단을 받아 본인이 실제로 부담한 비급여의료비(조영제, 판독료 포함)	1회당 3만원과 보장대상의료비의 30% 중 큰 금액	계약일 또는 매년 계약해당일부터 1년 단위로 각 상해·질병 치료행위를 합산하여 300만원 이내에서 보상

주) 도수치료·체외충격파치료·증식치료의 각 치료횟수를 합산하여 최초 10회 보장하고, 이후 객관적이고 일반적으로 인정되는 검사결과 등을 토대로 증상의 개선, 병변호전 등이 확인된 경우에 한하여 10회 단위로 연간 50회까지 보상합니다.

〈증상의 개선, 병변호전 등은 어떻게 확인하나요?〉

1. 증상의 개선, 병변호전 등과 관련하여 기능적 회복 및 호전여부는 관절가동(ROM), 통증평가척도, 자세평가 및 근력 검사(MMT)를 포함한 이학적 검사, 초음파 검사 등을 통해 해당 부위의 체절기능부전(Somatic dysfunction) 등을 평가한 결과로 판단합니다.

2. 보험수익자와 회사가 위 제1호의 판단결과를 합의하지 못한 때는 보험수익자와 회사가 함께 제3자를 정하고 그 제3자의 의견에 따를 수 있으며 제3자는 의료법 제3조(의료기관)의 종합병원 소속 전문의 중에 정하며, 보험금 지급사유 판정에 드는 의료비용은 회사가 전액 부담합니다.

〈도수치료 보상기간 예시〉

(i) 계약일 또는 매년 계약해당일로부터 1년내 350만원을 모두 보상한 경우

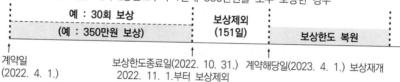

계약일
(2022. 4. 1.)　　　　보상한도종료일(2022. 10. 31.) 계약해당일(2023. 4. 1.) 보상재개
　　　　　　　　　　2022. 11. 1.부터 보상제외

(ii) 계약일 또는 매년 계약해당일로부터 1년내 지급된 보험금이 350만원 미만이나 50회를 모두 보상한 경우

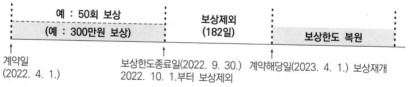

계약일
(2022. 4. 1.)　　　　보상한도종료일(2022. 9. 30.) 계약해당일(2023. 4. 1.) 보상재개
　　　　　　　　　　2022. 10. 1.부터 보상제외

② 제1항의 주사료에서 항암제, 항생제(항진균제 포함), 희귀의약품을 위해 사용된 비급여 주사료는 제3조(보장종목별 보상내용) (1) 상해비급여 또는 (2) 질병비급여에서 보상합니다.

③ 제1항의 상해에는 유독가스 또는 유독물질을 우연히 일시에 흡입, 흡수 또는 섭취한 결과로 생긴 중독증상이 포함됩니다. 다만, 유독가스 또는 유독물질을 상습적으로 흡입, 흡수 또는 섭취한 결과로 생긴 중독증상과 세균성 음식물 중독증상은 포함되지 않습니다.

④ 의료기관을 1회 통원(또는 1회 입원)하여 2종류(회) 이상 치료를 받거나 동일한 치료를 2회 이상 받은 경우는 다음과 같이 1회당 공제금액 및 보상한도를 적용합니다.

보장종목	보상하는 사항

1. 이 특별약관에서 정한 도수치료, 체외충격파치료, 증식치료 중 2종류 이상의 치료를 받거나 동일한 치료를 2회 이상 받는 경우 각 치료행위를 1회로 보고 각각 제1항에서 정한 1회당 공제금액 및 보상한도를 적용합니다.
2. 의료기관을 1회 통원(또는 1회 입원)하여 치료목적으로 2회 이상 주사치료를 받더라도 1회로 보고 제1항에서 정한 공제금액 및 보상한도를 적용합니다.
3. 의료기관을 1회 통원(또는 1회 입원)하여 2개 이상 부위에 걸쳐 이 특별약관에서 정한 자기공명영상진단을 받거나 동일한 부위에 대해 2회 이상 이 특별약관에서 정한 자기공명영상진단을 받는 경우 각 진단행위를 1회로 보아 각각 1회당 공제금액 및 보상한도를 적용합니다.

⑤ 제4항에서 1회 입원이라 함은 퇴원없이 계속 중인 입원(동일한 상해 또는 질병 치료목적으로 퇴원 당일 다른 의료기관으로 옮겨 입원하는 경우 포함)을 말합니다. 동일한 상해 또는 질병으로 인한 입원이라고 하더라도 퇴원 후 재입원하는 경우에는 퇴원 전후 입원기간을 각각 1회 입원으로 봅니다.

⑥ 제1항에서 보상하는 비급여의료비와 다른 의료비가 함께 청구되고 각 항목별 의료비가 구분되지 않는 경우 회사는 보험금 지급금액 결정을 위해 계약자, 피보험자 또는 보험수익자에게 제1항에서 보상하는 의료비의 확인을 요청할 수 있습니다.

⑦ 피보험자가 입원 또는 통원하여 치료를 받던 중 보험계약이 종료되더라도 그 계속 중인 치료에 대하여는 보험계약 종료일 다음날부터 180일까지 보상합니다. 이 경우 보상한도는 연간 보상한도(금액)에서 직전 보험계약 종료일까지 지급한 금액을 차감한 잔여 금액과 연간 보상한도(횟수)에서 직전 보험계약 종료일까지 보상한 횟수를 차감한 잔여 횟수를 한도로 적용합니다. 다만, 종전 계약을 자동갱신하거나 같은 회사의 보험상품에 재가입하는 경우에는 종전 계약의 보험기간을 연장하는 것으로 보아 제1항을 적용합니다.

〈보상기간 예시〉

보장대상기간 (1년)	보장대상기간 (1년)	보장대상기간 (1년)	추가보상 (180일)

| 계약일 (2022. 1. 1.) | 계약해당일 (2023. 1. 1.) | 계약해당일 (2024. 1. 1.) | 계약종료일 (2024. 12. 31.) | 보상종료일 (2025. 6. 29.) |

⑧ 피보험자가 「국민건강보험법」 제5조, 제53조, 제54조에 따라 요양급여 또는 「의료급여법」 제4조, 제15조, 제17조에 따라 의료급여를 적용받지 못하는 경우에는 다음과 같이 보상합니다.
1. 의료비(「국민건강보험 요양급여의 기준에 관한 규칙」에 따라 보건복지부장관이 정한 비급여의료비 항목만 해당합니다) 중 본인이 실제로 부담한 금액(통원의 경우 본인이 실제로 부담한 금액에서 같은 조 〈표1〉의 '공제금액'을 뺀 금액)의 40%를 제5조(보험가입금액 한도 등)에서 정한 연간 보험가입금액의 한도 내에서 보상합니다.
2. 법령 등에 따라 의료비를 감면받거나 의료기관으로부터 의료비를 감면받은 경우(의료비를 납부하는 대가로 수수한 금액 등은 감면받은 의료비에 포함)에는 제1호를 적용하지 아니하고 감면 후 실제 본인이 부담한 의료비에 대해서만 제1항의 보상금액에 따라 계산한 금액을 제5조(보험가입금액 한도 등)에서 정한 연간 보험가입금액의 한도 내에서 보상합니다. 다만, 감면받은 의료비가 근로소득에 포함된 경우, 「국가유공자 등 예우 및 지원에 관한 법률」 및 「독립유공자 예우에 관한 법률」에 따라 의료비를 감면받은

보장종목	보상하는 사항
	경우에는 감면 전 의료비에 대해서 제1항의 보상금액에 따라 계산한 금액을 제5조에서 정한 연간 보험가입금액의 한도 내에서 보상합니다. ⑨ 회사는 피보험자가 상해 또는 질병으로 인하여 의료기관에서 본인의 장기등(「장기등 이식에 관한 법률」 제4조에 의한 "장기등"을 의미합니다)의 기능회복을 위하여 「장기등 이식에 관한 법률」 제42조 및 관련 고시에 따라 장기등의 적출 및 이식에 드는 비용(공여적합성 여부를 확인하기 위한 검사비, 뇌사장기기증자 관리료 및 이에 속하는 비용항목 포함)은 제1항부터 제8항에 따라 보상합니다.

제4조(보상하지 않는 사항) 회사가 보상하지 않는 사항은 보장종목별로 다음과 같습니다.

보장종목	보상하지 않는 사항

(1)
상해
비급여
	① 회사는 다음의 사유로 인하여 생긴 비급여 의료비는 보상하지 않습니다.
	  1. 피보험자가 고의로 자신을 해친 경우. 다만, 피보험자가 심신상실 등으로 자유로운 의사결정을 할 수 없는 상태에서 자신을 해친 사실이 증명된 경우에는 보상합니다.
	  2. 보험수익자가 고의로 피보험자를 해친 경우. 다만, 그 보험수익자가 보험금의 일부 보험수익자인 경우에는 다른 보험수익자에 대한 보험금은 지급합니다.
	  3. 계약자가 고의로 피보험자를 해친 경우
	  4. 피보험자가 임신, 출산(제왕절개를 포함합니다), 산후기로 입원 또는 통원한 경우. 다만, 회사가 보상하는 상해로 인하여 입원 또는 통원한 경우에는 보상합니다.
	  5. 전쟁, 외국의 무력행사, 혁명, 내란, 사변, 폭동으로 인한 경우
	  6. 피보험자가 정당한 이유없이 입원기간 중 의사의 지시를 따르지 않거나 의사가 통원치료가 가능하다고 인정함에도 피보험자 본인이 자의적으로 입원하여 발생한 입원의료비
	  7. 피보험자가 정당한 이유없이 통원기간 중 의사의 지시를 따르지 않아 발생한 통원의료비
	
	② 회사는 다른 약정이 없으면 피보험자가 직업, 직무 또는 동호회 활동 목적으로 한 다음의 어느 하나에 해당하는 행위로 인하여 생긴 상해에 대해서는 보상하지 않습니다.
	  1. 전문등반(전문적인 등산용구를 사용하여 암벽 또는 빙벽을 오르내리거나 특수한 기술, 경험, 사전 훈련이 필요한 등반을 말합니다), 글라이더 조종, 스카이다이빙, 스쿠버다이빙, 행글라이딩, 수상보트, 패러글라이딩
	  2. 모터보트·자동차 또는 오토바이에 의한 경기, 시범, 행사(이를 위한 연습을 포함합니다) 또는 시운전(다만, 공용도로에서 시운전을 하는 동안 발생한 상해는 보상합니다)
	  3. 선박에 탑승하는 것을 직무로 하는 사람이 직무상 선박에 탑승하고 있는 동안
	
	③ 회사는 다음의 비급여 의료비에 대해서는 보상하지 않습니다.
	  1. 치과치료(다만, 안면부 골절로 발생한 의료비는 치아 관련 치료를 제외하고 보상합니다)·한방치료(다만, 「의료법」 제2조에 따른 한의사를 제외한 '의사'의 의료행위에 의해서 발생한 의료비는 보상합니다)
	  2. 영양제, 비타민제 등의 약제와 관련하여 소요된 비용. 다만 약관상 보상하는 상해를 치료함에 있어 아래 각목에 해당하는 경우는 치료 목적으로 보아 보상합니다.
	    가. 약사법령에 의하여 약제별 허가사항 또는 신고된 사항(효능/효과 및 용법/용량 등)대로 사용된 경우

보장종목	보상하지 않는 사항

나. 요양급여 약제가 관련 법령 또는 고시 등에서 정한 별도의 적용기준대로 비급여 약제로 사용된 경우

다. 요양급여 약제가 관련 법령에 따라 별도의 비급여사용승인 절차를 거쳐 그 승인 내용대로 사용된 경우

라. 상기 가목 부터 다목의 약제가 두 가지 이상 함께 사용된 경우(함께 사용된 약제중 어느 하나라도 상기 가목 부터 다목에 해당하지 않는 경우 제외)

3. 호르몬 투여, 보신용 투약, 의약외품과 관련하여 소요된 비용

4. 의치, 의수족, 의안, 안경, 콘택트렌즈, 보청기, 목발, 팔걸이(Arm Sling), 보조기 등 진료 재료의 구입 및 대체 비용. 다만, 인공장기 등 신체에 이식되어 그 기능을 대신하는 경우에는 보상합니다.

5. 진료와 무관한 각종 비용(TV시청료, 전화료, 각종 증명료 등을 말합니다), 의사의 임상적 소견과 관련이 없는 검사비용, 간병비

6. 자동차보험(공제를 포함합니다)에서 보상받는 치료관계비(과실상계 후 금액을 기준으로 합니다) 또는 산재보험에서 보상받는 의료비. 다만, 본인부담의료비(자동차보험 진료수가에 관한 기준 및 산재보험 요양급여 산정기준에 따라 발생한 실제 본인 부담의료비)는 제3조(보장종목별 보상내용) (1) 상해비급여 제1항부터 제7항에 따라 보상합니다.

7. 「국민건강보험법」 제42조의 요양기관이 아닌 외국에 있는 의료기관에서 발생한 의료비

8. 「응급의료에 관한 법률」 및 동법 시행규칙에서 정한 응급환자에 해당하지 않는 자가 동법 제26조 권역응급의료센터 또는 「의료법」 제3조의4에 따른 상급종합병원 응급실을 이용하면서 발생한 응급의료관리료

(2) 질병 비급여

① 회사는 다음의 사유로 인하여 생긴 비급여 의료비는 보상하지 않습니다.

1. 피보험자가 고의로 자신을 해친 경우. 다만, 피보험자가 심신상실 등으로 자유로운 의사결정을 할 수 없는 상태에서 자신을 해친 사실이 증명된 경우에는 보상합니다.

2. 보험수익자가 고의로 피보험자를 해친 경우. 다만, 그 보험수익자가 보험금의 일부 보험수익자인 경우에는 다른 보험수익자에 대한 보험금은 지급합니다.

3. 계약자가 고의로 피보험자를 해친 경우

4. 피보험자가 정당한 이유 없이 입원기간 중 의사의 지시를 따르지 않거나 의사가 통원치료가 가능하다고 인정함에도 피보험자 본인이 자의적으로 입원하여 발생한 입원의료비

5. 피보험자가 정당한 이유 없이 통원기간 중 의사의 지시를 따르지 않아 발생한 통원의료비

② 회사는 '한국표준질병사인분류'에 따른 다음의 비급여 의료비에 대해서는 보상하지 않습니다.

1. 정신 및 행동장애(F04~F99)

2. 여성생식기의 비염증성 장애로 인한 습관성 유산, 불임 및 인공수정 관련 합병증(N96~N98)

3. 피보험자가 임신, 출산(제왕절개를 포함합니다), 산후기로 입원 또는 통원한 경우(O00~O99)

4. 선천성 뇌질환(Q00~Q04)

5. 비만(E66)

6. 요실금(N39.3, N39.4, R32)

7. 직장 또는 항문 질환(K60~K62, K64)

③ 회사는 다음의 비급여 의료비에 대해서는 보상하지 않습니다.

1. 치과치료(K00~K08) 및 한방치료(다만, 「의료법」 제2조에 따른 한의사를 제외한 '의

보장종목	보상하지 않는 사항
	사'의 의료행위에 의해서 발생한 의료비는 보상합니다) 2. 영양제, 비타민제 등의 약제와 관련하여 소요된 비용. 다만 약관상 보상하는 질병을 치료함에 있어 아래 각목에 해당하는 경우는 치료 목적으로 보아 보상합니다. 　가. 약사법령에 의하여 약제별 허가사항 또는 신고된 사항(효능/효과 및 용법/용량 등)대로 사용된 경우 　나. 요양급여 약제가 관련 법령 또는 고시 등에서 정한 별도의 적용기준대로 비급여 약제로 사용된 경우 　다. 요양급여 약제가 관련 법령에 따라 별도의 비급여사용승인 절차를 거쳐 그 승인 내용대로 사용된 경우 　라. 상기 가목 부터 다목의 약제가 두 가지 이상 함께 사용된 경우(함께 사용된 약제중 어느 하나라도 상기 가목 부터 다목에 해당하지 않는 경우 제외) 3. 호르몬 투여, 보신용 투약, 의약외품과 관련하여 소요된 비용 4. 의치, 의수족, 의안, 안경, 콘택트렌즈, 보청기, 목발, 팔걸이(Arm Sling), 보조기 등 진료 재료의 구입 및 대체 비용. 다만, 인공장기 등 신체에 이식되어 그 기능을 대신하는 경우에는 보상합니다. 5. 진료와 무관한 각종 비용(TV시청료, 전화료, 각종 증명료 등을 말합니다), 의사의 임상적 소견과 관련이 없는 검사비용, 간병비 6. 산재보험에서 보상받는 의료비. 다만, 본인부담의료비(산재보험 요양급여 산정기준에 따라 발생한 실제 본인 부담의료비)는 제3조(보장종목별 보상내용) (2) 질병비급여 제1항부터 제7항에 따라 보상합니다. 7. 사람면역결핍바이러스(HIV) 감염으로 인한 치료비(다만, 「의료법」에서 정한 의료인의 진료상 또는 치료 중 혈액에 의한 HIV 감염은 해당 진료기록을 통해 객관적으로 확인되는 경우는 보상합니다) 8. 「국민건강보험법」 제42조의 요양기관이 아닌 외국에 있는 의료기관에서 발생한 의료비 9. 「응급의료에 관한 법률」 및 동법 시행규칙에서 정한 응급환자에 해당하지 않는 자가 동법 제26조 권역응급의료센터 또는 「의료법」 제3조의4에 따른 상급종합병원 응급실을 이용하면서 발생한 응급의료관리료
(3) 3대 비급여	① 회사는 다음의 사유로 인하여 생긴 비급여 의료비는 보상하지 않습니다. 1. 피보험자가 고의로 자신을 해친 경우. 다만, 피보험자가 심신상실 등으로 자유로운 의사결정을 할 수 없는 상태에서 자신을 해친 사실이 증명된 경우에는 제3조(보장종목별 보상내용)에 따라 보상합니다. 2. 보험수익자가 고의로 피보험자를 해친 경우. 다만, 그 보험수익자가 보험금의 일부 보험수익자인 경우에는 다른 보험수익자에 대한 보험금은 제3조(보장종목별 보상내용)에 따라 지급합니다. 3. 계약자가 고의로 피보험자를 해친 경우 4. 전쟁, 외국의 무력행사, 혁명, 내란, 사변, 폭동으로 인한 경우 5. 피보험자가 정당한 이유없이 입원 또는 통원 기간 중 의사의 지시를 따르지 않아 발생한 의료비 ② 회사는 다른 약정이 없으면 피보험자가 직업, 직무 또는 동호회 활동 목적으로 한 다음의 어느 하나에 해당하는 행위로 인하여 생긴 상해에 대해서는 보상하지 않습니다. 1. 전문등반(전문적인 등산용구를 사용하여 암벽 또는 빙벽을 오르내리거나 특수한 기술, 경험, 사전 훈련이 필요한 등반을 말합니다), 글라이더 조종, 스카이다이빙, 스쿠버다이

보장종목	보상하지 않는 사항

빙, 행글라이딩, 수상보트, 패러글라이딩

　2. 모터보트 · 자동차 또는 오토바이에 의한 경기, 시범, 행사(이를 위한 연습을 포함합니다) 또는 시운전(다만, 공용도로에서 시운전을 하는 동안 발생한 상해는 제3조(보장종목별 보상내용)에 따라 보상합니다)

　3. 선박에 탑승하는 것을 직무로 하는 사람이 직무상 선박에 탑승하고 있는 동안

③ 회사는 '한국표준질병사인분류'에 따른 다음의 비급여 의료비에 대해서는 보상하지 않습니다.

　1. 정신 및 행동장애(F04~F99)

　2. 여성생식기의 비염증성 장애로 인한 습관성 유산, 불임 및 인공수정 관련 합병증(N96~N98)

　3. 피보험자가 임신, 출산(제왕절개를 포함합니다), 산후기로 입원 또는 통원한 경우(O00~O99). 다만, 회사가 보상하는 상해로 인하여 입원 또는 통원한 경우에는 제3조(보장종목별 보상내용)에 따라 보상합니다.

　4. 선천성 뇌질환(Q00~Q04)

　5. 비만(E66)

　6. 요실금(N39.3, N39.4, R32)

　7. 직장 또는 항문 질환(K60~K62, K64)

④ 회사는 다음의 비급여 의료비에 대해서는 보상하지 않습니다.

　1. 치과치료(다만, 안면부 골절로 발생한 의료비는 치아 관련 치료를 제외하고 제3조(보장종목별 보상내용)에 따라 보상하며, K00~K08과 무관한 질병으로 인한 의료비는 제3조(보장종목별 보상내용)에 따라 보상합니다) · 한방치료(다만, 「의료법」 제2조에 따른 한의사를 제외한 '의사'의 의료행위에 의해서 발생한 의료비는 제3조(보장종목별 보상내용)에 따라 보상합니다)

　2. 영양제, 비타민제 등의 약제와 관련하여 소요된 비용. 다만 약관상 보상하는 상해 또는 질병을 치료함에 있어 아래 각목에 해당하는 경우는 치료 목적으로 보아 보상합니다.

　　가. 약사법령에 의하여 약제별 허가사항 또는 신고된 사항(효능/효과 및 용법/용량 등)대로 사용된 경우

　　나. 요양급여 약제가 관련 법령 또는 고시 등에서 정한 별도의 적용기준대로 비급여 약제로 사용된 경우

　　다. 요양급여 약제가 관련 법령에 따라 별도의 비급여사용승인 절차를 거쳐 그 승인 내용대로 사용된 경우

　　라. 상기 가목 부터 다목의 약제가 두 가지 이상 함께 사용된 경우(함께 사용된 약제중 어느 하나라도 상기 가목 부터 다목에 해당하지 않는 경우 제외)

　3. 호르몬 투여, 보신용 투약, 의약외품과 관련하여 소요된 비용

　4. 의치, 의수족, 의안, 안경, 콘택트렌즈, 보청기, 목발, 팔걸이(Arm Sling), 보조기 등 진료 재료의 구입 및 대체 비용. 다만, 인공장기 등 신체에 이식되어 그 기능을 대신하는 경우에는 보상합니다.

　5. 진료와 무관한 각종 비용(TV시청료, 전화료, 각종 증명료 등을 말합니다), 의사의 임상적 소견과 관련이 없는 검사비용, 간병비

　6. 자동차보험(공제를 포함합니다)에서 보상받는 치료관계비(과실상계 후 금액을 기준으로 합니다) 또는 산재보험에서 보상받는 의료비. 다만, 본인부담의료비(자동차보험 진료수가에 관한 기준 및 산재보험 요양급여 산정기준에 따라 발생한 실제 본인 부담의료비)는 제3조(보장종목별 보상내용) (3) 3대 비급여 제1항부터 제7항에 따라 보상합니다.

　7. 사람면역결핍바이러스(HIV) 감염으로 인한 치료비(다만, 「의료법」에서 정한 의료인의

보장종목	보상하지 않는 사항
	진료상 또는 치료 중 혈액에 의한 HIV 감염은 해당 진료기록을 통해 객관적으로 확인 되는 경우는 제3조(보장종목별 보상내용)에 따라 보상합니다) 8. 「국민건강보험법」 제42조의 요양기관이 아닌 외국에 있는 의료기관에서 발생한 의료비 9. 「응급의료에 관한 법률」 및 동법 시행규칙에서 정한 응급환자에 해당하지 않는 자가 동법 제26조 권역응급의료센터 또는 「의료법」 제3조의4에 따른 상급종합병원 응급실 을 이용하면서 발생한 응급의료관리료

(4) 공통^{주)}	회사는 「국민건강보험 요양급여의 기준에 관한 규칙」 제9조 제1항([별표2] 비급여대상)에 따른 아래 각호의 비급여 의료비에 대해서는 보상하지 않습니다.
	  1. 다음 각 목의 질환으로서 업무 또는 일상생활에 지장이 없는 경우에 실시 또는 사용되 는 치료로 인하여 발생한 비급여 의료비
	    가. 단순한 피로 또는 권태
	    나. 주근깨, 다모, 무모, 백모증, 딸기코(주사비), 점, 모반(피보험자가 보험가입당시 태 아인 경우 화염상모반 등 선천성 비신생물성모반(Q82.5)은 보상합니다), 사마귀, 여드름, 노화현상으로 인한 탈모 등 피부질환
	    다. 발기부전(impotence)·불감증,
	    라. 단순 코골음(수면무호흡증(G47.3)은 보상합니다),
	    마. 치료를 동반하지 않는 단순포경(phimosis),
	    바. 검열반 등 안과질환,
	    사. 그 밖에 일상생활에 지장이 없는 경우로 국민건강보험 비급여 대상에 해당하는 치료
	  2. 다음 각 목의 진료로서 신체의 필수 기능 개선 목적이 아닌 경우에 실시 또는 사용되는 치료로 인하여 발생한 비급여 의료비
	    가. 쌍꺼풀수술(이중검수술), 성형수술(융비술), 유방 확대(다만, 유방암 환자의 환측 유 방재건술은 보상합니다)·축소술, 지방흡입술, 주름살 제거술 등 미용목적의 성형 수술과 그로 인한 후유증치료
	    나. 사시교정, 안와격리증(양쪽 눈을 감싸고 있는 뼈와 뼈 사이의 거리가 넓은 증상)의 교정 등 시각계 수술로서 시력개선 목적이 아닌 외모개선 목적의 수술
	    다. 치과교정
	    라. 씹는 기능 및 발음 기능의 개선 목적이 아닌 외모개선 목적의 턱얼굴(안면)교정술
	    마. 관절운동 제한이 없는 반흔구축성형술 등 외모개선 목적의 반흔제거술
	    바. 안경, 콘택트렌즈 등을 대체하기 위한 시력교정술(국민건강보험 요양급여 대상 수 술방법 또는 치료재료가 사용되지 않은 부분은 시력교정술로 봅니다)
	    사. 질병 치료가 아닌 단순히 키 성장(성장촉진)을 목적으로 하는 진료
	    아. 외모개선 목적의 다리정맥류 수술
	    자. 그 밖에 외모개선 목적의 치료로 국민건강보험 비급여 대상에 해당하는 치료
	  3. 다음 각 목의 예방진료로서 질병·부상의 진료를 직접목적으로 하지 아니하는 경우에 실시 또는 사용으로 인하여 발생한 비급여 의료비
	    가. 본인의 희망에 의한 건강검진(다만, 검사결과 이상 소견에 따라 건강검진센터 등에 서 발생한 추가 의료비용은 보상합니다)
	    나. 예방접종(파상풍 혈청주사 등 치료목적으로 사용하는 예방주사 제외)
	    다. 그 밖에 예방진료로서 국민건강보험 비급여 대상에 해당하는 치료
	  4. 다음 각 목의 진료로서 보험급여시책상 요양급여로 인정하기 어려운 경우 및 그 밖에

보장종목	보상하지 않는 사항
	건강보험급여 원리에 부합하지 아니하는 경우 발생한 비급여 의료비 가. 친자확인을 위한 진단 나. 불임검사, 불임수술, 불임복원술 다. 보조생식술(체내, 체외 인공수정을 포함합니다) 라. 인공유산에 든 비용(다만, 회사가 보상하는 상해 또는 질병으로 임신상태를 유지하기 어려워 의사의 권고에 따라 불가피하게 시행한 경우는 제외) 마. 그 밖에 요양급여를 함에 있어서 비용효과성 등 진료상의 경제성이 불분명하여 국민건강보험 비급여 대상에 해당하는 치료

주) (4)공통은 (1) 상해비급여, (2) 질병비급여, (3) 3대 비급여에 대하여 공통적으로 적용됩니다.

제5조 (보험가입금액 한도 등) ① 이 계약의 연간 보험가입금액은 제3조(보장종목별 보상내용) (1) 상해비급여에 대하여 입원과 통원의 보상금액을 합산하여 5천만원 이내에서, (2) 질병비급여에 대하여 입원과 통원의 보상금액을 합산하여 5천만원 이내에서 회사가 정한 금액 중 계약자가 선택한 금액을 말하며, 제3조(보장종목별 보상내용)에 의한 비급여의료비를 이 금액 한도 내에서 보상합니다. 다만, (3) 3대 비급여의 보험가입금액은 제3조 (3) 3대 비급여 제1항에서 정한 연간 보상한도로 합니다.

② 이 계약에서 '연간'이라 함은 계약일로부터 매1년 단위로 도래하는 계약해당일 전일까지의 기간을 말하며, 입원 또는 통원 치료시 해당일이 속한 연도의 보험가입금액 한도를 적용합니다.

③ 제3조(보장종목별 보상내용)에서 정한 통원의 경우 (1) 상해비급여 또는 (2) 질병비급여 각각에 대하여 통원 1회당 20만원 이내에서 회사가 정한 금액 중 계약자가 선택한 금액으로 하며, (3) 3대 비급여의 경우 각 비급여의료비별 보상한도로 합니다.

④ 제3조 (1) 상해비급여 제3항 또는 제4항, (2) 질병비급여 제2항 또는 제3항 및 (3) 3대 비급여 제7항에 따른 계속중인 입원 또는 통원의 보상한도는 연간 보상한도(보험가입금액)에서 직전 보험기간 종료일까지 지급한 금액을 차감한 잔여 금액과 연간 보상한도(횟수)에서 직전 보험기간 종료일까지 보상한 횟수를 차감한 잔여 횟수를 한도로 적용합니다.

부록 내용 바로가기

제3세대

[제10차 개정 표준약관(2017. 3. 22.)]

〈기본형 실손의료보험〉

[제13차 개정 표준약관(2018. 11. 6.)]

〈기본형 실손의료보험〉

제4세대

[제16차 개정 표준약관(2021. 7. 1.)]

〈기본형 실손의료보험(급여 실손의료비)〉

저자소개

이승원(李承遠)

現 금융감독원 보험감독국 특수보험2팀 팀장.
국제조사부, 분쟁조정국, 손해보험검사국, 보험감독국, 동경사무소 등에서 근무하였다. 분쟁조정, 금융분쟁조정위원회 운영 등 금융소비자보호 관련 업무를 10년 이상 담당하였으며, 현재는 보험감독국에서 실손의료보험 등 보험상품의 감리 업무를 총괄하고 있다. 본관은 한산(韓山), 충남 대전 출신으로 풍생고·서울대·일본 와세다(早稲田, 碩士)에서 수학(修学)하였으며, 슬하에 윤식(允湜)·민식(玟湜) 두 아들을 두고 있다.

실손의료보험론

초판 발행   2022년 6월 30일
초판2쇄 발행 2022년 8월 10일

지은이   이승원
펴낸이   안종만·안상준

편 집   탁종민
기획/마케팅   이후근
표지디자인   이소연
제 작   고철민·조영환

펴낸곳   (주) **박영사**
           서울특별시 금천구 가산디지털2로 53, 210호(가산동, 한라시그마밸리)
           등록 1959. 3. 11. 제300-1959-1호(倫)

전 화   02)733-6771
f a x   02)736-4818
e-mail   pys@pybook.co.kr
homepage   www.pybook.co.kr
ISBN   979-11-303-1538-6   93320

정 가   47,000원